여러분의 합격을 응원하는
해커스공무원의 특별 혜택

FREE 공무원 국어 특강

해커스공무원(gosi.Hackers.com) 접속 후 로그인 ▶ 상단의 [무료강좌] 클릭하여 이용

文 최다 빈출 한자 200 [PDF]

해커스공무원(gosi.Hackers.com) 접속 후 로그인 ▶ 상단의 [교재·서점 → 무료 학습 자료] 클릭 ▶
본 교재의 [자료받기] 클릭

해커스공무원 온라인 단과강의 20% 할인쿠폰

D3F7A34C5BC58B28

해커스공무원(gosi.Hackers.com) 접속 후 로그인 ▶ 상단의 [나의 강의실] 클릭 ▶
좌측의 [쿠폰등록] 클릭 ▶ 위 쿠폰번호 입력 후 이용

* 등록 후 7일간 사용 가능(ID당 1회에 한해 등록 가능)

해커스 매일국어 어플 이용권

0U9E4S16IKTK21AT

구글 플레이스토어/애플 앱스토어에서 [해커스 매일국어] 검색 ▶
어플 다운로드 ▶ 어플 이용 시 노출되는 쿠폰 입력란 클릭 ▶ 쿠폰번호 입력 후 이용

▲ 매일국어 어플 바로가기

* 등록 후 30일간 사용 가능(ID당 1회에 한해 등록 가능)
* 해당 자료는 [해커스공무원 국어 기본서] 교재 내용으로 제공되는 자료로, 공무원 시험 대비에 도움이 되는 유용한 자료입니다.

쿠폰 이용 관련 문의 **1588-4055**

단기 합격을 위한 해커스공무원 커리큘럼

입문
탄탄한 기본기와 핵심 개념 완성!
누구나 이해하기 쉬운 개념 설명과 풍부한 예시로 부담없이 쌩기초 다지기
TIP 베이스가 있다면 **기본 단계**부터!

기본+심화
필수 개념 학습으로 이론 완성!
반드시 알아야 할 기본 개념과 문제풀이 전략을 학습하고
심화 개념 학습으로 고득점을 위한 응용력 다지기

기출+예상 문제풀이
문제풀이로 집중 학습하고 실력 업그레이드!
기출문제의 유형과 출제 의도를 이해하고 최신 출제 경향을 반영한
예상문제를 풀어보며 본인의 취약영역을 파악 및 보완하기

동형문제풀이
동형모의고사로 실전력 강화!
실제 시험과 같은 형태의 실전모의고사를 풀어보며 실전감각 극대화

최종 마무리
시험 직전 실전 시뮬레이션!
각 과목별 시험에 출제되는 내용들을 최종 점검하며 실전 완성

PASS

* 커리큘럼 및 세부 일정은 상이할 수 있으며, 자세한 사항은 해커스공무원 사이트에서 확인하세요.

단계별 교재 확인 및 수강신청은 여기서!
gosi.Hackers.com

공무원 국어
합격 가이드

매년 치열해지는 공무원 시험 경쟁에서 국어는 합격을 위한 가장 기본적인 과목입니다. 해커스 공무원시험연구소는 수험생 여러분이 합격으로 가는 여정에 길잡이가 되어 드릴 수 있도록 공무원 국어 시험의 최신 출제 경향을 정확하게 분석하고 독해·논리·문법·문학·어휘의 방대한 내용을 체계적으로 정리하였습니다. 탄탄하게 정리된 학습 내용과 회독별 맞춤형 학습 플랜을 토대로 빠르게 공무원 시험에 합격하시기를 기원합니다.

1. 공무원 국어 시험 구성 및 최신 출제 경향
2. 공무원 국어 영역별 출제 유형
3. 해커스 단기 합격 기본서 학습 플랜

공무원 국어 시험 구성 및 최신 출제 경향

1. 시험 구성

9급 공무원 국어 시험은 총 20문항으로 구성되며, 크게 4개의 영역(독해, 논리, 문법·문학, 어휘)으로 나눌 수 있습니다. 최근 시험에서는 독해 영역에서 52%, 논리 영역에서 25%, 문법·문학 영역에서 15%, 어휘 영역에서 8%가 출제되었습니다.

시험 구분	총 문항 수	영역별 출제 문항 수			
		독해	논리	문법·문학	어휘
2025 국가직 9급	총 20문항	10	5	3	2
출제기조 전환 1차 예시 문제	총 20문항	8	5	5	2
출제기조 전환 2차 예시 문제	총 20문항	13	5	1	1

2. 영역별 최신 출제 경향 및 대비 전략

독해 독해 문제를 꾸준히 풀어 보며 유형별 문제 풀이 전략을 익혀야 합니다.

독해 영역에서는 사실적 독해가 45%를, 작문 문제가 29%, 추론적 독해가 23%를 차지합니다. 사실적 독해에서는 세부 내용 파악하기 문제가, 작문 문제는 공문서·개요·글 고쳐쓰기 문제가, 추론적 독해에서는 숨겨진 내용 추론하기 문제가 많이 출제되는 경향을 보입니다.

대비전략
제시문을 시간 내에 빠르고 정확하게 읽고 풀어야 하는 문제가 출제될 것으로 예상됩니다. 독해 기본 원리를 통해 글 구조에 대한 이해를 바탕으로 제시문의 내용을 빠르게 파악하는 연습을 해야 합니다. 또한 유형별 문제 풀이 전략을 익히고, 기출 문제와 예상 문제를 충분히 풀면서 문제 유형에 익숙해지는 것이 중요합니다. 더하여 실제 업무 현장에서 활용할 수 있는 말하기 전략, 공문서, 보고서 고쳐쓰기 문제도 꾸준히 출제되고 있으므로 문제 풀이를 통해 빈출되는 표현이나 고쳐쓰기 지침을 알아두면 좋습니다.

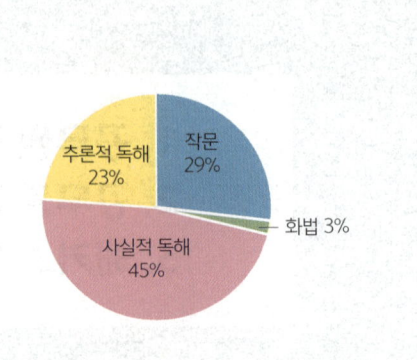

논리
논리·논증에 대한 기본적인 이론을 학습하고 여러 문제를 풀어 보며 논리 문제에 익숙해져야 합니다.

논리 영역에서는 논증의 강화·약화를 평가하는 문제가 47%를 차지하며, 명제의 결론을 추론하는 문제가 40%, 명제의 전체를 추론하는 문제가 13%를 차지합니다.

대비전략
논증 강화·약화 평가 문제는 제시문의 주장과 근거를 정확하게 파악하는 것이 중요합니다. 명제 문제는 '정언 명제', '가언 명제' 등 논리 영역의 기본적인 개념 및 추론 규칙을 암기하고 기호화하는 연습을 해야 하며, 다양한 문제 풀이를 통해 추론 규칙을 적용하는 것에 익숙해져야 합니다.

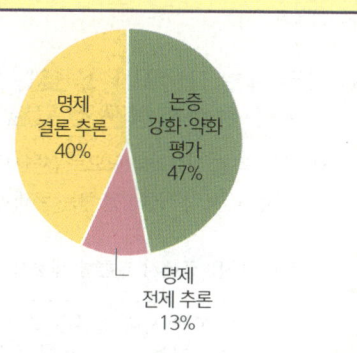

문법·문학
필수 문법·문학 이론 학습을 통해 배경지식을 쌓아 문제 풀이 시간을 단축해야 합니다.

문법·문학 영역에서는 문법이 67%를 차지하며, 그중 국어학이 34%, 언어의 본질이 22%를 차지합니다. 국어학에서는 형태론과 통사론이 출제되었으며, 어문 규정에서는 표준 발음법이 출제되었습니다. 문학은 33%를 차지하며, 문학 이론과 관련된 문제가 주로 출제되었습니다.

대비전략
기존에 출제되던 암기 위주의 문제보다는 지문에 제시된 문법·문학 이론을 잘 이해하였는지를 묻는 유형의 문제가 출제될 것으로 예상됩니다. 따라서 필수 문법·문학 이론을 중심으로 학습해 문제 풀이 시간을 단축하는 것이 중요합니다.

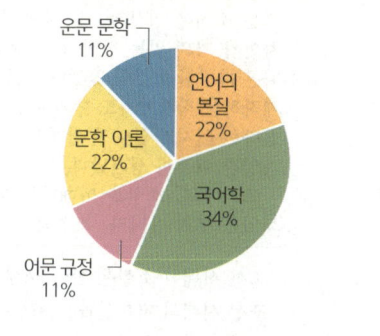

어휘
맥락 속에서 단어의 의미를 정확히 파악해야 합니다.

어휘 영역에서는 글을 읽고 문맥상 단어의 의미를 파악한 뒤 바꿔 쓸 수 있는 단어를 찾는 고유어와 한자어의 대응 문제가 출제됩니다. 또한 같은 의미로 쓰인 단어를 찾는 다의어와 동음이의어 문제도 출제됩니다.

대비전략
기존에 자주 출제되던 단독형 문제보다는 세트 문제의 하위 문제로서 지문에 제시된 단어를 다른 말로 바꾸어 쓰거나, 비슷한 의미로 사용된 단어를 선택지에서 고르는 문제가 출제될 것으로 예상됩니다. 따라서 '독해', '논리' 문제를 풀어 보며 지문에 기호로 표시된 단어의 의미를 정확히 파악하는 연습이 필요합니다.

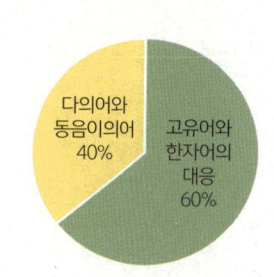

공무원 국어 영역별 출제 유형

독해

1. 지문에 드러난 내용을 토대로 선택지와의 일치 여부를 비교하거나 추론을 통해 도출한 내용으로 적절한 것 또는 적절하지 않은 것 고르기

지문에 드러난 정보를 바탕으로 선택지의 적절성을 판단하는 문제입니다. 주로 지문의 내용과 선택지의 내용이 일치하는지를 묻거나, 지문의 내용을 통해 추론한 내용의 적절성을 묻는 문제가 출제되므로, 무엇보다 지문의 내용을 정확히 파악하는 것이 중요합니다.

문 11. 다음 글에서 추론한 내용으로 가장 적절한 것은? [2025 국가직 9급]

> 조선 시대 소설은 표기 문자에 따라 한자로 표기한 한문 소설과 한글로 표기한 한글 소설, 두 가지로 나뉜다. 한문 소설은 중국에서 들여온 한문 소설, 조선에서 창작한 한문 소설, 조선의 한글 소설을 번역한 한문 소설로 나뉜다. 그리고 한글 소설은 중국 소설을 번역한 한글 소설, 조선에서 창작한 한문 소설을 번역한 한글 소설, 조선에서 창작한 한글 소설로 나뉜다. 조선 시대에 많은 한글 소설이 창작되어 읽혔지만, 이를 저급한 오락물로 여겼던 당대의 지식인들은 한글 소설을 외면했으므로 그에 관해 기록한 문헌을 거의 남기지 않았다. 반면에 이들은 한문 소설, 특히 중국에서 들여온 한문 소설을 즐겨 읽고 이에 관한 많은 기록을 남겼다.
>
> 중국에서 들여온 한문 소설은 조선에서도 인쇄된 책으로 읽혔기 때문에 필사본이 거의 없다. 이와 대조적으로 조선에서 창작한 한문 소설은 필사본으로 유통되었다. 조선의 필사본 소설은 뚜렷한 특징을 보이는데, 한문 소설을 필사한 경우는 이본별 내용 차이가 거의 없는 반면 한글 소설을 필사한 경우는 그렇지 않다는 점이다. 한글 소설은 같은 제목의 소설이라도 내용이 상당히 다른 다양한 이본이 있었다. 이는 한문 소설의 독자는 문자 그대로 독자였던 것에 비하여 한글 소설의 독자는 독자이면서 이야기를 개작하는 작자이기도 했기 때문이다. 한자에 비해 한글은 익히기 쉽고 그만큼 쓰기도 편해서 한글 소설의 필사자는 내용을 바꾸고 싶다는 의지가 있다면 쉽게 바꿀 수 있었다. 한글 소설은 인쇄본이 아니라 필사본으로 많이 유통되었기 때문에 옮겨 쓰는 과정에서 다양한 이본이 생겨났다.
>
> 조선 시대 소설을 이해하는 데 있어서 소설을 표기한 문자는 무엇보다 중요하다. 표기 문자는 소설의 종류를 나누는 기준이 되었을 뿐만 아니라, 소설의 감상 및 유통, 이본 생산에 직접적인 영향을 미쳤다.

① 조선 시대의 소설은 한글 소설보다 한문 소설의 종류가 훨씬 다양했다.
② 조선 시대의 지식인들은 조선에서 창작한 한문 소설을 저급한 오락물로 여겼다.
③ 한자로 필사할 때보다 한글로 필사할 때 필사자의 의견이 반영되어 개작되기 쉬웠다.
④ 조선의 필사본 소설 중 한문 소설을 필사한 것은 소수였고 한글 소설을 필사한 것이 대부분이었다.

해설 제시문 2문단에서는 한자에 비해 한글이 익히기 쉽고 쓰기 편해서 한글 소설의 필사자는 의지가 있으면 내용을 쉽게 바꿀 수 있었음을 설명하고 있습니다. 이로 미루어 보아 한자보다 한글로 필사할 때 필사자의 의견이 더 쉽게 반영되어 개작되었음을 추론할 수 있습니다. 따라서 ③의 추론은 적절합니다.

2. 지문에 제시된 각각의 주장·견해를 분석한 뒤 주장·견해 간의 대립 여부를 파악하기

동일한 주제에 대한 여러 사람의 주장·견해를 분석하고 주장·견해 간의 대립 여부를 파악하는 유형입니다. 〈보기〉 및 선택지에는 인물들 간의 주장·견해가 대립하는지 대립하지 않는지를 묻는 내용이 주로 제시되므로, 지문에 제시된 인물들의 주장·견해를 정확히 파악해야 합니다.

문 20. 다음 대화를 분석한 내용으로 적절하지 않은 것은? [2025 국가직 9급]

> 보은: 기차가 달리고 있는 선로에 다섯 명의 인부가 일하고 있고, 그들에게 그 기차를 피할 시간적 여유는 없어. 그런데 스위치를 눌러서 선로를 변경하면 다섯 명의 인부 대신 다른 선로에 있는 한 사람이 죽게 돼. 이 선택의 딜레마 상황에서 너희들은 어떻게 할 거야?
> 소현: 이런 경우엔 행위에 따른 결과가 선택의 기준이 된다고 생각해. 그래서 나는 스위치를 눌러서 한 명이 죽더라도 다섯 명을 살리는 선택을 할 거야. 그건 결과적으로 봤을 때 불가피한 조치 아니겠어?
> 은주: 글쎄, 행위에 따른 결과보다 행위 자체의 도덕성을 기준에 두어야 하는 거 아니야? 행위 자체의 도덕성을 따진다면, 스위치를 눌러서 사람을 '죽이는 것'과 아무것도 하지 않고 '죽게 내버려 두는 것' 중에 당연히 살인에 해당하는 전자가 더 나쁘지.
> 보은: 나도 그렇게 생각해. 스위치를 누르면 살인이고, 누르지 않으면 방관일 텐데, 법적인 측면에서 보더라도 전자는 후자보다 무겁게 처벌되잖아. 게다가 생명의 가치는 수량화할 수 없으니 한 사람보다 다섯 사람이 가지는 생명의 가치가 더 크다고 말할 수 없어.
> 영민: 생명의 가치를 수량화할 수 없다는 데 원론적으로는 나도 동의해. 하지만 지금처럼 불가피한 선택의 상황에서 무엇보다 우선해야 할 것은 명확한 기준을 세우는 일이야. 나는 이 상황에서 어떻게 하면 죽는 사람의 수를 최소화하는가가 그 기준이 되어야 한다고 생각해.

① 스위치를 누르는 일을 살인으로 본다는 점에 대해 은주는 보은과 견해를 같이한다.
② 생명의 가치를 수량화할 수 없다는 점에 대해 영민은 원론적으로는 보은과 견해를 같이한다.
③ 선택의 딜레마 상황에서 소현은 행위에 따른 결과를, 은주는 행위 자체의 도덕성을 선택의 기준으로 삼는다.
④ 인명피해가 불가피한 선택의 상황에 놓인다면, 영민은 죽는 사람의 수를 최소화하는 선택을 하고, 소현은 그렇게 하지 않는다.

해설 인명피해가 불가피한 선택의 상황에서 영민은 죽는 사람의 수를 최소화하는가가 기준이 되어야 한다고 주장합니다. 소현 역시 행위에 따른 결과를 선택의 기준으로 보며 다섯 명을 살리는 선택을 할 것이라고 주장합니다. 따라서 인명피해가 불가피한 선택의 상황에 놓인다면 영민과 소현은 죽는 사람의 수를 최소화하는 선택을 할 것임을 알 수 있습니다. 따라서 제시된 대화를 분석한 내용으로 적절하지 않은 것은 ④입니다.
[관련 부분]
· 소현: 행위에 따른 결과가 선택의 기준이 된다고 생각해. 그래서 나는 스위치를 눌러서 한 명이 죽더라도 다섯 명을 살리는 선택을 할 거야.
· 영민: 지금처럼 불가피한 선택의 상황에서 ~ 어떻게 하면 죽는 사람의 수를 최소화하는가가 그 기준이 되어야 한다고 생각해.

공무원 국어 영역별 출제 유형

논리

1. 지문에 제시된 필자의 견해·관점·주장을 파악한 뒤 선택지 또는 〈보기〉에 진술된 내용이 그것들을 강화·약화하는지 판단하기

선택지 또는 〈보기〉에 진술된 내용이 제시문의 견해·관점·주장을 강화하는지 혹은 약화하는지 판단하는 유형입니다. 선택지 또는 〈보기〉에는 주로 지문에 제시된 견해·관점·주장을 뒷받침하거나 반박하는 근거들이 사례로 제시되므로, 견해·관점·주장과 사례의 관계를 명확히 파악해 강화, 약화 여부를 판단해야 합니다.

문 14. ㉠을 평가한 내용으로 적절한 것만을 〈보기〉에서 모두 고르면? [9급 출제기조 전환 1차 예시문제]

흔히 '일곱 빛깔 무지개'라는 말을 한다. 서로 다른 빛깔의 띠 일곱 개가 무지개를 이루고 있다는 뜻이다. 영어나 프랑스어를 비롯해 다른 자연언어들에도 이와 똑같은 표현이 있는데, 이는 해당 자연언어가 무지개의 색상에 대응하는 색채 어휘를 일곱 개씩 지녔기 때문이라고 할 수 있다.

언어학자 사피어와 그의 제자 워프는 여기서 어떤 영감을 얻었다. 그들은 서로 다른 언어를 쓰는 아메리카 원주민들에게 무지개의 띠가 몇 개냐고 물었다. 대답은 제각각 달랐다. 사피어와 워프는 이 설문 결과에 기대어, 사람들은 자신의 언어에 얽매인 채 세계를 경험한다고 판단했다. 이 판단으로부터, "우리는 모국어가 그어놓은 선에 따라 자연세계를 분단한다."라는 유명한 발언이 나왔다. 이에 따르면 특정 현상과 관련한 단어가 많을수록 해당 언어권의 화자들은 그 현상에 대해 심도 있게 경험하는 것이다. 언어가 의식을, 사고와 세계관을 결정한다는 이 견해는 ㉠ <u>사피어-워프 가설</u>이라 불리며 언어학과 인지과학의 논란거리가 되어왔다.

〈보기〉

ㄱ. 눈[雪]을 가리키는 단어를 4개 지니고 있는 이누이트족이 1개 지니고 있는 영어 화자들보다 눈을 넓고 섬세하게 경험한다는 것은 ㉠을 강화한다.
ㄴ. 수를 세는 단어가 '하나', '둘', '많다' 3개뿐인 피라하족의 사람들이 세 개 이상의 대상을 모두 '많다'고 인식하는 것은 ㉠을 강화한다.
ㄷ. 색채 어휘가 적은 자연언어 화자들이 색채 어휘가 많은 자연언어 화자들에 비해 색채를 구별하는 능력이 뛰어나다는 것은 ㉠을 약화한다.

① ㄱ
② ㄱ, ㄴ
③ ㄴ, ㄷ
④ ㄱ, ㄴ, ㄷ

해설 지문의 내용을 〈보기〉에 적용하여 강화·약화 여부를 판단하는 문제입니다. 'ㄱ'은 단어 개수가 많아 대상을 더욱 섬세하게(심도 있게) 경험하는 사례에 해당하므로 ㉠을 강화합니다. 'ㄴ'은 단어 개수가 적어 대상을 심도 있게 경험하지 못하는 사례에 해당하므로 ㉠을 강화합니다. 'ㄷ'은 대상에 대한 단어 개수가 적은 사람들이 단어 개수 많은 사람들보다 능력이 뛰어난 사례에 해당하므로 ㉠을 약화합니다. 따라서 ㉠을 평가한 내용으로 적절한 것은 ④ 'ㄱ, ㄴ, ㄷ'입니다.

2. 제시된 명제를 바탕으로 도출되는 결론을 찾거나 결론을 도출하기 위해 반드시 필요한 전제 찾기

3~4개의 '모든~'으로 표현되는 '전칭 명제' 또는 '어떤~', '일부'로 표현되는 '특칭 명제'를 제시한 뒤 생략된 결론이나 전제를 찾는 문제입니다. 역·이·대우와 같은 명제와 관련된 주요 이론들을 정확하게 숙지해야 합니다.

> **문 12.** (가)와 (나)를 전제로 할 때 빈칸에 들어갈 결론으로 가장 적절한 것은? [9급 출제기조 전환 1차 예시문제]
>
> (가) 노인복지 문제에 관심이 있는 사람 중 일부는 일자리 문제에 관심이 있는 사람이 아니다.
> (나) 공직에 관심이 있는 사람은 모두 일자리 문제에 관심이 있는 사람이다.
> 따라서 _____.
>
> ① 노인복지 문제에 관심이 있는 사람 중 일부는 공직에 관심이 있는 사람이 아니다
> ② 공직에 관심이 있는 사람 중 일부는 노인복지 문제에 관심이 있는 사람이 아니다
> ③ 공직에 관심이 있는 사람은 모두 노인복지 문제에 관심이 있는 사람이 아니다
> ④ 일자리 문제에 관심이 있지만 노인복지 문제에 관심이 없는 사람은 모두 공직에 관심이 있는 사람이 아니다

해설 (가) 명제는 '노인복지∧~일자리 문제', (나) 명제는 '공직 → 일자리 문제'로 기호화할 수 있으며, 이때 (나)의 대우는 '~일자리 문제 → ~공직'으로 기호화할 수 있습니다. 이를 바탕으로 (나) 명제의 대우를 (가) 명제에 적용하면 '노인복지 문제에 관심이 있는 사람 중 일부는 공직에 관심이 있는 사람이 아니다(노인복지∧~공직)'가 도출됩니다. 따라서 빈칸에 들어갈 결론은 ①입니다.

문법·문학

1. 문법 이론이 적절하게 적용된 것 또는 적절하게 적용되지 않은 것 고르기

지문에 제시된 문법 이론을 정확하게 이해해야만 정답을 고를 수 있는 유형입니다. 지문에 제시된 문법 이론이 포함된 사례를 고르거나, 문법 이론이 적절하게 적용되었는지를 추론하는 문제 등이 이에 해당합니다. 따라서 문법 핵심 이론을 학습할 필요가 있습니다.

> **문 3.** 다음 글의 ⊙의 사례가 포함되어 있지 않은 것은? [9급 출제기조 전환 1차 예시문제]
>
> 존경 표현에는 주어 명사구를 직접 존경하는 '직접존경'이 있고, 존경의 대상과 긴밀한 관련을 가지는 인물이나 사물 등을 높이는 ⊙'간접존경'도 있다. 전자의 예로 "할머니는 직접 용돈을 마련하신다."를 들 수 있고, 후자의 예로는 "할머니는 용돈이 없으시다."를 들 수 있다. 전자에서 용돈을 마련하는 행위를 하는 주어는 할머니이므로 '마련한다'가 아닌 '마련하신다'로 존경 표현을 한 것이다. 후자에서는 용돈이 주어이지만 할머니와 긴밀한 관련을 가진 사물이라서 '없다'가 아니라 '없으시다'로 존경 표현을 한 것이다.
>
> ① 고모는 자식이 다섯이나 있으시다.
> ② 할머니는 다리가 아프셔서 병원에 다니신다.
> ③ 언니는 아버지가 너무 건강을 염려하신다고 말했다.
> ④ 할아버지는 젊었을 때부터 수염이 많으셨다고 들었다.

해설 '높임 표현'과 관련된 것으로 그중에서도 ⊙'간접존경'이 포함된 것이 무엇인지를 묻는 문제입니다. ③ '언니는 아버지가 너무 건강을 염려하신다고 말했다'는 주어인 아버지를 높이기 위해 '염려한다고'가 아닌 '염려하신다고'로 존경 표현을 한 직접존경 문장입니다. 따라서 ⊙'간접존경'이 포함된 사례에 해당하지 않은 것은 ③입니다.

공무원 국어 영역별 출제 유형

2. 선택지의 밑줄 친 부분 중 문법상 옳은 것 또는 옳지 않은 것 고르기

선택지의 밑줄 친 부분이 문법상 맞는지 혹은 맞지 않은지를 고르는 문제입니다. 지방직 7급, 군무원 9/7급은 여전히 문법 이론 및 지식의 적절성을 묻는 문제가 출제되므로 문법 핵심 이론을 꼼꼼하게 학습할 필요가 있습니다.

> **문 3. 밑줄 친 부분이 표준어로 쓰인 것은?** [2024 국가직 9급]
>
> ① 그 친구는 허구헌 날 놀러만 다닌다.
> ② 닭을 통째로 구우니까 더 먹음직스럽다.
> ③ 발을 잘못 디뎌서 하마트면 넘어질 뻔했다.
> ④ 언니가 허리가 잘룩하게 들어간 코트를 입었다.

해설 '표준어 사정 원칙'으로 그 쓰임이 표준어 규정에 어긋나지 않은 것을 묻는 문제입니다. 밑줄 친 부분 중 표준어로 쓰인 것은 '통째로'로 '나누지 않은 덩어리 전부'를 의미하는 말은 '통째'입니다. '통채'는 '통째'의 비표준어입니다. 따라서 답은 ②입니다.

3. 지문에 제시된 문학 작품 해설이나 문학 이론을 이해한 것으로 적절한 또는 적절하지 않은 것 고르기

지문에 제시된 문학 작품에 대한 해설이나 문학 이론을 정확하게 이해해야만 고를 수 있는 유형입니다. 문학 작품의 해설 지문의 경우 작품에 대한 배경지식이 있다면 내용을 더욱 빠르게 이해할 수 있습니다. 또한 기본적인 문학 이론은 평소에 학습해 두되, 생소한 이론이 제시되는 경우에는 핵심어를 중심으로 내용을 파악합니다.

> **문 6. 다음 글을 이해한 내용으로 가장 적절한 것은?** [9급 출제기조 전환 1차 예시문제]
>
> 이육사의 시에는 시인의 길과 투사의 길을 동시에 걸었던 작가의 면모가 고스란히 담겨 있다. 가령, 「절정」은 크게 두 부분으로 나누어지는데, 투사가 처한 냉엄한 현실적 조건이 3개의 연에 걸쳐 먼저 제시된 후, 시인이 품고 있는 인간과 역사에 대한 희망이 마지막 연에 제시된다.
> 우선, 투사 이육사가 처한 상황은 대단히 위태로워 보인다. 그는 "매운 계절의 채찍에 갈겨 / 마침내 북방으로 휩쓸려" 왔고, "서릿발 칼날진 그 위에 서" 바라본 세상은 "하늘도 그만 지쳐 끝난 고원"이어서 가냘픈 희망을 품는 것조차 불가능해 보인다. 이러한 상황은 "한발 제겨디딜 곳조차 없다"는 데에 이르러 극한에 도달하게 된다. 여기서 그는 더 이상 피할 수 없는 존재의 위기를 깨닫게 되는데, 이때 시인 이육사가 나서면서 시는 반전의 계기를 마련한다.
> 마지막 4연에서 시인은 3연까지 치달아 온 극한의 위기를 담담히 대면한 채, "이러매 눈감아 생각해" 보면서 현실을 새롭게 규정한다. 여기서 눈을 감는 행위는 외면이나 도피가 아니라 피할 수 없는 현실적 조건을 새롭게 반성함으로써 현실의 진정한 면모와 마주하려는 적극적인 행위로 읽힌다. 이는 다음 행, "겨울은 강철로 된 무지갠가보다"라는 시구로 이어지면서 현실에 대한 새로운 성찰로 마무리된다. 이 마지막 구절은 인간과 역사에 대한 희망을 놓지 않으려는 시인의 안간힘으로 보인다.
>
> ① 「절정」에는 투사가 처한 극한의 상황이 뚜렷한 계절의 변화로 드러난다.
> ② 「절정」에서 시인은 투사가 처한 현실적 조건을 외면하지 않고 새롭게 인식한다.
> ③ 「절정」은 시의 구성이 두 부분으로 나누어지면서 투사와 시인이 반목과 화해를 거듭한다.
> ④ 「절정」에는 냉엄한 현실에 절망하는 시인의 면모와 인간과 역사에 대한 희망을 놓지 않으려는 투사의 면모가 동시에 담겨 있다.

해설 제시된 작품에서 시인은 3연까지 치달아온 극한의 위기(냉엄한 현실적 조건)를 담담히 대면해 눈을 감으며 현실을 새롭게 규정하고, 현실의 진정한 면모와 마주합니다. 따라서 「절정」에서 시인은 투사가 처한 현실적 조건을 외면하지 않고 새롭게 인식(규정)한다고 볼 수 있습니다. 따라서 답은 ②입니다.

어휘

1. 고유어와 한자어의 대응이 적절한 것 또는 적절하지 않은 것 고르기

고유어와 한자어를 서로 적절하게 바꾸어 썼는지를 묻는 문제입니다. 이 유형의 경우 독해와 세트 문제로 출제되어 지문 속의 고유어 또는 한자어를 적절하게 대응하는 다른 말로 바꾸어 쓸 수 있는지를 묻는 방식으로 출제되고 있습니다. 따라서 단어 앞뒤 맥락을 통해 의미를 정확하게 파악하고 선택지에 제시된 말로 바꾸어 썼을 때 의미가 자연스러운지 파악하는 것이 중요합니다.

> 문 14. 밑줄 친 부분과 바꾸어 쓰기에 적절하지 않은 것은?   [2024 국가직 9급]
> ① 나는 하루 종일 거리를 배회(徘徊)하였다. → 돌아다녔다
> ② 이 산의 광물 자원은 무진장(無盡藏)하다. → 여러 가지가 있다
> ③ 그분의 주장은 경청(傾聽)할 가치가 있다. → 귀를 기울여 들을
> ④ 공지문에서는 회의의 사유를 명기(明記)하지 않았다. → 밝혀 적지

해설   한자어의 문맥상 의미를 파악하고 그와 바꾸어 쓸 수 있는 말을 찾는 문제입니다. 무진장(無盡藏: 없을 무, 다할 진, 감출 장)은 '다함이 없이 굉장히 많음'을 뜻하는 말입니다. 따라서 이를 '여러 가지가 있다'로 바꾸어 쓰는 것은 적절하지 않습니다. 따라서 답은 ②입니다.

2. 빈칸에 들어갈 어휘·표현 고르기

지문의 빈칸에 들어갈 적절한 어휘 또는 표현을 고르는 문제로, 지방직 7급, 군무원 9/7급에서 여전히 출제되는 유형입니다. 선택지에 주어진 어휘나 표현의 의미를 파악한 후 지문의 빈칸에 들어갈 적절한 것을 유추하면 쉽게 풀 수 있으므로 필수 기출 어휘와 출제 예상 어휘를 알아두고 지문의 내용 추론 능력을 기르는 것이 중요합니다.

> 문 9. (가) ~ (다)에 들어갈 한자어로 가장 적절한 것은?   [2024 국가직 9급]
>
> ○ 현실을 [(가)] 한 그 정책은 결국 실패로 돌아갔다.
> ○ 그는 [(나)] 이 잦아 친구들 사이에서 신의를 잃었다.
> ○ 이 소설은 당대의 구조적 [(다)] 을 예리하게 비판했다.
>
> | | (가) | (나) | (다) |
> |---|---|---|---|
> | ① | 度外視 | 食言 | 矛盾 |
> | ② | 度外視 | 添言 | 腹案 |
> | ③ | 白眼視 | 食言 | 矛盾 |
> | ④ | 白眼視 | 添言 | 腹案 |

해설   빈칸 (가)~(다)에 들어갈 한자어를 묻는 문제입니다. (가) 뒤에는 정책이 결국 실패했다는 내용이 제시되어 있습니다. 이와 호응하기 위해서는 (가)에 현실을 고려하지 않았다는 내용이 들어가야 합니다. 따라서 (가)에는 '상관하지 않거나 무시함'을 뜻하는 '度外視(도외시: 법도 도, 바깥 외, 볼 시)'가 들어가는 것이 적절합니다. (나) 뒤의 어떠한 이유로 인해 친구들 사이에서 신의를 잃었다는 내용이 제시되어 있으므로 (나)에는 '한번 입 밖에 낸 말을 도로 입속에 넣는다는 뜻으로, 약속한 말대로 지키지 않음을 이르는 말'인 '食言(식언: 밥 식, 말씀 언)'이 들어가는 것이 적절합니다. (다)의 앞뒤에는 소설이 당대의 어떠한 것을 예리하게 비판했다는 내용이 제시되어 있으므로 (다)에는 '矛盾(모순: 창 모, 방패 순)'이 들어가는 것이 적절합니다. 따라서 답은 ①입니다.

해커스 단기 합격 기본서 학습 플랜

[1회독] 개념 정리 단계	[2회독] 집중 학습 단계	[3회독] 실력 완성 단계
· 아래 진도표에 따라 매일 학습 · 학습 기간: 60일	· 아래 진도표의 이틀 분량을 하루에 학습 · 학습 기간: 30일	· 아래 진도표의 사흘 분량을 하루에 학습 · 학습 기간: 20일

1일	2일	3일	4일	5일	6일	7일	8일	9일	10일
독해 기본 원리 1, 2	독해 기본 원리 1~2 복습	독해 기본 원리 3, 4	독해 기본 원리 3~4 복습	독해 기본 원리 1~4 복습	1편 독해 01	1편 독해 02	1편 독해 01~02 복습	1편 독해 03	1편 독해 04
11일	12일	13일	14일	15일	16일	17일	18일	19일	20일
1편 독해 03~04 복습	1편 독해 05	1편 독해 06	1편 독해 05~06 복습	1편 독해 07	1편 독해 08	1편 독해 07~08 복습	1편 독해 09	1편 독해 10	1편 독해 09~10 복습
21일	22일	23일	24일	25일	26일	27일	28일	29일	30일
1편 독해 01~10 복습	2편 논리 01	2편 논리 01 복습	2편 논리 02	2편 논리 02 복습	2편 논리 01~02 복습	2편 논리 03	2편 논리 04	2편 논리 03~04 복습	2편 논리 05
31일	32일	33일	34일	35일	36일	37일	38일	39일	40일
2편 논리 05 복습	2편 논리 01~05 복습	3편 문법 01	3편 문법 02	3편 문법 01~02 복습	3편 문법 03	3편 문법 04	3편 문법 03~04 복습	3편 문법 05	3편 문법 06
41일	42일	43일	44일	45일	46일	47일	48일	49일	50일
3편 문법 05~06 복습	3편 문법 01~06 복습	4편 문학 01	4편 문학 02	4편 문학 01~02 복습	5편 어휘 01	5편 어휘 02	5편 어휘 03	5편 어휘 01~03 복습	독해 기본 원리 1~4 복습
51일	52일	53일	54일	55일	56일	57일	58일	59일	60일
1편 독해 01~05 복습	1편 독해 06~10 복습	1편 독해 01~10 복습	2편 논리 01~02 복습	2편 논리 03~05 복습	3편 문법 01~02 복습	3편 문법 03~04 복습	3편 문법 05~06 복습	4편 문학 01~02 복습	5편 어휘 01~03 복습

회독별 교재 활용법

1회독 - 개념 정리 단계

학습기간: 총 60일
학습목표: 책에 실린 모든 이론 및 전략의 중심 개념을 이해하기
교재 활용법

- 독해: '단계별 문제 풀이 전략'을 학습하고 '전략 적용하기'를 통해 문제 풀이 전략을 적용하는 방법을 익힙니다. '유형 공략 문제'에서는 기출 문제와 예상 문제를 풀어 보며 전략을 연습합니다.
- 논리: '유형 필수 이론'을 학습하고 '단계별 문제 풀이 전략'과 '전략 적용하기'를 통해 문제 풀이 전략을 적용하는 방법을 익힙니다. '유형 공략 문제'에서 문제를 풀어 보며 전략을 연습합니다.
- 문법·문학: 문법은 보조단 보충 내용과 본단 '고득점 공략'은 제외하고 본문의 문법 핵심 이론을 위주로 기본 이론을 학습합니다. 문학은 필수 이론을 예시와 함께 학습합니다. 이론을 학습한 뒤에는 '학습 체크'를 통해 이해 여부를 확인합니다.
- 어휘: 예시를 중심으로 어휘를 암기하고 '학습 체크'를 풉니다. 잘 외워지지 않는 어휘는 □에 체크합니다.

2회독 - 집중 학습 단계

학습기간: 총 30일
학습목표: 책에 실린 모든 내용을 놓치지 않고 꼼꼼하게 학습하기
교재 활용법

- 독해: '유형별 공략 문제'에서 틀린 문제는 '단계별 문제 풀이 전략'을 적용해 보며 다시 한번 풀어 봅니다.
- 논리: '유형 필수 이론'에서 학습한 이론에 대해 올바르게 이해하였는지, 개념에 오류가 없는지 재점검합니다.
- 문법·문학: 보충 내용과 '고득점 공략'까지 꼼꼼히 정독하면서 책의 내용을 익힙니다. 문법은 학습 점검 문제를 통해 학습한 내용을 점검합니다.
- 어휘: 1회독 때 체크해 둔 잘 외워지지 않는 어휘 위주로 암기하고, 각 어휘들의 동의어 및 참고를 함께 학습합니다.

3회독 - 실력 완성 단계

학습기간: 총 20일
학습목표: 틀린 문제를 중심으로 완벽히 복습하여 실력 완성하기
교재 활용법

- 독해: '유형별 공략 문제'에서 틀렸거나, 잘 이해가 되지 않았던 제시문들을 중심으로 다시 한번 단계별 전략을 활용해 문제를 풀어 보도록 합니다.
- 논리: 1, 2회독 시 틀렸거나 헷갈렸던 문제 위주로 다시 풀고, 해당 논리 이론을 찾아가며 철저히 복습합니다.
- 문법·문학: 문법은 1, 2회독 시 문제를 풀 때 개념이 즉시 떠오르지 않았던 문제는 다시 풀고, 해당 문법 이론을 철저히 복습합니다. 문학은 '학습 체크'에서 틀렸던 문제를 다시 한번 복습합니다.
- 어휘: 잘 외워지지 않거나 헷갈려 체크해 둔 어휘 위주로 완벽하게 암기합니다.

해커스공무원에서 제공하는 합격 가능성을 높이는 프리미엄 콘텐츠!

01

**최다 빈출 한자 200 제공
(gosi.Hackers.com)**

편리하게 들고 다니며 암기할 수 있는 빈출 한자 어휘장 제공!

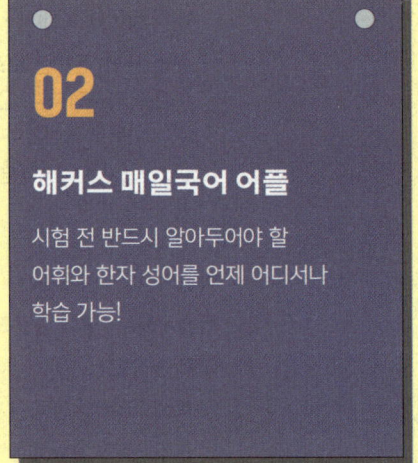

02

해커스 매일국어 어플

시험 전 반드시 알아두어야 할 어휘와 한자 성어를 언제 어디서나 학습 가능!

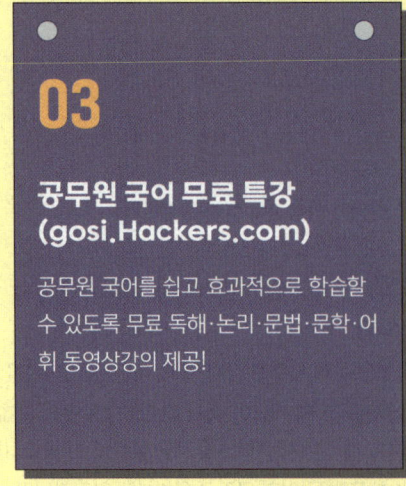

03

**공무원 국어 무료 특강
(gosi.Hackers.com)**

공무원 국어를 쉽고 효과적으로 학습할 수 있도록 무료 독해·논리·문법·문학·어휘 동영상강의 제공!

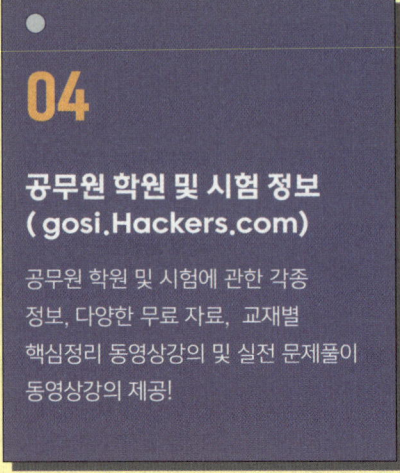

04

**공무원 학원 및 시험 정보
(gosi.Hackers.com)**

공무원 학원 및 시험에 관한 각종 정보, 다양한 무료 자료, 교재별 핵심정리 동영상강의 및 실전 문제풀이 동영상강의 제공!

해커스공무원 국어 기본서

해커스

목차

독해 기본 원리 9

제1편 독해

01	중심 내용 및 핵심 논지 파악하기	32
02	세부 내용 파악하기	42
03	주장 및 견해 파악하기	54
04	글의 전략 및 전개 방식 파악하기	64
05	말하기 전략 파악하기	72
06	글의 순서 파악하기	82
07	숨겨진 내용 추론하기	90
08	빈칸 및 이어질 내용 추론하기	104
09	사례 추론하기	114
10	공문서·개요·글 고쳐쓰기	120

제2편 논리

01	명제 추론하기 ① 추론 규칙	132
02	명제 추론하기 ② 벤다이어그램	148
03	논증의 종류 파악하기	154
04	논증의 오류 파악하기	160
05	논증의 강화 및 약화 평가하기	166

해커스공무원 국어 기본서

제3편 문법

01	언어의 본질	182
02	음운론	188
03	형태론	200
04	문장론	228
05	의미론	244
06	올바른 언어생활	250

제4편 문학

| 01 | 문학의 이해 | 274 |
| 02 | 문학의 갈래 | 280 |

제5편 어휘

01	틀리기 쉬운 어휘	306
02	혼동하기 쉬운 어휘	316
03	고유어와 한자어의 대응	328

문학 용어 사전	334
혼동하기 쉬운 표준어	340
혼동하기 쉬운 외래어	344
[책속의 책] 약점 보완 해설집	

이 책의 구성

독해

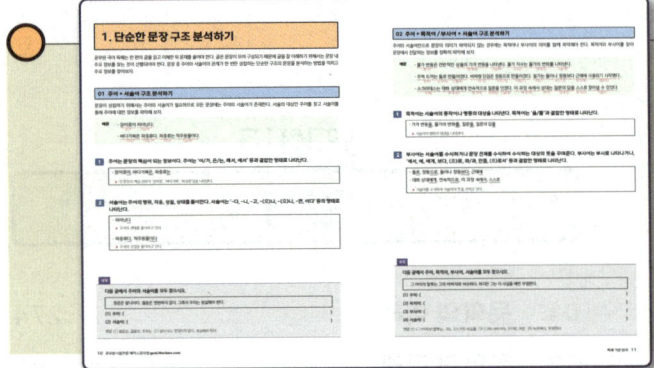

독해 기본 원리

문장의 의미를 정확하게 이해하는 방법과 글 구조에 대한 이해를 바탕으로 빠르게 글의 주요 정보를 파악하는 방법을 제공합니다. 예제를 통해 문장 구조 분석 방법과 글의 구조 분석 방법을 적용해 봄으로써 독해의 기본 원리를 익힐 수 있습니다.

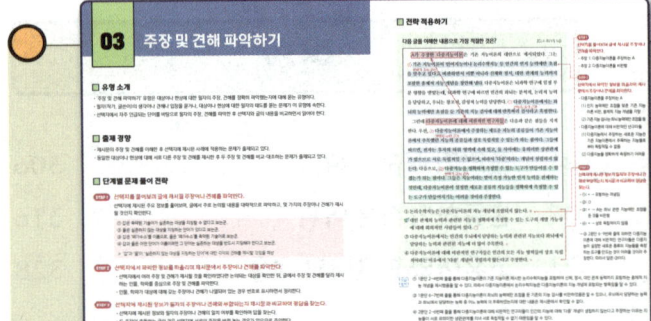

단계별 문제 풀이 전략

기출 유형에 대한 분석과 최신 출제 경향을 제공합니다. 단계별 문제 풀이 전략을 제시해 주어 변화된 출제 기조 문제를 가장 빠르고 정확하게 푸는 법을 알 수 있습니다. 또한 단계별 문제 풀이 전략을 기출 문제에 적용해 봄으로써 전략을 효과적으로 익힐 수 있습니다.

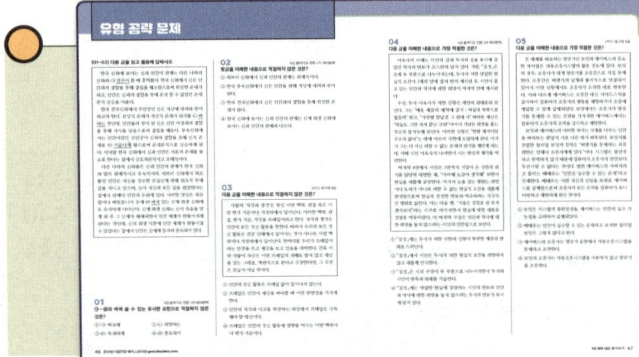

유형 공략 문제

유형별로 제시된 단계별 문제 풀이 전략을 연습할 수 있도록 최신 기출 문제 및 예상 문제를 수록하였습니다. 단계별 문제 풀이 전략을 적용하며 풀어 나가면서 각 유형별 문제에 익숙해질 수 있습니다.

해커스공무원 국어 기본서

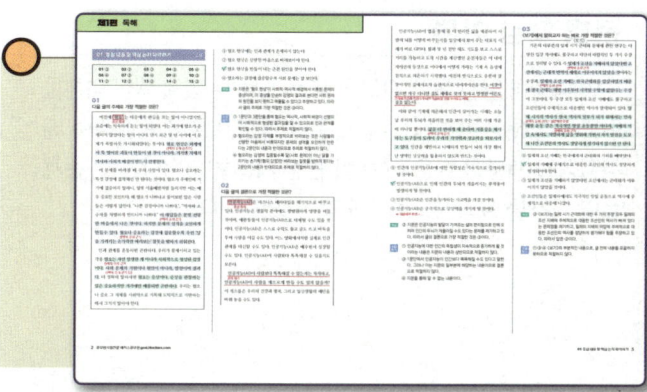

상세하고 풍부한 첨삭 해설

지문에 정답·오답의 근거를 표시한 첨삭 해설을 제공함으로써, 스스로 제시문을 정확하게 이해하고 문제를 풀었는지 효율적으로 확인할 수 있습니다.

논리

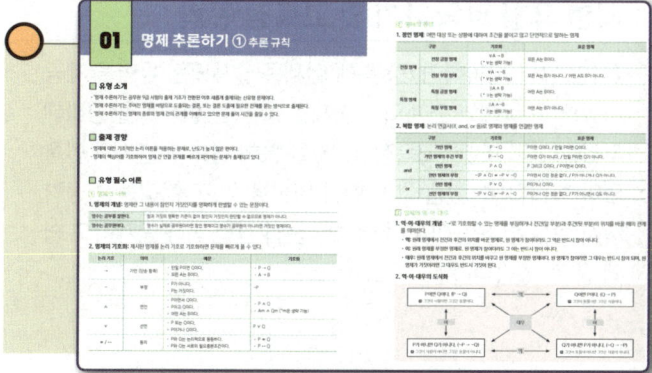

유형 필수 이론

명제, 논증 문제에 효과적으로 대비할 수 있도록 출제 가능성이 높은 명제 추론 규칙, 벤다이어그램, 논증 이론을 단계별 문제 풀이 전략과 함께 수록하였습니다. 필수 이론을 암기해 두면 문제 풀이 시간을 효율적으로 사용할 수 있습니다.

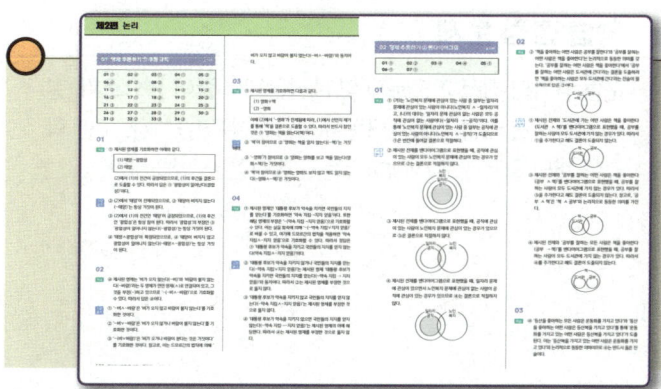

논리 구조가 한눈에 보이는 해설

문제에 제시된 진술들을 기호화한 표와 문제의 논리 구조를 한눈에 파악할 수 있는 벤다이어그램을 제시함으로써, 문제의 논리 구조를 정확하게 파악할 수 있습니다. 또한 자신의 문제 풀이 방식이 적절했는지도 점검할 수 있습니다.

이 책의 구성 5

이 책의 구성

문법·문학

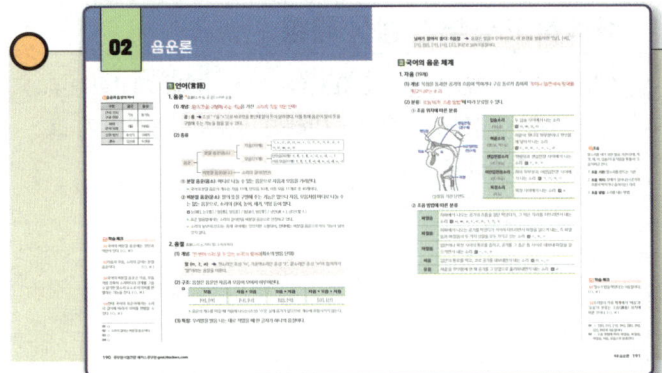

문법 핵심 이론

문법 내용이 담긴 독해 지문을 빠르게 풀 수 있게 핵심 이론들만을 선별해 수록하였습니다. 문법 핵심 이론을 학습하여 배경지식을 충분히 쌓은 뒤 문법 관련 지문을 읽어나가면, 문제 풀이 시간을 효과적으로 단축할 수 있습니다.

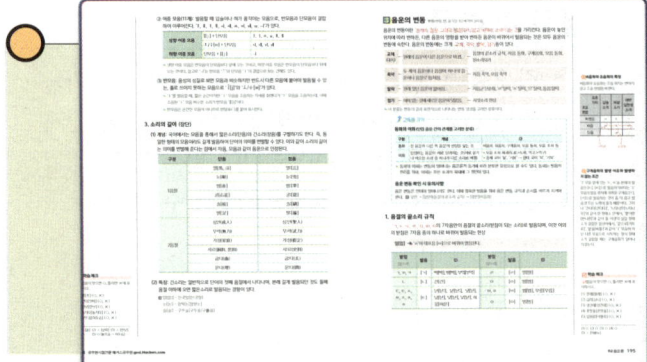

시험 유형 파악하기 및 고득점 공략

<시험 유형 파악하기>를 통해 실제로 출제되는 유형을 제공하였으며, 독해와 연계되어 출제될 수 있는 이론들을 정리해 두었습니다. 또한 <고득점 공략>을 통해 심화 개념까지 빈틈없이 학습할 수 있습니다. 핵심 이론을 익힌 후 고득점 공략까지 학습한다면, 아무리 어려운 문법 관련 독해 문제라도 쉽게 풀 수 있습니다.

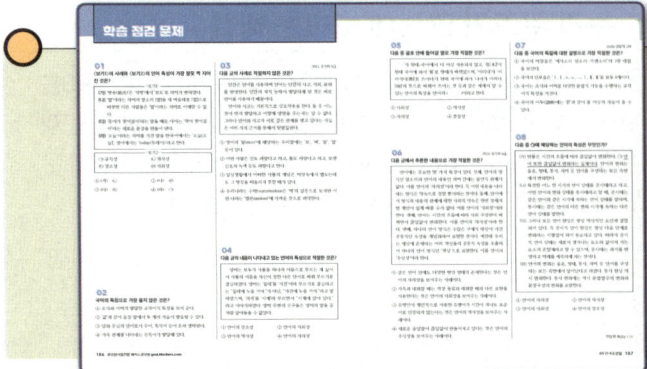

학습 점검 문제

문법 영역의 최신 기출문제 및 예상문제를 풀어 봄으로써, 실제 시험에서 어떻게 출제되는지 파악할 수 있습니다. 또한 학습한 개념을 제대로 이해하였는지 점검할 수 있습니다.

해커스공무원 국어 **기본서**

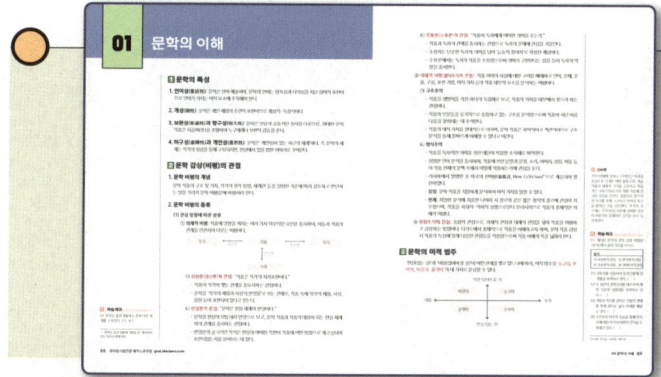

문학 필수 이론

문학 작품의 설명, 작품을 이해하는 관점 등이 제시문으로 출제되는 문제를 빠르게 풀 수 있게 반드시 필요한 문학의 핵심 이론만 담았습니다.

어휘

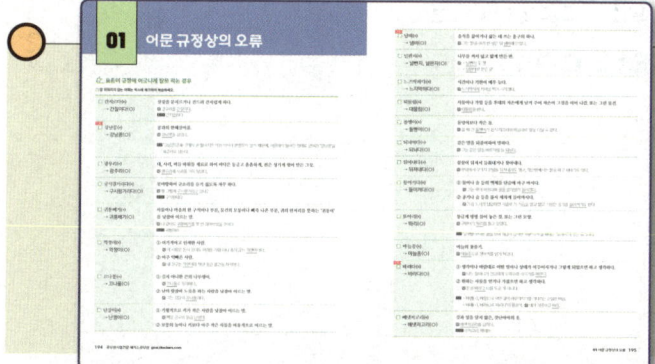

빈출 어휘

공무원 국어 시험에 출제되었던 어휘 중에서 주요 어휘만을 엄선하였습니다. 그중에서도 많이 출제되었던 어휘에는 빈출 표시해 반복 출제되는 어휘만 골라 회독 학습을 할 수도 있습니다. 특히 '표기상 틀리기 쉬운 어휘'와 '혼동하기 쉬운 어휘'는 고쳐쓰기 문제와 연계하여 학습한다면 효율적입니다.

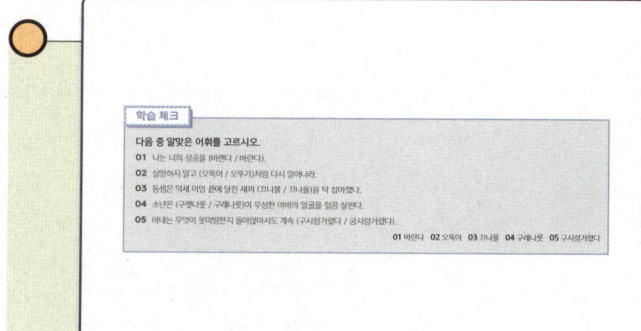

학습체크

각 단원의 어휘 학습이 끝나면 '학습 체크'를 통해 학습한 내용을 점검할 수 있습니다. 어휘의 의미 찾기, 택일형 등 간단한 문제를 풀어 보는 과정을 통해 단원별 주요 어휘를 완벽하게 학습하였는지 빠르게 체크할 수 있습니다.

이 책의 구성 **7**

공무원시험전문 해커스공무원
gosi.Hackers.com

해커스공무원 국어 기본서

독해 기본 원리

1. 단순한 문장 구조 분석하기
2. 복잡한 문장 구조 분석하기
3. 글 구조 분석하기①
4. 글 구조 분석하기②

1. 단순한 문장 구조 분석하기

공무원 국어 독해는 한 편의 글을 읽고 이해한 뒤 문제를 풀어야 한다. 글은 문장이 모여 구성되기 때문에 글을 잘 이해하기 위해서는 문장 내 주요 정보를 찾는 것이 선행되어야 한다. 문장 중 주어와 서술어의 관계가 한 번만 성립하는 단순한 구조의 문장을 분석하는 방법을 익히고 주요 정보를 찾아보자.

01 주어 + 서술어 구조 분석하기

문장이 성립하기 위해서는 주어와 서술어가 필요하므로 모든 문장에는 주어와 서술어가 존재한다. 서술의 대상인 주어를 찾고 서술어를 통해 주어에 대한 정보를 파악해 보자.

예문
- 장미꽃이 피어났다.
  (주어) (서술어)
- 바다거북은 파충류다. 파충류는 척추동물이다.
  (주어1) (서술어1) (주어2) (서술어2)

1 주어는 문장의 핵심이 되는 정보이다. 주어는 '이/가, 은/는, 께서, 에서' 등과 결합한 형태로 나타난다.

- 장미꽃이, 바다거북은, 파충류는
  ▶ 각 문장의 핵심 정보가 '장미꽃', '바다거북', '파충류'임을 나타낸다.

2 서술어는 주어의 행위, 작용, 성질, 상태를 풀이한다. 서술어는 '-다, -니, -고, -(으)나, -(으)니, -면, 이다' 등의 형태로 나타난다.

- 피어났다
  ▶ 주어의 상태를 풀이하고 있다.
- 파충류다, 척추동물이다
  ▶ 주어의 성질을 풀이하고 있다.

예제

다음 글에서 주어와 서술어를 모두 찾으시오.

> 청춘은 찰나이다. 젊음은 영원하지 않다. 그래서 우리는 성실해야 한다.

(1) 주어: (   )

(2) 서술어: (   )

정답 (1) 청춘은, 젊음은, 우리는 (2) 찰나이다, 영원하지 않다, 성실해야 한다

02 주어 + 목적어 / 부사어 + 서술어 구조 분석하기

주어와 서술어만으로 문장의 의미가 파악되지 않는 경우에는 목적어나 부사어의 의미를 함께 파악해야 한다. 목적어와 부사어를 찾아 문장에서 전달하는 정보를 정확히 파악해 보자.

예문
- 물가 변동은 전반적인 상품의 가격 변동을 나타낸다. 물가 지수는 물가의 변화를 나타낸다.
  주어1 / 목적어1 / 서술어1 / 주어2 / 목적어2 / 서술어2
- 주먹 도끼는 돌로 만들어졌다. 비파형 단검은 청동으로 만들어졌다. 철기는 돌이나 청동보다 근래에 사용되었다.
  주어1 / 부사어2 / 서술어1 / 주어2 / 부사어2 / 서술어2 / 주어3 / 부사어3 / 부사어4 / 서술어3
- 소크라테스는 대화 상대에게 연속적으로 질문을 던졌다. 이 과정 속에서 상대는 질문의 답을 스스로 찾아낼 수 있었다.
  주어1 / 부사어1 / 부사어2 / 목적어1 / 서술어1 / 부사어3 / 주어2 / 목적어2 / 부사어4 / 서술어2

1 목적어는 서술어의 동작이나 행동의 대상을 나타낸다. 목적어는 '을/를'과 결합한 형태로 나타난다.

- 가격 변동을, 물가의 변화를, 질문을, 질문의 답을
  ▶ 서술어의 행동의 대상을 나타낸다.

2 부사어는 서술어를 수식하거나 문장 전체를 수식하여 수식하는 대상의 뜻을 꾸며준다. 부사어는 부사로 나타나거나, '에서, 에, 에게, 보다, (으)로, 와/과, 만큼, (으)로서' 등과 결합한 형태로 나타난다.

- 돌로, 청동으로, 돌이나 청동보다, 근래에
- 대화 상대에게, 연속적으로, 이 과정 속에서, 스스로
  ▶ 서술어를 수식하여 서술어의 뜻을 꾸미고 있다.

예제

다음 글에서 주어, 목적어, 부사어, 서술어를 모두 찾으시오.

> 그 아이의 말투는 그의 아버지와 비슷하다. 하지만 그는 이 사실을 매번 부정한다.

(1) 주어: (　　　　　　　　　　　　　　　　　　　　　　　　　　　　　　　)
(2) 목적어: (　　　　　　　　　　　　　　　　　　　　　　　　　　　　　　　)
(3) 부사어: (　　　　　　　　　　　　　　　　　　　　　　　　　　　　　　　)
(4) 서술어: (　　　　　　　　　　　　　　　　　　　　　　　　　　　　　　　)

정답 (1) (그 아이의) 말투는, 그는 (2) (이) 사실을 (3) (그의) 아버지와, 하지만, 매번 (4) 비슷하다, 부정한다

2. 복잡한 문장 구조 분석하기

공무원 국어 독해에서는 주어와 서술어 관계가 두 번 이상 성립하는 문장들이 자주 사용된다. 복잡한 문장 구조를 분석하는 방법을 익히고 실전에 적용해 보자.

01 안은문장 구조 분석하기

안은문장은 한 문장이 다른 문장을 문장 성분으로 안고 있는 문장이며, 안은문장 안에서 문장 성분 기능을 하는 것을 안긴문장이라고 한다. 안은문장의 문장 성분을 분석해 보고 안긴문장이 문장 내에서 어떻게 기능하는지 파악해 보자.

예문
- 공황 발작은 〈불안을 지속적으로 느끼는〉 현상이다.
  　　　　주어1　　목적어1　　부사어1　서술어2　서술어1
- 대부분의 사람들은 〈김치가 우리나라의 전통 음식임〉을 결코 부정하지 않는다.
  　　　주어1　　　주어2　　　　　　　서술어2　　부사어1　서술어1

1 주어와 서술어를 확인하여 안은문장과 안긴문장을 끊어 읽는다. 안긴문장의 주어가 생략될 때도 있는데 이때는 서술어를 고려하여 생략된 주어를 찾는 것이 필요하다.

- 공황 발작은 〈(사람이) 불안을 지속적으로 느끼는〉 현상이다.
  　　주어1　　　주어2　　　　　　　　　서술어2　서술어1
  ▶ 서술어2 '느끼는'은 생략된 주어2 '사람이'의 행위를 풀이한다.

- 대부분의 사람들은 〈김치가 우리나라의 전통 음식임〉을 결코 부정하지 않는다.
  　　주어1　　　주어2　　　　　　서술어2　　　　　서술어1
  ▶ 서술어2 '음식임'은 주어2 '김치가'의 성질을 풀이한다.

2 앞뒤 문장 간의 의미 관계를 파악한다.

- 공황 발작은 〈(사람이) ~ 느끼는〉 현상이다.
  ▶ '어떠한'에 해당하며 '현상'을 수식하여 '현상'의 의미를 더해 주는 관형어의 역할을 한다.

- ~ 사람들은 〈김치가 ~ 음식임〉을 ~ 부정하지 않는다.
  ▶ '무엇을'에 해당하며 서술어 '부정하지 않는다'의 대상이 되는 목적어의 역할을 한다.

예제

다음 글에서 주어, 서술어를 모두 찾고, 안긴문장이 문장 내에서 어떤 역할을 하는지 파악해 보자.

> 인간에게 문학은 여러 가지 경험을 간접적으로 선사하는 예술 작품이다.

(1) 주어: (　　　　　　　　　　　　　　　　　　　　　　　　)
(2) 서술어: (　　　　　　　　　　　　　　　　　　　　　　　　)
(3) 안긴문장의 역할: (　　　　　　　　　　　　　　　　　　　　)

정답 (1) 문학은 (2) 선사하는, 예술 작품이다 (3) 관형어

02 이어진문장 구조 분석하기

이어진문장은 두 개 이상의 문장이 연결 어미를 통해 이어진 문장이다. 문장들이 연결되어 어떤 의미 관계를 형성하는지 파악해 보자.

예문
- 몬드리안은 수직선을 남성성의 개념으로 정의했고 / 수평선을 여성성의 개념으로 제시했다.
  주어1 목적어1 부사어1 서술어1 목적어2 부사어2 서술어2
- 만약 창밖에 하늘이 어둡거나 / 구름이 많다면 // 우리는 반드시 우산을 가져가야 한다.
  부사어1 부사어2 주어1 서술어1 주어2 서술어2 주어3 부사어3 목적어1 서술어3

1 주어와 서술어를 확인하여 연결된 문장을 끊어 읽는다. 뒤 문장에서 주어가 생략될 때도 있는데 이때는 서술어를 고려하여 생략된 주어를 찾는 것이 필요하다.

- [앞 문장] **몬드리안은** 수직선을 남성성의 개념으로 **정의했고** / [뒤 문장] **(몬드리안은)** 수평선을 여성성의 개념으로 **제시했다**.
  주어1 서술어1 주어2 서술어2
  ▶ 서술어1 '정의했고'는 주어1 '몬드리안은'의 행위를 풀이한다.
  ▶ 주어2 '몬드리안'은 앞 문장과 동일한 주어로 뒤 문장에서 생략되었다.

- [앞 문장1] 만약 창밖에 **하늘이 어둡거나** / [앞 문장2] **구름이 많다면** // [뒤 문장] **우리는** 반드시 우산을 **가져가야 한다**.
  주어1 서술어1 주어2 서술어2 주어3 서술어3
  ▶ 서술어1 '어둡고'는 주어1 '하늘이'의 상태를 풀이한다.
  ▶ 서술어2 '많다면'은 주어2 '구름이'의 상태를 풀이한다.
  ▶ 서술어3 '가져가야 한다'는 주어3 '우리는'의 행위를 풀이한다.

2 앞뒤 문장 간의 의미 관계를 파악한다.

- 몬드리안은 ~ 정의했고 / (몬드리안은) ~ 제시했다.
  A & B
  ▶ 나열의 의미 관계를 가진 문장으로, 앞 문장과 뒤 문장이 비슷한 구조나 내용으로 이어지며 동일한 층위의 정보를 전달한다.

- ~ 하늘이 어둡거나 / 구름이 많다면 // 우리는 ~ 가져가야 한다.
  A OR B → C
  ▶ 선택의 의미 관계를 가진 문장으로, 첫 번째 문장(A)과 두 번째 문장(B)의 동작이나 상태, 대상들 중에서 어느 것이든 선택될 수 있음을 나타내고 있다.
  ▶ 조건·가정의 의미 관계를 가진 문장으로, 첫 번째 문장과 두 번째 문장은 마지막 문장(C)의 전제가 되며 앞의 문장이 성립해야 뒤의 문장도 성립하게 된다.

예제

다음 글에서 주어, 서술어를 모두 찾고, 문장 간의 의미 관계를 파악해 보자.

> 생체 내에서 리간드가 수용체와 결합하면 수용체의 작용에 의해 생체의 변화가 일어난다.

(1) 주어: (   )
(2) 서술어: (   )
(3) 의미 관계: (   )

정답 (1) 리간드가, (생체의) 변화가 (2) 결합하면, 일어난다 (3) 조건·가정

3. 글 구조 분석하기 ①

공무원 국어 독해에서는 다양한 구조의 글이 제시된다. 글은 종류와 목적에 따라 특정한 구조와 관습적인 전개 방식을 갖추고 있는데, 이를 이해하면 글의 정보를 효과적으로 파악할 수 있다. 글의 구조에 따라 주요 정보를 찾는 방법을 익혀보자.

01 대상의 특징을 나열하는 글

설명하고자 하는 대상을 중심으로 대등한 둘 이상의 내용을 늘어놓는 구조의 글이다. 이와 같은 글을 읽을 때는 나열되는 항목들이 설명 대상의 구체적인 사례나 특징에 해당하는 경우가 많으므로 각각의 정보를 정확히 파악하는 것이 중요하다.

예문   우리나라는 <u>씨앗 소유권</u>에 대한 인식이 부족하여 경제적으로 많은 손실을 보고 있다. '수수꽃다리', '나리', '구상나무' 등의
　　　　　　　　　　중심 화제
씨앗은 우리도 모르는 사이에 해외로 빠져나갔다. 이 씨앗들은 품종이 개량되어 비싼 값에 역수입되고 있다. 또한 우리는 우수한 품종의 씨앗을 사 오는 데 매년 많은 돈을 지불하고 있다. 그동안 씨앗을 개량하려는 노력이 부족하였기 때문이다.

　　　　　지금부터라도 우리는 씨앗에 대한 소유권을 확보하기 위해 노력해야 한다. 그러면 <u>씨앗의 소유권을 확보</u>하기 위하여 어떻게
　　설명 대상
해야 할까? <u>첫째</u>, 씨앗의 중요성을 인식하고 씨앗 소유권에 대해 관심을 가져야 한다. <u>둘째</u>, 씨앗을 체계적으로 연구하는 기관을
　　　　　씨앗 소유권 확보 방안 (1)　　　　　　　　　　　　　　　　　　　　　*씨앗 소유권 확보 방안 (2)*
많이 만들어야 한다. <u>셋째</u>, 씨앗에 대한 기초 자료를 조사하고 수집해야 한다. <u>넷째</u>, 재래종 씨앗을 보전하고 확보해야 한다.
　　　　　　　　　씨앗 소유권 확보 방안 (3)　　　　　　　　　　　　　　　*씨앗 소유권 확보 방안 (4)*
<u>다섯째</u>, 우리 씨앗이 해외로 빠져나가는 것을 막기 위해 관리를 강화해야 한다.
　　　씨앗 소유권 확보 방안 (5)
　　　　　예로부터 우리 조상들은 아무리 배가 고파도 씨앗으로 쓸 것은 먹지 않고 남겨 두었다. 그만큼 우리 조상들은 씨앗을 소중하게 여겼다. 앞으로 우리는 씨앗에 대한 소유권을 확보하기 위해 더 많은 노력을 기울여야 한다.

1 **나열 구조를 나타내는 표지를 찾는다.**   나열 구조를 나타내는 표지로는 '첫째, 먼저, 우선 / 둘째, 다음으로,
　　　　　　　　　　　　　　　　　　　　　　　또한, 한편 / 셋째, 마지막으로, 끝으로' 등이 있다.

- 표지: 첫째, 둘째, 셋째, 넷째

2 **나열 구조를 나타내는 '표지' 뒤의 내용은 주요 정보이므로, 해당 내용들을 파악한다.**

- 씨앗 소유권을 확보하기 위한 방안
  - 방안 1: 씨앗의 중요성 인식, 씨앗 소유권에 관심 갖기
  - 방안 2: 씨앗을 체계적으로 연구하는 기관 설립
  - 방안 3: 씨앗에 대한 기초 자료 조사 및 수집
  - 방안 4: 재래종 씨앗 보전 및 확보
  - 방안 5: 우리 씨앗의 해외 반출을 위한 관리 강화

예제

다음 글에서 나열 구조를 나타내는 표지를 찾고, 글의 주요 정보를 정리해 보자.

> 한편 제조물의 결함으로 손해가 발생한 경우에 제조업자는 다음 중 어느 하나를 입증하면 손해 배상 책임을 면할 수 있다. 첫째, 제조업자가 해당 제조물을 공급하지 아니한 사실, 둘째, 제조업자가 해당 제조물을 공급한 때의 과학·기술 수준으로는 결함의 존재를 발견할 수 없었다는 사실, 셋째, 제조업자가 해당 제조물을 공급할 당시의 법령이 정하는 기준을 준수함으로써 제조물의 결함이 발생한 사실 등이다. 그밖에 원재료 또는 부품 제조업자의 경우에는 해당 원재료 또는 부품을 사용한 제조물 제조업자의 설계 또는 제작에 관한 지시로 인하여 결함이 발생하였다는 사실을 입증하면 책임을 지지 않아도 된다. 그러나 면책 사유에 해당하더라도 제조업자가 제조물의 결함을 알면서도 적절한 피해 예방 조치를 하지 않은 경우, 또는 주의를 기울였다면 충분히 알 수 있었을 결함을 발견하지 못한 경우에는 책임을 피할 수 없다.

(1) 나열 구조를 나타내는 표지: (　　　　　　　　　　　　　　　　　　　　　　　　　　　　　　　　)

(2) 주요 정보 정리

구분	주요 정보	
제조업자가 손해 배상 책임을 면할 수 있는 경우	①: (	)
	②: (	)
	③: (	)
	④: (	)
제조업자가 손해 배상 책임을 면할 수 없는 경우	⑤: (	)
	⑥: (	)

정답 (1) 첫째, 둘째, 셋째, 그밖에

(2) ① 제조업자가 해당 제조물을 공급하지 않은 사실을 입증한 경우
② 제조업자가 해당 제조물 공급 당시의 과학·기술 수준으로는 결함을 발견할 수 없었다는 사실을 입증한 경우
③ 제조업자가 제조물 공급 당시 법령상의 기준을 준수함으로써 제조물의 결함이 발생한 사실을 입증한 경우
④ 원재료 또는 부품 제조업자가 제조물 제조업자의 설계 또는 제작에 관한 지시로 인해 결함이 발생했다는 사실을 입증한 경우
⑤ 제조업자가 제조물의 결함을 알면서도 적절한 피해 예방 조치를 하지 않은 경우
⑥ 제조업자가 주의를 기울였다면 충분히 알 수 있었을 결함을 발견하지 못한 경우

02 내용을 구체화 하는 글

상위 항목으로 설명 대상을 제시하고, 이를 하위 항목으로 나누어 설명하는 구조의 글이다. 이와 같은 글을 읽을 때는 각 항목 간의 관계를 우선적으로 판단한 뒤, 항목별 정의와 특징을 정확히 파악하는 것이 중요하다.

예문

<u>공리주의</u>는 일반적으로 어떤 행위의 옳고 그름이 공리에 따라, 즉 그 행위가 인간의 이익과 행복을 늘리는 데 결과적으로 얼마나
　상위 항목　　　　　　　　　　　　　　　　　　　　　　　　　'공리주의'의 정의

기여하는가에 따라 결정된다고 보는 이론이다. 공리주의는 인간이 할 수 있는 행위들 중에서 인간의 최대 이익과 행복이라는

'최선의 결과'를 가져오는 행위를 옳은 행위로 본다. 이때 <u>최선의 결과</u>를 무엇으로 보는지에 따라 쾌락주의적 공리주의, 선호

공리주의로 나눌 수 있다.

<u>쾌락주의적 공리주의</u>는 최선의 결과를 쾌락의 증진으로 보는 이론이다. 다시 말해 인간의 심리적 경험인 쾌락을 본래적 가치로
　　하위 항목 1　　　　　　　　　'쾌락적 공리주의'의 정의

여기는 것이다. 이 이론에 따르면 <u>도덕적으로 옳은 행위는 자신뿐 아니라, 그 행위가 영향을 미치는 모든 인간들의 쾌락을 가장</u>
　　　　　　　　　　　　　　　　　　　　　　　　　'쾌락주의적 공리주의'의 특징

<u>증진하는 행위이다.</u>

<u>선호 공리주의</u>는 최선의 결과를 선호의 실현으로 본다. 이때 선호란 사람마다 원하는 것 혹은 실현하고자 하는 것을 말한다.
　하위 항목 2　　　　　　'선호 공리주의'의 정의

이에 따르면 <u>도덕적으로 옳은 행위는 자신뿐 아니라, 그 행위가 영향을 미치는 모든 사람들 각자가 지닌 선호를 가장 많이</u>
　　　　　　　　　　　　　　　　　　　　'선호 공리주의'의 특징

<u>실현시키는 행위이다.</u>

---

1 각 항목 간의 관계를 파악한다.

```
        상위 항목(설명 대상): 공리주의
        ┌──────────────┴──────────────┐
  하위 항목 1:                    하위 항목 2:
  쾌락적 공리주의         &        선호 공리주의
```

2 상위 항목과 하위 항목을 판단한 뒤, 항목별 정의와 특징을 파악한다.

- 상위 항목: 공리주의
  - 정의: 어떤 행위의 옳고 그름이 그 행위가 인간의 이익과 행복을 늘리는 데 결과적으로 얼마나 기여하였는지(공리)에 따라 결정된다고 보는 이론

- 하위 항목 1: 쾌락적 공리주의
  - 정의: '최선의 결과'를 쾌락의 증진으로 보는 이론
  - 특징: 도덕적으로 옳은 행위는 자신뿐만 아니라 자신의 행위가 영향을 미치는 모든 인간들의 쾌락을 증진하는 행위임
- 하위 항목 2: 선호 공리주의
  - 정의: 최선의 결과를 선호의 실현으로 보는 이론
  - 특징: 도덕적으로 옳은 행위는 자신뿐만 아니라 그 행위가 영향을 미치는 모든 인간들의 선호를 많이 실현시키는 행위임

예제

1. 다음 글을 읽고, 상위 항목과 하위 항목을 파악하고 각 항목의 정의를 정리해 보자.

> 촉매란 자신은 변화하지 않으면서 다른 물질의 화학 반응을 매개하여 반응 속도를 빠르게 하거나 늦추는 물질을 가리킨다. 물질들이 화학 반응을 일으키기 위해서는 충분한 에너지를 지녀야 한다. 이때 필요한 최소한의 에너지가 곧 활성화 에너지이다. 촉매는 반응물이 활성화 에너지보다 낮은 경로로 반응이 일어나거나, 높은 경로로 반응이 일어나도록 한다.
>
> 활성화 에너지보다 낮은 경로로 반응이 나타나도록 하는 촉매를 정촉매, 활성화 에너지보다 높은 경로로 반응이 일어나도록 하는 촉매를 부촉매라고 한다. 정촉매를 사용하면 반응 속도가 빨라지는 반면 부촉매를 사용하면 반응 속도가 느려진다.

구분		정의	
상위 항목	①: ( )	②: (	)
하위 항목 1	③: ( )	④: (	)
하위 항목 2	⑤: ( )	⑥: (	)

2. 다음 글을 읽고, 상위 항목과 하위 항목을 파악하고 각 항목의 특징을 정리해 보자.

> 생명체들은 본성적으로 감각을 갖고 태어나지만, 그들 가운데 일부의 경우에는 감각으로부터 기억이 생겨나지 않는 반면 일부의 경우에는 생겨난다. 그리고 그 때문에 후자의 경우에 해당하는 생명체들은 기억 능력이 없는 것들보다 분별력과 학습력이 더 뛰어난데, 그중 소리를 듣는 능력이 없는 것들은 분별은 하지만 배움을 얻지는 못하고, 기억에 덧붙여 청각 능력이 있는 것들은 배움을 얻는다.
>
> 인간 종족은 기술과 추론을 이용해서 살아간다. 인간의 경우에는 기억으로부터 경험이 생겨나는데, 그 까닭은 같은 일에 대한 여러 차례의 기억은 하나의 경험 능력을 만들어 내기 때문이다. 그리고 경험은 학문적인 인식이나 기술과 거의 비슷해 보이지만, 사실 학문적인 인식과 기술은 경험의 결과로서 사람들에게 생겨나는 것이다.

구분		특징	
상위 항목	①: ( )	②: (	)
하위 항목	③: ( )	④: (	)

정답 1. ① 촉매　② 자신은 변화하지 않으면서 다른 물질의 화학 반응을 매개하여 반응 속도를 빠르게 하거나 늦추는 물질
　　　　③ 정촉매　④ 활성화 에너지보다 낮은 경로로 반응이 나타나도록 하는 촉매
　　　　⑤ 부촉매　⑥ 활성화 에너지보다 높은 경로로 반응이 일어나도록 하는 촉매
　　2. ① 생명체　② 일부는 감각으로부터 기억이 생겨나지 않는 반면, 일부는 생김
　　　　③ 인간　④ 특징 기억으로부터 경험이 생김

03 예시를 통해 대상을 설명하는 글

설명 대상(=중심 화제)과 그에 대한 개념을 제시한 뒤, 예시를 바탕으로 관련된 내용을 구체적으로 설명하는 구조의 글이다. 이와 같은 글을 읽을 때는 설명 대상의 정의를 우선적으로 정리해야 하며, 대상의 세부적인 특징과 관련 예시를 정확히 파악하는 것이 중요하다.

> **예문** 민사 소송에서 판결에 대하여 상소, 곧 항소나 상고가 그 기간 안에 제기되지 않아서 사안이 종결되든가, 그 사안에 대해 대법원에서 최종 판결이 선고되든가 하면, 이제 더 이상 그 일을 다툴 길이 없어진다. 이때 판결은 확정되었다고 한다. 확정 판결에 대하여는 '<u>기판력(既判力)</u>'이라는 것을 인정한다. 이는 <u>확정된 재판의 판단 내용이 소송 당사자 및 같은 사항을 다루는 다른 법원을 구속하여, 그 판단 내용에 어긋나는 주장이나 판단을 할 수 없게 하는 소송법적인 효력</u>을 의미한다.
> 〈설명 대상〉 〈정의〉
>
> 기판력이 있는 판결에 대해서는 더 이상 같은 사안으로 소송에서 다툴 수 없다. <u>예를 들어</u>, 『계약서를 제시하지 못해 매매 사실을 입증하지 못하고 패소한 판결이 확정되면, 이후에 계약서를 발견하더라도 그 사안에 대하여는 다시 소송하지 못한다.』
> 〈대상의 특징〉 〈예시〉
>
> <u>즉</u> 같은 사안에 대해 서로 모순되는 확정 판결이 존재하도록 할 수는 없는 것이다.
> 〈요약·정리〉

1 글에서 설명하는 대상이 무엇인지 확인하고 정의를 파악한다.

- 설명 대상: 기판력
- 정의: 확정된 재판의 판단 내용이 소송 당사자 및 같은 사항을 다루는 다른 법원을 구속하여, 그 판단 내용에 어긋나는 주장이나 판단을 할 수 없게 하는 소송법적인 효력

2 대상의 특징과 이를 구체적으로 설명하기 위한 예시를 파악한다.

- 특징: 기판력이 있는 판결에 대해서는 더 이상 같은 사안으로 소송해서 다툴 수 없음
- 예시: 계약서를 제시하지 못해 매매 사실을 입증하지 못하고 패소한 판결이 확정되면, 이후에 계약서를 발견하더라도 그 사안에 대하여는 다시 소송하지 못함

3 요약·정리의 표지 이후에 제시되는 내용은 글에서 강조하는 내용인 경우가 많다.

- '기판력'은 같은 사안에 대해 서로 모순되는 확정 판결이 존재하도록 할 수는 없도록 하기 위해 존재하는 법적 효력임

예제

1. 다음 글에서 설명하고자 하는 대상을 밝히고, 그것의 특징과 예시를 정리한 뒤, 글에서 강조하는 내용을 찾아보자.

> 들뢰즈는 차이의 의미에 따라 차이를 분류하였는데, 그중 하나가 '개념적 차이'이다. 개념적 차이란 개념적 종차*를 통해 파악될 수 있는, 어떤 대상과 다른 대상의 상대적 다름을 의미한다. 개념적 차이는 대상만의 고유한 가치로는 파악될 수 없으며, 대상이 지닌 특성을 다른 대상과 비교할 때 확인할 수 있다. 예를 들어 소금의 보편적 특성은 짠맛이나 흰색 등으로 볼 수 있는데 이러한 특성은 소금과 설탕의 맛을 비교하거나, 소금과 숯의 색깔을 비교함으로써 파악될 수 있다. 즉 대상과 다른 대상들과의 상대적인 비교를 통해 대상의 개념적 차이가 형성되는 것이다.
>
> *종차: 한 유개념 속의 어떤 종개념이 다른 종개념과 구별되는 요소.

(1) 설명 대상과 정의: (   )

(2) 대상의 특징: (   )

(3) 대상에 대한 구체적 예시: (   )

(4) 강조하는 내용: (   )

2. 다음 글에서 설명하고자 하는 대상을 밝히고, 그것의 특징과 예시를 정리해 보자.

> 비용편익분석은 어떤 정책이나 행동이 얼마만큼의 행복을 가져오고 동시에 얼마만큼의 비용이 드는가를 화폐 가치로 환산해서 그 차액으로 정책이나 행동을 결정하는 것이다.
>
> 비용편익분석의 사례로 체코에서 일어난 필립 모리스 담배 문제를 소개할 수 있다. 담배 때문에 사람이 죽게 되는 경우, 살아 있는 동안 국가의 의료비 부담은 늘어나지만, 흡연자는 빨리 사망하기 때문에 연금, 고령자를 위한 주택 등의 예산이 절약되어 국가 재정에는 오히려 도움이 된다. 국민들이 담배를 피울 때 국가의 비용보다 편익이 크므로 국가는 담배를 금하지 말고 계속 피우게 하는 편이 좋다는 이 결과에 인간의 생명을 경시하는, 비인도적인 발상이라는 비난 여론이 들끓었다. 결국 필립 모리스는 사죄하게 되었다.

(1) 설명 대상과 정의: (   )

(2) 대상의 특징: (   )

(3) 대상에 대한 구체적 예시: (   )

정답 1. (1) 개념적 차이, 개념적 종차를 통해 파악될 수 있는, 어떤 대상과 다른 대상의 상대적 다름
　　 (2) 대상만의 고유한 가치로 파악할 수 없으며, 다른 대상과 특성을 비교할 때 확인됨
　　 (3) '소금과 설탕의 맛 차이'와 '소금과 숯의 색깔 비교'를 통해 소금의 개념적 차이를 도출할 수 있음
　　 (4) 개념적 차이는 대상과 다른 대상들의 상대적인 비교를 통해 형성됨
　2. (1) 비용편익분석, 어떤 정책이나 행동이 얼마만큼의 행복을 가져오고 동시에 얼마만큼의 비용이 드는가를 화폐 가치로 환산해서 그 차액으로 정책이나 행동을 결정하는 것
　　 (2) 비용편익분석은 인간의 생명을 경시하는 비인도적인 발상으로 이어질 수 있음
　　 (3) 체코의 필립 모리스 담배 문제

04 비교·대조하는 글

둘 이상의 대상을 비교·대조하는 구조의 글이다. 이와 같은 글을 읽을 때는 대등한 층위로 제시되는 설명 대상들의 공통점과 차이점을 정확히 파악하는 것이 중요하다.

예문

영화 포스터를 구성하는 글자와 이미지는 장르에 따라 다르게 사용된다. 영화 포스터에서 글자는 서체와 기울기로 표현된다.
(중심 화제)
액션 장르의 포스터와 로맨스 장르의 포스터를 비교해 보면 액션 장르 포스터에 쓰인 고딕체는 굵은 직선으로 되어 있어 격렬한
(설명 대상1) (차이점1 - 글자)
액션 장르의 강인함을 부각한다. 반면 로맨스 장르 포스터에 쓰인 손 글씨체는 부드러운 곡선으로 되어 있어 로맨스 장르
(설명 대상2) (차이점1 - 글자)
특유의 섬세한 감성적인 특징을 시각적으로 나타낸다. 또한 액션 장르 포스터는 글자가 15~20도 정도 기울어져 있는 경우가 있는데, 이렇게 기울기를 적용하면 역동성을 표현하기에 용이하다.

이미지에서도 차이가 있다. 영화 포스터에서 이미지는 사진과 그림으로 표현된다. 사진을 활용하면 대상을 사실적으로 표현할 수 있고, 그림을 활용하면 대상의 인상을 강조할 수 있다. 액션 장르에서는 인물이 뛰는 모습을 순간적으로 포착한 사진이 자주
(차이점2 - 이미지)
사용되는데 이를 통해 긴박한 상황에 처한 인물을 사실적으로 드러낸다. 이와 달리 로맨스 장르 포스터에는 주로 두 남녀가
함께 웃고 있는 사진이 사용되어 밝고 명랑한 느낌을 자아낸다.
(차이점2 - 이미지)

1 글의 중심 화제를 파악한 뒤, 비교 또는 대조를 통해 설명하고자 하는 대상들을 파악한다.

- 중심 화제: 영화 포스터
- 설명 대상 1: 액션 장르 영화 포스터
- 설명 대상 2: 로맨스 장르 영화 포스터

2 비교·대조 구조를 나타내는 표지를 찾는다.

- 비교 구조를 나타내는 접속표현: 반면, 이와 달리
- 비교 구조를 나타내는 키워드: 비교해 보면, 차이가 있다.

3 설명 대상들이 같은 항목에 대해 어떠한 차이점을 보이는지 파악한다.

구분	액션 장르 영화 포스터	로맨스 장르 영화 포스터
글자	굵은 직선의 고딕체, 기울어진 서체	부드러운 곡선의 손 글씨체
이미지	인물이 뛰는 모습	두 남녀가 함께 웃는 모습
표현하고자 하는 바	역동성, 긴박함	섬세한 감성, 밝음, 명랑함

예제

1. 다음 글에서 비교·대조 구조를 나타내는 표지를 찾고, 설명하고자 하는 대상과 두 대상 간의 공통점 및 차이점을 정리해 보자.

물건을 빌려 쓰거나 보관하고 있는 것을 포함하여 물건을 물리적으로 지배하는 상태를 직접점유라고 한다. 이에 비해 어떤 물건을 빌려 쓰거나 보관하는 사람에게 그 물건의 반환을 청구할 수 있는 권리를 가진 사람도 사실상의 지배를 한다고 볼 수 있다. 이와 같이 반환청구권을 가진 상태를 간접점유라고 한다. 직접점유와 간접점유는 모두 점유에 해당한다. 점유는 소유자를 공시하는 기능도 수행한다. 공시란 물건에 대해 누가 어떤 권리를 가지고 있는지를 알려 주는 것이다.

(1) 비교·대조 구조를 나타내는 표지: ( )

(2)

설명 대상	①: ( )	②: ( )
공통점	③: ( )	
차이점	④: ( )	⑤: ( )

2. 다음 글에서 대조 구조를 나타내는 표지를 찾고, 설명하고자 하는 대상과 각 대상 간의 차이점을 정리해 보자.

음악의 한배를 있게 한 실제적 기준은 호흡이었다. 즉, 숨을 들이쉬고 내쉼이 한배의 틀이 된 것이었다. 이를 기준으로 해서 이루어진 방법을 선인들은 양식척(量息尺)이라고 불렀다. '숨을 헤아리는 자(尺)'라는 의미로 명명된 이 방법은 우리 음악에서 한배와 이에 근거한 박절을 있게 한 이론적 근거가 되었다. 시계가 없었던 당시에 선인들은 건강한 사람의 맥박의 6회 뜀을 한 호흡(一息)으로 계산하여 1박은 그 반인 3맥박으로 하였다. 그러니까 한 호흡을 2박으로 하여 박자와 한배의 기준으로 삼았던 것이다. 반면 서양인들은 우리와 달리 음악적 시간을 심장의 고동에서 구하여 이를 기준으로 하였다. 즉, 맥박을 기준으로 하여 템포를 정하였다. 건강한 성인은 보통 1분에 70회 전후로 맥박이 뛴다고 한다. 이에 의해 그들은 맥박 1회를 1박의 기준으로 하였고, 1분간에 70박 정도 연주하는 속도를 그들 템포의 기본으로 하였다. 그래서 1분간 울리는 심장 박동에 해당하는 빠르기가 바로 '느린 걸음걸이의 빠르기'인 안단테로 이들의 기준적 빠르기 말이 되었다.

(1) 대조 구조를 나타내는 표지: ( )

(2)

설명 대상	①: ( )	②: ( )
차이점	③: ( )	④: ( )

정답 1. (1) 이에 비해, 모두 (~ 해당한다)
　　　(2) ① 직접 점유　　② 간접 점유
　　　　　③ 점유에 해당함
　　　　　④ 물건을 물리적으로 지배하는 상태　　⑤ 물건 반환을 청구할 수 있는 권리를 가진 상태
　　2. (1) 반면
　　　(2) ① 우리 음악의 음악적 시간(한배)　　② 서양 음악의 음악적 시간(템포)
　　　　　③ 1/2 호흡을 1박의 기준으로 함　　④ 맥박 1회를 1박의 기준으로 함

4. 글 구조 분석하기 ②

공무원 국어 독해에서는 다양한 구조의 글이 제시된다. 글은 종류와 목적에 따라 특정한 구조와 관습적인 전개 방식을 갖추고 있는데, 이를 이해하면 글의 정보를 효과적으로 파악할 수 있다. 글의 구조에 따라 주요 정보를 찾는 방법을 익혀보자.

01 문제·해결 구조의 글

현상, 제도, 대상, 기술 등과 관련된 문제가 나타나고 이에 대한 해결 방안이 제시되는 구조의 글이다. 문제가 되는 대상 및 상황과 그것이 문제가 되는 원인이 무엇인지 파악한 후 문제를 해결하기 위한 방안이나 대안의 내용을 정확히 파악하는 것이 중요하다.

> **예문** 일반적으로 동식물에서 종(種)이란 '같은 개체끼리 교배하여 자손을 남길 수 있는' 또는 '외양으로 구분이 가능한' 집단을 뜻한다. 그렇다면 세균처럼 한 개체가 둘로 분열하여 번식하며 외양의 특징도 많지 않은 미생물에서는 종을 어떤 기준으로 구분할까?
>
> <u>미생물의 종 구분</u>에는 외양과 생리적 특성을 이용한 방법이 사용되기도 한다. 하지만 [이러한 특성들은 미생물이 어떻게
> (중심 화제)
> 배양되는지에 따라 변할 수 있으며, 모든 미생물에 적용될 만한 공통적 요소가 되기도 어렵다.] [이런 문제를 극복하기 위해
> (문제)   (해결 방안)
> 오늘날 미생물 종의 구분에는 주로 유전적 특성을 이용하고 있다.] 미생물의 유전체는 DNA로 이루어진 많은 유전자로 구성되는데, 특정 유전자를 비교함으로써 미생물들 간의 유전적 관계를 알 수 있다. 종의 구분에는 서로 간의 차이를 잘 나타내 주는 유전자를 이용한다. 유전자 비교를 통해 미생물들이 유전적으로 얼마나 가깝고 먼지를 확인할 수 있는데, 이를 '유전 거리'라 한다. 유전 거리가 가까울수록 같은 종으로 묶일 가능성이 커진다.

1 문제·해결 구조를 나타내는 <u>표지</u>를 찾는다. → '문제는', '어려움이 있다', '~로 해결할 수 있다', '이를 극복하기 위해' 등과 같이 명시적으로 제시되는 경우가 많다.

· 표지: 어렵다, 이런 문제를 극복하기 위해서는

2 문제와 문제의 원인을 확인한 후 그에 대한 해결 방안과 그 원리를 정리한다.

문제	해결 방안

· 문제: 외양과 생리적 특성을 이용해 미생물 종을 구분하는 데 한계가 있음
· 문제의 원인
  – 외양과 생리적 특성은 미생물 배양에 따라 변할 수 있음
  – 외양과 생리적 특성은 모든 미생물에 적용되는 공통적 요소가 아님
	· 해결 방안: 유전적 특성을 이용해 미생물 종을 구분함
	· 해결 방안의 원리
	  – 유전자 분석을 통해 유전적 원근을 판단할 수 있음

예제

1. 다음 글에 제시된 문제와 해결 방안을 정리해 보자.

> 16세기 말부터 중국에 본격 유입된 서양 과학은, 청 왕조가 1644년 중국의 역법(曆法)을 기반으로 서양 천문학 모델과 계산법을 수용한 시헌력을 공식 채택함에 따라 그 위상이 구체화되었다. 브라헤와 케플러의 천문 이론을 차례대로 수용하여 정확도를 높인 시헌력이 생활 리듬으로 자리 잡았지만, 중국 지식인들은 서양 과학이 중국의 지적 유산에 적절히 연결되지 않으면 아무리 효율적이더라도 불온한 요소로 여겼다. 이에 따라 서양 과학에 매료된 학자들도 어떤 방식으로든 서양 과학과 중국 전통 사이의 적절한 관계 맺음을 통해 이 문제를 해결하고자 하였다.

(1) 문제 해결 구조를 나타내는 표지: (　　　　　　　　　　　　　　　　　　　　　　　　　　　　　　　)

(2)

문제	해결 방안
①: (　　　　　　　　　　　　　　)	②: (　　　　　　　　　　　　　　)

⇨

2. 다음 글에 제시된 문제와 해결 방안을 정리해 보자.

> 농어촌과 도서 지역은 의료 인프라가 부족하여 주민들이 기본적인 진료를 받기 위해 장시간 이동해야 하는 문제에 직면해 있다. 또한 고령화가 가속화되면서 거동이 불편한 환자들의 의료 수요는 늘어가고 있지만 지역별 의료 격차는 해소되지 않고 있다. 이러한 맥락에서 원격 의료는 물리적 거리의 제약 없이 의료 서비스를 제공할 수 있는 현실적 대안이 된다.
> 의료 서비스의 지역 간 불균형 해소라는 측면에서도 원격 의료의 중요성이 부각되고 있다. 2000년대 들어 심화된 의료 자원의 대도시 편중 현상은 국민 건강권 보장이라는 기본적 가치를 위협하는 요인이 되었다. 이러한 상황에서 원격 의료 시스템은 지역 간 의료 격차를 해소하고 의료 형평성을 실현할 수 있는 현실적 대안으로 평가받고 있다.

(1) 문제 해결 구조를 나타내는 표지: (　　　　　　　　　　　　　　　　　　　　　　　　　　　　　　　)

(2)

문제	해결 방안
①: (　　　　　　　　　　　　　　)	②: (　　　　　　　　　　　　　　)

⇨

정답 1. (1) 문제를 해결하고자 하였다
　　　(2) ① 중국 지식인들은 서양 과학이 중국의 지적 유산에 적절히 연결되지 않으면 불온한 요소로 여겼음
　　　　　② 서양 과학과 중국 전통 사이의 적절한 관계를 맺음
　　2. (1) 문제에 직면해 있다, 위협하는 요인이 되었다 / 현실적 대안이 된다, 현실적 대안으로 평가받고 있다
　　　(2) ① 농어촌 및 도서 지역의 의료 인프라 부족으로 해당 지역 주민의 의료 접근성이 떨어짐
　　　　　② 원격 의료 시스템을 도입하여 물리적 거리 제약 없이 의료 서비스를 제공할 수 있음

02 과정이 드러나는 글

시간의 흐름에 따라 대상이나 현상의 변화에 대해 설명하는 구조의 글이다. 이와 같은 글을 읽을 때는 시간의 흐름에 맞춰 각 단계를 설정한 뒤 단계별 특징을 정확히 파악하는 것이 중요하다.

예문

음악에서 연주라는 개념이 본격적으로 의미를 갖게 된 것은 18세기부터이다. 당시 유행하였던 영향미학에 따라 음악은 '내용'을 가지고 있어야 한다고 생각되었다. 여기서 내용은 누구나 느낄 수 있는 객관적인 감정을 의미했는데, 이 시기의 연주는 그 감정을 청중에게 정확하게 전달하는 것으로 이해되었다. 따라서 작곡자들은 악곡 속에 그 감정들을 담아내었고, 연주자들은 자신의 생각이나 주관을 드러내기보다는 작품이 갖고 있는 감정을 청중에게 정확하게 전달하는 역할을 했다.

그러나 이러한 연주의 개념은 19세기에 들어 영향미학이 작품미학으로 전환되면서 바뀌게 된다. 작품 그 자체가 지니는 의미와 가치에 관심을 갖는 작품미학의 영향에 따라 작곡자들은 음악이 내용을 지시하거나 표상하도록 할 필요가 없게 되었고, 오로지 음악 그 자체로서 고유한 가치를 갖는 절대 음악을 탄생시켰다. 작곡자들은 어떤 내용이나 감정을 표현하는 대신 동기, 악구, 악절, 주제의 발전과 반복 등을 조화롭게 구성하여 작곡함으로써 형식에 의한 음악의 아름다움을 추구하게 된 것이다. 이렇게 음악에서 지시하는 내용이나 감정이 없어지자 연주자는 작품을 구성하는 형식에 의한 아름다움의 의미들을 재구성하여 표현하려 했고, 이에 따라 연주는 해석으로 이해되었다.

1 설명하는 대상을 파악하고 시간의 흐름에 맞춰 각 단계를 설정한다.

- 설명 대상: 연주
- 단계 설정
  - 1단계: 18세기
  - 2단계: 19세기

2 변화하는 과정에서 나타나는 설명 대상의 특징을 정리한다.

18세기의 '재현'으로서의 연주	19세기의 '해석'으로서의 연주
영향미학의 영향을 받아 '내용(감정)'을 중시	작품미학의 영향을 받아 작품 자체의 '의미'와 '가치'를 중시
'내용(감정)'의 정확한 전달을 중시	형식에 의한 음악적 아름다움을 중시
연주자는 자신의 주관을 드러내기보다는 작품이 지닌 감정을 청중에게 정확하게 전달하는 역할을 수행	연주자는 작품을 구성하는 형식적 아름다움의 의미를 재구성해 표현하는 역할을 수행

예제

1. 다음 글에서 '단백질 분해 과정'에 대한 설명으로 적절하지 않은 것을 모두 골라 보자.

> 단백질 분해 과정의 하나인, 프로테아솜이라는 효소 복합체에 의한 단백질 분해는 세포 내에서 이루어진다. 프로테아솜은 유비퀴틴이라는 물질이 일정량 이상 결합되어 있는 단백질을 아미노산으로 분해한다. 단백질 분해를 통해 생성된 아미노산의 약 75%는 다른 단백질을 합성하는 데 이용되며, 나머지 아미노산은 분해된다. 아미노산이 분해될 때는 아미노기가 아미노산으로부터 분리되어 암모니아로 바뀐 다음, 요소(尿素)로 합성되어 체외로 배출된다. 그리고 아미노기가 떨어지고 남은 부분은 에너지나 포도당이 부족할 때는 이들을 생성하는 데 이용되고, 그렇지 않으면 지방산으로 합성되거나 체외로 배출된다.

① 프로테아솜은 단백질을 아미노산으로 분해한다.
② 아미노기는 암모니아로 전환되어 체외 배출된다.
③ 아미노산은 유비퀴틴이 결합된 단백질을 분해한다.
④ 아미노기가 분리된 아미노산은 모두 체외 배출된다.

2. 다음 글에서 설명하는 대상의 상황 변화를 시간의 흐름에 맞춰 정리해 보자.

> 한국 전통 목공예 기술은 1910년대 일제 강점기에 들어서며 일본식 가구와 서양식 생활양식의 유입으로 급격히 쇠퇴하기 시작했다. 1950년대 한국 전쟁을 거치며 많은 장인들이 생계유지를 위해 전통 기술을 포기했고, 남아 있던 기술 전수 체계마저 크게 훼손되었다. 1960년대 산업화 과정에서는 대량 생산 가구가 시장을 장악하며 전통 목공예 수요가 급감했다. 1980년대에 이르러 정부는 문화재보호법을 개정해 전통 목공예 기술을 보유한 중요 명장들을 무형 문화재로 지정하고 전수 활동을 지원하기 시작했다.

시간의 흐름	상황
①: ( )	②: ( )
③: ( )	④: ( )
⑤: ( )	⑥: ( )
⑦: ( )	⑧: ( )

정답 1. ③ ④
  ③ 프로테아솜이 유비퀴틴이 결합된 단백질을 분해한 결과가 아미노산이므로 ③은 단백질 분해 과정의 선후관계를 잘못 이해한 것이다. 또한 아미노산의 75%는 다른 단백질을 합성하는 데 이용된다.
  ④ 아미노기가 분리된 아미노산은 에너지나 포도당이 부족할 경우 이들의 생성에 이용되거나, 지방산으로 합성되기도 한다. 즉 해당 아미노산이 모두 체외 배출된다는 설명은 적절하지 않다.

2. ①: 1910년대 ②: 일제 강점기에 일본식 가구와 서양식 생활양식이 유입되며 한국 전통 목공예 기술이 급격히 쇠퇴하기 시작함
  ③: 1950년대 ④: 한국 전쟁 때 장인들이 전통 기술을 포기했고, 기술 전수 체계도 훼손됨
  ⑤: 1960년대 ⑥: 산업화 과정에서 대량 생산 가구가 시장을 장악해 전통 목공예 수요가 급감함
  ⑦: 1980년대 ⑧: 정부가 문화재보호법을 개정하여, 전통 목공예 기술을 보유한 명장들을 무형 문화재로 지정하고 전수 활동을 지원함

03 인과 구조의 글

어떠한 결과가 발생하게 된 원인을 설명하거나, 어떠한 원인에 의해 초래된 결과를 설명하는 구조의 글이다. 이와 같은 글을 읽을 때는 인과 구조를 나타내는 표지에 주목하여 원인과 그에 따른 결과를 정확히 파악하는 것이 중요하다.

예문 일반적으로 사막은 연 강수량이 250 mm 이하인 지역을 말하는데, 대부분 저위도와 중위도에 분포한다. 그렇다면 사막은 어떻게 만들어지는 것일까? 저위도의 사막은 북회귀선이나 남회귀선이 지나는 곳에 위치하는데, (이 지역은 지구의 대기 대순환에 의해 반영구적인 고기압대가 형성되어 덥고 건조한 기후가 만들어진다.) (북회귀선에 위치한 사하라 사막, 아라비아 사막과 같은 열대 사막은 이러한 요인으로 형성되었다.) 중위도 지역에 위치한 미국 서부의 그레이트솔트레이크 사막과 중국 서부의 타클라마칸 사막의 형성 과정은 이와 다르다. (1) (그레이트솔트레이크 사막은 시에라네바다 산맥이 해양에서 유입되는 습윤한 공기의 수분 이동을 차단하여 형성되었다. 이는 수분을 함유한 공기가 높은 산맥을 넘어 반대쪽에 도달할 때 수분을 잃게 되어 건조해지기 때문이다.) 한편, (2) (타클라마칸 사막은 히말라야 산맥에 의해 해양과 차단되어 있을 뿐만 아니라 대륙의 한가운데에 위치하고 있다는 조건 때문에 형성되었다. 대륙 내부로의 이동 과정에서 생기는 공기 중의 수분 손실도 사막 형성의 한 원인인 것이다.) 이와 같이 사막은 대기 대순환, 지형적 특성, 지리적 위치 등의 요인에 의해 형성된다.

1 인과 구조를 나타내는 표지를 찾는다. (→ 이로 인해, ~에 의해, 따라서, ~면, ~(으)로, 때문이다 등)

- 표지: 이러한 요인으로, ~ 때문이다, ~ 때문에, 원인인 것이다, ~에 의해

2 원인과 그에 따른 결과를 연결하여 인과 관계를 정리한다.

원인		⇨	결과	
지구 대기의 대순환이 고기압대에 덥고 건조한 기후를 형성함	대기 대순환		사하라, 아라비아	저위도
산맥이 해양에서 유입된 습윤한 공기의 수분 이동을 차단하여 건조 기후를 형성함	지형적 특성		그레이트솔트레이크	중위도
산맥에 의해 해양과 차단되어 있고 대륙의 한가운데 위치해 공기가 이동하는 과정에서 수분을 손실함	· 지형적 특성 · 지리적 위치		타클라마칸	

예제

1. 다음 글에서 인과 구조를 나타내는 표지를 찾고 글의 주요 정보를 원인과 결과로 나누어 정리해 보자.

> 미토콘드리아와 진핵세포 사이의 관계를 공생 관계로 보지 않는 이유는 무엇일까? 두 생명체가 서로 떨어져서 살 수 없더라도 각자의 개체성을 잃을 정도로 유기적 상호작용이 강하지 않다면 그 둘은 공생 관계에 있다고 보는데, 미토콘드리아와 진핵세포 간의 유기적 상호작용은 둘을 다른 개체로 볼 수 없을 만큼 매우 강하기 때문이다.

(1) 인과 구조를 나타내는 표지: (   )

(2)

원인	결과
①: ( )	②: ( )

⇨

2. 다음 글에서 인과 구조를 나타내는 표지를 찾고 글의 주요 정보를 원인과 결과로 나누어 정리해 보자.

> 에페소스의 문명이 갑자기 몰락하게 된 원인은 무엇일까? 그 이유는 아직도 정확히 밝혀져 있지 않지만 아마도 숲의 감소로 인한 생태계의 변화 때문이었을 것이다. 에페소스에서는 문명이 번창하여 농경 지대가 늘어나면서 숲이 줄어들게 되었고, 그에 따라 물의 순환이 제대로 이루어지지 못하여 강우량이 줄어들었다. 기후가 건조해지면서 땅이 점점 메마르게 되자 에페소스에는 흉년이 거듭되었고, 풍요로웠던 문명의 뿌리는 흔들리기 시작하였다. 게다가 헐벗은 산의 표층토가 빗물에 씻겨 내려 서서히 바다가 메워지면서 에페소스의 교역도 사양길로 접어들었고 해양 도시로서의 기능도 상실하고 말았다.

(1) 인과 구조를 나타내는 표지: (   )

(2)

원인	결과
①: ( )	②: ( )

⇨

정답 1. (1) 이유는 무엇일까, 때문이다
　　　 (2) ① 미토콘드리아와 진핵세포 간의 유기적 상호작용이 매우 강하기 때문임
　　　　　 ② 미토콘드리아와 진핵 세포는 공생 관계로 보지 않음
　　 2. (1) 원인은 무엇일까, 이유는, 때문이었을 것이다.
　　　 (2) ① 농경 지대가 늘어나면서 숲이 줄어들게 됨
　　　　　 ② 숲이 줄어듦에 따라 물의 순환이 제대로 이루어지지 못해 강우량이 줄어듦, 흉년이 거듭되면서 문명의 뿌리가 흔들림

04 주장·근거 / 전제·결론 구조의 글

특정한 대상, 현상, 개념에 대한 주장과 근거 또는 전제와 결론이 제시되는 구조의 글이다. 글의 중심 내용인 주장과 그를 뒷받침하는 내용인 근거를 정확하게 파악하고, 전제와 결론을 바탕으로 어떤 논증 방식을 사용하여 주장을 서술하는지를 파악하는 것이 중요하다.

예문 소비자로서는 세상이 편해졌다고 좋아할 수도 있겠지만, 그 이면에는 그림자가 있다. 일부 택배 기사들은 빨리 배달하려고 과속을 하거나 신호를 어겨 교통사고를 내기도 한다. (2012년 안전보건공단 조사에 따르면 택배 업종에서 발생한 산업 재해 가운데 도로 교통사고가 절반 이상을 차지한다.)
[전제1 / 근거1]

문제는 또 있다. 아침에 그날 안에 배달해야 하는 택배 기사들은 밤늦게까지 일을 멈출 수 없다. (시간은 한정되어 있고, 배달해야 할 물건은 하루 약 170개에 달하기 때문이다.)
[전제2 / 근거2]

규모가 커지면 해당 업종에 종사하는 사람들의 수입이 느는 게 당연하지만, 택배 기사들은 그렇지 못하다. 택배 시장이 과열되면서, 더 저렴한 가격에 배달하려는 가격 경쟁이 심해졌기 때문에 택배 기사 개인의 수입은 거의 달라지지 않았다. (실제로 기사들은 한 건당 800원 정도를 벌 뿐이다.)
[전제3 / 근거3]

빠른 속도를 강조하는 사회에서 이렇듯 택배 기사들은 열악한 노동 환경에 처해 있다. 속도 경쟁, 소비자를 최대한 많이 확보하려는 경쟁의 부담을 소비자도 아닌 택배 기사들이 떠안고 있는 것이다.
[1~3문단에 대한 귀납적 결론]

1 글에 드러난 주장 및 전제와 그에 대한 근거를 파악한다.

구분	전제	근거
1문단	빠른 배달 속도를 요구하는 배달 구조로 인해 교통사고가 많이 발생함	2012년 안전보건공단 조사 결과 택배 업종 산업 재해 사고 절반 이상이 교통사고임
2문단	정해진 배송 시간 준수를 위해 기사들이 과로를 하고 있음	하루에 약 170개의 물건을 배달해야 함
3문단	배달 업계 규모는 성장하였으나, 택배 기사들의 수입은 늘지 않음	기사들은 한 건당 800원 정도밖에 벌지 못함

- 연역 논증: 일반적 사실이나 원리를 전제로 하여 개별적인 특수한 사실이나 원리를 결론으로 이끌어 내는 논증 방법
- 귀납 논증: 개별적인 특수한 사실이나 원리를 전제로 하여 일반적인 사실이나 원리로서의 결론을 이끌어 내는 논증 방법
- 유추: 두 사물의 유사한 속성을 가지고 있다는 것을 근거로 다른 속성도 유사할 것이라고 추론하는 논증 방법

2 글의 전개 과정에서 사용된 논증 방식을 파악한다.

구분	논증 방식 파악
전제1	빠른 배달 속도를 요구하는 배달 구조로 인해 교통사고가 많이 발생함
전제2	정해진 배송 시간 준수를 위해 기사들이 과로를 하고 있음
전제3	배달 업계 규모는 성장하였으나, 택배 기사들의 수입은 늘지 않음
결론	빠른 속도를 강조하는 사회에서 택배 기사들이 열악한 노동 환경에 처해 있음

예제

1. 다음 글에 제시된 정보를 주장과 근거로 나누어 정리해 보자.

> 반려동물 유기 문제가 심각한 사회적 문제로 대두된 지도 오래 되었다. 이러한 문제에 대응하기 위해 일각에서는 반려동물의 보호인에게 보유세를 부과하는 일명 '반려동물 보유세'를 도입해야 한다는 주장이 제기되고 있다. 반려동물 보유세를 도입하면 책임감 없는 사람들이 반려동물을 키우는 것을 줄일 수 있고, 장기적인 관점에서 이는 유기되는 반려동물의 수를 줄이는 데도 도움이 될 것이다. 또한 해당 제도를 시행하는 절차도 복잡하지 않을 것이다. 이미 반려동물 등록제가 전국적으로 시행되고 있으므로, 반려동물의 수와 종류를 집계하기가 쉽기 때문이다.

(1) 주장: ( )
(2) 근거
  ①: ( )
  ②: ( )
  ③: ( )

2. 다음 글의 주장과 논증 방식을 파악해 보자.

> 오늘날의 도시는 각종 환경 문제를 앓고 있는데, 도시 농업이 활성화되면 각종 환경 문제와 식량 위기 문제를 해결할 수 있을 것이다. 도시 농업이 이루어지면 자연스럽게 녹지가 조성되어 열섬 현상을 완화할 수 있으며, 도시인들에게 안정적으로 농산물을 공급할 수 있게 된다.
> 쿠바에서는 도시 농업이 활성화되면서 식량 자급률이 높아졌고, 환경오염도 크게 줄어들었다. 독일의 클라인가르텐은 도시민들의 건강과 휴양을 위한 공간으로도 활용되어 도시 농업의 성공을 이루었다. 이와 같은 성공 사례를 통해 우리는 도시 농업이 이루어질 경우 식량 자급률 상승, 공해 발생 억제 등의 효과를 확인할 수 있다.
> 따라서 정부는 도시 농업을 성공한 다른 나라의 사례를 표본으로 삼아 관련법을 제정하고 제도를 마련해야 할 것이다. 또한 시민들은 이러한 도시 농업이 이루어질 수 있도록 보다 많은 관심을 기울이고 정부의 정책에 협조해야 할 것이다.

(1) 주장: ( )
(2) 논증 방식: ( )

정답 1. (1) 반려동물 보유세를 도입해야 한다.
  (2) ① 책임감 없는 사람들이 반려동물을 키우는 것을 줄일 수 있음
    ② 유기되는 반려동물의 수를 줄이는 데 도움이 됨
    ③ 반려동물 등록제가 전국적으로 시행되고 있으므로 반려동물 보유세를 시행하는 절차도 복잡하지 않을 것임
  2. (1) 도시 농업을 활성화할 수 있게 관련법을 제정하고 제도를 마련해야 한다.
    (2) 귀납 논증

공무원시험전문 해커스공무원
gosi.Hackers.com

해커스공무원 국어 기본서

제1편
독해

01 | 중심 내용 및 핵심 논지 파악하기
02 | 세부 내용 파악하기
03 | 주장 및 견해 파악하기
04 | 글의 전략 및 전개 방식 파악하기
05 | 말하기 전략 파악하기
06 | 글의 순서 파악하기
07 | 숨겨진 내용 추론하기
08 | 빈칸 및 이어질 내용 추론하기
09 | 사례 추론하기
10 | 공문서·개요·글 고쳐쓰기

01 중심 내용 및 핵심 논지 파악하기

📗 유형 소개

- '중심 내용 및 핵심 논지 파악하기' 유형은 주로 필자의 의도, 글의 제목, 글 전체의 내용을 포괄하는 문장이 무엇인지 묻는 방식으로 출제된다.
- 글의 중심 내용, 주제, 필자의 의도, 결론, 궁극적으로 강조하는 내용 등을 묻는 문제가 이 유형에 속한다.
- 선택지와 제시문에서 반복적으로 언급되는 핵심어를 파악한 뒤, 글의 처음과 끝의 내용이나 중심 내용을 언급할 때 자주 사용되는 표현에 주목하여 중심 내용을 파악해야 한다.

> 즉, 결국, 따라서, 이와 같이, 결과적으로, 다시 말해

📗 출제 경향

- 글의 맨 앞부분이나 뒷부분에 명시적으로 드러난 중심 내용이나 핵심 논지를 파악하는 문제가 자주 출제되고 있다.
- 글에 제시된 문장들을 재구성하여 주제나 중심 내용을 도출해야 하거나, 글에 제시된 정보들을 통해 숨겨진 중심 내용, 핵심 논지를 추론해야 하는 다소 높은 난도의 문제들도 출제되고 있다.

📗 단계별 문제 풀이 전략

STEP 1 선택지에서 반복적으로 언급되는 단어에 주목해 핵심어를 파악한다.
- 선택지에서 반복적으로 언급되는 단어가 곧 글의 가장 중심이 되는 단어인 핵심어이다.
- 선택지에서 핵심어를 파악한 후 핵심어를 중심으로 글의 내용을 파악한다.

STEP 2 핵심어를 중심으로 글의 중심 내용 또는 핵심 논지를 파악한다.
- 글의 중심 내용이나 핵심 논지는 주로 문단의 처음이나 끝에 위치하므로 글의 첫 문단과 끝 문단에 주목하여 중심 내용, 핵심 논지를 파악한다.
- 중심 내용을 언급할 때 자주 나타나는 표현에 주목하여 중심 내용을 파악한다.
- 중심 내용이나 핵심 논지가 글에 명확히 드러나지 않는 경우, 핵심어를 바탕으로 중심 내용과 핵심 논지를 유추한 뒤 그 내용과 가장 비슷한 선택지를 고른다. 이때 부분적인 내용이나 중심 내용이나 핵심 논지와 관련이 없는 내용, 글에 제시된 정보와 일치하지 않는 선택지를 고르지 않도록 주의한다.

전략 적용하기

다음 글의 중심 내용으로 가장 적절한 것은?
2023 지방직 9급

교환가치는 거래를 통해 발생하는 가치이며, 사용가치는 어떤 상품을 사용할 때 느끼는 가치이다. 전자가 시장에서 결정된다는 점에서 객관적이라면, 후자는 개인에 따라 다르다는 점에서 주관적이다. 상품에는 사용가치와 교환가치가 섞여 있는데, 교환가치가 아무리 높아도 '나'에게 사용가치가 없다면 해당 상품을 구매하지 않을 것이다. → 상품을 구매할 때 사용가치의 영향이 크다.

하지만 이 같은 상식이 통하지 않는 경우를 종종 볼 수 있다. 예를 들어 보자. 『인터넷 커뮤니티에서 백만 원짜리 공연 티켓을 판매하는데, 어떤 사람이 "이 공연의 가치는 돈으로 환산할 수 없어요." 등의 댓글들을 보고서 애초에 관심도 없던 이 공연의 티켓을 샀다. 그에게 그 공연의 사용가치는 처음에는 없었으나 많은 댓글로 인해 사용가치가 있을 것으로 잘못 판단한 것이다. 안타깝게도, 그는 그 공연에서 조금도 만족하지 못했다.』

이 사례에서 볼 때 건강한 소비를 위해서는 구매하려는 상품의 사용가치가 어떤 과정을 거쳐 결정된 것인지 곰곰이 생각해 봐야 한다. '나'에게 얼마나 필요한가에 대한 고민 없이 다른 사람들의 말에 휩쓸려 어떤 상품의 사용가치가 결정될 때, 그 상품은 '나'에게 쓸모없는 골칫덩이가 될 수 있다. → 나의 사용가치를 고려해 상품을 구매해야 한다.

① 사용가치보다 교환가치가 큰 상품을 구매해야 한다.
② 상품을 구매할 때 사용가치와 교환가치를 두루 고려해야 한다. → 제시문에서 확인 ×
③ 상품에 대한 다른 사람들의 평가를 반영해서 상품을 구매해야 한다.
✅ ④ 상품을 구매할 때 사용가치가 자신의 필요에 의해 결정된 것인지 신중하게 따져야 한다.

STEP 1
선택지에서 반복적으로 언급되는 단어에 주목해 핵심어를 파악한다.
· 선택지에서 반복적으로 언급되는 단어: 교환가치, 사용가치

STEP 2
핵심어를 중심으로 글의 주제 또는 중심 내용을 파악한다.
· 글의 첫 문단과 마지막 문단을 확인해 글의 중심 내용 파악
- 1문단: 상품을 구매할 때 교환가치보다 사용가치의 영향이 크다.
- 3문단: '나'의 사용가치를 고려해 상품을 구매해야 한다.

→ ④ 상품을 구매할 때 사용가치가 자신의 필요에 의해 결정된 것인지 신중하게 따져야 한다.

오답분석

① 1문단 마지막 문장에서 교환가치가 아무리 높아도 '나'에게 사용가치가 없다면 상품을 구매하지 않을 것이라고 말한다. 따라서 ①의 설명은 글의 중심 내용으로 적절하지 않다.

② 1문단에 사용가치와 교환가치가 무엇인지에 대한 설명은 있으나, 상품 구매 시 사용가치와 교환가치를 두루 고려해야 한다는 내용은 제시문에서 확인할 수 없다.

③ 2문단에서 다른 사람의 평가만을 보고 상품을 구매하여 사용가치를 잘못 판단하는 사례를 제시하고, 3문단 마지막 문장에서는 다른 사람들의 말에 휩쓸려 상품의 사용가치가 결정될 때 그 상품은 '나'에게 쓸모없는 골칫덩이가 될 수 있다고 말한다. 따라서 ③의 설명은 글의 중심 내용으로 적절하지 않다.

유형 공략 문제

01
2022 지방직 9급

다음 글의 주제로 가장 적절한 것은?

　예전에 '혐오'는 대중에게 관심을 끄는 말이 아니었지만, 요즘에는 익숙하게 듣는 말이 되었다. 이는 과거에 혐오가 존재하지 않았다는 말이 아니다. 단지 최근 몇 년 사이에 이 문제가 폭발하듯 가시화되었다는 뜻이다. 혐오 현상은 외계에서 뚝 떨어진 괴물이 만들어 낸 것이 아니라, 거기엔 자체의 역사와 사회적 배경이 반드시 선행한다.
　이 문제를 바라볼 때 주의 사항이 있다. 혐오나 증오라는 특정 감정에 집착해선 안 된다는 것이다. 혐오가 주제인데 거기에 집중하지 말라니, 얼핏 이율배반처럼 들리지만 이는 매우 중요한 포인트다. 왜 혐오가 나쁘냐고 물어보면 많은 사람들은 이렇게 답한다. "나쁜 감정이니까 나쁘다.", "약자와 소수자를 차별하게 만드니까 나쁘다." 이 대답들은 분명 선량한 마음에서 나온 것이다. 하지만 문제의 성격을 오인하게 만들 수 있다. 혐오나 증오라는 감정에 집중할수록 우린 '달을 가리키는 손가락만 바라보는' 잘못을 범하기 쉬워진다.
　인과 관계를 혼동하면 곤란하다. 우리가 문제시하고 있는 각종 혐오는 자연 발생한 게 아니라 사회적으로 형성된 감정이다. 사회 문제의 기원이나 원인이 아니라, 발현이며 결과다. 더 정확히 말하자면 혐오는 증상이다. 증상을 관찰하는 일은 중요하지만 거기에만 매몰되면 곤란하다. 우리는 혐오나 증오 그 자체를 사회악으로 지목해 도덕적으로 지탄하는 데서 그치지 말아야 한다.

① 혐오 현상에는 인과 관계가 존재하지 않는다.
② 혐오 현상은 선량한 마음으로 바라보아야 한다.
③ 혐오 현상을 만들어 내는 근본 원인을 찾아야 한다.
④ 혐오라는 감정에 집중할수록 사회 문제는 잘 보인다.

02
2021 지방직 9급

다음 글의 결론으로 가장 적절한 것은?

　인공지능(AI)은 비즈니스 패러다임을 획기적으로 바꾸고 있다. 인공지능은 생물학 분야에도 광범위하게 영향을 미칠 것이며, 애완동물이 인공지능(AI)으로 대체될 수도 있을 것이다. 인공지능(AI)은 스스로 수학도 풀고 글도 쓰고 바둑을 두며 사람을 이길 수도 있다. 어느 영화에서처럼 실제로 인간관계를 대신할 수도 있다. 인공지능(AI)은 배우면서 성장할 수도 있다. 인공지능(AI)이 사람보다 똑똑해질 수 있을지도 모른다.
　인공지능(AI)이 사람보다 똑똑해질 수 있는지는 차치하고, 인공지능(AI)이 사람을 게으르게 만들 수도 있지 않을까? 이 게으름은 우리의 건강과 행복, 그리고 일상생활의 패턴을 바꿔 놓을 수도 있다.
　인공지능(AI)이 앱을 통해 좀 더 편리한 삶을 제공하여 사람의 뇌를 어떻게 바꾸는지를 일상에서 보여 주는 대표적 사례가 바로 GPS다. 불과 몇 년 전만 해도 지도를 보고 스스로 거리를 가늠하고 도착 시간을 계산했던 운전자들은 이 내비게이션의 등장으로 어디에서 어떻게 가라는 기계 속 음성에 전적으로 의존하기 시작했다. 예전의 방식으로도 충분히 잘 찾아가던 길에서조차 습관적으로 내비게이션을 켠다. 이것이 없으면 자주 다니던 길도 제대로 찾지 못하고 멀쩡한 어른도 길을 잃는다.
　이와 같이 기계에 의존해서 인간이 살아가는 사례는 오늘날 우리의 두뇌가 게을러진 것을 보여 주는 여러 사례 가운데 하나일 뿐이다. 삶을 더 편하게 해 준다며 지름길을 제시하는 도구들이 도리어 우리의 기억력과 창조력을 퇴보시키고 있다. 인간을 태만하고 나태하게 만들어 뇌의 가장 뛰어난 영역인 상상력을 활용하지 않도록 만드는 것이다.

① 인간의 인공지능(AI)에 대한 독립성은 지속적으로 증가하게 될 것이다.
② 인공지능(AI)으로 인해 인간의 두뇌가 게을러지는 부작용이 발생하게 될 것이다.
③ 인공지능(AI)은 인간을 능가하는 사고력을 가질 것이다.
④ 인공지능(AI)은 궁극적으로 상상력을 가지게 될 것이다.

03

2022 서울시 9급(2월)

〈보기〉에서 말하고자 하는 바로 가장 적절한 것은?

―〈보기〉―

　기존의 대부분의 일제 시기 근대화 문제에 관한 연구는 다양한 입장 차이에도 불구하고 대단히 대립적인 두 가지 주장으로 정리될 수 있다. 즉 일제가 조선을 지배하지 않았다면 조선에서는 근대적 변혁이 제대로 이루어지지 않았을 것이라는 주장과, 일제의 조선 지배는 한국 근대화를 압살하였기 때문에 결국 근대는 해방 이후부터 시작될 수밖에 없었다는 주장이 그것이다. 두 주장 모두 일제의 조선 지배에도 불구하고 조선인들이 주체적으로 대응했던 역사가 탈락되어 있다. 일제 시기의 역사가 한국 역사의 일부가 되기 위해서는 민족 해방 운동 같은 적극적인 항일 운동뿐만 아니라, 지배의 억압 속에서도 치열하게 삶을 영위해 가면서 자기 발전을 도모해 나간 조선인의 역사도 정당하게 평가되지 않으면 안 된다.

① 일제의 조선 지배는 한국에게서 근대화의 기회를 빼앗았다.
② 일제의 지배에 주체적으로 대응한 조선인의 역사도 정당하게 평가되어야 한다.
③ 일제가 조선을 지배하지 않았다면 조선에서는 근대화가 이루어지지 않았을 것이다.
④ 조선인들은 일제하에서도 적극적인 항일 운동으로 역사에 주체적으로 대응해 나갔다.

04

2020 지방직 9급

다음 글의 주장으로 가장 적절한 것은?

　우리에게 친숙한 동물들의 사소한 행동을 살펴보면 그들이 자신의 환경을 개조한다는 것을 알 수 있다. 가장 단순한 생명체는 먹이가 그들에게 헤엄쳐 오게 만들고, 고등 동물은 먹이를 구하기 위해 땅을 파거나 포획 대상을 추적하기도 한다. 이처럼 동물들은 자신의 목적을 위해 행동함으로써 환경을 변형시킨다. 이러한 생존 방식을 흔히 환경에 적응하는 것으로 설명한다. 그러나 이러한 설명은 생명체들이 그들의 환경 개변(改變)에 능동적으로 행동한다는 중요한 사실을 놓치고 있다.
　가장 고등한 동물인 인간도 다른 생명체와 마찬가지로 생존이나 적응을 넘어서 환경에 대해 적극성을 보인다. 이는 인간의 세 가지 충동―사는 것, 잘 사는 것, 더 잘 사는 것―으로 인하여 가능하다. 잘 살기 위한 노력은 순응적이기보다는 능동적인 모습으로 나타나게 된다. 인간도 생명체이다. 더 잘 살기 위해서는 환경에 순응할 수만은 없다.

① 인간은 환경에 적응해 왔다.
② 삶의 기술은 생존을 위한 것이다.
③ 생명체는 환경을 능동적으로 변형한다.
④ 인간은 잘 사는 것을 삶의 목표로 한다.

유형 공략 문제

05
2020 지방직 9급

다음 글의 주장으로 가장 적절한 것은?

예술 작품의 복제 기술이 좋아지고 있음에도 불구하고 원본을 보러 가는 이유는 무엇인가? 예술 작품의 특성상 원본 고유의 예술적 속성을 복제본에서는 느낄 수 없다고 생각하는 경향이 강하기 때문이다. 사진은 원본인지 복제본인지 중요하지 않지만, 회화는 붓 자국 하나하나가 중요하기 때문에 복제본이 원본을 대체할 수 없다고 생각하는 사람들이 많다.

그러나 이러한 생각은 잘못이다. 회화와 달리 사진의 경우, 보통은 '그 작품'이라고 지칭되는 사례들이 여러 개 있을 수 있다. 20세기 위대한 사진작가 빌 브란트가 마음만 먹었다면, 런던에 전시한 인화본의 조도를 더 낮추는 방식으로 다른 곳에 전시한 것과 다른 예술적 속성을 갖게 할 수 있었을 것이다. 이것은 사진의 경우, 작가가 재현적 특질을 선택하고 변형할 수 있는 방법이 다양함을 의미한다.

① 복제본의 예술적 가치는 원본을 뛰어넘을 수 없다.
② 복제 기술 덕분에 예술의 매체적 특성이 비슷해졌다.
③ 복제본의 재현적 특질을 변형하는 방법은 제한적이다.
④ 복제본도 원본과는 다른 별개의 예술적 특성을 담보할 수 있다.

06

다음 글의 제목으로 가장 적절한 것은?

계몽주의 사상가들은 명백히 모순되는 두 개의 견해를 취했다. 그들은 인간의 위치를 자연계 안에서 해명하려고 애썼다. 역사의 법칙이란 것을 자연의 법칙과 동일한 것으로 여겼다. 다른 한편, 그들은 진보를 믿었다. 그렇다면 그들이 자연을 진보하는 것으로, 다시 말해 끊임없이 어떤 목적을 향해서 전진하는 것으로 받아들인 데에는 어떤 근거가 있었던가? 헤겔은 역사는 진보하는 것이고 자연은 진보하지 않는 것이라고 뚜렷이 구분했다. 반면, 다윈은 진화와 진보를 동일한 것으로 주장함으로써 모든 혼란을 정리한 듯했다. 자연도 역사와 마찬가지로 진보하는 것으로 본 것이다. 그러나 이것은 진화의 원천인 생물학적인 유전(biological inheritance)을 역사에서의 진보의 원천인 사회적인 획득(social acquisition)과 혼동함으로써 훨씬 더 심각한 오해에 이를 수 있는 길을 열어 놓았다. 오늘날 그 둘이 분명히 구별된다는 것은 익히 알려진 것이다.

① 자연의 진보에 대한 증거
② 인간 유전의 사회적 의미
③ 역사의 법칙과 자연의 법칙
④ 진보와 진화에 관한 견해들

07 다음 발화에 나타난 주장으로 가장 적절한 것은?

2020 지방직 7급

> 신어(新語)에 대해 말할 때, 보통 유행어나 비속어, 은어와 같은 한정된 대상을 떠올리는 경우가 많습니다. 그런데 신어 연구의 대상은 특정한 범주의 언어, 소수 집단의 언어에 한정되지 않습니다. 어려운 전문 용어는 의사소통의 효율성이나 교육적 목적을 위해 순화된 신어로 대체할 필요가 있는데, 특히, 상당수의 전문 용어는 신어에 대한 정책적인 고려가 필요해 보입니다. 예를 들어 '좌창(痤瘡)'이라는 의학 용어를 대체한 '여드름'은 일상생활뿐만 아니라 전문 분야에서도 신어로 자리를 잡았습니다. 이와 같은 신어는 전문 용어의 순화에도 일정한 역할을 하고 있습니다. 이는 신어 연구가 단지 새로운 어휘와 몇 가지 주제를 나열하는 연구를 넘어서 한국어 조어론 전반에 대한 연구로 확장되어야 하는 이유이기도 합니다. 이러한 신어의 영역은 대중이 생산하는 '자연 발생적 신어'의 영역과 더불어 '인위적인 신어'의 영역으로 논의되어야 합니다.

① 신어에서 비속어나 은어가 빠져야 한다.
② 신어는 연구 대상과 영역을 확장해야 한다.
③ 자연 발생적인 신어에 대한 정책적 고려가 필요하다.
④ 신어는 의사소통의 효율성을 위해 그 범주를 특정해야 한다.

08 다음 글의 제목으로 가장 적절한 것은?

2020 소방직 9급

> 사회가 발달하면서 화법과 작문의 윤리에 대한 관심과 요구가 점점 커지고 있다. 화법과 작문의 윤리를 잘 지키지 않으면 사회적 의사소통의 바탕이 되는 상호 신뢰가 깨질 수 있으므로 이를 준수하기 위해 노력해야 한다.
> 먼저 청자나 독자를 존중하고 배려하는 자세를 갖추어야 한다. 말을 하거나 글을 쓸 때에는 상대방의 인격을 모욕하거나 상대방에게 상처를 주는 언어 표현을 사용하지 않아야 한다. 상대방을 존중하고 배려하는 표현을 사용함으로써 화법과 작문의 윤리를 지킬 수 있다.
> 다음으로, 다른 사람의 글이나 아이디어 등을 표절하거나 도용하지 않아야 한다. 다른 사람의 글이나 아이디어 등을 인용할 때에는 저작자의 허락을 얻거나 인용의 출처를 명시해야 하며, 내용의 과장·축소·왜곡 없이 정확하게 인용해야 한다. 또한 출처를 명시하더라도 과도하게 인용하지 않아야 한다. 과도한 인용은 출처 명시와는 무관하게 화법과 작문의 윤리를 어기는 것이기 때문이다.
> 화법과 작문의 윤리를 준수한다면 화자나 필자는 청자나 독자로부터 더욱 큰 신뢰를 얻을 수 있다. 그러므로 화자나 필자는 화법과 작문의 윤리를 잘 인식하고 있어야 하며, 말을 하거나 글을 쓸 때 이를 준수하는 태도를 가져야 한다.

① 화법과 작문의 절차
② 화법과 작문의 목적
③ 화법과 작문의 기능
④ 화법과 작문의 윤리

유형 공략 문제

09
다음 글에서 결론적으로 주장하는 바로 가장 적절한 것은?

사회 관계망 서비스(SNS)는 개인의 알 권리를 충족하거나 사회적 정의 실현을 위해 생각과 정보를 공유할 수 있도록 돕는다는 면에서 긍정적인 가치를 인정받는다. 그러나 도덕적 응징이라는 미명하에 개인의 신상 정보를 무차별적으로 공개하는 범법 행위가 확산되면서 심각한 사회 문제가 일고 있는 것이 사실이다. 법적 처벌이 어렵다면 도덕적으로 응징해서라도 죄를 물어야 한다는 누리꾼들의 요구가, '모욕죄'나 '사이버 명예 훼손죄' 등으로 처벌될 수 있는 범죄 행위 수준의 과도한 행동으로 이어지는 경우를 우려해야 하는 상황인 것이다.

특히 사회적 비난이 집중된 사건의 경우, 공익을 위한다는 생각으로 사건의 사실 여부를 제대로 확인하지도 않은 채 개인 신상 정보부터 무분별하게 유출하는 행위가 끊이지 않고 있어 문제의 심각성이 커지고 있다. 그로 인해 개인의 사생활 침해와 인격 훼손은 물론, 개인 정보가 범죄에 악용되는 부작용이 발생하고 있다. 따라서 사회 관계망 서비스를 이용하여 정보를 공유할 때에는, 개인의 사생활을 침해하거나 인격을 훼손하는 정보를 유출하는 것은 아닌지 각별한 주의를 기울일 필요가 있다.

① 정보 공유를 통해 사회 정의를 실현할 수 있다.
② 정보 유출로 공공의 이익이 훼손되는 경우는 없다.
③ 공유된 정보는 사실 관계를 확인할 수 있어야 한다.
④ 정보 공유 과정에서 개인의 인권이 침해당해서는 안 된다.

10
〈보기〉의 (가)에서 밑줄 친 ㉠~㉣ 중 (나)가 뒷받침하는 이론으로 가장 옳은 것은?

〈보기〉

(가) 초상화에서 좌안·우안을 골라 그리는 데 대한 일반적인 이론은 대략 세 가지가 있습니다. 하나는 ㉠사람의 표정은 왼쪽 얼굴에 더 잘 나타난다는 이론이며, 다른 하나는 ㉡그림을 그리는 것은 우뇌인데 시야의 왼쪽에 맺힌 상(像)이 우뇌로 들어오기 때문에 왼쪽이 더 잘 그려진다는 이론입니다. 마지막 하나는, ㉢대부분의 화가는 오른손으로 그림을 그리며 오른손잡이는 왼쪽부터 그림을 그려나가는 것이 편하다는 주장입니다. 하지만, 실제로 한국의 초상화 작품들을 살펴보면 ㉣좌안·우안이 시대에 따라 어떤 경향성을 띠는 것으로 보입니다. 이를테면, 비록 원본은 아니지만 고려 말 염제신의 초상화나 조선 초 이천우의 초상화들은 대체로 우안이며, 신숙주의 초상화 이후 조선시대의 초상화들은 거의가 좌안입니다.

(나) 화가가 사람의 얼굴을 그릴 때에는 보통 눈·코·입의 윤곽이 중요하므로 이를 먼저 그리게 된다. 좌안을 그리면 왼쪽에 이목구비가 몰려 있어 이들을 그리고 난 후 자연스럽게 오른쪽으로 이동하면서 왼쪽 뺨·귀·머리, 오른쪽 윤곽 순으로 그려나간다. 이렇게 하면 손의 움직임도 편할 뿐 아니라 그리는 도중 목탄이나 물감이 손에 묻을 확률도 줄어든다.

① ㉠   ② ㉡   ③ ㉢   ④ ㉣

11
다음 글의 주제로 가장 적절한 것은?

> 신화는 인간에 대한 근원적 진실을 보여 줄 수 있는 매개체이다. 탈마법화를 추구하며 이성을 중요시하는 현대인의 입장에서는 신화가 허무맹랑한 창작물로 보일 수 있다. 그러나 옛날부터 현재에 이르기까지 신화는 사람들에게 영향을 미치고 있다. 현대에 와서도 사람들이 신화를 찾아보는 이유는, 신화를 통해 현재를 비판할 수 있고, 더 나은 방향으로 발전할 수 있기 때문이다. 예를 들어 그리스 로마 신화에 등장하는 메두사 이야기는 현대 페미니즘 논쟁과 연결 지어 생각해 볼 수 있으며, 현대 심리학에서는 오이디푸스 이야기가 등장하곤 한다. 즉 신화는 과거에 머물러 있는 것이 아니라, 시간의 흐름에 따라 끊임없이 확대 및 재생산되고 있는 것이다.

① 신화 속 인물을 현대의 관점으로 이해할 필요가 있다.
② 신화는 현대 사회를 더 좋은 방향으로 나아가게 할 수 있다.
③ 신화의 비이성적 요소는 현대인들의 반감을 불러일으킬 수 있다.
④ 현대인은 신화를 통해 인간의 근원에 대한 궁금증을 해결할 수 있다.

12
다음 글의 제목으로 가장 적절한 것은?

> 철학자도 사회의 구성원 일부에 지나지 않으며 철학적 사고도 그러한 구성원에 의해 생산된 사회 현상의 일부에 지나지 않는다. 이런 점에서 철학자는 사회를 초월할 수 없고 철학은 사회를 떠날 수 없다. 즉 철학적 규범으로 제시하는 명제 자체도 구체적 사회 제도 혹은 신념들의 추상적 표현으로 볼 수 있다. 그러면서도 모든 인간에게는 반성적 능력이 있고 반성을 통해 주어진 여건을 어느 정도까지 극복할 수 있다. 철학자란 남달리 반성적 인간이며 철학이란 남들보다 각별히 철저한 반성적 사고에 의해 이루어진 지적 생산물에 지나지 않는다. 그러므로 철학적 사고는 한 사회에 존재하는 이념과 관습에 대한 가장 대표적 반성과 비판의 기능을 한다. 이런 점에서 볼 때 사회적 신념 또는 제도는 '넓은 뜻'으로서의 철학적 사고에 의해 결정된 것으로 볼 수 있다. 언뜻 보아 논리적으로 모순되지만 철학은 그가 존재하는 사회에 내재적(immanent)인 동시에 초월적(transcendent)이다.

① 철학적 규범의 의미
② 철학과 사회의 관계
③ 사회 제도의 발생 원인
④ 철학이 생산한 지적 생산물

유형 공략 문제

[13~14] 다음 글을 읽고 물음에 답하시오.

동물이 신체의 내부 온도를 정상 범위 안에서 유지하는 과정을 '체온조절'이라고 한다. 체온조절을 위하여 동물은 신체 내부의 물질대사를 통해 열을 발생시키거나 외부 환경에서부터 열을 ㉠ 획득한다. 조류나 포유류는 체내의 물질대사에 의하여 생성된 열로 체온을 유지하기 때문에 '내온동물'이라고 부른다. 대부분의 내온동물은 외부 온도가 변화해도 안정적으로 체온을 유지한다. 추운 환경에 노출되어도 내온동물은 충분한 열을 생성해서 주변보다 더 따뜻하게 체온을 유지할 수 있다.

이와 달리 양서류나 많은 종류의 파충류와 어류는 열을 외부에서부터 획득하기 때문에 '외온동물'이라고 부른다. 외온동물은 체온조절을 위한 충분한 열을 생성하지는 않지만 그늘을 찾거나 햇볕을 쬐는 것과 같은 행동을 통해 체온을 ㉡ 조절한다. 외온동물은 열을 외부에서 얻기 때문에 체내의 물질대사를 통해 큰 에너지를 생성할 필요가 없어서 동일한 크기의 내온동물보다 먹이를 적게 섭취한다.

한편 체온의 안정성을 기준으로 동물을 '항온동물'과 '변온동물'로 ㉢ 구분하기도 한다. 주위 환경과 관계없이 비교적 일정한 체온을 유지하는 동물을 항온동물, 주위 환경에 따라서 체온이 변하는 동물을 변온동물이라고 부른다. 한때는 내온동물과 외온동물을 각각 항온동물과 변온동물이라고 부르기도 했다.

그런데 체온조절을 위해 열을 획득하는 방식과 체온의 안정성을 유지하는 것은 별개의 문제이다. 외온동물에 속하는 많은 종류의 해양 어류는 일정한 온도가 유지되는 물에서 ㉣ 서식하기 때문에 체온이 크게 변하지 않는다. 반대로 어떤 내온동물은 체온의 변화가 급격하게 일어나기도 한다. 예컨대 박쥐 중에는 겨울잠을 자면서 체온을 40°C나 떨어뜨리는 종류도 있다. 내온동물과 외온동물을 구분하는 방식과 항온동물과 변온동물을 구분하는 방식 사이에는 어떠한 상관관계도 없다.

13   2025 국가직 9급

윗글의 중심 내용으로 가장 적절한 것은?

① 내온동물과 외온동물의 특징을 통해 항온동물과 변온동물의 특징을 밝힐 수 있다.
② 체온조절을 위한 열 획득 방식과 체온의 안정성은 동물을 분류하는 서로 다른 기준이다.
③ 동물을 내온동물과 외온동물로 구분하는 기준은 항온동물과 변온동물로 구분하는 기준보다 모호하다.
④ 체온조절을 위한 열 획득 방식보다 체온의 안정성을 유지하는 방식이 동물을 분류하는 더 적합한 기준이 된다.

14   2025 국가직 9급

윗글의 ㉠~㉣과 바꿔 쓸 수 있는 유사한 표현으로 적절하지 않은 것은?

① ㉠: 얻는다
② ㉡: 올린다
③ ㉢: 나누기도
④ ㉣: 살기

15

다음 글의 중심 내용으로 가장 적절한 것은?

> 플라톤의 『국가』에는 사람들이 살아가면서 가장 중요하게 생각하는 두 가지 요소에 대한 언급이 있다. 우리가 만약 이것들을 제대로 통제하고 조절할 수 있다면 좋은 삶을 살 수 있다고 플라톤은 말하고 있다. 하나는 대다수가 갖고 싶어 하는 재물이며, 다른 하나는 대다수가 위험하게 생각하는 성적 욕망이다. 소크라테스는 당시 성공적인 삶을 살고 있다고 사람들에게 잘 알려진 케팔로스에게, 사람들이 좋아하는 재물이 많아서 좋은 점과 사람들이 싫어하는 나이가 많아서 좋은 점은 무엇인지를 물었다. 플라톤은 이 대화를 통해 우리가 어떻게 좋은 삶을 살 수 있는지를 보여준다.
>
> 케팔로스는 재물이 많으면 남을 속이거나 거짓말하지 않을 수 있어서 좋고, 나이가 많으면 성적 욕망을 쉽게 통제할 수 있어서 좋다고 말한다. 물론 재물이 적다고 남을 속이거나 거짓말을 하는 것은 아니며, 나이가 적다고 해서 성적 욕망을 쉽게 통제할 수 없는 것은 아니다. 그렇지만 누구나 살아가면서 이것들로 인해 힘들어하고 괴로워하는 경우가 많다는 것은 분명하다. 삶을 살아가면서 돈에 대한 욕망이나 성적 욕망만이라도 잘 다스릴 수 있다면 낭패를 당하거나 망신을 당할 일이 거의 없을 것이다. 인간에 대한 플라톤의 통찰력과 삶에 대한 지혜는 현재에도 여전히 유효하다.

① 재물욕과 성욕은 과거나 지금이나 가장 강한 욕망이다.
② 재물이 많으면서 나이가 많은 자가 좋은 삶을 살 수 있다.
③ 성공적인 삶을 살려면 재물욕과 성욕을 잘 다스려야 한다.
④ 잘 살기 위해서는 살면서 가장 중요한 것이 무엇인지 알아야 한다.

02 세부 내용 파악하기

유형 소개
- '세부 내용 파악하기' 유형은 제시문의 내용과 선택지의 일치, 불일치 여부를 묻는 방식이나 글의 내용을 정확히 이해했는지를 묻는 문제 유형이다.
- 제시문의 내용을 그대로 선택지에 반영한 유형과 변형 및 재구성하여 선택지를 구성한 유형이 주로 출제된다.
- 선택지에 제시된 정보를 빠르게 파악한 후 글을 읽으며 선택지와 글의 정보의 일치 여부를 가려내야 한다.

출제 경향
- 1개의 선택지에서 2개 이상의 정보를 확인해야 하는 문제들이 출제되고 있다.
- 2개 이상의 문단에서 개별적인 정보들을 취합해서 이해해야 하는 문제들이 출제되고 있다.
- 제시문의 정보가 선택지에 그대로 진술되기보다는 제시문의 내용을 다른 표현으로 바꾸어 진술된 내용이 선택지에 제시되는 방식으로 출제되고 있다.

단계별 문제 풀이 전략

STEP 1 제시된 발문의 유형이 긍정 발문인지 부정 발문인지를 정확히 파악한다.
- 긍정 발문은 '적절한', '옳은' 등의 표현으로 제시되며, 제시문의 내용과 일치하는 선택지를 정답으로 찾아야 하는 유형이다.
- 부정 발문은 '적절하지 않은', '옳지 않은' 등의 표현으로 제시되며, 제시문의 내용과 불일치하는 선택지를 정답으로 찾아야 하는 유형이다.

STEP 2 선택지에서 다루는 주요 정보를 파악한다.
- 선택지의 정보를 먼저 파악한 후 글에서 필요한 정보를 선별하며 읽는 것이 효율적이므로 선택지의 정보를 우선적으로 파악한다.
- 선택지에 2개 이상의 정보가 제공되는 경우, 정보를 누락하지 않도록 주의한다.

STEP 3 글에서 선택지의 주요 정보와 관련된 내용을 찾고, 선택지와 비교하며 일치 여부를 판단한다.
- 선택지의 주요 정보와 글의 내용을 비교하며 읽되, 글에서 확인되는 선택지의 주요 정보에 선택지 번호를 표시한다.
- 글에서 선택지의 주요 정보를 바로 확인하기 어려운 경우, 글의 내용이 다른 표현으로 재구성되어 선택지에 제시된 것인지 점검한다.
- 선택지의 주요 정보와 글의 내용의 일치, 불일치 여부를 확인하며 답을 찾는다.

전략 적용하기

다음 글을 이해한 내용으로 가장 적절한 것은? 2023 지방직 9급

『삼국사기』는 본기 28권, 지 9권, 표 3권, 열전 10권의 체제로 되어 있다. 이 중 열전은 전체 분량의 5분의 1을 차지하며, 수록된 인물은 86명으로, 신라인이 가장 많고, 백제인이 가장 적다. 수록 인물의 배치에는 원칙이 있는데, 앞부분에는 명장, 명신, 학자 등을 수록했고, 다음으로 관직에 있지는 않았으나 기릴 만한 사람을 실었다.

반신(叛臣)의 경우 열전의 끝부분에 배치되어 있다. 이들을 수록한 까닭은 왕을 죽인 부정적 행적을 드러내어 반면교사로 삼는 데에 있었으나, 그 목적에 부합하지 않는 내용이 있어 흥미롭다. 가령 고구려의 연개소문은 반신이지만, 당나라에 당당히 대적한 민족적 영웅의 모습도 포함되어 있다. 흔히 『삼국사기』에 대해, 신라 정통론에 기반해 있으며, 유교적 사관에 따라 당시의 지배 질서를 공고히 하고자 했다고 평가한다. 하지만 연개소문의 사례에서 볼 수 있듯 『삼국사기』는 기존 평가와 달리 다면적이고 중층적인 역사 텍스트라고 할 수 있다.

① 『삼국사기』 열전에 고구려인과 백제인도 수록되었다는 점은 이 책이 신라 정통론을 계승하지 않았다는 것을 보여준다.

 ② 『삼국사기』 열전에 수록된 반신 중에는 이 책에 대한 기존 평가를 다르게 할 수 있는 사례가 있다.

③ 『삼국사기』 열전에는 기릴 만한 업적이 있더라도 관직에 오르지 못한 사람은 수록되지 않았다.

④ 『삼국사기』의 체제 중에서 열전이 가장 많은 권수를 차지한다.

STEP 1
제시된 발문의 유형이 긍정 발문인지 부정 발문인지를 정확히 파악한다.

STEP 2
선택지에서 다루는 주요 정보를 파악한다.
- ①: 열전에 고구려인, 백제인이 수록됨 / 『삼국사기』가 신라 정통론 계승하지 않음
- ②: 열전에 반신이 수록됨 / 반신 중 『삼국사기』에 대한 기존 평가를 달리할 수 있는 사례가 있음
- ③: 업적이 있더라도 관직에 오르지 못한 사람은 열전에 수록되지 않음
- ④: 『삼국사기』 체제 중 열전의 권수가 가장 많음

STEP 3
글에서 선택지의 주요 정보와 관련된 내용을 찾고, 선택지와 비교하며 일치 여부를 판단한다.
- ①: ○ / ×
- ②: ○ / ○
- ③: ×
- ④: ×

→ ② 2문단에서 반신이지만 당나라에 대적한 민족적 영웅의 모습으로도 그려진 연개소문을 사례로 들며, '삼국사기'는 기존 평가와 달리 다면적이고 중층적인 역사 텍스트로 볼 수 있다고 설명한다. 따라서 답은 ②이다.

오답분석

① 1문단 2~3번째 줄에서 '삼국사기' 열전에 수록된 인물 중 신라인이 가장 많고, 백제인이 가장 적다는 내용이 나오며, 2문단에서는 열전 끝부분에 고구려의 연개소문이 수록되었다는 내용이 나온다. 이를 통해 '삼국사기' 열전에 고구려인과 백제인도 수록되었다는 점은 알 수 있다. 다만, 2문단 끝에서 3~4번째 줄에서 '삼국사기'가 신라 정통론에 기반해 있다고 설명하였으므로 ①은 제시문을 이해한 내용으로 적절하지 않다.

③ 1문단 마지막 문장에서 '삼국사기' 열전에 수록 인물을 배치하는 원칙에 대해 소개하였다. 앞부분에는 명장, 명신, 학자 등을 수록했고, 다음으로 관직에 있지는 않았으나 기릴 만한 사람을 실었다고 설명한 것으로 보아 ③은 제시문을 이해한 내용으로 적절하지 않다.

④ 1문단 첫 문장 내용을 통해 '삼국사기' 체제 중 가장 많은 권수를 차지하는 것은 '열전(10권)'이 아니라 '본기(28권)'임을 알 수 있다.

유형 공략 문제

[01~02] 다음 글을 읽고 물음에 답하시오.

한국 신화에 보이는 신과 인간의 관계는 다른 나라의 신화와 ㉠견주어 볼 때 흥미롭다. 한국 신화에서 신은 인간과의 결합을 통해 결핍을 해소함으로써 완전한 존재가 되고, 인간은 신과의 결합을 통해 혼자 할 수 없었던 존재론적 상승을 이룬다.

한국 건국신화에서 주인공인 신은 지상에 내려와 왕이 되고자 한다. 천상적 존재가 지상적 존재가 되기를 ㉡바라는 것인데, 인간들의 왕이 된 신은 인간 여성과의 결합을 통해 자식을 낳음으로써 결핍을 메운다. 무속신화에서는 인간이었던 주인공이 신과의 결합을 통해 신적 존재로 ㉢거듭나게 됨으로써 존재론적으로 상승하게 된다. 이처럼 한국 신화에서 신과 인간은 서로의 존재를 필요로 한다는 점에서 상호의존적이고 호혜적이다.

다른 나라의 신화들은 신과 인간의 관계가 한국 신화와 달리 위계적이고 종속적이다. 히브리 신화에서 피조물인 인간은 자신을 창조한 유일신에 대해 원초적 부채감을 지니고 있으며, 신이 지상의 모든 일을 관장한다는 점에서 언제나 인간의 우위에 있다. 이러한 양상은 북유럽이나 바빌로니아 등에 ㉣퍼져 있는 신체 화생 신화에도 유사하게 나타난다. 신체 화생 신화는 신이 죽음을 맞게 된 후 그 신체가 해체되면서 인간 세계가 만들어지게 된다는 것인데, 신의 희생 덕분에 인간 세계가 만들어질 수 있었다는 점에서 인간은 신에게 철저히 종속되어 있다.

01
9급 출제기조 전환 1차 예시문제

㉠~㉣과 바꿔 쓸 수 있는 유사한 표현으로 적절하지 않은 것은?

① ㉠: 비교해
② ㉡: 희망하는
③ ㉢: 복귀하게
④ ㉣: 분포되어

02
9급 출제기조 전환 1차 예시문제

윗글을 이해한 내용으로 적절하지 않은 것은?

① 히브리 신화에서 신과 인간의 관계는 위계적이다.
② 한국 무속신화에서 신은 인간을 위해 지상에 내려와 왕이 된다.
③ 한국 건국신화에서 신은 인간과의 결합을 통해 완전한 존재가 된다.
④ 한국 신화에 보이는 신과 인간의 관계는 신체 화생 신화에 보이는 신과 인간의 관계와 다르다.

03
2023 국가직 9급

다음 글을 이해한 내용으로 적절하지 않은 것은?

사람의 '지각과 생각'은 항상 어떤 맥락, 관점 혹은 어떤 평가 기준이나 가정하에서 일어난다. 이러한 맥락, 관점, 평가 기준, 가정을 프레임이라고 한다. 지각과 생각은 인간의 모든 정신 활동을 뜻한다. 따라서 우리의 모든 정신 활동은 진공 상태에서 일어나는 것이 아니라, 어떤 맥락이나 가정하에서 일어난다. 한마디로 우리가 프레임이라는 안경을 쓰고 세상을 보고 있음을 의미한다. 간혹 어떤 사람이 자신은 어떤 프레임의 지배도 받지 않고 세상을 있는 그대로, 객관적으로 본다고 주장한다면, 그 주장은 진실이 아닐 것이다.

① 인간의 정신 활동은 프레임 없이 일어나지 않는다.
② 프레임은 인간이 세상을 바라볼 때 어떤 편향성을 가지게 한다.
③ 인간의 지각과 사고를 확장하는 과정에서 프레임은 극복해야 할 대상이다.
④ 프레임은 인간의 정신 활동에 영향을 미치는 어떤 맥락이나 평가 기준이다.

04

다음 글을 이해한 내용으로 가장 적절한 것은?

> 이육사의 시에는 시인의 길과 투사의 길을 동시에 걸었던 작가의 면모가 고스란히 담겨 있다. 가령, 「절정」은 크게 두 부분으로 나누어지는데, 투사가 처한 냉엄한 현실적 조건이 3개의 연에 걸쳐 먼저 제시된 후, 시인이 품고 있는 인간과 역사에 대한 희망이 마지막 연에 제시된다.
> 우선, 투사 이육사가 처한 상황은 대단히 위태로워 보인다. 그는 "매운 계절의 채찍에 갈겨 / 마침내 북방으로 휩쓸려" 왔고, "서릿발 칼날진 그 위에 서" 바라본 세상은 "하늘도 그만 지쳐 끝난 고원"이어서 가냘픈 희망을 품는 것조차 불가능해 보인다. 이러한 상황은 "한발 제겨디딜 곳조차 없다"는 데에 이르러 극한에 도달하게 된다. 여기서 그는 더 이상 피할 수 없는 존재의 위기를 깨닫게 되는데, 이때 시인 이육사가 나서면서 시는 반전의 계기를 마련한다.
> 마지막 4연에서 시인은 3연까지 치달아 온 극한의 위기를 담담히 대면한 채, "이러매 눈감아 생각해" 보면서 현실을 새롭게 규정한다. 여기서 눈을 감는 행위는 외면이나 도피가 아니라 피할 수 없는 현실적 조건을 새롭게 반성함으로써 현실의 진정한 면모와 마주하려는 적극적인 행위로 읽힌다. 이는 다음 행, "겨울은 강철로 된 무지갠가보다"라는 시구로 이어지면서 현실에 대한 새로운 성찰로 마무리된다. 이 마지막 구절은 인간과 역사에 대한 희망을 놓지 않으려는 시인의 안간힘으로 보인다.

① 「절정」에는 투사가 처한 극한의 상황이 뚜렷한 계절의 변화로 드러난다.
② 「절정」에서 시인은 투사가 처한 현실적 조건을 외면하지 않고 새롭게 인식한다.
③ 「절정」은 시의 구성이 두 부분으로 나누어지면서 투사와 시인이 반목과 화해를 거듭한다.
④ 「절정」에는 냉엄한 현실에 절망하는 시인의 면모와 인간과 역사에 대한 희망을 놓지 않으려는 투사의 면모가 동시에 담겨 있다.

05

다음 글을 이해한 내용으로 가장 적절한 것은?

> 전 세계를 대표하는 항공기인 보잉과 에어버스의 중요한 차이점은 자동조종시스템의 활용 정도에 있다. 보잉의 경우, 조종사가 대개 항공기를 조종간으로 직접 통제한다. 조종간은 비행기의 날개와 물리적으로 연결되어 있어서 어떤 상황에서도 조종사가 조작한 대로 반응한다. 이와 다르게 에어버스는 조종간 대신 사이드스틱을 설치하여 컴퓨터가 조종사의 행동을 제한하거나 조종에 개입할 수 있게 설계되었다. 보잉에서는 조종사가 항공기를 통제할 수 있는 전권을 가지지만 에어버스에서는 컴퓨터가 조종사의 조작을 감시하고 제한한다.
> 보잉과 에어버스의 이러한 차이는 기계를 다루는 인간을 바라보는 관점이 서로 다른 데서 비롯된다. 보잉사를 창립한 윌리엄 보잉의 철학은 "비행기를 통제하는 최종 권한은 언제나 조종사에게 있다."이다. 시스템은 불안정하고 완벽하지 않기 때문에 컴퓨터가 조종사의 판단보다 우선시될 수 없다는 것이다. 반면 에어버스의 아버지라고 불리는 베테유는 "인간은 실수할 수 있는 존재"라고 전제한다. 베테유는 이런 자신의 신념을 토대로 에어버스를 설계함으로써 조종사의 모든 조작을 컴퓨터가 모니터링하고 제한하게 만든 것이다.

① 보잉은 시스템의 불완전성을, 에어버스는 인간의 실수 가능성을 고려하여 설계되었다.
② 베테유는 인간이 실수할 수 있는 존재라고 보지만 윌리엄 보잉은 그렇지 않다고 본다.
③ 에어버스의 조종사는 항공기 운항에서 자동조종시스템을 통제하고 조작한다.
④ 보잉의 조종사는 자동조종시스템을 사용하지 않고 항공기를 조종한다.

유형 공략 문제

06
2023 국가직 9급

다음 글의 내용과 부합하지 않는 것은?

　과학 혁명 이전 아리스토텔레스 철학은 로마 가톨릭교의 정통 교리와 결합되어 있었기 때문에 오랜 시간 동안 지배적인 영향력을 발휘하였다. 천문 분야 또한 예외는 아니었다. 아리스토텔레스의 세계관을 따라 우주의 중심은 지구이며, 모든 천체는 원운동을 하면서 지구의 주위를 공전한다는 천동설이 정설로 자리 잡고 있었다. 프톨레마이오스가 천체들의 공전 궤도를 관찰하던 도중, 행성들이 주기적으로 종전의 운동과는 반대 방향으로 움직인다는 관찰 결과를 얻었을 때도 그는 이를 행성의 역행 운동을 허용하지 않는 천동설로 설명하고자 하였다. 그래서 지구를 중심으로 공전하는 원 궤도에 중심을 두고 있는 원, 즉 주전원(周轉圓)을 따라 공전 궤도를 그리면서 행성들이 운동한다고 주장하였다.
　과학과 아리스토텔레스 철학의 결별은 서서히 일어났다. 그 과정에서 일어난 가장 중요한 사건은 1543년 코페르니쿠스가 행성들의 운동 이론에 관한 책을 발간한 일이다. 코페르니쿠스는 천체의 중심에 지구 대신 태양을 놓고 지구가 태양의 주위를 공전한다고 주장하였다. 태양을 우주의 중심에 둔 코페르니쿠스의 지동설은 행성들의 운동에 대해 프톨레마이오스보다 수학적으로 단순하게 설명하였다.

① 과학 혁명 이전 시기에는 천동설이 정설로 받아들여졌다.
② 프톨레마이오스의 주전원은 지동설을 지지하고자 만든 개념이다.
③ 천동설과 지동설은 우주의 중심을 어디에 두느냐에 따라 구분된다.
④ 행성의 공전에 대한 프톨레마이오스의 설명은 코페르니쿠스의 설명보다 수학적으로 복잡하였다.

07
2023 국가직 9급

다음 글을 이해한 내용으로 가장 적절한 것은?

　루카치는 그리스 세계를 신과 인간의 결합 정도를 가리키는 '총체성' 개념을 기준으로 세 시대로 구분하였다. 첫 번째 시대에서 후대로 갈수록 총체성의 정도는 낮아진다. 첫째는 총체성이 완전히 구현되어 있는 '서사시의 시대'이다. 호메로스의 『일리아드』와 『오디세이아』에서는 신과 인간의 세계가 하나로 얽혀 있다. 인간들이 그리스와 트로이 두 패로 나뉘어 전쟁을 벌일 때 신들도 인간의 모습을 하고 두 패로 나뉘어 전쟁에 참여했다. 둘째는 '비극의 시대'이다. 소포클레스나 에우리피데스의 비극에서는 총체성이 흔들려 신과 인간의 세계가 분리된다. 하지만 두 세계가 완전히 분리되지는 않고 신탁이라는 약한 통로로 이어져 있다. 비극에서 신은 인간의 행위에 직접 개입하지 않고 신탁을 통해서 자신의 뜻을 그저 전달하는 존재로 바뀐다. 셋째는 플라톤으로 대표되는 '철학의 시대'이다. 이 시대는 이미 계몽된 세계여서 신탁 같은 것은 신뢰할 수 없게 되었다. 신과 인간의 세계가 완전히 분리됨으로써 신의 세계는 인격적 성격을 상실하여 '이데아'라는 추상성의 세계로 바뀐다. 신의 세계와 인간의 세계는 그 사이에 어떤 통로도 존재할 수 없는, 절대적으로 분리된 세계가 되었다.

① 계몽사상은 서사시의 시대에서 철학의 시대로의 전환을 이끌었다.
② 플라톤의 이데아는 신탁이 사라진 시대의 비극적 세계를 표현한다.
③ 루카치는 각기 다른 기준에 따라 그리스 세계를 세 시대로 구분하였다.
④ 에우리피데스의 비극에 비해 『오디세이아』에서는 신과 인간의 결합 정도가 높다.

08

2023 국가직 9급

다음 글의 내용과 부합하지 않는 것은?

> 몽유록(夢遊錄)은 '꿈에서 놀다 온 기록'이라는 뜻으로, 어떤 인물이 꿈에서 과거의 역사적 인물을 만나 특정 사건에 대한 견해를 듣고 현실로 돌아온다는 특징이 있다. 이때 꿈을 꾼 인물인 몽유자의 역할에 따라 몽유록을 참여자형과 방관자형으로 구분할 수 있다. 참여자형에서는 몽유자가 꿈에서 만난 인물들의 모임에 초대를 받고 토론과 시연에 직접 참여한다. 방관자형에서는 몽유자가 인물들의 모임을 엿볼 뿐 직접 그 모임에 참여하지는 않는다. 16~17세기에 창작되었던 몽유록에는 참여자형이 많다. 참여자형에서는 몽유자와 꿈속 인물들이 동질적인 이념을 공유하고 현실의 고통스러운 문제에 대해 의견을 나누며 비판적 목소리를 낸다. 그러나 주로 17세기 이후에 창작된 방관자형에서는 몽유자가 꿈속 인물들과 함께 현실을 비판하는 것이 아니라 구경꾼의 위치에 서 있다. 이 시기의 몽유록이 통속적이고 허구적인 성격으로 변모하는 것은 몽유자의 역할 변화와 무관하지 않다.

① 몽유자가 꿈속 인물들의 모임에 직접 참여하는지, 참여하지 않는지에 따라 몽유록의 유형을 나눌 수 있다.

② 17세기보다 나중 시기의 몽유록에서는 몽유자가 현실을 비판하는 경향이 강하게 나타난다.

③ 몽유자가 모임의 구경꾼 역할을 하는 몽유록은 통속적이고 허구적인 성격이 강하다.

④ 몽유자가 꿈속 인물들과 함께 현실을 비판하는 몽유록은 참여자형에 해당한다.

09

2023 국가직 9급

다음 글을 이해한 내용으로 적절한 것은?

> 디지털 트윈은 현실 세계와 똑같은 가상의 세계이다. 최근 주목받고 있는 메타버스와 개념은 유사하지만 활용 목적의 측면에서 구별된다. 메타버스는 가상 세계와 현실 세계가 융합된 플랫폼으로 이용자들에게 새로운 경제·사회·문화적 경험을 제공하는 데 목적을 둔다. 반면 디지털 트윈은 현실 세계에 존재하는 사물, 공간, 환경, 공정 등을 컴퓨터상에 디지털 데이터 모델로 표현하여 똑같이 복제하고 실시간으로 서로 반응할 수 있도록 한다. 그래서 디지털 트윈의 이용자는 가상 세계에서의 시뮬레이션을 통해 미래 상황을 예측할 수 있게 된다. 디지털 트윈에 대한 수요가 증가하면서 관련 시장도 확대되고 있으며, 국내외의 글로벌 기업들은 여러 산업 분야에서 디지털 트윈을 도입하여 사전에 위험 요소를 제거하고 수익 모델의 효율성을 높이고 있다. 디지털 트윈이 이렇게 주목받는 이유는 안정성과 경제성 때문인데 현실 세계를 그대로 옮겨 놓은 가상 세계에 데이터를 전송, 취합, 분석, 이해, 실행하는 과정은 실제 실험보다 매우 빠르고 정밀하며 안전할 뿐 아니라 비용도 적게 든다.

① 디지털 트윈을 활용함에 따라 글로벌 기업들의 고용률이 향상되었다.

② 디지털 트윈의 데이터 모델은 현실 세계의 각종 실험 모델보다 경제성이 낮다.

③ 디지털 트윈에서의 시뮬레이션으로 현실 세계의 위험 요소를 찾아내고 방지할 수 있다.

④ 디지털 트윈은 현실 세계의 이용자에게 새로운 문화적 경험을 제공하는 데 목적이 있다.

유형 공략 문제

10 2023 지방직 9급

다음 글을 이해한 내용으로 적절하지 않은 것은?

고소설의 유통 방식은 '구연에 의한 유통'과 '문헌에 의한 유통'으로 나눌 수 있다. 구연에 의한 유통은 구연자가 소설을 사람들에게 읽어 주는 방식으로, 글을 모르는 사람들과 글을 읽을 수 있지만 남이 읽어 주는 것을 선호하는 이들을 대상으로 이루어졌다. 구연자는 '전기수'로 불렸으며, 소설 구연을 통해 돈을 벌던 전문적 직업인이었다. 하지만 이 방식은 문헌에 의한 유통에 비해 시간과 공간의 제약이 많아서 유통 범위를 넓히는 데 뚜렷한 한계가 있었다.

문헌에 의한 유통은 차람, 구매, 상업적 대여로 나눌 수 있다. 차람은 소설을 소유하고 있는 사람에게 직접 빌려서 보는 것으로, 알고 지내던 개인들 사이에서 이루어졌다. 구매는 서적 중개인에게 돈을 지불하고 책을 사는 것인데, 책값이 상당히 비쌌기 때문에 소설을 구매할 수 있는 사람은 그리 많지 않았다. 상업적 대여는 세책가에 돈을 지불하고 일정 기간 동안 소설을 빌려 보는 것이다. 세책가에서는 소설을 구매하는 것보다 훨씬 적은 비용으로 빌려 볼 수 있었기 때문에 경제적으로 넉넉하지 않은 사람도 소설을 쉽게 접할 수 있었다. 이로 인해 조선 후기 사회에서 세책가가 성행하게 되었다.

① 전기수는 글을 모르는 사람들에게 소설을 구연하였다.
② 차람은 알고 지내던 사람에게 대가를 지불하고 책을 빌려 보는 방식이다.
③ 문헌에 의한 유통은 구연에 의한 유통에 비해 시간과 공간의 제약이 적었다.
④ 조선 후기에 세책가가 성행한 원인은 소설을 구매하는 비용보다 세책가에서 빌리는 비용이 적다는 데 있다.

11 2022 국가직 9급

다음 글에 대한 이해로 적절하지 않은 것은?

국가정보자원관리원과 ○○시는 빅데이터 기반의 맞춤형 복지 서비스 분석 사업을 수행했다. 국가정보자원관리원은 자체 확보한 공공 데이터와 ○○시로부터 받은 복지 사업 관련 데이터를 활용하여 '복지 공감 지도'를 제작하고, 복지 기관 접근성 분석을 통해 취약 지역 지원 방안을 제시했다.

복지 공감 지도는 공간 분석 시스템을 활용하여 ○○시에 소재한 복지 기관들의 다양한 지원 항목과 이를 필요로 하는 복지 대상자, 독거노인, 장애인 등의 수급자 현황을 한눈에 확인할 수 있도록 구현한 것이다. 이 지도를 활용하면 복지 혜택이 필요한 지역과 수급자를 빨리 찾아낼 수 있으며, 생필품 지원이나 방문 상담 등 복지 기관의 맞춤형 대응이 가능하고, 최적의 복지 기관 설립 위치를 선정할 수 있다.

이 사업을 통해 ○○시는 그동안 복지 기관으로부터 도보로 약 15분 내 위치한 수급자에게 복지 혜택이 집중되고 있는 것도 확인했다. 이에 교통이나 건강 등의 문제로 복지 기관 방문이 어려운 수급자를 위해 맞춤형 복지 서비스가 절실하게 필요한 상황임을 발견하고, 복지 셔틀버스 노선을 4개 증설할 계획을 수립했다.

① 빅데이터를 활용하여 복지 사각지대를 줄이는 방안을 마련할 수 있다.
② 복지 기관과 수급자 거주지 사이의 거리는 복지 혜택의 정도에 영향을 준다.
③ 복지 기관 접근성 분석 결과는 복지 셔틀버스 노선 증설의 근거가 된다.
④ 복지 공감 지도로 복지 혜택에 대한 수급자들의 개별 만족도를 파악할 수 있다.

12
2022 지방직 9급

다음 글에 대한 이해로 적절하지 않은 것은?

> 연출자가 자신의 저작권을 침해당했다고 주장하기 위해서는 우선 그가 유효한 저작권을 소유하고 있어야 한다. 즉 저작권 보호 가능성이 있는 창작물이 필요하다. 다음으로 창작적인 표현을 도용당했는지 밝혀야 하는데, 이것이 쉽지 않다. 왜냐하면 연출자가 주관적으로 창작성이 있다고 느끼는 부분일지라도 객관적인 시각에서는 이미 공연 예술 무대에서 흔히 사용되는 표현 기법일 수 있고, 저작권법상 보호 대상이 아닌 아이디어의 요소와 보호 가능한 요소인 표현이 얽혀 있는 경우가 있기 때문이다. 쉬운 예로 셰익스피어를 보자. 그의 명작 중에 선대에 있었던 작품에 의거하지 않고 탄생한 작품이 있는가. 대부분의 연출자는 선행 예술가로부터 영향을 받아 창작에 임하는 것이 너무도 당연하고 자연스럽다. 따라서 무대 연출 작업 중에서 독보적인 창작을 걸러 내서 배타적인 권한인 저작권을 부여하는 것은 매우 흔치 않은 경우이고, 후발 창작을 방해하는 요소로 작용할 수도 있다. 저작권법은 창작자에게 개인적인 인센티브를 제공하여 창작을 장려함과 동시에 일반 공중이 저작물을 원활하게 이용할 수 있도록 해야 하는 두 가지 가치의 균형을 이루는 것이 목표다.

① 무대 연출의 창작적인 표현의 도용 여부를 밝히기는 쉽지 않다.
② 저작권 침해를 당했다고 주장하려면 유효한 저작권을 소유하고 있어야 한다.
③ 독보적인 무대 연출 작업에 저작권을 부여한다고 해서 후발 창작에 방해가 되지는 않는다.
④ 저작권법의 목표는 창작자의 창작을 장려하고 일반 공중의 저작물 이용을 원활하게 하는 것이다.

13
2022 지방직 7급

다음 글의 내용과 부합하는 것은?

> 사적인 필요가 사적 건축을 낳는다면, 공적인 필요는 다수를 위한 공공 건축을 낳는다. 공공 건축은 정부나 지방 자치 단체가 주도하면서 사적 자본이 생산해 낼 수 없는 공간을 생산해 내어야 한다. 이곳은 자본의 논리에서 소외된 영역을 보살피는 공적인 영역이다. 따라서 공공 건축은 국민의 삶의 질을 한 단계 높이는 데 기여할 수 있어야 한다. 그리고 특정 개인의 취향이 반영된 것이 아니라 보다 큰 다수가 누릴 수 있는 것을 배려하는 보편성을 갖추어야 한다. 그러면서도 사적 건축으로는 하기 어려운 지역의 정체성과 문화적 전통도 보존해야 한다. 이렇게 공공 건축은 공적인 소통의 장이 되어야 하는 것이다.

① 사적 건축은 국민의 삶의 질을 높이는 역할을 해야 한다.
② 사적 건축은 국민 다수의 보편적인 취향을 반영해야 한다.
③ 공공 건축은 지역의 정체성을 반영한 소통의 장이 되어야 한다.
④ 공공 건축은 사적 자본을 활용하여 다수가 누릴 수 있는 공간을 만들어야 한다.

유형 공략 문제

[14~15] 다음 글을 읽고 물음에 답하시오.

전통적 의미에서 영화적 재현과 만화적 재현의 큰 차이점 중 하나는 움직임의 유무일 것이다. 영화는 사진에 결여되었던 사물의 운동, 즉 시간을 재현한 예술 장르이다. 반면 만화는 공간이라는 차원만을 알고 있다. 정지된 그림이 의도된 순서에 따라 공간적으로 나열된 것이 만화이기 때문이다. 만일 만화에도 시간이 존재한다면 ㉠그것은 읽기의 과정에서 독자에 의해 사후에 생성된 것이다. 독자는 정지된 이미지에서 상상을 통해 움직임을 끌어낸다. 그리고 인물이나 물체의 주변에 그어져 속도감을 암시하는 효과선은 독자의 상상을 더욱 부추긴다.

만화는 물리적 시간의 부재를 공간의 유연함으로 극복한다. 영화 화면의 테두리인 프레임과 달리, 만화의 칸은 그 크기와 모양이 다양하다. 또한 만화에는 한 칸 내부에 그림뿐 아니라, 말풍선과 인물의 심리나 작중 상황을 드러내는 언어적·비언어적 정보를 모두 담을 수 있는 자유로움이 있다. 그리고 ㉡그것이 독자의 읽기 시간에 변화를 주게 된다. 하지만 영화에서는 이미지를 영사하는 속도가 일정하여 감상의 속도가 강제된다.

영화와 만화는 그 이미지의 성격에서도 대조적이다. 영화가 촬영된 이미지라면 만화는 수작업으로 만들어진 이미지이다. 빛이 렌즈를 통과하여 필름에 착상되는 사진적 원리에 따른 영화의 이미지 생산 과정은 기술적으로 자동화되어 있다. 그렇기에 ㉢여기서 감독의 체취를 발견하기란 쉽지 않다. 그에 비해 만화는 수작업의 과정에서 자연스럽게 세계에 대한 작가의 개인적인 해석을 드러내게 된다. ㉣이것은 그림의 스타일과 터치 등으로 나타난다. 그래서 만화 이미지는 '서명된 이미지'이다.

촬영된 이미지와 수작업에 따른 이미지는 영화와 만화가 현실과 맺는 관계를 다르게 규정한다. 영화는 실제 대상과 이미지가 인과 관계로 맺어져 있어 본질적으로 사물에 대한 사실적인 기록이 된다. 이 기록의 과정에는 촬영장의 상황이나 촬영 여건과 같은 제약이 따른다. 그러나 최근에는 촬영된 이미지들을 컴퓨터상에서 합성하거나 그래픽 이미지를 활용하는 디지털 특수 효과의 도움을 받는 사례가 늘고 있는데, ㉤이것을 통해 만화에서와 마찬가지로 실재하지 않는 대상이나 장소도 만들어 낼 수 있게 되었다.

만화의 경우는 구상을 실행으로 옮기는 단계가 현실을 매개로 하지 않는다. 따라서 만화 이미지는 그 제작 단계가 작가의 통제에 포섭되어 있는 이미지이다. ㉥이 점은 만화적 상상력의 동력으로 작용한다. 현실과 직접적으로 대면하지 않기에 작가의 상상력에 이끌려 만화적 현실로 향할 수 있는 것이다.

14

윗글을 이해한 내용으로 적절하지 않은 것은?

① 만화는 공간의 유연함을 통해 만화를 읽는 시간에 변화를 준다.
② 영화의 이미지는 사진적 원리에 따라 생성되므로 감상 시간이 유동적이다.
③ 영화는 디지털 특수 효과를 통해 촬영 여건 등의 물리적 제약을 극복하기도 한다.
④ 만화를 보는 독자는 속도감을 암시하는 효과선을 보고 사물의 움직임을 상상한다.

15

문맥상 ㉠~㉥과 관련 있는 대상이 같은 것으로만 묶인 것은?

① ㉠, ㉢, ㉥
② ㉡, ㉣, ㉤
③ ㉠, ㉡, ㉢, ㉤
④ ㉠, ㉡, ㉣, ㉥

16
다음 글을 이해한 내용으로 적절하지 않은 것은?

> 우리나라는 다른 나라에 비해 채식주의자의 비율이 낮은 편이다. 하지만 최근 건강을 중요시하는 사회적 분위기에 따라 고혈압, 암과 같은 질병의 원인으로 여겨지는 육식을 삼가고 식단을 채식 위주로 바꾸는 사람들이 늘어나고 있다. 이와 관련하여 채식주의자들은 채식이 꿩 먹고 알 먹기이므로 더 많은 사람들이 채식에 동참해야 한다고 주장한다. 왜냐하면 육류 소비를 줄이면 축산업에서 발생하는 많은 양의 온실가스를 감소시킬 수 있고, 목초지의 사막화를 막는 데에도 효과적이기 때문이다.

① 육식은 고혈압이나 암과 같은 질병의 원인이며, 온실가스 배출과 사막화를 유발하기도 한다.
② 다른 나라에 비해 우리나라 채식주의자 비율은 비교적 낮지만 최근 점차 늘어나는 추세이다.
③ 채식은 개인의 신체적 건강에 도움이 될 뿐만 아니라 환경오염을 줄이는 데에도 효과적이다.
④ 최근 건강을 중요시하는 사회적 분위기는 많은 사람들이 채식에 동참하면서 발생하기 시작했다.

17
다음 글을 이해한 내용으로 가장 적절한 것은?

> 조지훈의 「승무」는 승무를 추고 있는 여승을 소재로 하여 삶의 번뇌를 극복하고자 하는 염원을 회화적으로 형상화한다. 「승무」는 춤을 추는 순서에 따라 시상이 전개되는데 춤의 진행 과정에 따라 변화하는 동작이 서정적으로 묘사되어 있다.
> 1~3연에서 화자는 승무를 추기 전 파르라니 머리를 깎은 여승의 모습을 마주하고 "두 볼에 흐르는 눈물"을 "빛"에 비유하여 그것이 정작 고와서 서럽다며 역설적으로 표현한다. 이는 젊은 나이에 승려가 될 수밖에 없었던 여승의 사연을 생각하며 애상에 잠기는 화자의 모습이 드러나는 표현이다. 4연에는 승무 무대의 배경이 제시되는데, "빈 대(臺)"는 공간적 배경을, "밤"은 시간적 배경을 나타내면서 적막하고 고요한 분위기를 형성한다. 5연에서는 본격적인 승무가 시작되는데, "돌아설 듯 날아가며" 외씨버선을 사뿐하게 접어 올리는 여승의 춤사위는 급박한 춤동작을 묘사함과 동시에 외씨버선의 전통적인 곡선미를 한층 부각한다. 6~7연에서 여승은 "까만 눈동자"를 들어 올려 "별빛"을 바라본다. 이윽고 여승의 "복사꽃 고운 뺨"에 "두 방울"이 아롱지는데, 이는 여인이 흘리는 눈물이자, 세속적인 번뇌를 의미한다. 번뇌는 마침내 "별빛"으로 승화되어 현실을 초월한다. 8연에서 여승은 "거룩한 합장"을 하는데, 이는 춤사위를 합장에 비유하여 경건성을 부여한 것이다. 마지막 9연에서는 1연의 "얇은 사 하이얀 고깔은 고이 접어서 나빌레라"를 한 번 더 반복하며 시상이 마무리된다. 이러한 구조는 승무의 정적미를 확보함과 동시에 계속되는 여운을 남긴다.

① 「승무」에서 "두 방울"은 여승이 세속적 번뇌를 승화한 결과물이다.
② 「승무」는 1연과 9연이 수미상관을 이루면서 여승의 내적번민이 계속될 것임을 암시한다.
③ 「승무」에서 화자는 역설적인 표현을 통해 번뇌를 승화한 여승에 대한 감격스러움을 드러낸다.
④ 「승무」는 시간의 흐름에 따라 시상이 전개되며 여승의 번뇌가 승화되는 과정을 형상화한다.

유형 공략 문제

18
다음 글의 내용과 부합하지 않는 것은?

프랑스어로 '새로운 물결'이란 의미를 가지는 누벨바그는 1950년대 후반 프랑스 영화계에 일어난 새로운 경향을 말한다. 제2차 세계대전 이후 프랑스 영화계는 보수적인 기득권층이 주름잡고 있었는데, 기성 감독들은 오랫동안 관습적인 형태의 영화만을 제작하며 타성에 젖어 있는 경우가 많았다.

이에 대해 신인 감독들은 카이에 드 시네마라는 영화 평론지를 중심으로 보수적이고 발전이 없는 기성 영화를 신랄하게 비판하며 혁신을 주장하였다. 특히 누벨바그를 이끈 대표적인 감독 프랑소와 트뤼포는 기존의 안이한 영화 관습에 대항하고자 감독 개인의 개성을 반영한 작가주의 영화를 추구했다. 이렇듯 누벨바그를 이끈 감독들은 우주의 부조리함을 담은 실존주의 철학에 깊은 영향을 받아 비약적인 장면의 전개나 즉흥 연출과 같은 새로운 연출 방식을 시도했다.

한편 누벨바그는 1959년과 1962년에 사이에 정점을 찍었는데, 당시 사회·경제적 요소가 큰 원동력이 되었기 때문이었다. 영화 검열의 약화와 정부의 제작비 사전 지원 정책으로 신인 감독의 영화나 기존의 문법을 거부하는 영화가 쉽게 제작될 수 있었고, 영화 촬영 기술의 발전으로 누벨바그 영화의 감독들이 선호한 자연광과 사실적인 음향을 담을 수 있었다.

이와 같이 누벨바그는 침체되었던 프랑스 영화계에 새로운 반향을 끌어낼 수 있었으며, 프랑스를 넘어 전 세계 영화계에도 영향을 미쳤다. 그뿐만 아니라 영화사에서도 고전 영화와 현대 영화를 가르는 중요한 분기점 역할을 했다는 데에 의의가 있다.

① 프랑스 영화 검열의 약화와 정부의 제작비 사전 지원 정책으로 인해 누벨바그는 발전하여 정점을 찍었다.
② 작가주의 영화를 추구한 영화감독들로 인해 침체되었던 프랑스 영화계에 새로운 반향을 끌어낼 수 있었다.
③ 누벨바그를 이끈 영화감독들은 새로운 연출 방식을 시도하였으며 이는 전 세계 영화계에도 영향을 미쳤다.
④ 제2차 세계대전 이후 영화감독들은 실존주의 철학에 영향을 받아 기성 영화의 형식을 유지하고자 노력하였다.

19
다음 글을 이해한 내용으로 적절하지 않은 것은?

버거씨병은 폐색성 혈전혈관염이라고도 불리며, 손과 발의 동맥과 정맥에 염증이 생겨 사지 말단 혈관을 침범하는 질환이다. 이로 인해 혈액 공급이 차단되면 조직 괴사나 심각한 경우 절단에 이를 수 있다. 과거에는 주로 40대 남성 흡연자에게 많이 발생했으나, 최근에는 여성 흡연자가 증가하면서 여성 환자도 늘어나는 추세이다.

버거씨병은 흡연이 주요 원인으로 알려져 있지만 정확한 발병 기전은 아직 명확하게 밝혀지지 않았으며, 자가 면역 반응이 중요한 역할을 한다는 견해가 지배적이다. 현재까지 버거씨병이 유전된다는 보고는 존재하지 않는다.

이 질환은 비특이적인 종아리와 발의 통증으로 시작해 점차 심화되어 극심한 통증으로 발전한다. 특이한 점은 말단 혈관에 심한 폐쇄가 발생해도 폐, 심장, 신장과 같은 내부 장기는 대부분 정상 기능을 유지한다는 것이다. 진단은 주로 혈관 조영술을 통해 이루어지며, 특징적인 '코르크스크루' 형태의 혈관 변형을 관찰하고 혈액 검사로 다른 질병을 배제함으로써 확정된다. 금연이 가장 효과적인 치료법으로, 이를 실천하지 않으면 병이 계속 진행되어 결국 절단이라는 비극적 결과에 이를 수 있다. 통증 관리를 위해서는 진통제와 혈관 확장제를 사용하며, 경우에 따라 중재 시술이나 수술적 치료가 필요할 수 있다. 결론적으로, 버거씨병은 흡연자에게 발생하는 심각한 혈관 질환으로, 예방과 치료 모두에 있어 금연이 절대적으로 중요하다.

① 버거씨병을 진단하기 위해서는 혈관의 형태를 관찰할 필요가 있다.
② 버거씨병은 남성뿐만 아니라 여성에게도 발병할 수 있는 질환이다.
③ 버거씨병이 발병하면 혈관과 더불어 내부 장기에도 이상이 발생한다.
④ 버거씨병의 발병 요인은 선천적 요인보다 후천적 요인에서 기인한다.

20
다음 글을 이해한 내용으로 가장 적절한 것은?

> 김소월의 「진달래꽃」이 많은 사람들에게 각인되는 이유는 크게 두 가지이다. 하나는 7·5조, 3음보 율격을 통한 민요조의 운율 때문이고, 다른 하나는 떠나가는 임에 대한 화자의 헌신적인 사랑 때문이다.
> 먼저 민요조의 운율은 시의 전체 연에서 느낄 수 있다. 가령, 1연의 1·2행은 "나 보기가 / 역겨워 / 가실 때에는"처럼 끊어 읽을 수 있는데, 세 덩어리로 나눌 수 있다는 점에서 3음보이다. 또한, 네 글자와 세 글자를 합친 일곱 글자와 그 뒤 다섯 글자가 있다는 점에서 7·5조이다. 이는 1~4연까지 전체 연에서 반복되면서 운율을 형성한다.
> 다음으로 화자의 헌신적 사랑은 전체 내용을 해석해 보면 느낄 수 있다. 화자는 떠나는 임을 붙잡거나 귀찮게 하지 않고, "고이 보내드리"겠다고 하며, 임이 "가실 길"에 "진달래꽃"을 "뿌리"겠다고 한다. 진달래꽃은 화자의 헌신적 사랑을 형상화하는 상징적 소재인데, 이를 뿌리겠다는 것은 임이 가는 길을 축복하겠다는 의미로 볼 수 있다. 이후 "그 꽃을 / 사뿐히 즈려 밟고 가시옵서"라고 하는데, 앞의 흐름을 고려했을 때, 자신의 사랑을 외면하라는 의미보다는 소중히 생각하면서 떠나라는 뜻으로 보는 것이 적절하다. 마지막에는 "죽어도 아니 눈물 흘리오리다"라고 하는데, 이는 화자의 눈물로 떠나는 임의 마음을 혼란스럽게 만들지 않겠다는 뜻이다. 결론적으로 화자는 아픈 이별 상황임에도 임을 배려하는 헌신적 사랑을 보여준다.

① 「진달래꽃」은 시의 구성이 세 부분으로 나누어지면서 7·5조의 운율을 형성한다.

② 「진달래꽃」에서 "진달래꽃"은 화자의 희생적인 사랑을 아름답게 표현하는 소재이다.

③ 「진달래꽃」에는 아픈 이별의 상황에서 임을 원망하고 증오하는 화자의 태도가 드러난다.

④ 「진달래꽃」의 "죽어도 아니 눈물 흘리"겠다는 표현은 무시를 극복한 자기희생적 사랑을 의미한다.

03 주장 및 견해 파악하기

📗 유형 소개
- '주장 및 견해 파악하기' 유형은 대상이나 현상에 대한 필자의 주장, 견해를 정확히 파악했는지에 대해 묻는 유형이다.
- 필자(작가, 글쓴이)의 생각이나 견해나 입장을 묻거나, 대상이나 현상에 대한 필자의 태도를 묻는 문제가 이 유형에 속한다.
- 선택지에서 자주 언급되는 단어를 바탕으로 필자의 주장, 견해를 파악한 후 선택지와 글의 내용을 비교하면서 읽어야 한다.

📗 출제 경향
- 제시문의 주장 및 견해를 이해한 후 선택지에 제시된 사례에 적용하는 문제가 출제되고 있다.
- 동일한 대상이나 현상에 대해 서로 다른 주장 및 견해를 제시한 후 두 주장 및 견해를 비교·대조하는 문제가 출제되고 있다.

📗 단계별 문제 풀이 전략

STEP 1 선택지를 훑어보며 글에 제시될 주장이나 견해를 파악한다.
선택지에 제시된 주요 정보를 훑어보며, 글에서 주로 논의될 내용을 대략적으로 파악하고, 몇 가지의 주장이나 견해가 제시될 것인지 확인한다.

> ① 갑은 축약된 기술어가 실존하는 대상을 지칭할 수 없다고 보는군.
> ② 을은 실존하지 않는 대상을 지칭하는 단어가 있다고 보는군.
> ③ 갑은 '페가수스'를 이름으로, 을은 '페가수스'를 축약된 기술어로 보는군.
> ④ 갑과 을은 어떤 단어가 이름이려면 그 단어는 실존하는 대상을 반드시 지칭해야 한다고 보는군.
>   ▶ '갑'과 '을'이 '실존하지 않는 대상을 지칭하는 단어'에 대한 각각의 견해를 제시할 것임을 예상

STEP 2 선택지에서 파악한 정보를 떠올리며 제시문에서 주장이나 견해를 파악한다.
- 선택지에서 여러 주장 및 견해가 제시될 것을 확인하였다면 논의되는 대상을 확인한 뒤, 글에서 주장 및 견해를 달리 제시하는 인물, 학파를 중심으로 주장 및 견해를 파악한다.
- 인물, 학파가 대상에 대해 갖는 주장이나 견해가 나열되어 있는 경우 번호로 표시하면서 정리한다.

STEP 3 선택지에 제시된 정보가 필자의 주장이나 견해와 부합하는지 제시문과 비교하며 정답을 찾는다.
- 선택지에 제시된 정보와 필자의 주장이나 견해의 일치 여부를 확인하며 답을 찾는다.
- 두 주장이 충돌하는 글의 경우 선택지에 서로의 주장을 바꿔 놓는 경우가 있으므로 주의한다.

전략 적용하기

다음 글을 이해한 내용으로 가장 적절한 것은? 2024 국가직 9급

A가 주장한 다중지능이론은 기존 지능이론의 대안으로 제시되었다. 그는 (1) 기존 지능이론이 언어지능이나 논리수학지능 등 인간의 인지 능력에만 초점을 맞추고 있다고 비판하면서 이뿐 아니라 신체와 정서, 대인 관계의 능력까지 포괄한 총체적 지능 개념을 창안해 냈다. 다중지능이론은 뇌과학 연구에 일정 부분 영향을 받았는데, 뇌과학 연구에 따르면 인간의 좌뇌는 분석적, 논리적 능력을 담당하고, 우뇌는 창조적, 감성적 능력을 담당한다. (2) 다중지능이론에서는 좌뇌의 능력에만 초점을 둔 기존의 지능 검사에 대해 반쪽짜리 검사라고 혹평한다.

그런데 다중지능이론에 대해 비판적인 연구자들은 다음과 같은 점들을 지적한다. 우선, (1) 다중지능이론에서 주장하는 새로운 지능의 종류들이 기존 지능이론에서 주목했던 지능의 종류들과 상호 독립적일 수 있는가 하는 점이다. 그들에 따르면, 전자는 후자의 하위 영역에 속해 있고, 둘 사이에는 유의미한 상관관계가 있으므로 서로 독립적일 수 없으며, 따라서 '다중'이라는 개념이 성립하지 않는다. 다음으로, (2) 다중지능을 정확하게 측정할 수 있는 도구가 만들어질 수 있겠는가 하는 점이다. 그들은 지능이라는 말이 측정 가능한 인지 능력을 전제하는 것인데, 다중지능이론이 설정한 새로운 종류의 지능들을 정확하게 측정할 수 있는 도구가 만들어지기는 어려울 것이라 주장한다.

① 논리수학지능은 다중지능이론의 지능 개념에 포함되지 않는다. ✕
 대인 관계의 능력과 관련된 지능을 정확하게 측정할 수 있는 도구의 개발 가능성에 대해 회의적인 사람들이 있다. ○
③ 다중지능이론에서는 인간의 우뇌에서 담당하는 능력과 관련된 지능보다 좌뇌에서 담당하는 능력과 관련된 지능에 더 많이 주목한다. ✕
④ 다중지능이론에 대해 비판적인 연구자들은 인간의 모든 지능 영역들이 상호 독립적이라는 이유에서 '다중' 개념이 성립하지 않는다고 주장한다. ✕

STEP 1
선택지를 훑어보며 글에 제시될 주장이나 견해를 파악한다.
- 주장 1: 다중지능이론을 주장하는 A
- 주장 2: 다중지능이론을 비판함

STEP 2
선택지에서 파악한 정보를 떠올리며 제시문에서 주장이나 견해를 파악한다.
- 다중지능이론을 주장하는 A
  (1) 인지 능력에만 초점을 맞춘 기존 지능이론 비판, 총체적 지능 개념을 지향
  (2) 기존 지능 검사는 좌뇌능력에만 초점을 둠
- 다중지능이론에 대해 비판적인 연구자들
  (1) 다중지능에서 주장하는 새로운 지능은 기존 지능이론에서 주목하는 지능들로부터 독립적일 수 없음
  (2) 다중지능을 정확하게 측정하기 어려움

STEP 3
선택지에 제시된 정보가 필자의 주장이나 견해와 부합하는지 제시문과 비교하며 정답을 찾는다.
- ①: ✕ → 포함하는 개념임
- ②: ○
- ③: ✕ → A는 좌뇌 관련 지능에만 초점을 둔 것을 비판함
- ④: ✕ → 상호 독립적이지 않음

→ ② 2문단 6~9번째 줄에 의하면 다중지능이론에 대해 비판적인 연구자들은 다중지능이 설정한 새로운 종류의 지능들을 측정하는 도구를 만드는 것이 어려울 것이라 주장한다. 따라서 답은 ②이다.

오답분석

① 1문단 2~4번째 줄을 통해 다중지능이론이 기존 지능이론 제시한 논리수학지능을 포함하여 신체, 정서, 대인 관계 능력까지 포함하는 총체적 지능 개념을 제시했음을 알 수 있다. 따라서 다중지능이론에서 논리수학지능은 다중지능이론의 지능 개념에 포함되는 항목임을 알 수 있다.

③ 1문단 6~7번째 줄을 통해 다중지능이론이 좌뇌의 능력에만 초점을 둔 기존의 지능 검사를 비판하였음은 알 수 있으나, 우뇌에서 담당하는 능력과 좌뇌에서 담당하는 능력 중 어느 능력에 더 주목하였는지에 대한 내용은 제시문에서 확인할 수 없다.

④ 2문단 2~6번째 줄을 통해 다중지능이론에 대해 비판적인 연구자들이 인간의 지능에 대해 '다중' 개념이 성립하지 않는다고 주장하는 이유는 지능들이 서로 유의미한 상관관계를 지녀 서로 독립적일 수 없기 때문임을 알 수 있다.

유형 공략 문제

01
2025 국가직 9급

다음 대화를 분석한 내용으로 적절하지 않은 것은?

> 보은: 기차가 달리고 있는 선로에 다섯 명의 인부가 일하고 있고, 그들에게 그 기차를 피할 시간적 여유는 없어. 그런데 스위치를 눌러서 선로를 변경하면 다섯 명의 인부 대신 다른 선로에 있는 한 사람이 죽게 돼. 이 선택의 딜레마 상황에서 너희들은 어떻게 할 거야?
> 소현: 이런 경우엔 행위에 따른 결과가 선택의 기준이 된다고 생각해. 그래서 나는 스위치를 눌러서 한 명이 죽더라도 다섯 명을 살리는 선택을 할 거야. 그건 결과적으로 봤을 때 불가피한 조치 아니겠어?
> 은주: 글쎄, 행위에 따른 결과보다 행위 자체의 도덕성을 기준에 두어야 하는 거 아니야? 행위 자체의 도덕성을 따진다면, 스위치를 눌러서 사람을 '죽이는 것'과 아무것도 하지 않고 '죽게 내버려 두는 것' 중에 당연히 살인에 해당하는 전자가 더 나쁘지.
> 보은: 나도 그렇게 생각해. 스위치를 누르면 살인이고, 누르지 않으면 방관일 텐데, 법적인 측면에서 보더라도 전자는 후자보다 무겁게 처벌되잖아. 게다가 생명의 가치는 수량화할 수 없으니 한 사람보다 다섯 사람이 가지는 생명의 가치가 더 크다고 말할 수 없어.
> 영민: 생명의 가치를 수량화할 수 없다는 데 원론적으로는 나도 동의해. 하지만 지금처럼 불가피한 선택의 상황에서 무엇보다 우선해야 할 것은 명확한 기준을 세우는 일이야. 나는 이 상황에서 어떻게 하면 죽는 사람의 수를 최소화 하는가가 그 기준이 되어야 한다고 생각해.

① 스위치를 누르는 일을 살인으로 본다는 점에 대해 은주는 보은과 견해를 같이한다.
② 생명의 가치를 수량화할 수 없다는 점에 대해 영민은 원론적으로는 보은과 견해를 같이한다.
③ 선택의 딜레마 상황에서 소현은 행위에 따른 결과를, 은주는 행위 자체의 도덕성을 선택의 기준으로 삼는다.
④ 인명피해가 불가피한 선택의 상황에 놓인다면, 영민은 죽는 사람의 수를 최소화하는 선택을 하고, 소현은 그렇게 하지 않는다.

02
9급 출제기조 전환 2차 예시문제

갑 ~ 병의 주장을 분석한 내용으로 적절한 것만을 〈보기〉에서 모두 고르면?

> 갑: 오늘날 사회는 계급 체계가 인간의 생활을 전적으로 규정하지 않는다. 실제로 많은 사람이 사회 이동을 경험하며, 전문직 자격증에 대한 접근성 또한 증가하였다. 인터넷은 상향 이동을 위한 새로운 통로를 제공하고 있다. 이에 따라서 전통적인 계급은 사라지고, 이제는 계급이 없는 보다 유동적인 사회질서가 새로 정착되었다.
> 을: 지난 30년 동안 양극화는 더 확대되었다. 부가 사회 최상위 계층에 집중되는 것에 대한 우려가 커지고 있다. 과거 계급 불평등은 경제 전반의 발전을 위해 치를 수밖에 없는 일시적 비용이었다고 한다. 하지만 경제 수준이 향상된 지금도 이 불평등은 해소되지 않고 있다. 오늘날 세계화와 시장 규제 완화로 인해 빈부 격차가 심화되고 계급 불평등이 더 고착되었다.
> 병: 오랫동안 지속되었던 계급의 전통적 영향력은 확실히 약해지고 있다. 하지만 현대 사회에서 계급 체계는 여전히 경제적 불평등의 핵심으로 남아 있다. 사회 계급은 아직도 일생에 걸쳐 개인의 삶에 큰 영향을 미친다. 특정 계급의 구성원이라는 사실은 수명, 신체적 건강, 교육, 임금 등 다양한 불평등과 관련된다. 이는 계급의 종말이 사실상 실현될 수 없는 현실적이지 않은 주장이라는 점을 보여 준다.

〈보기〉
ㄱ. 갑의 주장과 을의 주장은 대립하지 않는다.
ㄴ. 을의 주장과 병의 주장은 대립하지 않는다.
ㄷ. 병의 주장과 갑의 주장은 대립하지 않는다.

① ㄱ　　② ㄴ　　③ ㄱ, ㄷ　　④ ㄴ, ㄷ

03

2022 국가직 9급

글쓴이의 견해에 부합하는 것은?

문화란 공동체의 구성원들이 공유하는 생각과 행동 양식의 총체라고 할 수 있다. 문화를 연구하는 사람들의 주된 관심사는 특정 생각과 행동 양식이 하나의 공동체 안에서 전파되는 기제이다.

이에 대한 견해 중 하나는 문화를 생각의 전염이라는 각도에서 바라보는 것이다. 예컨대, 리처드 도킨스는 '밈(meme)'이라는 개념을 통해 생각의 전염 과정을 설명하고자 했다. 그에 따르면 문화는 복수의 밈으로 이루어져 있는데, 유전자에 저장된 생명체의 주요 정보가 번식을 통해 복제되어 개체군 내에서 확산되듯이, 밈 역시 유전자와 마찬가지로 공동체 내에서 복제를 통해 확산된다.

그러나 문화 전파의 기제를 설명하는 이론으로는 밈 이론보다 의사소통 이론이 더 적절해 보인다. 일례로, 요크셔 지역에 내려오는 독특한 푸딩 요리법은 누군가가 푸딩 만드는 것을 지켜본 후 그것을 그대로 따라 하는 방식으로 전파되었다기보다는 요크셔푸딩 요리법에 대한 부모와 친척, 친구들의 설명을 통해 입에서 입으로 전파되고 공유되었을 가능성이 크다.

생명체의 경우와 달리 문화는 완벽하게 동일한 형태로 전파되지 않는다. 전파된 문화와 그것을 수용한 결과는 큰 틀에서는 비슷하더라도 세부적으로는 다를 수밖에 없다. 다시 말해 요크셔 지방의 푸딩 요리법은 다른 지방의 푸딩 요리법과 변별되는 특색을 지니는 동시에 요크셔 지방 내부에서도 가정이나 개인에 따라 약간씩의 차이를 보인다. 이는 푸딩 요리법의 수신자가 발신자가 전해 준 정보에다 자신의 생각을 덧붙였기 때문인데, 복제의 관점에서 문화의 전파를 설명하는 이론으로는 이와 같은 현상을 설명하기 어렵다. 반면, 의사소통 이론으로는 설명 가능하다. 이에 따르면 사람들은 자신이 들은 이야기를 남에게 전달할 때 들은 이야기에다 자신의 생각을 더해서 그 이야기를 전달하기 때문이다.

① 문화의 전파 기제는 밈 이론보다는 의사소통 이론으로 설명하는 것이 적절하다.
② 의사소통 이론에 따르면 문화의 수용 과정에는 수용 주체의 주관이 개입하지 않는다.
③ 의사소통 이론에 따르면 특정 공동체의 문화는 다른 공동체로 복제를 통해 전파될 수 있다.
④ 요크셔푸딩 요리법이 요크셔 지방의 가정이나 개인에 따라 세부적인 차이를 보이는 현상은 밈 이론에 의해 설명할 수 있다.

04

2023 군무원 9급

다음 글을 읽고 필자의 서술태도와 가장 거리가 먼 것을 고르시오.

겨울철에 빙판이 만들어지면 노인들의 낙상 사고가 잦아진다. 대부분의 노인들은 근육 감소로 인한 순발력 저하로 방어기제가 제대로 작동하지 않는다. 그런 사고를 당하면 운동이 부족해져 그나마 남아 있던 근육이 퇴화하고 노화가 빨라진다. 건강수명은 대부분 거기서 끝이다. 참으로 무서운 일이다. 그런데도 불구하고 노년층에게 적극적으로 근력운동을 처방하지 않는다. 우리의 주변을 둘러보라. 요양병원이 상당히 많이 늘어났다. 앞으로도 부가가치가 매우 높은 산업이라고 한다. 안타까운 일이다.

① 논리적
② 회고적
③ 비판적
④ 동정적

유형 공략 문제

05
2020 국가직 9급

글쓴이의 견해에 부합하지 않는 것은?

　사물 인터넷(IoT, Internet of Things)의 정의로 '수십억 개의 사물이 서로 연결되는 것'이라고 설명하는 것은 그리 유용하지 않다. 사물 인터넷이 무엇인지 이해하기 위해서는 '사물'에서 출발하기보다는 '인터넷'에서 출발하는 것이 좋다. 인터넷이 전 세계의 컴퓨터를 서로 소통하도록 만든다는 생각이 실현된 것이라면, 사물 인터넷은 이제 전 세계의 사물들을 '컴퓨터로 만들어' 서로 소통하도록 만든다는 생각을 실현하는 것이다. 컴퓨터는 본래 전원이 있고 칩이 있고, 이것이 통신 장치와 프로토콜을 갖게 되어 연결된 것이다. 그렇다면 이제는 전원이 있었던 전자 기기나 기계 등은 그 자체로, 전원이 없었던 일반 사물들은 새롭게 센서와 배터리, 통신 모듈이 부착되면서 컴퓨터가 되고 이렇게 컴퓨터가 된 사물들이 그들 간에 또는 인간의 스마트 기기와 네트워크로 연결되는 것이다.

　현재의 인터넷과 사물 인터넷의 차이를, 혹자는 사람이 개입되는 것은 사물 인터넷이 아니라고 이야기하면서 엄격한 M2M(Machine to Machine)이라는 개념에 근거해 설명한다. 또 혹자는 사물 인터넷이 실현되려면 사람만큼 사물이 판단할 수 있어야 한다고 주장하면서 사물의 지능성을 중요시하는 경우도 있는데, 두 가지 모두 그릇된 것이다. 사물 인터넷을 제대로 이해하려면 기존 인터넷과의 차이점에 주목하기보다는 오히려 공통점을 인식하는 것이 더 중요하다. 컴퓨터를 서로 연결하는 수준에서 출발한 것이 기존의 인터넷이라면, 이제는 사물 각각이 컴퓨터가 되고, 그 사물들이 사람과 손쉽게 닿는 스마트폰, 스마트 워치 등과 서로 소통하는 것이다.

① 사물 인터넷의 개념을 파악하기 위해서는 기존 인터넷과의 공통점을 이해하는 것이 필요하다.
② 센서와 배터리, 통신 모듈 등을 갖춘 사물들이 네트워크로 연결되어 사물 인터넷으로 기능한다.
③ 사물 인터넷은 사람 수준의 지능을 가진 사물들이 네트워크상에서 인간의 개입 없이 서로 소통하는 것으로 정의된다.
④ 사물 인터넷은 컴퓨터가 아니었던 사물도 네트워크로 연결될 수 있다는 점에서 기존의 인터넷과 다르다.

06

다음 글쓴이의 입장에 부합하는 것은?

　효(孝)가 개인과 가족, 곧 일차적인 인간관계에서 일어나는 행위를 규정한 것이라면, 충(忠)은 가족이 아닌 사람들과의 관계, 곧 이차적인 인간관계에서 일어나는 사회적 행위를 규정한 것이었다. 그런데 언제부터인가 우리는 효를 순응적 가치관을 주입하는 봉건 가부장제 사회의 유습이라고 오해하는가 하면, 충과 효를 동일시하는 오류를 저지르는 경향이 많아졌다. 다음을 보자.

　"부모에게 효도하고 형제를 사랑하는 사람은 윗사람의 명령을 거역하는 경우가 드물다. 또 윗사람의 명령을 어기지 않는 사람은 난동을 일으키는 경우도 드물다. 군자는 근본에 힘쓴다. 근본이 확립되면 도가 생기기 때문이다. 효도와 우애는 인(仁)의 근본이다."

　위 구절에 담긴 입장을 기준으로 보면 효는 윗사람에 대한 절대 복종으로 연결된다. 곧 종족 윤리의 기본이 되는 연장자에 대한 예우는 물론이고 신분 사회의 엄격한 상하 관계까지 포괄적으로 인정하는 것이다. 하지만 이 구절만을 근거로 효를 복종의 윤리라고 보는 것은 성급한 판단이다. 왜냐하면 원래부터 효란 가족 윤리 또는 종족 윤리로서 사회 윤리였던 충보다 우선시되었을 뿐만 아니라, 유교의 기본 입장은 설사 부모의 명령이라 하더라도 옳고 그름을 가리지 않는 맹목적인 복종은 그 자체가 불효라고 보았기 때문이다.

　유교에서는 부모와 자식의 관계가 자연에 의해서 결정된다고 한다. 이 때문에 부모와 자식의 관계는 인위적으로 끊을 수 없다고 본다. 이에 비해 임금과 신하의 관계는 공동의 목표를 위한 관계로서 의리에 의해서 맺어진 관계로 본다. 의리가 맞지 않는다면 언제라도 끊을 수 있다고 생각하는 것이다.

① 효는 봉건 가부장제 사회에서 비롯한 일차적 인간관계이다.
② 효는 부모와 자식 간의 관계이므로 조건 없는 신뢰에 기초한 덕목이다.
③ 윗사람에 대한 복종을 절대시하지 않는 것이 유교적 윤리의 한 바탕이다.
④ 충의 도리를 다함으로써 효의 도리에 도달할 수 있다는 것이 인의 이치다.

07
밑줄 친 부분의 이유에 대한 필자의 견해로 볼 수 없는 것은?

> 관리가 본디부터 간악한 것이 아니다. 그들을 간악하게 만드는 것은 법이다. 간악함이 생기는 이유는 이루 다 열거할 수 없다. 대체로 직책은 하찮은데도 재주가 넘치면 간악하게 되며, 지위는 낮은데도 아는 것이 많으면 간악하게 되며, 노력을 조금 들였는데도 효과가 신속하면 간악하게 되며, 자신은 그 자리에 오랫동안 있는데 자신을 감독하는 사람이 자주 교체되면 간악하게 되며, 자신을 감독하는 사람의 행동이 또한 정도에서 나오지 않으면 간악하게 되며, 아래에 자신의 무리는 많은데 윗사람이 외롭고 어리석으면 간악하게 되며, 자신을 미워하는 사람이 자신보다 약하여 두려워하면서 잘못을 밝히지 않으면 간악하게 되며, 자신이 꺼리는 사람이 같이 죄를 범하였는데도 서로 버티면서 죄를 밝히지 않으면 간악하게 되며, 형벌에 원칙이 없고 염치가 확립되지 않으면 간악하게 된다. …… <u>간악함이 일어나기 쉬운 것</u>이 대체로 이러하다.

① 노력은 적게 들이고 성과를 빨리 얻는다.
② 자신이 범한 과오를 감추고 남의 잘못을 드러낸다.
③ 자신은 같은 자리에 있으나 감독자가 자주 교체된다.
④ 자신의 세력이 밑에서 강한 반면 상부는 외롭고 우매하다.

08
2023 군무원 9급
다음 중 아래 글에 나타난 저자의 의도를 가장 적절하게 설명한 것은?

> 인공지능은 컴퓨터 프로그램을 활용해 인간과 비슷한 인지적 능력을 구현한 기술을 말한다. 인공지능은 기본적으로 보고 듣고 읽고 말하는 능력을 갖춤으로써 인간과 대화할 수 있을 뿐만 아니라 지적 판단이 필요한 상황에서 합리적 결정을 내릴 수 있다. 인공지능이 인간의 말을 알아듣고 명령을 실행하는 똑똑한 기계가 되는 것은 반길 일인가, 아니면 주인과 노예의 관계를 역전시키는 재앙이라고 경계해야 할 일인가?

① 쟁점 제기
② 정서적 공감
③ 논리적 설득
④ 배경 설명

09
다음 글에 대한 이해로 적절하지 않은 것은?

(가) 유전자 변형 농작물에 대한 서로 다른 입장이 있다. 하나는 실질적 동등성을 주장하는 입장이고 다른 하나는 사전 예방 원칙을 주장하는 입장이다.

(나) ㉠<u>실질적 동등성의 입장</u>에서는 유전자 재조합 방식*으로 만들어진 농작물이 기존의 품종 개량 방식인 육종으로 만들어진 농작물과 같다고 본다. 육종은 생물의 암수를 교잡하는 방식으로 품종을 개량하는 것인데, 유전자 재조합은 육종을 단기간에 실시한 것에 불과하다는 것이다. 따라서 육종 농작물이 안전하기 때문에 육종을 단기간에 실시한 유전자 변형 농작물도 안전하며, 그것의 재배와 유통에도 문제가 없다는 것이 그들의 주장이다.

(다) ㉡<u>사전 예방 원칙의 입장</u>에서는 유전자 변형 농작물은 유전자 재조합이라는 신기술로 만들어진 완전히 새로운 농작물로 육종 농작물과는 엄연히 다르다고 본다. 육종은 오랜 기간 동안 동종 또는 유사 종 사이의 교배를 통해 이루어지는 데 반해, 유전자 변형은 아주 짧은 기간에 종의 경계를 넘어 유전자를 직접 조작하는 방식으로 이루어지기 때문에 서로 다르다는 것이다. 그리고 안전성에 대한 과학적 증명도 아직 제대로 이루어지지 못했기 때문에 안전성이 증명될 때까지 유전자 변형 농작물의 재배와 유통이 금지되어야 한다고 주장한다.

(라) 유전자 변형 농작물이 인류의 식량 문제를 해결해 줄 수도 있다. 그렇지만 그것의 안전성에 대한 의문이 완전히 해소된 것은 아니다. 따라서 유전자 변형 농작물에 대해 관심을 가지고 보다 현실적인 대비책을 고민해야 한다.

*유전자 재조합 방식: 미세 조작으로 종이나 속이 다른 생물의 유전자를 한 생물에 집어넣어 활동하게 하는 기술.

① ㉠과 ㉡은 유전자 변형 농작물의 성격을 두고 상반된 주장을 하고 있군.
② ㉠과 ㉡은 모두 유전자 변형 농작물의 유통을 위해서는 안전성이 확보되어야 한다고 보는군.
③ ㉠은 유전자 변형 농작물과 육종 농작물이 모두 안전하다고 생각하는군.
④ ㉡은 육종 농작물과 유전자 변형 농작물에 유전자 재조합 방식이 적용된다고 주장하고 있군.

유형 공략 문제

10 2020 지방직 7급

㉠과 ㉡에 대한 글쓴이의 견해로 적절하지 않은 것은?

> '대중예술'이라는 용어는 다소 모호하게 사용된다. 이 용어는 19세기부터 쓰였고, 오늘날에는 대중매체 예술뿐 아니라 서민들이 향유하는 예술에도 적용된다. 이 용어의 사용과 관련하여 제기되는 비판과 의문은, 예술이란 용어 자체가 이미 고유한 미적 가치를 함축하고 있기 때문에 대중예술이라는 개념은 본질적으로 모순이며 범주상의 오류라는 것이다. 이 같은 논쟁은 고급 예술과 대중예술 사이의 위계적 이분법 아래에 예술 대 엔터테인먼트라는 대립이 존재함을 알려 준다.
> 대중예술과 마찬가지로 엔터테인먼트는 고급 문화와 대비하여 저급한 것으로 널리 규정되어 왔다. 결과적으로 엔터테인먼트와 대중예술에 관한 이론은 대개 두 입장 사이에 놓인다. ㉠첫 번째 입장은 엔터테인먼트가 고급 문화를 차용해서 타락시키는 것이라고 주장하면서, 엔터테인먼트를 고급 문화에 전적으로 의존하고, 종속되며 그것에서 파생되는 것으로 간주한다. ㉡두 번째 입장은 엔터테인먼트를 고급 문화와 동떨어진 영역, 즉 고급 문화에 도전함으로써 대립적인 태도를 유지하면서 엔터테인먼트 자체의 자율적 규칙, 가치, 원리와 미적 기준을 갖고 있는 것으로 규정한다.
> 첫 번째 입장은 다양한 가치를 이상적인 진리 안에 종속시킴으로써, 예술의 형식과 즐거움의 미적 가치에 대한 어떠한 상대적 자율성도 인정하지 않는다. 두 번째 입장은 대중예술에 대한 극단적 자율성을 주장하는 것으로서, 고급 예술이 대중예술에 대하여 휘두르고 있는 오래된 헤게모니의 흔적을 제대로 평가하지 않을 뿐 아니라 고급 예술과 대중예술 사이의 관계를 설명하지 못한다.

① ㉠은 고급 문화와 엔터테인먼트 사이의 위계성을 설명하지 못한다.
② ㉠은 대중예술과 엔터테인먼트에 비해 고급 예술과 고급 문화의 우월성을 강조한다.
③ ㉡은 고급 예술과 대중예술 사이의 관계성을 설명하지 못한다.
④ ㉡은 고급 예술과 고급 문화에 대해 대중예술과 엔터테인먼트의 독자성을 강조한다.

11

다음 글에 나타난 필자의 견해로 볼 수 없는 것은?

> 서양에서 주인공을 '히어로(hero)', 즉 '영웅'이라고 부른 것은 고대 서사시나 희곡의 소재가 되던 주인공들이 초인간적인 능력을 가진 인물들이었기 때문이다. 신화적 세계관 속에서 영웅들은 신과 밀접한 관계를 맺거나 신의 후손이기도 하였다.
> 신화와 달리 문학 작품은 인물의 행위를 단일한 것으로 통일시킨다. 영웅들의 초인간적이고 신적인 행위는 차차 문학 작품의 구조에 제한되어 훨씬 인간화되었다. 문학 작품의 통일된 구조에 적합하지 않은 것은 대폭 수정되거나 제거되는 수밖에 없었다.
> 아리스토텔레스는 비극이 '보통보다 우수한 인물'을 모방한다고 하였는데, 이는 문학의 인물이 신화의 영웅이 아닌 보통의 인간임을 지적한 것이다. 극의 주인공은 작품의 통일성을 기하는 데 기여하는 중심적인 인물이면 된다고 한 것으로 볼 수 있다.
> 낭만주의 및 역사주의 비평가들은 작중 인물을 실제 인물인 양 따로 떼어 내어, 그의 개인적인 역사를 재구성해 보려고도 하였다. 그들은 영웅이라는 표현 대신 '성격(인물, character)'이라는 개념을 즐겨 썼는데, 이 용어는 지금도 비평계에서 애용되고 있다.

① 영웅이라는 말은 고대의 예술적 조건과 자연스럽게 관련된다.
② 신화의 영웅은 문학 작품에 와서 점차 인간화되었다.
③ 아리스토텔레스가 말한 '보통보다 우수한 인물'은 신화적 영웅과 다르다.
④ 역사주의 비평가들은 작중 인물을 역사적 영웅으로 재평가하려고 했다.

12

다음 글에서 '칸트'의 견해로 볼 수 없는 것은?

> 칸트는 계몽이란 인간이 자신의 과오로 인한 미성년 상태로부터 벗어나는 것이라고 했다. 이때 '미성년 상태'는 타인의 지도 없이는 스스로의 이성을 사용할 수 없는 상태를 뜻하며, 이를 벗어나는 데 필요한 것은 용기를 내어 스스로의 이성을 사용하려고 하는 것이다.
>
> 칸트에 의하면 계몽은 두 가지 양상으로 이루어진다. 하나는 개인적 계몽으로 각자 스스로 미성년 상태를 벗어나서 이성 능력을 발휘하는 것이다. 하지만 모든 사람이 개인적 계몽을 이룰 수 있는 것은 아니다. 미성년 상태는 편하다. 이 상태의 개인은 스스로 생각하고 판단함으로써 저지를지 모르는 실수의 위험을 과장해서 생각한다. 한 개인이 실수의 두려움으로 인해 미성년 상태에 머무르기를 선택하면 편안함에 대한 유혹과 실수에 대한 공포심을 극복하며 스스로를 계몽하기는 힘들다.
>
> 대중 일반의 계몽은 이보다는 쉽게 이루어질 수 있다. 어느 시대에나 개인적 계몽에 성공한 독립적인 정신의 사상가들이 있기 마련이고, 이들은 편안함에 안주하며 두려움의 방패 뒤에 도피하려는 사람들의 의식을 일깨워 자각의 계기를 제공해 줄 수 있다. 개인적 계몽에 성공한 이들에게 자신의 생각을 표현하고 발표하는 자유가 주어진다면 계몽 정신은 자연스레 널리 전파될 것이고 사람들은 독립에의 공포심에서 벗어나 스스로 생각하는 성년 단계로 진입하게 될 것이다.
>
> 칸트는 대중 일반의 계몽을 위해 필요한 이성의 사용을 이성의 공적 사용이라 일컫는다. 이성의 사용은 사적 사용과 공적 사용으로 구분된다. 이성의 사적 사용은 각자가 개인이나 소규모 공동체의 이익을 위해 이성을 사용하는 것을 말한다. 그러나 한 개인이 몸담고 있는 공동체의 범위를 벗어나 세계 시민의 한 사람으로서 그리고 학자로서 글을 통해 자신의 생각을 대중에게 전달하게 되면 그는 이성을 공적으로 사용하는 것이 된다.

① 개인적 계몽을 모든 사람이 이룰 수 있는 것은 아니다.
② 대중 일반의 계몽을 위한 이성의 사용을 이성의 공적 사용이라 불렀다.
③ 미성년 상태에서 벗어나기 위해서는 스스로의 이성을 사용하려고 해야 한다.
④ 개인적 계몽을 이룬 이들에게 자유가 주어진다면 독립에 대한 공포심에 빠지게 된다.

13

〈보기〉의 비판 대상으로 가장 옳지 않은 것은?

〈보기〉

> 그는 가상의 대화에서 스스로 채식주의의 대변인이 되어 다양한 육식 옹호론자들의 위선과 논리적 허구성을 논박함으로써 육식의 폐해를 신랄하게 비판하고 채식 위주로의 식습관 개혁을 역설한다. 그러면서 육식을 반대하기 위한 형식 논리에 빠지지 않도록 신문 기사를 비롯한 다양한 사실적 논거들을 제시함으로써 설득력을 확보한다.
>
> 우리나라에서는 아직까지 채식주의는 특정 종교에 국한되거나 지나치게 열결한 사람들의 기벽 정도에 치부되고 있다. 한 예로 장거리 비행기를 탈 때 채식주의 기내식을 요구하는 한국인은 극히 드물다.

① 육류 위주의 식습관
② 채식주의 기내식 요구자
③ 육식 옹호론자들의 위선
④ 채식주의를 기벽으로 치부하는 사회

유형 공략 문제

14
필자의 견해로 볼 수 없는 것은?

　우리는 우리가 생각한 것을 말로 나타낸다. 또 다른 사람의 말을 듣고, 그 사람이 무슨 생각을 가지고 있는가를 짐작한다. 그러므로 생각과 말은 서로 떨어질 수 없는 깊은 관계를 가지고 있다.

　그러면 말과 생각이 얼마만큼 깊은 관계를 가지고 있을까? 이 문제를 놓고 사람들은 오랫동안 여러 가지 생각을 하였다. 그 가운데 가장 두드러진 것이 두 가지 있다. 그 하나는 말과 생각이 서로 꼭 달라붙은 쌍둥이인데 한 놈은 생각이 되어 속에 감추어져 있고 다른 한 놈은 말이 되어 사람 귀에 들리는 것이라는 생각이다. 다른 하나는 생각이 큰 그릇이고 말은 생각 속에 들어가는 작은 그릇이어서 생각에는 말 이외에도 다른 것이 더 있다는 생각이다.

　이 두 가지 생각 가운데서 앞의 것은 조금만 깊이 생각해 보면 틀렸다는 것을 즉시 깨달을 수 있다. 우리가 생각한 것은 거의 대부분 말로 나타낼 수 있지만, 누구든지 가슴 속에 응어리진 어떤 생각이 분명히 있기는 한데 그것을 어떻게 말로 표현해야 할지 애태운 경험을 가지고 있을 것이다. 이것 한 가지만 보더라도 말과 생각이 서로 안팎을 이루는 쌍둥이가 아님은 쉽게 판명된다.

　인간의 생각이라는 것은 매우 넓고 큰 것이며 말이란 결국 생각의 일부분을 주워 담는 작은 그릇에 지나지 않는다. 그러나 아무리 인간의 생각이 말보다 범위가 넓고 큰 것이라고 하여도 그것을 가능한 한 말로 바꾸어 놓지 않으면 그 생각의 위대함이나 오묘함이 다른 사람에게 전달되지 않기 때문에 생각이 형님이요, 말이 동생이라고 할지라도 생각은 동생의 신세를 지지 않을 수가 없게 되어 있다. 그러니 말을 통하지 않고는 생각을 전달할 수가 없는 것이다.

① 말은 생각보다 범위가 좁다.
② 말은 생각을 나타내는 매개체이다.
③ 말과 생각은 불가분의 관계에 놓여 있다.
④ 말을 통하지 않고도 얼마든지 생각을 전달할 수 있다.

15
㉠과 ㉡에 대한 글쓴이의 견해로 적절하지 않은 것은?

　1901년에 태어난 ㉠ 월트 디즈니. 그리고 40년 뒤인 1941년에 태어난 ㉡ 미야자키 하야오. 두 사람은 닮았으면서도 다른 점이 많은 서양과 동양의 대표적인 애니메이션 감독이다. 두 사람은 모두 어린 시절 전쟁을 경험했다. 그리고 애니메이션을 발견했고, 이를 평생의 업으로 삼았다.

　그러나 두 사람이 걸어온 길은 확연히 달랐다. 월트 디즈니는 처음부터 자신의 회사를 설립해 비즈니스를 시작했고, 미야자키 하야오는 애니메이션 회사에 입사해 제작의 첫 단계부터 기초를 쌓아 갔다. 월트 디즈니가 공격적인 방식으로 애니메이션의 새로운 분야를 개발했다면, 미야자키 하야오는 자신이 가장 잘할 수 있는 작품 제작에만 매달렸다. 작품에서 보여 주고자 하는 내용도 달랐다. 똑같은 모험담이라고 하더라도 월트 디즈니는 늘 가족의 가치에 주목했고, 여기에 엔터테인먼트를 도입했다. 반면 미야자키 하야오는 인물의 성장, 자연의 치유와 같은 가치에 주목했다.

　월트 디즈니는 애니메이터라기보다는 사업가이자 혁신가다. 그는 결정적인 순간에 이전의 것을 답습하기보다는 혁신을 선택했다. 또한 가장 최적화된 사업 방식을 고민했고, 그 결과 월트 디즈니는 세계적인 복합 미디어 그룹이 되었다. 미야자키 하야오는 사업가이기보다는 애니메이터이자 크리에이터였다. 애니메이션 제작의 하부 구조에서부터 천천히 올라온 그의 끈기와 노력은 대단한 것이었고, 작품에 대한 그의 창조력과 영감은 놀라웠다. 그 결과 일본 애니메이션은 디즈니를 넘어서는 새로운 미학을 완성할 수 있었다.

① ㉡은 ㉠을 능가하는 새로운 미학을 창조했다.
② ㉠은 전쟁으로 인한 상처를 가족의 사랑으로 극복하고자 했다.
③ ㉠은 혁신적인 사업 방식을 통해 세계적으로 성공한 사업가이다.
④ ㉡은 사업적 이익을 추구하기보다 자신만의 작품 세계를 구축하는 것을 중요시했다.

16
갑 ~ 병의 주장을 분석한 내용으로 적절한 것만을 〈보기〉에서 모두 고르면?

> 갑: 기후 변화 대응은 경제 성장과 균형을 이루어야 한다. 급진적인 탄소 감축 정책은 기업 활동을 제약하고 일자리를 감소시킬 위험이 크다. 기술 혁신과 시장 메커니즘을 통해 자연스럽게 친환경 전환을 유도하는 것이 바람직하며, 각국은 자국의 경제 상황에 맞는 단계적 접근을 채택해야 한다. 국가의 경제 상황에 맞지 않는 과도한 환경규제는 국가 경쟁력을 저하시키고 경제적 부담을 가중시킬 뿐이다.
>
> 을: 기후 위기는 인류 생존을 위협하는 시급한 문제로, 가장 강력한 수준의 대응이 필요하다. 경제적 이익을 위해 환경 보호를 미루는 것은 더 이상 용납될 수 없다. 정부는 화석연료 산업에 대한 즉각적인 규제와 재생에너지로의 신속한 전환을 추진해야 한다. 기후 정의 관점에서 경제적 손실보다 생태계 보전이 우선시되어야 한다.
>
> 병: 기후 변화 대응에 있어 사회경제적 맥락을 고려하는 것은 필수적이다. 이는 환경 규제와 혁신 지원을 병행하고, 녹색 일자리를 창출하여 이뤄질 수 있다. 이때 모든 국가는 국제적 협력 체계를 마련하여 기후 변화에 대한 공동의 책임을 져야 하고, 기후 정의와 경제적 현실 사이의 균형점을 찾아야 한다.

〈보기〉
ㄱ. 갑의 주장과 을의 주장은 대립하지 않는다.
ㄴ. 을의 주장과 병의 주장은 대립하지 않는다.
ㄷ. 병의 주장과 갑의 주장은 대립하지 않는다.

① ㄱ
② ㄷ
③ ㄱ, ㄴ
④ ㄴ, ㄷ

04 글의 전략 및 전개 방식 파악하기

📗 유형 소개

- '글의 전략 및 전개 방식 파악하기' 유형은 글에서 내용을 효과적으로 전개하기 위해 어떤 방법 및 전략을 사용했는지를 묻는 문제 유형이다.
- 논지 전개 방식이나, 서술상의 특징·전략의 적절성을 묻는 문제가 모두 이 유형에 속한다.
- 선택지에 제시된 전략과 그에 따른 효과를 명확히 파악하고 실제로 제시문에 선택지의 전략이 사용되었는지 확인해야 한다.

📗 출제 경향

- 제시문에서 대상을 설명하기 위해 사용한 논지 전개 방식이나 전략을 제시한 뒤 그에 따른 효과의 적절성을 묻는 문제가 출제되고 있다.
- 논지 전개 방식이나 논증에 대한 이해를 요구하는 문제가 출제되고 있다.

📗 단계별 문제 풀이 전략

STEP 1 선택지에 제시된 '전략'과 '효과'를 파악한다.

하나의 선택지에 '전략'과 '효과'와 관련된 정보가 동시에 제시되므로 선택지를 '전략'과 '효과'로 나누어 분석한다.

> · <u>자문자답의 형식을 사용</u>해 <u>독자의 흥미를 유발</u>하고 있다.
>   전략   효과
> · <u>학자의 견해를 근거로 들어</u> <u>독자의 공감을 이끌어 내고</u> 있다.
>   전략   효과

STEP 2 선택지에 제시된 '전략'이 제시문에 실제로 사용되었는지 확인하고 '효과'의 적절성을 판단한다.

- 글에서 주로 사용되는 '전략'으로는 주로 '논지 전개 방식'이나 '논증' 등이 있다.

> · 논지 전개 방식: 정의, 예시, 비교·대조, 분류·구분, 분석, 과정, 인과 등
> · 논증 방법: 귀납, 연역, 유추
> · 그 외 전략: 나열, 반박, 암시, 인용, 질문(의문문), 구체화(수치화), 절충 후 대안 제시, 문제·해결, 변천 양상 제시

- 선택지에 제시된 글의 '전략'에 따른 '효과'가 적절한지 확인한다.
- '전략'이 사용되었음을 확인한 사실만으로 성급하게 답을 고르지 않도록 주의한다.

전략 적용하기

다음 글에 대한 이해로 적절하지 않은 것은? 2022 국가직 9급

> △△시 시장님께
>
> 　안녕하십니까? 저는 △△시에서 농장을 운영하는 □□□입니다. 이렇게 글을 쓰게 된 것은 우리 농장 근처에 신축된 골프장의 빛 공해 문제에 대해 말씀드리기 위함입니다. 빛이 공해가 될 수 있다는 말이 다소 생소하실 수도 있습니다. 하지만 지나친 야간 조명이 식물의 성장에 부정적인 영향을 끼쳐 작물 수확량을 감소시킬 수 있음은 이미 여러 연구를 통해 입증된 바 있습니다. 좀 늦었지만 △△시에서도 이 문제에 대해 경각심을 가질 필요가 있습니다. 실제로 골프장이 야간 운영을 시작했을 때를 기점으로 우리 농장의 수확률이 현저히 낮아졌음을 제가 확인했습니다. 물론, 이윤을 추구하는 골프장의 야간 운영을 무조건 막는다면 골프장 측에서 반발할 것입니다. 그래서 계절에 따라 야간 운영 시간을 조정하거나 운영 제한에 따른 손실금을 보전해 주는 등의 보완책도 필요합니다. 또한 ○○군에서도 빛 공해 문제를 해결하기 위해 야간 조명의 조도를 조정하는 프로젝트를 진행한 바 있으니 참고해 보시기 바랍니다. 모쪼록 시장님께서 이 문제에 관심을 가지고 농장과 골프장이 상생할 수 있는 정책을 펼쳐 주시기를 부탁드립니다.

① 시장에게 빛 공해로 농장이 겪는 어려움에 대해 관심을 촉구하고 있다.
② ✓ 건의에 대한 신뢰성을 높이기 위해 인용한 자료의 출처를 밝히고 있다.
③ 다른 지역에서 야간 조명으로 인한 폐해를 해결하기 위해 노력한 사례를 언급하고 있다.
④ 골프장의 야간 운영을 제한할 때 예상되는 문제점과 그 해결 방안에 대해 제시하고 있다.

STEP 1
선택지에 제시된 '전략'과 '효과'를 파악한다.
- ①: 문제 제시 후 관심 촉구
- ②: 자료 인용 후 출처 제시 → 신뢰성 제고
- ③: 문제 해결 사례 제시
- ④: 예상되는 문제점 제시 후 해결 방안 제시

STEP 2
선택지에 제시된 '전략'이 제시문에 실제로 사용되었는지 확인하고 '효과'의 적절성을 판단한다.
- ①: 전략 ○
- ②: 전략 ✕ / 효과 ○
  → 전략의 효과는 적절하나 제시된 전략이 제시문에 나타나지 않음
- ③: 전략 ○
- ④: 전략 ○

→ ② 지나친 야간 조명으로 인해 작물 수확량이 감소될 수 있음을 입증한 연구 자료를 제시하고 있으나, 해당 자료의 출처는 밝히고 있지 않으므로 적절하지 않다. 참고로, 정확하고 믿을 수 있는 자료를 활용하고, 출처를 분명히 밝힘으로써 신뢰성을 높일 수 있다.

오답 분석

① 6~9번째 줄과 끝에서 1~2번째 줄에서 빛 공해로 인하여 농장의 수확률이 현저히 낮아지는 어려움에 대해 언급하며 시장에게 빛 공해 문제에 대해 관심을 갖기를 촉구하고 있으므로 적절하다.

③ 끝에서 2~4번째 줄에서 ○○군이 빛 공해 문제를 해결하기 위해 야간 조명의 조도를 조정하는 프로젝트를 진행했다는 사례를 확인할 수 있으므로 적절하다.

④ 끝에서 4~6번째 줄에서 골프장 측이 반발할 것이라는 문제점과 야간 운영 시간 조정 및 손실금 보전과 같은 해결 방안을 제시하고 있으므로 적절하다.

유형 공략 문제

01
다음 글에 대한 설명으로 적절하지 않은 것은?

> (가) 20세기 들어서 생태학자들은 지속성 농약이 자연 생태계에 어떤 악영향을 미치는지를 밝힐 수 있었다. 예컨대 제2차 세계대전 이후 전 세계에서 해충 구제용으로 널리 사용됨으로써 농업 생산량 향상에 커다란 기여를 한 디디티(DDT)는 유기 염소계 살충제의 대명사이다.
> (나) 그렇지만 이 유기 염소계 살충제는 물에 잘 녹지 않고 자연에서 햇빛에 의한 광분해나 미생물에 의한 생물학적 분해가 거의 이루어지지 않는다. 그래서 디디티는 토양이나 물속의 퇴적물 속에 수십 년간 축적된다. 게다가 디디티는 지방에는 잘 녹아서 먹이사슬을 거치는 동안 지방 함량이 높은 동물 체내에 그 농도가 높아진다. 이렇듯 많은 양의 유기 염소계 살충제를 체내에 축적하게 된 맹금류는 물질대사에 장애를 일으켜서 껍질이 매우 얇은 알을 낳기 때문에, 포란 중 대부분의 알이 깨져 버려 멸종의 길을 걷게 된다.
> (다) 디디티는 쉽게 분해되지 않기 때문에 한번 뿌려진 디디티는 물과 공기, 생물체 등을 매개로 세계 전역으로 퍼질 수 있다. 그래서 디디티에 한 번도 노출된 적이 없는 알래스카 지방의 에스키모 산모의 젖에서도 디디티가 검출되었고, 남극 지방의 펭귄 몸속에서도 디디티가 발견되었다. 이러한 생물 농축과 잔존성의 특성이 밝혀짐으로써 미국에서는 1972년부터 디디티 생산이 전면 중단되었고, 1980년대에 이르러서는 유기 염소계 농약의 사용이 대부분 금지되었다.
> (라) 이와 같이 디디티의 생물 농축 현상에서처럼 생태학자들은 한 생물 종에 미치는 오염의 영향이 오랫동안 누적되면 전체 생태계를 훼손시킬 수 있다는 사실을 발견하였다. 그래서인지 최근 우리나라에서도 사소한 환경오염 행위가 장차 어떠한 재앙을 몰고 올 수 있는지에 대한 연구가 활발히 이루어지고 있다.

① (가)는 중심 화제를 소개하고, 핵심어를 제시함으로써 전개될 내용을 암시하고 있다.
② (나)는 디디티가 끼칠 생태계의 영향을 인과 분석의 방법으로 설명하고 있다.
③ (다)는 디디티의 악영향을 제시하고, 그것의 사용 금지를 주장하고 있다.
④ (라)는 환경오염에 대한 경각심을 암시적으로 드러내고 있다.

02
다음 글의 논지 전개 방식으로 적절한 것은?

> 군산이 일본으로 쌀을 이출하는 전형적인 식민 도시였다면, 금강과 만경강 하구 사이에서 군산을 에워싸고 있는 옥구는 그 쌀을 생산하는 대표적인 식민 농촌이었다. 1903년 미야자키 농장을 시작으로 1910년 강점 이전에 이미 10개의 일본인 농장이 세워졌으며, 1930년 무렵에는 15~16개로 늘어났다. 1908년 한국인 지주들도 조선 최초의 수리조합인 옥구 서부 수리 조합을 세우긴 했지만 일본인의 기세를 꺾지 못했다. 1930년 무렵 일본인은 전라북도 경지의 대략 1/4을 차지하였으며, 평야 지역인 옥구는 절반 이상이 일본인 땅이었다. 쌀을 군산으로 보내기 편한 철도 부근의 지역에서는 일본인 지주의 비중이 더 높았을 것이다. '이리부터 군산에 이르는 철도 연선의 만경강 쪽 평야는 90%가 일본인이 경영한다.'는 말이 허풍만은 아닐 거다. 일본인이 좋은 땅 다 차지하고 조선인은 '산비탈 흙구덩이'에 몰려 사는 처지라는 푸념 또한 과언이 아닐 거다.

① 인과적 연결을 통해 대상을 논증하고 있다.
② 반어적 수사를 동원하여 대상을 비판하고 있다.
③ 풍자와 해학을 동원하여 대상을 희화화하고 있다.
④ 구체적인 사실과 정보를 중심으로 대상을 설명하고 있다.

03

다음 글의 글쓰기 전략으로 볼 수 없는 것은?

> 고전파 음악은 어떤 음악인가? 서양 음악의 뿌리는 종교 음악에서 비롯되었다. 바로크 시대까지는 음악이 종교에 예속되어 있었으며, 음악가들 또한 종교에 예속되어 있었다. 고전파는 이렇게 종교에 예속되었던 음악을, 음악을 위한 음악으로 정립하려는 예술 운동에서 출발하였다. 따라서 종래의 신을 위한 음악에서 탈피해 형식과 내용의 일체화를 꾀하고 균형 잡힌 절대 음악을 추구하였다. 즉 '신'보다는 '사람'을 위한 음악, '음악'을 위한 음악을 이루어 나가겠다는 굳은 결의를 보여 준 것이다.
> 또한 고전파 음악은 음악적 형식과 내용의 완숙을 이룬 음악이기도 하다. 이 시기에는 하이든, 모차르트, 베토벤 등 음악의 역사에서 가장 위대한 작곡가들이 배출되기도 하였다. 이때에는 성악이 아닌 기악만으로도 음악이 가능하게 되었으며, 교향곡의 기본을 이루는 소나타 형식이 완성되었다. 특히 옛 그리스나 로마 때처럼 보다 정돈된 형식을 가진 음악을 해 보자고 주장하였기에 '옛 것에서 배우자는 의미의 고전'과 '청정하고 우아하며 흐림 없음, 최고의 예술적 경지에 다다름으로서의 고전'을 모두 지향하게 되었다.
> 이렇듯 역사적으로 고전파 음악은 종교의 영역에서 음악 자체의 영역을 확보하였으며 최고 수준의 음악적 내용과 형식을 수립하였다. 고전파 음악이 서양 전통 음악 전체를 대표하게 된 것은 고전파 음악이 이룩한 역사적인 성과에서 비롯된 것일지도 모른다. 따라서 고전 음악의 개념을 이해하기 위해서는 고전파 음악의 성격과 특질에 대한 이해가 선행되어야 할 것이다.

① 고전파 음악이 지닌 음악사적 의의를 밝힌다.
② 고전파 음악의 음악가를 예시하여 이해를 돕는다.
③ 고전파 음악의 특징이 형식과 내용의 분리에 있음을 강조한다.
④ 질문을 통해 화제를 제시함으로써 호기심을 유발한다.

04

다음 글에 대한 설명으로 가장 적절한 것은?

> 빅데이터는 그 규모가 매우 큰 데이터를 말하는데, 이는 단순히 데이터의 양이 매우 많다는 것뿐 아니라 데이터의 복잡성이 매우 높다는 의미도 내포되어 있다. 데이터의 복잡성이 높다는 말은 데이터의 구성 항목이 많고 그 항목들의 연결 고리가 함께 수록되어 있다는 것을 의미한다. 데이터의 복잡성이 높으면 다양한 파생 정보를 끌어낼 수 있다. 데이터로부터 정보를 추출할 때에는, 구성 항목을 독립적으로 이용하기도 하고, 두 개 이상의 항목들의 연관성을 이용하기도 한다. 일반적으로 구성 항목이 많은 데이터는 한 번에 얻기 어렵다. 이런 경우에는, 따로 수집되었지만 연결고리가 있는 여러 종류의 데이터들을 연결하여 사용한다.
> 가령 한 집단의 구성원의 몸무게와 키의 데이터가 있다면, 각 항목에 대한 구성원의 평균 몸무게, 평균 키 등의 정보뿐만 아니라 몸무게와 키의 관계를 이용해 평균 비만도 같은 파생 정보도 얻을 수 있다. 이때는 반드시 몸무게와 키의 값이 동일인의 것이어야 하는 연결 고리가 있어야 한다. 여기에다 구성원들의 교통 카드 이용 데이터를 따로 얻을 수 있다면, 이것을 교통 카드의 사용자 정보를 이용해 사용자의 몸무게와 키의 데이터를 연결할 수 있다. 이렇게 연결된 데이터 세트를 통해 비만도와 대중교통의 이용 빈도 간의 파생 정보를 추출할 수 있다. 연결할 수 있는 데이터가 많을수록 얻을 수 있는 파생 정보도 늘어난다.

① 빅데이터에 대한 다양한 견해를 나열하고 있다.
② 빅데이터의 특성을 사례를 들어 설명하고 있다.
③ 빅데이터의 동작 원리를 이론적으로 증명하고 있다.
④ 빅데이터의 장단점을 유형별로 구분하여 평가하고 있다.

05

2022 법원직 9급

다음 글의 전개 방식에 대한 설명으로 가장 적절하지 않은 것은?

> 20세기의 두드러진 특징 중 하나는 세계 모든 나라에서 학교라 불리는 교육 기관들이 엄청나게 빠른 속도로 성장했으며, 각국의 학생들이 교육을 받기 위해 학교로 몰려들었다는 것이다. 예를 들어 한국의 대학생 수는 1945년 약 8000명이었지만, 2010년 약 350만 명으로 증가했다. 무엇이 학교를 이토록 팽창하게 만들었을까? 학교 팽창의 원인은 학습 욕구 차원, 경제적 차원, 정치적 차원, 사회적 차원에서 설명될 수 있다.
>
> 먼저 학습 욕구 차원에서, 인간은 지적·인격적 성장을 위한 학습 욕구를 지니고 있다. 그리고 부모들은 자식의 지적·인격적 성장을 바라는 마음이 있다. 특히 한국인은 배움에 높은 가치를 부여하기 때문에, 한국 사회에서는 부모가 자식에게 최선의 배움의 기회를 제공하는 것이 부모가 자식에게 해주어야 할 의무로 인식되는 경향이 있다. 이러한 학습에 대한 욕구가 학교를 팽창하게 만드는 요인 중 하나인 것이다.
>
> 다음으로 경제적 차원에서 학교는 산업 사회가 성장하는 데 있어서 필수적인 인력 양성 기관의 역할을 담당하였다. 전통적인 농경 사회에서는 특별한 기능이나 기술의 훈련이 필요하지 않았지만, 산업 사회에서는 훈련 받은 인재가 필요하였다. 이러한 산업 사회의 과제를 해결하기 위한 기관이 학교였다. 산업 수준이 더욱 고도화됨에 따라 학교 교육의 기간도 장기화된다. 경제 규모의 확대와 산업 기술 수준의 향상은 학교를 팽창하게 만드는 요인 중 하나인 것이다.
>
> 다음으로 정치적 차원에서 학교는 국민 통합을 이룰 수 있는 장치였다. 통일 국가에서는 언어, 역사의식, 가치관, 국가 이념 등을 모든 국가 구성원들에게 가르쳐야 했다. 그리고 국민 통합 교육은 사교육에 맡겨둘 수 없었다. 이러한 맥락에서 학교에서의 의무 교육 제도는 국민 통합 교육을 위한 국가적 필요에 의해 시작된 것으로 볼 수 있다. 국민 통합의 필요는 학교를 팽창하게 만드는 요인 중 하나인 것이다.
>
> 마지막으로 사회적 차원에서 학교의 팽창은 현대 사회가 학력 사회로 변화된 데에 기인한다. 신분 제도가 무너진 뒤 그 자리를 채운 학력 제도에서, 학력은 각자의 능력을 판단하는 잣대로 활용되었다. 막스 베버는 그의 저서 《경제와 사회》에서 사회적으로 대접 받고 높은 관직에 오르기 위해서 과거에는 명문가의 족보가 필요했지만, 오늘날에는 학력 증명이 있어야 한다고 주장했다. 나아가 그는 높은 학력을 가진 사람은 사회 경제적으로 높은 지위를 독점할 수 있다고 기술한 바 있다. 현대 사회의 학력 사회로의 변모는 학교가 팽창하게 되는 요인 중 하나인 것이다.

① 의문문을 활용하여 독자의 궁금증을 유발하고 있다.
② 특정 현상의 원인을 다양한 차원에서 병렬적으로 제시하고 있다.
③ 특정 현상을 대략적인 수치 자료를 예로 제시하며 설명하고 있다.
④ 특정 현상의 역사적 의의를 제시하며 현대 사회가 나아가야 할 방향을 제시하고 있다.

06

다음 글을 읽은 독자의 반응으로 적절한 것은?

> 인문학은 세상에 대한 종합적이고 비판적인 해석과 시각을 제공한다. 인문학이 해석하는 세상은 지금 우리가 살고 있는 세상이다. 현대 사회는 사회의 복잡성이 비교할 수 없을 정도로 증가함에 따라 위험과 불확실성이 커졌으며, 다양한 정보 통신 기술이 정보와 지식의 생산, 유통, 소비를 혁신적으로 바꾸면서 사람들 사이의 새로운 상호의존 관계를 만들어 낸다는 점에서 과거와는 다른 차별성을 지니고 있다. 이것은 현대 사회가 불확실하고 복잡하며 매일매일 바쁘게 돌아가는 세상이 되었다는 것, 나아가 지구 구석구석에 존재하는 타인과의 상호 관계가 내 삶에 예기치 못한 영향을 미치는 세상이 되었다는 것을 의미한다. 이러한 세상을 살아가는 데에 인문학은 실질적인 지침을 제공해야 한다.

① 현대 사회에서 인문학이 담당해야 할 역할에 대해 말하고 있어.
② 현대 사회의 문제점을 부각시키면서 바람직한 해결 방안을 제시하고 있어.
③ 과거와 현대 사회의 모습을 구체적으로 대조하면서 현대 사회의 특징을 드러내고 있어.
④ 사회의 복잡성으로 인해 타인과의 소통에 장애가 생긴다는 점을 현대 사회의 주요한 특징으로 말하고 있어.

07

〈보기〉 글의 서술 방식으로 가장 옳은 것은?

〈보기〉

> 이러한 음악의 한배를 있게 한 실제적 기준은 호흡이었다. 즉, 숨을 들이쉬고 내쉼이 한배의 틀이 된 것이었다. 이를 기준으로 해서 이루어진 방법을 선인들은 양식척(量息尺)이라고 불렀다. '숨을 헤아리는 자(尺)'라는 의미로 명명된 이 방법은 우리 음악에서 한배와 이에 근거한 박절을 있게 한 이론적 근거가 되었다. 시계가 없었던 당시에 선인들은 건강한 사람의 맥박의 6회 뜀을 한 호흡(一息)으로 계산하여 1박은 그 반인 3맥박으로 하였다. 그러니까 한 호흡을 2박으로 하여 박자와 한배의 기준으로 삼았던 것이다. 반면 서양인들은 우리와 달리 음악적 시간을 심장의 고동에서 구하여 이를 기준으로 하였다. 즉, 맥박을 기준으로 하여 템포를 정하였다. 건강한 성인은 보통 1분에 70회 전후로 맥박이 뛴다고 한다. 이에 의해 그들은 맥박 1회를 1박의 기준으로 하였고, 1분간에 70박 정도 연주하는 속도를 그들 템포의 기본으로 하였다. 그래서 1분간 울리는 심장 박동에 해당하는 빠르기가 바로 '느린 걸음걸이의 빠르기'인 안단테로 이들의 기준적 빠르기 말이 되었다.

① 주장을 먼저 제시한 뒤 다양한 실례를 들어 타당성을 증명하고 있다.
② 서로 대립되는 두 견해를 제시하고 검토한 뒤 제3의 견해를 도출하고 있다.
③ 대상의 특성을 분석한 뒤 대조하여 대상의 특징을 제시하고 있다.
④ 구체적인 사례를 먼저 제시한 뒤 통념을 반박하여 해결책을 모색하고 있다.

유형 공략 문제

08
다음 글의 전개 방식에 대한 설명으로 적절한 것은?

> 유럽의 18~19세기는 혁신적 지성의 열기로 가득 찬 시대였다. 혁신적 지성은 정치적, 경제적, 사회적 여건의 성숙과 더불어 서양 근대 사회의 확립에 주도적 역할을 하였다. 수많은 개혁 사상과 혁명 사상의 제공자는 물론이요, 실천 면에서도 개혁가와 혁명가는 지성인 출신이었다. 그들은 새로운 미래를 제시하고, 그것을 뒷받침할 이데올로기를 마련하고, 그것을 실현할 구체적인 방안을 제시하는 동시에, 현실의 모순을 과감하게 비판하고 몸소 실천에 뛰어들기도 하였다.
>
> 하지만 20세기에 이르러 사태는 달라지기 시작하였다. 근대 사회 성립에 주도적 역할을 담당했던 혁신적 지성은 그 혁신적 성격과 개혁적 정열을 점차로 상실하고, 직업적이고 기술적인 지성으로 변모하였다. 이는 근대 사회가 완성되고 성숙함에 따른 당연한 귀결일지도 모르며, 오늘날 고도로 발달한 서구 사회에 직업적이고 기술적인 지성이 필요 불가결하기도 하다. 그러나 지성이 고도로 발달한 사회에서 직업적이고 전문적인 지식과 기술을 제공하는 것으로 만족할 것인가의 문제는 다시 한번 생각해 봄직하다.
>
> 만일 서구 사회가 현재에 안주하고 현상 유지를 계속할 수가 있다면 문제는 다르다. 그러나 그것은 사회의 전면적인 침체를 가지고 올 것이며, 그것은 또한 불길한 몰락의 징조일지도 모른다.
>
> 현재의 모순과 문제를 파헤치고 이를 개혁하여 새로운 미래로 나아가는 구체적 방안을 모색하는 임무는 누가 져야 할 것인가? 그것은 역시 지성의 임무이다. 지성은 거의 영구불변의 기능이라고 할 수 있는 문화 창조의 기능을 가져야 한다. 현대의 지성은 전문 지식과 기술을 제공하는 데 그치지 말고, 현실을 비판하며 실현 가능한 구체적 방안을 모색하여 새로운 미래를 제시하는 혁신적 성격을 상실해서는 안 될 것이다.

① 자신의 주장을 밝히고 이와 상반된 견해를 반박하고 있다.
② 상호 대립된 견해를 제시하고 자신의 입장을 밝히고 있다.
③ 용어에 대한 개념 차이를 밝히며 자신의 주장을 펼치고 있다.
④ 시대적 변천 양상을 살피면서 바람직한 방향을 제시하고 있다.

09
다음 글의 글쓰기 방식에 대한 설명으로 적절한 것은?

> 미국 해양 대기 관리청(NOAA)도 2005년, "그린란드 빙상이 과거에 볼 수 없었던 속도로 녹고 있다."라고 보도했다. 나사(NASA)의 로버트 빈드샤들러 연구원은 "남극 빙하가 지금 속도로 녹으면 4000년 후에는 서남극이 사라지고 세계 해수면은 엄청나게 상승할 것"이라고 발표했다.
>
> 하지만 반론도 있어서, 유럽 우주 기구(ESA)는 "그린란드 빙상은 증감을 되풀이하고 있고 그린란드 중앙부 빙량은 오히려 증가하고 있다."고 발표했다. 또한 세계 해수면의 상승을 경고했던 빈드샤들러 연구원도 훗날 자신의 발표가 남극 중 한정된 영역에서 얻은 자료로 전 영역에 경향성을 적용한 데 따른 잘못된 예측이라고 인정하였다.

① 전문 용어의 정의를 제시하여 독자의 이해를 돕고 있다.
② 서로 반대가 되는 견해를 소개하여 글의 공정성을 확보하고 있다.
③ 전문가의 의견을 인용하여 특정 이론의 발달 과정을 밝히고 있다.
④ 인과적 연결을 통해 기존의 가설을 부정하고 새로운 논점을 제시하였다.

10
2021 국회직 8급

다음 글의 전개 방식에 대한 설명으로 적절한 것은?

부여의 정월 영고, 고구려의 10월 동맹, 동예의 10월 무천 등은 모두 하늘에 제사를 지내고, 나라 안 사람들이 모두 모여서 음주가무를 하였던 일종의 공동 의례였다. 이것은 상고시대 부족들의 종교·예술 생활이 담겨 있는 제정일치의 표현이라고 볼 수 있다. 제천행사는 힘든 농사일과 휴식의 관계 속에서 형성된 농경사회의 풍속이다. 씨뿌리기가 끝나는 5월과 추수가 끝난 10월에 각각 하늘에 제사를 지냈는데, 이때는 온 나라 사람이 춤추고 노래 부르며 즐겼다. 농사일로 쌓인 심신의 피로를 풀며 모든 사람들이 마음껏 즐겼던 일종의 공동체적 축제이자 동시에 풍년을 기원하고 추수를 감사하는 의식이었던 것이다.

이러한 고대의 축제는 국가적 공의(公儀)와 민간인들의 마을굿으로 나뉘어 전해 내려오게 되었다. 이것은 사졸들의 위령제였던 신라의 '팔관회'를 거쳐 고려조에서는 일종의 추수감사제 성격의 공동체 신앙으로 10월에 개최된 '팔관회'와, 새해 농사의 풍년을 기원하는 성격으로 정월 보름에 향촌 사회를 중심으로 향촌 구성원을 결속시켰던 '연등회'라는 두 개의 형식으로 구분되어서 전해 내려오게 되었다. 팔관회는 지배 계층의 결속을 강화하는 역할을 하였고, 연등회는 농경의례적인 성격의 종교집단 행사였다고 볼 수 있다. 오늘날의 한가위 추석도 이런 제천의식에서 그 유래를 찾을 수 있다.

조선조에서는 연등회나 팔관회가 사라지고 중국의 영향을 받아 산대잡극이 성행했다. 즉 광대줄타기, 곡예, 재담, 음악 등이 연주되었다. 즉 공연자와 관람자가 분명히 구분되었고, 직접 연행을 벌이는 사람들의 사회적 지위는 그들을 관람하는 사람들보다 낮은 것으로 평가되었다. 그러나 민간 차원에서는 마을굿이나 두레가 축제적 고유 성격을 유지하였다. 즉 도당굿, 별신굿, 단오굿, 동제 등이 지역민을 묶어주는 역할을 하였다는 것이다.

① 두 개념의 장단점을 비교하여 서술하고 있다.
② 시대별로 비판을 제시하며 대안을 서술하고 있다.
③ 다양한 사례를 제시하여 개념을 정당화하고 있다.
④ 두 개의 이론을 제시하고 새로운 이론을 도출하고 있다.
⑤ 시대별로 중심 화제의 성격 변화를 서술하고 있다.

11
다음 글의 글쓰기 방식에 대한 설명으로 적절한 것은?

딸꾹질의 빈도는 나이와 반비례한다. 아이들이 어른보다 훨씬 많이 한다. 임신 8주부터 시작하는 딸꾹질은 실제로 태아가 숨쉬기 운동보다도 더 빈번하게 하는 행동이다. 그 유명한 발 달린 물고기 틱타알릭(Tiktaalik)을 발견한 시카고 대학교의 고생물학자 닐슈빈은 그의 저서 『내 안의 물고기』에서 딸꾹질은 그 옛날 우리가 뭍으로 올라오기 전 올챙이로 살던 시절에 빠끔거리며 하던 아가미 호흡의 연장이라고 설명한다. 딸꾹질도 분명 진화 과정에서 어느 순간 필요에 의해 생겨난 현상일 텐데, 지금은 점잖은 자리에서 우리를 민망하게 만드는 것 외에는 별다른 기능이 없어 보여 여전히 풀기 어려운 진화의 수수께끼로 남아 있다.

① 상반된 현상을 제시하여 통념을 반박하고 있다.
② 비교와 대조를 통해 현상의 원인을 밝히고 있다.
③ 학자의 견해를 근거로 들어 설명의 신뢰성을 높이고 있다.
④ 개인적인 경험을 바탕으로 독자의 공감을 이끌어 내고 있다.

12
〈보기〉에 대한 설명으로 가장 옳은 것은?

〈보기〉

화랑도(花郎道)란, 신라 때의 청소년들이 자신의 마음과 몸을 닦고 목숨을 바쳐 나라를 지키려는 우리 고유의 정신적 흐름을 말한다. 그리고 이를 실천하기 위하여 조직된 단체를 화랑도(花郎徒)라 한다. 그 사회의 중심인물이 되기 위하여 마음과 몸을 단련하고, 올바른 사회생활의 규범을 익히며, 나라가 어려운 시기에 처할 때 싸움터에서 목숨을 바치려는 기풍은 고구려나 백제에도 있었지만, 특히 신라에서 가장 활발하였다.

– 변태섭, '화랑도' 중에서

① 용어 정의를 통해 독자의 이해를 돕고 있다.
② 자신의 체험담을 제시하여 독자의 이해를 돕고 있다.
③ 반론을 위한 전제를 제시하여 독자의 이해를 돕고 있다.
④ 통계적 사실이나 사례 제시를 통해 독자의 이해를 돕고 있다.

05 말하기 전략 파악하기

유형 소개
- '말하기 전략 파악하기' 유형은 대화, 발표, 연설, 협상, 토의, 토론 등과 같은 다양한 종류의 담화에서 발화자들이 어떤 말하기 방식을 사용했는지를 묻는 유형이다.
- 말하기 전략의 적절성을 묻는 문제와 토의·토론에서 사회자나 참여자, 청중의 역할이나 말하기 방식의 적절성을 묻는 문제 등이 모두 이 유형에 속한다.
- 문제 유형은 선택지에 발화자가 명시된 유형과 명시되지 않은 유형으로 나뉘는데, 특히 발화자가 명시된 유형의 경우 선택지에 발화자의 말하기 방식이 뒤바뀌어 제시되는 경우가 많으므로 있으므로 주의한다.

출제 경향
- 가장 많이 출제되는 담화 유형은 '대화'이다. 일상적인 대화가 가장 많이 출제되지만 학술적인 담론이나 직장 내 의사 결정 과정을 담고 있는 대화 유형의 문제도 출제되고 있다.
- 다음으로 많이 출제되는 담화 유형은 '토의'이며, 토의 과정에서 '사회자', '참여자', '청중'의 말하기 방식을 파악하는 문제가 출제되고 있다.

단계별 문제 풀이 전략

STEP 1 선택지에 제시된 말하기 전략을 파악한다.
- 선택지에 발화자가 제시된 경우: 발화자와 발화자의 말하기 전략을 함께 파악한다.
- 선택지에 발화자가 제시되지 않은 경우: 선택지에 제시된 말하기 전략을 파악한다.

STEP 2 선택지에 제시된 말하기 전략이 제시문에 실제로 사용되었는지 비교하며 확인한다.
- 선택지에 발화자가 제시된 경우: 각 선택지에 명시된 발화자들의 발화로 바로 이동하여 선택지와 관련된 말하기 전략의 일치 여부를 확인한다.
- 선택지에 발화자가 제시되지 않은 경우: 제시문을 처음부터 빠르게 훑어보며, 선택지에 언급된 말하기 전략이 적절히 사용되었는지 확인한다.

■ 전략 적용하기

다음 대화를 분석한 내용으로 가장 적절한 것은? 9급 출제기조 전환 1차 예시문제

갑: 전염병이 창궐했을 때 마스크를 착용하는 것은 당연한 일인데, 그것을 거부하는 사람이 있다니 도대체 이해가 안 돼.

을: 마스크 착용을 거부하는 사람들을 무조건 비난하지 말고 먼저 왜 그러는지 정확하게 이유를 파악하는 것이 필요해.

병: 그 사람들은 개인의 자유가 가장 존중받아야 하는 기본권이라고 생각하기 때문일 거야.

갑: 개인의 자유로운 선택이 타인의 생명을 위협한다면 기본권이라 하더라도 제한하는 것이 보편적 상식 아닐까?
   선택지 ②의 근거 – '을'로 부터 의견을 반박당했으나, 화제 전환 ×

병: 맞아. 개인이 모여 공동체를 이루는데 나의 자유만을 고집하면 결국 사회는 극단적 이기주의에 빠져 붕괴하고 말 거야.

을: 마스크를 쓰지 않는 행위를 윤리적 차원에서만 접근하지 말고, 문화적 차원에서도 고려할 필요가 있어. 어떤 사회에서는 얼굴을 가리는 것이 범죄자의 징표로 인식되기도 해.
   선택지 ①의 근거 – 화제에 대해 남들과 다른 측면에서 탐색

 ① 화제에 대해 남들과 다른 측면에서 탐색하는 사람이 있다. ○
② 자신의 의견이 반박되자 질문을 던져 화제를 전환하는 사람이 있다. ×
③ 대화가 진행되면서 논점에 대한 찬반 입장이 바뀌는 사람이 있다. ×
④ 사례의 공통점을 종합하여 자신의 주장을 강화하는 사람이 있다. ×

STEP 1
선택지에 제시된 말하기 전략을 파악한다.
- ①: 남들과 다른 측면에서 화제 탐색
- ②: 자신의 의견이 반박되자 질문을 던져 화제를 전환
- ③: 대화 과정에서 논점에 대한 찬반 입장 변화
- ④: 사례의 공통점을 종합해 자신의 주장을 강화

STEP 2
선택지에 제시된 말하기 전략이 제시문에 실제로 사용되었는지 비교하며 확인한다.
- ①: ○ 윤리적 차원 → 문화적 차원
- ②: ×
- ③: ×
- ④: ×

→ ① '을'의 마지막 발화 이전까지는 '개인의 자유', '기본권', '타인의 생명 위협'과 같은 윤리적 차원에서 마스크 착용을 거부하는 행위를 다루고 있다. 그리고 '을'은 마지막 발화에서 이러한 행위를 윤리적 차원에서만 접근하지 말고, 이와 다른 측면인 문화적 차원에서도 고려해야 한다고 주장한다. 따라서 가장 적절한 것은 ①이다.

오답 분석

② '갑'은 첫 번째 발화에서 전염병이 도는 상황에서 마스크 착용을 거부하는 행위를 비판하고 있다. 이에 '을'은 무조건 비난하기보다 그 이유를 파악해야 한다고 '갑'의 의견을 반박하고 있다. 이후, '갑'은 두 번째 발화에서 질문을 던지고 있으나 이를 통해 화제를 전환하고 있지는 않다.

③ ④ 논점에 대한 찬반 입장이 바뀌거나, 사례의 공통점을 종합하여 자신의 주장을 강화하는 사람은 확인할 수 없다.

유형 공략 문제

01
2024 국가직 9급

다음 대화를 분석한 내용으로 가장 적절한 것은?

갑: 고대 노예제 사회나 중세 봉건 사회는 타고난 신분에 따라 사회적 지위가 결정되는 계급사회였지만, 현대 사회는 계급사회가 아니라고 많이들 말해. 그런데 과연 그런지 의문이야.

을: 현대 사회는 고대나 중세만큼은 아니지만 귀속지위가 성취지위를 결정하는 면이 없다고 할 수 없어. 빈부 격차에 따라 계급이 나뉘고 그에 따른 불평등이 엄연히 존재하잖아. '금수저', '흙수저'라는 유행어에서 볼 수 있듯 빈부 격차가 대물림되면서 개인의 계급이 결정되고 있어.

병: 현대 사회가 빈부 격차로 인해 계급이 나누어지는 것처럼 보인다고 해서 계급사회라고 단정할 수는 없어. 계급사회라고 말하려면 계급 체계 자체가 인간의 생활을 전적으로 규정할 수 있어야 하는데, 오늘날 각종 문화나 생활 방식 전체를 특정한 계급 논리만으로는 설명할 수 없어. 따라서 현대 사회를 계급사회로 보기는 어려워.

갑: 현대 사회의 문화가 다양하다는 것은 맞아. 하지만 인간 생활의 근간은 결국 경제 활동이고, 경제적 계급 논리로 현대 사회의 문화를 충분히 설명하고 규정할 수 있어. 또한 현대 사회에서 인간의 사회적 지위는 부모의 경제력과 직결되기 때문에 계급사회라고 말할 수 있어.

① 갑은 을의 주장 중 일부는 수용하고 일부는 반박한다.
② 을의 주장은 갑의 주장과 대립하지 않는다.
③ 갑과 병은 상이한 전제에서 유사한 결론을 도출하고 있다.
④ 병의 주장은 갑의 주장과는 대립하지 않지만 을의 주장과는 대립한다.

02
2024 국가직 9급

진행자의 말하기 방식에 대한 설명으로 적절하지 않은 것은?

진행자: 우리 시에서도 다음 달부터 시내 도심부에서의 제한 속도를 조정하기로 했습니다. 이와 관련하여, 강□□ 교수님 모시고 말씀 듣겠습니다. 교수님, 안녕하세요?

강 교수: 네, 안녕하세요?

진행자: 바뀌는 제도의 내용을 좀 더 구체적으로 설명해 주시죠.

강 교수: 네, 시내 도심부 간선도로에서의 제한 속도를 기존의 70km/h에서 60km/h로 낮추는 정책입니다.

진행자: 시의회에서 이 정책 도입에 중요한 역할을 하신 것으로 아는데, 어떤 효과를 얻을 것이라고 주장하셨나요?

강 교수: 차량 간 교통사고 발생 가능성을 줄이고 보행자 안전을 확보할 수 있다고 했습니다.

진행자: 그런데 일각에서는 그런 효과는 미미하고 오히려 교통체증을 유발하여 대기오염이 심화될 것이라며 이 정책에 반대합니다. 이에 대해 말씀해 주시겠어요?

강 교수: 그렇지 않습니다. ○○시가 작년에 7개 구간을 대상으로 이 제도를 시험 적용해 보니, 차가 막히는 시간은 2분 정도밖에 증가하지 않았습니다. 그런데 중상 이상의 인명 사고는 26.2% 감소했습니다. 또 이산화질소와 미세먼지 같은 오염물질도 각각 28%, 21%가량 오히려 감소한다는 연구 결과가 있습니다.

진행자: 아, 그러니까 속도를 10km/h 낮출 때 2분 정도 늦어지는 것이라면 인명 사고의 예방과 오염물질의 감소를 위해 충분히 감수할 만한 시간이라는 말씀이시군요.

강 교수: 네, 맞습니다.

진행자: 교통사고를 줄이고 보행자 안전을 확보할 수 있다는 점, 교통체증 유발은 미미할 것이라는 점, 오염물질 배출이 감소할 것이라는 점에서 이번의 제한 속도 조정 정책은 훌륭한 정책이라는 것이군요. 맞습니까?

강 교수: 네, 그렇게 정리할 수 있겠습니다.

① 상대방이 통계 수치를 제시한 의도를 자기 나름대로 풀어 설명한다.
② 상대방의 견해를 요약하며 자신이 이해한 바가 맞는지를 확인한다.
③ 상대방의 주장에 대한 이견을 소개하고 그에 대한 의견을 요청한다.
④ 상대방이 설명한 내용을 뒷받침할 수 있는 자신의 경험을 예시한다.

03

2023 국가직 9급

다음 대화에 나타난 말하기 방식을 설명한 것으로 적절하지 않은 것은?

> 백 팀장: 이번 워크숍 장면을 사내 게시판에 올리는 게 좋겠어요. 워크숍 내용을 공유하면 좋을 것 같아서요.
> 고 대리: 전 반대합니다. 사내 게시판에 영상을 공개하는 것은 부담스러워요. 타 부서와 비교될 것 같기도 하고요.
> 임 대리: 저도 팀장님 말씀대로 정보를 공유한다는 취지는 좋다고 생각해요. 다만 다른 팀원들의 동의도 구해야 할 것 같고, 여러 면에서 우려되긴 하네요. 팀원들 의견을 먼저 들어 보고, 잘된 것만 시범적으로 한두 개 올리는 것이 어떨까요?

① 백 팀장은 팀원들에 대한 유대감을 드러내는 표현을 사용하며 자신의 바람을 전달하고 있다.
② 고 대리는 백 팀장의 제안에 반대하는 이유를 명시적으로 밝히며 백 팀장의 요청을 거절하고 있다.
③ 임 대리는 발언 초반에 백 팀장 발언의 취지에 공감하여 백 팀장의 체면을 세워 주고 있다.
④ 임 대리는 대화 참여자의 의견을 묻는 의문문을 사용하여 자신의 의견을 간접적으로 드러내고 있다.

04

㉠~㉣의 말하기 방식을 설명한 내용으로 가장 적절한 것은?

> 박 주무관: 기획 중인 주민자치센터 프로그램 운영 방식을 봤는데요. ㉠ 프로그램 수가 더 필요하다고 생각해요.
> 허 주무관: 사실 저도 기획안을 검토하면서 프로그램 수가 적절한지 고민 중이었어요.
> 박 주무관: 주민자치센터 프로그램은 주민분들의 호응도가 중요하니, ㉡ 어르신들이 참여할 수 있는 프로그램을 추가하는 것이 어떨까요?
> 허 주무관: 우리 동에는 어르신들이 많이 거주하시니, ㉢ 그것도 좋은 생각이네요. 하지만 현재 프로그램도 대부분 어르신께 초점이 맞춰져 있어서요, 젊은 세대가 참여할 수 있는 프로그램을 추가하는 건 어떨까요?
> 박 주무관: 네. ㉣ 한쪽으로 치중되지 않게 다양한 프로그램을 추가로 개발하는 편이 좋겠네요.

① ㉠: 자신의 의견을 우회적으로 드러내고 있다.
② ㉡: 대화의 주제를 바꾸기 위해 질문하고 있다.
③ ㉢: 상대의 의견을 검증하기 위해 근거를 요구하고 있다.
④ ㉣: 상대의 의견을 수용하며 합의를 이끌어 내고 있다.

유형 공략 문제

05
2023 지방직 9급

㉠~㉣의 말하기 방식을 설명한 내용으로 가장 적절한 것은?

> 김 주무관: AI에 대한 국민 이해도를 높이기 위해 설명회를 개최할 필요가 있다고 생각해요.
> 최 주무관: ㉠ 저도 요즘 그 필요성을 절감하고 있어요.
> 김 주무관: ㉡ 그런데 어떻게 준비해야 효과적으로 전달할 수 있을지 고민이에요.
> 최 주무관: 설명회에 참여할 청중 분석이 먼저 되어야겠지요.
> 김 주무관: 청중이 주로 어떤 분야에 관심이 있는지 알면 준비할 때 유용하겠네요.
> 최 주무관: ㉢ 그럼 청중의 관심 분야를 파악하려면 청중의 특성 중에서 어떤 것들을 조사하면 좋을까요?
> 김 주무관: ㉣ 나이, 성별, 직업 등을 조사할까요?

① ㉠: 상대의 의견에 대해 공감을 표현하고 있다.
② ㉡: 정중한 표현을 사용하여 직접 질문하고 있다.
③ ㉢: 자신의 반대 의사를 우회적으로 드러내고 있다.
④ ㉣: 의문문을 통해 상대의 의견을 반박하고 있다.

06
2023 지방직 9급

다음 대화를 분석한 내용으로 적절하지 않은 것은?

> 은지: 최근 국민 건강 문제와 관련해 '설탕세' 부과 여부가 논란인데, 나는 설탕세를 부과해야 한다고 생각해. 그러면 당 함유 식품의 소비가 감소하게 되고, 비만이나 당뇨병 등의 질병이 예방되니까 국민 건강 증진에 도움이 되기 때문이야.
> 운용: 설탕세를 부과하면 당 소비가 감소한다고 믿을 만한 근거가 있니?
> 은지: 세계보건기구 보고서를 보면 당이 포함된 음료에 설탕세를 부과하면 이에 비례해 소비가 감소한다고 나와 있어.
> 재윤: 그건 나도 알아. 그런데 설탕세 부과가 질병을 예방한다는 것은 타당하지 않아. 여러 연구 결과를 보면 당 섭취와 질병 발생은 유의미한 상관관계가 없어.

① 은지는 첫 번째 발언에서 화제를 제시하고 있다.
② 운용은 은지의 주장에 반대하고 있다.
③ 은지는 두 번째 발언에서 자신의 주장에 대한 근거를 제시하고 있다.
④ 재윤은 은지가 제시한 주장의 근거를 부정하고 있다.

07

2023 지방직 7급

다음 발표에 대한 설명으로 가장 적절한 것은?

> 1학년 학생 여러분, 반갑습니다. 저는 교내 안전 동아리 '안전 지킴이' 대표 2학년 윤지수입니다. 우리 동아리에서 기획한 안전 캠페인 활동의 일환으로 오늘은 우리 학교 학생들에게 가장 자주 발생하는 교통사고 사례와 예방법을 안내하고자 합니다.
> 작년 한 해 우리 학교 학생들을 대상으로 조사한 교통사고 피해 통계에 따르면, 보행 중 자동차와 충돌하거나 자동차를 피하다가 다친 사례가 제일 많았습니다. 이러한 사고를 당한 학생들 절대다수가 사고 당시에 스마트폰을 보고 있었습니다.
> 요즘 길을 걸으면서 스마트폰을 보는 학생들이 많은데, 이렇게 되면 주변 상황을 제대로 살피기가 어려워 돌발 상황이 벌어졌을 때 반응 속도가 늦어져서 위험합니다. 따라서 보행 중 교통사고를 예방하기 위해서는 보행 중에는 스마트폰을 보지 말아야 합니다.

① 다양한 원인을 진단하여 해결책을 구체적으로 제시하고 있다.
② 실제 조사 내용을 근거로 제시하여 화자의 신뢰도를 높이고 있다.
③ 도입부에 사례를 제시하여 관심을 끈 후에 화제를 제시하고 있다.
④ 청자의 상황과 요구를 고려하여 청자가 관심 있는 정보를 제공하고 있다.

08

2022 국가직 9급

다음 대화에서 나타난 '지민'의 의사소통 방식으로 가장 적절한 것은?

> 정수: 지난번에 너랑 같이 들었던 면접 전략 강의가 정말 유익했어.
> 지민: 그랬어? 나도 그랬는데.
> 정수: 특히 아이스크림 회사의 면접 내용이 도움이 많이 됐어.
> 지민: 맞아. 그중에서도 두괄식으로 답변하라는 첫 번째 내용이 정말 인상적이더라. 핵심 내용을 먼저 말하는 전략이 면접에서 그렇게 효과적일 줄 몰랐어.
> 정수: 어! 그래? 나는 두 번째 내용이 훨씬 더 인상적이었는데.
> 지민: 그랬구나. 하긴 아이스크림 매출 증가에 관한 통계 자료를 인용해서 답변한 전략도 설득력이 있었어. 하지만 초두 효과의 효용성도 크지 않을까 해.
> 정수: 그렇긴 해.

① 자신의 면접 경험을 예로 들어 상대방을 설득하고 있다.
② 상대방의 약점을 공략하며 상대방의 이견을 반박하고 있다.
③ 상대방의 견해를 존중하면서 자신의 의견을 제시하고 있다.
④ 상대방과의 갈등 해소를 위해 자신의 감정을 표현하고 있다.

유형 공략 문제

09
2022 지방직 9급

다음 대화에 대한 설명으로 가장 적절한 것은?

> A: 예은 씨. 오늘 회의 내용을 팀원들에게 공유해 주시면 좋겠네요.
> B: 네. 알겠습니다. 팀장님, 오늘 회의 내용을 요약 정리해서 메일로 공유하면 되겠지요?
> A: (고개를 끄덕이며) 맞습니다.
> B: 네. 그럼 회의 내용은 개조식으로 요약하고, 팀장님을 포함해서 전체 팀원에게 메일로 보내도록 하겠습니다.
> A: 예은 씨. 그런데 개조식으로 회의 내용을 요약하는 방식에는 문제가 있지 않을까요?
> B: (고개를 끄덕이며) 그렇겠네요. 개조식으로 요약할 경우 회의 내용이 과도하게 생략되어 이해가 어려울 수 있겠네요.

① A는 B에게 내용 요약 방식을 제안하고 있다.
② A와 B는 대화 중에 공감의 표지를 드러내며 상대방의 말을 듣고 있다.
③ B는 회의 내용 요약 방식에 대한 A의 문제 제기에 대해 자신이 다른 입장임을 드러내고 있다.
④ A는 개조식 요약 방식이 회의 내용을 과도하게 생략하여 이해에 어려움을 줄 수 있다고 명시하고 있다.

10
2022 지방직 7급

다음 연설에 대한 설명으로 가장 적절한 것은?

> 올림픽 헌장은 "올림픽의 목적은 인류의 조화로운 발전과 인간 존엄성의 수호를 위해, 평화로운 사회를 만들기 위해 스포츠 경기를 하는 것이다."라고 말합니다. 이것이 올림픽 정신이며, 스포츠의 가능성과 힘을 보여 주는 것이라고 저는 굳게 믿습니다. 열 살 때 남북 선수단이 올림픽 경기장에 동시 입장하는 것을 보고 처음으로 스포츠의 힘을 느꼈습니다. 오늘 저는 유엔 총회의 '올림픽 휴전 결의안' 초안 승인을 통해 그때 목격했던 스포츠의 힘을 다시 한번 볼 수 있기를 바랍니다.

① 반대되는 사례를 제시하여 주장을 부각하고 있다.
② 권위 있는 자료를 인용하여 설득력을 높이고 있다.
③ 설의적인 표현을 사용하여 공감대를 형성하고 있다.
④ 연설자의 공신력을 강조하여 신뢰도를 높이고 있다.

11
2022 지방직 7급

다음 대화에 대한 설명으로 가장 적절한 것은?

민서: 정국이 말이야. 우리한테는 말도 안 해 주고 자기 혼자 공모전에 신청했더라.
채연: 글쎄, 왜 그랬을까?
민서: 그러게 말이야. 정말 기분 나빠.
채연: 정국이도 나름대로 사정이 있었을 거야.
민서: 사정은 무슨 사정? 자기 혼자 튀어 보고 싶은 거겠지.
채연: 내가 지난 학기에 과제를 함께 해 봐서 아는데, 그럴 애가 아니야. 민서야, 정국이에 대해 다시 한번 생각해 보는 건 어때?
민서: 너 자꾸 이럴 거야? 도대체 왜 정국이 편만 드는 거야?

① 채연은 자신의 경험을 예로 들며 민서를 설득하고 있다.
② 채연은 민서의 의견을 수용하며 원만한 갈등 해소를 유도하고 있다.
③ 민서는 정국이의 상황과 감정을 고려하며 대화의 타협점을 찾고 있다.
④ 민서는 채연의 답변에서 모순점을 찾아내며 논리적으로 비판하고 있다.

12
2021 국가직 9급

다음 토의에 대한 설명으로 적절하지 않은 것은?

사회자: 오늘의 토의 주제는 '통일 시대의 남북한 언어가 나아갈 길'입니다. 먼저 최○○ 교수님께서 '남북한 언어 차이와 의사소통'이라는 제목으로 발표해 주시겠습니다.
최 교수: 남한과 북한의 말은 비슷하지만 다른 점이 있습니다. 남한과 북한의 어휘 차이가 대표적입니다. 남한과 북한의 어휘 차이를 분석한 결과, …(중략)… 앞으로도 남북한 언어 차이에 대한 연구가 지속되어야 합니다.
사회자: 이로써 최 교수님의 발표를 마치겠습니다. 다음은 정○○ 박사님의 '남북한 언어의 동질성 회복 방안'에 대한 발표가 있겠습니다.
정 박사: 앞으로 통일을 대비해 남북한 언어의 다른 점을 줄여 나가는 노력이 필요합니다. 실제로도 남한과 북한의 학자들로 구성된 '겨레말 큰사전 편찬위원회'에서는 남북한 공통의 사전인 『겨레말큰사전』을 만들며 서로의 차이를 이해하고 받아들이기 위한 노력을 하고 있습니다. …(중략)…
사회자: 그러면 질의응답이 있겠습니다. 시간상 간략하게 질문해 주시기 바랍니다.
청중 A: 두 분의 말씀 잘 들었습니다. 남북한 언어의 차이와 이를 극복하는 방안을 말씀하셨는데요. 그렇다면 통일 시대에 대비한 언어 정책에는 무엇이 있을까요?

① 학술적인 주제에 대해 발표 형식으로 진행되고 있다.
② 사회자는 발표자 간의 이견을 조정하여 의사결정을 유도하고 있다.
③ 발표자는 주제에 대한 자신의 견해를 밝혀 청중에게 정보를 제공하고 있다.
④ 청중 A는 발표자의 발표 내용을 확인하고 주제와 관련된 질문을 하고 있다.

유형 공략 문제

13
2021 국가직 9급

㉠~㉣은 '공손하게 말하기'에 대한 설명이다. ㉠~㉣을 적용한 B의 대답으로 적절하지 않은 것은?

> ㉠ 자신을 상대방에게 낮추어 겸손하게 말해야 한다.
> ㉡ 상대방의 처지를 고려하여 상대방이 부담을 갖지 않도록 말해야 한다.
> ㉢ 상대방이 관용을 베풀 수 있도록 문제를 자신의 탓으로 돌려 말해야 한다.
> ㉣ 상대방의 의견에서 동의하는 부분을 찾아 인정해 준 다음에 자신의 의견을 말해야 한다.

① ㉠ ─ A: "이번에 제출한 디자인 시안 정말 멋있었어."
　　　　B: "아닙니다. 아직도 여러모로 부족한 부분이 많습니다."

② ㉡ ─ A: "미안해요. 생각보다 길이 많이 막혀서 늦었어요."
　　　　B: "괜찮아요. 쇼핑하면서 기다리니 시간 가는 줄 몰랐어요."

③ ㉢ ─ A: "혹시 내가 설명한 내용이 이해 가니?"
　　　　B: "네 목소리가 작아서 내용이 잘 안 들렸는데 다시 한 번 크게 말해 줄래?"

④ ㉣ ─ A: "가원아, 경희 생일 선물로 귀걸이를 사주는 것은 어때?"
　　　　B: "그거 좋은 생각이네. 하지만 경희의 취향을 우리가 잘 모르니까 귀걸이 대신 책을 선물하는 게 어떨까?"

14
2021 지방직 9급

다음 대화에 대한 설명으로 적절한 것은?

> A: 지난번 제안서 프레젠테이션을 마친 후 "검토하고 연락드리겠습니다."라고 답변을 받았는데 아직 별다른 연락이 없어서 고민이에요.
> B: 어떤 연락을 기다리신다는 거예요?
> A: 해당 사업에 관하여 제 제안서를 승낙했다는 답변이잖아요. 그런데 후속 사업 진행을 위해 지금쯤 연락이 와야 할 텐데 싶어서요.
> B: 글쎄요. 보통 그런 상황에서는 완곡하게 거절하는 의사표현이라 볼 수 있어요. 그리고 해당 고객이 제안서 내용은 정리가 잘되었지만, 요즘 같은 코로나 시기에는 이전과 동일한 사업적 효과가 있을지 궁금하다고 말한 것을 보면 알 수 있죠.
> A: 네, 기억납니다. 하지만 궁금하다고 말한 것이지 사업을 수용하지 않는다는 것은 아니지 않나요? 답변을 할 때도 굉장히 표정도 좋고 박수도 쳤는데 말이죠. 목소리도 부드러웠고요.

① A와 B는 고객의 답변에 대해 제안서 승낙이라는 의미로 동일하게 이해한다.

② A는 동일한 사업적 효과가 있을지 궁금하다는 표현을 제안한 사업에 대한 부정적 평가라고 판단한다.

③ B는 고객이 제안서에 의문을 제기한 내용을 근거로 고객의 답변에 대해 판단한다.

④ A는 비언어적 표현을 바탕으로 하여 고객의 답변을 제안서에 대한 완곡한 거절로 해석한다.

15

다음 대화를 분석한 내용으로 가장 적절한 것은?

> 은영: 인문학은 사람들의 삶과 생각이 담긴 기록들을 찾아 읽고 정리해서 인간을 이해하려는 학문이야. 예를 들자면, 선인들의 행적을 구체적으로 기록한 글이나 허구적인 인물의 삶을 그려낸 글, 또 인생의 구체적인 장면들과 거리가 먼 추상적인 원리들을 담은 글도 있지.
> 대호: 그러니까 인간이 남긴 모든 기록들이 인문학의 연구 자료가 될 수 있는 거구나. 과학자들도 연구를 위해 많은 글을 읽어야 하는데, 이 또한 인문학적인 연구라고 볼 수 있을 거야.
> 민경: 글쎄, 과학자로서의 글 읽기란 자신들의 연구를 위한 수단이지 않을까? 앞선 사람들의 연구를 단시간에 배우기도 하고, 최신의 연구 성과를 흡수하기도 하잖아.
> 은영: 맞아. 만약 아인슈타인의 이론을 물리 현상에 적용하기 위해 그의 글을 읽는다면 과학자로서의 글 읽기가 될 테지만, 누군가 아인슈타인이 어떤 생각을 했는지 알고 싶어서 그가 쓴 수필과 논문들까지 모두 읽고 정리한다면 아마도 그는 과학자를 연구하는 인문학자일 거야.
> 대호: 결국 사람들이 남긴 온갖 기록 속에서 인간이란 어떤 존재인가, 인간으로서 살 만한 삶이란 어떤 것인가에 대한 통찰을 끌어내는 것, 이것이 인문학이구나.

① 질문을 던져 화제를 전환하는 사람이 있다.
② 대화 중 화제와 관련이 없는 이야기를 하는 사람이 있다.
③ 다른 사람의 의견에 동화되어 의견이 바뀌는 사람이 있다.
④ 화제에 대한 사례를 제시함으로써 개념을 정의하는 사람이 있다.

16

다음 대화를 분석한 내용으로 적절하지 않은 것은?

> 갑: 올해 출시한 '우와 교통카드'의 판매율이 우리 지역에서 저조하네요. 사람들이 많이 구매하지 않는 이유가 뭘까요?
> 을: 저는 가격이 너무 비싸다고 생각해요. '우와 교통카드'의 판매가가 80,000원인데, 기존 교통카드에 비해 저렴하다고 느껴지지 않아요.
> 병: 저는 카드 이름의 영향도 있다고 생각해요. 아이디어 공모전을 열어서 카드 이름 변경에 대한 시민들의 의견을 받아 보면 좋겠어요.
> 갑: 교통카드 이름을 바꾸는 것도 고려해 봐야겠네요. 그런데 만약 가격을 인하해야 한다면 어느 정도 금액이 적당할까요?
> 을: 제가 준비한 자료를 보세요. 우리 지역 시민들의 한 달 평균 교통비가 70,000원이라는 조사 결과가 있어요. '우와 교통카드'의 가격은 이 금액보다 낮아야 한다고 생각해요. 60,000원으로 낮추는 게 좋겠어요.
> 병: 수익성 측면의 문제도 어느 정도 생각할 필요가 있어요. 너무 낮은 가격을 설정하게 되면 예산이 부족할 우려가 있으니 65,000원이 괜찮겠어요.

① 질문을 통해 토의 주제를 제시하는 사람이 있다.
② 미리 준비한 자료를 이용하여 자신의 주장을 강화하는 사람이 있다.
③ 상대의 의도를 파악한 후 자신의 감정을 직접적으로 드러내는 사람이 있다.
④ 다른 사람이 제시한 의견에 대해 다른 측면에서 접근하여 자신의 의견을 전달하는 사람이 있다.

06 글의 순서 파악하기

유형 소개

- '글의 순서 파악하기' 유형은 글 구조에 대한 이해를 바탕으로 글의 전개 순서나 논리적 배열 관계의 적절성을 묻는 유형이다.
  └─ 내용 구체화, 열거, 예시, 문제·해결, 비교·대조, 과정, 인과, 주장·근거(전제·결론)
- 문장이나 문단의 순서를 배열하는 문제, 문장이나 문단 사이에 들어갈 적절한 접속어를 찾는 문제, 특정 문장이 문단 안에 들어갈 적절한 위치를 찾는 문제 모두 이 유형에 속한다.
- 제시된 문장이나 문단의 접속 표현, 지시 표현, 반복되는 키워드를 확인하며 글의 논리적인 흐름을 파악해야 한다.
  └─ 문맥 내에서 주로 어떤 말을 가리킬 때 쓰이는 표현
  └─ 단어와 단어, 구절과 구절, 문장과 문장을 이어 주는 표현

출제 경향

- 무작위로 나열된 4~5개의 문장이나 문단을 논리적 순서에 맞게 배열하는 문제, 제시문의 처음이나 끝에 하나의 문장이나 문단이 고정되어 있고 나머지 3~4개의 문장이나 문단을 논리적 순서에 맞게 배열하는 문제가 주로 출제되고 있다.
- <보기>에 제시된 문장이 들어가기에 적절한 위치를 찾는 문제가 출제되고 있다.

단계별 문제 풀이 전략

STEP 1 접속 표현이나 지시 표현으로 시작하지 않는 문장 중에서 글의 첫 번째 문장(문단)을 파악한다.

- 접속 표현이나 지시 표현으로 시작되는 문장은 주로 글의 중간에 위치하므로 글의 순서상 첫 번째 문장을 고르기 위해서는 접속 표현이나 지시 표현으로 시작하는 문단을 소거한다.

  - 접속 표현: 그리고, 또한, 그래서, 그러나, 하지만, 따라서, 예를 들어, 가령, 즉, 결국 등
  - 지시 표현: 이, 그, 저, 이것, 그것, 저것, 이런, 저런, 그런, 이러한, 그러한, 저러한 등

- 글의 첫 번째 문장에는 주로 대상에 대한 정의가 제시되거나 독자의 흥미와 관심을 유발하기 위한 사례나 질문이 제시된다.
- 첫 번째 문장(문단)이 글의 처음에 고정되어 있는 경우에는 해당 문장(문단)의 핵심어를 파악한다.

STEP 2 문장(문단)의 접속 표현이나 지시 표현, 반복되는 키워드를 중심으로 글의 흐름을 파악하며 답을 찾는다.

- 자주 사용되는 접속 표현이나 지시 표현의 종류와 기능을 떠올리며 이어질 내용을 예측한다.
- 문장(문단)에 접속 표현이나 지시 표현이 제시되어 있지 않은 경우 키워드에 대한 구체적인 설명이나 예시가 주어지는 경우가 많으므로, 앞뒤 내용의 연결성을 파악하며 이어질 내용을 예측한다.
- <보기>에 제시된 문장이 들어가기에 적절한 위치를 찾는 문제는 빈칸 앞뒤 문장이 어떤 관계인지 따져보고 <보기>의 문장을 넣었을 때, 앞뒤 내용이 자연스럽게 이어지는지 확인한다.

전략 적용하기

(가) ~ (라)를 맥락에 맞추어 가장 적절하게 나열한 것은?

9급 출제기조 전환 1차 예시문제

(가) 다음으로 시청자의 마음을 사로잡을 수 있는 (2) 참신한 인물을 창조해야 한다.
 [접속 표현 '다음으로': '스토리텔링 전략'의 두 번째 절차]
특히 주인공은 장애를 만나 새로운 목표를 만들고, 그것을 이루는 과정에서 최종적으로 영웅이 된다. 시청자는 주인공이 목표를 이루는 데 적합한 인물로 변화를 거듭할 때 그에게 매료된다.

(나) 스토리텔링 전략에서 제일 먼저 해야 할 일이 (1) 로그라인을 만드는 것이
 [키워드: '스토리텔링 전략'의 첫 번째 절차]
다. 로그라인은 '장애, 목표, 변화, 영웅'이라는 네 가지 요소를 담아야 하며, 3분 이내로 압축적이어야 한다. 이를 통해 스토리의 목적과 방향이 마련된다.

(다) 이 같은 인물 창조의 과정에서 스토리의 주제가 만들어진다. '사랑과 소속감,
 [지시 표현 '이': 참신한 인물 창조]
안전과 안정, 자유와 자발성, 권력과 책임, 즐거움과 재미, 인식과 이해'는 수천 년 동안 성별, 나이, 문화를 초월하여 두루 통용된 주제이다.

(라) 시청자가 드라마나 영화에 대해 시청 여부를 결정하는 데 걸리는 시간은
 [독자의 흥미를 끄는 내용 – 스토리텔링 전략의 필요성 제시]
8초에 불과하다. 제작자는 이 짧은 시간 안에 시청자를 사로잡을 수 있는 스토리텔링 전략이 필요하다.
 [화제 제시]

① (나) - (가) - (라) - (다)
② (나) - (다) - (가) - (라)
③ (라) - (나) - (가) - (다) ✓
④ (라) - (나) - (다) - (가)

STEP 1
접속 표현이나 지시 표현으로 시작하지 않는 문장 중에서 글의 첫 번째 문장(문단)을 파악한다.

- 지시 표현이나 접속 표현이 문단의 첫 번째 문장에 드러나는 (가), (다)를 소거
- (나)와 (라) 중에서 독자의 흥미를 유발하기 위한 내용이 제시된 (라)를 첫 번째 문장으로 선택
- → (라) 스토리텔링 전략의 필요성(키워드)

STEP 2
문장(문단)의 접속 표현이나 지시 표현, 반복되는 키워드를 중심으로 글의 흐름을 파악하며 답을 찾는다.

- (라) 스토리텔링 전략의 필요성
- (나) 스토리텔링 전략 절차 (1): 로그라인 제작
  → 키워드 '스토리텔링 전략에서 제일 먼저 해야 할 일'
- (가) 스토리텔링 전략 절차 (2): 참신한 인물 창조
  → 접속 표현 '다음으로'
- (다) 스토리텔링 전략 절차 (2)에서 수반되는 과정: 주제 생성
  → 지시 표현 '이 같은 인물 창조 과정'

해설 ③ (라) - (나) - (가) - (다)의 순서가 가장 적절하다.

순서	순서 판단의 단서와 근거
(라)	접속어나 지시 표현으로 시작하지 않으면서, 독자의 흥미를 끄는 소재(스토리텔링 전략)를 필요성과 함께 소개함
(나)	키워드 '스토리텔링 전략에서 제일 먼저 해야 할 일': (라)에서 '스토리텔링 전략'에 대해 소개한 것에 이어 '스토리텔링 전략'의 절차 중 제일 먼저 해야 할 일(로그라인 만들기)에 대해 제시함
(가)	접속 표현 '다음으로': (나)에 이어 '스토리텔링 전략'의 그다음 절차(참신한 인물 창조)에 대해 소개함으로써 문단별 선후 관계를 드러냄
(다)	지시 표현 '이 같은 인물 창조의 과정': (가)에서 설명한 '참신한 인물 창조'를 가리킴. (가)의 과정에서 주제가 생성됨을 설명함

유형 공략 문제

01
2023 국가직 9급

다음 글에서 (가)~(다)의 순서를 자연스럽게 배열한 것은?

> 빅데이터가 부각된다는 것은 기업들이 빅데이터의 가치를 받아들이기 시작했다는 뜻이다. 여기에는 기업들이 데이터를 바라보는 시각이 변한 측면도 있다.
> (가) 기업들은 고객이 판촉 활동에 어떻게 반응하고 평소에 어떻게 행동하며 사물에 대해 어떤 태도를 보이는지 알기 위해 많은 돈을 투자해 마케팅 조사를 해 왔다.
> (나) 그런 상황에서 기업들은 SNS나 스마트폰 등 새로운 데이터 소스로부터 그러한 궁금증과 답답함을 해결할 수 있다는 것을 알게 되었다. 페이스북에 올리는 광고에 친구가 '좋아요'를 한 것에서 기업들은 궁금증과 답답함을 해결할 수 있다.
> (다) 그런데 기업들의 그런 노력이 효과가 있는 경우도 있었으나 아쉬운 점도 많았다. 쉬운 예로, 기업들은 많은 광고비를 쓰지만 그 돈이 구체적으로 어느 부분에서 효과를 내는지는 알지 못했다.
> 결국 데이터가 있는 곳에서 기업들은 점점 더 고객의 취향에 집중할 수 있게 되었으며, 이에 따라 기업들은 소셜미디어의 빅데이터를 중요한 경영 수단으로 수용하기 시작한 것이다.

① (가) - (나) - (다)
② (가) - (다) - (나)
③ (나) - (가) - (다)
④ (다) - (나) - (가)

02
2023 지방직 9급

(가)~(다)를 맥락에 따라 가장 자연스럽게 배열한 것은?

> 독서는 아이들의 전반적인 뇌 발달에 큰 영향을 미친다.
> (가) 그에 따르면 뇌의 전두엽은 상상력을 관장하는데, 책을 읽으면 상상력이 자극되어 전두엽을 많이 사용하게 된다.
> (나) A 교수는 책을 읽을 때와 읽지 않을 때의 뇌 변화를 연구해서 세계적인 명성을 얻었다.
> (다) 이처럼 책을 많이 읽으면 전두엽이 훈련되어 전반적인 뇌 발달의 가능성이 높아지는데, 그 결과는 교육 현장에서 실증된 바 있다.
> 독서를 많이 한 아이는 학교에서 더 좋은 성적을 낼 뿐 아니라 언어 능력도 발달한다는 사실이 밝혀진 것이다.

① (나) - (가) - (다)
② (나) - (다) - (가)
③ (다) - (가) - (나)
④ (다) - (나) - (가)

03

(가)~(다)를 맥락에 따라 가장 자연스럽게 배열한 것은?

> 우리는 숨을 무의식적으로 쉬며, 숨 쉴 때마다 매번 대뇌의 명령을 받지 않는다.
> (가) 그곳에서 시작하는 말초 신경들은 그 화학적 정보를 뇌간으로 전달하며, 뇌간의 신경 세포들은 이것을 분석한 후 손발을 척척 맞추어 숨을 내쉬거나 들이쉬도록 가로막이나 가슴뼈 사이의 근육들에게 명령한다.
> (나) 그것들은 우리 몸의 대사 상태에 따라 변화하는 혈액의 이산화탄소, 산소, 수소 이온 농도와 같은 정보를 경동맥 근처에 있는 화학적 수용체에 전해 준다.
> (다) 이런 자율적 숨쉬기 기능은 뇌간(brainstem, 뇌의 가장 아랫부분을 지칭)에 위치한 몇몇 신경 세포들이 담당한다.
> 즉 뇌간은 이런 몸의 화학 정보를 일일이 대뇌에 보고하지 않고 '자율적으로' 일을 하는 것이다.

① (나) - (가) - (다)
② (나) - (다) - (가)
③ (다) - (가) - (나)
④ (다) - (나) - (가)

04
2023 군무원 9급

다음 글의 (가)와 (나)에 들어갈 적절한 말을 순서대로 바르게 짝지은 것은?

> 비즈니스 화법에서는 상사에게 보고할 때 결론부터 말하라고 한다. 이것도 맞는 말이다. 그렇지 않아도 바쁜데 주저리주저리 이야기를 길게 늘어놓으면 짜증이 난다. (가) 현실은 인간관계의 미묘한 심리가 복잡하게 얽혀 있는 비즈니스 사회. 때로는 일부러 결론을 뒤로 미뤄 상대의 관심을 끌게 만들어야 할 때도 있다. 예를 들어, 회사에서의 라이벌 동료와의 관계처럼 자기와 상대의 힘의 균형이 미묘할 때이다.
> 당신과 상사, 당신과 부하라는 상하관계가 분명한 경우는 대응이 항상 사무적이 된다. 사무적인 관계에서는 쓸데없는 시간과 노력을 들이지 않아도 된다. (나) 같은 사내의 인간관계라도 라이벌 동료가 되면 일을 원활하게 해나가는 것만이 능사는 아니다. 권력 관계에서의 차이가 없는 만큼 미묘한 줄다리기가 필요하다. 이렇게 권력관계가 미묘한 상대와의 대화에서 탁월한 최면 효과를 발휘하는 것이 '클라이맥스 법'이다. 비즈니스 현장에서뿐만 아니라 미묘한 줄다리기를 요하는 연애 관계에서도 초기에는 클라이맥스 법이 그 위력을 발휘한다.

① 그러므로 – 그러므로
② 하지만 – 하지만
③ 하지만 – 그러므로
④ 그러므로 – 하지만

05
2022 군무원 9급

다음 중 (가)~(다)를 문맥에 맞는 순서대로 나열한 것은?

> 최근 수십 년간 세계 각국의 정부들은 공격적인 환경 보호 조치들을 취해왔다. 대기오염과 수질오염, 살충제와 독성 화학물질의 확산, 동식물의 멸종 위기 등을 우려한 각국의 정부들은 인간의 건강을 증진하고 인간 활동이 야생 및 원시 지역에서 만들어 낸 해로운 결과를 줄이기 위해 상당한 자원을 투자해왔다.
> (가) 그러나 이러한 규제 노력 가운데는 막대한 비용을 헛되이 낭비한 것들도 상당수에 달하며, 그중 일부는 해결하고자 했던 문제를 오히려 악화시키기도 했다.
> (나) 이 중 많은 조치들이 커다란 성과를 거두었다. 이를테면 대기오염을 줄이려는 노력으로 수십만 명의 조기 사망과 수백만 가지의 질병을 예방할 수 있었다.
> (다) 예를 들어, 새로운 대기 오염원을 공격적으로 통제할 경우, 기존의 오래된 오염원의 수명이 길어져서 적어도 단기적으로는 대기오염을 가중시킬 수 있다.

① (나) → (가) → (다)
② (나) → (다) → (가)
③ (다) → (가) → (나)
④ (다) → (나) → (가)

유형 공략 문제

06
2022 국가직 9급

다음 문장이 들어가기에 가장 적절한 곳을 ㉠~㉣에서 고르면?

> 신분에 따라 문체를 고착화하는 것을 인정하지 않았던 것이다.

> 유럽이 교회로부터 정신적으로 해방된 것은 그리스와 로마의 고대 작가들에 대한 재발견을 통해서였다. ㉠ 그 이후 고대 작가들의 문체는 귀족 중심의 유럽 문화에서 모범으로 여겨졌다. ㉡ 이러한 상황은 대략 1770년대에 시작되는 낭만주의에서부터 변화하기 시작했다. ㉢ 이 낭만주의 시기에 평등과 민주주의를 꿈꿨던 신흥 시민 계급은 문학에서 운문과 영웅적 운명을 귀족에게만 전속시키고 하층민에게는 산문과 우스꽝스러운 상황을 배정하는 전통 시학을 거부했다. ㉣ 고전 문학은 더 이상 문학의 규범이 아니었으며, 문학을 현실의 모방으로 인식하는 태도도 포기되었다.

① ㉠ ② ㉡ ③ ㉢ ④ ㉣

07
2022 국가직 9급

다음 글의 '동기화 단계 조직'에 따라 (가)~(마)를 배열한 것으로 가장 적절한 것은?

> 설득하는 말하기의 메시지를 조직하는 방법으로 '동기화 단계 조직'이 있다. 이 방법의 세부 단계는 다음과 같다.
> 1단계: 주제에 대한 청자의 주의나 관심을 환기한다.
> 2단계: 특정 문제를 청자와 관련지어 설명함으로써 청자의 요구나 기대를 자극한다.
> 3단계: 해결 방안을 제시하여 청자의 이해와 만족을 유도한다.
> 4단계: 해결 방안이 청자에게 어떤 도움이 되는지 구체화한다.
> 5단계: 구체적인 행동의 내용과 방법을 제시하여 특정 행동을 요구한다.

> (가) 지난주 제 친구는 일을 마친 후 자전거를 타고 집으로 돌아오다가 사고를 당해 머리를 다쳤습니다.
> (나) 여러분이 자전거를 탈 때 헬멧을 착용하면 머리를 보호할 수 있습니다.
> (다) 아마 여러분도 가끔 자전거를 타는 경우가 있을 것입니다. 그런데 매년 2천여 명이 자전거를 타다가 머리를 다쳐 고생한다고 합니다.
> (라) 만약 자전거를 타는 모든 사람이 헬멧을 착용한다면 자전거 사고를 당해도 뇌 손상을 비롯한 신체 피해를 75% 줄일 수 있습니다. 또 자전거 타기가 주는 즐거움과 편리함을 안전하게 누릴 수 있습니다.
> (마) 자전거를 탈 때는 안전을 위해서 반드시 헬멧을 착용하시기 바랍니다.

① (가) - (나) - (다) - (라) - (마)
② (가) - (다) - (나) - (라) - (마)
③ (가) - (다) - (라) - (나) - (마)
④ (가) - (라) - (다) - (나) - (마)

08

2022 국가직 9급

다음 글의 전개 순서로 가장 자연스러운 것은?

(가) 이 기관을 잘 수리하여 정련하면 그 작동도 원활하게 될 것이요, 수리하지 아니하여 노둔해지면 그 작동도 막혀 버릴 것이니 이런 기관을 다스리지 아니하고야 어찌 그 사회를 고취하여 발달케 하리오.
(나) 이러므로 말과 글은 한 사회가 조직되는 근본이요, 사회 경영의 목표와 지향을 발표하여 그 인민을 통합시키고 작동하게 하는 기관과 같다.
(다) 말과 글이 없으면 어찌 그 뜻을 서로 통할 수 있으며, 그 뜻을 서로 통하지 못하면 어찌 그 인민들이 서로 이어져 번듯한 사회의 모습을 갖출 수 있으리오.
(라) 그뿐 아니라 그 기관은 점점 녹슬고 상하여 필경은 쓸 수 없는 지경에 이를 것이니 그 사회가 어찌 유지될 수 있으리오. 반드시 패망을 면하지 못할지라.
(마) 사회는 여러 사람이 그 뜻을 서로 통하고 그 힘을 서로 이어서 개인의 생활을 경영하고 보존하는 데에 서로 의지하는 인연의 한 단체라.

— 주시경, '대한국어문법 발문' 중에서

① (마) - (가) - (다) - (나) - (라)
② (마) - (가) - (라) - (다) - (나)
③ (마) - (다) - (가) - (라) - (나)
④ (마) - (다) - (나) - (가) - (라)

09

2022 지방직 9급

다음 글의 전개 순서로 가장 자연스러운 것은?

(가) 과거에는 고통만을 안겨 주었던 지정학적 조건이 이제는 희망의 조건이 되고 있습니다. 이제 한반도는 사람과 물자가 모여드는 동북아 물류와 금융, 비즈니스의 중심지가 될 것입니다. 우리가 주도해서 평화와 번영의 동북아 시대를 열어 나가야 합니다.
(나) 100년 전 우리는 수난과 비극의 역사를 겪었습니다. 해양으로 나가려는 세력과 대륙으로 진출하려는 세력이 한반도를 가운데 놓고 싸움을 벌였습니다. 마침내 우리는 국권을 상실하는 아픔을 감수해야 했습니다.
(다) 지금은 무력이 아니라 경제력이 국력을 좌우하는 시대입니다. 우리나라는 전쟁의 폐허를 극복하고 세계적인 경제 강국을 건설하고 있습니다. 우수한 인력과 세계 선두권의 정보화 기반을 갖추고 있습니다. 바다와 하늘과 땅을 연결하는 물류 기반도 손색이 없습니다.
(라) 그 아픔은 분단으로 이어져서 오늘에 이르고 있습니다. 그 과정에서는 정의가 패배하고 기회주의가 득세하는 불행한 역사를 겪었습니다. 그러나 이제 우리에게도 새로운 희망의 시대가 열리고 있습니다. 세계의 변방으로 머물러 왔던 동북아시아가 북미·유럽 지역과 함께 세계 경제의 3대 축으로 떠오르고 있습니다.

① (가) - (나) - (다) - (라)
② (가) - (라) - (나) - (다)
③ (나) - (가) - (라) - (다)
④ (나) - (라) - (다) - (가)

유형 공략 문제

10
2022 지방직 7급

다음 글의 전개 순서로 가장 자연스러운 것은?

(가) 젊은이들 가운데 약삭빠르고 방탕하여 어딘가에 얽매이는 것을 싫어하는 자들이 이 말을 듣고 제 세상 만난 듯 기뻐하여 앉고 서고 움직이는 예절을 마음에 내키는 대로 한다.
(나) 성인께서도 사람을 가르치실 때 먼저 겉모습부터 단정히 해야만 바야흐로 자신의 마음을 안정시킬 수 있다고 하시었다. 세상에 비스듬히 눕고 기대서서 멋대로 말하고 멋대로 보면서 주경존심(主敬存心)*할 수 있는 사람은 없다.
(다) 근래 어떤 자가 반관(反觀)*으로 이름을 떨쳐 겉모습을 단정하게 꾸미는 것을 가식이요, 허위라고 한다.
(라) 나도 예전에 이 병에 깊이 걸렸던 터라 늙어서까지 예절을 익히지 못했으니 비록 후회해도 고치기가 어렵다.
(마) 지난번 너를 보니 옷깃을 가지런히 하여 똑바로 앉는 것을 즐기지 않아 장중하고 엄숙한 기색을 조금도 볼 수 없었는데, 이는 내 병통이 한 바퀴 돌아 네가 된 것이다.

- 정약용, '두 아들에게 부침'

* 주경존심(主敬存心): 공경하는 마음을 간직함.
* 반관(反觀): 남들이 하는 대로 보지 않고 거꾸로 보거나 반대로 생각하는 것.

① 가 - 나 - 다 - 라 - 마
② 나 - 라 - 마 - 다 - 가
③ 다 - 가 - 라 - 마 - 나
④ 마 - 라 - 가 - 나 - 다

11
2021 지방직 9급

(가) ~ (라)에 들어갈 말로 가장 적절한 것은?

정철, 윤선도, 황진이, 이황, 이조년 그리고 무명씨. 우리말로 시조나 가사를 썼던 이들이다. 황진이는 말할 것도 없고 무명씨도 대부분 양반이 아니었겠지만 정철, 윤선도, 이황은 양반 중에 양반이었다. ☐(가)☐ 그들이 우리말로 작품을 썼던 걸 보면 양반들도 한글 쓰는 것을 즐겨 했다는 것을 부정할 수는 없다. ☐(나)☐ 허균이나 김만중은 한글로 소설까지 쓰지 않았던가. ☐(다)☐ 이들이 특별한 취향을 가진 소수의 양반이었다면 이야기는 달라진다. 우리말로 된 문학 작품을 만들겠다는 생각을 가진 특별한 양반들을 제외하고 대다수 양반들은 한문을 썼기 때문에 한글을 모를 수도 있었기 때문이다. 실학자 박지원이 당시 양반 사회를 풍자한 작품 『호질』은 한문으로 쓰여 있다. ☐(라)☐ 한 가지 분명한 것은 양반 대부분이 한글을 이해하지 못하는 상황이었다면 정철도 이황도 윤선도도 한글로 작품을 쓰지는 않았을 것이란 사실이다.

	(가)	(나)	(다)	(라)
①	그런데	게다가	그렇지만	그러나
②	그런데	그리고	그래서	또는
③	그리고	그러나	하지만	즉
④	그래서	더구나	따라서	하지만

12

2021 국가직 9급

㉠ ~ ㉤의 전개 순서로 가장 자연스러운 것은?

> 폭설, 즉 대설이란 많은 눈이 시간적, 공간적으로 집중되어 내리는 현상을 말한다.
> ㉠ 그런데 눈은 한 시간 안에 5 cm 이상 쌓일 수 있어 순식간에 도심 교통을 마비시키는 위력을 가지고 있다.
> ㉡ 또한, 경보는 24시간 신적설이 20 cm 이상 예상될 때이다.
> ㉢ 다만, 산지는 24시간 신적설이 30 cm 이상 예상될 때 발령된다.
> ㉣ 이때 대설의 기준으로 주의보는 24시간 새로 쌓인 눈이 5 cm 이상이 예상될 때이다.
> ㉤ 이뿐만 아니라 운송, 유통, 관광, 보험을 비롯한 서비스 업종과 사회 전반에 영향을 미친다.

① ㉠ - ㉤ - ㉡ - ㉢ - ㉣
② ㉠ - ㉣ - ㉤ - ㉢ - ㉡
③ ㉣ - ㉡ - ㉢ - ㉠ - ㉤
④ ㉣ - ㉠ - ㉤ - ㉢ - ㉡

13

(가) ~ (라)를 맥락에 맞추어 가장 적절하게 나열한 것은?

> (가) 클리셰는 이러한 반복되는 특징 때문에 장르 규범과 자주 비교된다. 하지만 이 둘은 분명히 다르다. 장르 규범이 장르에서 마땅히 따르고 지켜야 할 기준이라면, 클리셰는 특별한 기준이 없는 무의식적인 반복에 가깝다.
> (나) 오늘날 클리셰는 판에 박힌 듯이 쓰이는 표현이나 문구를 지칭하는 말로 사용된다. 영화에서 사용될 때도 마찬가지로 오랫동안 습관적으로 쓰여 뻔하게 느껴지는 표현이나 캐릭터, 표현 기법 등을 종합하여 지칭한다.
> (다) 하지만 클리셰가 영화에서 반드시 배제해야 할 요소는 아니다. 적절히만 사용하면 관객이 이를 바탕으로 작품의 내용을 쉽게 이해할 수 있게 돕는다. 따라서 감독은 클리셰를 사용하되, 지극히 전략적으로 접근해야 한다.
> (라) 예를 들어, 영화에는 주동 인물과 반동 인물이 존재하는데 이는 영화라는 장르에서 플롯을 전개하기 위해 반드시 갖추어야 할 조건으로 모든 영화가 이러한 규범을 따른다. 반면 클리셰는 주인공이 상대방에게 첫눈에 반하는 것과 같이 장르의 규범과는 무관하게 여러 작품들에서 반복적으로 목격되는 요소들이며, 관객들로 하여금 식상함을 느끼게 한다.

① (가) - (나) - (라) - (다)
② (가) - (다) - (라) - (나)
③ (나) - (가) - (라) - (다)
④ (나) - (가) - (다) - (라)

07 숨겨진 내용 추론하기

유형 소개

- '숨겨진 내용 추론하기' 유형은 글의 표면에 드러난 정보를 바탕으로 새로운 정보, 필자가 독자들이 당연히 알 것이라고 여기고 생략한 내용을 추론할 수 있는지를 묻는 유형이다.
- 글에 없는 내용을 추론하거나, 글의 시사점이나 핵심 내용을 추론하는 문제 모두 이 유형에 속한다.
- 주어진 정보에만 근거하여 선택지의 내용이 타당한 추론인지 판단해야 하며, 상식에 근거하여 추론하거나, 정보를 지나치게 주관적으로 해석하지 않도록 주의한다.

출제 경향

- 글의 표면에 드러난 정보를 바탕으로 숨겨진 내용, 생략된 내용을 추론하는 문제가 주로 출제되고 있다.
- 인문, 사회, 과학, 예술 등 다양한 소재의 지문이 출제되고 있으며, 최근에는 지문 속 정보들 간의 논리적 연결 관계가 복잡한 지문들도 출제되고 있다.
- 제시문의 일부분만으로 추론할 수 있는 문제보다는 글의 전체적인 내용을 종합적으로 이해해야 추론할 수 있는 문제들이 출제되고 있다.

단계별 문제 풀이 전략

STEP 1 선택지에서 다루는 주요 정보를 파악한다.
- 정보들 간의 논리 관계가 복잡한 지문일수록 글부터 읽기보다는 선택지의 정보를 먼저 파악한 후 글에서 필요한 정보를 선별하며 읽도록 한다.
- 선택지에 둘 이상의 문장이 결합되어 있는 경우 앞뒤 문장이 서로 인과적이거나, 전제·결론의 관계일 가능성이 크므로 앞뒤 내용 간의 연결 관계를 미리 파악해 둔다.

STEP 2 선택지에서 파악한 주요 정보를 중심으로 글의 핵심 내용을 파악하고, 원리나 절차는 구조화한다.
- 선택지에서 다루는 내용은 주로 글에서 핵심이 되는 원리나 대상과 관련된 것이므로, 글을 읽을 때는 중심 문장과 뒷받침 문장을 구분하여 핵심적인 내용에 주의를 기울인다.
- 정보들 간의 논리 관계가 복잡하거나, 원리, 절차가 제시된 경우에는 내용들 간의 연결 관계를 구조화한다. 이때, 편의를 위해 자의적으로 내용을 왜곡해서 구조화하지 않도록 주의한다.

  [예] 물가가 상승하면 소비가 위축되고 결국 경기가 침체된다
  ▶ 물가↑ 소비↓ → 경기↓

STEP 3 글을 읽으며 정리한 정보들과 글의 흐름을 바탕으로 선택지에 제시된 추론 내용이 적절한지 판단한다.
- 친숙한 소재에 대한 글일지라도 상식에 근거하여 판단하지 않고 글에 제시된 내용만을 근거로 추론한다.

■ 전략 적용하기

다음 글에서 추론한 내용으로 적절하지 않은 것은? 2023 지방직 9급

> 우리는 개별적으로 고립된 채 살아가는 존재일 수 없다. 사회 속에서 여럿이 모여 '복수(複數)'의 상태로 살아갈 수밖에 없는 존재라는 것이다. 복수의 상태로 살아가는 우리는 종(種)적인 차원에서 보면 보편적이고 동등한 존재이다. 그러나 우리는 각각 유일무이성을 지닌 '단수(單數)'이기도 하다. 즉 모든 인간은 개인으로서 고유한 인격체라는 특수성을 지닌다. 사회 속에서 우리는 보편적 복수성과 특수한 단수성을 겸비한 채 살아가고 있는 셈이다. 바로 이러한 이유로 우리는 다원적 존재이다. 이러한 존재들로 구성된 다원적 사회에서는 어떠한 획일화도 시도되어서는 안 된다. 우리가 이 같은 사회에서 살아가기 위해서는 타인을 포용하는 공존의 태도가 필요하다. 공동체 정화 등을 목적으로 개별적 유일무이성을 제거하는 것은 우리가 살아가는 사회의 다원성을 파괴하는 일이다.

선택지 ①의 근거 – 우리는 '복수'로서의 존재임
선택지 ③의 근거 – 보편적 복수성과 특수한 단수성(= 유일무이성)은 공존하는 개념임
선택지 ②의 근거 (1) – 우리는 '다원적 존재'임
선택지 ②의 근거 (2) – 우리는 포용적으로 공존해야 하는 존재임
= 특수한 단수성
선택지 ④의 근거

① 우리는 고립된 상태에서 '단수'로 살아가는 존재가 아니다.
  ➡ ○ 우리는 '사회'에서 '복수'로 살아가는 존재임
② 우리는 다원성을 지닌 존재로서 포용적으로 공존해야 한다.
  ➡ ○ '다원적 존재' & '포용'
❸ 개인의 유일무이성을 보존하려는 제도는 개인의 보편적 복수성을 침해한다.
  ➡ × '유일무이성(= 특수한 단수성)' & '보편적 복수성'은 공존하는 개념임
④ 개인의 특수한 단수성을 제거하려는 시도는 사회의 다원성을 파괴하는 결과로 이어질 수 있다. ➡ ○ '유일무이성(= 단수성)' 제거 = 사회의 '다원성' 파괴

STEP 1
선택지에서 다루는 주요 정보를 파악한다.
- 선택지에서 확인할 수 있는 주요 정보: 우리, 개인, 단수성, 유일무이성 복수성, 다원성

STEP 2
선택지에서 파악한 주요 정보를 중심으로 글의 핵심 내용을 파악하고, 원리나 절차는 구조화한다.
- 우리: '복수'로서의 존재 (○)
   '단수'로서의 존재 (○)
   = '복수성' & '단수성' 겸비한 '다원적 존재'
- 다원적 존재: 다원적 사회에서는 획일화 시도해선 안 됨
- 유일무이성 제거 = 사회의 다원성 파괴

STEP 3
글을 읽으며 정리한 정보들과 글의 흐름을 바탕으로 선택지에 제시된 내용이 적절한지 판단한다.
→ ③ 유일무이성(특수한 단수성)과 보편적 복수성은 공존하는 성질임을 알 수 있으며, 개인의 유일무이성을 보존하려는 제도가 개인의 보편적 복수성을 침해한다는 내용은 제시문에서 확인할 수 없다.

 오답 분석

① 1~2번째 줄에서 우리는 개별적으로 고립된 채 살아갈 수 없으며, 여럿이 모여 '복수'의 상태로 살아갈 수밖에 없는 존재라고 설명한다. 이는 우리가 고립된 상태에서 '단수'로 살아가는 존재가 아님을 의미한다.

② 끝에서 4~5번째 줄에서 우리가 다원적 존재라고 하였고, 끝에서 2~3번째 줄에서 이러한 존재들로 구성된 다원화 사회에서 살아가기 위해 타인을 포용하는 공존의 태도가 필요함을 설명하고 있다.

④ 제시문 마지막 문장에서 공동체 정화 등을 목적으로 개별적 유일무이성(개인의 특수한 단수성)을 제거하는 것은 우리가 살아가는 사회의 다원성을 파괴하는 일임을 설명하고 있다.

유형 공략 문제

01
2020 국가직 9급

다음 글의 시사점으로 적절하지 않은 것은?

　기존의 의학적 연구는 건장한 성인 남성의 몸을 표준으로 삼아 이루어지는 경우가 많았다. 예를 들어 농약과 같은 화학 물질이 몸에 들어와 어떠한 변화를 일으키는지 검토한 연구에서 생리 주기에 따라 변화하는 여성 호르몬이 그 물질과 어떤 상호 작용을 일으킬 수 있는지는 고려되지 않았다. 자동차 충돌 사고를 인체 공학적으로 시뮬레이션할 때도 특정 연령대 남성의 몸이 연구 대상으로 사용되었고, 여성의 신체 특성이나 다양한 연령대 남성의 신체적 특성은 고려되지 않았다.

　특정 연령대 성인 남성의 몸을 표준화된 인체로 여겼던 사고방식은 여러 문제점을 낳고 있다. 예를 들어 대사율, 피부와 조직 두께 등을 감안한, 사람이 가장 효과적으로 일할 수 있는 사무실 온도는 21°C로 알려져 있다. 그런데 한 연구에서 남성과 여성 직장인에게 각각 선호하는 사무실 온도를 조사한 결과는 남성은 평균 22°C, 여성은 평균 25°C였다. 남성은 기존의 적정 실내 온도에 가까운 답을 했고, 여성은 더 따뜻한 사무실에서 일하기를 원했다.

　이러한 차이의 이유는 무엇일까? 현재 적정 사무실 온도로 알려진 21°C는 1960년대 측정된 자료를 바탕으로 하는데, 당시 몸무게 70kg인 40세 성인 남성을 기준으로 측정된 것이다. 이러한 '표준화된 신체'를 가진 남성의 대사율은 여성이나 다른 연령대 남성들의 대사율과 다르고, 당연히 체내 열 생산의 양도 차이가 있다.

① 표준으로 삼은 대상이 나머지 대상의 특성까지 대표하지 못하므로 앞으로 의학적 연구를 하려면 하나의 표준을 정하기보다 가능한 한 다양한 대상을 선정해서 하는 것이 바람직하다.

② 현재 우리가 알고 있는 의학 지식 중에는 특정 표준 대상만을 연구한 결과인 것이 있으므로 앞으로 이런 의학 지식을 활용하려면 연구한 대상을 살펴봐서 그대로 활용할지를 결정하는 것이 바람직하다.

③ 성별이나 연령대 등에 따라 신체 조건이 같지 않으므로 근무 환경을 조성할 때 근무자들의 성별이나 연령대를 고려하는 것이 바람직하다.

④ 기존의 사무실 적정 실내 온도가 조사된 것보다 낮게 설정되어 있으므로 향후에 모든 공공 기관의 사무실 온도를 조정할 때 현재보다 설정 온도를 일률적으로 높이는 것이 바람직하다.

02
2023 지방직 9급

다음 글에서 추론한 내용으로 적절하지 않은 것은?

　프랑스에서 의무교육 제도를 실시하면서 정규학교에 입학하기 어려운 지적장애아, 학습부진아를 가려내고자 하였다. 이에 기초 학습 능력 평가를 목적으로, 1905년 최초의 IQ 검사가 이루어졌다. 이 검사를 통해 비로소 인간의 지능을 구체적으로 수치화하고 객관적으로 비교할 수 있게 되었다.

　이후 오랫동안 IQ가 높으면 똑똑한 사람, 그렇지 않으면 머리가 좋지 않고 학습에도 부진한 사람으로 판단했다. 물론 IQ가 높은 아이는 그렇지 않은 아이에 비해 읽기나 계산 등 사고 기능과 관련된 과목에서 높은 성취도를 보이는 경우가 많다. 이는 IQ 검사가 기초 학습에 필요한 최소 능력인 언어 이해력, 어휘력, 수리력 등을 측정하기 때문이다. 학습의 기초 능력을 측정하는 IQ 검사에서 높은 점수를 받은 아이는 동일한 능력을 측정하는 학업 평가에서도 높은 점수를 받을 가능성이 크다. 하지만 문제는 IQ 검사가 인간의 지능 중 일부만을 측정한다는 점이다.

① 최초의 IQ 검사는 학습 능력이 우수한 아이를 고르기 위해 시행되었다.

② IQ 검사가 만들어지기 전에는 인간의 지능을 수치로 비교할 수 없었다.

③ IQ가 높은 아이라도 전체 지능은 높지 않을 수 있다.

④ IQ가 높은 아이가 읽기 능력이 좋을 확률이 높다.

03
2023 지방직 7급

다음 글에서 추론한 내용으로 가장 적절한 것은?

　　미셸 교수는 '마시멜로 실험'을 하였다. 아동들에게 마시멜로를 하나씩 주고 15분간 먹지 않으면 하나 더 주겠다고 한 뒤 아이가 못 참고 먹는지 아니면 끝까지 참는지를 관찰하였다. 아이들이 참을성을 발휘한 시간은 평균 2분이었지만, 25%의 아이들은 끝까지 참아 내 마시멜로를 더 먹을 수 있었다. 흥미로운 점은 12년이 지나서 당시 실험에 참가했던 아이들을 추적 조사한 결과이다. 1분 이내에 마시멜로를 먹은 아이들은 학교나 가정에서 문제를 일으키는 경우가 많았지만, 15분간 참을성을 발휘한 아이들은 1분 이내에 마시멜로를 먹은 아이보다 대학 진학 시 시험 점수 평균이 훨씬 더 높았다. 이 실험 결과는 감정이나 욕망을 조절할 수 있는 자기 통제력이 큰 사람이 미래의 성공 가능성이 더 크다는 것을 보여 준다.

　　이후 비슷한 실험이 이루어졌다. 그러나 이 실험에서는 마시멜로에 뚜껑을 덮어 두고 기다리게 했다는 점에서 차이가 있었다. 실험 결과 뚜껑이 없이 기다리게 했던 경우보다 뚜껑을 덮었을 때 두 배 가까이 더 아이들이 잘 참을 수 있었다. 뚜껑 하나라는 아주 작은 차이가 아이들의 참을성을 크게 향상시킨 셈이다.

① 자기 통제력이 낮은 아동일수록 주변 환경이 열악하다.
② 자기 통제력은 선천적 요인보다 후천적 요인에 더 영향을 받는다.
③ 자기 통제력을 발휘하는 데에는 환경적 요인이 중요하게 작용한다.
④ 자기 통제력이 높은 아동은 유아기부터 가정과 학교에서 사랑과 관심을 많이 받는다.

04
2023 군무원 7급

다음은 〈보기〉에 제시된 글의 핵심 내용을 정리한 것이다. 가장 잘 이해한 것은?

〈보기〉

　　'무엇인가', '어떠한 것인가'라는 물음에 대응하는 내용이 '질'이고 '어느 정도'라는 물음에 대응하는 내용이 '양'이다. '책상이란 무엇인가' 또는 '책상이 어떠한 것인가'를 알기 위해 사전에서 '책상'을 찾으면, "책을 읽거나 글을 쓰는 상"으로 나와 있다. 이것이 책상을 의자와 찬장 및 그 밖의 유사한 사물들과 구분해 주는 책상의 '질'이다. 예를 들어 "이 책상의 높이는 어느 정도인가?"라고 물으면 "70cm이다"라고 답한다. 이때 말한 '70cm'가 바로 '양'이다. 그런데 책상의 높이는 70cm가 60cm로 되거나 40cm로 된다고 하더라도 그것이 책상임에는 변함이 없다. 성인용 책상에서 아동용 책상으로, 의자 달린 책상에서 앉은뱅이책상으로 바뀐다고 하더라도 그것이 '책을 읽거나 글을 쓰는 상'으로서의 기능은 수행할 수 있기 때문이다. 그러나 책상의 높이를 일정한 한도가 넘는 수준, 예컨대 70cm를 1cm로 낮추어 버리면 그 책상은 나무판에 가까운 것으로 변하여 책상의 기능을 수행할 수 없게 되어 더 이상 책상이라 할 수 없게 될 것이다.

① 양의 변화는 질의 변화를 초래하고 질의 변화는 양의 변화를 이끈다.
② 양의 변화가 누적되면 질의 변화가 일어나므로 양의 변화는 변화된 양만큼 질의 변화를 이끈다.
③ 양의 변화는 일정한 한도 내에서 질의 변화를 이끌지 못하지만 어느 한도를 넘으면 질의 변화를 초래한다.
④ 양의 변화든 질의 변화든 변화는 모두 본래의 상태로 환원되는 과정이기 때문에 두 변화는 본질적으로 동일하다.

유형 공략 문제

05
2022 지방직 9급

다음 글에서 추론한 내용으로 가장 적절한 것은?

논리 실증주의자들에 따르면, 만약 어떤 것이 과학일 경우 거기에서 사용되는 문장은 유의미하다. 그들은 유의미한 문장의 기준으로 소위 '검증 원리'라고 불리는 것을 제안했다. 검증 원리란, 경험을 통해 참이나 거짓을 검증할 수 있는 문장은 유의미하고 그렇지 않은 문장은 유의미하지 않다는 것이다. 다음 두 문장을 예로 생각해 보자.

(가) 달의 다른 쪽 표면에 산이 있다.
(나) 절대자는 진화와 진보에 관계하지만, 그 자체는 진화하거나 진보하지 않는다.

위 두 문장 중 경험을 통해 검증할 수 있는 것은 무엇인가? 비록 현실적으로 큰 비용이 들기는 하지만 (가)는 분명히 경험을 통해 진위를 밝힐 수 있다. 즉 우리는 (가)의 진위를 확정하기 위해서 무엇을 경험해야 하는지 알고 있다는 것이다. 이런 점에 근거하여 논리 실증주의자들은 (가)는 검증할 수 있고, 유의미한 문장이라고 판단한다. 그럼 (나)는 어떠한가? 우리는 무엇을 경험해야 (나)의 진위를 확정할 수 있는가? 논리 실증주의자들은 그런 것은 없다고 주장하고, 이에 (나)는 검증할 수 없고 과학에서 사용될 수 없는 무의미한 문장이라고 말한다.

① 논리 실증주의자들에 따르면 무의미한 문장을 사용하는 것은 과학이 아니다.
② 논리 실증주의자들에 따르면 과학의 문장들만이 유의미하다.
③ 검증 원리에 따르면 아직까지 경험되지 않은 것을 언급한 문장은 무의미하다.
④ 검증 원리에 따르면 거짓인 문장은 무의미하다.

06
2022 지방직 9급

다음 글에서 추론한 내용으로 가장 적절한 것은?

컴퓨터에는 자유 의지가 있을까? 나아가 컴퓨터에 도덕적 의무를 귀속시킬 수 있을까? 컴퓨터는 다양한 전기 회로로 구성되어 있고, 물리 법칙, 프로그래밍 방식, 하드웨어의 속성 등에 따라 필연적으로 특정한 초기 상태로부터 다음 상태로 넘어간다. 마찬가지로 두 번째 상태에서 세 번째 상태로 이동하고, 이러한 과정이 계속해서 이어진다. 즉 컴퓨터는 결정론적 법칙의 지배를 받는 시스템이라는 것이다. 그럼 이러한 시스템에는 자유 의지가 있을까?

결정론적 법칙의 지배를 받는 시스템의 중요한 특징은 주어진 조건에 따라 결과가 하나로 고정된다는 점이다. 다시 말해, 이러한 시스템에는 항상 하나의 선택지만 있을 뿐이다. 그런 뜻에서 결정론적 지배를 받는다는 것과 자유 의지를 가진다는 것은 양립할 수 없음이 분명하다. 어떤 선택을 할 때 그것과 다른 선택을 할 수도 있다는 것은 자유 의지의 필요조건이기 때문이다. 결국 결정론적 법칙의 지배를 받는 시스템은 자유 의지를 가지지 않는다. 또한 자유 의지를 가지지 않는 시스템에 도덕적 의무를 귀속시킬 수 없음은 당연하다.

〈보기〉
ㄱ. 컴퓨터는 자유 의지를 가지지 않으며 도덕적 의무의 귀속 대상일 수도 없다.
ㄴ. 도덕적 의무를 귀속시킬 수 있는 시스템은 결정론적 법칙의 지배를 받지 않는다.
ㄷ. 어떤 선택을 할 때 그것과 다른 선택을 할 수 없는 시스템은 자유 의지를 가지지 않는다.

① ㄱ, ㄴ
② ㄱ, ㄷ
③ ㄴ, ㄷ
④ ㄱ, ㄴ, ㄷ

07

다음 글에서 추론할 수 있는 것은?

2021 지방직 9급

포도주는 유럽 문명을 대표하는 술이자 동시에 음료수다. 우리는 대개 포도주를 취하기 위해 마시는 술로만 생각하기 쉬우나 유럽에서는 물 대신 마시는 '음료수'로서의 역할이 크다. 유럽의 많은 지역에서는 물이 워낙 안 좋아서 맨 물을 그냥 마시면 위험하기 때문에 제조 과정에서 안전성이 보장된 포도주나 맥주를 마시는 것이다. 이런 용도로 일상적으로 마시는 식사용 포도주로는 당연히 고급 포도주와는 다른 저렴한 포도주가 쓰이며, 술이 약한 사람들은 여기에 물을 섞어서 마시기도 한다.

소비의 확대와 함께, 포도주의 생산을 다른 지역으로 확산시키려는 노력도 계속되어 왔다. 포도주 생산의 확산에서 가장 큰 문제는 포도 재배가 추운 북쪽 지역으로 확대되기 힘들다는 점이다. 자연 상태에서는 포도가 자라는 북방 한계가 이탈리아 정도에서 멈춰야 했지만, 중세 유럽에서 수도원마다 온갖 노력을 기울인 결과 포도 재배가 상당히 북쪽까지 올라갔다. 대체로 대서양의 루아르강 하구로부터 크림반도와 조지아를 잇는 선이 상업적으로 포도를 재배할 수 있는 북방한계선이다.

적정한 기온은 포도주 생산 가능 여부뿐 아니라 생산된 포도주의 질을 결정하는 중요한 요인이다. 너무 추운 지역이나 너무 더운 지역에서는 포도주의 품질이 떨어질 수밖에 없다. 추운 지역에서는 포도에 당분이 너무 적어서 그것으로 포도주를 담그면 신맛이 강하게 된다. 반면 너무 더운 지역에서는 섬세한 맛이 부족해서 '흐물거리는' 포도주가 생산된다(그 대신 이를 잘 활용하면 포르토나 셰리처럼 도수를 높인 고급 포도주를 만들 수 있다). 그러므로 고급 포도주 주요 생산지는 보르도나 부르고뉴처럼 너무 덥지도 않고 너무 춥지도 않은 곳이다. 다만 달콤한 백포도주의 경우는 샤토 디켐(Château d'Yquem)처럼 뜨거운 여름 날씨가 지속하는 곳에서 명품이 만들어진다.

포도주의 수요는 전 유럽적인 데 비해 생산은 이처럼 지리적으로 제한됐기 때문에 포도주는 일찍부터 원거리 무역 품목이 됐고, 언제나 고가품 취급을 받았다. 그런데 한 가지 기억해야 할 점은 이렇게 수출되는 고급 포도주는 오래된 포도주가 아니라 바로 그해에 만든 술이라는 점이다. 우리는 포도주는 오래될수록 좋아진다고 믿는 경향이 있지만, 대부분의 백포도주 혹은 중급 이하 적포도주는 시간이 지날수록 오히려 품질이 떨어진다. 시간이 흐를수록 품질이 개선되는 것은 일부 고급 적포도주에만 한정된 이야기이며, 그나마 포도주를 병에 담아 코르크 마개를 끼워 보관한 이후의 일이다.

① 고급 포도주는 모두 너무 덥지도 춥지도 않은 곳에서 재배된 포도로 만들어졌다.
② 루아르강 하구로부터 크림반도와 조지아를 잇는 선은 이탈리아보다 남쪽에 있을 것이다.
③ 유럽에서 일상적으로 마시는 식사용 포도주는 저렴한 포도주거나 고급 포도주에 물을 섞은 것이다.
④ 병에 담겨 코르크 마개를 끼운 고급 백포도주는 보관 기간에 비례하여 품질이 개선되지는 않을 것이다.

유형 공략 문제

08 2021 법원직 9급

다음 글의 내용을 통해 도출할 수 있는 내용으로 가장 적절하지 않은 것은?

　미생물은 오늘날 흔히 질병과 연관된 것으로 여겨진다. 1762년 마르쿠스 플렌치즈는 미생물이 체내에서 증식함으로써 질병을 일으키고, 이는 공기를 통해 전염될 수 있다고 주장했으며, 모든 질병은 각자 고유의 미생물을 갖고 있다고 말했다. 그러나 유감스럽게도 그 주장에 대한 증거가 없었으므로 플렌치즈는 외견상 하찮아 보이는 미생물들도 사실은 중요하다는 점을 다른 사람들에게 납득시킬 수가 없었다. 심지어 한 비평가는 그처럼 어처구니없는 가설에 반박하느라 시간을 허비할 생각이 없다며 대꾸했다.

　그런데 19세기 중반 들어 프랑스의 화학자 루이 파스퇴르에 의해 상황이 바뀌기 시작했다. 파스퇴르는 세균이 술을 식초로 만들고 고기를 썩게 한다는 사실을 연달아 증명한 뒤 만약 세균이 발효와 부패의 주범이라면 질병도 일으킬 수 있을 것이라고 주장했다. 이러한 배종설은 오랫동안 이어져 내려온 자연발생설에 반박하는 이론으로서 플렌치즈 등에 의해 옹호되었지만 아직 논란이 많았다. 사람들은 흔히 썩어가는 물질이 내뿜는 나쁜 공기, 즉 독기가 질병을 일으킨다고 생각했다. 1865년 파스퇴르는 이런 생각이 틀렸음을 증명했다. 그는 미생물이 누에에게 두 가지 질병을 일으킨다는 사실을 입증한 뒤, 감염된 알을 분리하여 질병이 전염되는 것을 막음으로써 프랑스의 잠사업을 위기에서 구했다.

　한편 독일에서는 로베르트 코흐라는 내과 의사가 지역 농장의 사육동물을 휩쓸던 탄저병을 연구하고 있었다. 때마침 다른 과학자들이 동물의 시체에서 탄저균을 발견하자, 1876년 코흐는 이 미생물을 쥐에게 주입한 뒤 쥐가 죽은 것을 확인했다. 그는 이 암울한 과정을 스무 세대에 걸쳐 집요하게 반복하여 번번이 똑같은 현상이 반복되는 것을 확인했고, 마침내 세균이 탄저병을 일으킨다는 결론을 내렸다. 배종설이 옳았던 것이다.

　파스퇴르와 코흐가 미생물을 효과적으로 재발견하자 미생물은 곧 죽음의 아바타로 캐스팅되어 전염병을 옮기는 주범으로 여겨지기 시작했다. 탄저병이 연구된 뒤 20년에 걸쳐 코흐를 비롯한 과학자들은 한센병, 임질, 장티푸스, 결핵 등의 질병 뒤에 도사리고 있는 세균들을 속속 발견했다. 이러한 발견을 견인한 것은 새로운 도구였다. 이전에 있었던 렌즈를 능가하는 렌즈가 나왔고, 젤리 비슷한 배양액이 깔린 접시에서 순수한 미생물을 배양하는 방법이 개발되었으며, 새로운 염색제가 등장하여 세균의 발견과 확인을 도왔다.

　세균을 확인하자 과학자들은 거두절미하고 세균을 제거하는 작업에 착수했다. 조지프 리스터는 파스퇴르에게서 영감을 얻어 소독 기법을 실무에 도입했다. 그는 자신의 스태프들에게 손과 의료 장비와 수술실을 화학적으로 소독하라고 지시함으로써 수많은 환자들을 극심한 감염으로부터 구해냈다. 또, 다른 과학자들은 질병 치료, 위생 개선, 식품 보존이라는 명분으로 세균 차단 방법을 궁리했다. 그리고 세균학은 응용과학이 되어 미생물을 쫓아내거나 파괴하는 데 동원되었다. 과학자들은 미생물과의 전쟁을 선포하고, 병든 개인과 사회에서 미생물을 몰아내는 것을 목표로 삼은 것이다. 이렇게 미생물에 대한 인식이 형성되었으며 그 부정적 태도는 오늘날에도 지속되고 있다.

① 세균은 미생물의 일종이다.
② 세균은 화학적인 방법으로 제거할 수 있다.
③ 미생물과 질병의 연관성에 대한 인식은 통시적으로 변화해왔다.
④ 코흐는 새로운 도구의 개발 이전에 질병을 유발하는 미생물들을 발견했다.

09

2020 국가직 9급

다음 글을 바탕으로 ㉠을 이해할 때 가장 적절한 것은?

나는 ㉠'연극에서의 관객의 공감'에 대해 강연한 일이 있다. 나는 관객이 공감하는 것을 직접 보여 주려고 시도했다. 먼저 나는 자원자가 있으면 나와서 배우처럼 읽어 주기를 청했다. 그리고 청중에게는 연극의 관객이 되어 들어 달라고 했다. 한 사람이 앞으로 나왔다. 나는 그에게 아우슈비츠를 소재로 한 드라마의 한 장면이 적힌 종이를 건네주었다. 자원자가 종이를 받아들고 그것을 훑어볼 때 청중들은 어수선했다. 그런데 자원자의 입에서 떨어진 첫 대사는 끔찍한 내용이었다. 아우슈비츠에 관한 적나라한 증언은 너무나 충격적이어서 청중들은 완전히 압도되었다. 자원자는 청중들의 얼어붙은 듯한 침묵 속에서 낭독을 계속했다. 자원자의 낭독은 세련되지도 능숙하지도 않았다. 그러나 관객들의 열렬한 공감을 이끌어 냈다. 과거 역사가 현재의 관객들에게 생생하게 공감되었다.

이것이 끝나고 이번에는 강연장에 함께 갔던 전문 배우에게 셰익스피어의 희곡 「헨리 5세」에서 발췌한 대사를 낭독해 달라고 부탁했다. 그 대본은 400년 전 아젱쿠르 전투(백년 전쟁 당시 벌어졌던 영국과 프랑스의 치열한 전투)에서 처참하게 사망한 자들의 명단과 그 숫자를 나열한 것이었다. 그는 셰익스피어의 위대한 희곡임을 알아보자 품위 있고 고풍스럽게 큰 목소리로 낭독했다. 그는 유려한 어조로 전쟁에서 희생된 이들의 이름을 읽어 내려갔다. 그러나 청중들은 듣는 둥 마는 둥 했다. 갈수록 청중들은 낭독자 따위는 안중에도 없다는 듯이 행동했다. 그들에게 아젱쿠르 전투는 공감할 수 없는 것으로 분리된 것 같아 보였다. 앞서의 경우와는 전혀 다른 반응이었다.

① 배우의 연기력이 관객의 공감을 좌우한다.
② 비참한 죽음을 다룬 비극적인 소재는 관객의 공감을 일으킨다.
③ 훌륭한 고전이라고 해서 항상 청중의 공감을 불러일으킬 수 있는 것은 아니다.
④ 현재와 가까운 역사적 사실을 극화했다고 해서 관객의 공감 가능성이 커지지는 않는다.

10

(가)와 (나)를 통해서 추정하기 어려운 내용은?

(가) 찬성공 형제께서 정경부인의 상(喪)을 당하였다. 부윤공의 부인 이 씨가 우연히 언문 소설을 읽다가 그 소리가 밖으로 들렸다. 찬성공이 기뻐하지 않으며 제수를 계단 아래에 서게 하고, "부녀자의 무식을 심하게 책망할 필요는 없지만, 어찌 상중(喪中)에 있으면서 예의에 어긋난 책을 소리 내어 읽어서 스스로 평민과 같아지려 할 수 있는가?"하고 꾸짖었다.

(나) 전기수: 늙은이가 동문 밖에 살면서 입으로 언문 소설을 읽었는데, 「숙향전」, 「소대성전」, 「심청전」, 「설인귀전」과 같은 전기소설이었다. … 잘 읽었기 때문에 옆에서 구경하는 사람들이 빙 둘러섰다. 가장 재미있고 긴요하여 매우 들을 만한 구절에 이르면 갑자기 침묵하고 소리를 내지 않았다. 사람들이 다음 이야기를 듣고 싶어서 다투어 돈을 던졌다. 이를 바로 '요전법(돈을 요구하는 법)'이라 한다.

① 상층 남성들은 상중의 예법에 대해 매우 엄격하였다.
② 혼자 소설을 보면서 소리 내어 읽기도 하였다.
③ 하층에서도 소설을 창작하는 사람이 많았다.
④ 상층이 아닌 하층에서도 소설을 즐겼다.

유형 공략 문제

11
(가)를 바탕으로 (나)에 담긴 글쓴이의 생각을 적절히 추론한 것은?

> (가) 철학사에서 합리론의 전통은 감각에 대해 매우 비판적이었다. 예컨대 플라톤은 감각이 보여 주는 세계를 끊임없이 변화하는, 전적으로 불안정한 세계로 간주하고 이에 근거하여 지식을 얻는 것은 불가능하다고 생각했다. 반대로 경험론자들은 우리의 모든 관념과 판단은 감각 경험에서 출발한다고 주장하면서 어떤 지식도 절대적으로 확실할 수는 없다고 결론짓는다.
>
> (나) 모든 사람은 착시 현상 등을 경험해 본 적이 있기에 감각이 우리를 속일 수 있다는 것을 분명히 알고 있고 감각에 대한 어느 정도의 경계심을 지니고 있다. 하지만 그렇다고 해서 일상생활에서 자신의 감각을 신뢰하고 이에 따라 행동하는 것은 잘못이 아니다. 모든 감각적 정보를 검증 절차를 거친 후 받아들이다가는 정상적 생활을 영위하는 것 자체가 불가능해질 것이기 때문이다. 반대로, 실용적 기술 개발이나 평범한 일상적 행동과는 달리 과학적 연구는 상당한 정도의 정확성을 요구하므로 경험적 자료에 대해 어느 정도의 경계심을 유지하는 것도 당연하다.

① 실용적 기술을 개발하는 것은 일차적으로 경험론적 사고에 토대를 둔다.
② 세계는 끊임없이 변화하므로 일상생활에서는 합리론적 사고를 우선하여야 한다.
③ 과학 연구는 합리론을 버리고 철저히 경험론을 바탕으로 이루어져야 한다.
④ 감각에 대한 신뢰는 어느 분야에나 전적으로 차별 없이 요구된다.

12
다음 글에서 추론한 내용으로 가장 적절한 것은?

> 애덤스(J.Stacy Adams)는 조직 구성원의 동기와 연결한 공정성 이론을 제시하였다. 공정성 이론에 의하면 조직 내의 구성원은 업무 과정에서 투입한 것과 산출된 것을 다른 사람의 투입, 산출과 비교하여 조직 내 자신의 행동을 결정한다. 이때 투입은 노력, 지식, 기술, 업무 성과 등을 말하며, 산출은 일한 대가로 주어지는 보상으로서 임금, 인정, 지위, 승진 등을 포함한다.
>
> 자신의 투입 대비 산출이 다른 사람의 투입 대비 산출 결과와 일치하는 경우 그 사람은 공정함을 느낄 것이며, 일에 대한 만족감을 얻는다. 한편 불공정은 자기와 다른 사람을 비교하였을 때, 투입 대비 산출이 큰 경우와 투입 대비 산출이 적은 경우에 발생한다. 전자의 경우에는 주로 투입을 늘린다. 반면 투입 대비 산출이 적은 경우에 조직 구성원은 전자보다 더 큰 불만족을 느끼고 이러한 불공정을 줄이고자 방안을 모색하는데, 대개 산출을 증대시키기 위해 애쓰거나, 투입을 줄이거나, 비교의 대상이 되는 사람 또는 집단을 교체하여 현실적인 수준에서 비교가 이루어지도록 한다.

① 자신이 업무 성과가 다른 동료의 업무 성과에 미치지 못할 경우 불공정을 경험할 것이다.
② 연봉 협상에서 자신이 회사의 성장에 기여한 만큼 연봉을 올린다면 공정함을 느낄 것이다.
③ 자신과 동료가 업무에서 낸 성과가 동일하고 받는 연봉도 동일하다면 일에 대한 만족감을 느낄 것이다.
④ 자신이 노력한 것에 비해 다른 사람들보다 더 많은 월급을 받고 있다고 생각한다면, 그 사람은 노력의 양을 줄일 것이다.

13

다음 글에서 추론한 내용으로 가장 적절한 것은?

> 심리학자 애쉬가 심리 실험을 진행하였다. 그는 한 명의 실제 피험자와 일곱 명의 연구진으로 구성된 그룹을 만들었다. 그리고 실제 피험자에게 일곱 명의 연구진이 가짜 피험자임을 알려주지 않았다. 애쉬는 여덟 명의 피험자들을 한 연구실에 모으고, 그들에게 두 장의 카드를 주었다. 먼저 준 카드에는 직선이 하나 그어져 있었고, 이후에 준 카드에는 세 개의 직선이 그어져 있었다. 세 개의 직선 중 하나는 첫 번째 카드의 직선과 길이가 똑같았으며, 나머지 두 개의 직선은 첫 번째 카드의 직선과 길이가 전혀 달랐다.
>
> 애쉬는 실제 피험자가 가장 마지막에 응답하도록 자리를 배치한 후 피험자들에게 두 번째 카드의 직선 3개 중 첫 번째 카드에 있는 직선과 길이가 똑같은 직선을 찾으라는 과제를 주었다. 그러면서 일곱 명의 가짜 피험자에게 같은 과제를 수행할 때마다 동일한 오답을 자신감 있게 대답하라고 요구하였다. 놀랍게도 실제 피험자는 답이 명확한 직선 대신 가짜 피험자들이 답이라고 우기는 직선을 답으로 선택하였다. 일곱 명의 가짜 피험자들의 동일한 목소리가 실제 피험자의 선택에 영향을 끼친 것이다.

① 실제 피험자는 진실을 추구하는 존재이기보다는 주변 사람들에게 순응하려는 존재이다.
② 가짜 피험자들은 주변 사람들에게 순응하려는 존재이기보다는 진실을 추구하는 존재이다.
③ 가짜 피험자들은 두 번째 카드의 직선 중에서 첫 번째 카드의 직선과 같은 길이의 직선이 어떤 것인지 알지 못한다.
④ 실제 피험자에게 세 개의 직선이 그려진 두 번째 카드를 첫 번째 카드보다 먼저 주었다면, 실제 피험자는 답이 명확한 직선을 골랐을 것이다.

14

다음 글에서 추론한 내용으로 적절하지 않은 것은?

2024년 국가직 9급

> 새의 몸에서 나오는 테스토스테론은 구애 행위나 짝짓기와 밀접하게 관련된다. 따라서 번식기가 아닌 시기에는 거의 분비되지 않는데, 번식기에 나타나는 테스토스테론의 수치 변화 양상은 새의 종류에 따라 다르다.
>
> 노래참새 수컷의 테스토스테론 수치는 짝짓기에 성공하여 암컷의 수정이 이루어지는 시점을 전후하여 달라진다. 번식기가 되면 수컷은 암컷의 마음을 얻는 데 필요한 영역을 차지하려고 다른 수컷과 싸워야 한다. 이 시기 수컷의 테스토스테론 수치는 암컷의 수정이 이루어질 때까지 계속 높아진다. 그러다가 수정이 이루어지면 수컷은 곧바로 새끼를 돌볼 준비를 하게 되는데, 이때부터 그 수치는 떨어진다. 새끼가 커서 둥지를 떠나게 되면 수컷은 더 이상 영역을 지킬 필요가 없기 때문에 번식기가 끝나지 않았는데도 테스토스테론 수치는 좀 더 떨어지고, 번식기가 끝나면 테스토스테론은 거의 분비되지 않는다.
>
> 검정깃찌르레기 수컷은 테스토스테론 수치가 번식기가 되면 올라갔다가 암컷이 수정한 이후부터 번식기가 끝날 때까지 떨어지지 않는다. 이 수컷은 자신의 둥지를 지키면서 암컷과 새끼를 돌보는 대신 다른 암컷과의 짝짓기를 위해 자신의 둥지를 떠나 버린다.

① 노래참새 수컷은 번식기 동안 테스토스테론 수치가 새끼를 양육할 때보다 양육이 끝난 후에 높게 나타난다.
② 번식기 동안 노래참새 수컷의 테스토스테론 수치는 암컷의 수정이 이루어지기 전보다 이루어진 후에 낮게 나타난다.
③ 검정깃찌르레기 수컷은 암컷이 수정한 이후 번식기가 끝날 때까지 테스토스테론 수치가 떨어지지 않는다.
④ 노래참새 수컷과 검정깃찌르레기 수컷 모두 번식기의 테스토스테론 수치는 번식기가 아닌 시기의 테스토스테론 수치보다 높다.

유형 공략 문제

[15~16] 다음 글을 읽고 물음에 답하시오.

조선 시대 소설은 표기 문자에 따라 한자로 ⊙ 표기한 한문 소설과 한글로 표기한 한글 소설, 두 가지로 나뉜다. 한문 소설은 중국에서 들여온 한문 소설, 조선에서 창작한 한문 소설, 조선의 한글 소설을 ⓒ 번역한 한문 소설로 나뉜다. 그리고 한글 소설은 중국 소설을 번역한 한글 소설, 조선에서 창작한 한문 소설을 번역한 한글 소설, 조선에서 창작한 한글 소설로 나뉜다. 조선 시대에 많은 한글 소설이 창작되어 읽혔지만, 이를 저급한 오락물로 여겼던 당대의 지식인들은 한글 소설을 외면했으므로 그에 관해 ⓒ 기록한 문헌을 거의 남기지 않았다. 반면에 이들은 한문 소설, 특히 중국에서 들여온 한문 소설을 즐겨 읽고 이에 관한 많은 기록을 남겼다.

중국에서 들여온 한문 소설은 조선에서도 인쇄된 책으로 읽혔기 때문에 필사본이 거의 없다. 이와 대조적으로 조선에서 창작한 한문 소설은 필사본으로 유통되었다. 조선의 필사본 소설은 뚜렷한 특징을 보이는데, 한문 소설을 ⓔ 필사한 경우는 이본별 내용 차이가 거의 없는 반면 한글 소설을 필사한 경우는 그렇지 않다는 점이다. 한글 소설은 같은 제목의 소설이라도 내용이 상당히 다른 다양한 이본이 있었다. 이는 한문 소설의 독자는 문자 그대로 독자였던 것에 비하여 한글 소설의 독자는 독자이면서 이야기를 개작하는 작자이기도 했기 때문이다. 한자에 비해 한글은 익히기 쉽고 그만큼 쓰기도 편해서 한글 소설의 필사자는 내용을 바꾸고 싶다는 의지가 있다면 쉽게 바꿀 수 있었다. 한글 소설은 인쇄본이 아니라 필사본으로 많이 유통되었기 때문에 (가) 옮겨 쓰는 과정에서 다양한 이본이 생겨났다.

조선 시대 소설을 이해하는 데 있어서 소설을 표기한 문자는 무엇보다 중요하다. 표기 문자는 소설의 종류를 나누는 기준이 되었을 뿐만 아니라, 소설의 감상 및 유통, 이본 생산에 직접적인 영향을 미쳤다.

15   2025 국가직 9급
윗글에서 추론한 내용으로 가장 적절한 것은?

① 조선 시대의 소설은 한글 소설보다 한문 소설의 종류가 훨씬 다양했다.
② 조선 시대의 지식인들은 조선에서 창작한 한문 소설을 저급한 오락물로 여겼다.
③ 한자로 필사할 때보다 한글로 필사할 때 필사자의 의견이 반영되어 개작되기 쉬웠다.
④ 조선의 필사본 소설 중 한문 소설을 필사한 것은 소수였고 한글 소설을 필사한 것이 대부분이었다.

16   2025 국가직 9급
윗글의 ⊙ ~ ⓔ 중 문맥상 (가)의 의미와 가장 가까운 것은?

① ⊙   ② ⓒ
③ ⓒ   ④ ⓔ

[17~18] 다음 글을 읽고 물음에 답하시오.

'크로노토프'는 그리스어로 시간과 공간을 뜻하는 두 단어를 결합한 것으로, 시공간을 통합적으로 이해하기 위한 개념이다. 크로노토프의 관점에서 보면 고소설과 근대소설의 차이를 명확하게 파악할 수 있다.

고소설에는 돌아가야 할 곳으로서의 원점이 존재한다. 그것은 영웅소설에서라면 중세의 인륜이 원형대로 보존된 세계이고, 가정소설에서라면 가장 중심으로 가족 구성원들이 평화롭게 공존하는 가정이다. 고소설에서 주인공은 적대자에 의해 원점에서 분리되어 고난을 겪는다. 그들의 목표는 상실한 원점을 회복하는 것, 즉 그곳에서 향유했던 이상적 상태로 ㉠돌아가는 것이다. 주인공과 적대자 사이의 갈등이 전개되는 시간을 서사적 현재라 한다면, 주인공이 도달해야 할 종결점은 새로운 미래가 아니라 다시 도래할 과거로서의 미래이다. 이러한 시공간의 배열을 '회귀의 크로노토프'라고 한다.

근대소설 「무정」은 회귀의 크로노토프를 부정한다. 이것은 주인공인 이형식과 박영채의 시간 경험을 통해 확인된다. 형식은 고아지만 이상적인 고향의 기억을 갖고 있다. 그것은 박 진사의 집에서 영채와 함께하던 때의 기억이다. 이는 영채도 마찬가지기에, 그들에게 박 진사의 집으로 표상되는 유년의 과거는 이상적 원점의 구실을 한다. 박 진사의 죽음은 그들에게 고향의 상실을 상징한다. 두 사람의 결합이 이상적 상태의 고향을 회복할 수 있는 유일한 방법이겠지만, 그들은 끝내 결합하지 못한다. 형식은 새 시대의 새 인물이 되어야 한다고 생각하며 과거로의 복귀를 거부한다.

17

윗글에서 추론한 내용으로 가장 적절한 것은?

① 「무정」과 고소설은 회귀의 크로노토프를 부정한다는 점에서 공통적이다.

② 영웅소설의 주인공과 「무정」의 이형식은 그들의 이상적 원점을 상실했다는 공통점을 가지고 있다.

③ 「무정」에서 이형식이 박영채와 결합했다면 새로운 미래로서의 종결점에 도달할 수 있었을 것이다.

④ 가정소설은 가족 구성원들이 평화롭게 공존하는 결말을 통해 상실했던 원점으로의 복귀를 거부한다.

18

문맥상 ㉠의 의미와 가장 가까운 것은?

① 전쟁은 연합군의 승리로 돌아갔다.

② 사과가 한 사람 앞에 두 개씩 돌아간다.

③ 그는 잃어버린 동심으로 돌아가고 싶었다.

④ 그녀는 자금이 잘 돌아가지 않는다며 걱정했다.

유형 공략 문제

[19~20] 다음 글을 읽고 물음에 답하시오.

> 농민소설은 1930년대 러시아의 브나로드(Vnarod) 운동에 영향을 받아 농민의 현실적 삶에 대한 주제의식을 선명하게 드러내는 소설이다. 이렇듯 농민소설은 식민지 시대에 일제의 식량 조달로 인해 착취를 당하는 농민의 모습이나 토지조사 사업으로 인해 지주들이 영세 소작인에게 ㉠<u>부리는</u> 횡포 등 당시 농촌 문제를 소재로 하여 이를 고발하는 내용을 주로 다루며 계몽주의적 성격을 띠고 있다.
>
> 이기영의 소설 『고향』은 당대 농촌의 문제가 일제식민지 지배와 친일 지주에 의해 발생한 것이라는 인식을 바탕으로 하며 지주와 소작인의 갈등과 농민의 투쟁을 그린다. 1920년대 중반 근대의 물결이 들이닥치고 농촌 지역으로 침투한 자본으로 인해 소박한 삶을 살던 소지주와 자작농들이 소작농으로 전락하면서 급격하게 계층이 분열된다. 이기영은 주인공 김희준을 내세워 이러한 문제를 이끌어나가고 있다. 동경 유학생인 김희준은 농민 의식을 깨우치고자 노력하는 인물로, 몰락하는 농민의 생활 속으로 침투하여 성장하는 농민의 계급적 의식을 강조한다.
>
> 반면 농촌소설은 향토적이고 서정적인 공간으로서의 농촌을 배경으로 농민들의 소박하고 따뜻한 삶을 주된 이야기로 삼는다. 도시와 대비되는 농촌이라는 배경을 중시하며, 단순히 농민을 주인공으로 설정하는 소설로서 우리나라의 농촌소설로는 김유정의 『봄·봄』, 『동백꽃』, 『금따는 콩밭』 등이 있다. 김유정의 소설은 농촌을 계몽의 대상으로 그리지 않을 뿐만 아니라, 그 반대로 낭만적 이상향으로만 심미화하지도 않는다.

19

윗글에서 추론한 내용으로 적절하지 않은 것은?

① 농촌소설은 주로 지식인의 관념 속에 비추어진 농촌 현실을 그린다.
② 농민소설은 당대 농촌의 구조적 모순이나 농민의 의식 성장을 다룬다.
③ 농민소설과 농촌소설은 모두 농촌과 농민을 소재로 한다는 점에서 공통적이다.
④ 『고향』에서의 농촌과 달리 『봄·봄』에서의 농촌은 목가적인 생활의 공간이라고 인식된다.

20

문맥상 ㉠의 의미와 가장 가까운 것은?

① 더위가 기승을 <u>부리다</u>.
② 집안일이 많아서 따로 사람을 <u>부렸다</u>.
③ 인부들은 대문 앞에 이삿짐을 <u>부렸다</u>.
④ 초보라서 아직 차를 잘 <u>부릴</u> 줄 모른다.

[21~22] 다음 글을 읽고 물음에 답하시오.

생물은 자신의 종에 속하는 개체들과 의사소통을 한다. 꿀벌은 춤을 통해 식량의 위치를 같은 무리의 동료들에게 알려주며, 녹색원숭이는 포식자의 접근을 알리기 위해 소리를 지른다. 침팬지는 고통, 괴로움, 기쁨 등의 감정을 표현할 때 각각 다른 ㉠소리를 낸다.

말한다는 것을 단어에 대해 ㉡소리 낸다는 의미로 보게 되면, 침팬지가 사람처럼 말하도록 하는 것은 불가능하다. 침팬지는 인간과 게놈의 98%를 공유하고 있지만, 발성 기관에 차이가 있다.

인간의 발성 기관은 아주 정교하게 작용하여 여러 ㉢소리를 낼 수 있는데, 초당 십여 개의 (가)소리를 쉽게 만들어 낸다. 이는 성대, 후두, 혀, 입술, 입천장을 아주 정확하게 통제할 수 있기 때문에 가능한 것이다. 침팬지는 이만큼 정확하게 통제를 하지 못한다. 게다가 인간의 발성 기관은 유인원의 그것과 현저하게 다르다. 주요한 차이는 인두의 길이에 있다. 인두는 혀 뒷부분부터 식도에 이르는 통로로 음식물과 공기가 드나드는 길이다. 인간의 인두는 여섯 번째 목뼈에까지 이른다. 반면에 대부분의 포유류에서는 인두의 길이가 세 번째 목뼈를 넘지 않으며 개의 경우는 두 번째 목뼈를 넘지 않는다. 다른 동물의 인두에 비해 과도하게 긴 인간의 인두는 공명 상자 기능을 하여 세밀하게 통제되는 ㉣소리를 만들어 낸다.

21

윗글에서 추론한 내용으로 가장 적절한 것은?

① 개의 인두 길이는 인간의 인두 길이보다 짧다.
② 침팬지의 인두는 인간의 인두와 98% 유사하다.
③ 녹색원숭이는 침팬지와 의사소통을 할 수 있다.
④ 침팬지는 초당 십여 개의 소리를 만들어 낼 수 있다.

22

㉠ ~ ㉣ 중 문맥상 (가)에 해당하는 의미로 사용되지 않은 것은?

① ㉠
② ㉡
③ ㉢
④ ㉣

08 빈칸 및 이어질 내용 추론하기

📗 유형 소개
- '빈칸 및 이어질 내용 추론하기' 유형은 제시문의 빈칸에 들어갈 적절한 내용을 추론하여 찾는 방식으로 출제된다.
- 빈칸에 들어갈 내용은 주로 글의 결론, 사태나 현상에 대한 원인, 실험이나 원리를 적용했을 때 예상되는 결과에 해당한다.
- 글의 흐름을 파악하여 빈칸에 들어갈 내용에 대해 추론해야 한다.

📗 출제 경향
- 한 개의 빈칸을 제시한 후 빈칸 앞뒤의 맥락을 파악해 빈칸 안에 들어갈 내용을 추론하는 문제가 주로 출제되었다.
- 최근에는 정보들 간의 논리적 연결 관계가 복잡한 지문을 제시하고 두 개의 빈칸에 들어갈 내용을 묻는 등 난도가 높은 문제들이 출제되고 있다.

📗 단계별 문제 풀이 전략

STEP 1 선택지의 핵심 정보를 파악한다.
정보들 간의 논리 관계가 복잡한 실험이나 과학적 원리에 관한 글일수록 바로 글을 읽기보다는 선택지의 정보를 먼저 파악한 후 글에서 필요한 정보를 선별하며 읽도록 한다.

STEP 2 빈칸의 위치와 빈칸의 앞뒤 내용을 파악한 후 빈칸에 들어가야 할 내용을 추론한다.
- 빈칸의 위치를 확인한 후 빈칸에 들어갈 내용을 1차로 예측한다.
  - 빈칸이 글이나 문단의 중간에 있는 경우: 전제, 근거, 이유, 과정의 내용이 들어감
  - 빈칸이 글이나 문단의 끝에 있는 경우: 결론, 주장, 실험이나 원리를 적용했을 때 예상되는 결과, 사태나 현상의 종합적인 원인의 내용이 들어감
- 그 후 빈칸의 앞뒤 내용을 확인하여 빈칸에 들어갈 내용을 구체화한다.
  - 원인, 이유: 원인은~, 왜냐하면~, 이유는~, 이로 인해, ~때문이다
  - 결과, 결론: ~라는 결론을 내렸다, ~을 의미한다, 즉, 결과적으로

전략 적용하기

(가)와 (나)에 들어갈 말로 가장 적절한 것은?
2022 지방직 7급

A는 다음과 같은 실험을 진행했다. 먼저, 검은색 옷과 흰색 옷을 입은 6명이 두 개의 농구공을 가지고 패스를 주고받는 동안 고릴라 복장의 사람을 지나가게 하고 그 장면을 동영상으로 촬영했다. 그리고 실험 참가자들에게 이 동영상을 보여 주면서 흰색 옷을 입은 사람들이 몇 번 패스를 주고받았는지 세어 달라고 요청했다. 이에 대해 참가자들은 패스 횟수에 대해서는 각자의 답을 말했는데, 동영상 중간 중간에 출현한 고릴라 복장의 사람에 대해서는 하나같이 보지 못했다고 답했다. 참가자들이 패스 횟수를 세는 데 집중하느라 1분이 채 안 되는 동영상 가운데 9초에 걸쳐 등장하는 고릴라 복장의 사람을 인지하지 못한 것이다. A는 이 실험을 통해 다음의 결론을 도출했다. (가) .

이 실험 결과를 우리의 일상에서도 확인해 볼 수 있다. 오토바이 운전자의 안전을 위해 눈에 잘 띄는 밝은색 옷을 입도록 권하는데, 밝은색 옷의 오토바이 운전자는 시각적으로 더 잘 보이고, 덕분에 더 쉽게 알아볼 수 있기 때문이다.) 그렇다고 해도 (모든 자동차 운전자가 밝은색 옷을 입은 오토바이 운전자를 다 알아보는 것은 아니다. 바라보는 행위는 인지의 (나) 없기 때문이다.

① (가): 인간의 인지는 시각과 밀접하게 관련되어 있다
　(나): 충분조건일 수는 있어도 필요조건일 수는

② (가): 인간의 인지는 시각과 밀접하게 관련되어 있다
　(나): 필요조건일 수는 있어도 충분조건일 수는

③ (가): 인간은 중요하다고 생각하는 것 위주로 주의를 기울인다
　(나): 충분조건일 수는 있어도 필요조건일 수는

✓ ④ (가): 인간은 중요하다고 생각하는 것 위주로 주의를 기울인다
　(나): 필요조건일 수는 있어도 충분조건일 수는

STEP 1
선택지의 핵심 정보를 파악한다.
- (가): 인지와 시각의 관계
- (나): 필요조건, 충분조건

STEP 2
빈칸의 위치와 빈칸의 앞뒤 내용을 파악한 후 빈칸에 들어가야 할 내용을 추론한다.

〈빈칸의 위치 파악〉
- (가): 문단 끝부분에 위치하므로 실험의 '결론'이 들어가야 함
- (나): 문단의 끝부분에 위치하고 '~때문이다'라는 표현을 사용하므로 '원인, 이유'에 해당하는 내용이 들어가야 함

〈빈칸의 앞뒤 내용 파악〉
- (가) 앞의 내용: 실험 참가자들이 자기가 중요하게 생각하는 것(패스 횟수)만 기억하고 중요하게 생각하지 않는 것(고릴라 복장의 사람)은 기억하지 못함
→ 인간은 중요하다고 생각하는 것 위주로 주의를 기울인다
- (나) 앞의 내용: 밝은색 옷을 입으면 눈에 더 잘 띄나 모든 운전자가 밝은색 옷을 입은 사람을 다 알아보는 것은 아님
→ 필요조건일 수는 있어도 충분조건일 수는

해설 (가)와 (나)에 들어갈 내용으로 가장 적절한 것은 ④이다.

- (가): 1문단에서 실험 참가자들은 모두 중요하다고 생각하는 것(동영상 속 흰색 옷을 입은 사람들의 패스 횟수)에 주의를 기울이는 동안 고릴라 복장의 사람이 출현한 것을 인지하지 못했다. 이 실험을 통해 '인간은 중요하다고 생각하는 것 위주로 주의를 기울인다'라는 결론을 도출할 수 있다.

- (나): 2문단에서 오토바이 운전자가 밝은색 옷을 입으면 시각적으로 더 잘 보일 수는 있으나, 모든 자동차 운전자가 밝은색 옷을 입은 오토바이 운전자를 다 알아보는 것은 아니라고 말한다. 이는 바라보는 행위가 오토바이 운전자를 인지하기 위해 필요한 조건(필요조건)이긴 하나, 바라보는 것만으로 반드시 오토바이 운전자를 인지할 수 있는 것은 아니므로 충분한 조건(충분조건)일 수는 없다는 점을 의미한다.

유형 공략 문제

01
다음 글의 빈칸에 들어갈 내용으로 가장 적절한 것은?

2024 국가직 9급

　독자는 글을 읽을 때 생소하거나 이해하기 어려운 단어에 주시하는데, 이때 특정 단어에 눈동자를 멈추는 '고정'이 나타나며, 고정과 고정 사이에는 '이동', 단어를 건너뛸 때는 '도약'이 나타난다. 고정이 관찰될 때는 의미를 이해하려는 시도가 이루어지지만, 이동이나 도약이 관찰될 때는 이루어지지 않는다. 이를 바탕으로, K 연구진은 동일한 텍스트를 활용하여 읽기 능력 하위 집단(A)과 읽기 능력 평균 집단(B)의 읽기 특성을 탐색하는 연구를 진행하였다. 독서 횟수는 1회로 제한하되 독서 시간은 제한하지 않았다.

　그 결과, 눈동자의 평균 고정 빈도에서 A 집단은 B 집단에 비해 약 2배 많은 수치를 보였다. 그런데 총 고정 시간을 총 고정 빈도로 나눈 평균 고정 시간은 B 집단이 A 집단에 비해 더 높게 나타났다. 읽기 후 독해 검사에서 B 집단은 A 집단보다 평균 점수가 높았고, 독서 과정에서 눈동자가 이전으로 돌아가거나 이전으로 건너뛰는 현상은 모두 관찰되지 않았다. 연구진은 이를 종합하여 읽기 능력이 부족한 독자는 읽기 능력이 평균인 독자에 비해 난해하다고 느끼는 단어들이 [   ]는 결론을 내렸다.

① 더 많지만 난해하다고 느끼는 각각의 단어를 이해하는 과정에 들이는 평균 시간은 더 적다
② 더 많고 난해하다고 느끼는 각각의 단어를 이해하는 과정에 들이는 평균 시간도 더 많다
③ 더 적지만 난해하다고 느끼는 각각의 단어를 이해하는 과정에 들이는 평균 시간은 더 많다
④ 더 적고 난해하다고 느끼는 각각의 단어를 이해하는 과정에 들이는 평균 시간도 더 적다

02
다음 글의 (가)와 (나)에 들어갈 말로 적절한 것은?

2024 국가직 9급

　채식주의자는 고기, 생선, 유제품, 달걀 섭취 여부에 따라 다섯 가지로 나뉜다. 완전 채식주의자는 이들 모두를 섭취하지 않으며, 페스코 채식주의자는 고기는 섭취하지 않지만 생선은 먹으며, 유제품과 달걀은 개인적 선호에 따라 선택적으로 섭취한다. 남은 세 가지 채식주의자는 고기와 생선 모두를 먹지 않되 유제품과 달걀 중 어떤 것을 먹느냐의 여부로 결정된다. 이들의 명칭은 라틴어의 '우유'를 의미하는 '락토(lacto)'와 '달걀'을 의미하는 '오보(ovo)'를 사용해 정해졌는데, 예를 들어, 락토오보 채식주의자는 고기와 생선은 먹지 않으나 유제품과 달걀은 먹는다. 락토 채식주의자는 [(가)] 먹지 않으며, 오보 채식주의자는 [(나)] 먹지 않는다.

① (가): 달걀은 먹지만 고기와 생선과 유제품은
　 (나): 고기와 생선과 달걀은 먹지만 유제품은
② (가): 달걀은 먹지만 고기와 생선과 유제품은
　 (나): 유제품은 먹지만 고기와 생선과 달걀은
③ (가): 유제품은 먹지만 고기와 생선과 달걀은
　 (나): 고기와 생선과 유제품은 먹지만 달걀은
④ (가): 유제품은 먹지만 고기와 생선과 달걀은
　 (나): 달걀은 먹지만 고기와 생선과 유제품은

03

9급 출제기조 전환 1차 예시문제

다음 글의 빈칸에 들어갈 결론으로 가장 적절한 것은?

신경 과학자 아이젠버거는 참가자들을 모집하여 실험을 진행하였다. 이 실험에서 그의 연구팀은 실험 참가자의 뇌를 'fMRI' 기계를 이용해 촬영하였다. 뇌의 어떤 부위가 활성화되는가를 촬영하여 실험 참가자가 어떤 심리적 상태인가를 파악하려는 것이었다. 아이젠버거는 각 참가자에게 그가 세 사람으로 구성된 그룹의 일원이 될 것이고, 온라인에 각각 접속하여 서로 공을 주고받는 게임을 하게 될 것이라고 알려주었다. 그런데 이 실험에서 각 그룹의 구성원 중 실제 참가자는 한 명뿐이었고 나머지 둘은 컴퓨터 프로그램이었다. 실험이 시작되면 처음 몇 분 동안 셋이 사이좋게 순서대로 공을 주고받지만, 어느 순간부터 실험 참가자는 공을 받지 못한다. 실험 참가자를 제외한 나머지 둘은 계속 공을 주고받기 때문에, 실험 참가자는 나머지 두 사람이 아무런 설명 없이 자신을 따돌린다고 느끼게 된다. 연구팀은 실험 참가자가 따돌림을 당할 때 그의 뇌에서 전두엽의 전대상피질 부위가 활성화된다는 것을 확인했다. 이는 인간이 물리적 폭력을 당할 때 활성화되는 뇌의 부위이다. 연구팀은 이로부터 ☐☐☐☐☐는 결론을 내릴 수 있었다.

① 물리적 폭력은 뇌 전두엽의 전대상피질 부위를 활성화한다
② 물리적 폭력은 피해자의 개인적 경험을 사회적 문제로 전환한다
③ 따돌림은 피해자에게 물리적 폭력보다 더 심각한 부정적 영향을 미친다
④ 따돌림을 당할 때와 물리적 폭력을 당할 때의 심리적 상태는 서로 다르지 않다

04

2023 국가직 9급

(가)와 (나)에 들어갈 말로 가장 적절한 것은?

특정한 작업을 수행하기 위해 신체 근육의 특정 움직임을 조작하는 능력을 운동 능력이라고 한다. 언어에 관한 운동 능력은 '발음 능력'과 '필기 능력' 두 가지인데 모두 표현을 위한 능력이다.

말로 표현하기 위해서는 발음 능력이 필요한데, 이는 음성 기관을 움직여 원하는 음성을 만들어 내는 능력이다. 이 능력은 영·유아기에 수많은 시행착오와 꾸준한 훈련을 통해 습득된다. 이렇게 발음 능력을 습득하면 음성 기관의 움직임은 자동화되어 음성 기관의 어느 부분을 언제 어떻게 움직일지를 화자가 거의 의식하지 않는다. 우리가 모어에 없는 외국어 음성을 발음하기 어려운 이유는 ☐☐(가)☐☐ 있기 때문이다.

글로 표현하기 위해서는 필기 능력이 필요하다. 필기에서는 글자의 모양을 서로 구별되게 쓰는 것은 기본이고 그 수준을 넘어서서 쉽게 알아볼 수 있는 모양으로 잘 쓰는 것도 필요하다. 글씨를 쓰기 위해 손을 놀리는 것은 발음을 하기 위해 음성 기관을 움직이는 것에 비해 상당히 의식적이라 할 수 있다. 그렇지만 개인의 의지와 관계없이 필체가 꽤 일정하다는 사실은 손을 놀리는 데에 ☐☐(나)☐☐ 의미한다.

① (가): 음성 기관의 움직임이 모어의 음성에 맞게 자동화되어
   (나): 무의식적이고 자동적인 면이 있음을

② (가): 낯선 음성은 무의식적으로 발음하도록 훈련되어
   (나): 유아기에 수행한 훈련이 효과적이지 않음을

③ (가): 음성 기관의 움직임이 모어의 음성에 맞게 자동화되어
   (나): 유아기에 수행한 훈련이 효과적이지 않음을

④ (가): 낯선 음성은 무의식적으로 발음하도록 훈련되어
   (나): 무의식적이고 자동적인 면이 있음을

유형 공략 문제

05
2023 지방직 9급

다음 글의 맥락을 고려할 때 빈칸에 들어갈 말로 가장 적절한 것은?

> 능숙한 필자와 미숙한 필자는 글쓰기 과정 중 '계획하기'에서 뚜렷한 차이를 보인다. 전자는 이 과정에 오랜 시간 공을 들이는 반면, 후자는 그렇지 않다. 글쓰기에서 계획하기는 글쓰기의 목적 수립, 주제 선정, 예상 독자 분석 등을 포함한다. 이 중 예상 독자 분석이 중요한 이유는 ☐☐☐☐☐ 때문이다. 글을 쓸 때 독자의 수준에 비해 너무 어려운 개념과 전문용어를 사용한다면 독자가 글을 이해하기 어렵게 된다. 글쓰기는 필자가 글을 통해 자신의 메시지를 독자에게 전달하는 행위라는 점을 고려하면 계획하기 단계에서 반드시 예상 독자를 분석해야 한다.

① 계획하기 과정이 글쓰기 전체 과정의 첫 단계이기
② 글에 어려운 개념이나 전문용어를 어느 정도 포함해야 하기
③ 필자의 메시지를 독자에게 효과적으로 전달하는 데 도움이 되기
④ 독자의 배경지식 수준을 고려해야 글의 목적과 주제가 결정되기

06
2023 군무원 7급

다음 글의 (가)에 들어갈 단어는?

> 한자는 늘 그 많은 글자의 수 때문에 나쁜 평가를 받아 왔다. 한글 전용론자들은 그걸 배우느라 아까운 청춘을 다 버려야 하겠느냐고도 한다. 그러나 헨드슨 교수는 이 점에 대해서도 명쾌하게 설명한다. 5만 자니 6만 자니 하며 그 글자 수의 많음을 부각시키는 것은 사람들을 오도한다는 것이다. 중국에서조차 1,000자가 현대 중국어 문헌의 90%를 담당하고, 거기다가 그 글자들이 뿔뿔이 따로 만들어진 것이 아니고 대부분 (가)와/과 같은 방식으로 만들어져 그렇게 대단한 부담이 아니라는 것이다.

① 상형(象形)   ② 형성(形聲)
③ 회의(會意)   ④ 가차(假借)

07
2023 지방직 7급

다음 글의 맥락을 고려할 때 빈칸에 들어갈 내용으로 가장 적절한 것은?

> 사람들은 법을 자유와 대립하는 것으로 착각하여 법을 혐오하는 경향이 있다. 그러나 모든 국민이 법 없이 최대의 자유를 누리는 이상적인 사회질서를 주장했던 자유지상주의는 환상에 지나지 않는다. 몽테스키외는 인간이 법과 동시에 자유를 가졌다고 말했다. 또한 인간이 법 밖에서 자유를 찾으려 한다면, 주인의 집을 도망쳐 나온 정처 없는 노예처럼 된다고 하였다. 자유는 정당한 행위를 할 수 있는 상태를 의미한다. 그렇다면 자유는 정의를 실현하는 올바른 사회질서에 의해서만 보장될 수 있다. 따라서 법이 없다면 자유도 없다고 할 수 있다. 왜냐하면 ☐☐☐☐☐ 때문이다. 결국 자유와 법은 대립하는 것이 아니다.

① 법은 정당한 행위를 할 수 있는 상태의 실현 가능성을 높이기
② 자유가 없다면 정의를 실현하는 올바른 사회질서도 확립될 수 없기
③ 정의를 실현하는 올바른 사회질서는 법에 의해서만 확립될 수 있기
④ 법과 자유가 있다면 정의를 실현하는 올바른 사회질서가 확립될 수 있기

08

2023 지방직 7급

다음 글의 맥락을 고려할 때 (가)와 (나)에 들어갈 내용으로 가장 적절한 것은?

육각형의 벌집 모양은 자연이 만든 경이로운 디자인이다. 이 벌집의 과학적인 구조는 역사적으로 경탄의 대상이었는데, 다윈은 벌집을 경이롭고 완벽한 과학이라고 평가했다. 벌집의 정육각형 구조는 구멍과 구멍 사이의 간격을 최소화하면서 공간을 최대화할 수 있는 가장 안정적인 형태이다. 이 구조는 ___(가)___ 는 이점이 있다. 벌이 밀랍 1온스를 만들려면 약 8온스의 꿀을 먹어야 한다. 공간이 최적화됨으로써 필요한 밀랍의 양이 줄어, 벌집을 짓는 데드는 노력과 에너지가 최소화된다. 이처럼 벌집은 과학적으로 탄탄하고 기술적으로 효율적인 디자인이다. 게다가 예술적으로 아름다운 것은 두말할 필요 없다. 견고하고 가볍고 실용적이면서 아름답기까지 한 이 구조를 닮은 건축 양식이나 각종 생활용품을 흔히 발견할 수 있다. 이는 ___(나)___ 는 뜻이다.

① (가): 벌집을 짓는 데 소요되는 노동량을 최대화한다
   (나): 자연의 구조인 벌집이 인간의 창조 활동에 영감을 주었다

② (가): 벌집을 짓는 데 소요되는 노동량을 최대화한다
   (나): 인간이 만든 디자인은 자연이 만든 디자인보다 뛰어날 수 없다

③ (가): 벌집을 짓기 위해 필요한 밀랍의 양이 적게 든다
   (나): 자연의 구조인 벌집이 인간의 창조 활동에 영감을 주었다

④ (가): 벌집을 짓기 위해 필요한 밀랍의 양이 적게 든다
   (나): 인간이 만든 디자인은 자연이 만든 디자인보다 뛰어날 수 없다

09

다음 글의 맥락을 고려할 때 (가)와 (나)에 들어갈 내용으로 가장 적절한 것은?

비버는 강한 이빨과 턱으로 거대한 나무를 갉아 쓰러뜨리고 댐을 건설하여 서식지를 구축한다. 나뭇가지와 진흙 구조물로 댐을 만들고, 개울물을 막아 큰 연못과 집을 만든다. 비버는 물속에 집의 입구를 만드는데 이 구조는 비버가 포식자로부터 안전하게 보호받을 수 있게 해준다. 또한 비버가 만든 댐으로 물의 흐름이 약해지면서 습지가 생기고, 습지에 다양한 식물이 자라면서 동물들이 모이게 된다. 이렇듯 비버가 만든 댐은 ___(가)___
비버는 다른 비버가 침입하지 못하게 자신의 서식지 근처에 항문의 냄새를 묻히고, 적을 발견하면 넓은 꼬리로 물을 강하게 내리쳐 무리에게 경고 신호를 보내기도 한다. 이는 ___(나)___ 임을 알려 준다.

① (가): 새로운 생태계를 조성하기도 한다.
   (나): 비버가 세력권을 가지고 있는 동물

② (가): 새로운 생태계를 조성하기도 한다.
   (나): 비버가 예민하고 독립적인 성격의 동물

③ (가): 자연의 섭리를 거스르기도 한다.
   (나): 비버가 세력권을 가지고 있는 동물

④ (가): 자연의 섭리를 거스르기도 한다.
   (나): 비버가 예민하고 독립적인 성격의 동물

유형 공략 문제

10
2022 지방직 7급

(가)에 들어갈 말로 가장 적절한 것은?

자기지향적 동기와 타인지향적 동기는 행위의 적극성과 어떤 관계가 있을까? A는 자율 방범대원들에게 이 일의 자원 동기에 대해 물어보았다. 자기지향적 동기만 말한 사람과 타인지향적 동기만 말한 사람, 그리고 둘 다 말한 사람이 고르게 분포되었다. 그 후 설문에 참여한 사람들이 2개월간 방범 순찰에 참여한 횟수를 살펴보았다. 그 결과 자기지향적 동기를 말한 사람들 모두가 자기지향적 동기를 말하지 않은 사람들보다 순찰 횟수가 더 많은 것으로 나타났다. 그리고 전자 중 타인지향적 동기를 말한 사람들의 순찰 횟수가 그렇지 않은 사람들보다 유의미하게 많은 것으로 나타났다. A는 이를 토대로 __(가)__ 고 추정하였다.

① 자기지향적 동기만 가진 사람은 타인지향적 동기만 가진 사람보다 행위의 적극성이 높다
② 타인지향적 동기를 가진 사람은 자기지향적 동기를 가진 사람보다 행위의 적극성이 높다
③ 자기지향적 동기는 행위의 적극성에 긍정적 영향을 주기도 하고 부정적 영향을 주기도 한다
④ 자기지향적 동기가 행위의 적극성에 긍정적 영향을 주는 경우 타인지향적 동기는 부정적 영향을 준다

11
2021 지방직 9급

글의 통일성을 고려할 때 (가)에 들어갈 말로 가장 적절한 것은?

혼정신성(昏定晨省)이란 저녁에는 부모님의 잠자리를 봐 드리고 아침에는 문안을 드린다는 뜻으로 자식이 아침저녁으로 부모의 안부를 물어 살핌을 뜻하는 말로 '예기(禮記)'의 '곡례편(曲禮篇)'에 나오는 말이다. 아랫목 요에 손을 넣어 방 안 온도를 살피면서 부모님께 문안을 드리던 우리의 옛 전통은 온돌을 통한 난방 방식과 관련 깊다. 온돌을 통한 난방 방식은 방바닥에 깔려 있는 돌이 열기로 인해 뜨거워지고, 뜨거워진 돌의 열기로 방바닥이 뜨거워지면 방 전체에 복사열이 전달되는 방법이다. 방바닥 쪽의 차가운 공기는 온돌에 의해 따뜻하게 데워지므로 위로 올라가고, 위로 올라간 공기가 다시 식으면 아래로 내려와 다시 데워져 위로 올라가는 대류 현상으로 인해 결국 방 전체가 따뜻해진다. 벽난로를 통한 서양식의 난방 방식은 복사열을 이용하여 상체와 위쪽 공기를 데우는 방식인데, 대류 현상으로 바닥 바로 위 공기까지는 따뜻해지지 않는다. 그 이유는 __(가)__ .

① 벽난로에 의한 난방은 방바닥의 따뜻한 공기가 위로 올라가 식으면 복사열로 위쪽의 공기만을 따뜻하게 하기 때문이다
② 벽난로에 의한 난방이 복사열에 의한 난방에서 대류 현상으로 인한 난방이라는 순서로 이루어졌기 때문이다
③ 대류 현상을 통한 난방 방식은 상체와 위쪽의 공기만 따뜻하게 하기 때문이다
④ 상체와 위쪽의 따뜻한 공기는 차가운 바닥으로 내려오지 않기 때문이다

12

다음 글의 맥락을 고려할 때 빈칸에 들어갈 내용으로 가장 적절한 것은?

표현의 자유는 민주주의 사회의 기본적 권리이다. 헌법은 누구나 자기의 의견을 자유롭게 표현할 수 있도록 표현의 자유를 보장한다. 하지만 온라인 공간에서 무분별하게 사용되는 혐오 표현이 단순히 표현에 머무르지 않고, 차별을 선동하고 물리적 폭력을 가하는 사례로 이어지면서 표현의 자유에 대한 규제가 필요하다는 목소리가 나오고 있다. 법적으로 혐오 표현의 정의를 내리고, 그 경계를 정하는 것은 생각보다 복잡하다. 또한 표현의 자유에 혐오 표현이 속하는지도 문제가 된다. 그렇다면 민주주의에서 표현의 자유는 어디까지 허용이 되는가. 표현의 자유는 보장되어야 하지만, 그것이 민주주의에서 인정하는 다른 가치를 훼손하면 안 된다. '나'의 표현의 자유가 '남'의 존엄성과 평등을 보장받는 권리를 침해하면 안 된다는 것이다. 즉, _____.

① 표현의 자유가 보장될수록 민주주의는 발전하게 된다.

② 민주주의에서 권리를 유지하기 위해서는 권리 간의 균형이 필요하다.

③ 혐오 표현으로 권리를 침해받은 대상을 보호하는 제도를 구축해 포용적인 문화 환경을 조성해야 한다.

④ 권리의 행사가 사회적 갈등을 조장한다고 하여도 민주주의에서 보장되는 권리는 마땅히 보호되어야 한다.

13

(가)에 들어갈 말로 가장 적절한 것은?

스포츠 경기를 보다 보면 시상식에서 은메달을 딴 선수보다 동메달을 딴 선수의 표정이 더 밝은 것을 종종 볼 수 있다. 심리학에서는 이러한 표정 차이의 원인이 '사후 가정 사고'에 있다고 해석한다. 사후 가정 사고란 일어날 수도 있었지만 결국 일어나지 않은 가상의 상황을 상상하는 것을 의미한다. 앞선 사례에 대입해 보자면 은메달리스트는 '조금만 더 잘했더라면 금메달을 딸 수 있었는데'라는 상향적 사후 가정 사고를 했고, 동메달리스트는 '하마터면 메달을 못 딸 뻔했네'라는 하향적 사후 가정 사고를 했을 가능성이 높다.

인간은 보통 상향적 사후 가정 사고를 하는 경우가 많기 때문에 해도 후회, 안 해도 후회하는 상황에 빈번히 놓이게 된다. 길로비치와 메드벡의 연구에 따르면 단기적으로는 이미 한 행동에 대한 후회가 컸지만, 장기적으로는 하지 않은 행동에 대한 후회가 컸다. 이는 곧 __(가)__ 을 의미한다. 당장은 후회할 수 있어도 나중에 되돌아보면 행동하지 않아서 생기는 후회가 더 큰 후유증을 남기기 때문이다.

① 사후 가정 사고가 개인의 삶에 미치는 부정적 영향

② 할까 말까 고민이 들 때 일단 해보는 것도 나쁘지 않음

③ 특정 행동에 대한 후회의 크기는 기간에 따라 달라질 수 있음

④ 상향적 사후 가정 사고보다 하향적 사후 가정 사고를 할 때 만족도가 높음

유형 공략 문제

14
다음 글의 맥락을 고려할 때 빈칸에 들어갈 말로 가장 적절한 것은?

> 독서는 의미 구성 행위이자, 의사소통 행위이다. 독자는 자신의 배경지식, 경험, 신념을 적극적으로 동원하여 자기 나름으로 의미를 구성한다.
>
> 독자는 독서를 통해 책과 소통하는 즐거움을 경험한다. 이때 독서는 필자와 간접적으로 대화를 나누는 것이다. 독자는 자신이 속한 사회나 시대의 영향 아래 필자가 속해 있거나 드러내고자 하는 사회나 시대를 경험한다. 직접 경험하지 못했던 다양한 삶을 필자를 매개로 만나고 이해하면서 독자는 더 넓은 시야로 세계를 바라볼 수 있다. 이때 같은 책을 읽은 독자라도 독자의 배경지식이나 관점 등의 독자 요인, 읽기 환경이나 과제 등의 상황 요인이 다르므로, ▢▢▢▢▢

① 필자가 독자에게 전달하고자 하는 의미를 그대로 수용한다.
② 필자가 보여 주는 세계와 별개로 전혀 다른 새로운 의미를 구성할 수 있다.
③ 독자는 상황 요인을 적절히 통제하여 다른 독자들과의 의미 차이를 최소화해야 한다.
④ 필자가 보여 주는 세계를 그대로 수용하지 않고 저마다 소통 과정에서 다른 의미를 구성할 수 있다.

15
다음 글의 빈칸에 들어갈 결론으로 가장 적절한 것은?

> 심리학자 데시와 라이언(decy & ryan)은 인간이 주어진 환경에서 어떻게 반응할지 스스로 결정하는 것을 의미하는 '자기 결정'을 외재적 동기와 내재적 동기의 관계를 통해 설명한다. 이때 외재적 동기는 과제 수행의 결과가 가져다주는 보상이나 벌에서 비롯되는 동기를, 내재적 동기는 과제 자체를 수행하는 과정에서 얻는 즐거움에서 유발되는 동기를 의미한다.
>
> 1단계는 '무동기' 상태이다. 이는 과제를 수행할 동기가 존재하지 않는 것으로, 이 상태에서는 과제 수행에 가치를 두지 않는다. 2단계는 '외적 조절'이다. 이 단계는 보상을 획득하거나 위협을 피하고자 주어진 행동을 하는 것으로, 외적인 자극(보상, 벌) 없이는 스스로 행동하지 않는다. 3단계는 '내사 조절'이다. 이 단계에서는 외적인 자극이 직접적으로 제시되지는 않지만, 죄책감 또는 과제를 수행해야만 한다는 압박감에 의해 동기화된다. 이때 어느 정도는 자기 결정적인 행동을 한다고 할 수는 있으나, 통제감이나 구속감을 느끼게 된다. 4단계는 앞 단계보다 더 자기 결정성을 보이는 '동일시 조절'이다. 이 단계는 과제를 수행하는 것을 통해 얻는 장점과 과제의 중요성을 수용하는 단계에 해당하는 것으로 학생이 공부의 중요성을 깨닫는 것과 같다. 5단계는 '통합 조절'이다. 이 단계에서는 외재적 동기 중 가장 자율성이 높은 방식으로 4단계에서 깨달은 과제의 가치를 온전히 자신의 가치관과 통합하는 단계이다. 이와 같은 과정을 거쳤을 때, 인간은 비로소 특정 과제 수행에 대한 내재적 동기를 갖추게 되고 스스로 자기 결정을 할 수 있게 된다. 이를 통해 ▢▢▢▢▢

① 외재적 동기보다 내재적 동기를 유발하는 것이 학습자의 성장에 더 큰 도움이 됨을 알 수 있다.
② 학습자의 지적 수준에 맞게 내재적 동기와 외재적 동기를 적절히 사용해야 함을 알 수 있다.
③ 외재적 동기는 내재적 동기 유발의 방해물이며, 외재적 동기에서 벗어날 때 내재적 동기를 유발할 수 있다.
④ 내재적 동기와 외재적 동기는 연속선상에 있으며, 외재적 동기는 내재적 동기 유발의 바탕이 됨을 알 수 있다.

16

다음 글의 ㉠ ~ ㉢에 들어갈 말을 적절하게 나열한 것은?

　소설과 현실의 관계를 온당하게 살피기 위해서는 세계의 현실성, 문제의 현실성, 해결의 현실성을 구별해야 한다. 우리가 살고 있는 이 입체적인 시공간에서 특히 의미 있는 한 부분을 도려내어 서사의 무대로 삼을 경우 세계의 현실성이 확보된다. 그 세계 안의 인간이 자신을 둘러싼 세계와 고투하면서 당대의 공론장에서 기꺼이 논의해볼 만한 의제를 산출해낼 때 문제의 현실성이 확보된다. 한 사회가 완강하게 구조화하고 있는 '가능한 것'과 '불가능한 것'의 좌표를 흔들면서 특정한 선택지를 제출할 때 해결의 현실성이 확보된다.
　최인훈의「광장」은 밀실과 광장 사이에서 고뇌하는 주인공의 모습을 통해 '남(南)이냐 북(北)이냐'라는 민감한 주제를 격화된 이념 대립의 공론장에 던짐으로써 ㉠ 을 확보하였다. 작품의 시공간으로 당시 남한과 북한을 소설적 세계로 선택함으로써 동서 냉전 시대의 보편성과 한반도 분단 체제의 특수성을 동시에 포괄할 수 있는 ㉡ 도 확보하였다.「광장」에서 주인공이 남과 북 모두를 거부하고 자살을 선택하는 결말은 남북으로 상징되는 당대의 이원화된 이데올로기를 근저에서 흔들었다. 이로써 ㉢ 을 확보할 수 있었다.

	㉠	㉡	㉢
①	문제의 현실성	세계의 현실성	해결의 현실성
②	문제의 현실성	해결의 현실성	세계의 현실성
③	세계의 현실성	문제의 현실성	해결의 현실성
④	세계의 현실성	해결의 현실성	문제의 현실성

17

다음 글의 ㉠ ~ ㉢에 들어갈 말을 적절하게 나열한 것은?

　서술자의 개입은 작중에서 다양한 양상으로 나타난다. 먼저 서술자가 인물이나 사건에 대해 평가하거나 판단하는 '편집자적 논평'이 있다. 다음으로 서술자가 인물에 대해 자기의 감정을 드러내는 '감정의 노출'이 있다. 마지막으로 서술자가 인물이나 사건에 대해 독자에게 말을 걸면서 자신의 존재를 직접적으로 드러내는 '독자에게 말 걸기'가 있다. 이처럼 서술자가 작중에 개입하는 방법은 다양하며, 이를 통해 독자는 서술자의 시각과 작가의 의식을 확인할 수 있다.
　서술자의 개입은 고전 소설에서 빈번히 확인할 수 있다. 허균의「홍길동전」에서는 길동이 집을 떠날 때 서술자가 '길동이 집을 나서니 어찌 가련하지 아니하리오'라고 서술하는데 이는 서술자의 개입 중 ㉠ 에 해당한다.「춘향전」에서 암행어사가 출두하자 수령들이 달아나는 장면에서 서술되는 '모든 수령 도망갈 제 거동 보소'라는 서술은 ㉡ (으)로 볼 수 있다. 김만중의「사씨남정기」에서 '사씨'가 명예를 되찾고 악인 '교씨'가 벌을 받은 후 서술자가 '이러므로 착한 사람은 복을 받고 악한 사람은 앙화(殃禍)를 받는 법이다'라고 서술하는 것은 ㉢ (이)라고 할 수 있다.

	㉠	㉡	㉢
①	감정의 노출	독자에게 말 걸기	편집자적 논평
②	감정의 노출	편집자적 논평	독자에게 말 걸기
③	독자에게 말 걸기	편집자적 논평	감정의 노출
④	독자에게 말 걸기	감정의 노출	편집자적 논평

09 사례 추론하기

📗 유형 소개
- '사례 추론하기' 유형은 글에서 파악한 바를 다른 글이나 대상, 현상에 적용할 수 있는지를 묻는 유형이다.
- 글에 적용할 수 있는 대상이나 사례를 찾는 문제 등이 모두 이 유형에 속한다.
- 제시된 원리, 이론을 간단하게 기호화해 두면 원리, 이론을 정확하게 파악할 수 있을 뿐만 아니라 선택지와 〈보기〉에 원리, 이론을 적용하는 과정에서 발생할 수 있는 오류를 최소화할 수 있다.

📗 출제 경향
- 언어학, 심리학, 과학 원리, 사회 현상과 관련된 이론이나 원리를 제시한 뒤 선택지나 〈보기〉에서 해당 이론, 원리를 적절하게 적용하였는지 판단하는 문제가 출제되고 있다.
- 글에 제시된 필자의 관점이나 견해를 선택지나 〈보기〉에 적절하게 적용하였는지 판단하는 문제가 출제되고 있다.

📗 단계별 문제 풀이 전략

STEP 1 글에 제시된 원리, 이론의 내용을 정확히 파악한다.
- 원리, 이론의 내용이 복잡할 경우에는 기호를 통해 지문의 내용을 간략하게 정리하면 쉽게 이해할 수 있다.

  예) 정적 상관관계와 부적 상관관계
  - 정적 상관계수: A값↑ → B값↑ or A값↓ → B값↓
  - 부적 상관계수: A값↑ → B값↓ or A값↓ → B값↑

STEP 2 글에서 파악한 원리, 이론을 선택지에 적용하여 적절성을 확인한다.
- 이론, 원리와 선택지에 제시된 사례의 내용을 일대일로 대조하며 사례의 적절성을 판단한다.

  예) ① 학습 시간이 많을수록 성적이 향상되었다는 연구 결과는 두 변인이 정적 상관관계에 있음을 의미한다. ➡ A와 B가 정적 상관관계에
      A(학습 시간)↑   B(성적)↑   해당함을 알 수 있음

■ 전략 적용하기

다음 글에서 추론한 내용으로 가장 적절한 것은? 2023 국가직 9급

> 공포의 상태와 불안의 상태를 구분하는 것은 쉽지 않다. 왜냐하면 두 감정을 함께 느끼거나 한 감정이 다른 감정을 유발할 때가 많기 때문이다. 가령, 무시무시한 전염병을 목도하고 공포에 빠진 사람은 자신도 언젠가 그 병에 걸릴지 모른다는 불안 상태에 빠지게 된다. 이처럼 두 감정은 서로 밀접하게 얽혀 있다는 점에서 혼동하기 쉽다. 하지만 두 감정을 야기한 원인을 따져 보면 두 감정을 명확하게 구분할 수 있다. 공포는 실재하는 객관적 위협에 의해 야기된 상태를 의미하고, 불안은 현재 발생하지 않았으며 미래에 일어날지 모르는 불명확한 위협에 의해 야기된 상태를 의미한다. 공포와 불안의 감정은 둘 다 자아와 관련되어 있지만 여기에서도 차이를 찾을 수 있다. 공포를 느끼는 것은 '나 자신'이 위험한 상황에 놓여 있다는 사실을 아는 것이고, 불안의 경험은 '나 자신'이 위해를 입을까봐 걱정하는 것이다.

① 자신이 처한 위험한 상황을 정확히 인식하는 경우에는 공포감에 비해 불안감이 더 크다.
② 전기·가스 사고가 날까 두려워 외출하지 못하는 사람은 불안한 상태에 있는 것이다. ✓
③ 시험에 불합격할 수 있다는 생각에 사로잡힌 사람은 공포감에 빠져 있는 것이다.
④ 과거에 큰 교통사고를 경험한 사람은 공포감은 크지만 불안감은 작다.

STEP 1
글에 제시된 원리, 이론의 내용을 정확히 파악한다.

〈공포와 불안의 차이〉
· 감정 유발 원인
 (1) 공포: 실재하는 객관적 위협에 의해 야기됨
 (2) 불안: 현재 발생하지 않았으며 미래에 일어날지 모르는 불명확한 위협에 의해 야기됨
· 자아
 (1) 공포: '나 자신'이 위험에 처해 있음을 아는 것
 (2) 불안: '나' 자신이 위해를 입을까봐 걱정하는 것

STEP 2
글에서 파악한 원리, 이론을 선택지에 적용하여 적절성을 확인한다.

· ①: × 공포를 느끼는 상황임
· ②: ○
· ③: × 불안을 느끼는 상황임
· ④: × 공포와 불안을 모두 느끼는 상황임

→ ② 제시문 끝에서 4~5번째 줄에 따르면, 불안은 현재 발생하지 않으며 미래에 일어날지 모르는 불명확한 위협에 의해 야기된 상태이다. ②에서 말한 '전기·가스 사고'는 미래에 일어날지 모르는 불명확한 위협에 해당하므로, 이로 인해 두려워서 외출을 못 하는 사람은 불안한 상태에 있다고 볼 수 있다.

① 제시문 마지막 문장에서 공포를 느끼는 것은 '나 자신'이 위험한 상황에 놓여 있다는 사실을 아는 것이고, 불안의 경험은 '나 자신'이 위해를 입을까 봐 걱정하는 것이라고 설명한다. 이에 따르면 ①의 '자신이 처한 위험한 상황을 정확히 인식하는 경우'는 공포를 느끼는 것에 해당하므로, 공포감에 비해 불안감이 더 크다는 설명은 적절하지 않다.

③ 제시문 끝에서 4~5번째 줄에 따르면, 불안은 현재 발생하지 않으며 미래에 일어날지 모르는 불명확한 위협에 의해 야기된 상태이다. ③에서 말한 '시험에 불합격할 수 있다는 생각'은 미래에 일어날지 모르는 불명확한 위협에 해당하므로, 이러한 생각에 사로잡힌 사람은 공포감이 아닌 불안감에 빠져 있다고 볼 수 있다.

④ 제시문은 공포와 불안 두 감정을 함께 느끼거나 한 감정이 다른 감정을 유발할 때가 많다고 말하며, 전염병을 목도하고 공포에 빠진 사람은 자신도 언젠가 그 병에 걸릴지 모른다는 불안 상태에 빠지게 된다고 설명한다. 이처럼 과거에 큰 교통사고를 경험한 사람은 실재하는 객관적 위협으로 인해 공포감이 크고, 미래에 또다시 교통사고가 일어날지도 모른다는 불명확한 위협으로 인해 불안감도 클 것이다.

유형 공략 문제

01
2023 지방직 9급

다음 글에서 추론한 내용으로 적절하지 않은 것은?

> 한글은 소리를 나타내는 표음문자여서 한국어 문장을 읽는 데 학습해야 할 글자가 적지만, 한자는 음과 상관없이 일정한 뜻을 나타내는 표의문자여서 한문을 읽는 데 익혀야 할 글자 수가 훨씬 많다. 이러한 번거로움에도 한글과 달리 한자가 갖는 장점이 있다. 한글에서는 동음이의어, 즉 형태와 음이 같은데 뜻이 다른 단어가 많아 글자만으로 의미를 파악하지 못하는 경우가 많다. 하지만 한자는 그렇지 않다. 예컨대, 한글로 '사고'라고만 쓰면 '뜻밖에 발생한 사건'인지 '생각하고 궁리함'인지 구별할 수 없다. 한자로 전자는 '事故', 후자는 '思考'로 표기한다. 그런데 한자는 문맥에 따라 같은 글자가 다른 뜻으로 쓰이지는 않지만 다른 문장성분으로 사용되기도 해 혼란을 야기한다. 가령 '愛人'은 문맥에 따라 '愛'가 '人'을 수식하는 관형어일 때도, '人'을 목적어로 삼는 서술어일 때도 있는 것이다.

① 한문은 한국어 문장보다 문장성분이 복잡하다.
② '淨水'가 문맥상 '깨끗하게 한 물'일 때 '淨'은 '水'를 수식한다.
③ '愛人'에서 '愛'의 문장성분이 바뀌더라도 '愛'는 동음이의어가 아니다.
④ '의사'만으로는 '병을 고치는 사람'인지 '의로운 지사'인지 구별할 수 없다.

02
2021 국가직 9급

하버마스의 주장에 부합하는 사례로 가장 적절한 것은?

> 하버마스는 18세기부터 현대까지 미디어의 등장 배경과 발전 과정을 분석하면서, 공공 영역의 부상과 쇠퇴를 추적했다. 하버마스에게 공공 영역은 일반적 쟁점에 대한 토론과 의견을 형성하는 공공 토론의 민주적 장으로서 역할을 한다.
> 하버마스는 17세기와 18세기 유럽 도시의 살롱에서 당시의 공공 영역을 찾았다. 비록 소수의 사람들만이 살롱 토론 문화에 참여했으나, 공공 토론을 통해 정치적 문제를 해결하는 논리를 도입할 수 있었기 때문에 살롱이 초기 민주주의 발전에 중요한 역할을 했다고 그는 주장한다. 적어도 살롱 문화의 원칙에서 공개적 토론을 위한 공공 영역은 각각의 참석자들에게 동등한 자격을 부여했다.
> 그러나 하버마스에 따르면, 현대 사회에서 민주적 토론은 문화 산업의 발달과 함께 퇴보했다. 대중매체와 대중오락의 보급은 공공 영역이 공허해지는 원인으로 작용했다. 상업적 이해관계는 공공의 이해관계에 우선하게 되었다. 공공 여론은 개방적이고 합리적 토론을 통해서가 아니라 광고에서처럼 조작과 통제를 통해 형성되고 있다.
> 미디어가 점차 상업화되면서 하버마스가 주장한 대로 공공 영역이 침식당하고 있다. 상업화된 미디어는 광고 수입에 기대어 높은 시청률과 수익을 보장하는 콘텐츠 제작만을 선호하게 되었다. 그 결과 공적 주제에 대한 시민들의 논의와 소통의 장이 줄어들어 결과적으로 공공 영역이 축소되었다. 많은 것을 약속한 미디어는 이제 민주주의 문제의 일부로 변해 버린 것이다.

① 살롱 문화에서 특정 사회 계층에 대한 비판적인 토론은 허용되지 않았다.
② 인터넷의 발달과 보급은 상업적 광고뿐만 아니라 공익 광고도 증가시켰다.
③ 글로벌 미디어가 발달하더라도 국제 사회의 공공 영역은 공허해지지 않는다.
④ 수익성 위주의 미디어 플랫폼과 콘텐츠가 더 많아지면서 민주적 토론이 감소되었다.

03
2021 국가직 9급

다음 글에서 추론한 내용으로 적절하지 않은 것은?

　과학의 개념은 분류 개념, 비교 개념, 정량 개념으로 구분할 수 있다. 식물학과 동물학의 종, 속, 목처럼 분명한 경계를 가지고 대상들을 분류하는 개념들이 분류 개념이다. 어린이들이 맨 처음에 배우는 단어인 '사과', '개', '나무' 같은 것 역시 분류 개념인데, 하위 개념으로 분류할수록 그 대상에 대한 정보가 더 많이 전달된다. 또한, 현실 세계에 적용 대상이 하나도 없는 분류 개념도 있을 수 있다. 예를 들어 '유니콘'이라는 개념은 '이마에 뿔이 달린 말의 일종임' 같은 분명한 정의가 있기에 '유니콘'은 분류 개념으로 인정되는 것이다.
　'더 무거움', '더 짧음' 등과 같은 비교 개념은 분류 개념보다 설명에 있어서 정보 전달에 더 효과적이다. 이것은 분류 개념처럼 자연의 사실에 적용되어야 하지만, 분류 개념과 달리 논리적 관계도 반드시 성립해야 한다. 예를 들면, 대상 A의 무게가 대상 B의 무게보다 더 무겁다면, 대상 B의 무게가 대상 A의 무게보다 더 무겁다고 말할 수 없는 것처럼 '더 무거움' 같은 비교 개념은 논리적 관계를 반드시 따라야 한다.
　마지막으로 정량 개념은 비교 개념으로부터 발전된 것인데, 이것은 자연의 사실로부터 파악할 수 있는 물리량을 측정함으로써 만들어진다. 물리량을 측정하기 위해서는 몇 가지 규칙이 필요한데, 그 규칙에는 두 물리량의 크기를 비교하는 경험적 규칙과 물리량의 측정 단위를 정하는 규칙 등이 포함된다. 이러한 정량 개념은 자연에 의해서 주어지는 것이 아니라 우리가 자연현상에 수를 적용하는 과정에서 생겨나는 것이다. 정량 개념은 과학의 언어를 수많은 비교 개념 대신 수를 사용할 수 있게 하여 과학 발전의 기초가 되었다.

① '호랑나비'는 '나비'와 동일한 종에 속하지만, 나비에 비해 정보량이 적다.
② '용(龍)'은 현실 세계에 적용할 수 있는 지시물이 없더라도 분류 개념으로 인정된다.
③ '꽃'이나 '고양이'와 같은 개념은 논리적 관계를 따라야 하는 것은 아니기 때문에 비교 개념에 포함되지 않는다.
④ 물리량을 측정할 수 있는 'cm'나 'kg'과 같은 측정 단위는 자연현상에 수를 적용할 수 있게 해 주었다.

04
2021 지방직 9급

글쓴이의 견해에 부합하는 대응으로 가장 적절한 것은?

　정중하고 단호한 태도를 보이는 것과, 수동적이거나 공격적인 반응을 하는 것은 엄청난 차이가 있다. 수동적인 사람들은 마음속에 있는 자신의 생각을 표현하면 분란이 일어날까 봐 두려워한다. 그러나 자신의 의견을 말하지 않는 한 자신이 원하는 것을 얻을 수는 없다. 이와 반대로 공격적인 태도는 자신의 권리를 앞세워 생각해서 남을 희생시켜서라도 자신이 원하는 것을 얻으려는 것이다. 공격적인 사람은 사람들이 싫어하는 행동을 하곤 한다. 그러나 단호한 반응은 공격적인 반응과 다르다. 단호한 반응은 다른 사람의 권리를 침해하지 않으면서 자신의 권리를 존중하고 지키겠다는 것이다. 이것은 상대방을 배려하는 태도를 보여 준다. 상대방을 존중하면서도 얼마든지 자신의 의견을 내세울 수 있다. 단호한 주장은 명쾌하고 직접적이며 요점을 찌른다.
　그럼 실제로 연습해 보자. 어느 흡연자가 당신의 차 안에서 담배를 피워도 되는지 묻는다. 당신은 담배 연기를 싫어하고 건강에 해롭다는 것도 잘 알고 있어 달갑지 않다. 어떻게 대응하는 것이 좋을까?

① 좀 그러긴 하지만, 괜찮아요. 창문 열고 피우세요.
② 안 되죠. 흡연이 얼마나 해로운데요. 좀 참아 보시겠어요.
③ 안 피우시면 좋겠어요. 연기가 해롭잖아요. 피우고 싶으시면 차를 세워 드릴게요.
④ 물어봐 줘서 고마워요. 피워도 그렇고 안 피워도 좀 그러네요. 생각해 보시고서 좋은 대로 결정하세요.

유형 공략 문제

05
밑줄 친 ㉠의 구체적 사례로 가장 적절한 것은?

> 의사소통과 관련된 수많은 연구 결과에 따르면 정보 전달을 위해서 우선적으로 음성 언어가 사용되고, ㉠동작 언어는 사람과 사람 사이의 태도를 변화시키며, 어떤 경우에는 음성 언어의 대체로서 동작 언어가 사용된다는 데에 동의한다. 의사소통 시 동작 언어가 전달하는 정보의 양이 65%~70%에 해당되고, 음성 언어는 약 30~35%의 정보만을 전달한다는 버드휘스텔(Birdwhistel)의 연구를 통해 보더라도, 대화에서 동작 언어가 차지하는 비중은 대단히 크다는 것을 알 수 있다. 그러나 동작 언어 안에 감싸여 있는 것이 음성 언어이기 때문에, 이들 두 가지를 따로 떼어놓는다는 것은 거의 불가능한 일이다.
> 동작 언어를 사용하고 이해하는 능력이 선천적인 것인지, 체험에서 얻어지는 것인지, 유전적으로 전이되는 것인지, 그렇지 않으면 어떤 다른 방법으로 습득되는 것인지에 대해 많은 연구와 조사가 있었다.

① A는 외국어를 잘하지 못하지만 길에서 만난 외국인에게 몸짓을 해가며 길을 설명해 주었다.
② B는 친구들에게 화가 나지 않았다고 대답하였지만 빨개진 얼굴 때문에 기분을 감출 수가 없었다.
③ C는 못생긴 외모의 남자가 마음에 들지 않았지만, 밝은 표정으로 대화하는 남자의 태도를 보고 호감이 생겼다.
④ D는 멀리 서 있는 사람이 친구인지 아닌지 헷갈렸지만 먼저 손을 흔드는 모습을 보고 친구임을 알 수 있었다.

06
밑줄 친 부분에 해당하는 예시로 적절한 것은?

> 사람들은 어떤 결과에는 항상 그에 상응하는 원인이 존재한다고 생각한다. 원인과 결과의 필연성은 개별적인 사례들을 통해 일반화될 수 있다. 가령 A라는 사람이 스트레스로 병에 걸렸고, B도 스트레스로 병에 걸렸다면 이런 개별적인 사례들로부터 '스트레스가 병의 원인이다.'라는 일반적인 인과가 도출된다. 이때 개별적인 사례에 해당하는 인과를 '개별자 수준의 인과'라 하고 일반적인 인과를 '집단 수준의 인과'라 한다. 사람들은 오랫동안 이러한 집단 수준의 인과가 필연성을 지닌다고 믿어 왔다.
> 그런데 집단 수준의 인과를 필연적인 것이 아니라 개연적인 것으로 파악해야 한다고 주장하는 사람들이 있다. 가령 '스트레스가 병의 원인이다.'라는 진술에서 스트레스는 병의 필연적인 원인이 아니라 단지 병을 발생시킬 확률을 높이는 요인일 뿐이라고 말한다. A와 B가 특정한 병에 걸렸다 하더라도 집단 수준에서는 그 병의 원인을 스트레스로 단언할 수 없다는 것이다. 그렇게 본다면 스트레스와 병은 필연적인 관계가 아니라 개연적인 관계에 놓인 것으로 설명된다.

① 과수원을 운영하기 위해서는 성실함이 반드시 수반되어야 한다.
② 다른 과수원과 다르게 비료의 양을 늘린다면 수확량이 증가할 것이다.
③ ×× 과수원은 다른 품종을 재배하여 질 좋은 과일을 수확할 수 있었다고 한다.
④ 다른 과수원이 그랬던 것처럼 물을 조금만 준다면 질 좋은 과일을 수확할 수 있다.

07

밑줄 친 ㉠에서 언급된 해결 방안에 해당하지 않는 것은?

> 공공재에 의한 시장 실패는 정부가 공공재의 공급 비용을 부담함으로써 쉽게 예방할 수 있다. 하지만 공유 자원에 의한 시장 실패는 개인들이 더 많은 자원을 사용하려고 경합하는 데서 발생하기 때문에 재화의 경합성을 적절하게 조정하는 예방책이 필요하다. 그 구체적인 예방책으로는 정부가 공유 자원의 사용을 직접 통제하거나 공유 자원에 사유 재산권을 부여하는 방법이 있다. 정부의 직접 통제는 정부가 ㉠ <u>특정 장비 사용의 제한, 사용 시간이나 장소의 할당, 이용 단위나 비용의 설정 등을 통해 수요를 억제하는 방법</u>이다. 사유 재산권 부여는 자신의 재산을 잘 관리하려는 사람들의 성향을 이용하여 공유 자원을 관리하게 함으로써 공유 자원이 황폐화되는 것을 막기 위한 방법이다. 이 두 방법은 정부의 시장 개입이 수반된다는 점에서 통제 방식이나 절차, 사유 재산권 배분 기준에 대한 사회적 합의가 전제되어야 한다. 또한 공유 자원을 사용하는 사람들에 대한 정부의 통제 능력과 개인의 사유 재산 관리 능력을 확보하는 것이 성패의 관건이 된다.

① 동물들을 보호하기 위해 수렵 허가 지역을 운영한다.
② 혼잡한 도로에 진입하는 차량들에 통행료를 징수한다.
③ 환경 파괴를 막기 위해 등산로에 휴식년제를 도입한다.
④ 우범 지역마다 CCTV를 설치하여 범죄 발생을 예방한다.

10 공문서·개요·글 고쳐쓰기

📗 유형 소개
- '공문서·개요·글 고쳐쓰기' 유형은 문법상의 적절성을 묻거나, 글의 흐름이 자연스럽게 이어지도록 올바르게 수정할 수 있는지를 묻는 유형이다.
- 글의 개요나 공문서 등을 제시하고, 문맥에 맞지 않은 단어나 문장을 자연스럽게 수정하는 문제가 모두 이 유형에 속한다.

📗 출제 경향
- 문법상의 오류가 있거나, 문맥상 어색한 단어 또는 문장을 찾아 고치는 문제가 주로 출제되고 있다.
- 최근 공문서를 수정하는 문제가 출제되었는데, 앞으로도 국립국어원 〈공공언어 바로 쓰기〉 자료를 근거로 출제될 가능성이 있다.

📗 단계별 문제 풀이 전략

STEP 1 발문을 보고 문제의 세부 유형을 파악한다.
- 문맥에 맞게 수정하는 문제인지, 문법에 맞게 수정하는 문제인지 확인한다.
- 공문서나 개요를 수정하는 문제의 경우 〈보기〉에서 서론, 본론, 결론의 지침을 확인한다.

STEP 2 문제의 세부 유형에 따라 제시된 선택지의 적절성을 판단한다.
- 문맥에 맞게 수정하는 문제: ㉠~㉣의 앞뒤 맥락을 파악하며 내용의 적절성을 판단한다.
- 문법에 맞게 수정하는 문제: 자주 출제되는 문법상의 오류를 떠올리며 선택지의 적절성을 판단한다.

  - '고쳐쓰기'에서 자주 출제되는 문법상의 오류
    ▶ 문장 성분 간의 호응, 조사나 어미의 부적절한 사용, 이중 피동 표현, 의미 중복, 중의적인 표현, 번역투, 접속어의 부적절한 사용

- 개요를 수정하는 문제: 하위 항목이 상위 항목을 뒷받침하는지, 제재들이 글의 구성에 맞게 대응되는지(현상-대책, 원인-결과), 통일성과 일관성을 갖추고 있는지 판단한다.

■ 전략 적용하기

다음 글을 퇴고할 때, ㉠ ~ ㉢ 중 어법상 수정할 필요가 있는 것은?

2024 국가직 9급

> 주지하듯이 ㉠기후 위기는 날이 갈수록 심각해지고 있다. 극지방의 빙하가 녹고, 유럽에는 사상 최악의 폭염과 가뭄이 발생하고 그 반대편에서는 감당하기 어려울 정도의 폭우가 쏟아져 많은 사람이 고통받고 있다. ㉡우리의 삶을 지속적으로 위협하는 이러한 기상 재해 앞에서 기후학자로서 자괴감이 든다. 무엇이 문제인지, 상황이 얼마나 심각한지 잘 알고 있으면서도 지구의 위기를 그저 바라만 볼 수밖에 없다.
>
> 그러나 우리가 기후 문제에 관심을 가지고 적극적으로 대처한다면 아직 희망이 있다. 크게는 신재생 에너지와 관련하여 ㉢국가 정책 수립과 / 국제 협약을 체결하기 위해 힘을 기울여야 한다. 작게는 일상생활에서 불필요한 소비를 줄이고 에너지 절약을 습관화해야 한다. 만시지탄(晚時之歎)일 수는 있겠으나, ㉣지구가 파국으로 치닫는 것을 막을 기회는 아직 남아 있다. 우리 모두 힘을 모아 지구의 위기를 극복하여야 한다.

① ㉠
② ㉡
✓③ ㉢
④ ㉣

STEP 1
발문을 보고 문제의 세부 유형을 파악한다.
· 어법상의 적절성을 파악하는 문제 유형임

STEP 2
문제의 세부 유형에 따라 제시된 선택지의 적절성을 판단한다.
· ㉠: ○
· ㉡: ○
· ㉢: × 병렬 관계가 맞지 않음
· ㉣: ○

→ ③ ㉢ '국가 정책 수립과 국제 협약을 체결하기 위해 힘을 기울여야 한다'는 조사 '과'로 연결되어 있는 앞뒤의 문장 구조가 대응되지 않는다. 따라서 '국가 정책 수립과 국제 협약 체결을 위해' 또는 '국가 정책을 수립하고 국제 협약을 체결하기 위해'와 같이 수정하는 것이 적절하다.

  ①②④ ㉠, ㉡, ㉣은 모두 어법상 적절한 문장이다.

유형 공략 문제

01
2025 국가직 9급

〈공공언어 바로 쓰기 원칙〉에 따라 〈공문서〉의 ㉠ ~ ㉣을 수정한 것으로 적절하지 않은 것은?

―〈공공언어 바로 쓰기 원칙〉―
○ 생소한 외래어나 외국어는 우리말로 다듬을 것.
○ 주어와 서술어의 관계를 명확하게 표현할 것.
○ 문맥에 맞는 정확한 어휘를 사용할 것.
○ 지나친 명사 나열을 피하고 적절한 조사와 어미를 활용하여 문장을 구성할 것.

―〈공문서〉―
□□개발연구원

수신 수신처 참조
제목 종합 성과 조사 협조 요청

1. 귀 기관의 무궁한 발전을 기원합니다.
2. 본원은 디지털 교육 ㉠마스터플랜 수립을 위해 종합 성과 조사를 실시합니다. 본 조사의 대상은 지난 3년간 □□개발연구원의 주요 사업을 수행한 ㉡기업을 대상으로 합니다.
3. 별도의 전문 평가 기관에 조사를 ㉢위탁하며, 이 조사 결과를 바탕으로 ㉣학교 현장 교수 학습 환경 개선 정책 개발 및 디지털 교육 문화를 정착시키는 데에 기여하고자 합니다. 귀 기관의 협조를 부탁드립니다.

① ㉠: 기본 계획
② ㉡: 기업입니다
③ ㉢: 수주하며
④ ㉣: 학교 현장의 교수 학습 환경을 개선하는 정책을 개발하고

02
9급 출제기조 전환 2차 예시문제

〈공공언어 바로 쓰기 원칙〉에 따라 수정한 것으로 적절하지 않은 것은?

―〈공공언어 바로 쓰기 원칙〉―
○ 주어와 서술어의 호응
 - ㉠ 능동과 피동의 관계를 정확하게 사용함.
○ 여러 뜻으로 해석되는 표현 삼가기
 - ㉡ 중의적인 문장을 사용하지 않음.
○ 명료한 수식어구 사용
 - ㉢ 수식어와 피수식어의 관계를 분명하게 표현함.
○ 대등한 구조를 보여 주는 표현 사용
 - ㉣ '-고', '와/과' 등으로 접속될 때에는 대등한 관계를 사용함.

① "이번 총선에서 국회의원 ○○○명을 선출되었다."를 ㉠에 따라 "이번 총선에서 국회의원 ○○○명이 선출되었다."로 수정한다.

② "시장은 시민의 안전에 관하여 건설업계 관계자들과 논의하였다."를 ㉡에 따라 "시장은 건설업계 관계자들과 시민의 안전에 관하여 논의하였다."로 수정한다.

③ "5킬로그램 정도의 금 보관함"을 ㉢에 따라 "금 5킬로그램 정도를 담은 보관함"으로 수정한다.

④ "음식물의 신선도 유지와 부패를 방지해야 한다."를 ㉣에 따라 "음식물의 신선도를 유지하고, 부패를 방지해야 한다."로 수정한다.

03

〈공공언어 바로 쓰기 원칙〉에 따라 〈공문서〉의 ㉠~㉣을 수정한 것으로 적절하지 않은 것은?

─〈공공언어 바로 쓰기 원칙〉─
○ 중복되는 표현을 삼갈 것.
○ 대등한 것끼리 접속할 때는 구조가 같은 표현을 사용할 것.
○ 주어와 서술어를 호응시킬 것.
○ 필요한 문장 성분이 생략되지 않도록 할 것.

─〈공문서〉─
한국의약품정보원

수신 국립국어원
(경유)
제목 의약품 용어 표준화를 위한 자문회의 참석 ㉠안내 알림

1. ㉡표준적인 언어생활의 확립과 일상적인 국어 생활을 향상하기 위해 일하시는 귀원의 노고에 감사드립니다.
2. 본원은 국내 유일의 의약품 관련 비영리 재단법인으로서 의약품에 관한 ㉢표준 정보가 제공되고 있습니다.
3. 의약품의 표준 용어 체계를 구축하고 ㉣일반 국민도 알기 쉬운 표현으로 개선하여 안전한 의약품 사용 환경을 마련하기 위해 자문회의를 개최하니 귀원의 연구원이 참석해 주시기를 바랍니다.

① ㉠: 안내
② ㉡: 표준적인 언어생활을 확립하고 일상적인 국어 생활의 향상을 위해
③ ㉢: 표준 정보를 제공하고 있습니다.
④ ㉣: 의약품 용어를 일반 국민도 알기 쉬운 표현으로 개선하여

04

〈지침〉에 따라 〈개요〉를 작성할 때 ㉠~㉣에 들어갈 내용으로 적절하지 않은 것은?

─〈지침〉─
○ 서론은 중심 소재의 개념 정의와 문제 제기를 1개의 장으로 작성할 것.
○ 본론은 제목에서 밝힌 내용을 2개의 장으로 구성하되 각 장의 하위 항목끼리 대응되도록 작성할 것.
○ 결론은 기대 효과와 향후 과제를 1개의 장으로 작성할 것.

─〈개요〉─
○ 제목: 복지 사각지대의 발생 원인과 해소 방안
Ⅰ. 서론
　1. 복지 사각지대의 정의
　2. ㉠
Ⅱ. 복지 사각지대의 발생 원인
　1. ㉡
　2. 사회복지 담당 공무원의 인력 부족
Ⅲ. 복지 사각지대의 해소 방안
　1. 사회적 변화를 반영하여 기존 복지 제도의 미비점 보완
　2. ㉢
Ⅳ. 결론
　1. ㉣
　2. 복지 사각지대의 근본적이고 지속가능한 해소 방안 마련

① ㉠: 복지 사각지대의 발생에 따른 사회 문제의 증가
② ㉡: 사회적 변화를 반영하지 못한 기존 복지 제도의 한계
③ ㉢: 사회복지 업무 경감을 통한 공무원 직무 만족도 증대
④ ㉣: 복지 혜택의 범위 확장을 통한 사회 안전망 강화

유형 공략 문제

05
9급 출제기조 전환 1차 예시문제

다음 글의 ㉠~㉣ 중 어색한 곳을 찾아 가장 적절하게 수정한 것은?

　수명을 늘릴 수 있는 여러 방법 중 가장 좋은 방법은 노화 문제를 해결하는 것이다. 이 방법은 인간이 젊고 건강한 상태로 수명을 연장할 수 있다는 점에서 ㉠ 늙고 병든 상태에서 단순히 죽음의 시간을 지연시킨다는 기존 발상과 근본적으로 다르다. ㉡ 노화가 진행된 상태를 진행되기 전의 상태로 되돌린다거나 노화가 시작되기 전에 노화를 막는 장치가 개발된다면, 젊음을 유지한 채 수명을 늘리는 것은 충분히 가능하다.
　그러나 노화 문제와 관련된 현재까지의 연구는 초라하다. 이는 대부분 연구가 신약 개발의 방식으로만 진행되어 왔기 때문이다. 현재 기준에서는 질병 치료를 목적으로 개발한 신약만 승인받을 수 있는데, 식품의약국이 노화를 ㉢ 질병으로 본 탓에 노화를 멈추는 약은 승인받을 수 없었다. 노화를 질병으로 보더라도 해당 약들이 상용화되기까지는 아주 오랜 시간이 필요하다.
　그런데 노화 문제는 발전을 거듭하고 있는 인공지능 덕분에 신약 개발과는 다른 방식으로 극복될 수 있을지 모른다. 일반 사람들에 비해 ㉣ 노화가 더디게 진행되는 사람들의 유전자 자료를 데이터화하면 그들에게서 노화를 지연시키는 생리적 특징을 추출할 수 있는데, 이를 통해 유전자를 조작하는 방식으로 노화를 막을 수 있다.

① ㉠: 늙고 병든 상태에서 담담히 죽음의 시간을 기다린다
② ㉡: 노화가 진행되기 전의 신체를 노화가 진행된 신체
③ ㉢: 질병으로 보지 않은 탓에 노화를 멈추는 약은 승인받을 수 없었다
④ ㉣: 노화가 더디게 진행되는 사람들의 유전자 자료를 데이터화하면 그들에게서 노화를 촉진

06
2022 지방직 9급

㉠~㉣의 고쳐 쓰기로 적절하지 않은 것은?

　파놉티콘(panopticon)은 원형 평면의 중심에 감시탑을 설치해 놓고, 주변으로 빙 둘러서 죄수들의 방이 배치된 감시 시스템이다. 감시탑의 내부는 어둡게 되어 있는 반면 죄수들의 방은 밝아 교도관은 죄수를 볼 수 있지만, 죄수는 교도관을 바라볼 수 없다. 죄수가 잘못했을 때 교도관은 잘 보이는 곳에서 처벌을 가한다. 그렇게 수차례의 처벌이 있게 되면 죄수들은 실제로 교도관이 자리에 ㉠ 있을 때조차도 언제 처벌을 받을지 모르는 공포감에 의해서 스스로를 감시하게 된다. 이렇게 권력자에 의한 정보 독점 아래 ㉡ 다수가 통제된다는 점에서 파놉티콘의 디자인은 과거 사회 구조와 본질적으로 같았다.
　현대 사회는 다수가 소수의 권력자를 동시에 감시할 수 있는 시놉티콘(synopticon)의 시대가 되었다. 시놉티콘에 가장 크게 기여한 것은 인터넷의 ㉢ 동시성이다. 권력자에 대한 비판을 신변 노출 없이 자유롭게 표현할 수 있게 되었기 때문이다. 정보화 시대가 오면서 언론과 통신이 발달했고, ㉣ 특정인이 정보를 수용하고 생산하게 되었다. 그로 인해 사회에서 일어나는 일에 대한 비판적 인식 교류와 부정적 현실 고발 등 네티즌의 활동으로 권력자들을 감시하는 전환이 일어났다.

① ㉠을 '없을'로 고친다.
② ㉡을 '소수'로 고친다.
③ ㉢을 '익명성'으로 고친다.
④ ㉣을 '누구나가'로 고친다.

07
2023 국가직 9급

㉠~㉣을 문맥에 맞게 수정하는 방안으로 적절한 것은?

> 난독(難讀)을 해결하려면 정독을 해야 한다. 여기서 말하는 정독은 '뜻을 새겨 가며 자세히 읽음', 즉 '정교한 독서'라는 뜻으로 한자로는 '精讀'이다. '精讀'은 '바른 독서'를 의미하는 '正讀'과 ㉠ 소리는 같지만 뜻이 다르다. 무엇이 정교한 것일까? 모든 단어에 눈을 마주치면서 제대로 인식하는 것이다. 이와 같은 ㉡ 정독(精讀)의 결과로 생기는 어문 실력이 문해력이다. 문해력이 발달하면 결국 독서 속도가 빨라져, '빨리 읽기'인 속독(速讀)이 가능해진다. 빨리 읽기는 정독을 전제로 할 때 빛을 발한다. 짧은 시간에 같은 책을 제대로 여러 번 읽을 수 있기 때문이다. 그래서 문해력의 증가는 '정교하고 빠르게 읽기', 즉 ㉢ 정속독(正速讀)에서 일어나게 되어 있다. 정독이 생활화되면 자기도 모르게 정속독의 경지에 오르게 된다. 그런 경지에 오른 사람들은 뭐든지 확실히 읽고 빨리 이해한다. 자연스레 집중하고 여러 번 읽어도 빠르게 읽으므로 시간이 여유롭다. ㉣ 정독이 빠진 속독은 곧 빼먹고 읽는 습관, 즉 난독의 일종임을 잊지 말아야 한다.

① ㉠을 '다르게 읽지만 뜻이 같다'로 수정한다.
② ㉡을 '정독(正讀)'으로 수정한다.
③ ㉢을 '정속독(精速讀)'으로 수정한다.
④ ㉣을 '속독이 빠진 정독'으로 수정한다.

08
2023 지방직 9급

㉠~㉣ 중 어색한 곳을 찾아 수정하는 방안으로 가장 적절한 것은?

> 조선 후기에 서학으로 불린 천주학은 '학(學)'이라는 말에서도 짐작할 수 있듯이 ㉠ 종교적인 관점에서보다 학문적인 관점에서 받아들여졌다. 당시의 유학자 중 서학 수용에 적극적인 이들까지도 서학을 무조건 따르자고 ㉡ 주장하지는 않았는데, 서학은 신봉의 대상이 아니라 분석의 대상이었기 때문이다. 그들은 조선 사회를 바로잡고 발전시키기 위해 새로운 학문과 지식이 필요하다고 생각했지만, 외부에서 유입된 사유 체계에는 양명학이나 고증학 등도 있어서 서학이 ㉢ 유일한 대안은 아니었다. 그들은 서학을 검토하며 어떤 부분은 수용했지만, 반대로 어떤 부분은 ㉣ 지향했다.

① ㉠: '학문적인 관점에서보다 종교적인 관점에서'로 수정한다.
② ㉡: '주장하였는데'로 수정한다.
③ ㉢: '유일한 대안이었다'로 수정한다.
④ ㉣: '지양했다'로 수정한다.

09
2021 지방직 9급

(가)~(라)의 고쳐 쓰기 방안으로 적절하지 않은 것은?

> (가) 현재 우리 구청 조직도에는 기획실, 홍보실, 감사실, 행정국, 복지국, 안전국, 보건소가 있었다.
> (나) 오늘은 우리 시청이 지양하는 '누구나 행복한 ○○시'를 실현하기 위한 추진 방안을 논의합니다.
> (다) 지난달 수해로 인한 준비 기간이 짧았기 때문에 지역 축제는 예년보다 규모가 줄어들었다.
> (라) 공과금을 기한 내에 지정 금융 기관에 납부하지 않으면 연체료를 내야 한다.

① (가): '있었다'는 문맥상 시제 표현이 적절하지 않으므로 '있다'로 고쳐 쓴다.
② (나): '지양'은 어떤 목표로 뜻이 쏠리어 향한다는 의미인 '지향'으로 고쳐 쓴다.
③ (다): '지난달 수해로 인한'은 '준비 기간'을 수식하는 절이 아니므로 '지난달 수해로 인하여'로 고쳐 쓴다.
④ (라): '납부'는 맥락상 금융 기관이 돈이나 물품 따위를 받아 거두어들인다는 '수납'으로 고쳐 쓴다.

유형 공략 문제

10

〈지침〉에 따라 〈개요〉를 작성할 때 ㉠~㉣에 들어갈 내용으로 적절하지 않은 것은?

― 〈지침〉 ―
○ 서론에는 중심 소재의 개념을 정의하고, 문제 심화 원인을 제시할 것.
○ 본론은 제목의 하위 내용으로 구성하되, 각 장의 하위 항목끼리 대응되도록 작성할 것.
○ 결론은 본론에 제시된 해결 방안의 하위 항목에 각각 대응되도록 작성하되, 기대 효과를 포함할 것.

― 〈개요〉 ―
○ 제목: 청소년 언어폭력의 실태와 해결 방안
Ⅰ. 서론
  1. 언어폭력의 정의
  2. ㉠
Ⅱ. 청소년 언어폭력의 실태
  1. 초등·중·고등학교 언어폭력 피해 경험 설문 조사 결과
  2. ㉡
Ⅲ. 청소년 언어폭력의 해결 방안
  1. ㉢
  2. 언어폭력 가해 청소년 교육 및 선도 강화
Ⅳ. 결론
  1. 언어폭력 피해 청소년의 지원 확대로 보호 및 치유 강화
  2. ㉣

① ㉠: 언어폭력이 증가하게 된 사회적 배경
② ㉡: 초등·중·고등학교 언어폭력 가해 경험 설문 조사 결과
③ ㉢: 언어폭력 피해 청소년을 위한 상담 지원
④ ㉣: 언어폭력 가해 청소년을 대상으로 운영하는 봉사활동 프로그램 홍보

11

2022 지방직 7급

㉠~㉣을 문맥을 고려하여 수정한 것으로 가장 적절한 것은?

농촌의 모습을 주된 소재로 삼는 A 드라마에 결혼 이주 여성이 등장한다는 것은 그녀들이 직면한 여러 문제들을 다룰 기회가 마련되었다는 점에서 일단은 긍정적이다. 하지만 ㉠ 그녀들이 농촌에 정착하는 과정에서 경험하게 되는 다양한 문제들을 단순화할 수 있는 위험성도 내포하고 있다.
이 드라마에는 모문화와 이문화 사이의 차이로 인해 힘겨워하는 여성, 민족적 정체성에 혼란을 겪는 여성, 아이의 출산과 양육 문제로 갈등을 겪는 여성 등이 등장한다. 문제는 이 드라마에서 이러한 갈등의 원인을 제대로 규명하는 것보다는 ㉡ 부부간의 사랑이나 가족애를 통해 극복하는 낭만적인 해결 방식을 주로 선택한다는 데에 있다. 예를 들어, ○○화에서는 여성 주인공이 아이의 태교 문제로 내적 갈등을 겪다가 결국 자신의 생각을 포기함으로써 그 갈등이 해소된 것처럼 마무리된다. 태교에 대한 문화적 차이가 주된 원인이었지만, 이 드라마에서는 그것에 주목하기보다 ㉢ 남편과 갈등을 일으키는 여성 주인공의 모습을 부각하여 사랑과 이해에 기반한 순종과 순응을 결혼 이주 여성이 갖추어야 할 덕목으로 묘사한 것이다.
이 드라마에서 ㉣ 이러한 강요된 선택과 해소되지 않은 심적 갈등이 사실대로 재현되지 않음으로써 실질적인 원인은 은폐되고 여성의 일방적인 양보와 희생을 통해 해당 문제들이 성급히 봉합된다. 이는 어디까지나 한국인의 시선으로만 결혼 이주 여성과 다문화 가정을 바라보고 있기 때문이다.

① ㉠을 "그녀들이 농촌에 정착하는 과정에서 경험하게 되는 다양한 문제들을 탐색할 수 있는 가능성도"로 고친다.
② ㉡을 "시댁 식구를 비롯한 한국인들과의 온정적인 소통을 통해 극복하는 구체적인 해결 방식"으로 고친다.
③ ㉢을 "남편의 의견을 따르는 여성 주인공의 모습"으로 고친다.
④ ㉣을 "이러한 억압적 상황과 해소되지 않은 외적 갈등이 여과 없이 노출됨으로써"로 고친다.

12

2021 지방직 7급

㉠ ~ ㉣에 들어갈 말로 적절하지 않은 것은?

```
제목: ○○청소기 관련 고객 만족도 제고 방안
 Ⅰ. 고객 불만 현황
   1.      ㉠
   2. 인터넷 고객 문의 접수 및 처리 지연
 Ⅱ.        ㉡
   1. 해외 공장에서 제작한 모터 품질 불량
   2. 인터넷 고객 지원 서비스 시스템의 잦은 오류
 Ⅲ.        ㉢
   1. 동종 제품 전량 회수 후 수리 또는 신제품으로 교환
   2. 고객 지원 서비스 시스템 최신화 및 관리 인력 충원
 Ⅳ.        ㉣
   1. 제품에 대한 고객 민원 해결 및 회사 이미지 제고
   2. 품질 결함 최소화를 위한 품질 관리 체계의 개선 방향
```

① ㉠: 소음 과다 및 흡입력 미흡
② ㉡: 고객 불만 발생의 원인
③ ㉢: 고객 지원 센터의 지원 인력 부족
④ ㉣: 기대 효과와 향후 과제

13

〈보기〉를 근거로 판단할 때, ㉠ ~ ㉣ 중 적절하지 않은 것은?

〈보기〉

통일성은 글의 내용이 하나의 주제로 긴밀하게 관련되는 특성을 말한다. 초고의 적절성을 평가할 때에는 글의 내용이 하나의 주제를 드러낼 수 있도록 선정되었는지, 그리고 중심 내용에 부합하는 하위 내용들로 선정되었는지를 검토한다.

사람들은 대개 수학 과목이 어렵다고 한다. 하지만 나는 수학 시간이 재미있다. ㉠ 바로 수업을 재미있게 진행하시는 수학 선생님 덕분이다. 수학 선생님은 유머로 딱딱한 수학 시간을 웃음바다로 만들곤 한다. ㉡ 졸리는 오후 시간에 뜬금없이 외국으로 수학여행을 가자고 하여 분위기를 부드럽게 만든 후 어려운 수학 문제를 쉽게 설명한 적도 있다. 그래서 우리 학교에서는 수학 선생님의 인기가 시들 줄 모른다. ㉢ 그리고 수학 선생님의 아들이 수학을 굉장히 잘한다는 소문이 나 있다. ㉣ 내 수학 성적이 좋아진 것도 수학 선생님의 재미있는 수업 덕택이다.

① ㉠
② ㉡
③ ㉢
④ ㉣

유형 공략 문제

14

<공공언어 바로 쓰기 원칙>에 따라 <공문서>의 ㉠~㉣을 수정한 것으로 적절하지 않은 것은?

―――― 〈공공언어 바로 쓰기 원칙〉 ――――
○ 어려운 한자어는 우리말로 표현할 것.
○ 올바른 띄어쓰기에 맞게 표기할 것.
○ 문장 성분 간의 호응에 유의할 것.
○ 외국어 번역 투를 사용하지 말 것.

―――― 〈공문서〉 ――――
○○광역시

수신 수신자 참조
(경유)
제목 20××년 10월 『문화나누미 서비스』 홍보 협조 요청

1. 귀 기관의 무궁한 발전을 기원합니다.
2. 우리 시에서는 지역 복지를 실현하고자 『문화나누미 서비스』의 ㉠일환으로 금관 5중주 공연을 시행하고자 하오니, 많은 대상자가 공연을 관람할 수 있도록 홍보해 주시기를 바랍니다.
3. 신청 자격 및 기간은 아래와 같으며, ㉡기관별로 신청서를 모아 회신해 주시기를 바랍니다. 우리 시는 신규 신청자를 우선적으로 ㉢대상자가 선정할 예정이며, ㉣초대권은 문자 알림에 의해 전달될 예정입니다.

① ㉠: 하나로
② ㉡: 기관 별
③ ㉢: 대상자로 선정할 예정이며
④ ㉣: 문자 알림으로 초대권을 전달할

15

<공공언어 바로 쓰기 원칙>에 따라 <공문서>의 ㉠~㉣을 수정한 것으로 적절하지 않은 것은?

―――― 〈공공언어 바로 쓰기 원칙〉 ――――
○ 외국어 번역 투를 사용하지 말 것.
○ 어문 규범에 맞는 용어를 사용할 것.
○ 어려운 한자는 쉬운 말로 다듬어 쓸 것.
○ 대등한 것끼리 접속할 때는 구조가 동일한 표현을 쓸 것.

―――― 〈공문서〉 ――――
○○시

수신 수신자 참조
(경유)
제목 학교 및 돌봄 공간 종사자 코로나19 백신 접종 안내 알림

1. ㉠귀기관의 무궁한 발전을 기원합니다.
2. ㉡기 통보한 대로 학교 및 돌봄 공간 종사자에 대한 코로나19 백신 접종을 아래와 같이 진행하고자 합니다.
3. 신청 자격 및 기간은 아래와 같으며, 접종 전에 ㉢예진표를 작성하시고 개인 상비약 구비 바랍니다.
4. 아울러 ㉣이번 백신 접종에 있어서 학교 및 돌봄 공간 종사자들이 빠짐없이 참여할 수 있도록 하여 집단 면역에 차질이 없도록 협조해 주시기를 바랍니다.

① ㉠: 귀 기관
② ㉡: 이미 알려 드린
③ ㉢: 예진표 작성과 개인 상비약을 구비하시기 바랍니다.
④ ㉣: 이번 백신 접종에

16

〈지침〉에 따라 〈개요〉를 작성할 때 ㉠~㉢에 들어갈 내용으로 적절하지 않은 것은?

―〈지침〉―
○ 서론에는 중심 소재의 개념을 제시하고, 문제의 심각성을 1개의 장으로 작성할 것.
○ 본론은 제목의 하위 내용으로 구성하되, 각 장의 하위 항목끼리 대응되도록 작성할 것.
○ 결론은 본론과 관련된 기대 효과와 향후 과제를 각각 1개의 장으로 제시할 것.

―〈개요〉―
○ 제목: 소나무 재선충병의 확산 원인과 해결 방안
Ⅰ. 서론
 1. 소나무 재선충병의 정의
 2. ㉠
Ⅱ. 소나무 재선충병 확산 원인
 1. 지구 온난화로 인한 솔수염하늘소의 출현 시기가 빨라짐
 2. ㉡
Ⅲ. 소나무 재선충병 확산 해결 방안
 1. ㉢
 2. 감염된 소나무 소재 파악 및 벌목을 위한 방제 예산 확보
Ⅳ. 결론
 1. 소나무 재선충병의 사전 및 사후 방제가 가능함
 2. ㉣

① ㉠: 소나무 재선충병 감염으로 인한 막대한 산림 훼손
② ㉡: 산림청 소나무 재선충 방제 예산 감소
③ ㉢: 솔수염하늘소 확산 방지를 위해 천적인 가시고치벌 인공 사육 및 자연 방사
④ ㉣: 소나무 재선충병으로 피해를 본 산림 소유자에 대한 피해 보상 방안 마련

17

다음 글의 ㉠~㉣ 중 어색한 곳을 찾아 가장 적절하게 수정한 것은?

언어의 사회성이란 소리와 의미의 관계가 그 언어를 사용하는 사회 구성원들 간에 약속이 된 뒤에는 어느 한 개인이 마음대로 바꿀 수 없음을 말한다. 특히 사회를 형성하는 데 있어 언어는 매우 중요한 요소이기 때문에 ㉠국가는 언어적 통일성을 유지하기 위하여 언어 규범인 표준어를 제정하여 사용한다. 그러나 ㉡언어 규범이 국민의 언어생활에 직접적인 영향을 미친 사례도 있다. 본래 규범에 따르면 '너무'는 '일정한 정도나 한계에 지나치게'라는 뜻의 부사로 용언을 부정적으로 한정하는 기능이 있다. 그래서 긍정적인 맥락에서는 '너무' 대신에 '매우', '아주', '정말', '무척' 등을 사용해야 하지만, 오래전부터 많은 사람들은 문맥과 상관없이 '너무 좋다', '너무 맛있다', '너무 멋지다' 등의 비문법적인 표현을 일상적으로 사용해 왔다. 심지어 대중가요 가사나 드라마, 영화 제목에서도 '너무'가 잘못 사용되는 경우가 많았다. 결국 2015년 6월 국립국어원은 '너무'를 ㉢긍정적인 서술어와도 어울려 쓸 수 있도록 표준국어대사전의 정보를 수정하였다. 이러한 조치는 문법과 상관없이 사람들이 '너무'를 사용한 현실을 인정한 것으로, 이는 ㉣언어의 변화 가능성을 잘 보여주는 사례이다. 이와 유사한 사례로 본래 표준어가 아니었다가 뒤늦게 표준어로 인정받은 '짜장면'이 있다.

① ㉠: 국가는 언어적 다양성을 유지하기 위하여
② ㉡: 사회 구성원의 실제 언어 사용이 언어 규범을 바꾸는 사례
③ ㉢: 부정적인 서술어와는 어울리지 못하도록
④ ㉣: 언어의 고착성을 잘 보여주는 사례

공무원시험전문 해커스공무원
gosi.Hackers.com

해커스공무원 국어 기본서

제2편
논리

01 | 명제 추론하기 ① 추론 규칙
02 | 명제 추론하기 ② 벤다이어그램
03 | 논증의 종류 파악하기
04 | 논증의 오류 파악하기
05 | 논증의 강화 및 약화 평가하기

01 명제 추론하기 ① 추론 규칙

📗 유형 소개
- '명제 추론하기'는 공무원 9급 시험의 출제 기조가 전환된 이후 새롭게 출제되는 신유형 문제이다.
- '명제 추론하기'는 주어진 명제를 바탕으로 도출되는 결론, 또는 결론 도출에 필요한 전제를 묻는 방식으로 출제된다.
- '명제 추론하기'는 명제의 종류와 명제 간의 관계를 이해하고 있으면 문제 풀이 시간을 줄일 수 있다.

📗 출제 경향
- 명제에 대한 기초적인 논리 이론을 적용하는 문제로, 난도가 높지 않은 편이다.
- 명제의 핵심어를 기호화하여 명제 간 연결 관계를 빠르게 파악하는 문제가 출제되고 있다.

📗 유형 필수 이론

1 명제의 이해

1. 명제의 개념: 명제란 그 내용이 참인지 거짓인지를 명확하게 판별할 수 있는 문장이다.

영수는 공부를 잘한다.	참과 거짓의 명확한 기준이 없어 참인지 거짓인지 판단할 수 없으므로 명제가 아니다.
영수는 공무원이다.	영수가 실제로 공무원이라면 참인 명제이고 영수가 공무원이 아니라면 거짓인 명제이다.

2. 명제의 기호화: 제시된 명제를 논리 기호로 기호화하면 문제를 빠르게 풀 수 있다.

논리 기호	의미	예문	기호화
→	가언 (단순 함축)	· 만일 P이면 Q이다. · 모든 A는 B이다.	· P → Q · A → B
~	부정	· P가 아니다. · P는 거짓이다.	~P
∧	연언	· P이면서 Q이다. · P이고 Q이다. · 어떤 A는 B이다.	· P ∧ Q · Am ∧ Qm (*m은 생략 가능)
∨	선언	· P 또는 Q이다. · P이거나 Q이다.	P ∨ Q
≡ / ↔	동치	· P와 Q는 논리적으로 동등하다. · P와 Q는 서로의 필요충분조건이다.	· P ≡ Q · P ↔ Q

2 명제의 종류

1. 정언 명제: 어떤 대상 또는 상황에 대하여 조건을 붙이고 않고 단언적으로 말하는 명제

구분		기호화	표준 명제
전칭 명제	전칭 긍정 명제	∀A → B (* ∀는 생략 가능)	모든 A는 B이다.
	전칭 부정 명제	∀A → ~B (* ∀는 생략 가능)	모든 A는 B가 아니다. / 어떤 A도 B가 아니다.
특칭 명제	특칭 긍정 명제	∃A ∧ B (* ∃는 생략 가능)	어떤 A는 B이다.
	특칭 부정 명제	∃A ∧ ~B (* ∃는 생략 가능)	어떤 A는 B가 아니다.

2. 복합 명제: 논리 연결사(if, and, or 등)로 명제와 명제를 연결한 명제

구분		기호화	표준 명제
if	가언 명제	P → Q	P이면 Q이다. / 만일 P라면 Q이다.
	가언 명제의 후건 부정	P → ~Q	P이면 Q가 아니다. / 만일 P라면 Q가 아니다.
and	연언 명제	P ∧ Q	P 그리고 Q이다. / P이면서 Q이다.
	연언 명제의 부정	~(P ∧ Q) ≡ ~P ∨ ~Q	P이면서 Q인 것은 없다. / P가 아니거나 Q가 아니다.
or	선언 명제	P ∨ Q	P이거나 Q이다.
	선언 명제의 부정	~(P ∨ Q) ≡ ~P ∧ ~Q	P이거나 Q인 것은 없다. / P가 아니면서 Q도 아니다.

3 명제의 역·이·대우

1. 역·이·대우의 개념: '→'로 기호화할 수 있는 명제를 부정하거나 전건(앞 부분)과 후건(뒷 부분)의 위치를 바꿀 때의 관계를 의미한다.

- **역**: 원래 명제에서 전건과 후건의 위치를 바꾼 명제로, 원 명제가 참이더라도 그 역은 반드시 참이 아니다.
- **이**: 원래 명제를 부정한 명제로, 원 명제가 참이더라도 그 이는 반드시 참이 아니다.
- **대우**: 원래 명제에서 전건과 후건의 위치를 바꾸고 원 명제를 부정한 명제이다. 원 명제가 참이라면 그 대우는 반드시 참이 되며, 원 명제가 거짓이라면 그 대우도 반드시 거짓이 된다.

2. 역·이·대우의 도식화

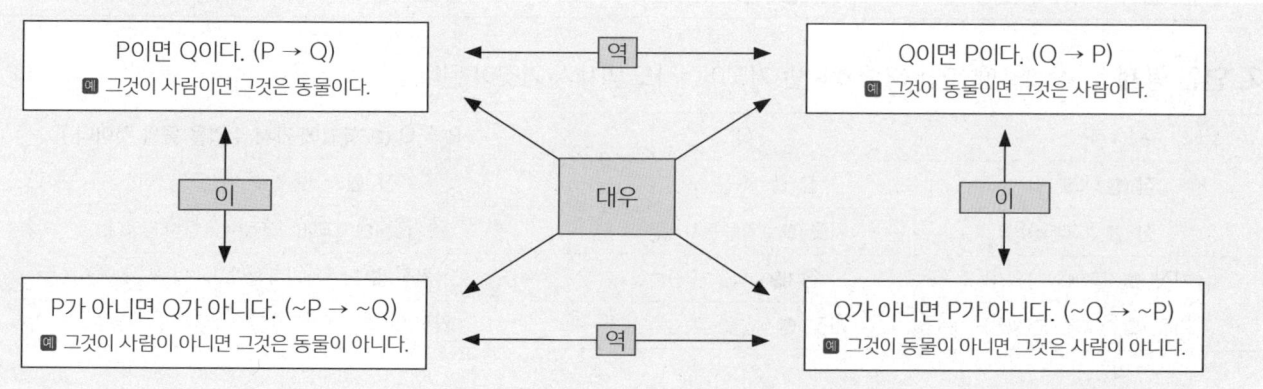

3. 충분조건과 필요조건 관계

충분조건	· 가언 명제가 'P이면 Q이다(P → Q)'가 성립할 때, P를 충분조건이라고 한다. · P라는 조건이 Q가 참이 되기 위해 충분한 조건이라는 의미이다. 예 직사각형이면 사각형이다.(*직사각형은 사각형이 되기에 충분한 조건임)
필요조건	· 가언 명제가 'P이면 Q이다(P → Q)'가 성립할 때 Q를 필요조건이라고 한다. · Q라는 결론이 P가 참이 되기 위해 필요한 조건이라는 의미이다. 예 직사각형이면 사각형이다.(*사각형은 직사각형이 되기 위해 필요한 조건임)
필요충분조건	· 'P이면 Q이면서 Q이면 P이다{(P → Q) ∧ (Q → P)}'와 같이 두 명제에서 충분조건과 필요조건이 동시에 성립하는 관계이다. 이러한 관계가 성립하는 문장을 '쌍조건문'이라고 부르며, 'P≡Q' 또는 'P ↔ Q'로 표기한다. 예 물이면 수소 2개와 산소 1개로 이루어져 있다. ↔ 무엇이 수소 2개와 산소 1개로 이루어져 있으면 물이다.(*물 ↔ 수소 2+산소 1)

충분조건 / 필요조건 (P → Q)	필요충분조건 (P ↔ Q)
Q (필요조건) P (충분조건)	P ↔ Q (필요충분조건)

※ 아래 예문들은 모두 'P이면 Q이다. (P → Q)'의 의미를 갖는다.
- P이기 위해서 Q이어야만 한다.
- Q이어야만 P이다.
- Q일 때에만 P이다.
- Q가 아니면 P가 아니다.
- Q일 경우에만 P이다.
- 오직 Q이면 P이다.
- P는 Q이기 위한 충분조건이다.
- Q는 P이기 위한 필요조건이다.
- P이면서 Q가 아닌 것은 없다.

4 명제의 진리표

1. 가언 명제: P → Q일 때, P가 참이고 Q가 거짓인 경우에만 명제가 거짓이 된다.

P	Q	P → Q (예 *약속) 시험에 합격하면 선물을 줄 것이다.)
참 (예 시험에 합격함)	참 (예 선물을 줌)	참 (예 시험에 합격했고 선물을 주었다.)
참 (예 시험에 합격함)	거짓 (예 선물을 주지 않음)	거짓 (예 시험에 합격했고 선물을 주지 않았다.)
거짓 (예 시험에 합격하지 않음)	참 (예 선물을 줌)	참 (예 시험에 합격하지 않았고 선물을 주었다.)
거짓 (예 시험에 합격하지 않음)	거짓 (예 선물을 주지 않음)	참 (예 시험에 합격하지 않았고 선물을 주지 않았다.)

2. 연언 명제: P ∧ Q일 때, P와 Q 중 하나만 거짓이더라도 명제가 거짓이 된다.

P	Q	P ∧ Q (예 학교에 가서 수업을 들을 것이다.)
참 (예 학교에 감)	참 (예 수업을 들음)	참 (예 학교에 갔고 수업을 들었다.)
참 (예 학교에 감)	거짓 (예 수업을 듣지 않음)	거짓 (예 학교에 갔고 수업을 듣지 않았다.)
거짓 (예 학교에 가지 않음)	참 (예 수업을 들음)	거짓 (예 학교에 가지 않았고 수업을 들었다.)
거짓 (예 학교에 가지 않음)	거짓 (예 수업을 듣지 않음)	거짓 (예 학교에 가지 않았고 수업을 듣지 않았다.)

3. 선언 명제: P ∨ Q일 때, P와 Q가 모두 거짓일 때만 명제가 거짓이 된다.

P	Q	P ∨ Q (예 비가 오거나 눈이 올 것이다.)
참 (예 비가 옴)	참 (예 눈이 옴)	참 (예 비가 오고 눈이 왔다.)
참 (예 비가 옴)	거짓 (예 눈이 오지 않음)	참 (예 비가 오고 눈이 오지 않았다.)
거짓 (예 비가 오지 않음)	참 (예 눈이 옴)	참 (예 비가 오지 않고 눈이 왔다.)
거짓 (예 비가 오지 않음)	거짓 (예 눈이 오지 않음)	거짓 (예 비가 오지 않고 눈이 오지 않았다.)

5 논리 추론 규칙

1. 동치 규칙: 동치란 명제가 논리적으로 동등하며, 모든 경우에 명제의 진릿값이 동일하다는 의미이다. 아래 제시된 명제들은 서로 동치 관계에 있는 명제로, 항상 같은 의미이므로 타당한 논리 추론 규칙으로 활용할 수 있다.

(1) 이중 부정: 어떤 명제를 부정한 뒤, 한 번 더 부정하면 그 진릿값은 원래의 명제의 진리값과 동일하다.

명제의 기호화	예문
~(~P) ≡ P	오늘 비가 오지 않는 것은 아니다. ≡ 오늘 비가 온다.

(2) 동어 반복: 동일한 명제를 연언이나 선언으로 반복해도 그 진릿값은 변하지 않는다.

명제의 기호화	예문
P∧P ≡ P	이 숫자는 짝수이고 짝수이다. ≡ 이 숫자는 짝수이다.
P∨P ≡ P	이 숫자는 짝수이거나 짝수이다. ≡ 이 숫자는 짝수이다.

(3) 교환 법칙: 연언 명제와 선언 명제는 앞 명제와 뒤 명제의 순서를 바꾸어도 전체 명제의 진릿값은 변하지 않는다. 참고로, 특칭 명제도 연언 명제로 기호화하므로 교환 법칙이 성립한다.

명제의 기호화	예문
P∧Q ≡ Q∧P	· 오늘은 맑고 따뜻하다. ≡ 오늘은 따뜻하고 맑다. · 어떤 작가는 의사이다. ≡ 어떤 의사는 작가이다.
P∨Q ≡ Q∨P	내일 여행을 가거나 친구를 만날 것이다. ≡ 내일 친구를 만나거나 여행을 갈 것이다.

(4) 결합 법칙: 세 개 이상의 명제를 연언으로만 결합할 때나 선언으로만 결합할 때, 연산의 순서(괄호의 위치)가 바뀌어도 그 진릿값은 변하지 않는다.

명제의 기호화	예문
(P∧Q)∧R ≡ P∧(Q∧R)	오늘은 (비가 오고 바람이 불고) 기온이 낮다. ≡ 오늘은 비가 오고 (바람이 불고 기온이 낮다).
(P∨Q)∨R ≡ P∨(Q∨R)	(영화를 보거나 책을 읽거나) 잠을 잘 것이다. ≡ 영화를 보거나 (책을 읽거나 잠을 잘 것이다).

(5) 분배 법칙: 연언을 선언으로 재분배하거나 선언을 연언으로 재분배 할 때 그 진릿값은 변하지 않는다.

명제의 기호화	예문
P∧(Q∨R) ≡ (P∧Q)∨(P∧R)	국어를 공부하고, 영어나 과학을 공부한다. ≡ 국어를 공부하고 영어를 공부한다. 또는 국어를 공부하고 과학을 공부한다.
P∨(Q∧R) ≡ (P∨Q)∧(P∨R)	영화를 보거나, 카페를 가고 커피를 마실 것이다. ≡ 영화를 보거나 카페를 갈 것이다. 그리고 영화를 보거나 커피를 마실 것이다.

(6) 드모르간의 법칙: 연언 명제의 부정문은 각 명제를 부정한 뒤 선언으로 결합할 때 그 진릿값은 변하지 않으며, 선언 명제는 각 명제를 부정한 뒤 연언으로 결합할 때 그 진릿값은 변하지 않는다.

명제의 기호화	예문
~(P∧Q) ≡ ~P∨~Q	우유와 케이크를 모두 주문했다는 것은 거짓이다. ≡ 우유를 주문하지 않았거나 케이크를 주문하지 않았다.
~(P∨Q) ≡ ~P∧~Q	우유나 케이크를 주문했다는 것은 거짓이다. ≡ 우유를 주문하지 않았고 케이크를 주문하지 않았다.

(7) 대우 규칙: 가언 명제의 전건과 후건을 부정하고 두 명제의 위치를 바꾸어도 그 진릿값은 변하지 않는다. 참고로, 전칭 명제도 가언 명제로 기호화하므로 대우 규칙이 적용된다.

명제의 기호화	예문
P → Q ≡ ~Q → ~P	· 그것이 사람이면 동물이다. ≡ 그것이 동물이 아니면 사람이 아니다. · 모든 사람은 동물이다. ≡ 모든 동물이 아닌 것은 사람이 아니다.

(8) 실질 함축(가언 명제의 선언화): 가언 명제 'P이면 Q이다(P → Q)'는 전건(P)이 전제되면 반드시 후건(Q)이 도출된다는 의미이다. 다시 말해 전건(P)이 참이면서 후건(Q)이 거짓인 경우가 없다는 의미로, 이를 기호화하면 'P이면서 Q가 아닌 경우는 없다[~(P∧~Q)]'로 표현할 수 있다. 또한 이를 드모르간의 법칙을 통해 풀면 선언 명제 'P가 아니거나 Q이다(~P∨Q)'로 표현할 수 있다.

명제의 기호화	예문
P → Q ≡ ~(P∧~Q) ≡ ~P∨Q	사람이면 동물이다. ≡ 사람이면서 동물이 아닌 경우는 없다. ≡ 사람이 아니거나 동물이다.

(9) 가언 명제의 부정: 가언 명제 'P이면서 Q이다(P → Q)'가 거짓이라는 것은 전건(P)이 참이면서 후건(Q)이 거짓인 경우를 의미한다. 따라서 가언 명제가 거짓임이 밝혀지거나 가언 명제를 부정할 경우, 전건의 긍정과 후건의 부정을 연언 명제로 표현할 수 있다.

명제의 기호화	예문
~(P → Q) ≡ ~(~P∨Q) ≡ P∧~Q	시험에 합격하면 장학금을 받는 것은 거짓이다. ≡ 시험에 합격하지 않았거나 장학금을 받는다는 것은 거짓이다. ≡ 시험에 합격했지만 장학금은 받지 않는다.

(10) 수출입 규칙: 연언을 전건으로 하는 가언 명제를 중첩된 가언 명제로 변환하거나, 중첩된 가언 명제를 연언을 전건으로 하는 가언 명제로 변환했을 때 그 진릿값은 동일하다.

명제의 기호화	예문
(P∧Q) → R ≡ P → (Q → R)	배가 고프고 돈이 있으면, 음식을 구매한다. ≡ 배가 고픈 경우에, 돈이 있으면 음식을 구매한다.

(11) 전건 분리: 연언을 전건으로 하는 가언 명제의 전건을 독립된 명제로 분리하고 선언으로 변환하거나, 선언을 전건으로 하는 가언 명제의 전건을 독립된 명제로 분리하고 연언으로 변환했을 때 그 진릿값은 동일하다.

명제의 기호화	예문
· (P ∧ Q) → R ≡ (P → R) ∨ (Q → R) · (P ∨ Q) → R ≡ (P → R) ∧ (Q → R)	· 운동을 하고 영양분을 섭취하면, 건강해진다. 　≡ 운동을 하면 건강해지거나, 영양분을 섭취하면 건강해진다. · 비가 오거나 눈이 내리면 외출을 취소한다. 　≡ 비가 오면 외출을 취소하고, 눈이 내려도 외출을 취소한다.

(12) 후건 분리: 연언이나 선언을 후건으로 하는 가언 명제의 후건을 독립된 명제로 분리했을 때 그 진릿값은 동일하다.

명제의 기호화	예문
· P → (Q ∧ R) ≡ (P → Q) ∧ (P → R) · P → (Q ∨ R) ≡ (P → Q) ∨ (P → R)	· 운동을 하면, 체력이 늘고 체중이 준다. ≡ 운동을 하면 체력이 늘고, 운동을 하면 체중이 준다. · 배가 고프면, 밥이나 빵을 먹는다. ≡ 배가 고프면 밥을 먹거나, 배가 고프면 빵을 먹는다.

(13) 상호 함축(쌍조건문): P와 Q가 동치 관계(P ↔ Q)라는 것은 P가 Q를 함축(P → Q)하고 Q가 P를 함축(Q → P)한다는 것을 의미하며, 이는 'P이면 Q이고, Q이면 P이다[(P → Q) ∧ (Q → P)]'로 표현할 수 있다. 여기에 대우 규칙과 실질 함축을 적용해서도 표현할 수도 있다.

명제의 기호화	예문
P ↔ Q ≡ (P → Q) ∧ (Q → P) ≡ (P → Q) ∧ (~P → ~Q) ≡ (~P ∨ Q) ∧ (P ∨ ~Q)	오늘이 토요일이다. ↔ 내일은 일요일이다. ≡ 오늘이 토요일이면 내일은 일요일이고, 내일이 일요일이면 오늘은 토요일이다. ≡ 오늘이 토요일이면 내일은 일요일이고, 오늘이 토요일이 아니면 내일은 일요일이 아니다. ≡ 오늘이 토요일이 아니거나 내일은 일요일이고, 오늘이 토요일이거나 내일은 일요일이 아니다.

2. 함축 규칙: 함축이란 전제가 참일 때 결론이 반드시 참임을 보장하는 논리적 관계이다. 아래 제시된 규칙들은 함축 관계에 있으므로 타당한 논리 추론 규칙으로 이용할 수 있다.

(1) 전건 긍정과 후건 부정: 전건을 긍정하여 후건의 긍정을 결론으로 추론하는 것을 '전건 긍정'이라고 하며, 후건을 부정하여 전건의 부정을 결론으로 추론하는 것을 '후건 부정'이라고 한다.

명제의 기호화	예문
[전제 1] P → Q [전제 2] P [결론] Q	[전제 1] 비가 오면 땅이 젖는다. [전제 2] 비가 온다. [결론] 땅이 젖는다.
[전제 1] P → Q [전제 2] ~Q [결론] ~P	[전제 1] 비가 오면 땅이 젖는다. [전제 2] 땅이 젖지 않았다. [결론] 비가 오지 않았다.

(2) **연언지 단순화와 연언화**: 연언 명제에서 각각의 연언지를 결론으로 단순화해 각각의 명제가 참임을 추론하는 것을 '연언지 단순화'라고 하며, 독립적인 명제를 결합하여 연언 명제를 결론으로 추론하는 것을 '연언화'라고 한다.

명제의 기호화	예문
[전제] P∧Q [결론 1] P [결론 2] Q	[전제] 오늘 날씨가 맑고 따뜻하다. [결론 1] 오늘 날씨가 맑다. [결론 2] 오늘 날씨가 따뜻하다.
[전제 1] P [전제 2] Q [결론] P∧Q	[전제 1] 오늘 날씨가 맑다. [전제 2] 오늘 날씨가 따뜻하다. [결론] 오늘 날씨가 맑고 따뜻하다.

(3) **선언지 제거**: 선언 명제에서 하나의 명제를 부정함으로써 다른 하나의 명제를 결론으로 추론할 수 있다.

명제의 기호화	예문
[전제 1] P∨Q [전제 2] ~P [결론] Q	[전제 1] 밥을 먹거나 빵을 먹는다. [전제 2] 밥을 먹지 않았다. [결론] 빵을 먹었다.

(4) **모순과 딜레마**: 가언 명제에서 전건이 참일 때 후건이 모순(Q∧~Q)되는 경우 전건의 부정을 결론으로 추론할 수 있다. 또한 동일한 후건을 취하는 가언 명제에서 전건이 가능한 모든 경우를 제시(P∨~P)할 경우 후건의 긍정을 결론으로 추론할 수 있다.

명제의 기호화	예문
[전제 1] P → Q [전제 2] P → ~Q [결론] ~P	[전제 1] 그가 범인이면 현장에 그의 지문이 있다. [전제 2] 그가 범인이면 현장에 그의 지문이 없다. [결론] 그는 범인이 아니다.
[전제 1] P → Q [전제 2] ~P → Q [결론] Q	[전제 1] 그가 범인이면 현장에 그의 지문이 있다. [전제 2] 그가 범인이 아니면 현장에 그의 지문이 있다. [결론] 현장에 그의 지문이 있다.

단계별 문제 풀이 전략

STEP 1 제시된 명제를 기호화한다.
- 제시된 명제의 핵심어를 찾는다.
- 명제 사이의 관계가 잘 드러나도록 '→, ~, ∧, ∨' 등을 이용하여 기호화한다.

STEP 2 명제 간 연결 관계를 파악한다.
- 동일한 대상, 범주, 항목에 주목하여 명제 간 연결 관계를 파악한다.
- 명제 간 연결 관계를 확인하기 위해 대우를 활용하는 경우도 빈번하므로 제시된 명제들의 대우도 함께 확인한다.

전략 적용하기

다음 진술이 모두 참일 때 반드시 참인 것은?　　9급 출제기조 전환 1차 예시문제

○ 오 주무관이 회의에 참석하면, 박 주무관도 참석한다.　오 → 박
○ 박 주무관이 회의에 참석하면, 홍 주무관도 참석한다.　박 → 홍
○ 홍 주무관이 회의에 참석하지 않으면, 공 주무관도 참석하지 않는다.　~홍 → ~공

① 공 주무관이 회의에 참석하면, 박 주무관도 참석한다.
② 오 주무관이 회의에 참석하면, 홍 주무관은 참석하지 않는다.
③ 박 주무관이 회의에 참석하지 않으면, 공 주무관은 참석한다.
✓ 홍 주무관이 회의에 참석하지 않으면, 오 주무관도 참석하지 않는다.

STEP 1
제시된 명제를 기호화한다.
- 제시된 명제를 기호화(성씨만 기재):
  - 명제(1): 오 → 박
  - 명제(2): 박 → 홍
  - 명제(3): ~홍 → ~공

STEP 2
명제 간 연결 관계를 파악한다.
- 주어진 명제의 대우를 확인:
  - 명제(1) 대우: ~박 → ~오
  - 명제(2) 대우: ~홍 → ~박
  - 명제(3) 대우: 공 → 홍
→ ④ 명제(1)의 대우와 명제(2)의 대우에 의하면 '~홍 → ~박 → ~오'이므로 반드시 참인 것은 ④이다.

① 공 주무관과 박 주무관의 관계성은 확인할 수 없으므로 ①의 진술이 참인지는 알 수 없다. 참고로, 제시된 두 번째 명제(박 → 홍)의 역이 참인 경우(홍 → 박), (3)에 따라 '공 → 홍 → 박'이 참이 되어 공 주무관과 박 주무관의 관계성을 알 수 있다. 하지만 두 번째 명제의 역이 참인지는 알 수 없다.

② 제시된 첫 번째, 두 번째 명제에 따라, 오 주무관이 회의에 참석할 경우 박 주무관과 홍 주무관도 참석함(오 → 박 → 홍)을 알 수 있다.

③ 박 주무관과 공 주무관의 관계성은 확인할 수 없으므로 ③의 진술이 참인지는 알 수 없다.

유형 공략 문제

01
제시된 명제가 모두 참이라고 할 때 반드시 참이 되는 것은?

> ○ 태양이 비치면 광합성이 일어난다.
> ○ 태양이 비친다.

① 광합성이 일어난다.
② 태양이 비치지 않는다.
③ 광합성이 일어나지 않는다.
④ 태양이 비치지 않고 광합성이 일어나지 않는다.

02
다음 명제를 기호화한 것으로 옳은 것은?

> 비가 오지 않고 바람이 불지 않는다는 것은 거짓이다.

① ~비 ∧ ~바람
② ~비 ∨ ~바람
③ ~(비 ∨ 바람)
④ ~(~비 ∧ ~바람)

03
다음 명제가 모두 참일 때, 반드시 참인 것은?

> ○ 영희는 영화를 보거나 책을 읽는다.
> ○ 영희는 영화를 보지 않는다.

① 영희는 책을 읽는다.
② 영희는 책을 읽지 않는다.
③ 영희는 영화를 보고 책을 읽는다.
④ 영희는 영화도 보지 않고 책도 읽지 않는다.

04
다음 중 "대통령 후보가 약속을 지키면 국민들의 지지를 얻는다"라는 명제를 부정한 것으로 옳은 것은?

① 대통령 후보가 약속을 지키고 국민들의 지지를 얻지 않는다.
② 대통령 후보가 약속을 지키지 않거나 국민들의 지지를 얻는다.
③ 대통령 후보가 약속을 지키지 않고 국민들의 지지를 얻지 않는다.
④ 대통령 후보가 약속을 지키지 않으면 국민들의 지지를 얻지 않는다.

05
다음 명제가 모두 참일 때, 반드시 참이 되는 것은?

> ○ 경제가 안정되면, 주식과 부동산 모두 가치가 하락하지 않는다.
> ○ 경제가 안정되지 않으면, 주식의 가치가 하락한다.

① 주식의 가치가 하락하면, 경제가 안정된다.
② 주식의 가치가 하락하면, 부동산 가치도 하락한다.
③ 주식의 가치가 하락하지 않으면, 경제가 안정된다.
④ 부동산 가치가 하락하지 않으면, 주식의 가치도 하락하지 않는다.

06
다음 중 "A가 로그인하는 것과 B가 로그인하는 것은 동치이다"라는 명제와 논리적으로 동등한 것은?

① A가 로그인하면 B가 로그인한다.
② A가 로그인하지 않거나 B가 로그인한다.
③ A가 로그인하지 않으면 B도 로그인하지 않는다.
④ A가 로그인하면 B가 로그인하고, B가 로그인하면 A가 로그인한다.

07
다음 명제가 모두 참일 때, 결론으로 도출할 수 있는 것은?

○ 충분한 수면을 취하면 건강이 향상된다.
○ 건강이 향상되지 않았다.

① 충분한 수면을 취했다.
② 충분한 수면을 취하지 않았다.
③ 건강이 향상되면 충분한 수면을 취한 것이다.
④ 충분한 수면을 취하고 건강이 향상되지 않는다.

08
제시된 명제와 논리적으로 동등하지 않은 것은?

밤을 새우면 피곤하다.

① 밤을 새우지 않거나 피곤하다.
② 밤을 새우지 않으면 피곤하지 않다.
③ 피곤하지 않다면 밤을 새우지 않은 것이다.
④ 밤을 새우고 피곤하지 않다는 것은 거짓이다.

09
<보기>에 제시된 명제와 동일한 의미가 아닌 것은?

〈보기〉
이 프로젝트가 성공적으로 완료되었다면, 명확한 목표 설정과 효과적인 자원 관리가 있었을 것이다.

① 명확한 목표 설정과 효과적인 자원 관리가 있었다면, 이 프로젝트는 성공적으로 완료되었을 것이다.
② 이 프로젝트가 성공적으로 완료되지 않았거나, 명확한 목표 설정과 효과적인 자원 관리가 있었을 것이다.
③ 명확한 목표 설정이 없거나 효과적인 자원 관리가 없었다면, 이 프로젝트는 성공적으로 완료되지 않았을 것이다.
④ 오직 명확한 목표 설정과 효과적인 자원 관리가 있었을 경우에만, 이 프로젝트는 성공적으로 완료되었을 것이다.

10
다음 중 논리적으로 동등하지 않은 것은?

① 이 증상은 위험하다. / 이 증상이 위험하지 않다는 것은 거짓이다.
② 그가 부유하고 행복하지 않다는 것은 사실이 아니다. / 그가 부유하지 않거나 행복하다.
③ 비가 오고 바람이 불면 농작물이 피해를 입는다. / 비가 오는 경우, 바람이 불면 농작물이 피해를 입는다.
④ 정기적으로 운동하면 심장 건강이 좋아진다. / 정기적으로 운동하지 않거나 심장 건강이 좋아지지 않는다.

유형 공략 문제

11
제시된 명제들이 논리적으로 동등한 관계가 아닌 것은?

① ┌ 그 도시가 발전하고 환경은 파괴된다.
　└ 그 도시가 발전하면 환경이 파괴되지 않는다는 것은 거짓이다.

② ┌ 백신을 접종하면 면역력이 생기고 감기에 안 걸린다.
　└ 백신을 접종하면 면역력이 생기거나, 백신을 접종하면 감기에 안 걸린다.

③ ┌ 인프라가 잘 갖춰지고 투자가 활발하면 경제가 성장한다.
　└ 경제가 성장하지 않으면 인프라가 잘 갖춰지지 않았거나 투자가 활발하지 않은 것이다.

④ ┌ 정보를 수집하면서 연구를 지속한다면 좋은 결과물을 도출할 수 있다.
　└ 정보를 수집하면 좋은 결과물을 도출할 수 있거나, 연구를 지속하면 좋은 결과물을 도출할 수 있다.

12
아래 조건이 모두 참일 때 반드시 참이 되는 것은?

○ 주식 가격이 오르면 투자자들이 이익을 본다.
○ 경제가 성장하면 주식 가격이 오른다.

① 경제가 성장한다.
② 주식 가격이 오른다.
③ 투자자들이 이익을 본다.
④ 경제가 성장하면 투자자들이 이익을 본다.

13
아래 진술이 모두 참일 때, 반드시 참이 되는 것은?

○ 모든 건축가는 공간 감각이 뛰어난 사람이다.
○ 모든 길치는 공간 감각이 뛰어나지 않은 사람이다.

① 모든 건축가는 길치가 아니다.
② 건축가가 아닌 모든 사람은 길치이다.
③ 공간 감각이 뛰어난 모든 사람은 건축가이다.
④ 공간 감각이 뛰어나지 않은 모든 사람은 길치이다.

14
아래 설명이 모두 참일 때, 반드시 참이 되는 것은?

○ 어떤 운동선수는 금메달리스트이다.
○ 모든 운동선수는 정기적으로 훈련한다.

① 모든 금메달리스트는 정기적으로 훈련한다.
② 어떤 금메달리스트는 정기적으로 훈련한다.
③ 어떤 운동선수는 정기적으로 훈련하지 않는다.
④ 정기적으로 훈련하는 모든 사람은 운동선수이다.

15
아래 내용이 모두 참일 때, 반드시 참이 되는 것은?

○ 모든 과일은 동물성 단백질을 포함하지 않는다.
○ 모든 사과는 과일이다.

① 어떤 사과는 과일이 아니다.
② 어떤 과일은 동물성 단백질을 포함한다.
③ 모든 사과는 동물성 단백질을 포함하지 않는다.
④ 동물성 단백질을 포함하지 않은 모든 것은 과일이다.

16
아래 진술이 모두 참일 때 반드시 참인 것은?

> ○ 어떤 식물은 가시가 없다.
> ○ 모든 식물은 광합성을 한다.

① 어떤 식물은 광합성을 하지 않는다.
② 광합성을 하는 모든 것은 식물이다.
③ 광합성을 하는 어떤 것은 가시가 없다.
④ 가시가 없는 모든 것은 광합성을 한다.

17
다음 명제가 참일 때 반드시 참인 것은?

> ○ 모든 과학자는 논리적이다.
> ○ 모든 예술가는 논리적이지 않다.
> ○ 모든 물리학자는 과학자이다.

① 모든 예술가는 과학자가 아니다.
② 어떤 물리학자는 과학자가 아니다.
③ 논리적인 사람은 모두 물리학자이다.
④ 논리적이지 않은 사람은 모두 예술가이다.

18
제시된 전제가 모두 참이라고 할 때 반드시 참인 것은?

> ○ 비가 오면 우산을 쓴다.
> ○ 눈이 오면 장갑을 낀다.
> ○ 비와 눈이 모두 온다.

① 우산을 쓰지 않는다.
② 장갑을 끼지 않는다.
③ 우산을 쓰고 장갑을 낀다.
④ 우산을 쓰지 않고 장갑을 끼지 않는다.

19
다음 글의 밑줄 친 결론을 이끌어 내기 위해 추가해야 할 전제로 적절한 것은?

> 대중교통을 이용하는 사람 중에 환경 보호 활동에 참여하는 사람이 있다. 따라서 <u>환경 보호 활동에 참여하는 사람 중에 자전거를 주로 이용하는 사람이 있다.</u>

① 대중교통을 이용하는 사람은 모두 자전거를 주로 이용하는 사람이다.
② 자전거를 주로 이용하는 사람 중에 대중교통을 이용하는 사람이 있다.
③ 자전거를 주로 이용하지 않는 사람은 모두 대중교통을 이용하는 사람이다.
④ 환경 보호 활동에 참여하는 사람은 모두 자전거를 주로 이용하지 않는 사람이다.

유형 공략 문제

20
전제 1과 전제 2가 참일 때 빈칸에 들어갈 결론으로 가장 적절한 것은?

전제 1	언어 감각이 부족한 사람은 모두 시 창작을 즐기지 않는다.
전제 2	시 창작을 즐기는 어떤 사람은 문학 동아리 회원이다.
결 론	

① 문학 동아리 회원은 모두 언어 감각이 부족하지 않다.
② 시 창작을 즐기지 않는 사람은 모두 언어 감각이 부족하지 않다.
③ 언어 감각이 부족하지 않은 사람 중 일부는 문학 동아리 회원이다.
④ 언어 감각이 부족하지 않고 문학 동아리 회원인 사람은 모두 시 창작을 즐긴다.

21
다음 진술들이 모두 참이라고 할 때 반드시 참이 되는 것은?

- 자격증을 취득하거나 실무 경험이 있다.
- 실무 경험이 있으면 면접에 합격한다.

① 자격증을 취득하면 실무 경험이 있다.
② 실무 경험이 있으면 자격증을 취득한다.
③ 자격증을 취득하지 않으면 면접에 합격한다.
④ 면접에 합격하지 않으면 자격증을 취득하지 않는다.

22
다음 글의 결론을 이끌어 내기 위해 빈칸에 추가해야 할 전제로 적절한 것은?

> 항공권이 할인되면 나는 해외여행을 갈 것이다. 이번 달에는 항공권이 할인되거나 호텔 할인 상품이 출시될 것이다. _____ 따라서 이번 달에 나는 해외여행을 가거나 국내 여행을 갈 것이다.

① 내가 국내 여행을 가면 항공권은 할인되지 않을 것이다.
② 호텔 할인 상품이 출시되면 나는 국내 여행을 갈 것이다.
③ 내가 해외여행을 가면 호텔 할인 상품은 출시되지 않을 것이다.
④ 항공권이 할인되지 않으면 나는 국내 여행을 가지 않을 것이다.

23
다음 명제가 모두 참일 때, 반드시 참인 것은?

- 도서관에서는 조용히 해야 하고 휴대폰을 진동으로 설정해야 한다.
- 영화관에서는 조용히 해야 한다.
- 민수는 도서관에 있거나 영화관에 있다.
- 민수는 휴대폰을 진동으로 설정하지 않았다.

① 민수는 도서관에 있다.
② 민수는 영화관에 있다.
③ 민수는 영화관이 아닌 곳에 있다.
④ 민수는 조용히 하지 않아도 된다.

24
제시된 진술이 모두 참일 때, 반드시 참이 되는 것은?

> ○ 전자기기이면서 그것을 사용하려면, 배터리가 충전되어 있거나 전원에 연결되어 있어야 한다.
> ○ 모든 노트북은 전자기기이다.
> ○ 나의 노트북은 배터리가 충전되어 있지 않다.
> ○ 나의 노트북은 현재 사용 중이다.

① 나의 노트북은 전자기기가 아니다.
② 나의 노트북은 전원에 연결되어 있다.
③ 나의 노트북은 배터리가 충전되어 있다.
④ 나의 노트북은 전원에 연결되어 있지 않다.

25
다음 명제가 모두 참일 때 항상 옳은 것은?

> ○ 가벼운 운동을 하는 모든 사람은 숙면을 취한다.
> ○ 숙면을 취하는 모든 사람은 불면증이 없다.
> ○ 활기가 있는 모든 사람은 가벼운 운동을 한다.

① 활기가 있는 모든 사람은 숙면을 취하지 않는다.
② 불면증이 있는 모든 사람은 가벼운 운동을 한다.
③ 가벼운 운동을 하는 모든 사람은 불면증이 없다.
④ 활기가 있는 모든 사람은 불면증이 있다.

26
다음 진술이 모두 참일 때 반드시 참인 것은?

> ○ 식물을 좋아하는 사람은 개를 좋아하지 않는다.
> ○ 개를 좋아하지 않는 사람은 고양이를 좋아한다.
> ○ 고양이를 좋아하지 않는 사람은 열대어를 좋아하지 않는다.

① 열대어를 좋아하는 사람은 개를 좋아한다.
② 개를 좋아하는 사람은 고양이를 좋아하지 않는다.
③ 고양이를 좋아하지 않는 사람은 식물을 좋아하지 않는다.
④ 열대어를 좋아하지 않는 사람은 식물을 좋아하지 않는다.

27
다음 진술이 모두 참일 때 반드시 참인 것은?

> ○ 전 대표 또는 홍 부장이 식사를 하면, 민 차장도 식사를 한다.
> ○ 최 과장이 식사를 하지 않으면, 민 차장도 식사를 하지 않는다.
> ○ 전 대표는 식사를 한다.

① 홍 부장은 식사를 한다.
② 최 과장과 민 차장 모두 식사를 한다.
③ 홍 부장이 식사를 하면, 최 과장이 식사를 하지 않는다.
④ 최 과장이 식사를 하면, 민 차장이 식사를 하지 않는다.

유형 공략 문제

28
다음 글의 밑줄 친 결론을 이끌어내기 위해 추가해야 할 전제는?

> □□ 국가에서 인플레이션이 발생하면 ○○ 은행은 보유한 채권을 매각한다. ○○ 은행은 보유한 채권을 매각하지 않거나 금리를 인상할 예정이다. 만약 ○○ 은행이 금리를 인상한다면 □□ 국가의 통화량은 감소한다. <u>따라서 □□ 국가의 통화량은 결국 감소할 것이다.</u>

① ○○ 은행은 금리를 인상하지 않는다.
② □□ 국가에서 인플레이션이 발생한다.
③ ○○ 은행은 보유한 채권을 매각하지 않는다.
④ ○○ 은행이 금리를 인상하면 ○○ 은행은 보유한 채권을 매각한다.

29
다음 명제가 모두 참일 때 항상 옳은 것은?

> ○ 반지를 낀 모든 사람은 부자이다.
> ○ 결혼을 한 모든 사람은 반지를 낀다.
> ○ 돈을 벌지 않는 모든 사람은 부자가 아니다.

① 결혼을 한 모든 사람은 돈을 번다.
② 반지를 낀 모든 사람은 돈을 벌지 않는다.
③ 모든 부자는 반지를 낀다.
④ 돈을 벌지 않는 모든 사람은 반지를 낀다.

30
다음 글의 내용이 참일 때, 반드시 참인 것만을 〈보기〉에서 모두 고르면?

> 자율을 추구하는 사람은 협력을 하지 않는다. 또한 개방적인 성격을 가진 사람들이 협력을 한다. 하지만 협력을 하는 사람들은 전문적인 업무를 맡지 않는다. 한편 자율을 추구하지 않는 사람은 타인들을 신뢰하지 않고, 동시에 개방적인 성격을 가지고 있다. 반면 자율을 추구하는 사람들은 타인을 신뢰한다.

〈보기〉
ㄱ. 자율을 추구하는 사람은 전문적인 업무를 맡는다.
ㄴ. 자율을 추구하는 사람은 개방적인 성격을 가지고 있지 않다.
ㄷ. 개방적인 성격을 가진 사람들은 전문적인 업무를 맡지 않는다.

① ㄱ
② ㄴ
③ ㄴ, ㄷ
④ ㄱ, ㄴ, ㄷ

31
다음 진술이 모두 참일 때 항상 참인 것은?

> ○ 갑이 A 교육을 수강한다면 B 교육을 수강하지 않는다.
> ○ 갑이 B 교육을 수강하지 않는다면 C 교육을 수강한다.
> ○ 갑이 C 교육을 수강하지 않는다면 D 교육을 수강하지 않는다.

① 갑이 A 교육을 수강하지 않는다면 B 교육을 수강한다.
② 갑이 B 교육을 수강한다면 C 교육을 수강하지 않는다.
③ 갑이 C 교육을 수강하지 않는다면 A 교육을 수강하지 않는다.
④ 갑이 D 교육을 수강하지 않는다면 C 교육을 수강하지 않는다.

32

(가)와 (나)를 전제로 할 때 빈칸에 들어갈 결론으로 가장 적절한 것은?

> (가) 아침에 목욕하면서 저녁에 목욕하지 않는 사람이 있다.
> (나) 점심에 목욕하는 사람 중에서 저녁에 목욕하지 않는 사람은 없다.
> 따라서 _____.

① 점심에 목욕하는 사람은 모두 아침에 목욕하지 않는 사람이다
② 아침에 목욕하는 사람 중 일부는 점심에 목욕하지 않는 사람이다
③ 아침에 목욕하면서 저녁에 목욕하는 사람은 모두 점심에 목욕하는 사람이다
④ 저녁에 목욕하면서 아침에 목욕하지 않는 사람은 모두 점심에 목욕하는 사람이 아니다

33

2025 국가직 9급

다음 대화의 빈칸에 들어갈 말로 가장 적절한 것은?

> 갑: 설명회는 다음 달 셋째 주 목요일이나 넷째 주 목요일에 개최해야 합니다.
> 을: 설명회를 _____.
> 병: 설명회를 다음 달 셋째 주 목요일에 개최하면, 홍보 포스터 제작을 이번 주 안에 완료해야 합니다.
> 정: 여러분의 의견대로 하자면, 반드시 이번 주 안에 홍보 포스터 제작을 완료해야 하겠군요.

① 다음 달 넷째 주 목요일에 개최해야 합니다
② 다음 달 셋째 주 목요일에 개최할 수 없습니다
③ 다음 달 넷째 주 목요일에 개최할 수 없습니다
④ 다음 달 넷째 주 목요일에 개최하면, 이번 주 안에 홍보 포스터 제작을 완료하지 않아도 됩니다

34

2025 국가직 9급

(가)~(다)를 전제로 할 때 빈칸에 들어갈 결론으로 가장 적절한 것은?

> (가) 인공일반지능이 만들어지거나 인공지능 산업이 쇠퇴한다.
> (나) 인공일반지능이 만들어지면, 인간의 생활이 편리해지는 동시에 많은 사람이 직장을 잃는다.
> (다) 인공지능 산업이 쇠퇴하면, 많은 사람이 직장을 잃는 동시에 세계 경제가 침체된다.
> 따라서 _____.

① 세계 경제가 침체된다
② 인간의 생활이 편리해진다
③ 많은 사람이 직장을 잃는다
④ 인간의 생활이 편리해지고 세계 경제가 침체된다

02 명제 추론하기 ② 벤다이어그램

☐ 유형 소개
- '명제 추론하기'는 공무원 9급 시험의 출제 기조가 전환된 이후 새롭게 출제되는 신유형 문제이다.
- '명제 추론하기'는 주어진 명제를 바탕으로 도출되는 결론, 또는 결론 도출에 필요한 전제를 묻는 방식으로 출제된다.
- '명제 추론하기'는 명제의 종류와 명제 간의 관계에 대한 이해를 바탕으로 빠르게 문제를 해결하여 독해 문제 풀이 시간을 확보할 필요가 있다.

☐ 출제 경향
- '모든'의 의미를 가진 명제와 '일부'의 의미를 가진 명제를 구분하여 파악해야 하는 문제가 출제된다.
- 명제의 핵심어를 기준으로 집합 관계를 이해하고 해결해야 문제가 출제되고 있다.

☐ 유형 필수 이론

1 명제의 벤다이어그램

명제는 '모든'의 의미를 가진 명제와 '어떤'의 의미를 가진 명제로 구분할 수 있고, 같은 의미를 가진 명제는 다양한 문장으로 나타낼 수 있으며 다음과 같이 벤다이어그램으로 나타낼 수 있다.

1. '모든'의 의미를 가진 명제

모든 A는 B이다 (= A는 모두 B이다)	A 중에 B가 아닌 것은 없다	A 중에 B인 것은 없다
B를 포함하는 A 또는 A=B	B를 포함하는 A 또는 A=B	A와 B가 분리됨

2. '어떤'의 의미를 가진 명제

어떤 A는 B이다 (= 어떤 B는 A이다)	어떤 A는 B가 아니다	B 중에 A가 있다
(벤다이어그램: A와 B 교집합 색칠)	(벤다이어그램: A에서 B를 뺀 부분 색칠)	(벤다이어그램: B 안에 A가 포함됨) 또는 (A와 B 교집합 색칠)
A이면서 B인 것이 있다 (= B이면서 A인 것이 있다)	**어떤 B는 A가 아니다**	**A 중에 B가 있다**
(벤다이어그램: A와 B 교집합 색칠)	(벤다이어그램: B에서 A를 뺀 부분 색칠)	(벤다이어그램: A 안에 B가 포함됨) 또는 (A와 B 교집합 색칠)

2 명제의 타당성 검증

제시된 명제가 '모든' 또는 '어떤' 중 어떤 의미를 갖는지 파악하고, 명제 사이의 관계가 잘 드러나도록 벤다이어그램으로 나타내 명제의 타당성을 파악할 수 있다.

1. 모든 전제가 참일 때 항상 참이 되는 결론은 타당한 결론이다.

예 모든 두부는 콩으로 만든다. 모든 콩은 단백질이 풍부하다.

결론	타당성 검증
모든 두부는 단백질이 풍부하다. (○)	(벤다이어그램: 단백질 ⊃ 콩 ⊃ 두부) ⇒ 모든 두부는 단백질이 풍부하므로 타당한 결론이다.

2. 반례가 한 가지라도 존재한다면 타당하지 않은 결론이다.

결론	타당성 검증
단백질이 풍부한 모든 것은 두부이다. (×)	(벤다이어그램: 단백질 ⊃ 콩 ⊃ 두부) ⇒ 단백질이 풍부한 것 중에서 두부가 아닌 것이 있으므로 타당하지 않은 결론이다.

3. 다른 형태의 벤다이어그램으로 그릴 때에도 반례가 없는지 확인한다.

의미가 동일하더라도 다양한 형태의 벤다이어그램으로 나타낼 수 있다.

결론	타당성 검증
단백질이 풍부한 모든 것은 두부이다. (O)	단백질 = 두부 = 콩 ⇒ 다음과 같이 나타내면 '단백질이 풍부한 것 중에 두부가 아닌 것이 있을 수도 있다'라는 반례를 찾을 수 없다.

🟩 단계별 문제 풀이 전략

STEP 1 **제시된 명제를 벤다이어그램으로 나타낸다.**
  · 제시된 명제가 '모든' 또는 '일부' 중 어떤 의미를 갖는지 파악한다.
  · 명제 사이의 관계가 잘 드러나도록 벤다이어그램으로 나타낸다.

STEP 2 **명제의 타당성을 파악한다.**
  · 모든 전제가 참일 때 항상 참이 되는 결론은 타당한 결론이다.
  · 반례가 한 가지라도 존재한다면 타당하지 않은 결론이다.
  · 자신이 그린 벤다이어그램으로 반례를 찾을 수 없다면, 다른 형태의 벤다이어그램으로 그릴 때에도 반례가 없는지 확인해야 한다. 의미가 동일하더라도 다양한 형태의 벤다이어그램으로 나타낼 수 있기 때문이다.

■ 전략 적용하기

다음 글의 밑줄 친 결론을 이끌어 내기 위해 추가해야 할 것은?

9급 출제기조 전환 1차 예시문제

> 문학을 좋아하는 사람은 모두 자연의 아름다움을 좋아하는 사람이다. 자연의 아름다움을 좋아하는 어떤 사람은 예술을 좋아하는 사람이다. 따라서 예술을 좋아하는 어떤 사람은 문학을 좋아하는 사람이다.

① 자연의 아름다움을 좋아하는 사람은 모두 문학을 좋아하는 사람이다.

② 문학을 좋아하는 어떤 사람은 자연의 아름다움을 좋아하는 사람이다.

③ 예술을 좋아하는 어떤 사람은 자연의 아름다움을 좋아하는 사람이다.

④ 예술을 좋아하지만 문학을 좋아하지 않는 사람은 모두 자연의 아름다움을 좋아하는 사람이다.

STEP 1
제시된 명제를 벤다이어그램으로 나타낸다.

· 명제 사이의 관계가 잘 드러나도록 벤다이어그램으로 나타냄

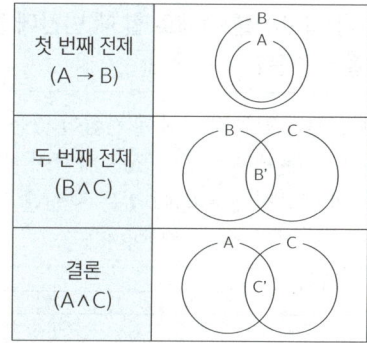

STEP 2
명제의 타당성을 파악한다.

첫 번째 전제는 'A → B'이다. 두 번째 전제는 'B∧C'이므로 결론 'A∧C'를 이끌어 내려면, 'A ↔ B'라는 조건이 필요하다.

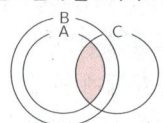

→ ① 'B → A'가 추가되면 첫 번째 전제 'A → B'에 의해 'A ↔ B'가 되고, 두 번째 전제 'B∧C'에 의해 'A∧C'를 이끌어 낼 수 있다.

 ② 첫 번째 전제에서 이미 문학을 좋아하는 사람은 모두 자연의 아름다움을 좋아한다고 제시하였으므로 ②는 적절하지 않다.

③ 두 번째 전제와 동등한 의미를 가지므로 ③은 적절하지 않다.

④ 아래 벤다이어그램과 같이 예술을 좋아하는 사람 중 문학을 좋아하는 사람이 한 명도 없을 수 있으므로 ④는 적절하지 않다.

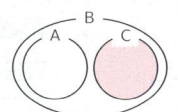

유형 공략 문제

01
9급 출제기조 전환 1차 예시문제

(가)와 (나)를 전제로 할 때 빈칸에 들어갈 결론으로 가장 적절한 것은?

> (가) 노인복지 문제에 관심이 있는 사람 중 일부는 일자리 문제에 관심이 있는 사람이 아니다.
> (나) 공직에 관심이 있는 사람은 모두 일자리 문제에 관심이 있는 사람이다.
> 따라서 _____.

① 노인복지 문제에 관심이 있는 사람 중 일부는 공직에 관심이 있는 사람이 아니다
② 공직에 관심이 있는 사람 중 일부는 노인복지 문제에 관심이 있는 사람이 아니다
③ 공직에 관심이 있는 사람은 모두 노인복지 문제에 관심이 있는 사람이 아니다
④ 일자리 문제에 관심이 있지만 노인복지 문제에 관심이 없는 사람은 모두 공직에 관심이 있는 사람이 아니다

02
다음 글의 밑줄 친 결론을 이끌어내기 위해 추가해야 할 것은?

> 도서관에 가는 사람은 모두 책을 좋아한다.
> 책을 좋아하는 어떤 사람은 공부를 잘한다.
> 따라서 공부를 잘하는 어떤 사람은 도서관에 간다.

① 도서관에 가는 어떤 사람은 책을 좋아한다.
② 책을 좋아하는 모든 사람은 도서관에 간다.
③ 공부를 잘하는 어떤 사람은 책을 좋아한다.
④ 공부를 잘하는 모든 사람은 책을 좋아한다.

03
다음 진술이 모두 참일 때 반드시 옳은 것은?

> • 등산을 좋아하는 모든 사람은 운동화를 가지고 있다.
> • 등산을 좋아하는 어떤 사람은 등산복을 가지고 있다.

① 운동화와 등산복을 모두 가지고 있는 사람은 없다.
② 등산을 좋아하는 모든 사람은 등산복을 가지고 있다.
③ 운동화를 가지고 있는 모든 사람은 등산복을 가지고 있다.
④ 등산복을 가지고 있는 어떤 사람은 운동화를 가지고 있다.

04
다음 결론이 반드시 참이 되게 하는 전제는?

> • 전제 1: 모든 성악가는 한 가지 이상의 악기를 연주할 줄 안다.
> • 전제 2: _____
> • 결론: 모든 지휘자는 한 가지 이상의 악기를 연주할 줄 안다.

① 모든 성악가는 지휘자이다.
② 어떤 지휘자는 성악가가 아니다.
③ 성악가이면서 지휘자인 사람은 없다.
④ 성악가가 아닌 모든 사람은 지휘자가 아니다.

05
다음 명제가 모두 참일 때 항상 참인 진술은?

> • 인내력이 강한 모든 사람은 공감 능력을 가지고 있다.
> • 공감 능력을 가진 사람 중에 다정한 사람이 있다.
> • 이기적인 사람은 모두 공감 능력을 가지고 있지 않다.

① 이기적인 사람은 모두 인내력이 강하지 않다.
② 인내력이 강한 사람 중에 다정한 사람이 있다.
③ 다정한 사람은 모두 이기적이지 않은 사람이다.
④ 공감 능력을 가지고 있지 않은 모든 사람은 이기적인 사람이다.

06
(가)와 (나)를 전제로 할 때 빈칸에 들어갈 결론으로 가장 적절한 것은?

> (가) 부동산 투자에 관심이 있는 모든 사람은 적금 상품에 관심이 있다.
> (나) 주식 투자에 관심이 있는 사람 중 일부는 적금 상품에 관심이 있는 사람이 아니다.
> 따라서 _____.

① 주식 투자에 관심이 있는 사람 중 일부는 부동산 투자에 관심이 있는 사람이 아니다
② 부동산 투자에 관심이 있는 사람 중 일부는 주식 투자에 관심이 있는 사람이 아니다
③ 부동산 투자에 관심이 있는 사람은 모두 주식 투자에 관심이 있는 사람이 아니다
④ 적금 상품에 관심이 있지만 주식 투자에 관심이 없는 사람은 모두 부동산 투자에 관심이 있는 사람이 아니다

07
다음 결론이 반드시 참이 되게 하는 전제는?

> 전제: 생산 업무를 담당하는 어떤 사람은 회계 업무도 담당한다.
> 결론: 생산 업무를 담당하는 사람 중에 인사 업무도 담당하는 사람이 있다.

① 회계 업무를 담당하는 모든 사람은 인사 업무를 담당한다.
② 회계 업무를 담당하는 모든 사람은 인사 업무를 담당하지 않는다.
③ 인사 업무를 담당하는 사람 중에 회계 업무도 담당하는 사람이 있다.
④ 회계 업무를 담당하지 않는 사람 중에 인사 업무를 담당하는 사람이 있다.

03 논증의 종류 파악하기

◼ 유형 소개
- '논증의 종류 파악하기' 유형은 연역적 논증, 귀납적 논증 등이 사용된 글을 제시하고 어떤 논증 방식이 사용된 것인지를 묻는 유형이다.
- 주어진 명제를 확인하고, 명제들 간의 관계를 이해하여 글의 논리가 어떻게 전개되는지를 파악하는 문제가 이 유형에 속한다.

◼ 출제 경향
- 주요 직렬(국가직·지방직)에서는 2017년 이후 논증의 종류 파악하기 문제가 출제되지 않고 있으나, 최근 명제 및 논증 영역이 강화되면서 다시 출제될 가능성이 있다.
- 논증(추론)의 방식은 정의, 인과, 예시, 비교, 대조 등의 논지 전개 방식을 가진 글과 함께 출제되기도 한다.

◼ 유형 필수 이론

1 논증의 이해
논증이란 정당한 근거나 일반적인 원리를 바탕으로 진리를 증명하는 것으로, 하나의 결론을 하나 이상의 전제가 뒷받침하는 형식이 일반적이다. 어떤 명제를 근거로 다른 명제를 도출할 때, 근거가 되는 명제를 '전제'라고 하고 도출된 결과로서의 명제를 '결론'이라고 한다.

2 논증의 종류

1. 연역적 논증

(1) 연역적 논증의 개념과 특징

① 연역(演繹, deduction)이란 일반적인 사실이나 원리에서 개별적이고 구체적인 사실이나 현상을 이끌어 내는 것을 의미한다.

② 주로 삼단 논법(전제 1 - 전제 2 - 결론)의 형식을 취한다.

③ 논리적 필연성을 중시하는 추론 방법으로, 논리적 형식이 타당하면 추론 과정 속에서는 모순이 발생하지 않는다. 따라서 전제가 참이면 결론도 참이 된다.

④ 논리적 형식이 타당하더라도 전제가 거짓이면 결론도 거짓이 된다.

⑤ 연역 추론을 통해서는 새로운 사실을 발견할 수 없으며, 전제 속에 포함된 진리를 재확인할 수 있을 뿐이다.

(2) 연역적 논증의 종류

① 전건 긍정: 가언 명제가 참일 때, 전건이 참이면 후건도 참이 된다.

표준 명제	예문
[전제 1] P이면 Q이다. (P → Q) [전제 2] P다. (P) [결론] 따라서 Q이다. (Q)	[전제 1] 사람이면 포유동물이다. [전제 2] 그것은 사람이다. [결론] 따라서 그것은 포유동물이다.

② 후건 부정: 가언 명제가 참일 때, 후건이 참이 아니면 전건도 참이 아니게 된다.

표준 명제	예문
[전제 1] P이면 Q이다. (P → Q) [전제 2] Q가 아니다. (~Q) [결론] 따라서 P가 아니다. (~P)	[전제 1] 사람이면 포유동물이다. [전제 2] 그것은 포유동물이 아니다. [결론] 따라서 그것은 사람이 아니다.

③ 정언 삼단 논법: 정언 명제를 통해 결론을 도출하는 방법이다.

표준 명제	예문
[전제 1] A는 B이다. [전제 2] C는 A이다. [결론] 따라서 C는 B이다.	[전제 1] 모든 사람은 죽는다. [전제 2] 소크라테스는 사람이다. [결론] 따라서 소크라테스는 죽는다.

④ 가언 삼단 논법: 가언 명제를 통해 결론을 도출하는 방법으로, 연쇄적인 인과 관계로 구성되어 있다.

표준 명제	예문
[전제 1] P이면 Q이다. (P → Q) [전제 2] Q이면 R이다. (Q → R) [결론] 따라서 P이면 R이다. (P → R)	[전제 1] 비가 오면 배가 운행하지 않는다. [전제 2] 배가 운행하지 않으면 섬에 들어갈 수 없다. [결론] 따라서 비가 오면 섬에 들어갈 수 없다.

⑤ 선언 삼단 논법: 선언 명제를 통해 결론을 도출하는 방법으로, 배제를 통해 나머지 하나를 확증하거나 긍정하는 형식으로 구성되어 있다.

표준 명제	예문
[전제 1] P 또는 Q이다. (P ∨ Q) [전제 2] P가 아니다. (~P) [결론] 따라서 Q이다. (Q)	[전제 1] 오늘은 비가 오거나 화창하다. [전제 2] 오늘은 비가 오지 않는다. [결론] 따라서 오늘은 화창하다.

2. 귀납적 논증

(1) 귀납적 논증의 개념과 특징

① 귀납(歸納, induction)은 개별적이고 특수한 사실이나 현상들을 점검하고, 사례들의 공통점을 바탕으로 일반적인 결론을 이끌어 내는 것을 의미한다.
② 연역 추론과 달리 새로운 사실을 알 수 있으나, 논리적 필연성이 보장되지는 않는다.
③ 부분적이고 특수한 사례에서 얻어진 결론을 전체에 적용시키는 '귀납적 비약'을 전제로 한다.
④ 귀납 추론을 통해 얻은 결론은 일정한 개연성을 지닌 일반적 명제 또는 가설일 뿐이며, 예외가 있을 경우 결론은 거짓이 된다.

(2) 귀납적 논증의 종류

① **귀납 추론:** 부분적이고 특수한 사례의 공통점을 바탕으로 결론을 도출하는 방법이다.

> 예 [사례 1] 지구는 둥글고 행성이다.
> [사례 2] 목성은 둥글고 행성이다.
> [사례 3] 토성은 둥글고 행성이다.
> [결론] 따라서 모든 행성은 둥글다.
> ▶ 행성이 둥근 사례를 종합하여 '모든 행성은 둥글다'라는 새로운 지식을 도출하였다.

② **유비 추리:** 두 대상 간의 유사성을 바탕으로 다른 속성도 유사할 것이라는 결론을 도출하는 방법이다.

> 예 [전제] 대기, 물, 공기가 존재하는 지구는 생명체가 존재한다.
> [결론] 따라서 대기, 물, 공기의 흔적이 존재하는 화성도 생명체가 존재했을 것이다.
> ▶ 지구와 화성의 환경이 유사한 것에 근거하여, 지구와 마찬가지로 화성에도 생명체가 존재했을 것이라고 결론을 내리고 있다.

3. 변증법적 논증

(1) 변증법적 논증의 개념과 특징
특정 사물이나 대상의 발전 단계에서 기존 요소와 새로운 요소가 갈등하고, 그 갈등을 해결하는 과정에서 더 나은 상태를 이끌어 내는 것을 의미한다.

(2) 변증법적 논증의 종류

① **정반합(正反合):** 기존의 고정된 요소인 정(正)의 긍정적 요소를 계승하고 대립되는 요소인 반(反)의 부정적 요소를 버려 새로이 발전된 상태인 결론 합(合)을 도출하는 방법이다.

> [정(正)] 운동은 건강에 좋다.
> [반(反)] 하지만 체질에 맞지 않는 운동은 건강을 해칠 수도 있다.
> [합(合)] 따라서 건강을 증진시키려면 체질을 고려하여 운동을 해야 한다.

단계별 문제 풀이 전략

STEP 1 **제시문이나 선택지에 제시된 명제를 파악한다.**
- 글의 구조와 논증의 방식을 이해하기 위해 주어진 명제가 무엇인지 확인해야 한다.
- 명제 간의 같거나 유사한 의미가 있는지 파악하고, 각 명제들이 전제나 사례 혹은 결론에 해당하는지 확인한다.

STEP 2 **명제 간의 관계를 파악한다.**
- 일반적인 사실이나 원리에서 개별적이고 구체적인 사실이나 현상을 이끌어 내는지 확인한다. (연역 추론)
- 부분적이고 특수한 사례의 공통점을 바탕으로 결론을 도출하고 있는지 확인한다. (귀납 추론)

전략 적용하기

다음 글과 논증 방식이 가장 가까운 것은?

> 기존의 틀을 벗어나려면 새로운 가치가 필요하다. 운동선수가 뜀틀을 넘으려면 도약대가 있어야 하듯, 낡은 사고, 인습, 그리고 변화에 저항하는 틀을 뛰어넘기 위해서는 믿고 따를 분명한 디딤판이 필요하다. 또한, 기존의 틀을 벗어나려면 운동선수가 뜀틀을 향해 달려가는 것처럼 변화하고자 하는 의지도 필요하다. 도전하려는 의지가 수반될 때에 뜀틀 너머의 새로운 사회를 만날 수 있다.

① 미국 헌법은 미국 시민의 투표권을 보장한다. 미국 여성은 미국 시민이다. 그러므로 미국 헌법은 미국 여성의 투표권을 보장한다.

② 나는 유해한 모든 일을 피하려고 한다. 전자파가 유해하다는 것은 널리 알려진 사실이다. 전자레인지는 전자파를 방출하는 대표적인 기기이다. 따라서 나는 전자레인지 사용을 자제하려고 한다.

 ③ 전선을 통한 전기의 흐름은 도관을 통한 물의 흐름과 유사하다. 지름이 큰 도관은 지름이 작은 도관에 비해 많은 양의 물을 전달할 수 있다. 따라서 큰 지름의 전선은 작은 지름의 전선보다 많은 양의 전기를 전달할 수 있을 것이다.

④ 주말이면 동네에서 크고 작은 문화 행사를 한다. 박물관에는 다양한 문화재들이 항상 전시되어 있으며, 대학로의 소극장이나 예술의 전당 같은 문화 공간에서는 다양한 공연이 열리고 있다. 문화는 우리 생활 구석구석에 스며들어 있다.

STEP 1
제시문에 제시된 명제를 파악한다.

- 제시문에 드러난 주요 명제를 정리함:
  - 명제1: 기존의 틀(낡은 사고, 인습, 변화에 저항)을 벗어나려면 새로운 가치(디딤판)가 필요하다.
  - 명제2: 운동선수가 뜀틀을 넘으려면 도약대가 있어야 한다.

STEP 2
명제 간의 관계를 파악한다.

- 명제1~2의 관계 파악: 기존의 틀을 벗어나는 것과 운동 선수가 뜀틀을 넘는 것의 유사성에 근거하여 기존의 틀을 벗어나려면 새로운 가치가 필요하다는 결론을 이끌어 냈다.(유비 추리)

→ ③ 전선을 통한 전기의 흐름과 도관을 통한 물의 흐름의 유사성에 근거하여 큰 지름의 전선이 작은 지름의 전선보다 많은 양의 전기를 전달할 수 있을 것이라는 결론을 이끌어 냈다.(유비 추리)

오답 분석

① '연역 추론'의 논증 방식을 사용하였다.
- 미국 헌법은 미국 시민의 투표권을 보장한다. (대전제)
- 미국 여성은 미국 시민이다. (소전제)
- 그러므로 미국 헌법은 미국 여성의 투표권을 보장한다. (결론)

② '연역 추론'의 논증 방식을 사용하였다.
- 나는 유해한 모든 일을 피하려고 한다. (전제1)
- 전자파가 유해하다는 것은 널리 알려진 사실이다. (전제2)
- 전자레인지는 전자파를 방출하는 대표적인 기기이다. (전제3)
- 따라서 나는 전자레인지 사용을 자제하려고 한다. (결론)

④ 동네의 박물관, 소극장, 예술의 전당과 같은 곳에서 크고 작은 문화 행사가 열렸던 경험을 통해 '문화는 우리 생활 구석구석에 스며들어 있다'라는 결론을 내린 것으로 보아 '귀납 추론'의 논증 방식을 사용하였다.

유형 공략 문제

01
다음 글에서 나타난 추론 방법은?

> 쿠바에서는 도시 농업이 활성화되면서 식량 자급률이 높아졌고, 환경오염도 크게 줄어들었다. 독일의 클라인 가르텐은 도시민들의 건강과 휴양을 위한 공간으로도 활용되어 도시 농업의 성공을 이루었다. 프랑스의 빌랑드리 캐슬은 거대한 성의 정원 전체를 텃밭으로 바꾸었는데, 이곳에서 수확되는 수십 종의 농산물은 인근 레스토랑과 가게로 공급된다. 이와 같은 성공 사례를 통해 우리는 도시 농업이 이루어질 경우 유통비용 절감, 공해 발생 억제 등의 효과를 확인할 수 있다.
>
> 따라서 정부는 도시 농업을 성공한 다른 나라의 사례를 표본으로 삼아 관련법을 제정하고 제도를 마련해야 할 것이다. 또한 시민들은 이러한 도시 농업이 이루어질 수 있도록 보다 많은 관심을 기울이고 정부의 정책에 협조해야 할 것이다.

① 연역적 추론　　② 귀납적 추론
③ 변증법적 추론　　④ 유비 추론

02
다음 글과 같은 방식으로 논리를 전개한 것은?

> 진리가 사상의 체계에 있어 제일의 덕이듯이 정의는 사회적 제도에 있어 제일의 덕이다. 하나의 이론은 그것이 아무리 멋지고 간명한 것이라 하더라도 만약 참되지 않다면 거부되거나 수정되어야 한다. 이와 마찬가지로 법과 제도는 그것이 아무리 효율적으로 잘 정비되어 있다고 하더라도 만약 정의롭지 않다면 개혁되거나 폐기되어야 한다.

① 의지의 자유가 없는 사람에게는 책임을 물을 수 없다. 그런데 인간에게는 책임을 물을 수 있다. 그러므로 인간의 의지는 자유롭다고 보아야 한다.

② 여자는 생각하는 것이 남자와 다른 데가 있다. 남자는 미래를 생각하지만 여자는 현재의 상태를 더 소중하게 여긴다. 남자가 모험, 사업, 성 문제를 중심으로 생각한다면 여자는 가정, 사랑, 안정성에 비중을 두어 생각한다.

③ 우리 강아지는 배를 문질러 주면 등을 바닥에 대고 누워 버려. 그리고 정말 기분 좋은 듯한 표정을 짓지. 그런데 내 친구 강아지도 그렇더라고. 아마 모든 강아지가 그런 속성을 가지고 있는 것 같아.

④ 인생은 여행과 같다. 간혹 험난한 길을 만나기도 하고, 예상치 않은 일을 당하기도 한다. 우연히 누군가를 만나고 그들과 관계를 맺기도 한다. 여행을 끝내고 집으로 돌아왔을 때 편안함을 느끼는 것처럼 생을 끝내고 죽음을 맞이할 때 우리는 더없이 편안해질 것이다.

03
〈보기〉의 논리와 같은 방식이 사용된 문장은?

〈보기〉
내가 당신에게서 넥타이를 빌렸을 때, 그때 내가 당신 물건을 어떻게 다뤘었소? 소중하게 다루었소. 빌렸던 것이니까 소중하게 아꼈다가 되돌려 드렸지요. 이처럼 내가 이 세상에서 그대를 빌리는 동안에 아끼고 사랑하고 그랬다가 언젠가 이별의 시간이 되면 소중하게 되돌려 줄 것이오.

① 공부는 등산과는 다른 것이다. 공부는 머리로 하는 행위이고 등산은 몸으로 하는 행위이기 때문이다.
② '원숭이 엉덩이는 빨개, 빨가면 사과'라는 노랫말은 원숭이와 사과의 유사한 점을 바탕으로 한 것이다.
③ 우리말을 제대로 세우지 않고 영어를 들여오는 일은 우리 토종 물고기를 돌보지 않은 채 외래종 물고기를 들여온 우(憂)를 또다시 범하는 것이다.
④ 오늘날 고리타분한 전통에만 집착하는 것은 현대 문명의 편리하고 신속한 생활을 무시하는 것이나 마찬가지이다.

04
다음 글과 논증 방식이 가장 가까운 것은?

약품 A는 쥐의 스트레스 감소에 도움이 된다. 쥐는 사람과 유전적으로 80% 이상 유사하고, 허파로 호흡한다는 점에서도 사람과 유사하다. 또한, 쥐와 사람은 모두 포유류이다. 따라서 약품 A는 사람의 스트레스 감소에도 도움이 될 것이다.

① 모든 조류는 하늘을 날 수 있다. 타조는 조류이다. 그러므로 타조는 하늘을 날 수 있다.
② 오늘 점심 메뉴는 짜장면이거나 짬뽕이다. 오늘 점심 메뉴는 짜장면이 아니다. 따라서 오늘 점심 메뉴는 짬뽕이다.
③ 책을 좋아하고, 사람들과 대화하는 것을 좋아하고, 토론을 좋아하는 소크라테스는 똑똑하다. 플라톤도 책을 좋아하고, 사람들과 대화하는 것을 좋아하고, 토론도 좋아하므로 똑똑할 것이다.
④ 우리 진돗개는 사람만 보면 입을 벌리고 웃는다. 순이네 진돗개도 사람만 보면 입을 벌리고 웃는다. 철이네 진돗개도 그렇다. 따라서 모든 진돗개는 사람만 보면 입을 벌리고 웃을 것이다.

정답 및 해설 p.110

04 논증의 오류 파악하기

📗 유형 소개
- '논증의 오류 파악하기' 유형은 제시문에 나타난 오류가 무엇인지 파악하고, 이와 동일한 오류를 가진 글을 찾게 하는 유형이다.
- 서로 다른 오류를 가진 글이지만 문형 또는 문장 구조를 유사하게 제시하여 오답 선택을 유도하는 문제가 출제되기도 한다. 따라서 논증 오류의 종류에 대해 숙지하고 다양한 문제에 적용해 보며 오류를 파악하는 연습이 필요하다.

📗 출제 경향
- 주요 직렬(국가직·지방직)에서는 2018년 이후 논증의 오류 파악하기 문제가 출제되지 않고 있으나, 최근 명제 및 논증 영역이 강화되면서 다시 출제될 가능성이 있다.
- 공무원 국어 시험에서는 자료적, 심리적, 언어적 오류를 범한 경우의 문제가 출제되었으며, 높은 난도의 문제가 출제되지는 않았다.

📗 유형 필수 이론

1 형식적 오류
연역적 논증에서 타당하지 않은 형식을 지닌 논증을 사용하여 발생하게 되는 오류이다.

전건 부정의 오류	참인 명제의 전건을 부정하여 후건의 부정을 결론으로 도출하는 오류이다. 예 비행기를 타면 멀리 갈 수 있다. 영서는 비행기를 타지 않았다. 따라서 영서는 멀리 가지 않았을 것이다. ▶ 영서가 비행기 외의 것을 타고 멀리 갔을 가능성이 있으므로 타당하지 않은 논증이다.
후건 긍정의 오류	참인 명제의 후건을 긍정하여 전건의 긍정을 결론으로 도출하는 오류이다. 예 비행기를 타면 멀리 갈 수 있다. 영서는 멀리 갔다. 따라서 영서는 비행기를 탔을 것이다. ▶ 영서가 비행기 외의 것을 타고 멀리 갔을 가능성이 있으므로 타당하지 않은 논증이다.
선언지 긍정의 오류	선언 명제로 제시된 두 명제 중 하나를 긍정하여 다른 하나의 부정을 결론으로 도출하는 오류이다. 예 성재는 강아지나 고양이를 키운다. 성재는 강아지를 키운다. 따라서 성재는 고양이를 키우지 않는다. ▶ 성재가 강아지와 고양이를 모두 키울 가능성이 있으므로 타당하지 않은 논증이다.

2 자료적 오류
주장의 전제나 논거가 되는 자료를 잘못 판단하였음에도 불구하고 이로부터 결론을 이끌어 내어 범하게 되는 오류, 또는 원래 적합하지 않은 전제임을 알면서도 논거로 삼음으로써 발생하게 되는 오류이다.

성급한 일반화의 오류	제한되거나 불충분한 자료, 또는 대표성이 결여된 사례 등을 근거로 삼아 성급하게 일반화함으로써 발생하는 오류이다. 예 알코올은 간암 발병의 원인이다. 그러므로 술을 마시는 사람은 모두 간암에 걸려 죽을 것이다.
흑백논리의 오류	어떤 주장에 대한 선택지가 두 가지밖에 없다고 생각하거나 다른 가능성이 허용됨에도 불구하고 그를 인정하지 않음으로써 발생하는 오류이다. 예 당신이 도덕적으로 좋은 사람이 아니라면 당신은 나쁜 사람이다.

원인 오판의 오류 (인과 혼동의 오류)	어떤 사건의 인과를 혼동하거나, 단순한 선후 관계를 원인과 결과의 관계로 혼동함으로써 발생하는 오류이다. 예 오늘 회사에 늦은 것은 출근길에 까마귀를 보았기 때문이다.
무지에의 호소	반증된 적이 없으므로 어떤 주장을 받아들여야 한다고 말하거나, 증명된 적이 없으므로 어떤 결론이 옳지 않다고 주장하는 오류이다. 예 아직 그 병을 치료할 수 있는 방법을 찾지 못했으니 그 병은 치료할 수 없는 병이다.
원칙 혼동의 오류 (우연의 오류)	일반적인 원칙을 특수한 경우에도 그대로 적용하여 발생하는 것이다. 예 우리는 누구나 표현의 자유를 가지고 있다. 따라서 교사도 교단에서 정치적 견해를 마음껏 표현할 권리를 가진다.
의도 확대의 오류	의도하지 않은 결과에 대해 본래부터 의도가 있었다고 판단하여 생기는 오류이다. 예 그는 정말 책을 많이 산다. 그는 출판사의 이익에 관심이 있는 것이 틀림없다.
복합 질문의 오류	둘 이상의 질문이 포함된 하나의 문장을 통해 긍정이나 부정의 답변을 요구하는 오류이다. 어떤 식으로 대답하든, 대답하는 사람이 수긍할 수 없거나 수긍하고 싶지 않은 점을 수긍하도록 하는 질문 때문에 발생한다. 예 A: 회사에서 횡령한 자금을 모두 도박으로 탕진한 것이 사실입니까? 　B: 아니오. 　A: 그렇다면 회사 자금을 횡령한 사실은 인정하시는 거군요. ▶ '당신은 회사의 자금을 횡령했습니까?'와 '돈을 도박으로 탕진했습니까?'의 두 질문을 내포하는 질문을 함으로써, 어떤 대답을 하든 회사 자금을 횡령했다는 사실을 수긍하게 만들고 있다.
분할의 오류 (분해의 오류)	분할의 오류는 부분이나 원소가 전체 또는 집합과 같은 성질을 가지고 있다고 추론하는 것이다. 예 독일인은 원리 원칙을 잘 지키기로 유명하다. 따라서 그 독일 사람도 질서를 잘 지킬 것임에 틀림없어.
합성의 오류 (결합의 오류)	합성의 오류는 부분이나 원소의 성질을 전체의 속성으로 보는 오류이다. 즉, 각각의 경우는 참이지만 결합한 전체는 거짓인 것을 참으로 주장함으로써 일어나는 오류이다. 예 야구 올스타팀은 국내 다른 어떤 야구팀과 경기해도 이길 것이다. 각 포지션별로 최고의 선수가 모여 있기 때문이다.
순환논증의 오류 (선결문제 요구의 오류)	결론에서 주장한 내용을 다시 근거로 제시하는 오류이다. 이는 문제가 되는 것을 증명하지 않고 사용하여 발생한다. 예 이곳에 있는 사람들은 모두 선하다. 왜냐하면 이곳에는 선하지 않은 사람들이 없기 때문이다.

③ 심리적 오류

주장에 대한 논리적 근거를 제시하지 않고, 심리적인 면에 호소하여 상대를 설득하려고 할 때 발생하는 오류이다.

동정(연민)에의 호소	상대방의 동정심이나 연민에 호소하여 자신의 주장을 받아들이게 하는 오류이다. 예 우리 단체에 기부하는 것은 결코 우리의 이익을 위한 일이 아닙니다. 바로 우리보다 궁핍한 사람들을 돕기 위한 것입니다.
부적합한 권위에의 호소	논점과 직접적인 상관관계가 없는 권위자의 견해를 근거로 하여, 자신의 주장을 받아들이도록 하는 오류이다. 예 그 학자는 중요한 발표를 앞두고 늘 와인을 마시곤 해. 우리도 중요한 일을 하기 전에 꼭 와인을 마시자. 그러면 긴장이 풀릴 거야.
원천 봉쇄의 오류 (우물에 독을 넣는 오류)	반론의 가능성이 있는 요소를 원천적으로 비난하거나 봉쇄하여, 반론의 제기 자체를 불가능하게 하는 오류이다. 예 저의 말은 무엇보다 진실에 근거한 것입니다. 저의 말에 반대하시는 분들은 진실을 외면하는 것입니다.
대중(여론)에의 호소	타당한 근거 없이 대중의 감정 또는 군중 심리에 호소하거나, 여러 사람이 동의한다는 점을 앞세워 자신의 주장에 동조하도록 하는 오류이다. 예 이 영화는 작품성이 뛰어나. 왜냐하면 1,000만 관객을 동원했거든.
정황에의 호소	상대방이 처한 상황이나 사정을 근거로 하여, 상대의 주장과 논지를 비판하는 오류이다. 예 • 공자의 사상은 무가치하다. 왜냐하면 공자는 죽었기 때문이다. 　• 그 사람은 밤 10시 이후 학원 수업 불가 정책에 반대할 게 틀림없어. 그는 학원 강사고, 그 법안이 통과되면 자기 수입이 줄어들 테니까.
역공격의 오류 (피장파장의 오류)	자신이 받는 비판이 상대방에게도 적용될 수 있음을 근거로 들어, 비판받는 상황을 모면하고자 하는 오류이다. 예 • 제 행위에 문제가 있다고들 지적하시지만, 여러분들 중에 저만큼이라도 법을 지키며 사신 분이 계시는지 의문입니다. 　• 왜 내 운전 솜씨 가지고 그래? 그러는 당신은 얼마나 잘 하는데?

4 언어적 오류

언어를 잘못 이해하거나 사용한 데서 발생하는 오류이다.

애매어의 오류	둘 이상의 의미로 사용될 수 있는 단어를, 의미를 명백히 파악하지 않고 혼동하여 사용함으로써 생기는 오류이다. 예 · 그는 국회도서관 가까이에 산다. 그러니 그는 책을 가까이 하는 사람이다. 그러므로 그는 박학다식한 사람일 것이다. (가까이) · 목사님께서는 모든 인간은 죄인이라고 하셨다. 죄인은 감옥에 가야 한다. 그러므로 모든 인간은 감옥에 가야 한다. (죄인)
은밀한 재정의의 오류	용어가 가지는 사전적 의미에 자의적(恣意的)인 의미를 덧붙임으로써 생기는 오류이다. 예 · 그 아이 덤비는 거 봤어? 미치지 않고서야 어떻게 그래. 정신이 나간 게 틀림없어. 빨리 정신 병원에 보내야 해. · 그는 그녀의 이별 통보를 듣고 넋이 나갔다. 그는 죽은 것이다.
범주의 오류	서로 다른 범주에 속하는 개념을 같은 범주의 것으로 혼동하여 사용하는 데서 생기는 오류이다. 예 · 저는 과학자가 되기보다는 훌륭한 물리학자가 되고 싶습니다. · 운동장이랑 강의실은 다 둘러봤는데, 그럼 학교는 어디 있어?

단계별 문제 풀이 전략

STEP 1 지문이나 선택지에 주장(결론)과 근거(전제)를 구분해 표시한다.
- 논증은 정당한 근거나 일반적인 원리를 바탕으로 결론을 도출해 내는 것이므로 이 둘을 구분해야 한다.
- 연역 추론, 귀납 추론, 유비 추론이 쓰인 것은 아닌지 확인하며 문장을 분석한다.

STEP 2 주장(결론)과 근거(전제)의 연관성 및 타당성을 확인한다.
- 연역적 논증에서 타당하지 않은 형식을 지닌 논증을 사용하지는 않았는지 확인한다.
- 주장의 전제나 논거가 되는 자료를 잘못 판단하였음에도 불구하고 이로부터 결론을 이끌어 내고 있지는 않은지 확인한다.
- 주장에 대한 논리적 근거를 제시하지 않고, 심리적인 면에 호소하여 상대를 설득하고 있지는 않은지 확인한다.
- 언어를 잘못 이해하거나 사용하여 오류가 발생하지는 않았는지 확인한다.

전략 적용하기

⊙~②의 예를 추가할 때 가장 적절한 것은?

논리학에서 비형식적 오류 유형에는 우연의 오류, 애매어의 오류, 결합의 오류, 분해의 오류 등이 있다.

우선 ⊙<u>우연의 오류</u>란 거의 대부분의 경우에 적용되는 일반적인 원리나 규칙을 우연적인 상황으로 인해 생긴 예외적인 특수한 경우에까지도 무차별적으로 적용할 때 생기는 오류이다. 그 예로 "인간은 이성적인 동물이다. 중증 정신 질환자는 인간이다. 그러므로 중증 정신 질환자는 이성적인 동물이다."를 들 수 있다. ⊙<u>애매어의 오류</u>는 동일한 한 단어가 한 논증에서 맥락마다 서로 다른 의미를 지니는 것으로 사용될 때 생기는 오류를 말한다. "김 씨는 성격이 직선적이다. 직선적인 모든 것들은 길이를 지닌다. 고로 김 씨의 성격은 길이를 지닌다."가 그 예이다. 한편 각각의 원소들이 개별적으로 어떤 성질을 지니고 있다는 내용의 전제로부터 그 원소들을 결합한 집합 전체도 역시 그 성질을 지니고 있다는 결론을 도출하는 경우가 ⓒ<u>결합의 오류</u>이고, 반대로 집합이 어떤 성질을 지니고 있다는 내용의 전제로부터 그 집합의 각각의 원소들 역시 개별적으로 그 성질을 지니고 있다는 결론을 도출하는 경우가 ②<u>분해의 오류</u>이다. 전자의 예로는 "그 연극단 단원들 하나하나가 다 훌륭하다. 고로 그 연극단은 훌륭하다."를, 후자의 예로는 "그 연극단은 일류급이다. 박 씨는 그 연극단 일원이다. 그러므로 박 씨는 일류급이다."를 들 수 있다.

① ⊙ - 모든 사람은 죽는다. 소크라테스는 사람이다. 그러므로 소크라테스는 죽는다.
   _{대전제}　　　　　　_{소전제}　　　　　　　　　　_{결론}

✓ ② ⓒ - 부패하기 쉬운 것들은 냉동 보관해야 한다. 세상은 부패하기 쉽다. 고로 세상은 냉동 보관해야 한다.
   　　　　　　　　　　　　　　　_{의미가 다름}

③ ⓒ - 미국 아이스하키 선수단이 이번 올림픽에서 금메달을 차지했다. 그러므로 미국 선수 각자는 세계 최고 기량을 갖고 있다.
   　_{집합}　　　　　　　　　　　　　　　　　　　　　　　_{개별 원소}

④ ② - 그 학생의 논술 시험 답안은 탁월하다. 그의 답안에 있는 문장 하나하나가 탁월하기 때문이다.
   　　　　　　　_{집합}　　　　　　　　　　　　　　_{개별 원소}

STEP 1
지문이나 선택지에 주장(결론)과 근거(전제)를 구분해 표시한다.

① - 대전제: 모든 사람은 죽는다.
　- 소전제: 소크라테스는 사람이다.
　- 결론: 소크라테스는 죽는다.
　→ 타당한 연역 논증임. 오류에 해당하지 않음

② - 전제1: 부패하기 쉬운 것들은 냉동 보관해야 한다.
　- 전제2: 세상은 부패하기 쉽다.
　- 결론: 세상은 냉동 보관해야 한다.

③ - 전제: 미국 아이스하키 선수단이 이번 올림픽에서 금메달을 차지했다.
　- 결론: 미국 선수 각자는 세계 최고 기량을 갖고 있다.

④ - 전제: 그의 답안에 있는 문장 하나하나가 탁월하기 때문이다.
　- 결론: 그 학생의 논술 시험 답안은 탁월하다.

STEP 2
주장(결론)과 근거(전제)의 연관성 및 타당성을 확인한다.

② 전제1과 전제2에서 '부패하다'의 의미가 다르게 쓰였으므로 연관성이 없으며, 타당하지 않음 (ⓒ 애매어의 오류)

→ ② 전제1의 '부패하다'는 '단백질이나 지방 등의 유기물이 미생물의 작용에 의하여 분해되다'이고, 전제2의 '부패하다'는 '정치, 사상, 의식 등이 타락하다'의 뜻으로 쓰였다. 이처럼 두 전제에 쓰인 '부패하다'의 의미가 다른데도 결론에서 '세상은 냉동 보관해야 한다'라고 진술하였으므로 ②는 '애매어의 오류'의 예로 적절하다.

① 연역법에 따라 적절하게 논리를 전개하였으므로 어떤 오류의 예시에도 해당하지 않는다.
- 모든 사람은 죽는다 (대전제)
- 소크라테스는 사람이다 (소전제)
- 그러므로 소크라테스는 죽는다 (결론)

③ 집합인 '미국 아이스하키 선수단'의 기량이 뛰어나다는 전제를 통해 개별 원소인 '미국 (아이스하키) 선수 각자'의 실력이 뛰어나다는 결론을 도출하였으므로 ② '분해의 오류'의 예에 해당한다.

④ 개별 원소인 '답안에 있는 문장 하나하나'가 탁월하다는 전제를 통해 집합인 '논술 시험 답안'이 탁월하다는 결론을 도출하였으므로 ⓒ '결합의 오류'의 예에 해당한다.

유형 공략 문제

01
다음 중 〈보기〉에서 보이는 오류의 유형과 같은 오류가 있는 것은?

---〈보기〉---
"그놈은 나쁜 놈이니 사형을 당해야 해. 사형을 당하는 걸 보면 나쁜 놈이야."

① 분열은 화합으로 극복할 수 있다. 그러므로 우리는 분열을 치유하기 위해 모두가 하나 되는 사회를 만들어야 한다.
② 국민의 67%가 사형 제도에 찬성했다. 그러므로 사형 제도는 정당하다.
③ 하나를 보면 열을 안다고, 국어 성적이 좋은 걸 보니 혜림이는 공부를 잘하는 학생이구나.
④ 이번 학생 회장 선거에서 나를 뽑지 않은 것으로 보아 너는 나를 아주 싫어하는구나.

02
〈보기〉와 같은 유형의 논리적 오류에 해당하는 것은?

---〈보기〉---
네가 내게 한 약속을 지키지 않은 것은 곧 나를 사랑하지 않는다는 증거야.

① 항상 보면 이등병들이 말썽이더라.
② 내 부탁을 거절하다니, 넌 나를 싫어하는구나.
③ 김 씨는 참말만 하는 사람이다. 왜냐하면 그는 거짓말을 하지 않는 사람이기 때문이다.
④ 거짓말을 하는 것은 죄악이다. 그러므로 의사가 환자에게 거짓말을 하는 것은 당연히 죄악이다.

03
밑줄 친 '시민 A씨'가 범한 오류의 유형이 가장 유사한 것은?

시민 A씨는 최근 들어 10대들이 강력 범죄에 연관되어 있다는 뉴스를 연달아 보았다고 하면서 '우리나라의 10대들은 모두 타락하였다'라고 주장하였다. 그러나 사실 강력 범죄의 가해자 비율을 조사한 결과 가해자 중 미성년자는 극소수였으며, 같은 범죄일 경우에도 가해자가 미성년자일 때 사건이 방송이 노출되는 경우가 많은 것으로 나타났다.

① 요즘 인터넷에 후기가 굉장히 많은 걸 보니, 이 라면은 분명 맛있을 거야.
② 우리 그 사람을 회장으로 뽑아 주자. 들어보니 사정이 참 딱해. 이전에 선거에 출마했지만 여러 차례 떨어졌다고 하더라고.
③ 전체 인원 중 60% 사람들이 정책에 대해 찬성하였다. 따라서 나머지 40%의 사람들은 이 정책을 시행하는 것에 반대할 것이다.
④ 작년에는 A 나라로 여행을 다녀왔고, 올해에는 B 나라로 여행을 다녀왔는데 모두 즐거웠다. 따라서 국내 여행보다는 해외여행을 가는 편이 현명하다.

04

다음 예문과 같은 유형의 논리적 오류가 나타난 것은?

> 이 식당은 요즘 SNS에서 굉장히 뜨고 있어. 그러니 엄청 맛있을 거야.

① 이 식당 음식을 꼭 먹어보도록 해. 만나는 사람들마다 이 집 이야기를 하는 걸 보니 맛이 괜찮은가 봐.
② 누구도 이 식당이 맛없다고 말한 사람은 없어. 그러니까 엄청 맛있는 집이란 소리지.
③ 여기는 유명한 개그맨이 맛있다고 한 식당이니까 당연히 맛있겠지. 그러니까 꼭 여기서 먹어야 해.
④ 이번에는 이 식당에서 밥을 먹자. 내가 얼마나 여기서 먹어보고 싶었는지 몰라. 꼭 한번 오게 되기를 간절하게 바랐어.

05

다음 중 〈보기〉에서 보이는 오류의 유형과 같은 오류가 있는 것은?

― 〈보기〉 ―
"저번 주에 들어온 신입 사원과 이번 주에 들어온 신입 사원이 모두 능력이 좋던데, 우리 회사에 들어오는 모든 신입 사원은 능력이 좋은 것 같아."

① 떡볶이는 맵다. 따라서 떡볶이에 들어가는 모든 재료는 매울 것이다.
② 내가 좋아하는 배우가 이 제품은 별로라고 했으니까 다른 것을 사야 해.
③ 이번에도 택배가 기한 내에 오지 않았다. 택배 기사님이 날 싫어하시는 게 틀림없다.
④ 몇몇 인도인들이 밥을 손으로 먹는 것을 보았으므로 모든 인도인들은 밥을 손으로 먹을 것이다.

06

다음 중 〈보기〉에서 보이는 오류의 유형과 같은 오류가 있는 것은?

― 〈보기〉 ―
"공부를 열심히 하면 이번 시험에서 만점을 받을 수 있다. 그런데 나는 공부를 열심히 하지 않았다. 나는 이번 시험에서 만점을 받지 못할 것이다."

① 일요일에는 택배가 배송되지 않는다. 오늘은 월요일이다. 그러므로 오늘 택배가 배송될 것이다.
② 내가 본 모든 운동선수는 체력이 좋았으므로 전 세계에 있는 모든 운동선수는 체력이 좋을 것이다.
③ 강아지는 기분이 좋으면 침을 흘린다. 명수네 강아지가 침을 흘렸다. 따라서 명수네 강아지는 기분이 좋을 것이다.
④ 혜림이는 딸기 우유나 초코 우유를 좋아한다. 혜림이는 딸기 우유를 좋아한다. 따라서 혜림이는 초코 우유를 좋아하지 않을 것이다.

05 논증의 강화 및 약화 평가하기

📗 유형 소개
- '논증의 강화 및 약화 평가하기' 유형은 제시문에 나타난 필자의 견해·관점·주장을 파악한 뒤 선택지 또는 〈보기〉에 진술된 내용이 그것들을 강화하는지 혹은 약화하는지를 판단하는 유형이다.
- 글에 제시된 논증과 관련된 내용을 평가하는 문제와 견해·관점·주장을 비판하는 문제 등이 모두 이 유형에 속한다.

📗 출제 경향
- 제시문에 필자의 견해·관점·주장을 제시한 뒤 선택지나 〈보기〉에 제시된 사례에 각각의 관점을 적용하는 문제가 출제되고 있다.
- 제시문에 이론이나 가설을 제시한 뒤 선택지나 〈보기〉의 이론이나 가설을 적용했을 때 도출되는 결과가 이론이나 가설을 강화하는지 혹은 약화하는지를 묻는 문제가 출제되고 있다.

📗 유형 필수 이론

1 논증 평가의 이해
- 논증 평가란 제시된 주장과 그 근거 간의 논리적 관계를 분석하고, 제시된 주장, 근거, 이유의 논리적 타당성이나 그와 관련된 논리적 허점을 판별하는 비판적 사고 과정이다.
- 논증 평가는 논증의 기반이 되는 사실이나 가정이 정확한지, 전제에서 결론으로 이어지는 추론이 타당한지, 다른 가능한 해석이 충분히 고려되었는지의 여부와 논증에 대한 예외 사례의 유무 등을 종합적으로 고려해야 한다.

2 논증의 강화·약화

1. 논증을 강화하는 사례
논증을 강화하는 사례는 제시된 주장을 뒷받침하며 신뢰성을 높이는 요소이다. 강화 사례로 제시될 수 있는 대표적인 내용은 아래와 같다.

(1) 실험/관찰/연구에 의한 수치 및 자료

내용	예
· 주장과 직접 관련된 수치나 통계 자료 · 적절한 조사 대상과 방법론이 적용된 연구 및 실험 결과	[주장] 이 지역의 탄소 배출 규제 강화가 필요하다. [사례] 탄소 배출로 인한 대기 오염이 심해진 시기와 호흡기 질환 환자가 증가하는 시기가 비례한다는 10년간의 역학 자료를 제시함

(2) 권위 있는 전문가의 의견과 신뢰할 만한 출처

내용	예
· 해당 분야에서 널리 인정받는 전문가의 견해 · 학술지, 공식 기관, 연구소 등 신뢰할 수 있는 출처의 내용	[주장] 이 치료법은 특정 심장 질환 치료에 효과적이다. [사례] 최고 권위의 의학 잡지에 개제된 논문에서 이 치료법이 기존 치료법보다 30% 높은 효과를 보였음을 설명함

(3) 관련 사례 및 역사적 선례

내용	예
· 현재 상황과 유사성이 높은 과거 사례 · 주장에 부합하는 결과가 분명하게 나타난 실제 적용 사례	[주장] 보행자 중심 도시 설계는 도시 활력을 높인다. [사례] 코펜하겐과 암스테르담에서 보행로를 대폭 확대한 후 소매업 매출이 25% 증가하고 범죄율이 18% 감소한 사례를 제시함

(4) 비교 분석과 대조

내용	예
· 명확한 기준에 따른 체계적인 대안 비교 · 장단점의 객관적 평가와 균형 있는 분석	[주장] A 정책이 B 정책보다 경제 성장에 더 효과적이다. [사례] 비슷한 경제 구조를 가진 5개국에서 A 정책을 도입한 국가는 평균 4.2% 성장한 반면, B 정책을 도입한 국가는 성장률이 2.1%에 그친 비교 분석 결과를 제시함

(5) 다중 방법론적 검증

내용	예
· 서로 다른 연구 방법으로 도출된 일관된 결과 · 양적 연구와 질적 연구 결과의 통합적 활용	[주장] 이 교수법은 학생들의 장기 기억 형성에 효과적이다 [사례] 실험실 검증, 3년간의 교실 관찰 연구, 학생 심층 인터뷰, 표준화된 시험 결과 분석 등 네 가지 다른 방법론에서 모두 일관되게 20-30%의 학습 향상 효과가 확인됨

2. 논증을 약화하는 사례

논증을 약화하는 사례는 제시된 주장을 반박하며 신뢰성을 저하시키는 요소이다. 약화 사례로 제시될 수 있는 대표적인 내용은 아래와 같다.

(1) 정의의 불명확성

내용	예
· 논증에서 사용된 개념이나 용어가 명확하지 않음을 지적 · 주장에서 다루는 핵심 개념이 모호하거나 다의적이어서 논리적 일관성이 없음을 지적	[주장] 인공지능은 인간 수준의 지능을 가질 것이다. [사례] '인간 수준의 지능'의 정의가 명확하지 않으며, 창의성, 감정, 직관적 사고 등의 요소를 포함하는지 여부가 불분명함

(2) 논리적 오류 제시

내용	예
· 전건 부정, 후건 긍정, 선언지 긍정 등 형식적 오류 지적 · 관련성의 오류, 불충분한 귀납의 오류 등 비형식적 오류 지적	[주장] 아이스크림 소비 증가가 범죄율 상승을 유발한다. [사례] 두 변수 간 상관관계는 있으나, 실제로는 기온 상승이라는 제3의 변수가 두 현상 모두에 영향을 미치는 것으로, 직접적 인과 관계가 아님을 보여주는 통계 자료를 제시함

(3) 방법론적 결함

내용	예
• 표본 크기 부족, 통제 변수 미고려, 부적절한 통계 기법 등 연구 설계, 데이터 수집, 분석 과정에서의 결함 지적	[주장] 이 신약은 기존 치료법보다 효과적이다. [사례] 임상시험 참가자가 소수에 불과하고 대조군이 없으며, 환자가 평소 복용 중인 약을 고려하지 않았다는 실험 설계상의 결함을 분석한 자료를 제시함

(4) 대안 설명의 존재

내용	예
• 동일 현상에 대해 제시된 대안이 유일한 대안이 아님을 제시 • 더 효과적이거나 효율적인 대안 주장을 제시	[주장] 특정 지도자의 결정이 전쟁 승리의 결정적 요인이었다. [사례] 지도자의 결정 외에 경제적 요인, 병력 수, 기술적 우위 등이 더 중요했음을 보여주는 군사 역사 분석 결과를 제시함

(5) 반례와 예외 사례

내용	예
• 일반화된 주장을 무효화하는 구체적 예외 사례 • 주장이 적용되지 않는 상황이나 조건 제시	[주장] 프로젝트 기반 학습은 모든 학생의 성취도를 높인다. [사례] 구조화된 학습이 필요한 자폐 스펙트럼 장애 학생들의 경우 프로젝트 기반 학습 도입 후 평균 성취도가 15% 하락했음을 보여주는 특수교육 연구 결과를 제시함

단계별 문제 풀이 전략

STEP 1 문단 또는 글의 처음과 끝 부분에 주목하여 필자의 견해·관점·주장을 파악한다.
- 글의 중심 내용은 주로 처음과 끝에 위치하므로 이에 주목하여 필자의 견해·관점·주장을 파악한다.
- 하나의 글에 둘 이상의 견해·관점·주장이 제시되는 경우, 각 관점이 서로 대조적인 경우가 많으므로 글을 읽을 때 견해·관점·주장의 차이점에 주목하며 읽는다.

STEP 2 선택지나 〈보기〉에 제시된 사례가 필자의 견해·관점·주장을 강화하는지 약화하는지 판단한다.
- 선택지나 〈보기〉의 진술 방식은 '약화한다', '강화한다', '약화하지 않는다', '강화하지 않는다'로 유형화할 수 있다. 이때 '약화/강화하지 않는다'라는 진술은 말 그대로 제시된 사례가 필자의 견해·관점·주장을 약화/강화하지 않는다는 뜻이므로 이를 '강화한다' 또는 '약화한다'는 의미로 잘못 이해하지 않도록 주의해야 한다.
- 제시된 사례와 필자의 견해·관점·주장의 관계를 파악한다. 이때 사례가 제시문에 나타난 필자의 견해·관점·주장을 반박하는 근거가 되면 '약화'하는 예가 되고, 뒷받침하는 근거가 되면 '강화'하는 예가 된다.

■ 전략 적용하기

㉠을 평가한 내용으로 적절한 것만을 〈보기〉에서 모두 고르면?

9급 출제기조 전환 1차 예시문제

> 흔히 '일곱 빛깔 무지개'라는 말을 한다. 서로 다른 빛깔의 띠 일곱 개가 무지개를 이루고 있다는 뜻이다. 영어나 프랑스어를 비롯해 다른 자연언어들에도 이와 똑같은 표현이 있는데, 이는 해당 자연언어가 무지개의 색상에 대응하는 색채 어휘를 일곱 개씩 지녔기 때문이라고 할 수 있다.
>
> 언어학자 사피어와 그의 제자 워프는 여기서 어떤 영감을 얻었다. 그들은 서로 다른 언어를 쓰는 아메리카 원주민들에게 무지개의 띠가 몇 개냐고 물었다. 대답은 제각각 달랐다. 사피어와 워프는 이 설문 결과에 기대어, 사람들은 자신의 언어에 얽매인 채 세계를 경험한다고 판단했다. 이 판단으로부터, "우리는 모국어가 그어놓은 선에 따라 자연세계를 분단한다."라는 유명한 발언이 나왔다. 이에 따르면 특정 현상과 관련한 단어가 많을수록 해당 언어권의 화자들은 그 현상에 대해 심도 있게 경험하는 것이다. 언어가 의식을, 사고와 세계관을 결정한다는 이 견해는 ㉠사피어-워프 가설이라 불리며 언어학과 인지과학의 논란거리가 되어왔다.

〈보기〉

ㄱ. 눈[雪]을 가리키는 단어를 4개 지니고 있는 이누이트족이 1개 지니고 있는 영어 화자들보다 눈을 넓고 섬세하게 경험한다는 것은 ㉠을 강화한다.

ㄴ. 수를 세는 단어가 '하나', '둘', '많다' 3개뿐인 피라하족의 사람들이 세 개 이상의 대상을 모두 '많다'고 인식하는 것은 ㉠을 강화한다.

ㄷ. 색채 어휘가 적은 자연언어 화자들이 색채 어휘가 많은 자연언어 화자들에 비해 색채를 구별하는 능력이 뛰어나다는 것은 ㉠을 약화한다.

① ㄱ ② ㄱ, ㄴ ③ ㄴ, ㄷ ④ ㄱ, ㄴ, ㄷ

STEP 1

문단 또는 글의 처음과 끝 부분에 주목하여 필자의 견해·관점·주장을 파악한다.

· ㉠'사피어-워프 가설': 언어가 의식, 사고, 세계관을 결정함

STEP 2

선택지나 〈보기〉에 제시된 사례가 필자의 견해·관점·주장을 강화하는지 약화하는지 판단한다.

· 선택지 진술 분석
  - ㄱ: 강화
  - ㄴ: 강화
  - ㄷ: 약화

· 사례와 필자의 견해·관점·주장의 관계 파악
  - ㄱ: 단어 개수가 많아 대상을 더욱 섬세하게(심도 있게) 경험하는 사례
    → ㉠을 강화
  - ㄴ: 단어 개수가 적어 대상을 심도 있게 경험하지 못하는 사례
    → ㉠을 강화
  - ㄷ: 대상에 대한 단어 개수가 적은 사람들이 단어 개수 많은 사람들보다 능력이 뛰어난 사례
    → ㉠을 약화

→ ④ '사피어-워프가설'을 평가한 내용으로 적절한 것만을 〈보기〉에서 모두 고른 것은 ④ 'ㄱ, ㄴ, ㄷ'이다.

 해설

· ㄱ: ㉠에 따르면 현상에 대한 단어의 개수가 많을수록 해당 언어권의 화자들은 그 현상을 심도 있게 경험한다. 이누이트족이 영어권 화자들에 비해 눈[雪]을 가리키는 단어를 더 많이 지니고 있고, 눈을 더 넓고 섬세하게 경험한다는 것은 이러한 ㉠의 견해를 뒷받침한다. 따라서 'ㄱ'의 평가는 적절하다.

· ㄴ: ㉠에 따르면 현상에 대한 단어의 개수가 적을수록 그 현상을 심도 있게 경험하기 어렵다. 즉, 피라하족 사람들이 세 개 이상의 대상을 '많다'고 인식하는 것은 비교적 '수' 관련 단어의 수가 적어 '수'에 대해 심도 있게 경험할 수 없기 때문이다. 이는 ㉠을 뒷받침하는 내용이므로 'ㄴ'의 평가는 적절하다.

· ㄷ: ㉠에 따르면 색채 어휘가 많은 자연언어 화자들이 색채 어휘가 적은 자연언어 화자들에 비해 색채를 구별하는 능력이 뛰어나야 한다. 그러나 'ㄷ'은 색채 어휘가 적은 자연 언어 화자들의 능력이 더 뛰어나다고 설명한다. 이는 ㉠과 맞서는 내용이므로 'ㄷ'의 평가는 적절하다.

유형 공략 문제

01
2022 지방직 7급

갑~병에 대한 평가로 적절한 것만을 〈보기〉에서 모두 고르면?

갑: 일상적인 언어생활에서 가족이 아닌 이들과 대화할 때 '우리 엄마'라는 표현을 자주 쓰곤 하는데, 좀 이상하지 않아? '우리 동네'라는 표현과 비교하면 무엇이 문제인지 분명하게 알 수 있어. '우리 동네'는 화자의 동네이기도 하면서 청자의 동네이기도 한 특정한 하나의 동네를 지칭하잖아. 그런 식이라면 '우리 엄마'는 형제가 아닌 화자와 청자가 공유하는 엄마를 지칭하는 이상한 표현이 되는 셈이지. 그러니까 이 경우의 '우리 엄마'는 잘못된 어법이고 '내 엄마'라고 하는 것이 올바른 어법이라고 할 수 있어.

을: 청자가 사는 동네와 화자가 사는 동네가 다른 경우에도 '우리 동네'라는 표현을 쓸 수 있어. 물론 이 표현이 의미하는 것은 청자가 사는 동네와 다른, 화자가 사는 동네가 되겠지. 이 경우 '우리 동네'라는 표현은 '그 표현을 말하는 사람이 사는 동네' 정도를 의미할 거야. 갑이 문제를 제기한 '우리 엄마'의 경우도 마찬가지라고 볼 수 있어.

병: '우리 엄마'와 '내 엄마'가 같은 뜻을 갖는 것은 아니야. '내 동네'라고 하지 않고 '우리 동네'라고 하는 것은 동네를 공유하는 공동체가 존재하기 때문이겠지. 마찬가지로 '내 엄마'라고 하지 않고 '우리 엄마'라고 하는 것은 우리가 늘 가족 공동체 속에서의 엄마를 생각하기 때문일 거야. 즉, 가족 구성원 중의 한 명인 엄마를 공유하는 공동체가 존재한다는 것이지.

〈보기〉

ㄱ. 갑은 '우리 엄마'라는 표현이 화자와 청자 모두의 엄마를 가리킨다고 보는 입장이다.
ㄴ. 형제가 서로 대화하면서 '우리 엄마'라는 표현을 쓸 때 이 표현이 형과 동생 모두의 엄마를 가리킨다는 것은 을의 입장을 약화한다.
ㄷ. 무인도에 혼자 살아온 사람이 그 섬을 '우리 마을'이라고 말하면 어색하게 느껴진다는 것은 병의 입장을 약화하지 않는다.

① ㄱ ② ㄱ, ㄷ ③ ㄴ, ㄷ ④ ㄱ, ㄴ, ㄷ

02
2021 지방직 7급

㉠, ㉡의 주장에 대한 비판으로 적절하지 않은 것은?

투표 제도에는 투표권 행사를 투표자의 자유의사에 맡기는 자유 투표제와 투표권 행사를 정당한 사유 없이 기권하면 법적 제재를 가하는 의무 투표제가 있다. 우리나라는 자유 투표제를 채택하고 있는데, ㉠ 의무 투표제를 도입하자는 측은 낮은 투표율로 투표 결과의 정당성이 확보되지 못하는 문제를 지적한다. 법적 제재는 분명 높은 투표율로 이어질 것이므로 의무 투표제가 낮은 투표율을 해결할 최선의 방안이라고 그들은 말한다. 나아가 더 많은 국민이 투표에 참여할수록 정치인들은 정책 경쟁력을 높이려 할 것이므로 정치 소외 계층에 대한 관심이 높아질 것이라고 기대한다.

반면 ㉡ 의무 투표제에 반대하는 측은 현재 우리나라의 투표율이 정치 지도자들의 대표성을 훼손할 만큼 심각하지는 않다고 본다. 또 시민 교육 등 다른 방식으로도 투표율 상승을 기대할 수 있다며 의무 투표제가 투표율을 높일 가장 효과적인 방안은 아니라고 말한다. 그리고 의무 투표제를 도입하면, 선출된 정치인들이 높은 투표율을 핑계로 안하무인의 태도를 취하는 부작용이 생겨 국민의 뜻이 오히려 왜곡될 수 있다는 우려의 목소리를 내고 있다.

① ㉠은 투표율의 증가가 후보들의 정책 경쟁으로 이어진다는 것에 대한 근거를 제시해야 한다.
② ㉠은 정당한 사유 없는 기권에 대한 법적 제재가 투표율 상승으로 이어진다는 것을 뒷받침할 자료를 제시해야 한다.
③ ㉡은 선출된 정치인들이 높은 투표율을 핑계로 안하무인의 태도를 취하는 부작용에 대한 대책을 제시해야 한다.
④ ㉡은 현재 우리나라의 투표율이 정치 지도자들의 대표성을 훼손할 만큼 심각하지 않다는 것에 대한 근거를 제시해야 한다.

[03~04] 다음 글을 읽고 물음에 답하시오.

영국의 유명한 원형 석조물인 스톤헨지는 기원전 3,000년경 신석기시대에 세워졌다. 1960년대에 천문학자 호일이 스톤헨지가 일종의 연산장치라는 주장을 하였고, 이후 엔지니어인 톰은 태양과 달을 관찰하기 위한 정교한 기구라고 확신했다. 천문학자 호킨스는 스톤헨지의 모양이 태양과 달의 배열을 나타낸 것이라는 의견을 제시해 관심을 모았다.

그러나 고고학자 앳킨슨은 ㉠그들의 생각을 비난했다. 앳킨슨은 스톤헨지를 세운 사람들을 '야만인'으로 묘사하면서, ㉡이들은 호킨스의 주장과 달리 과학적 사고를 할 줄 모른다고 주장했다. 이에 호킨스를 옹호하는 학자들이 진화적 관점에서 앳킨슨을 비판하였다. ㉢이들은 신석기시대보다 훨씬 이전인 4만 년 전의 사람들도 신체적으로 우리와 동일했으며 지능 또한 우리보다 열등했다고 볼 근거가 없다고 주장했다.

하지만 스톤헨지의 건설자들이 포괄적인 의미에서 현대인과 같은 지능을 가졌다고 해도 과학적 사고와 기술적 지식을 가지지는 못했다. ㉣그들에게는 우리처럼 2,500년에 걸쳐 수학과 천문학의 지식이 보존되고 세대를 거쳐 전승되어 쌓인 방대하고 정교한 문자 기록이 없었다. 선사시대의 생각과 행동이 우리와 똑같은 식으로 전개되지 않았으리라는 점은 매우 중요하다. 지적 능력을 갖췄다고 해서 누구나 우리와 같은 동기와 관심, 개념적 틀을 가졌으리라고 생각하는 것은 잘못이다.

03

윗글에 대해 평가한 내용으로 가장 적절한 것은?

① 스톤헨지가 제사를 지내는 장소였다는 후대 기록이 발견되면 호킨스의 주장은 강화될 것이다.
② 스톤헨지 건설 당시의 사람들이 숫자를 사용하였다는 증거가 발견되면 호일의 주장은 약화될 것이다.
③ 스톤헨지의 유적지에서 수학과 과학에 관련된 신석기시대 기록물이 발견되면 글쓴이의 주장은 강화될 것이다.
④ 기원전 3,000년경 인류에게 천문학 지식이 있었다는 증거가 발견되면 앳킨슨의 주장은 약화될 것이다.

04

문맥상 ㉠~㉣ 중 지시 대상이 같은 것만으로 묶인 것은?

① ㉠, ㉢
② ㉡, ㉣
③ ㉠, ㉡, ㉢
④ ㉠, ㉡, ㉣

유형 공략 문제

05
2022 지방직 7급

A와 B의 주장에 대한 평가로 적절한 것만을 〈보기〉에서 모두 고르면?

A는 아동의 사고와 언어의 발달이 개인적 차원에서 사회적 차원으로 진행된다고 주장한다. 그에 따르면 말을 배우기 시작하는 2~3세경에 '자기중심적 언어'가 나타났다가 8세경에 학령이 되면서 자기중심적 언어는 소멸하고 '사회적 언어'의 단계로 진입한다고 주장한다.

B는 A가 주장한 자기중심적 언어의 존재를 인정하면서도 그것의 성격에 있어서는 다른 견해를 지닌다. A와 달리 그는 자기중심적 언어가 문제에 대한 해결 방법을 구안하는 데 중요한 사고의 도구가 된다고 주장한다. 그에 따르면 자기중심적 언어는 아동이 자기 자신과 대화할 때 나타나는데, 아동은 자신과 대화하는 방식으로 소리 내며 사고한다. 그는 자기중심적 언어가 자연적 존재를 문화적 존재로 변모시키는 기능을 하며, 학령이 되면서 소멸하는 게 아니라 내면화되어 소리 없는 '내적 언어'를 구성함으로써 정신 기능을 발달시킬 수 있는 원동력이 된다고 본다.

이러한 두 사람의 입장 차이는 자기중심적 언어의 전(前) 단계에 대한 서로 다른 생각에서 기인한 것으로 보인다. A는 출생 이후 약 2세까지의 아이가 언어 이전의 '환상적 사고'의 단계에 머물러 있는 것으로 보는데, 여기서 환상적 사고는 자신과 대상 세계를 구분하지 못하는 것을 가리킨다. 자신과 대상 세계를 구분하지 못하면 의사소통 행위가 불가능하므로 A는 이 단계의 아이가 보여주는 타인과의 상호작용을 의사소통 행위가 아니라고 주장한다. 반면, B의 경우 출생 이후 약 2세까지의 상호작용을 의사소통 행위로 판단한다. 그에 따르면 이때의 의사소통 행위는 타자의 규제와 이에 따른 자기규제가 작동하는 대화적 상호작용의 일종으로, 사회적 언어를 통해 수행된다.

B 역시 A와 마찬가지로 아동의 언어와 사고의 발달이 3단계로 진행된다고 보지만, 그 방향에 있어서는 사회적 언어에서 출발하여 자기중심적 언어를 거쳐 내적 언어 순으로 진행된다고 본다.

〈보기〉

ㄱ. '자기중심적 언어'의 단계 전에 A는 의사소통 행위가 이루어지지 않는 것으로, B는 이루어지는 것으로 본다.
ㄴ. A는 '자기중심적 언어'가 학령이 되면 없어지는 것으로 보는 반면, B는 없어지지 않는 것으로 본다.
ㄷ. A와 B는 '사회적 언어'의 단계로 진입하는 시기에 대해 견해를 달리한다.

① ㄱ
② ㄱ, ㄷ
③ ㄴ, ㄷ
④ ㄱ, ㄴ, ㄷ

06

맹자와 순자의 주장에 대한 평가로 적절한 것만을 〈보기〉에서 모두 고르면?

인간의 본성에 대해 맹자는 그것이 본래 착하다고 주장한다. 이 근거로 그는 인간에게 네 가지 착함이 있다고 말한다. "측은하게 여기는 마음은 어짊의 시작이요, 부끄러워하는 마음은 의로움의 시작이요, 사양하는 마음은 예절의 시작이요, 옳고 그름을 가리는 마음은 지혜의 시작이라." 그러므로 누구든지 타고난 본성대로 행동만 하면 착해질 수 있다. 이러한 본성을 잘 보존하기 위해서는 인간의 후천적인 노력이 뒷받침되어야 하고, 바로 여기에서 교육의 필요성이 제기되는 것이다.

이렇게 함양된 개인의 도덕 가치를 국가사회에 실현하는 일은 매우 중요하다. 여기에서 왕도정치(王道政治)가 정치론의 핵심으로 떠오른다. 왕도정치는 먼저 공리주의(功利主義)를 물리친다. 또한 왕도정치는 백성의 먹고 사는 문제, 즉 민생문제를 해결해 주어야 한다. 백성은 일정한 수입이 있어야 착한 성품을 보존할 수 있기 때문이다. 정치의 궁극적 목표는 인간의 도덕 가치를 충분히 발휘하도록 하는 데 있다. … (중략) …

순자에 의하면 사람은 타고날 때부터 그 본성이 악하다. 그러므로 마땅히 스승의 가르침으로 감화를 받고 예절의 도를 배워야 한다. 학문을 배우는 것 역시 선천적 본성이 착해서가 아니라, 후천적이고 인위적인 노력에 의한 것이다. 예의범절이라는 것도 높은 도덕성을 지닌 성인(聖人)이 만들어낸 것으로, 학문을 통하여 얻어진 결과다. 인간이 얼마나 후천적인 노력을 기울이느냐에 따라 성인과 도적, 군자와 소인으로 구별된다.

이렇게 본다면 맹자가 말하는 본성이 인간의 '이성'을 가리키는 데 반하여, 순자가 말하는 본성이란 인간의 '본능'과 '욕망'을 가리키는 것이 아닌가 생각된다. 그래서 맹자는 타고난 선의 본성(이성)을 잘 보존하기 위하여, 순자는 타고난 악의 본성(본능, 욕망)을 고치기 위하여 교육이 필요하다고 보았던 것이다.

공자와 마찬가지로 순자가 생각하는 이상적인 인간 역시 군자다. 군자는 도를 얻는 것을 즐거워하는 반면, 소인은 욕망을 얻는 것을 즐거워한다. 군자는 누구나 쉽게 사귈 수 있지만 아무 허물없이 친하기는 어렵고, 쉽게 두려워하나 위협하기는 어렵다. 군자는 의로운 죽음을 마다하지 않으며, 이익을 위해 그릇된 짓을 하지 않는다.

〈보기〉

ㄱ. 맹자는 교육을 통해 인간의 본성을 지키고자 하였고, 순자는 교육을 통해 인간의 본성을 개선하고자 하였다.
ㄴ. 맹자는 왕도정치를 통해 백성들의 본성을 보존하고자 하였고, 순자는 모든 백성들로 하여금 스스로 욕망을 이성으로 대치하도록 하고자 하였다.
ㄷ. 맹자의 개인의 도덕성을 국가적 차원으로 확대하는 것을 추구하였고 순자는 개인적 차원에서 이상적 인간상으로 거듭날 것을 추구하였다.

① ㄱ ② ㄱ, ㄴ ③ ㄱ, ㄷ ④ ㄱ, ㄴ, ㄷ

07
2022 국회직 8급

〈보기〉의 관점에서 ㉠을 비판한 것으로 적절한 것은?

원칙적으로 사람들은 제1 언어 습득 연구에 대한 양극단 중 하나의 입장을 취할 수 있을 것이다. ㉠극단적 행동주의자적 입장은 어린이들이 백지 상태, 즉 세상이나 언어에 대해 아무런 전제된 개념을 갖지 않은 깨끗한 서판을 갖고 세상에 나오며, 따라서 어린이들은 환경에 의해 형성되고 다양하게 강화된 예정표에 따라 서서히 조건화된다고 주장하였다. 또 반대쪽 극단에 있는 구성주의의 입장은 어린이들이 매우 구체적인 내재적 지식과 경향, 생물학적 일정표를 갖고 세상에 나온다는 인지주의적 주장을 할 뿐만 아니라 주로 상호 작용과 담화를 통해 언어 기능을 배운다고 주장한다. 이 두 입장은 연속선상의 양극단을 나타내며, 그 사이에는 다양한 입장들이 있을 수 있다.

〈보기〉

생득론자는 언어 습득이 생득적으로 결정되며, 우리는 주변의 언어에 대해 체계적으로 인식할 수 있도록 되어 있어서 결과적으로 언어의 내재화된 체계를 구축하는 유전적 능력을 타고난다고 주장한다.

① 언어 습득에 대한 연구에서 실제적 언어 사용의 양상이 무시될 가능성이 크다.
② 아동의 언어 습득을 관장하는 유전자의 실체가 확인될 때까지는 행동주의는 불완전한 가설일 뿐이다.
③ 아동은 단순히 문법적으로 정확한 문장을 만드는 방법을 배우는 것이 아니라 의사소통 방법을 배우는 것이다.
④ 아동의 언어 습득은 특정 언어공동체의 일원이 되는 핵심 과정인데, 행동주의는 공동체 구성원들과의 상호 작용이 차지하는 중요성을 간과하고 있다.
⑤ 아동의 언어 습득이 외적 자극인 환경에 의해 전적으로 형성된다고 보는 행동주의 모델은 배우거나 들어본 적 없는 표현을 만들어내는 어린이 언어의 창조성을 설명하지 못한다.

유형 공략 문제

08
㉠을 평가한 내용으로 적절한 것만을 〈보기〉에서 모두 고르면?

> 인간은 누가 알려 준 적 없고, 들어본 적도 없는 문장을 포함해 무수히 많은 양의 문장을 만들고 이해한다. 이는 인간이 '언어 능력'을 갖고 태어나기 때문이다. 인간이 태어나면서부터 지닌 언어 능력을 연구하는 것을 언어학의 목적으로 삼는 언어학의 분야가 바로 ㉠변형생성문법이다.
>
> 변형생성문법에서 가장 중요하게 다루어지는 것은 '언어 습득 기제'이다. 이는 인간의 머릿속에 문장 생성의 기본적인 원리가 몇 개 존재하고 이를 반복적으로 적용함으로써 무한한 수의 문장을 생성할 수 있음을 의미한다. 이러한 원리는 인간의 언어에는 공통적으로 존재하는 '보편문법'이며, 인간이라면 누구나 부여받는 선천적인 능력이다.
>
> 변형생성문법에서는 통사 구조를 표층 구조와 심층 구조로 나누어 분석하는데, 이 두 통사 구조 사이에 '변형 기제'를 설정하여 설명한다. 표층 구조는 문장이 실제로 발화되는 형태를 가리키고, 심층 구조는 문장의 의미를 가리킨다. 심층 구조는 표층 구조로 변형되는데, 이 과정에서 문장의 의미는 1개이지만 문법적, 음운적으로 변형이 일어나므로 표층 구조는 다양한 형태로 나타난다. 따라서 심층 구조와 표층 구조는 일대일의 관계가 아니다. "A가 B에게 돈을 주었다"라는 심층 구조가 표층 구조에서 "B가 A로부터 돈을 받았다" 또는 "돈이 A로부터 B에게 주어졌다"와 같은 형태로 나타나는 것이 그 예다.

〈보기〉

ㄱ. 야생에서 발견된 소년이 인간의 언어를 전혀 구사하지 못했다는 연구 결과는 ㉠을 약화한다.
ㄴ. 인간이 하나의 의미를 지닌 문장을 여러 가지의 형태로 나타낼 수 있다는 사실은 ㉠을 약화한다.
ㄷ. 부모가 아이에게 간단한 단어들만을 알려 주었으나, 아이가 단어들을 배열해 자연스러운 문장의 형태를 만들었다는 사례는 ㉠을 강화한다.

① ㄱ
② ㄱ, ㄷ
③ ㄴ, ㄷ
④ ㄱ, ㄴ, ㄷ

09
A와 B에 대한 평가로 적절한 것만을 〈보기〉에서 고른 것은?

> A: 저는 사회 통제 메커니즘이 깨지거나 느슨해질 때 청소년들이 비행을 저지른다고 생각합니다. 즉 청소년 개인이 그 자체로서 문제가 있는 것이 아니라, 개인을 둘러싸는 사회적 통제가 더 중요한 것이지요. 이때 통제는 내적 통제와 외적 통제로 나눌 수 있는데, 내적 통제는 주로 심리적 요인에 의한 규제로 부모, 교사, 또래 친구들과의 유대감을 의미하고, 외적 통제는 주로 법에 의한 규제를 의미합니다. 이 두 가지 요인 중 어느 하나가 느슨해지거나 깨지면 청소년은 비행을 일으키는 것이지요.
>
> B: 제 생각은 다릅니다. 청소년 비행은 청소년들이 비행을 저지르는 또 다른 청소년들과 상호작용하는 과정에서 비행을 저지르게 된다고 생각합니다. 즉, 범죄를 마치 일반적인 다른 행동들과 같이 학습하는 것이죠. 비행을 학습하는 것은 사회화와 다를 바가 없습니다. 비행 또한 친밀한 집단 속에서 사람들 간의 의사소통 과정을 통해 일어나게 된다는 말입니다. 이때 단순히 비행 또는 범죄의 기술만 습득하는 것이 아니라, 비행의 동기, 범죄에 대한 우호적인 태도를 학습하게 되는 것입니다.

〈보기〉

ㄱ. 대마 합법화로 인해 2017~2020년 미국 고등학생 대마 흡연자의 수가 2배 수준으로 급증했다는 조사 결과는 A의 입장을 강화한다.
ㄴ. 억울한 누명을 쓰고 수감된 철현이가 감옥에서 악명 높은 범죄자와 친분을 쌓고 출소하여 강력 범죄를 저질렀다는 사례는 B의 입장을 강화한다.
ㄷ. 비행을 저지르는 친구들과도 친하게 지내는 영민이를 상담해 본 결과 비행을 저지르지도 않고 부모님과의 사이도 아주 좋았다는 사례는 A와 B의 입장을 모두 강화한다.

① ㄱ
② ㄱ, ㄴ
③ ㄴ, ㄷ
④ ㄱ, ㄴ, ㄷ

[10~11] 다음 글을 읽고 물음에 답하시오.

> 진화고고학에서는 인간의 삶은 자연환경에 더욱 잘 적응하기 위한 선택이라고 보는 진화론에 초점을 맞추어 과거를 설명한다. 서기 1세기부터 약 1천 년 동안 어느 한 지역에서 출토된 조리용 토기들의 두께와 토기에 탄화된 채로 남아 있던 식재료에 사용된 곡물의 전분 함량을 조사한 결과, 후대로 갈수록 토기 두께가 상당히 얇아지고 곡물의 전분 함량은 증가한다는 사실을 발견했다. 진화고고학은 이렇게 토기 두께가 얇아진 이유를 전분이 좀 더 많은 씨앗의 출현이라는 외부 환경의 변화에 적응하였기 때문이라고 설명한다.
>
> 한편, 두께가 얇은 토기가 사용된 의미를 파악하기 위해서는 토기 두께의 변화를 초래한 원인을 ㉠<u>찾는</u> 것도 중요하지만 두께가 얇아진 토기가 장기간 사용된 이유에도 주목할 필요가 있다. 예컨대 전분 함량이 높은 곡물을 아기들의 이유식으로 이용한다면 여성들의 수유기가 단축됨에 따라 출산율을 ㉡<u>높이는</u> 데 도움이 되었을 것이라고 볼 수도 있다. 이러한 시각에서 본다면 두께가 얇은 토기가 오랫동안 사용된 원인을 자연 환경에 잘 적응하기 위한 선택이 아니라 이유식을 만들기 위한 인간의 능동적 선택에서 찾는 생태학적 이론에 입각한 설명도 가능하다. 생태학적 설명은 진화론적 관점에 근거하지만 인간의 이성적 사유 능력에 따른 선택 과정에 좀 더 ㉢<u>주목한</u> 것이다.
>
> 진화고고학과는 달리 유물의 의미를 해석할 때 기능적 요인보다는 개개의 유물이 사용된 맥락을 찾는 것이 더 중요하다고 보고, 그 유물을 사용한 사람의 사회적 위치와 기호 변화 등 사회문화적 요인으로 유물의 의미를 설명하려는 관점도 있다.
>
> 이처럼 고고학에서는 발굴을 통해 유물 자료가 빠르게 축적되고, 주변 과학의 발달에 힘입어 새로운 측정 방법이 개발됨에 따라 다양한 해석이 제시된다. 따라서 특정한 이론에 ㉣<u>집착하는</u> 것보다는 새로운 자료와 방법을 적극적으로 이용하여 다양한 해석을 하고자 하는 열린 자세가 필요하다.

10

윗글에 대해 평가한 내용으로 가장 적절한 것은?

① 토기 두께의 변화 시점 이후 인구수가 증가되었다는 증거가 발견되면 생태학적 관점은 약화될 것이다.

② 전분 함량이 높은 씨앗은 오래 가열해야 하고 두께가 얇은 토기는 열전도가 빠르다는 사실이 밝혀지면 진화고고학의 관점은 약화될 것이다.

③ 토기 두께가 얇아진 시기가 전분 함량이 높은 음식이 보편화된 시기보다 앞선다는 연구 결과가 발표되면 진화고고학의 관점은 강화될 것이다.

④ 집단 간의 교류로 두께가 얇은 새로운 토기가 유입되고 사람들이 이를 선호하였다는 후대 기록이 발견되면 사회문화적 관점은 강화될 것이다.

11

㉠~㉣과 바꿔 쓸 수 있는 유사한 표현으로 적절하지 않은 것은?

① ㉠: 탐색하는

② ㉡: 고양하는

③ ㉢: 눈여겨본

④ ㉣: 매달리는

유형 공략 문제

[12~13] 다음 글을 읽고 물음에 답하시오.

경제 위기란 경기 침체 과정이 빠르게 진행되는 현상을 말한다. 경제 위기는 수요 감소, 실업률 증가 등의 문제를 야기한다. 이러한 경제 위기를 해결하기 위해 경제학자들은 다양한 방안을 제시한다.

A집단은 시장 메커니즘의 자율성과 효율성을 강조하면서 경제 위기가 발생했을 때 정부의 개입이 불필요하다고 말한다. 경제 주체인 정부, 기업, 그리고 가계가 수요와 공급의 원리에 따라 자연스럽게 균형을 이룰 수 있다는 것이다. ㉠그들은 정부의 의도적 개입이 오히려 경제 주체의 경제 활동을 제약하고 전반적인 생산성을 저하할 수 있다고 본다.

반면 B집단은 ㉡그들과 달리 대공황과 같은 경제 위기에 대응하기 위해서 정부의 중앙 집권적 개입이 필수적이라고 주장한다. 다시 말해 경제 상황이 좋지 않을 때는 정부가 재정 지출 증가나 금리 인하와 같은 정책을 통해 경기를 활성화하고 실업률을 감소시켜야 한다는 것이다. ㉢그들은 이러한 적극적인 경제 개입을 통하여 각 경제 주체들의 균형을 유지할 수 있다고 본다.

한편 C집단은 경제 위기에서 기업의 역할을 중요시한다. 기업이 혁신적인 아이디어와 기술 개발을 통해 생산성과 효율성을 제고한다면 경제 성장이 이루어질 수 있다고 본다. ㉣그들은 유수의 기업들이 실리콘 밸리에서 정보 기술 및 반도체 혁신을 통해 수많은 일자리와 매출을 창출한 것을 예로 든다. 결론적으로 기업의 혁신 추구를 통한 성장이 경제 위기를 타파할 수 있을 것으로 본다.

12
윗글에 대해 평가한 내용으로 가장 적절한 것은?

① 정부가 금리 인하 정책을 시행해도 경기 침체가 지속된다면, B집단의 주장은 강화된다.
② 공공 일자리 창출과 같은 정부의 개입에도 실업률이 증가한다면, A집단의 주장은 약화된다.
③ 정부의 중앙 집권적 개입으로 인해 각 경제 주체들의 불균형이 야기된다면, B집단의 주장은 강화된다.
④ 기업이 혁신 기술을 개발하는 과정에서 들어가는 비용이 기술을 개발한 이후 산출되는 이익보다 많다는 조사 결과가 발표되면, C집단의 주장은 약화된다.

13
문맥상 ㉠~㉣ 중 지시 대상이 같은 것만으로 묶인 것은?

① ㉠, ㉡
② ㉡, ㉢
③ ㉠, ㉢, ㉣
④ ㉠, ㉡, ㉣

14

㉠을 평가한 내용으로 적절한 것만을 〈보기〉에서 모두 고르면?

> ㉠ 결정적 시기 가설은 1967년 출간된 에릭 레넌버그의 저서를 통해 대중들에게 알려졌다. 이 가설의 요지는 언어 습득을 하기 위한 결정적 시기가 있으며 그 시기를 놓칠 경우에 언어를 습득하는 것이 매우 어렵다는 것이다. 결정적 시기 가설에 따르면, 사춘기가 시작되는 13~15세 이전에는 생활 속에서 언어에 노출됨으로써 자동적으로 언어를 배울 수 있다. 따라서 아이들은 사춘기가 시작되기 전에 언어를 접해야 한다. 만약 그렇지 못할 경우 언어를 배우는 것에 상당한 노력이 필요하고, 유창하게 발음하는 것도 어렵다.
>
> 이 가설을 지지하는 사례는 '야생 아동 연구'이다. 야생 아동이란 야생에서 홀로 생활했거나 동물에 의해 키워진 아이를 말한다. 이들은 어렸을 때부터 언어 습득이 가능한 환경에서 생활하지 못했고, 발견된 이후 연구자들의 노력에도 언어를 제대로 구사하는 데 실패했다. 이러한 연구는 특정 시기가 지나면 언어 습득이 성공적으로 이루어지는 것이 어렵다는 것을 보여준다.

〈보기〉
ㄱ. 성인이 된 이후에 처음 접하는 언어를 어렵지 않게 습득하는 사람이 대다수라면 ㉠이 약화된다.
ㄴ. '야생 아동 연구'의 대상자들이 어렸을 때부터 부모와 함께 자란 사실이 밝혀진다면 ㉠이 강화된다.
ㄷ. 사춘기 이전에 언어를 접한 사람이 사춘기 이후에 언어를 접한 사람보다 유창하게 발음한다는 연구 결과가 발표된다면 ㉠이 강화된다.

① ㄴ
② ㄷ
③ ㄱ, ㄷ
④ ㄱ, ㄴ, ㄷ

15

다음 글의 논증에 대한 비판으로 적절하지 않은 것은?

> 진화론자들은 지구상에서 생명의 탄생이 30억 년 전에 시작됐다고 추정한다. 5억 년 전 캄브리아기 생명폭발 이후 다양한 생물종이 출현했다. 인간 종이 지구상에 출현한 것은 길게는 100만 년 전이고 짧게는 10만 년 전이다. 현재 약 180만 종의 생물종이 보고되어 있다. 멸종된 것을 포함해서 5억 년 전 이후 지구상에 출현한 생물종은 1억 종에 이른다. 5억 년을 100년 단위로 자르면 500만 개의 단위로 나눌 수 있다. 이것은 새로운 생물종이 평균적으로 100년 단위마다 약 20종이 출현한다는 것을 의미한다. 하지만 지난 100년간 생물학자들은 지구상에서 새롭게 출현한 종을 찾아내지 못했다. 이는 한 종에서 분화를 통해 다른 종이 발생한다는 진화론이 거짓이라는 것을 함축한다.

① 100년마다 20종이 출현한다는 것은 다만 평균일 뿐이다. 현재의 신생종 출현 빈도는 그보다 훨씬 적을 수 있지만 언젠가 신생종이 훨씬 많이 발생하는 시기가 올 수 있다.

② 5억 년 전 이후부터 지구상에 출현한 생물종이 1,000만 종 이하일 수 있다. 그러면 100년 내에 새로 출현하는 종의 수는 2종 정도이므로 신생종을 발견하기 어려울 수 있다.

③ 생물학자는 새로 발견한 종이 신생종인지 아니면 오래전부터 존재했던 종인지 판단하기 어렵다. 따라서 신생종의 출현이나 부재로 진화론을 검증하려는 시도는 성공할 수 없다.

④ 30억 년 전에 생물이 출현한 이후 5차례의 대멸종이 일어났으나 대멸종은 매번 규모가 달랐다. 21세기 현재, 알려진 종 중 사라지는 수가 크게 늘고 있어 우리는 인간에 의해 유발된 대멸종의 시대를 맞이하는 것으로 볼 수 있다.

⑤ 생물학자들이 발견한 몇몇 종은 지난 100년 내에 출현한 종이라고 판단할 이유가 있다. DNA의 구성에 따라 계통수를 그렸을 때 본줄기보다는 곁가지 쪽에 배치될수록 늦게 출현한 종임을 알 수 있기 때문이다.

유형 공략 문제

[16~17] 다음 글을 읽고 물음에 답하시오.

일반적으로 한 나라의 문학, 즉 '국문학'은 "그 나라의 말과 글로 된 문학"을 지칭한다. 그래서 우리나라에서 국문학에 대한 근대적 논의가 처음 시작될 무렵에는 (가) 국문학에서 한문으로 쓰인 문학을 배제하자는 주장이 있었다. 국문학 연구가 점차 전문화되면서, 한문문학 배제론자와 달리 한문문학을 배제하는 데 있어 신축성을 두는 절충론자의 입장이 힘을 얻었다. 절충론자들은 국문학의 범위를 획정하는 데 있어 (나) 종래의 국문학의 정의를 기본 전제로 하되, 일부 한문문학을 국문학으로 인정하자고 주장했다. 즉 한문으로 쓰여진 문학을 국문학에서 완전히 배제하지 않고, ㉠ 전자 중 일부를 ㉡ 후자의 주변부에 위치시키는 것으로 국문학의 영역을 구성한 것이다. 이에 따라 국문학을 지칭할 때에는 '순(純)국문학'과 '준(準)국문학'으로 구별하게 되었다. 작품에 사용된 문자의 범주에 따라서 ㉢ 전자는 '좁은 의미의 국문학', ㉣ 후자는 '넓은 의미의 국문학'이라고도 칭할 수 있다.

하지만 이런 절충안을 취하더라도 순국문학과 준국문학을 구분하는 데에는 논자마다 차이가 있다. 어떤 이는 국문으로 된 것은 ㉤ 전자에, 한문으로 된 것은 ㉥ 후자에 귀속시켰다. 다른 이는 훈민정음 창제 이전과 이후로 나누어 국문학의 영역을 구분하였다. 훈민정음 창제 이전의 문학은 차자표기건 한문표기건 모두 국문학으로 인정하고, 창제 이후의 문학은 국문문학만을 순국문학으로 규정하고 한문문학 중 '국문학적 가치'가 있는 것을 준국문학에 귀속시켰다.

16

윗글의 (가)와 (나)의 주장에 대해 평가한 내용으로 가장 적절한 것은?

① 국문으로 쓴 작품보다 한문으로 쓴 작품이 해외에서 문학적 가치를 더 인정받는다면 (가)의 주장은 강화된다.
② 국문학의 정의를 '그 나라 사람들의 사상과 정서를 그 나라 말과 글로 표현한 문학'으로 수정하면 (가)의 주장은 약화된다.
③ 표기문자와 상관없이 그 나라의 문화를 잘 표현한 문학을 자국문학으로 인정하는 것이 보편적인 관례라면 (나)의 주장은 강화된다.
④ 훈민정음 창제 이후에도 차자표기로 된 문학작품이 다수 발견된다면 (나)의 주장은 약화된다.

17

윗글의 ㉠ ~ ㉥ 중 지시하는 바가 같은 것끼리 짝 지은 것은?

① ㉠, ㉢
② ㉡, ㉣
③ ㉡, ㉥
④ ㉢, ㉤

18
9급 출제기조 전환 2차 예시문제

다음 글의 ㉠과 ㉡에 대한 평가로 올바른 것은?

> 기업의 마케팅 프로젝트를 평가할 때는 유행지각, 깊은 사고, 협업을 살펴본다. 유행지각은 유행과 같은 새로운 정보를 반영했느냐, 깊은 사고는 마케팅 데이터의 상관관계를 분석해서 최적의 해결책을 찾아내었느냐, 협업은 일하는 사람들이 해결책을 공유하며 성과를 창출했느냐를 따진다. ㉠이 세 요소 모두에서 목표를 달성하는 것은 마케팅 프로젝트가 성공적이기 위해 필수적이다. 하지만 ㉡이 세 요소 모두에서 목표를 달성했다고 해서 마케팅 프로젝트가 성공한 것은 아니다.

① 지금까지 성공한 프로젝트가 유행지각, 깊은 사고 그리고 협업 모두에서 목표를 달성했다면, ㉠은 강화된다.

② 성공하지 못한 프로젝트 중 유행지각, 깊은 사고 그리고 협업 중 하나 이상에서 목표를 달성하는 데 실패한 사례가 있다면, ㉠은 약화된다.

③ 유행지각, 깊은 사고 그리고 협업 중 하나 이상에서 목표를 달성하는 데 실패했지만 성공한 프로젝트가 있다면, ㉡은 강화된다.

④ 유행지각, 깊은 사고 그리고 협업 모두에서 목표를 달성했지만 성공하지 못한 프로젝트가 있다면, ㉡은 약화된다.

19

다음 글의 (가)를 강화하는 것으로 가장 적절한 것은?

> 쿤은 자연과학과 사회과학 모두를 포함하는 과학의 발전 단계를 세 시기로 구분한다. 패러다임을 한 번도 정립하지 못한 전정상과학 시기, 하나의 패러다임이 지배하는 정상과학 시기, 기존 패러다임이 새 패러다임으로 교체되는 과학혁명 시기가 그것이다. 패러다임은 모든 과학자에게 동일한 연구 방향 및 평가 기준을 따르게 하여, 연구의 효율성을 높이고 과학의 발전 단계를 성숙한 수준으로 올려놓는다. 한 번도 패러다임을 정립하지 못해 전정상과학 시기에 머물러 있는 과학 분야는 과학자 모두가 제각기 연구 활동을 한다. 과학의 발전 단계상 성숙한 수준에 도달하지 못한 것이다. 어떤 과학 분야라도 패러다임을 정립하면 정상과학 시기에 들어서게 되는데, 그 뒤에 다시 전정상과학 시기로 되돌아갈 수는 없다. 정상과학 시기는 언제나 과학혁명 시기로 이어지고, 과학혁명 시기는 언제나 정상과학 시기로 이어지기 때문이다. 정상과학 시기의 과학자는 동일한 패러다임에 따라, 과학혁명 시기의 과학자는 기존 패러다임 혹은 새 패러다임에 따라 과학 활동을 하기에 그 두 시기에 있는 과학 분야는 모두 성숙한 수준에 도달해 있는 것이다. 이 구분에 따를 때, (가) 일부 사회과학 분야는 과학의 발전 단계상 아직도 성숙한 수준에 도달하지 못했다는 것이 쿤의 진단이다.

① 패러다임이 교체된 적이 있지만 과학자들의 연구 방향 및 평가 기준이 동일한 사회과학 분야가 있다.

② 패러다임이 교체되는 중이고 과학자들의 연구 방향 및 평가 기준이 서로 다른 사회과학 분야가 있다.

③ 패러다임이 정립된 적이 있지만 과학자들의 연구 방향 및 평가 기준이 서로 다른 사회과학 분야가 있다.

④ 패러다임이 정립된 적이 없고 과학자들의 연구 방향 및 평가 기준이 서로 다른 사회과학 분야가 있다.

공무원시험전문 해커스공무원
gosi.Hackers.com

해커스공무원 국어 기본서

제3편
문법

01 | 언어의 본질
02 | 음운론
03 | 형태론
04 | 문장론
05 | 의미론
06 | 올바른 언어생활

01 언어의 본질

1 언어의 특징

```
                        언어의 특징
   ┌──────┬──────┬──────┬──────┬──────┬──────┬──────┐
  기호성  자의성  사회성  역사성  분절성  추상성  규칙성  창조성
```

1. 기호성 記號性(기록할 기, 이름 호, 성질 성) 언어가 기호로써 나타난다는 성질

언어는 **음성과 뜻이 결합**하여 나타나는 기호 체계이다.

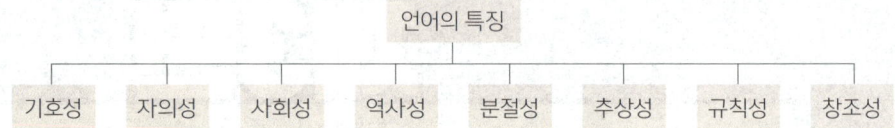

→ 언어는 생각을 전달하는 수단인 기호를 통해 의미를 전달한다.

2. 자의성 恣意性(마음대로 자, 뜻 의, 성질 성) 마음대로 뜻을 지니는 성질

언어의 **의미(내용)와 말소리(형식) 사이에는 필연적**[1]**인 관계가 없다.**

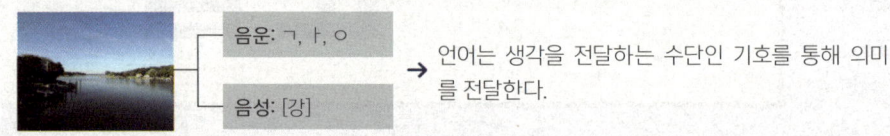

→ 같은 의미를 한국에서는 '꽃', 영국에서는 'flower' 라고 말하는 것에서 의미와 형식 사이에는 필연적인 관계가 없음을 알 수 있다.

▶ 의성어[2]·의태어[3]는 동물이나 사물의 소리, 움직임과 유사하게 표현되므로 상대적으로 자의성이 덜 드러난다고 볼 수 있다. 그러나 각 언어마다 특정 대상의 소리를 다른 식으로 표현하므로, 의성어·의태어에도 자의성은 적용된다.
  예) 개 짖는 소리 → 한국: 멍멍 / 미국: 바우와우(bowwow)

▶ 동의어[4](유의어[5])와 동음이의어[6], 다의어[7]가 존재하는 점, 언어가 시간의 흐름에 따라 변하는 역사성을 지닌다는 점도 언어의 자의적 특성을 설명한다.
  예) · 동의어: 호랑이 – 범 → 하나의 내용에 둘 이상의 음성 형태가 대응
     · 동음이의어: 배 – 舟(배 주), 腹(배 복), 梨(배, 배나무 리) → 하나의 음성 형태에 둘 이상의 내용이 대응
     · 다의어: 먹다 – '섭취', '흡연', '횡령'의 의미 → 하나의 음성 형태에 둘 이상의 내용이 대응

3. 사회성 社會性(모일 사, 모일 회, 성질 성) 사회에 적응하려는 성질

어떤 말소리에 일정한 뜻이 주어진 후에는, 그 언어가 **언어를 사용하는 사람들 사이에서 사회적 약속으로 굳어진 것**이므로 개인이 임의로[8] 바꿀 수 없다.

유럽에서 한국말로 말하면 유럽 사람들은 알아듣지 못한다. → 한국말은 한국 사람들끼리의 약속으로 굳어진 것이므로, 유럽에서 한국말을 사용하면 유럽 사람들은 알아듣지 못한다.

어휘 사전

[1] **필연적**: 사물의 관련이나 일의 결과가 반드시 그렇게 될 수밖에 없는. 또는 그런 것
[2] **의성어**: 사람이나 사물의 소리를 흉내 낸 말. '쌕쌕, 멍멍, 땡땡, 우당탕, 퍼덕퍼덕' 등이 있다.
[3] **의태어**: 사람이나 사물의 모양이나 움직임을 흉내 낸 말. '아장아장, 엉금엉금, 번쩍번쩍' 등이 있다.
[4] **동의어**: 뜻이 같은 단어
[5] **유의어**: 뜻이 서로 비슷한 단어
[6] **동음이의어(동음어)**: 소리는 같으나 뜻이 다른 단어
[7] **다의어**: 두 가지 이상의 뜻을 가진 단어
[8] **임의로**: 일정한 기준이나 원칙 없이 하고 싶은 대로

4. 역사성 歷史性(지날 역, 역사 사, 성질 성) 언어가 시간이 흐름에 따라 변화하는 성질

언어는 새로운 대상이나 개념이 생기면 그것을 나타낼 말이 필요해 새로 만들어지기도 하고, 어떤 대상이나 개념이 없어지면 그것을 표현하던 말도 사라지거나 의미가 변한다. 같은 대상을 표현하던 말들이 경쟁하다가 한쪽이 이기면 다른 한쪽의 말은 자연히 사라지거나 약화된다.

예
- 자동차, 전화, 우주선, 햄버거, 컴퓨터, 인터넷 등 (언어의 생성)
- 살우비: 화살이 비에 젖지 않도록 전동을 덮어씌우는 덮개 (언어의 소멸)
- 영감: 정3품과 종2품의 벼슬아치 → 중년이 지난 남자를 높여 부르는 말 (의미의 변화)
- 즈믄 → 천(千) / 온 → 백(百) / ᄀᆞᄅᆞᆷ → 강(江)

5. 분절성 分節性(나눌 분, 마디 절, 성질 성) 마디로 나누는 성질

(1) **언어 형태의 분절성**: 언어는 여러 단위로 나누어지거나 결합할 수 있다.
▶ 언어는 문장, 단어, 형태소, 음운으로 나눌 수 있고, 음운을 결합하여 형태소, 단어, 문장을 만들 수 있다.

(2) **언어 의미의 분절성**: 언어는 외부 세계를 반영할 때, 있는 그대로를 반영하지 않고 연속적으로 이루어져 있는 세계를 불연속적인 것처럼 끊어서 표현한다.

무지개 색깔(빨, 주, 노, 초, 파, 남, 보) → 실제 무지개는 색깔 사이의 경계가 분명하지 않다. 그러나 우리는 무지개 색깔을 일곱 가지로 분절하여 표현한다.

6. 추상성 抽象性(뽑을 추, 꼴·형상 상, 성질 성) 꼴 또는 형상을 뽑는 성질

'추상(抽象)'이란 서로 다른 개별적이고 구체적인 대상으로부터 공통적인 요소를 뽑아 일반적인 개념으로 파악하는 것이다. 대부분의 단어들은 상당한 수준의 추상화 과정을 거쳐 형성된 개념을 전달한다.

진달래, 개나리, 목련 … ──추상화──▶ 꽃 → '꽃'은 실제로는 '진달래, 개나리'와 같이 다양한 모습으로 존재한다. '꽃'이라는 말의 의미는 이러한 수많은 종류의 꽃들로부터 공통 속성만을 뽑아내는 과정(추상화의 과정)에서 형성된 것이다.

▶ 다만, 고유 명사는 지시 대상이 단 하나이므로 추상성을 가지지 않는다.

7. 규칙성 規則性(법 규, 법칙 칙, 성질 성) 규칙이 있는 성질

언어를 이루는 음운, 단어, 문장, 이야기는 각각의 구조를 가지며, 그 구조는 일정한 규칙과 체계로 짜여 있다.

동생이 회사에 간다. / 아버지께서 회사에 가신다. → 주어가 '아버지'일 때는 높임 표현을 써야 한다. 이는 주어가 화자보다 높은 사람일 경우에는 주격 조사 '께서'나 선어말 어미 '-(으)시-'를 통해 높인다는 국어의 규칙에 따른 것이다.

8. 창조성 創造性(비롯할 창, 지을 조, 성질 성) 전에 없던 것을 처음으로 만드는 성질

언어는 상황에 따라 새로운 말들을 만들어 표현할 수 있다.

ㄱ, ㅁ: 가무, 가뭄, 구문 … → 두 개의 자음을 활용하여 다양한 어휘를 만들 수 있다.

▶ 인간이 한정된 음운이나 어휘를 가지고 무한한 문장을 만들어서 사용하고, 처음 들어 보는 문장을 이해할 수 있는 사실은 인간이 언어를 얼마나 창조적으로 사용할 줄 아는지를 잘 보여 준다.

☑ **학습 체크**

01 고양이가 우는 소리를 '야옹'이라 하는 것은 내용과 형식의 우연적인 결합으로, 언어의 사회성과 관련된다. (O, X)

02 우리나라 사람이 미국에 가서 한국말로 음식을 주문하면 미국 사람들은 알아듣지 못하는데, 이는 언어의 자의성과 관련된다. (O, X)

03 '바람[風] : 바람[望]'과 같이 동일한 형식에 다른 의미가 결합되어 있는 것은 언어의 역사성과 관련된다. (O, X)

04 무지개 색깔 사이의 경계를 찾아볼 수 없는데도 무지개 색깔을 일곱 가지라고 말하는 것은 언어의 추상성과 관련된다. (O, X)

---
01 X 언어의 자의성과 관련된다.
02 X 언어의 사회성과 관련된다.
03 X 언어의 자의성과 관련된다.
04 X 언어의 분절성과 관련된다.

2 국어의 음운상 특질

음운 대립	예사소리, 된소리, 거센소리의 음운 대립이 존재한다. 예 ㄱ, ㄲ, ㅋ / ㄷ, ㄸ, ㅌ / ㅂ, ㅃ, ㅍ / ㅈ, ㅉ, ㅊ
마찰음의 수	국어의 마찰음은 'ㅅ, ㅆ, ㅎ'으로, 다른 언어에 비해 많지 않다.
음절의 끝소리 규칙	국어의 파열음(ㄱ/ㄲ/ㅋ, ㄷ/ㄸ/ㅌ, ㅂ/ㅃ/ㅍ)은 음절 끝 위치에서 완전히 파열되지 않을 수 있다. 예 밭[받], 잎[입]
두음법칙	단어의 첫소리에 둘 이상의 자음(어두 자음군)이나 'ㄹ, ㄴ'이 오지 않는다. 예 쑴(×) → 꿈(○) / 로인(×) → 노인(○) / 녀자(×) → 여자(○)
모음 조화	두 음절 이상의 단어에서 'ㅏ, ㅗ' 등의 양성 모음은 양성 모음끼리, 'ㅓ, ㅜ' 등의 음성 모음은 음성 모음끼리 결합하려는 현상이 있다. 주로 용언의 어간과 어미의 결합이나 의성어, 의태어에서 비슷한 모음끼리 어울리는 것을 볼 수 있다. 예 · 잡다: 잡아 – 잡아서 / 접다: 접어 – 접어서 · 졸졸 – 줄줄 / 반짝반짝 – 번쩍번쩍 / 찰랑찰랑 – 철렁철렁

3 국어의 어휘상 특질

1. 삼중 체계 (고유어, 한자어, 외래어)

(1) **고유어**: 예로부터 사용한 우리말로, 감각어와 상징어가 발달하였다.

① **감각어의 발달**: 감각어는 외부 또는 내부의 자극에 의해 일어나는 느낌을 표현하는 단어이다.(색채어, 미각어, 온도어 등)

▶ 색채어의 발달: 빨갛다, 불그스름하다, 불그레하다, 불긋불긋하다 등
▶ 감각어는 정서적 유사성에 의한 비유적 표현으로 일상 언어생활에서 사용되기도 한다.

② **상징어의 발달**: 소리, 동작, 형태를 모사(模寫)하는 의성어·의태어와 같은 음성 상징어가 발달하였다.
예 멍멍, 탕탕, 아장아장, 엉금엉금

(2) **한자어**: 중국의 한자를 기반으로 만들어진 단어로, 고유어가 표현하지 못하는 빈자리를 대신해 준다. 그러나 이중적 언어생활로 이미 존재하는 고유어를 위축시키기도 한다.
예 감기(感氣), 식구(食口), 생신(生辰), 학교(學校)

(3) **외래어**: 한자어 외에 다른 언어권에서 들어와서 국어의 일부로 인정되는 단어들로, 해방 이후 서양에서 들어온 외래어가 큰 비중을 차지하고 있다.
예 버스, 텔레비전, 커피, 인터넷

2. 친족 관계어의 발달

혈연을 중시하는 문화의 영향으로 친족 관계를 나타내는 어휘가 세분화되고 발달하였다.

3. 높임말의 발달

상하 관계가 중시되던 사회 구조의 영향으로 높임말이 발달하였다.
예 생일 – 생신 / 집 – 댁 / 밥 – 진지 / 먹다 – 드시다, 잡수시다

✓ **학습 체크**

01 국어의 마찰음은 'ㅅ, ㅆ, ㅎ'으로, 다른 언어에 비해 그 수가 많지 않다. (○, ×)

02 국어의 파열음(폐쇄음)은 '예사소리/된소리/거센소리'의 3항 대립을 보인다. (○, ×)

03 국어는 음절 초에 'ㄲ', 'ㄸ', 'ㅃ' 등 둘 이상의 자음이 함께 올 수 있다. (○, ×)

04 한자어에는 상징어와 감각어가 발달되어 있다. (○, ×)

05 고유어는 단어의 의미가 한자어보다 세분화되어 있다. (○, ×)

06 친족 관계어가 발달하게 된 배경에는 우리 민족 고유의 문화가 있다. (○, ×)

---

01 ○
02 ○
03 × 'ㄲ, ㄸ, ㅃ'은 하나의 자음이며, 국어에서는 어두에 둘 이상의 자음이 올 수 없다.
04 × 감각어, 상징어가 발달한 것은 고유어의 특징이다.
05 × 한자어가 고유어보다 단어의 의미가 세분화되어 있다.
06 ○

4 국어의 문법상 특질

1. 형태적 특질

(1) 조사와 어미의 발달: 국어는 조사와 어미를 첨가하여 다양한 문법적 기능을 수행하는 첨가어(교착어)이므로, 조사와 어미가 다양하게 발달하였다.

> 예 나는 너를 좋아한다. (조사) / 잡다 - 잡아 - 잡아서 (어미)

(2) 단어 형성법의 발달: 합성법①과 파생법②이 발달하였다.

> 뛰놀다, 풋고추 → 국어는 '뛰- + 놀-'처럼 어근과 어근이 결합하는 합성법이나, '풋- + 고추'처럼 접사와 어근③이 결합하는 파생법이 발달하였다.

(3) 단위성 의존 명사의 발달: 국어에는 수효나 분량 등의 단위를 나타내는 의존 명사가 다양하게 발달해 있다.

> 예 북어 한 쾌(북어 20마리), 오징어 한 축(오징어 20마리)

2. 통사④적 특질

(1) '주어-목적어-서술어'의 어순: 국어의 문장은 대체로 '주어 + 목적어 + 서술어'(SOV) 순으로 나타난다. 그러나 조사가 발달하여 어순이 비교적 자유로운 편이다.

> 나는 밥을 먹는다. → '나는(주어) + 밥을(목적어) + 먹는다(서술어).' 순으로 문장이 구성된다. 그러나 '밥을 먹는다, 나는.'과 같이 어순을 바꾸어도 의미가 변하지 않는 경우가 많아, 어순이 비교적 자유로운 편이다.

(2) 수식어가 피수식어 앞에 위치: 국어의 문장에서 수식어(꾸미는 말)는 대개 피수식어(꾸밈을 받는 말) 앞에 온다. 이는 중심이 되는 말을 뒤에 놓는 경향을 보여 주는 것이다.

> 영희는 예쁜 꽃을 샀다. → '예쁜'은 '꽃'을 꾸며 주는 말로, 꾸밈을 받는 말인 '꽃' 앞에 위치한다.

(3) 높임법의 발달: 주체 높임, 객체 높임, 상대 높임의 구분이 있다.

> 예 · 선생님께서는 지금 교무실에 계시다. (주체 높임)
> · 아들은 할아버지를 모시고 병원에 갔다. (객체 높임)
> · 시청자 여러분, 모두 새해 복 많이 받으세요. (상대 높임)

(4) 주어와 목적어의 중복: 문장에서 주어와 목적어가 중복되어 나타날 수 있다.

> 예 · 코끼리가 코가 길다. (주어 중복)
> · 지현이가 그 책을 두 권을 더 달라고 하였다. (목적어 중복)

📖 **어휘 사전**

① **합성법:** 실질 형태소(구체적인 대상이나 동작, 상태를 표시하는 형태소)끼리 결합하여 합성어를 만드는 단어 형성 방법

② **파생법:** 실질 형태소에 접사를 붙여 파생어를 만드는 단어 형성 방법

③ **어근:** 단어를 분석할 때, 실질적 의미를 나타내는 중심이 되는 부분. '덮개'의 '덮-', '어른스럽다'의 '어른' 등이다.

④ **통사:** '문장(文章)'과 동의어이다. 통사적 관계란 문장에서 성분들 사이의 관계를 뜻한다.

✅ **학습 체크**

01 국어는 조사가 발달하여 비교적 어순이 자유롭다. (O, X)

02 공손성을 표현하는 다양한 수단이 발달되어 있다. (O, X)

03 한국어는 목적어가 잇달아 나타나는 문장 구성이 가능하다. (O, X)

01 O 02 O 03 O

학습 점검 문제

01
<보기1>의 사례와 <보기2>의 언어 특성이 가장 잘못 짝 지어진 것은?

─────── <보기1> ───────
(가) '방송(放送)'은 '석방'에서 '보도'로 의미가 변하였다.
(나) '밥'이라는 의미의 말소리 [밥]을 내 마음대로 [법]으로 바꾸면 다른 사람들은 '밥'이라는 의미로 이해할 수 없다.
(다) '종이가 찢어졌어'라는 말을 배운 아이는 '책이 찢어졌어'라는 새로운 문장을 만들어 낸다.
(라) '오늘'이라는 의미를 가진 말을 한국어에서는 '오늘[오늘]', 영어에서는 'today(투데이)'라고 한다.

─────── <보기2> ───────
㉠ 규칙성   ㉡ 역사성
㉢ 창조성   ㉣ 사회성

① (가) - ㉡
② (나) - ㉣
③ (다) - ㉢
④ (라) - ㉠

02
국어의 특징으로 가장 옳지 않은 것은?
① 조사와 어미가 발달한 교착어적 특성을 보여 준다.
② '값'과 같이 음절 말에서 두 개의 자음이 발음될 수 있다.
③ 담화 중심의 언어로서 주어, 목적어 등이 흔히 생략된다.
④ 가족 관계를 나타내는 친족어가 발달해 있다.

03
2021 국가직 9급
다음 글의 사례로 적절하지 않은 것은?

인간은 언어를 사용하며 언어는 인간의 사고, 사회, 문화를 반영한다. 인간의 지적 능력이 발달하게 된 것은 바로 언어를 사용하기 때문이다.
언어와 사고는 기본적으로 상호작용을 한다. 둘 중 어느 것이 먼저 발달하고 어떻게 영향을 주는지는 알 수 없다. 그러나 언어와 사고가 서로 깊은 관계를 맺고 있다는 사실은 여러 가지 근거를 통해서 뒷받침된다.

① 영어의 '쌀(rice)'에 해당하는 우리말에는 '모', '벼', '쌀', '밥' 등이 있다.
② 어떤 사람은 산도 파랗다고 하고, 물도 파랗다고 하고, 보행 신호의 녹색 등도 파랗다고 한다.
③ 일상생활에서 어떠한 사물의 개념은 머릿속에서 맴도는데도 그 명칭을 떠올리지 못할 때가 있다.
④ 우리나라는 수박(watermelon)은 '박'의 일종으로 보지만 어떤 나라는 '멜론(melon)'에 가까운 것으로 파악한다.

04
다음 글의 내용이 나타내고 있는 언어의 특성으로 적절한 것은?

영미는 모두가 사물을 하나의 이름으로 부르는 게 싫어서 사물의 이름을 자신이 정한 다른 단어로 바꿔 부르기로 결심하였다. 영미는 '침대'를 '사진'이라 부르기로 결심하고는 "침대에 누울 거야."가 아닌, "사진에 누울 거야."라고 말하였으며, '의자'를 '시계'라 부르면서 "시계에 앉아 있다."라고 이야기하였다. 영미 주변의 친구들은 영미의 말을 좀처럼 알아들을 수 없었다.

① 언어의 창조성   ② 언어의 사회성
③ 언어의 역사성   ④ 언어의 자의성

05

다음 중 괄호 안에 들어갈 말로 가장 적절한 것은?

'ㆍ'가 현대 국어에서 더 이상 사용되지 않고, '믈[水]'이 현대 국어에 와서 '물'로 형태가 바뀌었으며, '어리다'가 '어리석다[愚]'로 쓰이다가 현대 국어에 와서 '나이가 어리다[幼]'의 뜻으로 바뀌어 쓰이는 것 등과 같은 예에서 알 수 있는 언어의 특성을 언어의 (　　　)이라고 한다.

① 사회성　　　　② 역사성
③ 자의성　　　　④ 분절성

06

2025 국가직 9급

다음 글에서 추론한 내용으로 가장 적절한 것은?

언어에는 중요한 몇 가지 특징이 있다. 첫째, 언어의 형식인 말소리와 언어의 내용인 의미 간에는 필연적 관계가 없다. 이를 언어의 '자의성'이라 한다. 즉 어떤 내용을 나타내는 형식은 약속으로 정할 뿐이라는 것이다. 둘째, 언어에서 형식과 내용의 관계에 대한 사회적 약속은 한번 정해지면 개인이 쉽게 바꿀 수가 없다. 이를 언어의 '사회성'이라 한다. 셋째, 언어는 시간의 흐름에 따라 사회 구성원이 바뀌면서 끊임없이 변화한다. 이를 언어의 '역사성'이라 한다. 넷째, 하나의 언어 형식은 수많은 구체적 대상이 가진 공통적인 속성을 개념화하여 표현한 것이다. 예컨대 우리는 세상에 존재하는 여러 책상들의 공통적 속성을 추출하여 하나의 언어 형식인 '책상'으로 표현한다. 이를 언어의 '추상성'이라 한다.

① 같은 언어 안에도 다양한 방언 형태가 존재한다는 것은 언어의 자의성을 보여주는 사례이다.
② 가족과 대화할 때는 직장 동료와 대화할 때와 다른 표현을 사용한다는 것은 언어의 사회성을 보여주는 사례이다.
③ 유명인이 개인적으로 사용한 유행어가 시간이 지나도 표준어로 인정되지 않는다는 것은 언어의 역사성을 보여주는 사례이다.
④ 새로운 줄임말이 끊임없이 만들어지고 있다는 것은 언어의 추상성을 보여주는 사례이다.

07

2020 경찰직 1차

다음 중 국어의 특질에 대한 설명으로 가장 적절한 것은?

① 국어의 마찰음은 '예사소리-된소리-거센소리'의 3항 대립을 보인다.
② 국어의 단모음은 'ㅏ, ㅓ, ㅗ, ㅜ, ㅡ, ㅣ, ㅔ, ㅐ'로 모두 8개이다.
③ 국어는 조사와 어미로 다양한 문법적 기능을 수행하는 교착어적 특성을 가진다.
④ 국어의 어두(語頭)에는 '끝'과 같이 둘 이상의 자음이 올 수 있다.

08

다음 중 ㉠에 해당하는 언어의 특성은 무엇인가?

(가) 만물은 시간의 흐름에 따라 끊임없이 변화한다. ㉠ 언어 또한 끊임없이 변화하는 실체이다. 언어의 변화는 음운, 형태, 통사, 의미 등 언어를 구성하는 모든 측면에서 변화한다.

(나) 특정한 어느 한 시기의 언어 상태를 공시태라고 하고, 어떤 언어의 변화 상태를 통시태라고 할 때, 공시태는 같은 언어의 같은 시기에 속하는 언어 상태를 말하며, 통시태는 같은 언어의 다른 변화 시기에 속하는 다른 언어 상태를 말한다.

(다) 그러나 모든 언어 현상은 항상 역사적인 요인과 결합되어 있다. 즉 공시적 언어 현상은 항상 다음 단계로 변화하는 시발점이 되어 동요하고 있다. 따라서 공시적 언어 상태는 새로이 생겨나는 요소와 없어져 가는 요소의 혼합체라고 할 수 있으며, 공시태는 과거를 반영하고 미래를 예측하게 하는 것이다.

(라) 언어의 변화는 음운, 형태, 통사, 의미 등 언어를 구성하는 모든 측면에서 일어난다고 하였다. 통사 현상 역시 변화한다. 통사 변화에는 역시 문법범주의 변화와 문장구성의 변화를 포함한다.

① 언어의 자의성　　　② 언어의 역사성
③ 언어의 사회성　　　④ 언어의 창조성

02 음운론

음운과 음성의 차이

구분	음운	음성
단어 의미 구분 여부	가능	불가능
차이 인식 여부	쉬움	어려움
실현 방식	추상적	구체적
갯수	유한함	무한함

☑ 학습 체크

01 국어의 비분절 음운에는 장단과 억양이 있다. (O, ×)

02 자음과 모음, 소리의 길이는 분절 음운이다. (O, ×)

03 국어의 비분절 음운은 자음, 모음처럼 정확히 소리마디의 경계를 그을 수 없지만 말소리 요소로서 의미를 변별하는 기능을 한다. (O, ×)

04 현대 국어의 표준어에서는 소리의 길이에 따라서 의미를 변별할 수 있다. (O, ×)

---
01 O
02 × 소리의 길이는 비분절 음운이다.
03 O
04 O

1 언어(言語)

1. 음운 音韻(소리 음, 운 운) 소리와 운율

(1) 개념: 말의 뜻을 구별해 주는 기능을 가진 소리의 가장 작은 단위

> 공 : 종 → 초성 'ㄱ'을 'ㅈ'으로 바꾸었을 뿐인데 말의 뜻이 달라졌다. 이를 통해 음운이 말의 뜻을 구별해 주는 기능을 함을 알 수 있다.

(2) 종류

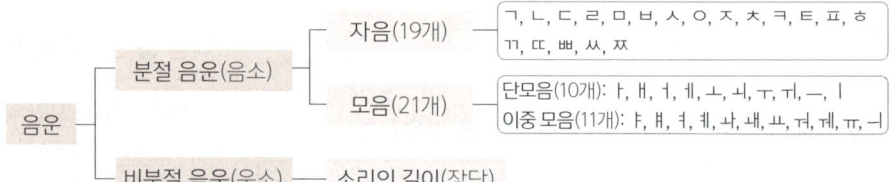

① **분절 음운(음소):** 마디로 나눌 수 있는 음운으로 자음과 모음을 가리킨다.
  ▶ 국어의 분절 음운의 개수는 자음 19개, 단모음 10개, 이중 모음 11개로 총 40개이다.

② **비분절 음운(운소):** 말의 뜻을 구별해 주는 기능은 있으나 자음, 모음처럼 마디로 나눌 수는 없는 음운으로, 소리의 길이, 높이, 세기, 억양 등이 있다.
  예 눈[眼], 눈:[雪] / 말[馬], 말:[言] / 밤[夜], 밤:[栗] / 성인(成人), 성:인(聖人)
  ▶ 표준 발음법에서는 소리의 길이만을 비분절 음운으로 인정하고 있다.
  ▶ 소리의 높낮이(성조)는 중세 국어에는 있었지만 소멸되어, 현대에는 비분절 음운으로서의 기능이 남아 있지 않다.

2. 음절 音節(소리 음, 마디 절) 소리의 마디

(1) 개념: 한 번에 소리 낼 수 있는 소리의 덩어리(최소의 발음 단위)

> 말 (ㅁ, ㅏ, ㄹ) → 첫소리인 초성 'ㅁ', 가운뎃소리인 중성 'ㅏ', 끝소리인 종성 'ㄹ'이 합쳐져서 '말'이라는 음절을 이룬다.

(2) 구조: 음절은 음운인 자음과 모음이 모여서 이루어진다.

모음	자음 + 모음	모음 + 자음	자음 + 모음 + 자음
[아], [어]	[나], [너]	[압], [억]	[강], [산]

▶ 음운의 개수를 따질 때 처음에 나오는(초성) 'ㅇ'은 실제 음가가 없으므로 개수에 포함시키지 않는다.

(3) 특징: 우리말을 발음 나는 대로 적었을 때 한 글자가 하나의 음절이다.

> 날씨가 맑아서 좋다: 8음절 → 음절은 발음의 단위이므로, 이 문장을 발음하면 '[날], [씨], [가], [말], [가], [서], [조], [타]'로 읽혀 8음절이다.

2 국어의 음운 체계

1. 자음 (19개)

(1) **개념**: 목청을 통과한 공기의 흐름이 막히거나 구강 통로가 좁아져 목이나 입안에서 장애를 받고 나오는 소리

(2) **분류**: 조음 위치, 조음 방법에 따라 분류할 수 있다.

① 조음 위치에 따른 분류

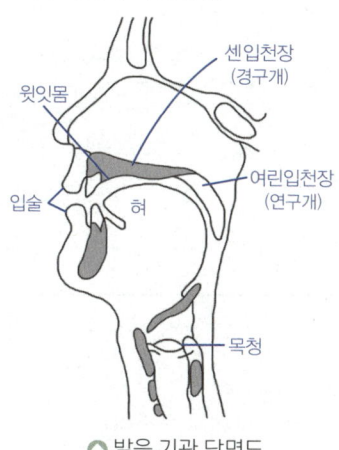

↑ 발음 기관 단면도

입술소리 (양순음)	두 입술 사이에서 나는 소리 예 ㅂ, ㅃ, ㅍ, ㅁ
혀끝소리 (설단음, 치조음)	혀끝이 윗니의 뒷부분이나 윗잇몸에 닿아서 나는 소리 예 ㄷ, ㄸ, ㅌ, ㅅ, ㅆ, ㄴ, ㄹ
센입천장소리 (경구개음)	혓바닥과 센입천장 사이에서 나는 소리 예 ㅈ, ㅉ, ㅊ
여린입천장소리 (연구개음)	혀의 뒷부분과 여린입천장 사이에서 나는 소리 예 ㄱ, ㄲ, ㅋ, ㅇ
목청소리 (후음)	목청 사이에서 나는 소리 예 ㅎ

② 조음 방법에 따른 분류

파열음	허파에서 나오는 공기의 흐름을 일단 막았다가, 그 막은 자리를 터뜨리면서 내는 소리 예 ㅂ, ㅃ, ㅍ, ㄷ, ㄸ, ㅌ, ㄱ, ㄲ, ㅋ
파찰음	허파에서 나오는 공기를 막았다가 서서히 터뜨리면서 마찰을 일으켜 내는, 즉 파열음과 마찰음의 두 가지 성질을 모두 가지고 있는 소리 예 ㅈ, ㅉ, ㅊ
마찰음	입안이나 목청 사이의 통로를 좁히고, 공기를 그 좁은 틈 사이로 내보내 마찰을 일으키면서 내는 소리 예 ㅅ, ㅆ, ㅎ
비음	입안의 통로를 막고, 코로 공기를 내보내면서 내는 소리 예 ㅁ, ㄴ, ㅇ
유음	혀끝을 윗잇몸에 댄 채 공기를 그 양옆으로 흘려보내면서 내는 소리 예 ㄹ

↑ 고득점 공략

1. 목청의 울림 여부에 따른 분류
   ① 울림소리(유성음): 발음할 때 목청이 울리는 소리. 국어의 모든 모음이 이에 속한다. 자음 중에는 'ㄴ, ㄹ, ㅁ, ㅇ'이 있다.
   ② 안울림소리(무성음): 발음할 때 목청이 울리지 않는 소리. 국어에서는 'ㄴ, ㄹ, ㅁ, ㅇ' 외의 모든 자음을 포함한다.
2. 소리의 세기에 따른 분류
   파열음과 파찰음은 그 소리의 세기에 따라 예사소리, 된소리, 거센소리로 나뉘고, 마찰음은 예사소리, 된소리로 나뉜다. 예사소리와 비교할 때 된소리는 성대가 긴장되어 발음되며, 거센소리는 숨이 거세게 나오며 발음된다.
   ① 예사소리: ㄱ, ㄷ, ㅂ, ㅅ, ㅈ
   ② 된소리: ㄲ, ㄸ, ㅃ, ㅆ, ㅉ
   ③ 거센소리: ㅋ, ㅌ, ㅍ, ㅊ

⊕ 조음

말소리를 내기 위한 발음 기관(성대, 목젖, 혀, 이, 입술)의 움직임을 통틀어 '조음'이라고 한다.

1. **조음 기관**: 말소리를 만드는 기관
2. **조음 위치**: 장애가 일어나는(공기의 흐름이 막히거나 좁혀지는) 자리
3. **조음 방법**: 소리를 내는 방법

☑ 학습 체크

01 '철수가 밥을 먹었다.'는 9음절이다. (O, X)

02 우리말의 자음 체계에서 '비음'과 '유음'의 분류는 조음(調音) 위치에 따른 것이다. (O, X)

---
01 X '[철], [쑤], [가], [바], [블], [머], [걷], [따]'로 8음절이다.
02 X 조음 방법에 따라 파열음, 파찰음, 마찰음, 비음, 유음으로 분류한다.

③ 국어의 자음 체계

조음 방법		조음 위치	입술소리	혀끝소리	센입천장소리	여린입천장소리	목청소리
안울림소리	파열음	예사소리	ㅂ	ㄷ		ㄱ	
		된소리	ㅃ	ㄸ		ㄲ	
		거센소리	ㅍ	ㅌ		ㅋ	
	파찰음	예사소리			ㅈ		
		된소리			ㅉ		
		거센소리			ㅊ		
	마찰음	예사소리		ㅅ			ㅎ
		된소리		ㅆ			
울림소리	비음		ㅁ	ㄴ		ㅇ	
	유음			ㄹ			

2. 모음 (21개)

(1) 개념: 허파에서 나오는 공기가 장애를 받지 않고 순조롭게 나오는 소리

(2) 분류

① 단모음(10개): 발음할 때 입술이나 혀가 고정되어 움직이지 않는 모음으로, 'ㅏ, ㅐ, ㅓ, ㅔ, ㅗ, ㅚ, ㅜ, ㅟ, ㅡ, ㅣ'가 있다.

㉠ 국어의 단모음 체계

혀의 높낮이	혀의 앞뒤	앞(전설 모음)		뒤(후설 모음)	
	입술의 모양	둥글지 않은 입술 모양 (평순 모음)	둥근 입술 모양 (원순 모음)	둥글지 않은 입술 모양 (평순 모음)	둥근 입술 모양 (원순 모음)
높음(고모음, 폐모음)		ㅣ	ㅟ	ㅡ	ㅜ
중간(중모음)		ㅔ	ㅚ	ㅓ	ㅗ
낮음(저모음, 개모음)		ㅐ		ㅏ	

㉡ 모음 사각도

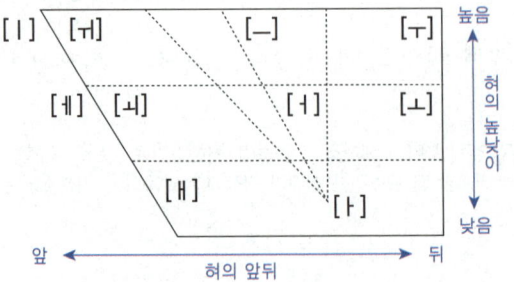

폐모음, 개모음

모음을 발음할 때, 혀의 높낮이에 따라 입이 열리는 정도가 다르다.

1. 폐(閉)모음: '고모음'과 동의어로 발음할 때 입이 조금만 열린다.

2. 개(開)모음: '저모음'과 동의어로 발음할 때 입이 많이 벌어진다.

모음 사각도

모음이 발음될 때 입안에서의 혀의 최고점 위치를 간략하게 도표화한 것을 모음 사각도라 한다. 모음 사각도를 통해, 혀의 높낮이와 혀의 위치에 따른 모음의 위치를 파악할 수 있다.

☑ 학습 체크

01 국어의 모음은 총 21개로 그중 단모음은 9개이다. (O, X)

02 단모음과 이중 모음은 발음할 때 입술이나 혀가 고정되어 있는지의 여부로 구분된다. (O, X)

---

01 X 국어의 단모음은 10개이다.
02 O

② **이중 모음(11개)**: 발음할 때 입술이나 혀가 움직이는 모음으로, 반모음과 단모음이 결합하여 이루어진다. 'ㅑ, ㅒ, ㅕ, ㅖ, ㅘ, ㅙ, ㅛ, ㅝ, ㅞ, ㅠ, ㅢ'가 있다.

구분		
상향 이중 모음	ĭ[j] + 단모음	ㅑ, ㅕ, ㅛ, ㅠ, ㅒ, ㅖ
	ㅗ/ㅜ[w] + 단모음	ㅘ, ㅙ, ㅝ, ㅞ
하향 이중 모음	단모음 + ĭ[j]	ㅢ

▶ 상향 이중 모음은 반모음이 단모음보다 앞에 오는 것이고, 하향 이중 모음은 반모음이 단모음보다 뒤에 오는 것이다. 참고로 'ㅢ'는 반모음 'ㅡ̆'와 단모음 'ㅣ'의 결합으로 보는 견해도 있다.

③ **반모음**: 음성의 성질로 보면 모음과 비슷하지만 반드시 다른 모음에 붙어야 발음될 수 있는, 홀로 쓰이지 못하는 모음으로 'ĭ[j]'와 'ㅗ/ㅜ[w]'가 있다.

▶ 'ㅑ'를 발음할 때, 짧은 순간이지만 'ㅣ' 모음을 조음하는 자세를 취했다가 'ㅏ' 모음을 조음하는데, 이때 조음된 'ㅣ' 모음 비슷한 소리가 반모음 'ĭ[j]'이다.
▶ 반모음은 온전한 모음이 아니므로 반달표(˘)를 붙여 표시한다.

3. 소리의 길이 (장단)

(1) 개념: 국어에서는 모음을 통해서 짧은소리(단음)와 긴소리(장음)를 구별하기도 한다. 즉, 동일한 형태의 모음이라도 길게 발음하여 단어의 의미를 변별할 수 있다. 이와 같이 소리의 길이는 의미를 변별해 준다는 점에서 자음, 모음과 같이 음운으로 인정된다.

구분	단음	장음
1음절	말[馬, 斗]	말:[言]
	눈[眼]	눈:[雪]
	밤[夜]	밤:[栗]
	굴[石花]	굴:[窟]
	솔[松]	솔:[刷]
	발[足]	발:[簾]
2음절	성인(成人)	성:인(聖人)
	무력(無力)	무:력(武力)
	가정(家庭)	가:정(假定)
	사료(飼料, 思料)	사:료(史料)
	굽다(曲)	굽:다(炙)
	묻다(埋)	묻:다(問)

(2) 특징: 긴소리는 일반적으로 단어의 첫째 음절에서 나타나며, 본래 길게 발음되던 것도 둘째 음절 이하에 오면 짧은소리로 발음되는 경향이 있다.

예 말[말:] - 한국말[한:궁말]
눈[눈:] - 함박눈[함방눈]
솔[솔:] - 구둣솔[구두쏠/구둗쏠]

☑ **학습 체크**

01 소리의 길이에 대한 설명이 맞으면 O, 틀리면 ×에 표시하시오.

(1) 국어에서 장단의 문제는 모음과 자음 모두에 해당된다. (O, ×)
(2) 국어에서 장음은 일반적으로 단어의 첫째 음절에 나타나는데, 특이하게 둘째 음절 이하에 오면 장음이 단음으로 발음되는 경향이 있다. (O, ×)

---
(1) × 국어에서 '모음'은 소리의 장단을 구별하여 발음하지만, '자음'은 소리의 장단을 구별하여 발음하지 않는다.
(2) O

3 음운의 변동 變動(변할 변, 움직일 동) 바뀌어 달라짐

음운의 변동이란 원래의 음운 그대로 발음되지 않고 바뀌어 소리 나는 것을 가리킨다. 음운이 놓인 위치에 따라 변하든, 다른 음운의 영향을 받아 변하든 음운이 바뀌어서 발음되는 것은 모두 음운의 변동에 속한다. 음운의 변동에는 크게 교체, 축약, 탈락, 첨가 등이 있다.

교체 (대치)	원래의 음운이 다른 음운으로 바뀜.	음절의 끝소리 규칙, 자음 동화, 구개음화, 모음 동화, 된소리되기
축약	두 개의 음운이나 음절이 하나의 음운이나 음절로 합쳐짐.	자음 축약, 모음 축약
탈락	원래 있던 음운이 없어짐.	자음군 단순화, 'ㄹ' 탈락, 'ㅎ' 탈락, 'ㅡ' 탈락, 동음 탈락
첨가	이미 있는 것에 새로운 음운이 덧붙음.	사잇소리 현상

▶ 이 분류는 변동의 결과 표면적으로 나타나는 변동 양상을 고려한 분류이다.

⬆ 고득점 공략

동화와 이화(인접 음운 간의 관계를 고려한 분류)

구분	개념	예
동화	한 음운이 다른 쪽 음운의 성질을 닮는 것	비음화, 유음화, 구개음화, 모음 동화, 모음 조화 등
이화	인접하는 음운이 서로 달라지는 것(서로 같거나 비슷한 소리 중 하나가 다른 소리로 바뀜)	• 모음 조화 파괴(도로>도루, 먹고>먹구) • 중세 국어 '붚', '거붑' → 현대 국어 '북', '거북'

▶ 동화와 이화는 변동이 일어나는 음운론적 동기에 따라 분류한 유형으로 볼 수도 있다. 동화는 발음의 편리를 위해, 이화는 표현 효과의 확대에 그 원인이 있다.

음운 변동 확인 시 유의사항

음운 변동은 연이어 일어나기도 한다. 이때 정확한 발음을 위해 음운 변동 규칙과 순서를 바르게 지켜야 한다. 예 앞만 → [압만](음절의 끝소리 규칙) → [암만](비음화)

1. 음절의 끝소리 규칙

'ㄱ, ㄴ, ㄷ, ㄹ, ㅁ, ㅂ, ㅇ'의 7자음만이 음절의 끝소리(받침이 되는 소리)로 발음되며, 이것 이외의 받침은 7자음 중의 하나로 바뀌어 발음되는 현상

잎[입] ➡ 'ㅍ'이 대표음 [ㅂ]으로 바뀌어 발음된다.

받침 (끝소리)	발음	예	받침 (끝소리)	발음	예
ㄱ, ㄲ, ㅋ	[ㄱ]	박[박], 밖[박], 부엌[부억]	ㄹ	[ㄹ]	말[말]
ㄴ	[ㄴ]	간[간]	ㅁ	[ㅁ]	밤[밤]
ㄷ, ㅌ, ㅅ, ㅆ, ㅈ, ㅊ, ㅎ	[ㄷ]	낟[낟:], 낱[낟:], 낫[낟], 났[낟], 낮[낟], 낯[낟], 히읗[히읃]	ㅂ, ㅍ	[ㅂ]	법[법], 무릎[무릅]
			ㅇ	[ㅇ]	방[방]

☑ **학습 체크**

01 발음이 맞으면 O, 틀리면 ×에 표시하시오.
(1) 꽃[꼿] (O, ×)
(2) 있다[잇따] (O, ×)
(3) 한낮[한낫] (O, ×)
(4) 놓치다[놋치다] (O, ×)
(5) 헛웃음[허두슴] (O, ×)

(1) × [꼳] (2) × [읻따] (3) × [한낟]
(4) O (5) O [헛웃음 → 허두슴]

2. 자음 동화 同化(한가지 동, 될 화) 다르던 것이 서로 같게 됨

자음과 자음이 만날 때, 어느 한쪽이 다른 쪽을 닮아 그와 비슷한 소리 혹은 같은 소리로 바뀌거나 양쪽이 서로 닮아 두 소리가 모두 바뀌는 음운 현상

(1) **비음화**: 비음이 아닌 자음이 비음을 만나 비음으로 발음되는 현상

> 밥물[밤물] → 파열음 'ㅂ'이 비음 'ㅁ'을 만나 비음 'ㅁ'으로 바뀌어 발음된다.

[ㄱ, ㄷ, ㅂ] + [ㄴ, ㅁ] → [ㅇ, ㄴ, ㅁ] + [ㄴ, ㅁ] 예 국물[궁물], 닫는[단는], 돕는[돔:는]

(2) **유음화**: 'ㄴ'이 'ㄹ'의 앞이나 뒤에서 'ㄹ'로 변하는 현상

> 신라[실라] → 비음 'ㄴ'이 유음 'ㄹ'을 만나 유음 'ㄹ'로 바뀌어 발음된다.

① [ㄴ] + [ㄹ] → [ㄹ] + [ㄹ] 예 광한루[광:할루], 난로[날:로], 천리[철리]
② [ㄹ] + [ㄴ] → [ㄹ] + [ㄹ] 예 칼날[칼랄], 물난리[물랄리], 줄넘기[줄럼끼], 생일날[생일랄]

🔺 고득점 공략

'ㄹ'의 비음화

'ㄹ'의 비음화는 위의 비음화와 성격이 조금 다르다. 'ㄹ'의 비음화는 'ㄹ'을 제외한 자음 뒤에서 'ㄹ'이 'ㄴ'으로 바뀌는 현상이다. 따라서 앞 자음의 어떤 성질에 동화된 것인지 밝혀내기가 어렵다.

1. [ㅁ, ㅇ] + [ㄹ] → [ㅁ, ㅇ] + [ㄴ] 예 담력[담:녁], 종로[종노]
2. [ㄱ, ㄷ, ㅂ] + [ㄹ] → [ㄱ, ㄷ, ㅂ] + [ㄴ] → [ㅇ, ㄴ, ㅁ] + [ㄴ]
    예 독립[독닙 → 동닙], 몇 리[멷리 → 멷니 → 면니], 십리[십니 → 심니]
   ▶ 'ㄱ, ㄷ, ㅂ' 뒤에 'ㄹ'이 올 때에는 먼저 'ㄹ'이 'ㄴ'이 되고 앞의 'ㄱ, ㄷ, ㅂ'은 'ㄴ'의 영향으로 각각 'ㅇ, ㄴ, ㅁ'으로 바뀐다.

👁 시험 유형 파악하기

유음화의 예외

한자어에 'ㄹ'을 첫소리로 가진 '란, 량, 력, 론, 료, 례, 령' 등이 접사처럼 붙은 말들은 유음화가 적용되지 않는다. 즉 'ㄹ'의 앞에 나타나는 'ㄴ'이 'ㄹ'로 바뀌지 않고 그대로 'ㄴ'으로 발음된다.

예 의견란[의:견난], 임진란[임:진난], 생산량[생산냥], 결단력[결딴녁], 공권력[공꿘녁], 동원령[동:원녕], 상견례[상견녜], 횡단로[횡단노 / 휑단노], 이원론[이:원논], 입원료[이붠뇨], 구근류[구근뉴], 추진력[추진녁]

3. 구개음화 口蓋音化(입 구, 덮을 개, 소리 음, 될 화) 입천장소리(구개음)가 되는 것

끝소리가 구개음이 아닌 자음 'ㄷ, ㅌ'인 실질 형태소가 모음 'ㅣ'나 반모음 'ㅣ'로 시작되는 형식 형태소를 만나 구개음 [ㅈ], [ㅊ]으로 바뀌는 음운 현상

> 굳이[구지] → 'ㄷ'이 'ㅣ' 모음을 만나 구개음 [ㅈ]으로 바뀌어 발음된다.

예 맏이[마지], 미닫이[미:다지], 여닫이[여:다지], 해돋이[해도지]
▶ 'ㄷ + 히'의 경우에는 'ㄷ'이 'ㅎ'과 합쳐져 거센소리 'ㅌ'으로 바뀌므로 'ㅌ'이 구개음화된 'ㅊ' 발음이 나게 된다.
예 갇히고[가치고], 굳히다[구치다], 닫히다[다치다], 묻히다[무치다]

> 같이[가치] → 'ㅌ'이 'ㅣ' 모음을 만나 구개음 [ㅊ]으로 바뀌어 발음된다.

예 밭이[바치], 붙이고[부치고], 샅샅이[삳싸치], 솥이다[소치다]

🔍 비음화와 유음화의 특징

비음화와 유음화는 조음 위치는 변하지 않고 조음 방법만 바뀐다.

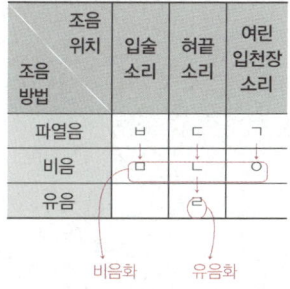

🔍 구개음화의 발생 이유와 발생하지 않는 조건

'ㅣ' 모음 앞에 있는 'ㄷ, ㅌ'을 본래의 발음인 [ㄷ], [ㅌ]으로 발음하기보다는 'ㅣ' 모음의 발음 위치에 가까운 구개음 [ㅈ], [ㅊ]으로 발음하는 것이 좀 더 쉽고 발음상 드는 노력이 줄기 때문이다. 그러나 '견디다[견디다]', '느티나무[느티나무]'와 같이 한 형태소 안에서, '밭이랑[반니랑]'과 같이 둘 이상의 실질 형태소가 결합한 합성어에서, '겉으로[거트로]', '밭을[바틀]'과 같이 'ㅣ' 모음이 아닌 다른 모음으로 시작하는 형식 형태소가 결합할 때는 구개음화가 일어나지 않는다.

✅ 학습 체크

01 발음이 맞으면 ○, 틀리면 ×에 표시하시오.

(1) 문래[물래] (○, ×)
(2) 십리[심니] (○, ×)
(3) 상견례[상견녜] (○, ×)
(4) 꽃망울[꼰망울] (○, ×)
(5) 입원료[이뷜료] (○, ×)

(1) ○ (2) ○ (3) ○ (4) ○
(5) × [이붠뇨]

4. 모음 동화
모음과 모음이 만날 때 한 모음이 다른 모음을 닮는 음운 현상

(1) 'ㅣ' 모음 순행 동화(이중 모음화): 'ㅣ'의 뒤에 오는 [ㅓ, ㅗ](후설 모음)가 'ㅣ'(전설 모음)의 영향을 받아 각각 [ㅕ, ㅛ]로 변하는 현상

> 기어[기여] → 후설 모음 [ㅓ]가 앞의 'ㅣ'의 영향을 받아 [ㅕ]로 변하여 발음된다.

▶ 'ㅣ' 모음 순행 동화가 일어나기 전의 발음이 표준 발음이다. 다만 '되어, 피어'의 경우는 [되여], [피여]로, '이오, 아니오'의 경우는 [이요], [아니요]로 발음하는 것도 허용한다. 'ㅣ' 모음 순행 동화를 반모음 첨가로 보기도 한다.

(2) 'ㅣ' 모음 역행 동화(움라우트): 앞 음절의 [ㅏ, ㅓ, ㅗ, ㅜ](후설 모음)가 뒤 음절 'ㅣ'(전설 모음)에 이끌려서 전설 모음 [ㅐ, ㅔ, ㅚ, ㅟ]로 변하는 현상

> 어미[에미] → 후설 모음 [ㅓ]가 뒤의 'ㅣ'의 영향을 받아 [ㅔ]로 변하여 발음된다.

모음 동화의 영향을 받아 변한 말은 표준어나 표준 발음으로 인정하지 않는 경우가 많지만, **다음의 경우는 표준어로 인정**한다.

> 냄비, 서울내기, 시골내기, 신출내기, 풋내기, 소금쟁이, 담쟁이덩굴, 멋쟁이, 골목쟁이, 발목쟁이, (불을) 댕기다, 동댕이치다

5. 모음 조화 母音調和(어머니 모, 소리 음, 고를 조, 화할 화) 모음이 비슷한 것끼리 모이는 현상

앞 음절과 뒤 음절의 모음이 서로 같은 종류끼리 어울리려는 경향으로, 'ㅏ, ㅗ' 등의 양성 모음은 양성 모음끼리, 'ㅓ, ㅜ' 등의 음성 모음은 음성 모음끼리 어울린다.

> 퐁당퐁당, 풍덩풍덩 → '퐁당퐁당'의 경우 양성 모음 'ㅗ'가 왔으므로 양성 모음 'ㅏ'가 오고, '풍덩풍덩'의 경우에는 음성 모음 'ㅜ'가 왔으므로 음성 모음 'ㅓ'가 온다.

(1) 의성어와 의태어에서 가장 뚜렷하게 나타나고, 어간과 어미의 연결 구조에서도 나타난다.
    예 사각사각 - 서걱서걱 / 종알종알 - 중얼중얼 / 막아 - 막아서 / 먹어 - 먹어서

(2) 현대에 오면서 잘 지켜지지 않는 경우가 많아졌다.
    예 가까워, 아름다워, 깡충깡충, 오뚝이, 보슬보슬, 산들산들, 반들반들
    ▶ 중세 국어에서 비교적 엄격하게 지켜지던 모음 조화는 'ㅡ'와 대립하던 'ㆍ'가 소멸되고, 'ㅣ'가 음성화되면서 현대 국어에 와서는 상당히 문란해졌다.

6. 된소리되기 (경음화 현상)

(1) **안울림소리와 안울림소리가 만날 때**, 뒤의 예사소리(평음)가 **된소리(경음)**로 바뀐다.

> 국밥[국빱] → 'ㄱ'과 'ㅂ'이 안울림소리이므로, 뒤의 예사소리 'ㅂ'이 된소리로 발음된다.

예 역도[역또], 꽃다발[꼳따발], 덮개[덥깨], 있지[읻찌]

학습 체크

01 발음이 맞으면 O, 틀리면 X에 표시하시오.
(1) 피어[피여] (O, X)
(2) 미닫이[미다디] (O, X)
(3) 홑이불[호디불] (O, X)
(4) 똑같이[똑가치] (O, X)
(5) 꽃고[꼳꼬] (O, X)
(6) 덮개[덥개] (O, X)
(7) 삶고[삼고] (O, X)

(1) O   (2) X [미다지]
(3) X [혼니불] (4) X [똑까치]
(5) O   (6) X [덥깨]
(7) X [삼꼬]

(2) 용언 어간의 끝소리가 'ㄴ, ㅁ'일 때, 뒤의 예사소리가 된소리로 바뀐다.

삼고[삼:꼬] → 어간의 끝소리가 'ㅁ'이므로, 뒤의 예사소리 'ㄱ'이 된소리로 발음된다.

예 안고[안:꼬], 앉고[안꼬], 신고[신:꼬], 닮고[담:꼬]

(3) 용언 어간의 끝소리가 'ㄹ' 혹은 관형사형 '-ㄹ'일 때, 뒤의 예사소리가 된소리로 바뀐다.

핥다[할따] → 겹받침 'ㄾ'은 자음 앞에서 'ㄹ'로 발음된다. 용언 어간의 끝소리가 'ㄹ'이므로 뒤의 예사소리 'ㄷ'이 된소리로 발음된다.

예 넓게[널께], 할 것을[할꺼슬]

(4) 한자어에서 'ㄹ' 받침 뒤에 연결되는 자음 'ㄷ, ㅅ, ㅈ'은 된소리로 바뀐다.

갈등(葛藤)[갈뜽] → '갈등'은 한자어이고, 'ㄹ' 받침과 자음 'ㄷ'이 이어져 있으므로 'ㄷ'은 된소리로 발음된다.

예 발동(發動)[발똥], 일시(日時)[일씨], 갈증(渴症)[갈쯩], 발전(發展)[발쩐]

7. 음운의 축약 縮約(줄일 축, 맺을 약) 줄임

(1) 자음 축약(거센소리되기): 'ㄱ, ㄷ, ㅂ, ㅈ'과 'ㅎ'이 만나 'ㅋ, ㅌ, ㅍ, ㅊ'이 되는 현상으로, 발음에만 나타나는 현상이다.

축하[추카] → 'ㄱ + ㅎ'의 결과 'ㅋ'이 되어 [추카]로 발음되며, 이는 표기에 반영하지 않는다.

예 국화[구콰], 막히다[마키다], 놓다[노타], 많다[만:타], 잡히다[자피다], 입히다[이피다], 젖히다[저치다]

(2) 모음 축약: 두 모음이 줄어들어 한 음절이 되는 현상으로, 실제 표기에 반영된다.

그리(다) + 어 → 그려 → '그리 + 어'에서 모음 'ㅣ'와 'ㅓ'가 충돌하기 때문에 'ㅕ'로 줄어든다.

예 되 + 었다 → 됐다 / 먹이 + 어 → 먹여 / 보 + 아라 → 봐라 / 오 + 아서 → 와서 / 주 + 어라 → 줘라

8. 음운의 탈락 脫落(벗을 탈, 떨어질 락) 떨어짐

(1) 자음 탈락: 음절의 끝 자음이 없어지는 음운 현상

찰 + 돌 → 차돌 → 이어진 자음 'ㄹ'과 'ㄷ' 중, 자음 'ㄹ'이 탈락하였다.

① 'ㄹ' 탈락

㉠ 용언 어간의 끝소리인 'ㄹ'이 어미의 첫소리 'ㄴ, ㅂ, ㅅ' 및 '-(으)오, -(으)ㄹ' 앞에서 탈락된다.

예 놀다: 노니, 논, 놉니다, 노시다, 노오 / 울다: 우니, 운, 웁니다, 우시다, 우오

㉡ 파생과 합성의 과정에서, 자음 'ㄴ, ㄷ, ㅅ, ㅈ' 앞에서 'ㄹ'이 탈락된다.

예 솔 + 나무 → 소나무 / 바늘 + 질 → 바느질 / 활 + 살 → 화살

② 'ㅎ' 탈락: 용언 어간의 끝소리인 'ㅎ'이 뒤에 모음으로 시작하는 어미나 접미사와 결합할 때 탈락된다.

예 넣 + 어 → [너어] / 놓 + 을 → [노을] / 쌓 + 이 + 다 → [싸이다]

축약이 일어나는 이유

1. 자음 축약이 일어나는 이유는 'ㄱ, ㄷ, ㅂ, ㅈ'과 'ㅎ'을 따로 발음하기 힘들기 때문이다.
2. 모음 축약이 일어나는 이유는 모음 충돌을 피하기 위함이다.

모음 축약의 유형

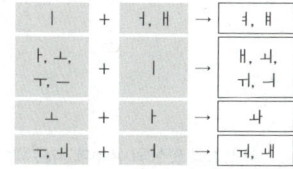

학습 체크

01 음운 축약의 예로 적절하면 ○, 그렇지 않으면 ×에 표시하시오.

(1) 옳지 (○, ×)
(2) 맏형 (○, ×)
(3) 틔다 (○, ×)
(4) 따라 (○, ×)
(5) 닫히다 (○, ×)
(6) 부나비 (○, ×)
(7) 미닫이 (○, ×)
(8) 옳다 (○, ×)

02 다음과 같이 발음할 때 적용되는 음운 변동 규칙을 모두 쓰시오.

입학생 → [이팍쌩]
(   )

---

01 (1) ○ [올치] (2) ○ [마텽]
　　(3) ○ 트이- + -다 → 틔다
　　(4) × 따르- + -아 → 따라 ('ㅡ' 탈락)
　　(5) ○ [다치다]
　　(6) × 불 + 나비 → 부나비 ('ㄹ' 탈락)
　　(7) × 밀- + 닫이 → 미닫이 ('ㄹ' 탈락)
　　(8) ○ [올타]
02 자음 축약(거센소리되기), 된소리되기

(2) **모음 탈락**: 두 모음이 연속될 경우, 하나의 모음이 탈락하는 음운 현상

> 담그(다) + 아 → 담가 ➡ 모음 'ㅡ'와 'ㅏ'가 연속되므로, 'ㅡ'가 탈락하였다.

① **'ㅡ' 탈락**: 모음 'ㅡ'로 끝나는 어간이 모음 'ㅏ/ㅓ'로 시작하는 어미와 결합할 때 'ㅡ'가 탈락된다.
  예 끄(다) + 어라 → 꺼라 / 쓰(다) + 어라 → 써라 / 들르(다) + 어 → 들러 / 치르(다) + 어 → 치러

② **동음 탈락**: 동일한 모음이 연속될 때 그중 하나가 탈락된다.
  예 가 + 아서 → 가서 / 타 + 아라 → 타라

(3) **자음군 단순화**: 음절 끝의 겹받침이 올 때, 둘 중 한 자음이 탈락하는 현상

받침	발음		예
ㄳ, ㄵ, ㄽ, ㄾ, ㅀ, ㅄ	첫째 자음이 발음된다.		몫[목], 앉다[안따], 외곬[외골/웨골], 핥다[할따], 곯리다[골리다], 값[갑]
ㄻ, ㄿ	둘째 자음이 발음된다.		닮다[담:따], 읊다[읍따]
ㄺ	불규칙적으로 발음된다.	· 원칙: 둘째 자음 [ㄱ]으로 발음된다.	늙다[늑따], 맑다[막따], 맑지[막찌], 칡[칙]
		· 예외: 용언의 어간 말음인 경우 'ㄱ' 앞에서 [ㄹ]로 발음한다.	늙게[늘께], 맑게[말께]
ㄺ, ㄼ		· 원칙: 첫째 자음 [ㄹ]로 발음된다.	여덟[여덜], 넓다[널따], 엷다[열:따]
		· 예외 ① '밟-'의 'ㄼ'은 자음 앞에서 [ㅂ]로 발음된다. ② '넓-'의 'ㄼ'은 '넓죽하다, 넓둥글다'와 같은 파생어나 합성어의 경우 [ㅂ]으로 발음된다.	①: 밟다[밥:따], 밟소[밥:쏘] ②: 넓죽하다[넙쭈카다], 넓둥글다[넙뚱글다], 넓적다리[넙쩍따리]

▶ 자음군 단순화(탈락 현상): 음절의 끝에 두 개의 자음이 올 때, 이 중에서 한 자음이 탈락하는 현상이다. 학교 문법에서는 음절 말 겹받침의 발음을 자음군 단순화로 설명하며, 탈락 현상으로 보고 있다.

▶ 자음군 단순화의 원리: 국어의 음절 구조상 음절 말에 둘 이상의 자음이 오더라도 한 음절에서 모두 발음할 수 없다. 이러한 국어의 음절 구조 제약 때문에 하나의 자음을 탈락시키는 것이다.

9. 사잇소리 현상

(합성어) 앞말의 끝소리	+	(합성어) 뒷말의 첫소리	→	
울림소리	+	안울림 예사소리	→	예사소리가 된소리로 남.
모음	+	'ㄴ, ㅁ'으로 시작	→	'ㄴ' 소리가 첨가됨.
(앞말의 음운은 상관없음)	+	모음 'ㅣ'나 반모음 'ㅣ'로 시작	→	'ㄴ' 또는 'ㄴㄴ' 소리가 첨가됨.

▶ 다만, 같은 환경이라도 사잇소리 현상이 일어나지 않는 예외가 있음.
  예 기와집[기와집], 콩밥[콩밥], 은돈[은돈], 오리발[오:리발], 고래기름[고래기름], 소나기밥[소나기밥]

🔖 **사잇소리 현상의 유무에 따른 의미 차이**

1. 나무 + ㅅ + 집 → [나무찝]: 나무를 파는 집
   나무 + 집 → [나무집]: 나무로 만든 집

2. 고기 + ㅅ + 배 → [고기빼]: 고기잡이를 하는 배
   고기 + 배 → [고기배]: 물고기의 배

✅ **학습 체크**

01 음운 탈락의 예로 적절하면 O, 그렇지 않으면 ×에 표시하시오.
(1) 갔다 (O, ×)
(2) 놓고 (O, ×)
(3) 들러 (O, ×)
(4) 싸전 (O, ×)
(5) 건너서 (O, ×)
(6) 소나무 (O, ×)
(7) 끊더라 (O, ×)

---

(1) O 가- + -았- + -다(동음 탈락)
(2) × [노코](음운 축약)
(3) O (4) O (5) O (6) O
(7) × [끈터라](음운 축약)

(1) 두 개의 형태소 또는 단어가 합쳐져서 **합성어**가 될 때, 뒤 음절의 **예사소리가 된소리로** 바뀌는 현상이다.

> **밤길[밤낄]** → 합성어이고, 울림소리 'ㅁ'과 안울림소리 'ㄱ'이 만나 뒤의 예사소리 'ㄱ'이 된소리로 발음된다.

① 앞 음절의 끝소리가 울림소리이고 뒤 음절의 첫소리가 안울림소리이면, 뒤 음절의 예사소리가 된소리로 변한다.
   예 촌 + 사람 → 촌사람[촌:싸람]

② 합성어의 앞 음절이 모음으로 끝나면 받침으로 사이시옷을 적는다.
   예 초 + 불 → 촛불[초뿔/촏뿔]

③ 같은 조건인데도 사잇소리 현상이 일어나지 않는 합성 명사가 있어서 명쾌하게 설명할 수 있는 규칙을 찾기 어렵다.
   예 · 인사말[인사말], 머리말[머리말] - 노랫말[노랜말], 혼잣말[혼잔말]
   · 고무줄[고무줄] - 빨랫줄[빨래쭐/빨랟쭐]
   · 회수(回收)[회수/훼수] - 횟수(回數)[회쑤/휃쑤]

➕ 사이시옷의 표기
사이시옷을 넣어 표기하는 합성어는 순우리말을 포함하고 있는 경우이다.
예 · 순우리말 + 순우리말: 귓밥, 모깃불
· 순우리말 + 한자어: 귓병(-病), 아랫방(-房)
· 한자어 + 순우리말: 곗날(契-), 예삿일(例事-)

(2) 두 개의 형태소 또는 단어가 합쳐져서 합성어가 될 때, **'ㄴ'이 덧나는 현상**이다.

> · 비 + 물 → 빗물[빈물] → 합성어이고, 앞말의 끝 모음 'ㅣ'와 뒷말의 첫소리 'ㅁ'이 만나 'ㅁ' 앞에서 'ㄴ' 소리가 덧나 발음된다.
> · 나무 + 잎 → 나뭇잎[나문닙] → 합성어이고, 앞말의 끝 모음 'ㅜ'와 뒷말의 첫소리 모음 'ㅣ'가 만나 'ㅣ' 앞에서 'ㄴㄴ' 소리가 덧나 발음된다.

① 앞말의 끝이 '모음' + 뒷말의 시작이 'ㄴ, ㅁ' → 'ㄴ' 첨가
   예 코 + 날 → 콧날[콘날] / 이 + 몸 → 잇몸[인몸]

② 뒷말의 시작이 모음 'ㅣ'나 반모음 'ㅣ̆' → 'ㄴ' 첨가 또는 'ㄴㄴ' 첨가
   예 · 집 + 일 → 집일[짐닐] / 콩 + 엿 → 콩엿[콩녇]
   · 예사 + 일 → 예삿일[예:산닐] / 깨 + 잎 → 깻잎[깬닙]

③ 두 단어를 한 마디로 이어서 발음할 때도 이와 같은 현상이 일어나는 경우가 있다.
   예 한 일 → [한닐] / 옷 입다 → [온닙따]

(3) **한자어에 나타나는 사잇소리 현상**

① 한자어의 경우는 사잇소리 현상이 나타나도 사이시옷을 표기하지 않지만, 다음 6개의 한자어에는 사이시옷을 적는다.

> 곳간(庫間), 툇간(退間), 찻간(車間), 숫자(數字), 횟수(回數), 셋방(貰房)

② 한자어의 사잇소리 현상은 규칙성을 찾기 어렵기 때문에, 다음과 같은 한자어는 사잇소리를 넣어 발음하면 표준 발음으로 인정하지 않는다.

> 방법(方法) → [방뻡](×)   고가(高架) → [고까](×)
> 등기(登記) → [등끼](×)   간단(簡單) → [간딴](×)

☑ 학습 체크

01 사잇소리 현상의 예로 적절하면 ○, 그렇지 않으면 ×에 표시하시오.

(1) 햇살 (○, ×)
(2) 선릉 (○, ×)
(3) 셋방 (○, ×)
(4) 옷고름 (○, ×)
(5) 빨랫돌 (○, ×)
(6) 뱃머리 (○, ×)
(7) 머릿말 (○, ×)

---

(1) ○ (2) × [설릉](유음화)
(3) ○ (4) × [옫꼬름](된소리되기)
(5) ○ (6) ○ (7) × [머리말]

학습 점검 문제

01
2025 국가직 9급

다음 글에서 추론한 내용으로 적절하지 않은 것은?

국어의 표준 발음법 규정에서는 이중모음의 발음과 관련한 여러 조항들을 찾을 수 있다. 이중모음은 기본적으로 글자 그대로 발음해야 하지만, 글자와 다르게 발음하는 원칙이 덧붙은 경우도 있다. 이중모음 'ㅢ'의 발음에는 세 가지 원칙이 적용된다. 첫째, 초성이 자음인 음절의 'ㅢ'는 단모음 [ㅣ]로 발음해야 한다. 둘째, 첫음절 이외의 음절에서 'ㅢ'는 이중모음 [ㅢ]로 발음하는 것이 원칙이나 단모음 [ㅣ]로도 발음할 수 있다. 셋째, 조사 '의'는 이중모음 [ㅢ]로 발음하는 것이 원칙이나 단모음 [ㅔ]로도 발음할 수 있다.

이 세 가지 원칙을 적용하여 발음하려 할 때 원칙 간에 충돌이 발생할 때가 있다. '무늬'의 경우, 첫째 원칙에 따르면 [무니]로 발음해야 하는데 둘째 원칙에 따르면 [무늬]도 가능하고 [무니]도 가능하게 된다. 이렇게 첫째와 둘째가 충돌할 때에는 첫째 원칙을 따른다. 하지만 물어본다는 뜻의 명사 '문의(問議)'처럼 앞 음절의 받침이 뒤 음절의 초성으로 오게 되는 경우에는 첫째 원칙이 적용되지 않고 둘째 원칙이 적용된다. '문의 손잡이'에서의 '문의' 역시 받침이 이동하여 발음되기는 하지만 조사 '의'가 포함되어 있다. 이처럼 둘째와 셋째가 충돌하는 상황에서는 셋째 원칙을 따른다.

① '꽃의 향기'에서 '꽃의'는 두 가지 발음이 가능하다.
② '거의 끝났다'에서 '거의'는 한 가지 발음만 가능하다.
③ '편의점에 간다'에서 '편의점'은 두 가지 발음이 가능하다.
④ '한 칸을 띄고 쓴다'에서 '띄고'는 한 가지 발음만 가능하다.

02

다음 글에서 추론한 내용으로 적절한 것은?

'국밥'과 '술잔'은 [국빱], [술짠]으로 발음한다. 두 단어 모두 예사소리가 된소리로 발음된다는 공통점이 있다. 하지만 된소리되기가 일어나는 환경은 상이하다. 전자는 된소리되기 현상으로, 받침 'ㄱ(ㄲ, ㅋ, ㄳ, ㄺ), ㄷ(ㅅ, ㅆ, ㅈ, ㅊ, ㅌ), ㅂ(ㅍ, ㄼ, ㄿ, ㅄ)' 뒤에 연결되는 'ㄱ, ㄷ, ㅂ, ㅅ, ㅈ'이 된소리로 발음된다. 이는 우리말에 존재하는 음운론적인 제약에 의해 무조건적으로 발생하는 음운 현상이다. 반면 후자의 경우는 사잇소리 현상으로, 표기상으로는 사이시옷이 없더라도, 관형격 기능을 지니는 사이시옷이 있어야 할 합성어의 경우에는, 뒤 단어의 첫소리 'ㄱ, ㄷ, ㅂ, ㅅ, ㅈ'을 된소리로 발음한다. 이때 '관형격 기능'이라는 것은 합성어를 이루는 명사들 간의 의미 관계에 따라 시간, 장소, 용도, 기원(또는 소유)과 같은 의미를 갖는다. 가령 '술잔[술짠]'은 술을 따라 마시는 그릇이라는 뜻으로, '용도'의 의미를 지닌다. 전자와 달리 후자는 '물불', '콩밥'에서 알 수 있듯이 예외 없이 일어나는 현상이 아니다.

① '삯돈[삭똔]'과 '덮밥[덥빱]'은 서로 같은 현상에 의해 예사소리가 된소리로 교체되었다.
② '값지다[갑찌다]'와 '강가[강까]'는 서로 같은 현상에 의해 예사소리가 된소리로 교체되었다.
③ '강줄기[강쭐기]'와 '등불[등뿔]'은 서로 다른 현상에 의해 예사소리가 된소리로 교체되었다.
④ '산짐승[산찜승]'과 '그믐달[그믐딸]'은 서로 다른 현상에 의해 예사소리가 된소리로 교체되었다.

03

다음 글에서 추론한 내용으로 적절하지 않은 것은?

현대 국어의 모음 체계는 단모음과 이중 모음으로 나뉜다. 단모음은 발음할 때 입술 모양이나 혀의 위치가 변하지 않고 고정된 상태에서 소리 나는 모음으로, 'ㅏ, ㅐ, ㅓ, ㅔ, ㅗ, ㅚ, ㅜ, ㅟ, ㅡ, ㅣ'의 10개가 있다. 이중 'ㅔ, ㅐ, ㅚ, ㅟ'는 후기 중세 시기에는 이중 모음이었으나 전설 모음 계열의 생성으로 현대에 와서는 단모음으로 분류되고 있다. 이에 따라 정립된 10개의 현대 단모음은 혀의 높낮이, 혀의 앞뒤 위치, 입술 모양에 따라 분류할 수 있다. 혀의 높낮이에 따라 고모음(ㅣ, ㅟ, ㅡ, ㅜ), 중모음(ㅔ, ㅚ, ㅓ, ㅗ), 저모음(ㅐ, ㅏ)으로 구분되며, 혀의 앞뒤 위치에 따라 전설 모음(ㅣ, ㅟ, ㅔ, ㅚ, ㅐ)과 후설 모음(ㅡ, ㅜ, ㅓ, ㅗ, ㅏ)으로 나뉜다. 또한 입술 모양에 따라 평순 모음(ㅣ, ㅡ, ㅔ, ㅓ, ㅐ, ㅏ)과 원순 모음(ㅟ, ㅜ, ㅚ, ㅗ)으로 분류된다. 표준 발음법 제4항에서 'ㅚ, ㅟ'는 원칙적으로 단모음이지만, 이중 모음으로 발음할 수도 있다고 규정한다. 이중 모음은 발음하는 동안 입술이나 혀의 위치가 바뀌는 모음으로, 반모음과 단모음이 결합하여 이루어진다. 현대 국어의 이중 모음은 반모음 종류에 따라 j-계 이중 모음(ㅑ, ㅒ, ㅕ, ㅖ, ㅛ, ㅠ, ㅢ)과 w-계 이중 모음(ㅘ, ㅙ, ㅝ, ㅞ)이 있다.

모음의 또 다른 특성으로는 모음 조화가 있다. 이는 'ㅏ, ㅗ'와 같은 양성 모음은 양성 모음끼리, 'ㅓ, ㅜ'와 같은 음성 모음은 음성 모음끼리 어울려 쓰이는 현상으로, 중세 국어에서는 이 규칙이 비교적 엄격하게 지켜졌지만, 현대 국어에서는 약화되었다. 의성어나 의태어에서는 모음 조화가 특히 잘 유지되는 경향이 있으며, '퐁당퐁당/풍덩풍덩', '반짝반짝/번쩍번쩍'과 같은 예시를 통해 이를 확인할 수 있다.

① 'ㅐ'는 발음할 때 혀의 높이가 낮은 모음이다.
② '깡충깡충'은 모음 조화가 지켜지지 않은 경우이다.
③ 현대 국어의 전설 모음은 중세에도 단모음으로 분류되었다.
④ 현대 국어에는 발음할 때 입술 모양이나 혀의 위치가 변하지만 단모음으로 분류되는 모음이 있다.

04

㉠~㉣의 사례로 적절하지 않은 것은?

우리말의 음운 중 자음은 소리를 낼 때 공기의 흐름이 어디에서 어떻게 방해받는지에 따라 다양하게 분류된다. ㉠두 입술을 이용해 소리 내는 자음은 발음할 때 두 입술이 맞닿아 공기의 흐름을 막았다가 터트리거나, 코로 공기를 내보내는 방식으로 소리를 낸다. ㉡혀끝이 윗니 뒷부분이나 윗잇몸에 닿아 소리 나는 자음은 공기의 흐름을 조절하는 방식에 따라 여러 가지 발음으로 구현된다. 혀끝으로 윗잇몸을 완전히 막았다가 떼며 공기를 터뜨리는 방법을 사용하거나 혀끝과 윗잇몸 사이에 좁은 틈을 만들어 그 사이로 공기가 지나가며 마찰음을 내는 방법도 있다. 또한, 혀끝으로 윗잇몸을 막은 상태에서 코로 공기를 내보내거나, 혀끝을 윗잇몸에 가볍게 대었다 떼는 방식, 혹은 혀의 양옆으로 공기를 흘려보내는 방식으로도 다양한 자음 소리를 만들어 낼 수 있다. ㉢혀의 뒷부분과 여린입천장 사이에서 소리 나는 자음은 구강의 뒤쪽에서 공기의 흐름을 제어하여 발음되는 특징이 있다. ㉣목청 사이에서 소리 나는 자음은 구강 내부가 아닌 성대 쪽에서 공기의 마찰을 일으켜 소리를 만들어 낸다. 한편 자음 중에서 발음할 때 목청이 울리지 않고 소리 나는 자음의 경우, 소리의 세기에 따라 분류되는 경우도 있다.

① ㉠: 'ㄴ'은 두 입술을 이용해 소리가 난다.
② ㉡: 'ㅅ, ㅆ'은 혀끝이 윗잇몸에 가까워지며 마찰을 일으켜 소리가 난다.
③ ㉢: 'ㄱ, ㄲ, ㅋ'은 혀의 뒷부분과 여린입천장 사이에서 소리가 난다.
④ ㉣: 'ㅎ'은 목청에서 마찰이 일어나며 소리가 난다.

03 형태론

음운, 형태소, 단어의 구분
1. 음운: 최소 의미 변별 단위
2. 형태소: 최소 의미 단위
3. 단어: 최소 자립 단위

학습 체크

01 다음 문장의 형태소 개수를 쓰시오.
(1) 떠나갔던 배가 돌아왔다.
(2) 머리를 숙여 청하오니.
(3) 잇따라 불러들였다.
(4) 아껴 쓰는 사람이 되자.

02 다음 문장을 형태소 단위로 나누시오.

> 나는 항상 집에 가고 싶었다.

03 다음 문장을 보고 의존 형태소이면서 실질 형태소인 것을 〈보기〉에서 고르시오. (2개)

> 영희는 책을 집에 놓고 왔다.
>
> 보기
> ㉠ 영희 ㉡ 는 ㉢ 책
> ㉣ 을 ㉤ 집 ㉥ 에
> ㉦ 놓- ㉧ -고 ㉨ 오-
> ㉩ -았- ㉪ -다

---

01 (1) 12개: 떠나/가/았/더/ㄴ/배/가/돌/아/오/았/다
(2) 9개: 머리/를/숙/이/어/청/하/오/니
(3) 9개: 잇/따르/아/부르/어/들/이/었/다
(4) 8개: 아끼/어/쓰/는/사람/이/되/자
02 나/는/항상/집/에/가/고/싶/었/다
03 ㉦ ㉨

---

1 형태소와 단어

1. 형태소 形態素(모양 형, 모습 태, 본디 소) 뜻을 가지고 있는 가장 작은 말의 단위

(1) **개념**: 더 나누면 뜻을 잃어버리는 **가장 작은 말의 단위**이다. (최소 의미 단위)

(2) **분석 방법**: 단어를 의미가 없어질 때까지 더 작은 단위로 계속 쪼개 본다.

구분	분석 방법	예 달렸다
1단계	낱말을 더 작은 단위로 쪼개 본다.	달렸- + -다
2단계	더 나누면 의미가 없어질 때 멈춘다.	달리- + -었- + -다 ▶ 이 이상 나누면 뜻을 잃어버리므로, 위에서 분석한 것이 형태소이다. 예 달리- = ㄷ + ㅏ + ㄹ + ㄹ + ㅣ ('달리다'의 의미가 사라짐)

👁 시험 유형 파악하기

형태소 분석 시 유의 사항

1. 형태소를 분석할 때에는 본말 형태를 고려해야 한다. 이에 축약, 생략된 형태는 본래 형태로 바꿔 준 뒤에 형태소 분석을 한다.
   예 • 가셨다(축약된 형태): 가시었다 → 가/시/었/다   • 가(생략된 형태): 가아 → 가/아
2. 문법적 견해에 따라 다를 수 있으나 사이시옷은 형태소로 처리하지 않는 것이 일반적이다. (사이시옷은 뜻을 가진 성분이 아니라 사잇소리 현상을 나타내는 것이기 때문임) 예 빗물 → 비/물
3. 한자어 형태소도 관점에 따라 한자 각각을 형태소로 분석하기도 하고 그렇지 않기도 하다. 일반적 견해에 따라 한자어 형태소의 분석은 한자 하나하나를 형태소로 보되, 문제에 주어진 선택지를 보고 상대적으로 개수 판단을 해야 한다.
   예 고향(故鄕) → 고향(1개) 또는 고(故)/향(鄕)(2개)

(3) **종류**

구분	종류	예 하늘이 매우 맑다.
자립성의 유무에 따라	자립 형태소(홀로 쓰일 수 있는 형태소)	하늘, 매우
	의존 형태소(홀로 쓰일 수 없는 형태소)	이, 맑-, -다
의미의 유형에 따라	실질 형태소(실질적인 뜻을 지닌 형태소)	하늘, 매우, 맑-
	형식 형태소(문법적인 뜻을 지닌 형태소)	이, -다

▶ 형태소를 나눌 때, 제일 먼저 기준이 되는 것은 의미(뜻)이다.
▶ 모든 형식 형태소는 의존 형태소이지만, 모든 실질 형태소가 자립 형태소인 것은 아니다. (용언의 어간은 실질 형태소이면서 의존 형태소이다.)

예	영희	는	사과	를	먹	었	다
	자립	의존	자립	의존	의존	의존	의존
	실질	형식	실질	형식	실질	형식	형식

2. 단어 單語(홑 단, 말씀 어) 홀로 자립적으로 쓸 수 있는 말

(1) **개념**: 뜻을 지니고 홀로 설 수 있는 말의 단위로, 문장 내에서 자립하여 쓰일 수 있는 말이나 자립할 수 있는 형태소에 붙어서 쉽게 분리될 수 있는 말을 가리킨다.

> 소년과 소녀는 함께 달렸다. → 이 문장은 '소년, 과, 소녀, 는, 함께, 달렸다'라는 여섯 단어로 이루어져 있다.

▶ 조사는 홀로 쓰일 수 없지만 자립할 수 있는 말에 붙어 쉽게 분리될 수 있으므로 단어로 인정한다.
▶ 의존 형태소인 '달리-, -었-, -다'는 서로 어울려야 비로소 자립할 수 있으므로 '달렸다' 전체가 하나의 단어가 된다. 즉, 용언의 어간과 어미는 합쳐서 하나의 단어가 된다.

(2) **특징**
  ① 단어의 내부에 휴지(休止)를 두어 발음하지 않는다.
   예 '미소'의 '미'와 '소' 사이에 휴지를 두고 발음하는 일이 없다.
  ② 단어의 내부에 다른 단어가 끼어들 수 없다.
   예 '책상'이라는 단어 내부에 '책이상'처럼 다른 단어가 끼어들 수 없다.
  ③ 조사를 제외한 모든 단어는 띄어쓰기 단위와 일치한다.
  ④ 단어는 하나 이상의 형태소로 구성된다.

(3) **단어와 형태소의 관계**

구분	분석 방법	예
자립 형태소 (홀로 쓰일 수 있는 형태소)	단어가 됨.	산, 강, 사람, 밤
의존 형태소 (홀로 쓰일 수 없는 형태소)	단어로 인정하는 경우가 있음.(조사)	에, 이, 가, 이다
	단어가 되지 못하는 것들은 서로 결합하여 단어가 됨.	불-, -었-, -다: 서로 결합하여 '불었다'라는 단어를 만듦.

2 품사 品詞(갈래 품, 말 사) 말의 갈래

1. 개념

단어들을 성질이 공통된 것끼리 모아 갈래를 지어 놓은 것을 품사라고 한다. 우리말에는 아홉 가지 품사(명사, 대명사, 수사, 조사, 동사, 형용사, 관형사, 부사, 감탄사)가 있다.

2. 품사를 분류하는 기준

(1) **형태**: 단어의 형태 변화 여부에 따른 분류로, 문장에서 사용될 때에 그 형태가 변하느냐(가변어) 변하지 않느냐(불변어)에 따라 단어를 분류한다.
  ▶ '먹다, 길다' 등은 '먹고/먹으니', '길고/기니'와 같이 형태가 변하므로 가변어에 속하고, '손, 아주' 등은 단어의 형태가 변하지 않으므로 불변어에 속한다.

☑ **학습 체크**

01 '너는 학생이므로 그 위험한 일에서 한발 비켜서야 한다.'라는 문장은 11개의 단어로 구성되어 있다.
(O, ×)

02 '이 고기는 매우 기름지다'에 사용된 단어의 개수와 형태소의 개수를 모두 더하면 11개이다. (O, ×)

01 O 너/는/학생/이므로/그/위험한/일/에서/한발/비켜서야/한다
02 × 단어 5개 + 형태소 7개 = 12개
 · 이/고기/는/매우/기름지다: 5단어
 · 이/고기/는/매우/기름/지/다: 7형태소

기능에 따른 품사의 분류

- **체언**: 문장의 주체가 되는 자리에 나타나는 단어로, 문장에서 주로 주어의 기능을 함.
- **관계언**: 문장에 쓰인 단어들의 문법적인 관계를 나타내는 말로, 조사를 이름.
- **용언**: 문장에서 서술어의 기능을 함.
- **수식언**: 다른 말을 수식하거나 한정하는 기능을 함.
- **독립언**: 문장에서 독립적으로 쓰이는 말로, 감탄사를 이름.

(2) **기능**: 단어가 가지는 구실에 따른 분류로, 문장에서 어떤 기능을 하느냐에 따라 단어를 분류한다.

(3) **의미**: 단어들이 어떤 의미적 특성을 갖느냐에 따른 분류이다. 여기서 의미란 단어의 어휘적 의미가 아닌 형식적 의미로, 이름을 나타내느냐, 움직임을 나타내느냐와 같은 공통된 의미에 따라 단어를 분류한다.

형태에 따라	기능에 따라		의미에 따라	예
불변어	체언	명사	대상의 이름을 나타냄.	연필, 선생님, 일기, 그루, 개
		대명사	대상의 이름을 대신 나타냄.	그, 이것, 저것, 여기, 우리, 당신
		수사	대상의 수량이나 순서를 나타냄.	하나, 둘, 셋, 넷, 첫째, 둘째, 셋째
가변어	관계언	조사	체언이나 부사, 어미 등에 붙어 문법적 관계를 나타내거나(격 조사) 두 단어를 같은 자격으로 이어 주거나(접속 조사), 특별한 뜻을 더해 줌(보조사).	이/가, 을/를, 와/과, 하고, 도, 만
				서술격 조사 '이다'
	용언	동사	대상의 동작이나 작용을 나타냄.	가다, 주다
		형용사	대상의 성질, 상태를 나타냄.	예쁘다, 아프다
불변어	수식언	관형사	체언 앞에 놓여서 체언의 내용을 꾸며 줌.	새, 헌, 한
		부사	용언, 관형사, 다른 부사 또는 문장 앞에 놓여서 그 뜻을 분명하게 함.	갑자기, 몰래, 빨리, 매우, 그리고
	독립언	감탄사	놀람, 느낌, 부름, 응답을 나타냄.	앗, 아이코, 얘야, 네

▶ '이다'는 체언 뒤에 붙어 서술어 자격을 가지게 하는 격 조사이다. '이다'는 다른 조사들과 달리 문장에서 '이구나, 이니, 이면, 이어서' 등과 같이 그 형태가 변하므로, 가변어에 속한다.

(4) 품사 분류 예

와, 새 집이 정말 근사하다.

와	새	집	이	정말	불변어	근사하다	가변어
↓	↓	↓	↓	↓		↓	
독립언	수식언	체언	관계언	수식언		용언	
감탄사	관형사	명사	조사	부사		형용사	

3. 체언 – 명사, 대명사, 수사

(1) 명사, 대명사, 수사의 공통점

① 모두 단독으로 주어가 될 수 있다.

예
- 예지가 노래를 한다. (명사)
- 나는 오늘 친구와 공원에 가려고 한다. (대명사)
- 딱 하나가 모자라다. (수사)

✓ 학습 체크

01 밑줄 친 말의 품사를 바르게 연결하시오.

(1) 그는 하루에 책 다섯 권을 읽었다.　　　㉠ 부사
(2) 나도 좋은 시를 많이 읽고 싶다.　　　㉡ 수사
(3) 학교에서 재미있는 노래를 배웠어요.　㉢ 조사
(4) 정치, 경제 및 문화　　㉣ 관형사
　　　㉤ 형용사

(1) ㉣　(2) ㉤
(3) ㉢　(4) ㉠

② 조사가 덧붙어 여러가지 문장 성분이 된다.
> 예 • 명사: 영수가(주격), 할머니를(목적격), 친구의(관형격)
> • 대명사: 네가(주격), 우리를(목적격), 그의(관형격)
> • 수사: 하나가(주격), 하나를(목적격), 하나의(관형격)

③ 모두 불변어이다.

(2) 명사, 대명사, 수사의 차이점

구분	관형사의 수식	형용사의 수식	복수 접미사와의 결합
명사	가능(제한적) 예 이 사람, 갖은 양념 (O) 　 어느 금강산 (X)	가능 예 파란 하늘 (O)	가능(제한적) 예 선생님들, 나무들 (O) 　 박지성들 (X)
대명사	가능(제한적) 예 그 누가 이 일을 할 수 있을까? (O) 　 나는 새 이것을 좋아한다. (X)	가능 예 예쁜 그녀 (O)	가능 예 우리들, 저희들 (O)
수사	가능(제한적) 예 그 둘은 만나기만 하면 싸운다. (O) 　 헌 둘이 남아 있다. (X)	불가능 예 새로운 하나 (X)	불가능 예 셋들, 넷들 (X)

(3) 명사 名詞(이름 명, 말 사) 이름을 나타내는 말

① 개념: 구체적이거나 추상적인 대상의 이름을 나타내는 단어　예 꽃, 나비

② 종류

구분	종류	개념	예
사용 범위	고유 명사	특정한 사람이나 사물에 붙인 이름	서울, 한강, 숭례문
	보통 명사	일반적인 사물의 이름	학교, 책상, 사랑
자립성 유무	자립 명사	관형어의 꾸밈 없이도 쓰일 수 있는 명사	하늘, 사랑, 학교
	의존 명사	반드시 관형어의 꾸밈을 받아야만 쓰일 수 있는 명사	바, 것, 줄, 수, 적
감정 표현 능력 유무	유정 명사	사람이나 동물을 가리키는 명사	사람, 말, 소
	무정 명사	식물이나 무생물을 가리키는 명사	꽃, 돌, 바다
손으로 만질 수 있는지 여부	구체 명사	손으로 만질 수 있는 구체적인 모습을 나타내는 명사	책, 의자
	추상 명사	손으로 만질 수 없는 추상적인 개념을 나타내는 명사	사랑, 희망

> ☑ **학습 체크**
>
> **01** 다음 문장에서 명사를 찾아 쓰시오.
>
> (1) 타율에 관한 한 독보적인 기록도 깨졌다. (4개)
> (2) 상자에 이런 것이 깔끔하게 정돈되어 있었다. (2개)
> (3) 친구 외에는 다른 사람에게 항상 못되게 군다. (3개)
> (4) 저 모퉁이에서 얼굴이 하얀 이가 걸어오고 있다. (3개)
>
> ---
> (1) 타율, 한, 독보적, 기록
> (2) 상자, 것
> (3) 친구, 외, 사람
> (4) 모퉁이, 얼굴, 이

③ 의존 명사

⊙ **개념**: 관형어의 수식을 받아야만 쓰일 수 있는 명사

| 관형어 | + | 의존 명사 |

▶ 자립성은 없으나, 하나의 단어이므로 띄어 쓴다.
▶ 조사, 어미와 형태가 같은 것도 있어서 띄어쓰기에 유의해야 한다.

⊙ **종류**

- **보편성 의존 명사**: 주어, 목적어, 보어, 서술어, 부사어 등 여러 성분으로 두루 쓰이는 것(것, 이, 분, 데 등)
  - 예 · 어떤 분이 선생님을 찾아오셨습니다. (주어)
    · 우리는 그 저명한 분을 특강에 섭외하기 위해 애썼다. (목적어)
    · 먼저 오신 네 분에게 선물을 드렸다. (부사어)

- **주어성 의존 명사**: 주격 조사가 붙어서 주로 주어로 쓰이는 것(지, 수, 리, 나위 등)
  - 예 고향을 떠난 지가 벌써 5년이 지났다. / 그럴 리가 없다.

- **서술성 의존 명사**: 문장 내에서 주로 서술어로 쓰이는 것(따름, 뿐, 때문 등)
  - 예 그 소식을 들으니 기쁠 따름이다. / 그가 고맙기 때문이죠.

- **부사성 의존 명사**: 부사격 조사가 붙어서 주로 부사어로 쓰이거나 의존 명사 자체가 이끄는 단위가 부사어가 되는 것(대로, 양, 척, 체, 채, 듯 등)
  - 예 옷을 입은 채로 물에 들어갔다. / 못 이기는 척 시키는 대로 함.

- **단위성 의존 명사**: 명사의 수량을 단위로 표시하는 것으로, 주로 수 관형사 아래 쓰이는 것(개, 원, 마리, 두름 등)
  - 예 아침으로 사과 두 개를 먹었다.

⊙ **의존 명사와 형태가 같은 다른 품사의 구별**

형태가 같은 의존 명사, 조사, 어미를 구별할 때에는 앞말의 품사나 성분을 확인한다. 관형어 뒤에 쓰이면 의존 명사, 체언 뒤에 쓰이면 조사, 어간 뒤에 쓰이면 어미이다.

구분		예
대로	의존 명사	· 본 대로, 느낀 대로 · 집에 도착하는 대로 편지를 쓰다. · 기회 있는 대로 정리하는 메모 · 약해질 대로 약해지다. · 될 수 있는 대로 빨리 오다.
	조사	· 처벌하려면 법대로 해라. · 큰 것은 큰 것대로 따로 모아 두다.
만큼	의존 명사	· 주는 만큼 받아 오다. · 까다롭게 검사하는 만큼 준비를 철저히 해야 한다. · 나도 참을 만큼 참았다.
	조사	· 집을 대궐만큼 크게 짓다. · 나도 그 사람만큼 할 수 있다.
듯	의존 명사	· 아기는 아버지를 빼다 박은 듯 닮았다. · 탑이 무너질 듯 말 듯 위태롭다.
	어미	땀이 비 오듯 쏟아졌다.

☑ **학습 체크**

01 밑줄 친 단어가 의존 명사이면 O, 아니면 X에 표시하시오.

(1) 오늘은 비가 올 듯하다. (O, X)
(2) 당신 좋을 대로 하십시오. (O, X)
(3) 나는 뒷짐을 진 채 마당을 잠시 어정거렸다. (O, X)
(4) 황제의 손에는 먹물도 채 마르지 않은 종이 한 장이 들려 있었다. (O, X)

(1) × 보조 형용사로 앞말이 뜻하는 사건이나 상태 따위를 짐작하거나 추측함을 나타내는 말이다.
(2) O (3) O
(4) × 부사로 '어떤 상태나 동작이 다 되거나 이루어졌다고 할 만한 정도에 아직 이르지 못한 상태'를 이르는 말이다.

들	의존명사	과일에는 사과, 배, 감 들이 있다.
	조사	• 다들 떠나갔구나. • 다 떠나들 갔구나.
	접사	사람들, 그들, 너희들, 사건들
데	의존명사	• 의지할 데 없는 사람 • 이 일을 하는 데(에) 며칠이 걸렸다. • 머리 아픈 데 먹는 약
	어미	• 그 옷은 얼만데? / 도대체 왜 그러는데? • 여기가 우리 고향인데 인심 좋고 경치 좋은 곳이지. / 눈이 오는데 차를 몰고 나가도 될까? ▶ 뒤 절에서 어떤 일을 설명하거나 묻거나 시키거나 제안하기 위하여 그 대상과 상관되는 상황을 미리 말할 때는 연결 어미 '-ㄴ데/-는데'를 쓴다.
채	의존명사	• 신발을 신은 채로 거실을 돌아다녔다. • 의자에 걸터앉은 채 멍하니 하늘만 바라보았다.
	부사	설명이 채 끝나기도 전에 그는 자리를 박차고 떠나 버렸다.
뿐	의존명사	• 소문으로만 들었을 뿐이네. • 시간만 보냈다 뿐이지 한 일은 없다.
	조사	이제 믿을 것은 오직 실력뿐이다.

(4) **대명사** 代名詞(대신할 대, 이름 명, 말 사) 이름을 대신하는 말

① 개념: 사람이나 사물의 이름을 대신 가리켜 이르는 말

② 종류

㉠ 인칭 대명사: 사람의 이름을 대신 가리키는 말

구분		높임말	예사말(예사 낮춤)	낮춤말(아주 낮춤)
1인칭		없음.	나, 우리(들)	저, 저희(들)
2인칭		그대, 당신, 여러분	자네	너, 너희(들)
3인칭	근칭(이)	이분	이이	이자
	중칭(그)	그분	그이	그자
	원칭(저)	저분	저이	저자
미지칭			누구	
부정칭			누구, 아무, 아무개	
재귀칭		당신	자기	저, 저희(들)

㉡ 지시 대명사: 사물이나 장소를 대신 가리키는 말

사물	이것, 그것, 저것, 무엇 등
장소	여기, 거기, 저기, 어디 등

인칭 대명사 '당신', '우리'

당신	(1) 듣는 이를 가리키는 2인칭 대명사 예 그 일을 끝낸 사람이 당신이오? (2) 부부 사이에서, 상대편을 높여 이르는 2인칭 대명사 예 당신에게 좋은 아내가 되도록 노력할게요. (3) 맞서 싸울 때 상대편을 낮잡아 이르는 2인칭 대명사 예 뭐라고? 나 알아? 누구한테 당신이야! (4) '자기'를 아주 높여 이르는 재귀칭 대명사 예 할머니께서는 생전에 당신의 가구를 소중히 다루셨다.
우리	(1) 말하는 이와 듣는 이, 또는 말하는 이와 듣는 이를 포함한 여러 사람을 가리키는 경우 예 • 형, 우리 북한산에 갈까? • 우리의 소원은 통일 (2) 듣는 이를 제외한 말하는 이, 제3자를 포함한 경우 예 • 우리가 너한테 무슨 잘못을 했다고 그래? • 우리 갈게. 수고해라. (3) 말하는 이가 자기보다 높지 않은 사람을 상대하여 어떤 대상이 자기와 친밀한 관계임을 나타낼 때 예 • 우리 엄마 / 우리 동네 • 우리 학교 교정은 넓지는 않지만 깨끗하다.

☑ 학습 체크

01 다음 밑줄 친 단어의 쓰임이 다른 것을 고르시오.

㉠ 당신은 누구시오?
㉡ 당신, 요즘 직장에서 피곤하시죠?
㉢ 뭐? 당신? 누구한테 당신이야!
㉣ 할아버지께서는 생전에 당신의 장서를 소중히 다루셨다.

㉣ ㉣의 '당신'은 '자기'를 아주 높여 이르는 재귀 대명사로, '할아버지'를 가리킨다. ㉠~㉢의 '당신'은 2인칭 대명사로 사용되었다.

🔍 수사로 헷갈리기 쉬운 단어

의미상 수를 나타낸다고 모두 수사인 것은 아니다.

- 하루는 24시간이다.
  명사
- 이틀을 꼬박 굶었다.
  명사

(5) **수사** 數詞(셀 수, 말 사) 세는 말

① **개념**: 수량이나 순서를 가리키는 단어

　예) 하나, 일, 첫째, 제일

② **종류**

양수사	사물의 수량을 나타내는 수사 예) 하나, 서넛, 일, 이
서수사	사물의 순서를 나타내는 수사 예) 첫째, 서너째, 제일, 제이

▶ '첫째, 둘째, 셋째'의 경우 순서, 차례를 나타내는 수사이나, 사람을 지칭하는 경우에는 명사로 쓰인 것이다.

　예) · 첫째는 진리이고, 둘째는 정의이다. (수사)
　　　· 첫째는 변호사이고, 둘째는 의사이다. (명사)

👁 시험 유형 파악하기

지시 대명사, 지시 관형사, 지시 부사의 구분 방법

1. 지시 대명사 + 조사　예) 이것은 연필이다.
2. 지시 관형사 + 체언　예) 이 사과 / 이 장소
3. 지시 부사 + 용언　예) 이리 와. / 저리 가.

수사와 수 관형사의 구분 방법

1. 수사 + 조사　예) 사람 다섯이 모였다.
2. 수 관형사 + 체언　예) 다섯 사람

4. 관계언 - 조사 助詞 (도울 조, 말 사) 도움을 주는 말

(1) **개념**: 체언 뒤에 붙어서 다른 말과의 문법적 관계를 나타내거나 특별한 뜻을 더해 주는 역할을 하는 단어

(2) **특징**

① 주로 체언과 결합하지만 관형사와 감탄사 외의 모든 품사에 두루 붙는다.
② 자립성은 없지만 단어로 취급한다.
③ 서술격 조사 '이다'를 제외하고 활용하지 않는다. (불변어)
④ 이형태가 존재한다. (이/가, 을/를, 은/는, 와/과)

　예) 밥을 먹는다. - 차를 마신다.

⬆ 고득점 공략

조사의 단어 인정 여부

국어는 조사가 다양하게 발달하였는데, 이들은 자립 형식이 아닌 의존 형식이므로 문장 속에서 독립된 성분이 되지 못한다. 따라서 이와 같은 형태론적인 관점에서 본다면 조사를 완전한 단어로 보기 어렵지만, 통사론적·의미론적인 관점에서 보면 단어에 가깝기 때문에 학교 문법에서는 조사를 단어로 취급하고 있다.

☑ 학습 체크

01 밑줄 친 단어가 수사이면 ○, 아니면 ✕에 표시하시오.

(1) 그 가방에 소설책 한 권이 들어 있었다. (○, ✕)
(2) 넓은 들판에는 농부가 한둘 눈에 띌 뿐 한적했다. (○, ✕)
(3) 두 사람은 서로 다투다가 화해했다. (○, ✕)
(4) 보따리에서 석류가 두세 개 굴러 나왔다. (○, ✕)

---

(1) ✕ '한'은 관형사이다.
(2) ○
(3) ✕ '두'는 관형사이다.
(4) ✕ '두세'는 관형사이다.

(3) 종류: 기능과 의미에 따라 격 조사, 접속 조사, 보조사로 분류된다.

① **격 조사:** 체언이나 체언 구실을 하는 말 뒤에 붙어, 그 말이 문장 안에서 일정한 자격을 갖추도록 하여 주는 조사

구분	격 조사의 종류	예
주격 조사	이/가, 께서, 에서, 서	• 내가 간다. • 아버지께서 신문을 보신다. • 정부에서 학생들에게 장학금을 주었다. • 아이 혼자서 집을 지킨다.
목적격 조사	을/를	영화를 보다.
보격 조사	이/가	나는 더 이상 소녀가 아니다.
서술격 조사	이다	나는 공무원이다.
관형격 조사	의	나의 열정
부사격 조사	에, 에게, 에서 등	공원에서 만나자.
호격 조사	아, 야, 이여	선영아, 사랑해.

㉠ 주격 조사 '에서'와 부사격 조사 '에서'는 형태는 동일하지만 의미가 다르다.

  예) • 우리 학교에서 우승했다. (주격) • 정부에서 실시한 조사 결과가 발표되었다. (주격)
      • 학교에서 축구를 했다. (부사격) • 어느 학교 동창회에서 있었던 일이다. (부사격)

㉡ 관형격 조사 '의'는 체언과 체언을 이어 주는 역할을 하며, 다양하게 해석된다.

  예) 할머니의 그림 → ① 할머니가 소유한 그림 ② 할머니가 그린 그림 ③ 할머니를 그린 그림

㉢ 부사격 조사는 매우 다양한 형태와 기능을 가진다.

  예) • 종이로 학을 접다. (도구)   • 동생보다 키가 크다. (비교)
      • 친구한테서 소식을 들었다. (대상) • 고혈압으로 돌아가셨다. (원인)
      • 철수와 등산을 했다. (동반)   • 얼음으로 되다. (변화)

㉣ 부사격 조사 '에'는 무정물 명사에, '에게'는 유정물 명사에 사용한다.

  • 에/에게, 한테, 께, 더러, 보고 [대상]   • 에, 에서 [장소]
  • (으)로/로써 [도구]   • 로서 [자격]
  • 와/과, 처럼, 만큼, 보다 [비교]   • 와/과, 하고 [공동]

  예) • 문화재 반환을 프랑스에 요청했다. • 대통령에게 편지를 썼다.

㉤ 부사격 조사 '라고'는 직접 인용에, '고'는 간접 인용에 사용한다.

  예) • 그는 나에게 "똑바로 가!"라고 말했다. • 민희는 배가 많이 고프다고 말했다.

② **접속 조사:** 두 단어를 같은 자격으로 이어 주는 조사

접속 조사의 종류	예
와/과	선생님과 나는 끝까지 함께하기로 했다.
하고	누나하고 나하고 만든 꽃밭
(이)랑	너랑 나

🔍 **접속 조사 '와', 부사격 조사 '와'**

(가) 나는 사과와 배를 좋아한다.
(나) 배는 사과와 다르다.

(가)와 (나)의 '와'는 기능이 서로 다르다. (가)의 '와'는 '나는 사과를 좋아한다.'와 '나는 배를 좋아한다.'라는 두 문장을 서로 이어 주는 구실을 하기 때문에 접속 조사로 볼 수 있다. 그러나 (나)의 '와'는 '사과 + 와'의 형태가 용언 '다르다'와 결합하여 비교 대상을 나타내기 때문에 비교 부사격 조사의 기능을 한다.

☑ **학습 체크**

01 밑줄 친 단어가 주격 조사이면 ○, 아니면 ×에 표시하시오.

(1) 할아버지께서 작은형을 부르신다. (○, ×)
(2) 어린 철수가 혼자 집을 보고 있다. (○, ×)
(3) 늘 푸른 소나무는 낙엽수가 아니다. (○, ×)
(4) 이번에 충청남도에서 우승을 차지하였다. (○, ×)

(1) ○ (2) ○ (3) × 보격 조사 (4) ○

🔍 보조사 '은/는'

'은/는'은 주어, 목적어 자리에 격 조사 대신 쓸 수 있지만 보조사로 취급한다. 그 이유는 다음과 같다.

1. 하나의 형태('은/는')가 주격과 목적격으로 동시에 사용될 수 없기 때문이다.
2. 부사어 등에도 '은/는'이 첨가될 수 있기 때문이다.
   예 여기에서는 그런 일이 없다.

③ 보조사: 앞의 말에 붙어서 특별한 의미를 더해 주는 조사

형태	의미	예
은/는	대조	인생은 짧고, 예술은 길다.
만	한정, 단독	한 가지만 먹지 말고, 골고루 먹어야 한다.
도	역시, 동일	소설만 읽지 말고, 시도 읽어라.
까지, 마저	극단	브루투스 너마저!
조차	첨가	외국어는 쓰기도 어려운 데다 읽기조차 힘들다.
부터	출발점	그는 처음부터 끝까지 말썽이다.
마다	보편	사람마다 자기 나름의 꿈이 있다.
이나	최소 선택	그것이나 가져라.
라도	차선	냄새라도 맡아 보았으면 좋겠다.
야말로	강조, 확인	어린이야말로 나라의 희망이다.
깨나	어느 정도 이상	돈깨나 있다고 남을 깔보면 되겠니?
(이)야	강조	나야 괜찮지만 오히려 네가 걱정이야.
(이)나, (이)나마	불만	씻을 물이나 좀 있었으면 좋겠다.
마는	반전, 불만	약속을 했지마는 지켜지지 않았다.
그려/그래	감탄	경치가 좋네그려.
요	높임	오늘은 일기를 썼어요.

▶ 보조사는 부사나 용언과도 결합한다.
   예 · 나는 빨리는 달리지 못했다.   · 너를 만나고는 싶다.
▶ 보조사는 다른 격 조사와 어울려 쓰이기도 한다. 예 너만이 내 희망!

5. 용언 – 동사, 형용사 用言(쓸 용, 말씀 언) 활용하여 서술어로 쓰이는 말

(1) 동사와 형용사
· 動詞(움직일 동, 말 사) 움직임을 나타내는 말
· 形容詞(형상 형, 모양 용, 말 사) 형상과 모양을 나타내는 말

동사	사람·사물의 동작이나 작용을 나타내는 단어	예 먹다, 가다, 흐르다
형용사	사람·사물의 상태나 성질을 나타내는 단어	예 예쁘다, 고요하다, 달다, 아프다

(2) 용언의 특징

① 형태 변화(활용)를 한다. (가변어)

✓ 학습 체크

01 밑줄 친 단어가 보조사이면 O, 아니면 ×에 표시하시오.

(1) 이 물건은 시장에서 사 왔다.
 (O, ×)
(2) 비가 오는데 바람조차 부는구나.
 (O, ×)
(3) 그것은 교사로서 할 일이 아니다.
 (O, ×)
(4) 나는 거칠 것 없는 바다의 사나이다.
 (O, ×)

---
(1) × '처소'의 부사격 조사
(2) O
(3) × '자격'의 부사격 조사
(4) O

② 형태 변화(활용)를 통해 여러 가지 문장 성분으로 쓰인다.
    예 · 도서관에 책을 읽는 학생들이 많다. (동사, 관형어)
        · 오늘은 이상하게 운이 좋았다. (형용사, 부사어)
③ 부사어의 수식을 받는다.
    예 하늘이 아주 푸르다. → 부사어 '아주'가 형용사 '푸르다'를 수식하고 있다.

(3) 동사와 형용사의 구분

① 의미상으로 주어의 동작이나 과정을 나타내면 동사이고, 성질이나 상태를 나타내면 형용사이다.
    예 · 보다: 동작을 나타냄. → 동사   · (맛이) 달다: 성질을 나타냄. → 형용사

② 기본형이 현재 시제 선어말 어미 '-는-/-ㄴ-', 관형사형 어미 '-는'과 결합할 수 있으면 동사이고, 결합할 수 없으면 형용사이다.
    예 · 일어나다: 일어나 + -ㄴ- + 다 (O) → 동사   · (맛이) 달다: 달 + -는- + 다 (X) → 형용사

③ '의도'를 뜻하는 어미 '-려'나 '목적'을 뜻하는 어미 '-러'와 함께 쓰일 수 있으면 동사이고, 그렇지 않으면 형용사이다.
    예 · 때리 + -려 (O) → 동사   · 아름다우 + -려 (X) → 형용사
        · 사 + -러 (O) → 동사   · 예쁘 + -러 (X) → 형용사

④ 명령형 어미 '-아라/-어라', 청유형 어미 '-자'와 결합할 수 있으면 동사이고, 그렇지 않으면 형용사이다.
    예 · 일어나라 (O) → 동사   · 순해라 (X) → 형용사
        · 읽자 (O) → 동사   · 착하자 (X) → 형용사

▶ 명령형 어미나 청유형 어미의 결합 가능 여부로 동사와 형용사를 구분할 수 있는 것은 사람의 움직임을 나타내는 동작 동사뿐이고, 자연의 움직임을 나타내는 작용 동사에는 이 기준이 적용되지 않는다.
    예 솟다: 솟아라 (X), 솟자 (X)

👁 시험 유형 파악하기

동사와 형용사의 활용형 구분

구분	현재 시제 선어말 어미 '-는-/-ㄴ-'	현재 시제 관형사형 어미 '-는'	의도 표시 연결 어미 '-려'	목적 표시 연결 어미 '-러'	명령형 종결 어미 '-아라/-어라'	청유형 종결 어미 '-자'
동사 예 자다	잔다 (O)	자는 (O)	자려 (O)	자러 (O)	자라 (O)	자자 (O)
형용사 예 기쁘다	기쁘다 (X)	기쁘는 (X)	기쁘려 (X)	기쁘러 (X)	기쁘라 (X)	기쁘자 (X)

▶ 형용사는 현재 시제 관형사형 어미로 '-(으)ㄴ'이 결합됨.
▶ 용언의 종결형에서 '-었-'이 형용사에 결합하면 '과거'의 의미가 드러남.

☑ 학습 체크

01 밑줄 친 단어가 동사인지 형용사인지 쓰시오.

(1) 잠이 모자라서 늘 피곤하다.
(2) 사업을 하기에 자금이 턱없이 부족하다.
(3) 어느새 새벽이 지나고 날이 밝는다.
(4) 한 마리였던 돼지가 지금은 열 마리로 늘었다.

(1) 동사 (2) 형용사 (3) 동사 (4) 동사

🔍 보조 용언의 특성

1. 홀로 쓰일 수 없다.
2. 본용언과 보조 용언 사이에 '-서'나 다른 문장 성분이 끼어들 수 없다.
   - 예 • 사과를 깎아 버렸다. (O)
      • 사과를 깎아서 버렸다. (×)
   ▶ '사과를 깎아서 버렸다'라는 문장이 성립할 수 있지만 이때에는 '사과를 깎아서 (사과를) 버렸다'의 의미로, '버렸다'는 보조 용언이 아닌 본용언이다.

(4) 본용언과 보조 용언

용언 = 본용언의 어간 + 보조적 연결 어미 (-아/-어, -게, -지, -고) + 보조 용언

용언은 본용언과 보조 용언으로 이루어진다. 본용언은 실질적인 뜻을 나타내어 주체를 주되게 서술하며 자립성을 가지고, 보조 용언은 혼자서 독립적으로 쓰이지 못하며 본용언 뒤에 붙어서 보조적 의미를 더해 준다.

접시를 깨뜨려 버렸다. → '깨뜨려'는 본용언이고, '버렸다'는 보조 용언이다. 보조 용언은 혼자서 쓰이지 못하므로 본용언인 '깨뜨려'를 없애면 의미가 달라진다.

▶ 본용언은 필수적 성분이고, 보조 용언은 수의적 성분이다. '수의(隨意)'는 '자기 마음대로 함'이라는 뜻으로, '수의적'은 '일정한 조건하에서 나타날 수도 있고, 그렇지 않을 수도 있음'을 의미한다.

① 본용언과 보조 용언의 구별
㉠ 용언이 2개 이상 연속되었을 때, 맨 앞의 것이 본용언이다.
   예 밥을 먹고 싶다. → '먹고'가 본용언이다.
㉡ 두 번째 이하의 용언이 단독으로 서술어가 되어도 의미 변화가 없으면 본용언이다.
   예 • 사과를 깎아 주었다. → 사과를 깎았다. (본용언) + 사과를 주었다. (본용언)
      • 값을 깎아 주었다. → 값을 깎았다. (본용언) + *값을 주었다. (보조 용언)

② 보조 용언의 종류
㉠ 보조 동사

의미	형태	예	의미	형태	예
완료	(-고) 나다 (-어/-아) 내다 (-어/-아) 버리다	책을 보고 나서 잤다. 허락을 얻어 내었다. 사과를 먹어 버렸다.	부정	(-지) 아니하다 (않다) (-지) 못하다 (-지) 말다	울지 않는다. 끝내지 못했다. 떠나지 말아라.
진행	(-어/-아) 가다 (-어/-아) 오다 (-고) 있다/계시다	일이 다 끝나 간다. 날이 밝아 온다. 편지를 쓰고 있다. 아버지께서 편지를 쓰고 계신다.	보유	(-어/-아) 두다 (-어/-아) 놓다 (-어/-아) 가지다	책을 서가에 꽂아 두었다. 책을 책상에 얹어 놓았다. 책을 읽어 가지고 와라.
시인	(-기는) 하다	그를 보기는 했다.	봉사	(-어/-아) 주다/드리다	빵을 만들어 주었다.
강세	(-어/아) 대다	그가 나를 놀려 댔다.	사동	(-게) 하다	옷을 입게 하였다.
시행	(-어/-아) 보다	새 옷을 입어 보았다.	피동	(-어/-아) 지다	글씨가 잘 써지는 펜
당위	(-어/-아야) 하다	약을 먹어야 한다.	강조	(-어) 먹다	유리를 깨 먹었다.
상태 지속	(-어/-아) 있다	계속 방에 누워 있다.	반복	(-어/-아) 대다	매일같이 놀려 대다.

☑ **학습 체크**

01 밑줄 친 단어가 본용언인지 보조 용언인지 쓰시오.
(1) 나도 그거 한번 먹어 보자.
(2) 자고 나서 어디로 갈 거야?
(3) 어머니가 바구니를 들고 가셨다.
(4) 그녀는 화가 나 밖으로 나가 버렸다.

---

(1) 보조 용언   (2) 보조 용언
(3) 본용언   (4) 보조 용언

ⓒ 보조 형용사

의미	형태	예	의미	형태	예
희망	(-고) 싶다	집에 가고 싶다.	시인	(-기는) 하다	꽃이 예쁘긴 하다.
추측	(-ㄴ가/-는가/-나) 보다 (-는가/-나/-(으)ㄹ까) 싶다	저곳이 한강인가 보다. 내 잘못이 아닌가 싶다.	부정	(-지) 아니하다(않다) (-지) 못하다	날이 춥지 않다. 편안하지 못하다.

③ 보조 동사와 보조 형용사의 구별: '아니하다(않다), 못하다, 하다, 보다'는 보조 동사, 보조 형용사로 두루 쓰이는데, '동사와 형용사의 구별 방법'에 따라 품사를 구분해야 한다.

예 • 그런 말은 처음 들어 본다. (보조 동사, 현재 시제 선어말 어미 '-ㄴ-'이 결합함)
• 여행을 가고 싶다. (보조 형용사, 현재 시제 선어말 어미 '-는-/-ㄴ-'이 결합하지 않음)

(5) 용언과 어간의 의미 語幹(말씀 어, 줄기 간) 말의 중심이 되는 부분 / 語尾(말씀 어, 꼬리 미) 말의 끝부분

용언	=	어간	+	어미			
				선어말 어미	어말 어미		
					종결 어미	연결 어미	전성 어미

어간은 용언이 활용할 때 변하지 않는 부분이고, 어미는 용언의 어간을 제외한 나머지 부분으로, 용언이 활용할 때 변하는 부분이다.

잡다: 잡으니, 잡아서, 잡고 → 변하지 않는 부분인 '잡-'은 어간이고, 변하는 부분인 '-다, -으니, -아서, -고'는 어미이다.

① 어간의 특징
  ㉠ 용언 기본형의 어간과 어근은 일치하는 경우도 있다.
    예 '잡다'의 '잡-'은 어간이면서 어근이다.
  ㉡ 어근에 접사가 붙어 어간이 되기도 한다.
    예 '잡히다'의 어근은 '잡-'이고, 어간은 '잡-'에 접사 '-히-'가 붙은 '잡히-'이다.

② 어미의 종류
  ㉠ 어말 어미: 용언을 끝맺는 위치에 놓이는 어미로, 기능에 따라 종결 어미, 연결 어미, 전성 어미로 나뉜다.
    • 종결 어미: 문장의 끝에 와서 문장을 종결시키는 어미

종류	기능	어미	예
평서형	설명	-다, -네, -(으)오, -습니다	재인이가 간다.
의문형	물음	-느냐, -오(소), -(으)ㅂ니까, -니	언제 시작하니?
명령형	행동을 요구	-아라/-어라, -게, -(으)오, -(으)십시오	어서 앉아라.
청유형	행동을 권유	-자, -세, -(으)ㅂ시다	빨리 먹자.
감탄형	감탄	-(는)구나, -(는)구려	날씨가 좋구나.

🔍 '아니하다, 못하다, 하다, 보다'의 품사 구분

1. '아니하다, 못하다'는 앞 용언의 성격에 따라 앞의 본용언이 동사이면 '보조 동사', 앞의 본용언이 형용사이면 '보조 형용사'이다. 다만, '-다(가) 못하여' 구성으로 쓰여, 앞말이 뜻하는 행동이나 상태가 극에 달해 그것을 더 이상 유지할 수 없음을 나타내는 경우에는 앞의 본용언이 동사이더라도 '보조 형용사'이다.

예 • 밥을 먹지 아니하다/못하다. (보조 동사)
• 얼굴이 곱지 아니하다/못하다. (보조 형용사)
• 보다 못해 간섭을 하다. (보조 형용사)

2. '하다'가 형용사 뒤에서 '-기는/기도/기나 하다'의 구성으로 쓰여 앞말이 뜻하는 상태를 일단 긍정하거나 강조함을 나타내면 '보조 형용사', 나머지는 '보조 동사'이다.

예 • 옷이 좋기는 한데 가격이 비싸다. (보조 형용사)
• 생선이 참 싱싱하기도 하다. (보조 형용사)
• 밥을 잘 먹기는 한다. (보조 동사)
• 사람은 그저 건강해야 한다. (보조 동사)

3. '보다'는 추측, 의도, 원인, 우선의 의미로 쓰이면 보조 형용사이고, 구체적인 동작이 전제된 시험 삼아 해 보기·시행, 동작의 결과에 대한 확인·지각·경험의 뜻으로 쓰이면 보조 동사이다.

예 • 그 가수는 인기가 많은 보다. (추측, 보조 형용사)
• 원산지를 꼼꼼히 따져 보다. (시험 삼아 함, 보조 동사)

☑ 학습 체크

01 밑줄 친 단어가 보조 동사인지, 보조 형용사인지 쓰시오.
(1) 오늘은 날씨가 춥지 않다.
(2) 이 소리를 한번 들어 보아라.
(3) 나도 좋은 시를 많이 읽고 싶다.

02 어간과 어미로 분석한 것이 맞으면 ○, 틀리면 ×에 표시하시오.
(1) 공부하다: 공부-(어간), -하다(어미)
  (○, ×)
(2) 찾을: 찾-(어간), -을(어미)
  (○, ×)
(3) 살고: 살-(어간), -고(어미)
  (○, ×)

---

01 (1) 보조 형용사 (2) 보조 동사
   (3) 보조 형용사
02 (1) × 공부하-(어간), -다(어미)
   (2) ○ (3) ○

- **연결 어미**: 문장이나 단어를 연결시키는 어미

종류	기능	어미	예
대등적 연결 어미	나열	-고, -(으)며	비가 오고, 바람이 분다.
	상반	-(으)나, -지만	생긴건 밉지만 맛은 있다.
종속적 연결 어미	원인/이유	-니, -아서/-어서, -느라고, -(으)니까, -(으)므로	날씨가 좋아서 등산을 했다.
	목적/의도	-(으)러, -(으)려고	그에게 주려고 선물을 샀다.
	양보	-(으)ㄴ들, -더라도	누가 하더라도 어려울 것이다.
보조적 연결 어미	본용언과 보조 용언의 연결	-아/-어, -게, -지, -고	마음껏 노래하고 싶다.

- **전성 어미**: 용언이 명사, 관형사, 부사의 역할을 할 수 있도록 용언의 서술 기능을 또 다른 기능으로 바꾸어 주는 어미

종류	어미	예
명사형 전성 어미	-(으)ㅁ, -기	먹음, 읽음
관형사형 전성 어미	-(으)ㄴ, -는, -(으)ㄹ, -던	탈 것, 놀 것
부사형 전성 어미	-게, -도록, -(아)서 등	빠르게, 먹도록

▶ 전성 어미가 결합된 성분이라도 품사는 원래의 것을 그대로 유지한다는 점에 주의한다.
  예 · 신문을 읽다. / 물 속에서 숨을 안 쉬고 오래 참았다.: 서술적 기능 - 동사
   · 신문 읽기는 필수적이다. / 물 속에서 숨 안 쉬고 오래 참기를 잘한다.: 체언적 기능 - 동사

ⓛ **선어말 어미**
- 어간과 어말 어미 사이에 와서 시제나 추측, 높임을 나타내는 기능을 한다.
- 선어말 어미가 항상 있는 것은 아니며, 둘 이상의 선어말 어미가 올 수도 있다.
  예 가시었다(가셨다): 높임 선어말 어미(-시-), 시제 선어말 어미(-었-)

종류	기능	어미	예
시제 선어말 어미	현재	-는-/-ㄴ-	먹는다, 달린다
	과거	-았-/-었-	솟았다, 예뻤다
	회상	-더-	착하더라, 읽더라
	추측/미래	-겠-	도착했겠다, 끝나겠다
	의지	-리-	합격하리라, 잡으리라
높임 선어말 어미	주체 높임	-(으)시-	드시고, 앉으시고
	공손법	-삽-/-옵-	먹삽고, 그러하옵고

☑ **학습 체크**

01 밑줄 친 부분에 명사형 전성 어미가 결합한 것을 〈보기〉에서 모두 고르시오. (4개)

보기
㉠ 빠른 걸음으로 걸음.
㉡ 추운 날씨로 계곡에 얼음이 얾.
㉢ 우리말에서 정확한 띄어쓰기는 참 어렵다.
㉣ 사람이라면 치타보다 빨리 달리기가 쉽지 않다.
㉤ 지난 주말에는 온 가족이 '봄맞이 함께 걷기 대회'에 참석했다.

㉠ ㉡ ㉢ ㉣

(6) 용언의 활용

① 규칙 활용
어간과 어미가 결합하는 과정에서 **어간과 어미 모두 형태 변화가 없는 활용**이거나, **보편적 음운 규칙으로 형태 변화가 설명되는 활용**이다.

> 울 + 는 → 우는 ➜ 자음 'ㄴ, ㅂ, ㅅ' 및 '-(으)오, -(으)ㄹ' 앞에서 어간의 끝소리 'ㄹ'이 탈락하는 현상으로, 같은 환경에서는 일관되게 적용되는 현상이므로 규칙 활용으로 본다. ('ㄹ' 탈락 규칙)

▶ 어간, 어미의 형태 변화가 보편적으로 예외 없이 일어나므로 규칙 활용을 '자동적 교체'라고 부르기도 한다.

규칙	개념 및 특징	예
'ㅡ' 탈락 규칙	두 개의 모음이 이어질 때, 어간의 모음 'ㅡ'가 탈락	쓰 + 어라 → 써라
'ㄹ' 탈락 규칙	자음 'ㄴ, ㅂ, ㅅ' 및 '-(으)오, -(으)ㄹ' 앞에서 어간의 'ㄹ' 받침이 탈락	울 + 니 → 우니 날 + 는 → 나는
모음 조화 규칙	양성 모음은 양성 모음끼리, 음성 모음은 음성 모음끼리 나타남.	살아라, 꺾어라
매개 모음 '으' 첨가	두 개 이상의 자음이 이어지면, 매개 모음인 '으'를 사이에 첨가	적 + ㄴ → 적은

② 불규칙 활용
용언이 활용할 때 어간과 어미의 기본 형태가 달라지는 경우로, 보편적 음운 규칙으로 설명할 수 없는 형태 변화를 하는 활용이다.

> 잇 + 어 → 이어 ➜ 어간의 끝소리 'ㅅ'이 모음 앞에서 탈락하는 현상으로, '벗어'와 같이 어간 'ㅅ'이 유지되는 규칙 활용을 하는 경우도 있으므로 'ㅅ'이 탈락하는 현상을 불규칙 활용으로 본다. ('ㅅ' 불규칙)

▶ 어간, 어미의 형태 변화가 일정하게 일어나는 것이 아니므로 불규칙 활용을 '비자동적 교체'라고 부르기도 한다.

㉠ 어간이 바뀌는 경우

종류	바뀜의 양상	불규칙 활용 예	규칙 활용 예
'ㅅ' 불규칙	어간의 끝소리 'ㅅ'이 모음 앞에서 탈락	붓 + 어 → 부어 짓 + 어 → 지어	벗 + 어 → 벗어
'ㅂ' 불규칙	어간의 끝소리 'ㅂ'이 모음 앞에서 '오/우'로 바뀜.	여쭙 + 어 → 여쭤워 서럽 + 어 → 서러워	잡 + 아 → 잡아
'ㄷ' 불규칙	어간의 끝소리 'ㄷ'이 모음 앞에서 'ㄹ'로 바뀜.	듣 + 어 → 들어 걷 + 어 → 걸어	얻 + 어 → 얻어
'르' 불규칙	어간의 끝음절 '르'가 모음 앞에서 'ㄹㄹ'로 바뀜.	흐르 + 어 → 흘러 빠르 + 아 → 빨라	따르 + 아 → 따라
'우' 불규칙	어간 끝의 '우'가 모음 어미 앞에서 탈락 ▶ '우' 불규칙 활용을 하는 것은 '푸다' 하나뿐이다.	푸 + 어 → 퍼	주 + 어 → 주어

🔍 규칙과 불규칙 활용의 활용형 비교

굽다 [曲]	굽다 [炙]	묻다 [埋]	묻다 [問]
굽고	굽고	묻고	묻고
굽지	굽지	묻지	묻지
굽어	구워	묻어	물어
굽은	구운	묻은	물은
⇩	⇩	⇩	⇩
규칙	불규칙	규칙	불규칙

✅ 학습 체크

01 밑줄 친 단어가 규칙 용언인지 불규칙 용언인지 쓰시오.

(1) 나는 그녀의 손목을 <u>잡고</u> 놓지를 않았다.
(2) 카페에는 조용한 음악이 <u>흘렀다</u>.
(3) 삼촌은 종이를 <u>접어</u> 비행기를 만들어 주셨다.
(4) 그들은 자정에 <u>이르러서야</u> 집에 도착했다.
(5) 그녀가 배신자를 누구라고 <u>집지는</u> 않았지만 누구를 얘기하는지 모두 알고 있었다.

---
(1) 규칙 용언 (2) 불규칙 용언
(3) 규칙 용언 (4) 불규칙 용언
(5) 규칙 용언

ⓒ 어미가 바뀌는 경우

종류	바뀜의 양상	불규칙 활용 예	규칙 활용 예
'여' 불규칙	'하-' 뒤에 오는 어미 '-아/-어'가 '-여'로 바뀜.	공부하+어 → 공부하여	파+아 → 파
'러' 불규칙	어간이 '르'로 끝나는 일부 용언에서 어미 '-어'가 '-러'로 바뀜.	푸르+어 → 푸르러	치르+어 → 치러
'오' 불규칙	'달-/다-'의 뒤에 오는 명령형 어미 '-아라'가 '오'로 바뀜.	달+아라 → 다오	주+어라 → 주어라

ⓒ 어간과 어미가 모두 바뀌는 경우

종류	바뀜의 양상	불규칙 활용 예	규칙 활용 예
'ㅎ' 불규칙	'ㅎ'으로 끝나는 어간에 모음으로 시작하는 어미가 오면 'ㅎ'이 없어지고 어미도 바뀜.	파랑+아 → 파래 부엉+어 → 부예	좋+아 → 좋아

6. 수식언 - 관형사, 부사

(1) 관형사 冠形詞(갓 관, 모양 형, 말 사) 갓을 쓴 모양처럼 체언 앞에 놓여서, 그 체언의 내용을 꾸며 주는 말

① 개념: 체언을 꾸며 주는 단어 예 새, 이, 한, 모든, 여러

② 특징
  ㉠ 형태가 고정되어 있어 활용하지 않는다.
  ㉡ 조사와 결합할 수 없다.
  ㉢ 주로 명사를 수식하나, 수사와 대명사도 수식할 수 있다.
    예 · 그 무엇이 너를 힘들게 했을까?   · 이 셋이 모이면, 언제나 여행을 간다.

③ 종류

성상 관형사	체언의 성질이나 상태를 꾸며 줌. 예 옛 모습, 헌 책, 갖은 양념
지시 관형사	체언을 가리킴. 예 이 사람, 저 교장 선생님
수 관형사	수량을 나타냄. 예 한 사람, 배 세 척

시험 유형 파악하기

관형사와 다른 품사의 구별

1. 이, 그, 저: 조사가 결합할 수 있으면 대명사, 결합할 수 없으면 지시 관형사이다.
   예 · 그가 더 크다. (대명사)
      · 그 사람이 더 크다. (관형사)
2. 수 관형사: 조사가 결합할 수 있으면 수사, 결합할 수 없으면 수 관형사이다.
   예 · 사람 다섯이 모였다. (수사)
      · 다섯 사람 (관형사)

☑ **학습 체크**

01 밑줄 친 단어를 올바르게 고치시오.
(1) 준수가 음식 값을 대신 치룬 것을 알았다.
(2) 오늘은 하늘이 유난히 파래서 너무 좋다.

02 밑줄 친 부분의 품사를 쓰시오.
(1) 모인 사람들은 아무 말도 하지 않았다.
(2) 결국 애먼 사람들만 피해를 입고 말았다.

01 (1) 치른 (2) 파래서
02 (1) 관형사 (2) 관형사

👁 시험 유형 파악하기

> **관형사와 용언의 관형사형의 구별**
> 1. **관형사**: 활용하지 않고, 체언을 수식하면 관형사이다.
>   예 • 새 옷
>   • 다른(他) 사람은 다 가고 나만 남았다.
>   • 헌 신문지를 모으다.
> 2. **용언(동사, 형용사)의 관형사형**: 활용하고 서술성을 지니며, 기본형이 존재하면 용언의 관형사형으로 품사는 동사 또는 형용사이다.
>   예 • 단층집을 헌 자리에 새 건물이 들어섰다. (기본형: 헐다)
>   • 새로운 옷 (기본형: 새롭다)
>   • 그 사람은 우리와 다른(異) 사람이다. (기본형: 다르다)

(2) **부사** 副詞(머리꾸미개 부, 말 사) 꾸며 주는 말로, 용언 또는 다른 말 앞에 놓여 그 뜻을 분명하게 하는 말

① **개념**: 주로 용언이나 문장을 꾸며 주는 단어 예 아주, 일찍, 두루, 가장, 아낌없이

② **특징**
  ㉠ 형태가 고정되어 있어 활용하지 않는다.
  ㉡ 격 조사와는 결합할 수 없지만, 보조사와는 결합할 수 있다. 예 빨리도 간다.
  ㉢ 용언, 관형사, 다른 부사, 문장 전체를 꾸밀 수 있다.
     예 • 그는 매우 착하다. (용언 수식)
        • 아주 새 옷 (관형사 수식)
        • 꽤 많이 쌓였다. (부사 수식)
        • 제발 비가 왔으면 좋겠다. (문장 수식)

③ **종류**
  ㉠ **성분 부사**: 문장의 한 성분을 꾸며 주는 부사

성상 부사	'어떻게'의 의미. 일반 부사, 의성 부사, 의태 부사가 있음. 예 • 날씨가 매우 춥다. (일반 부사) • 파도가 철썩철썩 친다. (의성 부사) • 토끼가 깡충깡충 뛴다. (의태 부사)
지시 부사	장소, 시간, 앞에 나온 말을 지시하는 부사 예 • 이리 오너라. (장소 지시) • 내일 만나자. (시간 지시) • 그리 말고 집에 가자. (앞에 나온 말 지시)
부정 부사	용언의 의미를 부정하는 부사 (안, 아니, 못) 예 안 일어났다. / 아니 먹다. / 잠을 통 못 자다.

  ㉡ **문장 부사**: 뒤에 오는 문장 전체를 꾸미거나 문장과 문장을 이어 주는 부사

양태 부사	화자의 태도를 표시하는 부사(과연, 설마, 제발, 결코, 아마 등) 예 과연 솜씨가 훌륭해.
접속 부사	단어와 단어, 문장과 문장을 이어 주는 부사(그리고, 그러나, 즉, 곧, 또는, 및 등) 예 그리고 그들은 말없이 떠났다.

⊕ 체언 수식 부사
'겨우, 아주, 바로, 특히'는 부사이지만 수량, 정도, 위치를 뜻하는 말 앞에서는 체언을 수식하기도 한다.
예 • 겨우 둘만 남았다.
  • 그는 아주 부자로 살았다.
  • 바로 네가 주인공이야.

⊕ 성분 부사의 배열 순서
성분 부사는 '지시 부사 + 성상 부사 + 부정 부사'의 순서로 겹쳐서 나타난다.
예 이리 아주 안 어려운 문제도 있다.

⊕ 의성 부사와 의태 부사
1. **의성 부사**: 사람이나 사물의 소리를 흉내 낸 부사
2. **의태 부사**: 사람이나 사물의 모양이나 움직임을 흉내 낸 부사

☑ 학습 체크

01 밑줄 친 단어의 품사를 쓰시오.
(1) 쌍둥이도 성격이 <u>다른</u> 경우가 많다.
(2) 그 사람은 <u>허튼</u> 말을 하고 다닐 사람이 아니다.
(3) 신발을 벗으면 신발장에 <u>가지런히</u> 정리하거라.
(4) 우리는 목적지에 <u>거의</u> 도착했다는 사실을 깨달았다.
(5) 그는 갖은 양념을 넣어 정성껏 음식을 만들었다.
(6) 아이는 맨 흙투성이로 집에 들어왔다.

02 밑줄 친 단어의 품사를 쓰시오.
(1) 긴 이불을 팔다.
(2) 한 이불을 덮다.
(3) 저 이불을 빨다.
(4) 새 이불을 사다.

---
01 (1) 형용사: '다른'은 '서로 비교하는 두 대상이 같지 않다.'라는 뜻을 가진 형용사 '다르다'에 관형사형 어미 '-ㄴ'이 결합한 것이다. 문장 성분상 명사를 꾸며 주는 관형어이지만 그 품사는 형용사이다.
  (2) 관형사 (3) 부사 (4) 부사
  (5) 관형사 (6) 부사
02 (1) 형용사 (2) 관형사
  (3) 관형사 (4) 관형사

7. 독립언 – 감탄사 感歎詞(느낄 감, 탄식할 탄, 말 사) 느끼는, 탄식하는 말

(1) **개념**: 감정을 넣어 말하는 이의 놀람, 느낌, 부름이나 대답을 나타내는 단어

(2) **특징**
① 조사가 붙지 않으며 활용하지 않는다.
② 문장에서의 위치가 비교적 자유롭다.

(3) **종류**

감정 감탄사	아, 아차, 아하, 아이코 등 예 <u>아</u>, 세월이 빠르구나.
의지 감탄사	자, 에라, 글쎄, 천만에 등 예 <u>자</u>, 이제 그만 가자.
호응 감탄사	여보, 여보세요, 예, 그래 등 예 <u>예</u>, 저요?
입버릇 감탄사	뭐, 아, 저, 응 등 예 <u>뭐</u>, 난 여기 못 올 덴가.

8. 품사의 통용: 한 단어가 둘 이상의 품사로 쓰이는 것을 품사의 통용이라고 한다.

(1) **의존 명사 또는 조사**: 대로, 만큼, 뿐

용언의 관형사형 뒤 → 의존 명사
예 • 아는 <u>대로</u> 말해라.
　 • 노력한 <u>만큼</u> 대가를 얻는 법이다.
　 • 그는 미소만 지을 <u>뿐</u>이었다.

체언 뒤 → 조사
예 • 나는 나<u>대로</u> 내 갈 길을 가려고 한다.
　 • 집을 대궐<u>만큼</u> 크게 지었다.
　 • 집에서<u>뿐만</u> 아니라 밖에서도 그는 좋은 사람이었다.

(2) **명사 또는 부사**: 오늘, 어제, 그저께, 내일, 모레, 지금, 진짜, 정말, 참말, 가로, 세로

조사와 결합할 때 → 명사
예 • <u>내일</u>의 날씨를 알려 드리겠습니다.
　 • 그 논은 <u>가로</u>가 100미터이다.

조사 없이 뒤의 용언을 수식할 때 → 부사
예 • <u>오늘</u>은 헤어지고 내일 다시 보자.
　 • 집에 오자마자 방에 <u>가로</u> 드러누웠다.

(3) **대명사 또는 관형사**: 이, 그, 저

조사와 결합할 때 → 대명사
예 <u>그</u>는 착한 사람이다.

뒤의 체언을 수식할 때 → 관형사
예 <u>그</u> 사람은 착하다.

(4) **수사 또는 관형사**: 수를 나타내는 말

조사와 결합할 때 → 수사
예 여기 모인 사람은 모두 <u>여덟</u>이다.

뒤의 체언을 수식할 때 → 관형사
예 <u>여덟</u> 사람이 모여 농구를 했다.

▶ (2), (3), (4): 체언이 조사와 결합한다는 점을 유의한다.

☑ **학습 체크**

01 밑줄 친 단어의 품사를 쓰시오.
(1) 이번 일은 법<u>대로</u> 처리합시다. (　　　)
(2) 각자 먹을 <u>만큼</u> 먹어라. (　　　)
(3) 뉴스에서 <u>내일</u>의 날씨를 예보하고 있다. (　　　)
(4) 나무가 벌써 어른의 키 높이 <u>정도</u>로 자랐다. (　　　)

(1) 조사 (2) 의존 명사
(3) 명사 (4) 명사

(5) 조사 또는 부사: 같이, 보다, 마저

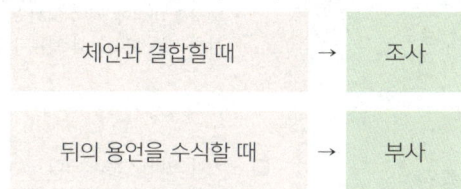

예
- 매일같이 반복되는 일상에서 벗어나고 싶다.
- 나는 누구보다 동생에 대해 잘 안다.
- 너마저 나를 떠나는구나.

예
- 이번 여행은 여자 친구와 같이 가기로 했다.
- 날마다 보다 나아지기 위해서 노력하고 있다.
- 내 말을 마저 들어라.

(6) 명사 또는 관형사, 부사: 접미사 '-적'이 붙은 말

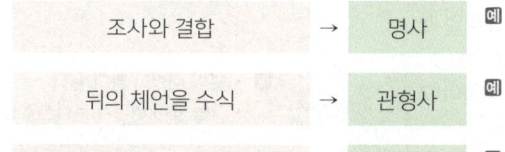

예 그 글을 평가하려 하지 말고 비교적인 차원에서만 살펴보아라.

예 비교적 고찰에 따르면 그 도자기의 가치는 고려청자보다 높다.

예 내 상황은 그에 비하면 비교적 나은 편이다.

(7) 명사 또는 감탄사: 만세

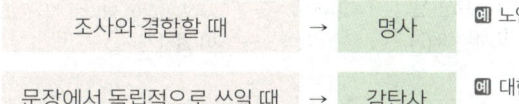

예 노인이 만세를 외쳤다.

예 대한 독립 만세!

(8) 부사 또는 감탄사: 아니

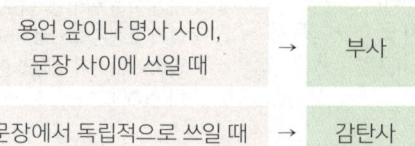

예 아침, 아니 점심 먹을 때까지만 해도 멀쩡했는데.

예 아니, 이게 무슨 난리야?

(9) 동사 또는 형용사: 현재 시제 선어말 어미 '-는-/-ㄴ-'과 결합이 가능하면 동사, 불가능하면 형용사이다. 또한 명령형과 청유형이 가능하면 동사, 불가능하면 형용사이다.

▶ 형용사와 동사로 모두 쓰이는 단어의 경우, 문맥적인 상황을 보고 판단해야 한다.

예
- 나는 친구에게 도와준 것에 감사했다.
- 그는 늘 신께 감사하는 태도를 보인다.

예
- 무례를 용서해 주시면 감사하겠습니다.
- 참 감사한 말씀이지만 사양하겠습니다.

예
- 그녀는 오늘 집에 있는다고 했다.
- 친구는 내게 함께 있자고 했다.

예
- 어렸을 때에는 산타클로스가 있다고 믿었다.
- 좋은 일이 있다.

예 그녀는 약속 시간에 매번 늦는다.

예
- 작년에는 눈이 늦게 내렸다.
- 우리는 예정보다 늦은 점심을 먹었다.
- 박자가 늦은 곡을 들으면 졸리다.

✅ **학습 체크**

01 밑줄 친 단어의 품사가 바르게 제시되어 있으면 O, 아니면 X에 표시하시오.

(1) 열 사람이 백 마디의 말을 한다. [수사] (O, X)
(2) 새해에는 으레 새로운 마음이 생기기 마련이다. [형용사] (O, X)
(3) 몸이 아픈 사람은 교실에 남아 있다. [동사] (O, X)
(4) 아버지는 항상 소같이 일만 하신다. [조사] (O, X)
(5) 친구와 같이 영화관에 갔다. [부사] (O, X)

---
(1) X 관형사 (2) O (3) X 형용사
(4) O (5) O

✓ 학습 체크

01 밑줄 친 단어의 품사가 바르게 제시되었으면 ○, 아니면 ×에 표시하시오.
(1) 벽지가 밝아 집 안이 환해 보인다. [형용사] (○, ×)
(2) 어느새 태양이 솟아 밝은 빛을 비춘다. [동사] (○, ×)
(3) 철수야, 키가 몰라보게 컸구나. [동사] (○, ×)
(4) 키가 큰 나무는 우리에게 그늘을 주었다. [형용사] (○, ×)

---
(1) ○
(2) × 이때 '밝다'는 현재 시제 선어말 어미 '-는'과 결합할 수 없는 형용사이다.
(3) ○ (4) ○

3 단어의 형성

1. 어근과 접사
語根(말씀 어, 뿌리 근) 말의 뿌리 / 接辭(이을 접, 말씀 사) 말에 첨가되는 부분

단어	접사	어근
예 햇나물, 햇과일, 햇곡식, 날음식, 날고기 =	햇-, 날- +	나물, 과일, 곡식, 음식, 고기

(1) **어근**: 형태소가 결합하여 단어를 형성할 때 실질적인 의미를 나타내는 부분(= 실질 형태소)
(2) **접사**: 어근에 붙어 그 뜻을 제한하는 부분
  ① 위치에 따른 분류
   ㉠ **접두사**: 어근 앞에 오는 접사 예 덧 + 버선
   ㉡ **접미사**: 어근 뒤에 오는 접사 예 덮 + 개

② 기능에 따른 분류
　㉠ **한정적 접사**: 뜻만 첨가해 주는 접사
　　예 · 맨 + 손 (명사 → 명사)
　　　· 달 + 맞이 (명사 → 명사)
　㉡ **지배적 접사**: 품사를 바꾸어 주는 접사
　　예 · 크 + 기 (형용사 → 명사)　　· 공부 + 하다 (명사 → 동사)
　　　· 가난 + 하다 (명사 → 형용사)　· 많 + 이 (형용사 → 부사)

 **고득점 공략**

어간과 어근, 어미와 접사
1. **어간과 어근**: 어간은 용언의 활용을 기준으로 파악해야 하고, 어근은 단어의 형성법에 쓰이는 개념이다. 어간은 활용 시 변하지 않는 요소이고, 어근은 단어 형성 시에 변하지 않는 요소이다.
   예 · 꾸다: 꾸고, 꾸니, 꿔서 (어간 + 어미 → 활용)
   　· 내가 꿈을 꾸다. (어근 + 접미사 → 파생어)
2. **어미와 접사**: 어미는 용언의 활용 시에, 접사는 단어의 형성법에 쓰이는 개념이다. 어미는 활용 시에 변하는 부분이고, 접사는 단어 형성 시에 변하는 요소이다.

2. 단일어와 복합어

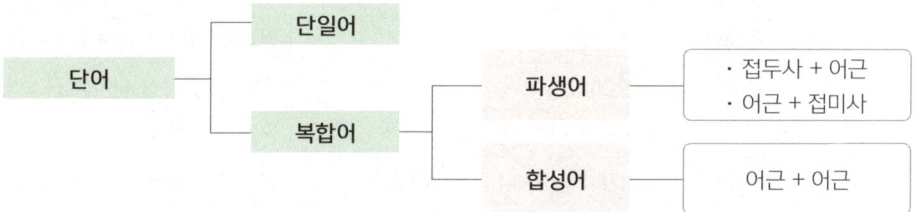

(1) **단일어**: 하나의 어근만으로 이루어진 단어　예 꽃, 산, 하늘, 가방, 크다
(2) **복합어**: 둘 이상의 어근이 결합하거나 어근과 접사가 결합하여 이루어진 단어

종류	형태	예
파생어	어근 + 접사	멋 + 쟁이 → 멋쟁이 / 넓 + 이 → 넓이
	접사 + 어근	햇 + 곡식 → 햇곡식 / 새 + 까맣다 → 새까맣다
합성어	어근 + 어근	돌 + 다리 → 돌다리 / [볶 + 음] + 밥 → 볶음밥

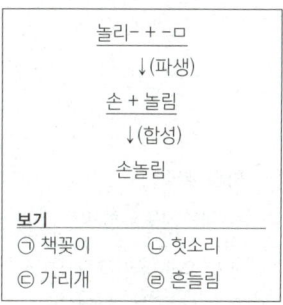

☑ **학습 체크**

01 단어의 짜임이 다음과 같은 것을 〈보기〉에서 고르시오.

놀리- + -ㅁ
↓(파생)
손 + 놀림
↓(합성)
손놀림

보기
㉠ 책꽂이　㉡ 헛소리
㉢ 가리개　㉣ 흔들림

㉠ '꽂- + -이'가 결합하여 '꽂이'로 파생되고, 여기에 '책'이 붙어 '책꽂이'라는 합성어가 되었다.

📌 파생어의 구조

어근 앞뒤 모두에 접사가 붙는 파생어도 있다.

예 헛손질 → 헛- + 손 + -질
           접사 어근 접사

① **파생어** 派生語(갈래 파, 날 생, 말씀 어) 어근에 접사가 붙어 만들어진 단어

   ⑤ **개념**: 실질 형태소인 **어근과** 형식 형태소인 **접사가 결합**하여 이루어진 단어

   ⑥ **접두 파생법**: 접두사와 어근이 결합하여 파생어를 만드는 방법이다. 접두사는 어근의 품사를 바꾸는 기능이 없어 모두 한정적 접사로만 쓰인다. 따라서 접두사가 결합하여 만들어진 파생어의 품사는 어근의 품사와 일치한다.

접두사	의미	예
강-¹	1. 다른 것이 섞이지 않고 그것만으로 이루어진	강밥, 강굴, 강술, 강소주
	2. 마른, 물기가 없는	강기침, 강더위, 강서리
	3. 억지스러운	강울음, 강호령
	4. 몹시	강마르다, 강밭다, 강파리하다
강(强)-²	매우 센, 호된	강추위, 강염기, 강타자, 강행군
개-	1. 야생 상태의, 질이 떨어지는, 흡사하지만 다른	개살구, 개철쭉, 개먹
	2. 헛된, 쓸데없는	개꿈, 개죽음
	3. 정도가 심한	개망나니
건(乾)-	마른, 말린	건과자, 건바닥, 건어물, 건포도
군-	1. 쓸데없는	군말, 군불, 군살, 군기침, 군소리, 군식구, 군사람
	2. 가외로 더한, 덧붙은	
날-	말리거나 익히거나 가공하지 않은	날고기, 날두부
늦-	1. 늦은	늦공부, 늦가을, 늦더위, 늦바람
	2. 늦게	늦되다, 늦들다, 늦심다
덧-	거듭된, 겹쳐 신거나 입는	덧니, 덧가지, 덧버선, 덧신
새-	매우 짙고 선명하게	새빨갛다, 새파랗다, 새뽀얗다
짓-	마구, 함부로, 몹시	짓누르다, 짓밟다, 짓이기다
치-	위로 향하게, 위로 올려	치솟다, 치뜨다, 치받다, 치닫다
풋-	1. 처음 나온, 덜 익은	풋고추, 풋사과, 풋나물
	2. 미숙한, 깊지 않은	풋사랑, 풋잠
한-¹	1. 큰	한길, 한시름
	2. 정확한, 한창인	한겨울, 한밤중
헛-	이유 없는, 보람 없는	헛걸음, 헛고생, 헛소문
홀-	짝이 없이 혼자뿐인	홀아비, 홀시아버지
홑-	한 겹으로 된, 하나인, 혼자인	홑이불, 홑몸

📌 '늦더위'의 파생어 여부

'늦더위'는 용언과 체언이 연결될 때 관형사형 전성 어미가 생략된 것으로 보아 비통사적 합성어로 볼 수도 있고, 접두사 '늦-'이 결합된 파생어로 볼 수도 있다. 국립국어원은 표준국어대사전을 기준으로 분석하여 '늦더위'를 파생어로 보고 있다.

▶ 단어 형성에 관한 판단은 문법적 견해에 따라 다를 수 있다. 따라서 문제를 보고 상대적으로 답을 판별할 필요가 있다.

✅ 학습 체크

01 파생어를 모두 고르시오. (5개)

㉠ 군말 ㉡ 돌다리 ㉢ 덧가지
㉣ 참숯 ㉤ 풋과일 ㉥ 개살구

㉠㉢㉣㉤㉥은 파생어이다.
(㉡은 합성어이다.)

ⓒ **접미 파생법**: 어근과 접미사가 결합하여 파생어를 만드는 방법이다. 접미사는 어근의 품사를 바꾸는 지배적 접사와 바꾸지 않는 한정적 접사 모두로 쓰인다. 한정적 접미사가 결합하여 만들어진 파생어의 품사는 어근의 품사와 일치하지만, 지배적 접미사와 결합하여 만들어진 파생어의 품사는 대개 어근의 품사와 다르다.

· 어근 + 한정적 접미사

접미사	의미	예
-간	1. 동안	이틀간
	2. 장소	대장간
-거리¹	비하	떼거리, 짓거리
-거리²	주기적으로 일어나는 동안	하루거리, 이틀거리
-경	그 시간 또는 날짜에 가까운 때	오전 9시경, 이십 세기경
-기(氣)	기운, 느낌, 성분	시장기, 소금기, 간기, 장난기
-꾼	1. 어떤 일을 전문적으로 하는 사람	살림꾼
	2. 어떤 일을 습관적으로 하는 사람	노름꾼
	3. 어떤 일 때문에 모인 사람	구경꾼, 일꾼, 장꾼, 제꾼
-님	높임	선생님, 사장님, 총장님
-다랗다	그 정도가 제법 뚜렷함.	가느다랗다, 커다랗다
-둥이	그러한 성질이 있는 사람	막내둥이, 귀염둥이, 쉰둥이
-들	복수	나무들, 학생들
-뜨리다 -트리다	강조	넘어뜨리다, 떨어트리다
-리	가운데, 속	경쟁리, 비밀리, 성황리, 암묵리
-보¹	그것을 특성으로 지닌 사람	꾀보, 잠보
-보²	그것이 쌓여 모인 것	심술보, 울음보, 웃음보
-박이	무엇이 박혀 있는 사람, 짐승, 물건	점박이, 차돌박이, 금니박이
-배기	1. 그 나이를 먹은 아이	네 살배기
	2. 그런 물건	진짜배기
-뱅이	그것을 특성으로 가진 사람이나 사물	가난뱅이, 주정뱅이
-새	모양, 상태, 정도	걸음새, 모양새, 생김새, 쓰임새
-씨¹	태도, 모양	말씨, 마음씨, 바람씨, 발씨
-씨(氏)²	그 성씨 자체, 그 성씨의 가문이나 문중	김씨, 이씨, 박씨 부인, 최씨 문중
-어치	그 값에 해당하는 분량	한 푼어치, 천 원어치
-여(餘)	그 수를 넘음	십여, 이십여 년, 백여 개
-장이	그것과 관련된 기술을 가진 사람	미장이, 양복장이
-쟁이	그것이 나타내는 속성을 많이 가진 사람	겁쟁이, 멋쟁이

> **학습 체크**
>
> **01** 다음의 단어를 접미 파생어와 접두 파생어로 분류하시오.
>
> ㉠ 맏아들 ㉡ 멋쟁이
> ㉢ 가위질 ㉣ 조용히
> ㉤ 풋나물 ㉥ 휘감다
>
> (1) 접두 파생어(3개):
> (2) 접미 파생어(3개):
>
> (1) ㉠ ㉤ ㉥ (2) ㉡ ㉢ ㉣

· 어근 + 지배적 접미사

구분	접미사	의미	예
명사 파생	-ㅁ	(받침이 없거나 'ㄹ' 받침으로 끝나는 용언의 어간 뒤에 붙어) 명사를 만드는 접미사	꿈, 삶, 앎, 잠, 춤, 기쁨, 슬픔
	-음	(받침 있는 용언의 어간 뒤에 붙어) 명사를 만드는 접미사	믿음, 죽음, 웃음, 걸음, 젊음, 수줍음
	-이	1. (형용사, 동사 어간 뒤에 붙어) 명사를 만드는 접미사	길이, 높이, 먹이, 벌이
		2. (명사와 동사 어간의 결합형 뒤에 붙어) '사람, 사물, 일'의 뜻을 더하고 명사를 만드는 접미사	때밀이, 젖먹이, 재떨이, 옷걸이, 목걸이, 가슴앓이
		3. (명사, 어근, 의성·의태어 뒤에 붙어) '사람' 또는 '사물'의 뜻을 더하고 명사를 만드는 접미사	절름발이, 애꾸눈이, 멍청이, 똑똑이, 뚱뚱이, 딸랑이
	-기	(동사나 형용사 어간 뒤에 붙어) 명사를 만드는 접미사	굵기, 달리기, 돌려짓기, 모내기, 사재기, 줄넘기, 크기
	-개	1. (일부 동사 어간 뒤에 붙어) '그러한 행위를 하는 간단한 도구'의 뜻을 더하고 명사를 만드는 접미사	날개, 덮개, 지우개
		2. (일부 동사 어간 뒤에 붙어) '그러한 행위를 특성으로 지닌 사람'의 뜻을 더하고 명사를 만드는 접미사	오줌싸개, 코흘리개
동사 파생	-거리다	(동작 또는 상태를 나타내는 일부 어근 뒤에 붙어) '그런 상태가 잇따라 계속됨'의 뜻을 더하고 동사를 만드는 접미사	까불거리다, 반짝거리다, 방실거리다, 출렁거리다
	-이다	(동작 또는 상태를 나타내는 일부 어근 뒤에 붙어) 동사를 만드는 접미사	끄덕이다, 망설이다, 움직이다, 출렁이다
	-하다	1. (명사 뒤에 붙어) 동사를 만드는 접미사	공부하다, 생각하다, 사랑하다, 빨래하다
		2. (의성·의태어 뒤에 붙어) 동사를 만드는 접미사	덜컹덜컹하다, 소곤소곤하다
		3. (성상 부사 뒤에 붙어) 동사를 만드는 접미사	달리하다, 빨리하다
		4. (어근 뒤에 붙어) 동사를 만드는 접미사	흥하다, 기뻐하다
		5. (의존 명사 뒤에 붙어) 동사를 만드는 접미사	체하다, 척하다

✓ **학습 체크**

01 밑줄 친 '먹기'와 품사가 같은 것을 〈보기〉에서 모두 고르시오.

나는 배가 고파 더 많이 먹기 시작했다.

보기
· 그는 밤새 믿기지 않는 ㉠꿈을 꾸었다.
· 그는 '초상화를 잘 ㉡그림'이라고 썼다.
· 그의 ㉢바람은 내가 건강해지는 것이었다.
· 그는 빙그레 ㉣웃음으로써 마음을 전했다.

(㉡, ㉣ 부사 '많이'의 수식을 받고 있는 '먹기'는 명사형 전성 어미 '-기'가 붙은 명사형이다. ㉡ '그림', ㉣ '웃음' 또한 동사에 명사형 전성 어미 '-ㅁ'이 붙은 명사형으로 부사의 수식을 받고 있다.
(㉠ '꿈' ㉢ '바람'은 명사 파생 접미사 '-ㅁ'이 붙은 명사이다.)

형용사 파생	-답다	(명사 또는 명사구 뒤에 붙어) '성질이나 특성·자격이 있음'의 뜻을 더하고 형용사를 만드는 접미사	너답다, 꽃답다, 사람답다, 정답다, 남자답다
	-롭다	(모음으로 끝나는 어근 뒤에 붙어) '그러함' 또는 '그럴 만함'의 뜻을 더하고 형용사를 만드는 접미사	명예롭다, 신비롭다, 자유롭다, 풍요롭다, 향기롭다
	-스럽다	(어근 뒤에 붙어) '그러한 성질이 있음'의 뜻을 더하고 형용사를 만드는 접미사	복스럽다, 걱정스럽다, 자랑스럽다
	-되다	(몇몇 명사, 어근, 부사 뒤에 붙어) 형용사를 만드는 접미사	거짓되다, 참되다, 어중되다, 숫되다, 막되다, 못되다
	-맞다	(사람의 성격을 나타내는 일부 명사 또는 어근 뒤에 붙어) '그것을 지니고 있음'의 뜻을 더하고 형용사를 만드는 접미사	궁상맞다, 능글맞다, 방정맞다, 쌀쌀맞다
	-지다	(몇몇 명사 뒤에 붙어) '그런 성질이 있음' 또는 '그런 모양임'의 뜻을 더하고 형용사를 만드는 접미사	값지다, 기름지다, 세모지다, 멋지다
	-쩍다	(몇몇 명사 뒤에 붙어) '그런 것을 느끼게 하는 데가 있음'의 뜻을 더하고 형용사를 만드는 접미사	수상쩍다, 의심쩍다, 미심쩍다, 겸연쩍다
	-하다	1. (명사 뒤에 붙어) 형용사를 만드는 접미사	건강하다, 순수하다, 정직하다, 진실하다
		2. (의성·의태어 뒤에 붙어) 형용사를 만드는 접미사	반짝반짝하다
		3. (성상 부사 뒤에 붙어) 형용사를 만드는 접미사	돌연하다
		4. (어근 뒤에 붙어) 형용사를 만드는 접미사	착하다, 따뜻하다
		5. (의존 명사 뒤에 붙어) 형용사를 만드는 접미사	뻔하다, 듯하다, 법하다
부사 파생	-이	1. (부사나 형용사 어근 뒤에 붙어) 부사를 만드는 접미사	깊숙이, 수북이, 끔찍이, 많이, 같이, 높이
		2. (일부 1음절 명사의 반복 구성 뒤에 붙어) 부사를 만드는 접미사	집집이, 나날이, 다달이, 일일이
	-히	(명사나 부사, 형용사 어근 뒤에 붙어) 부사를 만드는 접미사	조용히, 무사히, 나란히, 영원히
	-껏	(명사 뒤에 붙어) '그것이 닿는 데까지'의 뜻을 더하고 부사를 만드는 접미사	마음껏, 정성껏, 힘껏

✓ 학습 체크

01 다음 설명에 해당하는 단어를 〈보기〉에서 모두 고르시오. (3개)

> 접미사는 품사를 바꾸거나 자동사를 타동사로 바꾸는 기능을 한다.

보기
ⓐ 보기   ⓑ 낯섦
ⓒ 낮추다 ⓓ 꽃답다

ⓐ ⓒ ⓓ 각각 접미사 '-기', '-추-', '-답다'가 결합한 것이다.
(ⓑ 명사형 전성 어미 '-ㅁ'이 결합한 것이다.)

ⓔ **파생 명사와 용언의 명사형의 차이점**
접미사 '-(으)ㅁ/-기'와 명사형 어미 '-(으)ㅁ/-기'는 형태가 같기 때문에 구별하기가 어렵다.

	파생 명사	용언의 명사형
품사	명사	(용언에 따라) 동사나 형용사
주어	주어 없음	주어 있음
서술성	서술성 없음	서술성 있음
수식어	관형어 수식	부사어 수식
선어말 어미	사용 불가능	사용 가능

예 영희는 좋은 꿈을 자주 꿈.
　　　　　파생 명사(명사)　명사형(동사)

② **합성어** 合成語(합할 합, 이룰 성, 말씀 어) 둘 이상의 어근이 결합한 단어

　㉠ **개념**: 실질 형태소인 어근이 둘 이상 결합하여 이루어진 단어
　㉡ **합성어의 의미 범주에 따른 분류**
　　· **대등 합성어**: 어근이 대등하게 결합하여 본래의 뜻을 유지하는 합성어
　　　예 한두, 오가다, 팔다리, 서넛, 대여섯, 여닫다, 뛰놀다
　　· **종속 합성어**: 한쪽의 어근이 다른 한쪽의 어근을 수식하는 합성어
　　　예 손수건, 책가방, 손수레, 물걸레, 가죽신, 쇠못, 소고기, 쇠사슬, 손짓, 장군감, 놀이터
　　· **융합 합성어**: 어근들이 하나로 융합하여 새로운 의미를 나타내는 합성어
　　　예 · 밤낮: 밤 + 낮 → 항상, 종일　　· 춘추(春秋): 봄 + 가을 → 나이, 연세
　　　　· 연세(年歲): 해 + 해 → 나이　　· 피땀: 피 + 땀 → 노력

　㉢ **합성어의 품사에 따른 분류**

품사		예
체언	합성 명사	고추장, 돌다리, 면도칼, 서릿발, 손수건, 앞뒤, 흉내 등
	합성 대명사	누구누구, 이것, 여러분 등
	합성 수사	한둘, 두셋, 서넛 등
용언	합성 동사	겁나다, 드나들다, 앞서다, 오가다, 못나다 등
	합성 형용사	검디검다, 쓸데없다 등
수식언	합성 관형사	한두, 두세, 서너 등
	합성 부사	곧잘, 부슬부슬, 이른바
독립언	합성 감탄사	아이참, 얼씨구절씨구, 여보 등

☑ **학습 체크**

01 다음의 단어를 대등, 종속, 융합 합성어로 분류하시오.

　㉠ 논밭　　㉡ 돌다리
　㉢ 앞뒤　　㉣ 책가방
　㉤ 춘추　　㉥ 손발
　㉦ 연세

(1) 대등 합성어(3개):
(2) 종속 합성어(2개):
(3) 융합 합성어(2개):

(1) ㉠㉢㉥ (2) ㉡㉣ (3) ㉤㉦

ⓔ 합성어의 형성 방법에 따른 분류

- **통사적 합성어**: 우리말의 일반적인 단어 배열법과 일치하는 합성어

형성 방법	예
명사 + 명사	김치찌개, 논밭, 똥오줌, 살코기, 소나무, 손목, 안팎, 어깨동무, 할미꽃, 얼룩소
어간 + 연결 어미 + 용언	가져오다, 게을러빠지다, 그러모으다, 돌아가다, 들어가다, 알아보다, 타고나다
관형어 + 명사	길짐승, 새언니, 새해, 어린이, 큰집, 작은집, 젊은이, 첫사랑, 큰형, 작은형, 작은아버지
주어 + 서술어 (조사 생략 인정)	기차다, 맛나다, 맛있다, 바람나다, 빛나다, 수많다, 철들다, 힘들다, 힘차다, 손쉽다, 시름없다
목적어 + 서술어 (조사 생략 인정)	본받다, 수놓다, 용쓰다
부사어 + 서술어 (조사 생략 인정)	남다르다, 앞서다
부사 + 용언	가로눕다, 가로막다, 그만두다, 잘생기다
부사 + 부사	이리저리, 비틀비틀
감탄사 + 감탄사	얼씨구절씨구

- **비통사적 합성어**: 우리말의 일반적인 단어 배열법과 일치하지 않는 합성어

형성 방법	예
어간 + 명사	감발, 꽂감, 늦잠, 덮밥, 먹거리, 묵밭, 접칼, 흔들바위, 붉돔
어간 + 연결어미 + 명사	섞어찌개
어간 + 용언 (연결 어미 생략)	검붉다, 굶주리다, 나가다, 날뛰다, 높푸르다, 돌보다, 오가다, 굳세다, 여닫다, 오르내리다, 짙푸르다
부사 + 명사	부슬비, 산들바람, 척척박사, 촐랑개, 살짝곰보, 딱딱새
한자어 어순이 우리말과 다른 경우	독서(讀書), 등산(登山)

▶ 용언 기본형의 어간에 연결 어미나 관형사형 어미 없이 바로 다른 용언이 붙는 경우는 모두 비통사적 합성어이다.

고득점 공략

합성어의 파생

합성어의 파생이란, 합성어가 파생법에 의하여 다시 파생되는 경우를 말한다.
1. 통사적 합성 어근 + 접미사
   예 젖먹 + 이
2. 비통사적 합성 어근 + 접미사
   예 여닫 + 이, 나들 + 이
3. 반복 합성 명사 + 접미사
   예 틈틈 + 이, 집집 + 이

☑ 학습 체크

01 다음 중 합성어로만 묶인 것은 O, 그렇지 않으면 ×에 표시하시오.

(1) 비행기, 새해, 밑바닥, 짓밟다, 겁나다, 낯설다 (O, ×)
(2) 새해, 막내둥이, 돌부처, 얄밉다, 깔보다, 본받다 (O, ×)
(3) 새해, 늙은이, 어깨동무, 정들다, 앞서다, 손쉽다 (O, ×)
(4) 비행기, 개살구, 산들바람, 겁나다, 낯설다, 그만두다 (O, ×)
(5) 늙은이, 막내둥이, 척척박사, 본받다, 앞서다, 배부르다 (O, ×)

(1) × '비행기, 짓밟다'는 파생어이다.
(2) × '막내둥이'는 파생어이다.
(3) O
(4) × '비행기, 개살구'는 파생어이다.
(5) × '막내둥이'는 파생어이다.

학습 점검 문제

01
9급 출제기조 전환 1차 예시문제

다음 글에서 추론한 내용으로 적절하지 않은 것은?

'밤하늘'은 '밤'과 '하늘'이 결합하여 한 단어를 이루고 있는데, 이처럼 어휘 의미를 띤 요소끼리 결합한 단어를 합성어라고 한다. 합성어는 분류 기준에 따라 여러 방식으로 나눌 수 있다. 합성어의 품사에 따라 합성명사, 합성형용사, 합성부사 등으로 나누기도 하고, 합성의 절차가 국어의 정상적인 단어 배열법을 따르는지의 여부에 따라 통사적 합성어와 비통사적 합성어로 나누기도 하고, 구성 요소 간의 의미 관계에 따라 대등합성어와 종속합성어로 나누기도 한다.

합성명사의 예를 보자. '강산'은 명사(강) + 명사(산)로, '젊은이'는 용언의 관형사형(젊은) + 명사(이)로, '덮밥'은 용언 어간(덮) + 명사(밥)로 구성되어 있다. 명사끼리의 결합, 용언의 관형사형과 명사의 결합은 국어 문장 구성에서 흔히 나타나는 단어 배열법으로, 이들을 통사적 합성어라고 한다. 반면 용언 어간과 명사의 결합은 국어 문장 구성에 없는 단어 배열법인데 이런 유형은 비통사적 합성어에 속한다. '강산'은 두 성분 관계가 대등한 관계를 이루는 대등합성어인데, '젊은이'나 '덮밥'은 앞 성분이 뒤 성분을 수식하는 종속합성어이다.

① 아버지의 형을 이르는 '큰아버지'는 종속합성어이다.
② '흰머리'는 용언 어간과 명사가 결합한 합성명사이다.
③ '늙은이'는 어휘 의미를 지닌 두 요소가 결합해 이루어진 단어이다.
④ 동사 '먹다'의 어간인 '먹'과 명사 '거리'가 결합한 '먹거리'는 비통사적 합성어이다.

02
다음 글에서 추론한 내용으로 적절하지 않은 것은?

합성어는 형성되는 절차가 우리말의 일반적인 통사 구성과 동일한지에 따라 분류할 수 있다. 이때 통사 구성은 둘 이상의 단어가 구(句)나 절(節), 문장을 이루는 것을 가리킨다. 합성어의 형성 절차가 이러한 통사 구조와 일치할 경우 '통사적 합성어'라고 부르며, 그렇지 않을 경우 '비통사적 합성어'로 분류한다.

일반적인 통사 구성에는 무엇이 있을까? 우선 '배꽃'과 같은 '명사'와 '명사'의 결합이 있다. 이는 '엄마 생각'과 같이 우리말에서 흔한 통사 구성이다. 다음으로 '용언의 관형사형'과 '명사'의 결합이 있다. 이는 '예쁜 꽃'과 같이 관형어가 명사를 수식하는 방식으로 형성된 것으로, '찐빵', '쓴맛' 등이 그 예이다. '새집'과 같은 '관형사'와 '명사'의 결합, '뛰어넘다'와 같은 '용언의 연결형'과 '용언의 어간'의 결합 역시 우리말의 일반적인 통사 구성에 해당한다. 반면 '덮밥'과 같이 '용언의 어간'과 '명사'가 결합한 것은 용언의 어미 없이 어간이 명사와 직접 결합한 형태이므로, 이는 우리말의 일반적인 통사 구성에 해당하지 않는다. 또한 '날뛰다'와 같이 '용언의 어간'끼리 결합한 것 역시 우리말에서 자연스럽지 않은 통사 구성이다. 마지막으로 '섞어찌개'와 같은 '용언의 연결형'과 '명사'의 결합 역시 우리말의 통사 구성에서 찾아보기 어렵다.

① "겨울에 논밭에 나가면 콧물이 난다"에는 통사적 합성어가 2개 있다.
② "내 첫사랑이 가게 앞문으로 들어왔다"에는 통사적 합성어가 3개 있다.
③ "뒷집 할아버지께서는 살아생전 성품이 굳세셨다"에는 통사적 합성어가 1개, 비통사적 합성어가 2개 있다.
④ "밤낮 없이 뛰놀던 건널목 옆 빈터는 이제 없다"에는 통사적 합성어가 2개, 비통사적 합성어가 2개 있다.

03

다음 글에서 추론한 내용으로 적절하지 않은 것은?

형태소란 '꽃'처럼 뜻을 가지는 가장 작은 말의 단위를 가리킨다. 형태소는 그 특성에 따라 종류가 구분되는데, 자립성 여부에 따라 자립 형태소와 의존 형태소로 나누어지고, 의미의 성격에 따라 실질 형태소와 형식 형태소로 나누어진다.

'꽃이 예쁘다'와 '재희가 소설을 읽었다'라는 문장을 예로 들고자 한다. '꽃', '재희'는 다른 형태소 없이 홀로 쓰일 수 있으므로 자립 형태소이다. '예쁘-', '-다', '이', '가', '소(小)', '설(說)', '을', '읽-', '-었-', '다'는 다른 형태소의 도움 없이는 홀로 쓰일 수 없으므로 의존 형태소이다. 한편, 한자가 국어 내에서 사용될 때, 해당 한자에 대응되는 고유어 어휘가 없는 경우에는 자립 형태소로, 그렇지 않은 경우에는 의존 형태소로 구분되는 것이 보편적이다. '소(小)'와 '설(說)'은 한자인데, 각각 '작다', '말씀'과 같이 대응되는 고유어 어휘가 있기 때문에 의존 형태소이다.

'꽃', '재희', '예쁘-', '소(小)', '설(說)', '읽-'은 동작, 상태 또는 구체적인 대상과 같이 실질적인 의미가 있으므로 실질 형태소, '이', '가', '을', '-었-', '-다'는 말과 말 사이의 형식적인 의미를 표현하기 때문에 형식 형태소라고 한다. 실질 형태소는 어휘적 의미를 표시한다는 점에서 어휘 형태소라고도 한다. 한편 말과 말 사이의 형식적 관계를 문법적 관계라 하므로 형식 형태소를 문법 형태소라 부르기도 한다.

① '아이가 돌다리를 건넜다'라는 문장에서 '가', '를', '-었-', '-다'는 문법 형태소이다.

② '산에 밤꽃이 가득 피었다'라는 문장에서 '산', '밤', '꽃', '가득', '피-'는 어휘 형태소이다.

③ '철수가 창문을 열었다'라는 문장에서 '창(窓)'과 '문(門)'을 고유어로 바꾸어 쓰기 어렵다면 '창(窓)'과 '문(門)'은 의존 형태소에 해당한다.

④ '영희의 집에는 방이 한 개 있다'라는 문장에서 '방(房)'에 대응되는 고유어 어휘를 찾지 못했다면 자립 형태소이다.

04

2024 국가직 9급

다음을 참고할 때, 단어의 종류가 같은 것끼리 짝 지어진 것은?

어떤 구성을 두 요소로만 쪼개었을 때, 그 두 요소를 직접구성 요소라 한다. 직접구성요소가 어근과 어근인 단어는 합성어라 하고 어근과 접사인 단어는 파생어라 한다.

① 지우개 - 새파랗다

② 조각배 - 드높이다

③ 짓밟다 - 저녁노을

④ 풋사과 - 돌아가다

정답 및 해설 p.129

04 문장론

➕ 문장의 성립 조건
1. 의미상으로 완결된 내용이다.
2. 구성상으로 주어와 서술어의 관계가 있다.
3. 형식상으로 문장이 끝났음을 알리는 표지(느낌표, 물음표 등)가 있다.

☑ 학습 체크

01 다음 〈보기〉의 문장에 대한 설명이 맞으면 ○, 틀리면 ×에 표시하시오.

보기
㉠ 철수 밥 먹는다.
㉡ 그 사람이 그런 심한 말을 하다니.
㉢ 오늘 내가 본 영화는 세계 10대 명화에 속한다고 한다.
㉣ 민한경 씨가 익명의 독지가였음이 밝혀졌다.

(1) ㉠에서 '철수', '밥'은 단어이자 어절로서 각각 주어, 부사어의 문법적 기능을 수행한다. (○, ×)
(2) ㉡에서 '그 사람이', '그런 심한 말을'은 각각 주어, 목적어 성분이 절로 실현된 것이다. (○, ×)
(3) ㉢에서 '오늘 내가 본'은 관형어 기능을 하며 절로 실현되어 있다. (○, ×)
(4) ㉣에서 '민한경 씨가 익명의 독지가였음이'는 목적어 성분으로서 명사절로 실현되어 있다. (○, ×)

(1) × '철수', '밥'은 단어이자 어절로 '철수'는 주어이나, '밥'은 목적어 기능을 수행한다.
(2) × '그 사람이'는 주어와 서술어의 관계가 없으므로 절이 아니다.
(3) ○
(4) × '민한경 씨가 익명의 독지가였음이'는 주어 성분으로서 명사절로 실현되어 있다.

1 문장의 구성 요소와 구조

1. 문장의 구성 요소

(1) **어절(語節)**: 띄어쓰기 단위와 일치하며, 조사·어미 등의 요소가 앞말에 붙어서 한 어절을 이룬다.

    그 남자가 음식을 잘 만든다.: 그, 남자가, 음식을, 잘, 만든다(5어절) → 어절은 띄어쓰기 단위와 일치한다. 주어진 문장은 '그∨남자가∨음식을∨잘∨만든다'로 띄어 쓰므로 5어절이다.

(2) **구(句)**: 주어와 서술어의 관계가 없는 둘 이상의 어절이 만나 의미 단위를 형성한 것으로, 절이나 문장의 한 성분이 된다.

    <u>헌 옷</u>을 입었다. → 밑줄 친 '헌 옷'은 두 개의 어절 '헌, 옷'으로 이루어졌고, 이 둘은 주어와 서술어의 관계가 아니므로 이 문장에서 '헌 옷'은 두 어절이 만나 명사의 기능을 하는 명사구이다.

(3) **절(節)**: 주어와 서술어를 갖춘 둘 이상의 어절이 모여 하나의 의미 단위를 형성한 것으로, 더 큰 단위인 문장의 재료가 된다.

    토끼는 <u>앞발이 짧다</u>. → 밑줄 친 부분은 '앞발이(주어) + 짧다(서술어)'로, 주어와 서술어의 관계에 있는 둘 이상의 어절로 이루어져 있다. 이 문장에서 '앞발이 짧다'는 서술절이다.

2. 문장의 구조

(1) **주어부**: 행동의 주체가 되는 부분으로, 풀이의 대상이 되는 말과 그것을 꾸며 주는 말로 구성된다.

(2) **서술부**: 행동의 주체를 설명하는 부분으로, 풀이하는 말과 그것을 꾸며 주는 말로 구성된다.

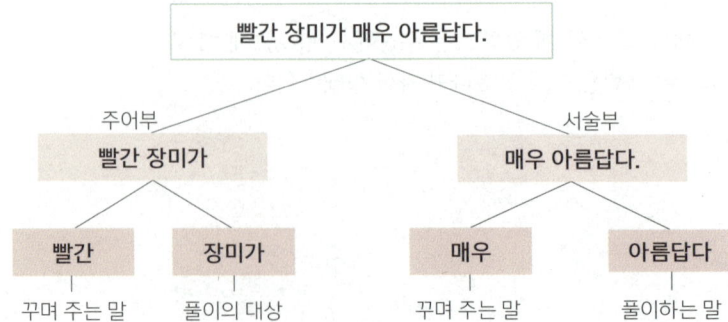

2 문장 성분

문장 성분은 문장을 이루는 각 요소로, 문장 안에서 일정한 문법적 기능을 수행한다. 문장 성분은 크게 **주성분**과 **부속 성분**, **독립 성분**으로 나뉜다.

주성분	문장에서 필수적으로 필요한 성분 → 주어, 서술어, 목적어, 보어
부속 성분	주성분을 꾸며서 뜻을 더하여 주는 성분 → 관형어, 부사어
독립 성분	문장 구성과 직접적 관련 없이 따로 떨어져 존재하는 성분 → 독립어

1. 주성분

(1) 주어 主語(주인 주, 말씀 어) 문장의 주인이 되는 말

① 개념: 서술어가 나타내는 동작 또는 상태나 성질의 주체가 되는 문장 성분으로, 우리말 어순상 대개 문장의 첫머리에 위치한다.

  예 · 장미꽃이 피기 시작했다.
  · 개나리가 강둑에 가득 피었다.
  · 할머니께서 어머니를 부르신다.
  · 서울시에서 금연 정책 관련 조사를 실시했다. (단체 무정 명사 + 에서)

② 형식

  ㉠ 체언 또는 체언 구실을 하는 구나 절 + 주격 조사(이/가, 께서, 에서)
   예 철수가 집에 있다.
  ㉡ 체언 + 보조사
   예 철수만 집에 있다.
  ㉢ ('혼자, 둘이, 셋이' 등 사람의 수를 나타내는) 체언 + 서(격 조사)
   예 혼자서 집을 지키고 있다.

③ 특징

  ㉠ 주어가 생략되거나 아예 없는 문장도 있다.
   예 공부를 했다. (주어 생략) / 도둑이야! (주어가 분명하지 않음)
  ㉡ 다른 성분에 영향을 주기도 한다.
   예 어머니께서 용돈을 주시었다. (높임 표현의 사용)

(2) 서술어 敍述語(펼 서, 펼 술, 말씀 어) 주어를 풀어 주는 말

① 개념: 주어의 동작 또는 상태나 성질을 서술하는 문장 성분으로, 우리말은 서술어가 문장에서 중심 역할을 하기 때문에 서술어의 성격에 따라 필요한 문장 성분의 수가 달라진다.

② 형식

  ㉠ 용언(동사, 형용사) 예 순이가 사과를 먹는다. / 하늘이 푸르다.
  ㉡ 서술격 조사 '이다'의 종결형: 원칙적으로는 '체언+이다'가 서술어이지만 다음과 같은 경우도 있다.

체언 + '이다'	예 이것이 책이다.
체언 + 보조사 + '이다'	예 원서 접수는 오늘까지이다.
용언의 활용형 + '이다'	예 그가 성공한 때는 예순이 넘어서였다.
부사어 + '이다'	예 그를 만난 것은 집에서였어요.

📌 품사와 문장 성분의 구분

1. **품사**: 단어 단위로 단어들의 종류를 구분한 것
2. **문장 성분**: 어절 단위로 문장에서의 기능을 구분한 것(단, 구나 절이 하나의 문장 성분이 되는 경우도 있음)

  예 새로운 모자 → 품사로는 형용사, 문장 성분으로는 관형어

▶ 같은 품사라도, 문장 안에서 어떻게 쓰이느냐에 따라 문장 성분이 달라질 수 있다.

✅ 학습 체크

01 다음 〈보기〉에서 문장 성분에 관한 설명이 옳은 것을 골라 기호를 쓰시오. (3개)

보기
㉠ 주어는 성격에 따라 필요로 하는 문장 성분의 숫자가 다르다.
㉡ 주어, 서술어, 목적어, 부사어는 주성분에 속한다.
㉢ '물이 얼음으로 되었다.'의 문장 성분은 주어, 부사어, 서술어이다.
㉣ 부사어는 관형어나 다른 부사어를 수식하기도 한다.
㉤ 체언에 호격 조사가 결합된 형태는 독립어에 해당한다.
㉥ 문장에서 주어는 생략될 수 있지만 목적어는 생략될 수 없다.

02 형용사는 서술어가 될 수 없다.
(O, ×)

03 밑줄 친 부분의 문장 성분이 주어이면 O, 아니면 ×에 표시하시오.
(1) 너만 책을 갖고 있다. (O, ×)
(2) 그것은 아무도 못 먹는다. (O, ×)
(3) 우리 학교에서 이번에 강연회가 열린다. (O, ×)
(4) 누구나 부를 얻고자 하는 것은 아니다. (O, ×)

---
01 ㉠ ㉣ ㉤
02 × 동사와 형용사는 용언이며, 용언은 서술어로 쓰일 수 있다.
03 (1) O
  (2) O
  (3) × '학교에서'는 체언 '학교'에 부사격 조사 '에서'가 붙은 부사어이다.
  (4) O

ⓒ 서술절 예 그는 키가 크다. (주어 '그는'의 서술어가 서술절 '키가 크다'임)
ⓔ 본용언 + 보조 용언 (하나의 서술어로 봄) 예 그는 사과를 먹고 있다.

(3) **목적어** 目的語(눈 목, 과녁 적, 말씀 어) 움직임의 대상이 되는 말
① **개념**: 타동사로 된 서술어의 동작이나 행동의 대상을 나타내는 문장 성분이다.
  예 영희가 책을 읽는다. / 동생이 종이접기를 하고 있다.
② **형식**
  ⓐ 체언 또는 체언 구실을 하는 구나 절 + 목적격 조사(을/를) 예 나는 사과를 먹었다.
  ⓑ 체언 + 보조사 예 철수는 라면만 먹었다.
  ⓒ 체언 + 보조사 + 목적격 조사 예 철수는 그림만을 그린다.
③ **특징**
  ⓐ 목적어의 생략이 가능하다.
    예 A: 밥은 먹었니? B: 응, 먹었어. (목적어 '밥을' 생략)
  ⓑ 목적격 조사를 생략하거나 보조사로 대체하는 것이 가능하다.
    예 · 아침(을) 먹고 나왔다.
        · 이 사진은 내가 찍지 않았다. / 선생님은 교칙만 강조하신다.

(4) **보어** 補語(도울 보, 말씀 어) 돕는 말
① **개념**: 서술어 '되다', '아니다'의 필수 성분 역할을 하는 문장 성분으로, 서술어의 의미를 보충해 주는 구실을 한다.
  예 철수가 어느새 어른이 되었다. / 이것은 내가 좋아하는 책이 아니다.
② **형식**
  ⓐ 체언 + 보격 조사(이/가) 예 밥이 떡이 된다. / 그는 중학생이 아니다. / 나는 학생이 아니다.
  ⓑ 체언 + 보조사(만, 도, 은/는 등) 예 그는 나쁜 사람은 아니었다.

2. 부속 성분

(1) **관형어** 冠形語(갓 관, 모양 형, 말씀 어) 갓을 쓴 모양처럼 체언 앞에 놓여서, 그 체언의 내용을 꾸며 주는 말
① **개념**: 체언으로 된 주어, 서술어, 목적어, 보어 앞에서 이를 수식하는 문장 성분이다.
  예 도시의 풍경이 황량하다. / 오늘 점심은 맛있는 덮밥이다. / 그는 순 살코기만 좋아한다. / 그는 착한 학생이 아니다.
② **형식**
  ⓐ 관형사(관형사는 그대로 관형어가 됨) 예 새 옷을 입었다.
  ⓑ 체언 예 오늘 길에서 고향 친구를 우연히 만났다.
  ⓒ 체언 + 관형격 조사(의) 예 나의 작은 천사가 자고 있다.
  ⓔ 용언의 관형사형 예 나의 작은 천사가 자고 있다.
③ **특징**
  ⓐ 부사어는 단독으로 쓰일 수 있지만, 관형어는 체언 없이 단독으로 쓰일 수 없다.
    예 이게 그 책이니? 응, 그. (X)
  ⓑ 반드시 체언 앞에만 놓인다. 예 그 책 / 새 책

서술어의 자릿수

한 자리 서술어	주어 하나만 필요로 하는 서술어 예 새가 운다. / 꽃이 붉다.
두 자리 서술어	주어 이외에 또 하나의 필수적 문장 성분(목적어/보어/부사어)을 요구하는 서술어 예 · 그녀는 책을 읽었다. · 그는 의사가 되었다. · 그림이 실물과 같다.
세 자리 서술어	주어 이외에 두 개의 필수적 문장 성분(목적어/부사어)을 요구하는 서술어(수여 동사, '삼다류' 등) 예 · 부인은 친구의 딸을 며느리로 삼았다. · 할아버지께서 우리들에게 세뱃돈을 주셨다.

둘 이상의 관형어가 연이어 쓰일 경우

일반적으로 '지시 관형어 + 수 관형어 + 성상 관형어'의 순서로 자리한다.
예 그 두 낡은 집은 나란히 해변가를 따라서 있었습니다.
→ 그: 지시 관형어, 두: 수 관형어, 낡은: 성상 관형어

☑ 학습 체크

01 다음 밑줄 친 서술어의 자릿수를 쓰시오.
(1) 나는 엄마와 몹시 닮았다.
(2) 지호가 종을 울렸다.
(3) 지난번에 만났던 철희의 동생은 곧 3학년이 된다.
(4) 그 일이 있기 전까지 나는 윤지를 친한 동생으로 여겼다.

02 '그녀는 악재를 오히려 반등의 계기로 삼았다.'라는 문장에서 서술어의 자릿수는 네 자리이다. (O, X)

---

01 (1) 두 자리 서술어 (2) 두 자리 서술어 (3) 두 자리 서술어 (4) 세 자리 서술어
02 X 세 자리: 서술어 '삼다'는 주어, 목적어, 부사어를 필수적 문장 성분으로 요구하는 세 자리 서술어이다.

(2) 부사어 副詞語(머리꾸미개 부, 말 사, 말씀 어) 용언 등을 꾸며 주는 말

① **개념**: 용언, 관형어, 부사어, 문장 전체 등을 수식하는 문장 성분이다.
   - 예) 하늘 높이 새가 날고 있다. / 참 예쁘게 생겼다.

② **형식**
   - ㉠ 부사 예) 잘 잔다.
   - ㉡ 부사 + 보조사 예) 몹시도 추운 날씨
   - ㉢ 체언 + 부사격 조사
     - 예)
       - 강에서 수영을 한다. (처소)
       - 청동으로 칼을 만들었다. (도구, 재료)
       - 동생이 형보다 낫다. (비교)
       - 그에게서 나온 이야기이다. (비롯되는 대상)
       - 코 고는 소리에 잠이 깼다. (원인)
       - 나와 함께 가자. (동반)
       - 영호가 책임자로 선출되었다. (자격)
       - 물이 얼음으로 되다. (변화)
   - ㉣ 용언의 부사형 예) 진달래가 곱게 피었다.
   - ㉤ 부사성 의존 명사 구 예) 그는 눈을 감은 채로 그 일을 회상했다.
     ▶ 부사성 의존 명사(채, 줄, 김, 바람 등) 뒤에 부사격 조사가 결합한다.

③ **특징**
   - ㉠ 보조사를 취할 수 있다. 예) 빨리도 간다.
   - ㉡ 자리를 비교적 자유롭게 옮길 수 있다.
   - ㉢ 관형어와는 달리 주어진 문맥 속에서 단독으로 쓰일 수 있다.

④ **종류**
   - ㉠ **성분 부사어**: 다른 문장 성분을 수식한다.

용언 수식	부사 수식	관형사 수식	체언 수식
빨리 가자.	매우 빨리 간다.	아주 새 옷이다.	바로 네가 문제야!

   - ㉡ **문장 부사어**: 문장 전체를 꾸며 주는 부사어로, 말하는 이의 심리적 태도를 반영한다. 이러한 부사들은 특별한 말과 호응을 이루는 경우가 많다.
     - 예)
       - 과연 듣던 대로 이 사람은 훌륭한 소설가로구나.
       - 만일 네가 한 일이 아니라면 내가 사과할게.
   - ㉢ **접속 부사어**: 문장을 이어 주는 기능을 한다.
     - 문장 접속 부사: 그러나, 그리고, 그러므로 등
     - 단어 접속 부사: 및 등

⑤ **필수적 부사어**: 서술어가 되는 용언의 특성에 따라 부사어를 필수적으로 요구하는 것이 있다.
   - ㉠ 부사어(체언 + 과/와) + '같다', '다르다', '닮다' 예) 예지는 어머니와 닮았다.
   - ㉡ 부사어(체언 + 에/에게) + '넣다', '두다', '다가서다' 예) 편지를 우체통에 넣다.
   - ㉢ 부사어(체언 + 에게) + 수여 동사 예) 그가 그녀에게 책을 주었다.
   - ㉣ 부사어[체언 + (으)로] + '삼다', '변하다' 예) 부인은 청아를 양녀로 삼았다.
   - ㉤ 부사어(용언의 어간 + -게, -이/히) + '굴다', '보이다' 예) 비겁하게 굴지 마라.
   - ㉥ 이외에도 특정 용언은 '체언 + 부사격 조사'로 된 부사어가 필요하다.
     - 예) 여기다, 다니다, 부르다, 바뀌다, 속다, 제출하다, 맞다, 적합하다, 어울리다, (으)로 만들다, 일컫다, (-이라) 이르다, (와) 의논하다, (에서) 살다

🔍 부사어의 겹침

부사어가 겹쳐 쓰일 때에는 그중의 하나가 겹쳐 쓴 부사를 꾸미는 것인지, 겹쳐 쓰인 부사어가 모두 서술어를 꾸미는 것인지 구분해야 한다.

- 예)
  - 그는 아주 빨리 달렸다.
    → 부사어 '아주'가 부사어 '빨리'를 수식하고 있다.
  - 강아지가 살금살금 소리 없이 지나갔다.
    → 부사어 '살금살금'과 '소리 없이' 모두 서술어 '지나갔다'를 꾸미고 있다.

☑ 학습 체크

01 '4월이면 매년 시에서 나무를 심었다.'에서 '시에서'는 부사어이다. (○, ×)

02 '그녀의 눈이 반짝 빛났다'에서 '반짝'은 부사어이다. (○, ×)

03 '그는 소리도 없이 다가왔다.'에서 '소리도 없이'는 부사어이다. (○, ×)

04 '우리는 이곳에서 만나기로 했다.'에서 '이곳에서'는 부사어이다. (○, ×)

05 밑줄 친 부분이 〈보기〉의 ㉠에 해당하는 것은 ○, 그렇지 않으면 ×에 표시하시오.

> **보기**
> 생각이나 감정을 완결된 내용으로 표현하는 최소의 언어 형식을 문장이라 한다. 그렇게 문장을 구성하는 ㉠필수적 문장 성분이 제대로 갖추어지지 않으면 전달하려는 의미를 명확하게 표현하기 어렵다. 이때 필수적 문장 성분을 생략하면 문장이 성립되지 않는다.

(1) 형은 아빠와 많이 닮았다. (○, ×)
(2) 누나는 동생에게 선물을 주었다. (○, ×)
(3) 나는 종일 집에서 동생과 놀았다. (○, ×)
(4) 그녀는 자신의 행운을 당연하게 여겼다. (○, ×)

---

01 × '시에서'는 주어이다.
02 ○ 03 ○ 04 ○
05 (1) ○ (2) ○ (3) × (4) ○

⑥ 관형어와 부사어의 공통점과 차이점

구분	관형어	부사어
공통점	꾸며 주는 역할을 함.	
차이점	• 단독으로 쓰이지 못함. • 필수 성분이 아님. • 주로 꾸밈을 받는 말 바로 앞에 놓임. 　예 멋진 선생님 • 보조사와 결합할 수 없음.	• 단독으로 쓰일 수 있음. • 필수 성분이 되는 경우도 있음. • 위치가 비교적 자유로움. 　예 동생이 집에 있다. 　　　집에 동생이 있다. • 보조사와 결합할 수 있음.

3. 독립 성분 – 독립어

(1) **개념**: 문장 내의 다른 성분들과 직접적인 관련이 없는 문장 성분이다.

(2) **형식**

　① 감탄사　예 아아, 겨울인가!

　② 체언 + 호격 조사(아/야/이여)　예 민중이여, 궐기하라.

　③ 제시하는 말　예 청춘, 이것은 듣기만 하여도 가슴 설레는 말이다.

　④ 명령이나 의지를 표현하는 단어가 하나의 문장을 이룰 때
　　예 조용! / 어서! / 싫어! / 차렷!

(3) **특징**: 독립어를 생략해도 문장은 완전히 성립된다.
　　예 (야!) 드디어 우리가 기다리던 소풍날이 왔다.

(4) **종류**

　① 부름　예 철수야, 빨리 밥 먹으러 오너라.

　② 감탄　예 어머나, 벌써 꽃이 피었네!

　③ 응답　예 네, 제가 그 일을 하겠습니다.

3 문장의 짜임

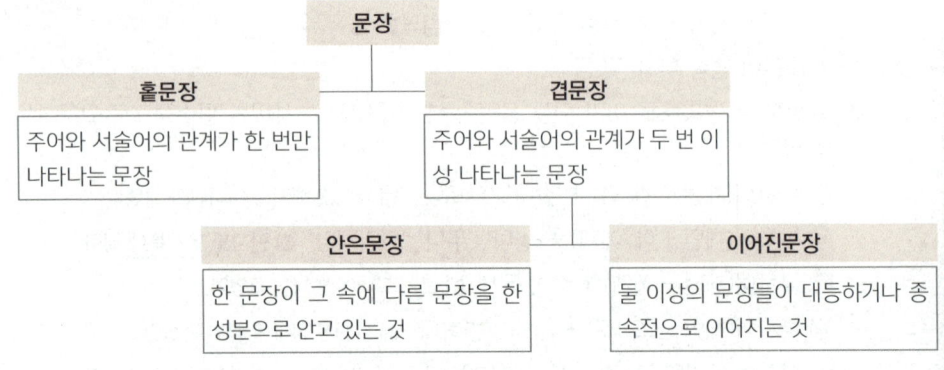

☑ **학습 체크**

01 제시어도 독립어가 된다. (○, ×)

02 '예, 아니요'처럼 대답하는 말도 독립어이다. (○, ×)

01 ○　02 ○

1. 홑문장

'주어-서술어'의 관계가 한 번 성립하는 문장이다.

- 예
  - 없어. (마침표가 찍혔다는 것은 발화 중에 사용되었다는 뜻이므로 문장으로 인정할 수 있다.)
  - 그런 사람이 어찌 그런 일을 해? ('그런'은 관형사이므로 서술어가 하나만 있는 홑문장이다.)
  - 나는 나만의 삶을 나만의 방식으로 산다. ('산다'만이 서술어이고, '삶'은 파생 명사이다. 주어는 '나는'이고, '나만의 삶'이 목적어, '나만의 방식으로'는 부사어가 된다.)

2. 겹문장

'주어-서술어'의 관계가 두 번 이상 성립하는 문장이다. 겹문장의 구성 방식은 두 가지로, 문장 속의 한 성분이 되는 절을 안는 방식(안은문장) 또는 절과 절이 이어지는 방식(이어진문장)으로 겹문장이 구성된다.

겹문장의 구조

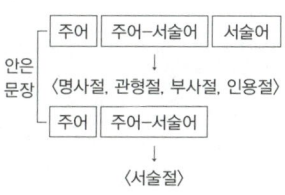

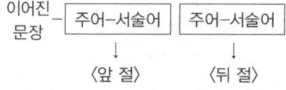

(1) 안은문장과 안긴문장

다른 문장 속에 들어가 하나의 성분처럼 쓰이는 홑문장을 안긴문장이라 하며, 이 홑문장을 포함한 문장을 안은문장이라고 한다. 안긴문장은 크게 명사절, 관형절, 부사절, 서술절, 인용절로 나뉜다.

> **나는 그가 그녀를 사랑했음을 깨달았다.** → '나는(주어) + 그가 그녀를 사랑했음을(목적어) + 깨달았다(서술어)'로 이루어진 문장이다. 또한 목적어는 '그가(주어) + 그녀를(목적어) + 사랑했다(서술어)'인 문장으로 이루어져 있다. 이 목적어 부분을 안긴문장이라고 하며, 문장을 품고 있는 전체 문장을 안은문장이라고 한다.

① **명사절을 안은 문장**: 명사절은 명사형 어미 '-(으)ㅁ, -기'가 붙어서 만들어진다. '-(으)ㅁ, -기'는 안긴문장을 명사형으로 만들어 주는데, 문장에서 주어, 목적어, 부사어 등 다양한 기능을 한다.

- 예
  - 그녀가 마을 사람들을 속였음이 밝혀졌다. (주어)
  - 그가 성실한 사람임을 모르는 사람은 없다. (목적어)
  - 지금은 우리가 학교에 가기에 아직 이르다. (부사어)

② **관형절을 안은 문장**: 관형절은 관형사형 어미 '-(으)ㄴ, -는, -(으)ㄹ, -던'이 붙어서 만들어진다. 이 요소들은 과거, 현재, 미래, 회상의 시간을 표현하는 데 사용된다.

- 예
  - 이 책은 내가 {읽은/읽는/읽을/읽던} 책이다.
  - 주원은 이마에 {흐른/흐르는/흐르던} 땀을 씻었다.

㉠ **관계 관형절**: 관형절의 수식을 받는 체언이 관형절의 한 성분이 되는 경우로, 수식받는 체언과 관형절 내의 성분이 동일하여서 관형절 내의 성분이 생략된다.

- 예 내가 어제 책을 산 서점은 우리 집 옆에 있다. → '내가 어제 (서점에서) 책을 샀다'라는 문장이 관형절로 안겨 있으며, 관형절 내의 성분 중 수식받는 체언과 동일한 요소인 '서점'은 생략된다.

㉡ **동격 관형절**: 관형절의 수식을 받는 체언이 관형절의 한 성분이 아니라 관형절 전체의 내용을 받아 주는 경우로, 관형절 자체가 수식을 받는 체언과 동일한 의미를 가졌기 때문에 관형절에 생략되는 성분이 없다.

- 예 저는 제가 그분을 만난 기억이 없습니다. → 관형절 '제가 그분을 만난'과 관형절의 꾸밈을 받는 체언 '기억'이 동격 관계에 있다.

학습 체크

01 〈보기〉에 제시된 "안은문장"의 예로 적절한 것은 O, 그렇지 않으면 ×에 표시하시오.

> **보기**
> 겹문장이 만들어지는 방식에는 크게 두 가지가 있다. 하나는 문장들이 서로 나란히 이어지는 방식이며 다른 하나는 문장이 다른 문장을 안는 방식이다. 전자의 방식으로 만들어진 문장을 이어진 문장, 후자의 방식으로 만들어진 문장을 안은문장이라고 한다.

(1) 그것은 영이가 입을 옷이다. (O, ×)
(2) 우리는 돈 없이 여행을 떠났다. (O, ×)
(3) 결국 그 사람이 범인이었음이 밝혀졌다. (O, ×)
(4) 많이 바쁘시겠지만 꼭 참석해 주십시오. (O, ×)

---

(1) O (2) O (3) O
(4) × '많이 바쁘시겠다', '꼭 참석해 주십시오'라는 두 문장이 연결 어미 '-지만'을 통해 이어진 문장이다.

③ **부사절을 안은 문장**: 부사절은 '-이, -게, -도록, -(아)서'에 의하여 절 전체가 부사어의 역할을 하며, 서술어를 수식하는 기능을 한다.
  예 · 길이 비가 와서 질다.
     · 그는 솜씨 있게 생겼다.
     · 영희는 아는 것도 없이 잘난 척을 한다.
     · 철수는 발에 땀이 나도록 뛰었다.

④ **서술절을 안은 문장**: 절 전체가 서술어의 기능을 하는 것을 서술절이라고 한다. 서술절을 안은문장은 한 문장에 주어가 두 개 있는 것처럼 보인다. 서술절을 안은문장에서는 앞에 나오는 주어를 제외한 나머지 부분이 서술절에 해당한다. (특정한 절 표시가 따로 없음)
  예 · 토끼는 앞발이 짧다.
     · 정아는 얼굴이 예쁘다.
     · 할아버지께서는 인정이 많으시다.

⑤ **인용절을 안은 문장**: 다른 사람의 말을 인용한 내용이 절의 형식으로 안기는 것으로, 주어진 문장을 그대로 직접 인용할 때에는 직접 인용 조사 '라고'가 붙고, 말하는 사람의 표현으로 바꾸어서 간접 인용할 때에는 간접 인용 조사 '고'가 붙는다.
  예 · 영희는 당당하게 "무슨 일이지?"라고 말했다. (직접 인용절)
     · 우리는 인간이 누구나 존귀하다고 믿는다. (간접 인용절)

(2) 이어진문장

이어진문장은 둘 이상의 홑문장이 어떤 의미 관계로 이어지느냐에 따라 대등하게 이어진 문장과 종속적으로 이어진 문장으로 나뉜다.

① **대등하게 이어진 문장**: 앞 절과 뒤 절이 대등한 관계로 결합한 문장이다.

기능	연결 어미	예
나열	-고, -(으)며	비가 오고, 바람이 분다.
대조	-(으)나, -지만	그는 죽었으나, 예술은 살아 있다.
선택	-거나, -든지	점심에 밥을 먹든지 빵을 먹어라.

② **종속적으로 이어진 문장**: 앞 절과 뒤 절의 의미가 대등하지 못하고 종속적인 문장이다.

기능	연결 어미	예
조건, 가정	-(으)면, -거든	이 모자가 좋으면, 네가 가져라.
이유, 원인	-(아)서, -(으)므로, -(으)니까	콩쥐는 모자가 생겨서, 무척 기뻐했다.
의도	-(으)려고, -고자	너에게 주려고, 나는 선물을 샀다.
배경	-는데	콩쥐가 집에 가는데, 갑자기 누군가 달려왔다.
양보	-(으)ㄹ지라도	그가 안 올지라도, 우린 여기에 있을 것이다.

이어진문장의 특징

1. 대등하게 이어진 문장
   (1) 앞 절과 뒤 절이 구조상, 의미상 대칭성이 있음.
   (2) 앞 절과 뒤 절의 순서바꿈이 가능
      예 인생은 짧고 예술은 길다. → 예술은 길고 인생은 짧다.

2. 종속적으로 이어진 문장
   (1) 앞 절과 뒤 절의 순서를 바꾸면 문장의 의미가 달라지거나 비문이 됨.
      예 봄이 오면 꽃이 핀다. → 꽃이 피면 봄이 온다. (×)
   (2) 앞 절이 뒤 절 속으로 자리 옮김을 할 수 있음.
      예 봄이 오면 꽃이 핀다. → 꽃이, 봄이 오면, 핀다.
   ▶ 종속적으로 이어진 문장은 앞 절이 뒤 절 속으로 이동할 수 있다는 특성 때문에 부사절을 안은 문장으로 보기도 한다.

✓ 학습 체크

01 안긴문장이 있는 것은 O, 그렇지 않으면 ×에 표시하시오.
(1) 나는 동생이 시험에 합격하기를 고대한다. (O, ×)
(2) 착한 영호는 언제나 친구들을 잘 도와준다. (O, ×)
(3) 아버지께서 나에게 내일 가족 여행을 가자고 말씀하셨다. (O, ×)
(4) 해진이는 울산에 살고 초희는 광주에 산다. (O, ×)

(1) O (2) O (3) O
(4) × '해진이는 울산에 산다', '초희는 광주에 산다'라는 두 문장이 연결 어미 '-고'를 통해 이어진 문장이다.

4 문법 요소

1. 종결 표현

구분	설명	종결 표현	예
평서문	단순하게 진술하는 문장 표현	-ㅂ니다, -네, -(ㄴ)다, -아/-어	밥을 먹는다.
의문문	질문하며 대답을 요구하는 문장 표현	-ㅂ니까, -는가, -(느)냐	밥은 먹었느냐?
명령문	듣는 이가 어떤 행동을 하기를 요구하는 문장 표현	-십시오, -구려, -게, -아라/-어라	밥을 먹어라.
청유문	듣는 이에게 어떤 행동을 같이 할 것을 요청하는 문장 표현	-ㅂ시다, -세, -자	밥을 먹자.
감탄문	말하는 이의 느낌을 표현하는 문장 표현	-구려, -구먼, -구나	밥을 먹는구나!

🔍 동사, 형용사의 종결 어미 차이

동사이냐 형용사이냐에 따라 종결 어미에 조금씩 차이가 있다.

구분 (해라체)	동사	형용사, 명사 + 이다
평서문	• -는다 (예 먹는다) • -ㄴ다 (예 잔다)	-다 (예 맑다. 사람이다)
명령문	• -아라 (예 잡아라) • -어라 (예 읽어라)	없음
청유문	-자 (예 가자)	없음
감탄문	-는구나 (예 쓰는구나)	-구나 (예 예쁘구나)

(1) 의문문

① **설명 의문문**: 의문사가 들어 있어 그에 대한 구체적인 설명을 요구하는 의문문

  예 누가 그 일을 했니? / 언제 출발할까?

② **판정 의문문**: 의문사 없이 단순한 긍정이나 부정의 대답을 요구하는 의문문

  예 이거 네가 만들었니? / 이따 집에 갈 거야?

③ **수사 의문문**: 의문문의 형식을 지니지만 직접적인 답을 요구하지 않고 화자가 이미 알고 있는 상황을 확인 또는 강조하는 의문문

  예 · 시험인데 일찍 일어나야 하지 않겠니? (명령)
  · 원하는 대로만 된다면 얼마나 좋을까? (강조)
  · 지난 휴가 때 동해에서 정말 즐거웠지? (확인)

(2) 명령문

① **직접 명령**: 화자와 청자가 대면한 상황에서 하는 명령. 명령형 종결 어미 '-아라/-어라'를 쓴다.

  예 성공하고 싶다면 실력을 쌓아라.

② **간접 명령**: 신문, 방송과 같은 대중 매체를 통해 불특정 다수를 대상으로 하는 명령. 명령형 종결 어미 '-(으)라'를 쓴다.

  예 성공하고 싶다면 실력을 쌓으라.

(3) 청유문: 화자가 청자에게 같이 행동할 것을 요청하는 문장이다. 청유문은 청유형 어미 '-(으)ㅂ시다, -자' 등이 붙는 서술어의 행동을 화자와 청자가 공동으로 하도록 권유하는 것인데, 간혹 청자만 행하기를 바라거나 화자만 행하기를 바랄 때도 쓰인다.

  예 · 공동으로 하도록 권유하는 경우: 같이 영화 보러 가자.
  · 청자만 행하기를 바라는 경우: (반장이 떠드는 친구에게) 조용히 좀 하자.
  · 화자만 행하기를 바라는 경우: (식사를 먼저 마친 사람들이 귀찮게 말을 걸 때) 밥 좀 먹읍시다.

2. 높임 표현

(1) 상대 높임법: 말하는 이가 듣는 이를 높이거나 낮추어 말하는 방법이다. 상대 높임법은 종결 표현으로 실현되는데, 크게 격식체와 비격식체로 나뉜다.

① **격식체**: 의례적으로 쓰며 표현이 직접적이고 단정적이다. 격식을 차려 딱딱한 느낌을 준다.

구분	평서법	의문법	명령법	청유법	감탄법
아주 높임 (하십시오체)	· 갑니다 · 가십니다	· 갑니까? · 가십니까?	가십시오	가십시다	-
예사 높임 (하오체)	가(시)오	가(시)오?	· 가(시)오 · 가구려	갑시다	가는구려
예사 낮춤 (하게체)	· 가네 · 감세	· 가는가? · 가나?	가게	가세	가는구먼
아주 낮춤 (해라체)	간다	· 가냐? · 가니?	· 가(거)라 · 가렴 · 가려무나	가자	가는구나

② **비격식체**: 표현이 부드러워 편하고 친숙한 느낌을 준다.

구분	평서법	의문법	명령법	청유법	감탄법
두루 높임 해요체	가요	가요?	가(세/셔)요	가(세/셔)요	가(세/셔)요
두루 낮춤 해체(반말)	· 가 · 가지	· 가? · 가지?	· 가 · 가지	· 가 · 가지	· 가 · 가지

(2) 주체 높임법 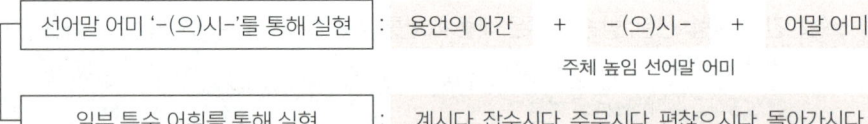 主體(주인 주, 몸 체) 주된 행위를 하는 대상

① **개념**: 서술의 주체(주어)를 높이는 방법으로, 말하는 이보다 서술의 주체가 나이나 사회적 지위 등이 상위자일 때 사용한다. 예 아버지께서 신문을 보신다.

② **주체 높임의 방법**

선어말 어미 '-(으)시-'를 통해 실현	:	용언의 어간 + -(으)시- + 어말 어미
		주체 높임 선어말 어미
일부 특수 어휘를 통해 실현	:	계시다, 잡수시다, 주무시다, 편찮으시다, 돌아가시다

③ **주체 높임의 적용 대상**

㉠ 말하는 이는 언제나 높임의 대상에서 제외된다.

㉡ 문장의 주어를 높일 때, 선어말 어미 '-(으)시-'와 주격 조사 '께서'를 함께 사용하는 것이 자연스럽다.

  예 · 이것이 바로 생전에 당신께서 가장 아끼시던 벼루입니다.
  · 할아버지께서는 아버지의 사업을 도우신다.

㉢ 주체가 말하는 이보다 낮아도 문장 내의 대상보다 높으면 '-(으)시-'를 쓸 수 있다.

  예 자네가 우리 콩쥐의 스승이시군.

④ 주체 높임법의 제약

㉠ 높임의 대상이 되는 인물을 말하는 이와 개별적 관계로 파악하여 공적·객관적으로 서술할 때에는 주체 높임법을 적용하지 않는다.

> 예 • 충무공은 뛰어난 전략가이다. → 공적·객관적 서술
> • 충무공은 뛰어난 전략가이셨다. → 사적·자신과의 친근 관계로 서술

㉡ 듣는 이와의 관계에 따라 '-(으)시-'가 쓰이기도 하고, 안 쓰이기도 한다.

> 예 '말하는 이 > 주체 > 듣는 이'일 때
> • 너희 아버지 돌아왔니? → 주체보다 말하는 이가 높기 때문에 주체 높임법을 적용하지 않았다.
> • 너희 아버지 돌아오셨니? → 주체보다 말하는 이가 높지만, 듣는 이가 주체보다 낮으므로 듣는 이를 고려하여 주체를 높여 표현했다.

⑤ **압존법**: 문장의 주체가 말하는 이보다는 높지만 듣는 이보다는 낮아, 그 주체를 높이지 못하는 어법이다. 압존법은 가족 간이나 사제 간처럼 사적인 관계에서 적용되고, 직장에서 쓰는 것은 어색하다. 예 할아버지, 아버지가 왔습니다.

▶ 직장에서 압존법을 사용하는 것은 어색하므로 쓰지 않는다. 직장에서는 윗사람을 그보다 윗사람에게 지칭하는 경우, 예를 들어 평사원이 사장에게 과장을 서술할 경우 '과장님이'라 하고 서술어에 주체를 높이는 '-시-'를 넣어 '과장님이 이 일을 하셨습니다.'처럼 높여 말하는 것이 언어 예절에 맞다.

> 예 국장님, 과장님이 외부에 나갔습니다. (×) → 국장님, 과장님이 외부에 나가셨습니다. (○)

⑥ 간접 높임

㉠ 주체를 간접적으로 높이는 표현법으로, **높여야 할 대상의 신체 부분이나 성품, 심리, 개인적 소유물에 '-(으)시-'를 붙여** 간접 높임으로 표현한다.

> 예 • 그분은 귀가 밝으십니다.
> • 선생님의 말씀이 타당하십니다.

㉡ '있다'의 주체 높임 표현은 '-(으)시-'가 붙은 '있으시다'와 특수 어휘 '계시다' 두 가지가 있는데, 이 둘의 쓰임은 같지 않다.

> 예 • 아버지께서는 안방에 계시다.
> • 아버지께서는 걱정거리가 있으시다. → '있으시다'는 간접 높임에만 쓰인다.

㉢ 간혹 상대를 각별히 대접한다는 뜻에서 간접 높임을 지나치게 사용할 경우 언어생활의 오류를 범하게 된다.

> 예 • 사장님 눈에 먼지가 들어가셨다. (×) → 사장님 눈에 먼지가 들어갔다. (○)
> • 손님, 주문하신 햄버거 나오셨습니다. (×) → 손님, 주문하신 햄버거 나왔습니다. (○)

(3) 객체 높임법 客體(손 객, 몸 체) 행위가 미치는 대상

① **개념**: 목적어나 부사어가 지시하는 대상, 즉 **서술의 객체를 높이는 방법**이다.

② **객체 높임의 방법**: 서술의 대상(목적어나 부사어)을 높이는 어휘(드리다, 모시다, 여쭙다, 뵙다, 찾아뵙다 등)를 사용하여 실현한다.

> 나는 할아버지께 용돈을 드렸습니다. → 서술의 대상인 '할아버지(부사어)'를 높이기 위해 '주다'의 높임 어휘인 '드리다'와 부사격 조사 '에게'의 높임말인 '께'를 쓴다.

> 예 • 과장님, 여쭈어볼 게 있어요.
> • 형님이 선생님을 모시고 집으로 왔다.

압존법

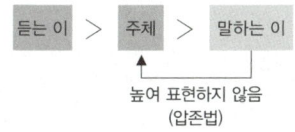

높여 표현하지 않음
(압존법)

'있다', '없다'의 높임 표현

구분	있다	없다
직접 높임	계시다	안 계시다
간접 높임	있으시다	없으시다

높임의 대상을 직접적으로 높여야 하는 경우가 아니라면 간접 높임 표현을 사용해야 한다.

> 예 • 손님, 사용 중에 불편한 점이 계시면 언제든 연락 주십시오. (×)
> → 있으시면 (○)
> • 더 하실 말씀 안 계시면 저는 일어나겠습니다. (×)
> → 없으시면 (○)

☑ 학습 체크

01 직접 높임 표현과 간접 높임 표현을 구분하시오.

(1) 이모는 눈이 밝으시다.
(직접, 간접)
(2) 팀장님은 어디 가셨어요?
(직접, 간접)

02 높임법의 쓰임이 적절한 것은 ○, 그렇지 않으면 ×에 표시하시오.

(1) 할머니께서는 항상 북녘을 바라보며 여기에 앉아 계셨습니다.
(○, ×)
(2) 이제는 꽃가마에 누워 저 멀리 가십니다. (○, ×)
(3) "할머니! 아버지도 그 뜻을 압니다!" (○, ×)
(4) 할머니의 유지가 이곳에 머물러 계십니다. (○, ×)

01 (1) 간접, 높임의 대상인 '이모'의 신체 일부인 '눈'을 높임으로써 그 대상을 높이고 있으므로 간접 높임에 해당한다.
(2) 직접

02 (1) ○ (2) ○ (3) ○ (4) ×

(4) 어휘 높임법
① **높임말**: 상대방을 높이고자 할 때 사용한다.

직접 높임말	아버님, 선생님, 주무시다, 계시다, 잡수시다
간접 높임말	진지(밥), 댁(집), 따님(딸), 치아(이), 약주(술), 말씀(말)

② **낮춤말**: 자기를 낮추고자 할 때 사용한다.

직접 낮춤말	저(나), 소생(나), 어미(어머니)
간접 낮춤말	졸고(원고), 말씀(말)

▶ '말씀'은 자신의 말을 가리킬 때에는 낮춤말로, 그 외에는 높임말로 쓰인다.
  예 당신은 제 말씀에는 전혀 귀를 기울이지 않으시는군요. (낮춤말)

3. 부정 표현

'안' 부정문	어떤 내용의 단순 부정, 또는 주어의 의지에 의한 부정 (의지 부정)	긴 부정문	'-지 아니하다(않다)'에 의한 부정문 예 영희는 운동을 하지 않았다.
		짧은 부정문	부사 '안(아니)'에 의한 부정문 예 영희는 운동을 안 했다.
'못' 부정문	주어의 능력 부족이나 외부 원인에 의한 부정 (능력 부정)	긴 부정문	'-지 못하다'에 의한 부정문 예 영희는 운동을 하지 못했다.
		짧은 부정문	부사 '못'에 의한 부정문 예 영희는 운동을 못 했다.
'말다' 부정문	명령문, 청유문에 쓰이는 부정 예 ・집에 가지 마라 / 말아라. (명령문)　・학교에 가지 말자. (청유문)		

▶ '아니하다, 못하다'는 명령문이나 청유문에 쓰이지 못한다. 명령문이나 청유문의 부정 표현은 '말다' 부정문을 통해서 나타낸다.
  예 ・공부하지 않아라. (×) → 공부하지 마라 / 말아라. (○)
     ・공부하지 않자. (×) → 공부하지 말자. (○)

(1) '안' 부정문
① 부정의 방법

서술어가 '체언 + 이다'일 때	'이다' → '가 / 이 아니다' 예 이것은 책상이다. → 이것은 책상이 아니다. (이것은 안 책상이다. ×)
서술어가 '체언 + 하다'로 된 동사일 때	'체언 + 하다' → '체언 + 안 + 하다' 예 철수는 공부 안 해. (철수는 안 공부해. ×)
서술어가 동사나 형용사일 때	동사나 형용사의 어간 + '-지 않다' (긴 부정문) 예 옷이 예쁘다. → 옷이 예쁘지 않다. '안(아니)' + 동사나 형용사 (짧은 부정문) 예 옷이 예쁘다. → 옷이 안 예쁘다.

🔍 긴 부정문으로만 쓰는 경우
'알다, 모르다'와 같은 일부 동사는 긴 부정 표현만 가능하다.
예 • 저도 그 고등학교 위치를 안 모릅니다. (×)
   • 저도 그 고등학교 위치를 모르지 않습니다. (○)

🔍 '안'과 '않-'의 비교
1. 안: 부정 부사 '아니'의 준말(용언의 앞일 때에는 부사인 '안'을 사용)
   예 안 먹었다.
2. 않-: 부정 보조 용언의 어간 '아니하-'의 준말(용언의 뒤일 때에는 보조 용언인 '않다'를 사용)
   예 먹지 않았다.

☑ 학습 체크
01 부정 표현이 어색한 문장을 〈보기〉에서 골라 기호를 쓰시오. (2개)

보기
㉠ 그를 만나지 못해라.
㉡ 나는 그를 못 만났다.
㉢ 철수가 책을 안 읽었다.
㉣ 저도 그 사실을 안 모릅니다.

㉠ 명령문에는 '아니하다', '못하다' 대신에 '마/말아/마라/말아라'를 쓴다.
㉣ '모르다'는 짧은 부정 표현은 불가능하고, 긴 부정 표현만 가능하다.

② '안' 부정문의 제약: '견디다, 알다, 깨닫다'처럼 부정 의지의 표현이 어려운 동사에는 '못' 부정문이 쓰인다. 예 영희는 추위를 못 견딘다. (영희는 추위를 안 견딘다. ×)

(2) '못' 부정문
① 부정의 방법

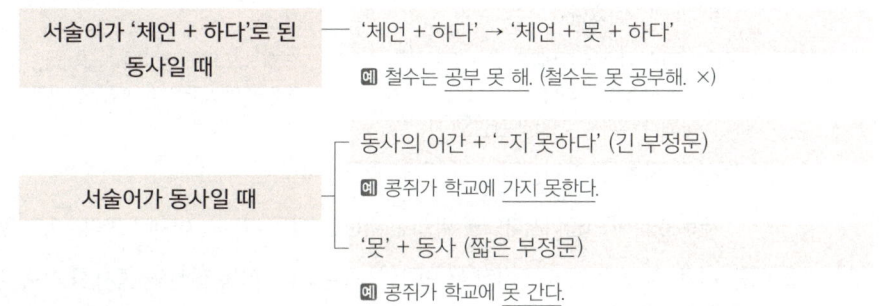

② '못' 부정문의 제약: 형용사에는 쓰지 않는 것이 원칙이다. 형용사에 쓰이면 '기대에 미치지 못함을 아쉬워할 때'라는 뜻이 되며, 긴 부정문의 형태로 쓴다.
예 콩쥐는 예쁘지 못하다.

(3) '말다' 부정문: 명령문은 '-지 마/마라/말아/말아라', 청유문은 '-지 말자'로 실현된다.
▶ 간접 명령문에서는 '-지 말라'가 쓰인다.
① '말다' 부정문의 제약
㉠ 서술어가 형용사인 문장에는 쓰이지 않는다. 예 콩쥐야, 나쁘지 마라. (×)
㉡ 평서문, 의문문에는 대체로 쓰일 수 없다. 예 학교에 가지 만다. (×)
② '말다' 부정문의 쓰임: 소망을 나타내는 '바라다, 원하다, 희망하다' 등의 동사가 오면 명령문이나 청유문이 아니더라도 '말다'를 쓸 수 있다.
예 · 비가 오지 말기를 바랐다.
 · 네가 오지 말고 그대로 있었으면 좋겠다.

4. 피동 표현과 사동 표현

(1) 능동과 피동 能動(능할 능, 움직일 동) (주어가) 직접 움직임 / 被動(당할 피, 움직일 동) (주어가) 움직임을 당함
① 개념: 동작이나 행위를 누가 하느냐에 따라 능동과 피동으로 나눌 수 있다.

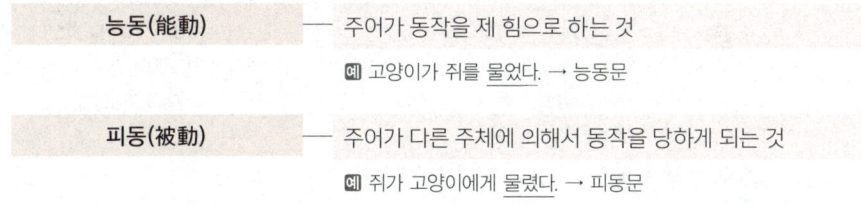

능동문이 없는 피동문
· 날씨가 풀리다. (날씨를 풀다 ×)
· 열매가 열리다. (열매를 열다 ×)
· 구름이 걷히다. (구름을 걷다 ×)
· 옷이 못에 걸리다. (못이 옷을 걸다 ×)

② 피동문의 종류
　㉠ **파생적 피동문**: 파생 접사에 의한 피동문으로, 능동사의 어간에 피동 접미사 '-이-, -히-, -리-, -기-'나 '-되다'를 붙여서 만든다.

　　쥐가 고양이에게 물렸다. → 밑줄 친 부분은 '물- + -리-(피동 접미사) + -었- + -다'로 이루어져 있다.

　　예
　　・-이-: 임금이 깎이다. 　　　　・-히-: 도둑이 경찰에게 잡히다.
　　・-리-: 집이 팔리다. 　　　　　・-기-: 아이가 어머니에게 안기다.
　　・-되다: 이것은 저것과 관련된다.

　㉡ **통사적 피동문**: '-어지다, -게 되다'에 의해서 만들어진다.

　　새로운 말이 만들어지다. → 밑줄 친 부분은 '만들(다) + -어지다'로 이루어져 있다.

③ **이중 피동**: 한 용언에 피동법이 두 번 쓰인 표현이다. 피동 접사와 통사적 피동을 겹쳐 쓰는 것은 문법에 어긋나므로 지양해야 한다.

　예
　・쥐가 고양이에게 잡혀지다. (잡히어지다: 피동 접미사 '-히-' + 통사적 피동 '-어지다')
　・곧 사실이 드러나게 되어지다. (통사적 피동 '-게 되다' + 통사적 피동 '-어지다')

▶ 참고로 '밝혀지다', '알려지다'는 이중 피동형이 아닌 표준어이다.

(2) 주동과 사동 主動(주인 주, 움직일 동) (주어가) 직접 움직임 / 使動(시킬 사, 움직일 동) (주어가) 동작이나 행동을 시킴

① **개념**: 동작이나 행위를 주어가 직접 하느냐, 다른 사람에게 하도록 하느냐에 따라 주동과 사동으로 나눌 수 있다.

주동(主動)	주어가 동작을 직접 하는 것
	예 아이가 밥을 먹는다. → 주동문
사동(使動)	주어가 다른 대상에게 동작을 하도록 시키는 것
	예 어머니가 아이에게 밥을 먹인다. → 사동문

② 사동문의 종류
　㉠ **파생적 사동문**: 파생 접사에 의한 사동문으로, 주동사의 어간에 사동 접미사 '-이-, -히-, -리-, -기-, -우-, -구-, -추-'를 붙여서 만든다.

　　어머니가 아이에게 밥을 먹인다. → 밑줄 친 부분은 '먹- + -이-(사동 접미사) + -ㄴ다'로 이루어져 있다.

　　예
　　・-이-: 손주에게 밥을 먹이다. 　　・-히-: 아이에게 책을 읽히다.
　　・-리-: 친구에게 소식을 알리다. 　　・-기-: 개그맨이 관객을 웃기다.
　　・-우-: 자는 사람을 깨우다. 　　　・-구-: 쇠를 달구다.
　　・-추-: 실내 온도를 낮추다.

　㉡ **통사적 사동문**: '-게 하다'로 실현된다.

　　차를 멈추게 하다. → '멈추(다)'에 '-게 하다'가 붙어 사동문이 실현된다.

☑ **학습 체크**

01 밑줄 친 부분이 어법에 맞으면 ○, 그렇지 않으면 ×에 표기하시오.
(1) 북극의 빙하는 수십 년 내에 없어질 것으로 예측되어졌다. (○, ×)
(2) 그는 천재로 불려졌다. (○, ×)

---
(1) × 피동 표현 '-되다'와 '-어지다'가 함께 쓰인 이중 피동 표현이다.
(2) × '부르다'의 피동사인 '불리다'에 피동 표현 '-어지다'가 결합한 형태로 이중 피동 표현이다.

③ 파생적 사동문(단형 사동)과 통사적 사동문(장형 사동)의 의미 차이 구분하기

(가) · 어머니가 딸에게 옷을 입혔다.
· 어머니가 딸에게 옷을 입게 하였다.
(나) · 선생님께서 철수에게 책을 읽히셨다.
· 선생님께서 철수에게 책을 읽게 하셨다.

㉠ (가)와 같이 대개 **파생적 사동문**은 주어가 객체에게 **직접적인 행위**와 **간접적인 행위**를 한 것을 나타내고, **통사적 사동문**은 **간접적인 행위**를 한 것을 나타낸다.

㉡ (나)와 같은 경우에는 파생적 사동문이든 통사적 사동문이든 모두 간접적 행위를 의미하는 것으로 해석된다.

(3) 피동과 사동의 구분 방법

구분	피동	사동
문장 서술어	서술어에 '-어지다'를 붙이면 자연스럽다. 예 · 쥐가 고양이에게 잡히다. · 쥐가 고양이에게 잡혀지다. ▶ 피동과 사동을 구분하기 위해 '-어지다'를 붙인 것이지 '잡혀지다'는 이중 피동이므로 비문이다.	서술어에 '-게 하다'를 붙이면 자연스럽다. 예 · 엄마가 아이에게 밥을 먹이다. · 엄마가 아이에게 밥을 먹게 하다.
목적어 여부	피동사 앞에 목적어가 없다. ▶ '뺏기다'와 같은 예외가 있으므로 주의한다.	사동사 앞에 목적어가 있다.

형태가 같은 피동사와 사동사

'안기다, 보이다, 잡히다, 업히다, 뜯기다, 물리다'처럼 피동사와 사동사의 형태가 같은 단어가 있다.

1. 안기다
   예 동생은 아버지에게 안겨서 차에 올랐다. (피동) / 엄마가 아빠에게 아이를 안기다. (사동)
2. 보이다
   예 산이 보이다. (피동) / 사람들에게 친구들을 보이다. (사동)
3. 잡히다
   예 도둑이 경찰에게 잡히다. (피동) / 엄마가 아이에게 연필을 잡혔다. (사동)
4. 업히다
   예 아기가 아빠 등에 업혀 잠이 들었다. (피동) / 엄마가 아빠에게 아이를 업히다. (사동)
5. 뜯기다
   예 편지 봉투가 뜯긴 채 바닥에 떨어져 있었다. (피동) / 목동이 소에게 풀을 뜯기다. (사동)
6. 물리다
   예 사나운 개에게 팔을 물리다. (피동) / 개에게 막대기를 물리다. (사동)

학습 체크

01 밑줄 친 부분이 어법에 맞으면 ○, 그렇지 않으면 ✕에 표시하시오.

(1) 곡식을 잘 삭이면 맛있는 탁주를 만들 수 있다. (○, ✕)
(2) 아이가 어질러 놓은 장난감들이 발에 채였다. (○, ✕)

02 사동 접사는 타동사뿐 아니라 자동사나 형용사와도 결합할 수 있다. (○, ✕)

---

01 (1) ✕ 삭히다: 김치나 젓갈 등의 음식물을 발효시켜 맛이 들게 하다('삭다'의 사동사).
(2) ✕ 차이다: '차다'의 사동사는 '차이다'이다. '채이다'는 '차이다'의 잘못된 표현이다.
02 ○

학습 점검 문제

01
9급 출제기조 전환 1차 예시문제

다음 글의 ㉠의 사례가 포함되어 있지 않은 것은?

> 존경 표현에는 주어 명사구를 직접 존경하는 '직접존경'이 있고, 존경의 대상과 긴밀한 관련을 가지는 인물이나 사물 등을 높이는 ㉠'간접존경'도 있다. 전자의 예로 "할머니는 직접 용돈을 마련하신다."를 들 수 있고, 후자의 예로는 "할머니는 용돈이 없으시다."를 들 수 있다. 전자에서 용돈을 마련하는 행위를 하는 주어는 할머니이므로 '마련한다'가 아닌 '마련하신다'로 존경 표현을 한 것이다. 후자에서는 용돈이 주어이지만 할머니와 긴밀한 관련을 가진 사물이라서 '없다'가 아니라 '없으시다'로 존경 표현을 한 것이다.

① 고모는 자식이 다섯이나 있으시다.
② 할머니는 다리가 아프셔서 병원에 다니신다.
③ 언니는 아버지가 너무 건강을 염려하신다고 말했다.
④ 할아버지는 젊었을 때부터 수염이 많으셨다고 들었다.

02
2022 서울시 9급(2월)

〈보기〉의 ㉠을 포함하고 있는 안은문장은?

〈보기〉
> 관형사가 문장에 쓰이면 관형어로 기능한다. 그래서 관형사는 항상 관형어로 쓰인다. 즉 관형사는 문장에서 관형어로서 체언을 수식한다. 그런데 관형사만 관형어로 쓰이는 것이 아니라 ㉠ 관형사절이 관형어로 쓰이기도 한다. 즉 관형사절이 체언을 수식한다.

① 그는 갖은 양념으로 맛을 내었다.
② 꽃밭에는 예쁜 꽃이 활짝 피었다.
③ 오랜 가뭄 끝에 비가 내렸다.
④ 사무실 밖에서 여남은 명이 웅성대고 있었다.

03

다음 글의 ㉠의 사례가 아닌 것은?

> 한국어에서 두 개 이상의 홑문장이 연결되어 하나의 문장을 이루는 경우를 겹문장이라 한다. 겹문장은 형성 방식에 따라 안은문장과 이어진문장으로 나뉜다. 안은문장은 문장 속에 또 다른 문장이 포함된 형태이며, 이어진문장은 두 문장이 연결 어미를 통해 이어진 형태이다.
> 이어진문장은 문장의 연결 방식에 따라 ㉠대등적 연결과 종속적 연결로 구분된다. 대등적 연결은 두 문장이 대등한 자격으로 이어지는 경우로, "비가 오고 바람이 분다."와 같이 '-고, -(으)며, -(으)나, -지만, -거나, -든지'와 같은 대등적 연결 어미를 사용한다. 이 경우 문장의 순서를 바꿔도 의미가 크게 달라지지 않는다. 반면, 종속적 연결은 한 문장이 다른 문장에 종속되는 형태로, "날이 추워서 옷을 두껍게 입었다."처럼 '-(아)서, -(으)면, -(으)려고, -는데, -(으)ㄹ지라도' 등의 종속적 연결 어미를 사용하여 앞 절이 뒤 절의 원인이나 조건 등을 설명하는 역할을 한다.

① 그 시간에 잠을 자든지 책을 읽어라.
② 명문 대학교에 합격해서 정말 기뻤다.
③ 날씨는 몹시 추웠으며 함박눈이 내리고 있었다.
④ 그는 열심히 공부했으나 좋은 성적을 얻지 못했다.

04

다음 글의 ㉠의 사례가 포함되어 있지 않은 것은?

> 관형사절을 안은문장은 한 절이 다른 절을 관형어로 안고 있는 문장이다. 관형사절은 용언의 어간에 관형사형 전성 어미 '-ㄴ/은', '-는', '-던', '-ㄹ/을'이 결합하여 만들어진다. 관형사절은 일반적으로 관계 관형사절과 ㉠동격 관형사절로 나뉜다.
> 관계 관형절은 형성 과정에서 동일한 명사구가 생략되는 과정을 거쳐 수식하는 명사구와 동일한 명사구가 빠져 있는 관형사절이다. 이때 생략된 명사구는 관계절 안에서 주어, 목적어, 부사어로 해석할 수 있다. 이와 달리 동격 관형절은 명사구가 생략되는 과정을 거치지 않아 한 문장의 모든 필수 성분을 완벽하게 갖춘 관형사절이다. 동격 관형절은 절의 의미가 관형절의 수식을 받는 명사구의 내용을 나타낸다는 특징이 있다.

① 그가 일본에서 한국으로 돌아왔다는 소문이 돌았다.
② A사가 신약을 개발한 사실이 아직 학계에 보고되지 않았다.
③ 부장님께서 새로 입사한 사원들을 전 직원에게 소개했다.
④ 50층짜리 건물이 순식간에 무너진 사건은 세간을 떠들썩하게 만들었다.

정답 및 해설 p.131

05 의미론

1 의미의 종류

1. 중심적 의미와 주변적 의미

중심적 의미	단어가 지닌 여러 의미 중에서 기본적이고도 핵심적인 의미를 말하며, '사전적 의미'라고도 한다. 예 손을 물로 씻어라. (사람의 팔목 아랫부분)
주변적 의미	단어의 중심 의미가 확장되어 달라진 의미를 말하며, '문맥적 의미'라고도 한다. 예 손이 모자란다. (노동력) / 그와 손을 끊겠다. (관계)

2. 사전적 의미와 함축적 의미

사전적 의미	어떤 단어가 지니고 있는 가장 기본적이고 객관적인 의미 예 눈: 대기 중의 수증기가 차가운 기운을 만나 얼어서 땅 위로 떨어지는 얼음의 결정체
함축적 의미	사전적 의미에 덧붙여서 연상이나 관습 등에 의하여 형성되는 의미 예 눈: 깨끗하다, 순수하다, 희다, 차갑다

2 동음이의어, 다의어

1. 동음이의어 同音異義語(한가지 동, 소리 음, 다를 이, 옳을 의, 말씀 어) 소리는 같으나 뜻은 다른 단어

(1) **정의**: 두 개 이상의 단어가 서로 소리는 같으나 그 의미가 다른 경우를 동음이의 관계라 하고, 동음이의 관계에 있는 단어들을 동음이의어라고 한다.

(2) **특징**
① 우연히 소리가 같을 뿐, 소리에 담겨 있는 의미들은 서로 관련이 없다.
② 문맥과 상황에 따라 의미를 구별할 수 있다.
③ 사전에 실릴 때에는 별개의 단어로 실린다.

(3) **종류**
① 소리는 같으나 한자가 다른 단어

> 이상(異狀): 평소와는 다른 상태 / 이상(理想): 생각할 수 있는 범위 안에서 가장 완전하다고 여겨지는 상태 → 두 단어는 [이:상]으로 소리가 같지만, 그 의미는 서로 다른 동음이의어이다.

학습 체크

01 '머리'가 가진 의미 중 '단체의 우두머리'는 주변적 의미이다.
(O, X)

02 동음이의어들은 그 의미가 서로 관련이 없다. (O, X)

01 O 02 O

② 소리의 길고 짧음에 따라 의미가 구별되는 단어

> **밤[밤]**: 해가 진 뒤부터 뜨기 전까지의 동안 / **밤[밤ː]**: 밤나무의 열매 → 두 단어는 발음의 장단(長短)이 다르다. 따라서 소리의 길이에 따라 그 의미가 구분된다.

2. 다의어 多義語(많을 다, 옳을 의, 말씀 어) 의미가 많은 단어

(1) 정의: 하나의 단어가 두 가지 이상의 관련된 의미로 쓰이는 경우를 다의 관계라 하고, 다의 관계에 있는 단어들을 다의어라고 한다.

(2) 특징

① 주변 의미로 인해 의미가 많아진 것이며, 의미들 사이에 서로 관련이 있다.

② 문맥이나 상황을 고려하여 의미를 파악하는 것이 좋다.

③ 사전에서 한 단어 밑에 「1」, 「2」, 「3」 등으로 나타나며, 하나의 단어로 취급한다.

> **짚다**
> 「1」 바닥이나 벽, 지팡이 따위에 몸을 의지하다. ¶ 지팡이를 짚은 노인
> 「2」 손으로 이마나 머리 따위를 가볍게 눌러 대다. ¶ 맥을 짚다.
> 「3」 여럿 중에 하나를 꼭 집어 가리키다. ¶ 손가락으로 글자를 짚어 가며 가르치다.
> 「4」 상황을 헤아려 어떠할 것으로 짐작하다. ¶ 헛다리를 짚다.

3. 동음이의어와 다의어의 구별

동음이의어는 두 단어 사이에 공통된 의미가 전혀 없다. 반면, 다의어는 중심 의미에서 주변 의미들이 분화되었기 때문에 공통된 의미가 있으므로, 의미의 유사성(類似性)에 따라 구별할 수 있다.

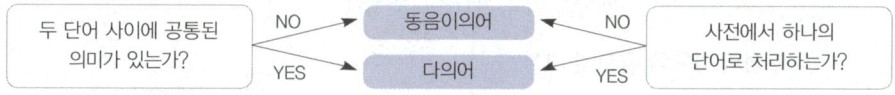

3 문장 간의 의미 관계

1. 문장의 유의성

(1) 형식이 다른 둘 이상의 문장이 비슷한 의미로 쓰이는 관계를 유의 관계라고 한다.

(2) 유형

① 능동문과 피동문으로 구성된 유의문

> 늑대가 양을 물었다. - 양이 늑대에게 물렸다. → 능동문과 피동문은 나타내려는 궁극적인 진릿값은 동일하다고 볼 수 있지만, 의미의 초점은 다르다. 즉, 능동문의 경우 '늑대'에, 피동문의 경우 '양'에 의미의 초점이 있다.

▶ 다만, 능동문과 피동문이 항상 유의문으로 처리되는 것은 아니라는 점에 주의한다.

② 대립되는 서술어에 의해 주어와 부사어가 교체된 유의문

> 갑이 을에게 집을 샀다. - 을이 갑에게 집을 팔았다. → '샀다', '팔았다'라는 대립되는 서술어에 의해 주어와 부사어가 교체된 유의문이다. 두 문장의 진릿값은 같으나 첫 번째 문장은 '갑', 두 번째 문장은 '을'에 의미의 초점이 있다는 차이가 있다.

✓ **학습 체크**

01 밑줄 친 부분이 다의 관계에 있는 것은 ○, 그렇지 않은 것은 ×에 표시하시오.

(1) 그는 의심하는 <u>눈</u>으로 나를 쳐다보았다.
  봄이 오니 나뭇가지에 <u>눈</u>이 튼다.
  (○, ×)

(2) 얘가 글씨를 또박또박 잘 <u>쓴다</u>.
  어른에게는 존댓말을 <u>써야</u> 한다.
  (○, ×)

(3) 어머니가 아끼시던 화초가 <u>죽었다</u>.
  아저씨의 거칠던 성질이 요즈음은 많이 <u>죽었다</u>. (○, ×)

(4) 폭풍우가 <u>치는</u> 바람에 배가 출항하지 못한다.
  나무가 가지를 많이 <u>쳐서</u> 제법 무성하다. (○, ×)

02 유의 관계에 있는 문장이면 ○, 그렇지 않으면 ×에 표시하시오.

(1) 철수는 책방에 갔다. - 철수는 서점에 갔다. (○, ×)

(2) 경찰이 도둑을 잡았다. - 도둑이 경찰에게 잡혔다. (○, ×)

---

01 (1) × '무엇을 보는 표정이나 태도'와 '새로 막 터져 돋아나려는 초목의 싹'이라는 뜻의 동음이의 관계이다.
  (2) × '일정한 글자의 모양이 이루어지게 하다'와 '어떤 말이나 언어를 사용하다'라는 뜻의 동음이의 관계이다.
  (3) ○
  (4) × '바람이 세차게 불다'와 '식물이 가지나 뿌리를 밖으로 돋아 나오게 하다'를 뜻하는 동음이의 관계이다.

02 (1) ○ (2) ○

2. 문장의 반의성

(1) 둘 이상의 문장이 반대의 의미로 쓰이는 관계를 반의 관계라고 한다.

(2) 유형

① 반의어인 서술어에 의해 만들어진 반의문

그녀는 어제 차를 샀다. ↔ 그녀는 어제 차를 팔았다. → 반의어인 서술어 '사다-팔다'의 사용에 의해 반의 관계를 가진다.

② 긍정문과 부정문의 대립에 의해 만들어진 반의문

그녀는 밥을 먹고 갔다. ↔ 그녀는 밥을 안 먹고 갔다. (짧은 부정문) / 그녀는 밥을 먹고 가지 않았다. (긴 부정문) → 첫 번째 문장은 긍정문이고, 두 번째 이하 문장들은 부정문으로 반의 관계를 가진다.

3. 문장의 중의성

(1) 한 문장이 두 가지 이상의 의미를 나타내는 특성을 중의성이라고 한다.

(2) 유형

① 수식의 범위에 따른 중의성

내가 좋아하는 친구의 여동생을 만났다. → '좋아하는'이 '친구'를 수식할 수도 있고 '여동생'을 수식할 수도 있다는 점에서 중의적이다.

② 주어와 목적어의 범위에 따른 중의성

철수가 보고 싶은 친구들이 많다. → '철수가 보고 싶어 하는 친구들이 많다.'와 '철수를 보고 싶어 하는 친구들이 많다.'의 두 가지 의미를 지닌다.

③ 부정의 범위에 따른 중의성

이번 시험에서 몇 문제 풀지 못했다. → '몇 문제를 못 풀었다.'와 '몇 문제밖에 못 풀었다.'의 두 가지 의미를 지닌다.

④ 동작의 진행과 완료에 따른 중의성

당시 그는 외투를 입고 있었다. → 입고 있는 동작의 진행과 완료 상태 모두를 나타낸다.

4 의미 영역 변화

1. 의미 확대 (의미의 일반화)

어떤 단어의 의미 범주가 넓어지는 것

다리: 생물의 다리 → 생물 + 무생물의 다리 → 책상다리 등 무생물의 다리도 '다리'라는 말을 사용한다.

예 · 선생: 교육자 → 교육자 + 존경받을 만한 사람
· 지갑(紙匣): 종이로 만든 것 → 종이, 가죽, 비닐로 만든 것
· 겨레: 친척, 종친 → 민족, 동족

☑ 학습 체크

01 의미 변화의 유형을 구분하시오.

㉠ '어리다'는 '어리석다'의 뜻이었다가 지금은 '나이가 적다'의 의미로 쓰인다.
㉡ '다리(脚)'가 사람이나 짐승의 다리만 가리켰으나 현대에는 '책상'에도 쓰인다.
㉢ '짐승'은 '衆生'에서 온 말로 생물 전체를 가리켰으나 지금은 사람을 제외한 동물을 가리킨다.

(1) 의미의 확대:
(2) 의미의 축소:
(3) 의미의 이동:

(1) ㉡ (2) ㉢ (3) ㉠

2. 의미 축소 (의미의 특수화)

어떤 단어의 의미 범주가 축소되는 것

계집: 일반적인 여성 → 여성의 낮춤말 ➡ 현재 '계집'은 여성을 낮잡아 이르는 말로만 쓰인다.

- 얼굴: 형체 → 안면
- 놈: 사람 전체, 사람의 평칭 → 남자의 낮춤말, 남자의 비칭
- 뫼(메): 밥, 진지 → 제사 때의 밥만 의미
- 미인(美人): 남자와 여자에게 다 씀. → 예쁜 여인에게만 씀.

3. 의미 이동 (전성)

어떤 단어의 의미 자체가 달라지는 것

어리다: 어리석다. → 나이가 적다. ➡ '어리다'의 의미가 변화하였다.

- 방송(放送): 죄인을 풀어 주다. → 전파를 내보내다.
- 씩씩하다: 장엄하다, 엄숙하다 → 굳세고 위엄스럽다.
- 어엿브다: 불쌍하다 → 예쁘다

🔍 의미 변화의 원인

1. **언어적 원인**: 한 단어가 다른 단어와 자주 인접하여 나타남으로써 그 의미까지 변화된 경우

   - '별로'는 원래 '별로~아니다'로 쓰였지만, 지금은 '별로' 자체로도 부정적인 의미를 갖게 됨

2. **역사적 원인**: 단어가 가리키는 대상이 변모하였음에도 불구하고 단어는 그대로 남아 있어 의미에 변화가 일어나는 경우

   - '바가지'는 원래 박을 두 쪽으로 쪼개 만든 그릇이라는 뜻이었으나 지금은 플라스틱으로 만든 그릇이라는 의미도 가짐

3. **사회적 원인**: 일반적인 단어가 특수 집단에서 사용되거나 반대로 특수 집단에서 사용되던 단어가 일반 사회에 사용됨으로써 의미에 변화가 일어나는 경우

   - '영감'이라는 단어는 법조계에서는 '판사'나 '검사'를 가리킴

4. **심리적 원인**: 비유적 용법, 완곡어 등에서 자주 사용되는 동안 해당 단어의 의미에 대한 인식이 변화하면서 단어의 의미까지 변화하게 된 경우

   - '곰'이라는 단어가 비유적으로 반복 사용되면서 '우둔하다'라는 의미를 갖게 됨.

학습 점검 문제

01
2023 지방직 7급

다음 글에서 추론한 내용으로 가장 적절한 것은?

> 언어는 사회적 약속이기 때문에 개인이 함부로 바꿀 수 없다. 하지만 언어는 본질적으로 고정된 것이 아니기 때문에 살아있는 유기체처럼 변화 과정을 거친다. 언어의 변화 원인에는 언어적 원인, 역사적 원인, 사회적 원인, 심리적 원인 등이 있다. 이로 인해 단어의 의미 변화가 일어난다.
> 단어의 의미 변화는 대략 세 유형으로 나뉜다. '뫼(메)'는 '밥' 또는 '진지'를 뜻하였으나 오늘날에는 제사 때 신위 앞에 올리는 진지로 국한해서 쓰이고 있다. '지갑'은 원래 종이로 만든 것에만 사용하였지만 지금은 가죽이나 헝겊 따위로 만든 것도 모두 포함해서 사용한다. '어여쁘다'는 본래 '불쌍하다'라는 뜻이었으나 지금은 '아름답다'로 그 뜻이 바뀌었다.

① '지갑'의 의미가 변화한 것은 언어적 원인이 아니라 사회적 원인 때문이다.
② '얼굴'은 '형체'를 뜻하였으나 '안면'만을 가리키는 것으로 바뀐 것은 '지갑'의 의미 변화 유형과 같다.
③ '인정'은 '뇌물'을 뜻하였으나 '사람의 감정'을 뜻하는 것으로 바뀐 것은 '어여쁘다'의 의미 변화 유형과 같다.
④ '다리'는 원래 사람이나 동물의 신체 일부를 지시하였으나 무생물에도 사용하게 된 것은 '뫼(메)'의 의미 변화 유형과 같다.

02
2022 국가직 9급

㉠ ~ ㉣의 사례로 적절하지 않은 것은?

> 단어의 의미가 변화하는 양상은 다양하다. 첫째, "아침 먹고 또 공부하자."에서 '아침'은 본래의 의미인 '하루 중의 이른 시간'을 가리키지 않고 '아침에 먹는 밥'이라는 의미로 쓰인다. '밥'의 의미가 '아침'에 포함되어서 '아침'만으로도 '아침밥'의 의미를 표현하게 된 것으로, ㉠두 개의 단어가 긴밀한 관계여서 한쪽이 다른 한쪽의 의미까지 포함하는 의미로 변화하게 된 경우이다. 둘째, '바가지'는 원래 박의 껍데기를 반으로 갈라 썼던 물건을 가리켰는데, 오늘날에는 흔히 플라스틱 바가지를 가리킨다. 이것은 ㉡언어 표현은 그대로인데 시대의 변화에 따라 지시 대상 자체가 바뀌어서 의미 변화가 발생한 경우이다. 셋째, '묘수'는 본래 바둑에서 만들어진 용어이지만 일상적인 언어생활에서도 '쉽게 생각해 내기 어려운 좋은 방안'이라는 의미로 사용된다. 이는 ㉢특수한 영역에서 사용되던 말이 일반화되면서 단어의 의미가 변화한 경우에 해당한다. 넷째, 호랑이를 두려워하던 시절에 사람들은 '호랑이'라는 이름을 직접 부르기 꺼려서 '산신령'이라고 부르기도 했는데, 이는 ㉣심리적인 이유로 특정 표현을 피하려다 보니 그것을 대신하는 단어의 의미에 변화가 생긴 경우이다.

① ㉠: '아이들의 코 묻은 돈'에서 '코'는 '콧물'의 의미로 쓰인다.
② ㉡: '수세미'는 원래 식물의 이름이었지만 오늘날에는 '그릇을 씻는 데 쓰는 물건'이라는 의미로 쓰인다.
③ ㉢: '배꼽'은 일반적으로 '탯줄이 떨어지면서 배의 한가운데에 생긴 자리'를 가리키지만 바둑에서는 '바둑판의 한가운데'라는 의미로 쓰인다.
④ ㉣: 무서운 전염병인 '천연두'를 꺼려서 '손님'이라고 불렀다.

03

다음 글에서 추론한 내용으로 가장 적절한 것은?

언어 표현에서 문장 간 의미 관계는 화자의 의도를 효과적으로 전달하는 데 중요한 역할을 한다. 문장 간 의미 관계는 크게 유의 관계, 반의 관계, 중의 관계로 구분된다.

유의 관계란 형식이 다른 둘 이상의 문장이 비슷한 의미로 쓰이는 관계이다. 대표적으로 능동문과 피동문의 관계가 있다. "기차가 승객을 태웠다."와 "승객이 기차에 태워졌다."는 동일한 사건을 표현하지만 의미의 초점이 각각 '기차'와 '승객'에 있다. 또한 "민수가 영희에게 책을 팔았다."와 "영희가 민수에게 책을 샀다."는 대립하는 서술어를 통해 주어와 부사어가 바뀌었지만 동일한 상황을 표현한다.

반의 관계는 둘 이상의 문장이 반대 의미로 쓰이는 관계이다. 주로 반의어인 서술어를 사용하거나 긍정문과 부정문의 대립을 통해 나타난다. "돈을 많이 벌었다."와 "돈을 많이 잃었다."는 '벌다'와 '잃다'라는 반의어로 인해 반대 의미를 가진다. "시험에 합격했다."와 "시험에 합격하지 못했다."는 긍정과 부정의 대립으로 반의 관계를 이룬다.

중의성은 하나의 문장이 두 가지 이상의 의미로 해석될 수 있는 특성이다. 수식 범위에 따른 중의성의 예시로 "선생님이 추천한 학생의 작품이 전시됐다."라는 문장은 '선생님이 추천한'이 수식하는 대상에 따라 의미가 달라진다. 또한 "그가 보고 싶은 사람들이 많다."와 같이 주어와 목적어의 범위가 불분명하여 해석이 달라지거나, "민지는 몇 문제 풀지 못했다."처럼 부정의 범위에 따라 의미가 다양하게 해석되는 경우도 있다. "마침 나는 신발을 신고 있었다."는 신고 있는 동작의 진행과 완료에 따른 중의성이 나타나는 경우에 해당한다.

① "그때 그녀는 옷을 입고 있었다."에서는 주어와 목적어의 범위에 따른 중의성이 나타난다.
② "나는 그에게 도움을 주었다."와 "그는 나에게 도움을 받았다."에서는 서술어에 의한 반의 관계가 나타난다.
③ "그는 친구를 도왔다."와 "그는 친구에게 도움을 받았다."에서는 동일한 상황에 대한 다른 관점을 보여 주는 유의 관계가 나타난다.
④ "교수가 학생을 칭찬했다."와 "학생이 교수에게 칭찬받았다."에서는 의미의 초점이 다르지만 동일한 사건을 표현하는 유의 관계가 나타난다.

04

다음 글의 ㉠의 사례가 아닌 것은?

한국어에는 소리는 같지만 뜻이 다른 단어들이 많이 존재한다. 이러한 단어들을 '동음이의어'라고 하는데, 동음이의어는 두 개 이상의 단어가 소리는 같으나 의미는 전혀 다른 경우를 말한다. 예를 들어 '배'는 '배나무의 열매'와 '사람이나 짐 따위를 싣고 물 위로 떠다니도록 나무나 쇠 따위로 만든 물건', '사람이나 동물의 몸에서 위장, 창자, 콩팥 따위의 내장이 들어 있는 곳으로 가슴과 엉덩이 사이의 부위'를 의미하는 세 가지의 서로 다른 단어로 사용하는데, 이들은 의미적 연관성이 전혀 없이 우연히 발음만 같은 것이다. 이 때문에 동음이의어는 별개의 단어로 취급되어 사전에 등재될 때 서로 다른 표제어로 실린다.

반면 하나의 단어가 두 가지 이상의 관련된 의미로 쓰이는 경우, 이러한 단어들을 ㉠ '다의어'라고 말한다. 다의어에서 단어의 의미는 기본 의미에서 확장되어 다양한 의미로 파생되기도 하는데 이렇게 파생된 의미들은 서로 관련성을 가지고 있다는 점이 특징이다. 예를 들어 '머리'라는 단어는 기본적으로 '사람이나 동물의 목 위의 부분'이라는 의미를 가지지만, '생각하고 판단하는 능력', '사물의 앞이나 위를 비유적으로 이르는 말', '단체의 우두머리' 등과 같이 관련된 여러 의미로 확장되어 사용한다. 따라서 동음이의어와 다의어를 구별하는 가장 중요한 기준은 의미의 관련성이다. 즉, 두 단어 사이에 공통된 의미가 있다면 다의어로, 그렇지 않고 전혀 다른 의미라면 동음이의어로 판단할 수 있다.

① '손'이 '신체 부위'와 '노동력'의 의미로 쓰인 경우
② '번개'가 '기상 현상'과 '동작이 날랜 사람'의 의미로 쓰인 경우
③ '삿대질'이 '배를 미는 일'과 '말다툼에서의 손가락질'의 의미로 쓰인 경우
④ '다리'가 '신체 부위'와 '물을 건널 수 있도록 만든 시설물'의 의미로 쓰인 경우

06 올바른 언어생활

1 문장 성분 간의 호응

1. 주어와 서술어의 호응

🔍 **주술 호응 관계**

~것은 + ~것이다.
　　　　~점이다.
　　　　사실이다.

🔍 **주어와 서술어의 호응 관계 확인**

주어진 문장을 보고 다음의 질문들을 활용하여 주어와 서술어가 자연스럽게 호응되는지를 확인한다.

1. 주어가 불필요하게 생략되거나 반복되지는 않나?
2. 서술어에 알맞은 주어가 사용되었는가?
3. 여러 개의 주어가 제시될 때, 각각의 주어와 어울리는 서술어가 있는가?

이 글을 읽는 여러분에게 먼저 당부하고 싶은 것은 만일 여러분이 주변 환경을 탓하고 있다면 그런 생각은 버리시길 바랍니다. (×)
⇨ 이 글을 읽는 여러분에게 먼저 당부하고 싶은 것은 만일 여러분이 주변 환경을 탓하고 있다면 그런 생각은 버리시라는 것입니다. (○)

▶ 주어 '당부하고 싶은 것은'과 서술어 '바랍니다'의 호응이 어색하다. 서술어를 '~는 것이다(사실이다, 점이다)'로 고쳐 쓰는 것이 자연스럽다.

제가 하고 싶은 말은 친구들과 잘 지내고 싶습니다. (×)
⇨ 제가 하고 싶은 말은 친구들과 잘 지내고 싶다는 것입니다. (○)

▶ 주어 '제가 하고 싶은 말은'과 서술어 '지내고 싶습니다'의 호응이 어색하다. 서술어를 '~는 것입니다'로 고쳐 쓰는 것이 자연스럽다.

문제는 원래 계획했던 일들을 충실히 수행하지 못했다. (×)
⇨ 문제는 원래 계획했던 일들을 충실히 수행하지 못했다는 점이다. (○)

▶ 주어 '문제는'과 서술어 '수행하지 못했다'의 호응이 어색하다. '문제는 ~다는 점이다'와 같이 서술어가 호응하도록 고쳐 쓰는 것이 자연스럽다.

이때 발생하는 가장 큰 문제는 경기가 침체되고 실업자와 빈곤층이 증가한다. (×)
⇨ 이때 발생하는 가장 큰 문제는 경기가 침체되고 실업자와 빈곤층이 증가하는 것이다. (○)

▶ 주어 '문제는'과 서술어 '증가한다'의 호응이 어색하다. '문제는 ~하는 것이다'와 같이 서술어가 호응하도록 고쳐 쓰는 것이 자연스럽다.

✅ **학습 체크**

01 어법에 맞고 자연스러운 문장이면 ○, 그렇지 않으면 ×에 표시하시오.

(1) 좋은 사람과 대화하며 함께한 일은 즐거운 시간이었다. (○, ×)
(2) 내 생각은 집을 사서 이사하는 것이 좋겠다고 결정했다. (○, ×)
(3) 더욱 중요한 것은 창의적 사고가 사회적·문화적 환경과 적절한 교육을 통해 길러진다. (○, ×)

현재의 복지 정책은 앞으로 손질이 불가피할 전망입니다. (×)
⇨ 현재의 복지 정책은 앞으로 손질이 불가피할 것으로 전망됩니다. (○)
⇨ 현재의 복지 정책은 앞으로 손질이 불가피할 것으로 전문가들은 전망합니다. (○)

▶ 주어 '복지 정책은'과 서술어 '불가피할 전망입니다'의 호응이 어색하다. '전망'하는 행위의 주체로 인간인 '전문가들은'을 추가하거나 '전망이다'를 피동형 '전망되다'로 고쳐 쓰는 것이 자연스럽다.

이 지역은 무단 입산자에 대하여는 자연 공원법 제60조에 의거 처벌을 받게 됩니다. (×)
⇨ 이 지역에 무단 입산하는 자는 자연 공원법 제60조에 의거하여 처벌을 받게 됩니다. (○)
⇨ 이 지역은 자연 공원법 제60조에 의거하여 무단 입산자를 처벌하는 곳입니다. (○)

▶ 주어부 '이 지역은'과 서술부 '처벌을 받게 됩니다'의 호응이 어색하다. '처벌을 받는' 주체는 '무단 입산자'가 되어야 하므로 '무단 입산하는 자는 ~ 처벌을 받게 됩니다' 또는 '이 지역은 ~ 무단 입산자를 처벌하는 곳입니다'의 형태로 고쳐 쓰는 것이 자연스럽다.

(1) × 함께한 일은 즐거운 시간이었다. → 함께한 시간은 즐거웠다.
(2) × 내 생각은 ~ 좋겠다고 결정했다. → 나는 ~ 좋겠다고 결정했다.
(3) × 길러진다. → 길러진다는 점이다.

무엇보다 중요한 것은 인간의 역사가 언제나 자유를 확대하는 방향으로 전개되어 왔다. (×)
⇨ 무엇보다 중요한 것은 인간의 역사가 언제나 자유를 확대하는 방향으로 전개되어 왔다는 점이다. (○)

▶ 주어부 '무엇보다 중요한 것은'과 서술부 '전개되어 왔다'의 호응이 어색하다. 주어부가 '~는 것은/~는 점은'으로 시작되면 서술부가 '~는 것이다/~는 점이다'가 되어야 자연스럽다.

현실성 없는 복지 정책은 재고해야 한다. (×)
⇨ 현실성 없는 복지 정책은 재고되어야 한다. (○)

▶ '재고'는 '다시 생각함'이라는 뜻이다. '복지 정책'은 무정물로, 스스로 생각할 수 없으므로 서술어를 피동형으로 고쳐 쓰는 것이 자연스럽다.

그때가 내 삶에서 가장 행복했던 추억이었다. (×)
⇨ 그때가 내 삶에서 가장 행복했던 시기였다. (○)

▶ 주어 '그때가'의 '그때'는 특정 시기를 나타내는 말이므로, 서술어 '추억이었다'와의 호응이 어색하다. 서술어를 '시기였다'로 고쳐 쓰는 것이 자연스럽다.

우리가 경기에서 진 이유는 상대를 너무 업신여겼다. (×)
⇨ 우리가 경기에서 진 이유는 상대를 너무 업신여겼기 때문이다. (○)

▶ 주어 '이유는'과 서술어 '업신여겼다'의 호응이 어색하다. 문맥상 서술어를 '때문이다'로 고쳐 쓰는 것이 자연스럽다.

누구나 대기업의 입사 시험이 얼마나 어려운 관문을 통과해야 하는지 알고 있다. (×)
⇨ 누구나 대기업의 입사 시험이 얼마나 어려운 관문인지 알고 있다. (○)
⇨ 누구나 대기업의 입사 시험이라는 관문을 통과하는 것이 얼마나 어려운지 알고 있다. (○)

▶ 주어부 '입사 시험이'와 서술부 '통과해야 하는지'의 호응이 어색하다. '입사 시험 = 어려운 관문'이 되도록 고쳐 쓰는 것이 자연스럽다.

2. 목적어와 서술어의 호응

자기의 장점과 단점을 보완하는 사람이 성공할 수 있다. (×)
⇨ 자기의 장점을 살리고 단점을 보완하는 사람이 성공할 수 있다. (○)

▶ 목적어 '단점을'과 서술어 '보완하는'은 호응하지만 '장점을 보완하는'은 호응이 어색하다. 목적어 '장점을'과 호응하는 서술어를 넣어야 한다.

지구 온난화 현상의 문제점과 대안을 마련한다. (×)
⇨ 지구 온난화 현상의 문제점을 파악하고 대안을 마련한다. (○)

▶ 목적어 '대안을'과 서술어 '마련한다'는 호응하지만 '문제점을 마련한다'는 호응이 어색하다. 목적어 '문제점을'과 호응하는 서술어를 넣어야 한다.

학계에서는 국어 문법에 관심과 조명을 해 나가고 근대 국어에도 관심을 보이기 시작했다. (×)
⇨ 학계에서는 국어 문법에 관심을 가지고 조명을 해 나가고 근대 국어에도 관심을 보이기 시작했다. (○)

▶ 목적어 '조명을'과 서술어 '해 나가고'는 호응하지만 '관심을 해 나가고'는 호응이 어색하다. 목적어 '관심을'과 호응하는 서술어를 넣어야 한다.

> ☑ **학습 체크**
>
> 01 어법에 맞고 자연스러운 문장이면 ○, 그렇지 않으면 ×에 표시하시오.
>
> (1) 내 잇몸이 부은 이유는 잠을 못 잤었다. (○, ×)
> (2) 모두 흥에 겨워 춤과 노래를 부르고 있다. (○, ×)
>
> ---
> (1) × 잠을 못 잤었다 → 잠을 못 잤기 때문이다
> (2) × 춤과 노래를 부르고 → 춤을 추고, 노래를 부르고

3. 부사어와 서술어의 호응: 몇몇 부사어들은 서술어와 호응하는 형태가 고정적이며 관습적이기 때문에 유의해서 써야 한다.

> 열심히 공부한 동수가 대학에 합격한 것은 결코 우연한 일이었다. (×)
> ⇨ 열심히 공부한 동수가 대학에 합격한 것은 결코 우연한 일이 아니었다. (○)

▶ 부사어 '결코'는 부정의 의미를 드러내는 서술어와 호응한다.

> 이런 부작용에 대해서는 절대로 미리 알려 주어야 합니다. (×)
> ⇨ 이런 부작용에 대해서는 반드시 미리 알려 주어야 합니다. (○)

▶ 부사어 '절대로'는 부정의 의미를 나타내는 서술어와 호응한다. 문맥상 부사어 '절대로' 대신 당위의 서술어와 호응하는 '반드시'로 고쳐 쓰는 것이 자연스럽다.

> 왜냐하면 한국이 빠른 속도로 경제적 발전을 이루었다는 것이다. (×)
> ⇨ 왜냐하면 한국이 빠른 속도로 경제적 발전을 이루었기 때문이다. (○)

▶ 부사어 '왜냐하면'은 원인이나 까닭의 의미를 나타내는 서술어와 호응한다. 문맥상 서술어 '것이다' 대신 '때문이다'로 고쳐 쓰는 것이 자연스럽다.

(1) 당위의 서술어와 호응하는 말: '당연히, 마땅히, 모름지기, 반드시' 등의 부사어는 '~해야 한다' 형태의 서술어와 주로 호응한다.

부사어	예	부사어	예
당연히	능력이 다르면 **당연히** 몫도 다르다.	마땅히	죄를 지었으면 **마땅히** 죗값을 치른다.
	→ 능력이 다르면 **당연히** 몫도 달라야 한다.		→ 죄를 지었으면 **마땅히** 죗값을 치러야 한다.
모름지기	학생은 **모름지기** 진취적이다.	반드시	말과 행동은 **반드시** 일치한다.
	→ 학생은 **모름지기** 진취적이어야 한다.		→ 말과 행동은 **반드시** 일치해야 한다.

(2) 부정의 서술어와 호응하는 말: '결코 ~ 아니다', '별로 ~지 않다', '전혀 ~ 없다/아니다', '절대로 ~ 없다/않다/~해서는 안 된다', '여간 ~지 않다' 등의 형태로 주로 호응한다.

부사어	예	부사어	예
결코	그의 말은 **결코** 거짓말이다.	별로	내 친구는 **별로** 친절하다.
	→ 그의 말은 **결코** 거짓말이 아니다.		→ 내 친구는 **별로** 친절하지 않다.
전혀	그 상황이 **전혀** 웃겼다.	절대로	**절대로** 네 말에 찬성한다.
	→ 그 상황이 **전혀** 웃기지 않았다.		→ **절대로** 네 말에 찬성할 수 없다.
여간	뒤뜰에 핀 꽃이 **여간** 예뻤다.	그다지	그녀는 **그다지** 상냥하다.
	→ 뒤뜰에 핀 꽃이 **여간** 예쁘지 않았다.		→ 그녀는 **그다지** 상냥하지는 않다.
좀처럼	그는 **좀처럼** 화를 낸다.	비단	**비단** 나뿐이었다.
	→ 그는 **좀처럼** 화를 내지 않는다.		→ **비단** 나뿐이 아니었다.

☑ **학습 체크**

01 어법에 맞고 자연스러운 문장이면 ○, 그렇지 않으면 ×에 표시하시오.

(1) 그는 내키지 않는 일은 반드시 하지 않는다. (○, ×)
(2) 잘못을 했으면 마땅히 혼나야 한다. (○, ×)

(1) × '반드시'는 '~해야 한다' 형태의 서술어와 주로 호응하므로, '~하지 않는다'와 호응하는 부사어 '절대로'로 고쳐 쓰는 것이 적절하다.
(2) ○

(3) 의문의 형태와 호응하는 말: '도대체 ~ㄹ까', '설마 ~ㄹ까', '행여 ~ㄹ까' 등의 형태로 호응한다.

부사어	예	부사어	예
도대체	도대체 세상에 이런 일이 있다. → **도대체** 세상에 이런 일이 있을까?	설마	설마 그 착한 사람이 도둑질을 했다. → **설마** 그 착한 사람이 도둑질을 했을까?
행여	이 약이 행여 치료에 도움이 되었다. → 이 약이 **행여** 치료에 도움이 될까?		

(4) 가정의 형태와 호응하는 말: '만약/만일 ~더라도/~면', '비록 ~지라도/~지만/~더라도/~어도', '아무리(혹시) ~도/더라도'의 형태로 주로 호응한다.

부사어	예	부사어	예
만약	만약 내가 오지 않아서 너 먼저 떠나라. → **만약** 내가 오지 않더라도 너 먼저 떠나라.	비록	비록 사소한 것이어서 아내와 늘 의논한다. → **비록** 사소한 것일지라도 아내와 늘 의논한다.
아무리	일을 아무리 열심히 하면 보람을 느끼지 못했다. → 일을 **아무리** 열심히 해도 보람을 느끼지 못했다.	혹시	혹시 실패하면 용기를 잃지 마라. → **혹시** 실패하더라도 용기를 잃지 마라.

(5) 반의적 호응: '뉘라서 ~(으)ㄹ 것인가', '하물며 ~랴'의 형태로 주로 호응한다.

부사어	예	부사어	예
뉘라서	내일 일을 뉘라서 알 것이다. → 내일 일을 **뉘라서** 알 것인가?	하물며	미물도 자식을 아끼는데 하물며 사람도 제 자식을 아껴야 한다. → 미물도 자식을 아끼는데 **하물며** 사람이랴?

(6) 추측적 호응: '아마(틀림없이) ~ㄹ 것이다'의 형태로 주로 호응한다.

부사어	예	부사어	예
아마	먹구름이 낀 것을 보니 아마 곧 비가 온다. → 먹구름이 낀 것을 보니 **아마** 곧 비가 올 것이다.	틀림없이	연락이 끊겨서 틀림없이 여자 친구가 걱정한다. → 연락이 끊겨서 **틀림없이** 여자 친구가 걱정할 것이다.

☑ **학습 체크**

01 어법에 맞고 자연스러운 문장이면 O, 그렇지 않으면 X에 표시하시오.

(1) 우락부락한 외모와는 달리 말투가 여간 상냥하지 않다. (O, X)
(2) 하늘이 흐린 것을 보니 틀림없이 오늘 비가 온다. (O, X)

---
(1) O
(2) X '틀림없이'는 '~ㄹ 것이다' 형태의 서술어와 주로 호응하므로, '~비가 온다'는 '~비가 올 것이다'로 고쳐 쓰는 것이 적절하다.

4. 수식어와 피수식어의 호응: 우리말에서는 꾸미는 말과 꾸밈을 받는 말의 거리가 가까울수록 문장의 의미가 자연스럽다.

오늘은 어김없이 비가 오는 날인데도 그는 외출을 했다. (X)
⇨ 오늘은 비가 오는 날인데도 그는 어김없이 외출을 했다. (O)

▶ '어김없이'가 '비가 오는 날'을 꾸미는지, '외출을 했다'를 꾸미는지 분명하지 않다. 문맥상 '어김없이'를 '외출' 앞으로 옮기는 것이 자연스럽다.

한결같이 어려운 이웃을 돕는 사람들이 많습니다. (X)
⇨ 어려운 이웃을 한결같이 돕는 사람들이 많습니다. (O)

▶ 수식어는 피수식어의 앞에 위치하는 것이 좋으며 수식하는 거리가 멀어지면 수식 관계도 불분명해진다. 제시된 문장에서는 '한결같이'가 '어려운'을 꾸미는지, '돕는'을 꾸미는지 분명하지 않다. 문맥상 '돕는'을 수식하는 것이 적절하므로 '한결같이'를 '돕는' 앞으로 옮기는 것이 자연스럽다.

2 문장 성분의 생략

1. 주어가 생략된 경우

문학은 다양한 삶의 체험을 보여 주는 예술의 장르로서 문학을 즐길 예술적 본능을 지닌다. (X)
⇨ 문학은 다양한 삶의 체험을 보여 주는 예술의 장르로서, 인간은 문학을 즐길 예술적 본능을 지닌다. (O)

▶ 주어 '문학은'이 두 개의 서술부 '예술의 장르이다'와 '예술적 본능을 지닌다'와 호응하고 있다. '문학은 예술의 장르이다'는 어색하지 않지만 '문학은 예술적 본능을 지닌다'라는 문장은 어색하다. 예술적 본능을 지닐 수 있는 것은 인간뿐이므로 주어 '인간은'을 넣어야 한다.

모든 사원들이 회사의 앞날을 걱정하고 있을 때, 오히려 공격적인 투자를 해야 한다고 강하게 주장했다. (X)
⇨ 모든 사원들이 회사의 앞날을 걱정하고 있을 때, 오히려 사장은 공격적인 투자를 해야 한다고 강하게 주장했다. (O)

▶ 서술부 '투자를 해야 한다고 주장했다'에 호응하는 주어가 생략되어 문장의 의미가 명확하지 않다. '사장은'과 같은 주어를 넣어야 한다.

본격적인 공사가 언제 시작되고, 언제 개통될지 모른다. (X)
⇨ 본격적인 공사가 언제 시작되고, 도로가 언제 개통될지 모른다. (O)

▶ 서술부 '개통될지 모른다'에 호응하는 주어가 생략되었다. '도로가'와 같은 주어를 넣어 주어야 한다.

이 신문은 독자층이 늘지 않고 제자리 상태에 머무르고 있다. (X)
⇨ 이 신문은 독자층이 늘지 않고 구독률이 제자리 상태에 머무르고 있다. (O)

▶ 서술부 '제자리 상태에 머무르고 있다'와 호응하는 주어가 생략되어 문장의 의미가 명확하지 않다. '구독률이'와 같은 주어를 넣어야 한다.

우리는 한글을 만드신 것에 감사해야 한다. (X)
⇨ 우리는 세종대왕이 한글을 만드신 것에 감사해야 한다. (O)

▶ 안긴문장의 주어가 안은문장의 주어와 다른데도 주어가 생략되어 문장의 의미가 명확하지 않다. 안긴문장의 서술어 '만드신'과 호응하는 '세종대왕이'와 같은 주어를 넣어야 한다.

🔍 **문장 성분의 생략 확인**

문장 단위에서 주어, 목적어, 필수적 부사어가 정확히 쓰였는지 점검한다. 우리말 문장에서 문장 성분이 생략 가능한 경우는 형태와 기능이 동일할 때뿐이다. 즉 형태와 기능이 동일하지 않을 때 성분을 생략하면 문장의 의미가 정확하게 전달되지 않는다.

☑ **학습 체크**

01 어법에 맞고 자연스러운 문장이면 O, 그렇지 않으면 X에 표시하시오.

(1) 광해군은 비운의 군주이고, 그의 생애는 영화로도 많이 만들어졌다. (O, X)
(2) 우리는 타인의 인격을 존중해야 하고 나와 평등하다는 생각을 지녀야 한다. (O, X)
(3) 이 약은 예전부터 우리 집의 만병통치약으로 사용되어 왔다. (O, X)

---

(1) O
(2) X · '평등하다'라는 서술어가 요구하는 문장 성분인 주어가 빠져 있으므로 '타인이 나와 평등하다는'과 같이 주어를 넣어 주어야 한다.
(3) O

2. 목적어가 생략된 경우

나는 지난봄부터 하루도 거르지 않고 열심히 하고 있다. (×)
⇨ 나는 지난봄부터 하루도 거르지 않고 운동을 열심히 하고 있다. (○)

▶ 서술부 '하고 있다'에 호응하는 목적어가 생략되었다. '운동을'과 같은 목적어를 넣어 주어야 한다.

난간에 기대거나 넘지 마시오. (×)
⇨ 난간에 기대거나 난간을 넘지 마시오. (○)

▶ 서술부 '넘지 마시오'에 호응하는 목적어가 생략되었다. '난간을'과 같은 목적어를 넣어 주어야 한다.

길에서 놀거나 다닐 때 항상 차 조심을 해야 한다. (×)
⇨ 길에서 놀거나 길을 다닐 때 항상 차 조심을 해야 한다. (○)

▶ 서술부 '다니다'에 호응하는 목적어가 생략되었다. '길을'과 같은 목적어를 넣어 주어야 한다.

그는 세계적으로 유명한 인물이고, 동경하는 사람도 많다. (×)
⇨ 그는 세계적으로 유명한 인물이고, 그를 동경하는 사람도 많다. (○)

▶ 서술부 '동경하는 사람도 많다'에 호응하는 목적어가 생략되었다. '그를'과 같은 목적어를 넣어 주어야 한다.

우리는 모두 그분을 존경하였고, 그분 또한 사랑하였다. (×)
⇨ 우리는 모두 그분을 존경하였고, 그분 또한 우리를 사랑하였다. (○)

▶ 서술부 '사랑하였다'에 호응하는 목적어가 생략되었다. '우리를'과 같은 목적어를 넣어 주어야 한다.

3. 부사어가 생략된 경우

할아버지께서는 기분이 좋으셨는지 용돈을 듬뿍 주셨다. (×)
⇨ 할아버지께서는 기분이 좋으셨는지 우리들에게 용돈을 듬뿍 주셨다. (○)

▶ '주다'는 세 자리 서술어로 필수적 부사어가 반드시 있어야 하므로 부사어를 넣어야 한다.

인간은 환경을 지배하기도 하고, 때로는 순응하면서 산다. (×)
⇨ 인간은 환경을 지배하기도 하고, 때로는 환경에 순응하면서 산다. (○)

▶ '순응하다'는 필수적 부사어를 취하는 자동사이므로, '환경에'라는 부사어를 넣어야 한다.

4. 서술어가 생략된 경우

냉정하게 전력을 평가해 봐도 한국이 자력으로 16강 티켓 가능성은 높은 편이다. (×)
⇨ 냉정하게 전력을 평가해 봐도 한국이 자력으로 16강 티켓을 얻을 가능성은 높은 편이다. (○)

▶ 목적어인 '16강 티켓을'에 호응하는 서술어가 생략되어 있으므로 '얻을'과 같은 서술어를 넣어야 한다.

➕ 필수적 부사어
문장을 이루기 위해 필수적으로 요구되는 부사어

☑ 학습 체크

01 어법에 맞고 자연스러운 문장이면 ○, 그렇지 않으면 ×에 표시하시오.

(1) 내가 이 일의 책임자가 되기보다는 직접 찾기로 의견을 모았다. (○, ×)
(2) 방문여권 소지자는 본인과 국내에 거주하는 세대원의 주민등록증 발급일자나 대리인(가족관계) 신청으로 공공아이핀 발급이 가능 (○, ×)
(3) 내가 학교를 졸업한 후 시간이 많이 흘렀지만, 학교를 사랑하는 마음은 변치 말아야겠다. (○, ×)
(4) 인간은 환경을 지배하기도 하고 순응하기도 한다. (○, ×)

(1) × '찾다'에 호응하는 목적어가 생략되어 있으므로 '책임자를 직접 찾기로~'와 같이 목적어를 넣어 주는 것이 적절하다.
(2) × '발급일자'와 '신청'이 호응을 이루지 못하므로, '주민등록증 발급일자 확인이나 대리인(가족관계) 신청'과 같이 고쳐 써야 한다.
(3) ○
(4) × 서술어 '순응하기도 한다'에 호응하는 부사어가 생략되어 있으므로 '~환경에 순응하기도 한다'와 같이 부사어를 넣어 주는 것이 적절하다.

3 문장 구조의 호응

1. 병렬 구조

(1) 'A[나/와(과)/및] B[가(이)/을(를)] C하다.' 구조: 'A-C', 'B-C'가 둘 다 호응되어야 하며, 문장 구조가 대응되어야 한다.

이 우유는 맛과 영양가가 높다. (×)
⇨ 이 우유는 맛이 좋고 영양가도 높다. (○)
▶ '맛이 높다'의 호응 구조가 적절하지 않다. '맛이'를 풀이해 주는 서술어를 넣어야 한다.

환경 보존에 대한 인식의 변화와 관심이 높아지고 있다. (×)
⇨ 환경 보존에 대한 인식이 변화하고 있고 그에 대한 관심도 높아지고 있다. (○)
▶ '인식의 변화가 높아지고 있다'의 호응이 적절하지 않다. '인식의 변화'를 풀이해 주는 서술어를 넣어야 한다.

어제는 비와 바람이 많이 불었다. (×)
⇨ 어제는 비가 내리고 바람이 많이 불었다. (○)
▶ '비가 불었다'의 호응 구조가 적절하지 않다. '비가'와 호응하는 서술어를 넣어야 한다.

대부분 햇빛과 통풍이 잘되지 않아 어둡고 습기가 가득했다. (×)
⇨ 대부분 햇빛이 잘 들지 않고 통풍이 잘되지 않아 어둡고 습기가 가득했다. (○)
▶ '햇빛이 잘되지 않아'의 호응 구조가 적절하지 않다. '햇빛이'와 호응하는 서술어를 넣어야 한다.

저희의 결혼을 축복과 축하해 주셔서 감사드립니다. (×)
⇨ 저희의 결혼을 축복하고 축하해 주셔서 감사드립니다. (○)
▶ '축복'과 '축하해'가 명사와 동사로 구조적으로 서로 대응되지 않는다. 동사와 동사의 형태로 대응되도록 수정하는 것이 적절하다.

민희는 저녁에 산책이나 책을 읽는다. (×)
⇨ 민희는 저녁에 산책을 하거나 책을 읽는다. (○)
▶ '산책을 읽는다'의 호응 구조가 적절하지 않다. '산책을'과 호응하는 서술어를 넣어야 한다.

모두 흥에 겨워 춤과 노래를 부르고 있다. (×)
⇨ 모두 흥에 겨워 춤을 추고 노래를 부르고 있다. (○)
▶ '춤을 부르고'의 호응 구조가 적절하지 않다. '춤을'과 호응하는 서술어를 넣어야 한다.

(2) 'A(에/에서/에 대해/를) B(하고/거나) C하다.' 구조: 'A-B', 'A-C'가 둘 다 호응되어야 한다.

국민들이 정책 정보에 접근할 수 있고 참여할 수 있어야 한다. (×)
⇨ 국민들이 정책 정보에 접근할 수 있고, 그것을 결정하는 데 참여할 수 있어야 한다. (○)
▶ '국민들이 정책 정보에 접근할 수 있다'는 호응하지만 '국민들이 정책 정보에 참여할 수 있다'는 호응하지 않는다. 따라서 '-고'라는 대등적 연결 어미로 묶을 수 없다.

☑ **학습 체크**

01 어법에 맞고 자연스러운 문장이면 ○, 그렇지 않으면 ×에 표시하시오.

(1) 다문화 가정에 대한 인식의 변화와 관심이 높아지고 있다. (○, ×)
(2) 아버지는 내일 등산과 빨래, 그리고 책을 읽으실 것이다. (○, ×)
(3) 그는 시화전을 홍보하는 일과 시화전의 진행에 아주 열성적이다. (○, ×)
(4) 공직자는 사회 현실과 사회적 책임을 다해야 할 것이다. (○, ×)
(5) 1반 축구팀은 불안한 수비와 문전 처리가 미숙하여 2반 축구팀에 패배하였다. (○, ×)

---

(1) × 인식의 변화와 관심이 높아지고 있다 → 인식이 변화하고 그에 대한 관심도 높아지고 있다
(2) × '책'은 서술어 '읽다'와 호응하지만, '등산'과 '빨래'는 서술어 '읽다'와 호응하지 않는다. 따라서 '등산'과 '빨래'에 호응하는 서술어를 넣어 '등산과 빨래를 하시고 책을 읽으실 것이다'와 같이 쓰는 것이 적절하다.
(3) × 조사 '~과'로 연결되는 앞뒤 문장의 병렬 구조가 어색하므로 '시화전의 홍보와 시화전의 진행에~'와 같이 쓰는 것이 적절하다.
(4) × '사회적 책임을 다해야 할 것이다'는 목적어와 서술어의 호응이 적절하지만 '사회 현실을 다해야 할 것이다'는 어색하므로 '사회 현실을 알고 사회적 책임을 다해야 할 것이다'와 같이 '사회 현실'과 호응하는 서술어를 넣어 주는 것이 적절하다.
(5) × '불안한 수비가 미숙하다'의 호응 구조가 맞지 않으므로 '~ 수비가 불안하고 문전 처리가 미숙하여 ~'로 고쳐 쓰는 것이 적절하다.

택시에서 내리거나 타기 전에는 뒤에서 오는 오토바이를 조심해야 한다. (×)
⇨ 택시에서 내리거나 택시를 타기 전에는 뒤에서 오는 오토바이를 조심해야 한다. (○)

▶ '택시에서 내리다'는 호응하지만 '택시에서 타다'는 호응하지 않으므로 '-거나'로 묶으면 부자연스럽다. '타기'와 호응하는 목적어를 넣어야 한다.

2. 첨가 구조

(1) 'A뿐 아니라 B하다.' 구조: A, B의 내용과 구조가 대응되어야 한다.

그녀는 예쁠 뿐만 아니라 주변 사람들에게도 악평을 듣는다. (×)
⇨ 그녀는 예쁠 뿐만 아니라 주변 사람들에게도 친절하다. (○)

▶ '뿐만 아니라'는 '어떤 것이 그것만으로 그치지 않고 같은 맥락에서 더 있음'을 나타낼 때 쓰는 말이다. 앞에 '예쁘다'라는 긍정적인 요소가 제시되어 있으므로 뒤에도 긍정적인 요소가 제시되어야 한다.

(2) 'A고 B하다.' 구조: A, B의 내용과 구조가 대응되어야 한다.

형은 무엇보다 먹는 것을 좋아하고 나의 취미는 축구이다. (×)
⇨ 형은 무엇보다 먹는 것을 좋아하고 나는 노는 것을 좋아한다. (○)

▶ 어미 '-고'를 이용하여 앞뒤의 절을 대등하게 이은 문장이다. 앞 문장에 '-는 것을 좋아하다'라는 내용이 제시되었기 때문에 구조와 내용이 각각 대응되도록 하는 것이 적절하다.

4 문장의 중의성

1. 수식 범위에 따른 중의성

점원은 웃으면서 들어오는 손님을 맞이했다. (×)
⇨ 점원은 웃으면서, 들어오는 손님을 맞이했다. (점원이 웃다.) (○)
⇨ 점원은, 웃으면서 들어오는 손님을 맞이했다. (손님이 웃다.) (○)

▶ 점원이 웃은 것인지, 손님이 웃은 것인지 명확하지 않다. 쉼표를 사용해 중의성을 해소한다.

나는 어제 예쁜 누나의 친구를 만났다. (×)
⇨ 나는 어제 예쁜, 누나의 친구를 만났다. (누나의 친구가 예쁘다.) (○)
⇨ 나는 어제 예쁜 누나의, 친구를 만났다. (누나가 예쁘다.) (○)

▶ 누나의 친구가 예쁜 것인지, 누나가 예쁜 것인지 명확하지 않다. 쉼표를 사용해 중의성을 해소한다.

2. 부정 표현에 따른 중의성

나는 어제 버스를 타지 않았다. (×)
⇨ 나는 어제 버스를 타지 않고 택시를 탔다. / 나는 어제 버스를 타지 않고 오늘 탔다. (○)
⇨ 나는 어제 버스를 타지 않고 세우기만 했다. (○)
⇨ 나는 어제 버스를 타지 않았고, 다른 사람이 버스를 탔다. (○)

▶ '안' 부정문은 대상, 시제, 행위, 주체를 다양하게 부정할 수 있으므로, 의미를 명확하게 써야 한다.

민희는 항상 지각하지 않는다. (×)
⇨ 민희가 항상 지각하는 것은 아니다. / 민희는 언제나 지각하는 법이 없다. (○)

▶ '대체로 지각하지만 그렇지 않은 경우도 있다.'는 것인지, '절대로 지각하지 않는다.'는 것인지 불명확하다.

중의성을 해소하는 방법
1. 의미를 한정하는 상황이나 문맥을 제시한다.
2. 문장의 뜻이 분명해지도록 자세히 풀어서 쓴다.
3. 보조사 '는, 도, 만'을 써서 의미를 정확히 한다.
4. 단어의 순서를 정확히 쓰고, 쉼표 등을 사용해서 수식 관계를 분명히 한다.

학습 체크

01 의미가 분명한 문장이면 ○, 그렇지 않으면 ×에 표시하시오.

(1) 오늘 모임에 학생들이 다 오지 않았다. (○, ×)
(2) 영수는 환한 미소를 지으면서 자기에게 다가오는 동생을 바라보았다. (○, ×)
(3) 그는 자기가 맡은 과제를 다 처리하지 못했다. (○, ×)

---
(1) × 학생들이 모두 오지 않은 것인지, 일부만 오지 않은 것인지 분명하지 않은 중의적인 문장이다.
(2) × 환한 미소를 지은 것이 영수인지, 동생인지 분명하지 않은 중의적인 문장이다.
(3) × 과제를 일부는 처리하고 일부는 처리하지 못한 것인지, 과제를 하나도 처리하지 못한 것인지 분명하지 않은 중의적인 문장이다.

사람들이 아직 다 오지 않았다. (×)
⇨ 사람들이 아직 다 오지는 않았다. (일부는 오고 일부는 오지 않았다.) (○)
⇨ 사람들이 아직 아무도 오지 않았다. (온 사람이 하나도 없다.) (○)
▶ 사람들이 일부는 오고 일부는 오지 않은 것인지, 한 사람도 오지 않았는지 분명하지 않다.

3. 조사 '와/과'의 연결 관계에 따른 중의성

어머니께서 사과와 귤 두 개를 주셨다. (×)
⇨ 어머니께서 사과 한 개와 귤 한 개를 주셨다. (○)
⇨ 어머니께서 사과 한 개와 귤 두 개를 주셨다. (○)
⇨ 어머니께서 사과와 귤을 각각 두 개씩 주셨다. (○)
▶ '사과와 귤 두 개'가 '사과 한 개와 귤 한 개'인지, '사과 한 개와 귤 두 개'인지, '사과 두 개와 귤 두 개'인지 명확하지 않다.

나는 어제 예지와 철수를 만났다. (×)
⇨ 나는 어제 예지와 함께 철수를 만났다. (○)
⇨ 나는 어제 예지와 함께 있는 철수를 만났다. (○)
⇨ 나는 어제 예지를 만나고, 그 다음에 철수를 만났다. (○)
▶ 예지와 함께 철수를 만난 것인지, 예지와 철수가 함께 있는데 내가 가서 만난 것인지, 예지와 철수 둘 모두를 각각 만난 것인지가 분명하지 않다.

4. 비교 구문의 중의성

남편은 나보다 게임을 더 좋아한다. (×)
⇨ 남편은 내가 게임을 좋아하는 것보다 게임을 더 좋아한다. (○)
⇨ 남편은 나를 좋아하기보다는 게임을 더 좋아한다. (○)
▶ 남편이 게임을 좋아하는 정도와 내가 게임을 좋아하는 정도를 비교하는 것인지, 나와 게임 자체를 비교하는 것인지 분명하지 않다.

5. '의'를 포함한 명사구의 중의성

탁자 위에 할머니의 그림이 놓여 있었다. (×)
⇨ 탁자 위에 할머니께서 그리신 그림이 놓여 있었다. (○)
⇨ 탁자 위에 할머니가 소유한 그림이 놓여 있었다. (○)
⇨ 탁자 위에 할머니를 그린 그림이 놓여 있었다. (○)
▶ '의'를 포함한 명사구는 주체, 소유, 대상의 의미로 다양하게 해석될 수 있다.

6. 의존 명사 '것'의 사용에 따른 중의성

그가 걸음을 걷는 것이 이상하다. (×)
⇨ 그가 걷는 모습이 이상하다. (○)
⇨ 그가 걸음을 걷는다는 사실 자체가 이상하다. (○)
▶ '것'이 가리키는 것이 걷는 모습인지, 걷는다는 사실인지 분명하지 않다.

☑ **학습 체크**

01 의미가 분명한 문장이면 ○, 그렇지 않으면 ×에 표시하시오.

(1) 그것은 아무리 노력해도 소용없는 일이다. (○, ×)
(2) 아내들은 남편들보다 아이들을 더 사랑한다. (○, ×)

---

(1) ○
(2) × 아내들이 아이들을 사랑하는 정도와 남편들이 아이들을 사랑하는 정도를 비교하는 것인지, 아내들이 사랑하는 대상으로서 남편들과 아이들 자체를 비교하는 것인지 분명하지 않은 중의적인 문장이다.

5 어휘의 적절한 사용

여름이라 날씨가 푹하다. (×)
⇨ **겨울인데도** 날씨가 푹하다. (○)

▶ '푹하다'라는 말은 겨울 날씨가 꽤 따뜻하다는 뜻이다. 여름 날씨를 나타낼 때는 사용할 수 없다.

나는 승진을 빌미로 더욱 노력할 것이라고 다짐했다. (×)
⇨ 나는 승진을 **계기로** 더욱 노력할 것이라고 다짐했다. (○)

▶ '빌미'는 재앙이나 탈 따위가 생기는 원인을 뜻한다. 긍정적인 내용일 때는 쓸 수 없다.

뜨거운 햇빛 때문에 꽃이 까맣게 말라죽었다. (×)
⇨ 뜨거운 **햇볕** 때문에 꽃이 까맣게 말라죽었다. (○)

▶ '햇빛'은 '해의 빛'을, '햇볕'은 '해가 내리쬐는 기운'을 의미한다. 이 문맥에서는 '햇볕'을 써야 한다.

내일이 시험이라 뜬눈으로 밤을 샜다. (×)
⇨ 내일이 시험이라 뜬눈으로 밤을 **새웠다**. (○)

▶ '새다'는 '날이 밝아 오다'라는 뜻이다. '한숨도 자지 않고 밤을 지내다'라는 의미로는 '새우다'를 써야 한다.

어머니께서는 삶은 달걀을 간장에 졸이셨다. (×)
⇨ 어머니께서는 삶은 달걀을 간장에 **조리셨다**. (○)

▶ '졸이다'는 찌개나 국을 국물이 줄어들도록 끓인다는 뜻이며, '조리다'는 바짝 끓여서 양념이 재료에 배어들게 하는 것을 의미한다. 간장을 달걀에 배어들게 하는 것이므로 '조리다'를 쓰는 것이 적절하다.

리보솜과 리소좀은 서로 틀린 거야. (×)
⇨ 리보솜과 리소좀은 서로 **다른** 거야. (○)

▶ '틀리다'는 '잘못되었다, 옳지 못하다'라는 뜻을 가진 말이다. 리보솜과 리소좀을 서로 구별하려고 할 때는 '같지 않다'라는 뜻의 '다르다'를 사용해야 한다.

커피 한 잔은 되지만 한 잔 이상 마시면 해롭습니다. (×)
⇨ 커피 한 잔은 되지만 **두 잔 이상** 마시면 해롭습니다. (○)

▶ '이상'은 그 수량이 범위에 포함되면서 그 위인 경우를 가리키는 말이다. '한 잔 이상'은 '한 잔'을 포함하는 의미이므로 이 문장은 '커피 한 잔은 마셔도 괜찮은 것, 동시에 해로운 것'이라는 의미의 충돌을 일으킨다. 따라서 '두 잔 이상'으로 고쳐야 한다.

입찰을 하려면 보증금을 국고에 수납해야 합니다. (×)
⇨ 입찰을 하려면 보증금을 국고에 **납부해야/내야** 합니다. (○)

▶ '수납(收納)'은 '돈이나 물품 따위를 받아 거두어들이는 것'을 가리키는 말이다. 첫 번째 문장을 그대로 해석하면 '보증금을 국고로부터 받아내라.'라는 뜻이 된다. 입찰을 할 때에는 보증금을 내는 것이 일반적이므로, '세금이나 공과금 따위를 관계 기관에 냄'이라는 뜻인 '납부'를 쓰는 것이 적절하다.

감염을 막기 위해 예방 접종을 맞았다. (×)
⇨ 감염을 막기 위해 예방 접종을 **했다**. (○) / 감염을 막기 위해 **예방 주사를** 맞았다. (○)

▶ '예방 접종'은 '전염병을 예방하기 위하여, 백신을 투여하여 면역성을 인공적으로 생기도록 하는 일'이라는 뜻이다. 이 말뜻을 고려하여 '예방 접종을 했다'로 바꿔 쓰거나 서술어 '맞다'와 호응하도록 목적어를 '예방 주사로'로 바꿔 쓰는 것이 자연스럽다.

☑ **학습 체크**

01 밑줄 친 어휘가 문맥의 흐름상 적절하면 ○, 그렇지 않으면 ×에 표시하시오.

(1) 경기 침체로 빌라와 연립주택의 경매가 봇물을 이루고 있다. (○, ×)
(2) 우리나라 토종 식물들의 서식 환경이 점점 나빠지고 있다. (○, ×)
(3) 그는 지난번과 틀린 의견을 가지고 왔다. (○, ×)

---

(1) × '봇물'은 '보에 괸 물. 또는 거기서 흘러내리는 물'을 뜻하므로 한꺼번에 몰려 성황을 이루는 모습을 나타내려면 '봇물 터지듯 이뤄지고 있다'로 고쳐 써야 한다.
(2) ○ 이전에 '서식'은 '동물이 깃들여 삶'을 뜻하여 식물이 자라나는 환경을 설명하는 (2)에 사용할 수 없었으나, 현재는 '서식'의 의미가 '생물 등이 일정한 곳에 자리를 잡고 삶'으로 변경되어 동물과 식물의 경우에 모두 쓸 수 있다.
(3) × 비교가 되는 두 대상(지난번의 의견과 현재의 의견)이 서로 같지 않음을 나타낼 때는 '다르다'를 써야 한다.

우리 회사에서는 정화한 오염 폐수만을 내보낸다. (×)
⇨ 우리 회사에서는 오염된 폐수를 정화하여 내보낸다. (○)

▶ '오염 폐수'라는 말을 '정화한'의 목적어 자리에 보내야 논리에 맞고 자연스러운 표현이 된다.

잊어버린 물건을 찾으려면 분실물 보관소에 가야 한다. (×)
⇨ 잃어버린 물건을 찾으려면 분실물 보관소에 가야 한다. (○)

▶ '가졌던 물건이 자신도 모르게 없어져 그것을 아주 갖지 아니하게 되다.'를 뜻하는 '잃어버리다'를 써야 한다.

축배를 터트리며 함께 우승의 기쁨을 나누었다. (×)
⇨ 축배를 들며 / 축포를 터트리며 함께 우승의 기쁨을 나누었다. (○)

▶ '축배'는 '축하하는 뜻으로 마시는 술. 또는 그런 술잔'을 뜻하므로 '터트리다'와 의미상 어울리지 않는다. '축배를 들며'로 쓰거나, 서술어 '터트리며'와 호응하는 목적어 '축포를'을 쓰는 것이 적절하다.

어른께서 귀사에 귀한 정보를 보내 주시니 고맙기 그지없습니다. (×)
⇨ 어른께서 폐사에 귀한 정보를 보내 주시니 고맙기 그지없습니다. (○)

▶ '귀사(貴社)'는 주로 편지글에서, 상대편의 회사를 높여 이르는 말이고, '폐사(弊社/敝社)'는 말하는 이가 자기 회사를 낮추어 이르는 말이다. 이 문장에서는 자신의 회사에 정보를 보내 주어 고맙다고 하는 것이 자연스러우므로 '폐사'를 써야 한다.

그는 이웃집 여자가 죽었다는 낭보를 듣자 마음이 울적해졌다. (×)
⇨ 그는 이웃집 여자가 죽었다는 비보를 듣자 마음이 울적해졌다. (○)

▶ '낭보(朗報)'는 '기쁜 기별이나 소식'을, '비보(悲報)'는 '슬픈 기별이나 소식'을 의미한다. 사람이 죽은 일을 기쁜 소식으로 보는 것은 어색하므로 이 문장에서는 '비보'를 써야 한다.

할머니께서 중풍으로 누워 계실 때, 어머니는 병치레를 극진히 하였다. (×)
⇨ 할머니께서 중풍으로 누워 계실 때, 어머니는 병구완을 극진히 하였다. (○)

▶ '병치레'는 '병을 앓아 치러 내는 일'을, '병구완'은 '앓는 사람을 돌보아 주는 일'을 의미한다. 중풍인 할머니를 돌보았다는 의미이므로 '병구완'을 써야 한다.

(직원이 신청서를 내려는 민원인에게) 등본 신청서는 4번 창구에서 접수하십시오. (×)
⇨ (직원이 신청서를 내려는 민원인에게) 등본 신청서는 4번 창구에서 신청하십시오/내십시오. (○)

▶ '접수(接受)'는 '신청이나 신고 따위를 구두나 문서로 받음'을 뜻하는 말이다. 신청서를 내려는 민원인에게 신청서를 받으라고 말하는 것이 어색하므로, 서술어를 고쳐 써야 한다.

우리 사무실에서는 쓰레기를 분리수거해야 합니다. (×)
⇨ 우리 사무실에서는 쓰레기를 분리해서 버려야 합니다. (○)

▶ '분리수거(分離收去)'는 '종류별로 나누어서 버린 쓰레기 따위를 거두어 감'을 뜻하는 말이다. 쓰레기를 종류별로 잘 정리해서 버리는 일과 그것을 수거하는 일은 별개의 동작이므로 두 동작을 동일인이 하는 경우가 전제되어 있지 않다면 서술어를 고쳐 쓰는 것이 자연스럽다.

아내는 칠칠하게 지갑을 자주 잃어버린다. (×)
⇨ 아내는 칠칠하지 못하게 지갑을 자주 잃어버린다. (○)

▶ '칠칠하다/칠칠맞다'는 '성질이나 일 처리가 반듯하고 야무지다'를 뜻하는 단어로, 문맥상 '칠칠하지 못하게'로 고쳐 쓰는 것이 자연스럽다. 이러한 오류를 범하기 쉬운 유형으로는 '변변하다 - 변변찮다(변변치 않다)'가 있다.

☑ **학습 체크**

01 밑줄 친 어휘가 문맥의 흐름상 적절하면 ○, 그렇지 않으면 ×에 표시하시오.

(1) 우리 부서의 과장님께서는 골치 아픈 일을 <u>자칭해서</u> 떠맡기 일쑤입니다. (○, ×)

(2) 날씨가 내일부터 누그러져 주말에는 <u>예년</u> 기온을 되찾을 것으로 예상됩니다. (○, ×)

(3) 방송 장비를 <u>휴대한</u> 트럭이 현장에 대기하면서 실시간으로 상황을 중계합니다. (○, ×)

---

(1) × '자칭해서'는 자신을 스스로 일컫는다는 뜻으로 의미상 문맥에 맞지 않으므로 자발적으로 나서서 업무를 맡는다는 의미의 '자청해서'로 고쳐 써야 한다.
(2) ○
(3) × '휴대하다'는 '손에 들거나 몸에 지니고 다니다'라는 뜻으로 '장비를 휴대한 트럭'은 어색한 표현이다. '배, 비행기, 차 등에 물건을 싣다'라는 뜻의 '탑재하다'로 고쳐 써야 한다.

6 불필요한 문장 성분의 사용

1. 단어의 반복 사용

정의란, 악인을 벌하는 것이 정의이다. (×)
⇨ 정의란, 악인을 벌하는 것이다. (○)
⇨ 악인을 벌하는 것이 정의이다. (○)

▶ '정의'를 반복해서 사용하여 어색하다. 한 번만 쓰는 것이 자연스럽다.

그 선수의 장점은 경기 흐름을 잘 읽고, 다른 선수들에게 공을 잘 보내 준다는 것이 큰 장점이다. (×)
⇨ 그 선수의 장점은 경기 흐름을 잘 읽고, 다른 선수들에게 공을 잘 보내 준다는 것이다. (○)
⇨ 그 선수는 경기 흐름을 잘 읽고, 다른 선수들에게 공을 잘 보내 준다는 것이 장점이다. (○)

▶ 이 문장은 대등하게 이어져 있으므로, 연결 어미를 기준으로 '주어 – 서술어'를 확인한다. 주어와 서술어에 같은 단어가 중복되면 뒤엣것은 다른 단어로 대체해야 한다. 여기서는 '장점'이 중복되므로 둘 중 하나를 생략해야 한다.

이 작품은 젊은 시절 작가의 경험이 충분히 녹아 있는 작품이다. (×)
⇨ 이 작품은 젊은 시절 작가의 경험이 충분히 녹아 있다. (○)

▶ '작품'을 반복해서 쓸 필요가 없으므로, 한 번만 쓴다.

제안서, 안내서 및 과업 지시서 교부는 참가 신청자에게만 교부한다. (×)
⇨ 제안서, 안내서 및 과업 지시서는 참가 신청자에게만 교부한다. (○)

▶ 주어부와 서술어만 바로 연결해 보면 '과업 지시서 교부는 ~ 교부한다.'가 된다. 불필요한 단어인 앞의 '교부'를 삭제해야 주어와 서술어의 호응이 자연스러워진다.

2. 의미의 중복 지양

그 참사는 미리 예견(豫見)된 것이었다. (×)
⇨ 그 참사는 예견(豫見)된 것이었다. (○)

▶ '예견(豫見)'의 '예(豫)'가 '미리'라는 의미를 가지고 있으므로, 앞에 '미리'라는 말을 중복해서 사용할 필요가 없다.

그는 앞으로 해야 할 일을 스스로 자각(自覺)했다. (×)
⇨ 그는 앞으로 해야 할 일을 자각(自覺)했다. (○)

▶ '자각(自覺)'이 '스스로 깨닫다'라는 의미를 가지고 있으므로, '스스로'라는 말을 중복해서 사용할 필요가 없다.

방학 기간 동안 축구를 실컷 했다. (×)
⇨ 방학 동안 축구를 실컷 했다. (○)

▶ '기간(期間)'과 '동안'은 '어느 일정한 시기에서 다른 일정한 시기와의 사이'를 의미하는 한자어와 고유어이다. 의미가 중복되므로, 두 단어 중 하나를 생략해야 한다. 여기서는 '동안'보다는 '기간'을 생략하는 것이 자연스럽다.

버스 안에 탄 승객은 우리와 자매결연을 맺은 분들이다. (×)
⇨ 버스 안에 탄 손님은 우리와 자매결연을 한 분들이다. (○)
⇨ 버스 안의 승객은 우리와 자매의 연을 맺은 분들이다. (○)

☑ 학습 체크

01 의미가 중복된 표현을 고르시오. (4개)

㉠ 어린 시절의 추억을 돌이켜 회상해 보았다.
㉡ 그는 자신의 미래를 미리 예견하는 것 같았다.
㉢ 관객들이 모두 착석하고 나서 공연이 시작되었다.
㉣ 이젠 다른 사람에게 의존하지 않고 스스로 자립해야 한다.
㉤ 이렇게 어려운 책을 속독으로 읽는 것은 하늘의 별 따기이다.

㉠ ㉡ ㉣ ㉤
㉠ '회상'은 '지난 일을 돌이켜 생각함'을 뜻하므로 '돌이켜'라는 의미가 중복된다.
㉡ '예견'은 '앞으로 일어날 일을 미리 짐작함'을 뜻하므로 '미리'라는 의미가 중복된다.
㉣ '자립'은 '남에게 의지하지 않고 스스로 서다'를 뜻하므로 '스스로'라는 의미가 중복된다.
㉤ '속독'은 '책 따위를 빠른 속도로 읽음'을 뜻하므로 '읽다'라는 의미가 중복된다.

▶ '승객(乘客)'은 '차, 배, 비행기 등의 탈것을 타는 손님'이라는 의미를 가지고 있으므로, 앞에 '타다'라는 말을 중복해서 사용할 필요가 없다. 또한 '결연(結緣)'은 '인연을 맺음. 또는 그런 관계'라는 의미로 '맺다'라는 말을 중복해서 사용할 필요가 없다.

요즘 같은 때에는 공기를 자주 환기해야 감기에 안 걸리는 거야. (X)
⇨ 요즘 같은 때에는 자주 환기해야 감기에 안 걸리는 거야. (O)
⇨ 요즘 같은 때에는 공기를 자주 바꿔 주어야 감기에 안 걸리는 거야. (O)

▶ '환기(換氣)'는 '탁한 공기를 맑은 공기로 바꿈'이라는 뜻이므로 '공기를 환기해야'는 '공기'라는 의미가 중복된 표현이다. 따라서 '공기를'을 생략하거나 '공기를 자주 바꿔 주어야'로 고쳐야 한다.

모두 자리에 착석(着席)하시기 바랍니다. (X)
⇨ 모두 착석(着席)하시기 바랍니다. (O)
⇨ 모두 자리에 앉아 주시기 바랍니다. (O)

▶ '착석(着席)'은 '자리에 앉음'이라는 의미를 가지고 있으므로, '자리에'라는 말을 중복해서 사용할 필요가 없다.

올바른 사회를 이룩하기 위해서는 모든 사회악을 뿌리 뽑아 근절(根絶)해야 한다. (X)
⇨ 올바른 사회를 이룩하기 위해서는 모든 사회악을 근절(根絶)해야 한다. (O)
⇨ 올바른 사회를 이룩하기 위해서는 모든 사회악을 뿌리 뽑아야 한다. (O)

▶ '근절(根絶)하다'는 '다시 살아날 수 없도록 아주 뿌리째 없애 버리다.'라는 뜻이므로, '뿌리 뽑아 근절해야'는 의미가 중복된 표현이다. 참고로 '뿌리(를) 뽑다'는 관용구로 '어떤 것이 생겨나고 자랄 수 있는 근원을 없애 버리다.'라는 뜻이다.

우리 식당은 먹고 남은 잔반(殘飯)을 재활용하지 않습니다. (X)
⇨ 우리 식당은 잔반(殘飯)을 재활용하지 않습니다. (O)
⇨ 우리 식당은 먹고 남은 음식을 재활용하지 않습니다. (O)

▶ '잔반(殘飯)'은 '먹고 남은 음식'이라는 의미를 가지고 있으므로 '먹고 남은'이라는 말을 중복해서 사용할 필요가 없다.

고득점 공략

의미가 중복된 표현

가까운 근방(近方)	모두 다	음모(陰謀)를 꾸미다
같은 동포(同胞)	미리 예비(豫備)	이름난 명산(名山)
겪은 경험(經驗)	밖으로 표출(表出)	좋은 호평(好評)
계속 속출(續出)	방학 기간(其間) 동안	죽은 시체(屍體)
고목(古木) 나무	분(粉)가루	처갓(妻家)집
과반수(過半數) 이상	뼛골(骨)	청천(晴天) 하늘
긴 장대(長—)	새신랑(新郎)	축구(蹴球)를 차다
날조(捏造)된 조작극(造作劇)	서로 상충(相衝)	큰 대문(大門)
남은 여생(餘生)	새로 만든 신작(新作)	탈(脫) 꼴찌에서 벗어나
넓은 광장(廣場)	쓰이는 용도(用途)	투고(投稿)한 원고
높은 고온(高溫)	앞으로 전진(前進)	폭음(爆音) 소리
다시 복습(復習)	어린 소녀(少女)	푸른 창공(蒼空)
담임(擔任)을 맡다	역전(驛前) 앞	허연 백발(白髮)
더러운 누명(陋名)	완전히 전멸(全滅)	혼자 독학(獨學)
따뜻한 온정(溫情)	옥상(屋上) 위	도보(徒步)로 걷다
형부터 먼저	오로지 빵만	사람마다 각각

7 문법 요소의 적절한 사용

1. 조사 쓰임의 적절성 파악

그녀와 헤어진 후, 나는 날마다 술이 취해 지냈다. (×)
⇨ 그녀와 헤어진 후, 나는 날마다 술에 취해 지냈다. (○)

▶ 동사 '취하다'는 주로 '~에 취하다'의 형태로 쓰인다. 또한 술은 주어 '나'를 취하게 하는 대상이므로, 앞말이 어떤 움직임을 일으키게 하는 대상임을 나타내는 부사격 조사 '에'를 쓰는 것이 적절하다.

시민 단체는 환경 오염 문제에 대해 정부에게 강력히 항의했다. (×)
⇨ 시민 단체는 환경 오염 문제에 대해 정부에 강력히 항의했다. (○)

▶ 유정 명사 뒤에는 조사 '에게'를, 무정 명사 뒤에는 조사 '에'를 쓰는 것이 적절하다.

- 도산 안창호 선생은 교육자로써 후학들을 위해 헌신하셨다. (×)
  ⇨ 도산 안창호 선생은 교육자로서 후학들을 위해 헌신하셨다. (○)
- 그와 친하게 지낸 것은 최근의 일로써 그전에는 사이가 그다지 좋지 않았다. (×)
  ⇨ 그와 친하게 지낸 것은 최근의 일로서 그전에는 사이가 그다지 좋지 않았다. (○)

▶ '자격'을 나타낼 때에는 '로서'를, '수단'이나 '방법'을 나타낼 때에는 '로써'를 쓴다.
▶ 그 밖에 어떤 동작이 일어나거나 시작되는 곳을 의미할 때는 '로서'를 쓰고, 시간을 셈할 때 셈에 넣는 한계를 나타내는 조사로는 '로써'를 쓴다. 예 시험을 치는 것이 이로써 세 번째이다.

영수는 철수에게 "나도 내일 수영장에 간다."고 말했다. (×)
⇨ 영수는 철수에게 "나도 내일 수영장에 간다."라고 말했다. (○)

▶ 직접 인용에는 '라고', 간접 인용에는 '고'를 사용하는 것이 적절하다.

나의 살던 고향은 꽃 피는 산골 (×)
⇨ 내가 살던 고향은 꽃 피는 산골 (○)

▶ '나'가 주어이므로 관형격 조사 '의'가 아닌 주격 조사 '가'를 쓰는 것이 적절하다.

약은 약사에게 상의하십시오. (×)
⇨ 약은 약사와 상의하십시오. (○)

▶ '상의하다'는 '~와(과) ~을(를) 상의하다'의 형태로 쓰므로 주어와 상의하는 대상에는 조사 '와/과'를 쓰는 것이 자연스럽다.

민재는 사실에 허구와 섞어서 이야기를 재미있게 했다. (×)
⇨ 민재는 사실에 허구를 섞어서 이야기를 재미있게 했다. (○)
⇨ 민재는 사실과 허구를 섞어서 이야기를 재미있게 했다. (○)

▶ 동사 '섞다'는 '~에 ~을(를) 섞다' 또는 '~을(를) ~와(과) 섞다'의 형태로 쓴다.

우리는 명수는 뛰어난 인재라는 사실을 예전부터 알고 있었다. (×)
⇨ 우리는 명수가 뛰어난 인재라는 사실을 예전부터 알고 있었다. (○)

▶ 주격 조사 '이/가'는 새로운 정보(new information)를 나타낼 때 쓰이고, 보조사 '은/는'은 이미 알려진 정보(old information)를 나타낼 때 쓰인다. 이에 따라 처음 드러나는 정보에는 '이/가', 이미 알려진 정보를 화제로 할 때는 '은/는'을 쓰는 것이 자연스럽다. 대체로 안긴문장의 주어에는 조사 '이/가'가 쓰인다.

✓ 학습 체크

01 밑줄 친 조사의 쓰임이 옳으면 ○, 그렇지 않으면 ×에 표시하시오.

(1) 건축 면적은 설계도에서 정한 기준에 따라 산정한다. (○, ×)
(2) 제안서 및 과업 지시서는 참가 신청자에게 한하여 교부한다. (○, ×)
(3) 관계 조서 사본을 관리 사무소에 비치하고 일반인에게 보인다. (○, ×)
(4) 제5조 제1항의 규정에도 불구하고 다음 각 목의 평가는 1년 유예를 둔다. (○, ×)
(5) 한문을 한글로 풀이한 이 책은 중세 국어의 자료로써 가치가 있다. (○, ×)

02 어법에 맞고 자연스러운 문장이면 ○, 그렇지 않으면 ×에 표시하시오.

(1) 전항의 규정에 위반한 행위는 취소할 수 있다. (○, ×)
(2) 홍 교수는 고려가요 '청산별곡'을 대칭구조로 파악해서는 안 된다라고 강력히 주장하였다. (○, ×)
(3) 서울시에서 이번 행사를 기획했다고 한다. (○, ×)

---

01 (1) ○
(2) × 에게 → 에: '한하다'는 '어떤 조건, 범위에 제한되거나 국한되다.'라는 뜻으로, '~에 한하다'와 같은 형태로 쓰인다.
(3) ○ (4) ○ (5) × 로써 → 로서
02 (1) × 규정에 → 규정을
(2) × 안 된다라고 → 안 된다고
(3) ○

🔍 주관적 심정을 나타낼 때 사용하는 '-것 같다'

영화가 매우 재미있는 것 같습니다.
⇨ 영화가 매우 재미있습니다.

이 문장은 문법적으로는 잘못된 표현이라고 할 수 없으나, 습관적으로 사용하는 적절하지 못한 표현이다. '재미있다'는 주관적 심정을 나타내는 말이므로 말하는 자신이 가장 잘 알고 있는 심정인데, 명확한 기분이나 감정에 '-것 같다'라는 불확실한 추측의 표현을 사용하는 것은 적절하지 못하기 때문이다. '-것 같다'는 과거의 사실을 보고하거나 객관적인 현상을 짐작하는 표현에 사용할 수 있다.

📌 • 그 일을 생각하니 눈물이 쏟아질 것 같더라. (과거 사실의 보고)
 • 하늘을 보니 비가 올 것 같다. (객관적 현상의 짐작)

2. 어미 사용의 적절성 파악

• 여기에 있던지 가던지 마음대로 해라. (×) ⇨ 여기에 있든지 가든지 마음대로 해라. (○)
• 그 시절 우리는 얼마나 아름다웠는지. (×) ⇨ 그 시절 우리는 얼마나 아름다웠던지. (○)

▶ '-던지'는 과거를 회상할 때 쓰고, '-든지'는 선택의 의미가 있을 때 쓴다.

오다가 가게에 들려서 계란 좀 사 오렴. (×)
⇨ 오다가 가게에 들러서 계란 좀 사 오렴. (○)

▶ 지나는 길에 잠깐 머무른다는 의미의 단어는 '들르다'이다. '들르다'는 모음 어미 앞에서 'ㅡ'가 규칙적으로 탈락하는 용언이기 때문에 '들르- + -어서'와 같이 결합하여 '들러서'로 쓰는 것이 적절하다. '담그다, 잠그다' 등의 어휘도 이처럼 '담가, 담가서', '잠가, 잠가서'와 같이 활용하므로 유의한다.

집에 오자마자 그는 기름때에 절은 작업복을 벗었다. (×)
⇨ 집에 오자마자 그는 기름때에 전 작업복을 벗었다. (○)

▶ '절다, 갈다, 놀다'와 같이 받침 'ㄹ'로 끝나는 동사 어간 뒤에, 앞말이 관형어 구실을 하게 하는 어미 '-ㄴ'이 붙어 '전, 간, 논'처럼 어간의 끝 'ㄹ'이 줄어지면 준 대로 적는다.

문제에 알맞는 답을 고르시오. (×)
⇨ 문제에 알맞은 답을 고르시오. (○)

▶ '알맞다'는 형용사이므로 현재 시제 선어말 어미 '-는'을 붙일 수 없다.

아버님, 올해도 건강하세요. (×)
⇨ 아버님, 올해도 건강하게 지내세요. (○)

▶ 형용사는 명령형 어미 '-아라/-어라'와 직접 결합할 수 없다.

아이들은 묵묵히 벽돌을 날았다. (×)
⇨ 아이들은 묵묵히 벽돌을 날랐다. (○)

▶ 물건을 한 곳에서 다른 곳으로 옮긴다는 의미의 단어는 '나르다'이다. '나르다'는 '르' 불규칙 활용을 하는 용언이기 때문에 '나르- + -았- + -다'와 같이 결합하여 '날랐다'로 활용하는 것이 적절하다.

보세요, 잘 날라가지 않습니까? (×)
⇨ 보세요, 잘 날아가지 않습니까? (○)

▶ '날아가다'는 '날- + -아(연결 어미) + 가다'로 구성된 용언이다. '날라가지'는 우리말에서 흔히 범하기 쉬운 활용상의 잘못으로, 용언의 어간이 'ㄹ' 받침으로 끝나더라도 어미 첫음절이 모음으로 시작되면 어미 첫음절에 'ㄹ'을 쓰지 않는다.

도량형은 미터법 사용을 원칙으로 하며 각종 증빙 서류 등을 미터법 이외의 도량형으로 작성할 경우 미터법으로 환산한 수치를 병기함 (×)
⇨ 도량형은 미터법 사용을 원칙으로 하되 각종 증빙 서류 등을 미터법 이외의 도량형으로 작성할 경우 미터법으로 환산한 수치를 병기함 (○)

▶ '-며'는 두 가지 이상의 동작이나 상태 등을 나열할 때 쓰는 연결 어미이고, '-되'는 어떤 사실을 서술하면서 그와 관련된 조건이나 세부 사항을 뒤에 덧붙일 때 쓰는 연결 어미이므로 '-되'를 통해 앞뒤의 문장을 연결하는 것이 적절하다.

✅ 학습 체크

01 어법에 맞고 자연스러운 문장이면 O, 그렇지 않으면 X를 표시하시오.
(1) 그가 떠나던지 말던지 나는 신경 쓰지 않는다. (O, X)
(2) 동생이 접은 종이 비행기는 잘 날라간다. (O, X)

---

(1) × 떠나던지 말던지 → 떠나든지 말든지
(2) × 날라간다 → 날아간다

3. 높임 표현의 적절성 파악

너, 선생님이 빨리 오래. (×)
⇨ 너, 선생님께서 빨리 오라셔. (○)
⇨ 너, 선생님께서 빨리 오라고 하셔. (○)

▶ 높임법을 사용할 때에 행위의 주체를 적절하게 높여 주지 않은 경우이다. '선생님'을 높이는 표현으로 수정해야 한다.

어머니께서는 댁에 있으시다. (×)
⇨ 어머니께서는 댁에 계시다. (○)

▶ 주체인 어머니는 높임의 대상이다. 주체를 직접 높일 때에는 '계시다'를 쓴다.

할머니께서는 눈이 매우 좋다. (×)
⇨ 할머니께서는 눈이 매우 좋으시다. (○)

▶ 할머니의 '눈'이므로 간접 높임의 대상이 된다. 따라서 서술어에 '-(으)시-'를 넣어야 한다.

선생님께는 따님이 계시다. (×)
⇨ 선생님께는 따님이 있으시다. (○)

▶ '계시다'는 주체를 직접 높일 때 사용하고 '있으시다'는 주어와 관련된 대상을 통하여 주어를 간접적으로 높일 때 사용한다. 원래 따님은 높임의 대상이 아니나, 선생님을 높이기 위해 선생님과 관련된 따님을 높여 선생님을 간접적으로 높인 것이다. 이에 간접 높임 표현인 '있으시다'를 써야 한다.

주례 선생님의 말씀이 계시겠습니다. (×)
⇨ 주례 선생님의 말씀이 있으시겠습니다. (○)
⇨ 주례 선생님의 말씀이 있겠습니다. (○)

▶ 주례 선생님을 높이기 위해서는 주어인 '말씀'을 간접적으로 높여 써야 한다. 주체 높임을 직접 적용한 '계시다'는 '말씀' 자체를 높이게 되므로 적절하지 않다. 따라서 간접 높임을 적용하여 '있으시다'를 써야 한다('있겠습니다' 도 허용되는 표현).

선생님, 전화 오셨습니다. (×)
⇨ 선생님, 전화 왔습니다. (○)

▶ '전화'는 높임의 대상이 아니므로 '-시-'를 써서 높여 표현하지 않아야 한다.

손님, 영수증 받으실게요. / 손님, 자리에 앉으실게요. (×)
⇨ 손님, 영수증 받으세요. / 손님, 자리에 앉으세요. (○)

▶ 선어말 어미 '-시-'는 주체 높임 표현이므로 '받다', '앉다'의 주체인 손님을 높이는 표현이 맞다. 그러나 '-ㄹ게'는 자신이 어떤 행동을 할 것을 약속할 때 쓰이므로 이 말은 다른 사람의 행위를 나타낼 때 쓸 수 없다. 따라서 서로 어울려 쓸 수 없는 '-시-'와 '-ㄹ게'가 함께 쓰인 '-실게요'는 어색한 표현이므로 고쳐 써야 한다.

할아버지께서는 다른 사람들이 자기에 대해 말하는 것을 몹시 불쾌하게 여기셨다. (×)
⇨ 할아버지께서는 다른 사람들이 당신에 대해 말하는 것을 몹시 불쾌하게 여기셨다. (○)

▶ '자기'는 예사말이다. 주어인 '할아버지'가 높임의 대상이므로, '자기'를 아주 높여 이르는 말인 '당신'을 쓰는 것이 적절하다.

☑ 학습 체크

01 어법에 맞고 자연스러운 문장이면 ○, 그렇지 않으면 ×에 표시하시오.

(1) 교장 선생님의 말씀이 계시겠습니다. (○, ×)
(2) 선생님의 정성이 얼마나 고마웠던지 지금도 잊을 수가 없습니다. (○, ×)
(3) (간호사가 환자에게) 환자분, 주사 맞게 침대에 누우실게요. (○, ×)

---

(1) × 계시겠습니다 → 있으시겠습니다, 있겠습니다
(2) ○
(3) × 침대에 누우실게요 → 침대에 누우세요: '-ㄹ게'는 자신이 어떤 행동을 할 것을 약속할 때 쓰이므로 타인의 행위를 나타낼 때 쓸 수 없다.

4. 시제 표현의 적절성 파악

중학교 시절 그녀는 다른 아이들에 비해 키가 작다. (✗)
⇨ 중학교 시절 그녀는 다른 아이들에 비해 키가 작았다. (O)

▶ '중학교 시절'로 보아 전체 서술어를 과거 시제로 표현하는 것이 적절하다.

눈이 바야흐로 내렸다. (✗)
⇨ 눈이 바야흐로 내리려 한다. (O)

▶ '바야흐로'는 '지금 바로, 이제 한창'의 뜻으로 가까운 미래와 호응한다.

철수가 아직도 떠나지 않고 있는 중이다. (✗)
⇨ 철수가 아직도 떠나지 않았다. (O)

▶ '아직도'는 과거 시제와 호응한다.

그녀와 내가 처음 만난 것은 고등학교 2학년이 되는 해의 겨울이었다. (✗)
⇨ 그녀와 내가 처음 만난 것은 고등학교 2학년이 되던 해의 겨울이었다. (O)

▶ 전체 문장의 서술어가 과거 시제 '겨울이었다'이므로 현재를 나타내는 '-는'이 아닌 과거를 나타내는 관형사형 어미 '-던'을 사용해야 한다.

5. 피동 표현의 적절성 파악

잊혀진 역사를 복원하는 일은 후세를 위해 반드시 필요하다. (✗)
⇨ 잊힌 역사를 복원하는 일은 후세를 위해 반드시 필요하다. (O)

▶ 피동 접미사 '-히-'에 피동의 통사적 표현인 '-어지다'가 중복 사용되어 틀린 문장이다. (이중 피동)

다행히 태풍이 우리나라에 상륙하면서 열대성 고기압으로 약화되어졌다. (✗)
⇨ 다행히 태풍이 우리나라에 상륙하면서 열대성 고기압으로 약화되었다. (O)

▶ 피동의 통사적 표현인 '-되다'와 '-어지다'가 중복 사용되어 틀린 문장이다. (이중 피동)

현대인들은 시간에 지나치게 얽매어 있다. (✗)
⇨ 현대인들은 시간에 지나치게 얽매여 있다. (O)

▶ '얽매다'는 '마음대로 행동할 수 없도록 구속하다.'라는 의미로 쓰인다. 현대인들이 자신을 얽어매는 것이 아니므로 피동형으로 쓰는 것이 적절하다. 피동 접미사 '-이-'를 사용하여 '얽매- + -이- + -어'가 결합한 '얽매여'로 쓰는 것이 적절하다.

나는 그녀를 볼 때마다 마음이 설레였다. (✗)
⇨ 나는 그녀를 볼 때마다 마음이 설렜다. (O)

▶ '설레다'는 '마음이 가라앉지 않고 들떠서 두근거리다.'라는 뜻이다. 굳이 피동 접미사 '-이-'와 결합하지 않아도 '설레다' 자체만으로 자연스러운 의미 전달이 가능하므로 '설레다'만 사용한다.

20년 만에 어머니를 만난 아들은 목메여 울었다. (✗)
⇨ 20년 만에 어머니를 만난 아들은 목메어 울었다. (O)

▶ '목메다'는 '기쁨이나 설움 등의 감정이 북받쳐 솟아올라 그 기운이 목에 엉기어 막히다.'라는 뜻이다. 어휘 자체가 피동의 의미를 지니므로 피동 접미사 '-이-'와 결합하지 않아도 자연스러운 의미 전달이 가능하다.

☑ **학습 체크**

01 어법에 맞고 자연스러운 문장이면 O, 그렇지 않으면 ✗에 표시하시오.

(1) 그 문제는 어려워서 풀려지지 않다. (O, ✗)
(2) 하지만 오랜 시간이 흘러도 잊혀지지 않는 한마디가 있다. (O, ✗)

---

(1) ✗ 풀려지지 → 풀리지: '풀려지지'는 피동사 '풀리다'에 '-어지다'가 쓰인 이중 피동형이다.
(2) ✗ 잊혀지지 → 잊히지: '잊혀지지'는 피동의 뜻을 나타내는 접미사 '-히-'와 '-어지다'가 모두 쓰인 이중 피동형이다.

6. 사동 표현의 적절성 파악

그 매장에서는 문을 열어 놓고 에어컨을 가동시키고 있는데 이것은 불법이다. (×)
⇨ 그 매장에서는 문을 열어 놓고 에어컨을 가동하고 있는데 이것은 불법이다. (○)

▶ '가동하다'는 '사람이나 기계 등이 움직여 일하다.'라는 뜻이다. 굳이 '-시키다'를 사용하지 않아도 '가동하다' 자체만으로 자연스러운 의미 전달이 가능하므로 '가동하다'를 쓰는 것이 좋다.

그 선생님은 국어를 교육시키는 분이다. (×)
⇨ 그 선생님은 국어를 교육하는 분이다. (○)

▶ '교육하다'는 '지식과 기술 등을 가르치며 인격을 길러 주다.'라는 뜻이다. 굳이 '-시키다'를 사용하지 않아도 '교육하다' 자체만으로 자연스러운 의미 전달이 가능하므로 '교육하다'를 쓰는 것이 좋다.

내가 친구 한 명 소개시켜 줄게. (×)
⇨ 내가 친구 한 명 소개해 줄게. (○) / 내가 친구 한 명 소개할게. (○)

▶ '소개하다'는 '서로 모르는 사람들 사이에서 양편이 알고 지내도록 관계를 맺어 주다.'라는 뜻이다. 굳이 '-시키다'를 사용하지 않아도 '소개하다' 자체만으로 자연스러운 의미 전달이 가능하므로 '소개하다'를 쓰는 것이 좋다.

생각이 다른 타인을 설득시킨다는 건 참 힘든 일이다. (×)
⇨ 생각이 다른 타인을 설득한다는 건 참 힘든 일이다. (○)

▶ '설득하다'는 '상대편이 이쪽 편의 이야기를 따르도록 여러 가지로 깨우쳐 말하다.'라는 뜻이다. 굳이 '-시키다'를 사용하지 않아도 '설득하다' 자체만으로 자연스러운 의미 전달이 가능하므로 '설득하다'를 쓰는 것이 좋다.

우리는 토론을 거쳐 다양한 사회적 갈등을 해소시킨다. (×)
⇨ 우리는 토론을 거쳐 다양한 사회적 갈등을 해소한다. (○)

▶ '해소하다'는 '어려운 일이나 문제가 되는 상태를 해결하여 없애 버리다.'라는 뜻이다. 굳이 '-시키다'를 사용하지 않아도 '해소하다' 자체만으로 자연스러운 의미 전달이 가능하므로 '해소하다'를 쓰는 것이 좋다.

7. 관형화·명사화 구성의 남용 파악

유구한 빛나는 전통 문화를 단절시킬 가능성이 큰 융통성 없는 문화 정책은 재고해야 한다. (×)
⇨ 유구하고 빛나는 전통 문화를 단절시킬 가능성이 큰 융통성 없는 문화 정책은 재고되어야 한다. (○)

▶ '유구한', '빛나는'과 '단절시킬', '가능성이 큰'과 같은 관형화 구성이 연속되므로, '유구하고 빛나는'으로 고쳐서 관형화 구성을 줄여 준다. 또한 '재고해야 한다'의 주어는 '문화 정책은'인데, '문화 정책'은 '재고'의 주체가 될 수 없으므로 피동형으로 바꾸어 '재고되어야 한다'로 고치는 것이 적절하다.

이 수술은 후유증이 없는 안전한 고도의 정밀한 수술로 비용도 저렴한 파격적인 저비용이다. (×)
⇨ 이 수술은 고도로 정밀하여 후유증이 없고 안전하며, 비용도 파격적으로 저렴하다. (○)

▶ '후유증이 없는, 안전한, 고도의, 정밀한'이란 관형어가 연속적으로 '수술'을 꾸미고 있고, '비용도 저렴한'과 '파격적인 저비용'이 중첩되어 어색하다. 또한 '수술', '비용'이라는 단어가 중복되었으므로 불필요한 말을 생략하는 것이 좋다.

은주는 권장 도서 목록 선정이 너무 주관적이라며 불만을 터뜨렸습니다. (×)
⇨ 은주는 권장 도서 목록을 선정한 것이 너무 주관적이라며 불만을 터뜨렸습니다. (○)

▶ 역시 지나치게 명사화(권장 도서 목록 선정)하여 문장이 어색해진 경우이다. 단, '권장 도서 목록'은 실제 언어생활에서 굳어진 말이므로 굳이 풀어서 쓰지 않는다.

🔍 불필요한 사동·피동 표현의 사용

1. 학교에서는 학생 복지 위원회를 설치시킬 예정입니다. (→ 설치할)
2. 문제가 잘 풀려 나갈 것으로 생각되어집니다. (→ 생각됩니다)
3. 나는 너의 말이 잘 이해되어지지 않는다. (→ 이해되지)
4. 식이 진행되어지고 있다. (→ 진행되고)
5. 그 문제가 잘 풀려지지 않는다. (→ 풀리지)
6. 그의 말이 믿겨지지 않았다. (→ 믿기지)

☑ 학습 체크

01 어법에 맞고 자연스러운 문장이면 ○, 그렇지 않으면 ×에 표시하시오.

(1) 철수네 집에서는 아직도 소를 먹이고 있다. (○, ×)
(2) 우리는 공사를 마치고 나서 기계를 다시 가동시켰다. (○, ×)
(3) 내가 유학을 떠날 때, 친구가 소개시켜 준 학교는 유명한 학교가 아니었다. (○, ×)

---
(1) ○ '먹이다'는 '가축을 기르다.'라는 뜻이므로 자연스러운 문장이다.
(2) × 가동시켰다 → 가동했다
(3) × 소개시켜 준 → 소개해 준, 소개한

8 우리말답지 않은 표현

1. 영어 번역 투 표현

현실을 고려에 넣는다면 그렇게 무리한 계획을 세워서는 안 된다. (×)
⇨ 현실을 고려한다면 그렇게 무리한 계획을 세워서는 안 된다. (○)

▶ '고려에 넣는다면'은 'take ~ into account'를 직역한 것이다. '고려한다면'으로 고치는 것이 좋다.

이 사업은 초기에 집중적인 투자를 필요로 한다(할 필요가 있다). (×)
⇨ 이 사업은 초기에 집중적인 투자가 필요하다. (○)

▶ '~을 필요로 한다'는 'be in need of ~ '를 직역한 것이고, '~할 필요가 있다'는 'It is necessary to ~'를 직역한 것이다. '~이/가 필요하다'로 고치는 것이 자연스럽다.

사람들의 대부분은 기초를 충실히 공부하지 않고 그저 시험이 어렵다고만 이야기한다. (×)
⇨ 사람들은 대부분 기초를 충실히 공부하지 않고 그저 시험이 어렵다고만 이야기한다. (○)

▶ '사람들의 대부분은'은 'most of the people'을 직역한 것이다. '사람들은 대부분'으로 고치는 것이 좋다.

호랑이는 가장 위험한 육식 동물 중의 하나이다. (×)
⇨ 호랑이는 가장 위험한 육식 동물이다. (○)

▶ '가장 ~ 중의 하나'는 'one of the most'를 직역한 것이다. '가장'은 여럿 가운데 어느 것보다 정도가 세거나 높다는 의미로, 그 대상이 하나일 수밖에 없으므로 직역할 경우 의미상 모순이 있다.

동생으로부터 편지가 도착했다. (×)
⇨ 동생에게서 편지가 도착했다. (○)

▶ 'from'을 직역한 표현이다. 어떤 행동의 출발점이나 비롯되는 대상이 사람일 때는 '에게서'를 쓰는 것이 우리말에서는 더 자연스럽다.

그 괴물은 큰 눈을 갖고 있다. (×)
⇨ 그 괴물은 눈이 크다. (○)

▶ 모습을 나타낼 때 쓰는 'have'를 직역한 표현이다. 실제로 소유했다는 의미가 아니라면 모습을 바로 묘사하는 것이 적절하다.

불조심하는 것은 아무리 강조해도 지나치지 않는다. (×)
⇨ 불조심하는 것은 아무리(늘) 강조해도 지나침이 없다. (○)
⇨ 언제나 불조심을 해야 한다. (○)
⇨ 불조심하는 것은 강조할 만하다. (○)

▶ '아무리 ~해도 지나치지 않다'는 영어의 'It is not too much to ~'를 직역한 표현이다. 이 경우는 이미 우리말에 자주 쓰여 새삼 우리말답지 않다고 보기도 어려울 정도다. 이 표현은 '~ 지나침이 없다', '~ 해야 한다', '강조할 만하다'로 바꿔 쓸 수 있다.

우리 모두 내일 오전 10시에 회의를 갖도록 하자. (×)
⇨ 우리 모두 내일 오전 10시에 회의하자. (○)
⇨ 우리 모두 내일 오전 10시에 회의를 하도록 하자. (○)

▶ '회의를 갖다'는 영어의 'have a meeting'을 직역한 표현이다. 이는 '회의하다'로 바꿔 쓸 수 있다.

☑ **학습 체크**

01 번역 투 표현이 없어 자연스러운 문장이면 ○, 그렇지 않으면 ×에 표시하시오.

(1) 우리 팀은 매주 목요일에 회의를 갖는다. (○, ×)
(2) 우리 집은 노량진역 근처에 있습니다. (○, ×)
(3) 군대에 간 친구로부터 편지가 도착했다. (○, ×)

---

(1) × 회의를 갖는다 → 회의를 한다
(2) ○
(3) × 로부터 → 에게서

춘향호의 선장과 선원들은 배 침몰과 함께 사망했습니다. (×)
⇨ 춘향호가 침몰하면서 그 배의 선장과 선원들은 사망했습니다. (○)

▶ '~과/와 함께'는 영어의 'with~' 구문을 직역한 표현이다. '배 침몰'과 '사망'은 '함께'로 연결될 수 없다.

나는 할머니에 의해 예의 바른 아이로 키워졌다. (×)
⇨ 할머니는 나를 예의 바른 아이로 키우셨다. (○)

▶ 영어의 피동 표현을 직역해서 어색해진 것이다. 우리말 문장에서는 의미가 크게 달라지지 않는 한 능동 표현을 쓰는 것이 자연스럽다.

우리 학원은 강남역 근처에 위치하고 있습니다. (×)
⇨ 우리 학원은 강남역 근처에 있습니다. (○)

▶ '~에 위치하다'라는 'be located in'을 직역한 것이다. 장소를 나타내는 표현이므로 '~에 있다' 정도로 쓰는 것이 자연스럽다.

거대한 천둥소리는 사람들을 놀라게 했다. (×)
⇨ 사람들은 거대한 천둥소리에 놀랐다. (○)

▶ 영어에서는 사물을 주어로 쓰는 경우가 많지만, 우리말 문장에서는 사람을 주어로 해서 의미가 성립한다면, 사람을 주어로 쓰는 것이 자연스럽다.

2. 일본어 번역 투 표현

그 사람은 선각자에 다름 아니다. (×)
⇨ 그 사람은 선각자나 다름없다. (○)
⇨ 그 사람은 선각자라 할 만하다. (○)

▶ '~에 다름 아니다'는 일본어를 그대로 직역한 표현이다. 우리말에서는 이 경우 '~(이)나/과 다름없다'가 쓰인다. 그 밖에 '~라 할 만하다'로 고쳐도 무방하다.

학생 회의에 있어서 진지하게 참여하는 것이 중요합니다. (×)
⇨ 학생 회의에 진지하게 참여하는 것이 중요합니다. (○)

▶ '~에 있어서'는 일본어에서 한자의 어조사 '어(於)'를 가져와 쓴 표현을 직역한 것이다. 이 표현은 우리말에 널리 퍼져 있는데, 이 표현이 들어가는 문장은 '에/에서'로 고치면 된다.

☑ 학습 체크

01 번역 투 표현이 없어 자연스러운 문장이면 ○, 그렇지 않으면 ×에 표시하시오.

(1) 이러한 태도는 공공의 이익을 외면하는 지역 이기주의에 다름 아니다. (○, ×)
(2) 나는 선생님에 의해 학습 부장으로 임명되었다. (○, ×)

---

(1) × '~에 다름 아니다'는 일본어 번역 투 표현이므로 '지역 이기주의이다.', '지역 이기주의나 다름없다' 등으로 고쳐 쓰는 것이 적절하다.
(2) × '~에 의해 임명되었다'는 영어의 피동 표현을 직역한 표현이므로 '선생님은 나를 학습 부장으로 임명하셨다'로 고쳐 쓰는 것이 적절하다.

학습 점검 문제

01
다음 〈공고문〉의 ㉠ ~ ㉣에 대한 수정 의견으로 적절하지 않은 것은?

―――――〈공고문〉―――――
이곳은 ㉠ 개인이 소유하고 있는 사유지입니다. 따라서 외부인이 ㉡ 이곳을 마음대로 출입하거나 쓰레기를 무단으로 투기하는 행위는 법에 ㉢ 접촉되오니 ㉣ 삼가주시기 바랍니다. 향후 이와 같은 일이 발생할 경우 고발 조치를 할 것임을 엄중하게 경고하는 바입니다.
2015년 ○○월 ○○일 주인 백

① ㉠: 의미가 중복되므로 '개인이 소유하고 있는 토지'로 표현하는 게 좋겠어.
② ㉡: 문장 성분의 자연스러운 호응을 위해 '이곳을'을 '이곳에'로 수정하는 게 좋겠어.
③ ㉢: 맥락상 적절하지 못한 단어이므로 '저촉'으로 수정하는 게 좋겠어.
④ ㉣: 어법에 맞게 '삼가해 주시기'로 수정하는 게 좋겠어.

02
2020 지방직 9급

다음에 해당하는 사례로 적절하지 않은 것은?

'역전앞'과 마찬가지로 '피해(被害)를 당하다'에도 의미의 중복이 나타난다. '피해'의 '피(被)'에 이미 '당하다'라는 의미가 포함되어 있기 때문이다.

① 형부터 먼저 해라.
② 채훈이는 오로지 빵만 좋아한다.
③ 발언자마다 각각 다른 주장을 편다.
④ 그는 예의가 바를뿐더러 무척 부지런하다.

03
2021 지방직 9급

(가) ~ (라)의 고쳐 쓰기 방안으로 적절하지 않은 것은?

(가) 현재 우리 구청 조직도에는 기획실, 홍보실, 감사실, 행정국, 복지국, 안전국, 보건소가 있었다.
(나) 오늘은 우리 시청이 지양하는 '누구나 행복한 ○○시'를 실현하기 위한 추진 방안을 논의합니다.
(다) 지난달 수해로 인한 준비 기간이 짧았기 때문에 지역 축제는 예년보다 규모가 줄어들었다.
(라) 공과금을 기한 내에 지정 금융 기관에 납부하지 않으면 연체료를 내야 한다.

① (가): '있었다'는 문맥상 시제 표현이 적절하지 않으므로 '있다'로 고쳐 쓴다.
② (나): '지양'은 어떤 목표로 뜻이 쏠리어 향한다는 의미인 '지향'으로 고쳐 쓴다.
③ (다): '지난달 수해로 인한'은 '준비 기간'을 수식하는 절이 아니므로 '지난달 수해로 인하여'로 고쳐 쓴다.
④ (라): '납부'는 맥락상 금융 기관이 돈이나 물품 따위를 받아 거두어들인다는 '수납'으로 고쳐 쓴다.

04
2020 경찰직 (2차)

다음 〈보기〉는 올바르지 않은 문장 유형에 대한 설명이다. ㉠ ~ ㉣의 예로 가장 적절하지 않은 것은?

―――――〈보기〉―――――
올바르지 않은 문장의 유형으로는, ㉠ 문장 성분끼리 호응하지 않은 경우, 문장의 성분이 누락되어 있는 경우, ㉡ 불필요하게 의미가 중복된 경우, ㉢ 중의적인 표현이 사용된 경우, ㉣ 조사나 어미가 의미에 맞게 사용되지 않은 경우 등이 있다.

① ㉠: 그날 밤중에 잠을 깬 사람은 비단 나뿐이었다.
② ㉡: 그것은 오래전에 불리던 노래이다.
③ ㉢: 손님들이 다 오지 않았어.
④ ㉣: 발등의 불이 떨어졌다.

05
2020 국가직 9급

㉠ ~ ㉣의 고쳐 쓰기 방안으로 적절하지 않은 것은?

> ㉠ 공사하는 기간 동안 안전사고가 일어나지 않도록 유의해 주십시오.
> ㉡ 오늘 오후에 팀 전체가 모여 회의를 갖겠습니다.
> ㉢ 비상문이 열려져 있어 신속하게 대피할 수 있었다.
> ㉣ 지난밤 검찰은 그를 뇌물 수수 혐의로 구속했다.

① ㉠: '기간'과 '동안'은 의미가 중복되므로 '공사하는 기간 동안'은 '공사하는 동안'으로 고쳐 쓴다.
② ㉡: '회의를 갖겠습니다'는 번역 투이므로 '회의하겠습니다'로 고쳐 쓴다.
③ ㉢: '열려져'는 '-리-'와 '-어지다'가 결합한 이중 피동 표현이므로 '열려'로 고쳐 쓴다.
④ ㉣: 동작의 대상에게 행위의 효력이 미친다는 의미를 제시해야 하므로 '구속했다'는 '구속시켰다'로 고쳐 쓴다.

06
2020 국가직 7급

㉠ ~ ㉣에 해당하는 사례로 적절하지 않은 것은?

> 문장 오류의 유형으로 ㉠ 서술어와 주어가 서로 호응하지 않는 경우, ㉡ 서술어와의 호응이 필요한 보어가 누락된 경우, ㉢ 서술어와의 호응이 필요한 목적어가 누락된 경우, ㉣ 서술어와의 호응이 필요한 필수적 부사어가 누락된 경우 등이 종종 관찰된다.

① ㉠: 내 말의 요점은 지속 가능한 기후 환경을 조성하기 위하여 우리 모두 열심히 노력하자.
② ㉡: 나는 이 일의 적임자를 찾는 것보다 내가 직접 되기로 결심했다.
③ ㉢: 겁이 많았던 나는 혼자 해외로 여행을 가는 것이 못내 무서워 동행하였다.
④ ㉣: 우리와 함께 살아가는 동물은 사람을 경계하기도 하지만 때때로 의지하기도 한다.

07
밑줄 친 부분을 고친 것 중 가장 적절한 것은?

> <u>사업자는</u> 절전형 기기 보급 제도가 <u>에너지를</u> 합리적이고 효율적인 이용을 증진하여 에너지 소비로 인한 환경 피해를 <u>줄임으로써</u> 국민 경제의 건전한 <u>발전과</u> 국민 복지의 증진에 이바지한다는 것에 동의한다.

① 사업자는 → 사업자의
② 에너지를 → 에너지의
③ 줄임으로써 → 줄임으로서
④ 발전과 → 발전보다

08
어법에 어긋나는 문장을 수정하고 설명한 예로 옳지 않은 것은?

① 전철 내에서 뛰지 말고, 문에 기대거나 강제로 열려고 하지 마십시오.
→ '열다'는 타동사이므로 '강제로'와 '열려고' 사이에 목적어 '문을'을 보충하여야 한다.
② ○○시에서 급증하는 생활용수를 안정적으로 공급하기 위하여 시행하는 사업임
→ 생활용수에 대한 수요가 급증하는 것이지 생활용수가 급증하는 것이 아니므로, '급증하는 생활용수의 수요에 대응하여 생활용수를 안정적으로 공급하기 위하여'로 고쳐야 한다.
③ 사고 원인 파악과 재발 방지 대책을 조속히 마련하여
→ '사고 원인 파악을 마련하여'로 해석될 수 있으므로 앞의 명사구를 '사고 원인을 파악하고'로 고쳐 절과 절의 접속으로 바꾸어야 한다.
④ 도량형은 미터법 사용을 원칙으로 하되 각종 증빙 서류 등을 미터법 이외의 도량형으로 작성할 경우 미터법으로 환산한 수치를 병기함
→ '하되'는 앞뒤 문장의 내용을 연결하는 어미로 적합하지 않으므로 '하며'로 고쳐야 한다.

공무원시험전문 해커스공무원
gosi.Hackers.com

해커스공무원 국어 기본서

제4편
문학

01 | 문학의 이해
02 | 문학의 갈래

01 문학의 이해

1 문학의 특성

1. **언어성(言語性)**: 문학은 언어 예술이며, 문학의 언어는 함축성과 다의성을 지닌 심미적 표현이므로 언어가 가지는 미적 요소에 주목해야 한다.

2. **개성(個性)**: 문학은 개인 체험의 주관적 표현이므로 개성적·독창적이다.

3. **보편성(普遍性)과 항구성(恒久性)**: 문학은 인류의 공통적인 정서를 다루므로, 위대한 문학 작품은 시공(時空)을 초월하여 누구에게나 보편적 감동을 준다.

4. **허구성(虛構性)과 개연성(蓋然性)**: 문학은 '개연성이 있는 허구의 세계'이다. 즉 문학의 세계는 작가의 상상을 통해 구성되지만, 현실에서 있을 법한 이야기로 꾸며진다.

2 문학 감상(비평)의 관점

1. 문학 비평의 개념

문학 작품의 구조 및 가치, 작가의 창작 방법, 세계관 등을 일정한 기준에 따라 검토하고 판단하는 일을 가리켜 문학 비평(문예 비평)이라 한다.

2. 문학 비평의 종류

(1) 관심 방향에 따른 분류

① **외재적 비평**: 작품에 영향을 끼치는 여러 가지 외부적인 요인을 중시하여, 이들과 작품의 관계를 연관지어 다루는 비평이다.

㉠ **표현론(생산론)적 관점**: "작품은 작가의 자기표현이다."
  - 작품이 작가와 맺는 관계를 중요시하는 관점이다.
  - 문학을 '작가의 체험과 사상의 반영물'로 보는 견해로, 작품 속에 작가의 체험, 사상, 감정 등이 표현되어 있다고 믿는다.

㉡ **반영론적 관점**: "문학은 현실 세계의 반영이다."
  - 문학을 현실의 모방 내지 반영으로 보고, 문학 작품과 작품의 대상이 되는 현실 세계와의 관계를 중시하는 관점이다.
  - 반영론의 궁극적인 목적은 현실의 어떠한 측면이 작품에 어떤 방법으로 재구성되어 표현되었는지를 살펴보는 데 있다.

☑ **학습 체크**

01 문학은 일상 생활과는 전혀 다른 세계를 구축한다. (O, X)

✕ 문학은 일상 생활에 기반을 둔 '개연성이 있는 허구의 세계'이다.

- ⓒ **효용론(수용론)적 관점**: "작품이 독자에게 어떠한 의미를 주는가."
  - 작품과 독자의 관계를 중시하는 관점으로 독자의 문제에 관심을 기울인다.
  - 수용자는 단순한 독자의 의미를 넘어 '능동적 참여자'로 확장된 개념이다.
  - 수용론에서는 독자가 작품을 수용함으로써 의미가 구현된다는 점을 들어 독자의 역할을 중시한다.
- ② **내재적 비평(절대주의적 관점)**: 작품 이외의 사실에 대한 고려를 배제하고 언어, 문체, 운율, 구성, 표현 기법, 미적 가치 등의 작품 내부적 요소를 분석하는 비평이다.
  - ㉠ **구조주의**
    - 작품을 생명력을 가진 하나의 독립체로 보고, 작품의 가치를 내부에서 찾으려 하는 관점이다.
    - 작품의 부분들을 유기적으로 통합하고 있는 구조를 분석함으로써 작품이 지닌 아름다움을 찾아내는 데 주력한다.
    - 작품의 내적 가치를 절대적으로 여기며, 문학 작품은 과학적이고 객관적이므로 구조 분석을 통해 올바르게 이해할 수 있다고 여긴다.
  - ㉡ **형식주의**
    - 작품을 독자적인 의미를 가진 대단히 복잡한 조직체로 파악한다.
    - 정밀한 언어 분석을 중시하며, 작품에 쓰인 낱말과 문장, 소리, 이미지, 상징, 비유 등이 작품 전체의 문맥 속에서 어떻게 작용하는가에 관심을 둔다.
    - 러시아에서 발생한 후 미국의 신비평(新批評, New Criticism)으로 계승되어 발전하였다.
    - **장점**: 문학 작품을 치밀하게 분석하여 미적 가치를 밝힐 수 있다.
    - **한계**: 치밀한 분석에 치중한 나머지 시 장르와 같은 짧은 형식의 장르에 관심이 치우쳤으며, 작품을 사회적·역사적 상황으로부터 분리시키므로 작품의 총체적인 이해가 어렵다.
- ③ **종합주의적 관점**: 통합적 관점으로, 외재적 관점과 내재적 관점을 섞어 작품을 비평하고 감상하는 방법이다. 다각도에서 총체적으로 작품을 이해하고자 하며, 문학 작품 감상 시 작품의 특성에 맞게 다양한 관점들을 적용함으로써 작품 이해의 폭을 넓히려 한다.

3 문학의 미적 범주

'현실(있는 것)'과 '이상(있어야 할 것)'이 어떤 관계를 맺고 있느냐에 따라, 미적 범주를 '**숭고미, 우아미, 비장미, 골계미**'의 네 가지로 분류할 수 있다.

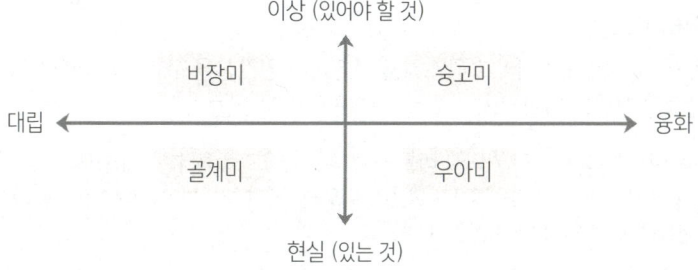

> 🔍 **신비평**
> 1930년대에 일어나 20여 년간 미국을 중심으로 전개된 비평 활동으로, 예술 작품의 내재적 가치를 강조하고 독립적인 의미 단위로서의 개별 작품에 관심의 초점을 두었다. 꼼꼼하고 분석적인 독서를 통해 사고하고 언어의 특징을 밝히는 것을 강조했다. 한국의 경우에는 1930년대 후반에 신비평 경향의 비평가로 최재서와 김기림 등이 등장하였다.

> ☑ **학습 체크**
> **01** 제시된 문장의 문학 감상 관점을 <보기>에서 골라 기호를 쓰시오.
>
> **보기**
> ㉠ 표현론적 관점   ㉡ 반영론적 관점
> ㉢ 효용론적 관점   ㉣ 절대주의적 관점
>
> (1) 사투리를 사용하여 등장인물에 생생함을 부여하고 있다. ( )
> (2) 두 집안의 흥망성쇠를 대조하여 해방 직후의 사회상을 표현하고 있다. ( )
> (3) 격동의 역사를 살아온 인물의 생애를 통해 참다운 삶의 자세를 배울 수 있다. ( )
> (4) 주인공의 비극적 죽음을 통해 민족사에 대한 작가의 비판적 인식을 드러내고 있다. ( )
>
> (1) ㉣ (2) ㉡ (3) ㉢ (4) ㉠

1. 숭고미(崇高美)

경건하고 엄숙한 분위기를 자아냄으로써 고고한 정신의 경지를 체험할 수 있게 해 주는 미의식으로, 현실을 자신이 바라는 이상과 일치시키려는 상황에서 나타난다.

> 다시 천고(千古)의 뒤에
> 백마 타고 오는 초인이 있어
> 이 광야에서 목놓아 부르게 하리라.
> ― 이육사, '광야'

▶ 이 작품에서 '백마 타고 오는 초인'이 조국 광복이라는 민족의 이상을 실현시킬 존재를 상징한다는 점에서 숭고미를 느낄 수 있다.

2. 우아미(優雅美)

조화롭고 균형을 갖춘 대상에서 느끼는 아름다움으로, 고전적인 기품과 멋을 드러내는 미의식이다. 현실이 이상과 융합되어 일치하는 상황에서 드러난다.

> 紅塵(홍진)에 뭇친 분네 이 내 生涯(생애) 엇더ᄒᆞ고, 녯 사ᄅᆞᆷ 風流(풍류)를 미출가 못 미출가.
> 번거롭고 속된 세상   생활   따를까
> 天地間(천지간) 男子(남자) 몸이 날만ᄒᆞᆫ 이 하건마ᄂᆞᆫ, 山林(산림)에 뭇쳐 이셔 至樂(지락)을 ᄆᆞᄅᆞᆯ
>   많건마는
> 것가. 數間茅屋(수간 모옥)을 碧溪水(벽계수) 앏픠 두고, 松竹(송죽) 鬱鬱裏(울울리)예 風月主人
>   작은 초가   푸른 시냇물   앞에   빽빽하게 우거진 속에
> (풍월주인) 되여셔라.
> 자연을 즐기는 사람
> ― 정극인, '상춘곡(賞春曲)'

▶ 이 작품의 화자는 산림에 묻혀 사는 삶에 대해 만족감을 드러내고 있다. 이 만족감은 화자가 원하는 삶과 현재 자신의 삶이 일치하는 데에서 오는 것이므로 우아미가 나타난다.

3. 비장미(悲壯美)

슬픔이 극에 달한 상태나 한(恨)의 정서 표출로 인해 형상화되는 미의식으로, 고귀한 인간의 행위와 의지가 비극적인 모습을 보일 때 성립된다. 즉 현실과 이상이 조화를 이루지 못해 어긋나는 상황에서 비장미가 드러난다.

> 아홉이나 남아 되던 오랩동생을
> 죽어서도 못 잊어 차마 못 잊어
> 야삼경(夜三更) 남 다 자는 밤이 깊으면
> 이 산 저 산 옮아 가며 슬피 웁니다.
> ― 김소월, '접동새'

▶ 이 작품에서 '접동새'는 동생들 때문에 미처 떠나지 못하는 누나를 상징하며 밤마다 구슬프게 우는 소리인 '접동/접동/아우래비 접동'은 누나의 한을 효과적으로 드러내며 비장미를 형성한다.

4. 골계미(滑稽美)

풍자나 해학 등의 수법에 의해 우스꽝스러운 상황이나 인간상을 구현하는 미의식으로, 현실의 규범이나 부정적인 대상을 비판하거나 추락시켜 웃음을 자아낸다.

> 붉가버슨 兒孩(아해) l 들리 거믜쥴 테를 들고 기川(천)으로 往來(왕래)ᄒᆞ며,
> 붉가숭아 붉가숭아 져리 가면 죽ᄂᆞ니라. 이리 오면 ᄉᆞᄂᆞ니라. 부로나니 붉가숭이로다.
> 아마도 世上(세상) 일이 다 이러ᄒᆞᆫ가 ᄒᆞ노라.
> ― 이정신의 시조

▶ 이 작품은 아이들이 고추잠자리를 잡는 놀이를 세태에 풍자적으로 비유하여 서로 속이고 모함하는 세상 사람들의 태도와 약육강식의 세태를 풍자하고 있다.

☑ **학습 체크**

01 현실 속에서 자연과의 조화를 추구하고 실현하려는 태도는 숭고미에 해당한다. (O, ×)

02 문학의 미적 범주는 현실과 이상이 어떤 관계를 맺고 있느냐에 따라, 비장미, 골계미, 우아미, 숭고미로 분류할 수 있다. (O, ×)

03 〈보기〉의 시에서 느낄 수 있는 미의식을 쓰시오.

> **보기**
> 심중에 남아 있는 말 한마디는 / 끝끝내 마저 하지 못하였구나. / 사랑하던 그 사람이여! / 사랑하던 그 사람이여!

( )

04 조선 후기 사설시조에는 해학과 풍자의 수법으로 골계미를 구현한 작품이 많다. (O, ×)

---
01 O 02 O
03 비장미: 사랑을 고백하지 못하고 떠나보낸 임에 대한 안타까움과 그리움이 나타나므로 비장미가 드러난다.
04 O

4 문예 사조의 전개

1. 고전주의(古典主義, Classicism)

(1) **발생**: 17~18세기, 고대 그리스·로마 고전에 대한 관심과 아리스토텔레스의 《시학(詩學)》에 대한 면밀한 주석과 함께 시작되었다.

(2) **특징**: 고대 그리스와 로마의 고전 작품들을 모범으로 삼고, 당시 작품들의 특성을 재현하려는 경향을 보인다. 이성과 합리성에 대한 믿음을 바탕으로 조화(調和)·균제(均齊)[①]·전아(典雅)[②] 등의 형식적 균형과 완성의 미를 추구하였다.

(3) **한계**: 지나친 형식주의, 독창성과 역사성의 결여 등

(4) **대표적 작품**: 괴테의 '파우스트', 셰익스피어의 '햄릿'·'리어왕'·'맥베스'·'오셀로', 코르네유의 '르 시드', 몰리에르의 '인간 혐오자'·'수전노', 라신의 '페드르', 드라이든의 '사랑하기 때문에', 밀턴의 '실락원', 스위프트의 '걸리버 여행기' 등

2. 낭만주의(浪漫主義, Romanticism)

(1) **발생**: 고전주의의 몰개성적 성격에 반발하여 18세기 말부터 19세기 초에 독일과 프랑스에서 일어나 영국으로 전파되었다.

(2) **특징**: 형식이나 질서의 구속을 거부하고, 합리적인 사고방식이나 이성보다는 인간의 마음속에서 자연스럽게 우러나오는 사상과 감정을 지향한다. 이국적인 것과 현존하지 않는 것에 대한 동경이 나타난다.

(3) **대표적 작품**: 워즈워스의 '수선화', 뒤마의 '몬테크리스토 백작', 괴테의 '젊은 베르테르의 슬픔', 호손의 '주홍 글씨', 빅토르 위고의 '레미제라블', 바이런의 '해적' 등

(4) **우리나라의 경향**: 1920년대에 퇴폐적 낭만주의를 표방한 《폐허》와 감상적 낭만주의를 표방한 《백조》 등의 동인들에 의해 낭만시 운동이 전개되었다.

3. 사실주의(寫實主義, Realism)

(1) **발생**: 낭만주의의 비현실적인 성격에 반발하여 19세기 중·후반에 일어난 문예 사조로, 현실적 사물을 정확하게 관찰하고 객관적으로 묘사하려는 경향을 보인다.

(2) **특징**: 사물을 객관적으로 관찰하여 과장이나 왜곡 없이 구체적으로 표현하였으며, 대상을 미화하지 않고 추악한 모습까지 그대로 묘사하였다.

(3) **대표적 작품**: 발자크의 '인간희극'·'고리오 영감', 스탕달의 '적(赤)과 흑(黑)', 플로베르의 '보바리 부인', 모파상의 '여자의 일생', 디킨스의 '올리버 트위스트', 새커리의 '허영의 시장', 도스토옙스키의 '죄와 벌'

(4) **우리나라의 경향**: 동인지 《창조》를 중심으로 사실주의적 경향이 일어났다. 1920년대에는 김동인·현진건, 1930년대에는 염상섭·채만식이 사실주의적 경향의 작품을 창작하였다.

어휘 사전
[①] 균제(均齊): 고르고 가지런함
[②] 전아(典雅): 법도에 맞고 아담함

학습 체크
01 사실주의는 낭만주의에 대한 반동으로 일어났다. (O, ×)

02 우리나라에서는 동인지 《창조》를 중심으로 사실주의적 경향이 일어났다. (O, ×)

01 O 02 O

4. 자연주의(自然主義, Naturalism)

(1) **발생**: 19세기 사실주의 영향으로 자연 과학적 결정론에 바탕을 두고 발생하였으며, 인간은 자연 법칙에 종속된다는 기계론적 결정론과 진화론, 환경 결정론의 영향을 받았다.

(2) **특징**: 인간도 자연물처럼 자연 법칙에 따라 일생이 운명적으로 결정된다고 보는 입장이다.

(3) **대표적 작품**: 에밀 졸라(자연주의의 창시자)의 '목로주점', 모파상의 '비곗덩어리', 입센의 '인형의 집', 하디의 '테스', 존 스타인벡의 '분노의 포도' 등

(4) **우리나라의 경향**: 염상섭의 '표본실의 청개구리', 김동인의 '감자' 등이 대표적인 자연주의 경향의 작품이다.

5. 유미주의(唯美主義, Aestheticism)

(1) **발생**: 미의 창조를 궁극적인 목표로 하여 19세기 후반에 나타난 사조이다. 탐미주의라고도 하며, 넓은 개념의 낭만주의에 포함된다.

(2) **특징**: 아름다움을 최고의 가치로 여기며, 예술이 도덕적, 윤리적, 정치적 기준에 의해 평가되어서는 안 된다고 주장한다. 자연 배격, 형식과 기교·인공적인 것·감각적인 것의 중시, 개성의 신장 등을 목표로 하므로 퇴폐주의적·악마주의적 경향이 나타나기도 한다.

(3) **대표적 작품**: 포의 '애너벨 리', 보들레르의 《악의 꽃》·《파리의 우울》, 오스카 와일드의 '도리언 그레이의 초상'·'살로메' 등

(4) **우리나라의 경향**: 김동인의 '광화사'·'광염소나타', 김영랑의 '모란이 피기까지는', 이효석의 '분녀(粉女)'·'장미 병들다'·'화분(花粉)', 서정주의 《화사집(花蛇集)》 등이 대표적인 유미주의 경향의 작품이다.

6. 상징주의(象徵主義, Symbolism)

(1) **발생**: 사실주의와 자연주의의 외면적·객관적 성격에 대한 반발로 19세기 말~20세기 초에 유럽 전역으로 퍼졌으며, 사물·정서 등을 상징을 통해 표현하였다.

(2) **특징**: 사실주의에 반발하고 낭만주의를 계승한 것으로, 낭만주의가 감각적 대상에서 쾌감을 느끼는 데 그친 반면, 상징주의는 이상을 추구하였다.

(3) **대표적 작품**: 말라르메의 '목신의 오후', 베를렌의 《화려한 향연》, 랭보의 '지옥의 계절', 예이츠의 '꿈' 등

(4) **우리나라의 경향**: 《태서문예신보》(1918)를 통해 김억 등이 프랑스 상징주의파 시들을 번역하여 소개하였다. 김억, 황석우, 주요한 등이 상징주의파에 속한다.

7. 모더니즘(Modernism)

19세기 후반과 20세기 초에 융성했던 사실주의와 자연주의에서 벗어나려는 노력에 따라 발생하였다. 모더니즘 작품들은 공통적으로 현대성을 추구하며, 기계 문명과 도시적 삶 속에서 개체화된 인간의 모습을 탐구한다. 또한 새로운 기법을 통해 현실의 복잡성을 그려내었다.

학습 체크

01 《폐허》와 《백조》는 자연주의 계열의 동인지이다. (O, ×)

02 보들레르와 김억은 유미주의의 대표적인 시인이다. (O, ×)

03 우리나라의 경우 《태서문예신보》를 통해 상징주의가 도입되었다. (O, ×)

01 × 《폐허》와 《백조》는 낭만주의 계열의 동인지이다.
02 × 보들레르는 유미주의 시인이나, 김억은 상징주의 계열의 시인이다.
03 O

(1) 이미지즘(Imagism)
- ① 발생: 제1차 세계 대전 말기부터, 낭만주의에 반발하여 영미 시인들이 주창한 신시(新詩) 운동으로 발생하였다.
- ② 특징: 추상적이고 개념적인 언어를 거부하고, 시각적이고 구체적인 이미지로 시를 표현함으로써 의미를 정확히 전달하고자 하였다.
- ③ 대표적 작품: 에즈라 파운드의 《가면》·《캔토스》 등
- ④ 우리나라의 경향: 1934년에 김기림과 최재서가 우리나라에 소개하였고, 이후 김기림, 정지용, 김광균 등이 이미지즘 경향의 작품을 창작하였다.

(2) 초현실주의(超現實主義, Surrealism)
- ① 발생: 제1차 세계 대전 직후부터 제2차 세계 대전 발발 직후까지 약 20년간 프랑스를 중심으로 일어난 예술 운동으로, 다다이즘과 프로이드의 영향을 받아 발생하였다.
- ② 특징: 자동기술법과 자유 연상 기법 등의 창작 방법으로 무의식의 세계를 표출하였으며, '의식의 흐름' 수법으로 작품 속 인물의 의식 세계를 가감없이 드러내었다.
- ③ 대표적 작품: 제임스 조이스의 '율리시스', 버지니아 울프의 '세월', 프루스트의 '잃어버린 시간을 찾아서' 등
- ④ 우리나라의 경향: 대표적으로 이상의 '날개'·'오감도' 등이 초현실주의에 속한다.

(3) 주지주의(主知主義, Intellectualism)
- ① 발생: 제1차 세계대전 이후 사회적 혼란과 무질서로 인해 만연했던 주정주의, 탐미주의적 경향에 대한 반발로 발생하였다.
- ② 특징: 감각과 정서보다 지성(이성)을 중시하였으며, 시각적(회화적) 요소를 강조하였다. 그리고 전통적 질서의 회복과 현대 문명의 위기 극복을 추구하였다.
- ③ 대표적 작품: 엘리엇의 '황무지'·'칵테일 파티' 등
- ④ 우리나라의 경향: 1930년대에 김기림, 이양하, 최재서에 의해 소개된 후 김광균, 정지용, 장만영 등의 시인들이 주지주의 경향의 작품을 선보였다.

8. 실존주의(實存主義, Existentialism)

(1) 발생: 제2차 세계 대전 이후 프랑스를 중심으로 나타났으며, 전후(戰後)의 황폐한 현실 속에서의 실존적 불안을 배경으로 한다.

(2) 특징: 고유한 주체로서 실존하는 개인을 자각하는 데에서 출발하는 문예 사조로, 인간을 사유의 대상이 아닌 사유의 원천으로 파악한다. 객관적이고 결정론적인 권위를 부정하고 인간의 자유와 주체성을 최고의 가치로 여기며, 실존적 자각(자아 발견)과 건설적인 휴머니즘을 추구하였다.

(3) 대표적 작품: 사르트르의 '구토'·'자유에의 길', 카뮈의 '이방인'·'페스트', 카프카의 '변신'·'심판'·'고찰' 등

(4) 우리나라의 경향: 광복 직후를 배경으로 하는 김성한의 '5분간', 오상원의 '유예', 6·25 이후 창작된 장용학의 '요한 시집', 손창섭의 '비 오는 날', 이범선의 '오발탄' 등이 대표적인 실존주의 경향의 작품이다.

다다이즘(Dadaism)
제1차 세계 대전 중에 나타나 1920년대에 성행한 전위적 예술 운동. 전쟁의 폭력성과 전쟁의 원인이 된 기술 문명을 거부하였으며, 모든 사회적·예술적 전통을 부정하고 반이성(反理性), 반도덕, 반예술을 표방하였다.

자동기술법
의식이나 의도가 없이 무의식의 세계를 대할 때 거기서 솟구쳐 오르는 이미지를 그대로 기록하는 방법이다. 프로이드의 무의식 개념을 응용한 것으로, 무의식적으로 지껄이는 독백 등을 이성적인 판단이나 윤리적 편견, 비판이나 수정 없이 그대로 기록하여 인간의 무의식적 심리 상태를 나타낸다.

의식의 흐름
등장인물의 머릿속에 떠오르는 생각이나 기억, 스치듯 느끼는 느낌, 그 밖의 자유로운 연상을 그대로 기록하는 기법. 무의식적으로 떠오르는 생각들을 다듬지 않고 그대로 서술하므로, 논리적 비약이나 문법적 오류가 나타나기도 한다.

학습 체크

01 모더니즘 계열의 시인을 〈보기〉에서 골라 기호를 쓰시오. (2개 이상 선택 가능)

보기	
㉠ 한용운	㉡ 이상
㉢ 채만식	㉣ 김동인
㉤ 김기림	㉥ 손창섭
㉦ 정지용	㉧ 김광균

( )

㉡, ㉤, ㉦, ㉧

02 문학의 갈래

1 서정 갈래

1. 시의 이해

(1) 시의 정의

인간의 사상과 정서를 운율이 있는 언어로 압축하여 표현한 언어 예술이다.

- 詩言志(시언지): 시는 뜻을 말로 나타낸 것이다. → 書經
- 시는 운율적 언어에 의한 모방이다. → Aristoteles
- 시는 힘찬 감정이 자유롭게 분출된 것이다. → W. Wordsworth
- 시는 미의 운율적 창조이다. → E. A. Poe
- 시는 체험이다. → R. M. Rilke
- 시는 기본적으로 인생에 대한 비평이다. → Matthew Arnold
- 시는 영원한 진실 속에 표현된 삶의 이미지이다. → P. B. Shelly

(2) 시의 특성

① **음악성**: 시는 내부에 운율을 가지고 있어 읽을 때 말의 가락을 느낄 수 있다.
② **형상성**: 비유, 상징 등의 다양한 표현법을 통해 시의 이미지를 나타낸다.
③ **함축성**: 시어는 지시적 의미 외에 다양하고 함축적인 의미를 내포하며, 시는 압축된 형식미를 갖추고 있다.

2. 시의 갈래

(1) 형식에 따른 갈래

① **정형시(定型詩)**: 형식과 규칙에 맞추어 지은 시로, 외형률이 나타난다. 예 시조, 가사, 한시 등
② **자유시(自由詩)**: 정형시가 지닌 형식적 제약에서 벗어난 자유로운 형식의 시로, 행과 연의 구별이 있고 내재율이 나타난다.
③ **산문시(散文詩)**: 연과 행의 구별이 없다. 예 주요한의 '불놀이', 박두진의 '해', 신동엽의 '산문시 1' 등

> 벌목정정(伐木丁丁)이랬거니 아람드리 큰 솔이 베어짐 직도 하이 골이 울어 메아리 소리 쩌르렁 돌아옴 직도 하이 다람쥐도 좇지 않고 멧새도 울지 않아 깊은 산 고요가 차라리 뼈를 저리우는데 눈과 밤이 종이보다 희고녀! 달도 보름을 기다려 흰 뜻은 한밤 이 골을 걸음이란다? 웟절 중이 여섯 판에 여섯 번 지고 웃고 올라간 뒤 조찰히 늙은 사나이의 남긴 내음새를 줍는다? 시름은 바람도 일지 않는 고요에 심히 흔들리우노니 오오 견디랸다 차고 올연(兀然)히 슬픔도 꿈도 없이 장수산 속 겨울 한밤내 — – 정지용, '장수산1'

☑ **학습 체크**

01 시구에 잘 드러난 시의 특성으로 적절한 것에 O를, 적절하지 않은 것에 ×를 하시오.

> 내 고장 칠월은
> ㉠청포도가 익어 가는 시절.
>
> 이 마을 전설이 주저리주저리 열리고 / 먼 데 하늘이 꿈꾸며 알알이 들어와 박혀
>
> ㉡하늘 밑 푸른 바다가 가슴을 열고 / 흰 돛단배가 곱게 밀려서 오면
>
> ㉢내가 바라는 손님은 고달픈 몸으로 / 청포(靑袍)를 입고 찾아 온다고 했으니,
>
> 내 그를 맞아, 이 포도를 따 먹으면 / 두 손은 함뿍 적셔도 좋으련.
>
> 아이야, 우리 식탁엔 은쟁반에 하이얀 모시 수건을 마련해 두렴.

(1) ㉠ 음악성 (O , ×)
(2) ㉡ 형상성 (O , ×)
(3) ㉢ 함축성 (O , ×)

---

(1) × ㉠에서는 운율이 두드러지지 않으므로 음악성은 잘 드러나지 않는다.
(2) O '하늘 밑 푸른 바다'는 푸른 색감의 선명한 시각적 이미지를 표현한 시어이므로 형상성이 드러난다.
(3) O '손님'은 화자가 기다리는 대상으로, '광복' 또는 '평화로운 세계'라는 의미를 함축하고 있다.

(2) 내용에 따른 갈래

① **서정시(抒情詩)**: 개인의 주관적 정서를 표현한 시
② **서사시(敍事詩)**: 일정한 사건을 서술하는 서사적 구조의 시
　예 이승휴의 '제왕운기', 이규보의 '동명왕편', 김동환의 '국경의 밤' 등
③ **극시(劇詩)**: 운문으로 표현된 희곡 형태의 시　예 셰익스피어의 '햄릿', 괴테의 '파우스트' 등

(3) 태도에 따른 갈래

① **주정시(主情詩)**: 개인의 자유로운 정서와 감정을 중요시하는 시
② **주지시(主知詩)**: 감정보다 냉철한 지성이나 이성을 중시하는 입장에서 쓴 시. 현실에 대한 비판 의식이 강하게 작용하는 경우가 많다.

> 아무도 그에게 수심(水深)을 일러 준 일이 없기에
> 흰 나비는 도무지 바다가 무섭지 않다.
>
> 청(靑)무우밭인가 해서 내려갔다가는
> 어린 날개가 물결에 절어서
> 공주처럼 지쳐서 돌아온다.
>
> 삼월(三月)달 바다가 꽃이 피지 않아서 서글픈
> 나비 허리에 새파란 초생달이 시리다.
> 　　　　　　　　　　　　　　　　　　　　　- 김기림, '바다와 나비'

③ **주의시(主意詩)**: 인간의 의지적인 측면을 주된 내용으로 하는 시

> 내 죽으면 한 개 바위가 되리라.
> 아예 애련(愛憐)에 물들지 않고 / 희로(喜怒)에 움직이지 않고
> 비와 바람에 깎이는 대로 / 억년(億年) 비정(非情)의 함묵(緘默)에
> 안으로 안으로만 채찍질하여 / 드디어 생명도 망각하고
> 흐르는 구름 / 머언 원뢰(遠雷)
> 꿈꾸어도 노래하지 않고
> 두 쪽으로 깨뜨려져도 / 소리하지 않는 바위가 되리라.
> 　　　　　　　　　　　　　　　　　　　　　- 유치환, '바위'

(4) 목적에 따른 갈래

① **순수시(純粹詩)**: 개인의 주관적 정서나 언어의 아름다움에 관심을 가진 시

> 모란이 피기까지는, / 나는 아직 나의 봄을 기다리고 있을 테요.
> 모란이 뚝뚝 떨어져 버린 날, / 나는 비로소 봄을 여읜 설움에 잠길 테요.
> 　　　　　　　　　　　　　　　　　　　　　- 김영랑, '모란이 피기까지는'

② **경향시(목적시)**: 특정한 이념이나 목적이 뚜렷하게 나타난 시. 경향파나 프로 문학파 시의 주된 경향이다.

> 순이야, 누이야! / 근로하는 청년, 용감한 사내의 연인아!
> 생각해 보아라, 오늘은 네 귀중한 청년인 용감한 사내가
> 젊은 날을 부지런한 일에 보내던 그 여윈 손가락으로
> 지금은 굳은 벽돌담에다 달력을 그리겠구나!
> 또 이거 봐라, 어서.
> 이 사내도 네 커다란 오빠를……
> 남은 것이라고는 때 묻은 넥타이 하나뿐이 아니냐!
> 　　　　　　　　　　　　　　　　　　　　　- 임화, '네거리의 순이'

3. 시의 화자 (시적 자아, 서정적 자아)

시인의 생각과 느낌을 시 안에서 효과적으로 전달해 주는 인물을 '시적 화자', '시적 자아', '서정적 자아'라고 한다.

(1) **화자의 역할**: 시인의 분신, 또는 대리인의 역할을 한다.

(2) **화자의 종류**: 남성·여성 화자, 여성화한 남성 화자, 남성화한 여성 화자, 표층·심층 화자 등

(3) **화자의 어조**

① **화자의 어조가 약화되는 경우**: 대상을 그림 그리듯이 묘사하는 경우

> 포도는 달빛이 스며 고웁다.
> 포도는 달빛을 머금고 익는다.
>
> 순이, 포도 넝쿨 아래 어린 잎새들이
> 달빛에 젖어 호젓하구나.
>   - 장만영, '달·포도·잎사귀'

▶ 달빛이 비치는 뜰의 정경을 감각적 이미지를 통해 묘사한 시로, 비교적 화자의 어조가 약하게 드러난다.

② **화자의 어조가 강하게 드러나는 경우**: 남성적, 여성적, 풍자적, 해학적, 설득적, 독백적, 영탄적 어조 등이 다양하게 나타난다.

> 검은 그림자 쓸쓸하면 / 마침내 호수 속 깊이 거꾸러져 / 차마 바람도 흔들진 못해라
>   - 이육사, '교목'

▶ 이 시에서 화자는 강인하고 의지적인 남성적 어조를 통해 죽음도 불사하겠다는 단호한 결의를 드러내고 있다.

4. 시의 운율

(1) **운율의 효과**
① 소리의 규칙적인 질서에 의하여 형식적 쾌감을 주고, 깊은 인상을 남긴다.
② 일상의 언어에 새로운 감각을 더함으로써 시적 감동을 일으킨다.
③ 시의 개성과 독특한 어조를 형성한다.

(2) **운율의 형성 방법**
특정한 음운의 반복, 일정한 음절 수의 반복, 비슷한 통사 구조의 반복, 의성어·의태어와 같은 음성 상징어의 사용 등을 통해 운율이 형성된다.

(3) **운율의 종류**
① **외형적 운율(外形律)**: 겉으로 드러나는 객관적 성질의 운율이다.
    ㉠ **음위율(音位律)**: 압운(押韻)①에 의한 운율로, 일정 위치에 같은 운을 두는 것을 뜻한다.
    ㉡ **음성율(音聲律)**: 음성의 강약·고저·장단 등을 통해 규칙적으로 반복되는 리듬을 형성하는 것으로, 한시에서는 가능하나 우리 시에서는 실현되기 어려운 운율이다.
    ㉢ **음수율(音數律)**: 일정한 음수 단위의 규칙적인 반복으로 생기는 운율이다.

운(韻)과 율(律)
운(韻) 일정한 위치에서 같거나 비슷한 음이 규칙적으로 반복되는 것을 뜻한다.
율(律) 고저, 장단, 강약이 규칙적으로 반복되는 것을 뜻한다.

어휘 사전
① 압운(押韻): 시가에서 시행의 일정한 자리에 동일한 운을 규칙적으로 다는 일. 또는 그 운.

학습 체크
01 다음 시에 나타난 어조로 적절한 것을 (1)~(4)에서 각각 고르시오.

> 그 열렬한 고독 가운데
> 옷자락을 나부끼고 호올로 서면
> 운명처럼 반드시 '나'와 대면케 될지니
> 하여 '나'란 나의 생명이란
> 그 원시의 본연한 자태를 다시 배우지 못하거든
> 차라리 나는 어느 사구(砂丘)에 회한 없는 백골을 쪼이리라.

(1) 남성적 / 여성적
(2) 단정적 / 영탄적
(3) 회화적 / 독백적

---
(1) 남성적 (2) 단정적 (3) 독백적

- 그립다 / 말을 할까 / 하니 그리워. / 그냥 갈까 / 그래도 / 다시 더 한 번…….
  7   5   7   5   - 김소월, '가는 길'

- 蓬萊山(봉래산) 第一峰(제일봉)에 落落長松(낙락장송) 되얏다가
  3   4   4   4
  白雪(백설)이 滿乾坤(만건곤)홀 제 獨也靑靑(독야청청) ᄒᆞ리라.   - 성삼문의 시조
  3   4   4   4

▶ 김소월의 '가는 길'에서는 7·5조, 성삼문의 시조에서는 3·4(4·4)조의 율격이 나타난다.

ⓔ **음보율**(音步律): 한 행을 일정한 간격으로 끊어 읽음으로써 형성되는 리듬감이다.

- 나 보기가 / 역겨워 / 가실 때에는
  제1음보   제2음보 제3음보
  말없이 / 고이 보내 / 드리오리다   - 김소월, '진달래꽃'
  제1음보 제2음보   제3음보

- 이 몸이 / 주거 주거 / 일백 번 / 고쳐 주거   - 정몽주, '단심가'
  제1음보 제2음보   제3음보   제4음보

▶ 김소월의 '진달래꽃'에서는 3음보, 정몽주의 '단심가'에서는 4음보의 율격이 나타난다.

ⓜ **통사율**(統辭律): 유사한 문장 구조나 문법 구조가 반복되어 형성되는 운율이다.

가슴 속에 하나 둘 새겨지는 별을 / 이제 다 못 헤는 것은
쉬이 아침이 오는 까닭이오, / 내일(來日) 밤이 남은 까닭이오,
아직 나의 청춘(靑春)이 다하지 않은 까닭입니다.   - 윤동주, '별 헤는 밤'

▶ '~이 ~한 까닭이다'라는 문장 구조가 반복적으로 제시되었다.

② **내재적 운율**(內在律): 자유시나 산문시에서 느껴지는 율격으로, 겉으로 드러나지 않지만 은근하게 느껴지는 주관적 율격이다.
  ㉠ 내용의 흐름이나 시어의 배치 등을 통해 잠재적으로 형성된다.
  ㉡ 산문율: 산문시에 내재하는 자유로운 율격

노을이 지는 언덕 위에서 그대 가신 먼 곳 머언 나라를 뚫어지도록 바라다보면 해가 저물어 밤은 깊은데 하염없어라 출렁거리는 물결 소리만 귀에 적시어 눈썹 기슭애 번지는 불꽃 피눈물 들어 어룽진 동정 그리운 사연 아뢰려 하여 벙어리 가슴 쥐어뜯어도 헛바늘일래 말을 잃었다 땅을 구르며 몸부림치며 궁그르다 다시 일어나 열리지 않는 말문이런가 하늘 우러러 돌이 되었다.   - 김관식, '석상(石像)의 노래'

5. 시의 표현(수사법)

(1) **비유**(比喩, metaphor)
  ① **개념**: 표현하고자 하는 대상을 다른 사물에 빗대서 표현하는 방법이다.
  ② **특징**: 비유에는 표현하고자 하는 것(원관념)과 비유하는 사물(보조 관념)의 상관 관계가 성립된다. 따라서 원관념과 보조 관념 사이에는 유추가 될 수 있는 유사성이 있어야 한다.
  ③ **종류**
    ㉠ **직유**(直喩): 원관념을 보조 관념에 직접적으로 연결시키는 방법으로, '처럼', '같이', '듯', '인 양' 등의 연결어를 사용한다.

소년(少年)아 네가 났다니 / 맑은 넋에 깃들여 / 박꽃처럼 자랐어라 - 이육사, '소년에게'

☑ **학습 체크**

01 다음 작품에 나타난 음수율과 음보율을 쓰시오.

> 기심 매러 갈 적에는 갈뽕을 따 가지고
> 기심 매고 올 적에는 올뽕을 따 가지고
> 삼간방에 누어 놓고 청실 홍실 뽑아 내서
> 강릉 가서 날아다가 서울 가서 매어다가
> 하늘에다 베틀 놓고 구름 속에 이매 걸어
> 함경나무 바디집에 오리나무 북게다가
> 짜궁짜궁 짜아 내어 가지잎이 묻거워라.

(1) 음수율: ＿＿＿＿＿＿
(2) 음보율: ＿＿＿＿＿＿

---
(1) 4·4(3·4)조 (2) 4음보
'기심 매러/갈 적에는/갈뽕을/따 가지고'와 같이 끊어 읽으므로 4·4(3·4)의 음수율과 4음보의 율격이 나타난다.

㉡ **은유**(隱喩): 원관념과 보조 관념을 'A는 B이다(계사 은유)' 또는 'A의 B(동격 은유)'의 형태로 연결하는 비유법으로, 연결어는 사용되지 않는다.

> 마음은 제 고향 지니지 않고 / 머언 항구(港口)로 떠도는 구름.   - 정지용, '고향'

▶ '마음(원관념)'을 '구름(보조관념)'에 비유하고 있으며, 이는 'A는 B'의 형태로 동격 은유가 사용된 예에 해당한다.

㉢ **대유**(代喩): 대상의 일부 속성으로 전체를 나타내는 표현법이다.

    ⓐ **환유**(換喩): 사물의 속성이나 특징으로 그 사물을 대표한다.

> 흰 수건이 검은 머리를 두르고 / 흰 고무신이 거친 발에 걸리우다 // 흰 저고리 치마가 슬픈 몸집을 가리고 / 흰 띠가 가는 허리를 질끈 동이다.   - 윤동주, '슬픈 족속'

▶ '흰 수건', '흰 고무신', '흰 저고리 치마', '흰 띠'는 '백의'를 즐겨 입던 우리 민족의 일부 속성을 들어 우리 민족 전체를 나타내고 있다.

    ⓑ **제유**(提喩): 사물의 일부분으로 그 사물 전체를 대표한다.

> 빼앗긴 들에도 봄은 오는가?   - 이상화, '빼앗긴 들에도 봄은 오는가'

▶ '조국' 혹은 '국토'를 '들'이라는 부분적인 요소로 대표하여 나타내고 있다.

㉣ **의인**(擬人): 인간이 아닌 사물이나 관념에 인격을 부여해서 사람인 것처럼 표현하는 비유법이다.

> • 백발(白髮)이 제 몬져 알고 즈름길노 오더라.   - 우탁의 시조
> • 도화(桃花)야 써나지 마로렴 어주자(魚舟子) 알가 하노라.   - 이황의 시조

▶ 무생물인 '백발'과 '도화'를 마치 사람처럼 의인화하였다.

㉤ **활유**(活喩): 생명체가 아닌 대상에 생명이나 동작을 부여해서 살아 있는 것처럼 표현하는 방법이다.

> • 바다는 뿔뿔이 / 달아나려고 했다.   - 정지용, '바다 9'
> • 모든 산맥들이 / 바다를 연모(戀慕)해 휘달릴 때도   - 이육사, '광야'

▶ '바다'와 '산맥들'을 각각 뿔뿔이 달아나려고 하는 존재, 바다를 연모해 휘달리는 존재에 비유하여 살아있는 것처럼 표현하였다.

㉥ **풍유**(諷喩)

    ⓐ 원관념을 숨기고 보조 관념만으로 뒤에 숨겨진 본래의 의미를 암시하는 방법으로, '우의법(寓意法)'이라고도 한다.

    ⓑ 상징과 유사하나 풍자와 비판, 교훈성이 강하게 나타난다는 점이 다르다.

    ⓒ 동물이나 무생물에 빗대어 표현하는 경우가 많으며, 속담이나 격언에서 보편적으로 사용된다.

☑ **학습 체크**

01 제시된 시구에 나타난 표현법을 고르시오.

(1) 지금은 남의 땅 - 빼앗긴 들에도 봄은 오는가? (직유 / 은유 / 대유)
(2) 푸른 밤 고이 맺는 이슬 같은 보람을 (직유 / 은유 / 대유)
(3) 가르마 같은 논길을 따라 (직유 / 은유 / 대유)
(4) 내 마음은 유리가봐 (직유 / 은유 / 대유)

(1) 대유 (2) 직유 (3) 직유 (4) 은유

- 원숭이도 나무에서 떨어진다.
- 간밤의 부던 ᄇᆞ람에 눈서리 치단말가.
  낙락장송이 다 기우러 가노ᄆᆡ라.
  ᄒᆞ믈며 못다 핀 곳이야 닐러 므슴 ᄒᆞ리오.　　　　　　　　　　　- 유응부의 시조

▶ 첫 번째 예는 속담으로, 아무리 어떤 일에 익숙한 사람이라도 실수할 수 있다는 뜻을 '원숭이'라는 동물에 빗대어 표현한 것이다. 그리고 두 번째 예에서는 간신에게 충신이 위협받는 계유정난을 눈서리에 낙락장송이 기우는 상황으로 빗대어 암시하였다.

ⓒ **인유**(引喩, allusion): 고전, 역사, 고사, 전설 등에서 널리 알려진 인물, 스토리, 시구 등을 인용하는 비유법이다.

　　纖雲(섬운)이 四捲(사권)ᄒᆞ고 믈결이 채 잔 적의
　　하ᄂᆞᆯ의 도돈 ᄃᆞᆯ이 솔 우희 걸려거ᄃᆞᆫ 올ᄋᆞ시니
　　잡다가 ᄲᆞ딘 줄이 謫仙(적선)이 헌ᄉᆞ홀샤　　　　　　　　　　- 정철, '성산별곡'

▶ 달을 잡으려다 물에 빠졌다는 적선(이태백)의 고사를 인용하였다.

◎ **중의**(重義): 한 단어로 두 가지 이상의 의미를 나타내는 방법이다.

　　청산리(靑山裏) 벽계수(碧溪水)ㅣ야 수이 감을 자랑 마라.
　　일도 창해(一到滄海)ᄒᆞ면 도라오기 어려오니,
　　명월(明月)이 만공산(滿空山)ᄒᆞ니 수여 간들 엇더리.　　　　- 황진이의 시조

▶ '벽계수(碧溪水)'는 '푸른 시냇물' 또는 조선의 왕족 중 한 명인 '벽계수'를 의미한다.

ⓒ **의성**(擬聲): 사람이나 사물의 소리를 그대로 묘사하여 그 소리나 상태를 실제와 같이 표현하는 방법이다.

　　처……ㄹ썩, 처……ㄹ썩, 척, 쏴……아. / 때린다, 부순다, 무너 버린다.
　　　　　　　　　　　　　　　　　　　　　　　　　- 최남선, '해(海)에게서 소년에게'

ⓒ **의태**(擬態): 사물의 모양이나 태도를 그대로 모방하여 표현하는 방법이다.

　　연분홍 송이송이 못내 반가와
　　나비는 너훌너훌 춤을 춥니다.　　　　　　　　　　　　　　　- 김억, '연분홍'

(2) 강조(强調)

① **과장(誇張)**

　㉠ 사물의 수량이나 상태, 성질 또는 글의 내용을 실제보다 더 늘리거나 줄여서 표현하는 방법이다.
　㉡ 시적 감정의 진실성을 나타내는 데 효과적이다.
　㉢ 불가능한 상황을 설정한 경우는 모두 과장법에 해당한다.

② **반복(反復)**

　㉠ 같은 단어나 구절, 문장을 반복하여 뜻을 강조하는 방법이다.
　㉡ 의미를 강조하거나 율격을 형성할 때에 흔히 사용한다.

☑ **학습 체크**

01 제시된 문장에 나타난 표현법을 고르시오.

(1) 새 짐승 슬피 울고 산 바다도 찡그리고 (의인 / 풍유)
(2) 지렁이도 밟으면 꿈틀한다. (의인 / 풍유)

──────────────────

(1) 의인 (2) 풍유

③ **열거(列擧)**: 내용적으로 연결되거나 비슷한 어휘나 구절을 늘어놓음으로써 서술하는 내용을 강조하는 방법이다.

> 별 하나에 추억과 / 별 하나에 사랑과 / 별 하나에 쓸쓸함과
> 별 하나에 동경과 / 별 하나에 시와 / 별 하나에 어머니, 어머니
> — 윤동주, '별 헤는 밤'

▶ 같은 어휘나 어구를 늘어놓는 것은 '열거법'이 아니고 '반복법'이다.

④ **점층(漸層)**: 내용의 비중이나 정도를 한 단계씩 높여서 뜻을 점점 강하고 깊게 표현하는 방법이다. 독자의 감정을 자연스럽게 절정으로 이끌어 올릴 수 있다는 장점이 있다.

> 이 몸이 주거주거 일백 번(一百番) 고쳐 주거
> 백골(白骨)이 진토(塵土) 되어 넋시라도 잇고 업고,
> 님 향(向)한 일편단심(一片丹心)이야 가실 줄이 이시랴.
> — 정몽주의 시조

▶ '점강법'은 한 구절 한 구절의 내용이 작아지고 좁아지고 약해져서, 고조된 감정을 점점 가라앉게 하는 표현 방법이다.

⑤ **연쇄(連鎖)**: 앞 구절의 말을 다시 다음 구절에 연결시켜 연쇄적으로 잇는 방법으로, 글에 변화를 줌으로써 흥미를 일으키는 방법이다.

> 고인(古人)도 날 몯 보고 나도 고인 몯 뵈.
> 고인(古人)을 몯 뵈도 녀던 길 알픠 잇니.
> 녀던 길 알픠 잇거든 아니 녀고 엇덜고.
> — 이황, '도산십이곡'

⑥ **영탄(詠嘆)**: 슬픔, 기쁨 등 벅찬 감정을 강조하여 감탄의 형태로 표현하는 방법이다.

> 아아 누구던가
> 이렇게 슬프고도 애달픈 마음을
> 맨 처음 공중에 달 줄을 안 그는
> — 유치환, '깃발'

⑦ **비교(比較)**: 성질이 비슷한 대상을 서로 비교하여, 그 차이를 통해 어느 한쪽을 강조하는 방법이다. 흔히 '만큼', '보다' 등의 비교격 조사를 사용한다.

> 아! 강낭콩꽃보다도 더 푸른 / 그 물결 위에
> 양귀비꽃보다도 더 붉은 / 그 마음 흘러라.
> — 변영로, '논개'

⑧ **대조(對照)**: 서로 반대되는 내용을 맞세워 강조함으로써 선명한 인상을 주는 방법이다.

㉠ 단어의 대조 예 인생은 짧고 예술은 길다.

㉡ 의미의 대조
  예 산천은 의구(依舊)호되 인걸(人傑)은 간 듸 업다. → 세상사의 무상함과 자연의 불변함을 대조

㉢ 색상의 대조
  예 들길은 마을에 들자 붉어지고 / 마을 골목은 들로 내려서자 푸르러진다 → 붉은색과 푸른색의 대조

㉣ 감각의 대조
  예 차가운 가슴에 따스한 손길이 닿으면 → 냉·온 감각의 대조

(3) **변화(變化)**

① **역설(逆說, paradox)**: 논리적으로 모순되는 진술을 통해, 그 이면의 중요한 진리를 드러내는 표현을 가리킨다.

☑ **학습 체크**

01 제시된 시구에 나타난 표현법을 〈보기〉에서 골라 기호를 쓰시오. (2개 이상 선택 가능)

보기		
㉠ 과장	㉡ 반복	㉢ 열거
㉣ 점층	㉤ 연쇄	㉥ 영탄

(1) 그대들 돌아오시니 / 피 흘린 보람 찬란히 돌아오시니! ( )
(2) 삼각산이 일어나 더덩실 춤이라도 추고 한강물이 뒤집혀 용솟음 칠 그 날이 ( )
(3) 거봐, 너도 북어지 너도 북어지 너도 북어지 / 귀가 먹먹하도록 부르짖고 있었다. ( )

02 제시된 시구에 나타난 표현법을 고르시오.

(1) 나는 아직 기다리고 있을 테요, 찬란한 슬픔의 봄을 (반어 / 역설)
(2) 겨울은 강철로 된 무지갠가 보다. (반어 / 역설)

01 (1) ㉥ (2) ㉠ (3) ㉡
02 (1) 역설 (2) 역설

- 나는 아직 기다리고 있을 테요, 찬란한 슬픔의 봄을   - 김영랑, '모란이 피기까지는'
- 겨울은 강철로 된 무지갠가 보다.   - 이육사, '절정'

② **반어(反語, irony)**: 작가가 드러내고자 하는 의도와 표현이 상반되도록 함으로써 정서를 심화시키는 기법이다.

- 죽어도 아니 눈물 흘리오리다.   - 김소월, '진달래꽃'
- 먼 훗날 당신이 찾으시면 / 그때에 내 말이 "잊었노라"   - 김소월, '먼 후일'

③ **도치(倒置)**
   ㉠ 문장의 어순을 바꾸어서 내용을 강조하는 방법이다.
   ㉡ 국어의 문장은 '주어+목적어(보어)+서술어'의 순서로 나타나는 것이 일반적인 형식인데, 이 순서가 바뀐 형태가 도치법이다.

    대동강 물이야 언제나 마르려나 ← 도치
    이별 눈물 해마다 푸른 물결 보태나니.   - 정지상, '송인'

④ **문답(問答)**
   ㉠ 묻고 답하는 형식을 통해 특정 문장이나 글을 전개하는 방법이다.
   ㉡ 변화와 강조의 효과를 위해 자문자답(自問自答) 형식으로 표현한다.

    사랑(思郞)이 엇써터니 둥고더냐 모지더냐
        사랑의 속성에 대한 물음
    길더냐 져르더냐 발일넌냐 주힐너냐
    각별(各別)이 긴 줄은 모로딕 끗 간 딕를 몰닉라
        사랑의 속성에 대한 대답(=긴 줄은 아나 끝은 모르겠음)   - 작자 미상의 시조

⑤ **설의(設疑)**
   ㉠ 결론이나 단정 부분을 의문 형식으로 표현하여 그 의미를 강조하는 방법으로, 좀 더 효과적으로 상대방을 납득시키고자 할 때 쓰인다.
   ㉡ 문장 형식은 의문문이지만 설명이나 행동을 요구하는 의문이 아니라, 이미 알고 있는 사실을 되묻는 형식의 표현 기교이다.

    가마귀 검다ᄒ고 白鷺(백로)야 ㅣ웃지마라
    것치 거믄들 속조차 거믈소냐
    아마도 것 희고 속 거믈손 너ᄲᅮᆫ인가 ᄒ노라   - 이직의 시조

⑥ **대구(對句)**: 비슷한 구조의 어구나 문장을 짝을 맞추어 늘어놓는 표현 방법으로, '대우법'이라고도 한다.

    말 업슨 청산(靑山)이오, 태(態) 업슨 유수(流水)ㅣ로다.
    갑 업슨 청풍(淸風)이오, 님ᄌ 업슨 명월(明月)이라.
    이 중(中)에 병(病) 업슨 이 몸이 분별(分別) 업시 늘그리라.   - 성혼의 시조

⑦ **돈호(頓呼)**: 대상의 이름을 불러서 주의를 환기시키는 방법이다.

    아이야 우리 식탁엔 은쟁반에
    하이얀 모시 수건을 마련해 두렴   - 이육사, '청포도'

☑ **학습 체크**

01 제시된 시구에 나타난 표현법을 <보기>에서 골라 기호를 쓰시오.

보기		
㉠ 도치	㉡ 문답	㉢ 설의
㉣ 대구	㉤ 돈호	

(1) 님 向(향)한 一片丹心(일편단심)이야 가실 줄이 이시랴. (   )
(2) 가쁜 숨결을 드내쉬노니, 박나비처럼, (   )

(1) ㉢ (2) ㉠

⑧ 생략(省略): 독자에게 여운이나 암시를 주기 위하여, 문장의 구절을 간결하게 줄이거나 빼 버리는 방법이다.

> 그립다 / 말을 할까 / 하니 그리워.
> 그냥 갈까 / 그래도 / 다시 더 한 번······.
> — 김소월, '가는 길'

⑨ 인용(引用): 다른 사람의 말이나 글, 격언 등을 빌려와 내용을 풍부하게 하거나 변화를 주는 방법이다.

> 누이는 놀란 듯이 치어다보며 / "오매, 단풍 들것네."
> — 김영랑, '오매 단풍 들것네'

⑩ 시적 허용: 시적 파격(詩的破格)이라고도 하며, 일상어에서는 비문법적인 단어나 문장이어도 시에서는 시적 효과를 위해 허용하는 것을 말한다.

> 자줏빛 굵은 대공 하이얀 꽃이 벌고
> — 이병기, '난초 4'

(4) 상징(象徵, symbol)

① 개념: 추상적인 관념이나 사상을 구체적인 사물로 나타내는 표현 기법이다.

② 특징
  ㉠ 상징은 원관념은 숨기고 보조 관념만 드러난다.
  ㉡ 비유에서는 원관념과 보조 관념이 '1:1'의 유추적 관계를 보이지만, 상징에서는 원관념과 보조 관념이 '1:다(多)'의 다의적 관계를 이룬다.

③ 종류
  ㉠ 관습적 상징(사회적·제도적 상징): 일정한 세월을 두고 사회적 관습에 의해 공인되고 널리 보편화된 상징이다. 예 십자가 → 기독교, 비둘기 → 평화, 칼 → 무력
  ㉡ 개인적 상징(창조적·문화적 상징): 관습적 상징을 시인의 독창적 의미로 변용시켜 문화적 효과를 얻는 상징이다.

> 黃雀何方來去飛   참새야 어디서 오가며 나느냐,
> 一年農事不曾知   일 년 농사는 아랑곳하지 않고,
> 鰥翁獨自耕耘了   늙은 홀아비 홀로 갈고 맸는데,
> 耗盡田中禾黍爲   밭의 벼며 기장을 다 없애다니.
> — 이제현, '사리화'
> ▶ '참새'는 탐관오리, '늙은 홀아비'는 수탈을 당하는 힘없는 농민들을 상징한다.

  ㉢ 원형적 상징: 시대와 지역을 초월하여 인류 전체나 특정 민족, 특정 문화에 빈번하게 되풀이되어 나타나는 상징이다.
  예 물 → 생명, 생산, 깨끗함, 풍요, 정화, 사랑, 부드러움, 성장 등

(5) 감정 이입

자신의 감정을 타인이나 사물에 이입하여 대상도 자신과 같은 감정을 느끼는 것처럼 표현하는 방법이다.

> 천만 리 머나먼 길희 고은 님 여희옵고 / 뇌 무음 둘 뒤 업셔 냇구의 안쟈시니,
> 져 믈도 뇌 온 궃후여 우러 밤길 녜놋다.
> — 왕방연의 시조
> ▶ 화자의 슬픈 심정을 냇물에 이입하여 냇물이 울며 가는 것으로 표현하고 있다.

🔍 **비유와 상징의 차이**

구분	비유	상징
원관념	드러남	드러나지 않음
의미 해석	하나의 의미로 해석	다양한 의미로 해석 가능
원관념-보조관념 관계	유사성 있음	유사성 없음

🔍 **감정 이입과 객관적 상관물의 구분**

감정 이입은 화자의 정서가 이입된 대상만을 가리키고, 객관적 상관물은 화자의 정서에 기여하는 모든 대상을 가리킨다. 따라서 객관적 상관물은 감정 이입을 포함하는 상위 개념이다.
(감정 이입 ⊂ 객관적 상관물)

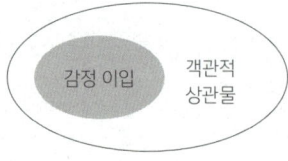

☑ **학습 체크**

01 밑줄 친 시어 중 감정 이입에 해당하는 것에 ○를, 해당하지 않는 것에 ×를 하시오.
  (1) 산에서 우는 작은 새여. / 꽃이 좋아 / 산에서 / 사노라네. (○, ×)
  (2) 가마귀 눈비 마즈 희는 듯 검노미라. / 夜光明月(야광명월)이 밤인들 어두오랴. (○, ×)

---
(1) ○ (2) ×

(6) 객관적 상관물

감정을 환기시키는 모든 사물을 가리킨다. 시적 화자와 동일한 감정뿐만 아니라 대조적인 감정을 떠올리게 하는 것도 객관적 상관물이다.

> 여보소 공중에 / 저 기러기 / 공중엔 길 있어서 잘 가는가?   - 김소월, '길'
> ▶ 나그네 신세인 화자의 처지와 대조적으로 기러기는 하늘을 일정한 방향으로 날아가는데, 화자는 이를 부러워하며 슬픔에 잠긴다. 즉 기러기는 방황하는 화자의 슬픔을 심화하는 객관적 상관물이다.

(7) 자동기술법(의식의 흐름 기법)

인간 내면 세계의 깊은 생각, 관념, 의식을 아무런 제약이나 질서 없이 의식의 흐름에 따라 표출하는 표현 기법이다.

> 거울때문에나는거울속의나를만져보지를못하는구료마는
> 거울아니었던들내가어찌거울속의나를만나보기만이라도했겠소
>
> 나는지금거울을안가졌소마는거울속에는늘거울속의내가있소
> 잘은모르지만외로된사업(事業)에골몰할게요   - 이상, '거울'

(8) 선경 후정(先景後情)

작품의 전반부에는 풍경이나 사물의 외양 등 눈에 비치는 모습을 제시하고, 후반부에는 화자의 정서를 표출하는 전개 방식이다.

> 보슬보슬 봄비는 못에 내리고 / 찬 바람이 장막 속 스며들 제
> 뜬시름 못내 이겨 병풍에 기대니 / 송이송이 살구꽃 담 위에 지네.   - 허난설헌, '봄비'
> ▶ 작품의 기구와 승구에서는 공간적 배경(못)과 시간적 배경(봄)을 제시하고, 후반부인 전구에서는 화자의 고독하고 아쉬운 정서를 제시하고 있다.

6. 시의 심상(心象, image)

(1) 심상의 기능

① **구체성**: 추상적 관념을 구체적 언어로 생동감 있게 전달한다.
② **함축성**: 여러 가지 의미와 느낌을 함축적으로 표현해 준다.
③ **직접성**: 경험과 사물을 감각적이고 구체적으로 나타내어 뚜렷하고 직접적인 인상을 준다.

(2) 심상의 종류

① **시각적 심상**: 색채, 명암, 모양, 움직임 등 눈을 통해 떠올리는 이미지

> • 흰 발톱에 찢긴 / 산호(珊瑚)보다 붉고 슬픈 생채기!   - 정지용, '바다9'
> • 금방울과 같이 호동그란 고양이의 눈에 / 미친 봄의 불길이 흐르도다.
>   - 이장희, '봄은 고양이로다'

② **청각적 심상**: 소리의 감각에 호소하는 이미지

> • 전나무 우거진 마을 / 집집마다 누룩을 디디는 소리,   - 오장환, '고향 앞에서'
> • 님이여, 사랑이여, 옛 오동(梧桐)의 숨은 소리여.   - 한용운, '찬송'

③ **미각적 심상**: 맛의 감각을 이용한 이미지

- 메마른 입술에 쓰디쓰다.   - 정지용, '고향'
- 우리는 草野(초야)에 뭇쳐시니 밉고 쓴 줄 몰닉라.   - 작자 미상의 시조

④ **후각적 심상**: 냄새의 감각을 이용한 이미지

- 달은 과일보다 향그럽다.   - 장만영, '달·포도·잎사귀'
- 하늘을 스치는 알 수 없는 향기는 누구의 입김 입니까?   - 한용운, '알 수 없어요'

⑤ **촉각적 심상**: 사물이 피부에 닿는 감촉과 관련된 이미지

- 꽃가루와 같이 부드러운 고양이의 털에   - 이장희, '봄은 고양이로다'

⑥ **공감각적 심상(감각의 전이)**: 두 종류 이상의 감각이 결합되어 이루어진 이미지, 즉 감각이 전이되어 표현된 심상을 말한다.

- 나비 허리에 새파란 초생달이 시리다. (시각의 촉각화)   - 김기림, '바다와 나비'
- 옛이야기 지줄대는 실개천 (시각의 청각화)   - 정지용, '향수(鄕愁)'
- 노란 달이 아마존 강물 속에 향기롭게 출렁이고 (시각의 후각화)   - 최승호, '아마존 수족관'
- 나는 향기로운 님의 말소리에 귀먹고 (청각의 후각화)   - 한용운, '님의 침묵'

2 서사 갈래

1. 소설의 이해

(1) 소설의 정의
소설은 현실에서 있을 법한 허구적인 이야기를 소설 속 사건의 전개나 인물을 통해 현실의 이야기인 것처럼 만들어 전달하는 산문 문학의 한 장르이다.

(2) 소설의 특성
① **허구성**: 현실의 요소를 반영하여 가공한 이야기이다.
② **진실성**: 허구적인 이야기를 통하여 인생의 참모습을 추구한다.
③ **예술성**: 예술의 한 형식이므로 예술미와 형식미를 갖추어 표현한다.
④ **서사성**: 이야기를 산문 형식을 갖추고, 시간의 흐름에 따라 표현한다.

2. 소설의 요소

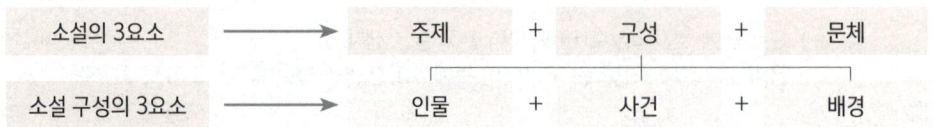

3. 소설의 구성(構成, plot)

(1) 구성의 개념
① 주제를 효과적으로 표현하기 위하여 사건을 인과 관계에 따라 유기적으로 배치하는 것으로, 플롯(plot)이라고도 한다.

소설의 기타 특성

개연성 확실하지는 않으나, 아마 그럴 것이라고 생각되는 성질이다. 특정 연관 관계 때문에 현실에서 일어날 가능성이 있는 일을 말한다.

우연성 어떤 사상(事象)이 존재할 수도 있고 존재하지 않을 수도 있는 경우를 나타내는 개념으로 사용되지만, 소설에서는 특정 연관 관계가 없음에도 일어나는 일을 말한다.

필연성 원인과 결과가 뚜렷하여 반드시 꼭 일어나는 일을 말한다.

☑ 학습 체크

01 다음 공감각적 표현의 감각 전이 양상을 쓰시오. (예 청각의 시각화)

(1) 푸른 휘파람 소리가 나거든요
   (___의 ___화)
(2) 해설피 금빛 게으른 울음을 우는 곳
   (___의 ___화)
(3) 피아노에 앉은 여자의 두 손에서는 끊임없이 열 마리씩 스무 마리씩 신선한 물고기가 튀는 빛의 꼬리를 물고 쏟아진다.
   (___의 ___화)

---
(1) 청각의 시각화
(2) 청각의 시각화
(3) 청각의 시각화

② 소설의 예술미를 형성하기 위해 논리적·인과적으로 배열된 사건의 구조이다.
③ 복선 등을 이용하여 사건에 필연성을 부여한다.
▶ 복선은 앞으로 다가올 상황에 대한 암시이다. 대개 복선의 목적은 독자들의 흥미를 유발하여 작품의 재미를 강화시키고, 독자들이 앞으로 전개될 사건을 우발적 사건이 아닌 필연적인 것으로 느끼게 하기 위함이다.

(2) 구성의 단계

단계	내용
발단	작품의 도입 단계로 등장인물이 소개되고, 배경이 제시됨. 사건의 실마리가 암시됨
전개	갈등이 본격적으로 전개되는 단계로, 갈등과 분규가 발생함. 인물의 성격이 변화·발전함 복선, 암시, 생략, 서스펜스 등이 있음.
위기	사건의 극적 반전을 가져오는 모멘트(어떤 일의 원인)가 나타나는 부분으로, 갈등이 고조·심화되어 절정에 이르는 계기가 되는 단계임
절정	갈등과 분규가 가장 격렬해지고 최고조에 이르는 단계로, 사건 해결의 분기점이 되는 단계임. 작품 전체의 의미가 제시되며 위기가 반전됨
결말	사건이 마무리되고 갈등과 분규가 해결됨. 주인공의 운명이 결정되는 단계임

(3) 구성의 유형

① 이야기의 개수에 따라
  ㉠ **단일 구성**(단순 구성, simple plot): 한 가지 이야기만이 전개되는 구성으로, 주로 단편 소설에서 보이는 구성이다.
  ㉡ **복합 구성**(복잡 구성, intricate plot): 두 가지 이상의 이야기가 복합적으로 얽혀 전개되는 구성으로, 주로 장편 소설에서 보이는 구성이다.
  ㉢ **피카레스크식 구성**: 동일한 인물이 독립된 각각의 이야기에 등장하여, 동일한 주제와 배경하에 사건을 전개하는 구성이다. 각각의 이야기는 독립적이지만 전체적으로는 긴밀한 관계를 맺고 있다.
    예 홍명희의 '임꺽정': 주인공 임꺽정이 전국을 돌아다니며 역사 속 실존 인물들을 만나는 독립적인 에피소드가 여러 편 이어져 있다.
  ㉣ **옴니버스식 구성**: 옴니버스는 '합승 마차'라는 뜻이다. 합승 마차가 다른 각각의 승객을 태우고 동일한 종착역을 향해 달리듯, 작은 주제와 인물이 다른 이야기들을 하나의 거대한 주제 아래에 모아놓은 구성이다.
    예 봉산탈춤: 각 과장이 '양반의 허위에 대한 비판', '가부장적 질서에 대한 풍자' 등을 작은 주제로 삼고 있으나, 전체적으로 봉건 사회에 대한 비판과 풍자, 근대 시민 의식의 발현 등을 큰 주제로 하고 있다. 그리고 각 과장에 따라 등장인물 역시 다르다. (양반 과장은 양반 삼형제와 말뚝이, 취발이가 등장하고, 미얄 과장은 미얄과 영감, 덜머리집이 등장함)
  ㉤ **액자식 구성**: '내부 이야기'와 '외부 이야기'로 이루어지는 구성이다.
    ⓐ '내부 이야기'는 주제를 구현하는 핵심 이야기이며, '외부 이야기'는 사건의 신빙성 확보를 위한 액자 이야기이다.
    ⓑ 내부 이야기와 외부 이야기에서 시점이 다르게 나타나며, 특히 내부 이야기는 신빙성을 위해 서술자와의 거리를 유지하고 사건을 객관적으로 서술한다.

☑ **학습 체크**

01 다음 설명이 가리키는 구성의 유형을 〈보기〉에서 골라 기호를 쓰시오.

보기
㉠ 피카레스크식 구성
㉡ 옴니버스식 구성
㉢ 액자식 구성

(1) 이야기 속에 또 다른 이야기가 들어 있는 구성이다. ( )
(2) 동일한 인물이 등장하여 각각 다른 사건을 연속적으로 전개하는 구성이다. ( )
(3) 인물과 사건이 다른 독립된 몇 개의 이야기를 하나의 주제를 중심으로 모은 구성이다. ( )

(1) ㉢ (2) ㉠ (3) ㉡

"자, 노형의 경험담이나 한번 들어 봅시다. 감출 일이 아니면 한번 이야기해 보쇼."
"머, 감출 일은……."
"그럼, 어디 들어 봅시다그려."
그는 다시 하늘을 쳐다보았다. 그러나 좀 있다가,
"하디요."
하면서 내가 담배를 붙이는 것을 보고 자기도 대에 담배를 붙여 물고 이야기를 꺼낸다.
"닞히디두 않는 십구 년 전 팔월 열하룻날 일인데요."
하면서 그가 이야기한 바는 대략 이와 같은 것이다.
그가 살던 마을은 영유 고을서 한 이십 리 떠나 잇는, 바다를 향한 조고만 어촌이다. 그의 살던 조고만 마을(서른 집쯤 되는)에서는 그는 꽤 유명한 사람이었다. 그의 부모는 모두 열댓 세 났을 때 돌아갔고, 남은 사람이라고는 곁집에 딴살림하는 그의 아우 부처와 그 자기 부처뿐이었다. 그들 형제가 그 마을에서 제일 부자이고 또 제일 고기잡이를 잘하였고 그중 글이 있었고 배따라기도 그 마을에서 빼나게 그 형제가 잘 불렀다.

– 김동인, '배따라기'

▶ '노형의 경험담'이 서술된 부분을 내부 이야기로, 현재 '나'와 '그'가 만나 이야기하는 부분을 외부 이야기로 하는 액자식 구성을 취하고 있다.

② 사건의 진행 방식에 따라
  ㉠ **평면적 구성 (진행적 구성)**: 사건이 과거, 현재, 미래의 시간적 흐름에 따라 순차적으로 진행되는 구성이다. 예 고전 소설의 일대기적 구성
  ㉡ **입체적 구성 (분석적 구성)**: 사건을 시간적 순서에 따라 전개하지 않고 시간을 역행시켜 진행하는 구성으로, 현대 소설이나 심리주의 소설에서 자주 보이는 구성이다.

4. 소설의 문체(文體, style)와 어조(語調, tone)

(1) 소설의 문체
문체는 문장에 나타난 작가의 개성적인 특징(style)을 가리킨다. 소설의 문체는 지문과 등장인물의 대화를 통해 구체화되는데, 구체적인 요소로는 '서술, 묘사, 대화'가 있다.

① **서술(敍述, narration)**: 작가가 인물, 사건, 배경 등을 직접 이야기하는 방식으로, 추상적·해설적·요약적으로 사건을 표현하므로 사건이 진행된다.

  1945년 8월 15일, 역사적인 날. / 이날도 신기료장수 방삼복은 종로의 공원 건너편 응달에 앉아서 구두 징을 박으면서 해방의 날을 맞이하였다. 그러나 삼복은 감격한 줄도 기쁜 줄도 모르겠었다. 지나가는 행인이 서로 모르던 사람끼리면서 덥석 서로 껴안고 기뻐하고 눈물을 흘리고 하는 것이 삼복은 속을 모르겠고 차라리 쑥스러 보일 따름이었다.

  – 채만식, '미스터 방'

② **묘사(描寫, description)**: 작가는 인물, 사건, 배경 등을 그림을 그리듯 구체적, 사실적으로 서술함으로써 독자에게 생생한 이미지를 전달한다.

  길은 지금 긴 산허리에 걸려 있다. 밤중을 지난 무렵인지 죽은 듯이 고요한 속에서 짐승 같은 달의 숨소리가 손에 잡힐 듯이 들리며, 콩포기와 옥수수 잎새가 한층 달에 푸르게 젖었다. 산허리는 온통 메밀밭이어서 피기 시작한 꽃이 소금을 뿌린 듯이 흐붓한 달빛에 숨이 막힐 지경이다. 붉은 대공이 향기같이 애잔하고 나귀들의 걸음도 시원하다.

  – 이효석, '메밀꽃 필 무렵'

☑ **학습 체크**

01 다음 글에 사용된 문체의 요소를 고르시오.

'삵'은 이 동네에는 커다란 암종이었다. '삵' 때문에 아무리 농사에 사람이 부족한 때라도 젊고 튼튼한 몇 사람은 동네의 젊은 부녀를 지키기 위하여 동네 안에 머물러 있지 않을 수 없었다. '삵' 때문에 부녀와 아이들은 아무리 더운 여름 저녁이라도 길에 나서서 마음놓고 바람을 쏘여 보지를 못하였다. '삵' 때문에 동네에서는 닭의 가리며 돼지 우리를 지키기 위하여 밤을 새우지 않을 수 없었다.

– 김동인, '붉은 산'

(서술 / 묘사 / 대화)

서술: '삵'을 대하는 마을 사람들의 태도를 요약적으로 제시하였다.

③ **대화(對話, dialogue)**: 등장인물의 말로 표현되는 것으로 사건 전개, 인물 성격 및 심리 제시의 역할을 하며, 스토리와 유기적으로 결합하여 극적으로 상황을 제시한다.

> "글쎄, 왜 못 잡수시는 약주를 잡수셔요. 그러면 몸에 축이 나지 않아요."
> 하고 아내는 남편의 이마에 흐르는 진땀을 씻는다.
> 이취자(泥醉者)는 머리를 흔들며, / "아니야, 아니야, 그런 말을 듣자는 것이 아니야."
> 하고 아까 일을 추상하는 것처럼, 말을 끊었다가 다시금 말을 이어,
> "옳지, 누가 나에게 술을 권했단 말이요? 내가 술을 먹고 싶어서 먹었단 말이오?"
> "자시고 싶어 잡수신 건 아니지요. 누가 당신께 약주를 권하는지 내가 알아 낼까요? 저…… 첫째는 홧증이 술을 권하고, 둘째는 '하이칼라'가 약주를 권하지요."
> – 현진건, '술 권하는 사회'

(2) 소설의 어조

① **어조의 개념**: 서술자의 정서적 태도와 느낌, 또는 작품에서 언어에 의해 나타나는 분위기나 기분(mood)을 어조라고 한다.

② **어조의 종류**

㉠ **해학적 어조**: 익살과 해학이 중심을 이루는 어조

> 계집애가 나물을 캐러 가면 갔지 남 울타리 엮는 데 쌩이질을 하는 것은 다 뭐냐. 그것도 발소리를 죽여 가지고 등 뒤로 살며시 와서
> "얘! 너 혼자만 일하니?" / 하고 긴치 않은 수작을 하는 것이다.
> 어제까지도 저와 나는 이야기도 잘 않고 서로 만나도 본척만척하고 이렇게 점잖게 지내던 터이련만, 오늘로 갑작스레 대견해졌음은 웬일인가. 항차 망아지만 한 계집애가 남 일하는 놈 보구…….
> "그럼 혼자 하지 떼루 하디?" / 내가 이렇게 내배앝는 소리를 하니까
> "너, 일하기 좋니?" / 또는,
> "한여름이나 되거든 하지 벌써 울타리를 하니?"
> 잔소리를 두루 늘어놓다가 남이 들을까 봐 손으로 입을 틀어막고는 그 속에서 깔깔대인다. 별로 우스울 것도 없는데, 날씨가 풀리더니 이놈의 계집애가 미쳤나 하고 의심하였다.
> – 김유정, '동백꽃'

▶ 점순이는 '나'에게 호감을 드러내지만 '나'는 그것을 알아차리지 못한다. 작가는 이러한 어리숙하고 눈치 없는 '나'의 행동과 말을 해학적 어조로 서술하여 웃음을 유발하고 있다.

㉡ **냉소적 어조**: 차가운 태도가 주를 이루는 어조

> 그 견본을 가지고 미군 부대를 찾아다니며 초상화의 주문을 맡는다는 것이었다. 대학에서 영문과를 전공한 것이 아주 헛일은 아니었다고 하며 동욱은 닝글닝글 웃었다. 동욱의 그 닝글닝글한 웃음을 원구는 이전부터 몹시 꺼렸다. 상대방을 조롱하는 것 같은 그러면서도 자조적이요, 어쩐지 친애감조차 느껴지는 그 닝글닝글한 웃음은 원구에게 어떤 운명적인 중압을 암시하여 감당할 수 없이 마음이 무거워지는 것이었다.
> – 손창섭, '비 오는 날'

▶ 동욱의 '닝글닝글한 웃음'은 무기력한 자신에 대한 자조이자 자신을 비참한 지경에 빠뜨린 세상에 대한 냉소이다. 작가는 냉소적인 어조를 통해 전후의 무기력하고 허무한 삶을 드러내고 있다.

ⓒ **반어적 어조**: 진술의 표리를 다르게 하거나 상황이 대조됨으로써 나타나는 어조

"이년아, 죽었단 말이냐, 왜 말이 없어?" / "……."
"으응, 또 대답이 없네, 정말 죽었나 보이."
이러다가, 누운 이의 흰 창이 검은 창을 덮은, 위로 치뜬 눈을 알아보자마자,
"이 눈깔! 이 눈깔! 왜 나를 바루 보지 못하고 천정만 바라보느냐, 응?"
하는 말끝엔 목이 메었다. 그러자 산 사람의 눈에서 떨어진 닭의 똥 같은 눈물이 죽은 이의 뻣뻣한 얼굴을 어룽어룽 적시인다. 문득 김 첨지는 미친 듯이 제 얼굴을 죽은 이의 얼굴에 한데 비벼대며 중얼거렸다.
"설렁탕을 사다 놓았는데 왜 먹지를 못하니, 왜 먹지를 못하니…… 괴상하게도 오늘은 운수가 좋더니만……."
- 현진건, '운수 좋은 날'

▶ 이 소설에서 '운수 좋은 날'은 도리어 아내가 죽은 '운수 나쁜 날'을 의미한다는 점에서, 반어적 어조를 띤다.

ⓔ **풍자적 어조**: 부정적 현실이나 인물에 대해 비판하는 어조

"…… 오죽이나 좋은 세상이여? 오죽이나……"
윤 직원 영감은 팔을 부르걷은 주먹으로 방바닥을 땅 — 치면서 성난 황소가 영각을 하듯 고함을 지릅니다.
"화적패가 있너냐? 부랑당 같은 수령(守令)들이 있너냐?…… 재산이 있대야 도적놈의 것이오, 목숨은 파리 목숨 같던 말세(末世)넌 다 — 지내가고오…… 자 — 부아라, 거리거리 순사요 골골마다 공명헌 정사(政事), 오죽이나 좋은 세상이여…… 남은 수십만 명 동병(動兵)을 히여서, 우리 조선놈 보호히여 주니, 오죽이나 고마운 세상이여?…… 으응?…… 제 것 지니고 앉어서 편안하게 살 세상, 이걸 태평천하라구 하는 것이여, 태평천하!…… 그런데 이런 태평천하에 태어난 부잣집놈의 자식이 더군다나 왜 지가 땅땅거리구 편안허게 살 것이지, 어찌서 지가 세상 망쳐 놀 부랑당패에 참섭을 헌담말이여, 으응?"
- 채만식, '태평천하'

▶ 윤 직원 영감은 우리 민족이 궁핍과 고난을 겪고 있는 일제 치하의 시대를 '태평천하'라고 말함으로써 현실 인식의 문제점을 드러내고 있다. 작가는 이러한 윤 직원 영감의 말과 행동을 풍자적 어조로 서술함으로써 당시의 반민족적 인물들을 비판하고 있다.

5. 소설의 인물(人物, character)

(1) 인물의 유형

① 중요도에 따라

　ⓐ **주요 인물**: 사건을 이끄는 중심인물, 즉 주인공이다.
　ⓑ **주변 인물**: 사건의 진행을 돕거나 주인공을 돋보이게 하는 인물이다.

② 역할에 따라

　ⓐ **주동 인물**: 주인공으로서 중심적 역할을 수행하는 인물이다.
　　예 '춘향전'의 성춘향과 이몽룡
　ⓑ **반동 인물**: 주인공과 대립하여 갈등을 일으키는 인물이다.
　　예 '춘향전'의 변학도

③ 성격에 따라

　ⓐ **전형적 인물**: 어떤 계층이나 집단의 보편적인 성격을 대표하는 인물이다.
　ⓑ **개성적 인물**: 독자적인 성격의 인물로, 독특한 개성을 지닌다.

학습 체크

01 다음 밑줄 친 부분에 나타나는 어조에 O를, 나타나지 않는 어조에 ×를 하시오.

> "저 계집은 무엇인다?"
> 형리 여짜오되, "기생 월매 딸이온데, 관정(官庭)에 포악(暴惡)한 죄로 옥중에 있삽내다."
> "무슨 죄다?"
> 형리 아뢰되, "본관 사또 수청(守廳)으로 불렀더니 수절(守節)이 정절(貞節)이라 수청 아니 들려하고 관전(官前)에 포악한 춘향이로소이다."
> 어사또 분부하되, "너만 년이 수절한다고 관정 포악하였으니 살기를 바랄쏘냐. 죽어 마땅하되 내 수청도 거역할까?"
> 춘향이 기가 막혀 "내려오는 관장(官長)마다 개개이 명관이로구나. 수의(繡衣) 사또 들조시오. 층암 절벽(層巖絶壁) 높은 바위 바람 분들 무너지며, 청송 녹죽(靑松綠竹) 푸른 남기 눈이 온들 변하리까? 그런 분부 마옵시고 어서 바삐 죽여 주오." 하며, "향단아, 서방님 어디 계신가 보아라. 어젯밤에 옥 문간에 와 계실 제 천만 당부하였더니 어디를 가셨는지, 나 죽는 줄 모르는가?"

(1) 해학적 어조 (O, ×)
(2) 냉소적 어조 (O, ×)
(3) 반어적 어조 (O, ×)
(4) 풍자적 어조 (O, ×)

01 (1) × (2) O (3) O (4) O

④ 성격 변화 여부에 따라
  ㉠ **평면적 인물**(정적, 2차원적 인물): 성격의 변화를 보이지 않는 인물이다.
  ㉡ **입체적 인물**(동적, 발전적, 원형적, 3차원적 인물): 자연적 환경, 사회적 상황 등의 영향으로 사건의 진전에 따라 성격의 변화를 보이는 인물이다.

(2) 인물의 제시 방법

① **직접 제시**(분석적, 해설적, 편집자적, 논평적 제시)
  ㉠ 서술자가 인물의 특성을 직접 설명하는 방법이다.
    → 말하기(telling)
  ㉡ 인물의 성격에 대한 서술자의 주관이 개입될 수 있다.
  ㉢ 짧은 시간 안에 인물의 성격을 전달할 수 있으나, 독자의 상상력이 제한된다는 단점이 있다.

② **간접 제시**(극적, 장면적 제시)
  ㉠ 인물의 행동과 대화를 장면으로 보여 줌으로써 인물의 성격을 간접적으로 알 수 있게 하는 방법이다.
    → 보여 주기(showing)
  ㉡ 인물의 성격을 객관적으로 전달한다.
  ㉢ 극적 효과가 극대화되고 독자의 상상력을 자극할 수 있으나, 사건의 진행이 느려진다는 단점이 있다.

> 아버지는 아들의 뒤를 쫓아 이내 개울에서 들어왔다. …(중략)…
> "나무다리가 있는데 건 왜 고치시나요?"
> "너두 그런 소릴 허는구나, 나무가 돌만 허다든? 넌 그 다리서 고기 잡던 생각두 안 나니? 서울루 공부 갈 때 그 다리 건너서 떠나던 생각 안 나니? 시쳇사람들은 모두 인정이란 게 사람헌테만 쓰는 건 줄 알드라! 내 할아비지 산소에 상돌을 그 다리로 건네다 모셨구, 내가 천잘 끼구 그 다리루 글 읽으러 댕겼다. 네 어미두 그 가말 타구 내 집에 왔어. 나 죽건 그 다리루 건네다 묻어라…… 난 서울 갈 생각 없다."
> – 이태준, '돌다리'

▶ 아버지의 말을 통해, 그에게 '돌다리'는 단순한 다리가 아닌 가족의 역사와 추억이 담겨 있는 소중한 것임을 알 수 있다. 이를 통해 실리보다 인정을 중시하는 아버지의 성격을 알 수 있다.

(3) 인물의 갈등

① **내적 갈등**: 개인 내부의 심리적 모순이나 대립에 의해 생기는 갈등이다.

> 무슨 목적으로 아내는 나를 밤이나 낮이나 재웠어야 됐나?
> 나를 조금씩 조금씩 죽이려던 것일까?
> 나를 밤이나 낮이나 재워놓고 그리고 아내는 내가 자는 동안에 무슨 짓을 했나?
> 그러나 또 생각하여 보면 내가 한 달을 두고 먹어 온 것은 아스피린이었는지도 모른다. 아내는 무슨 근심되는 일이 있어서 밤이면 잠이 잘 오지 않아서 정작 아내가 아달린을 사용한 것이나 아닌지, 그렇다면 나는 참 미안하다.
> – 이상, '날개'

▶ '나'의 내부에서 자신에게 아달린을 먹인 아내를 의심하는 마음과 아내를 믿고 싶은 마음이 갈등을 일으키고 있다.

✓ 학습 체크

01 인물을 직접적으로 제시하는 방법은 사건의 진행이 느려진다는 단점이 있다. (O, X)

02 인물을 간접적으로 제시하면 인물의 성격을 객관적으로 전달할 수 있다. (O, X)

---

01 X 인물을 직접적으로 제시하면 사건의 진행이 빨라진다.
02 O

② 외적 갈등

ⓘ **개인과 개인의 갈등**: 소설 속에서 중심 역할을 하는 인물과 그에 반대되는 지점에 있는 인물 사이의 갈등이다.

> "부려만 먹구 왜 성례 안 하지유!"
> 나는 이렇게 호령했다. 허지만, 장인님이 선뜻 오냐 낼이라두 성례시켜 주마 했으면 나도 성가신 걸 그만두었을지 모른다. 나야 이러면 때린 건 아니니까 나중에 장인 쳤다는 누명도 안 들을 터이고 얼마든지 해도 좋다.
> 한번은 장인님이 헐떡헐떡 기어서 올라오드니 내 바짓가랭이를 요렇게 노리고서 담박 움켜잡고 매달렸다. 악, 소리를 치고 나는 그만 세상이 다 팽그르 도는 것이
> "빙장님! 빙장님! 빙장님!" / "이 자식! 잡아먹어라, 잡아먹어!"
> – 김유정, '봄·봄'

▶ 점순이와의 성례 문제를 둘러싼 '나'와 장인의 갈등이 해학적으로 표현되어 있다.

ⓛ **개인과 사회의 갈등**: 개인이 살아가면서 겪는 사회 윤리나 제도와의 갈등으로, 개인의 욕구가 사회의 보편적 욕구와 상충될 때 발생한다.

> "아가, 너는 재상의 첩이 좋으냐, 여염집의 부인이 좋으냐? 아비, 어미가 있는데 부끄러울 게 뭐냐. 네 생각을 말해 보아라." / 채봉이 예사 여염집 처녀 같았으면 부모의 말이라 뭐라고 대꾸하지 않았을 터이지만, 원래 학식도 있을 뿐 아니라 장필성과의 일을 잠시도 잊지 않고 있는지라. 게다가 부모가 하는 얘기를 다 들은 터라 조금도 서슴지 않고 얼굴을 바로 하고 대답한다.
> "차라리 닭의 입이 될지언정 소의 뒤 되기는 바라는 바가 아닙니다."
> – 작자 미상, '채봉감별곡'

▶ '김 진사'는 출세를 위해 자신의 딸인 '채봉'을 '허 판서'의 첩으로 보내고자 한다. 하지만 이미 '필성'을 마음에 두고 있는 '채봉'은 부모의 말을 따르지 않는다. 이러한 갈등은 자식이 부모의 뜻을 따라야 한다는 봉건주의적 가치관에서 연유한 것이므로 개인과 사회의 갈등에 해당한다.

ⓒ **개인과 운명과의 갈등**: 개인의 삶이 운명에 의해 좌우됨으로 인해 유발되는 갈등이다.

> 여인이 양생에게 말했다. / "제가 법도를 어겼다는 것은 저도 잘 알고 있습니다. …(중략)… 지난번 절에 가서 복을 빌고 부처님 앞에서 향불을 사르며 박명했던 한평생을 혼자서 탄식하다가 뜻밖에도 삼세(三世)의 인연을 만나게 되었으므로, 소박한 아내가 되어 백년의 높은 절개를 바치려고 하였습니다. 술을 빚고 옷을 기워 평생 지어미의 길을 닦으려 했었습니다만, 애달프게도 업보(業報)를 피할 수가 없어서 저승길을 떠나야 하게 되었습니다. 즐거움을 미처 다하지도 못하였는데 슬픈 이별이 닥쳐왔습니다."
> – 김시습 '만복사저포기'

▶ 이미 죽은 사람인 '여인'이 '양생'의 아내가 되어 평생을 함께하고자 하였으나, 업보를 피하지 못하고 저승으로 돌아가야 하는 운명에 순응하는 장면이므로, 개인과 운명의 갈등에 해당한다.

6. 소설의 배경(背景, setting)

(1) 배경의 기능

① 사건에 사실성을 부여하며 현장감을 높여 준다.
② 작품의 전반적인 분위기를 조성한다.
③ 인물의 심리나 사건의 전개를 암시하는 역할을 한다.

📋 **학습 체크**

01 다음 글에서 인물이 겪는 외적 갈등의 양상을 쓰시오.

> 그의 고향은 대구에서 멀지 않은 K군 H란 외딴 동리였다. 한 백 호 남짓한 그곳 주민은 전부가 역둔토(驛屯土)를 파먹고 살았는데, 역둔토로 말하면 사삿집 땅을 부치는 것보다 떨어지는 것이 후하였다. 그러므로 넉넉지는 못할망정 평화로운 농촌으로 남부럽지 않게 지낼 수 있었다. 그러나 세상이 뒤바뀌자 그 땅은 전부가 동양척식 주식회사의 소유에 들어가고 말았다. 직접으로 회사에 소작료를 바치게 되었으면 그래도 나으련만 소위 중간 소작인이란 것이 생겨나서 저는 손에 흙 한 번 만져 보지도 않고 동척엔 소작인 노릇을 하며, 실작인에게는 지주 행세를 하게 되었다. 동척에 소작료를 물고 나서 또 중간 소작인에게 굵히고 보니, 실작인의 손에는 소출의 삼 할도 떨어지지 않았다. 그 후로 "죽겠다", "못 살겠다" 하는 소리는 중이 염불하듯 그들의 입길에서 오르내리게 되었다.

개인과 ( )의 갈등

01 개인과 사회의 갈등: '세상이 뒤바뀌자(식민지 지배가 시작되자)' 수탈로 인해 주민들이 땅을 빼앗겼다는 것으로 보아 개인과 사회의 갈등임을 알 수 있다.

④ 배경 자체로 상징적인 의미를 나타내기도 한다.
⑤ 주제를 드러내는 역할을 한다.
⑥ 인물의 성격과 사고, 행위에 신빙성을 부여해 준다.

> 새침하게 흐린 품이 눈이 올 듯하더니, 눈은 아니 오고 얼다가 만 비가 추적추적 내리었다. 이 날이야말로 동소문 안에서 인력거꾼 노릇을 하는 김 첨지에게는 오래간만에도 닥친 운수 좋은 날이었다.
> — 현진건, '운수 좋은 날'

▶ 추적추적 내리는 겨울비는 음산하고 불안한 분위기를 형성하고 있다. 그리고 눈이 올 것이라 예상하였으나 얼다가 만 비가 내리는 상황은, 박 첨지의 운수 좋은 날이 반전될 것임을 암시하고 있다.

> 일청 전쟁(日淸戰爭)의 총소리는 평양 일경이 떠나가는 듯하더니, 그 총소리가 그치매 사람의 자취는 끊어지고 산과 들에 비린 티끌뿐이라.
> — 이인직, '혈의 누'

▶ '청일 전쟁'이라는 실제 역사적 사건을 배경으로 사용하여 사건에 현실감을 부여하고 있다.

(2) 배경의 종류

① **자연적 배경**: 인물의 행위와 사건이 일어나는 구체적인 시간과 장소를 말한다. 이는 자연 상태 그대로의 배경과 인공적으로 조성된 환경을 모두 포함하는 개념이다.
② **사회적 배경**: 인물을 둘러싼 사회 현실과 정치적, 종교적, 문화적 환경을 의미한다.
③ **심리적 배경**: 논리를 초월하여 확대된 시·공간으로, 인물이 놓인 심리적 상황이나 독특한 내면세계를 의미한다. 심리주의 소설에 많이 등장하는 배경이다.
④ **상황적 배경**: 인간이 처해 있는 외부적 상황을 암시하고 상징함으로써, 주제를 드러내는 배경을 의미한다. 실존주의 소설에 많이 등장하는 배경이다.

> 이래저래 피곤한 하루였다. 남폿불을 켤 것도 없이 우리 가족은 일찌감치 자리를 펴고 누웠다. 조그만 방 하나가 우리 가족이 차지한 공간의 전부였다. 바닥도 벽도 천장도 죄다 판자쪽으로 둘러친, 그것은 방이라기보다 흡사 커다란 나무 궤짝 같은 느낌을 주었다. 그나마 세간살이들이 차지하고 남은 공간엔 도무지 네 식구가 발을 뻗고 누울 재간이 없었다. 나는 결국 윗목에 놓인 장롱 위에다 따로 요때기를 깔고 이층 잠을 자기로 했다.
> — 이동하, '장난감 도시'

▶ 도시로 상경한 '나'의 가족이 극심한 빈곤을 겪는 상황을 통해, 6·25 전쟁 직후의 비참했던 어린 시절을 드러내고 있다.

7. 소설의 시점(視點, point of view)

(1) 시점의 개념
서술자가 대상이나 사건을 바라보는 위치와 시각을 의미한다.

(2) 시점의 종류

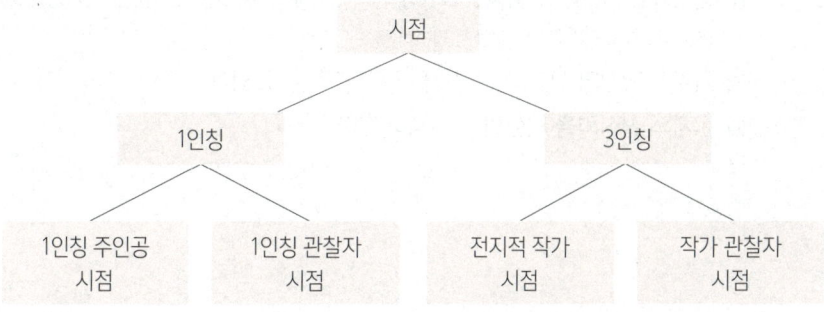

학습 체크

01 배경은 인물의 의식과는 관련 없다. (O, X)

02 배경은 작품의 전반적인 분위기를 형성한다. (O, X)

03 배경은 인물 간의 갈등을 해소해 주기도 한다. (O, X)

04 배경은 작품의 의미나 주제와 깊이 관련되어 있다. (O, X)

05 배경은 인물의 심리나 미래의 사건을 암시하기도 한다. (O, X)

06 배경은 인물의 사고와 행위에 사실성과 신빙성을 부여해 준다. (O, X)

01 X 02 O 03 X 04 O 05 O 06 O

① **1인칭 주인공 시점**
   ㉠ 1인칭 주관적 시점, 1인칭 서술자 시점, 1인칭 주동자 시점이라고도 한다.
   ㉡ 작품 속 서술자가 자기 자신의 이야기를 함으로써 독자에게 신뢰감과 친근감을 준다.
   ㉢ 심리가 정밀하게 표현되므로 주인공의 내면세계를 그리는 데 효과적이다.
   ㉣ 독자는 주인공이 본 것, 느낀 것만을 알 수 있다.
   ㉤ 서간체 소설, 일기체 소설, 자전적 소설, 심리 소설 등에 주로 이용된다.

   > 김 군! 군은 이러한 말을 편지마다 썼지? 나는 군의 뜻을 잘 알았다. 내 사랑하는 나의 가족을 위하여 동정하여 주는 군에게 내 어찌 감사치 않으랴? 정다운 벗의 충고에 나는 늘 울었다. 그러나 그 충고를 들을 수 없다. 듣지 않는 것이 군에게는 고통이 될는지, 분노가 될는지? 나에게 있어서는 행복일는지도 알 수 없는 까닭이다.
   > 김 군! 나도 사람이다. 정애(情愛)가 있는 사람이다. 나의 목숨 같은 내 가족이 유린받는 것을 내 어찌 생각지 않으랴? 나의 고통을 제삼자로서는 만 분의 일이라도 느낄 수 없을 것이다. 나는 이제 나의 탈가한 이유를 군에게 말하고자 한다. 여기 대하여 동정(同情)과 비난(非難)은 군의 자유이다.
   > — 최서해, '탈출기'

② **1인칭 관찰자 시점**
   ㉠ 1인칭 관찰자 서술, 1인칭 목격자 시점이라고도 한다.
   ㉡ 작품 속 부수적 인물인 '나'가 관찰자의 입장에서 주인공의 이야기를 서술한다.
   ㉢ '나'의 눈에 비친 외부 세계만이 서술되며, 주인공의 심리는 나타나지 않는다.
   ㉣ 서술의 초점은 '나'가 아니라 주인공에게 있다.

   > 한참 동안 어머니는 아무 말씀도 없었습니다. 그러나 한참 후에,
   > "옥희야, 너 하나문 그뿐이다." / "엄마." / 어머니는 다시 대답이 없으셨습니다.
   > 하루는 밤에 아저씨 방에서 놀다가 졸려서 안방으로 들어오려고 일어서니까 아저씨가 하아얀 봉투를 서랍에서 꺼내어 내게 주었습니다.
   > "옥희, 이거 갖다가 엄마 드리고 지난 달 밥값이라구, 응."
   > 나는 그 봉투를 갖다가 어머니에게 드렸습니다. 어머니는 그 봉투를 받아 자 갑자기 얼굴이 파랗게 질렸습니다. 그 전날 달밤에 마루에 앉았을 때보다도 더 새하얗다고 생각되었습니다. 어머니는 그 봉투를 들고 어쩔 줄을 모르는 듯이 초조한 빛이 나타났습니다.
   > — 주요섭, '사랑 손님과 어머니'

③ **전지적 작가 시점**
   ㉠ 3인칭 전지적 시점, 전지적 작가 서술이라고도 한다.
   ㉡ 서술자는 전지전능한 위치에서 각 인물의 심리 상태를 서술한다.
   ㉢ 서술자가 작품 속에 직접 개입하여 사건을 진행시키고 인물을 논평하기도 한다.
   ▶ 편집자적 논평: 서술자가 사건이나 인물에 대해 자신의 견해를 밝히는 것이다. 주로 전지적 작가 시점에서 나타나며, 특히 판소리계 소설에서 빈번히 볼 수 있다.
   ㉣ 작가가 자신의 사상과 인생관을 직접 드러낼 수 있다.
   ㉤ 독자의 상상력을 제한할 가능성이 있다.

☑ **학습 체크**

01 서간체 소설이나 심리 소설에서는 1인칭 주인공 시점이 주로 쓰인다. (O, X)

02 1인칭 주인공 시점으로 사건을 서술할 경우 독자에게 객관적 신뢰감을 형성할 수 있다. (O, X)

03 다음 글에서 설명하는 소설의 시점을 쓰시오.

> 소설 속의 한 등장인물이 이야기를 말하는 것으로, 부수적인 인물이 작품 속에서 주인공의 이야기를 말한다. 주인공의 환경이나 행동 등을 관찰자의 입장에서 객관적으로 서술할 수 있다.
> (   )

---
01 O
02 X 1인칭 주인공 시점에서는 사건을 주관적으로 서술하므로, 독자에게 객관적 신뢰감을 주기 어렵다.
03 1인칭 관찰자 시점

일동의 정신은 긴장하였다. 더구나 영채는 아직도 이러한 큰 문제를 논란하는 것을 듣지 못하였다. '어떻게 하면 저들을 구제하나?' 함은 참 큰 문제였다. 이러한 큰 문제를 논란하는 형식과 병욱은 매우 큰 사람같이 보였다. 영채는 두자미(杜子美)며, 소동파(蘇東坡)의 세상을 근심하는 시구를 생각하고, 또 오 년 전 월화와 함께 대성 학교장의 연설을 듣던 것을 생각하였다. 그때에는 아직 나이 어려서 분명히 알아듣지는 못하였거니와, '여러분의 조상은 결코 여러분과 같이 못생기지는 아니하였습니다.' 할 때에 과연 지금 날마다 만나는 사람은 못생긴 사람들이다 하던 생각이 난다. 영채는 그 말과 형식의 말에 공통한 점이 있는 듯이 생각하였다.

- 이광수, '무정'

④ **작가 관찰자 시점**

㉠ 3인칭 관찰자 시점, 3인칭 제한적 시점이라고도 한다.
㉡ 서술자가 외부 관찰자의 위치에서 객관적 태도로 서술하는 방법이다.
㉢ 외부 관찰적 입장에서 서술할 뿐, 해설이나 평가를 하지 않는다.
㉣ 단편 소설에서 극적 효과를 얻고자 할 때 효과적인 시점이다.
㉤ 겉으로 드러난 부분만을 서술하므로, 독자의 상상력이 개입할 부분이 많다.

왕 서방은 와들와들 떨었다. 왕 서방은 복녀의 손을 뿌리쳤다.
복녀는 쓰러졌다. 그러나 곧 다시 일어섰다. 그가 다시 일어설 때는 그의 손에는 얼른얼른 하는 낫이 한 자루 들리어 있었다.
"이 되놈, 죽어라, 죽어라, 이놈, 나 때렸디! 이놈아, 아이고, 사람 죽이누나."
그는 목을 놓고 처울면서 낫을 휘둘렀다. 칠성문 밖 외딴 밭 가운데 홀로 서 있는 왕 서방의 집에서는 일장의 활극이 일어났다. 그러나 그 활극도 곧 잠잠하게 되었다. 복녀의 손에 들리어 있던 낫은 어느덧 왕 서방의 손으로 넘어가고, 복녀는 목으로 피를 쏟으면서 그 자리에 고꾸라져 있었다. / 복녀의 송장은 사흘이 지나도록 무덤으로 못 갔다. 왕 서방은 몇 번을 복녀의 남편을 찾았다. 복녀의 남편도 때때로 왕 서방을 찾아갔다. 둘의 새에는 무슨 교섭하는 일이 있었다.
사흘이 지났다.
밤중에 복녀의 시체는 왕 서방의 집에서 남편의 집으로 옮겨졌다.

- 김동인, '감자'

⑤ **시점의 혼합**: 일부 소설에서는 시점이 혼용되기도 한다. 특히 액자 소설의 경우, 1인칭과 3인칭 시점이 혼합되어 쓰이는 경우가 있다.

소녀가 남기고 간 그림 — 이것을 할아버지께서는 '무녀도'라 불렀지만 — 과 함께 내가 할아버지로부터 전해들은 이야기는 다음과 같다.
경주읍에서 성밖으로 십여 리 나가서 조그만 마을이 있었다. 여민촌 혹은 잡성촌이라 불리어지는 마을이었다. 이 마을 한구석에 모화(毛火)라는 무당이 살고 있었다. 그녀가 사는 집은 도깨비굴 같기만 했다. 이 도깨비굴같이 낡고 헐리인 집 속에 무녀 모화와 그 딸 낭이는 살고 있었다.

- 김동리, '무녀도'

▶ 액자 소설로, 외부 이야기는 1인칭 주인공 시점, 내부 이야기는 전지적 작가 시점으로 서술되었다.

> **학습 체크**
>
> **01** 작가 관찰자 시점은 서술자의 태도가 객관적이다. (O, X)
>
> **02** 작가 관찰자 시점은 독자에게 신뢰감과 친근감을 준다. (O, X)
>
> **03** 전지적 작가 시점은 독자의 상상력이 개입할 부분이 많다. (O, X)
>
> **04** 다음 글의 시점을 쓰시오.
>
> > 수재는 군말 없이 고분하였다. 시키는 대로 땅에 무릎을 꿇고 벽채로 군버력을 긁어낸 다음 다시 파기 시작한다. 영식이는 치다 나머지 버력을 짊어진다. 커단 걸때를 뒤뚱거리며 사다리로 기어오른다.
>
> (   )

---

01 O
02 X 1인칭 주인공 시점에 대한 설명이다.
03 X 전지적 작가 시점은 작가가 이야기의 모든 것을 설명하므로 독자의 상상력을 제한할 가능성이 있다.
04 작가 관찰자 시점

3 교술 갈래

1. 수필의 이해

(1) 수필의 정의

인생이나 자연에 대한 체험, 생각, 느낌을 특별한 형식의 제약 없이 산문 형식으로 쓰는 글이다.

(2) 수필의 특성

① **자유로운 형식**: 수필은 형식이 자유롭고 구성과 내용상의 제약이 없는 특성을 가지고 있으며, 일기체, 서간체, 담화체 등 다양한 산문으로 쓰인다.

② **다양한 소재**: 수필은 인생이나 사회, 역사, 자연 등 이 세계의 모든 것에 대해 자유자재로 서술하므로, 소재가 광범위하다.

③ **개성적·고백적인 글**
  ㉠ 수필에는 작가의 독특한 인생관, 세계관, 사상이나 감정이 잘 드러나 있다.
  ㉡ 수필의 내용은 다분히 주관적·주정적이고, 독백에 가까운 것이 많다.
  ㉢ 이와 같은 특성들 때문에 수필을 가리켜 '개성의 문학'이라고도 한다.

2. 수필의 갈래

(1) 서정적 수필

일상생활이나 자연에서 느낀 희(喜)·노(怒)·애(哀)·락(樂)·애(愛)·오(惡)·욕(欲) 등의 정서를 주정적·주관적으로 표현한다.

> 그러나 이러한 때— 푸른 하늘과 찬란한 태양이 있고, 황홀(恍惚)한 신록이 모든 산, 모든 언덕을 덮는 이때, 기쁨의 속삭임이 하늘과 땅, 나무와 나무, 풀잎과 풀잎 사이에 은밀히 수수(授受)되고, 그들의 기쁨의 노래가 금시라도 우렁차게 터져 나와, 산과 들을 흔들 듯한 이러한 때를 당하면, 나는 곁에 비록 친한 동무가 있고, 그의 재미있는 이야기가 있다 할지라도, 이러한 자연에 곁눈을 팔지 않을 수 없으며, 그의 기쁨의 노래에 귀를 기울이지 아니할 수 없게 된다. …(중략)…
> 그리고 또, 사실 이즈음의 신록에는, 우리의 마음에 참다운 기쁨과 위안을 주는 이상한 힘이 있는 듯하다. 신록을 대하고 있으면, 신록은 먼저 나의 눈을 씻고, 나의 머리를 씻고, 나의 가슴을 씻고, 다음에 나의 마음의 구석구석을 하나하나 씻어낸다.
> — 이양하, '신록 예찬'

(2) 교훈적 수필

교훈적인 내용을 담은 수필로, 내용이나 문체가 중후하며 작가의 신념과 삶의 태도 등이 강하게 드러나 있다.

> 금년은 을축년(乙丑年)이다. 소의 해라고 한다. 만물에는 각각 다소의 덕(德)이 있다. 쥐 같은 놈까지도 밤새도록 반자 위에서 바스락거려서 사람에게,
> "바쁘다!" / 하는 교훈을 주는 덕이 있다. 하물며 소는 짐승 중에 군자다. 그에게서 어찌해 배울 것이 없을까. 사람들아! 소해의 첫날에 소의 덕을 생각하여, 금년 삼백육십 오 일은 소의 덕을 배우기에 힘써 볼까나.
> — 이광수, '우덕송'

▶ 소의 덕성을 찬양하면서 사람들에게 소의 덕성을 본받을 것을 권장하고 있다.

☑ 학습 체크

01 수필은 작가의 인생관이나 감정이 잘 드러나 있다. (O, X)

02 수필은 세계의 모든 것에 대해 자유자재로 서술한다. (O, X)

03 수필은 비교적 길이가 긴 산문 형식의 글이다. (O, X)

04 수필은 해학과 기지를 필요로 하는 문학이다. (O, X)

05 수필은 지성과 높은 학식을 필요로 하는 문학이다. (O, X)

01 O 02 O
03 X 수필은 비교적 길이가 짧은 간결한 산문이다.
04 O
05 X 수필은 비전문적이고 대중적인 성격의 문학이다.

(3) 희곡적 수필

체험이나 사건의 내용 자체에 극적인 요소들이 있어서 대화나 작품의 내용 전개가 희곡적으로 이루어지는 수필이다. 사건의 전개가 소설과 같이 유기적이며, 극적인 효과를 위해 현재 시제의 문장을 사용한다.

> 내가 상해에서 본 일이다. 늙은 거지 하나가 전장에 가서 떨리는 손으로 일 원짜리 은전 한 닢을 내놓으면서, / "황송하지만 이 돈이 못 쓰는 것이나 아닌지 좀 보아 주십시오."
> 하고 그는 마치 선고를 기다리는 죄인과 같이 전장 사람의 입을 쳐다본다. 전장 주인은 거지를 물끄러미 내려다보다가, 돈을 두들겨 보고
> '좋소.' 하고 내어 준다. 그는 '좋소'라는 말에 기쁜 얼굴로 돈을 받아서 가슴 깊이 집어넣고 절을 몇 번이나 하며 간다. 그는 뒤를 자꾸 돌아다보며 얼마를 가더니, 또 다른 전장을 찾아 들어갔다.
> 품 속에 손을 넣고 한참을 꾸물거리다가 그 은전을 내어 놓으며,
> "이것이 정말 은으로 만든 돈이오이까?"
> 하고 묻는다. 전장 주인도 호기심 있는 눈으로 바라보더니,
> "이 돈을 어디서 훔쳤어?" / 거지는 떨리는 목소리로,
> "아닙니다, 아니에요." / "그러면 길바닥에서 주웠다는 말이냐?"
> "누가 그렇게 큰 돈을 빠뜨립니까? 떨어지면 소리는 안 나요? 어서 도로 주십시오."
> 거지는 손을 내밀었다. 전장 사람은 웃으면서 '좋소.' 하고 던져 주었다.   – 피천득, '은전 한 닢'

(4) 서사적 수필

인간 세계나 자연계의 어떤 사실에 대하여 필자의 주관을 배제하고, 객관적으로 서술하는 수필이다. 내용의 사실성·현실성·정확성을 추구하므로 날카로운 관찰, 세심한 조사, 올바른 지식이 필요하며, 이야기를 전하는 방식으로 쓰인다.

> 겨울이 오니 땔나무가 있을 리 만무하다. 동지 설상(雪上) 삼척 냉돌에 변변치도 못한 이부자리를 깔고 누웠으니, 사뭇 뼈가 저려 올라오고, 다리 팔 마디에서 오도독 소리가 나도록 온몸이 곱아오는 판에, 사지를 웅크릴 대로 웅크리고 안간힘을 꽁꽁 쓰면서 이를 악물다 못해 박박 갈면서 하는 말이,
> "요놈, 요 괘씸한 추위란 놈 같으니, 네가 지금은 이렇게 기승을 부리지마는, 어디 내년 봄에 두고 보자."
> 하고 벼르더라는 이야기가 전하지마는, 이것이 옛날 남산골 '딸깍발이'의 성격을 단적(端的)으로 가장 잘 표현한 이야기다. 사실로는 졌지마는 마음으로는 안 졌다는 앙큼한 자존심, 꼬장꼬장한 고지식, 양반은 얼어 죽어도 겻불을 안 쬔다는 지조(志操), 이 몇 가지가 그들의 생활 신조였다. 실상, 그들은 가명인(假明人)이 아니었다. 우리나라를 소중화(小中華)로 만든 것은 어쭙잖은 관료들의 죄요, 그들의 허물이 아니었다. 그들은 너무 강직하였다.   – 이희승, '딸깍발이'

4 극 갈래

1. 희곡

(1) 희곡의 개념

무대 상연을 전제로 한 연극의 대본으로, 배우, 무대, 관객과 함께 연극의 요소가 된다.

(2) 희곡의 특성

① **무대 상연을 전제로 한 문학**: 희곡은 무대 상연을 전제로 한 연극의 각본이다.

🔍 **대사의 종류**
1. **독백(獨白)**: 한 인물이 혼자서 하는 말이다.
2. **방백(傍白)**: 등장인물에게는 들리지 않고 관객에게만 들리도록 약속된 독백이다.

② **대사의 문학**: 희곡은 등장인물의 대사를 통해 줄거리가 전개된다.
③ **현재화된 인생 표현**: 희곡은 모든 이야기를 현재화하여 표현하는 문학 장르이다.
④ **갈등과 분규의 문학**: 희곡은 등장인물 간의 대립과 갈등, 분규 등을 기반으로, 극적으로 내용을 전개하여 주제를 전달한다.
⑤ **희곡의 컨벤션 (인습, 관습, convention)**: 희곡은 관객이나 독자들과 다음과 같은 암묵적 약속을 한 것을 전제로 한다.
  ㉠ 배우는 분장한 인물이지만 실제 인물로 생각한다.
  ㉡ 등장인물의 독백과 방백을 다른 등장인물은 듣지 못한다고 여긴다.
  ㉢ 무대는 가공의 장소이지만 현실의 장소로 받아들인다.

(3) **희곡의 요소**
  ① 형식적(외적) 구성 요소
    ㉠ **해설(解說)**: 희곡의 맨 처음에 나오는 일종의 지시문으로, 등장인물, 장소, 무대 등을 설명해 주는 부분이다.
    ㉡ **지문(地文)**: 대화 사이에 삽입되어 인물의 동작, 표정 등을 설명하거나 조명, 효과음 등을 지시하는 글이다.
    ㉢ **대사(臺詞)**: 인물 간에 주고받는 말이나 인물의 혼잣말을 가리킨다.
  ② 내용적(내적) 구성 요소
    ㉠ **인물**: 의지적, 전형적, 개성적인 성격을 지닌다.
    ㉡ **행동**: 일정한 주제하에 행동(사건의 줄거리)이 통일되어야 한다. 서술 없이 배우의 연기만으로 인간의 행동을 표출하므로 생략·압축·집중이라는 특성이 나타난다.
    ㉢ **주제**: 인생의 단면(斷面)을 나타내어야 한다.

(4) **희곡의 구성(plot)**
  ① 희곡의 형식적 구분 단위
    ㉠ **막(幕, act)**: 하나의 막은 몇 개의 장으로 이루어지며, 연극 및 희곡의 길이와 행동을 구분하는 개념이다.
    ㉡ **장(場, scene)**: 막의 하위 단위이며, 희곡의 기본 단위이다. 배경이 바뀌고, 인물의 등장이나 퇴장으로 구분된다.

2. 시나리오

(1) **시나리오의 개념**
  상영을 전제로 한 영화의 각본으로, 영화 제작 기법에 따라 플롯을 구체적·극적으로 구성하고, 배우의 행동이나 대사 등을 상세하게 표현하는 글이다.

(2) **시나리오의 특징**
  ① 주로 대사와 행동으로 표현된다.
  ② 특수한 시나리오 용어가 사용된다.
  ③ 장면 전환이 자유롭고 등장인물의 수에 제한을 받지 않는다.
  ④ 예정된 시간 내에 상영될 수 있도록 내용이 구성된다.

✅ **학습 체크**
01 희곡은 과거형 시제로 표현된다. (O, X)

02 희곡은 무대 상연과 영화 상영을 위한 문학이다. (O, X)

03 희곡은 작품의 길이, 등장인물의 수, 장소에 제약이 있다. (O, X)

04 방백은 등장인물과 관객들 모두에게 들리지 않도록 약속한 독백이다. (O, X)

---
01 X 희곡은 현재형 시제로 표현된다.
02 X 희곡은 무대 상연을 위한 문학이다. 영화 상영을 위한 문학은 시나리오이다.
03 O
04 X 방백은 등장인물에게만 들리지 않고 관객들에게는 들리도록 약속된 독백이다.

⑤ 인물의 심리는 직접적인 묘사가 불가능하고, 장면과 대사에 의해 간접적으로 묘사된다.
⑥ 시나리오는 여러 가지 기법으로 촬영한 후 스크린 위의 영상으로 촬영 결과를 보여주게 되므로 희곡이 지닌 여러 가지 제약을 극복할 수 있다.

(3) 시나리오의 구성 단위

컷(Cut), 숏(Shot)	⇨	신(Scene)	⇨	시퀀스(Sequence)
한 번의 연속 촬영으로 찍은 장면		· 영화의 최소 단위 · 같은 장소와 시간 내에서 이루어지는 일련의 장면		몇 개의 신(장면)이 모여 이루어진 화면

(4) 시나리오의 용어

용어	의미
C.U. (Close up)	화면에 크게 보이게 확대해서 찍는 것
D.E. (Double Exposure)	이중 노출. 두 화면이 겹쳐지는 것
E (Effect)	효과음
F.I. (Fade In)	화면이 천천히 밝아지는 것
F.O. (Fade Out)	화면이 천천히 어두워지는 것
Ins. (Insert)	삽입 화면. 화면과 화면 사이에 사진, 그림, 편지 등을 삽입하는 것
M (Music)	효과 음악
NAR. (Narration)	해설. 화면 밖에서 들려오는 대사
O.L. (Over Lap)	한 화면이 사라질 때, 뒤에 화면이 포개어지며 나타나는 기법
PAN (Panning)	카메라를 이동시켜 장면을 상하좌우로 찍는 것
S# (Scene Number)	장면 번호
Montage (몽타주)	따로 촬영한 화면을 붙여서 하나의 장면이나 내용으로 만드는 일

(5) 시나리오와 희곡의 비교

구분	시나리오	희곡
차이점	· 영화의 대본으로, 스크린을 통해서 상영됨 · 평면적, 영상적 예술임 · 필름 등의 형태로 영구 보존됨 · 시간과 공간의 제약을 덜 받음 · 등장인물의 수에 거의 제약이 없음 · 표현의 폭이 희곡보다 큼 · 컷과 신, 시퀀스로 구성됨 · 문학적 독자성이 약함	· 연극의 대본으로, 무대에서 공연·상연됨 · 입체적, 행위적 예술임 · 공연 내용은 일회성을 띰 · 시간과 공간의 제약을 받음 · 등장인물의 수에 제약이 있음 · 표현에 한계가 있음 · 막과 장으로 구성됨 · 문학적 독자성이 강함
공통점	· 음성 언어에 의한 종합 예술임 · 행동과 대사가 중시됨 · 직접적인 심리 묘사가 불가능하며, 연기를 통해 간접적으로 심리를 묘사함	

☑ **학습 체크**

01 시나리오는 영화의 대본으로, 스크린을 통해 상영된다. (O, X)

02 시나리오는 희곡에 비해 시간과 공간의 제약이 크다. (O, X)

01 O
02 X 시나리오는 희곡에 비해 시간과 공간의 제약을 덜 받는다.

공무원시험전문 해커스공무원
gosi.Hackers.com

해커스공무원 국어 기본서

제5편
어휘

01 | 틀리기 쉬운 어휘
02 | 혼동하기 쉬운 어휘
03 | 고유어와 한자어의 대응

01 틀리기 쉬운 어휘

표준어 규정에 어긋나게 잘못 적는 경우

☐ 잘 외워지지 않는 어휘는 박스에 체크하여 복습하세요.

☐ 간지르다(×)
→ 간질이다(○)

살갗을 문지르거나 건드려 간지럽게 하다.
예 옆구리를 간질이다.
동의어 간지럽히다

빈출
☐ 강남콩(×)
→ 강낭콩(○)

콩과의 한해살이풀.
예 강낭콩을 심었다.
참고 '강남콩(江南-)'에서 온 말이지만 어원 의식이 분명하지 않기 때문에, 어원에서 멀어진 형태로 굳어진 '강낭콩'을 표준어로 삼는다.

☐ 광우리(×)
→ 광주리(○)

대, 싸리, 버들 따위를 재료로 하여 바닥은 둥글고 촘촘하게, 전은 성기게 엮어 만든 그릇.
예 광주리에 사과를 가득 담았다.

☐ 궁시렁거리다(×)
→ 구시렁거리다(○)

못마땅하여 군소리를 듣기 싫도록 자꾸 하다.
예 뭘 그렇게 구시렁거리고 있나?
동의어 구시렁대다

☐ 귀퉁빼기(×)
→ 귀퉁배기(○)

사물이나 마음의 한 구석이나 부분, 물건의 모퉁이나 삐죽 나온 부분, 귀의 언저리를 뜻하는 '귀퉁이'를 낮잡아 이르는 말.
예 나 같아도 귀퉁배기를 몇 번 쥐어박았을 것이다.
동의어 귀퉁머리

☐ 깍정이(×)
→ 깍쟁이(○)

① 이기적이고 인색한 사람.
　　예 저 사람은 돈이 있어도 어려운 사람 하나 돕지 않는 깍쟁이이다.
② 아주 약빠른 사람.
　　예 내 친구는 깍쟁이라 항상 좋은 물건을 차지했다.

☐ 끄나불(×)
→ 끄나풀(○)

① 길지 아니한 끈의 나부랭이.
　　예 끄나풀로 동여매다.
② 남의 앞잡이 노릇을 하는 사람을 낮잡아 이르는 말.
　　예 그는 경찰의 끄나풀이다.

☐ 난장이(×)
→ 난쟁이(○)

① 기형적으로 키가 작은 사람을 낮잡아 이르는 말.
　　예 백설 공주와 일곱 난쟁이
② 보통의 높이나 키보다 아주 작은 사물을 비유적으로 이르는 말.

[빈출]
- 남비(×)
  → 냄비(○)

  음식을 끓이거나 삶는 데 쓰는 용구의 하나.
  예 그는 쌀을 여러 번 씻은 뒤 냄비에 안쳤다.

- 널판지(×)
  → 널빤지, 널판자(○)

  나무를 켜서 넓고 얇게 만든 판.
  예 · 널빤지 두 장
  · 널판자로 만든 문

- 느즈막하다(×)
  → 느지막하다(○)

  시간이나 기한이 매우 늦다.
  예 느지막하게 저녁을 먹기 시작했다.

- 되물림(×)
  → 대물림(○)

  사물이나 가업 등을 후대의 자손에게 남겨 주어 자손이 그것을 이어 나감. 또는 그런 물건.
  예 대물림을 받다.

- 돌맹이(×)
  → 돌멩이(○)

  돌덩이보다 작은 돌.
  예 물 때 긴 돌멩이가 몹시 미끄러워 마음대로 발을 디딜 수 없다.

- 되뇌이다(×)
  → 되뇌다(○)

  같은 말을 되풀이하여 말하다.
  예 그는 같은 말을 버릇처럼 늘 되뇐다.

- 뒤어내다(×)
  → 뒤져내다(○)

  샅샅이 뒤져서 들춰내거나 찾아내다.
  예 부엌에서 갖가지 양념을 뒤져내기도 했고, 작은방에서는 쌀을 마구 퍼내기도 했다.

- 들이키다(×)
  → 들이켜다(○)

  ① 물이나 술 등의 액체를 단숨에 마구 마시다.
  예 그는 목이 마르다며 물을 벌컥벌컥 들이켰다.
  ② 공기나 숨 등을 몹시 세차게 들이마시다.
  예 가끔 도시가 답답하면 시골로 가 가슴을 열고 맑고 시원한 공기를 들이켜기도 한다.

- 또아리(×)
  → 똬리(○)

  둥글게 빙빙 틀어 놓은 것. 또는 그런 모양.
  예 구렁이가 똬리를 틀고 있었다.

  참고 '갈큇발의 다른 끝을 모아 휘감아 잡아맨 부분'의 뜻일 때에는 '또아리'가 맞는 표기이다.

- 마늘쫑(×)
  → 마늘종(○)

  마늘의 꽃줄기.
  예 마늘종으로 장아찌를 담가 먹었다.

[빈출]
- 바래다(×)
  → 바라다(○)

  ① 생각이나 바람대로 어떤 일이나 상태가 이루어지거나 그렇게 되었으면 하고 생각하다.
  예 나는 할머니가 건강하게 오래오래 사시기를 바란다.
  ② 원하는 사물을 얻거나 가졌으면 하고 생각하다.
  예 돈을 바라고 너를 도운 게 아니다.

  참고 · 바램(×), 바람(○): 어떤 일이 이루어지기를 기다리는 간절한 마음.
  · 바래(×), 바라(○): '바라다'의 활용어. 예 네가 성공하길 바라.

- 베넷저고리(×)
  → 배냇저고리(○)

  깃과 섶을 달지 않은, 갓난아이의 옷.
  예 배냇저고리를 입히다.
  동의어 깃저고리, 배내옷

□ 행내기(×) → 보통내기(○)	만만하게 여길 만큼 평범한 사람. 예 말하는 것을 보니 보통내기가 아니다.
□ 볼성, 볼쌍(×) → 볼썽(○)	남에게 보이는 체면이나 태도. 예 울타리는 쓰러지고 주저앉고 하여 볼썽이 아니었다. 참고 볼썽사납다: 어떤 사람이나 사물의 모습이 보기에 역겁다.
빈출 □ 삭월세(×) → 사글세(○)	① 집이나 방을 다달이 빌려 쓰는 일. 또는 그 돈. 예 사글세를 내다. ② 다달이 돈을 내고 빌려 쓰는 방이나 집. 예 사글세를 살다.
□ 삵괭이, 삵쾡이(×) → 살쾡이(○)	고양잇과의 포유류. 예 숲속에서 우연찮게 살쾡이를 보았다.
□ 세째(×) → 셋째(○)	순서가 세 번째가 되는 차례. 예 달리기 시합에서 셋째로 들어오다.
□ 소배기(×) → 소박이(○)	① 오이의 허리를 서너 갈래로 갈라 파, 마늘, 생강, 고춧가루를 섞은 소를 넣어 만든 김치. 동의어 오이소박이 김치 예 어제 먹은 오이소박이가 참 맛있던데 또 없어? ② 소를 넣어 만든 음식을 통틀어 이르는 말.
빈출 □ 숫놈(×) → 수놈(○) 숫병아리(×) → 수평아리(○)	예 · 교배를 시키려면 튼튼한 수놈을 데려와야 한다. · 병아리 감별사는 수평아리만 따로 골라냈다. 참고 표준어 규정 제7항, 수컷을 이르는 접두사는 '수-'로 통일한다는 규정에 따라 '수놈'이 표준어이다. 다만, '수캉아지, 수컷, 수키와, 수탉, 수탕나귀, 수퇘지, 수평아리' 등은 접두사 다음에서 나는 거센소리를 인정하고 있다.
□ 수양, 수염소, 수쥐(×) → 숫양, 숫염소, 숫쥐(○)	예 · 황기와 약한 불에 말린 숫양의 콩팥을 재료로 황기환을 만든다. · 양떼를 이끄는 숫염소 · 숫쥐가 먹이를 찾기 위해 돌아다녔다. 참고 수컷을 이르는 접두사는 '수-'로 통일하나, 표준어 규정 제7항 붙임에 따라 '양, 염소, 쥐'의 수컷을 이를 때는 사이시옷을 허용하여 접두사 '숫-'을 쓴다.
□ 심술꽤나(×) → 심술깨나(○)	체언 '심술'에 '어느 정도 이상'의 뜻을 나타내는 보조사가 결합한 말. 예 얼굴을 보니 심술깨나 부리겠더구나. 참고 '꽤나'는 부사 '꽤' 뒤에 보조사 '나'가 결합한 말이다. 예 그곳까지는 꽤나 멀다.
□ 애닯다(×) → 애달프다(○)	① 마음이 안타깝거나 쓰라리다. 예 애달픈 사연이 담긴 편지 ② 애처롭고 쓸쓸하다.

| □ 외눈퉁이(×)
→ 애꾸눈이,
외눈박이(○) | 한쪽 눈이 먼 사람을 낮잡아 이르는 말.
예 그가 마주친 사내는 왼쪽 눈에 유리알을 박은 외눈박이였다.
동의어 묘목, 애꾸
참고 '외눈박이'와 '애꾸눈이'는 모두 표준어이다. 이는 한 가지 의미를 나타내는 형태 몇 가지가 널리 쓰이며 표준어 규정에 맞으면, 그 모두를 표준어로 삼는다는 규정(표준어 사정 원칙 제26항)에 따른 것이다. '외눈퉁이'와 '외대박이'는 비표준어이다. |

빈출
| □ 우뢰(×)
→ 우레(○) | 뇌성과 번개를 동반하는 대기 중의 방전 현상.
예 먼 하늘에서 우레가 울려왔다. |

빈출
| □ 육계장(×)
→ 육개장(○) | 쇠고기를 삶아서 알맞게 뜯어 넣고, 얼큰하게 갖은 양념을 하여 끓인 국.
예 그 아이는 맵고 뜨거운 육개장을 잘 먹는다. |

| □ 장단지(×)
→ 장딴지(○) | 종아리의 살이 불룩한 부분.
예 등산을 하고 났더니 장딴지가 땅긴다. |

| □ 콧망울, 콧날개(×)
→ 콧방울(○) | 코끝 양쪽으로 둥글게 방울처럼 내민 부분.
예 콧방울이 크고 두둑해야 복이 있다고 한다. |

| □ 통채(×)
→ 통째(○) | 나누지 아니한 덩어리 전부.
예 닭을 통째로 구웠다. |

| □ 푸줏관(×)
→ 푸줏간(○) | 예전에, 쇠고기나 돼지고기 따위의 고기를 끊어 팔던 가게.
예 푸줏간에 고기가 걸려 있다. |

| □ 헤매이다(×)
→ 헤매다(○) | ① 갈 바를 몰라 이리저리 돌아다니다.
　예 우리는 친구의 집을 못 찾아 골목에서 헤매고 다녔다.
② 갈피를 잡지 못하다.
　예 그는 문제의 핵심을 파악하지 못해 회의 중에 계속 헤매었다.
③ 어떤 환경에서 헤어나지 못하고 허덕이다.
　예 그의 회사는 부도 위기의 적자에서 헤매고 있다. |

한글 맞춤법에 어긋나게 잘못 적는 경우

□ 잘 외워지지 않는 어휘는 박스에 체크하여 복습하세요.

빈출
| □ 갈께(×)
→ 갈게(○) | -(으)ㄹ게: 해할 자리에 쓰여, 어떤 행동에 대한 약속이나 의지를 나타내는 종결 어미. 예 집에 갈게.
참고 '-(으)ㄹ게'는 된소리로 발음되지만 'ㄹ' 뒤에서 예사소리가 된소리로 발음되는 것은 규칙적이므로, 이를 표기에 반영하지 않는다. |

| □ 객적다(×)
→ 객쩍다(○) | 행동이나 말, 생각이 쓸데없고 싱겁다.
예 객쩍은 소리는 하지 마라.
참고 한글 맞춤법 제54항에 따라 '적다(少)'의 뜻 없이 [쩍다]로 발음되는 경우는 모두 '쩍다'로 통일하여 적는다. |

빈출 곰곰히(×) → 곰곰이(○)	여러모로 깊이 생각하는 모양. 예 그의 제안을 곰곰이 생각해 보았다.
구두주걱, 구두칼(×) → 구둣주걱(○)	구두를 신을 때, 발이 잘 들어가도록 뒤축에 대는 도구. 동의어 주걱, 화비
빈출 구렛나루(×) → 구레나룻(○)	귀밑에서 턱까지 잇따라 난 수염. 예 그는 구레나룻을 기른 남자였다.
널다랗다, 넓따랗다(×) → 널따랗다(○)	꽤 넓다. 예 논이 널따랗다.
누래지다(×) → 누레지다(○)	누렇게 되다. 예 고개 숙인 벼 이삭으로 누레진 들판 참고 누렇(다)+-어지다
늘으막, 늙으막(×) → 늘그막(○)	늙어 가는 무렵. 예 동생은 부모님께서 늘그막에 얻은 아들이다.
댓가(×) → 대가(○)	① 일을 하고 그에 대한 값으로 받는 보수. 예 노동의 대가로 임금을 받다. ② 노력이나 희생을 통하여 얻게 되는 결과. 또는 일정한 결과를 얻기 위하여 하는 노력이나 희생. 예 가혹한 희생을 치러야 대가를 얻을 수 있다.
빈출 더우기(×) → 더욱이(○)	그러한 데다가 더. 예 동생이 그 놀이 기구를 타기에는 어리고 더욱이 키도 너무 작았다.
덩쿨(×) → 덩굴, 넝쿨(○)	길게 뻗어 나가면서 다른 물건을 감기도 하고 땅바닥에 퍼지기도 하는 식물의 줄기. 예 넝쿨은 담벼락을 타고 올라간다. 참고 '넝쿨'과 '덩굴'은 모두 표준어이다. 이는 한 가지 의미를 나타내는 형태 몇 가지가 널리 쓰이며 표준어 규정에 맞으면, 그 모두를 표준어로 삼는다는 규정(표준어 사정 원칙 제26항)에 따른 것이다. '덩쿨'은 비표준어이다.
도저이(×) → 도저히(○)	(부정의 말과 함께 쓰여) 아무리 하여도. 예 도저히 참을 수가 없다.
빈출 뒷굼치, 뒷꿈치(×) → 뒤꿈치(○)	발의 뒤쪽 발바닥과 발목 사이의 불룩한 부분. 예 그가 실수로 내 뒤꿈치를 밟았다. 참고 팔굼치(×), 팔꿈치(○)
빈출 머릿말(×) → 머리말(○)	책이나 논문 따위의 첫머리에 내용이나 목적 따위를 간략하게 적은 글. 참고 인삿말(×), 인사말(○) 예 그는 책을 읽을 때 항상 머리말부터 본다.

☐ 부지런다, 부지렇다(×) → 부지런타(○)	어떤 일을 꾸물거리거나 미루지 않고 꾸준하게 열심히 하는 태도가 있다. 예 그는 참 부지런타. 참고 한글 맞춤법 제40항, 어간의 끝음절 '하'의 'ㅏ'가 줄고 'ㅎ'이 다음 음절의 첫소리와 어울려 거센소리로 될 적에는 거센소리로 적는다.
☐ 생각컨대(×) → 생각건대(○) 짐작컨대(×) → 짐작건대(○) 익숙치(×) → 익숙지(○)	'생각하건대, 짐작하건대, 익숙하지'의 준말. 예 · 생각건대, 지배자가 없었던 사회는 한 번도 없었다. · 짐작건대, 그 사람은 야속하다고 푸념만 한 것 같다. · 그는 기계에 익숙지 않다. 참고 한글 맞춤법 제40항 붙임에 따라 어간의 끝음절 '하'가 아주 줄 적에는 준 대로 '생각건대', '짐작건대', '익숙지'와 같이 적는다.
☐ 설걷이, 설겆이(×) → 설거지(○)	먹고 난 뒤의 그릇을 씻어 정리하는 일. 예 집안일 중에서 설거지가 제일 싫다.
빈출 ☐ 오뚜기(×) → 오뚝이(○)	밑을 무겁게 하여 아무렇게나 굴려도 오뚝오뚝 일어서는 어린아이들의 장난감. 예 오뚝이가 쓰러졌다가 다시 벌떡 일어난다.
☐ 퍼래서(×) → 퍼레서(○)	퍼렇게 되어서. 예 바닷물이 퍼레서 무서운 느낌이 든다.
☐ 풀소(×) → 푿소(○)	여름에 생풀만 먹고 사는 소. 힘을 잘 쓰지 못하여 부리기에는 부적당하다. 예 푿소는 힘이 없어 부리기 어렵다. 참고 한글 맞춤법 제29항. 끝소리가 'ㄹ'인 말과 딴 말이 어울릴 적에 'ㄹ' 소리가 'ㄷ' 소리로 나는 것은 'ㄷ'으로 적는다는 규정에 따라 '푿소'로 표기한다.
빈출 ☐ 핼쓱하다(×) → 해쓱하다, 핼쑥하다(○)	얼굴에 핏기나 생기가 없어 파리하다. / 얼굴에 핏기가 없고 파리하다. 예 · 아이의 해쓱한 낯이 마치 하얀 종잇장 같았다. · 얼굴이 왜 이리 핼쑥하냐?

학습 체크

다음 중 알맞은 어휘를 고르시오.

01 나는 너의 성공을 (바랜다 / 바란다).
02 실망하지 말고 (오뚝이 / 오뚜기)처럼 다시 일어나라.
03 동생은 억새 이엉 끝에 달린 새끼 (끄나불 / 끄나풀)을 탁 잡아챘다.
04 소년은 (구렛나룻 / 구레나룻)이 무성한 아비의 얼굴을 힐끔 살핀다.
05 아내는 무엇이 못마땅한지 돌아앉아서도 계속 (구시렁거렸다 / 궁시렁거렸다).

01 바란다 02 오뚝이 03 끄나풀 04 구레나룻 05 구시렁거렸다

관용적으로 잘못 적는 경우

☐ 잘 외워지지 않는 어휘는 박스에 체크하여 복습하세요.

[빈출]
☐ 개이다, 개였다(×)
　→ 개다, 개었다(○)

흐리거나 궂은 날씨가 맑아지다.
예 날이 활짝 개다. / 개었다.

참고 '개다'에는 피동 접사에 의한 파생어가 없다.

☐ 귀뜸(×)
　→ 귀띔(○)

상대편이 눈치로 알아차릴 수 있도록 미리 슬그머니 일깨워 줌.
예 그는 옆 동네 사람들을 조심해야 할 것이라는 친구의 귀띔에 고개를 저었다.

☐ 꼬매다(×)
　→ 꿰매다(○)

① 옷 따위의 해지거나 뚫어진 데를 바늘로 깁거나 얽어매다.
　예 해진 양말을 꿰매다.
② 어지럽게 벌어진 일을 매만져 탈이 없게 하다.
　예 틀어진 일을 꿰매다.

☐ 낮으막하다(×)
　→ 나지막하다(○)

① 위치가 꽤 나직하다.
　예 우리 동네에는 나지막한 건물이 많다.
② 소리가 꽤 나직하다.
　예 그의 목소리는 나지막하다.

[빈출]
☐ 내노라하는(×)
　→ 내로라하는(○)

어떤 분야를 대표할 만한.
예 중견 연극인들과 내로라하는 재주꾼들이 이번 공연에 참여할 예정이다.

참고 내로라하다: '바로 나로다' 하고 자신하는 말.

☐ 닥달하다(×)
　→ 닦달하다(○)

남을 단단히 옥박질러서 혼을 내다.
예 손님이 당장 식당 지배인을 불러오라고 닦달했다.

[빈출]
☐ 덮히다(×)
　→ 덮이다(○)

'덮다'의 피동사.
예 · 들판이 온통 눈으로 덮인 광경이 장관이었다.
　 · 냄비의 뚜껑이 덮여 있었다.

☐ 도매급(×)
　→ 도매금(○)

① 도매로 파는 가격.
② 각각의 차이에도 불구하고 여럿이 같은 무리로 취급받음을 비유적으로 이르는 말.
예 모두 도매금으로 욕을 먹었다.

☐ 동거동락(×)
　→ 동고동락(○)

괴로움도 즐거움도 함께함.
예 그는 이십 년 동안 동고동락해 온 아내를 떠올렸다.

☐ 발자욱(×)
　→ 발자국(○)

발로 밟은 자리에 남은 모양.
예 눈 위에 발자국을 남겼다.

☐ 부시시(×) → 부스스, 푸시시(○)	① 머리카락이나 털 따위가 몹시 어지럽게 일어나거나 흐트러져 있는 모양. 예 자고 일어났더니 머리털이 푸시시 일어나 있다. ② 누웠거나 앉았다가 슬그머니 일어나는 모양. 예 그는 잠이 막 깨서 부스스 일어났다.
☐ 바삭하다(×) → 빠삭하다(○)	어떤 일을 자세히 알고 있어서 그 일에 대하여 환하다. 예 그는 컴퓨터에 빠삭하다.
빈출 ☐ 삼가하다(×) → 삼가다(○)	① 몸가짐이나 언행을 조심하다. 예 수사 중인 사건에 관한 이야기는 삼가기로 했다. ② 꺼리는 마음으로 양(量)이나 횟수가 지나치지 아니하도록 하다. 예 술을 삼가다.
☐ 산수갑산(×) → 삼수갑산(○)	우리나라에서 가장 험한 산골이라 이르던 삼수와 갑산. 조선 시대에 귀양지의 하나였다. 예 삼수갑산에 가는 한이 있어도 이 복수를 포기할 수는 없다. 참고 삼수갑산에 가는 한이 있어도: 자신에게 닥쳐올 어떤 위험도 무릅쓰고라도 어떤 일을 단행할 때 하는 말.
☐ 석박지(×) → 섞박지(○)	배추와 무·오이를 절여 넓적하게 썬 다음, 여러 가지 고명에 젓국을 쳐서 한데 버무려 담은 뒤 조기 젓 국물을 약간 부어서 익힌 김치. 예 1700년대 말 ~ 1800년대 중엽, 시장이 번성하던 시기에 전국적으로 섞박지가 유행하였다.
빈출 ☐ 안절부절하다(×) → 안절부절못하다(○)	마음이 초조하고 불안하여 어찌할 바를 모르다. 예 합격자 발표를 앞두고 안절부절못하다. 참고 표준어 규정 - 제1부 표준어 사정 원칙 제25항, 의미가 똑같은 형태가 몇 가지 있을 경우, 그중 어느 하나가 압도 적으로 널리 쓰이면, 그 단어만을 표준어로 삼는다는 규정에 따라 '안절부절못하다'만 표준어이다.
☐ 야밤도주(×) → 야반도주(○)	남의 눈을 피하여 한밤중에 도망함. 예 그는 빚쟁이들을 피해 멀리 야반도주를 할 계획이다. 유의어 밤도망, 밤도주, 야간도주
☐ 어중띠다(×) → 어중되다(○)	이도 저도 아니어서 어느 것에도 알맞지 않다. 예 집에 버스를 타고 가기에는 어중된 거리였다.
빈출 ☐ 오랫만에(×) → 오랜만에(○)	'오래간만에'의 준말. 어떤 일이 있은 때로부터 긴 시간이 지난 뒤에. 예 오랜만에 온 식구가 한 장소에 모였다.
☐ 웬지(×) → 왠지(○)	왜 그런지 모르게. 또는 뚜렷한 이유도 없이. 예 왠지 기분이 좋지 않다.
☐ 절대절명(×) → 절체절명(○)	몸도 목숨도 다 되었다는 뜻으로, 어떻게 할 수 없는 절박한 경우를 비유적으로 이르는 말. 예 그는 절체절명의 위기에 처했다.

주구장창(×) → 주야장천(○)	밤낮으로 쉬지 아니하고 연달아. 예 엄마는 <u>주야장천</u> 오빠 걱정뿐이다.
창란젓(×) → 창난젓(○)	명태의 창자에 소금, 고춧가루 따위의 양념을 쳐서 담근 것. 예 어머니께서 <u>창난젓</u>을 보내 주셨다. 참고 창난젓의 '난'을 알을 의미하는 한자어로 인식해 '란(卵)'으로 잘못 표기하는 경우가 있다. '창난젓'은 고유어이며, 명태의 알로 담근 젓을 뜻하는 단어는 '명란젓'이다.

쳐부시다(×) → 쳐부수다(○)	공격하여 무찌르다. 예 적을 <u>쳐부수다</u>.
	
	참고 ・부시다: 1. 그릇 따위를 씻어 깨끗하게 하다.
	      2. 빛이나 색채가 강렬하여 마주 보기가 어려운 상태에 있다.
	 ・부수다: 1. 단단한 물체를 여러 조각이 나게 두드려 깨뜨리다.
	      2. 만들어진 물건을 두드리거나 깨뜨려 못 쓰게 만들다.

떨어먹다(×) → 털어먹다(○)	재산이나 돈을 함부로 써서 몽땅 없애다. 예 그는 있는 재산을 다 <u>털어먹고</u> 가난뱅이가 되었다.
할일없다(×) → 하릴없다(○)	① 달리 어떻게 할 도리가 없다. 예 중요한 물건을 잃어버렸으니 꾸중을 들어도 <u>하릴없는</u> 일이다. ② 조금도 틀림이 없다. 예 비를 맞으며 대문에 기대선 그의 모습은 <u>하릴없는</u> 거지였다.
허구헌(×) → 허구한(○)	날, 세월 따위가 매우 오래된. 예 그 여자는 <u>허구한</u> 날 팔자 한탄만 한다.

✍ 용언의 활용 시 잘못 적는 경우

□ 잘 외워지지 않는 어휘는 박스에 체크하여 복습하세요.

내딛었다(×) → 내디뎠다(○)	'내디디다'의 활용형. '내디디다'는 준말 '내딛다'의 활용형을 인정하지 않는 단어이므로 '내디디어/내디뎌', '내디디었다/내디뎠다'와 같이 활용함. 예 기다리는 가족을 생각하고는 다시 걸음을 <u>내디뎠다</u>.
눁다, 눁지(×) → 눋다, 눋지(○)	'눋다(누런빛이 나도록 조금 타다)'의 활용형. 예 냄비에 밥을 할 때에는 밥이 <u>눋지</u> 않게 조심해야 한다. 참고 '눋다'는 '눌어, 눌으니, 눈는, 눋지'와 같이 활용한다. '눋게 하다'의 뜻을 나타내려면 '눌리다'로 표기한다. 예 ・밥이 <u>눈는</u> 냄새가 구수하게 났다. / 밥이 <u>눌어</u> 누룽지가 되었다. ・밥을 <u>눌리다</u>. / 찬밥을 일부러 <u>눌려</u> 누룽지를 만들었다.

_{빈출} □ 담아, 담궈(×) → 담가(○)	① 액체 속에 넣어. 예 개구리를 알코올에 담가 두다. ② 김치·술·장·젓갈 따위를 만드는 재료를 버무리거나 물을 부어서, 익거나 삭도록 그릇에 넣어 두어. 예 누룩으로 술 만드는 법을 배워 직접 술을 담가 먹었다. 참고 기본형 '담그다'의 어간 '담그-'에 어미 '-아'가 결합하여 '담가'로 활용한다. '잠그다'의 활용형인 '잠가'도 이와 같은 경우이다.
□ 아니오(×) → 아니요(○)	윗사람이 묻는 말에 부정하여 대답할 때 쓰는 말. 예 "네가 담벼락에 낙서를 했지?" "아니요, 제가 안 그랬어요." 참고 · '-요'는 사물, 사실 등을 연결할 때 연결 어미로 쓰인다. 예 이것은 책이요, 저것은 붓이다. · '-오'는 하오체가 사용되는 자리에 쓰인다. 예 나는 양반이 아니오.
□ 알맞는(×) → 알맞은(○)	형 일정한 기준, 조건, 정도 따위에 넘치거나 모자라지 아니한 데가 있는. 예 빈칸에 알맞은 답을 쓰시오. 참고 형용사는 '-(으)ㄴ'과 결합하므로 '알맞은 정답'과 같이 쓰는 것이 적절하다.
□ 잠궈(×) → 잠가(○)	① 여닫는 물건을 열지 못하도록 자물쇠를 채우거나 빗장을 걸거나 하다. 예 대문을 잠가 흔들어 보았다. ② 물, 가스 따위가 흘러나오지 않도록 차단하다. 예 가스 밸브를 잠가서 안심이 된다.
_{빈출} □ 치루고, 치뤄(×) → 치르고, 치러(○)	① 주어야 할 돈을 내주고. 예 점원에게 옷값을 치르고 가게를 나왔다. ② 무슨 일을 겪어 내고. 예 큰일을 치르고 난 뒤에는 항상 몸살이 났다. ③ 아침, 점심 따위를 먹고. 예 아침을 치르고 학교에 갔다.
□ 통털어(×) → 통틀어(○)	있는 대로 모두 합하여. 예 지금까지 모은 돈을 통틀어 보면 이천만 원쯤 된다.

학습 체크

다음 중 알맞은 어휘를 고르시오.

01 내일은 날씨가 활짝 (갤 / 개일) 예정입니다.
02 (오랫만에 / 오랜만에) 고향 사람을 만나자 너무 반가웠다.
03 주인에게 내일까지 아파트 잔금을 (치뤄야 / 치러야) 한다.
04 (내노라하는 / 내로라하는) 재계의 인사들이 한곳에 모였다.
05 나는 할머니에게 터진 옷가지를 (꼬매 / 꿰매) 달라고 했다.

01 갤 02 오랜만에 03 치러야 04 내로라하는 05 꿰매

02 혼동하기 쉬운 어휘

📖 명사의 혼동

☐ 잘 외워지지 않는 어휘는 박스에 체크하여 복습하세요.

사단 : 사달

☐ 사단	사건의 단서. 또는 일의 실마리. 예 사단을 구하다.
☐ 사달 [빈출]	사고나 탈. 예 상황이 좋지 않게 흘러가더니만 결국 사달이 났다.

아름 : 알음

☐ 아름	둘레의 길이를 나타내는 단위. 예 한 아름 가까이 되는 소나무
☐ 알음 [빈출]	사람끼리 서로 아는 일. 예 서로 알음이 있는 사이다.

예 : 옛

☐ 예	명 아주 먼 과거. 예 예로부터 / 예나 지금이나
☐ 옛	관 지나간 때의. 예 옛 사랑 / 옛 모습

-째 : 채¹ : 채² : 체

☐ -째	'그대로', 또는 '전부'의 뜻을 더하는 접미사. 예 냄비째 들고 먹다.
☐ 채¹	명 이미 있는 상태 그대로 있다는 뜻을 나타내는 말. 예 사슴을 산 채로 잡았다.
☐ 채²	부 어떤 상태나 동작이 다 되거나 이루어졌다고 할 만한 정도에 아직 이르지 못한 상태를 이르는 말. 예 그들은 동이 채 트기도 전에 길을 떠났다.
☐ 체 [빈출]	그럴듯하게 꾸미는 거짓 태도나 모양. 예 그는 모르는 체를 하며 딴짓을 했다. 비교 사냥꾼은 노루를 산 채로 잡았다고 잘난 체를 하였다.

한참 : 한창

☐ 한참   시간이 상당히 지나는 동안. 예 한참 뒤

[빈출] ☐ 한창   어떤 일이 가장 활기 있고 왕성하게 일어나는 때. 또는 어떤 상태가 가장 무르익은 때.
예 축제가 한창이다.

동사의 혼동

☐ 잘 외워지지 않는 어휘는 박스에 체크하여 복습하세요.

가름하다 : 가늠하다 : 갈음하다

[빈출] ☐ 가름하다   ① 쪼개거나 나누어 따로따로 되게 하다.
② 승부나 등수 따위를 정하다. 예 승패를 가름했다.

[빈출] ☐ 가늠하다   ① 목표나 기준에 맞고 안 맞음을 헤아려 보다. 예 사격수는 한 눈을 감고 목표물을 가늠해 보았다.
② 사물을 어림잡아 헤아리다.
    예 저 빌딩의 높이를 가늠해 보아라.

[빈출] ☐ 갈음하다   다른 것으로 바꾸어 대신하다.
예 건배로 치사를 갈음합니다.

걷잡다 : 겉잡다

[빈출] ☐ 걷잡다   한 방향으로 치우쳐 흘러가는 형세 따위를 붙들어 잡다.
예 이미 불길은 걷잡을 수 없었다.

[빈출] ☐ 겉잡다   겉으로 보고 대강 짐작하여 헤아리다.
예 예산을 겉잡아서 말하지 마시오.

끼다 : 끼이다

☐ 끼다   ① 안개나 연기 따위가 퍼져서 서리다.
    예 안개가 끼다.
② 때나 먼지 따위가 엉겨 붙다.
    예 접시에 기름기가 끼다.
③ 이끼나 녹 따위가 물체를 덮다.
    예 바위에 이끼가 끼다.
④ 얼굴이나 목소리에 어떤 기미가 어리어 돌다.
    예 그는 웃음 낀 얼굴로 나를 바라보았다.

☐ 끼이다   '끼다'의 피동사.
예 문에 끼인 옷자락 / 반지가 작아 손가락에 끼이질 않는다.

참고 끼다: '끼우다'의 준말. 벌어진 사이에 무엇을 넣고 죄어서 빠지지 않게 하다.

늘이다¹ : 늘이다² : 늘리다 : 느리다

- □ **늘이다¹** [빈출] 본디보다 더 길어지게 하다. 예 고무줄을 늘이다.

- □ **늘이다²** 아래로 길게 처지게 하다. 예 주렴을 늘이다.

- □ **늘리다**
  ① 물체의 넓이, 부피 따위를 본디보다 커지게 하다. 예 사무실의 규모를 늘리다.
  ② 힘이나 기운, 세력 따위를 이전보다 큰 상태로 만들다. '늘다'의 사동사. 예 세력을 늘리다.
  ③ 살림을 넉넉하게 하다. '늘다'의 사동사. 예 살림을 늘리다.
  ④ 시간이나 기간을 길게 하다. '늘다'의 사동사. 예 시험 시간을 30분 늘리다.

- □ **느리다**
  [형] ① 어떤 동작을 하는 데 걸리는 시간이 길다. 예 걸음이 느리다.
  ② 어떤 일이 이루어지는 과정이나 기간이 길다. 예 회복이 느리다.

닫치다 : 닫히다

- □ **닫치다**
  ① 열린 문짝, 뚜껑, 서랍 따위를 꼭꼭 또는 세게 닫다.
  예 그는 문을 쾅 닫치고 나갔다.
  ② 입을 굳게 다물다.
  예 그는 화가 나서 입을 닫쳐 버렸다.

- □ **닫히다**
  ① 열린 문짝, 뚜껑, 서랍 따위가 도로 제자리로 가 막히다. '닫다'의 피동사.
  예 문이 바람에 닫혔다.
  ② 하루의 영업이 끝나다. '닫다'의 피동사.
  예 퇴근하고 가면 은행 문이 닫혔을 거야.

돋구다 : 돋우다

- □ **돋구다** [빈출] 안경의 도수 따위를 더 높게 하다.
  예 작년에 안경을 맞추었는데 잘 보이지 않아서 안경 도수를 더 돋구었다.

- □ **돋우다**
  ① 위로 끌어 올려 도드라지거나 높아지게 하다. 예 양초의 심지를 돋우다.
  ② 밑을 괴거나 쌓아 올려 도드라지거나 높아지게 하다. 예 벽돌을 돋우다.
  ③ 정도를 더 높이다. 예 목청을 돋우다. / 장미꽃 한 송이가 5월의 풍경을 더욱 아름답게 돋우었다.
  ④ 입맛을 당기게 하다. '돋다'의 사동사. 예 입맛을 돋우다.

들르다 : 들리다

- □ **들르다** [빈출] 지나는 길에 잠깐 들어가 머무르다.
  예 친구 집에 들르다.

- □ **들리다** 사람이나 동물의 감각 기관을 통해 소리가 알아차려지다. '듣다'의 피동사. 예 밤새 천둥소리가 들렸다.
  [비교] 그가 동생 방에 들렀을 때, 바깥에서 다급하게 그를 부르는 소리가 들렸다.

맞추다 : 맞히다¹ : 맞히다² : 맞히다³

빈출
☐ 맞추다
① 서로 떨어져 있는 부분을 제자리에 맞게 대어 붙이다.
예 문틀에 문짝을 맞추다. / 분해한 부품들을 다시 맞추다.
② 둘 이상의 일정한 대상들을 나란히 놓고 비교하여 살피다.
예 여자 친구와 다음 주 일정을 맞추어 보았더니 목요일에만 만날 수 있을 것 같다.
③ 어떤 기준이나 정도에 어긋나지 아니하게 하다. 예 시간에 맞추어 연락했다.
④ 일정한 규격의 물건을 만들도록 미리 주문을 하다. 예 양복을 맞추다.

빈출
☐ 맞히다¹
문제에 대한 답을 틀리지 않게 하다. '맞다'의 사동사. 예 정답을 맞히다.

☐ 맞히다²
① 자연 현상에 따라 내리는 눈, 비 따위를 닿게 하다. '맞다'의 사동사.
예 우산을 갖고 가지 않아서 아이를 비를 맞히고 말았다.
② 어떤 좋지 아니한 일을 당하게 하다. '맞다'의 사동사.
예 할아버지는 할머니를 소박을 맞히고 나서 두고두고 후회하셨다.

빈출
☐ 맞히다³
① 침, 주사 따위로 치료를 받게 하다. '맞다'의 사동사. 예 꼬마들에게는 주사를 맞히기가 힘들다.
② 물체를 쏘거나 던져서 어떤 물체에 닿게 하다. 또는 그렇게 하여 닿음을 입게 하다. '맞다'의 사동사.
예 화살을 적장의 어깨에 맞히다.

매다¹ : 매다² : 메다¹ : 메다² : 메다³

☐ 매다¹
끈이나 줄 따위의 두 끝을 엇걸고 잡아당기어 풀어지지 아니하게 마디를 만들다.
예 신발 끈을 매다.

☐ 매다²
논에 난 잡풀을 뽑다. 예 밭을 매다.

☐ 메다¹
① 뚫려 있거나 비어 있는 곳이 막히거나 채워지다. 예 밥을 급히 먹으면 목이 멘다.
② 어떤 장소에 가득 차다. 예 마당이 메어 터지게 사람들이 들이닥쳤다.
③ 어떤 감정이 북받쳐 목소리가 잘 나지 않다. 예 그는 가슴이 메어 다음 말을 잇지 못했다.

☐ 메다²
① 어깨에 걸치거나 올려놓다. 예 어깨에 배낭을 메다.
② 어떤 책임을 지거나 임무를 맡다. 예 대한민국의 장래를 메고 갈 아이들

☐ 메다³
'메우다¹'의 준말. 통 따위의 둥근 물체에 테를 끼우다. 예 통에 테를 메다.

바치다 : 받치다¹ : 받치다² : 받히다¹ : 받히다² : 밭치다

☐ 바치다	① 신이나 웃어른에게 정중히 드리다. 예 아버지 영전에 우승컵을 바치다.
	② 반드시 내거나 물어야 할 돈을 가져다주다. 예 관청에 세금을 바치다.
	③ 무엇을 위하여 모든 것을 아낌없이 내놓거나 쓰다. 예 평생을 바친 사업이다.

☐ 받치다¹
① 먹은 것이 잘 소화되지 않고 위로 치밀다. 예 점심에 먹은 음식이 받쳐서 저녁을 먹을 수가 없다.
② 단단한 곳에 닿아 몸의 일부분이 아프게 느껴지다. 예 등이 받쳐서 맨바닥에서는 못 자겠다.
③ 화 따위의 심리적 작용이 강하게 일어나다. 예 갑자기 열이 받친다.

☐ 받치다²
① 물건의 밑이나 옆 따위에 다른 물체를 대다. 예 쟁반에 커피를 받치다.
② 옷의 색깔이나 모양이 조화를 이루도록 함께 하다. 예 흰색 바지에 받쳐 입을 윗옷이 없다.

☐ 받히다¹
머리나 뿔 따위에 세차게 부딪히다. '받다'의 피동사.
예 마을 이장이 소에게 받혀서 꼼짝을 못 한다.

☐ 받히다²
한꺼번에 많은 양의 물품을 사게 하다. '받다'의 사동사.
예 고추가 워낙 값이 없어서 백 근을 시장 상인에게 받혀도 변변한 옷 한 벌 사기가 힘들다.

빈출 ☐ 밭치다
① '밭다(건더기와 액체가 섞인 것을 체나 거르기 장치에 따라서 액체만을 따로 받아 내다)'를 강조하여 이르는 말. 예 젓국을 밭쳐 놓았다. / 술을 밭쳤다.
② 구멍이 뚫린 물건 위에 국수나 야채 따위를 올려 물기를 빼다.
　예 씻어 놓은 상추를 채반에 밭쳤다.

부치다¹ : 부치다² : 부치다³ : 부치다⁴ : 부치다⁵ : 붙이다

☐ 부치다¹
모자라거나 미치지 못하다. 예 힘에 부치는 일이다.

빈출 ☐ 부치다²
① 편지나 물건 따위를 일정한 수단이나 방법을 써서 상대에게로 보내다. 예 편지를 부치다.
② 어떤 문제를 다른 곳이나 다른 기회로 넘기어 맡기다. 예 임명 동의안을 표결에 부치다.
③ 어떤 일을 거론하거나 문제 삼지 아니하는 상태에 있게 하다. 예 비밀에 부치다.
④ 원고를 인쇄에 넘기다. 예 원고를 최종 편집하여 인쇄에 부쳤다.
⑤ 먹고 자는 일을 제집이 아닌 다른 곳에서 하다. 예 삼촌 집에 숙식을 부치다.

☐ 부치다³
논밭을 이용하여 농사를 짓다. 예 부쳐 먹을 땅이 한 평도 없다.

☐ 부치다⁴
번철이나 프라이팬 따위에 기름을 바르고 빈대떡, 저냐, 전병(煎餠) 따위의 음식을 익혀서 만들다.
예 갖가지 전을 부치다.

☐ 부치다⁵
부채 따위를 흔들어서 바람을 일으키다. 예 손부채를 부치다.

| 빈출 □ 붙이다 | ① 맞닿아 떨어지지 않게 하다. '붙다'의 사동사. 예 봉투에 우표를 붙이다.
② 불을 일으켜 타게 하다. '붙다'의 사동사. 예 연탄에 불을 붙이다.
③ 조건, 이유, 구실 따위를 딸리게 하다. '붙다'의 사동사. 예 계약에 조건을 붙이다.
④ 바로 옆에서 돌보게 하다. '붙다'의 사동사. 예 아이에게 가정 교사를 붙여 주다.
⑤ 겨루는 일 따위를 서로 어울려 시작하게 하다. '붙다'의 사동사. 예 주인과 손님을 흥정을 붙이다. |

삭이다 : 삭히다

| 빈출 □ 삭이다 | ① 먹은 음식물을 소화시키다. '삭다'의 사동사. 예 돌도 삭일 나이
② 긴장이나 화를 풀어 마음을 가라앉히다. '삭다'의 사동사. 예 분을 삭이다. |
| □ 삭히다 | 김치나 젓갈 따위의 음식물을 발효시켜 맛이 들게 하다. 예 멸치젓을 삭히다. / 삭힌 홍어 |

썩이다 : 썩히다

| □ 썩이다 | 걱정이나 근심 따위로 마음이 몹시 괴로운 상태가 되게 만들다. '썩다'의 사동사.
예 이제 부모 속 좀 작작 썩여라. |
| □ 썩히다 | 유기물이 세균에 의하여 분해됨으로써 원래의 성질을 잃어 나쁜 냄새가 나고 형체가 뭉개지는 상태가 되게 하다. '썩다'의 사동사. 예 음식을 썩혀 거름을 만들다. |

조리다 : 졸이다

| □ 조리다 | 양념을 한 고기나 생선, 채소 따위를 국물에 넣고 바짝 끓여서 양념이 배어들게 하다.
예 생선을 조리다. |
| 빈출 □ 졸이다 | ① 찌개, 국, 한약 따위의 물을 증발시켜 분량을 적어지게 하다. '졸다'의 사동사. 예 찌개를 졸이다.
② 속을 태우다시피 초조해하다. 예 가슴을 졸이다.
비교 지난번처럼 센 불로 생선을 조리다가 태울까 봐 마음을 졸였다. |

찢다 : 찧다

| □ 찢다 | 물체를 잡아당기어 가르다. 예 편지를 찢다. / 천을 찢다. |
| □ 찧다 | ① 곡식 따위를 잘게 만들려고 절구에 담고 공이로 내리치다. 예 보리쌀을 찧어서 죽을 쑤다.
② 무거운 물건을 들어서 아래 있는 물체를 내리치다. 예 떨어지는 짐에 발등을 찧었다.
③ 마주 부딪다. 예 전신주에 이마를 찧다. |

형용사의 혼동

☐ 잘 외워지지 않는 어휘는 박스에 체크하여 복습하세요.

가없다 : 가엽다/가없다

☐ 가없다	끝이 없다. 예 가없는 부모님의 은혜
☐ 가엽다/가없다	마음이 아플 만큼 안되고 처연하다. 예 가여운 아이 / 가없은 처지

두껍다 : 두텁다

☐ 두껍다	두께가 보통의 정도보다 크다. (주로 구체적 대상이 있는 물리적 맥락에서 사용) 예 굴껍질이 두껍다.
☐ 두텁다	신의, 믿음, 관계, 인정 따위가 굳고 깊다. (주로 감정과 같은 추상적 맥락에서 사용) 예 우정이 두텁다.

부사의 혼동

☐ 잘 외워지지 않는 어휘는 박스에 체크하여 복습하세요.

반드시 : 반듯이

☐ 반드시	부 틀림없이 꼭. 예 이번에는 반드시 합격해야 한다.
☐ 반듯이	동 ① 작은 물체, 또는 생각이나 행동 따위가 비뚤어지거나 기울거나 굽지 아니하고 바르게. 　　　예 몸을 반듯이 누이고 천장을 바라보았다. ② 생김새가 아담하고 말끔하게.

이따가 : 있다가

☐ 이따가 (빈출)	부 조금 지난 뒤에. 예 이따가 좀 들러 주세요.
☐ 있다가	동 '있다'의 어간 '있-'에 연결 어미 '-다가'가 붙은 활용형. 예 집에 있다가 심심해서 밖으로 나왔다. 비교 이따가 수업이 끝나면 집에서 같이 숙제를 하고 있다가 영화를 보러 나가자.

지그시 : 지긋이

☐ 지그시	부 ① 슬며시 힘을 주는 모양. 예 손을 지그시 잡다. ② 조용히 참고 견디는 모양. 예 고통을 지그시 참다.

지긋이	图 ① 나이가 비교적 많아 듬직하게. 예 나이가 지긋이 든 신사
	② 참을성 있게 끈지게. 예 아이는 지긋이 앉아서 이야기를 끝까지 들었다.

✏️ 어미, 접사의 혼동

□ 잘 외워지지 않는 어휘는 박스에 체크하여 복습하세요.

-노라고 : -느라고

빈출 □ -노라고	자기 나름대로 꽤 노력했음을 나타내는 연결 어미. 예 하노라고 했는데 마음에 드실지 모르겠습니다.
□ -느라고	앞 절의 사태가 뒤 절의 사태에 목적이나 원인이 됨을 나타내는 연결 어미. 예 먼 길을 오느라고 힘들었겠구나. 참고 '-느라고'는 '하는 일로 인하여'란 뜻을 표시한다.

-박이 : -배기 : -빼기

□ -박이	무엇이 박혀 있는 사람이나 짐승 또는 물건이라는 뜻을 더하는 접미사. 예 점박이 / 금니박이 / 덧니박이
□ -배기	'그 나이를 먹은 아이'의 뜻을 더하는 접미사. 예 한 살배기
빈출 □ -빼기	① '그런 특성이 있는 사람이나 물건'의 뜻을 더하는 접미사. 예 곱빼기 / 밥빼기 ② '비하'의 뜻을 나타내는 접미사. 예 외줄빼기 / 코빼기

학습 체크

다음 중 알맞은 어휘를 고르시오.

01 그와는 진작부터 (아름 / 알음)이 있었다.
02 그는 나이를 (가늠 / 가름)하기가 어렵다.
03 안경의 도수를 (돋굴 / 돋울) 때가 되었나 보다.
04 안전 수칙을 지키지 않더니 결국 (사단 / 사달)이 났다.
05 (걷잡아도 / 겉잡아도) 일주일은 걸릴 일을 하루 만에 다 해야 한다.

01 알음 02 가늠 03 돋굴 04 사달 05 겉잡아도

한자어의 혼동

☐ 잘 외워지지 않는 어휘는 박스에 체크하여 복습하세요.

간여 : 관여

☐ **干與** 간여
어떤 일에 간섭하여 참여함.
예 그 남자의 일에는 다른 사람이 간여할 바가 아니다.

☐ **關與** 관여
어떤 일에 관계하여 참여함.
예 정치에 관여하다.

개재 : 계제

☐ **介在** 개재
어떤 것들 사이에 끼여 있음.
예 사적 감정의 개재가 이 일의 성패를 좌우한다.

☐ **階梯** 계제
어떤 일을 할 수 있게 된 형편이나 기회.
예 변명할 계제가 없었다. / 이것저것 가릴 계제가 아니다.

갱신 : 경신

☐ **更新** 갱신
법률 관계의 존속 기간이 끝났을 때 그 기간을 연장하는 일.
예 여권을 갱신하다.

☐ **更新** 경신
기록경기 따위에서, 종전의 기록을 깨뜨림.
예 세계 기록 경신

결재 : 결제

[빈출] ☐ **決裁** 결재
결정할 권한이 있는 상관이 부하가 제출한 안건을 검토하여 허가하거나 승인함.
예 결재 서류를 상사에게 올리다.

참고 '결재'와 같은 의미의 단어로 '재가(裁可)'가 있다.

[빈출] ☐ **決濟** 결제
① 일을 처리하여 끝을 냄.
② 증권 또는 대금을 주고받아 매매 당사자 사이의 거래 관계를 끝맺는 일.
예 그는 돌아오는 어음의 결제를 거부했다.

계발 : 개발

[빈출] ☐ **啓發** 계발
슬기나 재능, 사상 따위를 일깨워 줌.
예 자기 계발 / 소질이 계발되다.

[빈출] ☐ **開發** 개발
① 토지나 천연자원 따위를 유용하게 만듦.
예 자원 개발

② 지식이나 재능 따위를 발달하게 함.
　　예 능력 개발
③ 산업이나 경제 따위를 발전하게 함.
　　예 첨단 산업 개발
④ 새로운 물건을 만들거나 새로운 생각을 내어놓음.
　　예 신제품 개발

구별 : 구분

☐ **區別** 구별　　성질이나 종류에 따라 차이가 남. 또는 성질이나 종류에 따라 갈라놓음.
　　　　　　　예 요즘 옷은 남녀의 구별이 없는 경우가 많다.

☐ **區分** 구분　　일정한 기준에 따라 전체를 몇 개로 갈라 나눔.
　　　　　　　예 서정시와 서사시의 구분은 상대적일 뿐이다.

막역 : 막연

☐ **莫逆** 막역　　허물이 없이 아주 친함.
　　　　　　　예 이 친구와 나는 아주 막역한 사이이다.

☐ **漠然** 막연　　① 갈피를 잡을 수 없게 아득함. 예 앞으로 살아갈 길이 막연하다.
　　　　　　　② 뚜렷하지 못하고 어렴풋함. 예 막연한 기대

반증 : 방증

☐ **反證** 반증　　어떤 사실이나 주장이 옳지 아니함을 그에 반대되는 근거를 들어 증명함. 또는 그런 증거.
　　　　　　　예 그의 주장에 반증을 대기가 어렵다.

☐ **傍證** 방증　　사실을 직접 증명할 수는 없지만, 주변의 상황을 밝힘으로써 간접적으로 증명에 도움을 줌. 또는 그 증거.
　　　　　　　예 제 주장에 대한 근거는 이 책에 방증되어 있습니다.

부문 : 부분

☐ **部門** 부문　　일정한 기준에 따라 분류하거나 나누어 놓은 낱낱의 범위나 부분.
　　　　　　　예 자연 과학은 여러 부문으로 나뉜다.

☐ **部分** 부분　　전체를 이루는 작은 범위. 또는 전체를 몇 개로 나눈 것의 하나.
　　　　　　　예 썩은 부분을 잘라 내다.

유래 : 유례

☐ **由來** 유래　　사물이나 일이 생겨남. 또는 그 사물이나 일이 생겨난 바.
　　　　　　　예 한복의 유래

☐ **類例** 유례　　① 같거나 비슷한 예.
　　　　　　　② 이전부터 있었던 사례. 예 유례를 찾아볼 수 없는 정책이다.

이의 : 의의

- □ **異議** 이의
  다른 의견이나 논의.
  예 위원장님 말씀에 이의 있습니다.

- □ **意義** 의의
  ① 말이나 글의 속뜻.
  ② 어떤 사실이나 행위 따위가 갖는 중요성이나 가치.
  예 이번 성공은 세계 최초라는 점에서 그 의의를 찾을 수 있다.

일체 : 일절

- □ **一切** 일체
  모든 것.
  예 분실에 대한 일체의 책임을 지다.

- □ **一切** 일절
  아주, 전혀, 절대로의 뜻으로, 흔히 행위를 그치게 하거나 어떤 일을 하지 않을 때에 쓰는 말.
  예 접근을 일절 금하다.

재녀 : 재원 : 재사 : 재자 : 재자가인

- □ **才女** 재녀
  재주가 있는 여자. 동의어 재온(才媼)
  예 이렇게 좋은 시를 선뜻 지어 내는 것을 보니 재녀란 소문이 헛소리가 아닌가 봅니다.

- □ **才媛** 재원 〔빈출〕
  재주가 뛰어난 젊은 여자.
  예 그녀는 아름다운 외모와 교양을 갖춘 소문난 재원이다.

- □ **才士** 재사
  재주가 뛰어난 남자.
  예 그는 당대의 재사로 이름을 떨쳤다.

- □ **才子** 재자
  재주가 뛰어난 젊은 남자.
  예 그는 재자로 이름난 선비였다.

- □ **才子佳人** 재자가인
  재주 있는 남자와 아름다운 여자를 아울러 이르는 말. 동의어 가인재자(佳人才子)
  예 쪽빛 같은 푸른 물결 위로 화방을 띄워 노는 재자가인을 생각한다…….

주위 : 주의

- □ **周圍** 주위
  ① 어떤 곳의 바깥 둘레.
  예 지구는 태양 주위를 공전한다.
  ② 어떤 사물이나 사람을 둘러싸고 있는 것. 또는 그 환경.
  예 주위 환경

- □ **注意** 주의
  ① 마음에 새겨 두고 조심함.
  예 주의 사항
  ② 어떤 한 곳이나 일에 관심을 집중하여 기울임.
  예 주의를 기울이다.

지양 : 지향

☐ **止揚** 지양
더 높은 단계로 오르기 위하여 어떠한 것을 하지 아니함.
예 갈등의 지양을 통해 보다 나은 사회를 건설하자.

빈출
☐ **志向** 지향
어떤 목표로 뜻이 쏠리어 향함. 또는 그 방향이나 그쪽으로 쏠리는 의지.
예 민주주의를 지향하다.

품위 : 품의

☐ **品位** 품위
① 직품과 직위를 아울러 이르는 말.
② 사람이 갖추어야 할 위엄이나 기품.
예 품위 있는 사람

☐ **稟議** 품의
웃어른이나 상사에게 말이나 글로 여쭈어 의논함.
예 정부에서는 개혁안을 대통령에게 품의하였다.

혼돈 : 혼동

☐ **混沌** 혼돈
마구 뒤섞여 있어 갈피를 잡을 수 없음. 또는 그런 상태.
예 극심한 혼돈의 시대

☐ **混同** 혼동
구별하지 못하고 뒤섞어서 생각함.
예 공과 사를 혼동하는 사람

학습 체크

다음 중 알맞은 어휘를 고르시오.

01 현실과 꿈 사이에서 (혼돈 / 혼동)을 일으켰다.
02 삼촌은 어업 면허 (경신 / 갱신)을 거부하였다.
03 오늘 안에 부장님께 (결제 / 결재)를 올려야 한다.
04 그녀는 미모와 폭넓은 교양을 갖춘 (재자 / 재원)이다.
05 노비는 주인에게 감히 큰소리할 (계제 / 개재)가 못 된다.

01 혼동 02 갱신 03 결재 04 재원 05 계제

03 고유어와 한자어의 대응

✏️ 고치다

☐ 잘 외워지지 않는 어휘는 박스에 체크하여 복습하세요.

☐ 개량(改良)하다	나쁜 점을 보완하여 더 좋게 고치다. 예 공장 기기를 전자식으로 개량하다.
☐ 개선(改善)하다	잘못된 것이나 부족한 것, 나쁜 것 따위를 고쳐 더 좋게 만들다. 예 주변 환경을 개선하다.
☐ 개정(改正)하다	주로 문서의 내용 따위를 고쳐 바르게 하다. 예 법률을 개정하다.
☐ 개정(改定)하다	이미 정하였던 것을 고쳐 다시 정하다. 예 택시 요금을 10% 인상된 요금으로 개정하다.
☐ 개조(改造)하다	고쳐 만들거나 바꾸다. 예 부엌을 거실로 개조하다.
☐ 개편(改編)하다	① 책이나 과정 따위를 고쳐 다시 엮다. 예 교재를 개편하다. ② 조직 따위를 고쳐 편성하다. 예 부서를 개편하다.
☐ 수리(修理)하다	고장 나거나 허름한 데를 손보아 고치다. 예 자전거를 수리하다.
☐ 수선(修繕)하다	낡거나 헌 물건을 고치다. 예 옷을 수선하다.
☐ 시정(是正)하다	잘못된 것을 바로잡다. 예 잘못을 시정하다.

✏️ 꾸짖다

☐ 잘 외워지지 않는 어휘는 박스에 체크하여 복습하세요.

☐ 견책(譴責)하다	허물이나 잘못을 꾸짖고 나무라다. 예 과장은 맡은 업무를 제대로 처리하지 못한 사원을 견책했다.
☐ 문책(問責)하다	잘못을 캐묻고 꾸짖다. 예 사고 경위를 문책하다.
☐ 질책(叱責)하다	꾸짖어 나무라다. 예 선생님은 반장의 잘못을 질책하다.
☐ 질책(質責)하다	꾸짖어 바로잡다. 예 문제를 철저히 질책하다.
☐ 질타(叱咤)하다	큰 소리로 꾸짖다. 예 남편의 무책임을 질타하다.
☐ 책망(責望)하다	잘못을 꾸짖거나 나무라며 못마땅하게 여기다. 예 남편은 술을 먹고 외박을 한 아들을 심하게 책망하였다.
☐ 힐책(詰責)하다	잘못된 점을 따져 나무라다. 예 그는 소심한 나를 힐책했다.

모습

□ 잘 외워지지 않는 어휘는 박스에 체크하여 복습하세요.

□ 모양(模樣)	겉으로 나타나는 생김새나 모습. 예 머리 모양	
□ 태도(態度)	몸의 동작이나 몸을 가누는 모양새. 예 군인다운 태도	
□ 현상(現象)	인간이 지각할 수 있는, 사물의 모양과 상태. 예 피부 노화 현상	
□ 형상(形象/形像)	사물의 생긴 모양이나 상태. 예 인간의 형상과 닮은 조각	

바라다

□ 잘 외워지지 않는 어휘는 박스에 체크하여 복습하세요.

□ 갈망(渴望)하다	간절히 바라다. 예 세계 평화를 갈망하다.
□ 기원(祈願)하다	바라는 일이 이루어지기를 빌다. 예 올해에도 건강하시기를 기원합니다.
□ 소망(所望)하다	어떤 일을 바라다. 예 합격을 간절히 소망합니다.
□ 열망(熱望)하다	열렬하게 바라다. 예 그의 눈빛은 가끔 뭔가를 열망하는 듯한 눈초리로 사물을 핥듯 뜯어보곤 했다.
□ 염원(念願)하다	마음에 간절히 생각하고 기원하다. 예 자유를 염원하다.
□ 요구(要求)하다	받아야 할 것을 필요에 의하여 달라고 청하다. 예 엄마에게 돈을 요구하다.
□ 요망(要望)하다	어떤 희망이나 기대가 꼭 이루어지기를 간절히 바라다. 예 선처해 주시길 요망합니다.
□ 요청(要請)하다	필요한 어떤 일이나 행동을 청하다. 예 담당 기관에 수사를 요청하다.
□ 희구(希求)하다	바라고 구하다. 예 순수한 사랑을 희구하다.

| ☐ 희망(希望)하다 | 어떤 일을 이루거나 하기를 바라다.
예 입학을 희망한다. |

✍ 버리다
☐ 잘 외워지지 않는 어휘는 박스에 체크하여 복습하세요.

☐ 투기(投棄)하다	내던져 버리다. 예 쓰레기를 투기하다.
☐ 유기(遺棄)하다	내다 버리다. 예 시체를 유기하다.
☐ 포기(抛棄)하다	하려던 일을 도중에 그만두어 버리다. 예 출전을 포기하다.

✍ 보다
☐ 잘 외워지지 않는 어휘는 박스에 체크하여 복습하세요.

☐ 간주(看做)하다	상태, 모양, 성질 따위가 그와 같다고 보거나 그렇게 여기다. 예 형사들은 그를 범죄자로 간주했다.
☐ 관찰(觀察)하다	사물이나 현상을 주의하여 자세히 살펴보다. 예 우리는 개미의 움직임을 관찰했다.
☐ 예언(豫言)하다	앞으로 다가올 일을 미리 알거나 짐작하여 말하다. 예 그가 예언한 것이 이루어졌다.
☐ 전망(展望)하다	① 넓고 먼 곳을 멀리 바라보다. 　　예 그는 산에 올라 풍경을 전망하였다. ② 앞날을 헤아려 내다보다. 　　예 올해도 경기가 좋을 것이라 전망한다.

✍ 살피다
☐ 잘 외워지지 않는 어휘는 박스에 체크하여 복습하세요.

☐ 감시(監視)하다	단속하기 위하여 주의 깊게 살피다. 예 요주의 인물을 주의 깊게 감시하다.
☐ 고찰(考察)하다	어떤 것을 깊이 생각하고 연구하다. 예 국어의 역사를 고찰하다.
☐ 성찰(省察)하다	자신의 마음을 반성하고 살피다. 예 자신을 성찰하다.
☐ 시찰(視察)하다	두루 돌아다니며 실지의 사정을 살피다. 예 사업장을 시찰하다.

☐ 조사(調査)하다	사물의 내용을 명확히 알기 위하여 자세히 살펴보거나 찾아보다. 📖 사고 원인을 조사하다.
☐ 통찰(洞察)하다 ^{빈출}	예리한 관찰력으로 사물을 꿰뚫어 보다. 📖 문제의 핵심을 통찰하다.

✍ 퍼지다

☐ 잘 외워지지 않는 어휘는 박스에 체크하여 복습하세요.

☐ 분포(分布)하다	일정한 범위에 흩어져 퍼져 있다. 📖 교통 입지점에 인구가 집중적으로 분포한다.
☐ 성행(盛行)하다	매우 성하게 유행하다. 📖 사실주의는 19세기에 성행하던 예술 양식이다.
☐ 유행(流行)하다	① 전염병이 널리 퍼져 돌아다니다. 📖 요즘에는 때도 아닌 감기가 유행해서 야단이다. ② 특정한 행동 양식이나 사상 따위가 일시적으로 많은 사람의 추종을 받아서 널리 퍼지다. 📖 학생들 사이에서 유행하는 노래
☐ 확산(擴散)되다	흩어져 널리 퍼지게 되다. 📖 가뭄 피해가 전국적으로 급속히 확산되고 있다.

학습 체크

각 단어의 의미를 찾아 연결하시오.

01 시정하다   ㉠ 잘못된 것을 바로잡다.
02 분포하다   ㉡ 어떤 일을 이루거나 하기를 바라다.
03 희망하다   ㉢ 일정한 범위에 흩어져 퍼져 있다.
04 통찰하다   ㉣ 이미 정하였던 것을 고쳐 다시 정하다.
05 투기하다   ㉤ 내던져 버리다.
                       ㉥ 예리한 관찰력으로 사물을 꿰뚫어 보다.

01 ㉠ 02 ㉢ 03 ㉡ 04 ㉥ 05 ㉤

공무원시험전문 해커스공무원
gosi.Hackers.com

해커스공무원 국어 **기본서**

부록

1. 문학 용어 사전
2. 혼동하기 쉬운 표준어
3. 혼동하기 쉬운 외래어

1. 문학 용어 사전

문학 이론

문학의 갈래

- **서정(세계의 자아화)**
  작가가 객관적인 세계를 바탕으로 주관적인 정서를 표현하는 장르

- **서사(외부 자아의 개입이 있는 자아와 세계의 갈등)**
  일련의 사건을 객관적으로 서술하여 전달하고자 하는 장르

- **극(외부 자아의 개입이 없는 자아와 세계의 갈등)**
  작가의 개입 없이 등장인물의 대화 형식을 통해 인간의 행위와 사건의 전개를 눈앞에서 연출하여 보여주는 장르

- **교술(자아의 세계화)**
  실제로 존재하는 외부의 사물을 서술하여 전달하는 장르

문학 비평의 종류

- **외재적 비평**
  작품에 영향을 끼치는 여러 가지 외부적인 요인을 중시하여 이들과 작품의 관계를 연관 지어 다루는 비평으로, 표현론적, 반영론적, 효용론적 관점이 속함

- **표현론(생산론)적 관점**
  작품이 작가와 맺는 관계를 중요시하는 관점으로, 작품 속에 작가의 체험, 사상, 감정 등이 표현되어 있다고 생각함

- **반영론적 관점**
  문학을 현실의 모방 내지 반영으로 보고, 문학 작품과 작품의 대상이 되는 현실 세계와의 관계를 중시하는 관점

- **효용론(수용론)적 관점**
  작품과 독자의 관계를 중시하는 관점으로 수용자는 능동적 참여자로 존재함

- **내재적 비평(절대주의적 관점)**
  작품 이외의 사실에 대한 고려를 배제하고 언어, 문체, 운율, 구성 등의 작품 내부적 요소를 분석하는 비평

- **종합주의적 관점**
  외재적 관점과 내재적 관점을 섞어 작품을 비평하고 감상하는 통합적 관점

문학의 미적 범주

- **문학의 미적 범주**
  '현실(있는 것)'과 '이상(있어야 할 것)'이 어떤 관계를 맺고 있느냐에 따라, 미적 범주를 '숭고미, 우아미, 비장미, 골계미'로 분류할 수 있음

- **숭고미(崇高美)**
  현실을 자신이 바라는 이상과 일치시키려는 상황에서 나타나는 미의식으로 경건하고 엄숙한 분위기를 자아냄으로써 고고한 정신의 경지를 체험할 수 있게 해줌

- **우아미(優雅美)**
  현실이 이상과 융합되어 일치하는 상황에서 나타나는 미의식으로 조화롭고 균형을 갖춘 대상에서 느끼는 아름다움을 표현함으로써 고전적인 기품과 멋을 드러냄

- **비장미(悲壯美)**
  현실과 이상이 조화를 이루지 못해 어긋나는 상황에서 나타나는 미의식으로 슬픔이 극에 달한 상태나 한의 정서 표출로 인해 형상화됨

- **골계미(滑稽美)**
  현실의 규범이나 부정적인 대상을 비판하거나 추락시켜 웃음을 자아내는 상황에서 나타나는 미의식으로 풍자나 해학 등의 수법에 의해 우스꽝스러운 상황이나 인간상을 구현함

문예 사조

- **고전주의(17~18세기)**
  고대 그리스·로마의 작품을 모범으로 삼고 그 특성을 재현하려는 경향을 보임

- **낭만주의(18세기 말~19세기 초)**
  고전주의의 몰개성적 성격에 반발하여 발생. 형식이나 질서의 구속을 거부하고, 이성보다는 감정을 지향함

- **사실주의(19세기 중·후반)**
  낭만주의의 비현실성에 반발하여 발생, 사물을 객관적으로 관찰하여 과장이나 왜곡 없이 구체적으로 표현하려 함

- **자연주의(19세기)**
  사실주의와 자연 과학적 결정론에 바탕을 두었으며 인간도 자연물처럼 자연 법칙에 따라 일생이 운명적으로 결정된다고 봄

- **유미주의(19세기 후반)**
  미의 창조를 궁극적인 목표로 하여 발생. 아름다움을 최고의 가치로 여기며 예술이 도덕적, 정치적 기준으로 평가되면 안 된다고 주장함

- **상징주의(19세기 말~20세기 초)**
  사실주의와 자연주의의 외면적 성격에 대한 반발로 발생. 낭만주의를 계승하여 사물이나 정서를 상징을 통해 표현함

- **모더니즘(20세기)**
  사실주의와 자연주의에서 벗어나려는 노력에 따라 발생. 현대성을 추구하며 기계 문명과 도시적 삶 속에서 개체화된 인간의 모습을 탐구함

- **실존주의(20세기)**
  세계 대전 이후 황폐한 현실 속에서의 실존적 불안을 배경으로 발생. 인간의 자유와 주체성을 최고의 가치로 여기고 실존적 자각을 추구함

모더니즘의 세 가지 경향

- **이미지즘(Imagism)**
  추상적이고 개념적인 언어를 거부하고, 시각적이고 구체적인 이미지로 시를 표현하여 의미를 정확히 전달하고자 하는 경향

- **초현실주의(Surrealism)**
  자동기술법과 자유 연상 기법 등의 창작법으로 무의식의 세계를 표출하고자 하는 경향

- **주지주의(Intellectualism)**
  감각과 정서보다 지성을 중시하였으며 시각적 요소를 강조하여 전통적 질서의 회복을 추구하고자 하는 경향

시의 정의와 특성

- **시(詩)**
  인간의 사상과 정서를 운율이 있는 언어로 압축하여 표현한 언어 예술
- **음악성**
  시는 내부에 운율을 가지고 있어 읽을 때 말의 가락을 느낄 수 있음
- **형상성**
  비유, 상징 등의 다양한 표현법을 통해 시의 이미지를 나타냄
- **함축성**
  시어는 지시적 의미 외에 다양하고 함축적인 의미를 내포하며, 시는 압축된 형식미를 갖추고 있음

형식에 따른 시의 갈래

- **정형시(定型詩)**
  형식과 규칙에 맞추어 지은 시로, 외형률이 나타남
- **자유시(自由詩)**
  정형시가 지닌 형식적 제약에서 벗어난 자유로운 형식의 시로, 행과 연의 구별이 있고 내재율이 나타남
- **산문시(散文詩)**
  연과 행의 구별이 없는 시

내용에 따른 시의 갈래

- **서정시(抒情詩)**
  개인의 주관적 정서를 표현한 시
- **서사시(敍事詩)**
  일정한 사건을 서술하는 서사적 구조의 시
- **극시(劇詩)**
  운문으로 표현된 희곡 형태의 시

태도에 따른 시의 갈래

- **주정시(主情詩)**
  개인의 자유로운 정서와 감정을 중요시하는 시
- **주지시(主知詩)**
  감정보다 냉철한 지성이나 이성을 중시하는 입장에서 쓴 시, 현실에 대한 비판 의식이 강하게 작용하는 경우가 많음
- **주의시(主意詩)**
  인간의 의지적인 측면을 주된 내용으로 하는 시

목적에 따른 시의 갈래

- **순수시(純粹詩)**
  개인의 주관적 정서나 언어의 아름다움을 나타내는 시
- **경향시(목적시)**
  특정한 이념이나 목적이 뚜렷하게 나타난 시

시의 화자

- **시의 화자(시적 자아, 서정적 자아)**
  시인의 분신, 또는 대리인의 역할을 함. 시인과 화자는 철저히 분리됨

운율의 종류

- **외형적 운율(외형률)**
  겉으로 드러나는 객관적 성질의 운율로, 음위율, 음성율, 음수율, 음보율, 통사율이 있음
- **음위율**
  압운에 의한 운율로, 일정 위치에 같은 운을 두는 것
- **음성율**
  음성의 강약·고저·장단 등을 통해 규칙적으로 반복되는 리듬을 형성하는 것
- **음수율**
  일정한 음수 단위의 규칙적인 반복으로 형성되는 운율
- **음보율**
  한 행을 일정한 간격으로 끊어 읽음으로써 형성되는 운율
- **통사율**
  유사한 문장 구조나 문법 구조가 반복되어 형성되는 운율
- **내재적 운율(내재율)**
  자유시나 산문시에서 느껴지는 율격으로, 겉으로 드러나지 않지만 은근하게 느껴지는 주관적 율격
- **산문율**
  산문시에 내재하는 자유로운 율격

시의 표현 방법 - 비유

- **비유**
  표현하고자 하는 대상을 다른 사물에 빗대서 표현하는 방법으로, 원관념과 보조 관념은 유사성을 바탕으로 하는 상관 관계가 성립함
- **직유**
  '처럼', '같이' 등의 연결어를 사용하여 원관념을 보조 관념에 직접적으로 연결시키는 방법
- **은유**
  'A는 B이다'와 같은 형태로 연결어를 사용하지 않고 원관념과 보조 관념을 연결하는 방법
- **대유**
  대상의 일부 속성으로 전체를 나타내는 표현법으로 환유와 제유가 있음
- **환유**
  사물의 속성이나 특징으로 그 사물을 대표하는 방법

1. 문학 용어 사전

- **제유**
  사물의 일부분으로 그 사물 전체를 대표하는 방법

- **의인**
  인간이 아닌 사물이나 관념에 인격을 부여해서 사람인 것처럼 표현하는 방법

- **활유**
  생명체가 아닌 대상에 생명이나 동작을 부여해서 살아 있는 것처럼 표현하는 방법

- **풍유**
  원관념을 숨기고 보조 관념만으로 본래의 의미를 암시하는 방법. '우의법'이라고도 함

- **인유**
  고전, 역사, 고사, 전설 등에서 널리 알려진 인물, 이야기, 시구 등을 인용하는 방법

- **중의**
  한 단어로 두 가지 이상의 의미를 나타내는 방법

- **의성**
  사람이나 사물의 소리를 그대로 묘사하여 그 소리나 상태를 실제와 같이 표현하는 방법

- **의태**
  사물의 모양이나 태도를 그대로 모방하여 표현하는 방법

시의 표현 방법 - 강조

- **과장**
  사물의 수량이나 상태, 성질 또는 글의 내용을 실제보다 더 늘리거나 줄여서 표현하는 방법

- **반복**
  같은 단어나 구절, 문장을 반복하여 뜻을 강조하는 방법

- **열거**
  내용적으로 연결되거나 비슷한 어휘나 구절을 늘어놓음으로써 서술하는 내용을 강조하는 방법

- **점층**
  내용의 비중이나 정도를 한 단계씩 높여서 뜻을 점점 강하고 깊게 표현하는 방법

- **연쇄**
  앞 구절의 말을 다시 다음 구절에 연결시켜 연쇄적으로 잇는 방법

- **영탄**
  슬픔, 기쁨 등 벅찬 감정을 강조하여 감탄의 형태로 표현하는 방법

- **비교**
  성질이 비슷한 대상을 서로 비교하여 그 차이를 통해 어느 한쪽을 강조하는 방법

- **대조**
  서로 반대되는 내용을 맞세워 강조함으로써 선명한 인상을 주는 방법

시의 표현 방법 - 변화

- **역설**
  논리적으로 모순되는 진술을 통해 그 이면의 중요한 진리를 드러내는 표현 방법

- **반어**
  작가가 드러내고자 하는 의도와 표현이 상반되도록 함으로써 정서를 심화시키는 방법

- **도치**
  문장의 어순을 바꾸어서 내용을 강조하는 방법

- **문답**
  묻고 답하는 형식을 통해 특정 문장이나 글을 전개하는 방법

- **설의**
  결론이나 단정 부분을 의문 형식으로 표현하여 그 의미를 강조하는 방법

- **대구**
  비슷한 구조의 어구나 문장을 짝을 맞추어 늘어놓는 표현 방법. '대우법'이라고도 함

- **돈호**
  대상의 이름을 불러서 주의를 환기시키는 방법

- **생략**
  독자에게 여운이나 암시를 주기 위하여 문장의 구절을 간결하게 줄이거나 빼버리는 방법

- **인용**
  다른 사람의 말이나 글, 격언 등을 빌려와 내용을 풍부하게 하거나 변화를 주는 방법

- **시적 허용**
  '시적 파격'이라고도 하며 일상어에서는 비문법적인 단어나 문장이어도 시에서는 시적 효과를 위해 허용하는 것

시의 표현 방법 - 상징

- **상징**
  추상적인 관념이나 사상을 구체적인 사물로 나타내는 표현 기법

- **관습적 상징**
  일정한 세월을 두고 사회적 관습에 의해 공인되고 널리 보편화된 상징

- **개인적 상징**
  관습적 상징을 시인의 독창적 의미로 변용시켜 문화적 효과를 얻는 상징

- **원형적 상징**
  시대와 지역을 초월하여 인류 전체나 특정 민족, 특정 문화에 빈번하게 되풀이되어 나타나는 상징

시의 표현 방법 - 기타

- **감정 이입**
  자신의 감정을 타인이나 사물에 이입하여 대상도 자신과 같은 감정을 느끼는 것처럼 표현하는 방법

- **객관적 상관물**
  감정을 환기시키는 모든 사물을 가리킴

- **자동기술법(의식의 흐름)**
  인간 내면 세계의 깊은 생각, 관념, 의식을 아무런 제약이나 질서 없이 의식의 흐름에 따라 표출하는 기법

- **선경 후정(先景後情)**
  작품의 전반부에는 풍경이나 사물의 외양 등 눈에 비치는 모습을 제시하고, 후반부에는 화자의 정서를 표출하는 전개 방식

심상의 종류
- **시각적 심상**
  색채, 명암, 모양, 움직임 등 눈을 통해 떠올리는 이미지
- **청각적 심상**
  소리의 감각에 호소하는 이미지
- **미각적 심상**
  맛의 감각을 이용한 이미지
- **후각적 심상**
  냄새의 감각을 이용한 이미지
- **촉각적 심상**
  사물이 피부에 닿는 감촉과 관련된 이미지
- **공감각적 심상(감각의 전이)**
  두 종류 이상의 감각이 결합되어 이루어진 이미지. 감각이 전이되어 표현된 심상을 의미함

소설의 정의와 특성
- **소설(小說)**
  현실에서 있을 법한 허구적인 이야기를 사건의 전개나 인물을 통해 현실의 이야기인 것처럼 만들어 전달하는 산문 문학의 한 장르
- **허구성**
  현실의 요소를 반영하여 가공한 이야기임
- **진실성**
  허구적인 이야기를 통해 인생의 참모습을 추구함
- **예술성**
  예술의 한 형식이므로 예술미와 형식미를 갖추어 표현함
- **서사성**
  이야기를 시간의 흐름에 따라 산문 형식으로 표현함

소설의 요소
- **소설의 3요소**
  주제 + 구성 + 문체
- **소설 구성의 3요소**
  인물 + 사건 + 배경

소설 구성의 개념과 단계
- **소설의 구성(plot)**
  주제를 효과적으로 표현하기 위해 사건을 인과 관계에 따라 유기적으로 배치하는 것
- **발단**
  등장인물이 소개되고 배경이 제시되며 사건의 실마리가 암시되는 단계
- **전개**
  갈등이 본격적으로 전개되는 단계
- **위기**
  갈등이 고조되어 절정에 이르는 계기가 되는 단계
- **절정**
  사건 해결의 분기점이 되는 단계로 갈등이 최고조에 이름
- **결말**
  사건이 마무리되고 갈등이 해결되는 단계

소설 구성의 유형 ①
- **단일 구성**
  한 가지 이야기만이 전개되는 구성
- **복합 구성**
  두 가지 이상의 이야기가 복합적으로 전개되는 구성
- **피카레스크식 구성**
  동일한 인물이 독립된 각각의 이야기에 등장하여 동일한 주제와 배경하에 사건을 전개하는 구성
- **옴니버스식 구성**
  소주제와 등장 인물이 다른 이야기들을 하나의 거대한 주제 아래에 모아놓은 구성
- **액자식 구성**
  내부 이야기와 외부 이야기로 이루어지는 구성

소설 구성의 유형 ②
- **평면적 구성(진행적 구성)**
  사건이 시간의 흐름에 따라 순차적으로 진행되는 구성
- **입체적 구성(분석적 구성)**
  사건의 시간을 역행시켜 진행하는 구성

문체의 구성 요소
- **서술**
  작가가 인물, 사건, 배경 등을 직접 이야기하는 방식
- **묘사**
  작가가 인물, 사건, 배경 등을 그림 그리듯 구체적, 사실적으로 전달하는 방식
- **대화**
  등장인물의 말로 표현되는 것으로, 사건 전개, 인물 성격 및 심리 제시의 역할을 하며, 극적으로 상황을 드러냄

소설의 어조의 개념과 종류
- **어조(語調)**
  서술자의 정서적 태도와 느낌으로 나타나는 분위기나 기분
- **해학적 어조**
  익살과 해학이 중심을 이루는 어조
- **냉소적 어조**
  차가운 태도가 주를 이루는 어조
- **반어적 어조**
  진술의 표리를 다르게 하거나 상황이 대조됨으로써 나타나는 어조

1. 문학 용어 사전

- [ ] **풍자적 어조**
  부정적 현실이나 인물에 대해 비판하는 어조

소설의 인물 유형

- [ ] **주요 인물**
  사건을 이끄는 중심인물(주인공)

- [ ] **주변 인물**
  사건의 진행을 돕거나 주인공을 돋보이게 하는 인물

- [ ] **주동 인물**
  사건의 중심적 역할을 하는 긍정적인 인물

- [ ] **반동 인물**
  주동 인물과 대립하여 갈등을 일으키는 부정적인 인물

- [ ] **전형적 인물**
  어떤 계층이나 집단의 보편적인 성격을 대표하는 인물

- [ ] **개성적 인물**
  독특한 개성을 지닌 독자적인 성격의 인물

- [ ] **평면적 인물(정적, 2차원적 인물)**
  성격의 변화를 보이지 않는 인물

- [ ] **입체적 인물(동적, 3차원적 인물)**
  사건의 진전에 따라 성격의 변화를 보이는 인물

인물의 제시 및 묘사 방법

- [ ] **직접 제시(말하기)**
  서술자가 인물의 특성을 직접 설명하는 방법

- [ ] **간접 제시(보여주기)**
  인물의 행동과 대화를 장면으로 보여 줌으로써 인물의 성격을 간접적으로 알 수 있게 하는 방법

- [ ] **외면 묘사**
  등장인물의 겉모습을 묘사하는 방법

- [ ] **내면 묘사**
  등장인물의 심리나 잠재 의식을 묘사하는 방법

갈등의 유형

- [ ] **내적 갈등**
  개인 내부의 심리적 모순이나 대립에 의해 생기는 갈등

- [ ] **개인과 개인의 갈등**
  소설 속에서 중심 역할을 하는 긍정적 인물과 그에 반대되는 부정적 인물 사이의 갈등

- [ ] **개인과 사회의 갈등**
  개인의 욕구와 사회의 보편적 욕구가 상충될 때 발생하는 갈등

- [ ] **개인과 운명과의 갈등**
  개인의 삶이 운명에 의해 좌우됨으로 인해 유발되는 갈등

소설 시점의 종류

- [ ] **1인칭 주인공 시점**
  작품 속 서술자가 자기 자신의 이야기를 서술하는 시점

- [ ] **1인칭 관찰자 시점**
  작품 속 부수적 인물인 '나'가 관찰자의 입장에서 주인공의 이야기를 서술하는 시점

- [ ] **전지적 작가 시점**
  서술자가 전지전능한 위치에서 각 인물의 심리 상태를 서술하는 시점

- [ ] **작가 관찰자 시점**
  서술자가 외부 관찰자의 위치에서 객관적 태도로 서술하는 시점

- [ ] **믿을 수 없는 화자(신빙성 없는 화자)**
  순진하거나 미성숙한 상태, 혹은 어리석거나 무지한 화자가 이야기를 서술하는 경우

- [ ] **시점의 혼합**
  일부 소설에서는 시점이 혼용되기도 하는데, 특히 액자 소설에서 1인칭과 3인칭이 혼용되는 경우가 많음

수필의 정의와 특성

- [ ] **수필(隨筆)**
  인생이나 자연에 대한 체험, 생각, 느낌을 특별한 형식의 제약 없이 산문 형식으로 쓰는 글

- [ ] **자유로운 형식**
  형식이 자유롭고 구성과 내용상의 제약이 없음

- [ ] **다양한 소재**
  세계의 모든 것에 대해 자유자재로 서술하므로 소재가 광범위함

- [ ] **개성적·고백적인 글**
  작가의 독특한 인생관, 세계관, 사상과 감정이 잘 드러나 있음

- [ ] **심미적·철학적인 글**
  작가의 심미적인 안목과 철학적인 깊이가 드러남

- [ ] **유머·위트·비판 의식이 있는 글**
  작가의 유머, 위트, 비판 의식이 드러남

- [ ] **간결한 산문의 문학**
  비교적 길이가 짧은 간결한 산문임

- [ ] **비전문성의 문학**
  누구나 쓸 수 있는 비전문적이며 대중적인 산문 갈래

수필의 갈래

- [ ] **서정적 수필**
  일상생활이나 자연에서 느낀 정서를 주관적으로 표현하는 수필

- [ ] **교훈적 수필**
  작가의 신념과 삶의 태도가 드러나는 교훈적인 내용의 수필

- [ ] **희곡적 수필**
  체험이나 사건의 내용 자체에 극적 요소가 있어서 희곡적으로 전개되는 수필

- [ ] **서사적 수필**
  어떤 사실에 대하여 필자의 주관을 배제하고 객관적으로 서술하는 수필

희곡의 정의와 특성

☐ **희곡(戲曲)**
무대 상연을 전제로 한 연극의 대본으로 배우, 무대, 관객과 함께 연극의 요소가 됨

☐ **무대 상연을 전제로 한 문학**
무대 상연을 전제로 한 연극의 각본임

☐ **대사의 문학**
등장인물의 대사를 통해 줄거리가 전개됨

☐ **현재화된 인생 표현**
모든 이야기를 현재화하여 표현하는 문학 장르임

☐ **갈등과 분규의 문학**
등장인물 간의 대립과 갈등, 분규 등을 기반으로 함

☐ **희곡의 컨벤션**
관객과의 암묵적인 약속을 전제로 함
적으로 서술하는 수필

희곡의 형식적 구성 요소

☐ **해설**
희곡의 맨 처음에서 등장인물, 장소, 무대 등을 설명해 주는 지시문

☐ **지문**
대화 사이에 인물의 동작, 표정 등을 설명하거나 조명, 효과음 등을 지시하는 글

☐ **대사**
인물 간에 주고받는 말이나 인물이 혼자 말하는 독백, 관객에게만 들리도록 약속된 말인 방백이 있음

희곡의 내용적 구성 요소

☐ **인물**
의지적, 전형적, 개성적인 성격을 지님

☐ **행동**
일정한 주제 하에 행동이 통일되며, 서술없이 배우의 연기만으로 인간의 행동을 표출해야 함

☐ **주제**
인생의 단면을 나타내야 함

희곡의 구성 단위

☐ **막(act)**
연극 및 희곡의 길이와 행동을 구분하는 개념

☐ **장(scene)**
막의 하위 단위로 희곡의 기본 단위

시나리오의 개념과 구성 단위

☐ **시나리오(Scenario)**
상영을 전제로 한 영화의 각본

☐ **컷(Cut), 숏(Shot)**
한 번의 연속 촬영으로 찍은 장면

☐ **신(Scene)**
영화의 최소 단위. 같은 장소와 시간 내에서 이루어지는 장면

☐ **시퀀스(Sequence)**
몇 개의 신이 모여 이루어진 화면

시나리오의 용어

☐ **C.U. (Close up)**
화면에 크게 보이게 확대해서 찍는 것

☐ **D.E. (Double Exposure)**
이중 노출. 두 화면이 겹쳐지는 것

☐ **E (Effect)**
효과음

☐ **F.I. (Fade In)**
화면이 천천히 밝아지는 것

☐ **F.O. (Fade Out)**
화면이 천천히 어두워지는 것

☐ **Ins. (Insert)**
삽입 화면. 화면과 화면 사이에 사진, 그림, 편지 등을 삽입하는 것

☐ **M (Music)**
효과 음악

☐ **NAR. (Narration)**
해설. 화면 밖에서 들려오는 대사

☐ **O.L. (Over Lap)**
한 화면이 사라질 때, 뒤에 화면이 포개어지며 나타나는 기법

☐ **PAN (Panning)**
카메라를 이동시켜 장면을 상하좌우로 찍는 것

☐ **S# (Scene Number)**
장면 번호

☐ **Montage (몽타주)**
따로 촬영한 화면을 붙여서 하나의 장면이나 내용으로 만드는 일

2. 혼동하기 쉬운 표준어

ㄱ

- 가까워○ / 가까와×
- 가녀리다○ / 간여리다×
- 가느다랗다○ / 가느랗다×
- 가뜩이○ / 가뜩히×
- 가랑이○ / 가랭이×
- 가로나비○ / 가로너비, 가로넓이×
- 가르랑거리다○ / 가르렁거리다×
- 가리다○ / 가리우다×
- 가입률○ / 가입율×
- 가자미○ / 가재미×
- 가자미식해○ / 가자미식혜×
- 가장자리○ / 가상자리×
- 가정란○ / 가정난×
- 간질이다, 간지럽히다○ / 간지르다×
- 가짓수○ / 가지수×
- 각별히○ / 각별이×
- 간드러지다○ / 간들어지다×
- 갈매기살○ / 갈매깃살×
- 갑자기○ / 갑작이×
- 갓난애○ / 간난애×
- 강낭콩○ / 강남콩×
- 강소주○ / 깡소주×
- 강퍅하다○ / 강팍하다×
- 개다○ / 개이다×
- 개뼈다귀○ / 개뼈다구×
- 개수○ / 갯수×
- 개숫물○ / 개수물×
- 개펄, 갯벌○ / 갯펄×
- 객쩍다○ / 객적다×
- 거꾸로○ / 꺼꾸로×
- 거추장스럽다○ / 거치장스럽다×
- 건넌방○ / 건너방×
- 건넛마을○ / 건넌마을×
- 건더기○ / 건데기×
- 걷어붙이다○ / 걷어부치다×
- 걸핏하면○ / 얼핏하면×
- 검은색○ / 검정색×
- 겁쟁이○ / 겁장이×
- 겉고샅○ / 겉고샅×
- 곁다리○ / 겉다리×
- 게거품○ / 개거품×
- 게꽁지○ / 게꼬리×
- 게으르다○ / 게을르다×
- 겨우살이○ / 겨울살이×
- 겹다○ / 겨웁다×
- 겹질리다○ / 겹지르다×
- 고깃간○ / 고깃관×
- 고깃국○ / 고기국×
- 고깔○ / 꼬깔×
- 고들빼기○ / 고들배기×
- 고랭지○ / 고냉지×
- 고르다○ / 골르다×
- 고이○ / 고히×
- 고즈넉이○ / 고즈넉히, 고즈너기×
- 고춧가루○ / 고추가루×
- 골목쟁이○ / 골목장이×
- 골병○ / 곯병×
- 골칫거리○ / 골치꺼리×
- 골칫덩어리, 골칫덩이○ / 골치덩어리×
- 곰곰이○ / 곰곰히×
- 곰팡이○ / 곰팽이×
- 곱빼기○ / 곱배기×
- 곱이곱이○ / 고비고비×
- 공깃밥○ / 공기밥×
- 곶감○ / 곳감×
- 과녁빼기○ / 과녁배기×
- 관자놀이○ / 관자노리×
- 괄시○ / 괄새, 괄세×
- 광주리○ / 광우리×
- 괘다리적다○ / 괘다리쩍다×
- 괜스레○ / 괜시리×
- 교자상○ / 교잣상×
- 구더기○ / 구데기×
- 구둣주걱○ / 구두주걱×
- 구레나룻○ / 구렛나루×
- 구르다○ / 굴르다×
- 구슬리다○ / 구스르다, 구슬르다×
- 군더더기○ / 군더덕지×
- 굵다랗다○ / 굴다랗다×
- 굶주리다○ / 굼주리다×
- 굼벵이○ / 굼뱅이×
- 귀갓길○ / 귀가길×
- 귀때기○ / 귓대기×
- 귀띔○ / 귀뜸×
- 귀머거리○ / 귀먹어리×
- 귀이개○ / 귀개, 귀후비개×
- 귀지○ / 귀에지×
- 귓불○ / 귓볼×
- 그렇잖다○ / 그렇찮다×
- 그을음○ / 그스름×
- 금이빨○ / 금니빨×
- 기준율○ / 기준률×
- 기차간○ / 기찻간×
- 까무러치다○ / 까무라치다×
- 깎이다○ / 깍이다×
- 깔때기○ / 깔대기×
- 깜깜하다○ / 깡깜하다×
- 깜빡이○ / 깜박이×
- 깝죽거리다○ / 깝치다×
- 깡그리○ / 싸그리×
- 깡충깡충○ / 깡총깡총×
- 깨끗이○ / 깨끗히×
- 깨나(돈깨나)○ / 께나(돈께나)×
- 꺼리다○ / 꺼려하다×
- 꺼림하다, 께름하다○ / 꺼름하다×
- 꺾꽂이○ / 꺽꽂이×
- 꼬락서니○ / 꼬라지×
- 꼬챙이○ / 꼬창이×
- 꼭두각시○ / 꼭둑각시×
- 꼭짓점○ / 꼭지점×
- 꼼꼼히, 꼼꼼○ / 꼼꼼이×
- 꼼짝없이○ / 꼼작없이×
- 꼽추○ / 곱추×
- 꽁보리밥○ / 깡보리밥, 맨보리밥×
- 꽃봉오리○ / 꽃봉우리×
- 꾸준히○ / 꾸준이×
- 꿰매다○ / 꼬매다×
- 끄나풀○ / 끄나불×
- 끄트머리○ / 끝트머리×
- 끌탕○ / 끓을탕×
- 끗발○ / 끝발×
- 끼어들다○ / 끼여들다×

ㄴ

나날이○ / 날날이✕
나무꾼○ / 나뭇꾼✕
나무때기○ / 나뭇때기✕
나무라다○ / 나무래다✕
나뭇가지○ / 나무가지✕
나박김치○ / 나막김치✕
나부끼다○ / 나붓기다✕
나지막하다○ / 나즈막하다✕
낙락장송○ / 낙낙장송✕
낚시걸이○ / 낚시거리✕
낚시꾼○ / 낚싯군✕
낚아채다○ / 나꿔채다✕
난들○ / 낸들✕
난쟁이○ / 난장이✕
날갯짓○ / 날개짓✕
날갯죽지○ / 날개쭉지✕
날쌔다○ / 날세다✕
납작하다○ / 납짝하다✕
낭떠러지○ / 낭떨어지✕
내로라하다○ / 내노라하다✕
내리꽂다○ / 내려꽂다✕
너스레○ / 너스래✕
너저분하다○ / 너저부레하다✕
넉넉지 않다○ / 넉넉치 않다✕
넉넉히○ / 넉넉이✕
넋두리○ / 넉두리✕
넌지시○ / 넌즈시✕
널따랗다○ / 넓다랗다✕
널브러지다○ / 널부러지다✕
널빤지○ / 널판지✕
널찍하다○ / 넓직하다✕
넓적다리○ / 넙쩍다리✕
노란색○ / 노랑색✕
노랫소리○ / 노래소리✕
놀래다○ / 놀래키다✕
농사일○ / 농삿일✕
농지거리○ / 농짓거리✕
높다랗다○ / 높따랗다✕
뇌졸중○ / 뇌졸증✕
누비옷○ / 누빔옷✕
눈곱○ / 눈꼽✕

눈살○ / 눈쌀✕
눈엣가시○ / 눈에가시✕
눈칫밥○ / 눈치밥✕
눌어붙다○ / 눌러붙다, 늘어붙다✕
눌은밥○ / 누른밥✕
뉘엿뉘엿○ / 너웃너웃✕
느지막이○ / 느즈막히, 느지막히✕
늘○ / 늘상✕
늘그막○ / 늙으막✕
늙수그레하다○ / 늙그수레하다, 늙수구레하다✕
늦깎이○ / 늦깍이✕
늴리리○ / 닐리리✕

ㄷ

다달이○ / 달달이✕
닦달하다○ / 닥달하다✕
단옷날○ / 단오날✕
단출하다○ / 단촐하다✕
단칸방, 단칸집○ / 단간방, 단간집✕
담쟁이덩굴, 담쟁이넝쿨○ / 담장이덩굴✕
대가○ / 댓가✕
더욱이○ / 더우기✕
덤불○ / 덤풀✕
덤터기○ / 덤테기, 덤탱이✕
덥석○ / 덥썩✕
덩굴, 넝쿨○ / 덩쿨✕
도긴개긴○ / 도찐개찐✕
도떼기시장○ / 돗데기시장✕
도롱뇽○ / 도롱룡✕
도매금○ / 도맷금✕
도배장이○ / 도배쟁이✕
돌멩이○ / 돌맹이✕
돌하르방○ / 돌하루방✕
동댕이치다○ / 동당이치다✕
되뇌다○ / 되뇌이다✕
뒷박○ / 뒷바가지✕
둘러싸이다○ / 둘러쌓이다✕
둘러업다○ / 들쳐업다✕
뒤꼍○ / 뒤안✕
뒤꽁무니○ / 뒷꽁무니✕
뒤꿈치○ / 뒷굼치✕

뒤치다꺼리○ / 뒤치다거리, 뒷치닥꺼리✕
뒤탈○ / 뒷탈✕
뒤편○ / 뒤켠, 뒷편✕
뒷머리○ / 뒤머리✕
뒷심○ / 뒷힘✕
들입다○ / 드립다✕
딱따구리○ / 딱다구리✕
딴기적다○ / 딴기쩍다✕
딸꾹질○ / 딱국질✕
때깔○ / 땟갈✕
떠버리○ / 떠벌이✕
떡볶이○ / 떡볶기✕
뙤약볕○ / 뙤악볕✕
뜨개질○ / 뜨게질✕
뜨물○ / 뜸물✕
뜬금없다○ / 뚱금없다✕

ㅁ

마구간○ / 마굿간✕
마늘종○ / 마늘쫑✕
마른빨래○ / 건빨래✕
맛적다○ / 맛쩍다✕
망측하다○ / 망칙하다✕
매생이○ / 메생이✕
머리끄덩이○ / 머리끄댕이✕
머리말○ / 머릿말✕
머리빼기○ / 머리배기✕
머릿니○ / 머릿이✕
먼지떨이○ / 먼지털이✕
멋쩍다○ / 멋적다✕
멍울○ / 멍우리✕
며칟날○ / 며칠날✕
며칠○ / 몇 일✕
모래찜질○ / 모래뜸질✕
모자라다○ / 모자르다✕
목돈○ / 묷돈✕
목메다○ / 목메이다✕
무르다○ / 물르다✕
무르팍○ / 무릎팍✕
무릅쓰다○ / 무릎쓰다✕
무말랭이○ / 무우말랭이✕

2. 혼동하기 쉬운 표준어

뭇국○ / 무국×
미루나무○ / 미류나무×
미사여구○ / 미사려구×
미숫가루○ / 미싯가루×
미장이○ / 미쟁이×
미주알고주알○ / 메주알고주알×
밀어붙이다○ / 밀어부치다×
밉살스럽다○ / 밉쌀스럽다×
밋밋하다○ / 민밋하다×
밑동○ / 밑둥×

ㅂ

박달나무○ / 배달나무×
반죽음○ / 반주검×
반지르르하다○ / 반지르하다×
배냇저고리○ / 베냇저고리×
배때기○ / 뱃대기×
백분율○ / 백분률×
뱃놀이○ / 배놀이×
범칙금○ / 벌칙금×
법석○ / 법썩×
베개○ / 배개×
베갯잇○ / 벼개잇×
볍씨○ / 벼씨×
보랏빛○ / 보라빛×
복숭앗빛○ / 복숭아빛×
본새○ / 뽄새×
볼썽사납다○ / 볼쌍사납다×
부각○ / 다시마자반×
부기○ / 붓기×
부서지다○ / 부숴지다×
부스러기○ / 부수러기×
부잣집○ / 부자집×
붓두껍○ / 붓뚜껑×
붙박이다○ / 붙박히다×
비뚜로○ / 비뚜루×
비로소○ / 비로서×
비비다○ / 부비다×
비사치기○ / 비석치기×
빈대떡○ / 빈자떡×
빈털터리○ / 빈털털이×

빨간색○ / 빨강색×
뺨따귀○ / 뺨따구니×
뾰족하다○ / 뾰죽하다×

ㅅ

사글세○ / 삭월세×
사주단자○ / 사주단지×
산봉우리○ / 산봉오리×
살살이○ / 살사리×
삼우제○ / 삼오제×
삼짇날○ / 삼짓날×
샅바○ / 삿바×
새벽○ / 새벽×
새침데기○ / 새침떼기×
샛별○ / 새벽별×
생때같다○ / 생떼같다×
생로병사○ / 생노병사×
섞박지○ / 석박지×
섣달○ / 섯달×
설거지○ / 설겆이×
성대모사○ / 성대묘사×
소꿉장난○ / 소꼽장난×
소맷귀○ / 소매깃×
소쿠리○ / 소꾸리×
소홀히○ / 소홀이×
솔직히○ / 솔직이×
수군거리다○ / 수근거리다×
수두룩하다○ / 수둑하다×
숙맥○ / 쑥맥×
술래잡기○ / 술레잡기×
숨바꼭질○ / 숨박꼭질×
승낙○ / 승락×
시래깃국○ / 씨래깃국×
시리다○ / 시렵다×
시청률○ / 시청율×
시쳇말○ / 시셋말×
실낱○ / 실날×
실쭉하다○ / 실죽하다×
심보○ / 심뽀×
십상○ / 쉽상×
싸라기○ / 싸래기×

싸전○ / 쌀전×
쌀뜨물○ / 쌀뜸물×
쌉쌀하다○ / 쌉살하다×
쌍꺼풀○ / 쌍거풀, 쌍커풀×
씁쓸하다○ / 씁슬하다×

ㅇ

아귀찜○ / 아구찜×
아등바등○ / 아둥바둥×
아무튼지○ / 아뭏든지×
아연실색○ / 아연질색×
악바리○ / 악발이×
안다미씌우다○ / 안다미시키다×
안성맞춤○ / 안성마춤×
안쓰럽다○ / 안스럽다×
안줏거리○ / 안주꺼리×
안팎○ / 안밖×
알맹이○ / 알멩이×
알쏭달쏭○ / 알송달송×
알아맞히다○ / 알아맞추다×
앍둑빼기○ / 앍둑배기×
암내○ / 곁땀내×
애달프다○ / 애닲프다×
애먼○ / 애면×
애면글면○ / 애먼글면×
앳되다○ / 애띠다×
야반도주○ / 야밤도주×
야트막하다○ / 얕으막하다×
얄따랗다○ / 얇다랗다×
얄찍하다○ / 얇직하다×
어릿광대○ / 어리광대×
어물쩍○ / 어물쩡×
어슬렁거리다○ / 으슬렁거리다×
어우러지다○ / 어울러지다×
어이없다○ / 어의없다×
어줍다○ / 어쭙다×
어중되다○ / 어중띠다×
어쭙잖다○ / 어줍잖다×
억지○ / 어거지×
얼뜨기○ / 얼띠기×
얼루기○ / 얼룩이×

얽매다○ / 얽메다×
엊그저께○ / 엇그저께×
웬만하다○ / 웬간하다×
여태껏○ / 여지껏×
연거푸○ / 연거퍼×
예스럽다○ / 옛스럽다×
오도독뼈○ / 오돌뼈×
오도카니○ / 오도커니×
오므라지다○ / 오무라지다×
오지랖○ / 오지랍×
왁자지껄○ / 왁짜지껄×
왠지○ / 웬지×
요컨대○ / 요컨데×
우윳빛○ / 우유빛×
욱여넣다○ / 우겨넣다×
움큼○ / 웅큼×
웃통○ / 윗통×
육개장○ / 육계장×
으레○ / 으례×
으름장○ / 으름짱×
으스대다○ / 으시대다×
윽박지르다○ / 욱박지르다×
이파리○ / 잎파리×
인두겁○ / 인두껍×
인마○ / 임마×
인사말○ / 인삿말×

ㅈ

자투리○ / 짜투리×
장딴지○ / 다리배, 장단지×
장롱○ / 장농×
장아찌○ / 짱아찌×
재간둥이○ / 재간동이×
재떨이○ / 재털이×
저버리다○ / 져버리다×
적이○ / 저으기×
전셋집○ / 전세집×
조무래기○ / 조무라기×
족집게○ / 쪽집게×
존댓말○ / 존대말×
졸리다○ / 졸립다×

주꾸미○ / 쭈꾸미×
주춧돌○ / 주초돌×
쥐락펴락○ / 펴락쥐락×
지르다○ / 질르다×
질펀하다○ / 즐펀하다×
짓무르다○ / 짓물다×
짜깁기○ / 짜집기×
짱알거리다○ / 쨍알거리다×
쩨쩨하다○ / 째째하다×
찌개○ / 찌게×
찌들다○ / 찌들리다×

ㅊ

착잡하다○ / 착찹하다×
창난젓○ / 창란젓×
채근하다○ / 체근하다×
채신머리없다○ / 체신머리없다×
쳐부수다○ / 쳐부시다×
초주검○ / 초죽음×
추스르다○ / 추스리다×
치다꺼리○ / 치닥거리×
치르다○ / 치루다×
칠흑○ / 칠흙×

ㅋ

케케묵다○ / 켸켸묵다×
켕기다○ / 캥기다×
켤레○ / 켤래×
코방아○ / 콧방아×
콧방귀○ / 코방귀×
콧방울○ / 콧날개, 콧망울×

ㅌ

털어먹다○ / 떨어먹다×
통째○ / 통채×
통틀어○ / 통털어×
트림○ / 트름×
티격태격○ / 티각태각×

ㅍ

파란색○ / 파랑색×
푼소○ / 풋소×
풍뎅이○ / 풍댕이×
풍비박산○ / 풍지박산×
핏대○ / 핏때×
핑계○ / 핑게×

ㅎ

하릴없다○ / 할일없다×
하마터면○ / 하마트면×
하여튼○ / 하여턴×
한갓○ / 한갖×
해코지○ / 해꼬지×
햅쌀○ / 햇쌀×
허깨비○ / 헛깨비×
허우대○ / 허위대×
허우적거리다○ / 허위적거리다×
허탕○ / 헛탕×
허투루○ / 헛투루×
헝클어지다○ / 헝크러지다×
호두과자○ / 호도과자×
혼꾸멍나다○ / 혼구멍나다×
회계 연도○ / 회계년도×
후드득후드득○ / 후두둑후두둑×
흉측하다○ / 흉칙하다×
흐리멍덩하다○ / 흐리멍텅하다×

3. 혼동하기 쉬운 외래어

ㄱ

가스○ / 까스✕
가스레인지○ / 가스렌지✕
가오슝○ / 까오슝, 카오슝✕
가십○ / 가쉽✕
가톨릭○ / 카톨릭, 캐톨릭✕
고흐(Gogh)○ / 고호✕
규슈○ / 큐슈✕
그랜드 캐니언○ / 그랜드 캐년✕
그러데이션(gradation)○ / 그라데이션✕
글러브(glove)○ / 글로브✕
글로브(globe)○ / 글러브✕
기타(guitar)○ / 키타✕
깁스(Gips)○ / 기부스, 집스✕

ㄴ

나르시시즘○ / 나르시즘✕
나르시시스트○ / 나르시스트✕
나일론○ / 나이론✕
난센스○ / 넌센스✕
내레이션○ / 나레이션✕
내레이터○ / 나레이터✕
내비게이션○ / 네비게이션✕
냐짱○ / 나트랑✕
네덜란드○ / 네델란드✕
네트워크○ / 네트웍, 네트웤✕
노르망디○ / 노르만디✕
노스탤지어○ / 노스탤지아✕
녹다운○ / 넉다운✕
논픽션○ / 넌픽션✕
뉴턴○ / 뉴우튼✕
니코틴○ / 니코친✕

ㄷ

다이내믹하다○ / 다이나믹하다✕
다이너마이트○ / 다이나마이트✕
다이아몬드○ / 다이어몬드✕
다큐멘터리○ / 도큐멘터리✕
달러○ / 달라✕
달마티안○ / 달마시안✕

댈러스○ / 달라스✕
더그아웃○ / 덕아웃✕
데뷔○ / 데뷰✕
데생○ / 뎃생✕
데스크톱 컴퓨터○ / 데스크탑 컴퓨터✕
데이터○ / 데이타✕
덴마크○ / 덴마아크✕
도넛○ / 도우넛✕
도스토옙스키○ / 도스토예프스키✕
도요토미 히데요시○ / 토요토미 히데요시✕
도이칠란트○ / 도이칠란드✕
드라이클리닝○ / 드라이크리닝✕
드리블○ / 드리볼✕
디렉터리○ / 디렉토리✕
디스켓○ / 디스켙✕
디지털○ / 디지탈✕
딜레마○ / 딜레머✕

ㄹ

라디에이터○ / 라지에타✕
라디오○ / 래디오✕
라벨(label)○ / 레벨✕
라스베이거스○ / 라스베가스✕
라이선스(license)○ / 라이센스✕
라이터○ / 라이타✕
랑데부○ / 랑데뷰✕
랩톱 컴퓨터○ / 랩탑 컴퓨터✕
러닝셔츠, 러닝샤쓰○ / 런닝셔츠✕
러키○ / 럭키✕
러키세븐○ / 럭키세븐✕
러키 존○ / 럭키 존✕
러키 펀치○ / 럭키 펀치✕
레미콘○ / 레미컨✕
레벨(level)○ / 라벨✕
레슨○ / 렛슨✕
레크리에이션○ / 레크레이션✕
레퍼토리○ / 레파토리✕
렌터카○ / 렌트카✕
로봇○ / 로보트✕
로브스터, 랍스터○ / 랍스타✕
로빈 후드○ / 로빈 훗✕

로션○ / 로숀✕
로열(royal)○ / 로얄✕
로열티○ / 로얄티✕
로켓○ / 로케트✕
로큰롤○ / 락큰롤✕
로터리○ / 로타리✕
롤러스케이트○ / 롤라스케이트✕
루스벨트○ / 루즈벨트✕
루주(<프>rouge)○ / 루즈✕
룩셈부르크○ / 룩셈부르그✕
뤄양, 낙양○ / 락양✕
류머티즘○ / 류마티스✕
륙색(rucksack)○ / 륙쌕, 룩색✕
르누아르○ / 르느와르✕
리더십○ / 리더쉽✕
리모컨○ / 리모콘✕
리어카○ / 리어커✕
리얼리즘○ / 리얼리슴✕
리포트○ / 레포트✕
링거○ / 링겔✕

ㅁ

마가린○ / 마아가린✕
마네킹○ / 마네킨✕
마니아(mania)○ / 매니아✕
마다가스카르○ / 마다가스카✕
마멀레이드○ / 마말레이드✕
마사지○ / 맛사지✕
마오쩌둥, 모택동○ / 마오쩌뚱✕
말레이시아○ / 말레이지아✕
매니큐어○ / 매니큐✕
매머드○ / 맘모스✕
매시트포테이토○ / 매쉬드포테이토✕
매킨토시○ / 맥킨토시✕
맨션○ / 맨숀✕
맨해튼○ / 맨하탄✕
머플러, 마후라○ / 머플라✕
메들리○ / 매들리✕
메시지○ / 메세지✕
메신저○ / 메신져✕
메이크업○ / 메이컵✕

메커니즘○ / 매커니즘✕
메타세쿼이아○ / 메타세콰이어✕
멜론○ / 메론✕
멜버른○ / 멜번, 맬번✕
모르핀○ / 몰핀✕
모차르트○ / 모짜르트✕
모터○ / 모타✕
몰티즈○ / 말티즈, 마르티즈✕
몽마르트르○ / 몽마르뜨, 몽마르트✕
몽타주○ / 몽타쥬✕
미네랄○ / 미네럴✕
미뉴에트○ / 미뉴엣✕
미스터리○ / 미스테리✕
밀크셰이크○ / 밀크쉐이크✕

ㅂ

바게트○ / 바게뜨✕
바겐세일○ / 바겐쎄일✕
바리캉○ / 바리깡✕
바리케이드○ / 바리케이트✕
바비큐○ / 바베큐✕
바스켓○ / 바스킷✕
바텐더○ / 바텐다✕
바통, 배턴○ / 바톤✕
바흐○ / 바하✕
발레파킹○ / 발렛파킹✕
배지(badge)○ / 뱃지, 뺏지✕
배터리○ / 밧데리, 바테리✕
백미러○ / 백밀러✕
밸런타인데이○ / 발렌타인데이✕
밸런스○ / 발란스✕
버저(buzzer)○ / 부저✕
베르사유○ / 베르사이유✕
보닛○ / 본네트✕
보디(body)○ / 바디✕
보디로션○ / 바디로션✕
보이콧○ / 보이코트✕
보일러○ / 보일라✕
부르주아○ / 부르조아✕
불도그(bulldog)○ / 불독✕
불로뉴○ / 볼로뉴✕

뷔페(buffet)○ / 부페✕
브러시○ / 브러쉬✕
블라디보스토크○ / 블라디보스톡✕
블라우스○ / 브라우스✕
블라인드○ / 브라인드✕
블로킹○ / 브로킹✕
블루스(blues)○ / 부루스✕
비로드(<포>veludo), 벨벳○ / 빌로드✕
비스킷○ / 비스켓✕
비즈니스○ / 비지니스✕
비틀스○ / 비틀즈✕

ㅅ

사이클○ / 싸이클✕
사인(sign)○ / 싸인✕
사카린○ / 삭카린✕
산타클로스○ / 산타크로스✕
살리에리○ / 살리에르✕
삿포로○ / 삿뽀로✕
상트페테르부르크○ / 상트페테르부르그✕
상파울루○ / 상파울로✕
상하이, 상해○ / 샹하이✕
새시(sash)○ / 섀시✕
색소폰○ / 색스폰✕
샌들○ / 샌달✕
샐러드○ / 사라다✕
생텍쥐페리○ / 생떽쥐빼리✕
샤머니즘○ / 샤마니즘✕
샴페인○ / 삼페인✕
샹들리에○ / 샹들리에✕
섀미(chamois)○ / 세무✕
섀시(chassis)○ / 샤시✕
서비스○ / 써비스✕
선글라스○ / 썬그라스✕
선탠○ / 썬탠✕
세트(set)○ / 셋, 셋트, 셑✕
센터○ / 쎈터✕
센트럴 파크○ / 쎈트럴 파크✕
센티미터○ / 센치미터✕
셀러리(celery)○ / 샐러리✕
셔벗○ / 샤베트✕

셔츠, 샤쓰○ / 셔쯔✕
셰터○ / 샷다, 샷따, 샤타✕
셔틀콕○ / 셧틀콕✕
셰익스피어○ / 세익스피어✕
셰퍼드○ / 쉐퍼드✕
소나타○ / 쏘나타✕
소렌토○ / 쏘렌토✕
소시지○ / 소세지✕
소파(sofa)○ / 쇼파✕
쇼윈도○ / 쇼윈도우✕
수프(soup)○ / 스프, 슢✕
슈림프○ / 쉬림프✕
슈트(suit)○ / 수트✕
슈퍼마켓○ / 수퍼마켓✕
슈퍼맨○ / 수퍼맨✕
스낵바○ / 스넥바✕
스노보드○ / 스노우보드✕
스웨터○ / 스웨타✕
스위치○ / 스윗치✕
스카우트○ / 스카웃✕
스케일링○ / 스켈링✕
스케줄○ / 스케쥴✕
스케치북○ / 스켓치북✕
스태미나○ / 스태미너✕
스태프(staff)○ / 스탭, 스탶✕
스탠더드○ / 스탠다드✕
스테이플러○ / 스태플러✕
스테인리스○ / 스텐레스✕
스텝(step)○ / 스탭✕
스튜어디스○ / 스튜디스✕
스트로(straw)○ / 스트로우✕
스티로폼○ / 스티로폴, 스치로폼✕
스펀지○ / 스폰지✕
스페셜○ / 스페샬, 스패셜✕
스포이트○ / 스포이드✕
스프링클러○ / 스프링쿨러✕
슬래브(slab)○ / 슬라브, 슬랩✕
슬로바키아○ / 슬로바키야✕
시가(cigar)○ / 시거✕
시너(thinner)○ / 신나✕
시멘트○ / 세멘트✕
시추에이션○ / 시츄에이션✕

3. 혼동하기 쉬운 외래어

시폰○ / 쉬폰✕
심벌○ / 심볼✕
심벌즈○ / 심벌스✕
심포지엄○ / 심포지움✕
싱가포르○ / 싱가폴✕
쓰촨성○ / 사천성✕

ㅇ

아랍 에미리트○ / 아랍 에미레이트✕
아마추어○ / 아마투어✕
아메리칸드림○ / 어메리칸드림✕
아웃렛○ / 아울렛✕
아이섀도○ / 아이섀도우✕
아이슬란드○ / 아이스란드✕
아프가니스탄○ / 아프카니스탄✕
악센트○ / 액센트✕
알래스카산맥○ / 알라스카산맥✕
알레르기○ / 알러지✕
알칼리○ / 알카리✕
알코올○ / 알콜✕
앙케트○ / 앙케이트✕
앙코르○ / 앙콜✕
앙코르 와트○ / 앙코르왓✕
애드리브○ / 애드립✕
애프터서비스○ / 애프터써비스✕
애피타이저○ / 에피타이저✕
액세서리○ / 악세사리✕
액셀(액셀러레이터)○ / 악셀(악셀러레이터)✕
앰뷸런스○ / 앰블란스✕
앰풀○ / 앰플✕
어댑터○ / 아답타, 아답터✕
언밸런스○ / 언발란스✕
에메랄드○ / 에메럴드✕
에스컬레이터○ / 에스커레이터✕
에스파냐○ / 에스파니아✕
에티오피아○ / 이디오피아✕
엔도르핀○ / 엔돌핀✕
엘니뇨○ / 엘리뇨✕
엘리베이터○ / 엘레베이터✕
엠보싱○ / 앰보싱✕
옐로○ / 옐로우✕

오디세이○ / 오딧세이✕
오렌지○ / 오륀지✕
오리지널○ / 오리지날✕
오셀로○ / 오델로✕
오프사이드○ / 옵사이드✕
옥스퍼드○ / 옥스포드✕
옵서버○ / 옵저버✕
요구르트○ / 요쿠르트✕
워크숍○ / 워크샵✕
웨일스○ / 웨일즈✕
윈도○ / 윈도우✕
인디언○ / 인디안✕

ㅈ

자이언트(giant)○ / 자이안트, 쟈이언트✕
잘츠부르크○ / 짤쯔부르크✕
장르○ / 쟝르✕
재즈○ / 째즈✕
재킷○ / 쟈켓✕
점퍼, 잠바○ / 점버✕
잼○ / 쨈✕
제스처○ / 제스춰, 제스츄어✕
제트기○ / 젯트기✕
주니어○ / 쥬니어✕
주스○ / 쥬스✕
쥐라기○ / 주라기, 쥬라기✕
지그재그○ / 지그잭✕
지프(jeep)○ / 짚✕

ㅊ

차이콥스키○ / 차이코프스키✕
차트○ / 챠트✕
챔피언○ / 챔피온✕
초콜릿○ / 초콜렛✕
추리닝○ / 츄리닝✕
취리히○ / 쮜리히✕
침팬지○ / 침팬치✕
칭기즈 칸○ / 징기스 칸✕

ㅋ

카디건○ / 가디건✕
카망베르○ / 까망베르✕
카바레○ / 카바레✕
카세트○ / 카셋트✕
카스텔라○ / 카스테라✕
카운슬러○ / 카운셀러✕
카운슬링○ / 카운셀링✕
카이사르, 시저○ / 케사르✕
카탈로그○ / 카다로그, 카다록✕
카페○ / 까페✕
카펫○ / 카페트✕
칼라(collar)○ / 컬러, 카라✕
칼럼○ / 컬럼✕
캐러멜○ / 카라멜✕
캐럴○ / 캐롤✕
캐비닛○ / 캐비넷✕
캘린더(calendar)○ / 카렌다✕
캥거루○ / 캉가루✕
커닝○ / 컨닝✕
커리어(career)○ / 캐리어✕
커버(cover)○ / 카바✕
커튼○ / 커텐✕
커피숍○ / 커피샾✕
컨디션○ / 콘디션✕
컨소시엄○ / 콘소시엄✕
컨테이너○ / 콘테이너✕
컨트롤○ / 콘트롤✕
컨트리 음악○ / 컨츄리 음악✕
컬러(color)○ / 칼라✕
컬렉션○ / 콜렉션✕
컴퍼스○ / 콤파스✕
케이크○ / 케익, 케잌✕
케임브리지○ / 캠브리지✕
케첩○ / 케찹✕
코냑○ / 꼬냑✕
코듀로이, 코르덴○ / 골덴✕
코르도바○ / 꼬르도바✕
코미디○ / 코메디✕
코즈모폴리턴○ / 코스모폴리턴✕
코커스패니얼○ / 코카스패니얼✕
콘사이스(concise)○ / 콘사이즈✕

콘서트○ / 컨서트×
콘센트○ / 컨센트×
콘셉트○ / 컨셉×
콘택트렌즈○ / 콘텍트렌즈×
콘테스트○ / 컨테스트×
콘텐츠○ / 컨텐츠×
콜럼버스○ / 콜롬부스×
콤비네이션○ / 컴비네이션×
콤팩트○ / 컴팩트×
콤플렉스○ / 컴플렉스×
콩쿠르○ / 콩쿨×
콩트○ / 꽁트×
쿠데타○ / 쿠테타×
쿠알라룸푸르○ / 쿠알라룸프, 콸라룸푸르×
쿵후○ / 쿵푸×
크레디트 카드○ / 크레딧 카드×
크렘린○ / 크레믈린×
크로켓○ / 고로케×
크리스천○ / 크리스찬×
크리스털○ / 크리스탈×
클라이맥스○ / 클라이막스×
클래스○ / 클라스×
클랙슨○ / 클락션×
클리너○ / 크리너×
클리닉○ / 크리닉×
킬로그램○ / 키로그램×

ㅌ

타깃○ / 타겟×
타로○ / 타롯×
타슈켄트○ / 타쉬켄트×
타월○ / 타올×
타이베이○ / 타이페이×
탤런트○ / 탈렌트×
터미널○ / 터미날×
터부(taboo)○ / 타부×
터키○ / 터어키×
텀블링○ / 덤블링×
테이프○ / 테프, 테입, 테잎×
테제베○ / 떼제베×
텔레마케팅○ / 텔레마켓팅×

텔레비전○ / 텔레비젼×
템스강○ / 템즈강×
토마토○ / 도마도×
토털(total)○ / 토탈×
튤립○ / 튜울립×
트랙터○ / 트랙타×
트레이닝○ / 츄리닝×
트로트○ / 트롯트×
트리○ / 츄리×
티베트○ / 티벳×
팀워크○ / 팀웤×

ㅍ

파마○ / 퍼머, 펌×
파운데이션○ / 화운데이션×
파이팅○ / 화이팅×
파일(file)○ / 화일×
파일럿○ / 파일롯×
판다○ / 팬더, 팬다×
판타지○ / 환타지×
팔레트○ / 파레트×
팡파르○ / 팡파레×
패널○ / 판넬, 패날×
패러독스○ / 파라독스×
패밀리○ / 훼밀리×
패키지○ / 팩키지×
팬터마임○ / 판토마임×
팸플릿○ / 팜플렛×
페널티○ / 페날티×
페디큐어○ / 패디큐어×
페스탈로치○ / 페스탈로찌×
페스티벌○ / 페스티발×
페트병○ / 펫트병×
펜션○ / 팬션×
펜타곤○ / 펜터곤×
포클레인○ / 포크레인×
포털 사이트○ / 포탈 싸이트×
푸껫섬○ / 푸켓섬×
퓨즈○ / 휴즈×
프라이팬○ / 후라이팬×
프러포즈○ / 프로포즈×

프런트○ / 프론트×
프레시(fresh)○ / 프레쉬, 후레시, 후레쉬×
프레젠테이션○ / 프리젠테이션×
프로듀서○ / 프러듀서×
프로펠러○ / 프로펠라×
플라멩코(<에>flamenco)○ / 플라밍고×
플라자○ / 프라자×
플랑크톤○ / 프랑크톤×
플래시(flash)○ / 플래쉬, 프래시, 프래쉬×
플래카드○ / 플랑카드, 플랜카드×
플루트○ / 플룻, 플륫×
피에로○ / 삐에로×
핀란드○ / 필란드×

ㅎ

하얼빈○ / 하얼삔×
하이라이트○ / 하일라이트×
할리우드○ / 할리웃, 헐리우드, 헐리웃×
핫라인○ / 핟라인×
핼러윈○ / 할로윈×
헬리콥터○ / 헬리콥타×
헬멧○ / 헬맷×
호르몬○ / 홀몬×
호찌민○ / 호치민×

MEMO

2026 대비 최신개정판

해커스공무원
국어
기본서

개정 12판 2쇄 발행 2025년 10월 13일
개정 12판 1쇄 발행 2025년 5월 9일

지은이	해커스 공무원시험연구소
펴낸곳	해커스패스
펴낸이	해커스공무원 출판팀
주소	서울특별시 강남구 강남대로 428 해커스공무원
고객센터	1588-4055
교재 관련 문의	gosi@hackerspass.com
	해커스공무원 사이트(gosi.Hackers.com) 교재 Q&A 게시판
	카카오톡 채널 [해커스공무원 노량진캠퍼스]
학원 강의 및 동영상강의	gosi.Hackers.com
ISBN	979-11-7244-573-7 (13710)
Serial Number	12-02-01

저작권자 ⓒ 2025, 해커스공무원
이 책의 모든 내용, 이미지, 디자인, 편집 형태에 대한 저작권은 저자에게 있습니다.
서면에 의한 저자와 출판사의 허락 없이 내용의 일부 혹은 전부를 인용, 발췌하거나 복제, 배포할 수 없습니다.
이 책의 내용 중 일부는 국립국어원이 제공하는 '표준국어대사전', '한국어 어문 규범'을 참고하였습니다.

공무원 교육 1위,
해커스공무원 gosi.Hackers.com

- 꾸준히 암기해야 하는 한자를 모아 정리한 **최다 빈출 한자 200**
- 필수 어휘와 사자성어를 편리하게 학습할 수 있는 **해커스 매일국어 어플**
- 해커스 스타강사의 **공무원 국어 무료 특강**
- **해커스공무원 학원 및 인강**(교재 내 인강 할인쿠폰 수록)

해커스공무원 단기 합격생이 말하는
공무원 합격의 비밀!

해커스공무원과 함께라면
다음 합격의 주인공은 바로 여러분입니다.

대학교 재학 중,
7개월 만에 국가직 합격!
김*석 합격생

영어 단어 암기를 하프모의고사로!

하프모의고사의 도움을 많이 얻었습니다. 모의고사의 **5일 치 단어를 일주일에 한 번씩 외웠고**, 영어 단어 **100개씩은 하루에** 외우려고 노력했습니다.

가산점 없이
6개월 만에 지방직 합격!
김*영 합격생

국어 고득점 비법은 기출과 오답노트!

이론 강의를 두 달간 들으면서 **이론을 제대로 잡고 바로 기출문제로** 들어갔습니다. 문제를 풀어보고 기출강의를 들으며 **틀렸던 부분을 필기하며 머리에 새겼습니다**.

직렬 관련학과 전공,
6개월 만에 서울시 합격!
최*숙 합격생

한국사 공부법은 기출문제 통한 복습!

한국사는 휘발성이 큰 과목이기 때문에 **반복 복습이 중요하다고 생각**했습니다. 선생님의 강의를 듣고 나서 바로 **내용에 해당되는 기출문제를 풀면서 복습**했습니다.

해커스공무원 gosi.Hackers.com

더 많은 합격수기가 궁금하다면? ▶

2026 대비 최신개정판

해커스공무원
국어
기본서

약점 보완 해설집

해커스공무원

해커스공무원
국어
기본서

약점 보완 해설집

해커스

제1편 독해

01 중심 내용 및 핵심 논지 파악하기   p.34

01 ③	02 ②	03 ②	04 ③	05 ④
06 ④	07 ②	08 ④	09 ④	10 ③
11 ②	12 ②	13 ②	14 ②	15 ③

01
다음 글의 주제로 가장 적절한 것은?

예전에 '혐오'는 대중에게 관심을 끄는 말이 아니었지만, 요즘에는 익숙하게 듣는 말이 되었다. 이는 과거에 혐오가 존재하지 않았다는 말이 아니다. 단지 최근 몇 년 사이에 이 문제가 폭발하듯 가시화되었다는 뜻이다. 혐오 현상은 외계에서 뚝 떨어진 괴물이 만들어 낸 것이 아니라, 거기엔 자체의 역사와 사회적 배경이 반드시 선행한다.

이 문제를 바라볼 때 주의 사항이 있다. 혐오나 증오라는 특정 감정에 집착해선 안 된다는 것이다. 혐오가 주제인데 거기에 집중하지 말라니, 얼핏 이율배반처럼 들리지만 이는 매우 중요한 포인트다. 왜 혐오가 나쁘냐고 물어보면 많은 사람들은 이렇게 답한다. "나쁜 감정이니까 나쁘다.", "약자와 소수자를 차별하게 만드니까 나쁘다." 이 대답들은 분명 선량한 마음에서 나온 것이다. 하지만 문제의 성격을 오인하게 만들 수 있다. 혐오나 증오라는 감정에 집중할수록 우린 '달을 가리키는 손가락만 바라보는' 잘못을 범하기 쉬워진다.

인과 관계를 혼동하면 곤란하다. 우리가 문제시하고 있는 각종 혐오는 자연 발생한 게 아니라 사회적으로 형성된 감정이다. 사회 문제의 기원이나 원인이 아니라, 발현이며 결과다. 더 정확히 말하자면 혐오는 증상이다. 증상을 관찰하는 일은 중요하지만 거기에만 매몰되면 곤란하다. 우리는 혐오나 증오 그 자체를 사회악으로 지목해 도덕적으로 지탄하는 데서 그치지 말아야 한다.

① 혐오 현상에는 인과 관계가 존재하지 않는다.
② 혐오 현상은 선량한 마음으로 바라보아야 한다.
③ 혐오 현상을 만들어 내는 근본 원인을 찾아야 한다.
④ 혐오라는 감정에 집중할수록 사회 문제는 잘 보인다.

해설 ③ 지문은 '혐오 현상'이 사회적·역사적 배경에서 비롯된 문제의 증상이며, 이 증상을 단순히 감정의 결과로 본다면 사회 문제의 원인을 보지 못하고 매몰될 수 있다고 주장하고 있다. 따라서 글의 주제로 가장 적절한 것은 ③이다.

오답 분석
① 1문단과 3문단을 통해 혐오는 역사적, 사회적 배경이 선행되어 사회적으로 형성된 결과임을 알 수 있으므로 인과 관계를 확인할 수 있다. 따라서 주제로 적절하지 않다.
② 혐오라는 감정 자체를 부정적으로 바라보는 것은 사람들의 선량한 마음에서 비롯되지만 문제의 성격을 오인하게 만든다는 2문단의 내용과 반대되므로 주제로 적절하지 않다.
④ 혐오라는 감정에 집중할수록 달(사회 문제)이 아닌 달을 가리키는 손가락(혐오 감정)만 바라보는 잘못을 범하게 된다는 2문단의 내용과 반대되므로 주제로 적절하지 않다.

02
다음 글의 결론으로 가장 적절한 것은?

인공지능(AI)은 비즈니스 패러다임을 획기적으로 바꾸고 있다. 인공지능은 생물학 분야에도 광범위하게 영향을 미칠 것이며, 애완동물이 인공지능(AI)으로 대체될 수도 있을 것이다. 인공지능(AI)은 스스로 수학도 풀고 글도 쓰고 바둑을 두며 사람을 이길 수도 있다. 어느 영화에서처럼 실제로 인간관계를 대신할 수도 있다. 인공지능(AI)은 배우면서 성장할 수도 있다. 인공지능(AI)이 사람보다 똑똑해질 수 있을지도 모른다.

인공지능(AI)이 사람보다 똑똑해질 수 있는지는 차치하고, 인공지능(AI)이 사람을 게으르게 만들 수도 있지 않을까? 이 게으름은 우리의 건강과 행복, 그리고 일상생활의 패턴을 바꿔 놓을 수도 있다.

인공지능(AI)이 앱을 통해 좀 더 편리한 삶을 제공하여 사람의 뇌를 어떻게 바꾸는지를 일상에서 보여 주는 대표적 사례가 바로 GPS다. 불과 몇 년 전만 해도 지도를 보고 스스로 거리를 가늠하고 도착 시간을 계산했던 운전자들은 이 내비게이션의 등장으로 어디에서 어떻게 가라는 기계 속 음성에 전적으로 의존하기 시작했다. 예전의 방식으로도 충분히 잘 찾아가던 길에서조차 습관적으로 내비게이션을 켠다. <u>이것이 없으면 자주 다니던 길도 제대로 찾지 못하고 멀쩡한 어른도 길을 잃는다.</u>
　　이와 같이 기계에 의존해서 인간이 살아가는 사례는 오늘날 우리의 두뇌가 게을러진 것을 보여 주는 여러 사례 가운데 하나일 뿐이다. <u>삶을 더 편하게 해 준다며 지름길을 제시하는 도구들이 도리어 우리의 기억력과 창조력을 퇴보시키고 있다.</u> 인간을 태만하고 나태하게 만들어 뇌의 가장 뛰어난 영역인 상상력을 활용하지 않도록 만드는 것이다.

① 인간의 인공지능(AI)에 대한 독립성은 지속적으로 증가하게 될 것이다.
② ✓ 인공지능(AI)으로 인해 인간의 두뇌가 게을러지는 부작용이 발생하게 될 것이다.
③ 인공지능(AI)은 인간을 능가하는 사고력을 가질 것이다.
④ 인공지능(AI)은 궁극적으로 상상력을 가지게 될 것이다.

해설 ② 지문은 인공지능의 발달이 가져오는 삶의 편리함으로 인해 오히려 인간의 두뇌가 게을러질 수도 있다는 문제를 제기하고 있다. 따라서 글의 결론으로 가장 적절한 것은 ②이다.

오답분석 ① 인공지능에 대한 인간의 독립성이 지속적으로 증가하게 될 것이라는 내용은 지문의 내용과 상반되므로 적절하지 않다.
③ 1문단에서 인공지능이 인간보다 똑똑해질 수도 있다고 말한다. 그러나 이는 지문의 일부분에 해당하는 내용이므로 결론으로 적절하지 않다.
④ 지문을 통해 알 수 없는 내용이다.

03
〈보기〉에서 말하고자 하는 바로 가장 적절한 것은?

〈보기〉
　　기존의 대부분의 일제 시기 근대화 문제에 관한 연구는 다양한 입장 차이에도 불구하고 대단히 대립적인 두 가지 주장으로 정리될 수 있다. 즉 <u>일제가 조선을 지배하지 않았다면 조선에서는 근대적 변혁이 제대로 이루어지지 않았을 것</u>이라는 주장과, <u>일제의 조선 지배는 한국근대화를 압살하였기 때문에 결국 근대는 해방 이후부터 시작될 수밖에 없었다</u>는 주장이 그것이다. 두 주장 모두 일제의 조선 지배에도 불구하고 조선인들이 주체적으로 대응했던 역사가 탈락되어 있다. <u>일제 시기의 역사가 한국 역사의 일부가 되기 위해서는 민족해방 운동 같은 적극적인 항일 운동뿐만 아니라, 지배의 억압 속에서도 치열하게 삶을 영위해 가면서 자기 발전을 도모해 나간 조선인의 역사도 정당하게 평가되지 않으면 안 된다.</u>

① 일제의 조선 지배는 한국에게서 근대화의 기회를 빼앗았다.
② ✓ 일제의 지배에 주체적으로 대응한 조선인의 역사도 정당하게 평가되어야 한다.
③ 일제가 조선을 지배하지 않았다면 조선에서는 근대화가 이루어지지 않았을 것이다.
④ 조선인들은 일제하에서도 적극적인 항일 운동으로 역사에 주체적으로 대응해 나갔다.

해설 ② 〈보기〉는 일제 시기 근대화에 대한 두 가지 주장 모두 일제의 조선 지배에 주체적으로 대응한 조선인의 역사가 빠져 있다는 문제점을 제기하고, 일제의 지배의 억압에 주체적으로 대응한 조선인의 역사를 정당하게 평가해야 함을 주장하고 있다. 따라서 답은 ②이다.

오답분석 ①③④ 〈보기〉의 부분적인 내용으로, 글 전체 내용을 포괄하지 못하므로 적절하지 않다.

04

다음 글의 주장으로 가장 적절한 것은?

> 우리에게 친숙한 동물들의 사소한 행동을 살펴보면 그들이 자신의 환경을 개조한다는 것을 알 수 있다. 가장 단순한 생명체는 먹이가 그들에게 헤엄쳐 오게 만들고, 고등 동물은 먹이를 구하기 위해 땅을 파거나 포획 대상을 추적하기도 한다. 이처럼 동물들은 자신의 목적을 위해 행동함으로써 환경을 변형시킨다. 이러한 생존 방식을 흔히 환경에 적응하는 것으로 설명한다. 그러나 이러한 설명은 생명체들이 그들의 환경 개변(改變)에 능동적으로 행동한다는 중요한 사실을 놓치고 있다.
>
> 가장 고등한 동물인 인간도 다른 생명체와 마찬가지로 생존이나 적응을 넘어서 환경에 대해 적극성을 보인다. 이는 인간의 세 가지 충동—사는 것, 잘 사는 것, 더 잘 사는 것—으로 인하여 가능하다. 잘 살기 위한 노력은 순응적이기보다는 능동적인 모습으로 나타나게 된다. 인간도 생명체이다. 더 잘 살기 위해서는 환경에 순응할 수만은 없다.

① 인간은 환경에 적응해 왔다.
② 삶의 기술은 생존을 위한 것이다.
③ **생명체는 환경을 능동적으로 변형한다.**
④ 인간은 잘 사는 것을 삶의 목표로 한다.

해설 ③ 지문은 동물들이 자신의 목적을 위해 행동함으로써 환경을 변형시킨다는 사례와 인간의 세 가지 충동을 근거로 들어 모든 생명체는 환경을 능동적으로 변형시킨다고 주장한다. 따라서 글의 주장으로 가장 적절한 것은 ③이다.

오답 분석
① 2문단 1~2번째 줄을 통해 인간은 환경에 적응하는 것을 넘어 환경에 대해 적극성을 보인다는 사실을 알 수 있다.
② 1문단 2~5번째 줄을 통해 동물들이 생존을 위해 다양한 삶의 기술을 활용하고 있음을 알 수 있다. 그러나 이는 생명체가 환경 개변에 능동적으로 행동한다는 주장을 뒷받침하기 위한 사례일 뿐이므로 지문의 주장으로는 보기 어렵다.
④ 2문단 2~4번째 줄을 통해 '잘 사는 것'은 인간의 세 가지 충동 중 하나임을 알 수 있으나, 잘 사는 것을 삶의 목표로 한다는 내용은 지문을 통해 확인할 수 없는 내용이다.

05

다음 글의 주장으로 가장 적절한 것은?

> 예술 작품의 복제 기술이 좋아지고 있음에도 불구하고 원본을 보러 가는 이유는 무엇인가? 예술 작품의 특성상 원본 고유의 예술적 속성을 복제본에서는 느낄 수 없다고 생각하는 경향이 강하기 때문이다. 사진은 원본인지 복제본인지 중요하지 않지만, 회화는 붓 자국 하나하나가 중요하기 때문에 복제본이 원본을 대체할 수 없다고 생각하는 사람들이 많다.
>
> 그러나 이러한 생각은 잘못이다. 회화와 달리 사진의 경우, 보통은 '그 작품'이라고 지칭되는 사례들이 여러 개 있을 수 있다. 20세기 위대한 사진작가 빌 브란트가 마음만 먹었다면, 런던에 전시한 인화본의 조도를 더 낮추는 방식으로 다른 곳에 전시한 것과 다른 예술적 속성을 갖게 할 수 있었을 것이다. 이것은 사진의 경우, 작가가 재현적 특질을 선택하고 변형할 수 있는 방법이 다양함을 의미한다.

① 복제본의 예술적 가치는 원본을 뛰어넘을 수 없다.
② 복제 기술 덕분에 예술의 매체적 특성이 비슷해졌다.
③ 복제본의 재현적 특질을 변형하는 방법은 제한적이다.
④ **복제본도 원본과는 다른 별개의 예술적 특성을 담보할 수 있다.**

해설 ④ 1문단에서는 복제본이 원본을 대체할 수 없다는 일반적인 인식을 설명하고, 2문단에서는 빌 브란트의 사진 작품을 예로 들며 일반적인 인식에 대해 반박하고 있다. 복제본일지라도 다양한 방식으로 원본과 다른 예술적 속성을 갖게 할 수 있다고 설명하고 있으므로, 글의 주장으로 가장 적절한 것은 ④이다.

오답 분석
① 복제본과 원본의 예술적 가치를 비교하는 부분은 지문에서 찾아볼 수 없다.
② 지문을 통해 알 수 없는 내용이다.
③ 2문단 끝에서 1~2번째 줄을 통해 복제본의 재현적 특질을 변형하는 방법이 다양함을 알 수 있다.

06
다음 글의 제목으로 가장 적절한 것은?

계몽주의 사상가들은 명백히 모순되는 두 개의 견해를 취했다. 그들은 인간의 위치를 자연계 안에서 해명하려고 애썼다. 역사의 법칙이란 것을 자연의 법칙과 동일한 것으로 여겼다. 다른 한편, 그들은 진보를 믿었다. 그렇다면 그들이 자연을 진보하는 것으로, 다시 말해 끊임없이 어떤 목적을 향해서 전진하는 것으로 받아들인 데에는 어떤 근거가 있었던가? 헤겔은 역사는 진보하는 것이고 자연은 진보하지 않는 것이라고 뚜렷이 구분했다. 반면, 다윈은 진화와 진보를 동일한 것으로 주장함으로써 모든 혼란을 정리한 듯했다. 자연도 역사와 마찬가지로 진보하는 것으로 본 것이다. 그러나 이것은 진화의 원천인 생물학적인 유전(biological inheritance)을 역사에서의 진보의 원천인 사회적인 획득(social acquisition)과 혼동함으로써 훨씬 더 심각한 오해에 이를 수 있는 길을 열어 놓았다. 오늘날 그 둘이 분명히 구별된다는 것은 익히 알려진 것이다.

① 자연의 진보에 대한 증거
② 인간 유전의 사회적 의미
③ 역사의 법칙과 자연의 법칙
✓ ④ 진보와 진화에 관한 견해들

해설 ④ 지문은 진보와 진화에 관한 계몽주의 사상가들의 모순되는 견해에 대해 설명하고 있다. 헤겔은 역사는 진보하는 것이고 자연은 진보하지 않는다는 견해인 반면, 다윈은 진화와 진보를 동일한 것으로 보아 자연도 역사와 마찬가지로 진보한다는 견해를 밝히고 있다. 따라서 지문은 진화와 진보에 대한 헤겔과 다윈의 견해를 제시하고 있으므로 제목으로 가장 적절한 것은 ④이다.

07
다음 발화에 나타난 주장으로 가장 적절한 것은?

신어(新語)에 대해 말할 때, 보통 유행어나 비속어, 은어와 같은 한정된 대상을 떠올리는 경우가 많습니다. 그런데 신어 연구의 대상은 특정한 범주의 언어, 소수 집단의 언어에 한정되지 않습니다. 어려운 전문 용어는 의사소통의 효율성이나 교육적 목적을 위해 순화된 신어로 대체할 필요가 있는데, 특히, 상당수의 전문 용어는 신어에 대한 정책적인 고려가 필요해 보입니다. 예를 들어 '좌창(痤瘡)'이라는 의학 용어를 대체한 '여드름'은 일상생활뿐만 아니라 전문 분야에서도 신어로 자리를 잡았습니다. 이와 같은 신어는 전문 용어의 순화에도 일정한 역할을 하고 있습니다. 이는 신어 연구가 단지 새로운 어휘와 몇 가지 주제를 나열하는 연구를 넘어서 한국어 조어론 전반에 대한 연구로 확장되어야 하는 이유이기도 합니다. 이러한 신어의 영역은 대중이 생산하는 '자연 발생적 신어'의 영역과 더불어 '인위적인 신어'의 영역으로 논의되어야 합니다.

① 신어에서 비속어나 은어가 빠져야 한다.
✓ ② 신어는 연구 대상과 영역을 확장해야 한다.
③ 자연 발생적인 신어에 대한 정책적 고려가 필요하다.
④ 신어는 의사소통의 효율성을 위해 그 범주를 특정해야 한다.

해설 ② 필자는 신어 연구의 대상이 조어론 전반으로, 신어 연구의 영역은 '자연 발생적 신어'와 더불어 '인위적인 신어'까지 확대되어야 한다고 주장한다.

오답분석
① 1~2번째 줄을 통해 비속어와 은어가 신어에 포함됨을 알 수 있다. 또한 필자는 글을 통해 신어의 연구 대상과 영역을 확장해야 한다고 주장하므로 ①은 필자의 주장으로 적절하지 않다.
③ 6~7번째 줄을 통해 필자가 정책적인 고려가 필요하다고 말한 신어의 영역은 '전문 용어'임을 알 수 있다.
④ 4~5번째 줄에서 필자는 의사소통의 효율성을 위해 어려운 전문 용어를 순화된 신어로 대체해야 한다고 밝힐 뿐, 신어의 범주를 특정해야 한다고 주장하지 않는다.

08
다음 글의 제목으로 가장 적절한 것은?

사회가 발달하면서 화법과 작문의 윤리에 대한 관심과 요구가 점점 커지고 있다. 화법과 작문의 윤리를 잘 지키지 않으면 사회적 의사소통의 바탕이 되는 상호 신뢰가 깨질 수 있으므로 이를 준수하기 위해 노력해야 한다.

먼저 청자나 독자를 존중하고 배려하는 자세를 갖추어야 한다. 말을 하거나 글을 쓸 때에는 상대방의 인격을 모욕하거나 상대방에게 상처를 주는 언어 표현을 사용하지 않아야 한다. 상대방을 존중하고 배려하는 표현을 사용함으로써 화법과 작문의 윤리를 지킬 수 있다.

다음으로, 다른 사람의 글이나 아이디어 등을 표절하거나 도용하지 않아야 한다. 다른 사람의 글이나 아이디어 등을 인용할 때에는 저작자의 허락을 얻거나 인용의 출처를 명시해야 하며, 내용의 과장·축소·왜곡 없이 정확하게 인용해야 한다. 또한 출처를 명시하더라도 과도하게 인용하지 않아야 한다. 과도한 인용은 출처 명시와는 무관하게 화법과 작문의 윤리를 어기는 것이기 때문이다.

화법과 작문의 윤리를 준수한다면 화자나 필자는 청자나 독자로부터 더욱 큰 신뢰를 얻을 수 있다. 그러므로 화자나 필자는 화법과 작문의 윤리를 잘 인식하고 있어야 하며, 말을 하거나 글을 쓸 때 이를 준수하는 태도를 가져야 한다.

① 화법과 작문의 절차
② 화법과 작문의 목적
③ 화법과 작문의 기능
✔ ④ 화법과 작문의 윤리

해설 ④ 지문은 화법과 작문의 윤리를 지키는 것의 중요성과 이를 지키기 위한 방안을 제시하고 있다. 따라서 지문의 내용을 포괄하는 제목으로 가장 적절한 것은 ④ '화법과 작문의 윤리'이다.

09
다음 글에서 결론적으로 주장하는 바로 가장 적절한 것은?

사회 관계망 서비스(SNS)는 개인의 알 권리를 충족하거나 사회적 정의 실현을 위해 생각과 정보를 공유할 수 있도록 돕는다는 면에서 긍정적인 가치를 인정받는다. 그러나 도덕적 응징이라는 미명하에 개인의 신상 정보를 무차별적으로 공개하는 범법 행위가 확산되면서 심각한 사회 문제가 일고 있는 것이 사실이다. 법적 처벌이 어렵다면 도덕적으로 응징해서라도 죄를 물어야 한다는 누리꾼들의 요구가, '모욕죄'나 '사이버 명예 훼손죄' 등으로 처벌될 수 있는 범죄 행위 수준의 과도한 행동으로 이어지는 경우를 우려해야 하는 상황인 것이다.

특히 사회적 비난이 집중된 사건의 경우, 공익을 위한다는 생각으로 사건의 사실 여부를 제대로 확인하지도 않은 채 개인 신상 정보부터 무분별하게 유출하는 행위가 끊이지 않고 있어 문제의 심각성이 커지고 있다. 그로 인해 개인의 사생활 침해와 인격 훼손은 물론, 개인 정보가 범죄에 악용되는 부작용이 발생하고 있다. 따라서 사회 관계망서비스를 이용하여 정보를 공유할 때에는, 개인의 사생활을 침해하거나 인격을 훼손하는 정보를 유출하는 것은 아닌지 각별한 주의를 기울일 필요가 있다.

① 정보 공유를 통해 사회 정의를 실현할 수 있다.
② 정보 유출로 공공의 이익이 훼손되는 경우는 없다.
③ 공유된 정보는 사실 관계를 확인할 수 있어야 한다.
✔ ④ 정보 공유 과정에서 개인의 인권이 침해당해서는 안 된다.

해설 ④ 지문은 1문단에서 사회 관계망 서비스의 긍정적인 가치를 언급함과 동시에 무차별적인 개인 신상 정보 유출로 인해 사회 문제가 확산되고 있는 상황을 제시하고 그 심각성과 부작용을 2문단에서 설명하였다. 이어서 사회 관계망 서비스를 이용해 공유하는 정보가 개인의 사생활을 침해하거나 인격을 훼손하는 것은 아닌지 주의해야 함을 당부하고 있다. 따라서 지문에서 결론적으로 주장하는 바로 가장 적절한 것은 ④이다.

오답분석
① 1문단 1~3번째 줄을 통해 정보 공유로 사회 정의를 실현할 수 있음을 알 수 있으나 이는 사회 관계망 서비스의 긍정적인 측면으로 제시된 내용일 뿐 지문의 결론에 해당하지 않는다.
②③ 지문을 통해 확인할 수 없는 내용이다.

10
보기의 (가)에서 밑줄 친 ㉠~㉣ 중 (나)가 뒷받침하는 이론으로 가장 옳은 것은?

〈보기〉

(가) 초상화에서 좌안·우안을 골라 그리는 데 대한 일반적인 이론은 대략 세 가지가 있습니다. 하나는 ㉠사람의 표정은 왼쪽 얼굴에 더 잘 나타난다는 이론이며, 다른 하나는 ㉡그림을 그리는 것은 우뇌인데 시야의 왼쪽에 맺힌 상(像)이 우뇌로 들어오기 때문에 왼쪽이 더 잘 그려진다는 이론입니다. 마지막 하나는, ㉢대부분의 화가는 오른손으로 그림을 그리며 오른손잡이는 왼쪽부터 그림을 그려나가는 것이 편하다는 주장입니다. 하지만, 실제로 한국의 초상화 작품들을 살펴보면 ㉣좌안·우안이 시대에 따라 어떤 경향성을 띠는 것으로 보입니다. 이를테면, 비록 원본은 아니지만 고려 말 염제신의 초상화나 조선 초 이천우의 초상화들은 대체로 우안이며, 신숙주의 초상화 이후 조선시대의 초상화들은 거의가 좌안입니다.

(나) 화가가 사람의 얼굴을 그릴 때에는 보통 눈·코·입의 윤곽이 중요하므로 이를 먼저 그리게 된다. 좌안을 그리면 왼쪽에 이목구비가 몰려 있어 이들을 그리고 난 후 자연스럽게 오른쪽으로 이동하면서 왼쪽 뺨·귀·머리, 오른쪽 윤곽 순으로 그려나간다. 이렇게 하면 손의 움직임도 편할 뿐 아니라 그리는 도중 목탄이나 물감이 손에 묻을 확률도 줄어든다.

① ㉠ ② ㉡ ✓③ ㉢ ④ ㉣

해설 ③ (나)는 화가가 사람의 얼굴을 그릴 때 좌안을 먼저 그리면 손의 움직임도 편하고 목탄이나 물감이 손에 묻지 않는다는 내용을 설명하고 있다. 이는 대부분의 화가가 오른손잡이이므로 왼쪽부터 그림을 그려나가야 편하다는 ㉢의 이론을 뒷받침하므로 답은 ③이다.

11
다음 글의 주제로 가장 적절한 것은?

신화는 인간에 대한 근원적 진실을 보여 줄 수 있는 매개체이다. 탈마법화를 추구하며 이성을 중요시하는 현대인의 입장에서는 신화가 허무맹랑한 창작물로 보일 수 있다. 그러나 옛날부터 현재에 이르기까지 신화는 사람들에게 영향을 미치고 있다. 현대에 와서도 사람들이 신화를 찾아보는 이유는, 신화를 통해 현재를 비판할 수 있고, 더 나은 방향으로 발전할 수 있기 때문이다. 예를 들어 그리스 로마 신화에 등장하는 메두사 이야기는 현대 페미니즘 논쟁과 연결 지어 생각해 볼 수 있으며, 현대 심리학에서는 오이디푸스 이야기가 등장하곤 한다. 즉 신화는 과거에 머물러 있는 것이 아니라, 시간의 흐름에 따라 끊임없이 확대 및 재생산되고 있는 것이다.

① 신화 속 인물을 현대의 관점으로 이해할 필요가 있다.
✓② 신화는 현대 사회를 더 좋은 방향으로 나아가게 할 수 있다.
③ 신화의 비이성적 요소는 현대인들의 반감을 불러일으킬 수 있다.
④ 현대인은 신화를 통해 인간의 근원에 대한 궁금증을 해결할 수 있다.

해설 ② 필자는 신화가 현대의 관점에서 허무맹랑하게 보일 수 있음에도 현대인들이 신화를 찾아보는 이유는 신화를 통해 사회가 좀 더 나은 방향으로 발전할 수 때문이라고 말하고 있다. 따라서 글의 주제로 가장 적절한 것은 ②이다.

오답분석
① 신화 속 인물을 현대의 관점에서 이해하는 사례를 제시하고 있으나, 이는 신화가 현대 사회를 발전시킬 수 있다는 주장을 뒷받침하는 것일 뿐이므로 글의 주제로 적절하지 않다.
③ 이성을 중시하는 현대인의 관점에서 신화가 비이성적인 이야기로 보일 수 있음을 말하고 있으나, 현대인들이 신화에 반감을 가진다는 내용은 알 수 없다.
④ 신화를 통해 인간에 대한 근원적 진실을 알 수 있다는 내용은 확인할 수 있으나, 이는 부분적인 내용일 뿐이므로 글의 주제로 적절하지 않다.

12
다음 글의 제목으로 가장 적절한 것은?

> 철학자도 사회의 구성원 일부에 지나지 않으며 철학적 사고도 그러한 구성원에 의해 생산된 사회 현상의 일부에 지나지 않는다. 이런 점에서 철학자는 사회를 초월할 수 없고 철학은 사회를 떠날 수 없다. 즉 철학적 규범으로 제시하는 명제 자체도 구체적 사회 제도 혹은 신념들의 추상적 표현으로 볼 수 있다. 그러면서도 모든 인간에게는 반성적 능력이 있고 반성을 통해 주어진 여건을 어느 정도까지 극복할 수 있다. 철학자란 남달리 반성적 인간이며 철학이란 남들보다 각별히 철저한 반성적 사고에 의해 이루어진 지적 생산물에 지나지 않는다. 그러므로 철학적 사고는 한 사회에 존재하는 이념과 관습에 대한 가장 대표적 반성과 비판의 기능을 한다. 이런 점에서 볼 때 사회적 신념 또는 제도는 '넓은 뜻'으로서의 철학적 사고에 의해 결정된 것으로 볼 수 있다. 언뜻 보아 논리적으로 모순되지만 철학은 그가 존재하는 사회에 내재적(immanent)인 동시에 초월적(transcendent)이다.

① 철학적 규범의 의미
② 철학과 사회의 관계 ✓
③ 사회 제도의 발생 원인
④ 철학이 생산한 지적 생산물

[13~14] 다음 글을 읽고 물음에 답하시오.

> 동물이 신체의 내부 온도를 정상 범위 안에서 유지하는 과정을 '체온조절'이라고 한다. 체온조절을 위하여 동물은 신체 내부의 물질대사를 통해 열을 발생시키거나 외부 환경에서부터 열을 ㉠획득한다. 조류나 포유류는 체내의 물질대사에 의하여 생성된 열로 체온을 유지하기 때문에 '내온동물'이라고 부른다. 대부분의 내온동물은 외부 온도가 변화해도 안정적으로 체온을 유지한다. 추운 환경에 노출되어도 내온동물은 충분한 열을 생성해서 주변보다 더 따뜻하게 체온을 유지할 수 있다.
>
> 이와 달리 양서류나 많은 종류의 파충류와 어류는 열을 외부에서부터 획득하기 때문에 '외온동물'이라고 부른다. 외온동물은 체온조절을 위한 충분한 열을 생성하지는 않지만 그늘을 찾거나 햇볕을 쬐는 것과 같은 행동을 통해 체온을 ㉡조절한다. 외온동물은 열을 외부에서 얻기 때문에 체내의 물질대사를 통해 큰 에너지를 생성할 필요가 없어서 동일한 크기의 내온동물보다 먹이를 적게 섭취한다.
>
> 한편 체온의 안정성을 기준으로 동물을 '항온동물'과 '변온동물'로 ㉢구분하기도 한다. 주위 환경과 관계없이 비교적 일정한 체온을 유지하는 동물을 항온동물, 주위 환경에 따라서 체온이 변하는 동물을 변온동물이라고 부른다. 한때는 내온동물과 외온동물을 각각 항온동물과 변온동물이라고 부르기도 했다.
>
> 그런데 체온조절을 위해 열을 획득하는 방식과 체온의 안정성을 유지하는 것은 별개의 문제이다. 외온동물에 속하는 많은 종류의 해양 어류는 일정한 온도가 유지되는 물에서 ㉣서식하기 때문에 체온이 크게 변하지 않는다. 반대로 어떤 내온동물은 체온의 변화가 급격하게 일어나기도 한다. 예컨대 박쥐 중에는 겨울잠을 자면서 체온을 40℃나 떨어뜨리는 종류도 있다. 내온동물과 외온동물을 구분하는 방식과 항온동물과 변온동물을 구분하는 방식 사이에는 어떠한 상관관계도 없다.

13
윗글의 중심 내용으로 가장 적절한 것은?

① 내온동물과 외온동물의 특징을 통해 항온동물과 변온동물의 특징을 밝힐 수 있다. ➡ 알 수 없음
✓② 체온조절을 위한 열 획득 방식과 체온의 안정성은 동물을 분류하는 서로 다른 기준이다.
③ 동물을 내온동물과 외온동물로 구분하는 기준은 항온동물과 변온동물로 구분하는 기준보다 모호하다. ➡ 알 수 없음
④ 체온조절을 위한 열 획득 방식보다 체온의 안정성을 유지하는 방식이 동물을 분류하는 더 적합한 기준이 된다. ➡ 알 수 없음

해설 ② 1문단 2~6번째 줄과 2문단 1~2번째에 의하면 동물은 체온조절 방식을 기준으로 체내의 물질대사에 의하여 생성된 열로 체온을 유지하는 내온동물과 열을 외부에서부터 획득하는 외온동물로 구분할 수 있다. 또한 3문단 1~4번째 줄에 의하면 동물을 체온 안정성을 기준으로 주위 환경과 관계없이 비교적 일정한 체온을 유지하는 항온동물과 주위 환경에 따라서 체온이 변하는 동물을 변온동물로도 구분할 수 있다. 하지만 4문단 1~2번째 줄과 4문단 끝에서 1~3번째 줄에 의하면 체온조절을 위해 열을 획득하는 방식과 체온의 안정성을 유지하는 것은 별개의 문제이며, 내온동물과 외온동물을 구분하는 방식과 항온동물과 변온동물을 구분하는 방식 사이에는 어떠한 상관관계도 없으므로, 체온조절을 위한 열 획득 방식과 체온의 안정성은 동물을 분류하는 서로 다른 기준임을 알 수 있다. 따라서 제시문의 중심 내용으로 가장 적절한 것은 ②이다.

오답분석 ① 4문단 끝에서 1~3번째 줄에 의하면 내온동물과 외온동물을 구분하는 방식과 항온동물과 변온동물을 구분하는 방식 사이에는 어떠한 상관관계도 없다고 하였으므로 내온동물과 외온동물의 특징을 통해 항온동물과 변온동물의 특징을 밝힐 수 있다는 내용은 제시문의 중심 내용으로 적절하지 않다.
③ 1~2문단에 의하면 내온동물과 외온동물을 구분하는 방식은 체온 조절 방식이고, 3문단에 의하면 항온동물과 변온동물을 구분하는 기준은 체온 안정성이다. 이는 기준이 다름을 의미할 뿐 두 기준 중 어느 기준이 모호한지는 알 수 없으므로 제시문의 중심 내용으로 적절하지 않다.
④ 1~2문단에 의하면 내온동물과 외온동물을 구분하는 방식은 체온 조절 방식이고, 3문단에 의하면 항온동물과 변온동물을 구분하는 기준은 체온 안정성이다. 하지만 두 기준 중 어느 것이 동물을 분류하는 데에 더 적합한 기준인지는 알 수 없으므로 제시문의 중심 내용으로 적절하지 않다.

14
윗글의 ⑦ ~ ㉢과 바꿔 쓸 수 있는 유사한 표현으로 적절하지 않은 것은?
① ⑦: 얻는다
✓② ㉡: 올린다
③ ㉢: 나누기도
④ ㉣: 살기

해설 ② ㉡ '조절(調節)한다'의 기본형 '조절하다'는 '균형이 맞게 바로잡다. 또는 적당하게 맞추어 나가다'를 뜻하는 말이나, '올리다'는 '값이나 수치, 온도, 성적 따위를 이전보다 많아지게 하거나 높이다'를 뜻하는 말이므로 ㉡과 바꿔 쓰기에 적절하지 않다.

오답분석
① • 획득(獲得)하다: 얻어 내거나 얻어 가지다.
 • 얻다: 거저 주는 것을 받아 가지다.
③ • 구분(區分)하다: 일정한 기준에 따라 전체를 몇 개로 갈라 나누다.
 • 나누다: 1. 하나를 둘 이상으로 가르다. 2. 여러 가지가 섞인 것을 구분하여 분류하다.
④ • 서식(棲息)하다: 생물 따위가 일정한 곳에 자리를 잡고 살다.
 • 살다: 어느 곳에 거주하거나 거처하다.

15
다음 글의 중심 내용으로 가장 적절한 것은?

플라톤의 『국가』에는 사람들이 살아가면서 가장 중요하게 생각하는 두 가지 요소에 대한 언급이 있다. 우리가 만약 이것들을 제대로 통제하고 조절할 수 있다면 좋은 삶을 살 수 있다고 플라톤은 말하고 있다. 하나는 대다수가 갖고 싶어 하는 재물이며, 다른 하나는 대다수가 위험하게 생각하는 성적 욕망이다. 소크라테스는 당시 성공적인 삶을 살고 있다고 사람들에게 잘 알려진 케팔로스에게, 사람들이 좋아하는 재물이 많아서 좋은 점과 사람들이 싫어하는 나이가 많아서 좋은 점은 무엇인지를 물었다. 플라톤은 이 대화를 통해 우리가 어떻게 좋은 삶을 살 수 있는지를 보여준다.

케팔로스는 재물이 많으면 남을 속이거나 거짓말하지 않
_{케팔로스의 답변(1)}
을 수 있어서 좋고, 나이가 많으면 성적 욕망을 쉽게 통제할
_{케팔로스의 답변(2)}
수 있어서 좋다고 말한다. 물론 재물이 적다고 남을 속이거
_{선택지 ②의 근거}
나 거짓말을 하는 것은 아니며, 나이가 적다고 해서 성적 욕
망을 쉽게 통제할 수 없는 것은 아니다. 그렇지만 누구나 살
_{재물욕과 성적 욕망이 인간}
아가면서 이것들로 인해 힘들어하고 괴로워하는 경우가 많
_{에게 미치는 부정적 영향 강조}
다는 것은 분명하다. 삶을 살아가면서 돈에 대한 욕망이나
성적 욕망만이라도 잘 다스릴 수 있다면 낭패를 당하거나
_{결론-글쓴이의 주장}
망신을 당할 일이 거의 없을 것이다. 인간에 대한 플라톤의
_{선택지 ③의 근거(2)}
통찰력과 삶에 대한 지혜는 현재에도 여전히 유효하다.

① 재물욕과 성욕은 과거나 지금이나 가장 강한 욕망이다.
② 재물이 많으면서 나이가 많은 자가 좋은 삶을 살 수 있다.
✓ ③ 성공적인 삶을 살려면 재물욕과 성욕을 잘 다스려야 한다.
④ 잘 살기 위해서는 살면서 가장 중요한 것이 무엇인지 알아야 한다.

해설 ③ 1문단에서는 '재물(욕)'과 '성적 욕망'을 조절할 수 있다면 좋은 삶을 살 수 있다는 플라톤의 견해에 대해 소개하며, 이는 소크라테스와 케팔로스의 대화를 통해 확인할 수 있다고 설명한다. 2문단에서는 재물이 많으면 거짓말하지 않을 수 있어 좋고, 나이가 많으면 성적 욕망을 통제할 수 있어서 좋다는 케팔로스의 답변을 예로 들며 '돈에 대한 욕망'과 '성적 욕망'을 잘 다스리는 것의 중요성에 대해 강조하고 있다. 따라서 글 전체의 중심 내용으로 적절한 것은 ③ '성공적인 삶을 살려면 재물욕과 성욕을 잘 다스려야 한다'이다.

오답 분석 ① 재물욕과 성욕이 과거나 지금이나 가장 강한 욕망이라는 사실은 제시문을 통해 확인할 수 없다. 다만, 2문단 마지막 문장에서 인간에 대한 플라톤의 통찰력과 삶에 대한 지혜(돈에 대한 욕망과 성적 욕망을 잘 다스리는 것의 중요함)는 현재에도 여전히 유효함을 설명할 뿐이다.

② 2문단에 드러난 케팔로스의 답변 내용을 통해 재물이 많으면 거짓말하지 않을 수 있어 좋고, 나이가 많으면 성적 욕망을 통제할 수 있어서 좋다는 것을 알 수 있다. 그러나 2문단 3~5번째 줄에서 재물이 적다고 남을 속이거나 거짓말을 하는 것은 아니며, 나이가 적다고해서 성적 욕망을 쉽게 통제할 수 없는 것은 아니라고 하였으므로, ②를 글 전체의 중심 내용으로 보기는 어렵다.

④ 제시문은 삶을 잘 살기 위해서 가장 중요한 것이 무엇인지 알아야 한다는 것을 강조하기보다, 삶에서 가장 중요한 두 가지 요인인 '재물욕'과 '성욕'을 잘 다스리는 것의 중요성에 대해 설명하고 있다.

02 세부 내용 파악하기

p.44

01 ③	02 ②	03 ③	04 ②	05 ①
06 ②	07 ④	08 ②	09 ③	10 ②
11 ④	12 ③	13 ③	14 ②	15 ④
16 ④	17 ④	18 ④	19 ③	20 ②

[01~02] 다음 글을 읽고 물음에 답하시오.

한국 신화에 보이는 신과 인간의 관계는 다른 나라의 신화와 ㉠ 견주어 볼 때 흥미롭다. 한국 신화에서 신은 인간과의
_{선택지 ③의 근거 (1)}
결합을 통해 결핍을 해소함으로써 완전한 존재가 되고, 인간은 신과의 결합을 통해 혼자 할 수 없었던 존재론적 상승을 이룬다.

한국 건국신화에서 주인공인 신은 지상에 내려와 왕이 되
_{선택지 ②의 근거}
고자 한다. 천상적 존재가 지상적 존재가 되기를 ㉡ 바라는
것인데, 인간들의 왕이 된 신은 인간 여성과의 결합을 통해
_{선택지 ③의 근거 (2)}
자식을 낳음으로써 결핍을 메운다. 무속신화에서는 인간이었던 주인공이 신과의 결합을 통해 신적 존재로 ㉢ 거듭나게 됨으로써 존재론적으로 상승하게 된다. 이처럼 한국 신화에
_{선택지 ④의 근거 (1)}
서 신과 인간은 서로의 존재를 필요로 한다는 점에서 상호 의존적이고 호혜적이다.

다른 나라의 신화들은 신과 인간의 관계가 한국 신화와 달
_{선택지 ①의 근거}
리 위계적이고 종속적이다. 히브리 신화에서 피조물인 인간은 자신을 창조한 유일신에 대해 원초적 부채감을 지니고 있으며, 신이 지상의 모든 일을 관장한다는 점에서 언제나 인간의 우위에 있다. 이러한 양상은 북유럽이나 바빌로니아 등에 ㉣ 퍼져 있는 신체 화생 신화에도 유사하게 나타난다. 신체 화생 신화는 신이 죽음을 맞게 된 후 그 신체가 해체되
_{선택지 ④의 근거 (2)}
면서 인간 세계가 만들어지게 된다는 것인데, 신의 희생 덕분에 인간 세계가 만들어질 수 있었다는 점에서 인간은 신에게 철저히 종속되어 있다.

01

㉠~㉣과 바꿔 쓸 수 있는 유사한 표현으로 적절하지 않은 것은?

① ㉠: 비교해
② ㉡: 희망하는
✓③ ㉢: 복귀하게
④ ㉣: 분포되어

해설 ③ ㉢ '거듭나게'는 지금까지의 방식이나 태도를 버리고 새롭게 시작한다는 뜻이나, '복귀하게'는 되돌아간다는 의미의 단어이므로 바꿔 쓰기에 적절하지 않다.
· 복귀(復歸)하다: 본디의 자리나 상태로 되돌아가다.

오답분석
① · 견주다: 둘 이상의 사물을 질(質)이나 양(量) 따위에서 어떠한 차이가 있는지 알기 위하여 서로 대어 보다.
· 비교(比較)하다: 둘 이상의 사물을 견주어 서로 간의 유사점, 차이점, 일반 법칙 따위를 고찰하다.
② · 바라다: 생각이나 바람대로 어떤 일이나 상태가 이루어지거나 그렇게 되었으면 하고 생각하다.
· 희망(希望)하다: 어떤 일을 이루거나 하기를 바라다.
④ · 퍼지다: 어떤 물질이나 현상 따위가 넓은 범위에 미치다.
· 분포(分布)되다: 일정한 범위에 흩어져 퍼져 있다.

02

윗글을 이해한 내용으로 적절하지 않은 것은?

① 히브리 신화에서 신과 인간의 관계는 위계적이다.
✓② 한국 무속신화에서 신은 인간을 위해 지상에 내려와 왕이 된다.
③ 한국 건국신화에서 신은 인간과의 결합을 통해 완전한 존재가 된다.
④ 한국 신화에 보이는 신과 인간의 관계는 신체 화생 신화에 보이는 신과 인간의 관계와 다르다.

해설 ② 2문단에서 신과 인간의 관계를 설명하기 위해 '한국 건국신화'와 '한국 무속신화'에 대한 예를 제시하고 있다. 이때 '한국 무속신화'의 예로 제시된 내용에 신이 지상에 내려와 왕이 된다는 설명은 없으므로 ②의 이해는 적절하지 않다. 참고로, '한국 건국신화'에서 신이 지상에 내려와 왕이 되고자 하는 것은 천상적 존재가 지상적 존재가 되기를 바라기 때문이다.

오답분석
① 3문단 1~5번째 줄에서 다른 나라의 신화들은 신과 인간의 관계가 '위계적, 종속적'이라고 설명한다. 또한 히브리 신화에서 인간은 자신을 창조한 유일신에 대해 원초적 부채감을 지니고 있으며, 신이 지상의 모든 일을 관장한다는 점에서 언제나 인간의 우위에 있다고 제시하므로 ①의 이해는 적절하다.
③ 1문단에서 한국 신화의 신은 인간과의 결합을 통해 결핍을 해소함으로써 완전한 존재가 된다고 설명하고 있으며, 2문단에서는 '한국 건국신화'에서 지상에 내려온 신이 인간 여성과의 결합을 통해 결핍을 메운다고 설명하고 있다. 이를 바탕으로 할 때, '한국 건국신화'에서 신은 인간과의 결합으로 완전한 존재가 된다고 이해할 수 있다.
④ 2문단 마지막 문장에서 '한국 신화'의 신과 인간은 서로의 존재를 필요로 하는 상호의존적이고 호혜적인 관계라고 설명한다. 반면 3문단 마지막 문장에서 '신체 화생 신화'는 신의 희생으로 인간 세계가 만들어졌으므로 인간은 신에게 철저히 종속되어 있다고 설명한다. 두 신화에서 보이는 신과 인간의 관계는 다르므로 ④의 이해는 적절하다.
· 호혜적(互惠的): 서로 특별한 혜택을 주고받는 것

03

다음 글을 이해한 내용으로 적절하지 않은 것은?

> 사람의 '지각과 생각'은 항상 어떤 맥락, 관점 혹은 어떤 평가 기준이나 가정하에서 일어난다. 이러한 맥락, 관점, 평가 기준, 가정을 프레임이라고 한다. 지각과 생각은 인간의 모든 정신 활동을 뜻한다. 따라서 우리의 모든 정신 활동은 진공 상태에서 일어나는 것이 아니라, 어떤 맥락이나 가정하에서 일어난다. 한마디로 우리가 프레임이라는 안경을 쓰고 세상을 보고 있음을 의미한다. 간혹 어떤 사람이 자신은 어떤 프레임의 지배도 받지 않고 세상을 있는 그대로, 객관적으로 본다고 주장한다면, 그 주장은 진실이 아닐 것이다.

① 인간의 정신 활동은 프레임 없이 일어나지 않는다.
② 프레임은 인간이 세상을 바라볼 때 어떤 편향성을 가지게 한다.
✓③ 인간의 지각과 사고를 확장하는 과정에서 프레임은 극복해야 할 대상이다. ➡ 지문에서 확인 ×
④ 프레임은 인간의 정신 활동에 영향을 미치는 어떤 맥락이나 평가 기준이다.

해설 ③ 지문은 인간의 정신 활동이 프레임의 지배를 받으므로 세상을 객관적으로 보기 어렵다는 이야기를 하고 있다. 인간의 지각과 사고를 확장하는 과정에서 프레임을 극복해야 한다는 ③의 설명은 지문에서 확인할 수 없다.

오답분석
① ④ 지문 1~3번째 줄에서 사람의 '지각과 생각(인간의 모든 정신 활동)'은 항상 '어떤 맥락, 관점, 평가 기준, 가정(프레임)'에 의해 일어난다고 설명한다. 이는 인간의 정신 활동이 프레임 없이 일어나지 않으며, 프레임이 인간의 정신 활동에 영향을 미치는 어떤 맥락이나 평가 기준임을 의미한다. 따라서 ①과 ④는 지문을 이해한 설명으로 적절하다.
② 끝에서 3~4번째 줄에서 우리가 프레임이라는 안경을 쓰고 세상을 보고 있다고 설명한다. 이는 인간이 세상을 바라볼 때 프레임으로 인해 어떤 편향성을 가지게 된다는 의미이다.

04
다음 글을 이해한 내용으로 가장 적절한 것은?

> 이육사의 시에는 시인의 길과 투사의 길을 동시에 걸었던 작가의 면모가 고스란히 담겨 있다. 가령, 「절정」은 크게 두 부분으로 나누어지는데, 투사가 처한 냉엄한 현실적 조건이 3개의 연에 걸쳐 먼저 제시된 후, 시인이 품고 있는 인간과 역사에 대한 희망이 마지막 연에 제시된다.
>
> 우선, 투사 이육사가 처한 상황은 대단히 위태로워 보인다. 그는 "매운 계절의 채찍에 갈겨 / 마침내 북방으로 휩쓸려" 왔고, "서릿발 칼날진 그 위에 서" 바라본 세상은 "하늘도 그만 지쳐 끝난 고원"이어서 가냘픈 희망을 품는 것조차 불가능해 보인다. 이러한 상황은 "한발 제겨디딜 곳조차 없다"는 데에 이르러 극한에 도달하게 된다. 여기서 그는 더 이상 피할 수 없는 존재의 위기를 깨닫게 되는데, 이때 시인 이육사가 나서면서 시는 반전의 계기를 마련한다.
>
> 마지막 4연에서 시인은 3연까지 치달아 온 극한의 위기를 담담히 대면한 채, "이러매 눈감아 생각해" 보면서 현실을 새롭게 규정한다. 여기서 눈을 감는 행위는 외면이나 도피가 아니라 피할 수 없는 현실적 조건을 새롭게 반성함으로써 현실의 진정한 면모와 마주하려는 적극적인 행위로 읽힌다. 이는 다음 행, "겨울은 강철로 된 무지갠가보다"라는 시구로 이어지면서 현실에 대한 새로운 성찰로 마무리된다. 이 마지막 구절은 인간과 역사에 대한 희망을 놓지 않으려는 시인의 안간힘으로 보인다.

① 「절정」에는 투사가 처한 극한의 상황이 뚜렷한 계절의 변화로 드러난다.
② 「절정」에서 시인은 투사가 처한 현실적 조건을 외면하지 않고 새롭게 인식한다.
③ 「절정」은 시의 구성이 두 부분으로 나누어지면서 투사와 시인이 반목과 화해를 거듭한다.
④ 「절정」에는 냉엄한 현실에 절망하는 시인의 면모와 인간과 역사에 대한 희망을 놓지 않으려는 투사의 면모가 동시에 담겨 있다.

05

다음 글을 이해한 내용으로 가장 적절한 것은?

전 세계를 대표하는 항공기인 보잉과 에어버스의 중요한 차이점은 자동조종시스템의 활용 정도에 있다. 보잉의 경우, 조종사가 대개 항공기를 조종간으로 직접 통제한다. 조종간은 비행기의 날개와 물리적으로 연결되어 있어서 어떤 상황에서도 조종사가 조작한 대로 반응한다. 이와 다르게 에어버스는 조종간 대신 사이드스틱을 설치하여 컴퓨터가 조종사의 행동을 제한하거나 조종에 개입할 수 있게 설계되었다. 보잉에서는 조종사가 항공기를 통제할 수 있는 전권을 가지지만 에어버스에서는 컴퓨터가 조종사의 조작을 감시하고 제한한다.

보잉과 에어버스의 이러한 차이는 기계를 다루는 인간을 바라보는 관점이 서로 다른 데서 비롯된다. 보잉사를 창립한 윌리엄 보잉의 철학은 "비행기를 통제하는 최종 권한은 언제나 조종사에게 있다."이다. 시스템은 불안정하고 완벽하지 않기 때문에 컴퓨터가 조종사의 판단보다 우선시될 수 없다는 것이다. 반면 에어버스의 아버지라고 불리는 베테유는 "인간은 실수할 수 있는 존재"라고 전제한다. 베테유는 이런 자신의 신념을 토대로 에어버스를 설계함으로써 조종사의 모든 조작을 컴퓨터가 모니터링하고 제한하게 만든 것이다.

✓① 보잉은 시스템의 불완전성을, 에어버스는 인간의 실수 가능성을 고려하여 설계되었다.
② 베테유는 인간이 실수할 수 있는 존재라고 보지만 윌리엄 보잉은 그렇지 않다고 본다.
③ 에어버스의 조종사는 항공기 운항에서 자동조종시스템을 통제하고 조작한다.
④ 보잉의 조종사는 자동조종시스템을 사용하지 않고 항공기를 조종한다.

해설 ① 지문은 보잉과 에어버스의 자동조종시스템 활용 정도에 대한 차이를 설명하고 있다. 보잉은 '시스템은 불안정하고 완벽하지 않다'라는 관점을 가지며 조종사가 대개 항공기를 조종간으로 직접 통제한다. 반면 에어버스는 '인간은 실수할 수 있는 존재'라고 전제하며 조종사의 모든 조작을 컴퓨터가 모니터링하고 제한하게 하였다. 따라서 지문의 내용을 이해한 것으로 가장 적절한 것은 ①이다.

오답분석
② 2문단 끝에서 3~4번째 줄에 따르면 에어버스의 베테유가 인간을 실수할 수 있는 존재로 보는 것은 맞지만, 윌리엄 보잉이 그렇지 않다고 보는지는 지문에서 확인할 수 없다. 지문에서 윌리엄 보잉은 '인간이 실수할 수 있는 존재'라는 사실 자체를 부정하는 것이 아니라, 시스템은 불안정하고 완벽하지 않기 때문에 컴퓨터가 조종사의 판단보다 우선시될 수 없다는 입장일 뿐이다.
③ 1문단 끝에서 4~6번째 줄에 따르면 에어버스는 항공기 운항 시 컴퓨터(자동조종시스템)가 조종사의 조작을 감시하고 제한한다. 따라서 에어버스의 조종사가 자동조종시스템을 통제하고 조작한다는 ③의 설명은 적절하지 않다.
④ 1문단에서 보잉의 조종사가 대개 항공기를 조종간으로 직접 통제하며 이에 대한 전권을 가진다는 것은 알 수 있으나, 보잉의 조종사가 자동조종시스템을 사용하지 않고 항공기를 조종한다는 ④의 설명은 지문에서 확인할 수 없다.

06

다음 글의 내용과 부합하지 않는 것은?

과학 혁명 이전 아리스토텔레스 철학은 로마 가톨릭교의 정통 교리와 결합되어 있었기 때문에 오랜 시간 동안 지배적인 영향력을 발휘하였다. 천문 분야 또한 예외는 아니었다. 아리스토텔레스의 세계관을 따라 우주의 중심은 지구이며, 모든 천체는 원운동을 하면서 지구의 주위를 공전한다는 천동설이 정설로 자리 잡고 있었다. 프톨레마이오스가 천체들의 공전 궤도를 관찰하던 도중, 행성들이 주기적으로 종전의 운동과는 반대 방향으로 움직인다는 관찰 결과를 얻었을 때도 그는 이를 행성의 역행 운동을 허용하지 않는 천동설로 설명하고자 하였다. 그래서 지구를 중심으로 공전하는 원 궤도에 중심을 두고 있는 원, 즉 주전원(周轉圓)을 따라 공전 궤도를 그리면서 행성들이 운동한다고 주장하였다.

과학과 아리스토텔레스 철학의 결별은 서서히 일어났다. 그 과정에서 일어난 가장 중요한 사건은 1543년 코페르니쿠스가 행성들의 운동 이론에 관한 책을 발간한 일이다. 코페르니쿠스는 천체의 중심에 지구 대신 태양을 놓고 지구가 태양의 주위를 공전한다고 주장하였다. 태양을 우주의 중심에 둔 코페르니쿠스의 지동설은 행성들의 운동에 대해 프톨레마이오스보다 수학적으로 단순하게 설명하였다.

① 과학 혁명 이전 시기에는 천동설이 정설로 받아들여졌다.
✓ ② 프톨레마이오스의 주전원은 지동설을 지지하고자 만든 개념이다.
③ 천동설과 지동설은 우주의 중심을 어디에 두느냐에 따라 구분된다.
④ 행성의 공전에 대한 프톨레마이오스의 설명은 코페르니쿠스의 설명보다 수학적으로 복잡하였다.

해설 ② 1문단 내용에 따르면 프톨레마이오스가 행성들이 주기적으로 종전의 운동과는 반대 방향으로 움직인다는 관찰 결과를 얻었음에도, 그는 이를 행성의 역행 운동을 허용하지 않는 '천동설'로 설명하며 주전원을 따라 공전 궤도를 그리면서 행성들이 운동한다고 주장하였다. 따라서 프톨레마이오스의 주전원이 '지동설'을 지지하고자 만든 개념이라는 ②의 설명은 지문의 내용과 부합하지 않는다.

오답 분석
① 1문단 내용에 따르면 과학 혁명 이전 아리스토텔레스 철학이 지배적인 영향력을 발휘하였고, 천문 분야에서도 아리스토텔레스의 세계관을 따라 우주의 중심은 지구이며, 모든 천체는 원운동을 하면서 지구의 주위를 공전한다는 천동설이 정설로 자리 잡았다고 한다.
③ 1문단 4~6번째 줄 내용에 따르면 천동설은 우주의 중심이 지구이며, 모든 천체가 원운동을 하면서 지구의 주위를 공전한다고 설명한다. 반면 2문단 끝에서 3~4번째 줄을 통해 지동설은 천체의 중심이 태양이며, 지구가 태양의 주위를 공전한다는 입장임을 알 수 있다. 즉 천동설과 지동설은 우주의 중심을 지구와 태양 중 어디에 두느냐에 따라 구분된다.
④ 2문단 마지막 문장에서 코페르니쿠스의 지동설은 행성들의 운동에 대해 프톨레마이오스보다 수학적으로 단순하게 설명하였다고 말한다. 이는 행성의 공전에 대한 프톨레마이오스의 설명이 코페르니쿠스의 설명보다 수학적으로 복잡했음을 의미한다.

07
다음 글을 이해한 내용으로 가장 적절한 것은?

> 루카치는 그리스 세계를 신과 인간의 결합 정도를 가리키는 '총체성' 개념을 기준으로 세 시대로 구분하였다. 첫 번째 시대에서 후대로 갈수록 총체성의 정도는 낮아진다. 첫째는 총체성이 완전히 구현되어 있는 '서사시의 시대'이다. 호메로스의 『일리아드』와 『오디세이아』에서는 신과 인간의 세계가 하나로 얽혀 있다. 인간들이 그리스와 트로이 두 패로 나뉘어 전쟁을 벌일 때 신들도 인간의 모습을 하고 두 패로 나뉘어 전쟁에 참여했다. 둘째는 '비극의 시대'이다. 소포클레스나 에우리피데스의 비극에서는 총체성이 흔들려 신과 인간의 세계가 분리된다. 하지만 두 세계가 완전히 분리되지는 않고 신탁이라는 약한 통로로 이어져 있다. 비극에서 신은 인간의 행위에 직접 개입하지 않고 신탁을 통해서 자신의 뜻을 그저 전달하는 존재로 바뀐다. 셋째는 플라톤으로 대표되는 '철학의 시대'이다. 이 시대는 이미 계몽된 세계여서 신탁 같은 것은 신뢰할 수 없게 되었다. 신과 인간의 세계가 완전히 분리됨으로써 신의 세계는 인격적 성격을 상실하여 '이데아'라는 추상성의 세계로 바뀐다. 신의 세계와 인간의 세계는 그 사이에 어떤 통로도 존재할 수 없는, 절대적으로 분리된 세계가 되었다.

① 계몽사상은 ~~서사시~~(비극)의 시대에서 철학의 시대로의 전환을 이끌었다.
② 플라톤의 이데아는 신탁이 사라진 시대의 ~~비극적~~(추상성의) 세계를 표현한다.
③ 루카치는 <u>각기 다른 기준에 따라</u> 그리스 세계를 세 시대로 구분하였다.
✓ ④ 에우리피데스의 비극에 비해 『오디세이아』에서는 신과 인간의 결합 정도가 높다.

해설 ④ 지문은 신과 인간의 결합 정도를 가리키는 총체성을 기준으로 그리스 세계를 '서사시의 시대 → 비극의 시대 → 철학의 시대'와 같이 구분할 수 있으며, 후대로 갈수록 총체성이 낮아진다고 하였다. 에우리피데스의 비극은 '비극의 시대'에 해당하고, 오디세이아는 '비극의 시대'보다 앞선 '서사시의 시대'에 해당하므로, 에우리피데스의 비극에 비해 오디세이아에서 신과 인간의 결합 정도가 더 높다는 ④의 설명은 지문을 이해한 내용으로 적절하다.

① 끝에서 5~6번째 줄에 따르면 '철학의 시대'는 이미 계몽된 세계여서 신탁 같은 것을 신뢰할 수 없게 되었다. 이를 통해 계몽사상은 '서사시의 시대'가 아닌 '비극의 시대'에서 '철학의 시대'로의 전환을 이끌었다는 것을 알 수 있다.

② 끝에서 3~5번째 줄에 따르면 '철학의 시대'에 신과 인간의 세계가 완전히 분리되면서 신의 세계는 인격적 성격을 상실하여 '이데아'라는 추상성의 세계로 바뀐다고 한다. 따라서 플라톤의 이데아는 신탁이 사라진 시대의 비극적 세계가 아닌 추상적인 신의 세계를 표현한 것임을 알 수 있다.

③ 1~2번째 줄에 따르면 루카치는 총체성을 기준으로 그리스 세계를 세 시대로 구분하였다. 따라서 각기 다른 기준에 따라 그리스 세계를 구분했다는 ③의 설명은 지문을 이해한 내용으로 적절하지 않다.

08

다음 글의 내용과 부합하지 않는 것은?

> 몽유록(夢遊錄)은 '꿈에서 놀다 온 기록'이라는 뜻으로, 어떤 인물이 꿈에서 과거의 역사적 인물을 만나 특정 사건에 대한 견해를 듣고 현실로 돌아온다는 특징이 있다. 이때 꿈을 꾼 인물인 몽유자의 역할에 따라 몽유록을 참여자형과 방관자형으로 구분할 수 있다. 참여자형에서는 몽유자가 꿈에서 만난 인물들의 모임에 초대를 받고 토론과 시연에 직접 참여한다. 방관자형에서는 몽유자가 인물들의 모임을 엿볼 뿐 직접 그 모임에 참여하지는 않는다. 16~17세기에 창작되었던 몽유록에는 참여자형이 많다. 참여자형에서는 몽유자와 꿈속 인물들이 동질적인 이념을 공유하고 현실의 고통스러운 문제에 대해 의견을 나누며 비판적 목소리를 낸다. 그러나 주로 17세기 이후에 창작된 방관자형에서는 몽유자가 꿈속 인물들과 함께 현실을 비판하는 것이 아니라 구경꾼의 위치에 서 있다. 이 시기의 몽유록이 통속적이고 허구적인 성격으로 변모하는 것은 몽유자의 역할 변화와 무관하지 않다.

① 몽유자가 꿈속 인물들의 모임에 직접 참여하는지, 참여하지 않는지에 따라 몽유록의 유형을 나눌 수 있다.

✓ ② 17세기보다 나중 시기의 몽유록에서는 몽유자가 현실을 비판하는 경향이 강하게 나타난다.

③ 몽유자가 모임의 구경꾼 역할을 하는 몽유록은 통속적이고 허구적인 성격이 강하다.

④ 몽유자가 꿈속 인물들과 함께 현실을 비판하는 몽유록은 참여자형에 해당한다.

② 끝에서 2~4번째 줄에 따르면 17세기 이후에 창작된 몽유록은 '방관자형'이며, 몽유자가 꿈속 인물들과 함께 현실을 비판하는 것이 아니라 구경꾼의 위치에 서 있다고 한다. 몽유자가 현실을 비판하는 경향이 강하게 나타나는 것은 16~17세기에 창작된 '참여자형' 몽유록이다.

① 3~8번째 줄에서 몽유록은 몽유자의 역할(꿈에서 만난 인물들의 모임에 직접 참여하는지의 여부)에 따라 '참여자형'과 '방관자형'으로 구분할 수 있다고 설명한다.

③ 몽유자가 모임의 구경꾼 역할을 하는 몽유록은 '방관자형'이다. 지문 마지막 문장에서 '방관자형' 몽유록이 통속적이고 허구적인 성격으로 변모했다고 설명한 것으로 보아 ③의 설명은 지문의 내용과 부합한다.

④ 끝에서 5~7번째 줄에서 '참여자형'은 몽유자와 꿈속 인물들이 동질적인 이념을 공유하고 현실의 고통스러운 문제에 대해 의견을 나누며 비판적 목소리를 낸다고 설명한다. 따라서 ④의 설명은 지문의 내용과 부합한다.

09

다음 글을 이해한 내용으로 적절한 것은?

> 디지털 트윈은 현실 세계와 똑같은 가상의 세계이다. 최근 주목받고 있는 메타버스와 개념은 유사하지만 활용 목적의 측면에서 구별된다. 메타버스는 가상 세계와 현실 세계가 융합된 플랫폼으로 이용자들에게 새로운 경제·사회·문화적 경험을 제공하는 데 목적을 둔다. 반면 디지털 트윈은 현실 세계에 존재하는 사물, 공간, 환경, 공정 등을 컴퓨터상에 디지털 데이터 모델로 표현하여 똑같이 복제하고 실시간으로 서로 반응할 수 있도록 한다. 그래서 디지털 트윈의 이용자는 가상 세계에서의 시뮬레이션을 통해 미래 상황을 예측할 수 있게 된다. 디지털 트윈에 대한 수요가 증가하면서 관련 시장도 확대되고 있으며, 국내외의 글로벌 기업들은 여러 산업 분야에서 디지털 트윈을 도입하여 사전에 위험 요소를 제거하고 수익 모델의 효율성을 높이고 있다. 디지털 트윈이 이렇게 주목받는 이유는 안정성과 경제성 때문인데 현실 세계를 그대로 옮겨 놓은 가상 세계에 데이터를 전송, 취합, 분석, 이해, 실행하는 과정은 실제 실험보다 매우 빠르고 정밀하며 안전할 뿐 아니라 비용도 적게 든다.

① 디지털 트윈을 활용함에 따라 글로벌 기업들의 고용률이 향상되었다. → 지문에서 확인 ✗

② 디지털 트윈의 데이터 모델은 현실 세계의 각종 실험 모델보다 경제성이 낮다. ✗

✅ ③ 디지털 트윈에서의 시뮬레이션으로 현실 세계의 위험 요소를 찾아내고 방지할 수 있다.

④ 디지털 트윈은(메타버스는) 현실 세계의 이용자에게 새로운 문화적 경험을 제공하는 데 목적이 있다.

해설 ③ 지문에서 디지털 트윈의 이용자는 가상 세계에서의 시뮬레이션을 통해 미래 상황을 예측할 수 있게 되고, 글로벌 기업들은 디지털 트윈을 도입하여 사전에 위험 요소를 제거해 수익 모델의 효율성을 높이고 있다고 말한다. 따라서 디지털 트윈에서의 시뮬레이션으로 현실 세계의 위험 요소를 찾아내고 방지할 수 있다는 ③의 설명은 지문을 이해한 내용으로 적절하다.

오답분석
① 디지털 트윈을 활용함에 따라 글로벌 기업들의 고용률이 향상되었다는 내용은 지문에서 확인할 수 없다.
② 마지막 문장에 따르면 디지털 트윈이 이렇게 주목받는 이유는 안정성과 경제성이 높기 때문이다. 따라서 디지털 트윈의 데이터 모델이 현실 세계의 다른 실험 모델보다 경제성이 낮다는 ②의 설명은 적절하지 않다.
④ 3~5번째 줄에서 확인할 수 있듯이, 가상 세계와 현실 세계가 융합된 플랫폼으로 이용자들에게 새로운 경제·사회·문화적 경험을 제공하는 데 목적을 두는 것은 '메타버스'이므로 ④의 설명은 적절하지 않다.

10
다음 글을 이해한 내용으로 적절하지 않은 것은?

> 고소설의 유통 방식은 '구연에 의한 유통'과 '문헌에 의한 유통'으로 나눌 수 있다. **구연에 의한 유통**은 구연자가 소설을 사람들에게 읽어주는 방식으로, 글을 모르는 사람들과 글을 읽을 수 있지만 남이 읽어 주는 것을 선호하는 이들을 대상으로 이루어졌다. 구연자는 '전기수'로 불렸으며, 소설 구연을 통해 돈을 벌던 전문적 직업인이었다. 하지만 이 방식은 문헌에 의한 유통에 비해 시간과 공간의 제약이 많아서 유통 범위를 넓히는 데 뚜렷한 한계가 있었다.
> **문헌에 의한 유통**은 차람, 구매, 상업적 대여로 나눌 수 있다. 차람은 소설을 소유하고 있는 사람에게 직접 빌려서 보는 것으로, 알고 지내던 개인들 사이에서 이루어졌다. 구매는 서적 중개인에게 돈을 지불하고 책을 사는 것인데, 책값이 상당히 비쌌기 때문에 소설을 구매할 수 있는 사람은 그리 많지 않았다. 상업적 대여는 세책가에 돈을 지불하고 일정 기간 동안 소설을 빌려 보는 것이다. 세책가에서는 소설을 구매하는 것보다 훨씬 적은 비용으로 빌려 볼 수 있었기 때문에 경제적으로 넉넉하지 않은 사람도 소설을 쉽게 접할 수 있었다. 이로 인해 조선 후기 사회에서 세책가가 성행하게 되었다.

① 전기수는 글을 모르는 사람들에게 소설을 구연하였다.

✅ ② 차람은 알고 지내던 사람에게 대가를 지불하고 책을 빌려 보는 방식이다. (알 수 없음)

③ 문헌에 의한 유통은 구연에 의한 유통에 비해 시간과 공간의 제약이 적었다.

④ 조선 후기에 세책가가 성행한 원인은 소설을 구매하는 비용보다 세책가에서 빌리는 비용이 적다는 데 있다.

해설 ② 2문단 2~3번째 줄에서 '차람'은 소설을 소유하고 있는 사람에게 직접 빌려서 보는 것으로, 알고 지내던 개인들 사이에서 이루어졌다고 설명한다. 이때 책을 빌리기 위해 대가를 지불하였다는 내용은 지문에서 확인할 수 없으므로, ②의 설명은 적절하지 않다.

오답분석
① 1문단 2~5번째 줄에서 구연에 의한 유통 방식에 대해 설명하고 있다. 이때 '전기수'로 불리는 구연자는 글을 모르는 사람들과 남이 읽어 주는 것을 선호하는 이들을 대상으로 소설을 구연하였다고 한다. 따라서 ①은 지문을 이해한 내용으로 적절하다.

③ 1문단 마지막 문장에서 구연에 의한 유통 방식은 문헌에 의한 유통에 비해 시간과 공간의 제약이 많았다고 설명한다. 이는 곧 문헌에 의한 유통이 구연에 의한 유통에 비해 시간과 공간의 제약이 적었다는 것을 의미하므로, ③은 지문을 이해한 내용으로 적절하다.

④ 2문단 끝에서 1~4번째 줄에 조선 후기에 세책가가 성행하게 된 이유가 제시된다. 세책가에서는 소설을 구매하는 것보다 훨씬 적은 비용으로 책을 빌려 볼 수 있어, 경제적으로 넉넉지 않은 사람도 소설을 쉽게 접할 수 있었기 때문이다. 따라서 ④는 지문을 이해한 내용으로 적절하다.

11
다음 글에 대한 이해로 적절하지 않은 것은?

> 국가정보자원관리원과 ○○시는 빅데이터 기반의 맞춤형 복지 서비스 분석 사업을 수행했다. 국가정보자원관리원은 자체 확보한 공공 데이터와 ○○시로부터 받은 복지 사업 관련 데이터를 활용하여 '복지 공감 지도'를 제작하고, 복지 기관 접근성 분석을 통해 취약 지역 지원 방안을 제시했다.
> 복지 공감 지도는 공간 분석 시스템을 활용하여 ○○시에 소재한 복지 기관들의 다양한 지원 항목과 이를 필요로 하는 복지 대상자, 독거노인, 장애인 등의 수급자 현황을 한눈에 확인할 수 있도록 구현한 것이다. 이 지도를 활용하면 복지 혜택이 필요한 지역과 수급자를 빨리 찾아낼 수 있으며, 생필품 지원이나 방문 상담 등 복지 기관의 맞춤형 대응이 가능하고, 최적의 복지 기관 설립 위치를 선정할 수 있다.
> 이 사업을 통해 ○○시는 그동안 복지 기관으로부터 도보로 약 15분 내 위치한 수급자에게 복지 혜택이 집중되고 있는 것도 확인했다. 이에 교통이나 건강 등의 문제로 복지 기관 방문이 어려운 수급자를 위해 맞춤형 복지 서비스가 절실하게 필요한 상황임을 발견하고, 복지 셔틀버스 노선을 4개 증설할 계획을 수립했다.

① 빅데이터를 활용하여 복지 사각지대를 줄이는 방안을 마련할 수 있다.

② 복지 기관과 수급자 거주지 사이의 거리는 복지 혜택의 정도에 영향을 준다.

③ 복지 기관 접근성 분석 결과는 복지 셔틀버스 노선 증설의 근거가 된다.

 복지 공감 지도로 복지 혜택에 대한 수급자들의 개별 만족도를 파악할 수 있다. ➡ 지문에서 확인 ×

해설 ④ 지문에서 확인할 수 없는 내용이다.

오답분석
① 1문단을 통해서 빅데이터를 기반으로 '복지 공감 지도'가 제작되었음을 알 수 있다. 또한 '복지 공감 지도를 활용한 복지 기관 접근성 분석을 통해 복지 사각지대를 줄이는 방안(취약 지역 지원 방안)'을 마련했으므로 글에 대한 이해로 적절하다.

② 3문단 1~3번째 줄을 통해 복지 기관과 수급자 거주지 사이의 거리가 복지 혜택의 정도에 영향을 미침을 알 수 있으므로 ②는 글에 대한 이해로 적절하다.

③ 3문단을 통해 복지 기관 접근성을 분석하여 복지 기관 방문이 어려운 수급자에 대한 맞춤형 복지 서비스의 필요성을 제시하였고 이에 근거하여 셔틀버스 노선을 4개 증설할 계획을 세웠음을 알 수 있으므로 ③은 글에 대한 이해로 적절하다.

12
다음 글에 대한 이해로 적절하지 않은 것은?

> 연출자가 자신의 저작권을 침해당했다고 주장하기 위해서는 우선 그가 유효한 저작권을 소유하고 있어야 한다. 즉 저작권 보호 가능성이 있는 창작물이 필요하다. 다음으로 창작적인 표현을 도용당했는지 밝혀야 하는데, 이것이 쉽지 않다. 왜냐하면 연출자가 주관적으로 창작성이 있다고 느끼는 부분일지라도 객관적인 시각에서는 이미 공연 예술 무대에서 흔히 사용되는 표현 기법일 수 있고, 저작권법상 보호 대상이 아닌 아이디어의 요소와 보호 가능한 요소인 표현이 얽혀 있는 경우가 있기 때문이다. 쉬운 예로 셰익스피어를 보자. 그의 명작 중에 선대에 있었던 작품에 의거하지 않고 탄생한 작품이 있는가. 대부분의 연출자는 선행 예술가로부터 영향을 받아 창작에 임하는 것이 너무도 당연하고 자연스럽다. ⓒ따라서 무대 연출 작업 중에서 독보적인 창작을 걸러 내서 배타적인 권한인 저작권을 부여하는 것은 매우 흔치 않은 경우이고, 후발 창작을 방해하는 요소로 작용할 수도 있다. 저작권법은 창작자에게 개인적인 인센티브를 제공하여 (1)창작을 장려함과 동시에 (2)일반 공중이 저작물을 원활하게 이용할 수 있도록 해야 하는 두 가지 가치의 균형을 이루는 것이 목표다.

① 무대 연출의 창작적인 표현의 도용 여부를 밝히기는 쉽지 않다.
② 저작권 침해를 당했다고 주장하려면 유효한 저작권을 소유하고 있어야 한다.
✓ 독보적인 무대 연출 작업에 저작권을 부여한다고 해서 후발 창작에 방해가 되지는 않는다. ×
④ 저작권법의 목표는 창작자의 창작을 장려하고 일반 공중의 저작물 이용을 원활하게 하는 것이다.

해설 ③ 지문 끝에서 5~7번째 줄을 통해 무대 연출 작업 속의 독보적인 창작을 걸러 내 저작권을 부여하면 후발 창작에 방해가 될 수 있음을 알 수 있으므로 적절하지 않다.

오답분석
① 지문 3~4번째 줄을 통해 창작적인 표현을 도용당했는지를 밝히는 것이 쉽지 않다는 것을 알 수 있다.
② 지문 1~2번째 줄을 통해 연출자가 자신의 저작권을 침해당했다고 주장하기 위해서는 유효한 저작권을 소유하고 있어야 한다는 것을 알 수 있다.
④ 지문 끝에서 1~4번째 줄을 통해 저작권법은 창작자의 창작을 장려함과 동시에 일반 공중이 저작물을 원활하게 이용할 수 있도록 하는 것이 목표임을 알 수 있다.

13
다음 글의 내용과 부합하는 것은?

> 사적인 필요가 사적 건축을 낳는다면, 공적인 필요는 다수를 위한 **공공 건축**을 낳는다. 공공 건축은 정부나 지방 자치 단체가 주도하면서 사적 자본이 생산해 낼 수 없는 공간을 생산해 내어야 한다. 이곳은 자본의 논리에서 소외된 영역을 보살피는 공적인 영역이다. 따라서 공공 건축은 국민의 삶의 질을 한 단계 높이는 데 기여할 수 있어야 한다. 그리고 특정 개인의 취향이 반영된 것이 아니라 보다 큰 다수가 누릴 수 있는 것을 배려하는 보편성을 갖추어야 한다. 그러면서도 사적 건축으로는 하기 어려운 **지역의 정체성과 문화적 전통**도 보존해야 한다. 이렇게 공공 건축은 공적인 소통의 장이 되어야 하는 것이다.

① ~~사적~~ 공공 건축은 국민의 삶의 질을 높이는 역할을 해야 한다.
② ~~사적~~ 공공 건축은 국민 다수의 보편적인 취향을 반영해야 한다.
✓ 공공 건축은 지역의 정체성을 반영한 소통의 장이 되어야 한다.
④ 공공 건축은 사적 자본을 활용하여 다수가 누릴 수 있는 공간을 만들어야 한다. × 보편성

해설 ③ 지문 끝에서 1~3번째 줄에 따르면, 공공 건축은 지역의 정체성과 문화적 전통을 보존함으로써 공적인 소통의 장이 되어야 한다. 따라서 공공 건축이 지역의 정체성을 반영한 소통의 장이 되어야 한다는 ③의 설명은 지문의 내용과 부합한다.

오답분석
① 5~6번째 줄에 따르면 국민의 삶의 질을 높이는 것은 공공 건축의 역할이다. 따라서 ①의 설명은 지문의 내용과 부합하지 않는다.
② 끝에서 4~6번째 줄에 따르면 개인의 취향이 반영되기보다 다수가 누릴 수 있도록 보편성을 갖추어야 하는 것은 공공 건축이다. 따라서 ②의 설명은 지문의 내용과 부합하지 않는다.
④ 2~4번째 줄과 끝에서 4~6번째 줄에 따르면 공공 건축은 다수를 위한 것으로, 사적 자본이 생산해 낼 수 없는 공간을 생산해 내어야 한다. ④의 '다수가 누릴 수 있는 공간'은 공공 건축에 대한 설명이 맞지만, 공공 건축이 사적 자본을 활용한다는 설명은 지문의 내용과 부합하지 않는다.

[14~15] 다음 글을 읽고 물음에 답하시오.

> 전통적 의미에서 영화적 재현과 만화적 재현의 큰 차이점 중 하나는 움직임의 유무일 것이다. 영화는 사진에 결여되었던 사물의 운동, 즉 시간을 재현한 예술 장르이다. 반면 만화는 공간이라는 차원만을 알고 있다. 정지된 그림이 의도된 순서에 따라 공간적으로 나열된 것이 만화이기 때문이다. 만일 만화에도 시간이 존재한다면 ㉠그것은 읽기의 과정에서 독자에 의해 사후에 생성된 것이다. 독자는 정지된 이미지에서 상상을 통해 움직임을 끌어낸다. 그리고 인물이나 물체의 주변에 그려져 속도감을 암시하는 효과선은 독자의 상상을 더욱 부추긴다.
> 만화는 물리적 시간의 부재를 **공간의 유연함**으로 극복한 다. 영화 화면의 테두리인 프레임과 달리, 만화의 칸은 그 크기와 모양이 다양하다. 또한 만화에는 한 칸 내부에 그림뿐 아니라, 말풍선과 인물의 심리나 작중 상황을 드러내는 언어적·비언어적 정보를 모두 담을 수 있는 자유로움이 있다. 그리고 ㉡그것이 독자의 읽기 시간에 변화를 주게 된다. 하지만 영화에서는 이미지를 영사하는 속도가 일정하여 감상의 속도가 강제된다.

영화와 만화는 그 이미지의 성격에서도 대조적이다. 영화가 촬영된 이미지라면 만화는 수작업으로 만들어진 이미지이다. 빛이 렌즈를 통과하여 필름에 착상되는 사진적 원리에 따른 영화의 이미지 생산 과정은 기술적으로 자동화되어 있다. 그렇기에 ㉢ 여기서 감독의 체취를 발견하기란 쉽지 않다. 그에 비해 만화는 수작업의 과정에서 자연스럽게 세계에 대한 작가의 개인적인 해석을 드러내게 된다. ㉣ 이것은 그림의 스타일과 터치 등으로 나타난다. 그래서 만화 이미지는 '서명된 이미지'이다.

촬영된 이미지와 수작업에 따른 이미지는 영화와 만화가 현실과 맺는 관계를 다르게 규정한다. 영화는 실제 대상과 이미지가 인과 관계로 맺어져 있어 본질적으로 사물에 대한 사실적인 기록이 된다. 이 기록의 과정에는 촬영장의 상황이나 촬영 여건과 같은 제약이 따른다. 그러나 최근에는 촬영된 이미지들을 컴퓨터상에서 합성하거나 그래픽 이미지를 활용하는 디지털 특수 효과의 도움을 받는 사례가 늘고 있는데, ㉤ 이것을 통해 만화에서와 마찬가지로 실재하지 않는 대상이나 장소도 만들어 낼 수 있게 되었다.

만화의 경우는 구상을 실행으로 옮기는 단계가 현실을 매개로 하지 않는다. 따라서 만화 이미지는 그 제작 단계가 작가의 통제에 포섭되어 있는 이미지이다. ㉥ 이 점은 만화적 상상력의 동력으로 작용한다. 현실과 직접적으로 대면하지 않기에 작가의 상상력에 이끌려 만화적 현실로 향할 수 있는 것이다.

14
윗글을 이해한 내용으로 적절하지 않은 것은?

① 만화는 공간의 유연함을 통해 만화를 읽는 시간에 변화를 준다.
 ② 영화의 이미지는 사진적 원리에 따라 생성되므로 감상 시간이 유동적이다.
③ 영화는 디지털 특수 효과를 통해 촬영 여건 등의 물리적 제약을 극복하기도 한다.
④ 만화를 보는 독자는 속도감을 암시하는 효과선을 보고 사물의 움직임을 상상한다.

해설 ② 3문단 3~4번째 줄에서 영화의 이미지가 사진적 원리에 따라 생성된다고 설명한다. 그러나 2문단 끝에서 1~2번째 줄에서 설명한 것처럼 영화에서는 이미지를 영사하는 속도가 일정하여 감상 속도가 강제되므로 영화 감상 시간이 유동적이라는 ②의 내용은 적절하지 않다.

오답분석 ① 2문단에서 만화는 다양한 크기와 모양의 칸을 가지며, 여기에 그림뿐 아니라 언어적·비언어적 정보를 담을 수 있으므로 '공간의 유연함'이 있다고 설명한다. 2문단 끝에서 3번째 줄에서 이러한 공간의 유연함이 독자의 읽기 시간에 변화를 주게 된다고 하므로 ①의 내용은 적절하다.
③ 4문단 끝에서 2~5번째 줄에서 확인할 수 있다. 영화는 촬영장의 상황이나 여건 등의 물리적 제약을 받는데 최근에는 디지털 특수 효과의 도움을 받아 실재하지 않는 대상이나 장소를 만들어 내는 것을 알 수 있다.
④ 1문단 끝에서 1~4번째 줄에서 확인할 수 있다. 독자는 정지된 이미지에서 상상을 통해 움직임을 끌어내는데, 속도감을 암시하는 효과선은 독자의 상상을 더욱 부추긴다는 것을 알 수 있다.

15
문맥상 ㉠~㉥과 관련 있는 대상이 같은 것으로만 묶인 것은?

① ㉠, ㉢, ㉥
② ㉡, ㉣, ㉤
③ ㉠, ㉡, ㉢, ㉤
 ④ ㉠, ㉡, ㉣, ㉥

해설 ④ ㉠, ㉡, ㉣, ㉥은 만화와 관련 있는 것이고, ㉢, ㉤은 영화와 관련 있는 것이다. 따라서 관련 있는 대상이 같은 것으로만 묶인 것은 ④이다.
- ㉠: 만화에서도 시간이 존재하는 것
- ㉡: 만화에서 공간의 유연함
- ㉣: 만화에 드러나는 세계에 대한 작가의 개인적인 해석
- ㉥: 구상을 실행으로 옮기는 단계가 현실을 매개로 하지 않기에 작가의 통제에 포섭되어 있는 만화의 이미지

오답분석
- ㉢: 사진적 원리에 따라 기술적으로 자동화되어 생산된 영화의 이미지
- ㉤: 영화에서 촬영장 상황이나 여건과 같은 제약을 해결하기 위해 사용하는 디지털 특수 효과

16

다음 글을 이해한 내용으로 적절하지 않은 것은?

> 우리나라는 다른 나라에 비해 채식주의자의 비율이 낮은 편이다. 하지만 최근 건강을 중요시하는 사회적 분위기에 따라 고혈압, 암과 같은 질병의 원인으로 여겨지는 육식을 삼가고 식단을 채식 위주로 바꾸는 사람들이 늘어나고 있다. 이와 관련하여 채식주의자들은 채식이 꿩 먹고 알 먹기이므로 더 많은 사람들이 채식에 동참해야 한다고 주장한다. 왜냐하면 육류 소비를 줄이면 축산업에서 발생하는 많은 양의 온실가스를 감소시킬 수 있고, 목초지의 사막화를 막는 데에도 효과적이기 때문이다.

① 육식은 고혈압이나 암과 같은 질병의 원인이며, 온실가스 배출과 사막화를 유발하기도 한다.

② 다른 나라에 비해 우리나라 채식주의자 비율은 비교적 낮지만 최근 점차 늘어나는 추세이다.

③ 채식은 개인의 신체적 건강에 도움이 될 뿐만 아니라 환경오염을 줄이는 데에도 효과적이다.

✓ ④ 최근 건강을 중요시하는 사회적 분위기는 많은 사람들이 채식에 동참하면서 발생하기 시작했다.

[해설] ④ 많은 사람들이 채식에 동참하게 되면서 건강을 중요시하는 사회적 분위기가 발생한 것이 아니라 오히려 그 반대이다. 지문 2~4번째 줄에서는 최근 건강을 중요시하는 사회적 분위기에 따라 육식을 삼가고 채식 위주로 식단을 바꾸는 사람들이 늘어난다고 설명한다.

[오답분석]
① 지문 3~4번째 줄에서 '육식'이 고혈압, 암과 같은 질병의 원인으로 여겨진다고 설명하고 있다. 또한 마지막 문장에서 육류 소비를 줄이면 축산업에서 발생하는 많은 양의 온실가스를 감소시킬 수 있고, 목초지의 사막화를 막는 데에도 효과적이라고 설명하는 것으로 보아 육식이 온실가스 배출과 사막화를 유발함을 알 수 있다.

② 지문 1~4번째 줄에서 우리나라는 다른 나라에 비해 채식주의자의 비율이 낮은 편이나 최근 건강을 중요시하는 사회적 분위기에 따라 식단을 채식 위주로 바꾸는 사람들이 늘어나고 있다고 설명한다.

③ 지문 3~4번째 줄의 고혈압이나 암과 같은 질병의 원인인 육식을 삼가고 채식을 한다는 것은 채식이 개인의 신체적 건강에 도움이 되는 것을 의미한다. 또한 마지막 문장의 육류 소비를 줄이면 많은 양의 온실가스를 감소시킬 수 있고 목초지의 사막화를 방지할 수 있다는 설명은 채식을 통해 환경오염을 줄일 수 있다는 것을 의미한다.

17

다음 글을 이해한 내용으로 가장 적절한 것은?

> 조지훈의 「승무」는 승무를 추고 있는 여승을 소재로 하여 삶의 번뇌를 극복하고자 하는 염원을 회화적으로 형상화한다. 「승무」는 춤을 추는 순서에 따라 시상이 전개되는데 춤의 진행 과정에 따라 변화하는 동작이 서정적으로 묘사되어 있다.
> 1~3연에서 화자는 승무를 추기 전 파르라니 머리를 깎은 여승의 모습을 마주하고 "두 볼에 흐르는 눈물"을 "빛"에 비유하여 그것이 정작 고와서 서럽다며 역설적으로 표현한다. 이는 젊은 나이에 승려가 될 수밖에 없었던 여승의 사연을 생각하며 애상에 잠기는 화자의 모습이 드러나는 표현이다. 4연에는 승무 무대의 배경이 제시되는데, "빈 대(臺)"는 공간적 배경을, "밤"은 시간적 배경을 나타내면서 적막하고 고요한 분위기를 형성한다. 5연에서는 본격적인 승무가 시작되는데, "돌아설 듯 날아가며" 외씨버선을 사뿐하게 접어 올리는 여승의 춤사위는 급박한 춤동작을 묘사함과 동시에 외씨버선의 전통적인 곡선미를 한층 부각한다. 6~7연에서 여승은 "까만 눈동자"를 들어 올려 "별빛"을 바라본다. 이윽고 여승의 "복사꽃 고운 뺨"에 "두 방울"이 아롱지는데, 이는 여인이 흘리는 눈물이자, 세속적인 번뇌를 의미한다. 번뇌는 마침내 "별빛"으로 승화되어 현실을 초월한다. 8연에서 여승은 "거룩한 합장"을 하는데, 이는 춤사위를 합장에 비유하여 경건성을 부여한 것이다. 마지막 9연에서는 1연의 "얇은 사 하이얀 고깔은 고이 접어서 나빌레라"를 한 번 더 반복하며 시상이 마무리된다. 이러한 구조는 승무의 정적미를 확보함과 동시에 계속되는 여운을 남긴다.

① 「승무」에서 "두 방울"은 여승이 세속적 번뇌를 승화한 결과물이다. ➡ 세속적 번뇌 자체를 의미함

② 「승무」는 1연과 9연이 수미상관을 이루면서 여승의 내적번민이 계속될 것임을 암시한다. ➡ 승무의 여운을 줌

③ 「승무」에서 화자는 역설적인 표현을 통해 번뇌를 승화한 여승에 대한 감격스러움을 드러낸다. ➡ 여승에 대한 화자의 애상감을 강조함

✓ ④ 「승무」는 시간의 흐름에 따라 시상이 전개되며 여승의 번뇌가 승화되는 과정을 형상화한다.

해설 ④ 1문단을 통해 「승무」가 춤의 진행 과정에 따라 시상이 전개됨을 알 수 있다. 이는 시간의 흐름에 의한 시상 전개에 해당한다. 2문단 끝에서 6~8번째 줄에서는 춤을 마친 여승이 번뇌를 의미하는 '두 방울'을 '별빛'으로 승화했다고 하였다. 이를 통해 「승무」는 시간의 흐름에 따라 시상이 전개되며 여승의 번뇌가 종교적으로 승화되는 과정을 형상화함을 알 수 있다.

오답분석
① 2문단 끝에서 7~8번째 줄을 통해 "두 방울"은 여승의 눈물임을 알 수 있으나, 이는 세속적인 번뇌를 의미하므로 ①의 이해는 적절하지 않다. 여승이 세속적 번뇌를 승화한 결과물은 "별빛"이다.
② 2문단 끝에서 1~4번째 줄을 통해 1연과 9연에서 동일한 시구가 반복되는 '수미상관'에 의한 시상 전개 방식이 사용되었음을 알 수 있다. 하지만 여승은 6~7연에서 이미 번뇌를 "별빛"으로 승화하였으므로 여승의 번민이 계속될 것이라는 ②의 이해는 적절하지 않다.
③ 2문단 2~5번째에서 화자는 여승의 두 볼에 흐르는 눈물이 오히려 고와서 서럽다며 역설적으로 표현한다. 하지만 이는 승려가 될 수밖에 없었던 여승의 사연을 생각하며 애상에 잠긴 화자의 정서를 강조하는 것일 뿐, 역설적 표현을 통해 번뇌가 승화된 여승에 대한 감격스러움을 드러낸 것이라고 보기는 어렵다. 따라서 ③의 이해는 적절하지 않다.

이것도 알면 합격

조지훈, '승무'의 주제 및 특징
1. 주제: 여승을 통해 본 세속적 번뇌의 종교적 승화
2. 특징
 · 춤을 추는 순서에 따라 시상을 전개함
 · 수미상관의 구조를 취함
 · 예스러움이 느껴지는 시어를 사용함

18
다음 글의 내용과 부합하지 않는 것은?

프랑스어로 '새로운 물결'이란 의미를 가지는 누벨바그는 1950년대 후반 프랑스 영화계에 일어난 새로운 경향을 말한다. 제2차 세계대전 이후 프랑스 영화계는 보수적인 기득권층이 주름잡고 있었는데, 기성 감독들은 오랫동안 관습적인 형태의 영화만을 제작하며 타성에 젖어 있는 경우가 많았다.
이에 대해 신인 감독들은 카이에 드 시네마라는 영화 평론지를 중심으로 보수적이고 발전이 없는 기성 영화를 신랄하게 비판하며 혁신을 주장하였다. 특히 누벨바그를 이끈 대표적인 감독 프랑소와 트뤼포는 기존의 안이한 영화 관습에 대항하고자 감독 개인의 개성을 반영한 작가주의 영화를 추구했다. 이렇듯 누벨바그를 이끈 감독들은 우주의 부조리함을 담은 실존주의 철학에 깊은 영향을 받아 비약적인 장면의 전개나 즉흥 연출과 같은 새로운 연출 방식을 시도했다.
한편 누벨바그는 1959년과 1962년에 사이에 정점을 찍었는데, 당시 사회·경제적 요소가 큰 원동력이 되었기 때문이었다. 영화 검열의 약화와 정부의 제작비 사전 지원 정책으로 신인 감독의 영화나 기존의 문법을 거부하는 영화가 쉽게 제작될 수 있었고, 영화 촬영 기술의 발전으로 누벨바그 영화의 감독들이 선호한 자연광과 사실적인 음향을 담을 수 있었다.
이와 같이 누벨바그는 침체되었던 프랑스 영화계에 새로운 반향을 끌어낼 수 있었으며, 프랑스를 넘어 전 세계 영화계에도 영향을 미쳤다. 그뿐만 아니라 영화사에서도 고전 영화와 현대 영화를 가르는 중요한 분기점 역할을 했다는 데에 의의가 있다.

① 프랑스 영화 검열의 약화와 정부의 제작비 사전 지원 정책으로 인해 누벨바그는 발전하여 정점을 찍었다.
② 작가주의 영화를 추구한 영화감독들로 인해 침체되었던 프랑스 영화계에 새로운 반향을 끌어낼 수 있었다.
③ 누벨바그를 이끈 영화감독들은 새로운 연출 방식을 시도하였으며 이는 전 세계 영화계에도 영향을 미쳤다.
④ 제2차 세계대전 이후 영화감독들은 실존주의 철학에 영향을 받아 기성 영화의 형식을 유지하고자 노력하였다.

해설 ④ 1문단 마지막 문장에서 제2차 세계대전 이후 프랑스 영화계를 주름잡고 있던 기득권층은 기성 감독들이며, 그들은 오랫동안 관습적 형태의 영화만을 제작한다고 하였다. 반면 2문단 마지막 문장에서 누벨바그를 이끈 감독들은 실존주의 철학에 깊은 영향을 받아 새로운 연출 방식을 시도하였다고 설명한다. 따라서 제2차 세계대전 이후 영화감독들이 실존주의 철학에 영향을 받아 기성 영화의 형식을 유지하고자 노력했다는 ④의 설명은 글의 내용과 부합하지 않는다.

오답분석 ① 3문단 내용에 따르면, 영화 검열의 약화와 정부의 제작비 사전 지원 정책과 같은 당시 프랑스의 사회·경제적 요소가 큰 원동력이 되어 1959년과 1962년에 사이에 누벨바그가 정점을 찍은 것이므로 ①의 설명은 글의 내용과 부합한다.

② 2문단 3~6번째 줄을 통해 작가주의 영화를 추구한 감독인 프랑소와 트뤼포는 누벨바그를 이끈 대표적인 감독임을 알 수 있으며, 4문단 1~2번째 줄에서 누벨바그는 침체되었던 프랑스 영화계에 새로운 반향을 끌어낼 수 있었다고 설명한다. 따라서 작가주의 영화를 추구한 누벨바그 영화감독들로 인해 프랑스 영화계에 새로운 반향을 끌어낼 수 있었다는 ②의 설명은 글의 내용과 부합한다.

③ 2문단 끝에서 1~3번째 줄을 통해 누벨바그를 이끈 감독들은 실존주의 철학에 깊은 영향을 받아 새로운 연출 방식을 시도하였음을 알 수 있으며, 4문단 1~3번째 줄에서는 누벨바그가 프랑스를 넘어 전 세계 영화계에도 영향을 미쳤다고 설명하였다. 따라서 ③의 설명은 글의 내용과 부합한다.

19
다음 글을 이해한 내용으로 적절하지 않은 것은?

버거씨병은 폐색성 혈전혈관염이라고도 불리며, 손과 발의 동맥과 정맥에 염증이 생겨 사지 말단 혈관을 침범하는 질환이다. 이로 인해 혈액 공급이 차단되면 조직 괴사나 심각한 경우 절단에 이를 수 있다. 과거에는 주로 40대 남성 흡연자에게 많이 발생했으나, 최근에는 여성 흡연자가 증가하면서 여성 환자도 늘어나는 추세이다. (선택지 ②의 근거)

버거씨병은 흡연이 주요 원인으로 알려져 있지만 정확한 (선택지 ④의 근거 (1))
발병 기전은 아직 명확하게 밝혀지지 않았으며, 자가면역 반응이 중요한 역할을 한다는 견해가 지배적이다. 다만, 현재까지 버거씨병이 유전된다는 보고는 존재하지 않는다. (선택지 ④의 근거 (2))

이 질환은 비특이적인 종아리와 발의 통증으로 시작해 점차 심화되어 극심한 통증으로 발전한다. 특이한 점은 말단 (선택지 ③의 근거)
혈관에 심한 폐쇄가 발생해도 폐, 심장, 신장과 같은 내부 장기는 대부분 정상 기능을 유지한다는 것이다. 진단은 주로 혈관 조영술을 통해 이루어지며, 특징적인 '코르크스크루' (선택지 ①의 근거)
형태의 혈관 변형을 관찰하고 혈액 검사로 다른 질병을 배제함으로써 확정된다. 금연이 가장 효과적인 치료법으로, 이를 실천하지 않으면 병이 계속 진행되어 결국 절단이라는 비극적 결과에 이를 수 있다. 통증 관리를 위해서는 진통제와 혈관 확장제를 사용하며, 경우에 따라 중재 시술이나 수술적 치료가 필요할 수 있다. 결론적으로, 버거씨병은 흡연자에게 발생하는 심각한 혈관 질환으로, 예방과 치료 모두 (선택지 ④의 근거 (3))
에 있어 금연이 절대적으로 중요하다.

① 버거씨병을 진단하기 위해서는 혈관의 형태를 관찰할 필요가 있다.

② 버거씨병은 남성뿐만 아니라 여성에게도 발병할 수 있는 질환이다.

✓ ③ 버거씨병이 발병하면 혈관과 더불어 내부 장기에도 이상이 ~~발생~~한다. → 발생하지 않는다.

④ 버거씨병의 직접적인 발병 요인은 선천적 요인이 아닌 후천적 요인이다.

해설 ③ 3문단 2~4번째 줄에 의하면 버거씨병에 걸린 환자는 말단 혈관에 심한 폐쇄가 발생한다고 하더라도, 내부 장기는 정상 기능을 유지한다고 하였다. 따라서 버거씨병이 발병하면 혈관과 더불어 내부 장기에도 이상이 발생한다는 ③의 설명은 제시문에 대한 이해로 적절하지 않다.

오답분석 ① 3문단 4~7번째 줄에 의하면 버거씨병의 진단은 주로 혈관 조영술을 통해 이루어지며 혈관이 '코르크스크루' 형태로 변형되었는지를 관찰하고 혈액 검사를 통해 다른 검사를 배제함으로써 이루어진다고 하였다. 따라서 버거씨병을 진단하기 위해서는 혈관의 형태를 관찰할 필요가 있다는 ①의 설명은 제시문에 대한 이해로 적절하다.

② 1문단 끝에서 1~3번째 줄에 의하면 버거씨병이 과거에는 주로 40대 남성 흡연자에서 많이 발견되었으나, 최근에는 여성 흡연자가 증가하면서 여성 버거씨병 환자도 늘어나고 있다. 따라서 버거씨병이 남성뿐만 아니라 여성에게도 발병할 수 있는 질환이라는 ②의 설명은 제시문에 대한 이해로 적절하다.

④ 2문단 1번째 줄과 3문단 끝에서 1~3번째 줄에 의하면 버거씨병의 주요 발병 원인은 흡연으로 알려져 있으며, 예방과 치료에 있어 금연이 절대적으로 중요하다. 한편 2문단 끝에서 1~2번째 줄에 의하면 버거씨병이 유전된다는 보고는 존재하지 않는다. 이를 통해 버거씨병의 직접적인 발병 요인은 선천적 요인이 아닌 후천적 요인임을 알 수 있다. 따라서 ④의 설명은 제시문에 대한 이해로 적절하다.

20
다음 글을 이해한 내용으로 가장 적절한 것은?

> 김소월의 「진달래꽃」이 많은 사람들에게 각인되는 이유는 크게 두 가지이다. 하나는 7·5조, 3음보 율격을 통한 민요조의 운율 때문이고, 다른 하나는 떠나가는 임에 대한 화자의 헌신적인 사랑 때문이다.
>
> 먼저 민요조의 운율은 시의 전체 연에서 느낄 수 있다. 가령, 1연의 1·2행은 "나 보기가 / 역겨워 / 가실 때에는"처럼 끊어 읽을 수 있는데, 세 덩어리로 나눌 수 있다는 점에서 3음보이다. 또한, 네 글자와 세 글자를 합친 일곱 글자와 그 뒤 다섯 글자가 있다는 점에서 **7·5조이다.** 이는 1~4연까지 전체 연에서 반복되면서 운율을 형성한다.
> <선택지 ①의 근거>
>
> 다음으로 화자의 헌신적 사랑은 전체 내용을 해석해 보면 느낄 수 있다. 화자는 떠나는 임을 붙잡거나 귀찮게 하지 않고, "고이 보내드리"겠다고 하며, 임이 "가실 길"에 "진달래꽃"을 "뿌리"겠다고 한다. **진달래꽃은 화자의 헌신적 사랑을 형상화하는 상징적 소재**인데, 이를 뿌리겠다는 것은 임이 가는 길을 축복하겠다는 의미로 볼 수 있다. 이후 "그 꽃을 / 사뿐히 즈려 밟고 가시옵소서"라고 하는데, 앞의 흐름을 고려했을 때, 자신의 사랑을 외면하라는 의미보다는 소중히 생각하면서 떠나라는 뜻으로 보는 것이 적절하다. 마지막에는 **"죽어도 아니 눈물 흘리오리다"**라고 하는데, 이는 화자의 눈물로 떠나는 임의 마음을 혼란스럽게 만들지 않겠다는 뜻이다.
> <선택지 ②의 근거> <선택지 ④의 근거>
>
> 결론적으로 화자는 아픈 이별 상황임에도 임을 배려하는 헌신적 사랑을 보여준다.

① 「진달래꽃」은 시의 구성이 <u>세 부분으로 나누어지면서</u> <u>7·5조의 운율</u>을 형성한다.
✓② 「진달래꽃」에서 "진달래꽃"은 화자의 희생적인 사랑을 아름답게 표현하는 소재이다.
③ 「진달래꽃」에는 아픈 이별의 상황에서 임을 <u>원망하고 증오하</u>는 화자의 태도가 드러난다.
④ 「진달래꽃」의 "죽어도 아니 눈물 흘리"겠다는 표현은 <u>무시를 극복한</u> 자기희생적 사랑을 의미한다.

해설 ② 3문단 4~5번째 줄에서 "진달래꽃"은 화자의 헌신적 사랑을 형상화하는 상징적 소재라는 것을 알 수 있다. 따라서 ②의 내용은 적절하다.

오답분석 ① 2문단 끝 1~2번째 줄에서 「진달래꽃」이 7·5조로 운율을 형성한다는 것을 알 수 있지만, 제시문에서 시의 구성이 세 부분으로 나누어진다는 것은 알 수 없다.
③ 제시문에서 임을 원망하고 증오하는 화자의 태도가 시에서 드러난다는 내용은 찾을 수 없다.
④ 3문단 끝 3~4번째 줄에서 "죽어도 아니 눈물 흘리"겠다는 것은 화자의 눈물로 떠나는 임의 마음을 혼란스럽게 만들지는 않겠다는 뜻임을 알 수 있다. 이 표현에서 화자가 '무시를 극복'했다는 것은 알 수 없다.

> **이것도 알면 합격**
> 김소월, '진달래꽃'의 주제 및 특징
> 1. 주제: 이별의 정한과 승화
> 2. 특징
>   · 3음보의 민요적 율격을 통해 운율을 형성함
>   · 여성적이고 간절한 어조를 통해 이별의 슬픔을 드러냄
>   · 이별을 가정하여 시상을 전개함

03 주장 및 견해 파악하기　　p.56

01 ④	02 ②	03 ①	04 ②	05 ③
06 ③	07 ②	08 ①	09 ④	10 ①
11 ④	12 ④	13 ②	14 ④	15 ②
16 ②				

01

다음 대화를 분석한 내용으로 적절하지 않은 것은?

보은: 기차가 달리고 있는 선로에 다섯 명의 인부가 일하고 있고, 그들에게 그 기차를 피할 시간적 여유는 없어. 그런데 스위치를 눌러서 선로를 변경하면 다섯 명의 인부 대신 다른 선로에 있는 한 사람이 죽게 돼. 이 선택의 딜레마 상황에서 너희들은 어떻게 할 거야?　　중심 화제

소현: 이런 경우엔 행위에 따른 결과가 선택의 기준이 된다　선택지 ③의 근거 (1)
고 생각해. 그래서 나는 스위치를 눌러서 한 명이 죽더　선택지 ④의 근거 (1)
라도 다섯 명을 살리는 선택을 할 거야. 그건 결과적으로 봤을 때 불가피한 조치 아니겠어?

은주: 글쎄, 행위에 따른 결과보다 행위 자체의 도덕성을 기　선택지 ③의 근거 (2)
준에 두어야 하는 거 아니야? 행위 자체의 도덕성을 따진다면, 스위치를 눌러서 사람을 '죽이는 것'과 아무　선택지 ①의 근거 (1)
것도 하지 않고 '죽게 내버려 두는 것' 중에 당연히 살인에 해당하는 전자가 더 나쁘지.

보은: 나도 그렇게 생각해. 스위치를 누르면 살인이고, 누르　선택지 ①의 근거 (2)
지 않으면 방관일 텐데, 법적인 측면에서 보더라도 전자는 후자보다 무겁게 처벌되잖아. 게다가 생명의 가치　선택지 ②의 근거 (1)
는 수량화할 수 없으니 한 사람보다 다섯 사람이 가지는 생명의 가치가 더 크다고 말할 수 없어.

영민: 생명의 가치를 수량화할 수 없다는 데 원론적으로는　선택지 ②의 근거 (2)
나도 동의해. 하지만 지금처럼 불가피한 선택의 상황에서 무엇보다 우선해야 할 것은 명확한 기준을 세우는 일이야. 나는 이 상황에서 어떻게 하면 죽는 사람의 수　선택지 ④의 근거 (2)
를 최소화 하는가가 그 기준이 되어야 한다고 생각해.

① 스위치를 누르는 일을 살인으로 본다는 점에 대해 은주는 보은과 견해를 같이한다.

② 생명의 가치를 수량화할 수 없다는 점에 대해 영민은 원론적으로는 보은과 견해를 같이한다.

③ 선택의 딜레마 상황에서 소현은 행위에 따른 결과를, 은주는 행위 자체의 도덕성을 선택의 기준으로 삼는다.

✓ 인명피해가 불가피한 선택의 상황에 놓인다면, 영민은 죽는 사람의 수를 최소화하는 선택을 하고, 소현은 그렇게 하지 않는다. → 소현 역시 죽는 사람의 수를 최소화하는 선택을 함

해설 ④ 인명피해가 불가피한 선택의 상황에서 영민은 죽는 사람의 수를 최소화하는가가 기준이 되어야 한다고 주장한다. 소현 역시 행위에 따른 결과를 선택의 기준으로 보며 다섯 명을 살리는 선택을 할 것이라고 주장한다. 따라서 인명피해가 불가피한 선택의 상황에 놓인다면 영민과 소현은 죽는 사람의 수를 최소화하는 선택을 할 것이다.

[관련 부분]
· 행위에 따른 결과가 선택의 기준이 된다고 생각해. 그래서 나는 스위치를 눌러서 한 명이 죽더라도 다섯 명을 살리는 선택을 할 거야.
· 지금처럼 불가피한 선택의 상황에서 ~ 어떻게 하면 죽는 사람의 수를 최소화 하는가가 그 기준이 되어야 한다고 생각해.

오답분석 ① 스위치를 누르는 일을 살인으로 본다는 점에서 은주와 보은은 모두 견해를 같이 한다.

[관련 부분]
· 스위치를 눌러서 사람을 '죽이는 것'과 아무것도 하지 않고 '죽게 내버려 두는 것' 중에 당연히 살인에 해당하는 전자가 더 나쁘지.
· 스위치를 누르면 살인이고, 누르지 않으면 방관일 텐데, ~

② 생명의 가치를 수량화할 수 없다는 점에서 영민은 원론적으로는 동의하며 보은과 견해를 같이 한다.

[관련 부분]
· 생명의 가치를 수량화할 수 없다는 데 원론적으로는 나도 동의해.
· 생명의 가치는 수량화할 수 없으니 ~

③ 선택의 딜레마 상황에서 소현은 행위에 따른 결과를, 은주는 행위 자체의 도덕성을 선택의 기준으로 삼고 있다.

[관련 부분]
· 행위에 따른 결과가 선택의 기준이 된다고 생각해.
· 행위에 따른 결과보다 행위 자체의 도덕성을 기준에 두어야 하는 거 아니야?

02

갑~병의 주장을 분석한 내용으로 적절한 것만을 〈보기〉에서 모두 고르면?

> 갑: 오늘날 사회는 계급 체계가 인간의 생활을 전적으로 규정하지 않는다. 실제로 많은 사람이 사회 이동을 경험하며, 전문직 자격증에 대한 접근성 또한 증가하였다. 인터넷은 상향 이동을 위한 새로운 통로를 제공하고 있다. 이에 따라서 전통적인 계급은 사라지고, 이제는 계급이 없는 보다 유동적인 사회질서가 새로 정착되었다.
> → '갑'의 주장: 오늘날 계급이 없는 유동적인 사회 질서가 정착되었다.
>
> 을: 지난 30년 동안 양극화는 더 확대되었다. 부가 사회 최상위 계층에 집중되는 것에 대한 우려가 커지고 있다. 과거 계급 불평등은 경제 전반의 발전을 위해 치를 수밖에 없는 일시적 비용이었다고 한다. 하지만 경제 수준이 향상된 지금도 이 불평등은 해소되지 않고 있다. 오늘날 세계화와 시장 규제 완화로 인해 빈부 격차가 심화되고 계급 불평등이 더 고착되었다.
> → '을'의 주장: 오늘날 계급 불평등이 고착되었다.
>
> 병: 오랫동안 지속되었던 계급의 전통적 영향력은 확실히 약해지고 있다. 하지만 현대 사회에서 계급 체계는 여전히 경제적 불평등의 핵심으로 남아 있다. 사회 계급은 아직도 일생에 걸쳐 개인의 삶에 큰 영향을 미친다. 특정 계급의 구성원이라는 사실은 수명, 신체적 건강, 교육, 임금 등 다양한 불평등과 관련된다. 이는 계급의 종말이 사실상 실현될 수 없는 현실적이지 않은 주장이라는 점을 보여준다.
> → '병'의 주장: 현대 사회에 계급은 여전히 존재한다.

〈보기〉
ㄱ. 갑의 주장과 을의 주장은 대립하지 않는다. → 대립한다
ㄴ. 을의 주장과 병의 주장은 대립하지 않는다.
ㄷ. 병의 주장과 갑의 주장은 대립하지 않는다. → 대립한다

① ㄱ ② ㄴ ③ ㄱ, ㄷ ④ ㄴ, ㄷ

해설 ② 갑은 오늘날 계급이 없는 유동적인 사회 질서가 정착되었다고 말하며 현대 사회에 계급이 사라졌음을 주장한다. 이와 반대로 을은 오늘날 계급 불평등이 고착되었음을 주장하고 병은 현대사회에서 계급의 종말이 사실상 실현될 수 없다고 말하며 현대 사회에 계급이 여전히 존재함을 주장한다. 이를 통해 갑의 주장은 을, 병의 주장과 대립하고, 을과 병의 주장은 서로 대립하지 않음을 알 수 있다. 따라서 답은 ② 'ㄴ'이다.

오답분석
- ㄱ: 갑의 주장과 을의 주장은 대립한다.
- ㄷ: 병의 주장과 갑의 주장은 대립한다.

03

글쓴이의 견해에 부합하는 것은?

> 문화란 공동체의 구성원들이 공유하는 생각과 행동 양식의 총체라고 할 수 있다. 문화를 연구하는 사람들의 주된 관심사는 특정 생각과 행동 양식이 하나의 공동체 안에서 전파되는 기제이다.
>
> 이에 대한 견해 중 하나는 문화를 생각의 전염이라는 각도에서 바라보는 것이다. 예컨대, 리처드 도킨스는 '밈(meme)'이라는 개념을 통해 생각의 전염 과정을 설명하고자 했다. 그에 따르면 문화는 복수의 밈으로 이루어져 있는데, 유전자에 저장된 생명체의 주요 정보가 번식을 통해 복제되어 개체군 내에서 확산되듯이, 밈 역시 유전자와 마찬가지로 공동체 내에서 복제를 통해 확산된다. (선택지 ③의 근거)
>
> 그러나 문화 전파의 기제를 설명하는 이론으로는 밈 이론 (선택지 ①의 근거) 보다 의사소통 이론이 더 적절해 보인다. 일례로, 요크셔 지역에 내려오는 독특한 푸딩 요리법은 누군가가 푸딩 만드는 것을 지켜본 후 그것을 그대로 따라 하는 방식으로 전파되었다기보다는 요크셔푸딩 요리법에 대한 부모와 친척, 친구들의 설명을 통해 입에서 입으로 전파되고 공유되었을 가능성이 크다.
>
> 생명체의 경우와 달리 문화는 완벽하게 동일한 형태로 전파되지 않는다. 전파된 문화와 그것을 수용한 결과는 큰 틀에서는 비슷하더라도 세부적으로는 다를 수밖에 없다. 다시 말해 요크셔 지방의 푸딩 요리법은 다른 지방의 푸딩 요리법과 변별되는 특색을 지니는 동시에 요크셔 지방 내부에서도 가정이나 개인에 따라 약간씩의 차이를 보인다. 이는 푸딩 요리법의 수신자가 발신자가 전해 준 정보에다 자신의 생각을 덧 (선택지 ②의 근거 (1)) 붙였기 때문인데, 복제의 관점에서 문화의 전파를 설명하는 이론으로는 이와 같은 현상을 설명하기 어렵다. (선택지 ④의 근거) 반면, 의사소통 이론으로는 설명 가능하다. 이에 따르면 사람들은 자신이 (요크셔 지방 요리법이 다른 현상) 들은 이야기를 남에게 전달할 때 들은 이야기에다 자신의 생 (선택지 ②의 근거 (2)) 각을 더해서 그 이야기를 전달하기 때문이다.

☑ 문화의 전파 기제는 밈 이론보다는 의사소통 이론으로 설명하는 것이 적절하다.
② 의사소통 이론에 따르면 문화의 수용 과정에는 수용 주체의 주관이 개입하지 않는다. ×
③ 의사소통 이론에 따르면 특정 공동체의 문화는 다른 공동체로 복제를 통해 전파될 수 있다. (밈)
④ 요크셔푸딩 요리법이 요크셔 지방의 가정이나 개인에 따라 세부적인 차이를 보이는 현상은 밈 이론에 의해 설명할 수 있다. ×

해설 ① 3문단 1~2번째 줄에서 문화 전파의 기제를 설명하는 이론으로 밈 이론보다 의사소통 이론이 더 적절함을 언급하고 있으므로 글쓴이의 견해에 부합한다.

오답분석
② 4문단을 통해 의사소통 이론은 문화를 수용할 때 사람들의 생각이 덧붙는다고 보는 이론임을 알 수 있으므로 ②는 글쓴이의 견해와 부합하지 않는다.
③ 2문단 끝에서 1~2번째 줄을 통해 공동체 문화가 복제를 통해 전파된다고 보는 것은 의사소통 이론이 아닌 밈 이론임을 알 수 있으므로 글쓴이의 견해와 부합하지 않는다.
④ 4문단 끝에서 4~5번째 줄에서 요크셔푸딩 요리법이 요크셔 지방 내에서도 차이를 보이는 현상은 복제의 관점에서 문화의 전파를 설명하는 밈 이론으로 설명하기 어렵다고 하였으므로 글쓴이의 견해와 부합하지 않는다.

04
다음 글을 읽고 필자의 서술태도와 가장 거리가 먼 것을 고르시오.

> 겨울철에 빙판이 만들어지면 노인들의 낙상 사고가 잦아진다. 대부분의 노인들은 (근육 감소로 인한 순발력 저하)로 〔선택지 ①의 근거 - 논리적 원인〕 (방어기제가 제대로 작동하지 않는다). (그런 사고를 당하면 〔결과〕 〔원인〕 운동이 부족해져) 그나마 남아 있던 (근육이 퇴화하고 노화 〔결과〕 가 빨라진다). 건강수명은 대부분 거기서 끝이다. 참으로 무서운 일이다. 그럼에도 불구하고 노년층에게 적극적으로 근력운동을 처방하지 않는다. 우리의 주변을 둘러보라. 요양병원이 상당히 많이 늘어났다. 앞으로도 부가가치가 매우 높은 산업이라고 한다. 안타까운 일이다.
> 〔선택지 ③의 근거 - 비판적〕
> 〔선택지 ④의 근거 - 동정적〕

① 논리적　　　　　　　☑ 회고적 ➜ 지문에서 확인 ×
③ 비판적　　　　　　　④ 동정적

해설 ② 필자는 노인들에게 근력 운동을 처방하지 않는 것과 요양병원의 수가 늘어난 것이 사회적 문제가 아닌 부가가치가 높은 산업으로 평가되고 있는 상황에 대해 안타까움을 드러내고 있을 뿐이다. 지문에서 회고적 태도가 나타나는 부분은 확인할 수 없으므로 ②는 필자의 서술 태도와 거리가 멀다.
· 회고: 옛 자취를 돌이켜 생각함

오답분석
① 필자는 겨울철에 노인들이 낙상 사고를 당하는 이유를 '근육 감소 → 순발력 저하 → 방어 기제가 제대로 작동하지 않음'과 같이 인과적으로 설명하고 있다. 또한 낙상 사고를 당한 노인들이 건강수명을 잃게 되는 이유 역시 '사고로 인한 운동 부족 → 근육 퇴화 및 노화 촉진'과 같이 인과적으로 설명하고 있다. 따라서 필자는 '논리적' 서술 태도를 갖추고 있음을 알 수 있다.
· 논리적: 1. 논리에 맞는 것 2. 사고나 추리에 능한 것
③ 필자는 노년층에게 적극적으로 근력 운동을 처방하지 않는 것에 대해 '비판적' 태도를 드러내고 있다.
· 비판적: 현상이나 사물의 옳고 그름을 판단하여 밝히거나 잘못된 점을 지적하는 것
④ '안타까운 일이다'라며 노년층에 대한 '동정적' 태도를 갖추고 있음을 알 수 있다.
· 동정적: 남의 어려운 처지를 안타깝게 여기는 것

05
글쓴이의 견해에 부합하지 않는 것은?

> 사물 인터넷(IoT, Internet of Things)의 정의로 '수십억 개의 사물이 서로 연결되는 것'이라고 설명하는 것은 그리 유용하지 않다. 사물 인터넷이 무엇인지 이해하기 위해서는 '사물'에서 출발하기보다는 '인터넷'에서 출발하는 것이 좋다. 인터넷이 전 세계의 컴퓨터를 서로 소통하도록 만든다는 생각이 실현된 것이라면, 사물 인터넷은 이제 전 세계의 사물들을 '컴퓨터로 만들어' 서로 소통하도록 만든다는 생각을 실현하는 것이다. 컴퓨터는 본래 전원이 있고 칩이 있고, 이것이 통신 장치와 프로토콜을 갖게 되어 연결된 것이다. 그렇다면 이제는 전원이 있었던 전자 기기나 기계 등은 그 자체로, 전원이 없었던 일반 사물들은 새롭게 센서와 배터리, 통신 모듈이 부착되면서 컴퓨터가 되고 이렇게 컴퓨터가 된 사물들이 그들 간에 또는 인간의 스마트 기기와 네트워크로 연결되는 것이다.
> 〔선택지 ②의 근거〕

현재의 인터넷과 사물 인터넷의 차이를, 혹자는 사람이 개입되는 것은 사물 인터넷이 아니라고 이야기하면서 엄격한 M2M(Machine to Machine)이라는 개념에 근거해 설명한다. 또 혹자는 사물 인터넷이 실현되려면 사람만큼 사물이 판단할 수 있어야 한다고 주장하면서 사물의 지능성을 중요시하는 경우도 있는데, 두 가지 모두 그릇된 것이다. 사물 인터넷을 제대로 이해하려면 기존 인터넷과의 차이점에 주목하기보다는 오히려 공통점을 인식하는 것이 더 중요하다. 컴퓨터를 서로 연결하는 수준에서 출발한 것이 기존의 인터넷이라면, 이제는 사물 각각이 컴퓨터가 되고, 그 사물들이 사람과 손쉽게 닿는 스마트폰, 스마트 워치 등과 서로 소통하는 것이다.

① 사물 인터넷의 개념을 파악하기 위해서는 기존 인터넷과의 공통점을 이해하는 것이 필요하다.
② 센서와 배터리, 통신 모듈 등을 갖춘 사물들이 네트워크로 연결되어 사물 인터넷으로 기능한다.
③ 사물 인터넷은 사람 수준의 지능을 가진 사물들이 네트워크상에서 인간의 개입 없이 서로 소통하는 것으로 정의된다.
④ 사물 인터넷은 컴퓨터가 아니었던 사물도 네트워크로 연결될 수 있다는 점에서 기존의 인터넷과 다르다.

해설 ③ 글쓴이는 사람이 개입되는 것은 사물 인터넷이 아니라는 의견과 사물의 지능성을 중요시하는 생각이 모두 그릇되었다고 말한다. 따라서 ③은 글쓴이의 견해에 부합하지 않는 내용이다.

오답분석
① 2문단 끝에서 5~7번째 줄을 통해 알 수 있다.
② 1문단 끝에서 1~5번째 줄을 통해 알 수 있다.
④ 2문단 끝에서 1~3번째 줄을 통해 알 수 있다.

06
다음 글쓴이의 입장에 부합하는 것은?

효(孝)가 개인과 가족, 곧 일차적인 인간관계에서 일어나는 행위를 규정한 것이라면, 충(忠)은 가족이 아닌 사람들과의 관계, 곧 이차적인 인간관계에서 일어나는 사회적 행위를 규정한 것이었다. 그런데 언제부턴가 우리는 효를 순응적 가치관을 주입하는 봉건 가부장제 사회의 유습이라고 오해하는가 하면, 충과 효를 동일시하는 오류를 저지르는 경향이 많아졌다. 다음을 보자.

"부모에게 효도하고 형제를 사랑하는 사람은 윗사람의 명령을 거역하는 경우가 드물다. 또 윗사람의 명령을 어기지 않는 사람은 난동을 일으키는 경우도 드물다. 군자는 근본에 힘쓴다. 근본이 확립되면 도가 생기기 때문이다. 효도와 우애는 인(仁)의 근본이다."

위 구절에 담긴 입장을 기준으로 보면 효는 윗사람에 대한 절대 복종으로 연결된다. 곧 종족 윤리의 기본이 되는 연장자에 대한 예우는 물론이고 신분 사회의 엄격한 상하 관계까지 포괄적으로 인정하는 것이다. 하지만 이 구절만을 근거로 효를 복종의 윤리라고 보는 것은 성급한 판단이다. 왜냐하면 원래부터 효란 가족 윤리 또는 종족 윤리로서 사회 윤리였던 충보다 우선시되었을 뿐만 아니라, 유교의 기본 입장은 설사 부모의 명령이라 하더라도 옳고 그름을 가리지 않는 맹목적인 복종은 그 자체가 불효라고 보았기 때문이다.

유교에서는 부모와 자식의 관계가 자연에 의해서 결정된다고 한다. 이 때문에 부모와 자식의 관계는 인위적으로 끊을 수 없다고 본다. 이에 비해 임금과 신하의 관계는 공동의 목표를 위한 관계로서 의리에 의해서 맺어진 관계로 본다. 의리가 맞지 않는다면 언제라도 끊을 수 있다고 생각하는 것이다.

① 효는 봉건 가부장제 사회에서 비롯한 일차적 인간관계이다.
② 효는 부모와 자식 간의 관계이므로 조건 없는 신뢰에 기초한 덕목이다.
③ 윗사람에 대한 복종을 절대시하지 않는 것이 유교적 윤리의 한 바탕이다.
④ 충의 도리를 다함으로써 효의 도리에 도달할 수 있다는 것이 인의 이치다.

해설 ③ 3문단 끝에서 1~3번째 줄과 4문단 끝에서 1~3번째 줄을 통해 유교적 윤리의 한 바탕이 윗사람(부모, 임금)에 대한 복종을 절대시하지 않는 것이었음을 알 수 있다. 따라서 글쓴이의 입장에 부합하는 것은 ③이다.

오답분석
① 1문단 끝에서 3~4번째 줄을 통해 효가 봉건 가부장제 사회의 유습이라는 것은 오해임을 알 수 있다. 따라서 효가 봉건 가부장제 사회에서 비롯된 일차적 인간관계라는 내용은 글쓴이의 입장에 부합하지 않는다.
② 3문단 끝에서 1~2번째 줄을 통해 맹목적인 복종은 그 자체가 불효라고 하였으므로 효가 조건 없는 신뢰에 기초한 덕목이라는 내용은 글쓴이의 입장에 부합하지 않는다.
④ 3문단 끝에서 3~4번째 줄을 통해 효는 가족 윤리로서 사회 윤리였던 충보다 우선시되었음을 알 수 있으므로 충의 도리를 다함으로써 효의 도리에 도달할 수 있다는 것이 인의 이치라는 내용은 글쓴이의 입장에 부합하지 않는다.

07
밑줄 친 부분의 이유에 대한 필자의 견해로 볼 수 없는 것은?

> 관리가 본디부터 간악한 것이 아니다. 그들을 간악하게 만드는 것은 법이다. 간악함이 생기는 이유는 이루 다 열거할 수 없다. 대체로 직책은 하찮은데도 재주가 넘치면 간악하게 되며, 지위는 낮은데도 아는 것이 많으면 간악하게 되며, 노력을 조금 들였는데도 효과가 신속하면 간악하게 되며, 자신은 그 자리에 오랫동안 있는데 자신을 감독하는 사람이 자주 교체되면 간악하게 되며, 자신을 감독하는 사람의 행동이 또한 정도에서 나오지 않으면 간악하게 되며, 아래에 자신의 무리는 많은데 윗사람이 외롭고 어리석으면 간악하게 되며, 자신을 미워하는 사람이 자신보다 약하여 두려워하면서 잘못을 밝히지 않으면 간악하게 되며, 자신이 꺼리는 사람이 같이 죄를 범하였는데도 서로 버티면서 죄를 밝히지 않으면 간악하게 되며, 형벌에 원칙이 없고 염치가 확립되지 않으면 간악하게 된다. …… 간악함이 일어나기 쉬운 것이 대체로 이러하다.

선택지 ①의 근거 / 선택지 ③의 근거 / 선택지 ④의 근거

① 노력은 적게 들이고 성과를 빨리 얻는다.
✅ 자신이 범한 과오를 감추고 남의 잘못을 드러낸다.
→ 지문에서 확인 ✕
③ 자신은 같은 자리에 있으나 감독자가 자주 교체된다.
④ 자신의 세력이 밑에서 강한 반면 상부는 외롭고 우매하다.

해설 ② 끝에서 3~4번째 줄을 통해 필자는 꺼려하는 사람과 같이 죄를 지었는데도 서로 죄를 밝히지 않았을 때 간악함이 일어나기 쉽다고 주장함을 알 수 있다. 그러나 ②의 설명은 지문을 통해 확인할 수 없으므로 필자의 견해로 볼 수 없다.

오답분석
① 4~5번째 줄을 통해 확인할 수 있다.
③ 5~7번째 줄을 통해 확인할 수 있다.
④ 끝에서 6~7번째 줄을 통해 확인할 수 있다.

08
다음 중 아래 글에 나타난 저자의 의도를 가장 적절하게 설명한 것은?

> 인공지능은 컴퓨터 프로그램을 활용해 인간과 비슷한 인지적 능력을 구현한 기술을 말한다. 인공지능은 기본적으로 보고 듣고 읽고 말하는 능력을 갖춤으로써 인간과 대화할 수 있을 뿐만 아니라 지적 판단이 필요한 상황에서 합리적 결정을 내릴 수 있다. 인공지능이 인간의 말을 알아듣고 명령을 실행하는 똑똑한 기계가 되는 것은 반길 일인가, 아니면 주인과 노예의 관계를 역전시키는 재앙이라고 경계해야 할 일인가?

선택지 ①의 근거 - 인공지능에 대한 긍정적·부정적 관점 제시

✅ 쟁점 제기 ② 정서적 공감
③ 논리적 설득 ④ 배경 설명

해설 ① 지문의 1~2번째 줄에는 인공지능에 대한 정의가 제시되어 있고, 2~4번째 줄에는 인간과의 상호 작용을 할 수 있고 지적 판단이 필요한 상황에서 합리적 결정을 내릴 수 있다는 인공지능의 특징이 제시되어 있다. 이어서 끝에서 1~4번째 줄에서는 앞에서 설명한 인공지능의 특징을 바탕으로 인공지능이 똑똑한 기계가 되는 것에 대한 긍정의 관점과 부정의 관점을 동시에 제기하고 있다. 따라서 저자의 의도는 인공지능에 대한 쟁점을 제기하는 것임을 알 수 있다.

· 쟁점: 서로 다투는 중심이 되는 점

09
다음 글에 대한 이해로 적절하지 않은 것은?

(가) 유전자 변형 농작물에 대한 서로 다른 입장이 있다. 하나는 실질적 동등성을 주장하는 입장이고 다른 하나는 사전 예방 원칙을 주장하는 입장이다.

(나) ㉠실질적 동등성의 입장에서는 유전자 재조합 방식*으로 만들어진 농작물이 기존의 품종 개량 방식인 육종으로 만들어진 농작물과 같다고 본다. 육종은 생물의 암수를 교잡하는 방식으로 품종을 개량하는 것인데, 유전자 재조합은 육종을 단기간에 실시한 것에 불과하다는 것이다. 따라서 육종 농작물이 안전하기 때문에 육종을 단기간에 실시한 유전자 변형 농작물도 안전하며, 그것의 재배와 유통에도 문제가 없다는 것이 그들의 주장이다.

(다) ㉡사전 예방 원칙의 입장에서는 유전자 변형 농작물은 유전자 재조합이라는 신기술로 만들어진 완전히 새로운 농작물로 육종 농작물과는 엄연히 다르다고 본다. 육종은 오랜 기간 동안 동종 또는 유사 종 사이의 교배를 통해 이루어지는 데 반해, 유전자 변형은 아주 짧은 기간에 종의 경계를 넘어 유전자를 직접 조작하는 방식으로 이루어지기 때문에 서로 다르다는 것이다. 그리고 안전성에 대한 과학적 증명도 아직 제대로 이루어지지 못했기 때문에 안전성이 증명될 때까지 유전자 변형 농작물의 재배와 유통이 금지되어야 한다고 주장한다.

(라) 유전자 변형 농작물이 인류의 식량 문제를 해결해 줄 수도 있다. 그렇지만 그것의 안전성에 대한 의문이 완전히 해소된 것은 아니다. 따라서 유전자 변형 농작물에 대해 관심을 가지고 보다 현실적인 대비책을 고민해야 한다.

* 유전자 재조합 방식: 미세 조작으로 종이나 속이 다른 생물의 유전자를 한 생물에 집어넣어 활동하게 하는 기술.

① ㉠과 ㉡은 유전자 변형 농작물의 성격을 두고 상반된 주장을 하고 있군.
② ㉠과 ㉡은 모두 유전자 변형 농작물의 유통을 위해서는 안전성이 확보되어야 한다고 보는군.
③ ㉠은 유전자 변형 농작물과 육종 농작물이 모두 안전하다고 생각하는군.
④ ㉡은 육종 농작물과 유전자 변형 농작물에 유전자 재조합 방식이 적용된다고 주장하고 있군.

해설 ④ (다)의 1~3번째 줄을 통해 ㉡은 유전자 변형 농작물에 유전자 재조합 방식이 적용되었기 때문에 육종 농작물과 다르다고 본다는 것을 알 수 있다. 따라서 ㉡이 육종 농작물에 유전자 재조합 방식이 적용된다고 주장한다는 ④의 이해는 적절하지 않다.

오답분석
① (나)를 통해 ㉠은 유전자 재조합 방식으로 만들어진 농작물이 육종과 같은 성격이라고 주장하고 있음을 알 수 있다. 또한 (다)를 통해 ㉡은 유전자 재조합 방식으로 만들어진 농작물이 육종과 완전히 다른 성격이라고 주장함을 알 수 있다. 이를 통해 ㉠과 ㉡은 유전자 변형 농작물의 성격을 두고 상반된 주장을 하고 있음을 알 수 있다.
② (나)의 끝에서 1~3번째 줄을 통해 ㉠은 유전자 변형 농작물이 안전하기 때문에 유통해도 문제가 없다고 주장함을 알 수 있고, (다)의 끝에서 1~2번째 줄을 통해 ㉡은 유전자 변형 농작물의 안전성이 증명될 때까지 유전자 변형 농작물의 유통이 금지되어야 한다고 주장함을 알 수 있다. 이를 통해 ㉠과 ㉡은 모두 유전자 변형 농작물의 유통에는 기본적으로 안정성이 확보되어야 한다고 본다는 것을 알 수 있다.
③ (나)의 끝에서 2~3번째 줄을 통해 ㉠은 육종 농작물이 안전하기 때문에 유전자 변형 농작물도 안전하다고 주장함을 알 수 있다. 이를 통해 ㉠은 유전자 변형 농작물과 육종 농작물이 모두 안전하다고 생각한다는 것을 알 수 있다.

10

㉠과 ㉡에 대한 글쓴이의 견해로 적절하지 않은 것은?

> '대중예술'이라는 용어는 다소 모호하게 사용된다. 이 용어는 19세기부터 쓰였고, 오늘날에는 대중매체 예술뿐 아니라 서민들이 향유하는 예술에도 적용된다. 이 용어의 사용과 관련하여 제기되는 비판과 의문은, 예술이란 용어 자체가 이미 고유한 미적 가치를 함축하고 있기 때문에 대중예술이라는 개념은 본질적으로 모순이며 범주상의 오류라는 것이다. 이 같은 논쟁은 고급 예술과 대중예술 사이의 위계적 이분법 아래에 예술 대 엔터테인먼트라는 대립이 존재함을 알려 준다.
>
> 대중예술과 마찬가지로 엔터테인먼트는 고급 문화와 대비하여 저급한 것으로 널리 규정되어 왔다. 결과적으로 엔터테인먼트와 대중예술에 관한 이론은 대개 두 입장 사이에 놓인다. ㉠첫 번째 입장은 엔터테인먼트가 고급 문화를 차용해서 타락시키는 것이라고 주장하면서, 엔터테인먼트를 고급 문화에 전적으로 의존하고, 종속되며 그것에서 파생되는 것으로 간주한다. ㉡두 번째 입장은 엔터테인먼트를 고급 문화와 동떨어진 영역, 즉 고급 문화에 도전함으로써 대립적인 태도를 유지하면서 엔터테인먼트 자체의 자율적 규칙, 가치, 원리와 미적 기준을 갖고 있는 것으로 규정한다.
>
> 첫 번째 입장은 다양한 가치를 이상적인 진리 안에 종속시킴으로써, 예술의 형식과 즐거움의 미적 가치에 대한 어떠한 상대적 자율성도 인정하지 않는다. 두 번째 입장은 대중예술에 대한 극단적 자율성을 주장하는 것으로서, 고급 예술이 대중예술에 대하여 휘두르고 있는 오래된 헤게모니의 흔적을 제대로 평가하지 않을 뿐 아니라 고급 예술과 대중예술 사이의 관계를 설명하지 못한다.

① ㉠은 고급 문화와 엔터테인먼트 사이의 위계성을 설명하지 못한다.
② ㉠은 대중예술과 엔터테인먼트에 비해 고급 예술과 고급 문화의 우월성을 강조한다.
③ ㉡은 고급 예술과 대중예술 사이의 관계성을 설명하지 못한다.
④ ㉡은 고급 예술과 고급 문화에 대해 대중예술과 엔터테인먼트의 독자성을 강조한다.

해설 ① 2문단 5~7번째 줄에서 ㉠은 엔터테인먼트가 고급 문화에 의존하고 종속되며, 엔터테인먼트가 고급 문화에서 파생된 것으로 본다고 설명한다. 이는 고급 문화와 엔터테인먼트 사이에 위계가 있다고 보는 입장이므로 ①의 설명은 글쓴이의 견해로 적절하지 않다.

오답분석
② 2문단 4~7번째 줄 내용에 따르면 ㉠은 엔터테인먼트가 고급 문화를 차용하여 타락시킨다고 주장하면서 엔터테인먼트를 고급 문화의 하위 개념으로 간주하고 있다. 따라서 ㉠이 대중예술과 엔터테인먼트에 비해 고급 예술과 고급 문화의 우월성을 강조한다는 ②의 설명은 글쓴이의 견해로 적절하다.
③ 3문단 끝에서 1~2번째 줄을 통해 확인할 수 있다.
④ 2문단 끝에서 1~4번째 줄 내용에 따르면 ㉡은 엔터테인먼트가 고급 문화와 동떨어진 영역이며, 자체적으로 규칙, 가치, 원리, 미적 기준을 갖고 있다고 한다. 따라서 ㉡이 대중예술과 엔터테인먼트의 독자성을 강조한다는 ④의 설명은 글쓴이의 견해로 적절하다.

11

다음 글에 나타난 필자의 견해로 볼 수 없는 것은?

> 서양에서 주인공을 '히어로(hero)', 즉 '영웅'이라고 부른 것은 고대 서사시나 희곡의 소재가 되던 주인공들이 초인간적인 능력을 가진 인물들이었기 때문이다. 신화적 세계관 속에서 영웅들은 신과 밀접한 관계를 맺거나 신의 후손이기도 하였다.
>
> 신화와 달리 문학 작품은 인물의 행위를 단일한 것으로 통일시킨다. 영웅들의 초인간적이고 신적인 행위는 차차 문학 작품의 구조에 제한되어 훨씬 인간화되었다. 문학 작품의 통일된 구조에 적합하지 않은 것은 대폭 수정되거나 제거되는 수밖에 없었다.
>
> 아리스토텔레스는 비극이 '보통보다 우수한 인물'을 모방한다고 하였는데, 이는 문학의 인물이 신화의 영웅이 아닌 보통의 인간임을 지적한 것이다. 극의 주인공은 작품의 통일성을 기하는 데 기여하는 중심적인 인물이면 된다고 한 것으로 볼 수 있다.
>
> 낭만주의 및 역사주의 비평가들은 작중 인물을 실제 인물인 양 따로 떼어 내어, 그의 개인적인 역사를 재구성해 보려고도 하였다. 그들은 영웅이라는 표현 대신 '성격(인물, character)'이라는 개념을 즐겨 썼는데, 이 용어는 지금도 비평계에서 애용되고 있다.

① 영웅이라는 말은 고대의 예술적 조건과 자연스럽게 관련된다.
② 신화의 영웅은 문학 작품에 와서 점차 인간화되었다.
③ 아리스토텔레스가 말한 '보통보다 우수한 인물'은 신화적 영웅과 다르다.
✓ 역사주의 비평가들은 작중 인물을 역사적 영웅으로 재평가하려고 했다.

[해설] ④ 4문단의 내용을 통해 역사주의 비평가들은 작중 인물의 개인적인 역사를 재구성하려고 하였을 뿐, 역사적 영웅으로 재평가하였는지는 알 수 없다.

[오답분석] ① 1문단의 1~3번째 줄을 통해 영웅이라는 말은 고대 서사시나 희곡의 주인공과 연관이 있으므로 고대의 예술적 조건과 관련된다는 것을 알 수 있다.
② 2문단의 2~3번째 줄을 통해 확인할 수 있다.
③ 3문단의 1~3번째 줄을 통해 확인할 수 있다.

12
다음 글에서 '칸트'의 견해로 볼 수 없는 것은?

칸트는 계몽이란 인간이 자신의 과오로 인한 미성년 상태로부터 벗어나는 것이라고 했다. 이때 '미성년 상태'는 타인의 지도 없이는 스스로의 이성을 사용할 수 없는 상태를 뜻하며, 이를 벗어나는 데 필요한 것은 용기를 내어 스스로의 이성을 사용하려고 하는 것이다.
　선택지 ③의 근거

칸트에 의하면 계몽은 두 가지 양상으로 이루어진다. 하나는 개인적 계몽으로 각자 스스로 미성년 상태를 벗어나서 이성 능력을 발휘하는 것이다. 하지만 모든 사람이 개인적 계몽을 이룰 수 있는 것은 아니다. 미성년 상태는 편하다. 이 상태의 개인은 스스로 생각하고 판단함으로써 저지를지 모르는 실수의 위험을 과장해서 생각한다. 한 개인이 실수의 두려움으로 인해 미성년 상태에 머무르기를 선택하면 편안함에 대한 유혹과 실수에 대한 공포심을 극복하며 스스로를 계몽하기는 힘들다.
　선택지 ①의 근거

대중 일반의 계몽은 이보다는 쉽게 이루어질 수 있다. 어느 시대에나 개인적 계몽에 성공한 독립적인 정신의 사상가들이 있기 마련이고, 이들은 편안함에 안주하며 두려움의 방패 뒤에 도피하려는 사람들의 의식을 일깨워 자각의 계기를 제공해 줄 수 있다. 개인적 계몽에 성공한 이들에게 자신의 생각을 표현하고 발표하는 자유가 주어진다면 계몽 정신은 자연스레 널리 전파될 것이고 사람들은 독립에의 공포심에서 벗어나 스스로 생각하는 성년 단계로 진입하게 될 것이다.
　선택지 ④의 근거

칸트는 대중 일반의 계몽을 위해 필요한 이성의 사용을 이성의 공적 사용이라 일컫는다. 이성의 사용은 사적 사용과 공적 사용으로 구분된다. 이성의 사적 사용은 각자가 개인이나 소규모 공동체의 이익을 위해 이성을 사용하는 것을 말한다. 그러나 한 개인이 몸담고 있는 공동체의 범위를 벗어나 세계 시민의 한 사람으로서 그리고 학자로서 글을 통해 자신의 생각을 대중에게 전달하게 되면 그는 이성을 공적으로 사용하는 것이 된다.
　선택지 ②의 근거

① 개인적 계몽을 모든 사람이 이룰 수 있는 것은 아니다.
② 대중 일반의 계몽을 위한 이성의 사용을 이성의 공적 사용이라 불렀다.
③ 미성년 상태에서 벗어나기 위해서는 스스로의 이성을 사용하려고 해야 한다.
✓ 개인적 계몽을 이룬 이들에게 자유가 주어진다면 독립에 대한 공포심에 빠지게 된다.

[해설] ④ 3문단 끝에서 1~4번째 줄을 통해 칸트는 개인적 계몽을 이룬 이들에게 자유가 주어진다면 독립에 대한 공포심에서 벗어날 수 있다고 보았음을 알 수 있다. 따라서 답은 ④이다.

[오답분석] ① 2문단의 3~4번째 줄을 통해 확인할 수 있다.
② 4문단의 1~2번째 줄을 통해 확인할 수 있다.
③ 1문단의 4~5번째 줄을 통해 확인할 수 있다.

13
〈보기〉의 비판 대상으로 가장 옳지 않은 것은?

〈보기〉

그는 가상의 대화에서 스스로 채식주의의 대변인이 되어 다양한 육식 옹호론자들의 위선과 논리적 허구성을 논박함으로써 육식의 폐해를 신랄하게 비판하고 채식 위주로의 식습관 개혁을 역설한다. 그러면서 육식을 반대하기 위한 형식 논리에 빠지지 않도록 신문 기사를 비롯한 다양한 사실적 논거들을 제시함으로써 설득력을 확보한다.

우리나라에서는 아직까지 채식주의는 특정 종교에 국한되거나 지나치게 염결한 사람들의 기벽 정도에 치부되고 있다. 한 예로 장거리 비행기를 탈 때 채식주의 기내식을 요구하는 한국인은 극히 드물다.

① 육류 위주의 식습관
② 채식주의 기내식 요구자 ✓
③ 육식 옹호론자들의 위선
④ 채식주의를 기벽으로 치부하는 사회

해설 ② 〈보기〉의 비판 대상으로 가장 옳지 않은 것은 ② '채식주의 기내식 요구자'이다. 필자는 육식을 옹호하는 사람들의 위선과 허구성을 비판하고 채식 위주의 식습관으로 개선할 것을 주장하고 있으므로, 채식주의 기내식을 요구하는 사람은 비판의 대상이 아님을 알 수 있다.

14
필자의 견해로 볼 수 없는 것은?

우리는 우리가 생각한 것을 말로 나타낸다. 또 다른 사람의 말을 듣고, 그 사람이 무슨 생각을 가지고 있는가를 짐작한다. 그러므로 생각과 말은 서로 떨어질 수 없는 깊은 관계를 가지고 있다.

그러면 말과 생각이 얼마만큼 깊은 관계를 가지고 있을까? 이 문제를 놓고 사람들은 오랫동안 여러 가지 생각을 하였다. 그 가운데 가장 두드러진 것이 두 가지 있다. 그 하나는 ⁽¹⁾말과 생각이 서로 꼭 달라붙은 쌍둥이인데 한 놈은 생각이 되어 속에 감추어져 있고 다른 한 놈은 말이 되어 사람 귀에 들리는 것이라는 생각이다. 다른 하나는 ⁽²⁾생각이 큰 그릇이고 말은 생각 속에 들어가는 작은 그릇이어서 생각에는 말 이외에도 다른 것이 더 있다는 생각이다.

이 두 가지 생각 가운데서 앞의 것은 조금만 깊이 생각해 보면 틀렸다는 것을 즉시 깨달을 수 있다. 우리가 생각한 것은 거의 대부분 말로 나타낼 수 있지만, 누구든지 가슴 속에 응어리진 어떤 생각이 분명히 있기는 한데 그것을 어떻게 말로 표현해야 할지 애태우는 경험을 가지고 있을 것이다. 이것 한 가지만 보더라도 말과 생각이 서로 안팎을 이루는 쌍둥이가 아님은 쉽게 판명된다.

인간의 생각이라는 것은 매우 넓고 큰 것이며 말이란 결국 생각의 일부분을 주워 담는 작은 그릇에 지나지 않는다. 그러나 아무리 인간의 생각이 말보다 범위가 넓고 큰 것이라고 하여도 그것을 가능한 한 말로 바꾸어 놓지 않으면 그 생각의 위대함이나 오묘함이 다른 사람에게 전달되지 않기 때문에 생각이 형님이요, 말이 동생이라고 할지라도 생각은 동생의 신세를 지지 않을 수가 없게 되어 있다. 그러니 말을 통하지 않고는 생각을 전달할 수가 없는 것이다.

① 말은 생각보다 범위가 좁다.
② 말은 생각을 나타내는 매개체이다.
③ 말과 생각은 불가분의 관계에 놓여 있다.
④ 말을 통하지 않고도 얼마든지 생각을 전달할 수 있다. ✓ (없다)

해설 ④ 지문의 마지막 문장에서 필자는 '말을 통하지 않고는 생각을 전달할 수가 없는 것이다'라고 하였으므로 ④는 필자의 견해로 볼 수 없다.

오답분석
① 4문단의 3번째 줄에서 확인할 수 있다.
② 지문의 첫 문장과 3문단의 2~3번째 줄에서 확인할 수 있다.
③ 1문단의 마지막 문장에서 확인할 수 있다.

15
㉠과 ㉡에 대한 글쓴이의 견해로 적절하지 않은 것은?

1901년에 태어난 ㉠<u>월트 디즈니</u>, 그리고 40년 뒤인 1941년에 태어난 ㉡<u>미야자키 하야오</u>. 두 사람은 닮았으면서도 다른 점이 많은 서양과 동양의 대표적인 애니메이션 감독이다. 두 사람은 모두 어린 시절 전쟁을 경험했다. 그리고 애니메이션을 발견했고, 이를 평생의 업으로 삼았다.
선택지 ②의 근거 (1)

그러나 두 사람이 걸어온 길은 확연히 달랐다. 월트 디즈니는 처음부터 자신의 회사를 설립해 비즈니스를 시작했고, 미야자키 하야오는 애니메이션 회사에 입사해 제작의 첫 단계부터 기초를 쌓아 갔다. 월트 디즈니가 공격적인 방식으로 애니메이션의 새로운 분야를 개발했다면, 미야자키 하야오는 자신이 가장 잘 할 수 있는 작품 제작에만 매달렸다. 작품에서 보여 주고자 하는 내용도 달랐다. 똑같은 모험담이라고 하더라도 월트 디즈니는 늘 가족의 가치에 주목했고, 여기에 엔터테인먼트를 도입했다. 반면 미야자키 하야오는 인물의 성장, 자연의 치유와 같은 가치에 주목했다.
선택지 ④의 근거 (1)
선택지 ②의 근거 (2)

월트 디즈니는 애니메이터라기보다는 사업가이자 혁신가다. 그는 결정적인 순간에 이전의 것을 답습하기보다는 혁신을 선택했다. 또한 가장 최적화된 사업 방식을 고민했고, 그 결과 월트 디즈니는 세계적인 복합 미디어 그룹이 되었다. 미야자키 하야오는 사업가이기보다는 애니메이터이자 크리에이터였다. 애니메이션 제작의 하부 구조에서부터 천천히 올라온 그의 끈기와 노력은 대단한 것이었고, 작품에 대한 그의 창조력과 영감은 놀라웠다. 그 결과 일본 애니메이션은 디즈니를 넘어서는 새로운 미학을 완성할 수 있었다.
선택지 ③의 근거
선택지 ④의 근거 (2)
선택지 ①의 근거

① ㉡은 ㉠을 능가하는 새로운 미학을 창조했다.
✓ ② ㉠은 전쟁으로 인한 상처를 가족의 사랑으로 극복하고자 했다.
→ 지문에서 확인 ×
③ ㉠은 혁신적인 사업 방식을 통해 세계적으로 성공한 사업가이다.
④ ㉡은 사업적 이익을 추구하기보다 자신만의 작품 세계를 구축하는 것을 중시했다.

해설 ② 1문단 4번째 줄과 2문단 끝에서 3번째 줄을 통해 ㉠'월트 디즈니'가 전쟁을 겪었으며 가족의 가치를 중시했음을 알 수 있다. 그러나 가족의 사랑으로 전쟁의 상처를 치유하고자 했다는 내용은 확인할 수 없으므로 ②는 글쓴이의 견해로 적절하지 않다.

오답 분석
① 3문단 끝에서 1~2번째 줄에서 ㉡'미야자키 하야오'는 ㉠'월트 디즈니'를 넘어서는 새로운 미학을 완성했음을 알 수 있다. 따라서 ㉡'미야자키 하야오'가 ㉠'월트 디즈니'를 능가하는 새로운 미학을 창조했다는 내용은 글쓴이의 견해로 적절하다.
③ 3문단 1~4번째 줄에서 ㉠'월트 디즈니'는 혁신과 최적의 사업 방식을 바탕으로 회사를 세계적인 복합 미디어 그룹으로 거듭나게 했음을 알 수 있다. 따라서 ㉠'월트 디즈니'가 세계적으로 성공한 사업가라는 내용은 글쓴이의 견해로 적절하다.
④ 2문단 5~6번째 줄과 3문단 5~6번째 줄을 통해 ㉡'미야자키 하야오'는 사업가이기보다 애니메이터이자 크리에이터였으며, 자신이 가장 잘할 수 있는 작품 제작에만 매달렸음을 알 수 있다. 따라서 ㉡'미야자키 하야오'가 이익을 추구하기보다는 자신만의 작품 세계를 구축하는 것을 중요시했다는 내용은 글쓴이의 견해로 적절하다.

16
갑~병의 주장을 분석한 내용으로 적절한 것만을 <보기>에서 모두 고르면?

갑: 기후 변화 대응은 경제 성장과 균형을 이루어야 한다. 급
'갑'의 주장 (1) - 기후 변화 대응은 경제 성장과 균형을 이뤄야 함
진적인 탄소 감축 정책은 기업 활동을 제약하고 일자리를 감소시킬 위험이 크다. 기술 혁신과 시장 메커니즘을 통해 자연스럽게 친환경 전환을 유도하는 것이 바람직하며, 각국은 자국의 경제 상황에 맞는 단계적 접근을 채택해야 한다. 국가의 경제 상황에 맞지 않는 과도한 환경규제는 국가 경쟁력을 저하시키고 경제적 부담을 가중시킬 뿐이다.
'갑'의 주장 (2) - 급진적 환경 규제는 국가 경쟁력과 경제에 부정적 영향을 줌

을: 기후 위기는 인류 생존을 위협하는 시급한 문제로, 가장
'을'의 주장 - 기후 위기는 인류 생존의 문제, 강력한 환경 대응이 우선시되어야 함
강력한 수준의 대응이 필요하다. 경제적 이익을 위해 환경 보호를 미루는 것은 더 이상 용납될 수 없다. 정부는 화석연료 산업에 대한 즉각적인 규제와 재생에너지로의 신속한 전환을 추진해야 한다. 기후 정의 관점에서 경제적 손실보다 생태계 보전이 우선시되어야 한다.

병: 기후 변화 대응에 있어 사회경제적 맥락을 고려하는 것
'병'의 주장 – 기후 변화 대응은 사회경제적 맥락을 필수적으로 고려해야 함
은 필수적이다. 이는 환경 규제와 혁신 지원을 병행하고, 녹색 일자리를 창출하여 이뤄질 수 있다. 이때 모든 국가는 국제적 협력 체계를 마련하여 기후 변화에 대한 공동의 책임을 져야 하고, 기후 정의와 경제적 현실 사이의 균형점을 찾아야 한다.

〈보기〉
ㄱ. 갑의 주장과 을의 주장은 대립하지 않는다.
ㄴ. 을의 주장과 병의 주장은 대립하지 않는다.
ㄷ. 병의 주장과 갑의 주장은 대립하지 않는다.

① ㄱ
② ㄷ
③ ㄱ, ㄴ
④ ㄴ, ㄷ

해설 ② ㄷ: 갑은 기후 변화 대응에서 경제 성장과의 균형을 강조하며, 급진적 탄소 감축 정책에 반대하고 시장 메커니즘을 통한 자연스러운 친환경 전환을 주장한다. 병은 기후 변화 대응에 있어서 사회경제적 맥락을 고려하는 것이 필수적임을 주장하며, 국제적 협력 체계를 통한 모든 국가의 공동 책임을 강조한다. 따라서 갑과 병은 환경과 경제의 균형을 강조하고 있으므로, 갑의 주장과 병의 주장은 대립하지 않는다.

오답 분석
• ㄱ: 갑은 기후 변화 대응에 있어서 경제와 환경의 균형을 강조하며, 경제 상황에 맞는 단계적 접근을 주장한다. 반면 을은 기후 위기를 인류 생존의 시급한 문제로 보며, 경제적 손실보다 생태계 보전을 우선시한 즉각적이고 강력한 대응을 주장한다. 따라서 갑의 주장과 을의 주장은 대립한다.
• ㄴ: 을은 기후 변화 대응에 있어서 경제적 손실보다 생태계 보전을 우선시해야 하며, 강력한 수준의 대응을 강조한다. 반면 병은 사회경제적 맥락을 고려하는 것이 필수적임을 주장하며, 기후 정의와 경제적 현실 사이의 균형을 강조한다. 따라서 을의 주장과 병의 주장은 대립한다.

04 글의 전략 및 전개 방식 파악하기
p.66

01 ③	02 ④	03 ③	04 ②	05 ④
06 ①	07 ③	08 ④	09 ②	10 ⑤
11 ③	12 ①			

01
다음 글에 대한 설명으로 적절하지 않은 것은?

(가) 20세기 들어서 생태학자들은 지속성 농약이 자연 생태계에 어떤 악영향을 미치는지를 밝힐 수 있었다. 예컨대 제2차 세계대전 이후 전 세계에서 해충 구제용으로 널리 사용됨으로써 농업 생산량 향상에 커다란 기여를 한 디디티(DDT)는 유기 염소계 살충제의 대명사이다.

(나) 그렇지만 (이 유기 염소계 살충제는 물에 잘 녹지 않고 자연에서 햇빛에 의한 광분해나 미생물에 의한 생물학적 분해가 거의 이루어지지 않는다. 그래서 디디티는 토양이나 물속의 퇴적물 속에 수십 년간 축적된다. 게다가 디디티는 지방에는 잘 녹아서 먹이사슬을 거치는 동안 지방 함량이 높은 동물 체내에 그 농도가 높아진다.) 이렇듯 (많은 양의 유기 염소계 살충제를 체내에 축적하게 된 맹금류는 물질대사에 장애를 일으켜서 껍질이 매우 얇은 알을 낳기 때문에, 포란 중 대부분의 알이 깨져 버려 멸종의 길을 걷게 된다.)

(다) 디디티는 쉽게 분해되지 않기 때문에 한번 뿌려진 디디티는 물과 공기, 생물체 등을 매개로 세계 전역으로 퍼질 수 있다. 그래서 디디티에 한 번도 노출된 적이 없는 알래스카 지방의 에스키모 산모의 젖에서도 디디티가 검출되었고, 남극 지방의 펭귄 몸속에서도 디디티가 발견되었다. 이러한 생물 농축과 잔존성의 특성이 밝혀짐으로써 미국에서는 1972년부터 디디티 생산이 전면 중단되었고, 1980년대에 이르러서는 유기 염소계 농약의 사용이 대부분 금지되었다.

(라) 이와 같이 디디티의 생물 농축 현상에서처럼 생태학자들은 한 생물 종에 미치는 오염의 영향이 오랫동안 누적되면 전체 생태계를 훼손시킬 수 있다는 사실을 발견하였다. 그래서인지 최근 우리나라에서도 사소한 환경오염 행위가 장차 어떠한 재앙을 몰고 올 수 있는지에 대한 연구가 활발히 이루어지고 있다.
_{선택지 ④의 근거}

① (가)는 중심 화제를 소개하고, 핵심어를 제시함으로써 전개될 내용을 암시하고 있다.
　　　지속성 농약　　　　디디티

② (나)는 디디티가 끼칠 생태계의 영향을 인과 분석의 방법으로 설명하고 있다.

✓ ③ (다)는 디디티의 악영향을 제시하고, 그것의 사용 금지를 주장하고 있다.
　　　　　　　　　　　　○　　　　　　　　　　×

④ (라)는 환경오염에 대한 경각심을 암시적으로 드러내고 있다.

해설 ③ (다)는 '디디티는 쉽게 분해되지 않기 때문에 한번 뿌려진 디디티는 물과 공기, 생물체 등을 매개로 세계 전역으로 퍼질 수 있다'를 통해 디디티의 악영향을 제시하고 있지만, 디디티의 사용 금지를 주장하고 있지는 않다. 따라서 글에 대한 설명으로 적절하지 않은 것은 ③이다.

오답분석 ① (가)는 중심 화제인 '지속성 농약'을 소개하고, 핵심어 '디디티(DDT)'를 제시함으로써 앞으로 '지속성 농약'이 자연 생태계에 끼치는 악영향에 대한 내용을 전개할 것을 암시하고 있다.
② (나)는 디디티가 물에 잘 녹지 않고 광분해나 생물학적 분해가 거의 이루어지지 않지만 지방에는 잘 녹아서(원인) 많은 양의 유기 염소계 살충제를 체내에 축적하게 된 맹금류가 멸종하게 됨(결과)을 인과 분석의 방법으로 설명하고 있다.
④ (라)는 '사소한 환경오염 행위가 장차 어떠한 재앙을 몰고 올 수 있는지에 대한 연구가 활발히 이루어지고 있다'를 통해 환경오염에 대한 경각심을 암시적으로 드러내고 있다.

02
다음 글의 논지 전개 방식으로 적절한 것은?

> 군산이 일본으로 쌀을 이출하는 전형적인 식민 도시였다면, 금강과 만경강 하구 사이에서 군산을 에워싸고 있는 옥구는 그 쌀을 생산하는 대표적인 식민 농촌이었다. 1903년 미야자키 농장을 시작으로 1910년 강점 이전에 이미 10개의 일본인 농장이 세워졌으며, 1930년 무렵에는 15~16개로 늘어났다. 1908년 한국인 지주들도 조선 최초의 수리조합인 옥구 서부 수리 조합을 세우긴 했지만 일본인의 기세를 꺾지 못했다. 1930년 무렵 일본인은 전라북도 경지의 대략 1/4을 차지하였으며, 평야 지역인 옥구는 절반 이상이 일본인 땅이었다. 쌀을 군산으로 보내기 편한 철도 부근의 지역에서는 일본인 지주의 비중이 더 높았을 것이다. '이리부터 군산에 이르는 철도 연선의 만경강 쪽 평야는 90%가 일본인이 경영한다.'는 말이 허풍만은 아닐 거다. 일본인이 좋은 땅 다 차지하고 조선인은 '산비탈 흙구덩이'에 몰려 사는 처지라는 푸념 또한 과언이 아닐 거다.
_{선택지 ④의 근거}

① 인과적 연결을 통해 대상을 논증하고 있다.
② 반어적 수사를 동원하여 대상을 비판하고 있다.
③ 풍자와 해학을 동원하여 대상을 희화화하고 있다.
✓ ④ 구체적인 사실과 정보를 중심으로 대상을 설명하고 있다.

해설 ④ 지문은 구체적인 시기와 수치를 중심으로 일제 강점기의 대표적 식민 농촌이었던 '옥구'에 대해 설명하고 있다. 따라서 지문의 논지 전개 방식으로 적절한 것은 ④이다.

오답분석 ① ③은 지문과 관련 없는 설명이다.
② 일본에 대한 필자의 비판 의식을 엿볼 수 있으나, 반어적 수사는 활용하지 않았다.

03
다음 글의 글쓰기 전략으로 볼 수 없는 것은?

고전파 음악은 어떤 음악인가? 서양 음악의 뿌리는 종교 음악에서 비롯되었다. 바로크 시대까지는 음악이 종교에 예속되어 있었으며, 음악가들 또한 종교에 예속되어 있었다. 고전파는 이렇게 종교에 예속되었던 음악을, 음악을 위한 음악으로 정립하려는 예술 운동에서 출발하였다. 따라서 종래의 신을 위한 음악에서 탈피해 형식과 내용의 일체화를 꾀하고 균형 잡힌 절대 음악을 추구하였다. 즉 '신'보다는 '사람'을 위한 음악, '음악'을 위한 음악을 이루어 나가겠다는 굳은 결의를 보여 준 것이다.

또한 고전파 음악은 음악적 형식과 내용의 완숙을 이룬 음악이기도 하다. 이 시기에는 하이든, 모차르트, 베토벤 등 음악의 역사에서 가장 위대한 작곡가들이 배출되기도 하였다. 이때에는 성악이 아닌 기악만으로도 음악이 가능하게 되었으며, 교향곡의 기본을 이루는 소나타 형식이 완성되었다. 특히 옛 그리스나 로마 때처럼 보다 정돈된 형식을 가진 음악을 해 보자고 주장하였기에 '옛것에서 배우자는 의미의 고전'과 '청정하고 우아하며 흐림 없음, 최고의 예술적 경지에 다다름으로서의 고전'을 모두 지향하게 되었다.

이렇듯 역사적으로 고전파 음악은 종교의 영역에서 음악 자체의 영역을 확보하였으며 최고 수준의 음악적 내용과 형식을 수립하였다. 고전파 음악이 서양 전통 음악 전체를 대표하게 된 것은 고전파 음악이 이룩한 역사적인 성과에서 비롯된 일일지도 모른다. 따라서 고전 음악의 개념을 이해하기 위해서는 고전파 음악의 성격과 특질에 대한 이해가 선행되어야 할 것이다.

① 고전파 음악이 지닌 음악사적 의의를 밝힌다.
② 고전파 음악의 음악가를 예시하여 이해를 돕는다.
③ 고전파 음악의 특징이 형식과 내용의 분리에 있음을 강조한다.
④ 질문을 통해 화제를 제시함으로써 호기심을 유발한다.

해설 ③ 1문단 끝에서 3~5번째 줄을 통해 고전파 음악의 특징이 형식과 내용의 분리에 있는 것이 아니라, 형식과 내용의 일체화에 있음을 알 수 있다.

오답분석
① 3문단 1~3번째 줄에서 고전파 음악이 지닌 음악사적 의의를 밝히고 있다.
② 2문단 2~3번째 줄에서 고전파 음악의 음악가를 예시하여 이해를 돕고 있다.
④ 1문단 1번째 줄에서 질문을 통해 화제를 제시함으로써 호기심을 유발하고 있다.

04
다음 글에 대한 설명으로 가장 적절한 것은?

빅데이터는 그 규모가 매우 큰 데이터를 말하는데, 이는 단순히 데이터의 양이 매우 많다는 것뿐 아니라 데이터의 복잡성이 매우 높다는 의미도 내포되어 있다. 데이터의 복잡성이 높다는 말은 데이터의 구성 항목이 많고 그 항목들의 연결고리가 함께 수록되어 있다는 것을 의미한다. 데이터의 복잡성이 높으면 다양한 파생 정보를 끌어낼 수 있다. 데이터로부터 정보를 추출할 때에는, 구성 항목을 독립적으로 이용하기도 하고, 두 개 이상의 항목들의 연관성을 이용하기도 한다. 일반적으로 구성 항목이 많은 데이터는 한 번에 얻기 어렵다. 이런 경우에는, 따로 수집되었지만 연결고리가 있는 여러 종류의 데이터들을 연결하여 사용한다.

가령 한 집단의 구성원의 몸무게와 키의 데이터가 있다면, 각 항목에 대한 구성원의 평균 몸무게, 평균 키 등의 정보뿐만 아니라 몸무게와 키의 관계를 이용해 평균 비만도 같은 파생 정보도 얻을 수 있다. 이때는 반드시 몸무게와 키의 값이 동일인의 것이어야 하는 연결 고리가 있어야 한다. 여기에다 구성원들의 교통 카드 이용 데이터를 따로 얻을 수 있다면, 이것을 교통 카드의 사용자 정보를 이용해 사용자의 몸무게와 키의 데이터를 연결할 수 있다. 이렇게 연결된 데이터 세트를 통해 비만도와 대중교통의 이용 빈도 간의 파생 정보를 추출할 수 있다. 연결할 수 있는 데이터가 많을수록 얻을 수 있는 파생 정보도 늘어난다.

① 빅데이터에 대한 다양한 견해를 나열하고 있다.
② 빅데이터의 특성을 사례를 들어 설명하고 있다.
③ 빅데이터의 동작 원리를 이론적으로 증명하고 있다.
④ 빅데이터의 장단점을 유형별로 구분하여 평가하고 있다.

해설 ② 1문단에서는 빅데이터의 특성(데이터의 복잡성이 높으면 다양한 파생 정보를 끌어낼 수 있음, 구성 항목들의 연관성을 이용하여 데이터로부터 정보를 추출함)에 대해 설명하고 있다. 그리고 2문단에서는 이러한 빅데이터의 특성을 설명하기 위해 '한 집단 구성원의 몸무게와 키, 교통 카드 이용 데이터를 연결해 추출할 수 있는 파생 정보'를 사례로 제시하고 있다. 따라서 지문에 대한 설명으로 적절한 것은 ②이다.

오답분석
① 빅데이터에 대한 다양한 견해는 지문을 통해 확인할 수 없다.
③ 2문단에서 빅데이터로부터 정보를 추출하는 방식에 대해 설명하고 있으나, 빅데이터의 동작 원리를 이론적으로 증명하는 내용은 지문을 통해 확인할 수 없다.
④ 빅데이터의 장점과 단점을 유형별로 구분해 평가하는 내용은 지문을 통해 확인할 수 없다.

05
다음 글의 전개 방식에 대한 설명으로 가장 적절하지 않은 것은?

> 20세기의 두드러진 특징 중 하나는 세계 모든 나라에서 학교라 불리는 교육 기관들이 엄청나게 빠른 속도로 성장했으며, 각국의 학생들이 교육을 받기 위해 학교로 몰려들었다는 것이다. 『예를 들어 한국의 대학생 수는 1945년 약 8000명이었지만, 2010년 약 350만 명으로 증가했다.』 <u>선택지 ③의 근거</u> 무엇이 학교를 이토록 팽창하게 만들었을까? <u>선택지 ①의 근거</u> <u>학교 팽창의 원인</u>은 학습 욕구 차원, 경제적 차원, 정치적 차원, 사회적 차원에서 설명될 수 있다. <u>선택지 ②의 근거</u>
>
> 먼저 학습 욕구 차원에서, 인간은 지적·인격적 성장을 위한 학습 욕구를 지니고 있다. 그리고 부모들은 자식의 지적·인격적 성장을 바라는 마음이 있다. 특히 한국인은 배움에 높은 가치를 부여하기 때문에, 한국 사회에서는 부모가 자식에게 최선의 배움의 기회를 제공하는 것이 부모가 자식에게 해주어야 할 의무로 인식되는 경향이 있다. <u>이러한 학습에 대한 욕구가 학교를 팽창하게 만드는 요인 중 하나인 것이다.</u> (학습 욕구 차원의 요인)
>
> 다음으로 경제적 차원에서 학교를 산업 사회가 성장하는 데 있어서 필수적인 인력 양성 기관의 역할을 담당하였다. 전통적인 농경 사회에서는 특별한 기능이나 기술의 훈련이 필요하지 않았지만, 산업 사회에서는 훈련 받은 인재가 필요하였다. 이러한 산업 사회의 과제를 해결하기 위한 기관이 학교였다. 산업 수준이 더욱 고도화됨에 따라 학교 교육의 기간 도 장기화된다. <u>경제 규모의 확대와 산업 기술 수준의 향상은 학교를 팽창하게 만드는 요인 중 하나인 것이다.</u> (경제적 차원의 요인)
>
> 다음으로 정치적 차원에서 학교는 국민 통합을 이룰 수 있는 장치였다. 통일 국가에서는 언어, 역사의식, 가치관, 국가 이념 등을 모든 국가 구성원들에게 가르쳐야 했다. 그리고 국민 통합 교육은 사교육에 맡겨둘 수 없었다. 이러한 맥락에서 학교에서의 의무 교육 제도는 국민 통합 교육을 위한 국가적 필요에 의해 시작된 것으로 볼 수 있다. <u>국민 통합의 필요는 학교를 팽창하게 만드는 요인 중 하나인 것이다.</u> (정치적 차원의 요인)
>
> 마지막으로 사회적 차원에서 학교의 팽창은 현대 사회가 학력 사회로 변화된 데에 기인한다. 신분 제도가 무너진 뒤 그 자리를 채운 학력 제도에서, 학력은 각자의 능력을 판단하는 잣대로 활용되었다. 막스 베버는 그의 저서 《경제와 사회》에서 사회적으로 대접 받고 높은 관직에 오르기 위해서 과거에는 명문가의 족보가 필요했지만, 오늘날에는 학력 증명이 있어야 한다고 주장했다. 나아가 그는 높은 학력을 가진 사람은 사회 경제적으로 높은 지위를 독점할 수 있다고 기술한 바 있다. <u>현대 사회의 학력 사회로의 변모는 학교가 팽창하게 되는 요인 중 하나인 것이다.</u> (사회적 차원의 요인)

① 의문문을 활용하여 독자의 궁금증을 유발하고 있다.
② 특정 현상의 원인을 다양한 차원에서 병렬적으로 제시하고 있다.
③ 특정 현상을 대략적인 수치 자료를 예로 제시하며 설명하고 있다.
✓④ 특정 현상의 ~~역사적 의의~~를 제시하며 ~~현대 사회가 나아가야 할 방향~~을 제시하고 있다.

해설 ④ 지문은 학교 팽창 현상과 그 원인에 대해 설명할 뿐 학교 팽창 현상의 역사적 의의나 현대 사회가 나아가야 할 방향은 제시하지 않았으므로 ④의 설명은 적절하지 않다.

오답분석
① 1문단의 '무엇이 학교를 이토록 팽창하게 만들었을까?'라는 부분에서 의문문을 활용하여 독자의 궁금증을 유발하였으므로 ①의 설명은 적절하다.
② 지문은 '학교 팽창 현상'의 원인을 '학습 욕구 차원', '경제적 차원', '정치적 차원', '사회적 차원'의 네 가지 차원에서 병렬적으로 제시하고 있다.
③ 1문단에서 한국의 대학생 수를 구체적인 수치 자료로 제시하며 학교 팽창에 대해 설명하였으므로 ③의 설명은 적절하다.

06
다음 글을 읽은 독자의 반응으로 적절한 것은?

(인문학은 세상에 대한 종합적이고 비판적인 해석과 시각을 제공한다. 인문학이 해석하는 세상은 지금 우리가 살고 있는 세상이다.) (현대 사회는 사회의 복잡성이 비교할 수 없을 정도로 증가함에 따라 위험과 불확실성이 커졌으며, 다양한 정보 통신 기술이 정보와 지식의 생산, 유통, 소비를 혁신적으로 바꾸면서 사람들 사이의 새로운 상호의존 관계를 만들어 낸다는 점에서 과거와는 다른 차별성을 지니고 있다. 이것은 현대 사회가 불확실하고 복잡하며 매일매일 바쁘게 돌아가는 세상이 되었다는 것, 나아가 지구 구석구석에 존재하는 타인과의 상호 관계가 내 삶에 예기치 못한 영향을 미치는 세상이 되었다는 것을 의미한다.) 이러한 세상을 살아가는 데에 인문학은 실질적인 지침을 제공해야 한다.

✓ ① 현대 사회에서 인문학이 담당해야 할 역할에 대해 말하고 있어.
② 현대 사회의 문제점을 부각시키면서 바람직한 해결 방안을 제시하고 있어.
③ 과거와 현대 사회의 모습을 구체적으로 대조하면서 현대 사회의 특징을 드러내고 있어.
④ 사회의 복잡성으로 인해 타인과의 소통에 장애가 생긴다는 점을 현대 사회의 주요한 특징으로 말하고 있어.

해설 ① 필자는 인문학의 성격을 밝히고(1~2번째 문장) 현대 사회의 특징을 설명한 뒤(3~4번째 문장), 글의 마지막 문장에서 현대 사회를 살아가는 데에 인문학이 실질적인 지침을 제공해야 함을 주장하고 있다. 즉 지문에서는 현대 사회에서의 인문학의 역할을 강조하고 있으므로, 독자의 반응으로 가장 적절한 것은 ①이다.

오답분석 ② 현대 사회의 문제점보다는 특징이 부각되고 있으며, 이에 대한 해결 방안은 나타나지 않는다.
③ 과거 사회의 모습이 드러나지 않으므로, 과거와 현대 사회의 모습을 대조하는 것 역시 나타나지 않는다.
④ 타인과의 소통에 장애가 생긴다는 내용은 언급되지 않았다.

07
〈보기〉 글의 서술 방식으로 가장 옳은 것은?

─〈보기〉─
이러한 음악의 한배를 있게 한 실제적 기준은 호흡이었다. 즉, 숨을 들이쉬고 내쉼이 한배의 틀이 된 것이었다. 이를 기준으로 해서 이루어진 방법을 선인들은 양식척(量息尺)이라고 불렀다. '숨을 헤아리는 자(尺)'라는 의미로 명명된 이 방법은 우리 음악에서 한배와 이에 근거한 박절을 있게 한 이론적 근거가 되었다. 시계가 없었던 당시에 선인들은 건강한 사람의 맥박의 6회 뜀을 한 호흡(一息)으로 계산하여 1박은 그 반인 3맥박으로 하였다. 그러니까 한 호흡을 2박으로 하여 박자와 한배의 기준으로 삼았던 것이다. 반면 서양인들은 우리와 달리 음악적 시간을 심장의 고동에서 구하여 이를 기준으로 하였다. 즉, 맥박을 기준으로 하여 템포를 정하였다. 건강한 성인은 보통 1분에 70회 전후로 맥박이 뛴다고 한다. 이에 의해 그들은 맥박 1회를 1박의 기준으로 하였고, 1분간에 70박 정도 연주하는 속도를 그들 템포의 기본으로 하였다. 그래서 1분간 울리는 심장 박동에 해당하는 빠르기가 바로 '느린 걸음걸이의 빠르기'인 안단테로 이들의 기준적 빠르기 말이 되었다.

① 주장을 먼저 제시한 뒤 다양한 실례를 들어 타당성을 증명하고 있다.
② 서로 대립되는 두 견해를 제시하고 검토한 뒤 제3의 견해를 도출하고 있다.
✓ ③ 대상의 특성을 분석한 뒤 대조하여 대상의 특징을 제시하고 있다.
④ 구체적인 사례를 먼저 제시한 뒤 통념을 반박하여 해결책을 모색하고 있다.

해설 ③ 지문은 우리 음악에서 호흡을 기준으로 음악적 시간을 나타내는 '양식척'의 특성을 분석한 후, 서양 음악에서 맥박을 기준으로 음악적 시간을 나타냄을 대조하여 설명하고 있다. 이를 통해 우리의 음악적 시간의 특징과 서양의 음악적 시간의 특징을 제시하고 있으므로 답은 ③이다.

오답분석 ① ② ④ 지문에 나타난 서술 방식과 관련이 없는 서술 방식이다.

08
다음 글의 전개 방식에 대한 설명으로 적절한 것은?

> 유럽의 18~19세기는 혁신적 지성의 열기로 가득 찬 시대였다. 혁신적 지성은 정치적, 경제적, 사회적 여건의 성숙과 더불어 서양 근대 사회의 확립에 주도적 역할을 하였다. 수많은 개혁 사상과 혁명 사상의 제공자는 물론이요, 실천 면에서도 개혁가와 혁명가는 지성인 출신이었다. 그들은 새로운 미래를 제시하고, 그것을 뒷받침할 이데올로기를 마련하고, 그것을 실현할 구체적인 방안을 제시하는 동시에, 현실의 모순을 과감하게 비판하고 몸소 실천에 뛰어들기도 하였다.
>
> 하지만 20세기에 이르러 사태는 달라지기 시작하였다. 근대 사회 성립에 주도적 역할을 담당했던 혁신적 지성은 그 혁신적 성격과 개혁적 정열을 점차로 상실하고, 직업적이고 기술적인 지성으로 변모하였다. 이는 근대 사회가 완성되고 성숙함에 따른 당연한 귀결일지도 모르며, 오늘날 고도로 발달한 서구 사회에 직업적이고 기술적인 지성이 필요 불가결하기도 하다. 그러나 지성이 고도로 발달한 사회에서 직업적이고 전문적인 지식과 기술을 제공하는 것으로 만족할 것인가의 문제는 다시 한번 생각해 봄직하다.
>
> 만일 서구 사회가 현재에 안주하고 현상 유지를 계속할 수가 있다면 문제는 다르다. 그러나 그것은 사회의 전면적인 침체를 가지고 올 것이며, 그것은 또한 불길한 몰락의 징조일지도 모른다.
>
> 현재의 모순과 문제를 파헤치고 이를 개혁하여 새로운 미래로 나아가는 구체적 방안을 모색하는 임무는 누가 져야 할 것인가? 그것은 역시 지성의 임무이다. 지성은 거의 영구불변의 기능이라고 할 수 있는 문화 창조의 기능을 가져야 한다. 현대의 지성은 전문 지식과 기술을 제공하는 데 그치지 말고, 현실을 비판하며 실현 가능한 구체적 방안을 모색하여 새로운 미래를 제시하는 혁신적 성격을 상실해서는 안 될 것이다.

① 자신의 주장을 밝히고 이와 상반된 견해를 반박하고 있다.
② 상호 대립된 견해를 제시하고 자신의 입장을 밝히고 있다.
③ 용어에 대한 개념 차이를 밝히며 자신의 주장을 펼치고 있다.
④ ✓ 시대적 변천 양상을 살피면서 바람직한 방향을 제시하고 있다.

[해설] ④ 지문은 중심 화제인 '지성'의 역할에 대한 시대적 변천 양상을 살펴보고, 현대 사회에서 지성이 나아가야 할 방향을 제시하고 있다. 따라서 글의 전개 방식에 대한 설명으로 옳은 것은 ④이다.
- 1문단: 혁신적인 역할을 수행한 18~19세기의 지성
- 2문단: 직업적이고 기술적인 역할을 수행한 20세기의 지성
- 3문단: 지성의 변화를 촉구하는 배경 및 이유
- 4문단: 창조적, 비판적, 혁신적 역할을 수행해야 할 현대의 지성

[오답분석]
① 지문에서 필자의 견해와 상반된 견해가 드러난 부분은 찾을 수 없다.
② 시대별로 지성이 수행했던 역할에 대한 내용은 과거부터 현재까지의 양상에 대해 분석한 것일 뿐, 상호 대립되는 견해로 보기 어렵다.
③ 지문에서 용어에 대한 개념적인 차이를 드러내며 주장을 전개한 부분은 찾아볼 수 없다.

09
다음 글의 글쓰기 방식에 대한 설명으로 적절한 것은?

> 미국 해양 대기 관리청(NOAA)도 2005년, "그린란드 빙상이 과거에 볼 수 없었던 속도로 녹고 있다."라고 보도했다. 나사(NASA)의 로버트 빈드샤들러 연구원은 "남극 빙하가 지금 속도로 녹으면 4000년 후에는 서남극이 사라지고 세계 해수면은 엄청나게 상승할 것"이라고 발표했다.
>
> 하지만 반론도 있어서, 유럽 우주 기구(ESA)는 "그린란드 빙상은 증감을 되풀이하고 있고 그린란드 중앙부 빙량은 오히려 증가하고 있다."고 발표했다. 또한 세계 해수면의 상승을 경고했던 빈드샤들러 연구원도 훗날 자신의 발표가 남극 중 한정된 영역에서 얻은 자료로 전 영역에 경향성을 적용한 데 따른 잘못된 예측이라고 인정하였다.

① 전문 용어의 정의를 제시하여 독자의 이해를 돕고 있다.
② ✓ 서로 반대가 되는 견해를 소개하여 글의 공정성을 확보하고 있다.
③ 전문가의 의견을 인용하여 특정 이론의 발달 과정을 밝히고 있다.
④ 인과적 연결을 통해 기존의 가설을 부정하고 새로운 논점을 제시하였다.

해설 ② 1문단에서는 그린란드와 남극 빙하가 빠르게 녹고 있다는 견해를 소개하지만 2문단에서는 이와 반대되는 견해를 다루고 있다. 이러한 글쓰기 방식을 통해 어느 한쪽의 의견에만 치우치지 않는 글의 공정성을 확보하고 있으므로 답은 ②이다.

오답분석
① 전문 용어의 정의를 제시한 부분은 나타나지 않는다.
③ 환경 문제와 관련된 전문 기관과 전문가의 의견을 인용하였으나, 이를 통해 특정 이론의 발달 과정을 설명하지는 않는다.
④ 2문단에서 로버트 빈드샤들러 연구원은 자신이 발표했던 가설은 한정된 영역에서 얻은 자료를 전 영역에 적용한 것이므로 자신의 가설이 잘못된 예측이라고 인정하였다. 따라서 인과적 연결을 통해 기존의 가설을 부정한 것은 맞지만, 새로운 논점을 제시한 부분은 찾을 수 없다.

10
다음 글의 전개 방식에 대한 설명으로 적절한 것은?

> 부여의 정월 영고, 고구려의 10월 동맹, 동예의 10월 무천 등은 모두 하늘에 제사를 지내고, 나라 안 사람들이 모두 모여서 음주가무를 하였던 일종의 공동 의례였다. 이것은 상고 시대 부족들의 종교·예술 생활이 담겨 있는 제정일치의 표현이라고 볼 수 있다. 제천행사는 힘든 농사일과 휴식의 관계 속에서 형성된 농경사회의 풍속이다. 씨뿌리기가 끝나는 5월과 추수가 끝난 10월에 각각 하늘에 제사를 지냈는데, 이때는 온 나라 사람이 춤추고 노래 부르며 즐겼다. 농사일로 쌓인 심신의 피로를 풀며 모든 사람들이 마음껏 즐겼던 일종의 공동체적 축제이자 동시에 풍년을 기원하고 추수를 감사하는 의식이었던 것이다.
>
> 이러한 고대의 축제는 국가적 공의(公儀)와 민간인들의 마을굿으로 나뉘어 전해 내려오게 되었다. 이것은 사졸들의 위령제였던 신라의 '팔관회'를 거쳐 고려조에서는 일종의 추수감사제 성격의 공동체 신앙으로 10월에 개최된 '팔관회'와, 새해 농사의 풍년을 기원하는 성격으로 정월 보름에 향촌 사회를 중심으로 향촌 구성원을 결속시켰던 '연등회'라는 두 개의 형식으로 구분되어서 전해 내려오게 되었다. 팔관회는 지배 계층의 결속을 강화하는 역할을 하였고, 연등회는 농경의례적인 성격의 종교집단행사였다고 볼 수 있다. 오늘날의 한가위 추석도 이런 제천의식에서 그 유래를 찾을 수 있다.
>
> 조선조에서는 연등회나 팔관회가 사라지고 중국의 영향을 받아 산대잡극이 성행했다. 즉 광대줄타기, 곡예, 재담, 음악 등이 연주되었다. 즉 공연자와 관람자가 분명히 구분되었고, 직접 연행을 벌이는 사람들의 사회적 지위는 그들을 관람하는 사람들보다 낮은 것으로 평가되었다. 그러나 민간 차원에서는 마을굿이나 두레가 축제적 고유 성격을 유지하였다. 즉 도당굿, 별신굿, 단오굿, 동제 등이 지역민을 묶어주는 역할을 하였다는 것이다.

① 두 개념의 장단점을 비교하여 서술하고 있다.
② 시대별로 비판을 제시하며 대안을 서술하고 있다.
③ 다양한 사례를 제시하여 ~~개념을 정당화하고~~ 있다.
④ 두 개의 이론을 제시하고 새로운 이론을 도출하고 있다.
⑤ 시대별로 중심 화제의 성격 변화를 서술하고 있다.

해설 ⑤ 지문은 중심 화제인 '축제'의 성격 변화를 시대의 흐름에 따라 서술하고 있다.
- 1문단: 고대 축제의 성격 (부여의 영고, 고구려의 동맹, 동예의 무천 등)
- 2문단: 신라, 고려 시대 축제의 성격 (팔관회, 연등회)
- 3문단: 조선 시대 축제의 성격 (산대잡극, 마을굿, 두레)

오답분석
① ② ④ 지문을 통해 확인할 수 없는 서술 방식이다.
③ 지문에서 다양한 축제의 사례를 제시한 것은 맞지만, 이러한 사례를 통해 어떠한 개념을 정당화하고 있지는 않다.

11
다음 글의 글쓰기 방식에 대한 설명으로 적절한 것은?

> 딸꾹질의 빈도는 나이와 반비례한다. 아이들이 어른보다 훨씬 많이 한다. 임신 8주부터 시작하는 딸꾹질은 실제로 태아가 숨쉬기 운동보다도 더 빈번하게 하는 행동이다. 그 유명한 발 달린 물고기 틱타알릭(Tiktaalik)을 발견한 시카고 대학교의 고생물학자 닐슈빈은 그의 저서 『내 안의 물고기』에서 딸꾹질은 그 옛날 우리가 뭍으로 올라오기 전 올챙이로 살던 시절에 빠끔거리며 하던 아가미 호흡의 연장이라고 설명한다. 딸꾹질도 분명 진화 과정에서 어느 순간 필요에 의해 생겨난 현상일 텐데, 지금은 점잖은 자리에서 우리를 민망하게 만드는 것 외에는 별다른 기능이 없어 보여 여전히 풀기 어려운 진화의 수수께끼로 남아 있다.

① 상반된 현상을 제시하여 통념을 반박하고 있다.
② 비교와 대조를 통해 현상의 원인을 밝히고 있다.
③ 학자의 견해를 근거로 들어 설명의 신뢰성을 높이고 있다. ✓
④ 개인적인 경험을 바탕으로 독자의 공감을 이끌어 내고 있다.

해설 ③ 5~8번째 줄에서 고생물학자 닐슈빈의 견해를 제시하며 사람의 딸꾹질이 진화의 과정에서 생겼다는 설명의 신뢰성을 높이고 있다.

오답분석 ① ② ④ 지문에서 찾아 볼 수 없는 글쓰기 방식이다.

12
<보기>에 대한 설명으로 가장 옳은 것은?

〈보기〉
> 화랑도(花郎道)란, 신라 때의 청소년들이 자신의 마음과 몸을 닦고 목숨을 바쳐 나라를 지키려는 우리 고유의 정신적 흐름을 말한다. 그리고 이를 실천하기 위하여 조직된 단체를 화랑도(花郎徒)라 한다. 그 사회의 중심인물이 되기 위하여 마음과 몸을 단련하고, 올바른 사회생활의 규범을 익히며, 나라가 어려운 시기에 처할 때 싸움터에서 목숨을 바치려는 기풍은 고구려나 백제에도 있었지만, 특히 신라에서 가장 활발하였다.
>
> – 변태섭, '화랑도' 중에서

① 용어 정의를 통해 독자의 이해를 돕고 있다. ✓
② 자신의 체험담을 제시하여 독자의 이해를 돕고 있다.
③ 반론을 위한 전제를 제시하여 독자의 이해를 돕고 있다.
④ 통계적 사실이나 사례 제시를 통해 독자의 이해를 돕고 있다.

해설 ① 지문 1~4번째 줄에서 '화랑도(花郎道)'와 '화랑도(花郎徒)'라는 용어의 정의를 서술하여 독자들이 이를 이해할 수 있게끔 하고 있으므로 답은 ①이다.

오답분석 ② ③ ④는 모두 지문과 관련이 없는 설명이다.

05 말하기 전략 파악하기   p.74

01 ②	02 ④	03 ①	04 ④	05 ①
06 ②	07 ②	08 ③	09 ②	10 ②
11 ①	12 ②	13 ③	14 ③	15 ④
16 ③				

01
다음 대화를 분석한 내용으로 가장 적절한 것은?

갑: 고대 노예제 사회나 중세 봉건 사회는 타고난 신분에 따라 사회적 지위가 결정되는 계급사회였지만, 현대 사회는 계급사회가 아니라고 많이들 말해. 그런데 과연 그런지 의문이야.

을: 현대 사회는 고대나 중세만큼은 아니지만 귀속지위가 성취지위를 결정하는 면이 없다고 할 수 없어. 빈부 격차에 따라 계급이 나뉘고 그에 따른 불평등이 엄연히 존재하잖아. '금수저', '흙수저'라는 유행어에서 볼 수 있듯 빈부 격차가 대물림되면서 개인의 계급이 결정되고 있어.
〈선택지 ②의 근거 - 을의 주장〉

병: 현대 사회가 빈부 격차로 인해 계급이 나누어지는 것처럼 보인다고 해서 계급사회라고 단정할 수는 없어. 계급사회라고 말하려면 계급 체계 자체가 인간의 생활을 전적으로 규정할 수 있어야 하는데, 오늘날 각종 문화나 생활 방식 전체를 특정한 계급 논리만으로는 설명할 수 없어. 따라서 현대 사회를 계급사회로 보기는 어려워.
〈근거(전제)〉 〈선택지 ③④의 근거 - 병의 주장〉

갑: 현대 사회의 문화가 다양하다는 것은 맞아. 하지만 인간 생활의 근간은 결국 경제 활동이고, 경제적 계급 논리로 현대 사회의 문화를 충분히 설명하고 규정할 수 있어. 또한 현대 사회에서 인간의 사회적 지위는 부모의 경제력과 직결되기 때문에 계급사회라고 말할 수 있어.
〈근거(전제)〉 〈선택지 ②③의 근거 - 갑의 주장〉

① 갑은 ~~을~~의 주장 중 일부는 수용하고 일부는 반박한다.   병
✓ 을의 주장은 갑의 주장과 대립하지 않는다.
③ 갑과 병은 상이한 전제에서 ~~유사한~~ 결론을 도출하고 있다.   서로 다른
④ 병의 주장은 갑의 주장과는 대립하지 ~~않지만~~ 을의 주장과는 대립한다.   갑의 주장과도 대립

해설 ② 갑은 인간의 사회적 지위가 부모의 경제력과 직결되기 때문에 현대 사회를 계급사회라고 말한다. 또한 을은 현대 사회에서 귀속지위가 성취지위를 결정하는 면이 있으며, 빈부 격차가 대물림되면서 개인의 계급이 결정되고 있다고 한다. 따라서 갑과 을의 주장은 유사하므로 ②는 적절하다.

오답분석 ① 갑이 일부는 수용하고 일부는 반박하는 것은 을의 주장이 아니라 병의 주장이다. 따라서 ①은 적절하지 않다.
③ 병은 각종 문화나 생활 방식 전체를 특정한 계급 논리만으로 설명할 수 없다고 보고, 갑은 경제적 계급 논리로 현대 사회의 문화를 설명할 수 있다고 본다는 점에서 둘은 상이한 전제를 가진다. 또한 병은 현대 사회를 계급사회로 보기는 어렵다고 하는 반면 갑은 현대 사회를 계급사회라고 말할 수 있다고 하므로 둘은 서로 다른 결론을 도출하고 있다. 따라서 ③은 적절하지 않다.
④ 갑은 현대 사회를 계급사회라고 말할 수 있다고 한다. 또한 을은 현대 사회에서 귀속지위가 성취지위를 결정하는 면이 있고, 빈부 격차가 대물림되면서 개인의 계급이 결정되고 있다고 한다. 반면 병은 현대 사회를 계급사회로 보기는 어렵다고 한다. 따라서 갑과 을의 주장이 유사하고, 병의 주장은 이들의 주장과 대립하므로 ④는 적절하지 않다.

02
진행자의 말하기 방식에 대한 설명으로 적절하지 않은 것은?

진행자: 우리 시에서도 다음 달부터 시내 도심부에서의 제한 속도를 조정하기로 했습니다. 이와 관련하여, 강□□ 교수님 모시고 말씀 듣겠습니다. 교수님, 안녕하세요?

강 교수: 네, 안녕하세요?

진행자: 바뀌는 제도의 내용을 좀 더 구체적으로 설명해 주시죠.

강 교수: 네, 시내 도심부 간선도로에서의 제한 속도를 기존의 70km/h에서 60km/h로 낮추는 정책입니다.
〈화제〉

진행자: 시의회에서 이 정책 도입에 중요한 역할을 하신 것으로 아는데, 어떤 효과를 얻을 것이라고 주장하셨나요?

강 교수: 차량 간 교통사고 발생 가능성을 줄이고 보행자 안전을 확보할 수 있다고 했습니다.
〈정책 도입의 효과〉

진행자: 그런데 일각에서는 그런 효과는 미미하고 오히려 교통체증을 유발하여 대기오염이 심화될 것이라며 이 정책에 반대합니다. 이에 대해 말씀해 주시겠어요?

강 교수: 그렇지 않습니다. ○○시가 작년에 7개 구간을 대상으로 이 제도를 시험 적용해 보니, 차가 막히는 시간은 2분 정도밖에 증가하지 않았습니다. 그런데 중상 이상의 인명 사고는 26.2% 감소했습니다. 또 이산화질소와 미세먼지 같은 오염물질도 각각 28%, 21%가량 오히려 감소한다는 연구 결과가 있습니다.

진행자: 아, 그러니까 속도를 10km/h 낮출 때 2분 정도 늦어지는 것이라면 인명 사고의 예방과 오염물질의 감소를 위해 충분히 감수할 만한 시간이라는 말씀이시군요.

강 교수: 네, 맞습니다.

진행자: 교통사고를 줄이고 보행자 안전을 확보할 수 있다는 점, 교통체증 유발은 미미할 것이라는 점, 오염물질 배출이 감소할 것이라는 점에서 이번의 제한 속도 조정 정책은 훌륭한 정책이라는 것이군요. 맞습니까?

강 교수: 네, 그렇게 정리할 수 있겠습니다.

① 상대방이 통계 수치를 제시한 의도를 자기 나름대로 풀어 설명한다.
② 상대방의 견해를 요약하며 자신이 이해한 바가 맞는지를 확인한다.
③ 상대방의 주장에 대한 이견을 소개하고 그에 대한 의견을 요청한다.
✓ ④ 상대방이 설명한 내용을 뒷받침할 수 있는 자신의 경험을 예시한다. ➡ 지문에서 확인할 수 없음

해설 ④ 지문에서 진행자가 자신의 경험을 예시한 부분을 찾을 수 없으므로 ④는 적절하지 않다.

오답분석 ① 강 교수는 네 번째 발화에서 차가 막히는 시간과 중상 이상의 인명 사고 감소율, 오염물질 감소율에 관련된 연구 결과를 제시한다. 진행자는 다음 발화에서 "속도를 10km/h 낮출 때 2분 정도 늦어지는 것이라면 인명 사고의 예방과 오염물질의 감소를 위해 충분히 감수할 만한 시간이라는 말씀이시군요." 라며 강 교수가 이러한 통계 수치를 제시한 의도를 풀어서 설명한다. 따라서 ①은 적절하다.

② 진행자는 마지막 발화에서 "교통사고를 줄이고 보행자 안전을 확보할 수 있다는 점, 교통체증 유발은 미미할 것이라는 점, 오염물질 배출이 감소할 것이라는 점에서 이번의 제한 속도 조정 정책은 훌륭한 정책이라는 것이군요. 맞습니까?"라고 말한다. 상대방의 견해를 요약하며 자신이 이해한 바가 맞는지를 확인하고 있으므로 ②는 적절하다.

③ 진행자는 네 번째 발화에서 "그런데 일각에서는 그런 효과는 미미하고 오히려 교통체증을 유발하여 대기오염이 심화될 것이라며 이 정책에 반대합니다. 이에 대해 말씀해 주시겠어요?"라고 말한다. 상대방의 주장에 대한 이견을 소개하고 그에 대한 의견을 요청하고 있으므로 ③은 적절하다.

03
다음 대화에 나타난 말하기 방식을 설명한 것으로 적절하지 않은 것은?

백 팀장: 이번 워크숍 장면을 사내 게시판에 올리는 게 좋겠어요. 워크숍 내용을 공유하면 좋을 것 같아서요.

고 대리: 전 반대합니다. 사내 게시판에 영상을 공개하는 것은 부담스러워요. 타 부서와 비교될 것 같기도 하고요.

임 대리: 저도 팀장님 말씀대로 정보를 공유한다는 취지는 좋다고 생각해요. 다만 다른 팀원들의 동의도 구해야 할 것 같고, 여러 면에서 우려되긴 하네요. 팀원들 의견을 먼저 들어 보고, 잘된 것만 시범적으로 한두 개 올리는 것이 어떨까요?

✓ ① 백 팀장은 팀원들에 대한 유대감을 드러내는 표현을 사용하며 자신의 바람을 전달하고 있다.
② 고 대리는 백 팀장의 제안에 반대하는 이유를 명시적으로 밝히며 백 팀장의 요청을 거절하고 있다.
③ 임 대리는 발언 초반에 백 팀장 발언의 취지에 공감하여 백 팀장의 체면을 세워 주고 있다.
④ 임 대리는 대화 참여자의 의견을 묻는 의문문을 사용하여 자신의 의견을 간접적으로 드러내고 있다.

해설 ① 백 팀장이 사내 게시판에 워크숍 영상을 공유하는 것을 제안하며 자신의 바람을 전달한 것은 맞지만, 팀원들에 대한 유대감을 드러내는 표현은 사용하지 않았으므로 ①의 설명은 적절하지 않다.

오답분석
② 고 대리는 사내 게시판에 영상을 공개하는 것이 부담스럽고, 타 부서와 비교될 것 같다는 점을 반대 이유로 제시하며 백 팀장의 요청을 거절하고 있다.
③ 임 대리는 발언 초반에 '정보 공유'의 취지는 좋다고 공감함으로써, 백 팀장의 체면을 세워주고 있다.
④ 임 대리의 발언 마지막 문장은 대화 참여자의 의견을 묻는 의문문이다. 이를 통해 임 대리는 워크숍 장면 사내 게시판 공유에 대해 팀원들의 의견도 듣고 한두 개를 시범적으로 올려 보자며 자신의 의견을 간접적으로 드러내고 있다.

04
㉠~㉣의 말하기 방식을 설명한 내용으로 가장 적절한 것은?

> 박 주무관: 기획 중인 주민자치센터 프로그램 운영 방식을 봤는데요. ㉠ 프로그램 수가 더 필요하다고 생각해요. (화제)
> 허 주무관: 사실 저도 기획안을 검토하면서 프로그램 수가 적절한지 고민 중이었어요.
> 박 주무관: 주민자치센터 프로그램은 주민분들의 호응도가 중요하니, ㉡ 어르신들이 참여할 수 있는 프로그램을 추가하는 것이 어떨까요?
> 허 주무관: 우리 동에는 어르신들이 많이 거주하시니, ㉢ 그것도 좋은 생각이네요. 하지만 현재 프로그램도 대부분 어르신께 초점이 맞춰져 있어서요. 젊은 세대가 참여할 수 있는 프로그램을 추가하는 건 어떨까요?
> 박 주무관: 네. ㉣ 한쪽으로 치중되지 않게 다양한 프로그램을 추가로 개발하는 편이 좋겠네요. (선택지 ④의 근거)

① ㉠: 자신의 의견을 ~~우회적으로~~ 드러내고 있다. (직접적으로)
② ㉡: 대화의 주제를 ~~바꾸기 위해~~ 질문하고 있다. (바꾸지 않음)
③ ㉢: 상대의 의견을 검증하기 위해 ~~근거를 요구~~하고 있다. (자신의 의견 제시)
✓④ ㉣: 상대의 의견을 수용하며 합의를 이끌어 내고 있다.
→ 젊은 세대를 위한 프로그램을 추가하자는 상대의 의견 수용

해설 ④ ㉣: 박 주무관은 2번째 발화에서 어르신이 참여할 수 있는 주민자치센터 프로그램을 추가하자고 의견을 내고 있다. 하지만 박 주무관은 마지막 발화에서 젊은 세대를 위한 프로그램을 추가하자는 허 주무관의 의견을 수용하며, 의견을 일치시키고 있다.

오답분석
① ㉠: 박 주무관은 허 주무관에게 프로그램 수를 더 늘려야 한다고 직접적으로 의견을 드러내고 있으므로 적절하지 않다.
② ㉡: 박 주무관은 주민자치센터 프로그램에 대한 의견을 질문의 형식으로 제시하고 있으며, 대화에서 주제가 바뀌는 발화는 없으므로 적절하지 않다.
③ ㉢: 허 주무관은 상대방의 의견에 대해 동의한 후, 질문의 형식을 사용하여 자신의 의견을 제시하고 있다. 하지만 상대의 의견을 검증하기 위해 근거를 요구하는 발화는 없으므로 적절하지 않다. 참고로 상대방의 의견에 동의함으로써 의견 차이를 최소화하고 자신의 의견과 상대방의 의견의 일치점을 극대화하는 것을 '동의의 격률'이라고 한다.

05
㉠~㉣의 말하기 방식을 설명한 내용으로 가장 적절한 것은?

> 김 주무관: AI에 대한 국민 이해도를 높이기 위해 설명회를 개최할 필요가 있다고 생각해요.
> 최 주무관: ㉠ 저도 요즘 그 필요성을 절감하고 있어요. (선택지 ①의 근거)
> 김 주무관: ㉡ 그런데 어떻게 준비해야 효과적으로 전달할 수 있을지 고민이에요.
> 최 주무관: 설명회에 참여할 청중 분석이 먼저 되어야겠지요.
> 김 주무관: 청중이 주로 어떤 분야에 관심이 있는지 알면 준비할 때 유용하겠네요.
> 최 주무관: ㉢ 그럼 청중의 관심 분야를 파악하려면 청중의 특성 중에서 어떤 것들을 조사하면 좋을까요?
> 김 주무관: ㉣ 나이, 성별, 직업 등을 조사할까요?

✓① ㉠: 상대의 의견에 대해 공감을 표현하고 있다.
② ㉡: 정중한 표현을 사용하여 ~~직접 질문~~하고 있다. (간접적으로 묻고 있음)
③ ㉢: 자신의 ~~반대 의사~~를 ~~우회적~~으로 드러내고 있다. (청중의 특성 중 어떤 것을 조사할지 질문)
④ ㉣: 의문문을 통해 상대의 ~~의견을 반박~~하고 있다. (자신의 의견에 동의하는지 확인)

해설 ① ㉠은 'AI에 대한 국민 이해도를 높이기 위한 설명회'를 개최할 필요성이 있다는 김 주무관의 의견에 최 주무관 또한 그 필요성을 절감하고 있다고 답함으로써 상대(김 주무관)의 의견에 공감을 표현한 것이다.

② ⓒ은 설명회를 어떻게 준비해야 효과적으로 전달할 수 있을지에 대해 자신의 고민을 이야기하듯이 간접적으로 묻는 표현이다. 이와 같은 간접 발화는 직접 발화에 비해 듣는 이의 부담감을 덜어 주며, 문장의 길이는 공손함에 비례하는 경향이 있다.

③ ⓒ은 청중의 특성 중 무엇을 조사해야 할지에 대해 직접 질문한 것으로, 반대 의사를 표현한 것이 아니며 우회적으로 드러낸 표현에 해당하지 않는다.

④ ⓔ은 청중의 특성 중 무엇을 조사해야 할지에 대해 묻는 최 주무관의 질문에 대한 답변이다. 이때 상대(최 주무관)도 자신(김 주무관)의 의견에 동의하는지 확인하기 위해 의문문 형식을 사용했을 뿐, 상대의 의견을 반박하는 것은 아니다.

06
다음 대화를 분석한 내용으로 적절하지 않은 것은?

> 은지: 최근 국민 건강 문제와 관련해 '설탕세' 부과 여부가 논란인데, 나는 설탕세를 부과해야 한다고 생각해. 그러면 당 함유 식품의 소비가 감소하게 되고, 비만이나 당뇨병 등의 질병이 예방되니까 국민 건강 증진에 도움이 되기 때문이야.
> 선택지 ①의 근거 - 화제 제시
>
> 운용: 설탕세를 부과하면 당 소비가 감소한다고 믿을 만한 근거가 있니?
> 선택지 ②의 근거
>
> 은지: 세계보건기구 보고서를 보면 당이 포함된 음료에 설탕세를 부과하면 이에 비례해 소비가 감소한다고 나와 있어.
> 선택지 ③의 근거
>
> 재윤: 그건 나도 알아. 그런데 설탕세 부과가 질병을 예방한다는 것은 타당하지 않아. 여러 연구 결과를 보면 당 섭취와 질병 발생은 유의미한 상관관계가 없어.
> 선택지 ④의 근거

① 은지는 첫 번째 발언에서 화제를 제시하고 있다.
② 운용은 은지의 주장에 반대하고 있다. ✓ (근거를 묻고 있을 뿐임)
③ 은지는 두 번째 발언에서 자신의 주장에 대한 근거를 제시하고 있다.
④ 재윤은 은지가 제시한 주장의 근거를 부정하고 있다.

[해설] ② 운용은 은지의 주장에 대한 근거가 있는지 물어보았을 뿐, 은지의 주장에 반대하는 것은 아니다. 운용이 은지의 주장에 반대하는지는 제시된 대화 내용을 통해 확인할 수 없다.

① 은지는 첫 번째 발언에서 '설탕세 부과'라는 대화의 화제를 제시하고 있다.

③ 은지는 두 번째 발언에서 설탕세를 부과하면 당 소비가 감소한다는 자신의 의견을 뒷받침하기 위해 '세계보건기구 보고서'의 내용을 근거로 제시하고 있다.

④ 은지는 설탕세를 부과해야 한다는 주장의 근거로 당 소비가 감소하여 질병이 예방되고 국민 건강 증진에 도움이 된다는 것을 제시하고 있다. 그러나 재윤은 당 섭취와 질병 발생에 유의미한 상관관계가 없다는 연구 결과를 언급하며, 은지가 제시한 주장의 근거를 부정하고 있다.

07
다음 발표에 대한 설명으로 가장 적절한 것은?

> 1학년 학생 여러분, 반갑습니다. 저는 교내 안전 동아리 '안전 지킴이' 대표 2학년 윤지수입니다. 우리 동아리에서 기획한 안전 캠페인 활동의 일환으로 오늘은 우리 학교 학생들에게 가장 자주 발생하는 교통사고 사례와 예방법을 안내하고자 합니다.
> 선택지 ③의 근거 - 화제 제시
>
> 작년 한 해 우리 학교 학생들을 대상으로 조사한 교통사고 피해 통계에 따르면, 보행 중 자동차와 충돌하거나 자동차를 피하다가 다친 사례가 제일 많았습니다. 이러한 사고를 당한 학생들 절대다수가 사고 당시에 스마트폰을 보고 있었습니다.
> 선택지 ②의 근거
> 선택지 ①의 근거 (1) - 원인 진단
>
> 요즘 길을 걸으면서 스마트폰을 보는 학생들이 많은데, 이렇게 되면 주변 상황을 제대로 살피기가 어려워 돌발 상황이 벌어졌을 때 반응 속도가 늦어져서 위험합니다. 따라서 보행 중 교통사고를 예방하기 위해서는 보행 중에는 스마트폰을 보지 말아야 합니다.
> 선택지 ①의 근거 (2) - 해결책 제시

① 다양한 원인을 진단하여 해결책을 구체적으로 제시하고 있다.
② 실제 조사 내용을 근거로 제시하여 화자의 신뢰도를 높이고 있다. ✓
③ 도입부에 사례를 제시하여 관심을 끈 후에 화제를 제시하고 있다.
④ 청자의 상황과 요구를 고려하여 청자가 관심 있는 정보를 제공하고 있다. → 지문에서 확인할 수 없음

[해설] ② 2문단에서 발표자는 학교 학생들을 대상으로 조사한 '교통사고 피해 통계'를 근거로 제시하여 신뢰도를 높이고 있다.

오답분석
① 발표자는 학교 학생들의 교통사고의 원인을 진단하며 구체적인 해결책을 제시하고 있다. 그러나 교통사고 발생의 '다양한' 원인을 제시하고 있지는 않다.
- 원인: 사고를 당한 학생들의 절대다수가 사고 당시 스마트폰을 보고 있었기 때문임
- 해결책: 보행 중에는 스마트폰을 보지 말아야 함

③ 발표자는 도입부에서 '우리 학교 학생들에게 가장 자주 발생하는 교통사고 사례와 예방법'에 대해 안내하겠다고 직접 밝히고 있으나, 사례를 제시하여 관심을 끄는 내용은 확인할 수 없다.

④ 청자의 상황과 요구를 고려하여 청자가 관심 있는 정보를 제공하는 부분은 확인할 수 없다.

08
다음 대화에서 나타난 '지민'의 의사소통 방식으로 가장 적절한 것은?

> 정수: 지난번에 너랑 같이 들었던 면접 전략 강의가 정말 유익했어.
> 지민: 그랬어? 나도 그랬는데.
> 정수: 특히 아이스크림 회사의 면접 내용이 도움이 많이 됐어.
> 지민: 맞아. 그중에서도 두괄식으로 답변하라는 첫 번째 내용이 정말 인상적이더라. 핵심 내용을 먼저 말하는 전략이 면접에서 그렇게 효과적일 줄 몰랐어.
> 정수: 어! 그래? 나는 두 번째 내용이 훨씬 더 인상적이었는데.
> 지민: 그랬구나. 하긴 아이스크림 매출 증가에 관한 통계 자료를 인용해서 답변한 전략도 설득력이 있었어. 하지만 초두 효과의 효용성도 크지 않을까 해.
> 정수: 그렇긴 해.

① 자신의 면접 경험을 예로 들어 상대방을 설득하고 있다.
  → 지문에서 확인할 수 없음
② 상대방의 ~~약점을 공략~~하며 상대방의 ~~의견을 반박~~하고 있다.
  견해를 존중하여 의견을 제시할 뿐
✓③ 상대방의 견해를 존중하면서 자신의 의견을 제시하고 있다.
④ 상대방과의 갈등 해소를 위해 자신의 감정을 표현하고 있다.
  → 지문에서 확인할 수 없음

해설 ③ '지민'의 세 번째 발화에서 상대방인 '정수'의 의견에 동의하면서 자신의 의견을 제시함을 확인할 수 있으므로 ③은 적절하다. 참고로 '지민'은 다른 사람과의 의견 차이를 최소화하는 '동의의 격률'을 지켰다.

오답분석
① ④ 대화에서 찾아볼 수 없다.

② 상대방의 이견에 대해서 자신의 견해를 제시할 뿐 상대방의 약점을 공략하여 상대방의 이견을 반박하지 않는다.

09
다음 대화에 대한 설명으로 가장 적절한 것은?

> A: 예은 씨. 오늘 회의 내용을 팀원들에게 공유해 주시면 좋겠네요.
> B: 네. 알겠습니다. 팀장님, 오늘 회의 내용을 요약 정리해서 메일로 공유하면 되겠지요?
> A: (고개를 끄덕이며) 맞습니다.
> B: 네. 그럼 회의 내용은 개조식으로 요약하고, 팀장님을 포함해서 전체 팀원에게 메일로 보내도록 하겠습니다.
> A: 예은 씨. 그런데 개조식으로 회의 내용을 요약하는 방식에는 문제가 있지 않을까요?
> B: (고개를 끄덕이며) 그렇겠네요. 개조식으로 요약할 경우 회의 내용이 과도하게 생략되어 이해가 어려울 수 있겠네요.

① ~~A는 B에게~~ 내용 요약 방식을 제안하고 있다.
  B는 A에게
✓② A와 B는 대화 중에 공감의 표지를 드러내며 상대방의 말을 듣고 있다.
③ B는 회의 내용 요약 방식에 대한 A의 문제 제기에 대해 자신이 ~~다른 입장~~임을 드러내고 있다.
  같은 입장
④ ~~A는~~ 개조식 요약 방식이 회의 내용을 과도하게 생략하여 이해에 어려움을 줄 수 있다고 명시하고 있다.
  B는

해설 ② A의 2번째 발화와 B의 3번째 발화를 통해 A와 B 모두 언어적·비언어적 표현을 사용하여 공감의 표지를 드러내고 있음을 알 수 있다.

오답분석
① B의 2번째 발화를 통해 A가 아닌 B가 내용 요약 방식을 제안하였음을 확인할 수 있다.

③ B의 3번째 발화를 통해 B가 A의 회의 내용 요약 방식에 대한 문제 제기에 동의하고 있음을 확인할 수 있다.

④ B의 3번째 발화를 통해 A가 아니라 B가 말한 내용임을 확인할 수 있다.

10
다음 연설에 대한 설명으로 가장 적절한 것은?

> 올림픽 헌장은 "올림픽의 목적은 인류의 조화로운 발전과 인간 존엄성의 수호를 위해, 평화로운 사회를 만들기 위해 스포츠 경기를 하는 것이다."라고 말합니다. 이것이 올림픽 정신이며, 스포츠의 가능성과 힘을 보여 주는 것이라고 저는 굳게 믿습니다. 열 살 때 남북 선수단이 올림픽 경기장에 동시 입장하는 것을 보고 처음으로 스포츠의 힘을 느꼈습니다. 오늘 저는 유엔 총회의 '올림픽 휴전 결의안' 초안 승인을 통해 그때 목격했던 스포츠의 힘을 다시 한번 볼 수 있기를 바랍니다.

① 반대되는 사례를 제시하여 주장을 부각하고 있다.
✓② 권위 있는 자료를 인용하여 설득력을 높이고 있다.
③ 설의적인 표현을 사용하여 공감대를 형성하고 있다.
④ 연설자의 공신력을 강조하여 신뢰도를 높이고 있다.

해설 ② '올림픽 휴전 결의안' 초안 승인을 위해 권위 있는 자료(올림픽 헌장)의 내용을 인용하여 설득력을 높이고 있다.

오답분석 ①③④ 반대되는 사례를 제시하거나 설의적 표현을 사용하거나 연설자의 공신력을 강조하는 것은 지문에서 확인할 수 없다.

11
다음 대화에 대한 설명으로 가장 적절한 것은?

> 민서: 정국이 말이야. 우리한테는 말도 안 해 주고 자기 혼자 공모전에 신청했더라.
> 채연: 글쎄, 왜 그랬을까?
> 민서: 그러게 말이야. 정말 기분 나빠.
> 채연: 정국이도 나름대로 사정이 있었을 거야.
> 민서: 사정은 무슨 사정? 자기 혼자 튀어 보고 싶은 거겠지.
> 채연: 내가 지난 학기에 과제를 함께 해 봐서 아는데, 그럴 애가 아니야. 민서야, 정국이에 대해 다시 한번 생각해 보는 건 어때?
> 민서: 너 자꾸 이럴 거야? 도대체 왜 정국이 편만 드는 거야.

✓① 채연은 자신의 경험을 예로 들며 민서를 설득하고 있다.
② 채연은 민서의 의견을 수용하며 원만한 갈등 해소를 유도하고 있다.
③ 민서는 정국이의 상황과 감정을 고려하며 대화의 타협점을 찾고 있다.
④ 민서는 채연의 답변에서 모순점을 찾아내며 논리적으로 비판하고 있다. ➡ 지문에서 확인할 수 없음

해설 ① 채연은 지난 학기에 정국이와 과제를 함께 했던 경험을 예로 들어 정국이에 대해 다시 한번 생각해 볼 것을 권유하며 민서를 설득하고 있다.

오답분석
② 채연은 민서에게 정국이에게도 나름대로 사정이 있었을 것이라고 말하며, 원만한 갈등 해소를 유도하고 있다. 다만 제시된 대화에서 채연이 민서의 의견을 수용하는 내용은 드러나지 않는다.
③ 민서의 세 번째 발화 '사정은 무슨 사정? 자기 혼자 튀어 보고 싶은 거겠지'라는 내용을 통해, 민서가 정국이의 상황이나 감정을 고려하지 않는 것을 알 수 있다. 또한 정국이에 대해 다시 한번 생각해 보라는 채연의 권유에도 민서는 수긍하지 않는 태도를 보임으로써, 대화의 타협점을 찾으려는 시도도 드러나지 않는다.
④ 제시된 대화에서 민서가 채연의 답변에서 모순점을 찾아내며 논리적으로 비판하는 내용은 드러나지 않는다.

12

다음 토의에 대한 설명으로 적절하지 않은 것은?

> 사회자: 오늘의 토의 주제는 '통일 시대의 남북한 언어가 나아갈 길'입니다. 먼저 최○○ 교수님께서 '남북한 언어 차이와 의사소통'이라는 제목으로 발표해 주시겠습니다.
>
> 최 교수: 남한과 북한의 말은 비슷하지만 다른 점이 있습니다. 남한과 북한의 어휘 차이가 대표적입니다. 남한과 북한의 어휘 차이를 분석한 결과, …(중략)… 앞으로도 남북한 언어 차이에 대한 연구가 지속되어야 합니다.
>
> 사회자: 이로써 최 교수님의 발표를 마치겠습니다. 다음은 정○○ 박사님의 '남북한 언어의 동질성 회복 방안'에 대한 발표가 있겠습니다.
>
> 정 박사: 앞으로 통일을 대비해 남북한 언어의 다른 점을 줄여 나가는 노력이 필요합니다. 실제로도 남한과 북한의 학자들로 구성된 '겨레말 큰사전 편찬위원회'에서는 남북한 공통의 사전인 『겨레말큰사전』을 만들며 서로의 차이를 이해하고 받아들이기 위한 노력을 하고 있습니다. …(중략)…
>
> 사회자: 그러면 질의응답이 있겠습니다. 시간상 간략하게 질문해 주시기 바랍니다.
>
> 청중 A: 두 분의 말씀 잘 들었습니다. 남북한 언어의 차이와 이를 극복하는 방안을 말씀하셨는데요. 그렇다면 통일 시대에 대비한 언어 정책에는 무엇이 있을까요?

① 학술적인 주제에 대해 발표 형식으로 진행되고 있다.
② 사회자는 발표자 간의 의견을 조정하여 의사결정을 유도하고 있다.
③ 발표자는 주제에 대한 자신의 견해를 밝혀 청중에게 정보를 제공하고 있다.
④ 청중 A는 발표자의 발표 내용을 확인하고 주제와 관련된 질문을 하고 있다.

13

㉠~㉣은 '공손하게 말하기'에 대한 설명이다. ㉠~㉣을 적용한 B의 대답으로 적절하지 않은 것은?

> ㉠ 자신을 상대방에게 낮추어 겸손하게 말해야 한다.
> ㉡ 상대방의 처지를 고려하여 상대방이 부담을 갖지 않도록 말해야 한다.
> ㉢ 상대방이 관용을 베풀 수 있도록 문제를 자신의 탓으로 돌려 말해야 한다.
> ㉣ 상대방의 의견에서 동의하는 부분을 찾아 인정해 준 다음에 자신의 의견을 말해야 한다.

① ㉠ A: "이번에 제출한 디자인 시안 정말 멋있었어."
　　 B: "아닙니다. 아직도 여러모로 부족한 부분이 많습니다."

② ㉡ A: "미안해요. 생각보다 길이 많이 막혀서 늦었어요."
　　 B: "괜찮아요. 쇼핑하면서 기다리니 시간 가는 줄 몰랐어요."

③ ㉢ A: "혹시 내가 설명한 내용이 이해 가니?"
　　 B: "네 목소리가 작아서 내용이 잘 안 들렸는데 다시 한번 크게 말해 줄래?"

④ ㉣ A: "가원아, 경희 생일 선물로 귀걸이를 사주는 것은 어때?"
　　 B: "그거 좋은 생각이네. 하지만 경희의 취향을 우리가 잘 모르니까 귀걸이 대신 책을 선물하는 게 어떨까?"

오답분석
① ㉠은 공손성의 원리 중 '겸양의 격률'에 대한 설명이다. ①의 B는 자신을 칭찬하는 A에게 자신이 여러모로 부족한 부분이 많다고 말하며 자신을 낮추어 겸손하게 대답하고 있으므로 ㉠에 해당한다.

② ㉡은 공손성의 원리 중 '요령의 격률'에 대한 설명이다. ②의 B는 약속 시간에 늦은 A에게 쇼핑을 하며 기다리니 시간가는 줄 몰랐다고 말하며 상대방의 부담을 덜어주고 있으므로 ㉡에 해당한다.

④ ㉣은 공손성의 원리 중 '동의의 격률'에 대한 설명이다. ④의 B는 경희의 생일 선물을 제안하는 A의 의견에 먼저 동의한 후 자신의 생각을 말하고 있으므로 ㉣에 해당한다.

이것도 알면 합격

요령의 격률	상대방에게 부담이 되는 표현을 최소화하며, 이익이 되는 표현을 최대화함
관용의 격률	화자에게 혜택을 주는 표현을 최소화하며, 화자에게 부담을 주는 표현을 최대화함
찬동의 격률	상대방을 비난하는 표현을 최소화하며, 칭찬하는 표현을 최대화함
겸양의 격률	화자를 칭찬하는 표현을 최소화하고 겸손한 표현을 최대화함
동의의 격률	상대방 의견에 비동의하는 표현은 최소화하고, 상대방 의견에 동의하는 표현은 최대화함

14

다음 대화에 대한 설명으로 적절한 것은?

A: 지난번 제안서 프레젠테이션을 마친 후 "검토하고 연락드리겠습니다."라고 답변을 받았는데 아직 별다른 연락이 없어서 고민이에요.
B: 어떤 연락을 기다리신다는 거예요?
A: 해당 사업에 관하여 제 제안서를 승낙했다는 답변이잖아요. [선택지 ①의 근거] 그런데 후속 사업 진행을 위해 지금쯤 연락이 와야 할 텐데 싶어서요.
B: 글쎄요. 보통 그런 상황에서는 완곡하게 거절하는 의사표현이라 볼 수 있어요. [선택지 ①③의 근거] 그리고 해당 고객이 제안서 내용은 정리가 잘되었지만, 요즘 같은 코로나 시기에는 이전과 동일한 사업적 효과가 있을지 궁금하다고 말한 것을 보면 알 수 있죠.
A: 네, 기억납니다. 하지만 궁금하다고 말한 것이지 사업을 수용하지 않는다는 것은 아니지 않나요? [선택지 ②의 근거] 답변을 할 때도 [선택지 ④의 근거] 굉장히 표정도 좋고 박수도 쳤는데 말이죠. 목소리도 부드러웠고요.

① A와 ~~B~~는 고객의 답변에 대해 제안서 승낙이라는 의미로 동일하게 이해한다. ➡ B는 완곡한 거절이라고 이해함

② A는 동일한 사업적 효과가 있을지 궁금하다는 표현을 제안한 사업에 대한 ~~부정적 평가~~라고 판단한다. ➡ 부정적 평가로 판단하지 않음

✓③ B는 고객이 제안서에 의문을 제기한 내용을 근거로 고객의 답변에 대해 판단한다.

④ A는 비언어적 표현을 바탕으로 하여 고객의 답변을 제안서에 대한 ~~완곡한 거절~~로 해석한다. ➡ 승낙한 것으로 해석함

해설 ③ B는 고객이 제안서를 보고 코로나 시기에도 이전과 동일한 사업적 효과가 있을지 의문을 제기한 것을 근거로, 고객이 완곡하게 거절 의사를 표현하였다고 판단한다.

오답분석
① '검토하고 연락드리겠습니다'라는 고객의 답변에 대해 A는 제안서를 승낙한 것이라고 이해한 반면에 B는 완곡하게 거절한 것으로 이해하고 있다.

② A가 마지막 발화에서 '궁금하다고 말한 것이지 사업을 수용하지 않는다는 것은 아니지 않나요'라고 반문한 것으로 보아, A는 고객의 의문을 부정적 평가로 판단하지 않는다.

④ A는 고객의 비언어적 표현(표정, 박수, 목소리)을 언급하며, 고객이 제안서를 승낙한 것으로 해석하고 있다.

15
다음 대화를 분석한 내용으로 가장 적절한 것은?

> 은영: 인문학은 사람들의 삶과 생각이 담긴 기록들을 찾아 읽고 정리해서 인간을 이해하려는 학문이야. 예를 들자면, 선인들의 행적을 구체적으로 기록한 글이나 허구적인 인물의 삶을 그려낸 글, 또 인생의 구체적인 장면들과 거리가 먼 추상적인 원리들을 담은 글도 있지.
> 대호: 그러니까 인간이 남긴 모든 기록들이 인문학의 연구 자료가 될 수 있는 거구나. 과학자들도 연구를 위해 많은 글을 읽어야 하는데, 이 또한 인문학적인 연구라고 볼 수 있을 거야.
> 민경: 글쎄, 과학자로서의 글 읽기란 자신들의 연구를 위한 수단이지 않을까? 앞선 사람들의 연구를 단시간에 배우기도 하고, 최신의 연구 성과를 흡수하기도 하잖아.
> 은영: 맞아. 만약 아인슈타인의 이론을 물리 현상에 적용하기 위해 그의 글을 읽는다면 과학자로서의 글 읽기가 될 테지만, 누군가 아인슈타인이 어떤 생각을 했는지 알고 싶어서 그가 쓴 수필과 논문들까지 모두 읽고 정리한다면 아마도 그는 과학자를 연구하는 인문학자일 거야.
> 대호: 결국 사람들이 남긴 온갖 기록 속에서 인간이란 어떤 존재인가, 인간으로서 살 만한 삶이란 어떤 것인가에 대한 통찰을 끌어내는 것, 이것이 인문학이구나.

① 질문을 던져 화제를 전환하는 사람이 있다.
② 대화 중 화제와 관련이 없는 이야기를 하는 사람이 있다.
③ 다른 사람의 의견에 동화되어 의견이 바뀌는 사람이 있다.
④ 화제에 대한 사례를 제시함으로써 개념을 정의하는 사람이 있다.

해설 ④ 은영은 첫 번째 발화에서 화제인 '인문학'의 사례를 제시하며 개념을 정의하고 있다.

오답 분석 ① 민경은 대호의 말에 반박하면서 다른 사람의 의사를 물음과 동시에 자신의 의견을 말할 뿐, 화제를 전환하고 있지는 않다. 과학자들이 연구를 위해 글을 읽는 것에 대해 언급하며 대화의 화제를 전환하는 사람은 대호이다.
② ③ 화제와 관련이 없는 이야기를 하거나, 다른 사람의 의견에 동화되어 의견이 바뀌는 사람은 없다.

16
다음 대화를 분석한 내용으로 적절하지 않은 것은?

> 갑: 올해 출시한 '우와 교통카드'의 판매율이 우리 지역에서 저조하네요. 사람들이 많이 구매하지 않는 이유가 뭘까요?
> 을: 저는 가격이 너무 비싸다고 생각해요. '우와 교통카드'의 판매가가 80,000원인데, 기존 교통카드에 비해 저렴하다고 느껴지지 않아요.
> 병: 저는 카드 이름의 영향도 있다고 생각해요. 아이디어 공모전을 열어서 카드 이름 변경에 대한 시민들의 의견을 받아 보면 좋겠어요.
> 갑: 교통카드 이름을 바꾸는 것도 고려해 봐야겠네요. 그런데 만약 가격을 인하해야 한다면 어느 정도 금액이 적당할까요?
> 을: 제가 준비한 자료를 보세요. 우리 지역 시민들의 한 달 평균 교통비가 70,000원이라는 조사 결과가 있어요. '우와 교통카드'의 가격은 이 금액보다 낮아야 한다고 생각해요. 60,000원으로 낮추는 게 좋겠어요.
> 병: 수익성 측면의 문제도 어느 정도 생각할 필요가 있어요. 너무 낮은 가격을 설정하게 되면 예산이 부족할 우려가 있으니 65,000원이 괜찮겠어요.

① 질문을 통해 토의 주제를 제시하는 사람이 있다.
② 미리 준비한 자료를 이용하여 자신의 주장을 강화하는 사람이 있다.
③ 상대의 의도를 파악한 후 자신의 감정을 직접적으로 드러내는 사람이 있다.
④ 다른 사람이 제시한 의견에 대해 다른 측면에서 접근하여 자신의 의견을 전달하는 사람이 있다.

해설 ③ 지문에서 상대의 의도를 파악한 후 자신의 감정을 직접적으로 드러내는 사람은 찾을 수 없으므로 ③은 적절하지 않다.

오답분석
① 갑은 첫 번째 발화에서 '사람들이 많이 구매하지 않는 이유가 뭘까요?'라며 질문을 통해 교통카드의 판매율이 저조한 이유를 토의 주제로 제시하고 있으므로 ①은 적절하다.

② 을은 첫 번째 발화에서 교통카드의 가격이 비싸다고 얘기하고, 두 번째 발화에서 지역 시민들의 한 달 평균 교통비가 70,000원이라는 조사 결과를 바탕으로 가격 인하를 주장하고 있다. 미리 준비한 자료를 이용하여 자신의 주장을 강화한 사람은 을이므로 ②는 적절하다.

④ 병은 두 번째 발화에서 을이 제시한 의견에 대해 '수익성 측면의 문제도 어느 정도 생각할 필요가 있어요.'라며 다른 측면에서 접근하여 교통카드 가격 인하에 대한 자신의 의견을 제시하고 있으므로 ④는 적절하다.

06 글의 순서 파악하기   p.84

01 ②	02 ①	03 ④	04 ②	05 ①
06 ④	07 ②	08 ④	09 ④	10 ③
11 ①	12 ③	13 ③		

01

다음 글에서 (가)~(다)의 순서를 자연스럽게 배열한 것은?

빅데이터가 부각된다는 것은 기업들이 빅데이터의 가치를 받아들이기 시작했다는 뜻이다. 여기에는 기업들이 데이터를 바라보는 시각이 변한 측면도 있다. 〈화제 제시〉

(가) 기업들은 고객이 판촉 활동에 어떻게 반응하고 평소에 어떻게 행동하며 사물에 대해 어떤 태도를 보이는지 알기 위해 많은 돈을 투자해 마케팅 조사를 해 왔다.
→ (가): 빅데이터의 가치를 받아들이기 전의 상황

(나) 그런 상황에서 기업들은 SNS나 스마트폰 등 새로운 데이터 소스로부터 그러한 궁금증과 답답함을 해결할 수 있다는 것을 알게 되었다. 페이스북에 올리는 광고에 친구가 '좋아요'를 한 것에서 기업들은 궁금증과 답답함을 해결할 수 있다.
→ (나): 빅데이터의 가치를 받아들인 후의 상황

(다) 그런데 기업들의 그런 노력이 효과가 있는 경우도 있었으나 아쉬운 점도 많았다. 쉬운 예로, 『기업들은 많은 광고비를 쓰지만 그 돈이 구체적으로 어느 부분에서 효과를 내는지는 알지 못했다.』
→ (다): 빅데이터의 가치를 받아들이기 전의 상황에 대한 구체적 사례

결국 데이터가 있는 곳에서 기업들은 점점 더 고객의 취향에 집중할 수 있게 되었으며, 이에 따라 기업들은 소셜미디어의 빅데이터를 중요한 경영 수단으로 수용하기 시작한 것이다.

① (가) - (나) - (다) ② (가) - (다) - (나)
③ (나) - (가) - (다) ④ (다) - (나) - (가)

해설 ② (가) - (다) - (나)의 순서가 가장 자연스럽다.

순서	순서 판단의 단서와 근거
(가)	첫 문장의 내용에 이어서 빅데이터의 가치가 부각되기 전, 기업의 마케팅 상황에 대해 설명함
(다)	지시 표현 '그런 노력': (가)에서 기업이 많은 돈을 투자해 마케팅 조사를 해 온 노력을 의미함
(나)	지시 표현 '그런 상황': (나)에서 기업들이 쓴 광고비가 어느 부분에서 효과를 내는지 알지 못하는 상황을 의미함

02
(가)~(다)를 맥락에 따라 가장 자연스럽게 배열한 것은?

독서는 아이들의 전반적인 뇌 발달에 큰 영향을 미친다.

(가) 그에 따르면 뇌의 전두엽은 상상력을 관장하는데, 책을 읽으면 상상력이 자극되어 전두엽을 많이 사용하게 된다.
(나의 A교수)

(나) A 교수는 책을 읽을 때와 읽지 않을 때의 뇌 변화를 연구해서 세계적인 명성을 얻었다.
('독서'와 '뇌 발달'의 관계에 대한 연구 - 첫 문장의 내용과 연결됨)

(다) 이처럼 책을 많이 읽으면 전두엽이 훈련되어 전반적인 뇌 발달의 가능성이 높아지는데, 그 결과는 교육 현장에서 실증된 바 있다.

독서를 많이 한 아이는 학교에서 더 좋은 성적을 낼 뿐 아니라 언어 능력도 발달한다는 사실이 밝혀진 것이다.
(교육 현장에서 실증된 연구 결과)

✓ (나) - (가) - (다)　　② (나) - (다) - (가)
③ (다) - (가) - (나)　　④ (다) - (나) - (가)

해설 ① 맥락에 따라 가장 자연스럽게 배열한 것은 ① '(나) - (가) - (다)'이다.

순서	순서 판단의 단서와 근거
(나)	첫 문장 내용에 이어, 글의 중심 화제인 '독서와 뇌 발달'의 관계에 대한 연구를 소개함
(가)	지시 표현 '그에 따르면': (나)에서 말한 'A 교수'의 연구 내용을 의미함
(다)	• 지시 표현 '이처럼': (가)의 독서를 하면 전두엽을 많이 사용하게 되는 것을 가리킴 • 지시 표현 '그 결과': 마지막 문장에 '그 결과'에 대한 내용이 드러남

03
(가)~(다)를 맥락에 따라 가장 자연스럽게 배열한 것은?

우리는 숨을 무의식적으로 쉬며, 숨 쉴 때마다 매번 대뇌의 명령을 받지 않는다.

(가) 그곳에서 시작하는 말초 신경들은 그 화학적 정보를 뇌간으로 전달하며, 뇌간의 신경 세포들은 이것을 분석한 후 손발을 척척 맞추어 숨을 내쉬거나 들이쉬도록 가로막이나 가슴뼈 사이의 근육들에게 명령한다.
(나의 '화학적 수용체')

(나) 그것들은 우리 몸의 대사 상태에 따라 변화하는 혈액의 이산화탄소, 산소, 수소 이온 농도와 같은 정보를 경동맥 근처에 있는 화학적 수용체에 전해 준다.
((다)의 '신경 세포들')

(다) 이런 자율적 숨쉬기 기능은 뇌간(brainstem, 뇌의 가장 아랫부분을 지칭)에 위치한 몇몇 신경 세포들이 담당한다.
(키워드)

즉 뇌간은 이런 몸의 화학 정보를 일일이 대뇌에 보고하지 않고 '자율적으로' 일을 하는 것이다.

① (나) - (가) - (다)　　② (나) - (다) - (가)
③ (다) - (가) - (나)　　✓ (다) - (나) - (가)

해설 ④ (다) - (나) - (가)의 순서가 가장 자연스럽다.

순서	순서 판단의 단서와 근거
(다)	키워드 '자율적 숨쉬기': 첫 문장에서 말한 '숨을 대뇌의 명령 없이 무의식적으로 쉬는 것'을 가리킴
(나)	지시 표현 '그것들은': (다)에서 말한 '신경 세포들'을 가리킴
(가)	• 지시어 '그곳': (나)에서 말한 '화학적 수용체'를 가리킴 • 지시 표현 '그 화학적 정보': (나)에서 말한 '우리 몸의 대사 상태에 따라 변화하는 혈액의 이산화탄소, 산소, 수소 이온 농도와 같은 정보'를 가리킴

04
다음 글의 (가)와 (나)에 들어갈 적절한 말을 순서대로 바르게 짝지은 것은?

비즈니스 화법에서는 상사에게 보고할 때 결론부터 말하라고 한다. 이것도 맞는 말이다. 그렇지 않아도 바쁜데 주저리주저리 이야기를 길게 늘어놓으면 짜증이 난다. (가) 현실은 인간관계의 미묘한 심리가 복잡하게 얽혀 있는 비즈니스 사회다. 때로는 일부러 결론을 뒤로 미뤄 상대의 관심을 끌게 만들어야 할 때도 있다. 예를 들어, 회사에서의 라이벌 동료와의 관계처럼 자기와 상대의 힘의 균형이 미묘할 때이다.

당신과 상사, 당신과 부하라는 상하관계가 분명한 경우는 대응이 항상 사무적이 된다. 사무적인 관계에서는 쓸데없는 시간과 노력을 들이지 않아도 된다. (나) 같은 사내의 인간관계라도 라이벌 동료가 되면 일을 원활하게 해나가는 것만이 능사는 아니다. 권력 관계에서의 차이가 없는 만큼 미묘한 줄다리기가 필요하다. 이렇게 권력관계가 미묘한 상대와의 대화에서 탁월한 최면 효과를 발휘하는 것이 '클라이맥스 법'이다. 비즈니스 현장에서뿐만 아니라 미묘한 줄다리기를 요하는 연애 관계에서도 초기에는 클라이맥스 법이 그 위력을 발휘한다.

① 그러므로 – 그러므로
② 하지만 – 하지만 ✓
③ 하지만 – 그러므로
④ 그러므로 – 하지만

해설 ② (가)와 (나)에 들어갈 접속어는 순서대로 '하지만 – 하지만'이므로 답은 ②이다.
- (가): (가)의 앞에는 비즈니스 화법에서 상사에게 보고할 때는 결론부터 말해야 한다는 내용이 제시되어 있으나, (가)의 뒤에는 자기와 상대의 힘의 균형이 미묘할 때는 오히려 결론을 뒤로 미뤄야 한다는 상반된 내용이 제시되어 있다. 따라서 (가)에는 역접의 접속어 '하지만'이 들어가는 것이 적절하다.
- (나): (나)의 앞에는 상하관계가 분명한 사무적인 관계에서는 쓸데없는 시간과 노력을 들이지 않아도 된다는 내용이 제시되어 있으나, (나)의 뒤에는 사내의 인간관계라도 라이벌 동료와는 미묘한 줄다리기가 필요하다는 상반된 내용이 제시되어 있다. 따라서 (나)에는 역접의 접속어 '하지만'이 들어가는 것이 적절하다.

05
다음 중 (가)~(다)를 문맥에 맞는 순서대로 나열한 것은?

최근 수십 년간 세계 각국의 정부들은 공격적인 환경보호 조치들을 취해왔다. 대기오염과 수질오염, 살충제와 독성 화학물질의 확산, 동식물의 멸종 위기 등을 우려한 각국의 정부들은 인간의 건강을 증진하고 인간 활동이 야생 및 원시 지역에서 만들어 낸 해로운 결과를 줄이기 위해 상당한 자원을 투자해왔다.

(가) 그러나 이러한 규제 노력 가운데는 막대한 비용을 헛되이 낭비한 것들도 상당수에 달하며, 그중 일부는 해결하고자 했던 문제를 오히려 악화시키기도 했다.

(나) 이 중 많은 조치들이 커다란 성과를 거두었다. 이를테면 대기오염을 줄이려는 노력으로 수십만 명의 조기 사망과 수백만 가지의 질병을 예방할 수 있었다.

(다) 예를 들어, 『새로운 대기 오염원을 공격적으로 통제할 경우, 기존의 오래된 오염원의 수명이 길어져서 적어도 단기적으로는 대기오염을 가중시킬 수 있다.』

① (나) → (가) → (다) ✓
② (나) → (다) → (가)
③ (다) → (가) → (나)
④ (다) → (나) → (가)

해설 ① (나) → (가) → (다)의 순서가 가장 자연스럽다.

순서	순서 판단의 단서와 근거
(나)	키워드 '조치': 앞 문단에서 언급한 세계 각국의 정부들이 취한 환경보호 조치들이 커다란 성과를 거두고 있음을 설명함
(가)	접속어 '그러나': 환경보호 조치의 성과를 언급한 (나)와 상반되는 내용이 이어짐
(다)	접속 표현 '예를 들어': (가)에서 언급한 '문제점'에 대한 예를 (다)에서 제시함

06

다음 문장이 들어가기에 가장 적절한 곳을 ㉠~㉣에서 고르면?

> 신분에 따라 문체를 고착화하는 것을 인정하지 않았던 것이다.
> ㉣ 앞의 내용을 재진술함

유럽이 교회로부터 정신적으로 해방된 것은 그리스와 로마의 고대 작가들에 대한 재발견을 통해서였다. ㉠ 그 이후 고대 작가들의 문체는 귀족 중심의 유럽 문화에서 모범으로 여겨졌다. ㉡ 이러한 상황은 대략 1770년대에 시작되는 낭만주의에서부터 변화하기 시작했다. ㉢ 이 낭만주의 시기에 평등과 민주주의를 꿈꿨던 신흥 시민 계급은 문학에서 운문과 영웅적 운명을 귀족에게만 전속시키고 하층민에게는 산문과 우스꽝스러운 상황을 배정하는 전통 시학을 거부했다. ㉣ 고전 문학은 더 이상 문학의 규범이 아니었으며, 문학을 현실의 모방으로 인식하는 태도도 포기되었다.

① ㉠ ② ㉡ ③ ㉢ ✓④ ㉣

해설 ④ 제시된 문장은 생략된 주어가 신분에 따라 문체를 고착화하는 것을 인정하지 않았다고 재진술하는 문장이므로 앞선 문장에는 이와 같은 내용이 나와야 함을 알 수 있다. 이때 ㉣ 앞에는 낭만주의 시기의 신흥 시민 계급이 신분에 따라 문학을 배정하는 전통 시학을 거부했다는 내용이 제시되어 있으므로 제시된 문장은 ㉣ 뒤에 들어가는 것이 적절하다.

07

다음 글의 '동기화 단계 조직'에 따라 (가)~(마)를 배열한 것으로 가장 적절한 것은?

> 설득하는 말하기의 메시지를 조직하는 방법으로 '동기화 단계 조직'이 있다. 이 방법의 세부 단계는 다음과 같다.
>
> 1단계: 주제에 대한 청자의 주의나 관심을 환기한다.
> 2단계: 특정 문제를 청자와 관련지어 설명함으로써 청자의 요구나 기대를 자극한다.
> 3단계: 해결 방안을 제시하여 청자의 이해와 만족을 유도한다.
> 4단계: 해결 방안이 청자에게 어떤 도움이 되는지 구체화한다.
> 5단계: 구체적인 행동의 내용과 방법을 제시하여 특정 행동을 요구한다.

(가) 지난주 제 친구는 일을 마친 후 자전거를 타고 집으로 돌아오다가 사고를 당해 머리를 다쳤습니다. → 사례를 언급하여 주의, 관심 환기 [주제: 자전거, 사고]

(나) 여러분이 자전거를 탈 때 헬멧을 착용하면 머리를 보호할 수 있습니다. → 해결 방안

(다) 아마 여러분도 가끔 자전거를 타는 경우가 있을 것입니다. 그런데 매년 2천여 명이 자전거를 타다가 머리를 다쳐 고생한다고 합니다. → 청자의 요구, 기대 자극 [청자, 특정 문제]

(라) 만약 자전거를 타는 모든 사람이 헬멧을 착용한다면 자전거 사고를 당해도 뇌 손상을 비롯한 신체 피해를 75% 줄일 수 있습니다. 또 자전거 타기가 주는 즐거움과 편리함을 안전하게 누릴 수 있습니다. → 청자의 이익 구체화

(마) 자전거를 탈 때는 안전을 위해서 반드시 헬멧을 착용하시기 바랍니다. → 구체적 방법 제시 및 행동 요구

① (가) - (나) - (다) - (라) - (마)
✓② (가) - (다) - (나) - (라) - (마)
③ (가) - (다) - (라) - (나) - (마)
④ (가) - (라) - (다) - (나) - (마)

해설 ② '동기화 단계 조직'에 따른 배열은 (가) - (다) - (나) - (라) - (마)이므로 ②가 가장 적절하다.

- (가): 친구가 자전거 사고로 머리를 다친 사건을 언급하며 설득하기 위한 주제에 대한 청자의 주의나 관심을 환기하고 있으므로 '동기화 단계 조직'의 1단계에 해당한다.
- (다): '자전거 사고 시 머리 부상'이라는 문제를 청자인 '여러분'과 관련지어 설명함으로써 청자의 요구를 자극하고 있으므로 '동기화 단계 조직' 2단계에 해당한다.
- (나): 자전거 사고로 머리를 다치는 문제에 대해 '헬멧 착용'이라는 해결 방안을 제시함으로써 청자의 이해와 만족을 유도하고 있으므로 '동기화 단계 조직' 3단계에 해당한다.
- (라): '헬멧 착용'이라는 해결 방안이 신체 피해를 75% 줄일 수 있다는 수치를 제시함으로써 문제에 대한 해결 방안이 청자에게 어떤 도움이 되는지 구체화하고 있으므로 '동기화 단계 조직' 4단계에 해당한다.
- (마): 자전거를 탈 때는 반드시 헬멧을 착용하라고 특정 행동을 요구하고 있으므로 '동기화 단계 조직' 5단계에 해당한다.

08

다음 글의 전개 순서로 가장 자연스러운 것은?

(가) 이 기관을 잘 수리하여 정련하면 그 작동도 원활하게 될 것이요, 수리하지 아니하여 노둔해지면 그 작동도 막혀 버릴 것이니 이런 기관을 다스리지 아니하고야 어찌 그 사회를 고취하여 발달케 하리오. → '말과 글'의 중요성 (1)

(나) 이러므로 말과 글은 한 사회가 조직되는 근본이요, 사회 경영의 목표와 지향을 발표하여 그 인민을 통합시키고 작동하게 하는 기관과 같다. → '말과 글'의 역할

(다) 말과 글이 없으면 어찌 그 뜻을 서로 통할 수 있으며, 그 뜻을 서로 통하지 못하면 어찌 그 인민들이 서로 이어져 번듯한 사회의 모습을 갖출 수 있으리오. → 사회를 갖추기 위해 필요한 '말과 글'

(라) 그뿐 아니라 그 기관은 점점 녹슬고 상하여 필경은 쓸 수 없는 지경에 이를 것이니 그 사회가 어찌 유지될 수 있으리오. 반드시 패망을 면하지 못할지라. → '말과 글'의 중요성 (2)

(마) 사회는 여러 사람이 그 뜻을 서로 통하고 그 힘을 서로 이어서 개인의 생활을 경영하고 보존하는 데에 서로 의지하는 인연의 한 단체라. → '사회'의 정의

- 주시경, '대한국어문법 발문' 중에서

① (마) - (가) - (다) - (나) - (라)
② (마) - (가) - (라) - (다) - (나)
③ (마) - (다) - (가) - (라) - (나)
✓④ (마) - (다) - (나) - (가) - (라)

해설 ④ (마) - (다) - (나) - (가) - (라)의 순서가 가장 자연스럽다.

순서	순서 판단의 단서와 근거
(마)	접속어나 지시어로 시작하지 않으면서 글의 중심 화제인 '사회'를 정의함
(다)	(마)의 내용에 이어 사회를 갖추기 위해 필요한 요소로 '말과 글'을 제시함
(나)	키워드 '말과 글': (다)에서 제시한 '말과 글'의 역할을 설명함
(가)	지시 표현 '이 기관': (나)에서 설명한 '기관(말과 글)'에 해당함
(라)	접속 표현 '그뿐 아니라': (가)에서 설명한 '기관'을 수리하지 않을 때 일어나는 결과에 대해 덧붙여 설명함

09

다음 글의 전개 순서로 가장 자연스러운 것은?

(가) 과거에는 고통만을 안겨 주었던 지정학적 조건이 이제는 희망의 조건이 되고 있습니다. 이제 한반도는 사람과 물자가 모여드는 동북아 물류와 금융, 비즈니스의 중심지가 될 것입니다. 우리가 주도해서 평화와 번영의 동북아 시대를 열어 나가야 합니다.

(나) 100년 전 우리는 수난과 비극의 역사를 겪었습니다. 해양으로 나가려는 세력과 대륙으로 진출하려는 세력이 한반도를 가운데 놓고 싸움을 벌였습니다. 마침내 우리는 국권을 상실하는 아픔을 감수해야 했습니다.

(다) 지금은 무력이 아니라 경제력이 국력을 좌우하는 시대입니다. 우리나라는 전쟁의 폐허를 극복하고 세계적인 경제 강국을 건설하고 있습니다. 우수한 인력과 세계 선두권의 정보화 기반을 갖추고 있습니다. 바다와 하늘과 땅을 연결하는 물류 기반도 손색이 없습니다.

(라) 그 아픔은 분단으로 이어져서 오늘에 이르고 있습니다. 그 과정에서는 정의가 패배하고 기회주의가 득세하는 불행한 역사를 겪었습니다. 그러나 이제 우리에게도 새로운 희망의 시대가 열리고 있습니다. 세계의 변방으로 머물러 왔던 동북아시아가 북미·유럽 지역과 함께 세계 경제의 3대 축으로 떠오르고 있습니다.

① (가) - (나) - (다) - (라)
② (가) - (라) - (나) - (다)
③ (나) - (가) - (라) - (다)
✓④ (나) - (라) - (다) - (가)

해설 ④ (나) - (라) - (다) - (가)의 순서가 가장 자연스럽다.

순서	순서 판단의 단서와 근거
(나)	지시 표현이나 접속어로 시작하지 않으면서 지정학적 조건으로 인해 아픔을 겪었던 우리 민족의 역사를 제시함
(라)	지시 표현 '그 아픔': (나)의 '국권을 상실하는 아픔'을 가리킴
(다)	키워드 '경제력': (라)의 내용을 이어받아 오늘날은 경제력이 중요하며 우리나라가 경제 강국으로 거듭나고 있음을 제시함
(가)	(다)에 이어서 우리나라가 주도해야 할 긍정적인 미래에 대해 언급하며 글을 마무리함

10
다음 글의 전개 순서로 가장 자연스러운 것은?

(가) 젊은이들 가운데 약삭빠르고 방탕하여 어딘가에 얽매이는 것을 싫어하는 자들이 이 말을 듣고 제 세상 만난 듯 기뻐하여 앉고 서고 움직이는 예절을 마음에 내키는 대로 한다.
　겉모습을 단정하게 하지 않음

(나) 성인께서도 사람을 가르치실 때 먼저 겉모습부터 단정히 해야만 바야흐로 자신의 마음을 안정시킬 수 있다고 하시었다. 세상에 비스듬히 눕고 기대서서 멋대로 말하고 멋대로 보면서 주경존심(主敬存心)*할 수 있는 사람은 없다.
　→ *필자의 주장: 겉모습을 단정히 하는 것의 중요성*

(다) 근래 어떤 자가 반관(反觀)*으로 이름을 떨쳐 겉모습을 단정하게 꾸미는 것을 가식이요, 허위라고 한다.
　화제 제시　　*비판적 관점*

(라) 나도 예전에 이 병에 깊이 걸렸던 터라 늙어서까지 예절을 익히지 못했으니 비록 후회해도 고치기가 어렵다.

(마) 지난번 너를 보니 옷깃을 가지런히 하여 똑바로 앉는 것을 즐기지 않아 장중하고 엄숙한 기색을 조금도 볼 수 없었는데, 이는 내 병통이 한 바퀴 돌아 네가 된 것이다.
　키워드

- 정약용, '두 아들에게 부침'

* 주경존심(主敬存心): 공경하는 마음을 간직함.
* 반관(反觀): 남들이 하는 대로 보지 않고 거꾸로 보거나 반대로 생각하는 것.

① 가 - 나 - 다 - 라 - 마
② 나 - 라 - 마 - 다 - 가
③ ✓ 다 - 가 - 라 - 마 - 나
④ 마 - 라 - 가 - 나 - 다

해설 ③ (다) - (가) - (라) - (마) - (나)의 순서가 가장 자연스럽다.

순서	순서 판단의 단서와 근거
(다)	글의 중심 화제인 '겉모습을 단정히 하는 것'에 대한 비판적 관점을 제시함으로써 흥미를 유발함
(가)	지시 표현 '이 말': (다)의 '어떤 자'가 한 말을 가리킴
(라)	지시 표현 '이 병': (가)의 젊은이들처럼 예절을 익히지 않고 마음에 내키는 대로 행동하는 것을 가리킴
(마)	키워드 '내 병통': (라)에서 필자가 예전에 예절을 익히지 못했던 것을 가리켜 '이 병'에 걸렸다고 표현하였는데, 필자의 아들도 겉모습이 단정하지 않은 것을 보고 (라)에 이어서 '내 병통'이 한 바퀴 돌아 네가 되었다고 표현함
(나)	필자가 아들에게 궁극적으로 전달하고자 하는 바를 정리하여 결론으로 제시함

11
(가) ~ (라)에 들어갈 말로 가장 적절한 것은?

정철, 윤선도, 황진이, 이황, 이조년 그리고 무명씨. 우리말로 시조나 가사를 썼던 이들이다. 황진이는 말할 것도 없고 무명씨도 대부분 양반이 아니었겠지만 정철, 윤선도, 이황은 양반 중에 양반이었다. ___(가)___ 그들이 우리말로 작품을 썼던 걸 보면 양반들도 한글 쓰는 것을 즐겨 했다는 것을 부정할 수는 없다. ___(나)___ 허균이나 김만중은 한글로 소설까지 쓰지 않았던가. ___(다)___ 이들이 특별한 취향을 가진 소수의 양반이었다면 이야기는 달라진다. 우리말로 된 문학 작품을 만들겠다는 생각을 가진 특별한 양반들을 제외하고 대다수 양반들은 한문을 썼기 때문에 한글을 모를 수도 있었기 때문이다. 실학자 박지원이 당시 양반 사회를 풍자한 작품 『호질』은 한문으로 쓰여 있다. ___(라)___ 한 가지 분명한 것은 양반 대부분이 한글을 이해하지 못하는 상황이었다면 정철도 이황도 윤선도도 한글로 작품을 쓰지는 않았을 것이란 사실이다.

(가) 화제 전환의 접속어 / 화제 전환
(나) 내용을 덧붙이는 접속어 / (나)의 앞 내용에 덧붙이는 내용
(다) 역접의 접속어
(다)의 앞 내용과 상반되는 내용
(라) 역접의 접속어
(라)의 앞 내용과 상반되는 내용

	(가)	(나)	(다)	(라)
✓①	그런데	게다가	그렇지만	그러나
②	그런데	그리고	그래서	또는
③	그리고	그러나	하지만	즉
④	그래서	더구나	따라서	하지만

해설 ① (가)~(라)에 들어갈 접속어는 순서대로 '그런데 – 게다가 – 그렇지만 – 그러나'이므로 답은 ①이다.

- (가): (가)의 앞에는 우리말로 시조나 가사를 썼던 작가들 중 정철, 윤선도, 이황은 양반이었다는 내용이 제시되고, (가)의 뒤에서 양반들도 한글을 즐겨 사용했음을 부정할 수 없다는 내용이 나온다. 따라서 (가)에는 화제를 다른 방향으로 전환할 때 쓰는 접속어 '그런데'가 들어가는 것이 적절하다.
- (나): (나)의 앞에는 양반들도 한글을 사용하여 작품을 썼다는 내용이 제시되고, (나) 뒤에는 허균이나 김만중은 한글로 소설까지 썼다는 내용이 나온다. 따라서 (나)에는 앞에서 언급한 사실에 또 다른 내용을 덧붙일 때 사용하는 접속어 '게다가, 더구나' 또는 앞뒤의 내용을 병렬적으로 이어주는 접속어 '그리고'가 들어가는 것이 적절하다.
- (다): (다)의 앞에는 양반들이 한글을 쓰는 것을 즐겨 했다는 내용이 제시되고, (다)의 뒤에는 소수의 양반들을 제외한 대다수 양반들은 한문을 사용했다는 상반된 내용이 나온다. 따라서 (다)에는 역접의 접속어 '그렇지만, 하지만'이 들어가는 것이 적절하다.
- (라): (라)의 앞에는 대다수 양반들이 한글을 몰랐을 가능성에 대한 내용이 제시되고, (라)의 뒤에는 정철, 이황, 윤선도를 언급하며 대부분의 양반들이 한글을 이해했을 것이라는 상반된 내용을 설명하고 있다. 따라서 (라)에는 역접의 접속어 '그러나, 하지만'이 들어가는 것이 적절하다.

12

㉠~㉤의 전개 순서로 가장 자연스러운 것은?

폭설, 즉 대설이란 많은 눈이 시간적, 공간적으로 집중되어 내리는 현상을 말한다.

㉠ 그런데 눈은 한 시간 안에 5 cm 이상 쌓일 수 있어 순식간에 도심 교통을 마비시키는 위력을 가지고 있다.
대설이 사회에 미치는 영향 (1)

㉡ 또한, 경보는 24시간 신적설이 20 cm 이상 예상될 때이다.
대설 경보의 기준

㉢ 다만, 산지는 24시간 신적설이 30 cm 이상 예상될 때 발령된다.
대설 경보의 예외적 상황

㉣ 이때 대설의 기준으로 주의보는 24시간 새로 쌓인 눈이 5 cm 이상이 예상될 때이다.
대설 주의보의 기준

㉤ 이뿐만 아니라 운송, 유통, 관광, 보험을 비롯한 서비스 업종과 사회 전반에 영향을 미친다.
대설이 사회에 미치는 영향 (2)

① ㉠ – ㉤ – ㉡ – ㉢ – ㉣
② ㉠ – ㉣ – ㉤ – ㉢ – ㉡
✓③ ㉣ – ㉡ – ㉢ – ㉠ – ㉤
④ ㉣ – ㉠ – ㉤ – ㉢ – ㉡

해설 ③ ㉣ – ㉡ – ㉢ – ㉠ – ㉤의 순서가 가장 자연스럽다.

순서	순서 판단의 단서와 근거
㉣	앞서 설명한 '대설'의 개념에 더하여 '대설 주의보'의 기준을 설명하고 있음
㉡	접속어 '또한': ㉣에서 설명한 '대설 주의보'의 기준에 이어 '대설 경보'의 기준을 설명함
㉢	접속어 '다만': ㉡의 설명에 예외적인 사항을 덧붙임
㉠	접속어 '그런데': 화제를 앞 내용과 관련시키면서 내용을 다른 방향으로 이끌어 나감
㉤	접속 표현 '이뿐만 아니라': ㉠에서 설명한 내용에 덧붙여 눈의 또 다른 위력에 대해 설명함

13

(가)~(라)를 맥락에 맞추어 가장 적절하게 나열한 것은?

(가) 클리셰는 이러한 반복되는 특징 때문에 장르 규범과 자주 비교된다. 하지만 이 둘은 분명히 다르다. 장르 규범이 장르에서 마땅히 따르고 지켜야 할 기준이라면, 클리셰는 특별한 기준이 없는 무의식적인 반복에 가깝다.

(나) 오늘날 클리셰는 판에 박힌 듯이 쓰이는 표현이나 문구를 지칭하는 말로 사용된다. 영화에서 사용될 때도 마찬가지로 오랫동안 습관적으로 쓰여 뻔하게 느껴지는 표현이나 캐릭터, 표현 기법 등을 종합하여 지칭한다.

(다) 하지만 클리셰가 영화에서 반드시 배제해야 할 요소는 아니다. 적절히만 사용하면 관객이 이를 바탕으로 작품의 내용을 쉽게 이해할 수 있게 돕는다. 따라서 감독은 클리셰를 사용하되, 지극히 전략적으로 접근해야 한다.

(라) 예를 들어, 『영화에는 주동 인물과 반동 인물이 존재하는데』 이는 영화라는 장르에서 플롯을 전개하기 위해 반드시 갖추어야 할 조건으로 모든 영화가 이러한 규범을 따른다. 반면 『클리셰는 주인공이 상대방에게 첫눈에 반하는 것과 같이』 장르의 규범과는 무관하게 여러 작품들에서 반복적으로 목격되는 요소들이며, 관객들로 하여금 식상함을 느끼게 한다.

① (가) - (나) - (라) - (다)
② (가) - (다) - (라) - (나)
✓③ (나) - (가) - (라) - (다)
④ (나) - (가) - (다) - (라)

해설 ③ (가)~(라)를 맥락에 맞추어 가장 적절하게 나열한 것은 ③ '(나) - (가) - (라) - (다)'이다.

순서	순서 판단의 단서와 근거
(나)	지시 표현과 접속 표현 없이 '클리셰'라는 중심 화제를 제시함
(가)	지시 표현 '이러한 반복되는 특징': (나)에서 언급한 오랫동안 습관적으로 쓰이는 클리셰의 반복적인 특징을 가리킴
(라)	접속 표현 '예를 들어': (가)에서 언급한 클리셰와 장르 규범의 차이에 대한 이해를 돕기 위해 각각에 대한 예를 제시함
(다)	접속어 '하지만': (라)에서 클리셰가 관객에게 식상함을 준다는 것과 상반되는 클리셰의 긍정적인 기능을 제시함

07 숨겨진 내용 추론하기
p.92

01 ④	02 ①	03 ③	04 ③	05 ①
06 ④	07 ④	08 ④	09 ③	10 ③
11 ①	12 ③	13 ①	14 ①	15 ③
16 ④	17 ②	18 ③	19 ①	20 ①
21 ①	22 ①			

01

다음 글의 시사점으로 적절하지 않은 것은?

기존의 의학적 연구는 건장한 성인 남성의 몸을 표준으로 삼아 이루어지는 경우가 많았다. 예를 들어 농약과 같은 화학 물질이 몸에 들어와 어떠한 변화를 일으키는지 검토한 연구에서 생리 주기에 따라 변화하는 여성 호르몬이 그 물질과 어떤 상호 작용을 일으킬 수 있는지는 고려되지 않았다. 자동차 충돌 사고를 인체 공학적으로 시뮬레이션할 때도 특정 연령대 남성의 몸이 연구 대상으로 사용되었고, 여성의 신체 특성이나 다양한 연령대 남성의 신체적 특성은 고려되지 않았다.

특정 연령대 성인 남성의 몸을 표준화된 인체로 여겼던 사고방식은 여러 문제점을 낳고 있다. 예를 들어 대사율, 피부와 조직 두께 등을 감안한, 사람이 가장 효과적으로 일할 수 있는 사무실 온도는 21°C로 알려져 있다. 그런데 한 연구에서 남성과 여성 직장인에게 각각 선호하는 사무실 온도를 조사한 결과는 남성은 평균 22°C, 여성은 평균 25°C였다. 남성은 기존의 적정 실내 온도에 가까운 답을 했고, 여성은 더 따뜻한 사무실에서 일하기를 원했다.

이러한 차이의 이유는 무엇일까? 현재 적정 사무실 온도로 알려진 21°C는 1960년대 측정된 자료를 바탕으로 하는데, 당시 몸무게 70kg인 40세 성인 남성을 기준으로 측정된 것이다. 이러한 '표준화된 신체'를 가진 남성의 대사율은 여성이나 다른 연령대 남성들의 대사율과 다르고, 당연히 체내 열 생산의 양도 차이가 있다.

① 표준으로 삼은 대상이 나머지 대상의 특성까지 대표하지 못하므로 앞으로 의학적 연구를 하려면 하나의 표준을 정하기보다 가능한 한 다양한 대상을 선정해서 하는 것이 바람직하다.

② 현재 우리가 알고 있는 의학 지식 중에는 특정 표준 대상만을 연구한 결과인 것이 있으므로 앞으로 이런 의학 지식을 활용하려면 연구한 대상을 살펴봐서 그대로 활용할지를 결정하는 것이 바람직하다.

③ 성별이나 연령대 등에 따라 신체 조건이 같지 않으므로 근무 환경을 조성할 때 근무자들의 성별이나 연령대를 고려하는 것이 바람직하다.

✓ 기존의 사무실 적정 실내 온도가 조사된 것보다 낮게 설정되어 있으므로 향후에 모든 공공 기관의 사무실 온도를 조정할 때 현재보다 설정 온도를 일률적으로 높이는 것이 바람직하다.
➡ 성별, 연령, 신체적 특성을 고려해야 함

해설 ④ 기존의 사무실 적정 실내 온도가 비교적 낮게 설정된 것은 특정 몸무게와 연령대의 성인 남성을 표준으로 삼아 측정된 자료를 활용했기 때문이다. 따라서 사무실 적정 실내 온도는 근무자들의 연령대와 성별 등의 신체 조건을 고려하여 조정하는 것이 바람직하다는 것을 추론할 수 있으므로 모든 공공 기관 사무실의 적정 실내 온도를 일률적으로 높이는 것은 적절하지 않다.

오답 분석 ① 3문단을 통해 특정 연령대 성인 남성의 몸을 표준으로 삼은 '표준화된 신체'는 나머지 대상의 특성까지 대표하지 못한다는 것을 알 수 있다. 따라서 하나의 표준을 정하기보다 다양한 대상을 선정해서 의학적 연구를 하는 것이 바람직하다는 것을 추론할 수 있다.

② 1문단을 통해 현재 우리가 알고 있는 의학 지식 중에는 특정 표준 대상만을 연구한 결과인 것이 있음을 알 수 있다. 따라서 앞으로 의학 지식을 활용하려면 연구한 대상에 대한 논의가 추가적으로 필요하다는 것은 시사점으로 볼 수 있다.

③ 3문단을 통해 '표준화된 신체'의 기준을 여성이나 다른 연령대의 남성에게도 적용하는 것은 무리가 있으므로 근무 환경을 조성할 때 근무자들의 성별이나 연령대를 고려하는 것이 바람직하다는 것을 알 수 있다.

02
다음 글에서 추론한 내용으로 적절하지 않은 것은?

프랑스에서 의무교육 제도를 실시하면서 정규학교에 입학
선택지 ①의 근거
하기 어려운 지적장애아, 학습부진아를 가려내고자 하였다. 이에 기초 학습 능력 평가를 목적으로, 1905년 최초의 IQ 검사가 이루어졌다. 이 검사를 통해 비로소 인간의 지능을 구
선택지 ②의 근거
체적으로 수치화하고 객관적으로 비교할 수 있게 되었다.

이후 오랫동안 IQ가 높으면 똑똑한 사람, 그렇지 않으면 머리가 좋지 않고 학습에도 부진한 사람으로 판단했다. 물론 IQ가 높은 아이는 그렇지 않은 아이에 비해 읽기나 계산 등
선택지 ④의 근거
사고 기능과 관련된 과목에서 높은 성취도를 보이는 경우가 많다. 이는 IQ 검사가 기초 학습에 필요한 최소 능력인 언어 이해력, 어휘력, 수리력 등을 측정하기 때문이다. 학습의 기초 능력을 측정하는 IQ 검사에서 높은 점수를 받은 아이는 동일한 능력을 측정하는 학업 평가에서도 높은 점수를 받을 가능성이 크다. 하지만 문제는 IQ 검사가 인간의 지능 중 일
선택지 ③의 근거
부만을 측정한다는 점이다.

✓ 최초의 IQ 검사는 학습 능력이 우수한 아이를 고르기 위해 시행되었다. ➡ 지적장애아, 학습 부진아

② IQ 검사가 만들어지기 전에는 인간의 지능을 수치로 비교할 수 없었다.

③ IQ가 높은 아이라도 전체 지능은 높지 않을 수 있다.

④ IQ가 높은 아이가 읽기 능력이 좋을 확률이 높다.

해설 ① 1문단에 따르면, 최초의 IQ 검사는 프랑스에서 의무교육 제도를 실시하면서 정규학교에 입학하기 어려운 지적장애아, 학습부진아를 가려내고자 기초 학습 능력 평가를 목적으로 시행되었다. 따라서 학습 능력이 우수한 아이를 고르기 위해 최초의 IQ 검사가 시행되었다는 ①의 추론은 적절하지 않다.

오답 분석 ② 1문단 마지막 문장에서 IQ 검사를 통해 비로소 인간의 지능을 구체적으로 수치화할 수 있게 되었다고 설명한다. 이는 IQ 검사가 만들어지기 전에는 인간의 지능을 수치화할 수 없었다는 것을 의미하므로 ②의 추론은 적절하다.

③ 2문단 마지막 문장에서 IQ 검사는 인간의 지능 중 일부(기초 학습에 필요한 최소 능력)만을 측정하는 것이라고 설명한다. 따라서 IQ가 높은 아이라도 전체 지능은 높지 않을 수 있으므로 ③의 추론은 적절하다.

④ 2문단 3~5번째 줄에서 IQ가 높은 아이는 그렇지 않은 아이에 비해 읽기나 계산 등 사고 기능과 관련된 과목에서 높은 성취도를 보이는 경우가 많다고 설명한다. 즉, IQ가 높은 아이는 읽기 능력이 좋을 확률이 높으므로 ④의 추론은 적절하다.

03
다음 글에서 추론한 내용으로 가장 적절한 것은?

　미셸 교수는 '마시멜로 실험'을 하였다. 아동들에게 마시멜로를 하나씩 주고 15분간 먹지 않으면 하나 더 주겠다고 한 뒤 아이가 못 참고 먹는지 아니면 끝까지 참는지를 관찰하였다. 아이들이 참을성을 발휘한 시간은 평균 2분이었지만, 25%의 아이들은 끝까지 참아 내 마시멜로를 더 먹을 수 있었다. 흥미로운 점은 12년이 지나서 당시 실험에 참가했던 아이들을 추적 조사한 결과이다. 1분 이내에 마시멜로를 먹은 아이들은 학교나 가정에서 문제를 일으키는 경우가 많았지만, 15분간 참을성을 발휘한 아이들은 1분 이내에 마시멜로를 먹은 아이보다 대학 진학 시험 점수 평균이 훨씬 더 높았다. 이 실험 결과는 감정이나 욕망을 조절할 수 있는 자기 통제력이 큰 사람이 미래의 성공 가능성이 더 크다는 것을 보여 준다.
　이후 비슷한 실험이 이루어졌다. 그러나 이 실험에서는 마시멜로에 뚜껑을 덮어 두고 기다리게 했다는 점에서 차이가 있었다. 실험 결과 뚜껑이 없이 기다리게 했던 경우보다 뚜껑을 덮었을 때 두 배 가까이 더 아이들이 잘 참을 수 있었다. 뚜껑 하나라는 아주 작은 차이가 아이들의 참을성을 크게 향상시킨 셈이다.

① 자기 통제력이 낮은 아동일수록 주변 환경이 열악하다.
② 자기 통제력은 선천적 요인보다 후천적 요인에 더 영향을 받는다.
③ 자기 통제력을 발휘하는 데에는 환경적 요인이 중요하게 작용한다.
④ 자기 통제력이 높은 아동은 유아기부터 가정과 학교에서 사랑과 관심을 많이 받는다.

해설 ③ 2문단에서 설명한 실험 결과에 따르면, 마시멜로에 뚜껑을 덮지 않고 기다리게 했던 경우보다 뚜껑을 덮었을 때 두 배 가까이 아이들이 마시멜로를 먹지 않고 잘 참을 수 있었다고 한다. 이를 통해 자기 통제력을 발휘하는 데에는 시각적 자극을 차단하는 등의 환경적 요인(마시멜로에 뚜껑을 덮음)이 중요하게 작용함을 추론할 수 있다.

오답분석 ① '자기 통제력'과 '주변 환경의 질적 상태'에 상관관계가 있다는 것은 지문을 통해 추론할 수 없다.
② 두 요인 중 어떤 요인이 '자기 통제력'에 더 큰 영향을 미치는지는 지문을 통해 추론할 수 없다.
④ '자기 통제력'과 유아기부터 받는 '사랑과 관심의 정도'에 상관관계가 있다는 것은 지문을 통해 추론할 수 없다.

04
다음은 〈보기〉에 제시된 글의 핵심 내용을 정리한 것이다. 가장 잘 이해한 것은?

〈보기〉

　'무엇인가', '어떠한 것인가'라는 물음에 대응하는 내용이 '질'이고 '어느 정도'라는 물음에 대응하는 내용이 '양'이다. '책상이란 무엇인가' 또는 '책상이 어떠한 것인가'를 알기 위해 사전에서 '책상'을 찾으면, "책을 읽거나 글을 쓰는 상"으로 나와 있다. 이것이 책상을 의자와 찬장 및 그 밖의 유사한 사물들과 구분해 주는 책상의 '질'이다. 예를 들어 "이 책상의 높이는 어느 정도인가?"라고 물으면 "70cm이다"라고 답한다. 이때 말한 '70cm'가 바로 '양'이다. 그런데 책상의 높이는 70cm가 60cm로 되거나 40cm로 된다고 하더라도 그것이 책상임에는 변함이 없다. 성인용 책상에서 아동용 책상으로, 의자 달린 책상에서 앉은뱅이책상으로 바뀐다고 하더라도 그것이 '책을 읽거나 글을 쓰는 상'으로서의 기능은 수행할 수 있기 때문이다. 그러나 책상의 높이를 일정한 한도가 넘는 수준, 예컨대 70cm를 1cm로 낮추어 버리면 그 책상은 나무판에 가까운 것으로 변하여 책상의 기능을 수행할 수 없게 되어 더 이상 책상이라 할 수 없게 될 것이다.

① 양의 변화는 질의 변화를 초래하고 질의 변화는 양의 변화를 이끈다.
② 양의 변화가 누적되면 질의 변화가 일어나므로 양의 변화는 변화된 양만큼 질의 변화를 이끈다.
③ 양의 변화는 일정한 한도 내에서 질의 변화를 이끌지 못하지만 어느 한도를 넘으면 질의 변화를 초래한다.
④ 양의 변화든 질의 변화든 변화는 모두 본래의 상태로 환원되는 과정이기 때문에 두 변화는 본질적으로 동일하다.

해설 ③ 지문은 '무엇인가'라는 물음에 대응하는 대상의 '질'과 '어느 정도'라는 물음에 대응하는 대상의 '양'에 대해 책상을 예로 들어 설명하고 있다. 이때 지문 3~8번째 줄을 통해 책상의 '질'은 책상의 '사전적 정의'와 같이 책상을 다른 사물과 구분해 주는 특성이며, 책상의 '양'은 책상의 '높이'와 같이 수치화할 수 있는 특성임을 알 수 있다. 이어서 '질'과 '양'의 관계에 대해 설명하고 있는데, 끝에서 4~9번째 줄에 의하면 책상의 높이가 변하더라도 책상으로서의 기능을 수행할 수 있다면, 그 대상을 여전히 책상으로 정의할 수 있다.
하지만 끝에서 1~4번째 줄에 의하면 책상의 높이가 일정한 한도를 넘어 책상으로서의 기능을 수행할 수 없을 정도로 변화한다면 그 대상은 더 이상 책상으로 정의할 수 없다.

이를 통해 '양'의 변화는 일정한 한도 내에서는 '질'의 변화를 이끌지 못하지만 어느 한도를 넘으면 '질'의 변화를 초래한다는 것을 알 수 있으므로 답은 ③이다.

05

다음 글에서 추론한 내용으로 가장 적절한 것은?

> 논리 실증주의자들에 따르면, 만약 어떤 것이 과학일 경우 거기에서 사용되는 문장은 유의미하다. 그들은 유의미한 문장의 기준으로 소위 '검증 원리'라고 불리는 것을 제안했다. 검증 원리란, 경험을 통해 참이나 거짓을 검증할 수 있는 문장은 유의미하고 그렇지 않은 문장은 유의미하지 않다는 것이다. 다음 두 문장을 예로 생각해 보자.
>
> (가) 달의 다른 쪽 표면에 산이 있다.
> (나) 절대자는 진화와 진보에 관계하지만, 그 자체는 진화하거나 진보하지 않는다.
>
> 위 두 문장 중 경험을 통해 검증할 수 있는 것은 무엇인가? 비록 현실적으로 큰 비용이 들기는 하지만 (가)는 분명히 경험을 통해 진위를 밝힐 수 있다. 즉 우리는 (가)의 진위를 확정하기 위해서 무엇을 경험해야 하는지 알고 있다는 것이다. 이런 점에 근거하여 논리 실증주의자들은 (가)는 검증할 수 있고, 유의미한 문장이라고 판단한다. 그럼 (나)는 어떠한가? 우리는 무엇을 경험해야 (나)의 진위를 확정할 수 있는가? 논리 실증주의자들은 그런 것은 없다고 주장하고, 이에 (나)는 검증할 수 없고 과학에서 사용될 수 없는 무의미한 문장이라고 말한다.

① 논리 실증주의자들에 따르면 무의미한 문장을 사용하는 것은 과학이 아니다.
② 논리 실증주의자들에 따르면 과학의 문장들만이 유의미하다.
③ 검증 원리에 따르면 아직까지 경험되지 않은 것을 언급한 문장은 무의미하다.
④ 검증 원리에 따르면 거짓인 문장은 무의미하다.

해설 ① 1문단 1~2번째 줄에서 논리 실증주의자들은 어떤 것이 과학일 경우, 그것에 사용되는 문장은 유의미하다고 하였으므로 반대로 어떤 것에 사용된 문장이 무의미한 문장이라면 그것은 과학이 아닐 것임을 추론할 수 있다.

오답분석 ② 1문단 4~6번째 줄에서 논리 실증주의자들이 경험을 통해 참이나 거짓으로 검증될 수 있는 문장들만이 유의미하다고 하였음을 알 수 있으나, 과학의 문장들만이 유의미한 것인지는 지문을 통해 추론할 수 없다.
③ 2문단 2~4번째 줄을 통해 아직까지 경험하지 않았더라도 진위를 확정하기 위해 무엇을 경험해야 하는지 알 수 있는 문장이라면 유의미한 문장으로 판단할 수 있음을 알 수 있으므로 ③의 추론은 적절하지 않다.
④ 1문단 4~6번째 줄을 통해 경험을 통해 참과 거짓을 검증할 수 있는 문장은 유의미하다고 하였으므로 경험을 통해 문장이 거짓임을 검증할 수만 있다면 유의미한 문장임을 추론할 수 있다. 따라서 ④의 추론은 적절하지 않다.

06

다음 글에서 추론한 내용으로 가장 적절한 것은?

> 컴퓨터에는 자유 의지가 있을까? 나아가 컴퓨터에 도덕적 의무를 귀속시킬 수 있을까? 컴퓨터는 다양한 전기 회로로 구성되어 있고, 물리 법칙, 프로그래밍 방식, 하드웨어의 속성 등에 따라 필연적으로 특정한 초기 상태로부터 다음 상태로 넘어간다. 마찬가지로 두 번째 상태에서 세 번째 상태로 이동하고, 이러한 과정이 계속해서 이어진다. 즉 컴퓨터는 결정론적 법칙의 지배를 받는 시스템이라는 것이다. 그럼 이러한 시스템에는 자유 의지가 있을까?
>
> 결정론적 법칙의 지배를 받는 시스템의 중요한 특징은 주어진 조건에 따라 결과가 하나로 고정된다는 점이다. 다시 말해, 이러한 시스템에는 항상 하나의 선택지만 있을 뿐이다. 그런 뜻에서 결정론적 지배를 받는다는 것과 자유 의지를 가진다는 것은 양립할 수 없음이 분명하다. 어떤 선택을 할 때 그것과 다른 선택을 할 수도 있다는 것은 자유 의지의 필요조건이기 때문이다. 결국 결정론적 법칙의 지배를 받는 시스템은 자유 의지를 가지지 않는다. 또한 자유 의지를 가지지 않는 시스템에 도덕적 의무를 귀속시킬 수 없음은 당연하다.

─── 〈보기〉 ───
㉠ 컴퓨터는 자유 의지를 가지지 않으며 도덕적 의무의 귀속 대상일 수도 없다.
㉡ 도덕적 의무를 귀속시킬 수 있는 시스템은 결정론적 법칙의 지배를 받지 않는다.
㉢ 어떤 선택을 할 때 그것과 다른 선택을 할 수 없는 시스템은 자유 의지를 가지지 않는다.

① ㄱ, ㄴ
② ㄱ, ㄷ
③ ㄴ, ㄷ
✓④ ㄱ, ㄴ, ㄷ

해설 ④ 지문을 통해 추론할 수 있는 내용은 ㄱ, ㄴ, ㄷ이다.
- ㄱ: 1문단 끝에서 2~3번째 줄을 통해 컴퓨터는 결정론적 법칙의 지배를 받는 시스템임을 알 수 있고 2문단 끝에서 1~3번째 줄을 통해 결정론적 법칙의 지배를 받는 시스템은 자유 의지를 가지지 않고 도덕적 의무를 귀속시킬 수 없음을 알 수 있다. 따라서 결정론적 법칙의 지배를 받는 컴퓨터는 자유 의지를 가지지 않으며 도덕적 의무의 귀속 대상도 아닐 것임을 추론할 수 있다.
- ㄴ: 2문단 끝에서 1~3번째 줄을 통해 결정론적 법칙의 지배를 받는 시스템은 자유 의지를 갖지 않고 도덕적 의무를 귀속시킬 수 없다고 하였다. 이를 미루어 보아 만약 도덕적 의무를 귀속시킬 수 있는 시스템이 있다면 그것은 결정론적 법칙의 지배를 받지 않을 것임을 추론할 수 있다.
- ㄷ: 2문단 1~4번째 줄을 통해 결정론적 법칙의 지배를 받는 시스템은 항상 하나의 선택지만 있으므로 다른 선택을 할 수 없음을 알 수 있다. 또한 2문단 끝에서 2~3번째 줄을 통해 그러한 결정론적 법칙의 지배를 받는 시스템은 자유 의지를 가질 수 없다고 하였으므로 적절하다.

07
다음 글에서 추론할 수 있는 것은?

포도주는 유럽 문명을 대표하는 술이자 동시에 음료수다. 우리는 대개 포도주를 취하기 위해 마시는 술로만 생각하기 쉬우나 유럽에서는 물 대신 마시는 '음료수'로서의 역할이 크다. 유럽의 많은 지역에서는 물이 워낙 안 좋아서 맨 물을 그냥 마시면 위험하기 때문에 제조 과정에서 안전성이 보장된 포도주나 맥주를 마시는 것이다. 이런 용도로 일상적으로 마시는 식사용 포도주로는 당연히 고급 포도주와는 다른 저렴한 포도주가 쓰이며, 술이 약한 사람들은 여기에 물을 섞어서 마시기도 한다.

소비의 확대와 함께, 포도주의 생산을 다른 지역으로 확산시키려는 노력도 계속되어 왔다. [포도주 생산의 확산에서 가장 큰 문제는 포도 재배가 추운 북쪽 지역으로 확대되기 힘들다는 점이다.] 자연 상태에서는 포도가 자라는 북방 한계가 이탈리아 정도에서 멈춰야 했지만, 중세 유럽에서 수도원마다 온갖 노력을 기울인 결과 포도 재배가 상당히 북쪽까지 올라갔다. 『대체로 대서양의 루아르강 하구로부터 크림반도와 조지아를 잇는 선』이 상업적으로 포도를 재배할 수 있는 북방한계선이다.

적정한 기온은 포도주 생산 가능 여부뿐 아니라 생산된 포도주의 질을 결정하는 중요한 요인이다. 너무 추운 지역이나 너무 더운 지역에서는 포도주의 품질이 떨어질 수밖에 없다. 추운 지역에서는 포도에 당분이 너무 적어서 그것으로 포도주를 담그면 신맛이 강하게 된다. 반면 너무 더운 지역에서는 섬세한 맛이 부족해서 '흐물거리는' 포도주가 생산된다(그 대신 이를 잘 활용하면 포르토나 셰리처럼 도수를 높인 고급 포도주를 만들 수 있다). 그러므로 고급 포도주 주요 생산지는 보르도나 부르고뉴처럼 너무 덥지도 않고 너무 춥지도 않은 곳이다. 다만 달콤한 백포도주의 경우는 샤토 디켐(Château d'Yquem)처럼 뜨거운 여름 날씨가 지속하는 곳에서 명품이 만들어진다.

포도주의 수요는 전 유럽적인 데 비해 생산은 이처럼 지리적으로 제한됐기 때문에 포도주는 일찍부터 원거리 무역 품목이 됐고, 언제나 고가품 취급을 받았다. 그런데 한 가지 기억해야 할 점은 이렇게 수출되는 고급 포도주는 오래된 포도주가 아니라 바로 그해에 만든 술이라는 점이다. 우리는 포도주는 오래될수록 좋아진다고 믿는 경향이 있지만, 대부분의 백포도주 혹은 중급 이하 적포도주는 시간이 지날수록 오히려 품질이 떨어진다. 시간이 흐를수록 품질이 개선되는 것은 일부 고급 적포도주에만 한정된 이야기이며, 그나마 포도주를 병에 담아 코르크 마개를 끼워 보관한 이후의 일이다.

① 고급 포도주는 ~~포도~~ 너무 덥지도 춥지도 않은 곳에서 재배된 포도로 만들어졌다. ➜ 포르토, 셰리, 샤토 디켐은 매우 더운 지역에서도 생산됨

② 루아르강 하구로부터 크림반도와 조지아를 잇는 선은 이탈리아보다 ~~남쪽~~에 있을 것이다.
➜ 북쪽

③ 유럽에서 일상적으로 마시는 식사용 포도주는 저렴한 포도주거나 ~~고급 포도주~~에 물을 섞은 것이다.
➜ 저렴한 포도주

✓ ④ 병에 담겨 코르크 마개를 끼운 고급 백포도주는 보관 기간에 비례하여 품질이 개선되지는 (않을) 것이다.
➜ 일부 고급 적포도주에만 해당

해설 ④ 4문단 끝에서 1~5번째 줄을 통해 대부분의 백포도주는 시간이 흐를수록 품질이 떨어지며, 코르크 마개를 끼운 포도주가 시간이 흐를수록 품질이 개선되는 경우는 일부 고급 적포도주에만 해당됨을 알 수 있다. 따라서 코르크 마개를 끼운 고급 백포도주가 보관 기간에 비례하여 품질이 개선되지 않을 것이라는 ④의 추론은 적절하다.

오답분석 ① 3문단 5~8번째 줄과 3문단 끝에서 1~3번째 줄을 통해 더운 지역에서도 고급 포도주를 생산할 수 있음을 알 수 있다. 따라서 모든 고급 포도주는 너무 덥지도 춥지도 않은 곳에서 재배된 포도로 만들어진다는 ①의 추론은 적절하지 않다.

② 2문단 4~9번째 줄을 통해 포도를 재배할 수 있는 북방 한계가 '이탈리아 정도'에서 '루아르강 하구부터 크림반도와 조지아를 잇는 선'까지 올라갔음을 알 수 있다. 따라서 루아르강 하구부터 크림반도와 조지아를 잇는 선이 이탈리아보다 남쪽일 것이라는 ②의 추론은 적절하지 않다.

③ 1문단 끝에서 1~3번째 줄을 통해 유럽에서 일상적으로 마시는 식사용 포도주는 저렴한 포도주이고, 술이 약한 사람은 저렴한 포도주에 물을 섞어 마신다는 것을 알 수 있다. 따라서 유럽에서 일상적으로 마시는 식사용 포도주가 고급 포도주에 물을 섞은 것이라는 ③의 추론은 적절하지 않다.

08

다음 글의 내용을 통해 도출할 수 있는 내용으로 가장 적절하지 않은 것은?

미생물은 오늘날 흔히 질병과 연관된 것으로 여겨진다. 1762년 마르쿠스 플렌치즈는 미생물이 체내에서 증식함으로써 [선택지 ④의 근거 (1)] 질병을 일으키고, 이는 공기를 통해 전염될 수 있다고 주장했으며, 모든 질병은 각자 고유의 미생물을 갖고 있다고 말했다. 그러나 유감스럽게도 그 주장에 대한 증거가 없었으 [선택지 ③의 근거 (1)] 므로 플렌치즈는 외견상 하찮아 보이는 미생물들도 사실은 중요하다는 점을 다른 사람들에게 납득시킬 수가 없었다. 심지어 한 비평가는 그처럼 어처구니없는 가설에 반박하느라 시간을 허비할 생각이 없다며 대꾸했다.

그런데 19세기 중반 들어 프랑스의 화학자 루이 파스퇴르에 의해 상황이 바뀌기 시작했다. 파스퇴르는 세균이 술을 식초로 만들고 고기를 썩게 한다는 사실을 연달아 증명한 뒤 만약 세균이 발효와 부패의 주범이라면 질병도 일으킬 수 있을 것이라고 주장했다. 이러한 배종설은 오랫동안 이어져 내려온 자연발생설에 반박하는 이론으로서 플렌치즈 등에 의해 옹호되었지만 아직 논란이 많았다. 사람들은 흔히 썩어가는 물질이 내뿜는 나쁜 공기, 즉 독기가 질병을 일으킨다고 생각했다. 1865년 파스퇴르는 이런 생각이 틀렸음을 증명했 [선택지 ①의 근거 (1)] 다. 그는 미생물이 누에에게 두 가지 질병을 일으킨다는 사실을 입증한 뒤, 감염된 알을 분리하여 질병이 전염되는 것을 막음으로써 프랑스의 잠사업을 위기에서 구했다.

한편 독일에서는 로베르트 코흐라는 내과 의사가 지역농장의 사육동물을 휩쓸던 탄저병을 연구하고 있었다. 때마침 다른 과학자들이 동물의 시체에서 탄저균을 발견하자, 1876년 코흐는 이 미생물을 쥐에게 주입한 뒤 쥐가 죽은 것을 확 [선택지 ①의 근거 (2)] 인했다. 그는 이 암울한 과정을 스무 세대에 걸쳐 집요하게 반복하여 번번이 똑같은 현상이 반복되는 것을 확인했고, 마침내 세균이 탄저병을 일으킨다는 결론을 내렸다. 배종설이 옳았던 것이다.

파스퇴르와 코흐가 미생물을 효과적으로 재발견하자 미 [선택지 ③의 근거 (2)] 생물은 곧 죽음의 아바타로 캐스팅되어 전염병을 옮기는 주

범으로 여겨지기 시작했다. 탄저병이 연구된 뒤 20년에 걸쳐 코흐를 비롯한 과학자들은 한센병, 임질, 장티푸스, 결핵 등의 질병 뒤에 도사리고 있는 세균들을 속속 발견했다. 이러한 발견을 견인한 것은 새로운 도구였다. 이전에 있었던 렌즈를 능가하는 렌즈가 나왔고, 젤리 비슷한 배양액이 깔린 접시에서 순수한 미생물을 배양하는 방법이 개발되었으며, 새로운 염색제가 등장하여 세균의 발견과 확인을 도왔다.

　세균을 확인하자 과학자들은 거두절미하고 세균을 제거하는 작업에 착수했다. 조지프 리스터는 파스퇴르에게서 영감을 얻어 소독 기법을 실무에 도입했다. 그는 자신의 스태프들에게 손과 의료 장비와 수술실을 화학적으로 소독하라고 지시함으로써 수많은 환자들을 극심한 감염으로부터 구해 냈다. 또, 다른 과학자들은 질병 치료, 위생 개선, 식품 보존이라는 명분으로 세균 차단 방법을 궁리했다. 그리고 세균학은 응용과학이 되어 미생물을 쫓아내거나 파괴하는 데 동원되었다. 과학자들은 미생물과의 전쟁을 선포하고, 병든 개인과 사회에서 미생물을 몰아내는 것을 목표로 삼은 것이다. 이렇게 미생물에 대한 인식이 형성되었으며 그 부정적 태도는 오늘날에도 지속되고 있다.

① 세균은 미생물의 일종이다.
② 세균은 화학적인 방법으로 제거할 수 있다.
③ 미생물과 질병의 연관성에 대한 인식은 통시적으로 변화해왔다.
④ 코흐는 새로운 도구의 개발 이전에 질병을 유발하는 미생물들을 발견했다.

해설 ④ 4문단 4~6번째 줄을 통해 새로운 도구가 개발됨에 따라 코흐를 비롯한 학자들이 질병을 유발하는 세균들을 발견할 수 있었다는 것을 알 수 있으므로 ④의 내용은 도출할 수 없다.

오답분석 ① 2문단에서 파스퇴르가 미생물이 누에에게 질병을 일으킨다는 사실로 세균이 질병을 일으키는 원인임을 입증했다는 내용과 3문단에서 코흐가 미생물(탄저균)을 쥐에게 주입하는 실험을 통해 세균이 탄저병을 일으킨다는 결론을 냈다는 내용을 통해 세균이 미생물의 일종임을 도출할 수 있다.
② 5문단 3~6번째 줄을 통해 조지프 리스터는 세균을 제거하기 위해 손, 의료 장비, 수술실을 화학적으로 소독함으로써 환자들을 감염으로부터 보호했음을 알 수 있다. 이를 통해 세균은 화학적인 방법으로 제거할 수 있음을 도출할 수 있다.

③ 지문을 통해 1762년에 플렌치즈가 미생물(세균)이 질병을 일으킨다는 주장을 했을 때는 사람들이 믿지 않았으나, 19세기 중반 이후 파스퇴르와 코흐의 연구로 인해 사람들이 미생물로 인해 질병이 발생한다고 여겼음을 알 수 있다. 따라서 미생물과 질병의 연관성에 대한 인식이 통시적으로 변화했음을 도출할 수 있다.

09
다음 글을 바탕으로 ㉠을 이해할 때 가장 적절한 것은?

　나는 ㉠'연극에서의 관객의 공감'에 대해 강연한 일이 있다. 나는 관객이 공감하는 것을 직접 보여 주려고 시도했다. 먼저 나는 자원자가 있으면 나와서 배우처럼 읽어 주기를 청했다. 그리고 청중에게는 연극의 관객이 되어 들어 달라고 했다. 한 사람이 앞으로 나왔다. 나는 그에게 아우슈비츠를 소재로 한 드라마의 한 장면이 적힌 종이를 건네주었다. 자원자가 종이를 받아들고 그것을 훑어볼 때 청중들은 어수선했다. 그런데 자원자의 입에서 떨어진 첫 대사는 끔찍한 내용이었다. 아우슈비츠에 관한 적나라한 증언은 너무나 충격적이어서 청중들은 완전히 압도되었다. 자원자는 청중들의 얼어붙은 듯한 침묵 속에서 낭독을 계속했다. 자원자의 낭독은 세련되지도 능숙하지도 않았다. 그러나 관객들의 열렬한 공감을 이끌어 냈다. 과거 역사가 현재의 관객들에게 생생하게 공감되었다.

　이것이 끝나고 이번에는 강연장에 함께 갔던 전문 배우에게 셰익스피어의 희곡 「헨리 5세」에서 발췌한 대사를 낭독해 달라고 부탁했다. 그 대본은 400년 전 아쟁쿠르 전투(백년전쟁 당시 벌어졌던 영국과 프랑스의 치열한 전투)에서 처참하게 사망한 자들의 명단과 그 숫자를 나열한 것이었다. 그는 셰익스피어의 위대한 희곡임을 알아보자 품위 있고 고풍스럽게 큰 목소리로 낭독했다. 그는 유려한 어조로 전쟁에서 희생된 이들의 이름을 읽어 내려갔다. 그러나 청중들은 듣는 둥 마는 둥 했다. 갈수록 청중들은 낭독자 따위는 안중에도 없다는 듯이 행동했다. 그들에게 아쟁쿠르 전투는 공감할 수 없는 것으로 분리된 것 같아 보였다. 앞서의 경우와는 전혀 다른 반응이었다.

① 배우의 연기력이 관객의 공감을 좌우한다.
　➡ 전문 배우도 공감 불러일으키는 데 실패
② 비참한 죽음을 다룬 비극적인 소재는 관객의 공감을 일으킨다.
　➡ 아닐 수도 있음
③ 훌륭한 고전이라고 해서 항상 청중의 공감을 불러일으킬 수 있는 것은 아니다. ➡ 셰익스피어의 『헨리 5세』
④ 현재와 가까운 역사적 사실을 극화했다고 해서 관객의 공감 가능성이 커지지는 않는다. ➡ 커진다.

해설 ③ 지문에서 아우슈비츠를 소재로 한 드라마의 한 장면이 낭독되었을 때는 관객들의 열렬한 공감을 이끌어 냈지만 셰익스피어의 희곡이 낭독되었을 때는 관객들의 공감을 얻지 못했음을 알 수 있다. 따라서 훌륭한 고전이라고 해서 ㉠ '연극에서의 관객의 공감'을 불러일으킬 수 있는 것은 아니라는 점을 추론할 수 있다.

오답분석 ① 전문 배우가 유려하게 희곡의 대사를 낭독했지만 관객의 공감은 이끌어 내지 못했으므로, 배우의 연기력이 관객의 공감을 좌우한다고 볼 수 없다.
② 전문 배우가 낭독한 대본 역시 비참한 죽음을 다룬 비극적인 소재임에도 불구하고 관객의 공감을 일으키지 못했음을 알 수 있다.
④ 지문에 의하면 아젱쿠르 전쟁보다 현재와 가까운 역사적 사실인 아우슈비츠 수용소 사건이 아젱쿠르 전쟁보다 관객의 공감을 더 잘 이끌어 내었음을 알 수 있다. 따라서 현재와 가까운 역사적 사실을 극화할수록 관객의 공감이 커질 가능성이 있음을 추론할 수 있다.

10
(가)와 (나)를 통해서 추정하기 어려운 내용은?

> (가) 찬성공 형제께서 정경부인의 상(喪)을 당하였다. 부윤공의 부인 이 씨가 우연히 언문 소설을 읽다가 그 소리가 밖으로 들렸다. 찬성공이 기뻐하지 않으며 제수를 계단 아래에 서게 하고, "부녀자의 무식을 심하게 책망할 필요는 없지만, 어찌 상중(喪中)에 있으면서 예의에 어긋난 책을 소리 내어 읽어서 스스로 평민과 같아지려 할 수 있는가?"하고 꾸짖었다.
> (선택지 ②의 근거 / 선택지 ①④의 근거)
>
> (나) 전기수: 늙은이가 동문 밖에 살면서 입으로 언문 소설을 읽었는데, 「숙향전」, 「소대성전」, 「심청전」, 「설인귀전」과 같은 전기소설이었다. … 잘 읽었기 때문에 옆에서 구경하는 사람들이 빙 둘러섰다. 가장 재미있고 긴요하여 매우 들을 만한 구절에 이르면 갑자기 침묵하고 소리를 내지 않았다. 사람들이 다음 이야기를 듣고 싶어서 다투어 돈을 던졌다. 이를 바로 '요전법(돈을 요구하는 법)'이라 한다.

① 상층 남성들은 상중의 예법에 대해 매우 엄격하였다.
② 혼자 소설을 보면서 소리 내어 읽기도 하였다.
③ 하층에서도 소설을 창작하는 사람이 많았다.
④ 상층이 아닌 하층에서도 소설을 즐겼다.

해설 ③ (가)의 끝에서 1~3번째 줄과 (나)를 통해 하층에서도 소설을 즐기는 사람들이 많았음은 알 수 있으나 창작하는 사람이 많았다는 내용은 추정하기 어려우므로 답은 ③이다.

오답분석 ① (가)의 끝에서 1~3번째 줄을 통해 상층 남성들은 상중의 예법에 대해 매우 엄격했음을 알 수 있다.
② (가)의 1~3번째 줄을 통해 혼자 소설을 보면서 소리 내어 읽기도 하였음을 알 수 있다.
④ (가)의 끝에서 2~3번째 줄을 통해 하층에서도 소설을 즐겼음을 알 수 있다.

07 숨겨진 내용 추론하기　65

11

(가)를 바탕으로 (나)에 담긴 글쓴이의 생각을 적절히 추론한 것은?

> (가) 철학사에서 합리론의 전통은 감각에 대해 매우 비판적이었다. 예컨대 플라톤은 감각이 보여 주는 세계를 끊임없이 변화하는, 전적으로 불안정한 세계로 간주하고 이에 근거하여 지식을 얻는 것은 불가능하다고 생각했다. 반대로 경험론자들은 우리의 모든 관념과 판단은 감각 경험에서 출발한다고 주장하면서 어떤 지식도 절대적으로 확실할 수는 없다고 결론짓는다.
>
> (나) 모든 사람은 착시 현상 등을 경험해 본 적이 있기에 감각이 우리를 속일 수 있다는 것을 분명히 알고 있고 감각에 대한 어느 정도의 경계심을 지니고 있다. 하지만 그렇다고 해서 일상생활에서 자신의 감각을 신뢰하고 이에 따라 행동하는 것은 잘못이 아니다. 모든 감각적 정보를 검증 절차를 거친 후 받아들이다가는 정상적 생활을 영위하는 것 자체가 불가능해질 것이기 때문이다. 반대로, 실용적 기술 개발이나 평범한 일상적 행동과는 달리 과학적 연구는 상당한 정도의 정확성을 요구하므로 경험적 자료에 대해 어느 정도의 경계심을 유지하는 것도 당연하다.

① 실용적 기술을 개발하는 것은 일차적으로 경험론적 사고에 토대를 둔다.
② 세계는 끊임없이 변화하므로 일상생활에서는 합리론적 사고를 우선하여야 한다.
③ 과학 연구는 합리론을 버리고 철저히 경험론을 바탕으로 이루어져야 한다.
④ 감각에 대한 신뢰는 어느 분야에나 전적으로 차별 없이 요구된다.

해설 ① (가)는 경험을 신뢰할 수 있는지의 여부를 기준으로 합리론과 경험론에 대해 대조적으로 설명하고 있다. 이때 (나)의 끝에서 1~5번째 줄을 통해 (나)의 글쓴이는 과학적 연구는 실용적 기술 개발이나 평범한 일상적 행동과 달리 경험적 자료에 경계심을 유지해야 한다고 보는데, 이는 합리론에 가까운 주장임을 알 수 있다. 이를 통해 (나)의 글쓴이가 실용적 기술 개발과 관련해서는 경험론적 사고에 토대를 두어야 한다고 생각하는 것을 추론할 수 있으므로 ①의 추론은 적절하다.

오답분석
② (가)의 2~3번째 줄을 통해 세계가 불안정하다는 것(끊임없이 변화한다는 것)은 합리론적 사고임을 알 수 있다. 반면 (나)의 끝에서 5~7번째 줄을 통해 (나)의 글쓴이는 모든 감각적 정보를 검증 절차를 통해 받아들이면 일상생활을 영위하는 것이 불가능하다고 보는 것을 알 수 있다. 이는 (가)의 경험론에 가까운 주장이므로 일상생활에서 합리론적 사고를 우선하여야 한다는 ②의 추론은 적절하지 않다.
③ (나)의 끝에서 1~5번째 줄을 통해 (나)의 글쓴이는 과학적 연구에는 경험적 자료에 대해 어느 정도 경계심을 유지할 필요가 있다고 보는 것을 알 수 있다. 이는 감각(=경험)에 대해 비판적인 합리론에 가까운 주장이므로 철저히 경험론을 바탕으로 과학 연구가 이루어져야 한다는 ③의 추론은 적절하지 않다.
④ (나)의 끝에서 1~5번째 줄을 통해 (나)의 글쓴이는 과학적 연구에서 경험적 자료에 대한 경계심을 유지해야 한다고 보는 것을 알 수 있다. 따라서 감각에 대한 신뢰는 어느 분야에나 차별 없이 요구된다는 ④의 추론은 적절하지 않다.

12

다음 글에서 추론한 내용으로 가장 적절한 것은?

> 애덤스(J.Stacy Adams)는 조직 구성원의 동기와 연결한 공정성 이론을 제시하였다. 공정성 이론에 의하면 조직 내의 구성원은 업무 과정에서 투입한 것과 산출된 것을 다른 사람의 투입, 산출과 비교하여 조직 내 자신의 행동을 결정한다. 이때 투입은 노력, 지식, 기술, 업무 성과 등을 말하며, 산출은 일한 대가로 주어지는 보상으로서 임금, 인정, 지위, 승진 등을 포함한다.
>
> 자신의 투입 대비 산출이 다른 사람의 투입 대비 산출 결과와 일치하는 경우 그 사람은 공정함을 느낄 것이며, 일에 대한 만족감을 얻는다. 한편 불공정은 자기와 다른 사람을 비교하였을 때, 투입 대비 산출이 큰 경우와 투입 대비 산출이 적은 경우에 발생한다. 전자의 경우에는 주로 투입을 늘린다. 반면 투입 대비 산출이 적은 경우에 조직 구성원은 전자보다 더 큰 불만족을 느끼고 이러한 불공정을 줄이고자 방안을 모색하는데, 대개 산출을 증대시키기 위해 애쓰거나, 투입을 줄이거나, 비교의 대상이 되는 사람 또는 집단을 교체하여 현실적인 수준에서 비교가 이루어지도록 한다.

① 자신이 업무 성과가 다른 동료의 업무 성과에 미치지 못할 경우 불공정을 경험할 것이다. ➡ 산출은 비교하지 않았음(공정성 판단 불가)

② 연봉 협상에서 자신이 회사의 성장에 기여한 만큼 연봉을 올린다면 공정함을 느낄 것이다.
➡ 투입, 산출을 비교할 동료가 없음(공정성 판단 불가)

✓ 자신과 동료가 업무에서 낸 성과가 동일하고 받는 연봉도 동일하다면 일에 대한 만족감을 느낄 것이다. ➡ 투입 = 성과

④ 자신이 노력한 것에 비해 다른 사람들보다 더 많은 월급을 받고 있다고 생각한다면, 그 사람은 노력의 양을 줄일 것이다.
➡ 투입의 양을 늘릴 것임

해설 ③ 2문단 1~3번째 줄에 의하면 다른 사람과 자신의 투입 대비 산출이 일치하는 경우, 그 사람은 공정성을 느끼고 일에 대한 만족감 얻을 것이라고 하였다. ③은 자신의 투입(업무 성과) 대비 산출(연봉)이 동료와 일치하므로 일에 대한 만족감을 얻을 것이라고 추론할 수 있다.

오답 분석
① 1문단 2~5번째 줄에 의하면 공정성 이론에서 조직의 구성원은 자신과 타인의 투입 대비 산출을 비교함으로써 자기의 행동을 결정한다고 하였으며, 2문단 3~5번째 줄에서 불공정은 투입 대비 산출이 크거나 적은 경우에 발생한다고 하였다. ①은 자신과 다른 동료의 투입(업무 성과)만을 비교하였을 뿐 산출을 비교하지 않았으므로, 제시된 진술만으로는 불공정을 경험할 것인지 추론할 수 없다.

② 1문단 2~5번째 줄에 의하면 공정성 이론에서 조직의 구성원은 자신과 타인의 투입 대비 산출을 비교함으로써 자기의 행동을 결정한다고 하였으며, 2문단 1~3번째 줄에서 자신과 타인의 투입 대비 산출이 일치할 경우 공정함을 느끼고 만족감을 얻는다고 하였다. 하지만 ②에는 투입 대비 산출을 비교할 대상이 존재하지 않으므로, 공정함을 느낄 것이라고 추론할 수 없다.

④ 자신이 노력한 것에 비해 다른 사람들보다 더 많은 월급을 받는 것은 다른 사람에 비해 투입(노력) 대비 산출(월급)이 큰 경우에 해당한다. 2문단 5번째 줄에 의하면 이러한 경우 조직 구성원이 주로 투입을 늘린다고 하였으므로 더 노력하거나, 더 많은 지식이나 기술을 습득하거나, 업적을 쌓고자 할 것이다. 따라서 노력의 양을 줄일 것이라는 ④의 추론은 적절하지 않다.

13
다음 글에서 추론한 내용으로 가장 적절한 것은?

> 심리학자 애쉬가 심리 실험을 진행하였다. 그는 한 명의 실제 피험자와 일곱 명의 연구진으로 구성된 그룹을 만들었다. 그리고 실제 피험자에게 일곱 명의 연구진이 가짜 피험자임을 알려주지 않았다. 애쉬는 여덟 명의 피험자들을 한 연구실에 모으고, 그들에게 두 장의 카드를 주었다. 먼저 준 카드에는 직선이 하나 그어져 있었고, 이후에 준 카드에는 세 개의 직선이 그어져 있었다. 세 개의 직선 중 하나는 첫 번째 카드의 직선과 길이가 똑같았으며 나머지 두 개의 직선은 첫 번째 카드의 직선과 길이가 전혀 달랐다.
>
> 애쉬는 실제 피험자가 가장 마지막에 응답하도록 자리를 배치한 후 피험자들에게 두 번째 카드의 직선 3개 중 첫 번째 카드에 있는 직선과 길이가 똑같은 직선을 찾으라는 과제를 주었다. 그러면서 <u>일곱 명의 가짜 피험자에게 같은 과제를 수</u>(선택지 ③의 근거) <u>행할 때마다 동일한 오답을 자신감 있게 대답하라고 요구하</u>였다. 놀랍게도 <u>실제 피험자는 답이 명확한 직선 대신 가짜</u>(선택지 ①의 근거) <u>피험자들이 답이라고 우기는 직선을 답으로 선택하였다.</u> 일곱 명의 가짜 피험자들의 동일한 목소리가 실제 피험자의 선(선택지 ④의 근거)택에 영향을 끼친 것이다.

✓ ① 실제 피험자는 진실을 추구하는 존재이기보다는 주변 사람들에게 순응하려는 존재이다.

② 가짜 피험자들은 주변 사람들에게 순응하려는 존재이기보다는 진실을 추구하는 존재이다.

③ 가짜 피험자들은 두 번째 카드의 직선 중에서 첫 번째 카드의 직선과 같은 길이의 직선이 어떤 것인지 알지 못한다.

④ 실제 피험자에게 세 개의 직선이 그려진 두 번째 카드를 첫 번째 카드보다 먼저 주었다면, 실제 피험자는 답이 명확한 직선을 골랐을 것이다.

해설 ① 2문단 끝 3~4번째 줄에서 실제 피험자는 답이 명확한 직선 대신 가짜 피험자들이 답이라고 우기는 직선을 답으로 선택하였다는 것을 알 수 있다. 명확한 답(진실)을 추구하기보다는 가짜 피험자의 의견에 순응하는 모습을 보였기 때문에 ①의 추론이 적절하다.

오답분석
② 지문에서 가짜 피험자들이 진실을 추구하는 존재라는 내용은 찾을 수 없다. 따라서 ②의 추론은 적절하지 않다.
③ 2문단 4~6번째 줄에서 가짜 피험자들은 애쉬의 요구에 따라 일부러 동일한 오답을 말했다는 것을 알 수 있다. 그들이 오답을 선택한 이유는 두 번째 카드의 직선 중에서 첫 번째 카드의 직선과 같은 길이의 직선이 어떤 것인지 알지 못해서가 아니라 애쉬가 요구했기 때문이다. 따라서 ③의 추론은 적절하지 않다.
④ 2문단 끝 1~3번째 줄에서 가짜 피험자들의 동일한 목소리가 실제 피험자의 선택에 영향을 끼친 것이라는 내용만 있을 뿐, 주어진 카드의 순서가 실제 피험자의 선택에 변화를 일으킨다는 내용은 없다. 따라서 ④의 추론은 적절하지 않다.

14
다음 글에서 추론한 내용으로 적절하지 않은 것은?

> 새의 몸에서 나오는 테스토스테론은 구애 행위나 짝짓기와 밀접하게 관련된다. 따라서 번식기가 아닌 시기에는 거의 분비되지 않는데, 번식기에 나타나는 테스토스테론의 수치 변화 양상은 새의 종류에 따라 다르다.
>
> 노래참새 수컷의 테스토스테론 수치는 짝짓기에 성공하여 암컷의 수정이 이루어지는 시점을 전후하여 달라진다. 번식기가 되면 수컷은 암컷의 마음을 얻는 데 필요한 영역을 차지하려고 다른 수컷과 싸워야 한다. 이 시기 수컷의 테스토스테론 수치는 암컷의 수정이 이루어질 때까지 계속 높아진다. 그러다가 수정이 이루어지면 수컷은 곧바로 새끼를 돌볼 준비를 하게 되는데, 이때부터 그 수치는 떨어진다. 새끼가 커서 둥지를 떠나게 되면 수컷은 더 이상 영역을 지킬 필요가 없기 때문에 번식기가 끝나지 않았는데도 테스토스테론 수치는 좀 더 떨어지고, 번식기가 끝나면 테스토스테론은 거의 분비되지 않는다.
>
> 검정깃찌르레기 수컷은 테스토스테론 수치가 번식기가 되면 올라갔다가 암컷이 수정한 이후부터 번식기가 끝날 때까지 떨어지지 않는다. 이 수컷은 자신의 둥지를 지키면서 암컷과 새끼를 돌보는 대신 다른 암컷과의 짝짓기를 위해 자신의 둥지를 떠나 버린다.

① 노래참새 수컷은 번식기 동안 테스토스테론 수치가 새끼를 양육할 때보다 양육이 끝난 후에 ~~높게~~ 나타난다. → 낮게
② 번식기 동안 노래참새 수컷의 테스토스테론 수치는 암컷의 수정이 이루어지기 전보다 이루어진 후에 낮게 나타난다.
③ 검정깃찌르레기 수컷은 암컷이 수정한 이후 번식기가 끝날 때까지 테스토스테론 수치가 떨어지지 않는다.
④ 노래참새 수컷과 검정깃찌르레기 수컷 모두 번식기의 테스토스테론 수치는 번식기가 아닌 시기의 테스토스테론 수치보다 높다.

해설
① 2문단 끝 2~5번째 줄에 따르면, 노래참새 수컷의 테스토스테론 수치는 '새끼가 커서 둥지를 떠나게 되면(양육이 끝나면)' 새끼를 돌볼 때보다 좀 더 떨어진다. 따라서 노래참새 수컷의 테스토스테론 수치가 새끼를 양육할 때보다 양육이 끝난 후에 높게 나타난다는 ①은 적절하지 않다.

오답분석
② 2문단 4~7번째 줄에 따르면, 번식기 노래참새 수컷의 테스토스테론 수치는 암컷의 수정이 이루어질 때까지 계속 높아지다가 수정이 이루어지면 그 수치가 떨어진다. 따라서 번식기 동안 노래참새 수컷의 테스토스테론 수치가 암컷의 수정이 이루어지기 전보다 이루어진 후에 낮게 나타난다는 ②는 적절하다.
③ 3문단 1~3번째 줄에 따르면, 검정깃찌르레기 수컷은 테스토스테론 수치가 번식기가 되면 올라갔다가 암컷이 수정한 이후부터 번식기가 끝날 때까지 떨어지지 않는다. 따라서 ③은 적절하다.
④ 2문단 끝에서 1~2번째 줄에 따르면, 노래참새 수컷의 테스토스테론은 번식기가 끝나면 거의 분비되지 않는다. 그리고 3문단 1~3번째 줄에 따르면 검정깃찌르레기 수컷의 테스토스테론 수치는 번식기가 끝날 때까지 떨어지지 않는다. 이는 번식기가 끝나면 테스토스테론 수치가 떨어진다는 의미이므로 두 수컷 모두 번식기의 테스토스테론 수치가 번식기가 아닌 시기의 테스토스테론 수치보다 높다는 ④는 적절하다.

[15~16] 다음 글을 읽고 물음에 답하시오.

조선 시대 소설은 표기 문자에 따라 한자로 ㉠표기한 한문 소설과 한글로 표기한 한글 소설, 두 가지로 나뉜다. 한문 소설은 중국에서 들여온 한문 소설, 조선에서 창작한 한문 소설, 조선의 한글 소설을 ㉡번역한 한문 소설로 나뉜다. 그리고 한글 소설은 중국 소설을 번역한 한글 소설, 조선에서 창작한 한문 소설을 번역한 한글 소설, 조선에서 창작한 한글 소설로 나뉜다. 조선 시대에 많은 한글 소설이 창작되어 읽혔지만, 이를 저급한 오락물로 여겼던 당대의 지식인들은 한글 소설을 외면했으므로 그에 관해 ㉢기록한 문헌을 거의 남기지 않았다. 반면에 이들은 한문 소설, 특히 중국에서 들여온 한문 소설을 즐겨 읽고 이에 관한 많은 기록을 남겼다.

중국에서 들여온 한문 소설은 조선에서도 인쇄된 책으로 읽혔기 때문에 필사본이 거의 없다. 이와 대조적으로 조선에서 창작한 한문 소설은 필사본으로 유통되었다. 조선의 필사본 소설은 뚜렷한 특징을 보이는데, 한문 소설을 ㉣필사한 경우는 이본별 내용 차이가 거의 없는 반면 한글 소설을 필사한 경우는 그렇지 않다는 점이다. 한글 소설은 같은 제목의 소설이라도 내용이 상당히 다른 다양한 이본이 있었다. 이는 한문 소설의 독자는 문자 그대로 독자였던 것에 비하여 한글 소설의 독자는 독자이면서 이야기를 개작하는 작자이기도 했기 때문이다. 한자에 비해 한글은 익히기 쉽고 그만큼 쓰기도 편해서 한글 소설의 필사자는 내용을 바꾸고 싶다는 의지가 있다면 쉽게 바꿀 수 있었다. 한글 소설은 인쇄본이 아니라 필사본으로 많이 유통되었기 때문에 (가) 옮겨 쓰는 과정에서 다양한 이본이 생겨났다.

조선 시대 소설을 이해하는 데 있어서 소설을 표기한 문자는 무엇보다 중요하다. 표기 문자는 소설의 종류를 나누는 기준이 되었을 뿐만 아니라, 소설의 감상 및 유통, 이본 생산에 직접적인 영향을 미쳤다.

15

윗글에서 추론한 내용으로 가장 적절한 것은?

① 조선 시대의 소설은 한글 소설보다 한문 소설의 종류가 훨씬 다양했다.

② 조선 시대의 지식인들은 조선에서 창작한 한문 소설을 저급한 오락물로 여겼다.

③ 한자로 필사할 때보다 한글로 필사할 때 필사자의 의견이 반영되어 개작되기 쉬웠다.

④ 조선의 필사본 소설 중 한문 소설을 필사한 것이 소수였고 한글 소설을 필사한 것이 대부분이었다. → 지문에서 확인할 수 없음

해설 ③ 2문단 끝에서 3~5번째 줄에서 한자에 비해 한글이 익히기 쉽고 쓰기 편해서 한글 소설의 필사자는 의지가 있으면 내용을 쉽게 바꿀 수 있었다고 설명하고 있다. 따라서 한자보다 한글로 필사할 때 필사자의 의견이 더 쉽게 반영되어 개작되었음을 추론할 수 있으므로 ③의 추론은 적절하다.

오답분석 ① 1문단 3~7번째 줄에서 한문 소설은 중국에서 들여온 한문 소설, 조선에서 창작한 한문 소설, 조선의 한글 소설을 번역한 한문 소설의 세 가지로 분류되고, 한글 소설은 중국 소설을 번역한 한글 소설, 조선에서 창작한 한문 소설을 번역한 한글 소설, 조선에서 창작한 한글 소설의 세 가지로 분류된다고 설명하였다. 따라서 조선 시대의 한글 소설과 한문 소설은 종류의 다양함에 차이가 없으므로 ①의 추론은 적절하지 않다.

② 1문단 끝에서 4~5번째 줄에서 조선 시대의 지식인들이 조선에서 창작된 한글 소설을 저급한 오락물로 여겼다고 설명하고 있다. 그러나 지식인들이 조선에서 창작한 한문 소설을 저급한 오락물로 여겼다는 내용은 찾아볼 수 없으므로 ②의 추론은 적절하지 않다.

④ 2문단 1~3번째 줄에서 중국에서 들여온 한문 소설은 인쇄본으로 존재했고, 조선에서 창작한 한문 소설은 필사본으로 유통되었다고 설명하고 있다. 또한 2문단 끝에서 2~3번째 줄에서 한글 소설도 필사본으로 많이 유통되었다고 설명하고 있다. 그러나 한문 소설을 필사한 것이 소수이고, 한글 소설을 필사한 것이 대부분이었다는 내용은 찾아볼 수 없으므로 ④의 추론은 적절하지 않다.

16

윗글의 ㉠ ~ ㉣ 중 문맥상 (가)의 의미와 가장 가까운 것은?

① ㉠
② ㉡
③ ㉢
④ ㉣ ✓

해설 ④ 문맥상 (가)의 '옮겨 쓰는'은 손으로 글씨를 '베끼어 쓰는' 행위를 의미한다. ㉣의 '필사한'의 기본형 '필사(筆寫)하다'도 '베끼어 쓰다'라는 의미로 사용되었으므로 문맥상 (가)와 의미가 가장 가까운 것은 ④ ㉣의 '필사한'이다.

오답 분석
① ㉠ '표기한'의 기본형 '표기(表記)하다'는 '적어서 나타내다' 또는 '문자 또는 음성 기호로 언어를 표시하다'의 의미로, 글자 체계를 사용해 기록하는 것을 뜻하므로 문맥상 (가)의 '옮겨 쓰다'와는 의미의 차이가 있다.

② ㉡ '번역한'의 기본형 '번역(翻譯)하다'는 '어떤 언어로 된 글을 다른 언어의 글로 옮기다'의 의미로, 언어 간 전환을 뜻하므로 문맥상 (가)의 '옮겨 쓰다'와는 의미의 차이가 있다.

③ ㉢ '기록한'의 기본형 '기록(記錄)하다'는 '주로 후일에 남길 목적으로 어떤 사실을 적다'의 의미로, 특정한 내용을 남기는 행위를 뜻하므로 문맥상 (가)의 '옮겨 쓰다'와는 의미의 차이가 있다.

[17~18] 다음 글을 읽고 물음에 답하시오.

'크로노토프'는 그리스어로 시간과 공간을 뜻하는 두 단어를 결합한 것으로, 시공간을 통합적으로 이해하기 위한 개념이다. 크로노토프의 관점에서 보면 고소설과 근대소설의 차이를 명확하게 파악할 수 있다.

고소설에는 돌아가야 할 곳으로서의 원점이 존재한다. 그것은 영웅소설에서라면 중세의 인륜이 원형대로 보존된 세계이고, 가정소설에서라면 가장을 중심으로 가족 구성원들이 평화롭게 공존하는 가정이다. 고소설에서 주인공은 적대자에 의해 원점에서 분리되어 고난을 겪는다. 그들의 목표는 상실한 원점을 회복하는 것, 즉 그곳에서 향유했던 이상적 상태로 ㉠돌아가는 것이다. 주인공과 적대자 사이의 갈등이 전개되는 시간을 서사적 현재라 한다면, 주인공이 도달해야 할 종결점은 새로운 미래가 아니라 다시 도래할 과거로서의 미래이다. 이러한 시공간의 배열을 '회귀의 크로노토프'라고 한다.

근대소설 「무정」은 회귀의 크로노토프를 부정한다. 이것은 주인공인 이형식과 박영채의 시간 경험을 통해 확인된다. 형식은 고아지만 이상적인 고향의 기억을 갖고 있다. 그것은 박 진사의 집에서 영채와 함께하던 때의 기억이다. 이는 영채도 마찬가지기에, 그들에게 박 진사의 집으로 표상되는 유년의 과거는 이상적 원점의 구실을 한다. 박 진사의 죽음은 그들에게 고향의 상실을 상징한다. 두 사람의 결합이 이상적 상태의 고향을 회복할 수 있는 유일한 방법이겠지만, 그들은 끝내 결합하지 못한다. 형식은 새 시대의 새 인물이 되어야 한다고 생각하며 과거로의 복귀를 거부한다.

17

윗글에서 추론한 내용으로 가장 적절한 것은?

① 「무정」과 고소설은 회귀의 크로노토프를 부정한다는 점에서 공통적이다. ➜ '고소설'은 부정하지 않음

☑ ② 영웅소설의 주인공과 「무정」의 이형식은 그들의 이상적 원점을 상실했다는 공통점을 가지고 있다.

③ 「무정」에서 이형식이 박영채와 결합했다면 새로운 미래로서의 종결점에 도달할 수 있었을 것이다.
➜ '결합' = 회귀의 크로노토프를 인정하는 것이 됨

④ 가정소설은 가족 구성원들이 평화롭게 공존하는 결말을 통해 상실했던 원점으로의 복귀를 거부한다. ➜ 이루어 낸다.

해설 ② 2문단 2~5번째 줄에서, 영웅소설 주인공에게 '원점'은 중세의 인륜이 원형대로 보존된 세계이고, 고소설(영웅소설 포함)에서 주인공은 적대자에 의해 원점에서 분리되어 고난을 겪는다고 설명한다. 또한 3문단 5~7번째 줄에서 「무정」의 주인공인 이형식에게 '원점'은 박 진사의 집에서 영채와 함께하던 유년의 과거이며, 박 진사의 죽음이 그에게는 고향의 상실을 상징한다고 설명한다. 이를 통해 영웅소설의 주인공과 「무정」의 이형식 모두 그들의 이상적 원점을 상실했음을 추론할 수 있다.

18

문맥상 ⊙의 의미와 가장 가까운 것은?

① 전쟁은 연합군의 승리로 돌아갔다.

② 사과가 한 사람 앞에 두 개씩 돌아간다.

☑ ③ 그는 잃어버린 동심으로 돌아가고 싶었다.

④ 그녀는 자금이 잘 돌아가지 않는다며 걱정했다.

해설 ③ ⊙ '돌아가는'은 문맥상 상실한 원점을 회복하는 것을 뜻하며, ③의 '돌아가고'는 다시 동심의 상태로 되는 것을 뜻하므로 모두 '원래의 있던 곳으로 다시 가거나 다시 그 상태가 되다'라는 의미의 '돌아가다'를 사용하였다.

오답분석 ① ② 이때 '돌아가다'는 '차례나 몫, 승리, 비난 따위가 개인이나 단체, 기구, 조직 따위의 차지가 되다'의 의미로 사용되었다.

④ 이때 '돌아가다'는 '돈이나 물건 따위의 유통이 원활하다'의 의미로 사용되었다.

[19~20] 다음 글을 읽고 물음에 답하시오.

농민소설은 1930년대 러시아의 브나로드(Vnarod) 운동에 영향을 받아 농민의 현실적 삶에 대한 주제의식을 선명하게 드러내는 소설이다. 이렇듯 농민소설은 식민지 시대에 일제의 식량 조달로 인해 착취를 당하는 농민의 모습이나 토지 조사 사업으로 인해 지주들이 영세 소작인에게 ⊙부리는 횡포 등 당시 농촌 문제를 소재로 하여 이를 고발하는 내용을 주로 다루며 계몽주의적 성격을 띠고 있다.
선택지 ① ② ③의 근거

이기영의 소설 『고향』은 당대 농촌의 문제가 일제식민지 지배와 친일 지주에 의해 발생한 것이라는 인식을 바탕으로 하며 지주와 소작인의 갈등과 농민의 투쟁을 그린다. 1920년대 중반 근대의 물결이 들이닥치고 농촌 지역으로 침투한 자본으로 인해 소박한 삶을 살던 소지주와 자작농들이 소작농으로 전락하면서 급격하게 계층이 분열된다. 이기영은 주인공 김희준을 내세워 이러한 문제를 이끌어나가고 있다. 동경 유학생인 김희준은 농민 의식을 깨우치고자 노력하는 인물로, 몰락하는 농민의 생활 속으로 침투하여 성장하는 농민의 계급적 의식을 강조한다.
선택지 ①의 근거

반면 농촌소설은 향토적이고 서정적인 공간으로서의 농촌을 배경으로 농민들의 소박하고 따뜻한 삶을 주된 이야기로 삼는다. 도시와 대비되는 농촌이라는 배경을 중시하며, 단순히 농민을 주인공으로 설정하는 소설로서 우리나라의 농촌소설로는 김유정의 『봄·봄』, 『동백꽃』, 『금따는 콩밭』 등이 있다. 김유정의 소설은 농촌을 계몽의 대상으로 그리지 않을 뿐만 아니라, 그 반대로 낭만적 이상향으로만 심미화하지도 않는다.
선택지 ③ ④의 근거

19
윗글에서 추론한 내용으로 적절하지 않은 것은?

① ~~농촌소설~~은 주로 지식인의 관념 속에 비추어진 농촌 현실을 그린다. ➡ 농민소설에 대한 설명임
② 농민소설은 당대 농촌의 구조적 모순이나 농민의 의식 성장을 다룬다.
③ 농민소설과 농촌소설은 모두 농촌과 농민을 소재로 한다는 점에서 공통적이다.
④ 『고향』에서의 농촌과 달리 『봄·봄』에서의 농촌은 목가적인 생활의 공간이라고 인식된다.

[해설] ① 농민을 계도의 대상으로 보고, 교육·계몽하여 농촌을 잘 살게 해야 한다는 지식인의 목적성과 의도가 드러나는 소설은 농민소설이다. 이렇듯 지식인의 관념 속에 비추어진 농촌 현실을 그린 것은 농민소설이므로 답은 ①이다.

[오답분석] ② 1문단 내용에 따르면 농민소설은 식민지 시대에 착취를 당하는 농민의 모습이나 지주와 영세 소작인 계층의 구조적 모순을 고발하며, 농민의 의식을 깨우치고자 하는 계몽주의적 성격을 띠고 있다.
③ 농민소설은 식민지 시대의 농촌문제를 소재로 하여 농민의 의식 성장을 다루는 반면, 농촌소설은 향토적이고 서정적인 공간으로서의 농촌을 배경으로 농민들의 소박한 삶을 주된 이야기로 삼는다. 따라서 농민소설과 농촌소설 모두 농촌과 농민을 소재로 함을 알 수 있다.
④ 농민소설인 『고향』에서의 농촌은 일제에 의해 황폐화되고 몰락하는 배경으로 그려졌으나, 농촌소설인 『봄·봄』에서의 농촌은 목가적이고 서정적 삶의 터전이라고 인식된다.

20
문맥상 ⊙의 의미와 가장 가까운 것은?

✓ 더위가 기승을 <u>부리다</u>.
② 집안일이 많아서 따로 사람을 <u>부렸다</u>.
③ 인부들은 대문 앞에 이삿짐을 <u>부렸다</u>.
④ 초보라서 아직 차를 잘 <u>부릴</u> 줄 모른다.

[해설] ① ⊙의 '부리다'는 '행동이나 성질 따위를 계속 드러내거나 보이다'의 뜻으로, ①의 '부리다'의 의미와 가깝다.

[오답분석] ② 사람을 부렸다: 이때 '부리다'는 '마소나 다른 사람을 시켜 일을 하게 하다'의 의미이다.
③ 이삿짐을 부렸다: 이때 '부리다'는 '사람의 등에 지거나 자동차나 배 따위에 실었던 것을 내려놓다'의 의미이다.
④ 차를 잘 부릴 줄 모른다: 이때 '부리다'는 '기계나 기구 따위를 마음대로 조종하다'의 의미이다.

[21~22] 다음 글을 읽고 물음에 답하시오.

> 생물은 자신의 종에 속하는 개체들과 의사소통을 한다. 꿀벌은 춤을 통해 식량의 위치를 같은 무리의 동료들에게 알려주며, 녹색원숭이는 포식자의 접근을 알리기 위해 소리를 지른다. 침팬지는 고통, 괴로움, 기쁨 등의 감정을 표현할 때 각각 다른 ⊙ 소리를 낸다. [선택지 ③의 근거]
> 말한다는 것을 단어에 대해 ⓒ 소리 낸다는 의미로 보게 되면, 침팬지가 사람처럼 말하도록 하는 것은 불가능하다. 침팬지는 인간과 게놈의 98%를 공유하고 있지만, 발성 기관에 차이가 있다. [선택지 ②의 근거]
> 인간의 발성 기관은 아주 정교하게 작용하여 여러 ⓒ 소리를 낼 수 있는데, 초당 십여 개의 (가) 소리를 쉽게 만들어낸다. 이는 성대, 후두, 혀, 입술, 입천장을 아주 정확하게 통제할 수 있기 때문에 가능한 것이다. 침팬지는 이만큼 정확하게 통제를 하지 못한다. 게다가 인간의 발성 기관은 유인원의 그것과 현저하게 다르다. 주요한 차이는 인두의 길이에 있다. 인두는 혀 뒷부분부터 식도에 이르는 통로로 음식물과 공기가 드나드는 길이다. 인간의 인두는 여섯 번째 목뼈에까지 이른다. [선택지 ①의 근거] 반면에 대부분의 포유류에서는 인두의 길이가 세 번째 목뼈를 넘지 않으며 개의 경우는 두 번째 목뼈를 넘지 않는다. 다른 동물의 인두에 비해 과도하게 긴 인간의 인두는 공명 상자 기능을 하여 세밀하게 통제되는 ⓔ 소리를 만들어 낸다.

21
윗글에서 추론한 내용으로 가장 적절한 것은?

✓ 개의 인두 길이는 인간의 인두 길이보다 짧다.
② 침팬지의 인두는 인간의 인두와 98% 유사하다. ➡ 인두의 유사성은 언급 ✗
③ 녹색원숭이는 침팬지와 의사소통을 할 수 있다. ➡ 지문에서 확인 ✗
④ 침팬지는 초당 십여 개의 소리를 만들어 낼 수 ~~있다~~.

해설 ① 3문단 끝에서 3~6번째 줄에 의하면 인간의 인두 길이는 여섯 번째 목뼈에까지 이르는 반면, 개의 경우 인두의 길이가 두 번째 목뼈를 넘지 않는다. 이를 통해 개의 인두 길이가 인간의 인두 길이보다 짧음을 추론할 수 있다.

오답분석
② 2문단 끝에서 2번째 줄을 통해 침팬지가 인간과 게놈의 98%를 공유하고 있음을 알 수 있다. 하지만 이를 통해 침팬지의 인두가 인간의 인두와 98%로 유사한지는 추론할 수 없다.

③ 1문단 3~5번째 줄을 통해 녹색원숭이와 침팬지 모두 소리를 내어 의사소통함을 알 수 있다. 하지만 이는 개체가 각 종족 내에서 의사소통을 하기 위한 방법을 설명한 것일 뿐, 이를 통해 서로 다른 종족 간 의사소통이 가능한지는 추론할 수 없다.

④ 3문단 2~5번째 줄을 통해 인간이 초당 십여 개의 소리를 쉽게 만들 수 있는 것과 달리, 침팬지는 인간만큼 발성 기관을 정확히 통제하지 못함을 알 수 있다. 이를 통해 침팬지가 인간과 같이 소리를 만들지 못할 것임을 추론할 수 있으므로 ④의 추론은 적절하지 않다.

22

㉠~㉣ 중 문맥상 (가)에 해당하는 의미로 사용되지 않은 것은?

✓ ① ㉠
② ㉡
③ ㉢
④ ㉣

해설 ① (가) '소리'는 발성 기관을 통해 정교하게 만들어지는 인간의 말소리를 의미한다. 이때 ㉠ '소리'는 녹색원숭이나 침팬지와 같은 동물들이 감정을 표현하기 위해 내는 울음소리에 해당하므로 (가)와 같은 의미로 사용되었다고 보기 어렵다. 따라서 답은 ①이다.

오답분석
② ③ ④ ㉡~㉣의 '소리'는 발성 기관들이 정교하게 작용하여 만들어지는 인간의 말소리를 의미하므로 (가)와 동일한 의미로 사용되었다.

08 빈칸 및 이어질 내용 추론하기   p.106

01 ①	02 ④	03 ④	04 ①	05 ③
06 ②	07 ③	08 ③	09 ①	10 ①
11 ④	12 ②	13 ②	14 ④	15 ④
16 ①	17 ①			

01

다음 글의 빈칸에 들어갈 내용으로 가장 적절한 것은?

독자는 글을 읽을 때 생소하거나 이해하기 어려운 단어에 주시하는데, 이때 특정 단어에 눈동자를 멈추는 '고정'이 나타나며, 고정과 고정 사이에는 '이동', 단어를 건너뛸 때는 '도약'이 나타난다. 고정이 관찰될 때는 의미를 이해하려는 시도가 이루어지지만, 이동이나 도약이 관찰될 때는 이루어지지 않는다. 이를 바탕으로, K 연구진은 동일한 텍스트를 활용하여 읽기 능력 하위 집단(A)과 읽기 능력 평균 집단(B)의 읽기 특성을 탐색하는 연구를 진행하였다. 독서 횟수는 1회로 제한하되 독서 시간은 제한하지 않았다.

그 결과, 눈동자의 평균 고정 빈도에서 A 집단은 B 집단에 비해 약 2배 많은 수치를 보였다. 그런데 총 고정 시간을 총 고정 빈도로 나눈 평균 고정 시간은 B 집단이 A 집단에 비해 더 높게 나타났다. 읽기 후 독해 검사에서 B 집단은 A 집단보다 평균 점수가 높았고, 독서 과정에서 눈동자가 이전으로 돌아가거나 이전으로 건너뛰는 현상은 모두 관찰되지 않았다. 연구진은 이를 종합하여 읽기 능력이 부족한 독자는 읽기 능력이 평균인 독자에 비해 난해하다고 느끼는 단어들이 _____는 결론을 내렸다.

✓ ① 더 많지만 난해하다고 느끼는 각각의 단어를 이해하는 과정에 들이는 평균 시간은 더 적다

② 더 많고 난해하다고 느끼는 각각의 단어를 이해하는 과정에 들이는 평균 시간도 더 많다

③ 더 적지만 난해하다고 느끼는 각각의 단어를 이해하는 과정에 들이는 평균 시간은 더 많다

④ 더 적고 난해하다고 느끼는 각각의 단어를 이해하는 과정에 들이는 평균 시간도 더 적다

해설 ① 빈칸에 들어갈 내용을 가장 적절하게 추론한 것은 ①이다.

- 더 많지만: 1문단 1~2번째 줄에 따르면 독자가 글을 읽을 때 이해하기 어려운 단어를 보는 경우 '고정'이 나타난다. 또한 2문단 1~2번째 줄에 따르면 눈동자의 평균 고정 빈도에서 읽기 능력 하위 집단(A)이 읽기 능력 평균 집단(B)보다 약 2배 많은 수치를 보였다. 이 두 내용을 종합하면, 평균 고정 빈도가 높다는 것은 글을 읽을 때 이해하기 어려운 단어를 자주 마주친다는 의미임을 알 수 있다. 따라서 읽기 능력이 부족한 독자들은 읽기 능력이 평균인 독자에 비해 난해하다고 느끼는 단어들이 더 많다는 것을 추론할 수 있다.

- 평균 시간은 더 적다: 2문단 2~4번째 줄에 따르면 평균 고정 시간은 총 고정 시간을 총 고정 빈도로 나눈 것으로, 이는 하나의 어려운 단어를 마주쳤을 때 의미를 이해하는 데 들이는 평균 시간을 의미한다. 이때 읽기 능력 평균 집단(B)이 읽기 능력 하위 집단(A)집단보다 평균 고정 시간이 높게 나타났다는 것은 B 집단에서 하나의 어려운 단어를 마주쳤을 때 의미를 이해하는 데 들이는 평균 시간이 A 집단보다 더 많다는 것을 의미한다. 따라서 읽기 능력이 부족한 독자들은 읽기 능력이 평균인 독자에 비해 난해하다고 느끼는 각각의 단어를 이해하기 위해 들이는 평균 시간이 더 적다는 것을 추론할 수 있다.

02

다음 글의 (가)와 (나)에 들어갈 말로 적절한 것은?

채식주의자는 고기, 생선, 유제품, 달걀 섭취 여부에 따라 다섯 가지로 나뉜다. ⑴완전 채식주의자는 이들 모두를 섭취하지 않으며, ⑵페스코 채식주의자는 고기는 섭취하지 않지만 생선은 먹으며, 유제품과 달걀은 개인적 선호에 따라 선택적으로 섭취한다. 남은 세 가지 채식주의자는 고기와 생선 모두를 먹지 않되 유제품과 달걀 중 어떤 것을 먹느냐의 여부로 결정된다. 이들의 명칭은 라틴어의 '우유'를 의미하는 '락토(lacto)'와 '달걀'을 의미하는 '오보(ovo)'를 사용해 정해졌는데, 예를 들어, ⑶락토오보 채식주의자는 고기와 생선은 먹지 않으나 유제품과 달걀은 먹는다. ⑷락토 채식주의자는 ___(가)___ 먹지 않으며, ⑸오보 채식주의자는 ___(나)___ 먹지 않는다.

① (가): 달걀은 먹지만 고기와 생선과 유제품은
    (나): 고기와 생선과 달걀은 먹지만 유제품은

② (가): 달걀은 먹지만 고기와 생선과 유제품은
    (나): 유제품은 먹지만 고기와 생선과 달걀은

③ (가): 유제품은 먹지만 고기와 생선과 달걀은
    (나): 고기와 생선과 유제품은 먹지만 달걀은

✓ (가): 유제품은 먹지만 고기와 생선과 달걀은
    (나): 달걀은 먹지만 고기와 생선과 유제품은

해설 ④ '락토'는 우유를 의미하고 '오보'는 달걀을 의미하는데, 락토오보 채식주의자는 고기와 생선은 먹지 않으나 유제품과 달걀을 먹는 채식주의자이다. 이를 통해 채식주의자 앞에 들어가는 단어는 그 채식주의자가 섭취하는 음식이고, 그 외의 음식은 모두 섭취하지 않는다는 것을 추론할 수 있다. 따라서 락토 채식주의자는 유제품은 먹지만 고기와 생선과 달걀은 먹지 않으며, 오보 채식주의자는 달걀은 먹지만 고기와 생선과 유제품은 먹지 않는다고 설명하는 ④가 적절하다.

03

다음 글의 빈칸에 들어갈 결론으로 가장 적절한 것은?

신경 과학자 아이젠버거는 참가자들을 모집하여 실험을 진행하였다. 이 실험에서 그의 연구팀은 실험 참가자의 뇌를 'fMRI' 기계를 이용해 촬영하였다. 뇌의 어떤 부위가 활성화되는가를 촬영하여 실험 참가자가 어떤 심리적 상태인가를 파악하려는 것이었다. 아이젠버거는 각 참가자에게 그가 세 사람으로 구성된 그룹의 일원이 될 것이고, 온라인에 각각 접속하여 서로 공을 주고받는 게임을 하게 될 것이라고 알려주었다. 그런데 이 실험에서 각 그룹의 구성원 중 실제 참가자는 한 명뿐이었고 나머지 둘은 컴퓨터 프로그램이었다. 실험이 시작되면 처음 몇 분 동안 셋이 사이좋게 순서대로 공을 주고받지만, 어느 순간부터 실험 참가자는 공을 받지 못한다. (실험 참가자를 제외한 나머지 둘은 계속 공을 주고받기 때문에,) (실험 참가자는 나머지 두 사람이 아무런 설명 없이 자신을 따돌린다고 느끼게 된다.) 연구팀은 실험 참가자가 따돌림을 당할 때 그의 뇌에서 전두엽의 전대상피질 부위가 활성화된다는 것을 확인했다. 이는 인간이 물리적 폭력을 당할 때 활성화되는 뇌의 부위이다. 연구팀은 이로부터 _____는 결론을 내릴 수 있었다.

① 물리적 폭력은 뇌 전두엽의 전대상피질 부위를 활성화한다

② 물리적 폭력은 피해자의 개인적 경험을 사회적 문제로 전환한다

③ 따돌림은 피해자에게 물리적 폭력보다 더 심각한 부정적 영향을 미친다
✅ 따돌림을 당할 때와 물리적 폭력을 당할 때의 심리적 상태는 서로 다르지 않다

[해설] ④ 아이젠버거의 실험은 뇌의 활성화되는 부위를 확인하여 심리적 상태를 파악하려는 것이다. 실험 결과, 따돌림을 당할 때와 물리적 폭력을 당할 때 뇌의 같은 부위(전두엽의 전대상피질)가 활성화되는 것을 알 수 있었으며, 이를 통해 따돌림을 당할 때와 물리적 폭력을 당할 때의 심리적 상태는 서로 다르지 않다는 결론을 추론할 수 있다.

[오답분석] ① 물리적 폭력을 당할 때 뇌 전두엽의 전대상피질 부위를 활성화한다는 것은 빈칸 앞 문장에서 제시된 내용이며, 지문에서 설명한 실험의 결론으로 보기 어렵다.
② ③ 지문을 통해 추론할 수 없는 내용이다.

04
(가)와 (나)에 들어갈 말로 가장 적절한 것은?

> 특정한 작업을 수행하기 위해 신체 근육의 특정 움직임을 조작하는 능력을 운동 능력이라고 한다. 언어에 관한 운동 능력은 '발음 능력'과 '필기 능력' 두 가지인데 모두 표현을 위한 능력이다.
>
> 말로 표현하기 위해서는 발음 능력이 필요한데, 이는 음성 기관을 움직여 원하는 음성을 만들어 내는 능력이다. 이 능력은 영·유아기에 수많은 시행착오와 꾸준한 훈련을 통해 습득된다. 이렇게 발음 능력을 습득하면 음성 기관의 움직임은 자동화되어 음성 기관의 어느 부분을 언제 어떻게 움직일지를 화자가 거의 의식하지 않는다. 우리가 모어에 없는 외국어 음성을 발음하기 어려운 이유는 ⟨(가)⟩ 있기 때문이다.
>
> 글로 표현하기 위해서는 필기 능력이 필요하다. 필기에서는 글자의 모양을 서로 구별되게 쓰는 것은 기본이고 그 수준을 넘어서서 쉽게 알아볼 수 있는 모양으로 잘 쓰는 것도 필요하다. 글씨를 쓰기 위해 손을 놀리는 것은 발음을 하기 위해 음성 기관을 움직이는 것에 비해 상당히 의식적이라 할 수 있다. 그렇지만 개인의 의지와 관계없이 필체가 꽤 일정하다는 사실은 손을 놀리는 데에 ⟨(나)⟩ 의미한다.

✅ (가): 음성 기관의 움직임이 모어의 음성에 맞게 자동화되어
   (나): 무의식적이고 자동적인 면이 있음을

② (가): 낯선 음성은 무의식적으로 발음하도록 훈련되어
   (나): 유아기에 수행한 훈련이 효과적이지 않음을

③ (가): 음성 기관의 움직임이 모어의 음성에 맞게 자동화되어
   (나): 유아기에 수행한 훈련이 효과적이지 않음을

④ (가): 낯선 음성은 무의식적으로 발음하도록 훈련되어
   (나): 무의식적이고 자동적인 면이 있음을

[해설] ① 빈칸에 들어갈 말로 가장 적절한 것은 ①이다.
- (가): 2문단에서 영·유아기에 꾸준한 훈련을 통해 '발음 능력'을 습득하면 음성 기관의 움직임은 자동화된다고 설명한다. 따라서 모어가 아닌 외국어 음성을 발음하기 어려운 이유는 음성 기관의 움직임이 모어의 음성에 맞게 자동화되었기 때문이라고 추론할 수 있다.
- (나): 3문단에서 '발음 능력'에 비해 '필기 능력'은 의식적이라 할 수 있다고 설명한다. 그렇지만 개인의 의지와 관계없이 필체가 일정한 것은 '필기 능력'도 '발음 능력'과 마찬가지로 손을 놀리는 데에 무의식적이고 자동적인 면이 있다는 것을 의미한다고 추론할 수 있다.

05
다음 글의 맥락을 고려할 때 빈칸에 들어갈 말로 가장 적절한 것은?

> 능숙한 필자와 미숙한 필자는 글쓰기 과정 중 '계획하기'에서 뚜렷한 차이를 보인다. 전자는 이 과정에 오랜 시간 공을 들이는 반면, 후자는 그렇지 않다. 글쓰기에서 계획하기는 글쓰기의 목적 수립, 주제 선정, 예상 독자 분석 등을 포함한다. 이 중 예상 독자 분석이 중요한 이유는 ⟨ ⟩ 때문이다. 글을 쓸 때 독자의 수준에 비해 너무 어려운 개념과 전문용어를 사용한다면 독자가 글을 이해하기 어렵게 된다. 글쓰기는 필자가 글을 통해 자신의 메시지를 독자에게 전달하는 행위라는 점을 고려하면 계획하기 단계에서 반드시 예상 독자를 분석해야 한다.

① 계획하기 과정이 글쓰기 전체 과정의 첫 단계이기
② 글에 어려운 개념이나 전문용어를 어느 정도 포함해야 하기
✅ 필자의 메시지를 독자에게 효과적으로 전달하는 데 도움이 되기
④ 독자의 배경지식 수준을 고려해야 글의 목적과 주제가 결정되기

해설 ③ 지문의 마지막 문장에서 '글쓰기'는 필자가 글을 통해 자신의 메시지를 독자에게 전달하는 행위이므로 반드시 예상 독자를 분석해야 한다고 설명한다. 이 내용에 따르면 예상 독자 분석이 중요한 이유는 '필자의 메시지를 독자에게 효과적으로 전달하는 데 도움이 되기' 때문이다. 따라서 빈칸에 들어갈 말로 가장 적절한 것은 ③이다.

오답분석
① 계획하기 과정이 글쓰기 과정의 첫 단계라는 ①의 설명은 '예상 독자 분석의 이유'와는 관련이 없는 내용이므로 빈칸에 들어갈 말로 적절하지 않다.
② 끝에서 4~5번째 줄에 따르면 글을 쓸 때 예상 독자의 수준에 따라 어려운 개념이나 전문용어의 포함 여부를 결정할 수 있을 것이다. 하지만 글에 어려운 개념이나 전문용어를 포함하기 위해 예상 독자를 분석한다는 것은 지문과 거리가 먼 내용이므로 ②는 빈칸에 들어갈 말로 적절하지 않다.
④ 3~4번째 줄에서 '계획하기'는 글쓰기의 목적 수립, 주제 선정, 예상 독자 분석 등을 포함한다고 설명한다. 그러나 예상 독자의 분석 요소 중 독자의 배경지식 수준이 글의 목적과 주제를 결정한다는 내용은 확인할 수 없으므로 ④는 빈칸에 들어갈 말로 적절하지 않다.

06
다음 글의 (가)에 들어갈 단어는?

> 한자는 늘 그 많은 글자의 수 때문에 나쁜 평가를 받아 왔다. 한글 전용론자들은 그걸 배우느라 아까운 청춘을 다 버려야 하겠느냐고도 한다. 그러나 헨드슨 교수는 이 점에 대해서도 명쾌하게 설명한다. 5만 자니 6만 자니 하며 그 글자 수의 많음을 부각시키는 것은 사람들을 오도한다는 것이다. (1)중국에서조차 1,000자가 현대 중국어 문헌의 90%를 담당하고, (2)거기다가 그 글자들이 뿔뿔이 따로 만들어진 것이 아니고 대부분 (가)와/과 같은 방식으로 만들어져 그렇게 대단한 부담이 아니라는 것이다.

① 상형(象形)   ✓ ② 형성(形聲)
③ 회의(會意)   ④ 가차(假借)

해설 ② 지문은 한자가 글자 수가 많다는 이유로 나쁜 평가를 받는 것에 대해 반박하고 있다. (가)의 앞뒤 내용에 의하면 (가)에 들어가야 할 한자의 제자 원리는 글자들이 뿔뿔이 따로 만들어지지 않는 방식이어야 하고 학습에 부담이 없는 방식이어야 함을 알 수 있다. 이로 미루어 보아 (가)에 들어갈 단어는 한자 육서(六書) 중 기존의 글자를 활용하면서, 새 글자를 구성하고 있는 두 글자를 통해 새 글자의 뜻과 음을 유추할 수 있어 학습에 부담이 적은 방법인 ② '형성(形聲)'임을 추론할 수 있다.

• 형성(形聲): 두 글자를 합하여 새 글자를 만드는 방법으로, 한 쪽은 뜻을 나타내고 다른 쪽은 음을 나타낸다. '銅'자에서 '金'은 금속의 뜻을 나타내고 '同'은 음을 나타내는 방식이다.

07
다음 글의 맥락을 고려할 때 빈칸에 들어갈 내용으로 가장 적절한 것은?

> 사람들은 법을 자유와 대립하는 것으로 착각하여 법을 혐오하는 경향이 있다. 그러나 모든 국민이 법 없이 최대의 자유를 누리는 이상적인 사회질서를 주장했던 자유 지상주의는 환상에 지나지 않는다. 몽테스키외는 인간이 법과 동시에 자유를 가졌다고 말했다. 또한 인간이 법 밖에서 자유를 찾으려 한다면, 주인의 집을 도망쳐 나온 정처 없는 노예처럼 된다고 하였다. 자유는 정당한 행위를 할 수 있는 상태를 의미한다. 그렇다면 자유는 정의를 실현하는 올바른 사회질서에 의해서만 보장될 수 있다. 따라서 법이 없다면 자유도 없다고 할 수 있다. 왜냐하면 □□□□ 때문이다. 결국 자유와 법은 대립하는 것이 아니다.

① 법은 정당한 행위를 할 수 있는 상태의 실현 가능성을 높이기
② 자유가 없다면 정의를 실현하는 올바른 사회질서도 확립될 수 없기
✓ ③ 정의를 실현하는 올바른 사회질서는 법에 의해서만 확립될 수 있기
④ 법과 자유가 있다면 정의를 실현하는 올바른 사회질서가 확립될 수 있기

해설 ③ 끝에서 2~4번째 줄에서 자유는 올바른 사회질서에 의해서 보장될 수 있으며, 법이 없다면 자유도 없다고 설명한다. 이는 '법'이 있어야 올바른 사회질서가 확립될 수 있음을 의미하므로 빈칸에 들어갈 내용으로 가장 적절한 것은 ③이다.

08

다음 글의 맥락을 고려할 때 (가)와 (나)에 들어갈 내용으로 가장 적절한 것은?

> 육각형의 벌집 모양은 자연이 만든 경이로운 디자인이다. 이 벌집의 과학적인 구조는 역사적으로 경탄의 대상이었는데, 다윈은 벌집을 경이롭고 완벽한 과학이라고 평가했다. 벌집의 정육각형 구조는 구멍과 구멍 사이의 간격을 최소화하면서 공간을 최대화할 수 있는 가장 안정적인 형태이다. 이 구조는 ⎯(가)⎯ 는 이점이 있다. 벌이 밀랍 1온스를 만들려면 약 8온스의 꿀을 먹어야 한다. (공간이 최적화됨)으로써 (필요한 밀랍의 양이 줄어, 벌집을 짓는 데드는 노력과 에너지가 최소화된다). 이처럼 벌집은 과학적으로 탄탄하고 기술적으로 효율적인 디자인이다. 게다가 예술적으로 아름다운 것은 두말할 필요 없다. 견고하고 가볍고 실용적이면서 아름답기까지 한 이 구조를 닮은 건축 양식이나 각종 생활용품을 흔히 발견할 수 있다. 이는 ⎯(나)⎯ 는 뜻이다.

① (가): 벌집을 짓는 데 소요되는 노동량을 최대화한다
   (나): 자연의 구조인 벌집이 인간의 창조 활동에 영감을 주었다

② (가): 벌집을 짓는 데 소요되는 노동량을 최대화한다
   (나): 인간이 만든 디자인은 자연이 만든 디자인보다 뛰어날 수 없다

③ ✓ (가): 벌집을 짓기 위해 필요한 밀랍의 양이 적게 든다
   (나): 자연의 구조인 벌집이 인간의 창조 활동에 영감을 주었다

④ (가): 벌집을 짓기 위해 필요한 밀랍의 양이 적게 든다
   (나): 인간이 만든 디자인은 자연이 만든 디자인보다 뛰어날 수 없다

해설 ③ (가)와 (나)에 들어갈 내용으로 가장 적절한 것은 ③이다.
- (가): (가)의 뒤에서 벌집의 공간이 최적화됨으로써 필요한 밀랍의 양이 줄어, 벌집을 짓는데 드는 노력과 에너지가 최소화된다고 설명하고 있다. 이를 고려하였을 때 (가)에 들어갈 말은 '벌집을 짓기 위해 필요한 밀랍의 양이 적게 든다'이다.
- (나): (나)의 앞에서 벌집이 효율적이고 아름다운 자연의 디자인임을 제시하며, 이러한 벌집을 닮은 건축 양식이나 생활용품을 흔히 발견할 수 있다고 설명한다. 이는 자연의 구조인 벌집이 인간의 창조 활동에 영감을 주었다는 것을 의미한다.

오답분석
- (가) '벌집을 짓는 데 소요되는 노동량을 최대화한다'(×): (가)에는 벌집 구조의 이점에 대한 내용이 들어가야 하므로 적절하지 않다.
- (나) '인간이 만든 디자인은 자연이 만든 디자인보다 뛰어날 수 없다'(×): 인간의 디자인과 자연의 디자인의 우열을 비교하는 내용은 지문에서 확인할 수 없다.

09

다음 글의 맥락을 고려할 때 (가)와 (나)에 들어갈 내용으로 가장 적절한 것은?

> 비버는 강한 이빨과 턱으로 거대한 나무를 갉아 쓰러뜨리고 댐을 건설하여 서식지를 구축한다. 나뭇가지와 진흙 구조물로 댐을 만들고, 개울물을 막아 큰 연못과 집을 만든다. 비버는 물속에 집의 입구를 만드는데 이 구조는 비버가 포식자로부터 안전하게 보호받을 수 있게 해 준다. 또한 비버가 만든 댐으로 물의 흐름이 약해지면서 습지가 생기고, 습지에 다양한 식물이 자라면서 동물들이 모이게 된다. 이렇듯 비버가 만든 댐은 ⎯(가)⎯ 비버는 다른 비버가 침입하지 못하게 자신의 서식지 근처에 항문의 냄새를 묻히고, 적을 발견하면 넓은 꼬리로 물을 강하게 내리쳐 무리에게 경고 신호를 보내기도 한다. 이는 ⎯(나)⎯ 임을 알려 준다.

① ✓ (가): 새로운 생태계를 조성하기도 한다.
   (나): 비버가 세력권을 가지고 있는 동물

② (가): 새로운 생태계를 조성하기도 한다.
   (나): 비버가 예민하고 독립적인 성격의 동물

③ (가): 자연의 섭리를 거스르기도 한다.
   (나): 비버가 세력권을 가지고 있는 동물

④ (가): 자연의 섭리를 거스르기도 한다.
   (나): 비버가 예민하고 독립적인 성격의 동물

해설 ① (가)와 (나)에 들어갈 내용은 각각 '새로운 생태계를 조성하기도 한다.', '비버가 세력권을 가지고 있는 동물'이다.
- (가): 앞에서 비버가 만든 댐은 습지를 형성하고, 그 습지에서 식물이 자라 동물이 모여든다고 했으므로 댐은 생물이 서식할 수 있는 새로운 환경(생태계)을 만들어 줌을 알 수 있다.
- (나): 앞에서 비버는 다른 비버의 침입을 막고, 자신의 무리를 지키기 위해 경고 신호를 보낸다고 하였으므로 비버는 무리별로 점유지가 있는 동물임을 알 수 있다.

10
(가)에 들어갈 말로 가장 적절한 것은?

자기지향적 동기와 타인지향적 동기는 행위의 적극성과 어떤 관계가 있을까? A는 자율 방범대원들에게 이 일의 자원 동기에 대해 물어보았다. 자기지향적 동기만 말한 사람과 타인지향적 동기만 말한 사람, 그리고 둘 다 말한 사람이 고르게 분포되었다. 그 후 설문에 참여한 사람들이 2개월간 방범 순찰에 참여한 횟수를 살펴보았다. 그 결과 ⑤ 자기지향적 동기를 말한 사람들 모두가 ⓒ 자기지향적 동기를 말하지 않은 사람들보다 순찰 횟수가 더 많은 것으로 나타났다. 그리고 ⓒ 전자 중 타인지향적 동기를 말한 사람들의 순찰 횟수가 그렇지 않은 사람들보다 유의미하게 많은 것으로 나타났다. A는 이를 토대로 ＿＿(가)＿＿고 추정하였다.

① 자기지향적 동기만 가진 사람은 타인지향적 동기만 가진 사람보다 행위의 적극성이 높다
② 타인지향적 동기를 가진 사람은 자기지향적 동기를 가진 사람보다 행위의 적극성이 높다
③ 자기지향적 동기는 행위의 적극성에 긍정적 영향을 주기도 하고 부정적 영향을 주기도 한다
④ 자기지향적 동기가 행위의 적극성에 긍정적 영향을 주는 경우 타인지향적 동기는 부정적 영향을 준다

해설 ① 자기지향적 동기만 말한 사람들을 ㉠, 타인지향적 동기만 말한 사람들을 ㉡, 둘 다 말한 사람들을 ㉢이라 가정할 때, 지문에서 말한 결론을 정리하면 아래와 같다.
· 결론1: ㉠과 ㉢ 모두 ㉡보다 순찰 횟수가 더 많다.
· 결론2: ㉢은 ㉠보다 순찰 횟수가 더 많다.
→ 순찰 횟수: ㉢ > ㉠ > ㉡

이때 ①의 내용은 '㉠은 ㉡보다 행위의 적극성이 높다(순찰 횟수가 더 많다)'라고 정리할 수 있으므로 지문에서 말한 '결론1'의 내용과 일치한다. 따라서 답은 ①이다.

오답분석 ② '㉡은 ㉠보다 행위의 적극성이 높다(순찰 횟수가 더 많다)'는 지문에서 말한 '결론1'의 내용과 일치하지 않으므로 (가)에 들어갈 말로 적절하지 않다.
③④ 자기지향적 동기나 타인지향적 동기가 행위의 적극성에 부정적인 영향을 주는지는 지문을 통해 확인할 수 없으므로 ③, ④는 (가)에 들어갈 말로 적절하지 않다. 참고로, 자기지향적 동기가 행위의 적극성에 긍정적 영향을 준다는 내용은 맞는 설명이다.

11
글의 통일성을 고려할 때 (가)에 들어갈 말로 가장 적절한 것은?

혼정신성(昏定晨省)이란 저녁에는 부모님의 잠자리를 봐 드리고 아침에는 문안을 드린다는 뜻으로 자식이 아침저녁으로 부모의 안부를 물어 살핌을 뜻하는 말로 '예기(禮記)'의 '곡례편(曲禮篇)'에 나오는 말이다. 아랫목 요에 손을 넣어 방 안 온도를 살피면서 부모님께 문안을 드리던 우리의 옛 전통은 온돌을 통한 난방 방식과 관련 깊다. 온돌을 통한 난방 방식은 방바닥에 깔려 있는 돌이 열기로 인해 뜨거워지고, 뜨거워진 돌의 열기로 방바닥이 뜨거워지면 방 전체에 복사열이 전달되는 방법이다. 방바닥 쪽의 차가운 공기는 온돌에 의해 따뜻하게 데워지므로 위로 올라가고, 위로 올라간 공기가 다시 식으면 아래로 내려와 다시 데워져 위로 올라가는 대류 현상으로 인해 결국 방 전체가 따뜻해진다. 벽난로를 통한 서양식의 난방 방식은 복사열을 이용하여 상체와 위쪽 공기를 데우는 방식인데, 대류 현상으로 바닥 바로 위 공기까지는 따뜻해지지 않는다. 그 이유는 ＿＿(가)＿＿.

① 벽난로에 의한 난방은 방바닥의 따뜻한 공기가 위로 올라가 식으면 복사열로 위쪽의 공기만을 따뜻하게 하기 때문이다
② 벽난로에 의한 난방이 복사열에 의한 난방에서 대류 현상으로 인한 난방이라는 순서로 이루어졌기 때문이다
③ 대류 현상을 통한 난방 방식은 상체와 위쪽의 공기만 따뜻하게 하기 때문이다
④ 상체와 위쪽의 따뜻한 공기는 차가운 바닥으로 내려오지 않기 때문이다

해설 ④ 지문 끝에서 4~7번째 줄 내용에 따르면, 온돌을 통한 난방은 방바닥의 찬 공기가 데워져서 위로 올라가고 위로 올라간 공기가 식어서 아래로 내려와 다시 데워져 올라가는 대류 현상으로 인해 방 전체가 따뜻해진다고 한다. 이를 통해 벽난로를 이용한 난방에서 바닥 바로 위 공기가 따뜻해지지 않는 이유는 상체와 위쪽에서 데워진 공기가 바닥으로 내려가지 않기 때문임을 추론할 수 있다. 따라서 (가)에 들어가야 할 말로 가장 적절한 것은 ④이다.

오답분석 ① 끝에서 1~4번째 줄을 통해 벽난로에 의한 난방은 방바닥의 공기를 따뜻하게 데우지 못함을 알 수 있으므로 (가)에 들어갈 내용으로 적절하지 않다.

② 벽난로에 의한 난방이 복사열에서 대류 현상의 순서로 이루어졌다는 내용은 지문을 통해 확인할 수 없다.
③ 끝에서 4~7번째 줄을 통해 온돌을 통한 난방이 대류 현상으로 상체와 위쪽 공기는 물론 방 전체를 따뜻하게 함을 알 수 있으므로 (가)에 들어갈 내용으로 적절하지 않다.

12
다음 글의 맥락을 고려할 때 빈칸에 들어갈 내용으로 가장 적절한 것은?

표현의 자유는 민주주의 사회의 기본적 권리이다. 헌법은 누구나 자기의 의견을 자유롭게 표현할 수 있도록 표현의 자유를 보장한다. 하지만 온라인 공간에서 무분별하게 사용되는 혐오 표현이 단순히 표현에 머무르지 않고, 차별을 선동하고 물리적 폭력을 가하는 사례로 이어지면서 표현의 자유에 대한 규제가 필요하다는 목소리가 나오고 있다. 법적으로 혐오 표현의 정의를 내리고, 그 경계를 정하는 것은 생각보다 복잡하다. 또한 표현의 자유에 혐오 표현이 속하는지도 문제가 된다. 그렇다면 민주주의에서 표현의 자유는 어디까지 허용이 되는가. 표현의 자유는 보장되어야 하지만, 그것이 민주주의에서 인정하는 다른 가치를 훼손하면 안 된다. '나'의 표현의 자유가 '남'의 존엄성과 평등을 보장받는 권리를 침해하면 안 된다는 것이다. 즉, ☐☐☐☐☐.

① 표현의 자유가 보장될수록 민주주의는 발전하게 된다.
  → 혐오 표현의 문제 발생
✓② 민주주의에서 권리를 유지하기 위해서는 권리 간의 균형이 필요하다.
③ 혐오 표현으로 권리를 침해받는 대상을 보호하는 제도를 구축해 포용적인 문화 환경을 조성해야 한다. → 알 수 없음
④ 권리의 행사가 사회적 갈등을 조장한다고 하여도 민주주의에서 보장되는 권리는 마땅히 보호되어야 한다.
  → 타인의 존엄성, 평등을 보장받을 권리를 침해해서는 안 됨

해설 ② 지문은 민주주의 사회의 기본적인 권리인 '표현의 자유'와 이 권리를 악용하여 사회적 문제를 유발하는 '혐오 표현'을 제재로 삼아, 다른 가치를 훼손하는 '표현의 자유'는 보장받을 수 없음을 주장하고 있다. 이때 빈칸의 앞 문장 내용에 따르면 민주주의에서 어떤 권리를 보장받기 위해서는 그 권리를 행사할 때 민주주의에서 인정하는 다른 가치(권리)를 침해하면 안 된다고 한다. 따라서 빈칸에는 민주주의에서 권리 간의 균형이 필요하다는 내용이 들어가는 것이 적절하다.

13
(가)에 들어갈 말로 가장 적절한 것은?

스포츠 경기를 보다 보면 시상식에서 은메달을 딴 선수보다 동메달을 딴 선수의 표정이 더 밝은 것을 종종 볼 수 있다. 심리학에서는 이러한 표정 차이의 원인이 '사후 가정 사고'에 있다고 해석한다. 사후 가정 사고란 일어날 수도 있었지만 결국 일어나지 않은 가상의 상황을 상상하는 것을 의미한다. 앞선 사례에 대입해 보자면 은메달리스트는 '조금만 더 잘했더라면 금메달을 딸 수 있었는데'라는 상향적 사후 가정 사고를 했고, 동메달리스트는 '하마터면 메달을 못 딸 뻔했네'라는 하향적 사후 가정 사고를 했을 가능성이 높다.
  인간은 보통 상향적 사후 가정 사고를 하는 경우가 많기 때문에 해도 후회, 안 해도 후회하는 상황에 빈번히 놓이게 된다. 길로비치와 메드벡의 연구에 따르면 단기적으로는 이미 한 행동에 대한 후회가 컸지만, 장기적으로는 하지 않은 행동에 대한 후회가 컸다. 이는 곧 ☐☐(가)☐☐ 을 의미한다. 당장은 후회할 수 있어도 나중에 되돌아보면 행동하지 않아서 생기는 후회가 더 큰 후유증을 남기기 때문이다.
  선택지 ②의 근거 (1), 선택지 ③의 근거
  선택지 ①의 근거, 선택지 ②의 근거 (2)

① 사후 가정 사고가 개인의 삶에 미치는 부정적 영향
✓② 할까 말까 고민이 들 때 일단 해보는 것도 나쁘지 않음
③ 특정 행동에 대한 후회의 크기는 기간에 따라 달라질 수 있음
④ 상향적 사후 가정 사고보다 하향적 사후 가정 사고를 할 때 만족도가 높음

해설 ② 이미 한 행동에 대한 후회보다 행동하지 않아서 생기는 후회가 더 크다는 (가) 앞뒤 내용의 흐름을 고려해 보았을 때, (가)에는 해도 후회, 안 해도 후회하는 상황에 놓였을 경우 후회를 줄이기 위해 일단 행동하는 것이 낫다는 내용의 ②가 들어가는 것이 가장 적절하다.

오답분석 ① 2문단 끝에서 1~2번째 줄에 의하면 상향적 사후 가정 사고를 하는 경우에 더 큰 후회를 하지 않기 위해서는 어떤 선택을 하는 것이 나을지에 대해 설명하는 것일 뿐, 사후 가정 사고의 부정적 영향을 설명하고 있는 것은 아니다. 따라서 이를 사후 가정 사고의 부정적 영향으로 보기는 어려우므로 ①은 (가)에 들어갈 말로 적절하지 않다.

③ (가)의 앞 문장에서 상향적 사후 가정 사고를 하는 경우에 단기적으로는 이미 한 행동에 대한 후회가 컸지만, 장기적으로는 하지 않은 행동에 대한 후회가 컸다고 설명한다. 이는 '행동의 여부에 대한 후회'의 크기가 단기적·장기적 관점에 따라 달라진다는 것을 의미할 뿐, 기간에 따라 '특정 행동에 대한 후회'의 크기가 달라진다는 내용과는 거리가 멀다.

④ (가)가 포함되어 있는 2문단에서는 인간이 보통 상향적 사후 가정 사고를 하기에 발생하는 상황에 대한 내용을 다루고 있다. 상향적 사후 가정 사고와 하향적 사후 가정 사고에 따른 만족도를 비교하는 내용과는 거리가 멀다.

14

다음 글의 맥락을 고려할 때 빈칸에 들어갈 말로 가장 적절한 것은?

> 독서는 의미 구성 행위이자, 의사소통 행위이다. 독자는 자신의 배경지식, 경험, 신념을 적극적으로 동원하여 자기 나름으로 의미를 구성한다.
>
> 독자는 독서를 통해 책과 소통하는 즐거움을 경험한다. 이때 독서는 필자와 간접적으로 대화를 나누는 것이다. 독자는 자신이 속한 사회나 시대의 영향 아래 필자가 속해 있거나 드러내고자 하는 사회나 시대를 경험한다. 직접 경험하지 못했던 다양한 삶을 필자를 매개로 만나고 이해하면서 독자는 더 넓은 시야로 세계를 바라볼 수 있다. 이때 같은 책을 읽은 독자라도 독자의 배경지식이나 관점 등의 독자 요인, 읽기 환경이나 과제 등의 상황 요인이 다르므로, _____.

① 필자가 독자에게 전달하고자 하는 의미를 그대로 수용한다.

② 필자가 보여 주는 세계와 별개로 전혀 다른 새로운 의미를 구성할 수 있다.

③ 독자는 상황 요인을 적절히 통제하여 다른 독자들과의 의미 차이를 최소화해야 한다.

✓ 필자가 보여 주는 세계를 그대로 수용하지 않고 저마다 소통 과정에서 다른 의미를 구성할 수 있다.

해설 ④ 지문은 독서를 의미 구성 행위이자 의사소통 행위로 정의한다. 의사소통의 관점에서 독자는 자신이 속한 사회나 시대의 영향 아래 필자가 보여 주는 세계를 수용하는데, 독자마다 독자 요인과 상황 요인이 다르다고 하였다. 이를 통해 독자들은 의미를 구성할 때, 필자가 보여 주는 세계를 그대로 수용하지 않고 필자와의 소통 과정에서 자기의 독자 요인과 상황 요인에 따라 의미를 다르게 구성할 것임을 추론할 수 있다. 따라서 빈칸에 들어갈 말로 가장 적절한 것은 ④이다.

오답분석

① 2문단 3~4번째 줄에서 독자는 자신이 속한 사회나 시대의 영향 아래 필자가 속해 있거나 드러내고자 하는 사회나 시대를 경험한다고 하였다. 즉 독자가 필자의 세계를 경험하여 의미를 구성하는 과정에서 자기를 둘러싼 환경의 영향을 받는 것이다. 따라서 필자가 독자에게 전달하고자 하는 의미를 그대로 수용한다는 추론은 적절하지 않다.

② 2문단 5~6번째 줄에서 독자는 필자를 매개로 다양한 삶을 만나고 이해한다고 하였다. 즉 독자는 필자가 보여 주는 세계를 바탕으로 시야의 확장을 이루는 것이다. 따라서 독자가 필자가 보여 주는 세계와 별개로 전혀 다른 새로운 의미를 구성한다는 추론은 적절하지 않다.

③ 2문단 끝에서 1~3번째 줄에서 같은 책을 읽은 독자라도 독자 요인과 상황 요인이 다르다고 하였다. 이는 독자들이 필자와의 소통 과정에서 의미를 다르게 구성함을 설명하기 위한 것일 뿐, 이를 통해 독자들 간의 의미 차이를 최소화해야 한다는 내용은 추론할 수 없다.

15

다음 글의 빈칸에 들어갈 결론으로 가장 적절한 것은?

> 심리학자 데시와 라이언(decy & ryan)은 인간이 주어진 환경에서 어떻게 반응할지 스스로 결정하는 것을 의미하는 '자기 결정'이 형성되는 과정을 외재적 동기와 내재적 동기의 관계를 통해 설명한다. 이때 외재적 동기는 과제 수행의 결과가 가져다주는 보상이나 벌에서 비롯되는 동기를, 내재적 동기는 과제 자체를 수행하는 과정에서 얻는 즐거움에서 유발되는 동기를 의미한다.
>
> (1단계)는 무동기 상태이다. 이는 과제를 수행할 동기가 존재하지 않는 것으로, 이 상태에서는 과제 수행에 가치를 두지 않는다. (2단계)는 외적 조절이다. 이 단계는 보상을 획득하거나 위협을 피하고자 주어진 행동을 하는 것으로, 외적인 자극(보상, 벌) 없이는 스스로 행동하지 않는다. (3단계)는 내사 조절이다. 이 단계에서는 외적인 자극이 직접적으로 제시되지는 않지만, 죄책감 또는 과제를 수행해야만 한다는 압박감에 의해 동기화된다. 이때 어느 정도는 자기 결정적인 행동을 한다고 할 수는 있으나, 통제감이나 구속감을 느끼게 된다. (4단계)는 앞 단계보다 더 자기 결정성을 보이는 동일시 조절이다. 이 단계는 과제를 수행하는 것을 통해 얻는 장점과 과제의 중요성을 수용하는 단계에 해당하는 것으로 학생이 공부의 중요성을 깨닫는 것과 같다. (5단계)는 통합 조절이

다. 이 단계에서는 외재적 동기 중 가장 자율성이 높은 방식
2~5단계가 '외재적 동기'와 관련이 있는 단계임을 추론할 수 있음
으로 4단계에서 깨달은 과제의 가치를 온전히 자신의 가치관
과 통합하는 단계이다. 이와 같은 과정을 거쳤을 때, 인간은
선택지 ④의 근거
비로소 특정 과제 수행에 대한 내재적 동기를 갖추게 되고
스스로 자기 결정을 할 수 있게 된다. 이를 통해 _____

① 외재적 동기보다 내재적 동기를 유발하는 것이 학습자의 성장에 더 큰 도움이 됨을 알 수 있다.

② 학습자의 지적 수준에 맞게 내재적 동기와 외재적 동기를 적절히 사용해야 함을 알 수 있다.

③ 외재적 동기는 내재적 동기 유발의 방해물이며, 외재적 동기에서 벗어날 때 내재적 동기를 유발할 수 있다.

✓ 내재적 동기와 외재적 동기는 연속선상에 있으며, 외재적 동기는 내재적 동기 유발의 바탕이 됨을 알 수 있다.

해설 ④ 1문단에 의하면 '데시'와 '라이언'은 '자기 결정'이 형성되는 과정을 외재적 동기와 내재적 동기의 관계를 통해 설명하고자 하였음을 알 수 있다. 그에 따라 2문단에는 외재적 동기와 내재적 동기가 어떻게 '자기 결정'으로 나아가는지에 대한 과정이 제시되어 있다. 각 단계와 특징을 정리하면 다음과 같다.

- 1단계 '무동기': 과제 수행 동기가 존재하지 않는다.
- 2단계 '외적 조절': 보상 획득, 위협 회피를 위해 과제를 수행하는 단계이다. 이는 1문단에서 제시한 '외재적 동기'의 개념과 일치한다.
- 3단계 '내사 조절': 외적 자극이 직접 제시되지는 않으나, 죄책감이나 압박감에 의해 과제를 수행한다는 점에서 간접적으로 외적 자극의 영향을 받음을 추론할 수 있다.
- 4단계 '동일시 조절': 과제를 수행하는 것을 통해 얻는 장점과 과제의 중요성을 수용한다.
- 5단계 '통합 조절': 외재적 동기 중 가장 자율성이 높은 방식이며, 과제 수행의 가치와 자신의 가치관을 일치시킨다.

이를 통해 2~5단계는 외재적 동기의 단계에 해당함을 알 수 있으며, 2문단 끝에서 1~3번째 줄에서 1~5단계의 과정을 거쳐야 내재적 동기를 갖추게 되고, 스스로 자기 결정을 할 수 있게 된다고 하였다. 즉 외재적 동기와 내재적 동기는 별개의 것이 아닌 연속선상에 있는 것임을 알 수 있으며, 외재적 동기의 단계를 거쳐야 내재적 동기에 도달할 수 있으므로 빈칸에 들어갈 말로 가장 적절한 것은 ④이다.

16

다음 글의 ㉠~㉢에 들어갈 말을 적절하게 나열한 것은?

> 소설과 현실의 관계를 온당하게 살피기 위해서는 세계의 현실성, 문제의 현실성, 해결의 현실성을 구별해야 한다. 우리가 살고 있는 이 입체적인 시공간에서 특히 의미 있는 한 부분을 도려내어 서사의 무대로 삼을 경우 세계의 현실성이
> ㉡의 근거 (1)
> 확보된다. 그 세계 안의 인간이 자신을 둘러싼 세계와 고투하면서 당대의 공론장에서 기꺼이 논의해볼 만한 의제를
> ㉠의 근거 (1)
> 산출해낼 때 문제의 현실성이 확보된다. 한 사회가 완강하게 구조화하고 있는 '가능한 것'과 '불가능한 것'의 좌표를 흔들면서 특정한 선택지를 제출할 때 해결의 현실성이 확보된다.
> ㉢의 근거 (1)
> 최인훈의 「광장」은 밀실과 광장 사이에서 고뇌하는 주인공의 모습을 통해 '남(南)이냐 북(北)이냐'라는 민감한 주제
> ㉠의 근거 (2)
> 를 격화된 이념 대립의 공론장에 던짐으로써 ㉠ 을 확보하였다. 작품의 시공간으로 당시 남한과 북한을 소설적
> ㉡의 근거 (2)
> 세계로 선택함으로써 동서 냉전 시대의 보편성과 한반도 분단 체제의 특수성을 동시에 포괄할 수 있는 ㉡ 도 확보하였다. 「광장」에서 주인공이 남과 북 모두를 거부하고
> ㉢의 근거 (2)
> 자살을 선택하는 결말은 남북으로 상징되는 당대의 이원화된 이데올로기를 근저에서 흔들었다. 이로써 ㉢ 을 확보할 수 있었다.

	㉠	㉡	㉢
✓	문제의 현실성	세계의 현실성	해결의 현실성
②	문제의 현실성	해결의 현실성	세계의 현실성
③	세계의 현실성	문제의 현실성	해결의 현실성
④	세계의 현실성	해결의 현실성	문제의 현실성

해설 ① ㉠~㉢에 들어갈 말을 적절하게 나열한 것은 ①이다.

- ㉠ 문제의 현실성: 2문단에 의하면 「광장」은 남북의 이념이 대립한 상황을 그린 작품이다. 따라서 「광장」은 주인공이 그가 처한 현실에서 고뇌하며, '남(南)이냐 북(北)이냐'라는 민감한 주제를 공론장에 던지고 있으므로 '문제의 현실성'을 확보하였다.
- ㉡ 세계의 현실성: 2문단에 의하면 「광장」은 작품의 시공간으로서 당시 남한과 북한을 소설적 세계로 선택하여 '세계의 현실성'을 확보하였다.

- ⓒ 해결의 현실성: 2문단에 의하면 「광장」은 주인공이 남과 북 모두를 거부하고 자살을 선택하는 결말을 통해 당대의 이원화된 이데올로기를 근저에서 흔듦으로써 '해결의 현실성'을 확보하였다.

17
다음 글의 ㉠ ~ ㉢에 들어갈 말을 적절하게 나열한 것은?

서술자의 개입은 작중에서 다양한 양상으로 나타난다. 먼저 서술자가 인물이나 사건에 대해 평가하거나 판단하는 '편집자적 논평'이 있다. 다음으로 서술자가 인물에 대해 자기의 감정을 드러내는 '감정의 노출'이 있다. 마지막으로 서술자가 인물이나 사건에 대해 독자에게 말을 걸면서 자신의 존재를 직접적으로 드러내는 '독자에게 말 걸기'가 있다. 이처럼 서술자가 작중에 개입하는 방법은 다양하며, 이를 통해 독자는 서술자의 시각과 작가의 의식을 확인할 수 있다.

서술자의 개입은 고전 소설에서 빈번히 확인할 수 있다. 허균의 「홍길동전」에서는 길동이 집을 떠날 때 서술자가 '길동이 집을 나서니 어찌 가련하지 아니하리오'라고 서술하는데 이는 서술자의 개입 중 ㉠ 에 해당한다. 「춘향전」에서 암행어사가 출두하자 수령들이 달아나는 장면에서 서술되는 '모든 수령 도망갈 제 거동 보소'라는 서술은 ㉡ (으)로 볼 수 있다. 김만중의 「사씨남정기」에서 '사씨'가 명예를 되찾고 악인 '교씨'가 벌을 받은 후 서술자가 '이러므로 착한 사람은 복을 받고 악한 사람은 앙화(殃禍)를 받는 법이다'라고 서술하는 것은 ㉢ (이)라고 할 수 있다.

	㉠	㉡	㉢
✓	감정의 노출	독자에게 말 걸기	편집자적 논평
②	감정의 노출	편집자적 논평	독자에게 말 걸기
③	독자에게 말 걸기	편집자적 논평	감정의 노출
④	독자에게 말 걸기	감정의 노출	편집자적 논평

해설 ① ㉠ ~ ㉢에 들어갈 말을 적절하게 나열한 것은 ①이다.
- ㉠ 감정의 노출: 1문단에서 서술자의 개입 중 서술자가 인물에 대해 자기의 감정을 드러내는 것을 '감정의 노출'이라고 하였다. 이때 2문단에서 서술자는 길동이 집을 떠나는 대목에서 가련하다며 길동에 대한 자기의 감정을 직접 드러내고 있으므로 ㉠에 들어갈 말은 '감정의 노출'임을 알 수 있다.
- ㉡ 독자에게 말 걸기: 1문단에서 서술자의 개입 중 서술자가 인물이나 사건에 대해 독자에게 말을 걸며 자신의 존재를 직접 드러내는 것을 '독자에게 말 걸기'라고 하였다. 이때 2문단에서 서술자는 암행어사 출두 장면에서 수령들이 달아나는 모습을 보고 그들의 거동을 보라며 말을 걸고 있으므로 ㉡에 들어갈 말은 '독자에게 말 걸기'임을 알 수 있다.
- ㉢ 편집자적 논평: 1문단에서 서술자의 개입 중 서술자가 인물이나 사건에 대해 판단하거나 평가하는 것을 '편집자적 논평'이라고 하였다. 이때 2문단에서 서술자는 '사씨'가 명예를 되찾고 악인인 '교씨'가 벌을 받는 장면에서 착한 사람은 복을 받고 악한 사람은 벌을 받는 법이라고 서술하고 있다. 이는 작가가 사건에 대한 평가와 판단을 통해 권선징악(勸善懲惡)이라는 의식을 표출하고 있는 것이므로 ㉢에 들어갈 말은 '편집자적 논평'임을 알 수 있다.

09 사례 추론하기

01 ① 02 ④ 03 ① 04 ③ 05 ③
06 ④ 07 ④

01
다음 글에서 추론한 내용으로 적절하지 않은 것은?

한글은 소리를 나타내는 표음문자여서 한국어 문장을 읽는 데 학습해야 할 글자가 적지만, 한자는 음과 상관없이 일정한 뜻을 나타내는 표의문자여서 한문을 읽는 데 익혀야 할 글자 수가 훨씬 많다. 이러한 번거로움에도 한글과 달리 한자가 갖는 장점이 있다. 한글에서는 동음이의어, 즉 형태와 음이 같은데 뜻이 다른 단어가 많아 글자만으로 의미를 파악하지 못하는 경우가 많다. 하지만 한자는 그렇지 않다. 예컨대, 한글로 '사고'라고만 쓰면 '뜻밖에 발생한 사건'인지 '생각하고 궁리함'인지 구별할 수 없다. 한자로 전자는 '事故', 후자는 '思考'로 표기한다. 그런데 한자는 문맥에 따라 같은 글자가 다른 뜻으로 쓰이지는 않지만 다른 문장성분으로 사용되기도 해 혼란을 야기한다. 가령 '愛人'은 문맥에 따라 '愛'가 '人'을 수식하는 관형어일 때도, '人'을 목적어로 삼는 서술어일 때도 있는 것이다.

① 한문은 한국어 문장보다 문장성분이 복잡하다. → 근거 없음
② '淨水'가 문맥상 '깨끗하게 한 물'일 때 '淨'은 '水'를 수식한다.
③ '愛人'에서 '愛'의 문장성분이 바뀌더라도 '愛'는 동음이의어가 아니다. → 한자는 문맥에 따라 같은 글자가 다른 뜻으로 쓰이지 않음
④ '의사'만으로는 '병을 고치는 사람'인지 '의로운 지사'인지 구별할 수 없다. → 한글은 동음이의어로 인한 의미 파악의 문제가 발생할 수 있음

해설 ① 지문은 한자가 한글과 달리 문맥에 따라 다른 문장 성분으로 사용되기도 해 혼란을 야기하는 경우가 있다고 설명할 뿐이다. 한국어 문장보다 한문의 문장 성분이 복잡하다는 내용은 지문에서 확인할 수 없으므로 ①의 추론은 적절하지 않다.

오답 분석
② '淨水(정수)'가 문맥상 '깨끗하게 한 물'일 때, '淨(깨끗할 정)'은 '水(물 수)'를 수식하는 관형어이다.
③ 한글에서는 동음이의어가 많아 글자만으로 의미를 파악하지 못하는 경우가 많지만, 한자는 그렇지 않다. 따라서 '愛人(애인)'에서 '愛(사랑 애)'의 문장 성분이 바뀌더라도 '愛'의 뜻이 달라지는 것은 아니므로 '愛'는 동음이의어가 아니다.

④ 사례로 제시된 '사고'처럼 '의사'도 동음이의어에 해당한다. 따라서 한글로 '의사'라고만 쓰면 '병을 고치는 사람(醫師)'인지 '의로운 지사(義士)'인지 구별할 수가 없다.

02
하버마스의 주장에 부합하는 사례로 가장 적절한 것은?

하버마스는 18세기부터 현대까지 미디어의 등장 배경과 발전 과정을 분석하면서, 공공 영역의 부상과 쇠퇴를 추적했다. 하버마스에게 공공 영역은 일반적 쟁점에 대한 토론과 의견을 형성하는 공공 토론의 민주적 장으로서 역할을 한다.

하버마스는 17세기와 18세기 유럽 도시의 살롱에서 당시의 공공 영역을 찾았다. 비록 소수의 사람들만이 살롱 토론 문화에 참여했으나, 공공 토론을 통해 정치적 문제를 해결하는 논리를 도입할 수 있었기 때문에 살롱이 초기 민주주의 발전에 중요한 역할을 했다고 그는 주장한다. 적어도 살롱 문화의 원칙에서 공개적 토론을 위한 공공 영역은 각각의 참석자들에게 동등한 자격을 부여했다.

그러나 하버마스에 따르면, 현대 사회에서 민주적 토론은 문화 산업의 발달과 함께 퇴보했다. 대중매체와 대중오락의 보급은 공공 영역이 공허해지는 원인으로 작용했다. 상업적 이해관계는 공공의 이해관계에 우선하게 되었다. 공공 여론은 개방적이고 합리적 토론을 통해서가 아니라 광고에서처럼 조작과 통제를 통해 형성되고 있다.

미디어가 점차 상업화되면서 하버마스가 주장한 대로 공공 영역이 침식당하고 있다. 상업화된 미디어는 광고 수입에 기대어 높은 시청률과 수익을 보장하는 콘텐츠 제작만을 선호하게 되었다. 그 결과 공적 주제에 대한 시민들의 논의와 소통의 장이 줄어들어 결과적으로 공공 영역이 축소되었다. 많은 것을 약속한 미디어는 이제 민주주의 문제의 일부로 변해 버린 것이다.

① 살롱 문화에서 특정 사회 계층에 대한 비판적인 토론은 허용되지 않았다. → 지문에서 확인 ×
② 인터넷의 발달과 보급은 상업적 광고뿐만 아니라 공익 광고도 증가시켰다. → 지문에서 확인 ×
③ 글로벌 미디어가 발달하더라도 국제 사회의 공공 영역은 공허해지지 않는다. → 공허해짐

✓① 수익성 위주의 미디어 플랫폼과 콘텐츠가 더 많아지면서 민주적 토론이 감소되었다.

해설 ④ 3~4문단 내용에 따르면 하버마스는 문화 산업의 발달과 미디어의 상업화로 인해 민주적 토론이 퇴보하였고 공공 영역이 축소되었다고 주장한다. 이러한 하버마스의 주장에 부합하는 사례로 가장 적절한 것은 ④이다.

오답분석 ①② 지문을 통해 확인할 수 없는 내용이므로 하버마스의 주장에 부합하지 않는다.
③ 3문단 2~3번째 줄을 통해 하버마스는 대중매체와 대중오락의 보급과 같은 문화 산업의 발달이 공공 영역을 공허하게 만드는 원인이라고 생각하였음을 알 수 있으므로 ③은 하버마스의 주장에 부합하지 않는다.

03

다음 글에서 추론한 내용으로 적절하지 않은 것은?

과학의 개념은 (1) 분류 개념, (2) 비교 개념, (3) 정량 개념으로 구분할 수 있다. 식물학과 동물학의 종, 속, 목처럼 분명한 경계를 가지고 대상들을 분류하는 개념들이 (1) 분류 개념이다. 어린이들이 맨 처음에 배우는 단어인 '사과', '개', '나무' 같은 것 역시 분류 개념인데, 하위 개념으로 분류할수록 그 대상에 대한 정보가 더 많이 전달된다. 또한 현실 세계에 적용 대상이 하나도 없는 분류 개념도 있을 수 있다. 예를 들어 '유니콘'이라는 개념은 '이마에 뿔이 달린 말의 일종임' 같은 분명한 정의가 있기에 '유니콘'은 분류 개념으로 인정되는 것이다.

'더 무거움', '더 짧음' 등과 같은 (2) 비교 개념은 분류 개념보다 설명에 있어서 정보 전달에 더 효과적이다. 이것은 분류 개념처럼 자연의 사실에 적용되어야 하지만, 분류 개념과 달리 논리적 관계도 반드시 성립해야 한다. 예를 들면, 대상 A의 무게가 대상 B의 무게보다 더 무겁다면, 대상 B의 무게가 대상 A의 무게보다 더 무겁다고 말할 수 없는 것처럼 '더 무거움' 같은 비교 개념은 논리적 관계를 반드시 따라야 한다.

마지막으로 (3) 정량 개념은 비교 개념으로부터 발전된 것인데, 이것은 자연의 사실로부터 파악할 수 있는 물리량을 측정함으로써 만들어진다. 물리량을 측정하기 위해서는 몇 가지 규칙이 필요한데, 그 규칙에는 두 물리량의 크기를 비교하는 경험적 규칙과 물리량의 측정 단위를 정하는 규칙 등

이 포함된다. 이러한 정량 개념은 자연에 의해서 주어지는 것이 아니라 우리가 자연현상에 수를 적용하는 과정에서 생겨나는 것이다. 정량 개념은 과학의 언어를 수많은 비교 개념 대신 수를 사용할 수 있게 하여 과학 발전의 기초가 되었다.

✓① '호랑나비'는 '나비'와 동일한 종에 속하지만, 나비에 비해 정보량이 적다. → 많다
② '용(龍)'은 현실 세계에 적용할 수 있는 지시물이 없더라도 분류 개념으로 인정된다. → '유니콘'과 같은 개념
③ '꽃'이나 '고양이'와 같은 개념은 논리적 관계를 따라야 하는 것은 아니기 때문에 비교 개념에 포함되지 않는다.
→ 비교 개념은 반드시 논리적 관계가 성립해야 함
④ 물리량을 측정할 수 있는 'cm'나 'kg'과 같은 측정 단위는 자연현상에 수를 적용할 수 있게 해 주었다.
→ 물리량의 측정 단위를 정하는 규칙

해설 ① 1문단 5~6번째 줄을 통해 분류 개념은 하위 개념으로 분류할수록 그 대상에 대한 정보가 더 많이 전달됨을 알 수 있다. 따라서 '나비'의 하위 개념인 '호랑나비'는 나비에 비해 정보량이 더 많을 것이므로 ①의 추론 내용은 적절하지 않다.

오답분석 ② 1문단 끝 3~4번째 줄에서 현실 세계에 적용 대상이 없는 분류 개념도 있음을 설명하고 있다. 따라서 '용'도 분류 개념으로 인정된다.
③ 2문단 3~4번째 줄에서 비교 개념은 분류 개념과는 다르게 논리적 관계가 성립해야 함을 알 수 있다. 따라서 '꽃'과 '고양이'처럼 논리적 관계가 없는 개념은 비교 개념에 포함되지 않는다.
④ 3문단에서 정량 개념은 자연의 사실로부터 파악되는 물리량을 측정함으로써 만들어지며, 자연현상에 수를 적용하는 과정에서 생겨난다는 것을 알 수 있다. 이를 통해 물리량을 측정할 수 있는 단위가 자연현상에 수를 적용할 수 있게 해 주었다는 사실을 추론할 수 있다.

04

글쓴이의 견해에 부합하는 대응으로 가장 적절한 것은?

> 정중하고 단호한 태도를 보이는 것과, 수동적이거나 공격적인 반응을 하는 것은 엄청난 차이가 있다. 수동적인 사람들은 마음속에 있는 자신의 생각을 표현하면 분란이 일어날까 봐 두려워한다. 그러나 자신의 의견을 말하지 않는 한 자신이 원하는 것을 얻을 수는 없다. 이와 반대로 공격적인 태도는 자신의 권리를 앞세워 생각해서 남을 희생시켜서라도 자신이 원하는 것을 얻으려는 것이다. 공격적인 사람은 사람들이 싫어하는 행동을 하곤 한다. 그러나 단호한 반응은 공격적인 반응과 다르다. 단호한 반응은 다른 사람의 권리를 침해하지 않으면서 자신의 권리를 존중하고 지키겠다는 것이다. 이것은 상대방을 배려하는 태도를 보여 준다. 상대방을 존중하면서도 얼마든지 자신의 의견을 내세울 수 있다. 단호한 주장은 명쾌하고 직접적이며 요점을 찌른다.
>
> 그럼 실제로 연습해 보자. 어느 흡연자가 당신의 차 안에서 담배를 피워도 되는지 묻는다. 당신은 담배 연기를 싫어하고 건강에 해롭다는 것도 잘 알고 있어 달갑지 않다. 어떻게 대응하는 것이 좋을까?

① 좀 그러긴 하지만, 괜찮아요. 창문 열고 피우세요. → 수동적인 반응
② 안 되죠. 흡연이 얼마나 해로운데요. 좀 참아 보시겠어요. → 공격적인 반응
❸ 안 피우시면 좋겠어요. 연기가 해롭잖아요. 피우고 싶으시면 차를 세워 드릴게요. → 의견(O), 배려(O)
④ 물어봐 줘서 고마워요. 피워도 그렇고 안 피워도 좀 그러네요. 생각해 보시고서 좋은 대로 결정하세요. → 수동적인 반응

해설 ③ 글쓴이는 다른 사람을 배려하면서도 자신의 의견을 분명히 내세울 수 있는 '단호한 반응'의 효용성을 강조하고 있다. 제시된 상황에서 '안 피우시면 좋겠어요. 해롭잖아요'라고 자신의 의견을 분명히 말하면서도, '피우고 싶으시면 차를 세워 드릴게요'라며 상대방을 배려하는 태도를 보이는 ③이 글쓴이의 견해에 부합하는 대응이다.

오답분석 ① 자신의 의견을 분명하게 표현하지 못하고 상대방만 배려하는 '수동적인 반응'을 보이고 있다.
② 흡연을 하지 말아달라는 자신의 의견은 분명히 표현했으나 상대방의 권리를 침해하는 '공격적인 반응'을 보이고 있다.
④ 자신의 의견을 분명하게 표현하지 못하고 상대방의 결정에 따르려는 '수동적인 반응'을 보이고 있다.

05

밑줄 친 ㉠의 구체적 사례로 가장 적절한 것은?

> 의사소통과 관련된 수많은 연구 결과에 따르면 정보 전달을 위해서 우선적으로 음성 언어가 사용되고, ㉠동작 언어는 사람과 사람 사이의 태도를 변화시키며, 어떤 경우에는 음성 언어의 대체로서 동작 언어가 사용된다는 데에 동의한다. 의사소통 시 동작 언어가 전달하는 정보의 양이 65%~70%에 해당되고, 음성 언어는 약 30~35%의 정보만을 전달한다는 버드휘스텔(Birdwhistel)의 연구를 통해 보더라도, 대화에서 동작 언어가 차지하는 비중은 대단히 크다는 것을 알 수 있다. 그러나 동작 언어 안에 감싸여 있는 것이 음성 언어이기 때문에, 이들 두 가지를 따로 떼어놓는다는 것은 거의 불가능한 일이다.
>
> 동작 언어를 사용하고 이해하는 능력이 선천적인 것인지, 체험에서 얻어지는 것인지, 유전적으로 전이되는 것인지, 그렇지 않으면 어떤 다른 방법으로 습득되는 것인지에 대해 많은 연구와 조사가 있었다.

① A는 외국어를 잘하지 못하지만 길에서 만난 외국인에게 몸짓을 해가며 길을 설명해 주었다.
② B는 친구들에게 화가 나지 않았다고 대답하였지만 빨개진 얼굴 때문에 기분을 감출 수가 없었다.
❸ C는 못생긴 외모의 남자가 마음에 들지 않았지만, 밝은 표정으로 대화하는 남자의 태도를 보고 호감이 생겼다. → 동작 언어로 인한 태도 변화 사례
④ D는 멀리 서 있는 사람이 친구인지 아닌지 헷갈렸지만 먼저 손을 흔드는 모습을 보고 친구임을 알 수 있었다.

해설 ③ ㉠에는 동작 언어로 인해 사람 사이의 태도가 변화된다는 내용이 제시되어 있다. 이때 ③은 사람의 밝은 표정(동작 언어)으로 인해 호감을 느끼게 되었다는 내용이므로 ㉠의 사례로 가장 적절하다.

오답분석 ① ④ 동작 언어를 사용해 정보를 전달한 예에 해당한다.
② 동작 언어를 통해 자극에 대한 반응을 나타낸 예로, 사람 사이의 태도 변화는 드러나지 않는다.

06
밑줄 친 부분에 해당하는 예시로 적절한 것은?

> 사람들은 어떤 결과에는 항상 그에 상응하는 원인이 존재한다고 생각한다. 원인과 결과의 필연성은 개별적인 사례들을 통해 일반화될 수 있다. 가령 A라는 사람이 스트레스로 병에 걸렸고, B도 스트레스로 병에 걸렸다면 이런 개별적인 사례들로부터 '스트레스가 병의 원인이다.'라는 일반적인 인과가 도출된다. 이때 개별적인 사례에 해당하는 인과를 '개별자 수준의 인과'라 하고 일반적인 인과를 '집단 수준의 인과'라 한다. 사람들은 오랫동안 이러한 집단 수준의 인과가 필연성을 지닌다고 믿어 왔다.
>
> 그런데 집단 수준의 인과를 필연적인 것이 아니라 개연적인 것으로 파악해야 한다고 주장하는 사람들이 있다. 가령 '스트레스가 병의 원인이다.'라는 진술에서 스트레스는 병의 필연적인 원인이 아니라 단지 병을 발생시킬 확률을 높이는 요인일 뿐이라고 말한다. A와 B가 특정한 병에 걸렸다 하더라도 집단 수준에서는 그 병의 원인을 스트레스로 단언할 수 없다는 것이다. 그렇게 본다면 스트레스와 병은 필연적인 관계가 아니라 개연적인 관계에 놓인 것으로 설명된다.

① 과수원을 운영하기 위해서는 성실함이 반드시 수반되어야 한다.
② 다른 과수원과 다르게 비료의 양을 늘린다면 수확량이 증가할 것이다.
③ ×× 과수원은 다른 품종을 재배하여 질 좋은 과일을 수확할 수 있었다고 한다. ➡ 개별적 사례의 제시에 불과함
✓ 다른 과수원이 그랬던 것처럼 물을 조금만 준다면 질 좋은 과일을 수확할 수 있다. ➡ 개별적 사례로부터 일반적 인과 도출

해설 ④ 1문단의 내용을 통해 '집단 수준의 인과'는 개별적인 사례인 '개별자 수준의 인과'들이 모여 도출된 일반적인 인과임을 알 수 있다. 따라서 ④는 다른 과수원의 물을 조금만 주어 질 좋은 과일을 수확한 개별적인 사례들을 통해 도출해 낸 일반적인 인과이다.

07
밑줄 친 ⊙에서 언급된 해결 방안에 해당하지 않는 것은?

> 공공재에 의한 시장 실패는 정부가 공공재의 공급 비용을 부담함으로써 쉽게 예방할 수 있다. 하지만 공유 자원에 의한 시장 실패는 개인들이 더 많은 자원을 사용하려고 경합하는 데서 발생하기 때문에 재화의 경합성을 적절하게 조정하는 예방책이 필요하다. 그 구체적인 예방책으로는 정부가 공유 자원의 사용을 직접 통제하거나 공유 자원에 사유 재산권을 부여하는 방법이 있다. 정부의 직접 통제는 정부가 ⊙특정 장비 사용의 제한, 사용 시간이나 장소의 할당, 이용 단위나 비용의 설정 등을 통해 수요를 억제하는 방법이다. 사유 재산권 부여는 자신의 재산을 잘 관리하려는 사람들의 성향을 이용하여 공유 자원을 관리하게 함으로써 공유 자원이 황폐화되는 것을 막기 위한 방법이다. 이 두 방법은 정부의 시장 개입이 수반된다는 점에서 통제 방식이나 절차, 사유 재산권 배분 기준에 대한 사회적 합의가 전제되어야 한다. 또한 공유 자원을 사용하는 사람들에 대한 정부의 통제 능력과 개인의 사유 재산 관리 능력을 확보하는 것이 성패의 관건이 된다.

① 동물들을 보호하기 위해 수렵 허가 지역을 운영한다.
② 혼잡한 도로에 진입하는 차량들에 통행료를 징수한다.
③ 환경 파괴를 막기 위해 등산로에 휴식년제를 도입한다.
✓ 우범 지역마다 CCTV를 설치하여 범죄 발생을 예방한다.

해설 ④ ⊙에서는 정부가 공유 자원의 사용을 직접 통제하는 방법으로 세 가지를 제시하고 있다. 이때 ④의 사례는 CCTV는 범죄를 예방하기 위해 설치한 시설일 뿐, 공유 자원의 사용을 통제하는 방안은 아니다. 따라서 ⊙에 언급된 해결 방안에 해당하지 않는 것은 ④이다.

오답분석
① 사용 장소를 할당하는 방법에 해당한다.
② 비용을 설정하는 방법에 해당한다.
③ 사용 시간을 할당하는 방법에 해당한다.

10 공문서·개요·글 고쳐쓰기

p.122

01 ③	02 ②	03 ②	04 ③	05 ③
06 ②	07 ③	08 ④	09 ④	10 ④
11 ③	12 ③	13 ③	14 ②	15 ③
16 ④	17 ②			

01

〈공공언어 바로 쓰기 원칙〉에 따라 〈공문서〉의 ⊙~㉣을 수정한 것으로 적절하지 않은 것은?

─〈공공언어 바로 쓰기 원칙〉─
○ 생소한 외래어나 외국어는 우리말로 다듬을 것.
  선택지 ①의 근거
○ 주어와 서술어의 관계를 명확하게 표현할 것.
  선택지 ②의 근거
○ 문맥에 맞는 정확한 어휘를 사용할 것.
  선택지 ③의 근거
○ 지나친 명사 나열을 피하고 적절한 조사와 어미를 활용하여 문장을 구성할 것.
  선택지 ④의 근거

─〈공문서〉─
□□개발연구원

수신 수신처 참조

제목 종합 성과 조사 협조 요청

─────────────

1. 귀 기관의 무궁한 발전을 기원합니다.
2. 본원은 디지털 교육 ⊙<u>마스터플랜</u> 수립을 위해 종합 성과
   (생소한 외래어)
   조사를 실시합니다. 본 조사의 대상은 지난 3년간 □□개발
   연구원의 주요 사업을 수행한 ㉡<u>기업을 대상으로 합니다</u>.
   (주어와 서술어의 호응)
3. 별도의 전문 평가 기관에 조사를 ㉢<u>위탁하며</u>, 이 조사 결
   (문맥에 맞는 어휘)
   과를 바탕으로 ㉣<u>학교 현장 교수 학습 환경 개선 정책 개
   발 및</u> 디지털 교육 문화를 정착시키는 데에 기여하고자 합
   (지나친 명사의 나열, 조사와 어미의 부적절한 사용)
   니다. 귀 기관의 협조를 부탁드립니다.

① ⊙: 기본 계획

② ㉡: 기업입니다

✓③ ㉢: 수주하며 ➡ 문맥상 어휘가 적절하지 않음

④ ㉣: 학교 현장의 교수 학습 환경을 개선하는 정책을 개발하고

해설 ③ 세 번째 지침에 의하면 공문서를 작성할 때는 문맥에 맞는 정확한 어휘를 사용해야 한다. 2에 의하면 조사를 실시하는 주체는 □□개발연구원임을 알 수 있다. 또한 ㉢이 포함된 문장에 의하면 □□개발연구원이 조사를 전문 평가 기관에 의뢰함을 알 수 있다. 따라서 ㉢에는 '남에게 사물이나 사람의 책임을 맡기다'를 뜻하는 '위탁(委託)하다'가 쓰이는 것이 적절하므로 ㉢을 '주문을 받다'를 뜻하는 '수주(受注)하다'로 수정하는 것은 문맥상 적절하지 않다.

오답분석 ① 첫 번째 지침에 의하면 공문서를 작성할 때는 생소한 외래어나 외국어는 우리말로 다듬어야 한다. 따라서 ⊙ '마스터플랜'을 우리말인 '기본 계획'으로 다듬은 것은 적절하다. 참고로 '마스터플랜'은 '종합 계획', '기본 계획', '기본 설계' 등으로 다듬어 쓸 수 있다.

② 두 번째 지침에 의하면 공문서를 작성할 때는 문장에서 주어와 서술어의 관계를 명확하게 표현해야 한다. ㉡이 포함된 문장은 주어부인 '본 조사의 대상은'과 서술부인 '기업을 대상으로 합니다'의 호응이 적절하지 않다. 따라서 주어부와 서술부가 적절히 호응할 수 있도록 ㉡을 '기업입니다'로 수정한 것은 적절하다.

④ 네 번째 지침에 의하면 공문서를 작성할 때는 지나친 명사 나열을 피하고 적절한 조사와 어미를 활용하여 문장을 구성해야 한다. ㉣ '학교 현장 교수 학습 환경 개선 정책 개발 및'은 명사가 지나치게 나열되어 있고 조사와 어미가 과도하게 생략되어 문장의 의미를 정확히 파악하기 어렵다. 따라서 조사 '의', '을'과 '-하는', '-하고'를 추가하여 '학교 현장의 교수 학습 환경을 개선하는 정책을 개발하고'와 같이 수정한 것은 적절하다. 참고로, 수정 전의 문장은 접속 부사 '및'으로 연결되어 있는 앞뒤 내용이 각각 절과 구로 제시되어 구조적으로 대응하지 않았으나, 수정 후의 문장은 절과 절로 연결되어 구조적으로 자연스럽다.

02

〈공공언어 바로 쓰기 원칙〉에 따라 수정한 것으로 적절하지 않은 것은?

─────── 〈공공언어 바로 쓰기 원칙〉 ───────
○ 주어와 서술어의 호응
  - ㉠ 능동과 피동의 관계를 정확하게 사용함. 선택지 ①의 근거
○ 여러 뜻으로 해석되는 표현 삼가기
  - ㉡ 중의적인 문장을 사용하지 않음. 선택지 ②의 근거
○ 명료한 수식어구 사용
  - ㉢ 수식어와 피수식어의 관계를 분명하게 표현함.
    선택지 ③의 근거
○ 대등한 구조를 보여 주는 표현 사용
  - ㉣ '-고', '와/과' 등으로 접속될 때에는 대등한 관계를 사용함.
    선택지 ④의 근거

① "이번 총선에서 국회의원 ○○○명~~을~~ 선출되었다."를 ㉠에 따라 "이번 총선에서 국회의원 ○○○명이 선출되었다."로 수정한다.

✓② "시장은 시민의 안전에 관하여 건설업계 관계자들과 논의하였다."를 ㉡에 따라 "시장은 건설업계 관계자들과 시민의 안전에 관하여 논의하였다."로 수정한다. 중의적인 문장

③ "5킬로그램 정도~~의~~ 금 보관함"을 ㉢에 따라 "금 5킬로그램 정도를 담은 보관함"으로 수정한다.

④ "음식물의 (신선도 ~~유지와~~) (부패를 방지)해야 한다."를 ㉣에 따라 "음식물의 (신선도를 유지)하고, (부패를 방지)해야 한다."로 수정한다.

해설 ② 시장은 건설업계 관계자들과 시민의 안전에 관하여 논의하였다(×) → 시장은 시민의 안전에 관하여 건설업계 관계자들과 논의하였다(○): ②의 수정한 문장은 '시장과 건설업계 관계자들'이 함께 시민의 안전에 관하여 논의한다는 의미와 시장이 '건설업계 관계자들 그리고 시민'의 안전에 관하여 논의한다는 두 가지 의미로 해석된다. 따라서 ②는 ㉡의 원칙에 따라 수정한 것으로 적절하지 않다. 오히려 앞서 제시한 문장인 '시장은 시민의 안전에 관하여 건설업계 관계자들과 논의하였다'가 한 가지 의미로만 해석되므로 ㉡의 원칙에 따른 올바른 문장에 해당한다.

오답분석 ① 이번 총선에서 국회의원 ○○○명을 선출되었다(×) → 이번 총선에서 국회의원 ○○○명이 선출되었다(○): 서술어 '선출되었다'가 피동 표현이므로, 선출 당하는 대상인 '국회의원 ○○○명'이 주어가 되어야 자연스럽다. 따라서 ①은 ㉠의 원칙에 따라 목적격 조사 '을'을 주격 조사 '이'로 수정함으로써 올바른 피동문으로 고쳐 쓴 것으로 볼 수 있다.

③ 5킬로그램 정도의 금 보관함(×) → 금 5킬로그램 정도를 담은 보관함(○): 수정 전의 문장은 '5킬로그램 정도'가 수식하는 대상이 불분명하여 금이 5킬로그램 정도인지, 금 보관함이 5킬로그램 정도인지 그 의미가 명확하지 않다. 그러나 수정 후의 문장은 ㉢의 원칙에 따라 수식어와 피수식어의 관계를 분명하게 표현하였기에 올바른 문장으로 볼 수 있다.

④ 음식물의 신선도 유지와 부패를 방지해야 한다(×) → 음식물의 신선도를 유지하고, 부패를 방지해야 한다(○): 수정 전의 문장은 접속 조사 '와' 앞뒤의 문장 구조가 대등하게 대응되지 않는다. 그러나 수정 후의 문장은 ㉣의 원칙에 따라 대등한 문장 구조를 이루도록 하였기에 올바른 문장으로 볼 수 있다.

03

〈공공언어 바로 쓰기 원칙〉에 따라 〈공문서〉의 ㉠~㉣을 수정한 것으로 적절하지 않은 것은?

─────── 〈공공언어 바로 쓰기 원칙〉 ───────
○ 중복되는 표현을 삼갈 것.
  선택지 ①의 근거
○ 대등한 것끼리 접속할 때는 구조가 같은 표현을 사용할 것.
  선택지 ②의 근거
○ 주어와 서술어를 호응시킬 것.
  선택지 ③의 근거
○ 필요한 문장 성분이 생략되지 않도록 할 것.
  선택지 ④의 근거

─────── 〈공문서〉 ───────
한국의약품정보원

수신 국립국어원

(경유)

제목 의약품 용어 표준화를 위한 자문회의 참석 ㉠ 안내 알림
중복 표현

─────────────────────────

1. ㉡ 표준적인 언어생활의 확립과 일상적인 국어 생활을 향상하기 위해 일하시는 귀원의 노고에 감사드립니다.
   구조가 같은 표현

2. 본원은 국내 유일의 의약품 관련 비영리 재단법인으로서 의약품에 관한 ㉢ 표준 정보가 제공되고 있습니다.
   주어와 서술어의 호응

3. 의약품의 표준 용어 체계를 구축하고 ㉣ 일반 국민도 알기 쉬운 표현으로 개선하여 안전한 의약품 사용 환경을 마련하기 위해 자문회의를 개최하니 귀원의 연구원이 참석해 주시기를 바랍니다.
   필요한 문장 성분 생략

① ㉠: 안내

✓② ㉡: 표준적인 언어생활을 (확립하고)/일상적인 국어 생활의 (향상을 위해) ➡ 구조가 같지 않음

③ ㉢: 표준 정보를 제공하고 있습니다.

④ ㉣: 의약품 용어를 일반 국민도 알기 쉬운 표현으로 개선하여

해설 ② ㉡은 대등한 것끼리 접속하는 경우인데 서로 구조가 다른 표현을 사용하고 있으므로, 공공언어 바로 쓰기의 두 번째 원칙에 따라 '표준적인 언어생활의 확립과 일상적인 국어 생활의 향상을 위해' 또는 '표준적인 언어생활을 확립하고 일상적인 국어 생활을 향상하기 위해'로 수정해야 한다.

오답분석 ① ㉠의 '안내 알림'은 '알리다'의 의미가 중복된 표현이므로 '안내'로 수정하는 것이 적절하다.

③ ㉢이 포함된 전체 문장에서 주어는 '본원은'이며 서술부는 '제공되고 있습니다'이다. 이때 주어와 서술어의 호응이 적절하지 않으므로 '본원은 ~을(를) 제공하고 있습니다'의 문장 구조로 수정해야 한다. 따라서 ③은 올바르게 수정한 표현이다.

④ ㉣의 문장에서 서술어는 '개선하여'이며, '개선하다'는 '…을 개선하다'와 같은 문형으로 쓰인다. ㉣에는 '개선하다'에 호응하는 목적어가 생략되었으므로 필요한 문장 성분을 추가해야 한다. 따라서 ④는 올바르게 수정한 표현이다.

04

〈지침〉에 따라 〈개요〉를 작성할 때 ㉠~㉣에 들어갈 내용으로 적절하지 않은 것은?

─〈지침〉─
○ 서론은 중심 소재의 개념 정의와 문제 제기를 1개의 장으로 작성할 것.
  선택지 ①의 근거
○ 본론은 제목에서 밝힌 내용을 2개의 장으로 구성하되 각 장의 하위 항목끼리 대응되도록 작성할 것.
  선택지 ②③의 근거
○ 결론은 기대 효과와 향후 과제를 1개의 장으로 작성할 것.
  선택지 ④의 근거

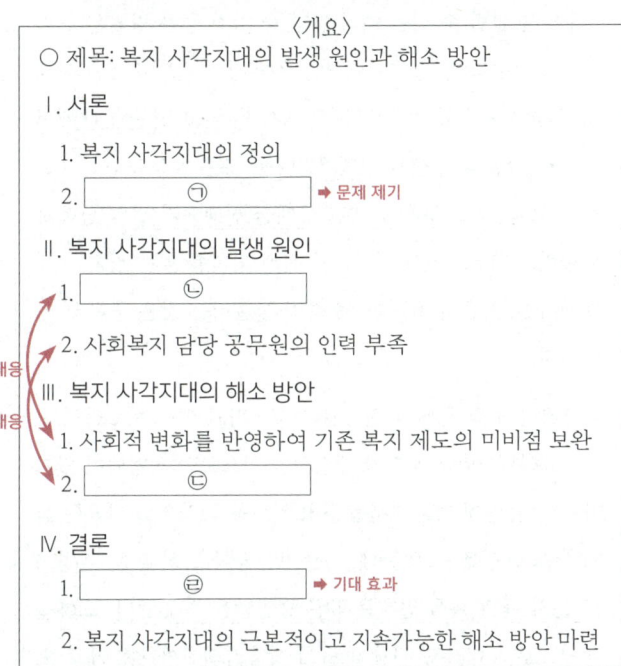

① ㉠: 복지 사각지대의 발생에 따른 사회 문제의 증가

② ㉡: 사회적 변화를 반영하지 못한 기존 복지 제도의 한계

✓③ ㉢: 사회복지 업무 경감을 통한 공무원 직무 만족도 증대
➡ '복지 사각지대의 해소 방안'이 아님

④ ㉣: 복지 혜택의 범위 확장을 통한 사회 안전망 강화

해설 ③ 두 번째 지침에 따라 본론은 제목의 내용으로 구성되며 각 장의 하위 항목이 대응되어야 하므로 ㉢에는 Ⅱ-2를 해결하기 위한 방안이 들어가야 한다. 즉 Ⅱ-2의 내용이 '사회복지 담당 공무원의 인력 부족'이므로 ㉢에는 '사회복지 담당 공무원의 인력 충원' 등과 같은 해결 방안이 제시되어야 한다. 따라서 ③의 내용은 적절하지 않다.

오답분석 ① 첫 번째 지침에 따라 서론에서 중심 소재의 '개념 정의'와 '문제 제기'를 작성해야 한다. Ⅰ-1에 복지 사각지대(중심 소재)의 개념 정의가 이미 제시되었으므로, ㉠에는 복지 사각지대에 대한 문제를 제기하는 내용이 들어가야 한다.

② 두 번째 지침에 따라 본론 각 장의 하위 항목이 대응되어야 하므로 ⓒ에는 Ⅲ-1과 관련된 문제 원인이 들어가야 한다.

④ 세 번째 지침에 따라 결론에서 '기대 효과'와 '향후 과제'를 작성해야 한다. Ⅳ-2에 '향후 과제'에 대한 내용이 이미 제시되었으므로, ⓔ에는 '기대 효과'에 대한 내용이 들어가야 한다.

05
다음 글의 ⊙~ⓔ 중 어색한 곳을 찾아 가장 적절하게 수정한 것은?

> 수명을 늘릴 수 있는 여러 방법 중 가장 좋은 방법은 노화 문제를 해결하는 것이다. 이 방법은 인간이 젊고 건강한 상태로 수명을 연장할 수 있다는 점에서 ⊙ 늙고 병든 상태에서 단순히 죽음의 시간을 지연시킨다는 기존 발상과 근본적으로 다르다. ⓒ 노화가 진행된 상태를 진행되기 전의 상태로 되돌린다거나 노화가 시작되기 전에 노화를 막는 장치가 개발된다면, 젊음을 유지한 채 수명을 늘리는 것은 충분히 가능하다.
>
> 그러나 노화 문제와 관련된 현재까지의 연구는 초라하다. 이는 대부분 연구가 신약 개발의 방식으로만 진행되어 왔기 때문이다. 현재 기준에서는 질병 치료를 목적으로 개발한 신약만 승인받을 수 있는데, 식품의약국이 노화를 ⓒ 질병으로 본 탓에 노화를 멈추는 약은 승인받을 수 없었다. 노화를 질병으로 보더라도 해당 약들이 상용화되기까지는 아주 오랜 시간이 필요하다.
>
> 그런데 노화 문제는 발전을 거듭하고 있는 인공지능 덕분에 신약 개발과는 다른 방식으로 극복될 수 있을지 모른다. 일반 사람들에 비해 ⓔ 노화가 더디게 진행되는 사람들의 유전자 자료를 데이터화하면 그들에게서 노화를 지연시키는 생리적 특징을 추출할 수 있는데, 이를 통해 유전자를 조작하는 방식으로 노화를 막을 수 있다.

① ⊙: 늙고 병든 상태에서 담담히 죽음의 시간을 기다린다
② ⓒ: 노화가 진행되기 전의 신체를 노화가 진행된 신체
③ ⓒ: 질병으로 보지 않은 탓에 노화를 멈추는 약은 승인받을 수 없었다
④ ⓔ: 노화가 더디게 진행되는 사람들의 유전자 자료를 데이터화하면 그들에게서 노화를 촉진

[해설] ③ 문맥상 어색한 곳은 ⓒ이다. ⓒ의 앞뒤 문맥을 고려하면 대부분의 연구 방식인 신약 개발은 질병 치료를 목적으로 할 때만 승인받을 수 있는데, 식품의약국이 노화를 질병으로 보지 않았기에 노화 문제와 관련된 연구가 미흡했다는 내용이 제시되는 것이 자연스럽다. 따라서 ③은 ⓒ을 글의 흐름에 맞게 적절히 수정한 것으로 볼 수 있다.

[오답분석] ① ② ④ 수정 전 문장은 자연스러운 문장으로 어색한 곳이 없으며, 수정한 문장은 글의 흐름에 맞지 않으므로 적절하지 않다.

06
⊙~ⓔ의 고쳐 쓰기로 적절하지 않은 것은?

> 파놉티콘(panopticon)은 원형 평면의 중심에 감시탑을 설치해 놓고, 주변으로 빙 둘러서 죄수들의 방이 배치된 감시 시스템이다. 감시탑의 내부는 어둡게 되어 있는 반면 죄수들의 방은 밝아 교도관은 죄수를 볼 수 있지만, 죄수는 교도관을 바라볼 수 없다. 죄수가 잘못했을 때 교도관은 잘 보이는 곳에서 처벌을 가한다. 그렇게 수차례의 처벌이 있게 되면 죄수들은 실제로 교도관이 자리에 ⊙ 있을 때조차도 언제 처벌을 받을지 모르는 공포감에 의해서 스스로를 감시하게 된다. 이렇게 권력자에 의한 정보 독점 아래 ⓒ 다수가 통제된다는 점에서 파놉티콘의 디자인은 과거 사회 구조와 본질적으로 같았다.
>
> 현대 사회는 다수가 소수의 권력자를 동시에 감시할 수 있는 시놉티콘(synopticon)의 시대가 되었다. 시놉티콘에 가장 크게 기여한 것은 인터넷의 ⓒ 동시성이다. 권력자에 대한 비판을 신변 노출 없이 자유롭게 표현할 수 있게 되었기 때문이다. 정보화 시대가 오면서 언론과 통신이 발달했고, ⓔ 특정인이 정보를 수용하고 생산하게 되었다. 그로 인해 사회에서 일어나는 일에 대한 비판적 인식 교류와 부정적 현실 고발 등 네티즌의 활동으로 권력자들을 감시하는 전환이 일어났다.

① ⊙을 '없을'로 고친다.
② ⓒ을 '소수'로 고친다.
③ ⓒ을 '익명성'으로 고친다.
④ ⓔ을 '누구나가'로 고친다.

해설 ② ⓒ 앞에서 파놉티콘은 교도관(소수)이 죄수들(다수)을 감시한다는 내용이 제시되고 있고 ⓒ이 포함된 문장에서는 권력자인 교도관(소수)의 정보 독점에 의해 죄수들(다수)이 통제된다는 내용을 요약적으로 설명하고 있으므로 ⓒ을 '소수'로 고쳐 쓰는 것은 적절하지 않다.

오답분석 ① ㉠ 앞뒤에서 파놉티콘의 구조로 인해 죄수들은 교도관의 존재 여부와 상관없이 스스로를 감시하게 되었다고 설명하고 있으므로 ㉠을 '없을'로 고치는 것이 적절하다.

③ ⓒ 앞뒤에서 시놉티콘에 가장 크게 기여한 것은 자신을 노출하지 않고 권력자를 비판할 수 있는 인터넷의 특성임을 설명하고 있으므로 ⓒ을 '익명성'으로 고쳐 쓰는 것이 적절하다.

④ ⓔ 앞뒤에서 현대 사회는 다수(네티즌들)가 소수의 권력자를 감시할 수 있는 시놉티콘의 시대이며 언론과 통신이 발달한 정보화 시대임을 제시하고 있다. 따라서 ⓔ은 특정인(소수)이 아닌 다수를 나타내는 '누구나가'로 고치는 것이 적절하다.

07

㉠~ⓔ을 문맥에 맞게 수정하는 방안으로 적절한 것은?

> 난독(難讀)을 해결하려면 정독을 해야 한다. 여기서 말하는 <u>정독</u>은 '뜻을 새겨 가며 자세히 읽음', 즉 '정교한 독서'라는 뜻으로 한자로는 '精讀'이다. '精讀'은 '바른 독서'를 의미하는 <u>正讀</u>과 ㉠ 소리는 같지만 뜻이 다르다. 무엇이 정교한 것일까? <u>모든 단어에 눈을 마주치면서 제대로 인식하는 것</u>이다. 이와 같은 ⓒ <u>정독(精讀)</u>의 결과로 생기는 어문 실력이 <u>문해력</u>이다. 문해력이 발달하면 결국 독서 속도가 빨라져, '빨리 읽기'인 속독(速讀)이 가능해진다. 빨리 읽기는 정독을 전제로 할 때 빛을 발한다. 짧은 시간에 같은 책을 제대로 여러 번 읽을 수 있기 때문이다. 그래서 문해력의 증가는 '정교하고 빠르게 읽기', 즉 ⓒ <u>정속독(正速讀)</u>에서 일어나게 되어 있다. 정독이 생활화되면 자기도 모르게 정속독의 경지에 오르게 된다. <u>그런 경지</u>에 오른 사람들은 뭐든지 확실히 읽고 빨리 이해한다. 자연스레 집중하고 여러 번 읽어도 빠르게 읽으므로 시간이 여유롭다. ⓔ <u>정독이 빠진 속독은 곧 빼먹고 읽는 습관</u>, 즉 난독의 일종임을 잊지 말아야 한다.

① ㉠을 '다르게 읽지만 뜻이 같다'로 수정한다.
② ⓒ을 '정독(正讀)'으로 수정한다.
✓ ③ ⓒ을 '정속독(精速讀)'으로 수정한다.
④ ⓔ을 '속독이 빠진 정독'으로 수정한다.

해설 ③ 지문 6~12번째 줄에서 정독(精讀)의 결과로 생기는 어문 실력이 문해력이며, 문해력이 발달하면 결국 독서 속도가 빨라져, '빨리 읽기'인 속독(速讀)이 가능해진다고 설명하고 있다. 이어서 속독(速讀)은 정독(精讀)을 전제로 할 때에 의미가 있음을 설명하며, 결국 문해력의 증가는 정독(精讀)과 속독(速讀)이 결합된 '정교하고 빠르게 읽기'에서 일어남을 알 수 있다. 따라서 ⓒ '정속독(正速讀)'을 '정속독(精速讀)'으로 수정하는 것이 적절하다.

오답분석 ① '정교한 독서'를 의미하는 '정독(精讀)'과 '바른 독서'를 의미하는 '정독(正讀)'은 서로 소리는 같지만 뜻이 다른 동음이의어이므로 수정 방안이 적절하지 않다.

② ⓒ의 앞 문장에서 정교한 독서인 '정독(精讀)'의 방법을 설명하고 있으므로 ⓒ을 '정독(正讀)'으로 수정하는 것은 적절하지 않다.

④ ⓔ이 포함된 문장에서 '빼먹고 읽는 습관'은 정교하지 않은 독서를 의미하며, 결국 이는 '정독'이 빠진 것을 말하므로 수정 방안이 적절하지 않다.

08

㉠~ⓔ 중 어색한 곳을 찾아 수정하는 방안으로 가장 적절한 것은?

> 조선 후기에 서학으로 불린 천주학은 '학(學)'이라는 말에서도 짐작할 수 있듯이 ㉠ <u>종교적인 관점에서보다 학문적인 관점에서</u> 받아들여졌다. 당시의 유학자 중 서학 수용에 적극적인 이들까지도 서학을 무조건 따르자고 ⓒ <u>주장하지는 않았는데</u>, 서학은 신봉의 대상이 아니라 분석의 대상이었기 때문이다. 그들은 조선 사회를 바로잡고 발전시키기 위해 새로운 학문과 지식이 필요하다고 생각했지만, 외부에서 유입된 사유 체계에는 양명학이나 고증학 등도 있어서 서학이 ⓒ <u>유일한 대안은 아니었다</u>. 그들은 서학을 검토하며 어떤 부분은 <u>수용했지만, 반대로 어떤 부분은</u> ⓔ <u>지향했다</u>.

① ㉠: '학문적인 관점에서보다 종교적인 관점에서'로 수정한다.
② ⓒ: '주장하였는데'로 수정한다.
③ ⓒ: '유일한 대안이었다'로 수정한다.
✓ ④ ⓔ: '지양했다'로 수정한다.

해설 ④ ㉣이 포함된 문장은 서학의 일부분은 수용했지만, 반대로 일부분은 받아들이지 않았다는 내용이다. 즉 ㉣에는 '수용'과 대립되는 부정적 의미의 단어가 들어가야 하므로 '지양했다'로 수정해야 한다.
- 지향하다(志向-): 어떤 목표로 뜻이 쏠리어 향하다.
- 지양하다(止揚-): 더 높은 단계로 오르기 위하여 어떠한 것을 하지 않다.

오답분석 ① 천주학의 '학(學)'은 '학문'을 의미하므로, ㉠에는 종교적인 관점에서보다 학문적인 관점에서 받아들여졌다는 내용이 나와야 한다.

② ㉡ 뒤에서 서학은 신봉의 대상이 아니라고 하였으므로, ㉡에는 서학 수용에 적극적인 이들도 서학을 무조건 따르자고 주장하지 않았다는 내용이 나와야 한다.

③ ㉢ 앞 내용에 따르면, 외부에서 유입된 사유 체계에는 양명학과 고증학 등 다른 학문도 있었다고 한다. 따라서 ㉢에는 서학이 유일한 대안은 아니었다는 내용이 나와야 한다.

09
(가)~(라)의 고쳐 쓰기 방안으로 적절하지 않은 것은?

(가) 현재 우리 구청 조직도에는 기획실, 홍보실, 감사실, 행정국, 복지국, 안전국, 보건소가 있었다. → 있다 [선택지 ①의 근거]

(나) 오늘은 우리 시청이 지양하는 '행복한 ○○시'를 실현하기 위한 추진 방안을 논의합니다. [지향] [선택지 ②의 근거]

(다) (지난달 수해로 인한) (준비 기간이 짧았기) 때문에 지역 축제는 예년보다 규모가 줄어들었다. → 지난달 수해로 인하여 [선택지 ③의 근거 원인——결과]

(라) 공과금을 기한 내에 지정 금융 기관에 납부하지 않으면 연체료를 내야 한다.

① (가): '있었다'는 문맥상 시제 표현이 적절하지 않으므로 '있다'로 고쳐 쓴다.

② (나): '지양'은 어떤 목표로 뜻이 쏠리어 향한다는 의미인 '지향'으로 고쳐 쓴다.

③ (다): '지난달 수해로 인한'은 '준비 기간'을 수식하는 절이 아니므로 '지난달 수해로 인하여'로 고쳐 쓴다.

✓ (라): '납부'는 맥락상 금융 기관이 돈이나 물품 따위를 받아 거두어들인다는 '수납'으로 고쳐 쓴다.

해설 ④ '납부'는 '세금이나 공과금 등을 관계 기관에 냄'을 의미하므로 (라)의 문맥상 어휘의 쓰임이 올바르다.

오답분석 ① 있었다(×) → 있다(○): 부사 '현재'와 과거 시제 선어말 어미 '-었-'이 결합한 서술어 '있었다'의 호응이 적절하지 않다. 따라서 서술어를 현재형 '있다'로 고쳐 써야 한다.

② 지양(×) → 지향(○): '지양(止揚)'은 '더 높은 단계로 오르기 위하여 어떠한 것을 하지 않음'을 뜻하므로, 문맥상 시청이 행복한 도시를 실현하기 위해 추진하는 방안과 어울리지 않는다. 따라서 '어떤 목표로 뜻이 쏠리어 향함'을 의미하는 '지향(志向)'으로 고쳐 써야 한다.

③ 수해로 인한(×) → 수해로 인하여(○): (다)의 문맥상 '지난달 수해'는 '(축제) 준비 기간이 짧았다'의 원인이다. 따라서 까닭이나 근거 등을 나타내는 연결 어미 '-여'를 사용하여 문제의 원인이 분명하게 드러나도록 고쳐 써야 한다.

10
〈지침〉에 따라 〈개요〉를 작성할 때 ㉠~㉣에 들어갈 내용으로 적절하지 않은 것은?

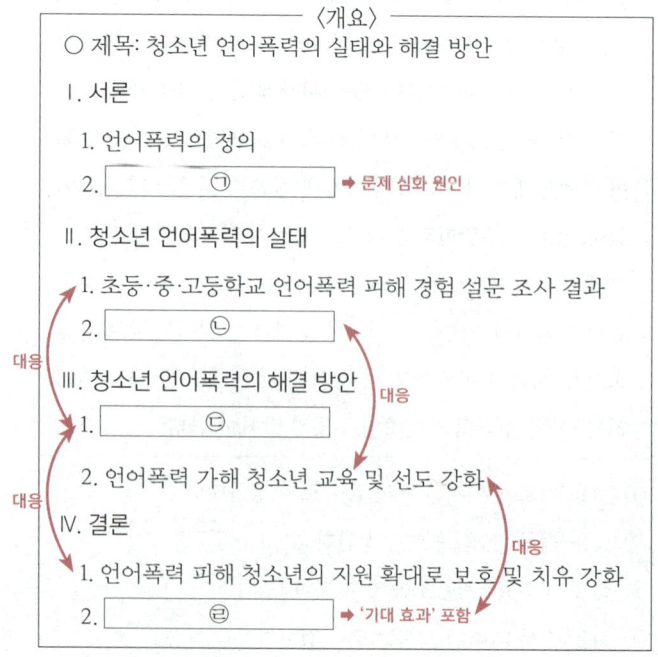

① ㉠: 언어폭력이 증가하게 된 사회적 배경
② ㉡: 초등·중·고등학교 언어폭력 가해 경험 설문 조사 결과
③ ㉢: 언어폭력 피해 청소년을 위한 상담 지원
✓④ ㉣: 언어폭력 가해 청소년을 대상으로 운영하는 봉사활동 프로그램 홍보
→ '기대 효과' 포함하지 않음

[해설] ④: 〈지침〉에 의하면 결론은 본론에 제시된 해결 방안의 하위 항목에 각각 대응되도록 작성하되, 기대 효과를 포함해야 한다. Ⅲ-2는 '언어폭력 가해 청소년 교육 및 선도 강화'이고, ㉣은 '언어폭력 가해 청소년 교육'과 관련이 있으므로 Ⅲ-2와 대응한다고 볼 수 있다. 그러나 ㉣에는 기대 효과가 포함되지 않았으므로 적절하지 않다.

[오답분석]
① ㉠: 〈지침〉에 의하면 서론에는 개념의 정의와 문제 심화 원인이 제시되어야 한다. Ⅰ-1에 언어폭력의 정의가 제시되었으므로 Ⅰ-2에 언어폭력 문제가 증가하게 된 이유나 배경이 들어가는 것은 적절하다.

② ㉡: 〈지침〉에 의하면 본론은 제목의 하위 내용이면서 다른 본론의 하위 항목과 대응되어야 한다. 따라서 ㉡은 청소년 언어폭력의 실태라는 제목의 하위 내용에 해당하고, Ⅲ-2의 '언어폭력 가해 청소년'과 대응되는 내용이므로 적절하다.

③ ㉢: 〈지침〉에 의하면 본론은 제목의 하위 내용이면서 다른 본론의 하위 항목과 결론의 하위 항목에 대응되어야 하고, 결론은 본론에 제시된 해결 방안의 하위 항목에 각각 대응되어야 한다. ㉢은 언어폭력의 해결 방안으로 제목의 하위 내용에 해당하고, Ⅱ-1의 '초등·중·고등학교 언어폭력 피해 경험 설문 조사 결과', Ⅳ-1의 '언어폭력 피해 청소년의 지원 확대로 보호 및 치유 강화'에 모두 대응되는 내용이므로 적절하다.

11
㉠~㉣을 문맥을 고려하여 수정한 것으로 가장 적절한 것은?

농촌의 모습을 주된 소재로 삼는 A 드라마에 결혼 이주 여성이 등장한다는 것은 그녀들이 직면한 여러 문제들을 다룰 기회가 마련되었다는 점에서 일단은 긍정적이다. 하지만 ㉠ 그녀들이 농촌에 정착하는 과정에서 경험하게 되는 다양한 문제들을 단순화할 수 있는 위험성도 내포하고 있다.

이 드라마에는 모문화와 이문화 사이의 차이로 인해 힘겨워하는 여성, 민족적 정체성에 혼란을 겪는 여성, 아이의 출산과 양육 문제로 갈등을 겪는 여성 등이 등장한다. 문제는 이 드라마에서 이러한 갈등의 원인을 제대로 규명하는 것보다는 ㉡ 부부간의 사랑이나 가족애를 통해 극복하는 낭만적인 해결 방식을 주로 선택한다는 데에 있다. 예를 들어, ○○화에서는 여성 주인공이 아이의 태교 문제로 내적 갈등을 겪다가 결국 자신의 생각을 포기함으로써 그 갈등이 해소된 것처럼 마무리된다. 태교에 대한 문화적 차이가 주된 원인이었지만, 이 드라마에서는 그것에 주목하기보다 ㉢ 남편과 갈등을 일으키는 여성 주인공의 모습을 부각하여 사랑과 이해에 기반한 순종과 순응을 결혼 이주 여성이 갖추어야 할 덕목으로 묘사한 것이다.

이 드라마에서 ㉣ 이러한 강요된 선택과 해소되지 않은 심적 갈등이 사실대로 재현되지 않음으로써 실질적인 원인은 은폐되고 여성의 일방적인 양보와 희생을 통해 해당 문제들이 성급히 봉합된다. 이는 어디까지나 한국인의 시선으로만 결혼 이주 여성과 다문화 가정을 바라보고 있기 때문이다.

① ㉠을 "그녀들이 농촌에 정착하는 과정에서 경험하게 되는 다양한 문제들을 탐색할 수 있는 가능성도"로 고친다.
② ㉡을 "시댁 식구를 비롯한 한국인들과의 온정적인 소통을 통해 극복하는 구체적인 해결 방식"으로 고친다.
✓③ ㉢을 "남편의 의견을 따르는 여성 주인공의 모습"으로 고친다.
④ ㉣을 "이러한 억압적 상황과 해소되지 않은 외적 갈등이 여과 없이 노출됨으로써"로 고친다.

[해설] ③ ㉢ 뒤 내용을 따르면, ㉢을 부각하여 순종과 순응을 결혼 이주 여성이 갖추어야 할 덕목으로 묘사하였다고 설명한다. 이에 근거했을 때 ㉢은 순종, 순응과 유사한 의미의 "남편의 의견을 따르는 여성 주인공의 모습"으로 고쳐 쓰는 것이 적절하다.

① ㉠ 앞에는 A 드라마에 대한 긍정적인 내용이 제시되었다. 이후 접속 부사 '하지만'이 나오므로 ㉠은 A 드라마에 대한 부정적인 내용임을 알 수 있다. 따라서 ㉠을 ①과 같이 고치는 것은 적절하지 않다.

② ㉡이 포함된 문장은 문맥상 결혼 이주 여성이 겪는 갈등의 원인을 제대로 규명하기보다는 낭만적인 해결 방식(㉡의 내용)을 취한다는 내용이므로 ㉡을 ②와 같이 고치는 것은 적절하지 않다.

④ ㉣ 뒤는 A 드라마에서 갈등의 실질적인 원인이 은폐된 점을 비판하고 있다. 따라서 ㉣에는 사실대로 재현되지 않은 갈등에 대한 내용이 들어가는 것이 어울리므로 ㉣을 ④와 같이 고치는 것은 적절하지 않다.

12
㉠~㉣에 들어갈 말로 적절하지 않은 것은?

제목: ○○청소기 관련 고객 만족도 제고 방안
Ⅰ. 고객 불만 현황
  1. [㉠]
  2. 인터넷 고객 문의 접수 및 처리 지연
Ⅱ. [㉡]
  1. 해외 공장에서 제작한 모터 품질 불량
  2. 인터넷 고객 지원 서비스 시스템의 잦은 오류
Ⅲ. [㉢] ➡ 고객 불만에 대한 해결 방안
  1. 동종 제품 전량 회수 후 수리 또는 신제품으로 교환
  2. 고객 지원 서비스 시스템 최신화 및 관리 인력 충원
Ⅳ. [㉣]
  1. 제품에 대한 고객 민원 해결 및 회사 이미지 제고
  2. 품질 결함 최소화를 위한 품질 관리 체계의 개선 방향

포괄하는 내용

① ㉠: 소음 과다 및 흡입력 미흡
② ㉡: 고객 불만 발생의 원인
 ③ ㉢: 고객 지원 센터의 지원 인력 부족
  ➡ 하위 항목을 포괄하는 내용이 아님
④ ㉣: 기대 효과와 향후 과제

해설 ③ ㉢ '고객 지원 센터의 지원 인력 부족'은 Ⅰ-2의 원인에 해당하므로 Ⅲ-1, 2의 상위 항목으로 적절하지 않다. 참고로 ㉢에는 '고객 불만에 대한 해결 방안'이 들어가는 것이 적절하다.

13
〈보기〉를 근거로 판단할 때 ㉠~㉣ 중 적절하지 않은 것은?

〈보기〉
통일성은 글의 내용이 하나의 주제로 긴밀하게 관련되는 특성을 말한다. 초고의 적절성을 평가할 때에는 (1)글의 내용이 하나의 주제를 드러낼 수 있도록 선정되었는지, 그리고 (2)중심 내용에 부합하는 하위 내용들로 선정되었는지를 검토한다.

사람들은 대개 수학 과목이 어렵다고 한다. 하지만 나는 수학 시간이 재미있다. ㉠ 바로 수업을 재미있게 진행하시는 수학 선생님 덕분이다. 수학 선생님은 유머로 딱딱한 수학 시간을 웃음바다로 만들곤 한다. ㉡ 졸리는 오후 시간에 뜬금없이 외국으로 수학여행을 가자고 하여 분위기를 부드럽게 만든 후 어려운 수학 문제를 쉽게 설명한 적도 있다. 그래서 우리 학교에서는 수학 선생님의 인기가 시들 줄 모른다. ㉢ 그리고 수학 선생님의 아들이 수학을 굉장히 잘한다는 소문이 나 있다. ㉣ 내 수학 성적이 좋아진 것도 수학 선생님의 재미있는 수업 덕택이다.

선택지 ③의 근거 (1)
수학 선생님의 아들에 관한 내용
선택지 ③의 근거 (2)

① ㉠ ② ㉡
③ ㉢ ➡ '수학 선생님의 재미있는 수업'에 부합하는 내용이 아님 ④ ㉣

해설 ③ 〈보기〉는 글의 통일성에 대한 설명으로, ㉠~㉣ 중 통일성을 근거로 판단할 때 적절하지 않은 것은 ㉢이다. 지문의 중심 내용은 '수학 선생님의 재미있는 수업'인데, ㉢은 수학 선생님의 아들에 관한 내용이므로 통일성에 어긋난다.

오답분석 ① 수학 시간이 흥미로운 이유이므로 중심 내용에 부합한다.
② 재미있는 수학 수업의 사례이므로 중심 내용에 부합한다.
④ 재미있는 수학 수업으로 인한 결과이므로 중심 내용에 부합한다.

14

〈공공언어 바로 쓰기 원칙〉에 따라 〈공문서〉의 ㉠~㉣을 수정한 것으로 적절하지 않은 것은?

―〈공공언어 바로 쓰기 원칙〉―
○ 어려운 한자어는 우리말로 표현할 것.
  선택지 ①의 근거
○ 올바른 띄어쓰기에 맞게 표기할 것.
  선택지 ②의 근거
○ 문장 성분 간의 호응에 유의할 것.
  선택지 ③의 근거
○ 외국어 번역 투를 사용하지 말 것.
  선택지 ④의 근거

―〈공문서〉―
○○광역시

수신 수신자 참조

(경유)

제목 20××년 10월 『문화나누미 서비스』 홍보 협조 요청

――――――――――――――――

1. 귀 기관의 무궁한 발전을 기원합니다.

2. 우리 시에서는 지역 복지를 실현하고자 『문화나누미 서비스』의 ㉠<u>일환으로</u> 금관 5중주 공연을 시행하고자 하오니, (어려운 한자어) 많은 대상자가 공연을 관람할 수 있도록 홍보해 주시기를 바랍니다.

3. 신청 자격 및 기간은 아래와 같으며, ㉡<u>기관별</u>로 신청서를 (띄어쓰기) 모아 회신해 주시기를 바랍니다. 우리 시는 신규 신청자를 우선적으로 ㉢<u>대상자가 선정할 예정이며,</u> ㉣<u>초대권은 문자 알림에 의해 전달될</u> 예정입니다.
(㉢ 문장 성분 간 호응 / ㉣ 외국어 번역 투)

① ㉠: 하나로

✓② ㉡: 기관 별 ➡ '별'은 접미사이므로 붙여 써야 함

③ ㉢: 대상자로 선정할 예정이며

④ ㉣: 문자 알림으로 초대권을 전달할

해설 ② '기관별'에서 '-별'은 '그것에 따른'의 뜻을 더하는 접미사로, 접미사는 앞말에 붙여 써야 한다. 따라서 '기관∨별'로 수정하는 것은 적절하지 않다.

오답 분석
① '일환(一環)'은 '서로 밀접한 관계로 연결되어 있는 여러 것 가운데 한 부분'을 뜻하는 한자어로, '(…의) 하나로'나 '(…의) 한 가지로'로 다듬어 표현할 수 있다.
③ '선정하다'에 호응하는 주어는 '우리 시는'으로, '대상자가'에 호응하는 서술어는 문장 내에 존재하지 않는다. '대상자'는 주어(주체)가 아니라 부사어(객체)에 해당하므로 문장 성분이 적절하게 호응하도록 '대상자'에 지위나 신분 또는 자격을 나타내는 부사격 조사인 '로'를 결합한 '대상자로'로 수정하는 것은 적절하다.
④ '초대권'과 같은 사물이 주어로 오거나 '~에 의해 ~되다'의 문장 형식은 번역 투 표현으로 어색한 피동 표현에 해당한다. 이를 자연스러운 우리말 표현인 '문자 알림으로 초대권을 전달할'로 수정하는 것은 적절하다. 참고로, ㉣의 문장에서 주어는 '우리 시로', 앞 문장의 주어와 동일하여 주어가 생략되었다.

15

〈공공언어 바로 쓰기 원칙〉에 따라 〈공문서〉의 ㉠~㉣을 수정한 것으로 적절하지 않은 것은?

―〈공공언어 바로 쓰기 원칙〉―
○ 외국어 번역 투를 사용하지 말 것
  선택지 ④의 근거
○ 어문 규범에 맞는 용어를 사용할 것
  선택지 ①의 근거
○ 어려운 한자는 쉬운 말로 다듬어 쓸 것
  선택지 ②의 근거
○ 대등한 것끼리 접속할 때는 구조가 동일한 표현을 쓸 것
  선택지 ③의 근거

―〈공문서〉―
○○시

수신 수신자 참조

(경유)

제목 학교 및 돌봄 공간 종사자 코로나19 백신 접종 안내 알림

――――――――――――――――

1. ㉠<u>귀기관</u>의 무궁한 발전을 기원합니다.
   (어문 규범)

2. ㉡<u>기 통보한</u> 대로 학교 및 돌봄 공간 종사자에 대한 코로나19 백신 접종을 아래와 같이 진행하고자 합니다.
   (어려운 한자)

3. 신청 자격 및 기간은 아래와 같으며, 접종 전에 ㉢<u>예진표를 작성하시고 개인 상비약 구비</u> 바랍니다.
   (구조가 동일한 표현)

4. 아울러 ㉣<u>이번 백신 접종에 있어서</u> 학교 및 돌봄 공간 종사자들이 빠짐없이 참여할 수 있도록 하여 집단 면역에 차질이 없도록 협조해 주시기를 바랍니다.
   (외국어 번역 투)

① ㉠: 귀 기관

② ㉡: 이미 알려 드린

✓ ③ ㉢: (예진표 작성)과 (개인 상비약을 구비하시기) 바랍니다.
→ 구조가 같지 않음

④ ㉣: 이번 백신 접종에

해설 ③ ㉢은 접속 조사 '과'로 연결되는 두 문장이 각각 명사와 서술어로 제시되어 자연스럽지 않다. 따라서 두 문장의 구조가 동일하게 대응되도록 '예진표를 작성하시고 개인 상비약을 구비하시기 바랍니다'로 고쳐 써야 한다.

오답분석 ① ㉠의 '귀'는 '상대편이나 그 소속체를 높이는 뜻을 나타내는 말'로 관형사이므로 뒤 말과 띄어 써야 한다. 참고로 '귀사', '귀교', '귀댁'은 한 단어이므로 붙여 써야 한다.

② ㉡의 '기(旣: 이미 기)'는 '이미'를 의미하는 한자어로, '이미 알려 드린'으로 다듬어 표현할 수 있다. 참고로 공문서를 쓸 때는 어렵거나 생소한 말을 쉬운 우리말로 다듬어 써야 한다.

④ ㉣의 '이번 백신 접종에 있어서'의 '~에 있어서'는 일본어 번역 투에 해당하는 표현이다. 따라서 '이번 백신 접종에'로 고쳐 쓰는 것이 적절하다.

16

〈지침〉에 따라 〈개요〉를 작성할 때 ㉠~㉣에 들어갈 내용으로 적절하지 않은 것은?

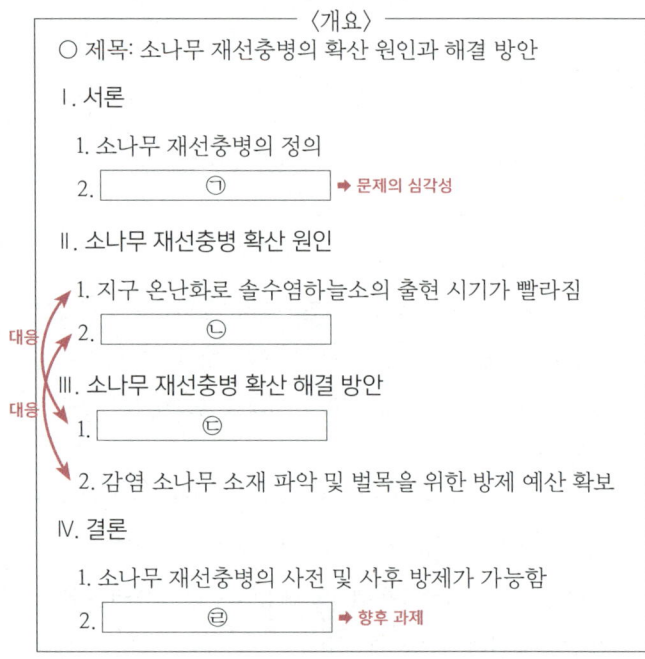

① ㉠: 소나무 재선충병 감염으로 인한 막대한 산림 훼손

② ㉡: 산림청 소나무 재선충 방제 예산 감소

③ ㉢: 솔수염하늘소 확산 방지를 위해 천적인 가시고치벌 인공 사육 및 자연 방사

✓ ④ ㉣: 소나무 재선충병으로 피해를 본 산림 소유자에 대한 피해 보상 방안 마련 → 본론과 관련된 '향후 과제'가 아님

해설 ④ 〈지침〉에 따라 'Ⅳ. 결론'에는 본론과 관련된 기대 효과와 향후 과제가 각각 1개의 장으로 제시되어야 한다. 이때 '소나무 재선충병으로 피해를 본 산림 소유자에 대한 피해 보상 방안 마련'은 본론의 내용인 소나무 재선충병 확산 원인이나 해결 방안과 관련이 없는 내용이므로 ㉣에 들어갈 내용으로 적절하지 않다. 참고로 ㉣에는 'Ⅲ'의 하위 항목을 고려하여 '솔수염하늘소의 천적인 가시고치벌이 우리나라 산림에 미칠 수 있는 부작용 파악 및 예산 확대를 위한 근거 마련'과 같은 내용이 들어가는 것이 적절하다.

① ㉠에 대하여 〈지침〉에 의하면 'Ⅰ. 서론'에는 중심 소재의 정의와 문제의 심각성과 관련된 내용이 제시되어야 한다. 'Ⅰ-1'에 '소나무 재선충병'의 정의가 제시되었으므로 ㉠에 문제의 심각성과 관련된 내용인 '소나무 재선충병 감염으로 인한 막대한 산림 훼손'이 들어가는 것은 적절하다.

② ㉡에 대하여 〈지침〉에 의하면 '본론'은 '제목'의 하위 항목으로 구성되어야 하며 각 장의 하위 항목은 서로 대응되어야 한다. 이때 '산림청 소나무 재선충 방제 예산 감소'는 'Ⅲ'의 하위 항목인 'Ⅲ-2. 감염된 소나무 소재 파악 및 벌목을 위한 방제 예산 확보'와 대응되는 내용이므로 적절하다.

③ ㉢에 대하여 〈지침〉에 의하면 '본론'은 '제목'의 하위 항목으로 구성되어야 하며 각 장의 하위 항목은 서로 대응되어야 한다. 이때 '솔수염하늘소 확산 방지를 위해 천적인 가시고치벌 인공 사육 및 자연 방사'는 'Ⅱ'의 하위 항목인 'Ⅱ-1. 지구 온난화로 인한 솔수염하늘소의 출현 시기가 빨라짐'과 대응되는 내용이므로 적절하다.

17
다음 글의 ㉠~㉣ 중 어색한 곳을 찾아 가장 적절하게 수정한 것은?

언어의 사회성이란 소리와 의미의 관계가 그 언어를 사용하는 사회 구성원들 간에 약속이 된 뒤에는 어느 한 개인이 마음대로 바꿀 수 없음을 말한다. 특히 사회를 형성하는 데 있어 언어는 매우 중요한 요소이기 때문에 ㉠ 국가는 언어적 통일성을 유지하기 위하여 언어 규범인 표준어를 제정하여 사용한다. 그러나 ㉡ 언어 규범이 국민의 언어생활에 직접적인 영향을 미친 사례도 있다. 본래 규범에 따르면 '너무'는 '일정한 정도나 한계에 지나치게'라는 뜻의 부사로 용언을 부정적으로 한정하는 기능이 있다. 그래서 긍정적인 맥락에서는 '너무' 대신에 '매우', '아주', '정말', '무척' 등을 사용해야 하지만, 오래전부터 많은 사람들은 문맥과 상관없이 '너무 좋다', '너무 맛있다', '너무 멋지다' 등의 비문법적인 표현을 일상적으로 사용해 왔다. 심지어 대중가요 가사나 드라마, 영화 제목에서도 '너무'가 잘못 사용되는 경우가 많았다. 결국 2015년 6월 국립국어원은 '너무'를 ㉢ 긍정적인 서술어와도 어울려 쓸 수 있도록 표준국어대사전의 정보를 수정하였다. 이러한 조치는 문법과 상관없이 사람들이 '너무'를 사용한 현실을 인정한 것으로, 이는 ㉣ 언어의 변화 가능성을 잘 보여주는 사례이다. 이와 유사한 사례로 본래 표준어가 아니었다가 뒤늦게 표준어로 인정받은 '짜장면'이 있다.

① ㉠: 국가는 언어적 다양성을 유지하기 위하여

② ㉡: 사회 구성원의 실제 언어 사용이 언어 규범을 바꾸는 사례 ✓
→ '너무'의 사용 범위가 바뀜

③ ㉢: 부정적인 서술어와는 어울리지 못하도록

④ ㉣: 언어의 고착성을 잘 보여주는 사례

해설 ② 지문 끝에서 5~7번째 줄에서, 사람들이 '너무'를 긍정적인 맥락에 잘못 사용하는 경우가 많아 '너무'를 긍정적인 서술어와도 어울려 쓸 수 있도록 표준국어대사전의 정보를 수정한 사례를 제시하고 있다. 따라서 ㉡은 '사회 구성원의 실제 언어 사용이 언어 규범을 바꾸는 사례'로 수정해야 한다.

오답분석 ① 지문 1~3번째 줄에서 '언어의 사회성'을 '소리와 의미의 관계가 그 언어를 사용하는 사회 구성원 간에 약속이 된 뒤에는 어느 한 개인이 마음대로 바꿀 수 없는 것'으로 정의하고 있다. 이러한 언어의 특징에 따라 국가에서 표준어를 제정하는 것이라고 설명하므로 ㉠은 '국가는 언어적 통일성을 유지하기 위하여'가 적절하다.

③ 지문 7~9번째 줄에 따르면, 본래 규범에서 '너무'는 용언을 부정적으로 한정하는 부사로 정하였다고 한다. 그러나 많은 사람들이 긍정적인 맥락에서 일상적으로 사용하였기에 규범을 수정하여 이를 허용한 것이므로 ㉢은 '긍정적인 서술어와도 어울려 쓸 수 있도록'이 적절하다.

④ 지문 끝에서 5~7번째 줄에 따르면, 국립국어원은 '너무'의 용법을 변경하는 방향으로 표준국어대사전의 정보를 수정하였다. 이는 사회 구성원의 언어 사용에 따라 언어가 변화될 수 있음을 보여주는 사례이므로 ㉣은 '언어의 변화 가능성을 잘 보여주는 사례'가 적절하다.

제2편 논리

01 명제 추론하기 ① 추론 규칙
p.140

01 ①	02 ④	03 ①	04 ①	05 ③
06 ④	07 ②	08 ②	09 ①	10 ④
11 ②	12 ④	13 ①	14 ②	15 ①
16 ③	17 ①	18 ③	19 ①	20 ③
21 ③	22 ②	23 ②	24 ②	25 ③
26 ③	27 ②	28 ②	29 ①	30 ③
31 ③	32 ②	33 ③	34 ③	

01

해설 ① 제시된 명제를 기호화하면 아래와 같다.

> (1) 태양 → 광합성
> (2) 태양

(2)에서 (1)의 전건이 긍정되었으므로, (1)의 후건을 결론으로 도출할 수 있다. 따라서 답은 ① '광합성이 일어난다(광합성)'이다.

오답분석
② (2)에서 '태양'이 전제되었으므로, ② '태양이 비치지 않는다(~태양)'는 항상 거짓이 된다.
③ (2)에서 (1)의 전건인 '태양'이 긍정되었으므로, (1)의 후건인 '광합성'은 항상 참이 된다. 따라서 '광합성'의 부정인 ③ '광합성이 일어나지 않는다(~광합성)'는 항상 거짓이 된다.
④ '태양∧광합성'이 확정되었으므로, ④ '태양이 비치지 않고 광합성이 일어나지 않는다(~태양∧~광합성)'는 항상 거짓이 된다.

02

해설 ④ 제시된 명제는 '비가 오지 않는다(~비)'와 '바람이 불지 않는다(~바람)'라는 두 명제가 연언 명제(∧)로 연결되어 있고, 그것을 부정(~)하고 있으므로 '~(~비∧~바람)'으로 기호화할 수 있다. 따라서 답은 ④이다.

오답분석
① '~비∧~바람'은 '비가 오지 않고 바람이 불지 않는다'를 기호화한 것이다.
② '~비∨~바람'은 '비가 오지 않거나 바람이 불지 않는다'를 기호화한 것이다.
③ '~(비∨바람)'은 '비가 오거나 바람이 분다는 것은 거짓이다'를 기호화한 것이다. 참고로, 이는 드모르간의 법칙에 의해 '비가 오지 않고 바람이 불지 않는다(~비∧~바람)'와 동치이다.

03

해설 ① 제시된 명제를 기호화하면 다음과 같다.

> (1) 영화 ∨ 책
> (2) ~영화

이때 (2)에서 '~영화'가 전제됨에 따라, (1)에서 선언지 제거를 통해 '책'을 결론으로 도출할 수 있다. 따라서 반드시 참인 것은 ① '영희는 책을 읽는다(책)'이다.

오답분석
② '책'이 참이므로 ② '영희는 책을 읽지 않는다(~책)'는 거짓이다.
③ '~영화'가 참이므로 ③ '영희는 영화를 보고 책을 읽는다(영화∧책)'는 거짓이다.
④ '책'이 참이므로 ④ '영희는 영화도 보지 않고 책도 읽지 않는다(~영화∧~책)'은 거짓이다.

04

해설 ① 제시된 명제인 '대통령 후보가 약속을 지키면 국민들의 지지를 얻는다'를 기호화하면 '약속 지킴 → 지지 얻음'이다. 또한 해당 명제의 부정은 '~(약속 지킴 → 지지 얻음)'으로 기호화할 수 있다. 이는 실질 함축에 의해 '~(~약속 지킴∨지지 얻음)'로 바꿀 수 있고, 여기에 드모르간의 법칙을 적용하면 '약속 지킴∧~지지 얻음'으로 기호화할 수 있다. 따라서 정답은 ① '대통령 후보가 약속을 지키고 국민들의 지지를 얻지 않는다(약속 지킴∧~지지 얻음)'이다.

오답분석
② '대통령 후보가 약속을 지키지 않거나 국민들의 지지를 얻는다(~약속 지킴∨지지 얻음)'는 제시된 명제 '대통령 후보가 약속을 지키면 국민들의 지지를 얻는다(~약속 지킴 → 지지 얻음)'와 동치이다. 따라서 ②는 제시된 명제를 부정한 것으로 옳지 않다.
③ '대통령 후보가 약속을 지키지 않고 국민들의 지지를 얻지 않는다(~약속 지킴∧~지지 얻음)'는 제시된 명제를 부정한 것으로 옳지 않다.
④ '대통령 후보가 약속을 지키지 않으면 국민들의 지지를 얻지 않는다(~약속 지킴 → ~지지 얻음)'는 제시된 명제의 이에 해당한다. 따라서 ④는 제시된 명제를 부정한 것으로 옳지 않다.

05

해설 ③ 제시된 명제를 기호화하면 다음과 같다.

> (1) 경제 안정 → (~주식 하락 ∧ ~부동산 하락)
> (2) ~경제 안정 → 주식 하락 ≡ ~주식 하락 → 경제 안정
>   (대우)

이때 (2)의 대우는 '~주식 하락 → 경제 안정'이므로 ③ '주식의 가치가 하락하지 않으면, 경제가 안정된다'는 반드시 참이 된다.

 ① (1)에 의해 '경제 안정 → ~주식 하락'은 참이지만, 그 역의 전건을 부정한 ① '주식의 가치가 하락하면, 경제가 안정된다(주식 하락 → 경제 안정)'는 반드시 참이 되지 않는다.

② ④ 부동산 가치 하락과 주식 가치 하락 사이의 직접적인 관계는 제시된 명제를 통해 도출할 수 없다. 따라서 ② '주식의 가치가 하락하면, 부동산 가치도 하락한다(주식 하락 → 부동산 하락)'와 ④ '부동산 가치가 하락하지 않으면, 주식의 가치도 하락하지 않는다(~부동산 하락 → ~주식 하락)'는 반드시 참이 되지 않는다.

06

해설 ④ 제시된 명제 'A가 로그인하는 것과 B가 로그인하는 것은 동치이다'를 기호화하면 'A 로그인 ≡ B 로그인'인데, 이는 상호 함축 규칙에 따라 '(A 로그인 → B 로그인) ∧ (B 로그인 → A 로그인)'과 동등한 의미를 가진다. 따라서 답은 ④ 'A가 로그인하면 B가 로그인하고, B가 로그인하면 A가 로그인한다'이다.

 ① 'A 로그인 → B 로그인'은 제시된 명제와는 논리적으로 동등하지 않다.

② '~A 로그인 ∨ B 로그인'은 'A 로그인 → B 로그인'과 논리적으로 동등하지만, 제시된 명제와는 논리적으로 동등하지 않다.

③ '~A 로그인 → ~B 로그인'은 'B 로그인 → A 로그인'의 대우로 논리적으로 동등하지만, 제시된 명제와는 논리적으로 동등하지 않다.

07

해설 ② 제시된 명제를 기호화하면 다음과 같다.

> (1) 수면 → 건강 향상
> (2) ~건강 향상

(1)의 후건인 '건강 향상'이 (2) '~건강 향상'으로 인해 부정되었으므로 (1)의 전건인 '수면'의 부정을 결론으로 도출할 수 있다. 따라서 답은 ② '충분한 수면을 취하지 않았다(~수면)'이다.

 ① '충분한 수면을 취했다(수면)'는 제시된 명제를 통해 결론으로 도출할 수 없다.

③ '건강이 향상되면 충분한 수면을 취한 것이다(건강 향상 → 수면)'는 (1)의 역으로, (1)이 참이라도 반드시 참이 아니다. 따라서 ③은 제시된 명제를 통해 결론으로 도출할 수 없다.

④ '충분한 수면을 취하고 건강이 향상되지 않는다(수면 ∧ ~건강 향상)'는 항상 참인 명제인 (1)을 부정한 것이므로 거짓이다. 참고로 (1)의 '수면 → 건강 향상'은 '~(수면 ∧ ~건강 향상)'으로도 표현할 수 있으며, ④는 이를 부정한 것에 해당하므로 결론으로 도출할 수 없다.

08

해설 ② 제시된 명제를 기호화하면 아래와 같다.

> 밤새움 → 피곤함

이때 ②는 '~밤새움 → ~피곤함'으로 기호화할 수 있는데, 이는 원래 명제의 전건과 후건을 부정한 이에 해당하므로 제시된 명제와 동일한 의미를 가지지 않는다.

 ① 실질 함축을 통해 '밤새움 → 피곤함'을 ① '~밤새움 ∨ 피곤함'으로 변경할 수 있다.

③ 대우 규칙을 통해 '밤새움 → 피곤함'을 ③ '~피곤함 → ~밤새움'으로 변경할 수 있다.

④ 실질 함축을 통해 '밤새움 → 피곤함'을 '~밤새움 ∨ 피곤함'으로 변경할 수 있으며, 드모르간의 법칙을 통해 ④ '~(밤새움 ∧ ~피곤함)'을 '~밤새움 ∨ 피곤함'으로 변경할 수 있다.

09

해설 ① <보기>에 제시된 명제를 기호화하면 아래와 같다.

> 성공적 → (목표 설정 ∧ 자원 관리)

이때 ①은 '(목표 설정 ∧ 자원 관리) → 성공적'으로 기호화할 수 있는데, 이는 원래 명제의 전건과 후건의 위치만 바꾼 것이므로 <보기>의 명제와 동일한 의미를 가지지 않는다.

 ② 실질 함축을 통해 <보기>에 제시된 명제를 ② '~성공적 ∨ (목표 설정 ∧ 자원 관리)'로 표현할 수 있다.

③ 대우 법칙을 통해 <보기>에 제시된 명제를 ③ '(~목표 설정 ∨ ~자원 관리) → ~성공적'으로 표현할 수 있다.

④ '오직 P일 경우에만 Q이다'는 'Q → P'로 기호화하므로, ④는 '성공적 → (목표 설정 ∧ 자원 관리)'로 표현할 수 있다.

10

 ④ 제시된 명제를 기호화하면 아래와 같다.

> (1) 정기적 운동 → 심장 건강 좋아짐
> (2) ~정기적 운동 ∨ ~심장 건강 좋아짐

실질 함축을 이용하면 (1) '정기적 운동 → 심장 건강 좋아짐'은 '~정기적 운동 ∨ 심장 건강 좋아짐'으로 표현할 수 있다. 이는 (2) '~정기적 운동 ∨ ~심장 건강 좋아짐'과 논리적으로 동등한 관계가 아니므로 답은 ④이다.

① 제시된 명제를 기호화하면 아래와 같다.

> (1) 위험
> (2) ~(~위험)

(2) '~(~위험)'은 이중 부정이므로, (1) '위험'과 논리적으로 동등한 관계이다.

② 제시된 명제를 기호화하면 아래와 같다.

> (1) ~(부유함 ∧ ~행복함)
> (2) ~부유함 ∨ 행복함

드모르간의 법칙을 이용하면 (1) '~(부유함 ∧ ~행복함)'은 (2) '~부유함 ∨ 행복함'으로 표현할 수 있으므로 (1)과 (2)는 논리적으로 동등한 관계이다.

③ 제시된 명제를 기호화하면 아래와 같다.

> (1) (비 ∧ 바람) → 농작물 피해
> (2) 비 → (바람 → 농작물 피해)

수출입 규칙을 이용하면 (1) '(비 ∧ 바람) → 농작물 피해'는 (2) '비 → (바람 → 농작물 피해)'로 표현할 수 있으므로 (1)과 (2)는 논리적으로 동등한 관계이다.

11

② 제시된 명제를 기호화하면 아래와 같다.

> (1) 백신 접종 → (면역력 ∧ ~감기)
> (2) (백신 접종 → 면역력) ∨ (백신 접종 → ~감기)

후건 분리를 이용하면 (1) '백신 접종 → (면역력 ∧ ~감기)'는 '(백신 접종 → 면역력) ∧ (백신 접종 → ~감기)'로 표현할 수 있다. 이는 연언 명제이므로 선언 명제인 (2) '(백신 접종 → 면역력) ∨ (백신 접종 → ~감기)'와 논리적으로 동등한 관계가 아니다. 따라서 답은 ②이다.

 ① 제시된 명제를 기호화하면 아래와 같다.

> (1) 도시 발전 ∧ 환경 파괴
> (2) ~(도시 발전 → ~환경 파괴)

실질 함축을 이용하면 (2) '~(도시 발전 → ~환경 파괴)'는 '~(~도시 발전 ∨ ~환경 파괴)'로 표현할 수 있다. 이어서 드모르간의 법칙을 이용해 이를 (1) '도시 발전 ∧ 환경 파괴'로 표현할 수 있으므로 (1)과 (2)는 논리적으로 동등한 관계이다.

③ 제시된 명제를 기호화하면 아래와 같다.

> (1) (인프라 ∧ 투자 활발) → 경제 성장
> (2) ~경제 성장 → (~인프라 ∨ ~투자 활발)

대우 규칙을 이용하면 (1) '(인프라 ∧ 투자 활발) → 경제 성장'은 '~경제 성장 → ~(인프라 ∧ 투자 활발)'로 표현할 수 있다. 이어서 드모르간의 법칙을 이용하여 이를 '~경제 성장 → (~인프라 ∨ ~투자 활발)'로 표현할 수 있으므로 (1)과 (2)는 논리적으로 동등한 관계이다.

④ 제시된 명제를 기호화하면 아래와 같다.

> (1) (정보 수집 ∧ 연구 지속) → 좋은 결과물
> (2) (정보 수집 → 좋은 결과물) ∨ (연구 지속 → 좋은 결과물)

전건 분리를 이용하면 (1) '(정보 수집 ∧ 연구 지속) → 좋은 결과물'은 '(정보 수집 → 좋은 결과물) ∨ (연구 지속 → 좋은 결과물)'로 표현할 수 있으므로 (1)과 (2)는 논리적으로 동등한 관계이다.

12

④ 제시된 조건을 기호화하면 아래와 같다.

> (1) 주식 가격 오름 → 투자자들 이익
> (2) 경제 성장 → 주식 가격 오름

(2)와 (1)을 순서대로 연결하면, '경제 성장 → 주식 가격 오름 → 투자자들 이익'이므로 ④ '경제가 성장하면 투자자들이 이익을 본다(경제 성장 → 투자자들 이익)는 반드시 참이 된다.

 ① '경제가 성장한다(경제 성장)'는 제시된 조건만으로 반드시 참이 되는지 알 수 없다.

② '주식 가격이 오른다(주식 가격 오름)'는 '경제 성장'이 전제되어야 참이 되므로 제시된 조건만으로 반드시 참이 되는지 알 수 없다.

③ '투자자들이 이익을 본다(투자자들 이익)'는 '주식 가격 오름'이 전제되어야 참이 되므로 제시된 조건만으로 반드시 참이 되는지 알 수 없다.

13

 ① 제시된 진술을 기호화하면 아래와 같다.

> (1) 건축가 → 공간 감각 뛰어남
> ≡ ~공간 감각 뛰어남 → ~건축가 (대우)
> (2) 길치 → ~공간 감각 뛰어남
> ≡ 공간 감각 뛰어남 → ~길치 (대우)

(1)과 (2)의 대우를 순서대로 연결하면, '건축가 → 공간 감각 뛰어남 → ~길치'이므로 ① '모든 건축가는 길치가 아니다(건축가 → ~길치)'는 반드시 참이 된다.

오답분석 ② 제시된 진술을 통해 '건축가가 아닌 모든 사람은 길치이다(~건축가 → 길치)'가 반드시 참이 되는지는 알 수 없다.

③ (1)을 통해 '건축가 → 공간 감각 뛰어남'은 알 수 있으나, 그 역인 '공간 감각이 뛰어난 모든 사람은 건축가이다(공간 감각 뛰어남 → 건축가)'가 반드시 참이 되는지는 알 수 없다.

④ (2)의 대우를 통해 '공간 감각 뛰어남 → ~길치'임은 알 수 있으나, 그 이인 '공간 감각이 뛰어나지 않은 모든 사람은 길치이다(~공간 감각 뛰어남 → 길치)'가 반드시 참이 되는지는 알 수 없다.

14

 ② 제시된 전제를 기호화하면 아래와 같다.

> (1) 운동선수 ∧ 금메달리스트
> (2) 운동선수 → 정기적 훈련

(1)과 (2)를 연결하면, '(운동선수 → 정기적 훈련) ∧ 금메달리스트'이므로 '정기적 훈련을 하는 어떤 사람은 금메달리스트이다(정기적 훈련 ∧ 금메달리스트)'를 알 수 있다. 이는 '어떤 금메달리스트는 정기적으로 훈련한다(금메달리스트 ∧ 정기적 훈련)'와 동치이므로 ②는 반드시 참이 된다.

오답분석 ① 제시된 전제를 통해 '모든 금메달리스트는 정기적으로 훈련한다(금메달리스트 → 정기적 훈련)'가 반드시 참이 되는지는 알 수 없다.

③ (2)를 통해 '모든 운동선수는 정기적으로 훈련한다(운동선수 → 정기적 훈련)'는 것을 알 수 있으므로 '어떤 운동선수는 정기적으로 훈련하지 않는다(운동선수 ∧ ~정기적 훈련)'는 거짓이다.

④ (2)를 통해 '모든 운동선수는 정기적으로 훈련한다(운동선수 → 정기적 훈련)'는 것을 알 수 있다. 하지만 제시된 전제를 통해 (2)의 역인 '정기적으로 훈련하는 모든 사람은 운동선수이다(정기적으로 훈련 → 운동선수)'가 반드시 참이 되는지는 알 수 없다.

15

 ③ 제시된 전제를 기호화하면 아래와 같다.

> (1) 과일 → ~동물성 단백질 포함
> (2) 사과 → 과일

(1)과 (2)를 연결하면, '사과 → 과일 → ~동물성 단백질 포함'이므로 '모든 사과는 동물성 단백질을 포함하지 않는다(사과 → ~동물성 단백질 포함)'는 것을 알 수 있다. 따라서 ③은 반드시 참이 된다.

오답분석 ① (2)를 통해 '사과 → 과일'을 알 수 있으므로 ① '어떤 사과는 과일이 아니다(사과 ∧ ~과일)'는 거짓이다.

② (1)을 통해 '과일 → ~동물성 단백질 포함'을 알 수 있으므로 ② '어떤 과일은 동물성 단백질을 포함한다(과일 ∧ 동물성 단백질 포함)'는 거짓이다.

④ (1)을 통해 '과일 → ~동물성 단백질 포함'을 알 수 있으나, 제시된 전제를 통해 (1)의 역인 ④ '동물성 단백질을 포함하지 않은 모든 것은 과일이다(~동물성 단백질 포함 → 과일)'가 반드시 참이 되는지는 알 수 없다.

16

 ③ 제시된 진술을 기호화하면 아래와 같다.

> (1) 식물 ∧ ~가시
> (2) 식물 → 광합성

(1)과 (2)를 연결하면, '(식물 → 광합성) ∧ ~가시'이므로 '광합성을 하는 어떤 것은 가시가 없다(광합성 ∧ ~가시)'는 것을 알 수 있다. 따라서 ③은 반드시 참이 된다.

오답분석 ① (2)를 통해 '모든 식물은 광합성을 함(식물 → 광합성)'을 알 수 있으므로 ① '어떤 식물은 광합성을 하지 않는다(식물 ∧ ~광합성)'는 거짓이다.

② (2)를 통해 '모든 식물은 광합성을 함(식물 → 광합성)'을 알 수 있으나, 제시된 진술을 통해 (2)의 역인 ② '광합성을 하는 모든 것은 식물이다(광합성 → 식물)'가 반드시 참이 되는지는 알 수 없다.

④ (1)과 (2)의 결합을 통해 '가시가 없는 어떤 것이 광합성을 함(~가시 ∧ 광합성)'을 알 수 있으나, 제시된 전제를 통해 ④ '가시가 없는 모든 것은 광합성을 한다(~가시 → 광합성)'가 반드시 참이 되는지는 알 수 없다.

17

해설 ① 제시된 명제를 기호화하면 아래와 같다.

> (1) 과학자 → 논리적 ≡ ~논리적 → ~과학자 (대우)
> (2) 예술가 → ~논리적
> (3) 물리학자 → 과학자

(2)와 (1)의 대우를 연결하면, '예술가 → ~논리적 → ~과학자'이므로 '모든 예술가는 과학자가 아님(예술가 → ~과학자)'을 알 수 있다. 따라서 ①은 반드시 참이 된다.

 ② (3)을 통해 '모든 물리학자는 과학자임(물리학자 → 과학자)'을 알 수 있으므로, ② '어떤 물리학자는 과학자가 아니다(물리학자 ∧ ~과학자)'는 거짓이다.

③ (3)과 (1)을 연결하면, '물리학자 → 과학자 → 논리적'이므로 '물리학자는 모두 논리적임(물리학자 → 논리적)'을 알 수 있다. 하지만 제시된 명제를 통해 ③ '논리적인 사람은 모두 물리학자이다(논리적 → 물리학자)'가 반드시 참이 되는지는 알 수 없다.

④ (2)를 통해 '예술가는 논리적이지 않음(예술가 → ~논리적)'을 알 수 있으나, 제시된 명제를 통해 (2)의 역인 ④ '논리적이지 않은 사람은 모두 예술가이다(~논리적 → 예술가)'가 반드시 참이 되는지는 알 수 없다.

18

해설 ③ 제시된 전제를 기호화하면 아래와 같다.

> (1) 비 → 우산
> (2) 눈 → 장갑
> (3) 비 ∧ 눈

(3)을 통해 '비'와 '눈'이 확정되었으므로 (1)과 (2)의 전건을 긍정하여 각각의 후건인 '우산'과 '장갑'을 결론으로 도출할 수 있다. 따라서 ③ '우산을 쓰고 장갑을 낀다(우산 ∧ 장갑)'는 반드시 참이 된다.

 ① ② ④ '우산 ∧ 장갑'이 확정되므로, ① '우산을 쓰지 않는다(~우산)', ② '장갑을 끼지 않는다(~장갑)', ④ '우산을 쓰지 않고 장갑을 끼지 않는다(~우산 ∧ ~장갑)'는 모두 거짓이다.

19

해설 ① 제시된 전제와 결론을 기호화하면 아래와 같다.

> · 전제: 대중교통 ∧ 환경 보호 활동
> · 결론: 환경 보호 활동 ∧ 자전거

이때 ① '대중교통을 이용하는 사람은 모두 자전거를 주로 이용하는 사람이다(대중교통 → 자전거)'를 추가하면 전제 '대중교통 ∧ 환경 보호 활동'에서 '대중교통'을 '자전거'로 변경하여 '자전거 ∧ 환경 보호 활동'으로 바꿀 수 있다. 이는 교환 법칙에 따라 결론 '환경 보호 활동 ∧ 자전거'와 동일한 의미이므로 답은 ①이다.

 ② '자전거를 주로 이용하는 사람 중에 대중교통을 이용하는 사람이 있다(자전거 ∧ 대중교통)'를 추가하더라도 결론을 이끌어 낼 수 없다.

③ '자전거를 주로 이용하지 않는 사람은 모두 대중교통을 이용하는 사람이다(~자전거 → 대중교통)'를 추가하더라도 결론을 이끌어 낼 수 없다.

④ '환경 보호 활동에 참여하는 사람은 모두 자전거를 주로 이용하지 않는 사람이다(환경 보호 활동 → ~자전거)'를 추가하더라도 결론을 이끌어 낼 수 없다.

20

해설 ③ 제시된 전제를 기호화하면 아래와 같다.

> · 전제 1: 언어 감각 부족 → ~시 창작
>   ≡ 시 창작 → ~언어 감각 부족 (대우)
> · 전제 2: 시 창작 ∧ 문학 동아리 회원

전제 1의 대우 '시 창작 → ~언어 감각 부족'과 전제 2 '시 창작 ∧ 문학 동아리 회원'을 통해 '~언어 감각 부족 ∧ 문학 동아리 회원'을 도출할 수 있다. 따라서 빈칸에 들어갈 결론으로 가장 적절한 것은 ③ '언어 감각이 부족하지 않은 사람 중 일부는 문학 동아리 회원이다(~언어 감각 부족 ∧ 문학 동아리 회원)'이다.

 ① 전제 1의 대우와 전제 2를 통해 문학 동아리 회원 중 일부가 언어 감각이 부족하지 않다는 점은 알 수 있으나, 문학 동아리 회원 모두가 언어 감각이 부족하지 않은지는 알 수 없다. 따라서 ① '문학 동아리 회원은 모두 언어 감각이 부족하지 않다(문학 동아리 회원 → ~언어 감각 부족)'는 빈칸에 들어갈 결론으로 적절하지 않다.

② 전제 1의 대우를 통해 시 창작을 즐기는 사람은 모두 언어 감각이 부족하지 않다는 점은 알 수 있으나, 시 창작을 즐기지 않는 사람이 모두 언어 감각이 부족하지 않은지는 알 수 없다. 따라서 ② '시 창작을 즐기지 않는 사람은 모두 언어 감각이 부족하지 않다(~시 창작 → ~언어 감각 부족)'는 빈칸에 들어갈 결론으로 적절하지 않다.

④ 제시된 전제를 통해 언어 감각이 부족하지 않고 문학 동아리 회원인 사람이 모두 시 창작을 즐기는지는 알 수 없다. 따라서 ④ '언어 감각이 부족하지 않고 문학 동아리 회원인 사람은 모두 시 창작을 즐긴다(~언어 감각 부족 ∧ 문학 동아리 회원 → 시 창작)'는 빈칸에 들어갈 결론으로 적절하지 않다.

21

 ③ 제시된 진술을 기호화하면 아래와 같다.

> (1) 자격증 ∨ 실무 경험
> (2) 실무 경험 → 면접 합격
>   ≡ ~면접 합격 → ~실무 경험 (대우)

이때 '자격증을 취득하지 않음(~자격증)'이 전제된다면 (1)에서 선언지 제거를 통해 '실무 경험이 있음(실무 경험)'을 확정할 수 있고, 이를 (2)에 대입하면 '면접에 합격함(면접 합격)'을 결론으로 도출할 수 있다. 따라서 제시된 진술들이 모두 참이라고 할 때 반드시 참이 되는 것은 ③ '자격증을 취득하지 않으면 면접에 합격한다(~자격증 → 면접 합격)'임을 알 수 있다.

[오답 분석]
① 자격증을 취득했을 때 실무 경험이 있는지 여부는 확정되지 않는다. 따라서 ① '자격증을 취득하면 실무 경험이 있다(자격증 → 실무 경험)'는 반드시 참이 아니다.

② 실무 경험이 있을 때 자격증 취득 여부는 확정되지 않는다. 따라서 ② '실무 경험이 있으면 자격증을 취득한다(실무 경험 → 자격증)'는 반드시 참이 아니다.

④ (2)의 대우에 의해 면접에 합격하지 않으면 실무 경험이 없음(~면접 합격 → ~실무 경험)을 알 수 있다. 이때 '실무 경험이 없음(~실무 경험)'이 전제된다면 (1)에서 선언지 제거를 통해 '자격증을 취득함(자격증)'을 결론으로 도출할 수 있다. 따라서 ④ '면접에 합격하지 않으면 자격증을 취득하지 않는다(~면접 합격 → ~자격증)'는 반드시 거짓이 된다.

22

해설 ② 제시된 전제와 결론을 기호화하면 아래와 같다.

> (1) 항공권 할인 → 해외여행
> (2) 항공권 할인 ∨ 호텔 할인
> 결론: 해외여행 ∨ 국내 여행

(1)과 (2)를 결합하면 '해외여행 ∨ 호텔 할인'을 도출할 수 있다. 이때 결론은 '해외여행 ∨ 국내 여행'이므로 '호텔 할인'과 '국내 여행'을 연결시키는 전제가 추가되어야 한다. 따라서 결론을 이끌어 내기 위해 추가해야 할 전제로 적절한 것은 ② '호텔 할인 상품이 출시되면 나는 국내 여행을 갈 것이다(호텔 할인 → 국내 여행)'이다.

[오답 분석]
① '내가 국내 여행을 가면 항공권은 할인되지 않을 것이다(국내 여행 → ~항공권 할인)'를 추가해도 결론을 이끌어 낼 수 없다.

③ '내가 해외여행을 가면 호텔 할인 상품은 출시되지 않을 것이다(해외여행 → ~호텔 할인)'를 추가해도 결론을 이끌어 낼 수 없다.

④ '항공권이 할인되지 않으면 나는 국내 여행을 가지 않을 것이다(~항공권 할인 → ~국내 여행)'를 추가해도 결론을 이끌어 낼 수 없다.

23

해설 ② 제시된 명제를 기호화하면 다음과 같다.

> (1) 도서관 → (조용 ∧ 진동)
>   ≡ (~조용 ∨ ~진동) → ~도서관 (대우)
> (2) 영화관 → 조용 ≡ ~조용 → ~영화관
> (3) 도서관 ∨ 영화관
> (4) ~진동

(1)의 대우와 (4)를 결합하면 민수가 도서관에 있지 않음(~도서관)을 알 수 있다. 또한 민수가 도서관에 있지 않음(~도서관)이 확정되었으므로 (3)에서 선언지 제거에 의해 '민수가 영화관에 있음(영화관)'을 확정할 수 있다. 따라서 답은 ② '민수는 영화관에 있다(영화관)'이다.

 ① (1)의 대우와 (4)를 통해 '~도서관'을 확정할 수 있으므로 ① '민수는 도서관에 있다(도서관)'는 거짓이다.

③ '~도서관'을 확정한 뒤 (3)에서 선언지 제거에 의해 '영화관'을 확정할 수 있다. 따라서 ③ '민수는 영화관이 아닌 곳에 있다(~영화관)'는 거짓이다.

④ '영화관'이 확정되었으므로 (2)에서 전건 긍정에 의해 '조용'을 확정할 수 있다. 따라서 ④ '민수는 조용히 하지 않아도 된다(~조용)'는 거짓이다.

24

해설 ② 제시된 명제를 기호화하면 다음과 같다.

> (1) (전자기기 ∧ 사용) → (충전 ∨ 전원 연결)
> (2) 노트북 → 전자기기
> (3) 노트북 → ~충전
> (4) 노트북 → 사용

(2)를 통해 나의 노트북을 포함한 모든 노트북은 전자기기임을 알 수 있고, (4)를 통해 나의 노트북은 현재 사용 중임을 알 수 있으므로 '노트북 → 전자기기 ∧ 사용'으로 정리할 수 있다. 이때, (1)을 통해 전자기기이면서 그것을 사용하려면 배터리 충전이 되어 있거나 전원에 연결되어 있어야 함[(전자기기 ∧ 사용) → (충전 ∨ 전원 연결)]을 알 수 있는데, (3)에서 나의 노트북은 배터리가 충전되어 있지 않음(노트북 → ~충전)이 확정되었으므로, 나의 노트북은 전원에 연결되어 있어야 함(노트북 → 전원 연결)을 알 수 있다. 따라서 정답은 ② 이다.

오답분석
① (2)를 통해 '노트북 → 전자기기'임을 알 수 있으므로, ① '나의 노트북은 전자기기가 아니다(노트북 → ~전자기기)'는 거짓이다.
③ (3)을 통해 '노트북 → ~충전'임을 알 수 있으므로, ③ '나의 노트북은 배터리가 충전되어 있다(노트북 → 충전)'는 거짓이다.
④ '노트북 → 전원 연결'이 확정되므로, ④ '나의 노트북은 전원에 연결되어 있지 않다(노트북 → ~전원 연결)'는 거짓이다.

25

해설 ③ 각 진술을 기호화하면 다음과 같다.

- 진술 1: 운동 → 숙면 = ~숙면 → ~운동 (대우)
- 진술 2: 숙면 → ~불면증 = 불면증 → ~숙면 (대우)
- 진술 3: 활기 → 운동 = ~운동 → ~활기 (대우)

이때 진술 1, 진술 2를 차례로 결합하면 '운동 → 숙면 → ~불면증'이므로 가벼운 운동을 하는 모든 사람은 불면증이 없다는 것을 알 수 있다. 따라서 ③은 항상 옳은 설명이다.

오답분석
① 진술 3, 진술 1을 차례로 결합하면 '활기 → 운동 → 숙면'이므로 활기가 있는 모든 사람은 숙면을 취한다.
② 진술 2의 대우, 진술 1의 대우를 차례로 결합하면 '불면증 → ~숙면 → ~운동'이므로 불면증이 있는 모든 사람은 가벼운 운동을 하지 않는다.
④ 진술 3, 진술 1, 진술 2를 차례로 결합하면 '활기 → 운동 → 숙면 → ~불면증'이므로 활기가 있는 모든 사람은 불면증이 없다.

26

해설 ③ 각 진술과 각 진술의 대우를 기호화하면 다음과 같다.

- 진술 1: 식물 → ~개 = 개 → ~식물 (대우)
- 진술 2: ~개 → 고양이 = ~고양이 → 개 (대우)
- 진술 3: ~고양이 → ~열대어 = 열대어 → 고양이 (대우)

이때 진술 2의 대우와 진술 1의 대우를 차례로 결합하면 '~고양이 → 개 → ~식물'을 도출할 수 있다. 따라서 제시된 진술 중 반드시 참인 것은 '고양이를 좋아하지 않는 사람은 식물을 좋아하지 않는다(~고양이 → ~식물)'이다.

① 진술 3의 대우를 통해 열대어를 좋아하는 사람은 고양이를 좋아함은 알 수 있으나, 열대어를 좋아하는 사람이 개를 좋아하는지는 알 수 없다.
② 진술 1의 대우를 통해 개를 좋아하는 사람이 식물을 좋아하지 않음은 알 수 있으나, 개를 좋아하는 사람이 고양이를 좋아하지 않는지는 알 수 없다.

④ 열대어를 좋아하지 않는 사람의 정보는 제시된 진술을 통해 알 수 없다.

27

해설 ② 제시된 진술을 기호화하면 다음과 같다.

- (1) 전 대표 ∨ 홍 부장 → 민 차장
- (2) ~최 과장 → ~민 차장 = 민 차장 → 최 과장 (대우)
- (3) 전 대표

(1)과 (3)에 의해 전 대표가 식사를 하므로 민 차장이 식사를 하는 것이 참임을 알 수 있다. 또한, (2)의 대우로 인해 민 차장이 식사를 한다면 최 과장이 식사를 한다는 것을 알 수 있다. 따라서 최 과장과 민 차장 모두 식사를 한다는 ②의 진술은 반드시 참이다.

오답분석
① 제시된 진술을 통해 홍 부장이 식사를 하는지 하지 않는지를 알 수 없으므로 ①의 진술이 참인지는 알 수 없다.
③ (1)과 (3)에 의해 민 차장이 식사를 하는 것은 참이고, (2)의 대우로 인해 최 과장이 식사를 한다는 것도 참이다. 즉, 홍 부장의 식사 여부와 관계없이 최 과장이 식사를 한다는 것은 반드시 참이다. 따라서 최 과장이 식사를 하지 않는다는 ③의 진술은 참이 아니다.
④ (1)과 (3)에 의해 최 과장의 식사 여부와 관계없이 민 차장이 식사를 한다는 것은 반드시 참이다. 따라서 민 차장이 식사를 하지 않는다는 ④의 진술은 참이 아니다.

28

해설 ② 제시된 글의 내용을 기호화하면 아래와 같다.

- 전제 1: 인플레이션 발생 → 채권 매각
- 전제 2: ~채권 매각 ∨ 금리 인상
- 전제 3: 금리 인상 → 통화량 감소
- 결론: 통화량 감소

이때 결론이 도출되기 위해서는 전제 3의 전건인 ○○ 은행이 금리를 인상하는 것이 참이어야 한다. 또한 전제 2에 의해 ○○ 은행이 채권을 매각한다면 금리를 인상하는 것이 반드시 참이 됨을 알 수 있고, 전제 1에 의해 □□ 국가에서 인플레이션이 발생하면 ○○ 은행이 채권을 매각하는 것이 반드시 참이 됨을 알 수 있다. 따라서 밑줄 친 결론을 이끌어내기 위해 추가해야 할 전제는 '□□ 국가에서 인플레이션이 발생한다'임을 알 수 있다.

29

해설 ① 각 진술을 기호화하면 다음과 같다.

> · 진술 1: 반지 → 부자 = ~부자 → ~반지 (대우)
> · 진술 2: 결혼 → 반지
> · 진술 3: ~돈 → ~부자 = 부자 → 돈 (대우)

이때 진술 1, 진술 2, 진술 3의 대우를 조합할 경우 '결혼 → 반지 → 부자 → 돈'이 도출된다. 따라서 제시된 문장 중 항상 옳은 것은 ① '결혼을 한 모든 사람은 돈을 번다'이다.

 ② 반지를 낀 모든 사람이 부자이고, 모든 부자가 돈을 버는 사람이므로 반지를 낀 모든 사람은 돈을 버는 사람이다. 따라서 ②는 항상 옳지 않은 설명이다.

③ 반지를 낀 모든 사람이 부자이지만, 모든 부자가 반지를 끼는지는 알 수 없으므로 항상 옳은 설명은 아니다.

④ 돈을 벌지 않는 모든 사람이 부자가 아니고, 부자가 아닌 모든 사람이 반지를 끼지 않으므로 돈을 벌지 않는 모든 사람은 반지를 끼지 않는다. 따라서 ④는 항상 옳지 않은 설명이다.

30

해설 ③ 제시된 글의 내용을 기호화하면 아래와 같다.

> (1) 자율 추구 → ~협력
> (2) 개방적인 성격 → 협력
> (3) 협력 → ~전문적 업무
> (4) ~자율 추구 → ~타인 신뢰 ∧ 개방적인 성격
> (5) 자율 추구 → 타인 신뢰

· ㄴ: (1)의 진술과 (2)의 대우에 의해 '자율 추구 → ~협력 → ~개방적인 성격'이므로 '자율을 추구하는 사람은 개방적인 성격을 가지고 있지 않다'는 반드시 참임을 알 수 있다.

· ㄷ: (2)와 (3)의 진술에 의해 '개방적 성격 → 협력 → ~전문적 업무'이므로 '개방적인 성격을 가진 사람들은 전문적인 업무를 맡지 않는다'는 반드시 참임을 알 수 있다.

 · ㄱ: (1)의 진술과 (2)의 대우, 더해서 (4)의 대우에 의해 '자율 추구 → ~협력 → ~개방적인 성격 → 자율 추구'임을 알 수 있을 뿐, 자율을 추구하는 사람이 전문적인 업무를 맡는지 여부는 제시된 글의 내용을 통해 알 수 없다.

31

해설 ③ 각 진술과 각 진술의 대우를 기호화하면 다음과 같다.

> · 진술 1: A → ~B = B → ~A (대우)
> · 진술 2: ~B → C = ~C → B (대우)
> · 진술 3: ~C → ~D = D → C (대우)

이때 진술 1의 대우와 진술 2의 대우를 조합할 경우 '~C → B → ~A'가 도출된다. 따라서 제시된 문장 중 반드시 참인 것은 ③ '갑이 C 교육을 수강하지 않는다면 A 교육을 수강하지 않는다.'이다.

 ① 갑이 A 교육을 수강하지 않았을 때 B 교육의 수강 여부는 제시된 진술을 통해 알 수 없다.

② 진술 1의 대우를 통해 갑이 B 교육을 수강한다면 A 교육을 수강하지 않는다는 것은 알 수 있으나, C 교육의 수강 여부는 알 수 없다.

④ 갑이 D 교육을 수강하지 않았을 때 C 교육의 수강 여부는 제시된 진술을 통해 알 수 없다.

32

해설 ② 제시된 진술을 기호화하면 다음과 같다.

> (가) 아침 ∧ ~저녁
> (나) ~(점심 ∧ ~저녁) = ~점심 ∨ 저녁 = 점심 → 저녁
>   = ~저녁 → ~점심

(가)와 (나)에 의해 '아침 ∧ ~점심'이라는 결론이 도출됨을 알 수 있다. 이 결론은 '아침에 목욕하는 사람 중 점심에 목욕하지 않는 사람이 있다'는 뜻이고, '아침에 목욕하는 사람 중 일부는 점심에 목욕하지 않는 사람이다'와 같은 의미이다. 따라서 ②는 빈칸에 들어갈 결론으로 적절하다.

 ① (나)를 통해 '점심에 목욕하는 사람은 모두 저녁에 목욕하는 사람이라는 것(점심 → 저녁)'은 알 수 있지만, (가), (나)에서 '점심에 목욕하는 사람은 모두 아침에 목욕하지 않는 사람이라는 것(점심 → ~아침)'은 알 수 없으므로 ①은 빈칸에 들어갈 결론으로 적절하지 않다.

③ (가)를 통해 '아침에 목욕하면서 저녁에 목욕하지 않는 사람이 있다는 것(아침 ∧ ~저녁)'은 알 수 있지만, (가), (나)에서 '아침에 목욕하면서 저녁에 목욕하는 사람(아침 ∧ 저녁)'에 대한 정보는 알 수 없으므로 ③은 빈칸에 들어갈 결론으로 적절하지 않다.

④ (가), (나)에서 '저녁에 목욕하면서 아침에 목욕하지 않는 사람(저녁 ∧ ~아침)'에 대한 정보는 알 수 없으므로 ④는 빈칸에 들어갈 결론으로 적절하지 않다.

> **이것도 알면 합격**
>
> 1. 드모르간의 법칙: 연언 명제의 부정은 선언 명제로, 선언 명제의 부정은 연언 명제로 표현할 수 있음을 정리한 법칙이다.
>   예 · ~(p ∧ q) = ~p ∨ ~q
>   · ~(~p ∧ q) = p ∨ ~q
>   · ~(p ∨ ~q) = ~p ∧ q
>   · ~(~p ∨ ~q) = p ∧ q
> 2. 가언 명제의 동치: 가언 명제 'p → q'와 선언 명제 '~p ∨ q'는 논리적으로 동치이다. 'p이면 q이다[p → q]'는 'p이면서 q가 아닌 경우는 없다[~(p ∧ ~q)]'와 의미가 같은데, 'p이면서 q가 아닌 경우는 없다[~(p ∧ ~q)]'는 드모르간의 법칙을 통해 'p가 아니거나 q이다[~p ∨ q]'로 표현할 수 있기 때문이다.
>   예 사람이면 동물이다. [p → q]
>   = 사람이면서 동물이 아닌 경우는 없다. [~(p ∧ ~q)]
>   = 사람이 아니거나 동물이다. [~p ∨ q]

> **이것도 알면 합격**
>
> 선언지 제거 (= 선언 삼단 논법)
>
> | 개념 | 선언 명제를 통해 결론을 도출하는 방법으로, 어느 하나의 명제를 부정하여 다른 하나를 긍정하는 방식이다. 'A ∨ B'가 참이고 '~A'가 참인 경우, 'B'는 참이다. |
> |---|---|
> | 논증 방법 | [전제 1] P이거나 Q이다. (P ∨ Q)
　예 오 주무관이 회의에 참석하거나 박 주무관이 회의에 참석한다.
[전제 2] P가 아니다. (~P)
　예 오 주무관이 회의에 참석하지 않는다.
[결론] 따라서 Q이다. (Q)
　예 따라서 박 주무관이 회의에 참석한다. |

33

해설 ③ 제시된 진술을 기호화하면 다음과 같다.

> (1) 셋째 주 목요일 ∨ 넷째 주 목요일
> (2) 　　　　　　　　　　　　　　　　　．
> (3) 셋째 주 목요일 → 이번 주 내 홍보 포스터 제작 완료
> [결론] 이번 주 내 홍보 포스터 제작 완료

'다음 달 넷째 주 목요일에 개최할 수 없습니다(~넷째 주 목요일)'를 전제로 추가하면 (1)에서 선언지 제거에 의해 '설명회를 다음 달 셋째 주 목요일에 개최해야 합니다(셋째 주 목요일)'가 성립한다. 이를 (3)에 대입하면 '이번 주 안에 홍보 포스터 제작을 완료해야 합니다(이번 주 내 홍보 포스터 제작 완료)'라는 결론을 도출할 수 있다. 따라서 빈칸에 들어갈 말로 가장 적절한 것은 ③ '다음 달 넷째 주 목요일에 개최할 수 없습니다'이다.

 ① '다음 달 넷째 주 목요일에 개최해야 합니다(넷째 주 목요일)'를 추가하더라도 결론을 도출할 수 없다.

② '다음 달 셋째 주 목요일에 개최할 수 없습니다(~셋째 주 목요일)'를 추가하면 (1)에서 선언지 제거에 의해 '다음 달 넷째 주 목요일에 개최해야 합니다(넷째 주 목요일)'를 도출할 수 있으나, 이를 (3)과 연결할 수 없으므로 결론을 도출할 수 없다.

④ '다음 달 넷째 주 목요일에 개최하면, 이번 주 안에 홍보 포스터 제작을 완료하지 않아도 됩니다(넷째 주 목요일 → ~이번 주 내 홍보 포스터 제작 완료)'를 추가하더라도 결론을 도출할 수 없다.

34

해설 ③ 제시된 진술을 기호화하면 다음과 같다.

> (가) 인공일반지능 ∨ 인공지능 산업 쇠퇴
> (나) 인공일반지능 → (인간 생활 편리 ∧ 직장 잃음)
> (다) 인공지능 산업 쇠퇴 → (직장 잃음 ∧ 세계 경제 침체)

(가)에 의하면 '인공일반지능'과 '인공지능 산업 쇠퇴' 중 하나는 반드시 참이다. '인공일반지능'이 참인 경우 (나)에 의해 '인간 생활 편리'와 '직장 잃음'이 참이 된다. 반면 '인공지능 산업 쇠퇴'가 참인 경우 (다)에 의해 '직장 잃음'과 '세계 경제 침체'가 참이 된다. 이때 두 경우 모두에서 '직장 잃음'이 참이 되므로 (가) ~ (다)를 전제로 할 때 '직장 잃음'은 항상 참이다. 따라서 빈칸에 들어갈 결론으로 가장 적절한 것은 ③ '많은 사람이 직장을 잃는다(직장 잃음)'이다.

 ① (다)에 의하면 '세계 경제 침체'는 '인공지능 산업 쇠퇴'가 참일 때만 도출되는 결론으로, '인공일반지능'이 참인 경우에는 도출되지 않는다. 이때 제시된 전제를 통해 '인공지능 산업 쇠퇴'가 참인지는 알 수 없으므로 ①은 빈칸에 들어갈 결론으로 적절하지 않다.

② (나)에 의하면 '인간 생활 편리'는 '인공일반지능'이 참일 때만 도출되는 결론으로, '인공지능 산업 쇠퇴'가 참인 경우에는 도출되지 않는다. 이때 제시된 전제를 통해 '인공일반지능'이 참인지는 알 수 없으므로 ②는 빈칸에 들어갈 결론으로 적절하지 않다.

④ (나)와 (다)에 의하면 '인간 생활 편리'와 '세계 경제 침체'가 동시에 성립하려면 '인공일반지능'과 '인공지능 산업 쇠퇴'가 모두 참이어야 하는데, 제시된 전제를 통해 이 둘이 모두 참임을 도출할 수 없으므로 ④는 빈칸에 들어갈 결론으로 적절하지 않다.

02 명제 추론하기 ② 벤다이어그램 p.152

| 01 ① | 02 ② | 03 ④ | 04 ④ | 05 ① |
| 06 ① | 07 ① | | | |

01

 ① (가)는 '노인복지 문제에 관심이 있는 사람 중 일부는 일자리 문제에 관심이 있는 사람이 아니다(노인복지 ∧ ~일자리)'이고, (나)의 대우는 '일자리 문제 관심이 없는 사람은 모두 공직에 관심이 없는 사람이다(~일자리 → ~공직)'이다. 이를 통해 '노인복지 문제에 관심이 있는 사람 중 일부는 공직에 관심이 있는 사람이 아니다(노인복지 ∧ ~공직)'가 도출되므로 ①은 빈칸에 들어갈 결론으로 적절하다.

 ② 제시된 전제를 벤다이어그램으로 표현했을 때, 공직에 관심이 있는 사람이 모두 노인복지 문제에 관심이 있는 경우가 있으므로 ②는 결론으로 적절하지 않다.

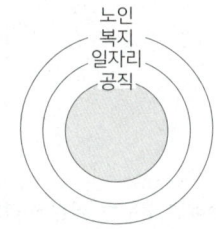

③ 제시된 전제를 벤다이어그램으로 표현했을 때, 공직에 관심이 있는 사람이 노인복지 문제에 관심이 있는 경우가 있으므로 ③은 결론으로 적절하지 않다.

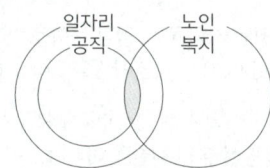

④ 제시된 전제를 벤다이어그램으로 표현했을 때, 일자리 문제에 관심이 있으면서 노인복지 문제에 관심이 없는 사람이 공직에 관심이 있는 경우가 있으므로 ④는 결론으로 적절하지 않다.

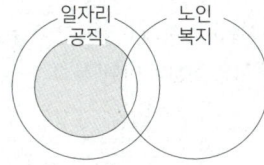

02

 ② '책을 좋아하는 어떤 사람은 공부를 잘한다'와 '공부를 잘하는 어떤 사람은 책을 좋아한다'는 논리적으로 동등한 의미를 갖는다. '공부를 잘하는 어떤 사람은 책을 좋아한다'에서 '공부를 잘하는 어떤 사람은 도서관에 간다'라는 결론을 도출하려면 '책을 좋아하는 사람은 모두 도서관에 간다'라는 진술이 필요하므로 답은 ②이다.

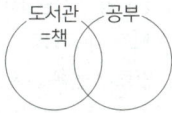

 ① 제시된 전제와 '도서관에 가는 어떤 사람은 책을 좋아한다(도서관 ∧ 책)'를 벤다이어그램으로 표현했을 때, 공부를 잘하는 사람이 모두 도서관에 가지 않는 경우가 있다. 따라서 ①을 추가한다고 해도 결론이 도출되지 않는다.

③ 제시된 전제와 '공부를 잘하는 어떤 사람은 책을 좋아한다(공부 ∧ 책)'를 벤다이어그램으로 표현했을 때, 공부를 잘하는 사람이 모두 도서관에 가지 않는 경우가 있다. 따라서 ③을 추가한다고 해도 결론이 도출되지 않는다. 참고로, '공부 ∧ 책'은 '책 ∧ 공부'와 논리적으로 동등한 의미를 가진다.

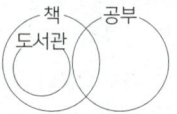

④ 제시된 전제와 '공부를 잘하는 모든 사람은 책을 좋아한다(공부 → 책)'를 벤다이어그램으로 표현했을 때, 공부를 잘하는 사람이 모두 도서관에 가지 않는 경우가 있다. 따라서 ④를 추가한다고 해도 결론이 도출되지 않는다.

03

 ④ '등산을 좋아하는 모든 사람은 운동화를 가지고 있다'와 '등산을 좋아하는 어떤 사람은 등산복을 가지고 있다'를 통해 '운동화를 가지고 있는 어떤 사람은 등산복을 가지고 있다'가 도출된다. 이는 '등산복을 가지고 있는 어떤 사람은 운동화를 가지고 있다'와 논리적으로 동등한 의미이므로 ④는 반드시 옳은 진술이다.

오답분석 등산을 좋아하는 사람을 A, 운동화를 가지고 있는 사람을 B, 등산복을 가지고 있는 사람을 C라고 하면

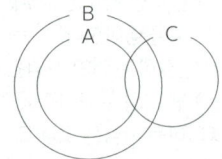

① 운동화를 가지고 있는 사람(B) 중 등산복을 가지고 있는 사람(C)이 있으므로 '운동화와 등산복을 모두 가지고 있는 사람은 없다'는 반드시 옳은 진술이 아니다.

② 등산을 좋아하는 사람(A) 중 등산복을 가지고 있지 않은 사람(~C)이 있으므로 '등산을 좋아하는 모든 사람은 등산복을 가지고 있다'는 반드시 옳은 진술이 아니다.

③ 운동화를 가지고 있는 사람(B) 중 등산복을 가지고 있지 않은 사람(~C)이 있으므로 '운동화를 가지고 있는 모든 사람은 등산복을 가지고 있다'는 반드시 옳은 진술이 아니다.

04

해설 ④ '성악가가 아닌 모든 사람은 지휘자가 아니다(~성악가 → ~지휘자)'는 '모든 지휘자는 성악가이다(지휘자 → 성악가)'와 논리적으로 동등한 의미를 갖는다. 이때 모든 성악가가 한 가지 이상의 악기를 연주할 줄 안다면, 모든 지휘자도 한 가지 이상의 악기를 연주할 줄 알게 된다. 따라서 결론이 반드시 참이 되게 하는 전제는 ④이다.

오답분석 성악가를 A, 한 가지 이상의 악기를 연주할 줄 아는 사람을 B, 지휘자를 C라고 하면,

① 모든 성악가가 한 가지 이상의 악기를 연주할 줄 알고, 모든 성악가가 지휘자라면 어떤 지휘자는 한 가지 이상의 악기를 연주할 줄 알지 못할 수도 있다. 따라서 '모든 성악가는 지휘자이다'는 결론이 반드시 참이 되게 하는 전제가 아니다.

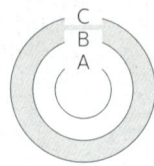

② 모든 성악가가 한 가지 이상의 악기를 연주할 줄 알고, 어떤 지휘자는 성악가가 아니라면 어떤 지휘자가 한 가지 이상의 악기를 연주할 줄 알지 못할 수도 있다. 따라서 '어떤 지휘자는 성악가가 아니다'는 결론이 반드시 참이 되게 하는 전제가 아니다.

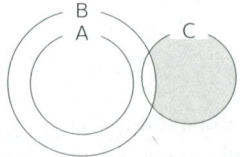

③ 모든 성악가가 한 가지 이상의 악기를 연주할 줄 알고, 성악가이면서 지휘자인 사람은 없다면 모든 지휘자는 한 가지 이상의 악기를 연주할 줄 알지 못할 수도 있다. 따라서 '어떤 지휘자는 성악가가 아니다'는 결론이 반드시 참이 되게 하는 전제가 아니다.

05

해설 ① 첫 번째 명제의 대우는 '공감 능력을 가지고 있지 않은 모든 사람은 인내력이 강하지 않다'이고, 세 번째 명제는 '이기적인 사람은 모두 공감 능력을 가지고 있지 않다'이다. 첫 번째 명제의 대우와 세 번째 명제를 통해 '이기적인 모든 사람은 인내력이 강하지 않다'가 도출되므로 ①은 항상 참인 진술이다.

오답분석 인내력이 강한 사람을 A, 공감 능력을 가지고 있는 사람을 B, 다정한 사람을 C, 이기적인 사람을 D라고 하면

② 인내력이 강한 사람(A) 중에 다정한 사람(C)이 없을 수도 있으므로 항상 참인 진술이 아니다.

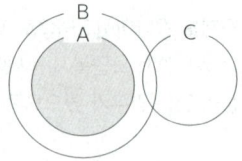

③ 다정한 사람(C) 중에 이기적인 사람(D)이 있을 수도 있으므로 항상 참인 진술이 아니다.

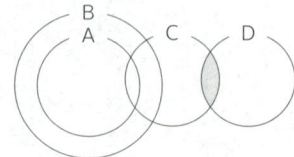

④ 공감 능력을 가지고 있지 않은 사람(~B) 중에 이기적이지 않은 사람(~D)이 있을 수도 있으므로 항상 참인 진술이 아니다.

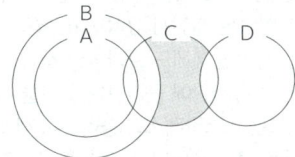

06

해설 ① (가)의 대우는 '적금 상품에 관심이 없는 모든 사람은 부동산 투자에 관심이 없다'이고, (나)는 '주식 투자에 관심이 있는 사람 중 일부는 적금 상품에 관심이 있는 사람이 아니다'이다. (가)의 대우와 (나)를 통해 '주식 투자에 관심이 있는 사람 중 일부는 부동산 투자에 관심이 있는 사람이 아니다'가 도출되므로 ①은 빈칸에 들어갈 결론으로 적절하다.

오답분석 ② 제시된 전제를 벤다이어그램으로 표현했을 때, 부동산 투자에 관심이 있는 사람이 모두 주식 투자에 관심이 있는 경우가 있으므로 ②는 결론으로 적절하지 않다.

③ 제시된 전제를 벤다이어그램으로 표현했을 때, 부동산 투자에 관심이 있는 사람이 주식 투자에 관심이 있는 경우가 있으므로 ③은 결론으로 적절하지 않다.

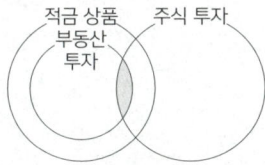

④ 제시된 전제를 벤다이어그램으로 표현했을 때, 적금 상품에 관심이 있으면서 주식 투자에 관심이 없는 사람이 부동산 투자에 관심이 있는 경우가 있으므로 ④는 결론으로 적절하지 않다.

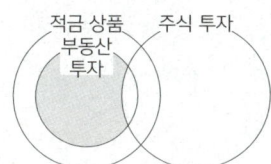

07

해설 ① 생산 업무를 담당하는 어떤 사람이 회계 업무를 담당하고, 회계 업무를 담당하는 모든 사람이 인사 업무를 담당한다면 생산 업무를 담당하는 사람 중에 인사 업무를 담당하는 사람이 반드시 존재하게 된다. 따라서 결론이 반드시 참이 되게 하는 전제는 ①이다.

오답분석 ② 생산 업무를 담당하는 어떤 사람이 회계 업무를 담당하고, 회계 업무를 담당하는 모든 사람이 인사 업무를 담당하지 않으면 생산 업무를 담당하는 모든 사람이 인사 업무를 담당하지 않을 수도 있다. 따라서 ②는 결론이 반드시 참이 되게 하는 전제가 아니다.

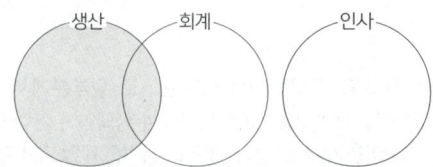

③ ④ 생산 업무를 담당하는 어떤 사람이 회계 업무를 담당하고, 인사 업무를 담당하는 사람 중에 회계 업무를 담당하는 사람이 있거나 회계 업무를 담당하지 않는 사람 중에 인사 업무를 담당하는 사람이 있다면 생산 업무를 담당하는 모든 사람이 인사 업무를 담당하지 않을 수도 있다. 따라서 ③과 ④는 결론이 반드시 참이 되게 하는 전제가 아니다.

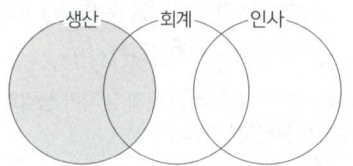

03 논증의 종류 파악하기 p.158

01 ② 02 ④ 03 ③ 04 ③

01

  ② 도시 농업을 통해 환경 문제와 식량 위기 문제를 해결할 수 있다는 결론을, 여러 나라의 도시 농업 성공 사례를 통해 도출하고 있으므로 귀납적 추론의 전개 방법이 사용되었다.

02

해설 ④ '진리'와 '정의'의 공통점을 근거로, 앞부분에서 '하나의 이론'이 참되지 않다면 거부되거나 수정되어야 한다고 말한 뒤, 이와 마찬가지로 '법과 제도'도 정의롭지 않으면 개혁되거나 폐기되어야 한다고 말하고 있으므로 유비 추리의 방식이 사용되었다. ④ 역시 '여행'과 '인생'의 유사성을 근거로 하여 인생의 속성을 이끌어 내는 유비 추리의 방법을 사용하고 있다.

 ① 후건 부정
- 만약 그 사람이 의지의 자유가 없다면, 책임을 물을 수 없다. (P → Q)
- 인간에게는 책임을 물을 수 있다. (~Q)
- 인간의 의지는 자유롭다. (~P)

② 대조: 여자가 생각하는 것과 남자가 생각하는 것의 차이를 대조하여 설명하고 있다.

③ 귀납 추론: 우리 강아지의 사례와 친구의 강아지의 사례 간의 공통점을 바탕으로 결론을 도출하고 있다. 참고로, 이는 불충분한 자료와 대표성이 결여된 사례(우리 강아지와 친구의 강아지의 사례)를 가지고 성급하게 일반화(모든 강아지의 속성으로 확대)한 오류를 범하고 있다.

03

 ③ 지문은 '그대'와의 관계를 '넥타이를 빌리는 것'에 빗댄 유비 추리의 방식을 사용하였다. 이와 같은 방식이 사용된 것은 영어를 들여오는 일을 외래종 물고기를 들여오는 일에 빗대어 표현한 ③이다.

 ① 대조: 공부와 등산의 차이점을 밝히고 있다.

② 비교: 원숭이와 사과의 공통점을 밝히고 있다.

④ 흑백논리의 오류: 전통에 집착하는 것은 무조건 현대 문명의 생활을 무시하는 것이라고 판단하고 있다.

04

해설 ③ 지문에서는 쥐와 사람이 유전적인 측면, 포유류라는 점, 허파로 호흡한다는 점에서 유사하고, 약품 A가 쥐에게 효과적이기 때문에 사람에게도 효과적일 것이라고 추론한다. 이는 두 사물 간의 유사성에 근거하여 결론을 이끌어 내는 유비 추리이다. ③은 소크라테스와 플라톤이 책을 좋아하고, 사람들과 대화하는 것을 좋아하고, 토론을 좋아한다는 점에서 유사성이 있고, 소크라테스가 똑똑하므로 플라톤도 똑똑할 것이라고 추론한다. 따라서 ③도 유비 추리이므로 정답이다.

오답분석 ① 'A는 B이다(조류는 하늘을 날 수 있다), C는 A이다(타조는 조류이다), 따라서 C는 B이다(따라서 타조는 하늘을 날 수 있다)'의 방식이므로 연역적 논증 중 정언 명제를 통해 결론을 도출하는 정언 삼단 논법이다.

② 선언 명제인 '짜장면 ∨ 짬뽕(P ∨ Q)'에서 '짜장면을 배제(~P)'함으로써 '짬뽕(Q)'을 확증했으므로 연역적 논증 중 선언 삼단 논법이다.

④ 여러 진돗개의 사례에서 공통점을 발견하여 모든 진돗개가 입을 벌리고 웃을 것이라는 결론을 도출했으므로 귀납 추론이다.

04 논증의 오류 파악하기

01 ① 02 ② 03 ④ 04 ① 05 ④
06 ①

01

해설 ① 〈보기〉는 사형을 당해야 한다는 주장을 다시 논거로 삼았으므로 '순환논증의 오류'가 나타난다. ①도 '분열을 치유하기 위해 화합해야(하나가 되어야) 한다'라는 주장을 다시 논거로 들었으므로 동일한 오류가 나타난다.

오답분석
② 대중에의 호소: 타당한 근거 없이 여러 사람이 동의한다는 점을 앞세워 자신의 주장(사형 제도는 정당함)에 동조하도록 하는 오류를 범하고 있다.
③ 성급한 일반화의 오류: 불충분한 자료와 대표성이 결여된 사례(국어 성적의 사례)를 가지고 성급하게 일반화(모든 과목의 성적으로 확대)한 오류를 범하고 있다.
④ 흑백논리의 오류: 선택지가 두 가지(나를 뽑으면 나를 좋아하는 것, 나를 뽑지 않으면 나를 싫어하는 것)밖에 없다고 생각하는 오류를 범하고 있다.

02

해설 ② 〈보기〉는 선택지가 두 가지(약속을 지키지 않은 것은 나를 사랑하지 않는 것, 약속을 지킨 것은 나를 사랑하는 것)밖에 없다고 생각하는 '흑백논리의 오류'가 나타난다. ②도 선택지가 두 가지(부탁을 들어주면 나를 좋아하는 것, 부탁을 거절하면 나를 싫어하는 것)밖에 없다고 생각하는 오류를 범하고 있으므로 '흑백논리의 오류'에 해당한다.

오답분석
① 성급한 일반화의 오류: 불충분한 자료와 대표성이 결여된 사례(일부 이등병의 사례)를 가지고 성급하게 일반화(모든 이등병의 사례로 확대)한 오류를 범하고 있다.
③ 순환논증의 오류: 주장한 내용(김 씨는 참말을 하는 사람)을 근거(김 씨는 거짓말을 하지 않는 사람)로 다시 제시하는 오류를 범하고 있다.
④ 원칙 혼동의 오류: 거짓말은 죄악이라는 일반적인 원칙을 의사가 환자에게 거짓말을 하는 특수한 경우에 그대로 적용하는 오류를 범하고 있다.

03

해설 ④ 시민 A씨와 ④는 모두 제한적이고 불충분한 자료, 대표성이 결여된 사례를 근거로 삼아 성급하게 결론을 내리고 있으므로 '성급한 일반화의 오류'를 범하고 있다.

· 시민 A씨: A씨는 자신이 뉴스에서 본 제한적 자료를 근거로 하여 '우리나라의 모든 10대들이 타락하였다'라는 결론을 내리고 있다.
· ④: 두 차례의 해외여행 경험만을 근거로 하여 국내 여행보다 해외여행이 낫다는 결론을 내리고 있다.

오답분석
① 대중에의 호소: 타당한 근거 없이 여러 사람이 동의한다는 점을 앞세워 자신의 주장에 동조하도록 하는 오류를 범하고 있다.
② 동정에의 호소: 상대방의 동정심이나 연민에 호소하여 자신의 주장을 받아들이도록 하는 오류를 범하고 있다.
③ 흑백논리의 오류: 선택지가 정책에 찬성하거나 반대하는 것 두 가지밖에 없다고 생각하는 오류를 범하고 있다.

04

해설 ① 지문에는 '대중에의 호소' 오류가 나타난다. 이와 같은 종류의 오류가 나타나는 것은 ①이다.

· 지문: SNS에서 뜨고 있다는 것을 근거로 삼아, 이 식당의 음식이 맛있을 것이라고 말한다.
· ①: 만나는 사람들마다 이야기한다는 것을 근거로 삼아, 이 식당의 음식이 괜찮을 것이라고 말한다.

오답분석
② 무지에의 호소: 반증된 적이 없으므로 해당 식당의 음식이 맛있다고 주장하는 오류를 범하고 있다.
③ 부적합한 권위에의 호소: 음식의 맛과 직접적인 상관관계가 없는 개그맨의 견해를 근거로 하여 자신의 주장을 받아들이도록 하는 오류를 범하고 있다.
④ 동정에의 호소: 상대방의 동정심이나 연민에 호소하여 자신의 주장을 받아들이게 하는 오류를 범하고 있다.

05

해설 ④ 〈보기〉는 몇몇 신입 사원의 사례를 바탕으로 모든 신입 사원이 능력이 좋을 것이라고 추론하고 있고, ④는 몇몇 인도인들의 사례를 바탕으로 모든 인도인들이 밥을 손으로 먹을 것이라고 추론하고 있다. 〈보기〉와 ④ 모두 불충분한 사례를 근거로 삼아 성급하게 일반화하는 성급한 일반화의 오류이므로 ④가 정답이다.

오답분석
① 분할의 오류: 떡볶이의 구성 요소인 재료가 떡볶이의 속성과 같은 성질을 가지고 있다고 추론하는 오류를 범하고 있다.
② 부적합한 권위에의 호소: 제품의 품질과 직접적인 상관관계가 없는 배우의 견해를 근거로 하여 자신의 주장을 받아들이도록 하는 오류를 범하고 있다.
③ 흑백논리의 오류: 선택지가 두 가지(택배가 기한 내에 오면 나를 좋아하는 것, 택배가 기한 내에 오지 않으면 싫어하는 것)밖에 없다고 생각하는 오류를 범하고 있다.

06

해설 ① 〈보기〉는 '공부를 열심히 하다.'라는 전건을 부정하여 '이번 시험에서 만점을 받지 못할 것이다.'는 후건의 부정을 결론으로 도출하고 있으므로 전건 부정의 오류이다. 또한, ①도 '일요일'이라는 전건을 부정하여 '택배가 배송될 것이다'는 후건의 부정을 결론으로 도출하고 있으므로 전건 부정의 오류이다. 따라서 ①이 정답이다.

오답분석
② '내가 본' 몇몇 운동선수들의 사례를 바탕으로 전 세계에 있는 모든 운동선수가 체력이 좋을 것이라고 추론하고 있다. 이는 불충분한 사례를 근거로 삼아 일반화한 성급한 일반화의 오류이다. 따라서 ②는 정답이 아니다.
③ '강아지가 침을 흘린다'는 후건을 긍정하여 '명수네 강아지가 기분이 좋을 것이다'라는 전건의 긍정을 결론으로 도출하고 있으므로 후건 긍정의 오류이다. 따라서 ③은 정답이 아니다.
④ 선언 명제로 제시된 '딸기 우유를 좋아한다'와 '초코 우유를 좋아한다' 중에서 '딸기 우유를 좋아한다'는 명제를 긍정하여 다른 명제를 부정하고 있으므로 선언지 긍정의 오류이다. 따라서 ④는 정답이 아니다.

05 논증의 강화 및 약화 평가하기   p.170

01 ②	02 ③	03 ④	04 ②	05 ④
06 ③	07 ⑤	08 ②	09 ②	10 ④
11 ②	12 ④	13 ①	14 ③	15 ④
16 ③	17 ④	18 ①	19 ④	

01

갑~병에 대한 평가로 적절한 것만을 〈보기〉에서 모두 고르면?

갑: 일상적인 언어생활에서 가족이 아닌 이들과 대화할 때 '우리 엄마'라는 표현을 자주 쓰곤 하는데, 좀 이상하지 않아? '우리 동네'라는 표현과 비교하면 무엇이 문제인지 분명하게 알 수 있어. '우리 동네'는 화자의 동네이기도 하면서 청자의 동네이기도 한 특정한 하나의 동네를 지칭하잖아. 그런 식이라면 '우리 엄마'는 형제가 아닌 화자와 청자가 공유하는 엄마를 지칭하는 이상한 표현이 되는 셈이지. 그러니까 이 경우의 '우리 엄마'는 잘못된 어법이고 '내 엄마'라고 하는 것이 올바른 어법이라고 할 수 있어. → 우리: 화자와 청자가 공유하는 대상에만 사용 가능

을: 청자가 사는 동네와 화자가 사는 동네가 다른 경우에도 '우리 동네'라는 표현을 쓸 수 있어. 물론 이 표현이 의미하는 것은 청자가 사는 동네와 다른, 화자가 사는 동네가 되겠지. 이 경우 '우리 동네'라는 표현은 '그 표현을 말하는 사람이 사는 동네' 정도를 의미할 거야. 갑이 문제를 제기한 '우리 엄마'의 경우도 마찬가지라고 볼 수 있어. → 우리: 청자를 배제한 화자와 관련이 있는 대상에도 사용 가능

병: '우리 엄마'와 '내 엄마'가 같은 뜻을 갖는 것은 아니야. '내 동네'라고 하지 않고 '우리 동네'라고 하는 것은 동네를 공유하는 공동체가 존재하기 때문이겠지. 마찬가지로 '내 엄마'라고 하지 않고 '우리 엄마'라고 하는 것은 우리가 늘 가족 공동체 속에서의 엄마를 생각하기 때문일 거야. 즉, 가족 구성원 중의 한 명인 엄마를 공유하는 공동체가 존재한다는 것이지. → 우리: '화자 + 대상을 공유하는 공동체'를 가리킴

〈보기〉

ㄱ. 갑은 '우리 엄마'라는 표현이 화자와 청자 모두의 엄마를 가리킨다고 보는 입장이다. ➡ 갑: '우리'는 화자 + 청자

ㄴ. 형제가 서로 대화하면서 '우리 엄마'라는 표현을 쓸 때 이 표현이 형과 동생 모두의 엄마를 가리킨다는 것은 을의 입장을 약화한다. ➡ 청자를 배제할 수 있다고 했을 뿐임

ㄷ. 무인도에 혼자 살아온 사람이 그 섬을 '우리 마을'이라고 말하면 어색하게 느껴진다는 것은 병의 입장을 약화하지 않는다. ➡ 무인도를 공유하는 공동체가 없으므로

① ㄱ   ② ㄱ, ㄷ ✓
③ ㄴ, ㄷ   ④ ㄱ, ㄴ, ㄷ

해설 ② 갑~병에 대한 평가로 적절한 것은 ②'ㄱ, ㄷ'이다.
- ㄱ: '갑'은 '우리 엄마'라는 표현이 형제가 아닌 화자와 청자가 공유하는 엄마를 지칭하므로 이상한 표현이라고 설명한다. 즉 '우리'를 화자와 청자 모두를 포함하는 개념으로 인식하는 것이다. 따라서 ㄱ은 '갑'의 견해에 대한 평가로 적절하다.
- ㄷ: '병'은 '우리 동네'라는 표현을 사용하는 것은 동네를 공유하는 공동체가 존재하기 때문이라고 설명한다. ㄷ은 '무인도'에서 혼자 살아온 사람이 그 섬을 '우리 마을'이라고 말하면 어색하게 느껴진다고 했는데, '병'의 의견에 따르면 이는 '무인도'를 공유하는 공동체가 존재하지 않기 때문이다. 이렇듯 ㄷ의 설명이 '병'의 입장을 약화한다고 볼 수 없기에 ㄷ은 '병'의 견해에 대한 평가로 적절하다.

오답 분석
- ㄴ: '을'은 청자가 사는 동네와 화자가 사는 동네가 다른 경우에도 '우리 동네'라는 표현을 쓸 수 있다고 말하면서 '우리 엄마'의 경우에도 마찬가지라고 설명한다. 이는 화자와 청자의 엄마가 동일한 경우뿐만 아니라 다른 경우에도 '우리 엄마'라는 표현을 쓸 수 있다는 의미이다. 즉, '을'은 '우리'라는 표현이 화자만 포함하는 것도 가능하다고 하였을 뿐 청자를 배제해야만 한다는 견해는 아니므로 ㄴ은 '을'의 견해에 대한 평가로 적절하지 않다.

02

㉠, ㉡의 주장에 대한 비판으로 적절하지 않은 것은?

투표 제도에는 투표권 행사를 투표자의 자유의사에 맡기는 자유 투표제와 투표권 행사를 정당한 사유 없이 기권하면 법적 제재를 가하는 의무 투표제가 있다. 우리나라는 자유 투표제를 채택하고 있는데, ㉠의무 투표제를 도입하자는 측은 낮은 투표율로 투표 결과의 정당성이 확보되지 못하는 문제를 지적한다. 법적 제재는 분명 높은 투표율로 이어질 것이므로 의무 투표제가 낮은 투표율을 해결할 최선의 방안이라고 그들은 말한다. _{선택지 ②의 근거} 나아가 더 많은 국민이 투표에 참여할수록 정치인들은 정책 경쟁력을 높이려 할 것이므로 정치 소외 계층에 대한 관심이 높아질 것이라고 기대한다. _{선택지 ①의 근거}

반면 ㉡의무 투표제에 반대하는 측은 현재 우리나라의 투표율이 정치 지도자들의 대표성을 훼손할 만큼 심각하지는 않다고 본다. _{선택지 ④의 근거} 또 시민 교육 등 다른 방식으로도 투표율 상승을 기대할 수 있다며 의무 투표제가 투표율을 높일 가장 효과적인 방안은 아니라고 말한다. 그리고 의무 투표제를 도입하면, 선출된 정치인들이 높은 투표율을 핑계로 안하무인의 태도를 취하는 부작용이 생겨 _{선택지 ③의 근거} 국민의 뜻이 오히려 왜곡될 수 있다는 우려의 목소리를 내고 있다.

① ㉠은 투표율의 증가가 후보들의 정책 경쟁으로 이어진다는 것에 대한 근거를 제시해야 한다.

② ㉠은 정당한 사유 없는 기권에 대한 법적 제재가 투표율 상승으로 이어진다는 것을 뒷받침할 자료를 제시해야 한다.

③ ✗ ㉡은 선출된 정치인들이 높은 투표율을 핑계로 안하무인의 태도를 취하는 부작용에 대한 대책을 제시해야 한다. ✓
➡ ㉠에 대한 비판임

④ ㉡은 현재 우리나라의 투표율이 정치 지도자들의 대표성을 훼손할 만큼 심각하지 않다는 것에 대한 근거를 제시해야 한다.

해설 ③ 2문단 끝에서 2~4번째 줄에서 ⓒ은 의무 투표제를 도입했을 때, 선출된 정치인들이 높은 투표율을 핑계로 안하무인의 태도를 취하는 부작용을 문제점으로 제기하며 반대하고 있다. 따라서 이에 대한 대책은 의무 투표제 도입을 찬성하는 ⓒ에서 제시해야 하므로 ⓒ, ⓒ의 주장에 대한 비판으로 적절하지 않은 것은 ③이다.

오답 분석
① 1문단 끝에서 2~3번째 줄에서 ⓒ은 더 많은 국민이 투표에 참여할수록 정치인들은 정책 경쟁력을 높이려 할 것이라고 주장하고 있으므로 투표율 증가와 후보들의 정책 경쟁 간의 상관관계에 대한 근거 제시를 요구하는 비판은 적절하다.
② 1문단 끝에서 4~5번째 줄에서 ⓒ은 정당한 사유 없는 기권에 대해 법적 제재를 가하는 의무 투표제를 도입하면 분명히 높은 투표율로 이어질 것이라고 주장하고 있으므로 이를 뒷받침할 자료 제시를 요구하는 비판은 적절하다.
④ 2문단 1~3번째 줄에서 ⓒ은 우리나라의 투표율이 정치 지도자들의 대표성을 훼손할 만큼 심각하지 않다고 주장하고 있으므로 이에 대한 근거 제시를 요구하는 비판은 적절하다.

[03~04] 다음 글을 읽고 물음에 답하시오.

영국의 유명한 원형 석조물인 스톤헨지는 기원전 3,000년경 신석기시대에 세워졌다. 1960년대에 천문학자 호일이 스톤헨지가 일종의 연산장치라는 주장을 하였고, 이후 엔지니어인 톰은 태양과 달을 관찰하기 위한 정교한 기구라고 확신했다. 천문학자 호킨스는 스톤헨지의 모양이 태양과 달의 배열을 나타낸 것이라는 의견을 제시해 관심을 모았다.

그러나 고고학자 앳킨슨은 ⓐ그들의 생각을 비난했다. 앳킨슨은 스톤헨지를 세운 사람들을 '야만인'으로 묘사하면서, ⓑ이들은 호킨스의 주장과 달리 과학적 사고를 할 줄 모른다고 주장했다. 이에 호킨스를 옹호하는 학자들이 진화적 관점에서 앳킨슨을 비판하였다. ⓒ이들은 신석기시대보다 훨씬 이전인 4만 년 전의 사람들도 신체적으로 우리와 동일했으며 지능 또한 우리보다 열등했다고 볼 근거가 없다고 주장했다.

하지만 스톤헨지의 건설자들이 포괄적인 의미에서 현대인과 같은 지능을 가졌다고 해도 과학적 사고와 기술적 지식을 가지지는 못했다. ⓓ그들에게는 우리처럼 2,500년에 걸쳐 수학과 천문학의 지식이 보존되고 세대를 거쳐 전승되어 쌓인 방대하고 정교한 문자 기록이 없었다. 선사시대의 생각과 행동이 우리와 똑같은 식으로 전개되지 않았으리라는 점은 매우 중요하다. 지적 능력을 갖췄다고 해서 누구나 우리와 같은 동기와 관심, 개념적 틀을 가졌으리라고 생각하는 것은 잘못이다.

03
윗글에 대해 평가한 내용으로 가장 적절한 것은?
① 스톤헨지가 제사를 지내는 장소였다는 후대 기록이 발견되면 호킨스의 주장은 강화될 것이다.
  ➡ 판단 불가, 지문에 '제사 장소' 관련 내용 없음
② 스톤헨지 건설 당시의 사람들이 숫자를 사용하였다는 증거가 발견되면 호일의 주장은 약화될 것이다. ➡ 강화, '연산장치'
③ 스톤헨지의 유적지에서 수학과 과학에 관련된 신석기시대 기록물이 발견되면 글쓴이의 주장은 강화될 것이다. ➡ 약화
✓ ④ 기원전 3,000년경 인류에게 천문학 지식이 있었다는 증거가 발견되면 앳킨슨의 주장은 약화될 것이다.
  ➡ 앳킨슨은 스톤헨지 세운 사람들을 과학적 사고를 할 줄 모르는 '야만인'으로 지칭

해설 ④ 앳킨슨은 스톤헨지를 세운 사람들을 '야만인'으로 묘사하며 과학적 사고를 할 줄 모른다고 주장했다. 그러나 만약 기원전 3,000년경 인류에게 천문학 지식이 있었다는 증거가 발견되면 그들이 과학적 사고를 했다고 추론할 수 있으므로 앳킨슨의 주장은 약화될 것이다. 따라서 지문에 대한 평가로 적절한 것은 ④이다.

오답 분석
① 1문단 끝에서 1~2번째 줄에서 호킨스는 스톤헨지의 모양이 태양과 달의 배열을 나타낸 것이라고 했을 뿐, 스톤헨지가 제사 장소라고 하지는 않았으므로 이것이 호킨스의 주장을 강화하는지는 판단이 불가능하다.
② 1문단 2~3번째 줄에서 호일은 스톤헨지가 일종의 연산장치라고 주장했다. 스톤헨지 건설 당시의 사람들이 숫자를 사용했다면 스톤헨지가 연산장치로 쓰였을 가능성이 높아지므로 호일의 주장은 약화되지 않고 강화된다.
③ 3문단 3~5번째 줄에서 글쓴이는 스톤헨지를 세운 사람들이 수학과 천문학 지식에 대한 문자 기록이 없었다고 주장한다. 그런데 스톤헨지의 유적지에서 수학과 과학에 관련된 신석기시대 기록물이 발견된다면 글쓴이의 주장은 강화되지 않고 약화된다.

04
문맥상 ⓐ~ⓓ 중 지시 대상이 같은 것만으로 묶인 것은?
① ⓐ, ⓒ
✓ ② ⓑ, ⓓ
③ ⓐ, ⓑ, ⓒ
④ ⓐ, ⓑ, ⓓ

해설 ② ⓒ과 ⓔ 모두 '스톤헨지를 세운 사람들'을 가리키므로, 지시 대상이 같은 것은 ② 'ⓒ, ⓔ'이다.
- ⓒ: 앳킨슨이 야만인으로 묘사하며, 과학적 사고를 할 줄 모른다고 말하는 대상은 '스톤헨지를 세운 사람들'이다.
- ⓔ: 글쓴이는 '스톤헨지 건설자들'이 현대인과 같은 지능을 가졌다고 하더라도 과학적 사고와 기술적 지식을 가지지 못했다고 주장하며, 그들에게는 문자 기록이 없었음을 근거로 제시하였다. 따라서 ⓔ의 지시 대상은 '스톤헨지를 세운 사람들'이다.

오답분석
- ㉠: ㉠의 지시 대상은 '호일, 톰, 호킨스'이다.
- ⓒ: ⓒ의 지시 대상은 '호킨스를 옹호하는 학자들'이다.

05
A와 B의 주장에 대한 평가로 적절한 것만을 〈보기〉에서 모두 고르면?

A는 아동의 사고와 언어의 발달이 개인적 차원에서 사회적 차원으로 진행된다고 주장한다. 그에 따르면 말을 배우기 시작하는 2~3세경에 '자기중심적 언어'가 나타났다가 8세경에 학령이 되면서 자기중심적 언어는 소멸하고 '사회적 언어'의 단계로 진입한다고 주장한다.

B는 A가 주장한 자기중심적 언어의 존재를 인정하면서도 그것의 성격에 있어서는 다른 견해를 지닌다. A와 달리 그는 자기중심적 언어가 문제에 대한 해결 방법을 구안하는 데 중요한 사고의 도구가 된다고 주장한다. 그에 따르면 자기중심적 언어는 아동이 자기 자신과 대화할 때 나타나는데, 아동은 자신과 대화하는 방식으로 소리 내며 사고한다. 그는 자기중심적 언어가 자연적 존재를 문화적 존재로 변모시키는 기능을 하며, 학령이 되면서 소멸하는 게 아니라 내면화되어 소리 없는 내적 언어를 구성함으로써 정신 기능을 발달시킬 수 있는 원동력이 된다고 본다.

이러한 두 사람의 입장 차이는 자기중심적 언어의 전(前) 단계에 대한 서로 다른 생각에서 기인한 것으로 보인다. A는 출생 이후 약 2세까지의 아이가 언어 이전의 '환상적 사고'의 단계에 머물러 있는 것으로 보는데, 여기서 환상적 사고는 자신과 대상 세계를 구분하지 못하는 것을 가리킨다. 자신과 대상 세계를 구분하지 못하면 의사소통 행위가 불가능하므로 A는 이 단계의 아이가 보여주는 타인과의 상호작용을

의사소통 행위가 아니라고 주장한다. 반면, B의 경우 출생 이후 약 2세까지의 상호작용을 의사소통 행위로 판단한다. 그에 따르면 이때의 의사소통 행위는 타자의 규제와 이에 따른 자기규제가 작동하는 대화적 상호작용의 일종으로, 사회적 언어를 통해 수행된다.

B 역시 A와 마찬가지로 아동의 언어와 사고의 발달이 3단계로 진행된다고 보지만, 그 방향에 있어서는 사회적 언어에서 출발하여 자기중심적 언어를 거쳐 내적 언어 순으로 진행된다고 본다.

〈보기〉
ㄱ. '자기중심적 언어'의 단계 전에 A는 의사소통 행위가 이루어지지 않는 것으로, B는 이루어지는 것으로 본다.
ㄴ. A는 '자기중심적 언어'가 학령이 되면 없어지는 것으로 보는 반면, B는 없어지지 않는 것으로 본다.
ㄷ. A와 B는 '사회적 언어'의 단계로 진입하는 시기에 대해 견해를 달리한다. → A: 8세, B: 출생 이후

① ㄱ
② ㄱ, ㄷ
③ ㄴ, ㄷ
✓④ ㄱ, ㄴ, ㄷ

해설 ④ A와 B의 주장에 대한 평가로 적절한 것은 ④ 'ㄱ, ㄴ, ㄷ'이다.
- ㄱ: 3문단에 따르면 A는 자기중심적 언어 이전(출생~약 2세까지)의 아이는 '환상적 사고' 단계에 머물러 있으며, 자신과 대상 세계를 구분하지 못하여 의사소통 행위가 불가능하다고 주장한다. 반면 B는 자기중심적 언어 이전(출생 이후 약 2세까지)의 상호작용을 의사소통 행위로 판단하므로 ㄱ의 평가는 적절하다.
- ㄴ: 1문단 끝에서 1~4번째 줄에 따르면 A는 8세경에 학령이 되면서 자기중심적 언어가 소멸한다고 주장한다. 반면 2문단 끝에서 1~4번째 줄에 따르면 B는 자기중심적 언어가 학령이 되면서 소멸하는 게 아니라 내면화되어 내적 언어를 구성한다고 하였다. 따라서 ㄴ의 평가는 적절하다.
- ㄷ: 1문단 끝에서 1~4번째 줄에 따르면 A는 '8세경'에 학령이 되면서 자기중심적 언어가 소멸하고 사회적 언어의 단계로 진입한다고 주장한다. 반면 3문단 끝에서 1~3번째 줄에 따르면 B는 '출생 이후 약 2세까지'의 의사소통 행위가 대화적 상호작용의 일종으로, 사회적 언어를 통해 수행된다고 하였다. 이를 통해 '사회적 언어'의 단계로 진입하는 시기에 대한 A와 B의 견해가 다르다는 것을 알 수 있으므로 ㄷ의 평가는 적절하다.

06

맹자와 순자의 주장에 대한 평가로 적절한 것만을 〈보기〉에서 모두 고르면?

인간의 본성에 대해 맹자는 그것이 본래 착하다고 주장한다. 이 근거로 그는 인간에게 네 가지 착함이 있다고 말한다. "측은하게 여기는 마음은 어짊의 시작이요, 부끄러워하는 마음은 의로움의 시작이요, 사양하는 마음은 예절의 시작이요, 옳고 그름을 가리는 마음은 지혜의 시작이라." 그러므로 누구든지 타고난 본성대로 행동만 하면 착해질 수 있다. 이러한 본성을 잘 보존하기 위해서는 인간의 후천적인 노력이 뒷받침되어야 하고, 바로 여기에서 교육의 필요성이 제기되는 것이다.

이렇게 함양된 개인의 도덕 가치를 국가사회에 실현하는 일은 매우 중요하다. 여기에서 왕도정치(王道政治)가 정치론의 핵심으로 떠오른다. 왕도정치는 (1)먼저 공리주의(功利主義)를 물리친다. 또한 (2)왕도정치는 백성의 먹고 사는 문제, 즉 민생문제를 해결해 주어야 한다. 백성은 일정한 수입이 있어야 착한 성품을 보존할 수 있기 때문이다. 정치의 궁극적 목표는 인간의 도덕 가치를 충분히 발휘하도록 하는 데 있다. … (중략) …

순자에 의하면 사람은 타고날 때부터 그 본성이 악하다. 그러므로 마땅히 스승의 가르침으로 감화를 받고 예절의 도를 배워야 한다. 학문을 배우는 것 역시 선천적 본성이 착해서가 아니라, 후천적이고 인위적인 노력에 의한 것이다. 예의범절이라는 것도 높은 도덕성을 지닌 성인(聖人)이 만들어낸 것으로, 학문을 통하여 얻어진 결과다. 인간이 얼마나 후천적인 노력을 기울이느냐에 따라 성인과 도적, 군자와 소인으로 구별된다.

이렇게 본다면 맹자가 말하는 본성이 인간의 '이성'을 가리키는 데 비하여, 순자가 말하는 본성이란 인간의 '본능'과 '욕망'을 가리키는 것이 아닌가 생각된다. 그래서 맹자는 타고난 선의 본성(이성)을 잘 보존하기 위하여, 순자는 타고난 악의 본성(본능, 욕망)을 고치기 위하여 교육이 필요하다고 보았던 것이다.

공자와 마찬가지로 순자가 생각하는 이상적인 인간 역시 군자다. 군자는 (1)도를 얻는 것을 즐거워하는 반면, 소인은 욕망을 얻는 것을 즐거워한다. (2)군자는 누구나 쉽게 사귈 수 있지만 아무 허물없이 친하기는 어렵고, (3)쉽게 두려워하나 위협하기는 어렵다. (4)군자는 의로운 죽음을 마다하지 않으며, 이익을 위해 그릇된 짓을 하지 않는다.

〈보기〉

ㄱ. 맹자는 교육을 통해 인간의 본성을 지키고자 하였고, 순자는 교육을 통해 인간의 본성을 개선하고자 하였다.

ㄴ. 맹자는 왕도정치를 통해 백성들의 본성을 보존하고자 하였고, 순자는 모든 백성들로 하여금 스스로 욕망을 이성으로 대치하도록 하고자 하였다.

ㄷ. 맹자의 개인의 도덕성을 국가적 차원으로 확대하는 것을 추구하였고 순자는 개인적 차원에서 이상적 인간상으로 거듭날 것을 추구하였다.

① ㄱ ② ㄱ, ㄴ ③ ㄱ, ㄷ ④ ㄱ, ㄴ, ㄷ

해설 ③ 맹자와 순자의 주장에 대한 평가로 적절한 것은 ③ 'ㄱ, ㄷ'이다.

- ㄱ: 4문단 끝에서 1~4번째 줄을 통해 맹자는 인간의 선한 본성을 잘 보존하기 위해, 순자는 인간의 악한 본성을 고치기 위해 교육이 필요하다고 보았음을 알 수 있으므로 ㄱ의 평가는 적절하다.
- ㄷ: 2문단 1~3번째 줄을 통해 맹자는 개인의 도덕 가치를 국가 사회에서 실현하는 것이 중요하다고 하였음을 알 수 있고 5문단 1~2번째 줄을 통해 순자는 군자를 가장 이상적인 인간상으로 여겼음을 알 수 있다. 이를 통해 맹자는 국가적 차원에서, 순자는 개인적 차원에서 이상을 추구하였음을 알 수 있으므로 ㄷ의 평가는 적절하다.

오답분석
- ㄴ: 2문단 끝에서 3~5번째 줄을 통해 맹자는 왕도정치를 통해 민생문제를 해결하여 백성들의 선한 본성을 보존하고자 했음을 알 수 있고, 4문단 끝에서 1~3번째 줄을 통해 순자는 교육을 통해 인간의 악의 본성을 개선하고자 하였음을 알 수 있다. 하지만 순자가 백성들로 하여금 스스로 욕망을 이성으로 대치하도록 하고자 했다는 내용은 지문에서 확인할 수 없으므로 ㄴ의 평가는 적절하지 않다.

07

〈보기〉의 관점에서 ㉠을 비판한 것으로 적절한 것은?

　원칙적으로 사람들은 제1 언어 습득 연구에 대한 양극단 중 하나의 입장을 취할 수 있을 것이다. ㉠극단적 행동주의자적 입장은 어린이들이 백지 상태, 즉 세상이나 언어에 대해 아무런 전제된 개념을 갖지 않은 깨끗한 서판을 갖고 세상에 나오며, 따라서 어린이들은 환경에 의해 형성되고 다양하게 강화된 예정표에 따라 서서히 조건화된다고 주장하였다. 또 반대쪽 극단에 있는 구성주의의 입장은 어린이들이 매우 구체적인 내재적 지식과 경향, 생물학적 일정표를 갖고 세상에 나온다는 인지주의적 주장을 할 뿐만 아니라 주로 상호 작용과 담화를 통해 언어 기능을 배운다고 주장한다. 이 두 입장은 연속선상의 양극단을 나타내며, 그 사이에는 다양한 입장들이 있을 수 있다.

― 〈보기〉―

　생득론자는 언어 습득이 생득적으로 결정되며, 우리는 주변의 언어에 대해 체계적으로 인식할 수 있도록 되어 있어서 결과적으로 언어의 내재화된 체계를 구축하는 유전적 능력을 타고난다고 주장한다.

① 언어 습득에 대한 연구에서 실제적 언어 사용의 양상이 무시될 가능성이 크다. ➡ 관련 없음
② 아동의 언어 습득을 관장하는 유전자의 실체가 확인될 때까지는 행동주의는 불완전한 가설일 뿐이다.
　➡ 행동주의에 대한 비판으로 볼 수 없음
③ 아동은 단순히 문법적으로 정확한 문장을 만드는 방법을 배우는 것이 아니라 의사소통 방법을 배우는 것이다.
　➡ 구성주의의 입장임
④ 아동의 언어 습득은 특정 언어공동체의 일원이 되는 핵심 과정인데, 행동주의는 공동체 구성원들과의 상호 작용이 차지하는 중요성을 간과하고 있다.
　➡ 구성주의의 입장에서 행동주의의 입장에 대한 비판임
✓⑤ 아동의 언어 습득이 외적 자극인 환경에 의해 전적으로 형성된다고 보는 행동주의 모델은 배우거나 들어본 적 없는 표현을 만들어내는 어린이 언어의 창조성을 설명하지 못한다.
　　생득론자의 입장을 뒷받침하는 예시

해설 ⑤ ㉠'극단적 행동주의자적 입장'은 환경에 의해서 언어를 습득한다고 주장한다. 즉 아동은 학습한 표현만 습득할 수 있다. 반면 〈보기〉는 아동이 학습하지 않아도 언어를 표현할 수 있다는 입장이다.

따라서 〈보기〉의 관점에서 ㉠의 입장을 비판한 것은 어린이 언어의 창조성을 언급한 ⑤이다.

오답분석
① 지문과 관련 없는 내용이다.
② 행동주의는 아동이 유전자의 영향이 아니라 환경에 의해 서서히 언어를 습득한다고 주장한다. 아동의 언어 습득에 유전자가 기능한다고 보는 것은 생득론자이기 때문에 언어 습득과 관련된 유전자의 실체를 확인해야 한다는 것은 생득론자의 입장을 비판하는 근거이다. 따라서 ②의 내용은 ㉠을 비판한 것으로 볼 수 없다.
③ '구성주의'의 입장이다.
④ '구성주의'의 입장에서 ㉠을 비판하고 있다.

08

㉠을 평가한 내용으로 적절한 것만을 〈보기〉에서 모두 고르면?

　인간은 누가 알려 준 적 없고, 들어본 적도 없는 문장을 포함해 무수히 많은 양의 문장을 만들고 이해한다. 이는 인간이 '언어 능력'을 갖고 태어나기 때문이다. 인간이 태어나면서부터 지닌 언어 능력을 연구하는 것을 언어학의 목적으로 삼는 언어학의 분야가 바로 ㉠변형생성문법이다.

　변형생성문법에서 가장 중요하게 다루어지는 것은 '언어 습득 기제'이다. 이는 인간의 머릿속에 문장 생성의 기본적인 원리가 몇 개 존재하고 이를 반복적으로 적용함으로써 무한한 수의 문장을 생성할 수 있음을 의미한다. 이러한 원리는 인간의 언어에는 공통적으로 존재하는 '보편문법'이며, 인간이라면 누구나 부여받는 선천적인 능력이다.

　변형생성문법에서는 통사 구조를 표층 구조와 심층 구조로 나누어 분석하는데, 이 두 통사 구조 사이에 '변형 기제'를 설정하여 설명한다. 표층 구조는 문장이 실제로 발화되는 형태를 가리키고, 심층 구조는 문장의 의미를 가리킨다. 심층 구조는 표층 구조로 변형되는데, 이 과정에서 문장의 의미는 1개이지만 문법적, 음운적으로 변형이 일어나므로 표층 구조는 다양한 형태로 나타난다. 따라서 심층 구조와 표층 구조는 일대일의 관계가 아니다. "A가 B에게 돈을 주었다"라는 심층 구조가 표층 구조에서 "B가 A에게 돈을 받았다" 또는 "돈이 A로부터 B에게 주어졌다"와 같은 형태로 나타나는 것이 그 예다.

〈보기〉
ㄱ. 야생에서 발견된 소년이 인간의 언어를 전혀 구사하지 못했다는 연구 결과는 ㉠을 약화한다.
ㄴ. 인간이 하나의 의미를 지닌 문장을 여러 가지의 형태로 나타낼 수 있다는 사실은 ㉠을 약화한다. → 강화한다
ㄷ. 부모가 아이에게 간단한 단어들만을 알려 주었으나, 아이가 단어들을 배열해 자연스러운 문장의 형태를 만들었다는 사례는 ㉠을 강화한다.

① ㄱ ② ㄱ, ㄷ
③ ㄴ, ㄷ ④ ㄱ, ㄴ, ㄷ

해설 ② ㉠을 평가한 내용으로 적절한 것은 ② 'ㄱ, ㄷ'이다.

- ㄱ: 1문단을 통해 ㉠'변형생성문법'이 인간이라면 선천적으로 '언어 능력'을 갖추고 태어나며, 이를 통해 누가 알려 주지 않은 문장이라도 얼마든지 만들고 이해할 수 있다는 입장을 취하고 있음을 알 수 있다. 이때 야생에서 발견된 소년이 인간의 언어를 전혀 구사하지 못했다는 ㄱ의 연구 결과는 ㉠'변형생성문법'이 설명하는 언어 능력의 존재를 부정하는 사례이므로 ㄱ은 ㉠'변형생성문법'의 입장을 약화한다.

- ㄷ: 2문단을 통해 ㉠'변형생성문법'의 입장에서 인간은 몇 개의 문장 생성 원리만으로 이를 반복적으로 적용해 무수히 많은 문장을 형성할 수 있는 '언어 습득 기제'를 갖추고 있음을 알 수 있다. 이때 부모가 아이에게 간단한 단어들만을 알려 주었으나, 아이가 스스로 단어들을 배열해 자연스러운 문장의 형태를 만들었다는 사례는 ㉠'변형생성문법'의 '언어 습득 기제'의 존재를 증명하는 사례이므로 ㉠'변형생성문법'의 입장을 강화한다.

 오답분석
- ㄴ: 3문단을 통해 ㉠'변형생성문법'에서 통사 구조는 표층 구조(문장이 실제로 발화되는 형태)와 심층 구조(문장의 의미)로 나누어짐을 알 수 있다. 또한 둘 사이에는 '변형 기제'가 있어 심층 구조가 표층 구조로 변형되는데, 심층 구조가 다양한 형태의 표층 구조로 실현되므로 표층 구조와 심층 구조는 일대일의 관계가 아님을 알 수 있다. 이때 인간이 하나의 의미를 지닌 문장을 여러 가지의 형태로 나타낼 수 있다면 심층 구조가 다양한 형태의 표층 구조로 실현된다는 ㉠'변형생성문법'의 설명에 부합하므로 ㉠'변형생성문법'의 입장을 강화한다.

09

A와 B에 대한 평가로 적절한 것만을 〈보기〉에서 고른 것은?

A: 저는 사회 통제 메커니즘이 깨지거나 느슨해질 때 청소년들이 비행을 저지른다고 생각합니다. 즉 청소년 개인이 그 자체로서 문제가 있는 것이 아니라, 개인을 둘러싸는 사회적 통제가 더 중요한 것이지요. 이때 통제는 (1)내적 통제와 (2)외적 통제로 나눌 수 있는데, (1)내적 통제는 주로 심리적 요인에 의한 규제로 부모, 교사, 또래 친구들과의 유대감을 의미하고, (2)외적 통제는 주로 법에 의한 규제를 의미합니다. 이 두 가지 요인 중 어느 하나가 느슨해지거나 깨지면 청소년은 비행을 일으키는 것이지요.
'ㄱ'의 근거

B: 제 생각은 다릅니다. 청소년 비행은 청소년들이 비행을 저지르는 또 다른 청소년들과 상호작용하는 과정에서 비행을 저지르게 된다고 생각합니다. 즉, 범죄를 마치 일반적인 다른 행동들과 같이 학습하는 것이죠. 비행을 학습하는 'ㄴ'의 근거 (1) 것은 사회화와 다를 바가 없습니다. 비행 또한 친밀한 집단 'ㄴ'의 근거 (2) 속에서 사람들 간의 의사소통 과정을 통해 일어나게 된다는 말입니다. 이때 단순히 비행 또는 범죄의 기술만 습득하는 것이 아니라, 비행의 동기, 범죄에 대한 우호적인 태도를 학습하게 되는 것입니다.
'ㄴ'의 근거 (3)

〈보기〉
ㄱ. 대마 합법화로 인해 2017~2020년 미국 고등학생 대마 흡연자의 수가 2배 수준으로 급증했다는 조사 결과는 A의 입장을 강화한다. → '대마 흡연'에 대한 사회 통제(외적 통제)가 약해진 것
ㄴ. 억울한 누명을 쓰고 수감된 철현이가 감옥에서 악명 높은 범죄자와 친분을 쌓고 출소하여 강력 범죄를 저질렀다는 사례는 B의 입장을 강화한다.
  → 범죄자와 친밀한 관계를 맺고 범죄에 대한 우호적 태도를 학습한 것
ㄷ. 비행을 저지르는 친구들과도 친하게 지내는 영민이를 상담해 본 결과 비행을 저지르지도 않고 부모님과의 사이도 아주 좋았다는 사례는 A와 B의 입장을 모두 강화한다.
  → 사회 통제 중 내적 통제가 잘 이루어져 범죄를 일으키지 않음
  → 비행 청소년들과 친밀한 관계이나 범죄를 일으키지 않음

① ㄱ ② ㄱ, ㄴ
③ ㄴ, ㄷ ④ ㄱ, ㄴ, ㄷ

해설 ② A와 B에 대한 평가로 적절한 것은 ② 'ㄱ, ㄴ'이다.

- ㄱ: 대마 합법화는 외적 통제인 법에 의한 규제가 느슨해진 상황이라고 할 수 있다. 이로 인해 미국 고등학생 대마 흡연자의 수가 급증했다는 사례는 사회 통제가 약해질 때 청소년들이 비행을 저지른다는 A의 입장을 강화한다. 따라서 ㄱ은 A에 대한 평가로 적절하다.
- ㄴ: 억울한 누명을 쓰고 수감된 철현이가 감옥에서 악명 높은 범죄자와 친분을 쌓고 출소하여 강력 범죄를 저지른 것은 그가 감옥에서 다른 범죄자와의 접촉을 통해 범죄에 대한 기술, 동기 혹은 우호적인 태도를 학습한 결과라고 해석할 수 있으므로 B의 입장을 강화한다. 따라서 ㄴ은 B에 대한 평가로 적절하다.

오답 분석
- ㄷ: 비행을 저지르는 친구들과도 친하게 지내는 영민이가 비행을 저지르지도 않고 부모님과의 사이도 아주 좋았다는 사례는 A의 관점에서 사회통제 중 내적 통제인 부모와의 유대가 잘 작용한 것으로 짐작할 수 있다. 따라서 이 사례는 청소년 비행이 사회통제가 느슨해지거나 깨질 때 발생한다는 A의 입장을 강화한다. 한편, 비행 청소년과 상호작용하면서 비행을 학습한다는 B의 관점과 달리 영민이는 비행을 저지르는 친구들과 친하게 지내는 등 자주 접촉함에도 불구하고 비행을 저지르지 않았다. 이는 B의 입장을 약화하므로 ㄷ은 A와 B에 대한 평가로 적절하지 않다.

[10~11] 다음 글을 읽고 물음에 답하시오.

진화고고학에서는 인간의 삶은 자연환경에 더욱 잘 적응하기 위한 선택이라고 보는 진화론에 초점을 맞추어 과거를 설명한다. 서기 1세기부터 약 1천 년 동안 어느 한 지역에서 출토된 조리용 토기들의 두께와 토기에 탄화된 채로 남아 있던 식재료에 사용된 곡물의 전분 함량을 조사한 결과, 후대로 갈수록 토기 두께가 상당히 얇아지고 곡물의 전분 함량이 증가한다는 사실을 발견했다. 진화고고학은 이렇게 토기 두께가 얇아진 이유를 전분이 좀 더 많은 씨앗의 출현이라는 외부 환경의 변화에 적응하였기 때문이라고 설명한다.

한편, 두께가 얇은 토기가 사용된 의미를 파악하기 위해서는 토기 두께의 변화를 초래한 원인을 ㉠찾는 것도 중요하지만 두께가 얇아진 토기가 장기간 사용된 이유에도 주목할 필요가 있다. 예컨대 전분 함량이 높은 곡물을 아기들의 이유식으로 이용한다면 여성들의 수유기가 단축됨에 따라 출산율을 ㉡높이는 데 도움이 되었을 것이라고 볼 수도 있다. 이러한 시각에서 본다면 두께가 얇은 토기가 오랫동안 사용된 원인을 자연 환경에 잘 적응하기 위한 선택이 아니라 이유식을 만들기 위한 인간의 능동적 선택에서 찾는 생태학적 이론에 입각한 설명도 가능하다. 생태학적 설명은 진화론적 관점에 근거하지만 인간의 이성적 사유 능력에 따른 선택 과정에 좀 더 ㉢주목한 것이다.

진화고고학과는 달리 유물의 의미를 해석할 때 기능적 요인보다는 개개의 유물이 사용된 맥락을 찾는 것이 더 중요하다고 보고, 그 유물을 사용한 사람의 사회적 위치와 기호 변화 등 사회문화적 요인으로 유물의 의미를 설명하려는 관점도 있다.

이처럼 고고학에서는 발굴을 통해 유물 자료가 빠르게 축적되고, 주변 과학의 발달에 힘입어 새로운 측정 방법이 개발됨에 따라 다양한 해석이 제시된다. 따라서 특정한 이론에 ㉣집착하는 것보다는 새로운 자료와 방법을 적극적으로 이용하여 다양한 해석을 하고자 하는 열린 자세가 필요하다.

10
윗글에 대해 평가한 내용으로 가장 적절한 것은?

① 토기 두께의 변화 시점 이후 인구수가 증가되었다는 증거가 발견되면 생태학적 관점은 약화될 것이다. → 강화

② 전분 함량이 높은 씨앗은 오래 가열해야 하고 두께가 얇은 토기는 열전도가 빠르다는 사실이 밝혀지면 진화고고학의 관점은 약화될 것이다. → 강화

③ 토기 두께가 얇아진 시기가 전분 함량이 높은 음식이 보편화된 시기보다 앞선다는 연구 결과가 발표되면 진화고고학의 관점은 강화될 것이다. → 약화

④ 집단 간의 교류로 두께가 얇은 새로운 토기가 유입되고 사람들이 이를 선호하였다는 후대 기록이 발견되면 사회문화적 관점은 강화될 것이다.

해설 ④ 3문단에서 사회문화적 관점은 그 유물을 사용한 사람의 사회적 위치와 기호 변화 등 사회문화적 요인으로 유물의 의미를 설명한다고 말한다. 집단 간의 교류와 사람들의 선호는 사회문화적 요인으로 볼 수 있다. 따라서 이러한 사회문화적 요인으로 인해 두께가 얇은 토기가 이용되었다는 후대 기록이 발견될 경우 사회문화적 관점은 강화될 것이다.

① 2문단의 생태학적 이론에 입각한 설명에 따르면, 전분 함량이 높은 곡물을 이유식으로 이용하기 위한 인간의 능동적 선택으로 인해 토기의 두께가 얇아진 것으로 볼 수도 있다. 또한 이러한 경우, 여성들의 수유기가 단축됨에 따라 출산율을 높이는 데 도움이 되었을 것으로 본다. 따라서 토기 두께가 얇아진 이후에 인구수가 증가되었다는 증거가 발견된다면, 전분 함량이 높은 곡물을 이유식으로 이용함으로써 출산율이 높아졌다는 주장의 근거가 될 수 있으므로 생태학적 관점은 강화될 것이다.

② 1문단에서 진화고고학은 토기 두께가 얇아진 이유를 전분이 좀 더 많은 씨앗이 출현했기 때문이라고 설명한다. 전분 함량이 높은 씨앗은 오래 가열해야 하고 두께가 얇은 토기는 열전도가 빠르다는 사실이 밝혀지면, '전분이 많은 씨앗 출현→토기 두께 얇아짐' 사이의 인과 관계를 설명할 수 있다. 따라서 이는 진화고고학의 관점을 강화할 것이다.

③ 1문단에서는 진화고고학의 관점에 따라, 전분이 좀 더 많은 씨앗의 출현(외부 환경의 변화)으로 인해 토기의 두께가 얇아진 것이라고 설명한다. 그러나 토기 두께가 얇아진 시기 이후에 전분 함량이 높은 음식이 보편화되었다는 연구 결과가 발표될 경우, 진화고고학의 관점은 설득력을 잃게 되므로 약화될 것이다.

11

㉠~㉣과 바꿔 쓸 수 있는 유사한 표현으로 적절하지 않은 것은?

① ㉠: 탐색하는
✓ ② ㉡: 고양하는
③ ㉢: 눈여겨본
④ ㉣: 매달리는

 ② ㉡ '높이는'은 값이나 비율 따위를 더 높게 한다는 뜻이나, '고양(高揚)하는'은 정신이나 기분 따위를 북돋워서 높인다는 의미이므로 바꿔 쓰기에 적절하지 않다.

 ① ㉠ '찾는'의 기본형 '찾다'는 '모르는 것을 알아내고 밝혀내려고 애쓰다. 또는 그것을 알아내고 밝혀내다'를 뜻하므로, '탐색하는'과 바꿔 쓸 수 있다.
· 탐색(探索)하다: 사라지거나 드러나지 않은 사물이나 현상 따위를 자세히 살펴 찾다.

③ ㉢ '주목한'의 기본형 '주목(注目)하다'는 '관심을 가지고 주의 깊게 살피다'를 뜻하므로, '눈여겨본'과 바꿔 쓸 수 있다.
· 눈여겨보다: 주의 깊게 잘 살펴보다.

④ ㉣ '집착하는'의 기본형 '집착(執着)하다'는 '어떤 것에 늘 마음이 쏠려 잊지 못하고 매달리다'를 뜻하므로, '매달리는'과 바꿔 쓸 수 있다.
· 매달리다: 어떤 일에 관계하여 거기에만 몸과 마음이 쏠려 있다.

[12~13] 다음 글을 읽고 물음에 답하시오.

경제 위기란 경기 침체 과정이 빠르게 진행되는 현상을 말한다. 경제 위기는 수요 감소, 실업률 증가 등의 문제를 야기한다. 이러한 경제 위기를 해결하기 위해 경제학자들은 다양한 방안을 제시한다.

A집단은 시장 메커니즘의 자율성과 효율성을 강조하면서 경제 위기가 발생했을 때 정부의 개입이 불필요하다고 말한다. 경제 주체인 정부, 기업, 그리고 가계가 수요와 공급의 원리에 따라 자연스럽게 균형을 이룰 수 있다는 것이다. ㉠그들은 정부의 의도적 개입이 오히려 경제 주체의 경제 활동을 제약하고 전반적인 생산성을 저하할 수 있다고 본다.

반면 B집단은 ㉡그들과 달리 대공황과 같은 경제 위기에 대응하기 위해서 정부의 중앙 집권적 개입이 필수적이라고 주장한다. 다시 말해 경제 상황이 좋지 않을 때는 정부가 재정 지출 증가나 금리 인하와 같은 정책을 통해 경기를 활성화하고 실업률을 감소시켜야 한다는 것이다. ㉢그들은 이러한 적극적인 경제 개입을 통하여 각 경제 주체들의 균형을 유지할 수 있다고 본다.

한편 C집단은 경제 위기에서 기업의 역할을 중요시한다. 기업이 혁신적인 아이디어와 기술 개발을 통해 생산성과 효율성을 제고한다면 경제 성장이 이루어질 수 있다고 본다. ㉣그들은 유수의 기업들이 실리콘 밸리에서 정보 기술 및 반도체 혁신을 통해 수많은 일자리와 매출을 창출한 것을 예로 든다. 결론적으로 기업의 혁신 추구를 통한 성장이 경제 위기를 타파할 수 있을 것으로 본다.

12

윗글에 대해 평가한 내용으로 가장 적절한 것은?

① 정부가 금리 인하 정책을 시행해도 경기 침체가 지속된다면, B집단의 주장은 강화된다. → 약화

② 공공 일자리 창출과 같은 정부의 개입에도 실업률이 증가한다면, A집단의 주장은 약화된다. → 강화

③ 정부의 중앙 집권적 개입으로 인해 각 경제 주체들의 불균형이 야기된다면, B집단의 주장은 강화된다. → 약화

기업이 혁신 기술을 개발하는 과정에서 들어가는 비용이 기술을 개발한 이후 산출되는 이익보다 많다는 조사 결과가 발표되면, C집단의 주장은 약화된다.

해설 ④ 4문단 2~3번째 줄에 따르면, C집단은 기업이 혁신적인 아이디어와 기술 개발을 통해 생산성과 효율성을 제고한다면 경제 성장이 이루어질 수 있다고 본다. 기업이 혁신 기술을 개발하는 과정에서 들어가는 비용이 기술을 개발한 이후 산출되는 이익보다 많다는 조사 결과가 발표되면, 기업의 혁신 기술 개발이 생산성과 효율성을 제고하지 못한다는 의미이므로 C집단의 주장에 대한 근거가 부정된다. 따라서 C집단의 주장이 약화되므로 ④의 평가는 적절하다.

오답분석 ① 3문단 3~5번째 줄에 따르면, B집단은 경제 상황이 좋지 않을 때는 정부가 금리 인하 등의 정책을 통해 경기를 안정화해야 한다고 본다. 정부가 금리 인하 정책을 시행해도 경기 침체가 지속된다는 것은 B집단의 의견과 반대되므로 B집단의 주장은 약화된다. 따라서 ①의 평가는 적절하지 않다.

② 2문단 끝 1~3번째 줄에 따르면, A집단은 정부의 의도적 개입이 경제 주체의 경제 활동을 제약하고 전반적인 생산성을 저하할 수 있다고 본다. 공공 일자리 창출과 같은 정부의 개입에도 실업률이 증가한다는 것은 A집단의 의견과 일치하므로 A집단의 주장은 강화된다. 따라서 ②의 평가는 적절하지 않다.

③ 3문단 끝에서 1~2번째 줄에 따르면, B집단은 정부의 적극적인 경제 개입을 통하여 각 경제 주체들의 균형을 유지할 수 있다고 본다. 정부의 중앙 집권적 개입으로 인해 각 경제 주체들의 불균형이 야기된다는 것은 B집단의 의견과 반대되므로 B집단의 주장은 약화된다. 따라서 ③의 평가는 적절하지 않다.

13
문맥상 ㉠~㉣ 중 지시 대상이 같은 것만으로 묶인 것은?

✓① ㉠, ㉡　　② ㉡, ㉢
③ ㉠, ㉢, ㉣　　④ ㉠, ㉡, ㉣

해설 ① ㉠, ㉡은 A집단, ㉢은 B집단, ㉣은 C집단이므로 같은 대상인 A집단을 지시하는 ① '㉠, ㉡'이 정답이다.

- ㉠: ㉠의 앞에서 A집단은 경제 주체가 자연스럽게 균형을 이룰 수 있기 때문에 정부의 개입은 불필요하다고 주장했음을 알 수 있고, ㉠이 포함된 문장은 정부의 의도적 개입이 오히려 경제 주체의 경제 활동을 제약한다는 의미이다. ㉠이 포함된 문장이 앞의 내용과 같은 맥락이기 때문에 ㉠이 지시하는 대상은 A집단이다.

- ㉡: ㉡의 앞 문단에서 A집단은 정부의 개입이 불필요하다고 말했음을 알 수 있고, ㉡이 포함된 문장에서 B집단은 정부의 개입이 필수적이라고 주장했음을 알 수 있다. B집단은 A집단의 의견과 상반된 주장을 했으므로 '㉡그들과 달리'에서 ㉡이 지시하는 대상은 A집단이다.

- ㉢: ㉢의 앞 문장에서 B집단은 정부가 재정 지출 증가나 금리 인하와 같은 정책을 펼쳐야 한다고 주장했음을 알 수 있다. ㉢이 포함된 문장에서 '이러한 적극적인 경제 개입'은 앞 문장에서 B집단이 제시했던 재정 지출 증가나 금리 인하와 같은 정책이므로 ㉢이 지시하는 대상은 B집단이다.

- ㉣: ㉣의 앞 문장에서는 기업의 혁신적인 아이디어와 기술 개발을 통해 경제가 성장할 수 있다고 주장하고 있고, ㉣이 포함된 문장은 실리콘 밸리에 있는 기업들의 정보 기술 및 반도체 혁신을 통한 경제적 효과를 제시하고 있다. ㉣이 포함된 문장은 C집단의 주장에 대한 예시이므로 ㉣이 지시하는 대상은 C집단이다.

14
㉠을 평가한 내용으로 적절한 것만을 〈보기〉에서 모두 고르면?

> ㉠**결정적 시기 가설**은 1967년 출간된 에릭 레넌버그의 저서를 통해 대중들에게 알려졌다. 이 가설의 요지는 **언어 습득을 하기 위한 결정적 시기가 있으며 그 시기를 놓칠 경우에 언어를 습득하는 것이 매우 어렵다는 것이다.** 〔'ㄱ'의 근거〕 결정적 시기 가설에 따르면, 사춘기가 시작되는 13~15세 이전에는 생활 속에서 언어에 노출됨으로써 자동적으로 언어를 배울 수 있다. **따라서** 아이들은 사춘기가 시작되기 전에 언어를 접해야 〔'ㄷ'의 근거〕 한다. 만약 그렇지 못할 경우 언어를 배우는 것에 상당한 노력이 필요하고, 유창하게 발음하는 것도 어렵다.
>
> 　이 가설을 지지하는 사례는 '**야생 아동 연구**'이다. 야생 아 〔'ㄴ'의 근거 (1)〕 동이란 야생에서 홀로 생활했거나 동물에 의해 키워진 아이를 말한다. 이들은 **어렸을 때부터 언어 습득이 가능한 환경**에서 생활하지 못했고, 발견된 이후 연구자들의 노력에도 언 〔'ㄴ'의 근거 (2)〕 어를 제대로 구사하는 데 실패했다. 이러한 연구는 특정 시기가 지나면 언어 습득이 성공적으로 이루어지는 것이 어렵다는 것을 보여준다.

〈보기〉

ㄱ. 성인이 된 이후에 처음 접하는 언어를 어렵지 않게 습득하는 사람이 대다수라면 ㉠이 약화된다.
✗ㄴ. '야생 아동 연구'의 대상자들이 어렸을 때부터 부모와 함께 자란 사실이 밝혀진다면 ㉠이 강화된다. ➡ 약화
ㄷ. 사춘기 이전에 언어를 접한 사람이 사춘기 이후에 언어를 접한 사람보다 유창하게 발음한다는 연구 결과가 발표된다면 ㉠이 강화된다.

① ㄴ ② ㄷ
✓③ ㄱ, ㄷ ④ ㄱ, ㄴ, ㄷ

해설 ③ ㉠을 평가한 내용으로 적절한 것은 ㄱ과 ㄷ이므로 정답은 ③이다.
- ㄱ: ㉠에 따르면 언어 습득을 하기 위한 결정적 시기를 놓치면 자연스럽게 언어를 습득하는 것이 매우 어렵고, 그 시기는 사춘기가 시작되는 13~15세 이전이다. 성인이 된 이후에 처음 접하는 언어를 어렵지 않게 습득하는 사람이 대다수라는 ㄱ은 사춘기 이후 언어를 습득하는 것이 매우 어렵다고 한 ㉠과 상충되는 사례이므로 ㉠을 약화한다.
- ㄷ: ㉠에 따르면 사춘기가 시작되는 13~15세 이전에는 자동적으로 언어를 배울 수 있지만, 사춘기가 시작되기 전에 언어를 접하지 못할 경우 유창하게 발음하는 것도 어렵게 된다. 사춘기 이전에 언어를 접한 사람은 그 이후에 언어를 접한 사람보다 유창하게 발음한다는 ㄷ의 연구 결과는 ㉠을 지지하는 사례이므로 ㉠을 강화한다.

오답 분석
- ㄴ: 2문단 첫 번째 줄에서 '야생 아동 연구'는 ㉠을 지지하는 사례임을 알 수 있고, 2문단 3~5번째 줄에서 이 연구의 결과는 야생 아동이 언어 습득이 가능한 환경에서 생활하지 못했다는 조건을 바탕으로 도출되었다는 것을 알 수 있다. 그런데 '야생 아동 연구'의 대상자들이 어렸을 때부터 부모와 함께 자란 사실이 밝혀진다면 해당 연구의 조건이 부정되고, 해당 연구의 결과도 신뢰할 수 없게 된다. 즉 ㄴ은 ㉠을 지지하는 사례를 무의미하게 만드는 내용이므로 ㉠은 강화되지 않고 약화된다.

15
다음 글의 논증에 대한 비판으로 적절하지 않은 것은?

진화론자들은 지구상에서 생명의 탄생이 30억 년 전에 시작됐다고 추정한다. 5억 년 전 캄브리아기 생명폭발 이후 다양한 생물종이 출현했다. 인간 종이 지구상에 출현한 것은 길게는 100만 년 전이고, 짧게는 10만 년 전이다. 현재 약 180만 종의 생물종이 보고되어 있다. 멸종된 것을 포함해서 5억 년 전 이후 지구상에 출현한 생물종은 1억 종에 이른다. 5억 년을 100년 단위로 자르면 500만 개의 단위로 나눌 수 있다. 이것은 새로운 생물종이 평균적으로 100년 단위마다 약 20종이 출현한다는 것을 의미한다. 하지만 지난 100년간 생물학자들은 지구상에 새롭게 출현한 종을 찾아내지 못했다. 이는 한 종에서 분화를 통해 다른 종이 발생한다는 진화론이 거짓이라는 것을 함축한다.

① 100년마다 20종이 출현한다는 것은 다만 평균일 뿐이다. 현재의 신생종 출현 빈도는 그보다 훨씬 적을 수 있지만 언젠가 신생종이 훨씬 많이 발생하는 시기가 올 수 있다.

② 5억 년 전 이후부터 지구상에 출현한 생물종이 1,000만 종 이하일 수 있다. 그러면 100년 내에 새로 출현하는 종의 수는 2종 정도이므로 신생종을 발견하기 어려울 수 있다.

③ 생물학자는 새로 발견한 종이 신생종인지 아니면 오래전부터 존재했던 종인지 판단하기 어렵다. 따라서 신생종의 출현이나 부재로 진화론을 검증하려는 시도는 성공할 수 없다.

✓④ 30억 년 전에 생물이 출현한 이후 5차례의 대멸종이 일어났으나 대멸종은 매번 규모가 달랐다. 21세기 현재, 알려진 종 중 사라지는 수가 크게 늘고 있어 우리는 인간에 의해 유발된 대멸종의 시대를 맞이하는 것으로 볼 수 있다.

⑤ 생물학자들이 발견한 몇몇 종은 지난 100년 내에 출현한 종이라고 판단할 이유가 있다. DNA의 구성에 따라 계통 수를 그렸을 때 본줄기보다는 곁가지 쪽에 배치될수록 늦게 출현한 종임을 알 수 있기 때문이다.

해설 ④ 제시된 논증은 새로운 생물종은 평균적으로 100년 단위마다 약 20종이 출현하는데 지난 100년간 지구상에서 새롭게 출현한 종을 찾아내지 못했다는 점을 근거로 한 종에서 분화를 통해 다른 종이 발생한다는 진화론이 거짓이라고 주장하고 있다. 따라서 사라지는 종의 수가 크게 늘고 있어 대멸종의 시대를 맞이하고 있다는 것은 제시된 논증과는 무관한 내용이므로 글의 논증에 대한 비판으로 적절하지 않다.

오답 분석
① 제시된 논증은 끝에서 4~5번째 줄에서 새로운 생물종은 평균적으로 100년 단위마다 약 20종이 출현하는데 지난 100년 간 생물학자들은 지구상에서 새롭게 출현한 종을 찾아내지 못했다는 점을 근거로 들고 있다. 100년 단위마다 약 20종이 출현한다는 것은 평균일 뿐이므로 언젠가 신생종이 훨씬 많이 발생하는 시기가 올 수 있다는 것은 제시된 논증의 전제를 비판하는 내용이다. 따라서 ①은 글의 논증에 대한 비판으로 적절하다.

② 제시된 논증은 5~6번째 줄에서 5억 년 전 이후 지구상에 출현한 생물종은 1억 종에 이른다는 점을 근거로 평균적으로 100년 단위마다 약 20종이 출현한다고 주장한다. 5억 년 전 이후부터 지구상에 출현한 생물종이 1,000만 종 이하일 수 있다는 것은 제시된 논증의 전제를 비판하는 내용이므로 ②는 글의 논증에 대한 비판으로 적절하다.

③ 제시된 논증은 끝에서 3~4번째 줄에서 지난 100년 간 생물학자들이 지구상에서 새롭게 출현한 종을 찾아내지 못했다는 점을 근거로 진화론은 거짓이라고 주장하고 있다. 생물학자가 새로 발견한 종이 신생종인지 오래 전부터 존재했던 종인지 판단하기 어렵다면 제시된 논증의 전제가 성립하지 않으므로 ③은 글의 논증에 대한 비판으로 적절하다.

⑤ 제시된 논증은 끝에서 3~4번째 줄에서 지난 100년 간 생물학자들이 지구상에서 새롭게 출현한 종을 찾아내지 못했다는 점을 근거로 들고 있다. 생물학자들이 발견한 몇몇 종은 지난 100년 내에 출현한 종이라고 판단할 이유가 있다면 제시된 논증의 근거를 비판하는 것이므로 ⑤는 글의 논증에 대한 비판으로 적절하다.

[16~17] 다음 글을 읽고 물음에 답하시오.

일반적으로 한 나라의 문학, 즉 "국문학"은 "그 나라의 말과 글로 된 문학"을 지칭한다. 그래서 우리나라에서 국문학에 대한 근대적 논의가 처음 시작될 무렵에는 (가) 국문학에서 한문으로 쓰인 문학을 배제하자는 주장이 있었다. 국문학 연구가 점차 전문화되면서, 한문문학 배제론자와 달리 한문문학을 배제하는 데 있어 신축성을 두는 절충론자의 입장이 힘을 얻었다. 절충론자들은 국문학의 범위를 획정하는 데 있어 (나) 종래의 국문학의 정의를 기본 전제로 하되, 일부 한문문학을 국문학으로 인정하자고 주장했다. 즉 한문으로 쓰여진 문학을 국문학에서 완전히 배제하지 않고, ㉠ 전자 중 일부를 ㉡ 후자의 주변부에 위치시키는 것으로 국문학의 영역을 구성한 것이다. 이에 따라 국문학을 지칭할 때에는 '순(純)국문학'과 '준(準)국문학'으로 구별하게 되었다. 작품에 사용된 문자의 범주에 따라서 ㉢ 전자는 '좁은 의미의 국문학', ㉣ 후자는 '넓은 의미의 국문학'이라고도 칭할 수 있다.

하지만 이런 절충안을 취하더라도 순국문학과 준국문학을 구분하는 데에는 논자마다 차이가 있다. 어떤 이는 국문으로 된 것은 ㉤ 전자에, 한문으로 된 것은 ㉥ 후자에 귀속시켰다. 다른 이는 훈민정음 창제 이전과 이후로 나누어 국문학의 영역을 구분하였다. 훈민정음 창제 이전의 문학은 차자표기건 한문표기건 모두 국문학으로 인정하고, 창제 이후의 문학은 국문문학만을 순국문학으로 규정하고 한문문학 중 '국문학적 가치'가 있는 것을 준국문학에 귀속시켰다.

16
윗글의 (가)와 (나)의 주장에 대해 평가한 내용으로 가장 적절한 것은?

① 국문으로 쓴 작품보다 한문으로 쓴 작품이 해외에서 문학적 가치를 더 인정받는다면 (가)의 주장은 강화된다. → 강화하지 않는다

② 국문학의 정의를 '그 나라 사람들의 사상과 정서를 그 나라 말과 글로 표현한 문학'으로 수정하면 (가)의 주장은 약화된다. → 약화하지 않는다

③ 표기문자와 상관없이 그 나라의 문화를 잘 표현한 문학을 자국문학으로 인정하는 것이 보편적인 관례라면 (나)의 주장은 강화된다.

④ 훈민정음 창제 이후에도 차자표기로 된 문학작품이 다수 발견된다면 (나)의 주장은 약화된다. → 영향을 주지 않는다

해설 ③ 국문학의 범주에 대해 (가)는 국문학에서 한문으로 쓰인 문학을 배제해야 한다고 주장하고, (나)는 우리나라의 말과 글로 된 문학뿐만 아니라 일부 한문문학을 국문학으로 인정해야 한다고 주장한다. 이때 표기문자와 상관없이 그 나라의 문화를 잘 표현한 문학을 자국 문학으로 인정하는 것이 보편적인 관례라는 ③의 사례는 표기문자에 따라 국문학의 범주를 제한하지 않고 일부 한문문학까지 국문학으로 인정해야 한다고 보는 (나)의 주장을 뒷받침하므로 (나)의 주장을 강화한다. 따라서 답은 ③이다.

오답분석 ① 제시문의 내용은 국문학의 정의와 범주 설정에 관한 것이다. 이때 문학적 가치가 해외에서 더 인정받는다는 사실은 (가)의 주장과 직접적으로 관련이 없다. 따라서 (가)의 주장을 강화하지 않는다.

② 국문학에 대한 기존의 정의에 '그 나라 사람들의 사상과 정서'를 추가한다고 해도 '그 나라 말과 글로 표현한 문학'이라는 것에는 변함이 없다. 따라서 (가)의 주장을 약화하지 않는다.

④ (가)와 (나)는 표기에 따른 국문학의 범주 설정 기준에 대한 주장이므로, 훈민정음 창제 이후에 차자표기로 된 문학작품이 다수 발견된 사실 자체가 (가)와 (나)의 주장에 영향을 주진 않는다.

17
윗글의 ㉠ ~ ㉥ 중 지시하는 바가 같은 것끼리 짝 지은 것은?

① ㉠, ㉢
② ㉡, ㉣
③ ㉡, ㉥
④ ㉢, ㉤

해설 ④ ㉢과 ㉤은 모두 문맥상 '순국문학'을 의미하므로 지시 대상이 같은 것끼리 짝 지은 것은 ④ '㉢, ㉤'이다.
- ㉢: ㉢ '전자'의 바로 앞 문장에 국문학을 지칭할 때에는 '순국문학'과 '준국문학'으로 구별하게 되었다는 내용이 제시되어 있다. 따라서 ㉢ '전자'는 '순국문학'에 해당한다.

- ⓪: ⓪ '전자'의 바로 앞 문장에는 절충안을 취해도 '순국문학'과 '준국문학'을 구분하는 데에는 논지마다 차이가 있다는 내용이 제시되어 있다. 따라서 ⓪ '전자'는 '순국문학'에 해당한다.

- ㉠: ㉠ '전자'는 문맥상 '한문으로 쓰인 문학'을 가리킨다.
- ㉡: ㉡ '후자'는 문맥상 '국문학'을 가리킨다.
- ㉢: ㉢ '후자'는 문맥상 '준국문학'을 가리킨다.
- ㉣: ㉣ '후자'는 문맥상 '준국문학'을 가리킨다.

18
다음 글의 ㉠과 ㉡에 대한 평가로 올바른 것은?

> 기업의 마케팅 프로젝트를 평가할 때는 유행지각, 깊은 사고, 협업을 살펴본다. 유행지각은 유행과 같은 새로운 정보를 반영했느냐, 깊은 사고는 마케팅 데이터의 상관관계를 분석해서 최적의 해결책을 찾아내었느냐, 협업은 일하는 사람들이 해결책을 공유하며 성과를 창출했느냐를 따진다. ㉠ 이 세 요소 모두에서 목표를 달성하는 것은 마케팅 프로젝트가 성공적이기 위해 필수적이다. 하지만 ㉡ 이 세 요소 모두에서 목표를 달성했다고 해서 마케팅 프로젝트가 성공한 것은 아니다.

① 지금까지 성공한 프로젝트가 유행지각, 깊은 사고 그리고 협업 모두에서 목표를 달성했다면, ㉠은 강화된다.

② 성공하지 못한 프로젝트 중 유행지각, 깊은 사고 그리고 협업 중 하나 이상에서 목표를 달성하는 데 실패한 사례가 있다면, ㉠은 약화된다.

③ 유행지각, 깊은 사고 그리고 협업 중 하나 이상에서 목표를 달성하는 데 실패했지만 성공한 프로젝트가 있다면, ㉡은 강화된다.

④ 유행지각, 깊은 사고 그리고 협업 모두에서 목표를 달성했지만 성공하지 못한 프로젝트가 있다면, ㉡은 약화된다.

해설 ① ㉠은 프로젝트가 성공하는 데 있어 '유행지각', '깊은 사고', '협업'에서 모두 목표를 달성하는 것이 필수적임을 설명한다. 이때 ①은 지금까지 성공한 프로젝트가 모두 '유행지각', '깊은 사고', '협업'의 목표를 모두 달성하였다고 하였다. 이는 ㉠을 뒷받침하는 사례에 해당하므로 ㉠을 강화한다. 따라서 답은 ①이다.

② ②는 실패한 프로젝트 중에 '유행지각', '깊은 사고', '협업' 중 하나 이상에서 목표 달성에 실패한 사례를 제시하고 있다. 이는 프로젝트가 성공적이기 위해서는 반드시 '유행지각', '깊은 사고', '협업'에서 목표를 모두 달성해야 함을 의미하므로 ㉠을 강화하는 사례에 해당한다.

③ ㉡은 '유행지각', '깊은 사고', '협업'에서 목표를 달성했다고 해서 마케팅 프로젝트가 반드시 성공한 것은 아님을 설명한다. 즉, '유행지각', '깊은 사고', '협업'이 프로젝트 성공을 위한 필요조건임은 맞으나, 충분조건은 아니라는 것이다. 이때 ③은 '유행지각', '깊은 사고', '협업' 중 하나 이상에서 목표를 달성하는 데 실패하였음에도 프로젝트는 성공한 사례를 제시하고 있다. 이는 ㉡을 강화하는 사례가 아니다.

④ ④는 '유행지각', '깊은 사고', '협업'에서 모두 목표를 달성했으나, 프로젝트에 실패한 사례를 제시하고 있다. 이는 ㉡을 강화하는 사례에 해당한다.

19
다음 글의 (가)를 강화하는 것으로 가장 적절한 것은?

> 쿤은 자연과학과 사회과학 모두를 포함하는 과학의 발전 단계를 세 시기로 구분한다. 패러다임을 한 번도 정립하지 못한 전정상과학 시기, 하나의 패러다임이 지배하는 정상과학 시기, 기존 패러다임이 새 패러다임으로 교체되는 과학혁명 시기가 그것이다. 패러다임은 모든 과학자에게 동일한 연구 방향 및 평가 기준을 따르게 하여, 연구의 효율성을 높이고 과학의 발전 단계를 성숙한 수준으로 올려놓는다. 한 번도 패러다임을 정립하지 못해 전정상과학 시기에 머물러 있는 과학 분야는 과학자 모두가 제각기 연구 활동을 한다. 과학의 발전 단계상 성숙한 수준에 도달하지 못한 것이다. 어떤 과학 분야라도 패러다임을 정립하면 정상과학 시기에 들어서게 되는데, 그 뒤에 다시 전정상과학 시기로 되돌아갈 수는 없다. 정상과학 시기는 언제나 과학혁명 시기로 이어지고, 과학혁명 시기는 언제나 정상과학 시기로 이어지기 때문이다. 정상과학 시기의 과학자는 동일한 패러다임에 따라, 과학혁명 시기의 과학자는 기존 패러다임 혹은 새 패러다임에 따라 과학 활동을 하기에 그 두 시기에 있는 과학 분야는 모두 성숙한 수준에 도달해 있는 것이다. 이 구분에 따를 때, (가) 일부 사회과학 분야는 과학의 발전 단계상 아직도 성숙한 수준에 도달하지 못했다는 것이 쿤의 진단이다.

① 패러다임이 교체된 적이 있지만 과학자들의 연구 방향 및 평가 기준이 동일한 사회과학 분야가 있다.
➜ 과학혁명 시기 → 정상과학 시기

② 패러다임이 교체되는 중이고 과학자들의 연구 방향 및 평가 기준이 서로 다른 사회과학 분야가 있다. ➜ 과학혁명 시기

③ 패러다임이 정립된 적이 있지만 과학자들의 연구 방향 및 평가 기준이 서로 다른 사회과학 분야가 있다.
➜ 정상과학 시기 → 과학혁명 시기

✓ 패러다임이 정립된 적이 없고 과학자들의 연구 방향 및 평가 기준이 서로 다른 사회과학 분야가 있다. ➜ 전정상과학 시기

해설 ④ 제시문 5~7번째 줄에 따르면 패러다임은 모든 과학자에게 동일한 연구 방향 및 평가 기준을 따르게 하며, 과학의 발전 단계를 성숙한 수준으로 올려놓는다. 또한 2~3번째 줄과 7~9번째 줄에서 쿤은 패러다임을 한 번도 정립하지 못한 시기는 전정상과학 시기에 해당하며, 이 시기에 해당하는 과학 분야는 과학자 모두가 제각기 연구 활동을 한다고 하였다. 이때 ④에서 패러다임이 정립된 적이 없고, 과학자들의 연구 방향 및 평가 기준이 서로 다른 사회과학 분야가 있다면, 이는 전정상과학 시기에 해당하므로 과학의 발전 단계를 성숙한 수준으로 올려놓지 못하는 사례를 나타낸다. 이러한 사례는 일부 사회과학 분야는 과학의 발전 단계상 아직도 성숙한 수준에 도달하지 못했다는 쿤의 진단을 뒷받침할 수 있으므로, (가)를 강화한다.

오답분석 ① 제시문 3~5번째 줄에 따르면 정상과학 시기는 하나의 패러다임이 지배하는 시기이며, 과학혁명 시기는 기존 패러다임이 새 패러다임으로 교체되는 시기이다. 한편 끝에서 6~7번째 줄에 의하면 과학혁명 시기는 언제나 정상과학 시기로 이어지는데, 정상과학 시기의 과학자들은 동일한 패러다임을 따르는 반면, 과학혁명 시기의 과학자들은 기존 패러다임 또는 새 패러다임에 따라 과학 활동을 한다. 이때 ①에서 패러다임이 교체된 적이 있지만 과학자들의 연구 방향 및 평가 기준이 동일한 사회과학 분야가 있다는 것은 해당 분야가 과학혁명 시기를 지나 정상과학 시기에 접어들었음을 의미한다. 이러한 사례는 쿤의 진단과는 무관하므로 (가)를 강화하지 않는다.

② 제시문 4~5번째 줄에 따르면 패러다임이 교체되는 시기는 과학혁명 시기의 발전 단계를 나타낸다. 또한 끝에서 4~5번째 줄에 의하면 과학혁명 시기의 과학자는 기존 패러다임 혹은 새 패러다임에 따라 과학 활동을 한다. 이때 ②의 패러다임이 교체되는 중이고 과학자들의 연구 방향 및 평가 기준이 서로 다른 사회과학 분야가 있다는 것은 해당 분야가 과학혁명 시기에 있음을 의미한다. 이러한 사례는 쿤의 진단과는 무관하므로 (가)를 강화하지 않는다.

③ 제시문 끝에서 7~8번째 줄에 따르면 하나의 패러다임이 지배하는 정상과학의 시기는 언제나 기존 패러다임이 새 패러다임이 교체되는 과학혁명 시기로 이어진다. 이때 ③에서 패러다임이 정립된 적이 있지만 과학자들의 연구 방향 및 평가 기준이 서로 다른 사회과학 분야가 있다는 것은 해당 분야가 정상과학 시기를 지나 과학혁명 시기에 접어들었음을 의미한다. 이러한 사례는 쿤의 진단과는 무관하므로 (가)를 강화하지 않는다.

제3편 문법

01 언어의 본질

| 01 ④ | 02 ② | 03 ③ | 04 ② | 05 ② |
| 06 ① | 07 ③ | 08 ② | | |

01

해설 ④ ㉠ 규칙성은 언어에는 일정한 규칙과 체계로 짜여진 구조가 있다는 특성이다. 〈보기 1〉의 (라)는 같은 의미를 가진 말을 나라마다 다르게 표현한다는 것으로, 이는 언어의 의미와 말소리 사이에는 필연적인 관계가 없음을 의미하는 언어의 자의성과 관련이 있다. 따라서 언어의 특성이 잘못 짝 지어진 것은 ④이다.

오답분석
① ㉡ 역사성은 언어가 시간의 흐름에 따라 생성, 발전(변화), 소멸한다는 특성이다. 〈보기 1〉의 (가)는 '방송(放送)'의 의미가 처음에는 '석방'에서 시간이 흐름에 따라 '보도'로 변화하였다는 것으로 언어의 역사성과 관련이 있다.

② ㉣ 사회성은 언어가 언어를 사용하는 사람들 간의 사회적 약속이라고 보는 특성이다. 〈보기 1〉의 (나)는 '밥'의 말소리를 개인이 임의로 [밥]에서 [법]으로 바꾸면 사회적 약속이 깨져 다른 사람들과 의사소통이 불가능하다는 것으로 언어의 사회성과 관련이 있다.

③ ㉢ 창조성은 언어를 상황에 따라 새로운 말들로 만들어 표현할 수 있다는 특성이다. 〈보기 1〉의 (다)는 '종이가 찢어졌어'라는 말을 배운 아이가 새로운 문장인 '책이 찢어졌어'를 만들어 표현하였다는 것으로 언어의 창조성과 관련이 있다.

02

해설 ② 국어는 음절 말에 둘 이상의 자음이 오더라도 한 음절에서 모두 발음할 수 없으며, '값'의 발음은 [갑]이므로 국어의 특징으로 가장 옳지 않은 것은 ②이다.

오답분석
① 국어는 실질 형태소인 어근에 형식 형태소인 접사를 붙여 단어를 파생시키거나 문법적 관계를 표시하는 '교착어(첨가어)'에 해당한다. 국어에서 조사와 어미 등의 형식 형태소가 발달한 것은 교착어의 특징이므로 ①의 설명은 옳다.

③ 국어는 상황에 따라 주어, 목적어 등의 문장 성분을 생략하거나 중요한 것만 강조하여 의사소통이 가능한 담화 중심의 언어이다.
예 A: "밥 먹었어?" (주어 생략)
　　B: "응, 먹었어." (주어, 목적어 생략)

④ 국어는 혈연을 중시하는 문화의 영향을 받아, 가족 관계를 나타내는 친족어가 발달하였다. 예를 들어 영어에서 'aunt'로 표현하는 대상이 국어에서는 친족 관계에 따라 '큰어머니, 작은어머니, 이모, 고모' 등으로 세분화되어 있다.

03

해설 ③ 제시문은 언어가 인간의 사고, 사회, 문화를 반영하고 있으며, 특히 언어와 사고는 상호작용하며 서로 깊은 관계를 맺고 있음을 말하고 있다. 이때 ③은 언어와 사고가 올바르게 상호작용하지 못한 내용이므로 제시문의 사례로 적절하지 않다.

오답분석
① 언어가 인간의 사회, 문화를 반영한다는 것을 보여 주는 사례이다.

② 언어가 인간의 사고에 영향을 준다는 것을 보여 주는 사례이다.

④ 언어가 인간의 사고를 반영한다는 것을 보여 주는 사례이다.

04

해설 ② 영미는 사회적으로 약속된 말소리와 그 의미 관계를 고려하지 않은 채, 임의대로 '침대'와 '의자'를 '사진', '시계'로 바꿔 불러 친구들과의 의사소통이 어려워졌다. 따라서 제시문의 내용이 나타내고 있는 언어의 특성으로 적절한 것은 ② '언어의 사회성'이다.
· 사회성: 언어는 언어를 사용하는 사람들 간의 사회적 약속이므로 개인이 임의로 바꿀 수 없다.

05

해설 ② 제시문은 '물'과 '어리석다'를 예로 들며 시간의 흐름에 따라 언어가 사라지거나, 형태 또는 뜻이 변한다는 것을 설명하고 있다. 이와 관련이 깊은 언어의 특성은 ② '역사성'이다.
· 역사성: 언어는 시간이 지나면서 새로 만들어지기도 하고 변하기도 하며 없어지기도 한다.

오답분석
① 사회성: 언어는 언어를 사용하는 사람들 간의 사회적 약속이므로 개인이 임의로 바꿀 수 없다.

③ 자의성: 언어의 의미(내용)와 말소리(형식) 사이에는 필연적인 관계가 없다.

④ 분절성: 언어는 여러 단위로 나누거나 결합할 수 있고, 연속적 세계를 불연속적으로 끊어서 표현한다.

06

해설 ① 같은 언어 안에도 다양한 방언 형태가 존재한다는 것은 언어의 자의성을 보여주는 사례이다. 제시문에 따르면 언어의 자의성은 언어의 형식인 말소리와 언어의 내용인 의미 간에 필연적 관계가 없다는 특성이다. 다양한 방언의 형태가 존재한다는 것은 같은 대상이나 개념을 지역이나 사회 계층에 따라 다른 말소리로 표현하는 것을 의미하므로 언어의 자의성을 보여준다. 따라서 정답은 ①이다.

오답 분석 ② 제시문에 따르면 언어의 사회성은 형식과 내용의 관계에 대한 사회적 약속이 한번 정해지면 개인이 쉽게 바꿀 수 없다는 특성이다. 가족과 직장 동료에게 다른 표현을 사용하는 것은 상황과 대화 상대에 따라 언어 사용이 달라지는 현상으로, 언어의 사회성과는 직접적인 관련이 없다. 따라서 ②의 추론은 적절하지 않다.

③ 제시문에 따르면 언어의 역사성은 언어가 시간의 흐름에 따라 사회 구성원이 바뀌면서 끊임없이 변화한다는 특성이다. 유명인이 만든 유행어가 시간이 지나도 표준어로 인정되지 않는 것은 언어의 역사성과 직접적인 관련이 없다. 따라서 ③의 추론은 적절하지 않다.

④ 제시문에 따르면 언어의 추상성은 수많은 구체적 대상이 가진 공통적인 속성을 하나의 언어 형식으로 개념화하여 표현하는 특성이다. 줄임말의 생성은 기존 언어 형식을 간소화하거나 축약하는 현상으로, 대상의 공통적 속성을 개념화하는 언어의 추상성과는 직접적인 관련이 없다. 따라서 ④의 추론은 적절하지 않다.

07

해설 ③ 교착어는 실질적인 의미를 가진 단어 또는 어간에 문법적인 기능을 가진 요소가 차례로 결합함으로써, 문장 속에서의 문법적인 역할이나 관계의 차이를 나타내는 언어이다. 국어는 교착어적 특성을 보이는 조사와 어미가 발달되어 있으므로 답은 ③이다.

오답 분석 ① 국어의 마찰음은 '예사소리-된소리'의 2항 대립을 보인다. 참고로 '예사소리-된소리-거센소리'의 3항 대립을 보이는 것은 파열음과 파찰음이다.

② 국어의 단모음은 'ㅏ, ㅐ, ㅓ, ㅔ, ㅗ, ㅚ, ㅜ, ㅟ, ㅡ, ㅣ'이며 총 10개이다.

④ 국어의 어두에는 둘 이상의 자음이 올 수 없으며, 된소리 'ㄲ, ㄸ, ㅃ, ㅆ, ㅉ'는 하나의 자음이다. 참고로 둘 이상의 자음은 'ㄺ, ㅄ'와 같은 것을 말한다.

08

해설 ② ㉠은 언어가 시간의 흐름에 따라 생성, 발전, 소멸하며 변한다는 것을 의미한다. 이에 해당하는 언어의 특성은 ② '언어의 역사성'이다.

오답 분석 ① 언어의 자의성: 언어의 의미(내용)와 말소리(형식) 사이에는 필연적인 관계가 없다는 것을 의미한다.

③ 언어의 사회성: 언어는 언어를 사용하는 사람들 간의 사회적 약속이므로 개인이 임의로 바꿀 수 없다는 것을 의미한다.

④ 언어의 창조성: 언어를 상황에 따라 새로운 말들로 만들어 표현할 수 있다는 것을 의미한다.

02 음운론

p.198

01 ② 　 02 ① 　 03 ③ 　 04 ①

01

해설 ② 1문단에 따르면 이중모음 'ㅢ'는 첫음절 이외의 음절에서 나타나는 경우 두 번째 원칙에 따라 [ㅢ]로 발음하는 것이 원칙이나, 단모음 [ㅣ]로도 발음할 수 있다. 이때 '거의'에서 '의'는 첫음절 이외의 음절에서 'ㅢ'가 나타났으므로, 두 번째 원칙에 따라 [ㅢ]로 발음하는 것이 원칙이나, 단모음 [ㅣ]로도 발음할 수 있다. 따라서 '거의'는 [거의], [거이]의 두 가지 발음이 가능하므로, '거의'가 한 가지로만 발음이 가능하다는 ②의 추론은 적절하지 않다.

오답분석 ① 1문단에 따르면 이중모음 'ㅢ'는 조사로 나타나는 경우 세 번째 원칙에 따라 [ㅢ]로 발음하는 것이 원칙이나, 단모음 [ㅔ]로도 발음할 수 있다. 또한 2문단에 따르면 두 번째와 세 번째 원칙이 충돌하는 경우 세 번째 원칙을 따른다. 이때 '꽃의'에서 'ㅢ'는 첫음절 이외의 음절에서 나타났으므로 두 번째 원칙에 따라 [ㅢ]와 [ㅣ]로 발음할 수도 있고, 조사 '의'에 해당하므로 세 번째 원칙에 따라 [ㅢ]와 [ㅔ]로 발음할 수도 있다. 이는 두 번째 원칙과 세 번째 원칙이 충돌하는 경우이므로, 세 번째 원칙을 적용해야 한다. 따라서 '꽃의'는 [꼬츼], [꼬체]의 두 가지 발음이 가능하므로 ①의 추론은 적절하다.

③ 1문단에 따르면 이중모음 'ㅢ'는 첫음절 이외의 음절에서 나타나는 경우 두 번째 원칙에 따라 [ㅢ]로 발음하는 것이 원칙이나, 단모음 [ㅣ]로도 발음할 수 있다. 또한 2문단에 따르면 앞 음절의 받침이 뒤 음절의 초성으로 오게 되는 경우에는 두 번째 원칙이 적용된다. 이때 '편의점'에서 '의'는 첫음절 이외의 음절에서 '의'가 나타났으며, 앞 음절 '편'의 받침 'ㄴ'이 뒤 음절의 초성으로 나타나므로 두 번째 원칙을 적용해야 한다. 따라서 '편의점'은 [펴늬점], [펴니점]의 두 가지 발음이 가능하므로, ③의 추론은 적절하다.

④ 1문단에 따르면 이중모음 'ㅢ'는 초성이 자음인 경우 첫 번째 원칙에 따라 단모음 [ㅣ]로 발음해야 한다. 이때 '띄고'에서 'ㅢ'는 자음 'ㄸ'를 음절의 초성으로 가지고 있으므로 첫 번째 원칙에 따라 [ㅣ]로 발음해야 한다. 따라서 '띄고'는 [띠고]의 한 가지 발음만 가능하므로, ④의 추론은 적절하다.

02

해설 ① 두 단어에서 발생한 음운 변동 모두 '된소리되기'에 해당하므로 서로 같은 현상에 의해 예사소리가 된소리로 교체된 것임을 추론할 수 있다. 따라서 답은 ①이다.

- 삯돈[삭똔]: '삯돈[삭똔]'은 자음군 단순화에 따라 겹받침 'ㄳ'의 'ㅅ'이 탈락해 'ㄱ'이 남고 'ㄱ' 뒤에 연결된 'ㄷ'이 [ㄸ]으로 발음되는 '된소리되기'에 해당한다.
- 덮밥[덥빱]: '덮밥[덥빱]'은 음절 끝소리 규칙에 의해 'ㅍ'이 [ㅂ]으로 교체되고 'ㅂ' 뒤에 연결된 'ㅂ'이 [ㅃ]으로 발음되는 '된소리되기'에 해당한다.

 ② '값지다[갑찌다]'는 '된소리되기', '강가[강까]'는 '사잇소리 현상'에 의해 예사소리가 된소리로 교체되었다.

- 값지다[갑찌다]: '값지다[갑찌다]는 자음군 단순화에 따라 겹받침 'ㅄ'의 'ㅅ'이 탈락해 'ㅂ'이 남고 'ㅂ' 뒤에 연결된 'ㅈ'이 [ㅉ]으로 발음되는 '된소리되기'에 해당한다.
- 강가[강까]: '강가[강까]'는 합성어의 앞말과 뒷말이 '장소'의 의미 관계를 이루며, 울림소리 'ㅇ' 뒤의 안울림 예사소리 'ㄱ'이 [ㄲ]으로 발음되는 '사잇소리 현상'에 해당한다.

③ '강줄기[강쭐기]'와 '등불[등뿔]' 모두 '사잇소리 현상'에 의해 예사소리가 된소리로 교체되었다.

- 강줄기[강쭐기]: '강줄기[강쭐기]'는 합성어의 앞말과 뒷말이 '기원'의 의미 관계를 이루며, 울림소리 'ㅇ' 뒤의 안울림 예사소리 'ㅈ'이 [ㅉ]으로 발음되는 '사잇소리 현상'에 해당한다.
- 등불[등뿔]: '등불[등뿔]'은 합성어의 앞말과 뒷말이 '용도'의 의미 관계를 이루며, 울림소리 'ㅇ' 뒤의 안울림 예사소리 'ㅂ'이 [ㅃ]으로 발음되는 '사잇소리 현상'에 해당한다.

④ '산짐승[산찜승]'과 '그믐달[그믐딸]' 모두 '사잇소리 현상'에 의해 예사소리가 된소리로 교체되었다.

- 산짐승[산찜승]: '산짐승[산찜승]'은 합성어의 앞말과 뒷말이 '장소'의 의미 관계를 이루며, 울림소리 'ㄴ' 뒤의 안울림 예사소리 'ㅈ'이 [ㅉ]으로 발음되는 '사잇소리 현상'에 해당한다.
- 그믐달[그믐딸]: '그믐달[그믐딸]'은 합성어의 앞말과 뒷말이 '시간'의 의미 관계를 이루며, 울림소리 'ㅁ' 뒤의 안울림 예사소리 'ㄷ'이 [ㄸ]으로 발음되는 '사잇소리 현상'에 해당한다.

03

해설 ③ 1문단에서는 'ㅔ, ㅐ, ㅚ, ㅟ'가 후기 중세 시기에 이중 모음이었으나, 전설 모음 계열의 생성으로 현대에 와서 단모음으로 분류되었다고 설명한다. 현대 단모음 체계에서 전설 모음에 해당하는 것은 'ㅣ, ㅟ, ㅔ, ㅚ, ㅐ'인데, 이중 'ㅟ, ㅔ, ㅚ, ㅐ'는 후기 중세 시기에 이중 모음이었으므로 ③의 추론은 적절하지 않다.

오답분석 ① 1문단을 통해 단모음은 혀의 높낮이에 따라 고모음, 중모음, 저모음으로 분류되며, 이중 'ㅐ'는 저모음에 속한다는 것을 알 수 있다. 따라서 ①의 추론은 적절하다.

② 2문단을 통해 모음 조화는 'ㅏ, ㅗ'와 같은 양성 모음은 양성 모음끼리, 'ㅓ, ㅜ'와 같은 음성 모음은 음성 모음끼리 어울려 쓰이는 현상이라는 것을 알 수 있다. 이러한 모음 조화는 의성어나 의태어에서 특히 잘 유지되는 경향이 있다고 했으나, 모든 의태어가 반드시 모음 조화를 따르는 것은 아니다. 이에 따라 '깡충깡충'은 양성 모음 'ㅏ'와 음성 모음 'ㅜ'가 함께 쓰였으므로, 모음 조화가 지켜지지 않았다는 것을 알 수 있으므로 ②의 추론은 적절하다.

④ 1문단을 통해 단모음은 발음할 때 입술 모양이나 혀의 위치가 변하지 않고 고정된 상태에서 소리 나는 모음이며, 이중 모음은 발음할 때 입술이나 혀의 위치가 바뀌는 모음이라는 것을 알 수 있다. 또한 표준 발음법 제4항에 따라 'ㅚ, ㅟ'는 원칙적으로 단모음이나, 이중 모음으로도 발음 가능함을 설명하고 있다. 따라서 현대 국어에는 발음할 때 입술 모양이나 혀의 위치가 변하지만 단모음으로 분류되는 모음이 있다는 ④의 추론은 적절하다.

04

[해설] ① 'ㄴ'은 혀끝이 윗니의 뒷부분이나 윗잇몸에 닿아서 소리 나는 자음으로, 입안의 통로를 막고 코로 공기를 내보내면서 소리가 나는 음운에 해당한다. 따라서 'ㄴ'은 ㉡의 사례에 해당되며, 입술을 이용해 소리 내는 ㉠의 사례로 적절하지 않다. 참고로, 두 입술을 이용해 소리를 내는 자음으로는 'ㅁ, ㅂ, ㅃ, ㅍ'이 있다.

[오답분석]
② 'ㅅ, ㅆ'은 혀끝이 윗잇몸에 가까워지며 소리 나는 자음으로, 입안의 통로를 좁히고 공기를 좁은 틈 사이로 내보내 마찰을 일으키며 소리 나는 음운에 해당한다. 따라서 'ㅅ, ㅆ'은 혀끝이 윗잇몸에 가까워지며 마찰을 일으켜 소리 나는 ㉢의 사례로 적절하다.

③ 'ㄱ, ㄲ, ㅋ'은 혀의 뒷부분과 여린입천장 사이에서 소리 나는 자음으로, 공기의 흐름을 막았다가 터뜨리며 소리 나는 음운에 해당한다. 따라서 'ㄱ, ㄲ, ㅋ'은 혀의 뒷부분과 여린입천장 사이에서 소리 나는 ㉣의 사례로 적절하다.

④ 'ㅎ'은 목청 사이에서 소리 나는 자음으로, 목청 사이의 통로를 좁히고 공기를 좁은 틈 사이로 내보내 마찰을 일으키며 소리 나는 음운에 해당한다. 따라서 'ㅎ'은 목청에서 마찰이 일어나며 소리 나는 ㉤의 사례로 적절하다.

03 형태론

p.226

| 01 ② | 02 ④ | 03 ③ | 04 ① |

01

[해설] ② '흰머리'는 '용언의 관형사형(흰) + 명사(머리)'가 결합한 합성명사이므로, ②의 추론은 적절하지 않다.

[오답분석]
① 2문단에서 '젊은이'는 용언의 관형사형과 명사가 결합한 합성명사이며, 앞 성분이 뒤 성분을 수식하는 종속합성어임을 알 수 있다. 따라서 '용언의 관형사형(큰) + 명사(아버지)'로 구성된 '큰아버지'가 종속합성어임을 추론할 수 있다.

③ 1문단에서 '밤하늘'과 같이 어휘 의미를 띤 요소끼리 결합한 단어를 합성어라 함을 알 수 있다. '늙은이'의 '늙은'은 '나이를 많이 먹은'을 의미하며, '이'는 '사람'을 의미하므로 '늙은이'는 어휘 의미를 지닌 두 요소가 결합한 단어임을 추론할 수 있다.

④ 2문단에서 용언 어간과 명사의 결합은 국어 문장 구성에 없는 단어 배열법이며, 이와 같이 결합된 단어를 비통사적 합성어라 함을 알 수 있다. 따라서 '동사의 어간(먹-) + 명사(거리)'가 결합한 단어인 '먹거리'가 비통사적 합성어임을 추론할 수 있다.

이것도 알면 합격

합성어의 의미 범주에 따른 분류

대등 합성어	어근이 대등하게 결합하여 본래의 뜻을 유지하는 합성어 예 한두, 오가다, 팔다리, 서넛, 대여섯, 여닫다, 뛰놀다
종속 합성어	한 어근이 다른 어근을 수식하는 합성어 예 손수건, 책가방, 손수레, 물걸레, 가죽신, 쇠못, 손짓, 소고기, 쇠사슬, 장군감, 놀이터

02

[해설] ④ "밤낮 없이 뛰놀던 건널목 옆 빈터는 이제 없다"에서 통사적 합성어는 '밤낮', '건널목', '빈터'로 3개이고, 비통사적 합성어는 '뛰놀다'로 1개이다. 따라서 통사적 합성어, 비통사적 합성어가 각각 2개라는 ④의 추론은 적절하지 않다.

· 밤낮(통사적 합성어): 밤(명사) + 낮(명사)

· 뛰놀다(비통사적 합성어): 뛰-(용언의 어간) + 놀-(용언의 어간) + -다

· 건널목(통사적 합성어): 건널(용언의 관형사형) + 목(명사)

· 빈터(통사적 합성어): 빈(용언의 관형사형) + 터(명사)

① "겨울에 논밭에 나가면 콧물이 난다"에는 통사적 합성어가 '논밭', '콧물' 2개 있다.
- 논밭(통사적 합성어): 논(명사) + 밭(명사)
- 콧물(통사적 합성어): 코(명사) + 물(명사)

② "내 첫사랑이 가게 앞문으로 들어왔다"에는 통사적 합성어가 '첫사랑', '앞문', '들어오다' 3개 있다.
- 첫사랑(통사적 합성어): 첫(관형사) + 사랑(명사)
- 앞문(통사적 합성어): 앞(명사) + 문(명사)
- 들어오다(통사적 합성어): 들어(용언의 연결형) + 오-(용언의 어간) + -다

③ "뒷집 할아버지께서는 살아생전 성품이 굳세셨다"에는 통사적 합성어가 '뒷집' 1개, 비통사적 합성어가 '살아생전', '굳세다' 2개 있다.
- 뒷집(통사적 합성어): 뒤(명사) + 집(명사)
- 살아생전(비통사적 합성어): 살아(용언의 연결형) + 생전(명사)
- 굳세다(비통사적 합성어): 굳-(용언의 어간) + 세-(용언의 어간) + -다

이것도 알면 합격
통사적 합성어와 비통사적 합성어의 개념과 형성 방법

1. 통사적 합성어

개념	우리말의 일반적인 단어 배열법과 일치하는 합성어
형성 방법	• 명사 + 명사 예 논밭, 소나무 • 주어 + 서술어(조사 생략 인정) 예 바람나다, 수많다 • 목적어 + 서술어(조사 생략 인정) 예 본받다, 수놓다 • 관형어 + 명사 예 새해, 작은집 • 부사 + 용언 예 가로눕다, 잘생기다 • 부사 + 부사 예 이리저리, 비틀비틀 • 감탄사 + 감탄사 예 얼씨구절씨구 • 용언의 어간 + 연결 어미 + 용언 예 들어가다, 알아보다

2. 비통사적 합성어

개념	우리말의 일반적인 단어 배열법과 일치하지 않는 합성어
형성 방법	• 어간 + 명사(관형사형 어미 생략) 예 먹거리, 접칼 • 어간 + 용언(연결 어미 생략) 예 검붉다, 날뛰다, 여닫다 • 부사 + 명사 예 부슬비, 산들바람, 척척박사, 촐랑개 • 한자어 어순이 우리말과 다른 경우 예 독서(讀書), 등산(登山)

03

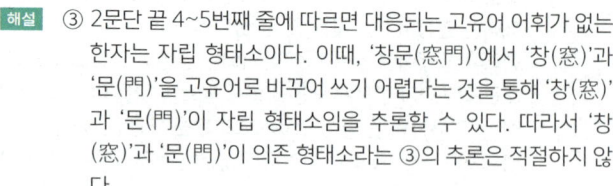
③ 2문단 끝 4~5번째 줄에 따르면 대응되는 고유어 어휘가 없는 한자는 자립 형태소이다. 이때, '창문(窓門)'에서 '창(窓)'과 '문(門)'을 고유어로 바꾸어 쓰기 어렵다는 것을 통해 '창(窓)'과 '문(門)'이 자립 형태소임을 추론할 수 있다. 따라서 '창(窓)'과 '문(門)'이 의존 형태소라는 ③의 추론은 적절하지 않다.

① 3문단 3~4번째 줄에서 말과 말 사이의 형식적인 의미를 표현하는 것은 형식 형태소임을 알 수 있고, 3문단 끝 1~2번째 줄에서 형식 형태소를 문법 형태소라고 부른다는 것을 알 수 있다. '가', '를', '-었-', '-다'는 말과 말 사이의 형식적인 의미를 표현하므로 형식(문법) 형태소이다. 따라서 ①의 내용은 적절하다.

② 3문단 1~3번째 줄에서 동작, 상태 또는 구체적인 대상과 같이 실질적인 의미가 있는 것은 실질 형태소임을 알 수 있고, 3문단 끝 2~4번째 줄에서 실질 형태소를 어휘 형태소라고 부른다는 것을 알 수 있다. '산', '밤', '꽃', '가득', '피-'는 동작, 상태 또는 구체적인 대상과 같이 실질적인 의미가 있으므로 실질(어휘) 형태소이다. 따라서 ②의 내용은 적절하다.

④ 2문단 끝 4~5번째 줄에 따르면 대응되는 고유어 어휘가 없는 한자는 자립 형태소이다. 이때, '방(房)'에 대응되는 고유어 어휘를 찾지 못했다는 것을 통해 '방(房)'이 자립 형태소임을 추론할 수 있다. 따라서 '방'이 자립 형태소라는 ④의 내용은 적절하다.

이것도 알면 합격
형태소의 종류

구분	종류	예 하늘이 매우 맑다
자립성의 유무에 따라	자립 형태소 (홀로 쓰일 수 있는 형태소)	하늘, 매우
	의존 형태소 (홀로 쓰일 수 없는 형태소)	이, 맑-, -다
의미의 유형에 따라	실질 형태소 (실질적인 뜻을 가진 형태소)	하늘, 매우, 맑-
	형식 형태소 (문법적인 뜻을 가진 형태소)	이, -다

04

해설 ① '지우개'와 '새파랗다'는 모두 직접구성요소가 어근과 접사인 파생어이다. 따라서 답은 ①이다.
- 지우개(파생어): '지우다'의 어근에 '그러한 행위를 하는 간단한 도구'의 뜻을 더하는 접미사 '-개'가 결합한 파생어이다.
- 새파랗다(파생어): '파랗다'의 어근에 '매우 짙고 선명하게'의 뜻을 더하는 접두사 '새-'가 결합한 파생어이다.

오답분석
② · 조각배(합성어): '조각 + 배'의 구성으로 어근으로만 이루어진 합성어이다.
- 드높이다(파생어): '(드- + 높-) + -이- + -다' 구성의 파생어이다. '높다'의 어근에 '심하게'의 뜻을 더하는 접두사 '드-'가 붙어 파생어 '드높다'가 되었고, 여기에 '사동'의 뜻을 더하는 접미사 '-이-'가 추가로 결합한 파생어이다.

③ · 짓밟다(파생어): '밟다'의 어근에 '마구', '함부로', '몹시'의 뜻을 더하는 접두사 '짓-'이 결합한 파생어이다.
- 저녁노을(합성어): '저녁 + 노을'의 구성으로 어근으로만 이루어진 합성어이다.

④ · 풋사과(파생어): 어근 '사과'에 '처음 나온', 또는 '덜 익은'의 뜻을 더하는 접두사 '풋-'이 결합한 파생어이다.
- 돌아가다(합성어): '돌-(용언의 어간) + -아(연결 어미) + 가다(용언)'의 구성으로, '돌다'와 '가다'가 어미 '-아'로 연결된 통사적 합성어이다.

이것도 알면 합격

파생어와 합성어

1. 파생어

개념	실질 형태소인 어근과 형식 형태소인 접사가 결합하여 이루어진 단어
형태	어근 + 접사 예 멋 + 쟁이 → 멋쟁이 / 넓 + 이 → 넓이 접사 + 어근 예 햇 + 곡식 → 햇곡식 / 새 + 까맣다 → 새까맣다

2. 합성어

개념	실질 형태소인 어근이 둘 이상 결합하여 이루어진 단어
형태	어근 + 어근 예 돌 + 다리 → 돌다리 / [볶 + 음] + 밥 → 볶음밥

04 문장론

p.242

01 ③   02 ②   03 ②   04 ③

01

해설 ③ '언니는 아버지가 너무 건강을 <u>염려하신다고</u> 말했다'는 주어인 아버지를 높이기 위해 '염려한다고'가 아닌 '염려하신다고'로 존경 표현을 한 직접존경 문장이다. 따라서 ③은 ⊙ '간접존경' 사례에 해당하지 않는다.

오답분석
① 고모는 자식이 다섯이나 <u>있으시다</u>(간접존경): 주어인 자식은 고모와 긴밀한 관련을 가진 대상이므로 '있으시다'로 존경 표현을 한 간접존경 문장이다.

② 할머니는 다리가 <u>아프셔서</u> 병원에 다니신다(간접존경): 주어인 다리는 할머니의 신체 부분이므로 '아프셔서'로 존경 표현을 한 간접존경 문장이다. 참고로, '다니신다'는 문장의 주체인 할머니를 높이기 위한 직접존경 표현이다.

④ 할아버지는 젊었을 때부터 수염이 <u>많으셨다고</u> 들었다(간접존경): 주어인 수염은 할아버지의 신체 부분이므로 '많으셨다고'로 존경 표현을 한 간접존경 문장이다.

이것도 알면 합격

주체 높임법의 종류

주체 높임법	서술상의 주체가 화자보다 나이가 많거나 사회적 지위가 높을 때 서술의 주체를 높이는 표현	
	직접 높임	주체를 직접적으로 높이는 방법으로, 높임의 표지가 주어에게 향해 있을 때 예 · 아버지께서 노하셨나 보다. · 할머니께서 집에 계신다.
	간접 높임	주체를 간접적으로 높이는 방법으로, 높임의 표지가 주체의 신체 부분이나 생활에 필수적인 사물, 개인적인 소유물 등과 같이 주체와 관련된 것일 때 예 · 곧 선생님의 말씀이 있으시겠습니다. · 할머니께서는 <u>손가락</u>이 아프시다. · 사장님, <u>시간</u> 좀 있으십니까?

02

해설 ② 〈보기〉의 ⊙ '관형사절'을 안은 문장은 ②이다.
- 꽃밭에는 <u>예쁜</u> 꽃이 활짝 피었다: 밑줄 친 '예쁜'은 문장 '(꽃이) 예쁘다'의 어간 '예쁘-'에 관형사형 전성 어미 '-(으)ㄴ'이 붙어 '꽃'을 수식하는 관형사절이다.

① ③ ④ 모두 관형사가 쓰인 홑문장이다.
① 그는 갖은 양념으로 맛을 내었다: 이때 '갖은'은 '골고루 다 갖춘. 또는 여러 가지'를 뜻하는 관형사이다.
③ 오랜 가뭄 끝에 비가 내렸다: 이때 '오랜'은 '이미 지난 동안이 긴'을 뜻하는 관형사이다.
④ 사무실 밖에서 여남은 명이 웅성대고 있었다: 이때 '여남은'은 '열이 조금 넘는 수'를 뜻하는 관형사이다.

이것도 알면 합격
관형절을 안은문장
- 관형사형 어미 '-(으)ㄴ, -는, -(으)ㄹ, -던'이 붙어서 만들어짐
- 과거, 현재, 미래, 회상의 시간을 표현하는 데 사용됨
- 관계 관형절과 동격 관형절로 구성됨

종속적으로 이어진 문장	앞 절과 뒤 절의 의미가 대등하지 못하고 종속적인 문장	• 조건, 가정: '-(으)면', '-거든' 등 • 이유, 원인: '-(아)서', '-(으)므로', '-(으)니까' 등 • 의도: '-(으)려고', '-고자' 등 • 배경: '-는데' 등 • 양보: '-(으)ㄹ지라도' 등

03

 ② 제시문에 따르면 ㉠ '대등적 연결'은 두 문장이 대등한 자격으로 이어지는 경우로, 문장의 순서를 바꿔도 의미가 크게 달라지지 않는다. 반면 종속적 연결은 한 문장이 다른 문장에 종속되는 형태로, 종속적 연결 어미를 사용하여 앞 절이 뒤 절의 원인이나 조건 등을 설명하는 역할을 한다. '명문 대학교에 합격해서 정말 기뻤다'에서 '-(아)서'는 종속적 연결 어미로, 앞 절이 뒤 절의 원인임을 나타내어 종속적 관계를 형성하고 있다. 따라서 ②는 ㉠의 사례가 아니다.

 ① '그 시간에 잠을 자든지 책을 읽어라'에서 '-든지'는 선택의 기능을 가진 대등적 연결 어미로, 앞 절과 뒤 절을 선택의 의미로 결합하여 대등적 관계를 형성하고 있다. 따라서 ①은 ㉠의 사례이다.
③ '날씨는 몹시 추웠으며 함박눈이 내리고 있었다'에서 '-으며'는 나열의 기능을 가진 대등적 연결 어미로, 앞 절과 뒤 절을 나열의 의미로 결합하여 대등적 관계를 형성하고 있다. 따라서 ③은 ㉠의 사례이다.
④ '그는 열심히 공부했으나 좋은 성적을 얻지 못했다'에서 '-으나'는 대조의 기능을 가진 대등적 연결 어미로, 앞 절과 뒤 절을 대조의 의미로 결합하여 대등적 관계를 형성하고 있다. 따라서 ④는 ㉠의 사례이다.

이것도 알면 합격
이어진 문장

구분	정의	연결 어미
대등하게 이어진 문장	앞 절과 뒤 절이 대등한 관계로 결합한 문장	• 나열: '-고', '-(으)며' 등 • 대조: '-(으)나', '-지만' 등 • 선택: '-거나', '-든지' 등

04

 ③ '부장님께서 새로 입사한 사원들을 전 직원에게 소개했다'에서 '새로 입사한'은 '사원들이 새로 입사하다'에서 주어인 '사원들이'가 생략되고, 용언의 어간인 '입사하-'에 관형사형 전성 어미 '-ㄴ'이 결합하여 형성된 관형절이다. 이때 주어 '사원들이'가 삭제되는 과정을 거치므로 ③은 관계 관형절의 사례가 포함된 문장이다.

 ① ② ④는 관형사절 형성 과정에서 생략된 명사구가 없고 관형사절이 문장의 필수 성분을 모두 갖추었을 뿐만 아니라, 관형절의 의미가 그것이 수식하는 명사구의 내용을 나타낸다는 점에서 ㉠ '동격 관형사절'의 사례가 포함된 문장이다.
① '그가 일본에서 한국으로 돌아왔다는 소문이 돌았다'에서 '그가 ~ 돌아왔다는'은 용언의 활용형 '돌아왔다'에 관형사형 전성 어미 '-는'이 결합하여 '소문'의 내용을 나타내는 동격 관형사절이다.
② 'A사가 신약을 개발한 사실이 아직 학계에 보고되지 않았다'에서 'A사가 신약을 개발한'은 용언의 어간 '개발하-'에 관형사형 전성 어미 '-ㄴ'이 결합하여 '사실'의 내용을 나타내는 동격 관형사절이다.
④ '50층짜리 건물이 무너진 사건은 세간을 떠들썩하게 만들었다'에서 '그 건물이 무너진'은 용언의 어간 '무너지-'에 관형사형 전성 어미 '-ㄴ'이 결합하여 '사건'의 내용을 나타내는 동격 관형사절이다.

이것도 알면 합격
관계 관형절과 동격 관형절

관계 관형절	• 관형절의 수식을 받는 체언이 관형절의 한 성분이 되는 경우 • 수식을 받는 체언과 관형절 내 성분이 동일해 관형절 내의 성분이 생략됨
동격 관형절	• 관형절의 수식을 받는 체언이 관형절 전체의 내용을 받아 주는 경우 • 관형절에 생략되는 성분이 없음

05 의미론

p.248

01 ③ 02 ③ 03 ④ 04 ④

01

③ '인정'과 '어여쁘다'는 모두 그 의미 자체가 달라진 것이므로 의미 이동에 해당한다.

① 제시문에서 '지갑'의 의미가 변화한 원인을 추론하기 어려우므로 적절하지 않다. 참고로, '지갑'은 과거에는 종이로만 만들었지만 지금은 가죽이나 헝겊 등 다양한 재료로 만들기 때문에, 지시 대상이 변화하면서 의미 변화를 이끌어 낸 것으로 역사적 원인에 의한 예로 볼 수 있다.
② '얼굴'은 의미 축소에 해당하나, '지갑'은 의미 확대에 해당한다.
④ '다리'는 의미 확대에 해당하나, '뫼(메)'는 의미 축소에 해당한다.

이것도 알면 합격

의미 변화의 양상

의미 축소	어떤 단어의 의미 범주가 축소되는 것 예 놈(사람 평칭 → 남자의 비칭)
의미 확대	어떤 단어의 의미 범주가 넓어지는 것 예 감투(모자 → 모자, 벼슬)
의미 이동	어떤 단어의 의미 자체가 달라지는 것 예 방송(放送)(죄인을 풀어 주다 → 전파를 내보내다)

02

③ '배꼽'은 일반적인 의미로 쓰이다가 '바둑'이라는 특수한 영역에서 사용되는 의미로 변화한 경우이므로 ⓒ의 사례로 적절하지 않다.

① '코'는 '콧물'과 긴밀한 관계를 지녀 '콧물'의 의미까지 포함하여 의미가 변화되었으므로 ㉠의 사례로 적절하다.
② '수세미'는 '식물'을 지시하다가 시대가 변화하면서 '그릇을 씻는 데 쓰는 물건'으로 지시 대상이 바뀌어 의미가 변화하였으므로 ㉡의 사례로 적절하다.
④ '손님'은 '천연두'를 꺼리는 심리적인 이유로 '천연두'를 대신하는 단어로 쓰이면서 의미가 변화하였으므로 ㉣의 사례로 적절하다.

03

④ 2문단에 따르면 유의 관계는 형식이 다른 둘 이상의 문장이 비슷한 의미로 쓰이는 관계로, "기차가 승객을 태웠다."와 "승객이 기차에 태워졌다."는 의미의 초점이 각각 '기차'와 '승객'에 있지만 동일한 사건을 표현하는 능동문과 피동문임을 알 수 있다. 이때 "교수가 학생을 칭찬했다."와 "학생이 교수에게 칭찬받았다."는 각각 의미의 초점이 '교수'와 '학생'에 있는 능동문과 피동문이지만, 동일한 사건을 표현하고 있으므로 유의 관계가 나타남을 추론할 수 있다. 따라서 ④의 추론은 적절하다.

① 4문단을 통해 주어와 목적어의 범위가 불분명하면 해석의 중의성이 나타남을 알 수 있다. "그때 그녀는 옷을 입고 있었다."에서는 주어와 목적어가 각각 '그녀는'과 '옷을'로 명확하게 구분되어 있으므로 주어와 목적어의 범위에 따른 중의성이 발생하지 않는다. 따라서 ①의 추론은 적절하지 않다. 참고로, 이 문장은 '입고 있었다'가 '입는 동작이 진행 중인 상태'를 의미하는지, 아니면 '이미 입은 후 그 상태가 지속되는 것'인지에 대한 중의성이 나타난 경우로 동작의 진행과 완료에 따른 중의성이 드러난다.
② 2문단과 3문단에 따르면 대립하는 서술어를 통해 문장 성분이 바뀌어도 동일한 상황을 표현하는 문장에서는 유의 관계가, 둘 이상의 문장이 반대 의미로 쓰이는 문장에서는 반의 관계가 나타난다. 이때 "나는 그에게 도움을 주었다."와 "그는 나에게 도움을 받았다."는 대립하는 서술어인 '주다'와 '받다'에 의해 주어와 부사어가 교체되었으나 동일한 상황을 나타내고 있으므로 유의 관계에 해당함을 추론할 수 있다. 따라서 ②의 추론은 적절하지 않다.
③ 2문단을 통해 동일한 사건에 대해 다른 관점을 보여 주는 문장에서는 유의 관계가 나타남을 알 수 있다. 이때 "그는 친구를 도왔다."와 "그는 친구에게 도움을 받았다."는 각각 '그가 친구를 도와준 사건'과 '친구가 그를 도와준 사건'이라는 서로 다른 사건을 나타내고 있으므로 유의 관계에 해당하지 않음을 추론할 수 있다. 따라서 ③의 추론은 적절하지 않다.

이것도 알면 합격

문장 간의 의미 관계

구분	개념	유형	예
문장의 유의성	유의 관계: 형식이 다른 둘 이상의 문장이 비슷한 의미로 쓰이는 관계	능동문과 피동문으로 구성된 유의문	늑대가 양을 물었다. - 양이 늑대에게 물렸다.
		대립되는 서술어에 의해 주어와 부사어가 교체된 유의문	내가 너에게 컴퓨터를 샀다. - 네가 나에게 컴퓨터를 팔았다.

문장의 반의성	반의관계: 둘 이상의 문장이 반대의 의미로 쓰이는 관계	반의어인 서술어에 의해 만들어진 반의문	나는 어제 집을 샀다. ↔ 나는 어제 집을 팔았다.
		긍정문과 부정문의 대립에 의해 만들어진 반의문	나는 어제 집을 샀다. ↔ 나는 어제 집을 안 샀다. / 나는 어제 집을 사지 않았다.
문장의 중의성	한 문장이 두 가지 이상의 의미를 나타내는 특성	수식의 범위에 따른 중의성	내가 좋아하는 오빠의 친구가 인사했다.
		주어와 목적어의 범위에 따른 중의성	그녀가 보고 싶은 사람이 많다.
		부정의 범위에 따른 중의성	지난 시험에서 몇 문제 풀지 못했다.
		동작의 진행과 완료에 따른 중의성	그녀가 옷을 입고 있었다.

이것도 알면 합격

동음이의어와 다의어

다의어	· 중심적 의미와 하나 이상의 주변적 의미를 가지는 단어 · 중심 의미에서 주변 의미들이 분화되었기 때문에 공통된 의미와 의미의 유사성(類似性)이 있음 · 사전에 하나의 단어로 등재됨
동음이의어	· 두 개 이상의 단어가 서로 소리는 같으나 그 의미가 다른 경우 · 우연히 소리가 같을 뿐, 두 단어 사이에 공통된 의미가 전혀 없음 · 사전에 별개의 단어로 등재됨

04

 해설 ④ 제시문에 따르면 ㉠은 하나의 단어가 두 가지 이상의 관련된 의미로 쓰이는 경우로, 기본 의미에서 확장되어 파생된 의미들이 서로 관련성을 가지고 있는 것이 특징이다. '신체 부위'를 의미하는 '다리'와 '물을 건널 수 있도록 만든 시설물'을 의미하는 '다리'는 서로 다른 어원에서 비롯된 별개의 단어로, 의미적 관련성이 없이 우연히 발음이 같은 사례에 해당한다. 따라서 이는 동음이의어에 해당하므로, ④는 ㉠의 사례가 아니다.

 ① '손'이 '신체 부위'라는 기본 의미에서 그 손을 사용하는 '노동력'이라는 의미로 확장되어 쓰인 경우, 두 의미 간에 관련성이 있으므로 ㉠의 사례에 해당한다.

② '번개'가 '기상 현상'이라는 기본 의미에서 그것의 특성인 '빠른 속도'에 착안하여 '동작이 날랜 사람'이라는 의미로 확장된 경우, 두 의미 간에 관련성이 있으므로 ㉠의 사례에 해당한다.

③ '삿대질'이 '배를 미는 일'이라는 기본 의미에서 노를 젓는 모습과 손가락질을 하는 모습 간의 유사성에 기초하여 '말다툼에서의 손가락질'이라는 의미로 확장된 경우, 두 의미 간에 관련성이 있으므로 ㉠의 사례에 해당한다.

06 올바른 언어생활

p.270

| 01 ④ | 02 ④ | 03 ④ | 04 ② | 05 ④ |
| 06 ③ | 07 ② | 08 ④ | | |

01

해설 ④ '삼가해 주시기'의 '삼가하다'는 '삼가다'의 잘못된 표기이므로 ④는 수정 의견으로 적절하지 않다.

오답분석
① '개인이 소유하다'와 '사유지'를 함께 쓸 경우 '개인'과 '가지다[有]'라는 의미가 중복되므로, '사유지'를 '토지'로 수정하는 것이 적절하다.
- 소유하다(所有-): 가지고 있다.
- 사유지(私有地): 개인 또는 사법인이 가진 땅

② '이곳을'은 '마음대로 출입하거나'와는 호응할 수 있으나, '쓰레기를 무단으로 투기하는 행위'와는 호응이 자연스럽지 않다. '출입하다'는 '~에 출입하다'와 같은 형태로 쓰이므로, '이곳을'을 '이곳에'로 수정하여 '이곳에 마음대로 출입하거나'와 '이곳에 쓰레기를 무단으로 투기하는 행위' 모두에 호응할 수 있게 수정하는 것이 적절하다.

③ '법률에 위반됨'의 의미로 쓰일 때는 '접촉'이 아닌 '저촉'으로 쓰는 것이 적절하다.
- 저촉(抵觸): 1. 서로 부딪치거나 모순됨. 2. 법률이나 규칙 따위에 위반되거나 거슬림.
- 접촉(接觸): 1. 서로 맞닿음. 2. 가까이 대하고 사귐.

02

해설 ④ '-ㄹ뿐더러'는 '어떤 일이 그것만으로 그치지 않고 나아가 다른 일이 더 있음'을 나타내는 연결 어미이며 '무척'은 '다른 것과 견줄 수 없이'라는 의미를 지닌 부사이므로 의미의 중복이 나타나지 않는다.

오답분석
① '부터'와 '먼저' 모두 '앞서다'라는 의미가 중복된다.
- 부터: '어떤 일이나 상태 따위에 관련된 범위의 시작임'을 나타내는 보조사
- 먼저: 시간적으로나 순서상으로 앞서서

② '오로지'와 '만' 모두 '오직'이라는 의미가 중복된다.
- 오로지: 오직 한 곬으로
- 만: '다른 것으로부터 제한하여 어느 것을 한정함'을 나타내는 보조사

③ '마다'와 '각각' 모두 '하나씩 모두'의 의미가 중복된다.
- 마다: '낱낱이 모두'의 뜻을 나타내는 보조사
- 각각: 사람이나 물건의 하나하나마다

03

해설 ④ '납부(納付/納附)'는 '세금이나 공과금 따위를 관계 기관에 냄'이라는 뜻이고, '수납(收納)'은 '돈이나 물품 따위를 받아 거두어들임'이라는 뜻이다. 문맥상 금융 기관에 공과금을 내지 않으면 연체료를 지불해야 한다는 내용이므로 '납부'를 쓰는 것이 적절하다.

04

해설 ② '그것은 오래전에 불리던 노래이다'는 의미 중복 없이 바르게 쓰인 문장이다.

오답분석
① 부사어 '비단'은 부정의 서술어와 호응하는 말로, '비단 나뿐이었다'라는 표현은 부사어와 서술어가 서로 호응하지 않으므로 ㉠의 예로 적절하다. '비단 나뿐이 아니었다'와 같이 고쳐 쓰는 것이 적절하다.

③ 손님들이 일부는 오고 일부는 오지 않은 것인지, 아무도 오지 않은 것은지 분명하지 않으므로 ㉢의 예로 적절하다. '손님들이 아직 다 오지는 않았어'나 '손님들이 아직 아무도 오지 않았어'와 같이 고쳐 쓰는 것이 적절하다.

④ '떨어지다'는 '~에 떨어지다'와 같이 쓰이는 말로, '발등의'에 쓰인 조사 '의'가 의미에 맞게 사용되지 않았으므로 ㉣의 예로 적절하다. '발등에 불이 떨어졌다'와 같이 고쳐 쓰는 것이 적절하다.

05

해설 ④ '구속하다'에는 이미 동작의 대상에게 행위의 효력이 미친다는 의미가 포함되어 있으므로 사동의 뜻을 더하는 접미사 '-시키다'와 함께 쓰는 것은 적절하지 않다.
- 구속하다: 법원이나 판사가 피의자나 피고인을 강제로 일정한 장소에 잡아 가두다.

오답분석
① ㉠ '기간'과 '동안'은 서로 의미가 중복되므로 '공사하는 기간에는' 혹은 '공사하는 동안'으로 고쳐 쓰는 것이 적절하다.
- 기간: 어느 때부터 다른 어느 때까지의 동안
- 동안: 어느 한때에서 다른 한때까지 시간의 길이

② ㉡ '회의를 가지다'는 영어의 'have a meeting'을 직역한 표현이므로 '회의하겠습니다'로 고쳐 쓰는 것이 적절하다.

③ ㉢ '열려져'는 '열- + -리- + -어지(다)- + -어'의 구성으로, 피동을 나타내는 문법 요소가 두 번 사용된 이중 피동 표현이다. 따라서 '열려'로 고쳐 쓰는 것이 적절하다.

06

③ '동행하다'는 '~와(과) 동행하다'와 같이 쓰여 부사어가 필수적으로 요구되는 서술어이나, ③의 문장에서는 부사어가 생략되어 있다. 따라서 ③의 문장은 서술어와의 호응이 필요한 목적어가 누락된 경우가 아닌 필수적 부사어가 누락된 ㉣의 경우이므로 사례로 적절하지 않다.

오답분석
① 주어 '내 말의 요점은'과 서술어 '열심히 노력하자'의 호응이 어색하므로 ㉠의 사례로 적절하다. 서술어를 '노력하자는 것이다'로 고쳐 쓰는 것이 자연스럽다.
② '내가 직접 되기로 결심했다'의 서술어 '되다'와 호응하는 보어가 누락되었으므로 ㉡의 사례로 적절하다. '적임자가'와 같은 보어를 넣어 '내가 직접 적임자가 되기로 결심했다'와 같이 고쳐 쓰는 것이 자연스럽다.
④ '의지하다'는 '~에/에게 의지하다'와 같이 쓰여 부사어가 필수적으로 요구되는 서술어이므로 ㉣의 사례로 적절하다. '사람에'와 같은 부사어를 넣어 '동물은 사람을 경계하기도 하지만 때때로 사람에 의지하기도 한다'와 같이 고쳐 쓰는 것이 자연스럽다.

07

② 목적어 '에너지를'과 호응하는 서술어가 없으므로, '에너지의'와 같이 관형격 조사 '의'를 붙여 '이용을'을 수식하게 하는 것이 가장 적절하다.

오답분석
① '사업자는'은 문장의 맨 끝에 있는 서술어 '동의한다'와 호응하는 주어이므로, 조사 '는'을 '의'로 고치는 것은 적절하지 않다.
③ 문맥상 어떤 일의 이유를 나타내는 격 조사 '으로써'가 들어가는 것이 자연스럽다. 조사 '으로서'는 지위, 신분, 자격을 나타낸다.
④ '국민 경제의 건전한 발전'과 '국민 복지의 증진'은 대상을 같은 자격으로 이어 주는 접속 조사 '과'로 연결되는 것이 자연스럽다. 조사 '보다'는 비교의 대상이 되는 말에 붙어 '~에 비해서'의 뜻을 나타낸다.

08

④ '하되'의 '-되'는 어떤 사실을 서술하면서 그와 관련된 조건이나 세부 사항을 뒤에 덧붙이는 뜻을 나타내는 연결 어미이므로 적절한 문장이다. '-며'는 두 가지 이상의 동작이나 상태 등을 나열할 때 쓰는 연결 어미이므로 제시된 문장의 '하되'를 '하며'로 고쳐 써야 한다는 설명은 적절하지 않다.

해커스공무원 gosi.Hackers.com

공무원 학원 · 공무원 인강 · 공무원 국어 무료 특강 ·
최다 빈출 한자 200 · 해커스 매일국어 어플

5천 개가 넘는
해커스토익 무료 자료!

대한민국에서 공짜로 토익 공부하고 싶으면 **해커스영어 Hackers.co.kr** ▼ 검색

RC 정수진 · RC 이상길

토익 강의 무료
베스트셀러 1위 토익 강의 150강 무료 서비스,
누적 시청 1,900만 돌파!

토익 실전 문제 무료
토익 RC/LC 풀기, 모의토익 등
실전토익 대비 문제 제공!

LC 한승태 · RC 김동영

최신 특강 무료
2,400만뷰 스타강사의
압도적 적중예상특강 매달 업데이트!

고득점 달성 비법 무료
토익 고득점 달성팁, 파트별 비법,
점수대별 공부법 무료 확인

*미션 달성 시 전원 무료

가장 빠른 정답까지!
615만이 선택한 해커스 토익 정답!
시험 직후 가장 빠른 정답 확인

[5천여 개] 해커스토익(Hackers.co.kr) 제공 총 무료 콘텐츠 수(~2017.08.30)
[베스트셀러 1위] 교보문고 종합 베스트셀러 토익/토플 분야 토익 RC 기준 1위(2005~2023년 연간 베스트셀러)
[1,900만] 해커스토익 리딩 무료강의 및 해커스토익 스타트 리딩 무료강의 누적 조회수(중복 포함, 2008.01.01~2018.03.09 기준)
[2,400만] 해커스토익 최신경향 토익적중예상특강 누적 조회수(2013-2021, 중복 포함)
[615만] 해커스영어 해커스토익 정답 실시간 확인서비스 PC/MO 방문자 수 총합/누적, 중복 포함(2016.05.01~2023.02.22)

더 많은 토익 무료자료 보기 ▶

20대 마지막
기회라 생각했던
박*묵님도

적성에 맞지 않는 전공으로
진로에 고민이 많았던
박*훈님도

군 전역 후 노베이스로
수험 생활을 시작한
박*란님도

해커스공무원으로 자신의 꿈에 한 걸음 더 가까워졌습니다.

당신의 꿈에 가까워지는 길
해커스공무원이 함께합니다.

해커스공무원 gosi.Hackers.com